1986
|
1987

中国建筑年鉴

CHINA BUILDING ALMANAC

中国建筑工业出版社

《中国建筑年鉴》编委会

目　次

1.文献

2.行业综述

3.地方概况

4.体制改革

5.建筑实录

6.村镇建设

7.科技进展

8.教育、文化、艺术

9.图书、报刊、论文选目

10.工会、学会、协会

11.建筑人物、先进单位

12.管理机构

13.统计资料

14.纪事

中国建筑年鉴

1

文献

国务院

转批国家计委等五个部门关于制定《国营建筑施工企业百元产值工资含量包干试行办法》的报告的通知

（一九八六年二月六日）

国务院同意国家计委、劳动人事部、城乡建设环境保护部、财政部、中国人民建设银行关于制定《国营建筑施工企业百元产值工资含量包干试行办法》的报告及《试行办法》，现转发给你们，请认真贯彻执行。

国家计委、劳动人事部要会同有关部门，及时了解和研究百元产值工资含量包干试行办法的执行情况，并于一九八六年十月底以前写出总结报国务院。

国家计划委员会　城乡建设环境保护部
劳动人事部　财政部
中国人民建设银行

关于制定《国营建筑施工企业百元产值工资含量包干试行办法》的报告

（一九八六年一月三十日）

遵照国务院领导同志的批示，我们对国营建筑施工企业实行百元产值工资含量包干的情况进行了调查研究。一九八四年实行百元产值工资含量包干的国营建筑施工企业一千二百三十八个，占全国国营建筑施工企业三千零十七个的41%。建设部系统已占90%以上。一九八五年上半年，实行工资含量包干的企业又有增加。据九百零五个实行工资含量包干的预算内国营建筑施工企业统计，一九八四年比一九八三年产值增长24.5%，高于全国建筑施工企业平均增长19.4%的水平；全员劳动生产率增长20.8%，高于全国平均增长16.2%的水平。不少企业实行工资含量包干后，施工进度加快，使工程项目按时或提前建成投产。实践证明，这项改革总的情况是好的，应当继续进行。但是由于管理工作没有跟上，在试行中也存在一些问题：一是含量系数的核定缺乏科学的依据，部分地区和部门含量系数定得偏高；二是产值计算范围不够明确。有些企业未将材料涨价因素剔除，以致多提了一部分非效益工资；三是企业之间由于承担的工程类型和造价不同，存在着苦乐不均的现象；四是有些建筑施工企业追求产值，忽视工程质量和竣工收尾工作。这些问题，需要进一步研究解决。

为了保证建筑施工企业工资改革的健康发展，我们在总结经验的基础上，本着加强管理和正确处理国家、企业、职工三者利益的精神，拟定了《国营建筑施工企业百元产值工资含量包干试行办法》。各省、自治区、直辖市和各企业主管部门要对已实行工资含量包干的企业进行认真清理整顿，凡不具备条件或不适宜实行的，要改用其他办法；对符合《试行办法》的要求，继续试行工资含量包干办法的企业，要重新核定和调整工资含量系数。一九八六年一般不再增加新的试行单位。

为了加强宏观控制，一九八六年建筑施工企业工资含量包干系数总水平，应掌握在17%左右，其中部分地区和部门的工资含量包干综合系数，要控制在16%以内。少数地区和部门如果工资下降较多，也可以高于17%，但最多不能超过一九八四年实际水平。各部门、各地区要在一九八六年三月底以前，提出本部门、本地区所属建筑施工企业一九八六年工资含量包干综合系数方案和工资总额计划，报国家计委会同劳动人事部、中国人民建设银行等有关部门核定。

这个报告及《试行办法》，如无不妥，建议国务院批转各省、自治区、直辖市和国务院各部门执行。

附：《国营建筑施工企业百元产值工资含量包干试行办法》

国营建筑施工企业
百元产值工资含量包干试行办法

（一九八六年一月三十日）

第一条　根据国发[1985]2号文件《国务院关于企业工资改革问题的通知》的精神，为逐步完善建筑施工企业的工资制度，特制定《国营建筑施工企业百元产值工资含量包干试行办法》（以下简称工资含量包干）。

第二条　凡是直接从事建筑安装生产活动，自主经营、独立核算、自负盈亏，具有法人资格和承担纳税人义务，经过整顿，领导班子健全、经营思想端正、管理基础较好、考核制度严格的国营建筑施工企业，按隶属关系报经国务院主管部门或省（包括计划单列市，下同）、自治区、直辖市计委、建委（建设厅）批准，可实行工资含量包干。不具备以上条件的建筑施工企业和企业管理部门以及独立核算的附属医院、学校等事业单位可根据本企业的特点，实行其他工资分配形式，不得实行工资含量包干。直接为建筑安装服务的建筑构件厂、木材加工厂，是否实行工资含量包干或工资与产量挂钩办法由省、自治区、直辖市人民政府决定。

第三条　实行工资含量包干企业的工资含量包干系数和工资总额计划按分级管理原则分别核定。国务院各部门直属建筑施工企业的工资含量包干综合系数和工资总额计划，由企业主管部门提出方案，报国家计委会同劳动人事部、中国人民建设银行等有关部门核定。各省、自治区、直辖市所属建筑施工企业的工资含量包干综合系数和工资总额计划，由各省、自治区、直辖市计委、建委（建设厅）会同劳动厅（局）、建设银行提出方案，报国家计委会同劳动人事部、中国人民建设银行等有关部门核定。以上均纳入全国工资总额计划。

国务院各部门和各省、自治区、直辖市，在国家下达的工资含量包干综合系数和工资总额计划范围内，负责核定所属建筑施工企业的工资含量包干系数和工资总额计划。

在计划执行过程中，上级核定的工资含量包干系数不准突破，工资总额可随实际完成的产值和规定的挂钩考核指标的完成情况浮动。按企业实际完成的产值等指标和核定的工资含量包干系数计算的工资额比计划有增减时，国务院各部门直属的建筑施工企业，报主管部门核增核减；省、自治区、直辖市所属的建筑施工企业，由企业主管部门报省、自治区、直辖市计委、建委（建设厅）会同劳动厅（局）核增核减，抄送开户银行监督执行。年终，各部门、各地区要将核增核减情况报国家计委、劳动人事部、财政部和中国人民建设银行备案。

第四条 国务院各部门和各省、自治区、直辖市主管部门要以预算定额和取费标准中的工资含量作为主要依据。制定不同类型的建筑安装工程（单位工程或单项工程）的产值工资含量定额，以此为基础核定企业工资含量包干系数。各部门、各地区要争取在两三年内做好这项工作。在未制定好定额之前，国家在核定国务院各部门和各省、自治区、直辖市建筑施工企业工资含量包干综合系数时，以一九八三年实际产值工资含量为基础，适当考虑调整工资、增加施工津贴和副食品调价补贴等增减因素，合理核定。工资含量包干系数总水平应掌握在17%左右，部分地区和部门的工资含量包干综合系数，要控制在16%以内。国务院各部门和各省、自治区、直辖市可在国家核定给本部门、本地区的产值工资含量包干综合系数范围内，以企业一九八三年实际发生的产值工资含量及一九八三年以来必须调整的因素为基础，按照本部门、木地区同行业平均先进水平，每年核定一次。要严格控制建筑施工企业工资总额的增长，做到职工工资总额的增长速度低于产值的增长速度，平均工资的增长速度低于劳动生产率的增长速度。

第五条 国务院各部门和各省、自治区、直辖市，在核定建筑施工企业的工资含量包干系数时要同时下达工程质量、工期（竣工率）、产值利润率、安全生产等几项主要经济技术指标。完不成这些指标的，要相应扣减一定的工资含量包干系数额度。其中，工程质量指标要放在首位，比其他指标的扣减额度要大一些。工程质量指标完成情况，要有质量监督部门或建设单位的认证。产值利润率原则上参照企业上年实际水平，同时考虑企业挖掘内部潜力和影响利润的有关因素确定。国务院各部门直属建筑施工企业的产值利润率指标，由中国人民建设银行核定。各省、自治区、直辖市所属建筑施工企业的产值利润率指标，由各省、自治区、直辖市建设银行分行核定。

国务院各部门和各省、自治区、直辖市，要将上述几项制约指标核定情况和扣减办法，报国家计委、劳动人事部、财政部和中国人民建设银行备案。

第六条 核定工资含量系数的产值、计提含量工资的产值及计算产值利润率的产值，口径必须一致，均按国家统计局关于计算总产值范围的规定执行。产值中如包括外包工完成的产值，工资中也应包括支付给外包工的工资。

第七条 计提含量工资的产值原则上以不变价格计算。由于目前各方面条件还不具备，为了简化手续，暂以预算价格为依据。建筑施工企业自行采购的建筑材料实际价格和预算价格及价差部分要单独列出，在计提含量工资时，实际价格高于预算价格部分要从产值中剔除。

第八条 工资含量的范围，按国家统计局关于工资总额的规定执行，即包括标准工资、附加工资、保留工资、计件超额工资、生产性奖金、材料节约奖和工资性津贴等。但不包括提前竣工奖和发明创造奖。

第九条 建筑施工企业的含量工资，实行“按月预提，按年结算，专户存储，先存后用”的办法。由于材料涨价因素很难逐月从产值中剔除，因此每月预提含量工资时应留有余地，年终结算多退少补。具体预提比例，由企业与开户银行商定。预提的含量工资，要在当地建设银行开立“工资基金”专户，由银行按照规定的范围监督使用。节余的含量工资额可以从税前利润中划出存入专户，跨年度使用，以丰补欠。

第十条 由于工资含量包干只在部分建筑施工企业中试行，因此其纳税办法可暂时维持现状，仍执行国务院国发[1985]86号文件颁发的《国营企业奖金税暂行规定》，发给建筑工人的奖金免征奖金税。

第十一条 实行工资含量包干的企业，要加强思想政治工作，发扬职工的主人翁精神。要端正经营作风，加强经济核算工作，严格各项考核制度和财经纪律，不得高估多算、弄虚作假。对违反规定的，视情节轻重，追究领导和经办人的经济、法律责任。

第十二条 建筑施工企业主管部门要加强对实行工资含量包干企业的管理。计划部门、基建综合部门、劳动人事部门、建设银行和统计、审计部门，都要加强监督和检查工作。

第十三条 国务院各部门和各省、自治区、直辖市，应根据本办法制定本部门、本地区的实施细则。

第十四条 过去有关规定凡与本试行办法有抵触的，均以本试行办法为准。本试行办法由国家计委负责解释。

第十五条 本试行办法自颁发之日起施行。

国务院

城乡住宅建设技术政策要点（摘要）

（一九八六年五月二十四日）

到本世纪末，争取基本上实现城镇居民每户有一套经济实惠的住宅，全国平均人均居住面积达到八平方米左右；乡村居民每户有一所适用、卫生、紧凑的宅院，能基本适应生活与生产需要。

一、严格控制新建住宅标准和用地标准

——城镇住宅以套和建筑面积为主要计量单位和建设控制标准，以使用面积作为主要分配控制标准。

——国家和集体投资的城镇住宅，八十年代全国平均每套建筑面积要严格控制在五十平方米以内，设备装修标准和投资标准也要制订相应的控制指标。九十年代标准可适当提高。

——近期城镇新建住宅要以中小型为主，推行功能好、用地少、一户一套的住宅。

——在不降低居住面积和居住质量的条件下，尽可能压缩建筑面积。

——要十分注意节约土地。乡村建设要切实制止乱占滥用耕地。城镇住宅建设要实行合理的高密度。

——乡村住宅要合理布局，提倡紧凑、合理、适用、卫生和安全，适合生活和生产的需要，宅基地要严格控制。

二、提高规划设计水平，保证居住环境质量

——城镇住宅区的规划布局和住宅型式要多样化，通过规划和单体设计的多种技术手段，获得合理的高密度效果和良好的居住环境质量，包括必需的日照、通风、绿地和室外活动空间等。

——城乡住宅设计、建设与施工要从近期的经济条件出发，并考虑远期建设标准提高时易于改造的可能性。

——城镇住宅以建多层为主，控制高层住宅的建造。在大城市的特定地点，可以建造适量的高层住宅。

新建乡村住宅提倡二层楼房，集镇提倡二、三层，有条件的可建多层住宅。发展综合性的文化和服务性建筑。

三、实行住宅区综合开发和配套建设

——住宅区建设要根据城市总体规划，统一计划，统一规划，统一开发建设，统一管理。要合理地配套建设上水、下水、供电、供气、供暖、道路、绿地、电话和电视公共天线等基础设施以及商业服务、文教、卫生、体育、行政管理等配套项目。实行基础设施先行，配套项目同步建设的原则。

——村镇住宅建设要综合规划，配套建设，先规划后建设。大力发展净水、供水设施，修建排水管沟，大力提倡绿化，逐步改善道路。

四、加速现有住宅的改造

——开发新住宅区要与加速改造旧住宅区相结合。

——制定房屋质量等级评定标准，有计划地对现有住宅和住宅区分别采取保留、改建和拆建的措施。

——逐步改善旧住宅区的基础设施和环境。

——提高城乡现有住宅抗震、抗风和其他抗灾性能。

——改善村镇旧房的通风、采光、防潮、卫生条件。

——改善城乡公共厕所的卫生条件及其分布。

——加强旧房改造、维修、保养技术和措施的研究。

五、因地制宜选用综合效益好的住宅建筑体系，提高建筑工业化水平

——必须紧密结合当地条件，选用综合效益好的住宅建筑体系。

多层住宅除采用砖混建筑外，有条件的地方应积极采用砌块建筑体系和“内浇外砌”体系；高层住宅宜采用“内浇外板”体系、全现浇体系或框架体系。建设规模大、任务持续稳定、有条件的大中城市，可采用装配式大板建筑体系。

——积极发展大开间的建筑结构体系，以适应住宅空间的灵活布置及底层综合利用的需要。

——对砖混建筑应进行综合性的技术改造。

——建筑施工实行机械化、半机械化、改良工具与传统技术相结合的多层次技术结构，积极采用手持电动工具。

——村镇住宅建设要因地制宜，就地取材，在利用传统材料和技术的同时，要大力普及现代建筑科学技术。

六、发展建筑构配件和制品的专业化、社会化生产和商品化供应

——大力发展城镇住宅通用的混凝土构配件及制品，提高质量，保证规格尺寸。其中外墙构件应逐步做到多功能、带饰面。

——积极发展乡村住宅和公共建筑的钢筋混凝土通用性构件。

——积极推广应用商品混凝土、定型组合模板和钢筋制品。

——发展质量优良的门窗、水暖电卫、厨房设备和组合家具的专业化生产。灯具、卫生器具和小五金等产品要更新换代。提倡以钢或塑料代替木材制作建筑配件。

七、加强建筑定型化，积极实现多样化

——制定建筑模数协调体系及参数系列，以指导住宅建筑体系的通用设计。

——推行以功能单元定型和构配件通用为基本内容的设计方法，达到定型化、多样化的统一和住宅使用面积最有效的利用。

——采用通用设计时，在不变动标准构配件的前提下，力求立面处理灵活多样。住宅区的建设，应利用地形，加强布局规划设计，并配合绿化、建筑小品等方法，充分反映各住宅区的特色，努力创造丰富多采的居住环境。

——制定建筑制品尺寸和形状的选择原则、接点做法、公差与配合的标准系列，促进构配件的通用化。

——制定各种建筑制品的性能标准。

——加速编制地方性的乡村住宅建筑和构配件的通用设计。

八、降低住宅建筑的能源消耗

——制定住宅建筑隔热保温标准。搞好节能设计。

——提高墙体和门窗的保温隔热性能。采用保温性能好的墙体材料和复合墙体，选用合理的窗墙比，改进门窗构造设计，提高密闭性能，寒冷地区的城镇住宅推广双层玻璃窗。

——改进采暖、电器照明、动力、供水排水和卫生系统，采用节能、省水设备。

——积极推广集中供热，注意废热、余热回收利用。

——开发利用太阳能、地热、沼气等。

九、重点发展以钢筋混凝土为主的结构材料

——增加水泥产量，提高质量，发展钢筋混凝土结构材料。

——必须十分重视砂石骨料的生产，按质量标准供应合格产品。

采用多种技术途径节约水泥。积极采用混凝土外加剂，充分利用粉煤灰、自然煤矸石等掺合料。

——推广与发展预应力和部分预应力技术。合理选用钢丝和钢筋品种，提高其质量。

——公共建筑要适当发展轻钢结构和网架结构，相应发展保温轻屋面。

十、改善和发展墙体材料及各种配套材料

——禁止毁田烧砖，提倡制砖造田，用多种途径扩大粘土砖的原料来源。

——大力改革粘土砖。重点发展粘土承重多孔砖，积极发展空洞率45%以上的非承重空心砖和带饰面的粘土砖。

——充分利用工业废渣，合理利用火山渣等天然资源。增加灰砂制品、加气混凝土、石膏砌块及板材等产品的生产。

——积极发展普通混凝土和各种轻骨料混凝土小型空心砌块，逐步系列化，并向承重、保温隔热、装饰等多功能多品种方向发展。

——大力发展轻隔墙材料。

——积极采用高效能的保湿材料、防水材料、嵌缝材料和装饰材料。

——积极采用各种塑料制品和内外墙、地板等的建筑涂料以及合成木材制品。

——因地制宜地开发利用石材。

十一、加强城乡住宅建设的综合研究和科学预测

——加强人口发展、家庭结构变化趋势和住宅需求的预测，开展住宅普查、抽样调查和家计调查等基础工作。

——开展住宅经济学、社会学、环境生态学等多学科综合研究，建立和健全有关法规。

——积极开展节约城乡住宅用地、住宅商品化以及土地价格的研究。

国务院

关于加强工业企业管理若干问题的决定

（一九八六年七月四日）

一、“六五”时期，经过全面整顿和初步改革，我国工业企业的面貌发生了很大变化，为保证国民经济持续稳定协调发展做出了重大贡献。但是，企业素质差的问题仍然存在，技术落后，管理更落后。突出表现在不少企业的产品质量差，物质消耗高，经济效益低，不能适应现代化建设和人民消费的需要。随着社会主义市场体系的逐步完善，对外经济技术联系的不断扩大，所有企业都面临着优胜劣汰竞争的严峻考验。质量不上去，消耗不下来，经济效益不提高，企业就不能继续生存和发展，国家也难以实现现代化建设的预期目标。对此，必须有清醒的认识和强烈的紧迫感。

二、“七五”期间，要把提高产品质量、降低物质消耗和增加经济效益，作为考核工业企业管理水平的主要指标。为此，提出国家特级企业、国家一级企业、国家二级企业和省（自治区、直辖市）级先进企业的主要标准。

国家特级企业的主要标准是：主要产品质量和物质消耗指标，达到国际先进水平，进入世界先进行列。

国家一级企业的主要标准是：主要产品质量达到国际七十年代末八十年代初的先进水平，主要物质消耗指标达到一九八五年国内同行业先进水平。

国家二级企业的主要标准是：有在国内同行业领先、适合市场需要的优质名牌产品，主要物质消耗指标达到一九八五年国内同行业先进水平。

省（自治区、直辖市）级先进企业的主要标准是：有在省内同行业领先、适合市场需要的优质名牌产品，主要物质消耗指标达到一九八五年省内同行业先进水平。

全国工业企业，特别是全民所有制大中型企业，都要从自己的实际情况出发，制定出“抓管理、上等级、全面提高素质”的规划，并采取切实措施，努力实现。

企业上等级工作，应该有计划有步骤地进行。从全国来说，先在机械、电子、钢铁、有色金属、石化、纺织以及某些轻工行业中试行。其它行业，可参照以上要求，选择部分企业进行试点。在工作中要坚持实事求是，防止形式主义。不论哪一级的先进企业，都不搞“终身制”。要定期评审，有升有降，符合标准的就上，不符合标准的就下。评审工作要由公正的机构组织实施。对达到国家特级、一级、二级标准的企业，国家在信贷、出口、工资、奖金等方面分别给予相应的鼓励。

企业等级的具体标准、上等级规划和实施细则，国家级企业由国务院有关主管部门负责制定，国家经委组织协调；省级企业由省、自治区、直辖市自行制定。企业上等级工作涉及的方面很多，各地区、各部门要有相应的机构负责组织协调。

三、积极推行和完善全面质量管理，建立质量保证体系。必须牢固树立质量第一的观点，千方百计为用户提供优质产品和服务。企业主管生产经营的干部必须学会质量管理的科学方法，积极动员和组织全体职工参加质量管理活动。要充实质量管理和检验机构。要把产品质量与职工的荣誉和物质利益结合起来，使质量指标在工资、奖金分配上具有否决权。

加强国家对产品质量的监督。要尽快在全国范围内建立起科学、公正、有权威的质量监督网。用科学的手段和方法，到市场和用户抽查商品，并发布抽查公告。对不合格产品的生产者提出警告，限期改进。对危害人民健康和生命安全的食品、医药、电器等产品，以及危害使用单位生产建设安全的产品，必须立即停止生产销售，并追究责任。国家实行优质优价、低质低价的政策。质量监督机构抽查商品的检测费用，由国家和地方财政拨款解决，除国家另有规定外，不准向企业收费。要积极探索和试行消费者对产品质量监督的办法。

四、认真搞好节能降耗工作。尽快改变物质消耗在总成本中所占比重过高的状况，采取切实有效措施降低物质消耗，节约的资金按规定提取一部分用于奖励职工。要坚持勤俭办企业的方针，把节能降耗工作落实到每一个环节，广泛开展综合利用和回收利废工作，合理使用各种物资，杜绝浪费。要把节能降耗列为企业技术改造的重点，优先纳入计划，安排资金。国家已公布淘汰的机电产品和超过消耗标准的设备，要按规定限期停用或更新改造。对原料、材料和能源消耗实行节约有奖、超耗有罚的办法。浪费严重、长期得不到解决的，要追究企业负责人和直接责任者的行政责任。

五、加强企业管理基础工作，加快企业管理现代化的步伐。到一九九〇年，大中型企业的主要产品都要按照国际标准或国外先进标准组织生产。逐步建立起以技术标准为主体，包括工作标准和管理标准在内的企业标准化系统。所有企业凡是能够实行定额考核的劳动、物资、资金、费用等，都应实行定额管理，扩大定额面，提高定额水平。企业要尽快完善计量器具和检测手段，认真做好计量定级升级工作，逐步实现检测手段和计量技术现代化。企业的信息工作要从原始记录、凭证、台帐、统计报表和用户信息反馈抓起，把生产经营全过程的信息收集、反馈、分析、处理扎扎实实地建立健全起来。有条件的企业，逐步采用电子计算机进行管理。必须加强班组建设。广泛开展班组竞赛活动，不断提高班组管理水平。班组建设的关键是选拔和培养责任心强、技术熟练、作风正派，能团结人的班组长。

六、大力推进企业的技术进步，加速产品更新换代和技术改造。每个企业都要根据实际情况，制定“七五”期间技术进步规划和年度实施计划。按照改进一代、研制一代、预研一代的方针，积极采用新技术、新设备、新材料，改造、淘汰老产品，开发新产品。企业技术改造项目，必须采用先进工艺和设备，使产品质量显著提高，物质消耗大幅度降低。

七、加强财务管理，搞好经济核算。必须认真贯彻会计法和成本管理条例，严格遵守财经纪律，执行财经制度。要完善会计制度，搞好资金筹措、结算和运用，提高资金使用效率。有条件的企业，还应当学会并运用价值工程等现代化管理方法，从产品设计、生产工艺、供应销售等每一个环节上节支增收。

八、改进和加强企业的经营工作。企业要从生产型转变为生产经营型。要注意研究市场变化，适应市场需要，向用户提供适销对路的商品和满意的服务，维护企业信誉，树立良好的经营作风。

九、认真抓好安全生产工作，维护国家财产，保障职工人身安全。厂长（或经理，下同）对企业的安全生产负有全面责任。要改善职工劳动条件，努力消除事故隐患，在保证职工安全的前提下组织领导生产。要加强安全教育，安全知识考核不合格的职工不得上岗操作。对违章指挥和操作造成重大事故的，必须严肃处理。

十、以提高产品质量、降低物质消耗为重点，进一步完善和发展企业内部经济责任制体系。做到责、权、利相结合，兼顾国家、集体和职工个人利益，职工劳动所得同劳动成果相联系，职权清楚，责任落实，考核严格，奖惩合理。

十一、切实搞好职工培训，不断提高职工队伍素质。“七五”期间，大中型企业领导干部在完成厂长国家统考的基础上，要分期分批进行系统培训，管理干部、技术干部、政工干部、班组长以及其他生产技术骨干要按照岗位、职务的需要，开展多层次的业务技术培训。鼓励职工学政治、学技术、学业务，苦练基本功。在试点的基础上，逐步恢复和完善统一考工晋级和晋升技师制度。

十二、加强纪律，从严治厂。执行纪律必须奖惩严明。对劳动态度好、工作贡献大的职工要给予精神鼓励和物质奖励；对于玩忽职守，严重违犯纪律，造成重大损失的职工，要按有关规定，给予行政处分直至追究法律责任。

十三、要有领导、有步骤地完成全民所有制工业企业领导体制的改革。“七五”期间，企业要在总结试点经验的基础上，普遍推行厂长负责制。实行厂长负责制的企业，厂级行政副职由厂长提名，报主管部门批准；中层行政干部由厂长任免。在任免干部的时候，要注意征求各方面的意见。

企业领导班子按照革命化、年轻化、知识化、专业化的要求调整以后，应保持相对稳定。厂长任期为三至五年，任期内实行目标责任制。实现任期目标的，可以连任。

十四、健全职工民主管理制度。要发扬我国社会主义企业职工民主管理的优良传统，发扬广大职工的主人翁责任感和主动性、积极性、创造性。要充分发挥职工代表大会或职工代表会议在企业民主管理中的作用。企业经营战略、发展规划、内部分配和经济责任制总体方案，要经过职工代表大会或职工代表会议讨论审议；有关职工切身利益的集体福利等方面的重要事项，要由职工代表大会或职工代表会议讨论决定。企业各级领导干部要自觉接受职工群众的监督，认真听取职工群众对于改革和加强企业管理方面的意见，积极发动群众开展合理化建议和技术革新活动。企业全体职工都要以办好企业为己任，关心企业发展，努力为国家多做贡献。

十五、改进和加强企业思想政治工作。企业上等级工作，要与创建精神文明单位的活动结合起来。要坚持四项基本原则，深入进行有理想、有道德、有文化、有纪律的教育，加强社会主义法制教育，用共产主义理想激发职工献身社会主义现代化建设的巨大热情，把职工对远大理想的追求，落实到“爱国家、爱企业、爱本职工作”上来。

国 务 院

关于深化企业改革 增强企业活力的若干规定

（一九八六年十二月五日）

按照“七五”期间经济体制改革任务的要求，一九八七年要在深化企业改革，增强企业特别是大中型企业的活力方面迈出较大的步子。为此，特作如下规定。

一、认真落实搞活企业的有关政策规定

近年来，党中央、国务院先后颁发了关于扩大企业自主权，增强企业活力的一系列重要文件。各级人民政府要组织有关部门对这些文件的贯彻执行情况进行认真检查，逐条抓好落实。凡文件规定放给企业的权利被中间环节截留的，要坚决放给企业。各部门、各地区要认真清理各自下发的文件，对不符合党中央、国务院关于搞活企业规定精神的，应予废止或纠正。今后，要把扩大企业自主权的落实情况，作为考核、评价各级政府部门和领导人工作的一项重要内容。

二、推行多种形式的经营承包责任制，给经营者以充分的经营自主权

根据企业所有权与经营权分离的原则，给经营者以充分的经营自主权，是深化企业改革、增强企业活力的重要内容。

全民所有制小型企业可积极试行租赁、承包经营。选择一部分亏损或微利的全民所有制中型企业，进行租赁、承包经营试点。要保证承租人或承包人在遵守国家有关规定的前提下，拥有充分的经营自主权，保护他们按照合同规定取得的合法利益。全民所有制大中型企业要实行多种形式的经营责任制。各地要从实际出发，制订租赁、承包经营的具体试行办法，并加强审计监督。

各地可以选择少数有条件的全民所有制大中型企业，进行股份制试点。企业之间互相投资，或联合投资新建企业，一般宜采取股份制形式。

有些全民所有制小型商业、服务业企业，可由当地财政、银行、工商行政管理部门和企业主管部门共同核定资产，由企业主管部门进行拍卖或折股出售，允许购买者分期偿付资产价款。出售企业的收入全部上交国家财政，由中央和企业所在城市五五分成。

集体所有制企业仍由主管部门统负盈亏的，一律改为自负盈亏，不再上交合作事业基金。

三、加快企业领导体制的改革

全面推行厂长（经理）负责制。厂长（经理）是企业法人的代表，对企业负有全面责任，处于中心地位，起中心作用。

实行厂长负责制的企业，要同时实行厂长任期目标责任制，并切实保障经营者的利益。凡全面完成任期内年度责任目标的，经营者的个人收入可以高于职工平均收入的一至三倍。做出突出贡献的，还可以再高一些。完不成年度责任目标的，应扣减厂长的个人收入。

为保证厂长集中精力组织生产经营，各级政府部门和其他单位要尽量减少对企业的检查、评比和

十六、各级经济主管部门和综合部门，要在企业开展“抓管理、上等级、全面提高素质”工作中，精心进行指导，为企业创造良好的外部环境。要坚持政企职责分开的原则，保证企业的正当权益。必须坚决贯彻落实国务院已经发布的关于扩大企业自主权、增强大中型企业活力，推进技术进步、推动横向经济联合、制止向企业乱摊派等项决定。对侵犯企业自主权和经济利益的问题，一经发现，必须立即纠正。

十七、交通、邮电、商业、服务、建筑施工等行业，可参照本决定，结合具体情况，拟订加强企业管理的实施办法。

召开会议等活动。

企业要精简机构，减少脱产人员。任何部门不得强制企业设置对口机构，不得规定企业内部机构的人员编制。

四、进一步增强企业自我改造、自我发展的能力

一九八七年，继续减免轻纺企业和其他进行重点技术改造的大中型企业的调节税，企业由此增加的留利，必须用于企业发展生产。对纺织产品和某些轻工产品适当降低产品税或增值税税率。具体减征办法由财政部、国家经委商定。

工业企业全面实行分类折旧。对技术密集的新兴产业，经财政部会同有关部门批准，可试行加速折旧办法。目前仍由上级部门集中掌握的30％的折旧基金，要全部留给企业，原来规定免征能源交通建设基金的部分，继续免征。

今后，企业用税后留利进行生产性投资所增加的利润，按40％的税率征收所得税。

对国家急需发展的社会经济效益好的企业技术改造所需贷款，银行要优先给予安排。

要采取坚决有效的措施，制止对企业的摊派。各级政府以及部门的主要领导人对此要切实负责，违者要追究责任。

五、改进企业的工资、奖金分配制度

在国家规定的工资总额（包括增资指标）和政策范围内，对于企业内部职工工资、奖金分配的具体形式和办法，以及调资升级的时间、对象等，由企业自主决定，国家一般不再作统一规定。

降低奖金税税率。企业全年发放奖金总额不超过标准工资四个月的部分，继续免征奖金税；四个月至五个月的部分，奖金税税率由现行的30％降为20％；五个月至六个月的部分，奖金税税率由100％降为50％；六个月至七个月的部分，奖金税税率由300％降为100％；七个月以上的部分，奖金税税率定为200％。

试行工资总额同上交利税挂钩的企业，工资增长率为7％至13％的部分，工资调节税税率由30％降为20％；增长率为13％以上至20％的部分，工资调节税税率由100％降为50％；增长率为20％以上至27％的部分，工资调节税税率由300％降为100％；增长率为27％以上的部分，工资调节税税率定为200％。

国家经委、财政部、劳动人事部要研究改进能源、原材料节约奖的提奖办法，解决"鞭打快牛"的问题。

六、继续缩减对企业下达的指令性计划

国务院各部门，各省、自治区、直辖市和国家计划单列省辖市，要继续缩减向企业下达的指令性计划产品的种类、生产任务和调拨量，扩大企业自销比例，（具体种类、数量由计划下达单位另行规定）。除上述单位外，其他单位一律无权向企业下达指令性计划。

生产资料由企业自销的部分，价格由供需双方议定。加工产品中，小商品价格要切实放开，随行就市；一般机电产品价格要进一步放开，重要机电产品以浮动价格为主，必要时可规定最高限价；工业消费品价格要有控制地逐步放开，其中对人民生活影响较大的商品需要提价时，要履行申报手续。

七、限期清理、撤销行政性公司

在一九八七年第一季度内，除少数经国务院批准赋予其行政职能的全国性公司以外，要停止行政性公司管理企业的职能，促使其尽快转为经营型或服务型的经济实体，实行独立核算，自负盈亏，并将他们承担的行政管理职能转给政府有关部门。一九八七年六月底还不能实现转变的，一律撤销。

八、鼓励发展企业集团

在发展横向经济联合的基础上，以大型骨干企业或名牌产品生产企业为主体，根据自愿互利的原则，由企业自主组建企业集团，政府部门不得阻止。允许企业参加两个以上的企业集团，并允许退出。有条件的企业集团可实行股份制。各级政府部门一般不应自上而下地组建企业集团，也不能指派企业集团的经营负责人，要防止把企业集团变成行政性公司或由行政性公司翻牌变成"企业集团"。国家对企业集团主要运用经济的，法律的手段进行间接管理。

在同一行业中，一般不搞独家垄断的企业集团，以利于开展竞争，促进技术进步。

一九八七年，中国人民银行要在信贷计划中，拨出一定的贷款额度，通过城市专业银行，重点支持企业集团的技术开发与产品开发。

各地区和各有关部门可根据本规定，结合实际情况，制定实施细则。

国务院办公厅

转发城乡建设环境保护部关于整顿建筑市场情况报告的通知

（一九八六年十二月十三日）

城乡建设环境保护部《关于整顿建筑市场情况的报告》已经国务院批准，现转发给你们，请结合实际情况贯彻执行。

整顿建筑市场、纠正行业不正之风，对于巩固和发展建筑业改革成果，具有重要意义。近一年来，对建筑市场的整顿工作已初见成效，并取得一些经验，但发展不平衡，还存在不少问题。请各级人民政府继续加强领导，采取有效措施，进一步抓好这项工作。各有关部门要加强指导和督促检查，密切配合，共同把整顿建筑市场的工作做好。

城乡建设环境保护部

关于整顿建筑市场情况的报告

（一九八六年九月二十三日）

一九八五年十月，中央领导同志对建筑业的工程质量问题作了重要批示，我部进行了认真的学习和研究，并及时召开了专门会议，部署全国建筑市场的整顿工作。今年一月，为明确整顿工作的指导思想、方法、步骤和政策界限，我部发了《关于整顿建筑市场的通知》。同时，先后派出四个工作组到各地了解情况，总结经验，推动整顿工作的健康发展。现将主要情况报告如下：

各省、自治区、直辖市人民政府对整顿建筑市场工作都很重视，普遍成立了临时领导机构，召开了动员大会，专门发了文件。各地城乡建设主管部门与工商行政管理、税务、建设银行、审计等部门密切配合，审查设计、施工单位营业资格，揭露违纪案件，查处重大质量事故，纠正行业不正之风，已经收到了初步效果。整顿工作中查出的主要问题：一是无证设计、无证施工和越级承包工程的情况严重。二是发包工程要回扣，承包工程搞贿赂。三是非法转包，坐收渔利。四是高估乱要的现象较为普遍。整顿工作起步较早的北京市，在整改中认真进行了“三退”：一退不合理的工程收费；二退领导干部的不合理收入；三退占用建设单位的住房。

经过前段整顿工作，上述问题已得到一定程度的纠正，但所取得的成绩是初步的，揭露出来的问题大多是浮在面上的，整顿工作还必须广泛深入地开展下去。我们准备继续抓好以下工作：

一、把整顿建筑市场与纠正行业不正之风结合起来进行。现在，有的地方把两者割裂开来，重复部署，增加了基层负担。今后，统一提为整顿建筑市场，纠正行业不正之风，巩固改革成果，发展大好形势。目前先抓好城市范围内建筑市场的整顿，重点是：取缔无证设计、无证施工和越级承包工程的违法经营；查处内外勾结、上下串通、行贿受贿、偷税漏税、坑害国家的行为；查处出卖营业执照、企业资

国家计划委员会　城乡建设环境保护部

工程承包公司暂行办法

（一九八四年十一月五日）

为了贯彻执行国务院关于建筑业和基本建设管理体制改革的暂行规定，做好工程承包公司的工作，特制定本办法。

第一章　总　　则

第一条　工程承包公司是组织工程项目建设的企业单位，是具有法人地位的经济实体。公司实行独立核算，自负盈亏，有独立的经营自主权。

第二条　在现行基本建设领导体制未改革前，工程承包公司按隶属关系由各部门和各地区进行行政领导，但不要干预其正常的经济活动。主管部门同工程承包公司在工程项目建设方面，主要是经济合同关系。

第二章　工程承包公司的组建

第三条　工程承包公司由国务院各有关部门和各地区根据建设任务需要分别组建，按隶属关系由各部门、各地区进行资格审查、批准，向所在地工商行政管理部门申请发给营业执照。

第四条　为了鼓励竞争，防止垄断，各有关部门和地区，一般应组建两个以上的工程承包公司，并可跨部门、跨地区承包建设任务。

第五条　各部门、各地区组建工程承包公司，可以在所属企事业单位抽调具有工程建设经验的人员组成；可以依托设计单位，组成以设计为主体的工程承包公司；也可以依托工程指挥部进行组建。

第六条　工程承包公司是组织工程项目建设的一种主要形式，应该具有较高的组织管理水平和工作效率，人员要少而精。公司应配备熟悉业务的设计、计划、财务、经营、采购、施工监督等专业的技术经济人员，一般不应辖有直属的施工队伍。

第三章　工程承包公司的任务

第七条　工程承包公司的主要任务是，在国家

格证书、银行帐号和非法转包渔利的行为；查处弄虚作假、偷工减料造成重大质量事故和倒塌事故的行为；纠正高估冒算、敲竹杠、设梗刁难用户的行为。

二、整顿建筑市场不仅涉及设计、施工、建设单位，还涉及材料供应单位和市场管理等部门。因此，城市人民政府要加强领导，搞好协调。各有关部门、单位都要支持主管部门充分发挥职能作用。要加强立法，搞好监督、协调、服务，切实把建筑市场管起来。

三、划清不正之风与违法犯罪的界限。对建筑市场活动中的各种不正之风，要认真纠正。对于行贿受贿、非法倒卖建筑材料牟取暴利、贪污盗窃和出卖营业执照、企业资格证书、银行帐号、设计图签以及偷工减料、粗制滥造造成重大质量、伤亡事故等违法行为，要根据情节轻重严肃处理，直至追究刑事责任。要把按规定实行总包分包责任制同不负任何经济技术责任的倒手转包、从中渔利区别开来；把按合同工期提取提前工期奖同高估乱要、非法牟利区别开来。各地在整顿中清退不符合要求的建筑队伍时，一定要注意保护竞争，防止排斥外来队伍、封闭建筑市场的现象。

四、抓紧解决工程质量下降的问题。首先，要切实加强工程质量管理，完善责任制，把好质量关。非持证设计单位设计的工程，一律不准施工；无出厂合格证明和未按规定复试的原材料，一律不准使用；不合格的建筑构件，一律不准出厂和用在工程上；所有工程都必须按照国家规范、标准施工和验收，不准降低标准，质量不合格的工程及构件，一律不准报竣工面积和产值、产量。其次，有关部门要加强对工程质量的监督，所有监督人员都要严格执行质量监督条例，尽职尽责。因失职、渎职或受贿造成严重质量事故的，要从严惩处。第三，认真查处一九八五年以来的重大质量事故，过去处理不当的要重新处理。凡因设计、施工原因造成的质量缺陷，必须返修补强，不能留有隐患，损害用户利益。

五、抓紧处理违章违纪案件。属于一般违章违纪行为，由所在单位处理；属于重大工程质量事故，由质量监督部门查明原因，分清责任，提交施工企业的主管部门处理；属于违反工商行政管理法规的，由工商行政管理机关处理；对于偷税漏税的，按照有关税法规定处理；触犯刑律的，提交司法部门依法惩处。要通过解剖分析典型案例，教育广大干部、职工和群众。

以上报告，如无不妥，请批转各地执行。

计划指导下，接受建设项目主管部门或建设单位的委托，对建设项目的可行性研究、勘察设计、设备询价与选购、材料订货、工程施工和竣工投产，实行全过程的总承包或部分承包。并负责对各项分包任务进行综合协调管理和监督工作。

工程承包公司要与项目主管部门或建设单位密切配合，搞好工程建设和生产准备工作，必要时可吸收建设单位部分力量，在工程承包公司统一组织下，参加工程建设的有关工作，以利于建设和生产的衔接。

第八条　工程承包公司承接任务，应根据《中华人民共和国经济合同法》和其他有关条例，同项目主管部门或建设单位签订协议或合同，明确规定工程建设内容、建设条件和要求，以及双方的责任、权益和奖罚办法等事项。

第九条　工程承包公司接受工程项目总承包任务后，可将勘察设计、工程施工和材料设备供应等工作进行招标，择优选定勘察设计单位、施工单位、材料设备生产或供应单位，并签订分包经济合同。

第十条　工程承包公司所需周转资金，由建设银行贷款。实行投资包干责任制的，由于工期提前而少付的贷款利息，作为工程承包公司的收入；由于延误工期而多支付的利息，由工程承包公司以自有资金偿还。

第十一条　工程承包公司按建设项目设计文件中所提出的材料品种、规格、数量和分年度的材料需用计划，委托物资配套承包公司组织供应，或采取招标办法，择优选择物资供应单位。

第十二条　工程承包公司可以委托设备成套公司或采用招标办法，择优选定设备供应单位，组织设备供货；也可以按设备预算价格包给设备成套公司组织供应，盈亏由设备成套公司负责；也可以从国外采购。

第十三条　工程承包公司承包的工程项目，按工程项目隶属关系分别纳入各部门、各地区年度基本建设计划和年度物资分配计划。工程项目的主管部门和地区安排计划时，要按协议或合同办理。

第四章　工程承包公司的责、权、利

第十四条　工程承包公司必须遵守国家的法律、法令，执行国家的方针政策和国家计划，严格履行所签订的各项经济合同。

第十五条　工程承包公司要积极开发和采用新技术，新工艺，有权招聘国内外技术经济专家或购买专利，不断提高技术和管理水平，努力增强竞争实力。

第十六条　工程承包公司有以下权利：

1.有权决定公司的业务范围和经营方式，改革企业内部工资奖励分配制度；

2.在国家政策允许的范围内，可以自行支配公司的自有资金和节余资金；

3.根据工程需要和设计工艺要求，有权自行选购材料、设备；

4.工程承包公司实行经理负责制，经理由主管部门任命。副职由经理挑选并实行任期制，报主管部门任命，公司有权决定中层干部的任免、企业内部机构设置和职工的录用、辞退、开除。

第十七条　新组建的工程承包公司，由建设银行贷给一定数量的周转资金，并在建设银行开立帐户。

第十八条　工程承包公司在按照合同规定完成或提前完成任务时，除根据合同规定应收的承包费用外，还可从投资包干节余和提前竣工的收益中分成。这些收益除按规定上交的部分外，其余均作为公司的自有资金。可用作生产发展基金、集体福利基金和奖励基金等方面。

工程承包公司承包工程的节余资金，用于建造职工住宅和集体福利设施，已包括在建设项目总投资内的，不计入自筹投资指标。新组建的工程承包公司，三年内免交所得税。

第十九条　工程承包公司对勘察设计质量高、现场服务好的勘察设计单位和物资供应及时的物资部门，除按分包合同规定付给费用外，还可以酌情给予奖励。由于勘察设计单位、物资部门未按合同执行而造成经济损失，应予赔偿。

第二十条　工程承包公司由于组织管理不善，造成建设项目工期拖长、质量低劣、资金超出等，应负责赔偿全部损失。由于项目主管部门或建设单位未按合同规定提供建设条件等原因而造成的损失，由主管部门或建设单位负责赔偿工程承包公司的经济损失。双方经济惩罚均以合同规定为准。

第五章　附　则

第二十一条　本办法自颁布之日起试行。

第二十二条　国务院各部门、各省、自治区、直辖市可根据本办法，结合具体情况制定实施细则，并报国家计委和城乡建设环境保护部备案。

国家计划委员会 城乡建设环境保护部

建设工程招标投标暂行规定

（一九八四年十一月二十日）

第一章 总 则

第一条 为了加强对建设工程招标投标的管理，缩短建设工期，确保工程质量，降低工程造价，提高投资效益，特制定本规定。

第二条 建设工程实行招标投标，有利于开展竞争，鼓励先进，鞭策落后，是建设工程管理制度的一项重大改革。各地区、各部门要努力创造条件，积极推行。

第三条 列入国家、部门和地区计划的建设工程，除某些不适宜招标的特殊工程外，均按本规定进行招标。

第四条 凡持有营业执照、资格证书的勘察设计单位、建筑安装企业、工程承包公司、城市建设综合开发公司，不论国营的还是集体的，均可参加投标。

第五条 建设工程的招标和投标，不受地区、部门限制。工程项目主管部门和当地政府，对于外地区、外部门的中标单位，要一视同仁，提供方便。

第六条 建设工程的招标和投标，是法人之间的经济活动，受国家法律保护和监督。

第二章 招 标

第七条 建设工程招标有以下几种形式：

1.全过程招标，即从项目建议书开始，包括设计任务书、勘察设计、设备材料询价与采购、工程施工、生产准备、投料试车，直到竣工投产、交付使用，实行全面招标；

2.勘察设计招标；

3.材料、设备供应招标；

4.工程施工招标。

本文是以城乡建设环境保护部1983年印发的《建筑安装工程招标投标试行办法》为基础，吸收各地区、各部门试点经验后拟定的。1984年11月20日国家计划委员会和城乡建设环境保护部正式印发全国贯彻执行。

第八条 全过程招标的主要程序是：

1.由项目主管部门或建设单位，根据批准的项目建议书，委托几个工程承包公司或咨询、设计单位，作出可行性研究报告，通过议标选定最佳方案和总承包单位；

2.总承包单位受项目主管部门或建设单位委托，组织编制设计任务书，经审查同意后，由项目主管部门或建设单位向审批机关报送设计任务书；

3.设计任务书获准后，总承包单位即可按照顺序分别组织勘察设计招标、设备材料供应招标和工程施工招标，并与中标单位签定承包合同。

第九条 建设工程各种形式的招标，必须具备各自的基本条件：

1.实行建设项目全过程招标，要有审批机关批准的项目建议书和所需的资金；

2.实行勘察设计招标，要有审批机关批准的设计任务书和所需的资金；

3.实行设备、材料供应招标，要有设计单位提供的设备、材料清单和所必需的资金；

4.实行工程施工招标，必须有经过批准的工程建设计划、设计文件和所需的资金。

第十条 招标采取下列方式：

1.公开招标：由招标单位通过报刊、广播、电视等公开发表招标广告；

2.邀请招标：由招标单位向有承担能力的若干企业发出招标通知。

少数特殊工程或偏僻地区的工程，投标企业不愿投标者，可由项目主管部门或当地政府指定投标单位。

第十一条 工程施工招标可实行全部工程招标、单项工程招标、分部工程招标、专业工程招标等形式，工程承包可采取全部包工包料、部分包工包料或包工不包料。无论采取哪种形式，都要在招标广告或招标通知书中说明。

第十二条 招标程序：

1.编制招标文件，发出招标广告或招标通知书；

2.招标单位对申请投标的企业进行资格审查；

3.招标单位组织投标企业勘察工程现场，解答招标文件中的疑点；

4.投标企业密封报送标书；

5.当众开标、议标，审查标书，确定中标单位，发出中标通知书；

6.招标单位与中标企业签订承发包合同。

第十三条　招标文件的内容，应根据全过程招标、勘察设计招标、设备材料供应招标、工程施工招标等不同的特点，分别拟定。工程施工招标一般应包括以下内容：

1.综合说明书，包括项目名称、地址、工程内容、建设工期和现有的基本条件；

2.工程款项支付方式；

3.技术质量要求；

4.实物工程量清单；

5.物资供应方式；

6.投标起止日期和开标日期、地点；

7.合同主要条款。

第十四条　工程施工招标的标底，在批准的概算或修正概算以内，由招标单位确定。标底在开标前要严格保密，如有泄漏，对责任者要严肃处理，直至法律制裁。

第十五条　招标单位不得擅自改变已发出的招标文件，否则应赔偿由此而给投标企业造成的损失。

第三章　投　标

第十六条　参加投标的企业，应按招标通知规定的时间报送申请书，并附企业状况说明：

1.企业名称、地址、负责人姓名和开户银行帐号；

2.企业的所有制性质和隶属关系；

3.营业执照或资格证书（复制件）；

4.企业简况。

第十七条　投标企业报送的标书内容，应根据招标文件的内容和要求拟定。建筑安装企业报送的标书，一般应包括以下内容：

1.综合说明；

2.工程总报价和价格组成的分析；

3.计划开竣工日期；

4.施工组织和工程形象进度计划表；

5.主要施工方法和保证质量的措施；

6.临时设施占地数量等。

第十八条　标书要加盖企业及其负责人的印鉴，密封后寄送招标单位。

第十九条　投标企业不得通同作弊，不得行贿，不得哄抬标价，违者取消投标资格，并视情节轻重给予必要的处罚。

第四章　评标定标

第二十条　自发出招标文件到开标的时间，由招标单位根据工程项目的大小和招标内容确定。

第二十一条　开标必须公开进行，当众启封标书，宣布各投标企业的报价及其它主要内容。大中型建设项目和重点工程由招标单位组织投标企业并邀请项目主管部门、基建综合部门、建设银行参加评标定标。

第二十二条　投标企业寄送的标书有下列情况之一者无效：

1.标书未密封；

2.未加盖本单位和负责人的印鉴；

3.标书寄达日期已经超过规定的开标时间。

第二十三条　确定中标企业的主要依据是，标价合理、能保证质量和工期，经济效益好，社会信誉高。

第二十四条　所有投标企业的标价都高于标底时，如属标底计算错误，应按实予以调整；如标底无误，通过评标剔除不合理的部分，确定合理标价和中标企业。

第二十五条　确定中标企业后，双方应在一个月内签订承发包合同。借故拒绝签订合同的招标或中标企业，要赔偿由此而给对方造成的经济损失。

第五章　管理与监督

第二十六条　建设工程的招标和投标工作，由各级政府指定的部门（计委、建委、建设厅）负责管理和监督。

第二十七条　凡违反本规定，在招标投标活动中营私舞弊、弄虚作假的，要追究有关单位和责任者的经济和法律责任。

第六章　附　则

第二十八条　外国工程公司，中外合资工程公司参与国内建设工程的投标办法，另行制定。

第二十九条　各省、自治区、直辖市及国务院各有关部门，可根据本规定，制定本地区、本部门的实施细则。

第三十条　本规定自公布日起执行。

城乡建设环境保护部

建筑工程质量监督站工作暂行规定

（一九八五年二月五日）

根据《国务院关于改革建筑业和基本建设管理体制若干问题的暂行规定》和城乡建设环境保护部与国家标准局联合颁发的《建筑工程质量监督条例（试行）》有关要求，为尽快开展工程质量的政府监督，现将市、县建筑工程质量监督站的工作范围、监督程序和编制、经费等具体规定如下：

一、市、县建筑工程质量监督站（以下简称监督站）是在当地政府领导下履行工程质量监督的专职机构；质量监督人员按施工面积三至四万平方米配备一人，但每个监督站的专职监督人员不得少于三人。

二、监督站的直接监督范围和监督项目，由各监督站自行规定，报主管部门备案。对不直接监督的工程，可委托其它单位代监。

三、监督站的监督内容和程序如下：

1.工程开工前，审核承担受监工程的勘察设计与施工单位是否具有勘察设计证书和营业执照；是否符合核定的营业范围。凡未经监督站核查或核查不符合要求的，均不得发给开工执照。

2.工程施工中，监督站可随时对工程质量进行抽检，重点是地基基础和主体结构以及建筑和设备功能。发现有严重质量问题时，监督站有权令其停止施工。

3.工程竣工后，首先由施工单位会同筹建单位和设计单位对竣工工程质量进行验评，并将验评结果及有关技术资料送交监督站进行核验。未经监督站核验或核验为不合格的工程，不准交付使用。

4.对建筑构件厂，要审核其是否具有营业执照，是否符合核定的营业范围。各构件厂要根据监督站的要求，如实报送产品质量情况，对构件质量低劣的，监督站有权制止产品出厂或令其停产整顿，整顿后仍不合格者，提请有关部门吊销其营业执照。

5.监督站与企业质量检查机构的关系是：施工（生产）过程中，经常性的质量检查工作，由企业负责；竣工工程和产品质量的认定工作由监督站负责。监督站除对接受委托的工程进行直接监督外，重点应放在监督施工和构件生产单位的质量保证体系上，如企业配备的质量检查人员是否符合要求；检验测试手段是否符合规定；质量管理制度是否健全。因此，质量监督站建立后，企业内部检查机构不应削弱，并接受监督站的业务指导。

四、筹建、设计、施工和构件生产单位要为监督站创造必要的工作条件。凡监督站直接监督的工程，筹建单位必须在申请开工执照前向监督站提交质量监督委托书，并同时提交全套施工图纸；工程地质勘察报告书；施工合同副本；筹建单位供料的工程，还需要提交进场的原材料检验报告单（复印抄件）。监督站在接受委托后，于一周内确定监督该项工程的监督员，并通知筹建和设计与施工单位。竣工单位工程质量等级的核验，由施工单位于前十天通知监督站。

五、筹建单位和构件厂应向市、县监督站交纳监督费，其费率标准是：

1.年施工建筑面积在一百万平方米以上的城市，监督费按委托工程建筑安装工作量的千分之二点五收取。

2.年施工建筑面积在三十万平方米以上，一百万平方米以下的市、县，监督费按委托工程建筑安装工作量的千分之三收取。

3.年施工建筑面积在二十万平方米以下的市、县，监督费按委托工程建筑安装工作量的千分之三点五收取。

4.经济特区及沿海开放城市开发区的监督费在不低于上述收费标准前提下，由当地政府自行规定。

5.构件质量监督费，按对外销售额的千分之一点五收取。

6.监督费由筹建单位和生产厂列入工程概算和产品成本。

六、市和市属县（区）监督站的监督费，可由市监督站统一收取，也可按市、县（区）监督范围

城乡建设环境保护部

建筑工程质量检测工作的规定

（一九八五年十月二十一日）

第一章　总　则

第一条　为保证建筑工程质量，提高经济效益和社会效益，加强对建筑工程及建筑工程所用的材料、制品、设备的质量监督检测工作，根据城乡建设环境保护部和国家标准局联合颁发的《建筑工程质量监督条例（试行）》和《关于建立“建筑工程质量检测中心”的通知》，特制定本规定。

第二条　建筑工程质量检测工作是建筑工程质量监督的重要手段。建筑工程质量检测机构在城乡建设主管部门的领导和标准化管理部门的指导下，开展检测工作。

第三条　建筑工程质量检测机构是对建筑工程和建筑构件、制品以及建筑现场所用的有关材料、设备质量进行检测的法定单位。其所出具的检测报告具有法定效力。国家级检测机构出具的检测报告，在国内为最终裁定，在国外具有代表国家的性质。

第四条　建筑工程质量检测机构必须严格执行国家、部门和地区颁发的有关建筑工程的法规和技术标准。

第二章　检测机构和任务

第五条　全国的建筑工程质量检测机构，由国家级、省级、市（地区）级、县级检测机构组成。

第六条　建筑工程质量国家检测中心是国家级的建筑工程质量检测机构。其主要任务是：

1.接受委托，承担重大建筑工程质量的检测和试验任务；

2.负责建筑工程所用的构件、制品以及有关材料、设备的质量认证和仲裁检测工作；

3.负责对结构安全、建筑功能的检定，参加重大工程质量事故的处理和仲裁检测工作；

4.对申报国家质量奖的建筑工程和建筑构件、制品以及有关材料、设备提供检测报告；

5.参与建筑新结构、新技术、新产品的重大科技成果鉴定；接受委托、承担重大建筑工程的技术审定；

6.统一全国建筑工程质量检测方法，承担或参与有关国家标准的制订、修订工作；

7.对地方建筑工程质量检测工作，进行技术指

的分工分别收取监督费。监督费只能用于和质量监督工作有关的开支，不能挪作他用。

七、建筑原材料、半成品的测试报告，必须由省、市建筑工程质量检测中心或本地区监督站认定的测试部门（试验室）提供，方为有效。

八、建筑工程发生重大质量事故时，施工单位必须在事故发生后二十四小时内向监督站报告，施工、设计单位应会同筹建单位尽快提出事故调查报告和处理方案，经监督站同意后方许施工。一般工程质量事故，由施工或设计单位提出处理方案，在取得筹建单位同意后，由施工单位负责处理，并报送监督站备案。

九、经监督站核验质量为不合格的单位工程，施工单位除必须进行返修和加固补强直至保证结构安全和使用功能外，并向筹建单位按当地规定交付罚款。

十、各级质量监督人员必须秉公办事，不准徇私偏袒；不准弄虚作假；不准索贿受贿。对利用职权违法乱纪者必须严肃处理。质量监督员和企业质量检查人员工作成绩突出的，监督站应给予奖励。

十一、本暂行规定自颁发之日起开始实施。

十二、各地区可根据本暂行规定，制定实施细则。

十三、本暂行规定由城乡建设环境保护部建筑管理局负责解释。

导，组织技术骨干培训工作，提供国内外检测方面的信息。

第七条　各省、自治区、直辖市级的建筑工程质量检测中心，由省、自治区、直辖市标准化管理部门和城乡建设主管部门共同审查认可。其主要任务是：

1.接受委托，承担本地区建筑工程和建筑构件、制品以及建筑现场所用材料质量的检测工作；

2.承担本地区建筑工程及建筑构件、制品质量的仲裁检测工作；

3.承担或参与本地区结构安全、建筑功能的技术评价，参加本地区重大工程质量事故的处理和仲裁检测工作；

4.对申报省级质量奖的建筑工程和建筑构件、制品提供检测报告；

5.参与本地区建筑新结构、新技术、新产品的科技成果鉴定；

6.承担或参与国家或地区组织的技术规范、规程、标准的制订、修订工作；

7.对市（地区）、县建筑工程质量检测工作，进行技术指导；参与对市（地区）级检测单位和检测人员资格的审查；组织技术培训工作。

第八条　市（地区）、县级的建筑工程质量检测站，其主要任务是：

1.接受委托，承担本市（地区）、县建筑工程和建筑构件、制品以及建筑现场所用材料质量的检测工作；

2.参加本市（地区）、县工程质量事故的处理和仲裁检测工作；

3.参与本地区建筑新结构、新技术、新产品的科技成果鉴定；

4.市（地区）检测站参与对县级检测站和检测人员资格的审查。

第三章　检测权限和责任

第九条　建筑工程质量国家检测中心受城乡建设环境保护部的委托，有权对指定的国家重点工程进行检测复核，向城乡建设环境保护部提出检测复核报告和建议。

第十条　各地检测机构有权对本地区正在施工的建筑工程所用的建筑材料、混凝土、砂浆和建筑构件等进行随机抽样检测，向本地建筑工程质量主管部门和质量监督部门提出抽检报告和建议。

第十一条　建筑工程质量国家检测中心受城乡建设环境保护部和国家标准局的委托，有权对建筑构件、制品以及有关的材料、设备等产品进行抽样检测。省级、市（地区）级、县级检测机构，受同级的城乡建设主管部门和标准化管理部门的委托，有权对本省、市、县的建筑构件、制品进行抽样检测。

对违反技术标准失去质量控制的产品，检测单位有权提请主管部门停止其生产，不合格的不得出厂，已出厂的不得使用。

第十二条　建筑工程质量检测机构出具的检测、鉴定报告单必须实事求是，字迹清楚，数据可靠，要具有试验、校核、主管人员签字加盖公章，并留有存根备查。

第十三条　检测人员应秉公办事，不谋私利，认真按技术标准进行检测。

第十四条　各级城乡建设主管部门应积极支持检测人员履行职责，对阻碍、刁难检测人员行使职权和打击报复者，要认真查处。

第十五条　各级城乡建设主管部门对一贯工作认真负责，忠于职守的检测单位和检测人员，可给予奖励；对玩忽职守、营私舞弊、弄虚作假的人员，要依据情节严肃处理。

第十六条　建筑工程质量检测单位所承担的检测项目，按有关规定收取检测费用。

第四章　其　　他

第十七条　各省、自治区、直辖市城乡建设主管部门可根据本办法制定实施细则。

第十八条　本规定的解释权，归城乡建设环境保护部建筑管理局。

第十九条　本规定自公布之日起施行。

国家计划委员会　城乡建设环境保护部

集体和个体设计单位管理暂行办法

（一九八五年三月五日）

为了贯彻国务院批转国家计委《关于工程设计改革的几点意见》，加强对集体和个体设计单位的指导和管理，特制定本办法。

第一章　总　则

第一条　集体设计单位是社会主义集体所有制的经济组织，生产资料由集体所有，实行自愿组合，自负盈亏，集体积累，按劳分配，民主管理，独立经营，是具有法人资格的经济实体。

个体设计是指从事工程设计个人开业的单位，由开业者负法律和经济责任。

第二条　开办集体或个体设计单位，要提出申请，经过资格审查，取得设计证书，并向当地工商行政管理部门登记、注册，领取营业执照后，方能开业。

第三条　集体和个体设计单位要遵守国家政策和法令，接受国家计划的指导和当地政府的管理、监督，要维护国家利益，端正经营作风，为国家多作贡献。

第四条　集体和个体设计单位的资财受法律保护，任何部门或个人不得侵占。

第五条　集体和个体设计单位不得私自接受国营单位的在职人员参加设计。国家企、事业单位的在职人员，如有受聘到集体设计单位或申请从事个体设计者，除支援边远地区经过批准可以停薪留职外，必须先办理离职手续，否则按自动离职处理。

第二章　资格审查

第六条　集体和个体设计单位的设计资格审查，由各省、自治区、直辖市（包括计划单列城市）办理。申请建筑设计资格的，由城乡建设主管部门审批，申请其它行业设计资格的由基建综合部门审批。

第七条　申请设计证书的集体或个体设计单位必须具备如下条件：

（一）有独立承担工程设计的能力；

（二）有固定的技术骨干和技术人员，技术骨干需有三年（大学毕业）到五年（中专毕业）的设计实践经验，技术人员的比例应占总人数的百分之七十以上；

（三）有固定的设计工作场所；

（四）有一定的注册资金或保证单位；

（五）有开办设计单位的章程。

第八条　申请设计证书的集体或个体设计单位应在申请书中载明：

设计单位名称、地址、经营范围，负责人和技术人员的名单、工作经历和职称，离退休证明，离职证明，注册资金数额或保证单位名称。

第九条　颁发设计证书的部门，要根据上述条件认真审查，严格把关。在批准设计资格的同时，要明确规定领证单位的设计等级和设计范围。对于滥发证书造成损失的，要追究发证部门的责任。

第十条　集体和个体设计单位的技术人员如有变动，应及时向发证部门报告，如因此需要变更设计等级和范围，应重新核发设计证书。如停止营业，应在停业后三十日内向发证部门和工商行政管理部门报告，并注销设计证书和营业执照。

第三章　经营管理

第十一条　集体和个体设计单位可在证书规定范围内承担设计任务和参加设计投标，还可与国营设计单位进行合作，分担设计任务，按规定收取设计费。

第十二条　集体和个体设计单位要建立健全各种管理制度，并按规定向有关部门报送各项统计报表。

第十三条　集体和个体设计单位要建立生产发展基金和劳保福利基金，积极改善技术装备，培训职工，提高技术水平，努力改善职工居住条件和劳保福利待遇。

第十四条　集体和个体设计单位应在开业之日起三十日内，向当地税务机关办理税务登记，按章纳税，接受监督。

第四章　质量管理

第十五条　集体和个体设计单位要树立“质量第一”的思想，认真执行设计标准规范，对设计文件严格把关，保证设计质量，努力做出技术先进和

城乡建设环境保护部

城乡建设教育发展规划纲要

（一九八五年十月）

为了认真贯彻落实中共中央关于教育体制改革决定的精神，认真搞好教育体制的改革，积极发展城乡建设教育事业，特别是把以中等职业技术教育为重点的职业技术教育搞上去，逐步建立起适应城乡建设事业需要的、层次结构比较合理的教育体系，特制订本规划纲要。

一、城乡建设专门人才的现状和需求预测

1.党的十一届三中全会以来，随着工作重点向“四化”建设的转移和经济体制改革的不断深入，在国民经济中占有重要地位的城乡建设事业得到了迅速发展，在“四化”建设中起着越来越重要的作用。但是，目前城乡建设系统职工队伍的科学文化技术水平和人才结构还远不能适应城乡建设事业发展的需要。据一九八三年对城乡建设系统县以上队伍专门人才普查的结果，在六百零二万职工中，具有中专以上学历或有技术员以上技术业务职称的专门人才仅三十万人，占职工总数的百分之四点九九（其中建工方面十七万人，城建方面十二万人，环保方面一万人），是全国各行业中最低的部门之一。工人中四级工以上的仅占工人总数的百分之三十五左右。县以下的四百多万职工队伍中，人才更加缺乏。

现有专门人才的层次、结构也不合理。各级技术人员比例失调。工程师、助理工程师和技术员的比例为1:1.25:1.45。在各类专业人员中，工民建、财经和管理专业的人才奇缺。工人的技术等级普遍偏低，高、中、初级工比例为1:6:12。另外，年龄老化也十分严重。高级工程师平均五十八点九岁，工程师平均四十八点三岁，助理工程师平均四十三点六岁。高级工平均年龄在五十岁以上，中级工平均年龄也在四十岁上下。一九九三年以后，大批专门人才和高级工将退出工作岗位，各种专业技术人才会骤然减少。

上述情况表明，大力发展城乡建设教育、加强人才培养，是一项重要和紧迫的战略任务。

2.据一九八三年对城乡建设系统专门人才需求预测的结果，一九九〇年县以上职工队伍需要增加各种专门人才七十万人，加上现有的专门人才三十万人，共一百万人，占职工总数的百分之十二点六（其中工程技术人员占职工总数的百分之八左右）。包括乡村建设在内，需要城乡建设系统自己培养专门人才六十万人（建工方面二十六万五千人，城建方面二十一万五千人，乡村建设方面十二万人）。其中，专科以上程度专门人才十二万人，中专程度专门人才四十八万人。

到二〇〇〇年，县以上城乡建设系统专门人才占职工总数的百分之十六（其中，工程技术人员平均占职工总数百分之十点五左右），加上乡村建设方面需要的专门人才，共需自己培养五十五万人。

从现在起到二〇〇〇年，总计需要城乡建设系统培养专门人才一百一十五万人。其中，专科以上程度专门人才二十七万人，中专程度专门人才八十八万人。

二、城乡建设教育事业的状况

1.党的十一届三中全会以来，城乡建设系统教育事业的恢复和发展比较快。目前，已有全日制高等院校二十三所。其中建工十六所，城建七所，共设三十种专业，一九八四年招生五千九百三十五人，在校学生二万二千人。职工大学四十所，一九八四年招生二千人，在校学生六千人。全国有十四所高等院校开办了建筑函授大学，有八所开办了夜大学，一九八四年共招生二千五百人，在校学生一万人。中央广播电视大学开设了七个建工、城建专业，

经济效益好的设计。

第十六条　集体和个体设计单位不得以本单位的证书、图签代无证单位和个人提交设计。违者视情节轻重处以罚款直至吊销设计证书。

第十七条　发证部门要定期对集体和个体设计单位进行质量抽查，对设计质量高、效果好的单位要给予表扬或提高设计等级；对设计质量低劣的单位要进行批评、降低设计等级、直至吊销设计证书。如因设计错误造成严重损失的要追究经济和法律责任。

第五章　附　　则

第十八条　各地区可根据本办法，结合实际情况，制定实施细则。

第十九条　本办法自颁发之日起实施。

一九八四年在我部系统招生二万八千人。上述各类高等院校一九八四年共招生三万八千人，在校学生六万六千人。平均年招生能力二万三千人。

2.全国现有城乡建设中等专业学校六十四所，其中建工方面三十七所，城建方面二十七所。一九八四年共招生八千人，在校学生二万八千人。现有职工中专七十四所，加上十五个职工中专班，一九八四年共招生五千九百人，在校学生近一万人。中国建筑学会、土木工程学会举办的函授中专，今年招收一万五千人。上述各类中等专业学校一九八四年共招生二万八千九百人，在校学生五万三千人，平均年招生能力二万人。

3.全国现有技工学校一百五十五所，一九八四年招生一万人，在校学生一万六千人。

4.建设部建立了三个管理干部培训中心、两所干部学校和一个科技干部培训中心。各省、自治区、直辖市建设厅建立了二十五所干部学校。一些大中型企业也建立了企业培训中心。建设部已开办了市长研究班、城建局长研究班、建筑企业领导干部进修班、工程师进修班和干部专修科。并正在筹备省、市、区建设厅长研究班、经济师和会计师进修班。各省、自治区、直辖市建设厅和企业也开办了一大批管理干部和科技干部的培训班。

5.到一九九〇年，上述各类高等学校、中等专业学校累计可毕业二十万人（除去电大、函授的估计淘汰数），其中高等院校十万零五千人，中等专业学校九万五千人。仅能满足预测需求量六十万人的三分之一，其中中级人才只能满足需要的五分之一。

三、发展教育的指导思想和奋斗目标

各级城乡建设部门必须遵循《中共中央关于教育体制改革的决定》中指出的“教育必须为社会主义建设服务，社会主义建设必须依靠教育”的根本指导思想，充分认识加快发展城乡建设教育事业的重要性和迫切性，象抓经济建设那样抓好教育，采取有效措施，全行业动手办学，务使城乡建设教育事业在“七五”期间有较大的发展和提高。

省、地、市、县城乡建设部门都要搞好统筹规划，逐步地建立起本地区的城乡建设教育体系。尤其要注意发展以中等职业技术教育为重点的职业技术教育。并要调动社会力量，推动外系统院校开设所需有关专业，或委托培养所需人才。要进一步扩大学校自主权，挖掘学校潜力，把学校办活。

要采取多种形式、多种规格、多种层次办学。在加快发展普通高、中等专业教育的同时，广播电视、函授、职工业余学校、夜大、自学等各种业余教育要有一个更大的发展。

“七五”期间城乡建设系统教育事业的发展目标是：初步建立起适应城乡建设事业发展需要的城乡建设教育体系，形成年培养高、中级专门人才九万二千人的能力。其中本科一万一千人，专科二万人，中专六万一千人。高、中等专业人才的培养比例为1:2以上。基本达到比例协调，专业配套，布局合理。累计培养出高、中级专门人才二十六万人，一九九一年至二〇〇〇年，进一步发展、提高各种办学形式，培养高、中级专门人才九十二万人。初级人才和高、中级技术工人的培养能力也要有较大的增长，使技术工人中，中级技工比重达到百分之五十，高级技术工人比重达到百分之十。同时，要逐步加大在职人员培养的比例。一九九〇年前后，通过在职培养的专门人才要达到人才培养总数的百分之五十以上。

对各级各类教育的具体要求是：

1.发展高等教育

①发展研究生教育。培养出一批具有博士、硕士学位水平的高级专门人才，是不断提高城乡建设科学技术水平和发展城乡建设高等教育的需要。到一九九〇年，要力争达到在校研究生一千九百人的规模，并形成年招生八百人的培养能力。部属高等院校、有条件的地方院校和部属科研单位，要把培养研究生作为一项重要任务，在保证质量的前提下，努力发展数量。重庆、哈尔滨建工学院要建立研究生院，作为城乡建设系统培养研究生的主要基地。还要通过举办研究生班，培养工程硕士及委托培养等途径，加速研究生的培养，争取到一九九〇年培养二千五百人。同时，力争多派出一些出国留学生、进修生，使每年派出人数由三十人增加到六十人。一九九〇年到二〇〇〇年，要培养研究生八千人。

②充实、提高、发展本科教育。发展本科教育应主要依靠挖掘现有学校的潜力，加快学校建设，扩大培养能力。到一九九〇年，部属高等院校要实现二万三千五百人的计划任务规模，年招生达六千人；地方院校争取实现每校二千五百至三千人的规模，年招生达到五千人。总计培养本科生四万三千人。一九九一年到二〇〇〇年培养本科生十一万人。同时，还要采取联合办学、委托培养、招走读生、举办校外教学点等形式来发展高等教育。并通过试点，发展专科后的本科教育。

③巩固、发展专科教育。努力建成并办好现有的城建、建筑专科学校。到一九九〇年，专科年招生数达到五千人以上，总规模达到一万到一万五千人，后十年毕业五万人。

现有的四十所职工大学，要充实、调整，完善办学条件。在完成主管部门计划任务的同时，可以面向社会，通过委托培养和联合办学等方式，使学校不断巩固提高。

继续办好广播电视大学。各级城乡建设部门要积极创造条件，在保证质量的前提下，保持一定的招生规模，一九九〇年前累计招生四万五千人；后十年再招生十万人。要扩大、发展函授和夜大学，各大城市和省会城市都要建立函授站，各土建类院校都要逐步开办夜大学和函授大学。到一九九〇年前培养七千八百人，后十年培养一万六千人。

一九九〇年前一般不再新建或由中专改建普通高等院校。扩大本、专科人才的培养，主要依靠挖掘现有学校潜力，扩大培养能力和发展电大、函授大学、夜大、自学考试等途径来解决。

2.加速发展中等专业教育

中等专业人才是城乡建设事业的一支重要的专业技术力量，要迅速改变中等专业教育薄弱，高、中等专业人才比例严重失调的状况，使中等专业教育有一个大的发展。到一九九〇年，高、中等专业人才培养比例要由现在的1:0.87提高到1:2以上。

①扩大现有中专校。到一九九〇年，要使现有学校的总规模翻一番。各省办的中等专业学校和目前已经达到六百人规模的市办中专学校，规模一般要达到一千至一千二百人；其它中专校至少要达到六百人的规模。使年招生能力从现在的八千人增加到一万六千人。后十年可培养十六万人。

②加快发展城建中专，力争做到"一省一校"。目前，城建中等专业教育与城建事业发展的要求差距很大。现有二十七所城建校，大多是市属专业局办学，规模很小，平均规模二百九十人，分布在十一个省市，属省办校仅五所，大部分省、自治区还没有城建中级人才来源。到一九九〇年，除个别边疆省、自治区和少数困难地区外，各省、自治区都要有一所面向全省、自治区的城建中专校，规模为八百至一千人。可以新办，也可以与市（局）属校联办。按上述原则，到一九九〇年新建或联办城建中专校约20所左右，年招生四千人，总规模一万五千人；后十年可培养四万人。城建中专的专业设置除"工业与民用建筑"、"给水排水"、"城镇建设"等通用专业外，对需求量不大的专业，应通过省际协作的方式，实现按大区配套，个别专业应全国统一布点。

③积极发展职工中专。五十万人口以上的大城市要办好一至二所建工、城建职工中专；有条件的中、小城市也可以办职工中专；企业的培训中心可以办职工中专或职工中专班。还要办好普通中专、职工大学和干校附设的职工中专班。平均每年招生达到一万人以上，一九九〇年前培养四万人，后十年培养十万人。

④积极发展电视中专和办好函授中专。中央电大从一九八六年起，开办"建筑施工与管理"、"建筑企业经济管理"、"村镇建设"等三个土建类专业电视中专。建设部拟建立系统的远距离教育中心。各级城乡建设部门都要积极开办电视中专班。有条件的省、市可以建立自己的电化教育中心。到一九九〇年，要通过电视中专、函授中专、自学考试等方式，培养六万五千人；后十年培养三十万人。

3.大力发展职业学校

各地城乡建设部门要结合全国中等教育结构改革，与教育部门合作，抓紧发展城乡建设类的职业高中或职业学校。各大城市至少要办好一至二所建工、城建类的职业学校；中小城市和建设队伍较大的县，应办好一所城乡建设类职业学校；一般的县也应争取开设建筑职业班。

4.加强干部教育

建立一支在数量上能基本满足需要，质量上能够掌握现代科学技术和管理知识，专业配套的符合四化要求的干部队伍，对于提高城乡建设系统的现代化管理水平至关重要。

各地要继续贯彻执行部《一九八四年至一九九〇年干部培训规划要点》，按规划要点的要求到一九九〇年：

（1）省、自治区、直辖市建设厅领导班子成员，部直属单位的局、院级领导班子成员，部机关的正、副局长，一般都应达到大专以上文化水平，其中二分之一具有管理专业、党政业务的大专水平。

（2）省、自治区、直辖市和地、市建设部门及部直属部门和部机关的处级干部，相当县团级的企业事业单位领导班子成员，基本上都要具有大专以上文化水平，其中三分之一具有管理专业和党政业务的大专以上水平。

（3）一般干部，已具有高中或中专文化程度，现年在四十五岁以下的，要有三分之一学完大专课程，达到本业务的大专水平。文化水平在初中和初中以下，年龄在四十五岁以下的，要全部提高到本业务的中专或高中文化水平。

各省、自治区、直辖市建设厅（委）要加强对干部培训工作的领导，抓紧培训基地的建设，健全干部教育机构，全面落实各项培训措施。有关大中专院校，要把干部培训作为院校的重要任务，列入工作日程，切实抓好。

5.积极开展技工培训和工人的文化、技术教育

到一九九〇年前，要逐步建立起一支以中级技术工人为主体、技术等级结构比较合理，具有较高的政治、文化、技术素质的工人队伍，为后十年城乡建设的发展打好基础。

（1）巩固和发展技工学校。要积极贯彻"先培训，后就业"的原则，认真搞好职前教育，加速培养中级技术工人，努力提高工人队伍的素质。要

认真办好现有的一百五十五所技工学校，挖掘潜力，扩大规模。到一九九〇年前，各大、中型企业和有需要、有条件的主管业务部门，都应办好一至二所技工学校，到一九九〇年达到年招生三万人的能力。对少数需求量不大的工种，可以采取互培、代培调剂解决。

（2）重点抓好工人的中级技术培训。按照合理的技术等级结构，工人中达到中级技术等级标准的应占百分之五十左右。①各大型企业都应建立专门培训职工的技术学校或培训中心，尽快达到中央规定的人均校舍面积零点三至零点五平方米的要求。②技工学校在完成招生任务的同时，要充分挖掘潜力，积极开展中级技术培训。③多渠道、多种形式培训中级技术工人。要根据行业、企业的特点，灵活多样地开办各类脱产、半脱产、业余学习班，以及结合生产开展现场练兵、同行业竞赛等活动，提高工人的生产技能。从现在起，到一九九〇年，每年要组织百分之十五到二十的属于中级技术培训对象的工人进行培训。

（3）搞好工人高级技术和初级技术的培训。按照合理的技术等级结构，高级技术工人应占工人总数的百分之十以上。为此，需要培训近二十万人。有条件的技工学校应举办高级技工培训班。初级技术培训是整个技术培训的基础，要积极做好“双补”工作。没有达到中央《决定》要求的单位，要继续抓紧补课。

四、采取积极措施，保证城乡建设教育事业的加速发展

城乡建设教育事业的任务十分繁重，必须在一九九〇年前打下一个较好的基础。各级城乡建设部门一定要把发展教育列入重要工作日程，切实解决好发展教育中的实际问题。

1.要开辟稳定的资金渠道

党的十二大把发展教育列为战略重点之一。中央要求，除国家拿钱办教育外，各部门、各企业都要多拿一点钱办教育。各级城乡建设部门都要把发展教育放在重要的位置，千方百计增加投资，切实保证“重点投资、重点建设”。发展城建教育建设资金应首先由地方财政解决，地方财政有困难的，可以在城市维护建设税中开支学校的基建投资。企业的教育资金，可以在税后留利的生产发展基金，后备基金，预算外收入和营业开支中支出。企业职工工资总额的百分之一点五和工会教育经费要切实用于职工教育。按照“国发1985年21号”文件精神，各企业培训技术业务人员的费用，可以摊入成本。各地分配到的乡村建设培训费，除培训初级人才外，要拿出相当部分用于资助中专校和职业学校开办村镇建设专业，或用于委托培养村镇建设所需要的中级人才。

为了帮助地方发展职业技术教育，“七五”期间，建设部每年从城建、建工的基建投资中拿出一定的数额，有计划地资助和扶持一些经济落后地区、边远地区和少数民族地区发展职业技术教育，以及用于少数专业的全国布点。

2.加强师资队伍建设

本科高等院校教师要逐步达到研究生水平，并培养一批学术带头人。到一九九三年，中专校教师基本达到本科毕业水平，技工学校、职业学校教师基本达到专科以上水平。各省、自治区、直辖市要统筹规划，主要依靠自己的力量解决职业技术教育的师资问题。建设部将从部属高校每年招生数中、划出百分之十左右定向培养中专师资，学生毕业后定向分配。在这些师资学员未毕业之前，准备每年从部分配的应届高校毕业生中拿出二百名，补充高、中等专业学校、技工学校、职业学校师资。各地方高等院校也应努力为普通中专、职工中专、技工学校和职业学校培养专业教师。从一九八六年开始，各省要在直属高等院校按年招生能力百分之十左右，培养中等职业技术教育师资，并将每年分配到的大学毕业生，重点用于各类学校的师资补充，有条件的中专校要为职业学校开办师资班。

要巩固提高现有师资队伍。教育广大教师树立培养人才，开发智力的光荣感和责任感。并努力改善教师的工作和生活条件。企业办的各类学校教师的奖金和生活福利待遇，应和生产第一线的技术人员一视同仁，或略高些。省市办的各类学校。按照有关规定，通过建立学校基金，部分用于改善教师的福利待遇。

3.加强教材建设，把好教学质量关

教材建设是保证教学质量的重要条件。职业学校、职业高中“建筑施工”、“城镇建设”两个主要专业的教材，一九八六年下半年开始陆续出版，一九八七年出齐。到一九九〇年，力争出版适应城乡建设需要的各类职业技术学校主要专业的教材。

要坚持不断改革教学内容和教学方法，加强学生政治思想教育，搞好精神文明建设，培养既有良好政治素质，又有不同程度的文化科学知识的德、智、体全面发展的合格人才。

4.统筹规划，加强领导

各省、自治区、直辖市城乡建设部门，都要设立教育机构，配备专职教育干部，对本地区城乡建设系统的教育实行归口管理。各企、事业单位，也应建立教育机构或配备专职教育干部。要做好人才预测工作，制订好教育事业的发展规划，认真地有步骤地加以实施。

城乡建设环境保护部

科学技术进步奖励办法

（试　行）

（一九八五年四月十五日）

第一条　为奖励在推动城乡建设和建筑工程科学技术进步中做出重要贡献的集体和个人，充分发挥广大科学技术人员的积极性创造性，以加速社会主义现代化建设，根据《中华人民共和国科学技术进步奖励条例》和分级奖励的精神，特制定城乡建设环境保护部（以下简称建设部）科学技术进步奖励办法。

第二条　本办法奖励的范围包括：应用于城乡现代化建设的新的科学技术成果，推广、应用已有的先进科学技术成果，科学技术管理以及标准规范、科学技术情报工作等。

具备以下条件之一的，可以申请授奖：

（一）应用于城乡现代化建设的新的科学技术成果（包括新产品、新技术、新工艺、新材料、优秀规划设计和园林植物新品种等），属于：（1）国内首创的；（2）本行业先进的；（3）经过实践证明具有显著经济效益、社会效益或环境效益的。

（二）在推广、转让、应用已有的科学技术成果工作中，做出重要贡献并取得较大的经济效益、社会效益或环境效益的。

（三）在重大工程建设、重大设备研制和企业技术改造中，采用新技术，做出重要贡献并取得显著经济效益、社会效益或环境效益的。

（四）在科学技术管理和标准规范、科学技术情报等工作中，做出重要贡献并取得显著效果的。

第三条　建设部科学技术进步奖按照科学技术水平（如达到国际先进水平、国内先进水平），经济效益、社会效益或环境效益和对科学技术进步作用的大小，分为下列三等：

奖励等级	荣誉奖	奖金额
一等奖	奖状和荣誉证书	四千元
二等奖	奖状和荣誉证书	二千五百元
三等奖	奖状和荣誉证书	一千元

第四条　建设部科学技术进步奖评审组负责评审授奖项目，部科学技术局负责办理日常工作。

第五条　建设部科学技术进步奖的审批程序如下：

（一）各省、自治区、直辖市的请奖项目，由省、自治区、直辖市城乡建设环境保护厅（建委）负责初审，合格的，报部科学技术局。

（二）部直属各单位和中建总公司的请奖项目，由各直属单位、中建总公司负责初审，合格的，报部科学技术局。

（三）几个单位共同完成的请奖项目，由第一负责单位的主管部门负责初审，合格的，报部科学技术局。

（四）部科技局对收到的请奖项目作资格审查后，符合请奖条件的，送部有关专业局审核后由科技局送部科学技术进步奖评审组复审，报部批准授奖。

报送的每个请奖项目，必须按《建设部科学技术进步奖申报表》填写说明填写《建设部科学技术进步奖申报表》并报齐应有的附件。

第六条　经批准的建设部科学技术进步奖的项目，在授奖前应予公布。自公布之日起三个月内，如有异议，由初审单位提出处理意见，报建设部科学技术进步奖评审组裁决；无异议的，即行授奖。

第七条　科学技术进步奖获得者的事迹，应记入本人档案，并作为考核、晋升的重要依据之一。

第八条　获奖项目的奖金不得重复发放。如获奖项目经过上一级评审评定提高了奖励等级，其奖金只补发给差额部分。

科学技术进步奖的奖状授予项目负责单位和参加单位。荣誉证书授予该项目的主要工作人员。科学技术进步奖的奖金，按贡献大小，合理分配给直接从事此项工作的人员。贡献大的，应当给予重奖，不得搞平均主义。

已获得国家级奖励的项目，均不得再申报本奖。

第九条　获奖的科学技术进步项目，如有弄虚作假或剽窃他人成果者，经查明属实，应撤销其奖励，退回奖金，并按情节轻重给予批评或处分。

第十条　本办法授权部科学技术局负责解释。

第十一条　本办法自发布之日起试行。

城乡建设环境保护部

关于加强对建筑勘察设计质量的监督与管理的通知

（一九八五年八月十九日）

在建筑业改革中，勘察设计单位正在逐步形成开放型、竞争型的体制。当前，集体、个体勘察设计单位日益增多，设计市场日趋活跃。但是，政府部门的管理工作没有跟上，有的地方无证和越级设计泛滥，出现了一些粗制滥造的设计，质量下降，资材浪费，有的甚至酿成事故，造成人员伤亡。勘察工作亦有类似现象。为了扭转这种情况，确保国家财产和人民生命安全，创造一个良好的生产、生活环境，促进勘察设计改革的健康发展，各级城乡建设主管部门必须迅速采取措施，切实加强对建筑勘察设计质量的经常性监督管理。

一、指定或建立相应监督机构，进行经常性质量监督。

建设部和国家标准局（83）城建字第265号《关于试行〈建筑工程质量监督条例〉的通知》和我部（85）城建字第63号《关于印发〈建筑工程质量监督站工作暂行规定〉的通知》，对此已有原则规定。但目前多数监督站主要限于施工质量监督，对设计与勘察的质量监督还没有建立起来。请各地结合实际情况，扩大已有监督站的职责范围，把设计质量监督的任务承担起来，也可建立专门机构或指定若干甲级勘察设计单位抽出部分力量执行监督职能，今年要求在省会以上城市和开放城市先搞起来，以后再逐步扩展。随文附发《合肥市建筑工程质量监督条例实施细则〉（试行）》，供各地参考。

二、建立质量抽查制度，逐步形成全面的检查监督。

在当前技术力量不足的情况下，可先实行抽查制，定期或不定期的组织勘察设计单位自查自评，互查互评。检查监督的内容，重点是结构安全：卫生、防火，同时对勘察设计单位进行验证，发现无证和越级设计，一律没收其勘察设计文件，并立即会同工商管理部门作出处理。当前抽查监督的对象，重点是去年以来新发证的勘察设计单位和在施工中已经发现勘察设计质量有问题的单位。以后再积极创造条件，逐步发展成全面的质量检查监督。

三、加强勘察设计资格审查与发证管理。

建筑勘察设计质量的优劣直接涉及人身及社会财产的安全，必须由具有本专业技术知识和实践经验的持证单位承担，坚决取缔无证设计。一切咨询、施工、科研、教学单位、群众及学术团体需要从事建筑勘察设计时，必须按照建设部及各省、市颁发的资格审查办法组成实体，才能申请证书，并按其成员资格划分营业技术等级。持有证书的勘察设计单位进入建筑市场承担任务时，需到当地城乡建设主管部门登记验证。任何勘察设计单位都不得为无证的个人或单位设计的图纸盖章出图。违反这一规定的，发生的质量事故及经济损失均由盖章单位负责，并视情节给予惩处。建筑勘察设计单位的资格审查、注册登记和营业管理，在修订办法未颁布前，仍按建设部（83）853号文件执行。

四、严肃查处质量事故及严重浪费的案例，反对不正之风。

对违反国家政策法令、违反建设程序、违反标准规范，造成质量事故和严重浪费的事例，以及行贿受贿、弄虚作假、营私舞弊等损害国家和人民利益的不正之风，必须彻底清查，严肃处理。特别是对那些情节恶劣的突出案例要抓住不放，公诸于众，通过典型案例的处理，在全行业增强纪律观念，树立起良好的职业道德。

五、总结交流经验，推行和奖励全面的质量管理。

在严肃处理勘察设计质量事故的同时，对于那些重视质量管理和职业道德的单位和人员，要总结推广他们的经验，并给予表扬和奖励。

当前，建筑业的改革正在深入进行。对在新形势下政府部门如何加强管理，有待于在实践中不断总结完善。因此，各地可结合具体情况制订一些暂行办法，组织实施，并将执行情况及时函告我部设计局。

国家计划委员会 城乡建设环境保护部

工程设计招标投标暂行办法

（一九八五年六月十四日）

第一章 总 则

第一条 为了使设计技术和成果作为有价值的技术商品进入市场，打破地区、部门的界限，开展设计竞争，防止垄断，更好地完成日益繁重的工程设计任务，特制定本暂行办法。

第二条 实行工程设计招标投标的目的是，鼓励竞争，促使设计单位改进管理，采用先进技术，降低工程造价，缩短工期，提高投资效益。

第三条 今后大中型项目的工程建设，都要积极创造条件，由建设单位或委托咨询公司进行设计招标。凡持有设计证书的国营、集体和个体设计单位都可以按照批准的有资格承担的业务范围参加投标。

第四条 工程设计的招标和投标，不受部门、地区限制，招标部门不得有亲有疏，对于外部门、外地区的中标单位，要提供方便，不得借故阻碍。

第五条 工程设计招标和投标双方，都必须具有法人资格，招标和投标是法人之间的经济活动，受国家法律的保护和监督。

第六条 招标投标工程的设计收费，要体现优质优价，按质论价的原则。

第二章 招 标

第七条 工业、交通项目和重要的民用建筑，实行设计方案招标，可以是一次性总招标，也可以分单项、分专业招标。中标单位承担的初步设计和施工图设计，经过招标单位同意也可以向其他设计单位委托分包。

第八条 实行招标的建设项目，必须具备以下条件：

1.具有经过审批机关批准的设计任务书；

2.具有开展设计必需的可靠基础资料；

3.成立了专门的招标小组或办公室，并有指定的负责人。

第九条 招标的方式可以采用公开招标，即由招标单位通过报刊、广播、电视等公开发布招标广告；也可以采用邀请招标，即由招标单位向有承担能力的设计单位直接发出招标通知书。邀请招标必须在三个以上单位进行，有条件的项目，应邀请不同地区、不同部门的设计单位参加。

第十条 招标程序：

1.招标单位编制招标文件；

2.招标单位发布招标广告或发出招标通知书；

3.投标单位购买或领取招标文件；

4.投标单位报送申请书；

5.招标单位对投标单位进行资格审查，也可以委托咨询公司进行审查；

6.招标单位组织投标单位踏勘工程现场，解答招标文件中的问题；

7.投标单位编制投标书；

8.投标单位按规定时间密封报送投标书；

9.招标单位当众开标，组织评标，确定中标单位，发出中标通知书；

10.招标单位与中标单位签订合同。

第十一条 招标文件的主要内容：

1.投标须知；

2.经过批准的设计任务书及有关文件的复制件；

3.项目说明书，包括对工程内容，设计范围和深度，图纸内容、张数和图幅，建设周期和设计进度等的要求；

4.合同的主要条件和要求；

5.设计资料供应内容、方式和时间，设计文件的审查方式；

6.组织现场踏勘和进行招标文件说明的时间和地点；

7.投标起止日期。

第十二条 招标单位不得擅自改变发出的招标文件，否则，应赔偿由此给投标单位造成的经济损失。

第三章 投 标

第十三条 参加投标的单位，应按招标通知规定的时间报送申请书，并附本单位状况说明，包括：

1.单位名称、地址、负责人姓名、勘察设计证书号码和开户银行帐号；

2.单位性质和隶属关系；

3.单位简况，包括成立时间，近期设计的主要工程情况、技术人员的数量、技术装备及专业情况等。

第十四条　投标单位报送投标书应按招标文件规定的具体内容提供，一般应包括：

1.方案设计综合说明书；

2.方案设计内容及图纸；

3.建设工期；

4.主要的施工技术要求和施工组织方案；

5.工程投资估算和经济分析；

6.设计进度和收费。

第十五条　投标书要加盖设计单位及其负责人的印鉴，密封后寄送招标单位。标函一经寄出，不得以任何理由要求更改。

第四章　评标定标

第十六条　自发出招标文件到开标，最长不得超过半年。开标、评标至确定中标单位，一般不得超过一个月。确定中标单位后，双方应在一个月内签订设计合同。

第十七条　评标定标由招标单位负责，招标单位应邀请有关部门及专家共同进行。对重大建设项目必须由有关部门及专家组成专门的评标机构进行。确定中标的依据是：

1.设计方案优劣；

2.投入产出、经济效益好坏；

3.设计进度快慢；

4.设计资历和社会信誉。

第五章　管理与监督

第十八条　工程设计的招标和投标，按项目管理权限，分别由各部门及各地区负责统一管理与监督。

第十九条　为保护非中标单位的权益，招标单位使用非中标单位的技术成果时，需征得其同意，可实行有偿转让。

第二十条　凡在招标投标活动中营私舞弊、弄虚作假的，要追究有关单位和当事人的经济或法律责任。

第二十一条　招标投标双方签订合同后，必须严格履行合同条款，如发生纠纷，双方应及时协商解决。协商不成时，任何一方均可向国家规定的合同管理机关申请调解或仲裁，也可以直接向经济法庭起诉。

第六章　附　　则

第二十二条　各地区、各部门可根据本办法，制定实施细则，并报国家计委和城乡建设环境保护部备案。

第二十三条　本暂行办法自公布日起试行。

城乡建设环境保护部

建筑业“七五”技术进步工作要点（摘要）

（一九八六年十一月二十日）

（1）提高设计水平，综合改善建筑物最终产品的功能、质量及效益，从实际出发制订各类建筑物功能、性能、质量及耐久性的改进目标，制订相应的标准、规范。

（2）发展和完善工业化建筑体系。

（3）农村建设首先要在节约农田和便利农业生产的原则下做好村镇规划，修建主要交通道路，积极开发小水电、沼气、太阳能等多种能源。

（4）改进住宅建筑功能，改善居住环境。

（5）加强对旧住宅区和旧住宅利用改造的开发研究。

（6）推广节能建筑。

（7）提高混凝土生产工艺和施工技术。

（8）提高建筑装饰技术。

（9）提高地基基础施工技术。

（10）提高设备安装技术。

（11）推广节能、降耗技术。

（12）努力提高施工机械化水平。

（13）不断扩大工厂化程度。

（14）大力推进专业化生产。

（15）积极发展机具租赁业务。

（16）建立混凝土集中搅拌站，促进混凝土拌合物向商品化方向发展。

（17）大力发展工业废料的应用技术。

（18）组织技术攻关、消除质量通病。

（19）推进建筑企业管理现代化。

（20）加强软科学的研究与应用。

城乡建设环境保护部

关于推进城乡建设勘察设计改革实施要点

（一九八五年十二月三十一日）

根据“中共中央关于经济体制改革的决定”和国务院“关于改革建筑业和基本建设管理体制若干问题的暂行规定”，各地按我部（84）城设字482号“城乡全民所有制建筑勘察设计单位改革要点”进行了大量工作，取得了显著成绩，同时也出现了一些新情况和新问题，为继续推进城乡建设勘察设计改革，使之健康发展，在总结改革实践经验的基础上，针对当前形势，提出进一步实施要点如下：

（一）必须坚持把改革放在首位。

设计是整个工程的灵魂，勘察是城乡建设的先行。推进勘察设计改革的目的是继续增强勘察设计单位的活力，充分调动勘察设计人员的积极性和创造性，提供优秀的勘察设计成果以提高工程建设的经济、社会和环境效益，满足城乡社会主义现代化建设的需要。勘察设计改革要以提高质量、繁荣创作为中心，确保完成国家计划，切实做好业务建设等基础工作，抓好精神文明建设，做到出成果、出人才。

（二）勘察设计单位要继续完善技术经济承包责任制，向企业化、社会化方向发展。

1.全民所有制事业性质企业化经营的勘察设计单位，要继续实行和完善技术经济承包责任制。有条件的单位经主管部门批准，可试行院长负责制及逐步扩大业务活动的自主权。要积极创造条件逐步实现全行业的企业化、社会化。

2.技术经济责任制的承包指标，应当全面包括产值、质量、成本、基础建设（包括科研、标准设计、业务建设）及智力开发等（勘察单位还包括安全指标）。全面和超额完成的，在上缴3%的营业税及提取10%的技术开发基金和扣除成本支出后，盈余部分按现行规定继续实行四六分成制，上缴的40%其中包括15%的能源交通建设基金，单位留成60%的分配比例根据中央精神和单位情况由主管部门核定。

3.本着中央规定的“经济上能够自立、国家不再拨给各项经费的事业单位，在这次工资制度改革中，除按照国家和省、自治区、直辖市的工资标准和核定的增资指标自费进行工资改革外，可以适当多发一些奖金”的原则，以及根据国家工资改革有关政策规定，要逐步理顺工资关系。结合勘察设计单位特点，逐步建立以职务工资为主的结构工资制；按单位的技术等级，确定行政、技术管理人员和高、中、初级专业技术人员的职务名称序列、职责范围和结构比例，建立相应的岗位责任制，逐步实行聘任制、任期制。同时，各单位可以在核定的奖励基金中提取和发放奖金，超过限额的要按国务院规定缴纳奖金税。

4.勘察设计单位必须努力推行全面质量管理，制订切实有效的鼓励创优的奖励办法，使奖励与质量紧密挂钩，实行优质重奖，劣质重罚，改变主要跟数量挂钩的奖励分配办法。

5.勘察设计单位要积极向社会提供各种工程和技术咨询服务，并按规定统筹分配经济收益，应注意区分咨询与设计之间的界限。

6.勘察设计单位继续进行内部组织体制和各种横向联合、组织工程建设一条龙总承包等改革试验，发展多种多样有利于出成果、出人才的组织形式。

（三）业余勘察设计只能有组织、适量适度地进行。

根据“中共中央关于科学技术体制改革的决

定”中关于业余劳动的有关原则，结合城乡建设勘察设计的特点，为了确保工程建设的安全可靠和投资效益，全民所有制勘察设计单位在保证完成国家重点工程、上级主管部门下达的指令性任务和各项技术经济承包指标的前提下，可以组织本单位职工适量适度地进行业余勘察设计。其工作量多少由各省、自治区、直辖市、计划单列城市建设厅（委）根据当地任务力量平衡情况确定，但不允许任何单位或个人以“业余劳动”为名进行无证勘察设计。业余勘察设计的经营管理和成品质量应由持证单位全面负责。

（四）政府主管部门必须加强对城乡勘察设计市场的宏观管理。

1.严格对勘察设计单位的资格审查和发证管理。所有城乡建设勘察设计单位均按照综合技术能力划分等级，按等级划分承担任务范围。禁止越级承担任务。

2.严格验证登记制度。其他持证勘察设计单位需要进入城乡勘察设计市场时，必须至单位所在地省一级城乡建设主管部门验证登记，按规定划分等级，核定承担任务范围。所有持证单位到外地承担城乡建设任务时，要向工程项目所在地城乡建设主管部门办理验证手续。

3.坚决取缔无证勘察设计。不论任何单位或个人，凡无证从事城乡勘察设计的，一经发现，立即由城乡建设主管部门没收其勘察设计文件，并会同工商管理部门对设计者和建设单位及委托者进行制裁，包括没收全部非法勘察设计费。

4.坚决制止持证单位出卖图章、图签，为无证勘察设计谋取合法地位的错误做法。持证单位之间的协作和人力相互支援，要由单位签订合同。所有持证单位均不得私下拉其他单位人员搞勘察设计工作。更不得为无证的单位或个人（不论其技术资格如何）搞的勘察设计盖章出图、提交报告。签署图纸、报告一律不得使用化名。违反者视情节给以批评、警告、停业整顿、直至注销设计资格证书的处理，并可会同有关部门给以其它制裁。

5.各地城乡建设主管部门和发证单位要定期（每年至少一次）或不定期的对持证单位进行检查考核。依法经营、质量优良的予以表扬，不合格的降低等级或撤销证书。

6.大力推行勘察设计竞赛和完善招标投标制，努力创造平等竞争条件，坚决制止在招投标中的各种不正之风。

7.各地城乡建设主管部门要会同工商管理和银行等单位，加强对勘察设计合同的管理。

（五）建立和健全政府部门对勘察设计质量进行经常性的监督管理制度。

1.各地城乡建设主管部门要建立或指定相应监督机构，对建筑、市政等勘察设计进行经常性质量监督。其方式可以是扩大已有的建筑工程质量监督站职责范围，也可建立专门的分机构或指定若干甲级勘察设计单位抽出部分骨干力量执行监督任务。在省会城市、计划单列城市和开放城市先搞起来，逐步扩展，争取若干年内在中等以上城市和有条件的县普遍建立。

2.建立质量检查制度。在初创阶段可先实行抽查制，重点检查丙、丁级单位以及业余设计项目，还要定期或不定期的组织勘察设计单位自查自评、互查互评，以后逐步扩大范围。检查监督的内容，重点是结构安全、消防、环境保护等。在对质量检查监督的同时，要对单位的资格证书和实际技术能力进行考核验证。

3.要严肃查处质量事故及严重浪费的案例，对情节恶劣的突出案例应彻底查清、严肃处理并公诸于众。要通过实例进行质量教育，遵纪守法教育和职业道德教育，并采取措施消除勘察设计质量上的通病。

4.经过试点总结经验，逐步推行优质优价，按质论价的取费原则和与质量挂钩的对单位的奖惩制度。

（六）建立经常性的评优制度。

优秀设计评选，以后每一至二年进行一次，可以与优质工程评选结合，评出部级优秀设计和优质工程项目，向国家科技进步奖和优质产品奖推荐。今后凡质量和信誉较好的甲、乙级勘察设计单位连续三年内累计获得五项省级以上（含省级）优秀奖或技术进步奖者，授予优秀勘察设计单位光荣称号。连续三年未获得省级和省级以上优秀或技术进步奖者，有优秀单位称号的暂停其光荣称号，无光荣称号的，限期提高质量水平。对丙、丁级单位由各地按此精神制定奖励和促进办法。

（七）结合国家价格体系的改革，逐步完善和调整收费标准。

1.现阶段暂维持低收费制的标准，对遗漏不足之处提出修改补充方案，报主管部门批准执行。

2.制定中外合作设计的收费办法和收费标准方案，改变目前由于没有统一标准而发生的某些不利于贯彻平等互利原则的状况。

3.试行全国统一的建筑和市政工程设计工日定额。

4.在条件成熟的时候，适当调整费率标准，使勘察设计的价格反映价值规律，体现勘察设计人员的劳动所创造的价值，为全行业企业化创造条件。

（八）切实加强基础建设和技术开发工作。

1.甲、乙级单位在指令性计划内，均应承担一定数量的国家和地方主管部门下达的基础业务建设（规范、规程、标准、标准设计等）任务，作为承包指标的一部分。勘察设计单位应把这项工作视为应尽的社会义务。基础业务建设由下达任务的主管部门给承担单位以经费补贴（用于调查研究、收集资料、组织协调和成果审查等）。承担基础业务建设任务的勘察设计人员应尽力出色地完成任务。由单位按质按量给以适当酬劳，一般不低于一线人员平均奖金。

2.结合任务的特点，积极开展科研和技术开发工作。鼓励与生产、施工、科研单位、大专院校建立联合的研究中心、开发中心。甲级单位在分工承担编制规范的基础上，可结合规范管理，组织专门力量，就某一类型建筑（如住宅、医院、学校、体育馆等）或结构体系、工艺体系、机电设备系统，向本行业提供技术咨询、技术培训和信息服务。

3.注意装备更新。各地主管部门积极支持勘察设计单位利用事业发展基金，参照建设部设计局提出的装备标准，逐步增添和更新技术装备；努力创造条件，为甲级大单位重点配备一些大、中型的先进装备（如电子计算机等），为本地区提供社会服务。勘察单位继续执行从上缴百分之四十盈余中返回四分之一用于更新装备的办法。主管部门要为甲级勘察设计单位争取解决引进设备的部门外汇额度。

4.重视信息交流。加强设计和勘察情报网的工作。有条件的地方建立地区性的勘察、设计信息中心。

（九）大力开展人才培训。

1.各地方、各单位在人才普查、测算分析的基础上，制订人才培训规划，逐步解决人才匮乏、青黄不接和缺门、薄弱环节的问题。当前，特别是缺乏建筑设计、室内外装修设计、技术经济、优化控制设计、电脑辅助设计、煤气、热力、环卫工程、防火及消防、岩土工程等专门人才，应重点解决。

2.以自力更生和院校合作等方式为主，多渠道、多层次的解决各类人才的培训问题。有条件的地区，在主管部门统一组织下，联合各方面力量，创办电视大学、职工业余学校等。

3.注意在中青年中培养高、中级人才。由建设部以及省、市等主管局委托国内有关院校设立研究生班，统一招生，定向分配，积极加强与国外合作，有目的的派遣中青年技术骨干去国外实习进修。

4.继续办好各种在职人员知识更新和提高的专题培训班。有条件时，举办中外联合的专题学术交流会。

（十）贯彻开放政策，加强中外合作设计。

1.凡外资或合资工程，可以由中方单独承担勘察设计任务，或以中外合作以中方为主的方式共同承担勘察设计任务。

2.中方投资项目，需要采取中外合作方式承担勘察设计任务时，城乡建设主管部门只与中方持证单位发生关系，外方持证单位作为分包单位参加。

3.有条件的持证勘察设计单位，可根据平等互利原则，遵照国家的有关规定，与国外的勘察设计单位建立有来有往的、联合的机构。

4.外方持证单位的资格审查，凡承揽城乡建设勘察设计任务的，由我国城乡建设主管部门负责进行。

（十一）加强精神文明建设，提高职业道德水平。

勘察设计单位要加强政治思想工作，加强社会主义精神文明建设，端正业务指导思想和经营作风，讲究职业道德。要对勘察设计人员进行共产主义思想教育，坚持四项基本原则教育，爱国主义教育，遵纪守法教育和职业道德教育，修订并继续执行职业道德守则；抵制“一切向钱看”，不顾国家和人民群众的利益，甚至违法乱纪的不正之风；树立全心全意为人民服务的高度责任心和良好的职业道德风尚。

城乡建设环境保护部

混凝土建筑构件厂营业管理规定

（一九八六年二月一日）

第一章　总　　则

第一条　为确保建筑工程质量，加强对混凝土建筑构件厂的管理，维护企业的合法权益，明确其应尽的责任，特制定本规定。

第二条　本规定所指混凝土建筑构件厂（以下简称构件厂），系指从事一般工业与民用建筑工程混凝土预制构件生产的全民所有制和集体所有制单位。

第三条　构件厂必须认真贯彻执行国家有关的方针、政策，坚持“百年大计，质量第一”的方针，努力改善经营管理，保证产品质量，更好地为社会主义现代化建设服务。

第四条　审查构件厂技术资质、划分企业等级和确定营业范围的工作，由各地城乡建设主管部门负责。

第二章　企业的开办及关闭

第五条　凡开办构件厂，必须按照本规定有关条款，提出申请，报所在地城乡建设主管部门审查技术资质条件，合格后方可到工商行政管理机关申请登记、核发营业执照。

第六条　构件厂必须具备以下条件，方准开业：

（一）有独立组织生产和进行经营管理的机构；

（二）有与生产规模相适应的技术人员、管理人员和生产技术工人；

（三）有与生产规模相适应的生产设施和流动资金；

（四）有健全的会计制度和经济核算办法，能独立计算盈亏；

（五）有保证产品质量的管理制度和测试手段。

第七条　开办构件厂，要填写申请登记表。申请登记表包括下列内容：

（一）企业名称、地址及隶属关系；

（二）企业负责人姓名、年龄及简历；

（三）企业技术负责人姓名、年龄及技术简历；

（四）企业生产能力，生产经营范围，主要产品、产量，采用的生产工艺及主要设备；

（五）企业开业日期，固定职工及管理人员、工程技术人员、生产技术工人和其他人员的人数；

（六）企业的经济性质，流动资金和固定资产现值、机械设备净值。

第八条　取得企业等级证书的构件厂，当企业名称、技术资质发生变化或拆建、合并、转产、迁移、关闭以及改变隶属关系时，必须在三十天内向原审批机关办理有关手续，并向工商行政管理机关申请办理变更登记。

第三章　企业等级及营业范围

第九条　构件厂按照技术资质和规模分为一、二、三级，各级构件厂应具备的条件和营业范围如下：

（一）一级构件厂：

1.具有两年以上生产构件的经历，构件年产量

（设计能力或实际产量）在一万立方米以上；

2.有与营业范围相适应的混凝土搅拌系统、钢筋加工车间、构件生产所需机具设备、养护设施和场地；

3.设有从事五年以上生产构件经历的总工程师或主任工程师为技术负责人，设有会计师或助理会计师，车间设有助理工程师或技术员以上的技术负责人，车间工长应有五年以上生产构件经历和相当于技术员的技术水平；

4.工程技术人员的人数不少于职工总数的3%，具有技术员以上职称的工程技术人员不少于十人，生产工人中具有三级工以上技术水平的人数不少于60%；

5.有保证产品质量的技术管理系统、质量检验机构和试验室，有对原材料和构件质量进行检验的设备，包括：万能试验机、压力试验机、钢丝应力测定仪、水泥软练试验设备，混凝土试配、标准养护室，构件结构检验和计量检测仪表等设备。

营业范围：可生产各类混凝土建筑构件。

（二）二级构件厂：

1.具有二年以上生产构件的经历，构件年产量（设计能力或实际产量）在三千至一万立方米；

2.有与营业范围相适应的混凝土搅拌站、钢筋加工车间、构件生产所需机具设备、养护设施和场地；

3.设有从事三年以上生产构件经历的工程师或五年以上生产构件经历的助理工程师为技术负责人，设有助理会计师或会计员，车间工长须具有三年以上生产构件经历和相当于技术员的技术水平；

4.工程技术人员的人数不少于职工总数的3%，具有技术员以上职称的工程技术人员不少于五人，生产工人中具有三级工以上技术水平的人数不少于50%；

5.有保证产品质量的技术管理系统、质量检验机构和试验室，有对原材料和构件生产质量进行检验的主要设备，包括：压力试验机、钢丝应力测定仪、水泥软练试验设备，混凝土试配、标准养护室等设备。在试验室尚不具备条件时，可委托省、市、县（区）建筑工程质量监督检测机构或经当地工程质量监督检测机构认定的测试单位承担试验任务，但必须有合同或协议。

营业范围：除不得生产预应力吊车梁、屋面梁和屋架外，可生产其它各类混凝土建筑构件。

（三）三级构件厂：

1.具有二年以上生产构件的经历，构件年产量（设计能力或实际产量）在三千立方米以下；

2.有与营业范围相适应的混凝土搅拌设备、钢筋加工机具、模板制作设备、构件生产设备和场地；

3.设有从事三年以上生产构件经历的技术员或具有五年以上生产构件经历具有技术员水平的人员为技术负责人，工长应有二年以上生产构件的经历；

4.工程技术人员的人数不少于职工总数的2%，或不少于三人，生产工人中具有三级工以上技术水平或有二年以上生产构件经历人数不少于40%；

5.有必要的质量检验制度，有专职质量检验人员，设有简易试验室，有压力试验机、钢丝应力测定仪等检测设备。在试验室尚不具备条件时，可委托省、市、县（区）建筑工程质量监督检测机构或经当地工程质量监督检测机构认定的测试单位承担试验任务，但必须有合同或协议。

营业范围：可生产预应力短向圆孔板、平板、过梁、桁条等构件。

第十条　各级构件厂的管理人员和生产工人必须相对稳定，基本职工应不少于全厂人数的50%。

第十一条　企业技术资质未达到本规定第九条三级构件厂标准的混凝土构件加工单位，不得生产各类建筑承重构件，可生产门窗过梁和从事花格窗、围墙花饰、地面砖等混凝土制品生产。

第十二条　本规定的二、三级构件厂，在划分等级以前，已经生产过上一个等级构件厂营业范围产品的，经当地城乡建设主管部门认可，具备生产该产品的技术条件，产品质量合格，未发生过重大质量事故者，可准予继续生产，并在营业范围内注明。

第十三条　新开办的构件厂，在二年内核定的等级为暂定等级，如二年内生产的构件质量均达到国家规定标准，未发生重大质量事故，经企业申报，城乡建设主管部门核准，即可转为正式等级。

第十四条　建筑企业附属的非独立核算的构件厂，凡将构件作为商品外销者，均应按本规定取得相应的构件厂等级证书，否则，不得向外销售构件。

第十五条　划分企业等级，以本企业工程技术人员为主，凡临时聘用的工程技术人员，必须有聘用合同，能顶岗坚持工作，胜任所从事的业务。担任企业技术负责人的，必须承担相应的经济、法律责任。

第四章 监督管理

第十六条 各地建筑工程质量监督站，有权对构件生产质量实行监督，监督内容包括：

1.企业的技术资质条件和产品范围；

2.构件生产的质量保证体系；

3.构件技术资料；

4.对产品进行抽样检查。

第十七条 构件厂必须严格按国家制定的技术规范和设计要求进行生产，不得乱套图纸和随意修改设计，不得任意使用代用材料，不得弄虚作假。

第十八条 凡实行生产许可证的重要构件，企业要有城乡建设主管部门颁发的产品许可证，方可进行生产。具体实施办法另定。

第十九条 企业生产新产品，应先进行试生产，经有关部门鉴定，产品质量和技术性能符合设计要求，方可进行批量生产，否则不准销售和使用。

第二十条 构件出厂，必须符合下列要求：

1.符合规定的标准和设计要求，有构件厂质量检验部门签认的产品合格证；

2.有特殊要求的构件和不准倒置的构件，出厂前必须在构件上制作明显标志；

3.出厂构件必须在明显位置印制构件厂的标记，以利监督检查。

第二十一条 对构件质量发生争议，由政府委托的建筑工程质量监督站负责鉴定和仲裁。

第二十二条 构件厂的技术资质和企业等级，每隔四年进行一次全面核查。核查工作由各地城乡建设主管部门负责。工商行政管理机关根据《工商企业登记管理条例》和本规定有关企业等级和营业范围条款进行监督管理。

第五章 罚则

第二十三条 违反本规定，擅自生产并销售超出营业范围的构件，工程质量监督机构应令其停止生产，已生产的构件不准出厂和使用，并视情节轻重处以三千元以下罚款。

第二十四条 企业管理混乱，产品质量低劣的构件厂，城乡建设主管部门有权会同企业行政主管部门令其停产整顿，整顿合格后，方可恢复生产。

第二十五条 构件厂以次充好，将不合格产品出厂而造成工程质量事故者，构件厂要承担经济损失；情节严重者要追究有关人员的行政或法律责任。

第二十六条 建筑企业所属的非独立核算的构件厂，未取得构件厂生产等级证书，擅自向外销售建筑构件者，处以三千元以下罚款。

第二十七条 对弄虚作假，有意减少构件中的钢筋用量、使用不合格钢材或降低水泥用量，生产劣质构件出售者，没收全部非法所得，并由城乡建设主管部门会同工商行政管理机关吊销其营业执照。情节严重者，要依法惩处。

第二十八条 出厂构件没有生产单位标记的，处五百元以下罚款。

第二十九条 构件厂在申报技术资质审查和办理营业执照过程中，不按规定办理变更登记或停业手续的，按《工商企业登记管理条例》的规定处理。

第六章 附则

第三十条 本规定第九条中的“工程技术人员”，是指具有工业与民用建筑、土建、混凝土制品、机械等专业技术的人员。“相当于技术员技术水平”者，是指经各地城乡建设主管部门考试合格并发给证书，准予从事技术工作而无技术职称的人员。

第三十一条 一级构件厂营业资格审查，由省、自治区、直辖市城乡建设主管部门审批；二级构件厂由市（地）级以上城乡建设主管部门审批；三级构件厂由县级以上城乡建设主管部门审批。

第三十二条 本规定由城乡建设环境保护部建筑管理局负责解释。

第三十三条 本规定自发布之日起施行。

城乡建设环境保护部

关于认真整顿建筑市场的通知

（一九八六年一月三十日）

关于整顿建筑市场问题，已在一九八五年十二月召开的建设厅长、建委主任座谈会上作了部署。现根据一些地区的经验和整顿工作进展情况，再通知如下：

一、整顿的目的和要求。这次整顿建筑市场要同贯彻落实全国党代会精神，坚持两个文明建设一起抓的要求结合起来进行，主要解决危害改革、危害经济发展和社会生活的新的不正之风，坚决克服利用职权谋取个人私利和企业局部利益，不惜损害国家和人民利益的倾向；坚决克服单纯追求产值，忽视工程质量和社会效益的倾向；坚决克服放松思想政治工作，忽视队伍建设和企业管理的倾向。通过整顿，切实解决好当前存在的一些突出问题，巩固改革成果，发展大好形势。

二、整顿的重点。这次整顿建筑市场重点放在取缔无证设计、无照施工和越级承担工程任务的行为；查处内外勾结，上下串通，行贿受贿，坑害国家和用户的违法乱纪行为；查处出卖营业执照、企业资格证书、银行帐号和非法转包渔利的行为；查处弄虚作假、偷工减料，造成重大质量事故和倒塌事故的行为；纠正胡夯乱要，高估冒算，敲竹杠、设梗刁难的行为等。

三、整顿的范围。主要在城市进行，包括在城市和工矿区的建筑安装企业、市政施工企业、房屋维修企业和城市开发公司。涉及发包单位有违法乱纪行为的，也要会同有关部门认真查处。

四、整顿的方法和步骤。这次整顿在各地党委和政府领导下，有组织有领导地进行。首先要作好动员工作，提高广大职工特别是各级领导干部的认识，搞清整顿建筑市场的意义和目的，增强整顿的自觉性。然后，采取请进来，走出去等方式，广泛征求各方面意见，查摆问题，确定各地区、各单位的具体整顿内容。各级城乡建设主管部门，要注意抓重点，抓典型，特别是对那些情节严重的大案要案，要一抓到底，及时处理，决不能手软，并通过典型案例对职工进行教育，以推动整顿工作的深入发展。

五、注意政策。对职工群众中一般性的问题，检查了，改正了，可不再追究责任。对群众反映强烈和违反国家政策法令的，要根据情节轻重和认识程度进行处理，该处分的处分，该退赔的退赔，不能使他们在经济上沾便宜。对严重违法乱纪的，要会同有关部门从严惩处。对揭发问题的单位和个人，严禁打击报复，违者要追究责任。

改革是一项创新的事业，由于经验不足，管理工作未及时跟上，发生这样那样一些问题是难以避免的。因此，要把营私舞弊，违法乱纪同改革中政策界限不清发生的问题区别开来，凡属涉及改革中某些政策界限不清的问题，请各地城乡建设主管部门会同有关部门认真研商解决；本地解决不了的报建设部研处。

六、坚持边整边改。在整顿中，要针对存在的问题，建章建制，堵塞漏洞，加强建筑市场管理。首先，要加强招标投标等承发包业务管理，严禁私下交易、行贿受贿等行为。其次，对在本地承担工程任务的所有建筑队伍的数量、营业等级及经营管理情况，进行清查登记，不符合条件的，在做好工作的基础上限期清退。今后，建筑队伍（包括农村建筑队）跨省市承包工程，必须持营业执照副本（包括技术资格等级证书、建筑企业营业管理手册）和企业所在省、自治区、直辖市城乡建设主管部门出具的外出施工证明，到进入地区城乡建设主管部门申请施工许可证。没有取得施工许可证的建筑队伍，不得跨地区承包工程。第三，严格控制个体建筑户的营业范围。个体建筑户只能在核定的营业范围内从事小型工程的内外装修、房屋零星修缮、传统农房建造和提供劳务，一般不承担新建、改建、扩建工程。第四，坚持文明施工，注意保护成品，切实解决现场脏乱和施工扰民的问题。要发扬建筑工人的光荣传统，增强主人翁责任感，树立良好的职业道德。

七、加强领导。整顿建筑市场是一项十分重要而又政策性很强的工作，它关系到巩固和发展改革成果，关系到企业的社会主义方向，关系到党风和社会风气的根本好转。各地城乡建设主管部门务必高度重视，扎扎实实地开展工作，决不能走过场。工作中要主动争取省市委的领导，及时请示汇报。建设厅（建委）要指定一位主要领导干部负责整顿工作，并抽调专门人员处理日常事务。

各地接此通知后，要尽快行动。并将你们的安排，在半个月内报部和当地人民政府。以后每半月报送一次进展情况。

城乡建设环境保护部

关于加强建筑企业安全生产工作的决定

（一九八六年四月九日）

近几年来，我国城乡建设事业发展很快，完成的施工任务大幅度增长。但由于管理工作没有及时跟上，安全生产方面存在问题较多，伤亡事故增多。据不完全统计，一九八五年与一九八四年相比，建筑企业因工死亡人数上升32.2%，其中：全民企业上升11.8%；集体企业上升78.0%。乡镇施工队伍伤亡事故情况也很严重，据22个省、市和中建总公司的统计共死亡775人。

为了迅速扭转职工伤亡事故上升的局面，根据国务院办公厅国办发〔1986〕20号文，转发的全国安全生产委员会《关于重视安全生产控制伤亡事故恶化的意见》的要求，必须坚决贯彻安全第一，预防为主的方针，认真落实安全生产责任制，搞好特殊工种工人安全生产的技术培训，狠抓安全技术和防护措施的落实，提高安全管理水平。为此，特作如下决定：

一、加强对安全工作的领导。各地区、各单位要把安全生产列入领导的重要议事日程，定期讨论研究安全生产工作。各地建筑主管部门每年、总公司（局）每季度、公司（厂）每月至少听取一次安全生产工作的汇报，研究安全生产工作中的问题，布置安全生产工作。要将安全生产工作列入经理（厂长）任期目标责任制的内容，并作为考核企业的标准之一。凡安全生产管理不好，超过建设部（83）城劳字第333号文规定的死亡限额要求的，不得评为先进企业。有违章指挥、违章作业行为的，不能评为先进个人。

二、认真贯彻落实国务院国发〔1986〕20号文件精神，将安全生产同百元产值工资含量包干办法挂起钩来。凡安全生产的规章制度不落实；不严格执行安全生产责任制，缺乏安全生产的保证体系；发生死亡和重伤事故的企业，要相应扣减工资含量系数。所扣减的工资额，用于奖励在安全生产工作中做出成绩的集体和个人。

三、加强安全生产教育，各省、自治区、直辖市建设厅（建委），要根据企业职工情况分别规定安全教育时间和要求。要将施工队长(车间主任)、工长（施工员）、班组长和架子工、起重工、爆破工、机械工、电工、焊工、司炉工、打桩机及各种机动车司机等特殊工种工人做为安全教育的重点，统一组织考试发证。企业对新进场的工人和调换工种的职工，必须按规定进行安全教育和技术培训，经考核合格，发给证书方准上岗；考试不合格的，要停职停岗补课。在补课期间只发基本工资，停发奖金和补贴。无证上岗的按违章作业处理，并追究主要领导人的责任。

四、落实安全技术措施，提高防护水平。所有建设工程施工前，都要有安全技术措施或方案，认真贯彻“十项防护措施”。特别是对高空作业、电气设备、起重吊装、压力容器等伤害事故严重的工种和操作岗位，要狠抓防护设施和安全装置的落实。安排生产计划必须同时安排安全技术措施，力求做到阳台栏板、楼梯扶手、烟道、通风道、垃圾道等，以正式工程代替临时防护设施。防护设施和安全装置应逐步做到定型化、工具化、标准化。企业每年要制定改善劳动条件的计划、按规定提取安全技术措施费用，做到专款专用。

五、要健全安全机构，充实专业人员。各省、自治区、直辖市建设厅（建委）应设立有主管安全的机构或专职人员。企业要有专职安全机构。根据国务院国发〔1979〕100号文规定，安全人员属于生产人员。安全管理干部应选配具有中等专业文化程度和一定实践经验的职工担任。各级领导要支持他们的工作，不要轻易调动。在施工队工作的安全员，应享受生产工人奖金。要有计划的组织培训，开办脱产和半脱产的安全专业的大专班和中专班（或短期培训班），不断提高其业务水平。

六、坚持安全检查制度。各省、自治区、直辖市建设厅（建委）每年，总公司（局）每季度，企业每月，要组织有主要领导参加的安全检查，对查出的隐患要限期整改。

各地区要根据国家和地方的有关安全生产的规定和安全技术规程，将各项安全防护要求，按工序制定出安全检查表，包括施工现场场容场貌、高空

城乡建设环境保护部

关于确保工程质量的几项措施

（一九八六年四月二十一日）

根据建设厅长、建委主任座谈会提出的“挤水份、上水平、达标准”的要求，一九八六年工程质量管理的目标是：（1）所有竣工工程质量都要达到合格标准，消除不合格工程；（2）继续提高国家重点工程、高层建筑和大型公共建筑工程的质量，多创优良工程；（3）基本消除屋面漏水，地下室、厨房、卫生间渗水，阳台倒泛水等质量通病。为此，提出如下措施：

一、端正经营思想，切实做到“五不准”

建筑工程质量关系到国家财产和人民生命安全，各级城乡建设主管部门，勘察设计、建筑施工和构件生产单位，都必须坚持“百年大计，质量第一”的方针，严格把好质量关，切实做到“五不准”：（1）未经持证设计单位设计或设计不合格的工程，一律不准施工；（2）无出厂合格证明和没有按规定复试的原材料，一律不准使用；（3）不合格的建筑构件，一律不准出厂和使用；（4）所有工程都必须严格按照国家规范、标准施工和验收，一律不准降低标准；（5）质量不合格的工程及构件，一律不准报竣工面积和产量，也不计算产值。

对违反上述“五不准”的单位，要追究企业经理（院长、厂长）及有关人员的责任。

二、严格资质审查，取缔无证营业

各级城乡建设主管部门对勘察设计、施工、构件生产单位要严格进行资质审查，核定营业等级，防止虚报营业条件，冒领营业证书。从一九八七年起，对上述单位的营业资格每年抽验一次。

无证的勘察设计、施工、构件生产单位擅自承揽生产任务者，按《工商企业登记管理条例》第十八条规定勒令停工清理，情节严重的并处以3000元以下罚款。

三、制止越级营业，惩处非法经营

持有证书的勘察设计、建筑施工、构件生产单位不得越级承担任务；设计单位不得出卖图签，也不得为无证的单位和个人设计的图纸盖章出图；施工单位不得出卖、转让营业执照、资格证书或银行帐号。违反上述规定者，除没收其非法所得外，处以3000元以下罚款，情节严重者提请工商行政管理

作业、四口防护、脚手架搭设、临时用电、垂直运输、施工机械、土石方、砌筑、混凝土、屋面防水、起重吊装、设备安装等，做为工长（施工员）、安全员的检查标准，和做为工人班组自检、互检、交接检查的依据。要逐步使用望远镜、照相机、录像机、下水道检测仪、分析仪、电流表、力距器等检测仪器和工具，采用科学的管理方法，分析安全事故隐患，掌握预测事故的规律。

七、要逐步建立行业安全监察制度。建立行业安全监察站，对在本地区承担建设任务的所有施工队伍，行使安全监督监察的职能。各地要加强对这一工作的领导，配备得力的专职和兼职安全监察员。

八、加强对外包工的安全管理工作。凡参加建筑施工的包工队，都必须认真贯彻执行当地人民政府和总包单位有关安全生产的规章制度。包工队长要对本队的安全生产工作负责。实行总分包制度的总包单位，要统一领导和管理分包单位的安全生产。对外包工承担的工程要做详细的安全交底，提出明确的安全要求，并认真监督检查。对违反安全规定冒险蛮干的，要勒令停产。凡总包单位产值中包括外包工完成的产值的，总包单位要统计上报外包工单位的伤亡事故。

请各地建筑主管部门根据国务院办公厅国办发〔1986〕20号文转发的全国安全生产委员会《关于重视安全生产控制伤亡事故恶化的意见》和本决定的要求，认真组织落实，并将贯彻执行情况在十月底以前报部劳动工资局。

部门吊销营业执照。

四、跨省市营业，须经资格复查

凡跨省市从事勘察设计、建筑施工的单位，须持技术资格等级证书和营业执照副本，到进入地区城乡建设主管部门申请资格复查领取许可证，方可承担任务。

五、健全企业质量保证体系，实行质量责任制

各企业的经理（院长、厂长）要对本单位的产品质量负责。总建筑师、总工程师或技术负责人，要协助经理（院长、厂长）管好质量工作。设计图纸、竣工工程的质量评定，均须经单位主要领导和技术负责人签字，方可出图、上报。

各勘察设计、建筑施工和构件生产单位都必须设立质量检测机构，配备必要的检测设备和专职检测人员，其人数不少于职工总数的5‰，并抽调有实践经验和独立工作能力的人员充任。任何人不得设置障碍，干预质量检测人员依章行使职权。

建筑施工单位对单位工程和分部、分项工程要逐级建立质量责任制，各级施工主管人员都要对工程质量负责。

实行总分包的工程，要按总分包负责制的原则，分包单位对分包工程质量负责，总包单位对全部工程质量负责。

所有工程都要建立技术档案，并保证技术资料的准确性。隐蔽工程和主要结构因技术资料不全、不实，而无法确认质量等级的，不得评为合格工程。

六、强化质量指标在分配中的否决作用

各单位都要把质量指标放在首位。当进度、数量同质量发生矛盾时，要服从质量，坚持好中求快，好中求省。设计质量、工程质量、产品质量不合格，要扣减企业负责人和生产者的工资和奖金。实行百元产值工资含量包干的建筑施工企业，要严格执行（86）城劳字123号文关于质量与含量包干挂钩的规定。

七、推行样板间工程和竣工标志

凡建筑面积在2000平方米以上的工程，在施工时，要按标准、规范和设计要求，对主要结构和装饰工程先做出样板（如样板墙、样板间、样板结构等），经质量检测人员认定后，作为操作和质量验收标准。达不到样板间标准的，不予验收。

工程竣工前，必须按《建筑企业营业管理条例》第四十一条规定，在显著部位镶嵌、镌刻永久性标志，注明设计、施工单位和建设日期，否则不得交工。

八、加强政府监督，改善检测手段

各级质量监督站要尽快充实质量监督人员，配备必要的检测仪器、试验设备和交通工具。尚未建站的市、县，要尽快组建。质量监督站负责人必须由工程师以上的技术人员担任。所有监督人员都要严格按照质量监督条例，开展工作，尽职尽责，公正监督。因失职、渎职或受贿造成质量事故或隐患的，要从严惩处。

九、定期发布工程质量公报，奖优罚劣

从一九八六年起，每年组织力量抽检100个建筑企业和100家构件厂的工程（产品）质量，并通报全国。对工程（产品）质量优良的企业，予以表彰；对质量不合格的企业，除通报批评外，并限期整顿，整顿期间只发基本工资，停发奖金。经过整顿仍达不到国家规定质量标准的，降低营业等级或责令停产转产。

十、认真查处重大质量事故

各级城乡建设主管部门对一九八五年质量大检查中查出的重大质量事故，都要逐项做出处理；过去处理不当的要重新处理。凡因设计、施工原因造成的质量缺陷，必须返修补强，不能留有隐患。

自本措施发布之日起，凡由于设计或施工原因造成万元以上损失的质量事故或房屋倒塌事故，除赔偿损失外，还要对单位主要责任人和直接责任者给予行政记过以上处分，情节严重的要依法追究法律责任。

十一、认真开展技术培训，提高队伍素质

使用农村建筑队或临时工、合同工，上岗前必须进行质量，安全教育，使他们严格按标准、规范施工。主体结构、高级装饰、设备安装等关键工种操作人员，必须经过考试合格，方可上岗。

现场施工员和工长要定期培训，学习有关标准、规范及验评方法，并逐步推行岗位证书制，没有取得岗位证书者不能指挥和组织生产。

城乡建设环境保护部

建筑安装工程总分包实施办法

（一九八六年四月三十日）

一、总　　则

第一条　为加强建筑安装工程总分包管理，明确总包单位和分包单位的责任，根据《建筑安装工程承包合同条例》及《建筑企业营业管理条例》等有关规定，特制定本办法。

第二条　建筑企业凡采用总分包方式从事各种房屋建筑、土木工程、设备安装、机械化施工等生产经营活动，均适用本办法。

第三条　实行总分包的工程项目，发包与总包单位、总包与分包单位必须依照《建筑安装工程承包合同条例》规定，签定工程总包合同和分包合同。

第四条　总包单位和分包单位在施工中发生纠纷，双方应依照合同条款协商解决；协商解决不了，可提请城乡建设主管部门调解或向经济合同仲裁机关申请仲裁。

二、实行工程总分包的条件和范围

第五条　按照建设部一九八四年三月发布的《建筑企业营业管理条例》审定的一、二、三级建筑企业，可在规定的营业范围内总包。

第六条　总包单位必须自行完成建设项目（或单项、单位工程）的主要部分，其非主要部分或专业性较强的工程可分包给营业条件符合该工程技术要求的建筑安装单位。结构和技术要求相同的群体工程，总包单位应自行完成半数以上的单位工程。

第七条　本办法第六条中的建设项目、单项工程的主要部分，是指技术复杂、工程质量要求高的单位工程。单位工程的主要部分，是指工程的主体结构。

专业性较强的工程是指工艺设备安装、结构吊装工程或专业化施工的分部分项工程。

第八条　分包单位必须自行完成分包工程，不得再行分包。但属于金属容器的气密性试验、压力试验，工艺设备安装的调试工作，吊装工程的焊缝探伤检查，打桩和高级装修等特殊专业技术作业除外。

第九条　按照《建筑企业营业管理条例》审定的四级建筑企业，可将所承包工程中的专业性较强的部分分包给其他施工单位。

第十条　参加投标的总包单位，报送标函时应注明准备分包的工程项目。

三、总包单位和分包单位的责任

第十一条　实行总分包的工程，由总包单位对工程的工期、质量、造价和交付使用后的保修向发包单位负责。分包单位按合同规定，对其分包的工程向总包单位负责。总分包单位之间的责任应在合同中明确规定。

第十二条　总包单位的责任是：

1.编制施工组织总设计，全面负责工程进度、工程质量、施工技术、安全生产等管理工作；

2.按照合同或协议规定的时间，向分包单位提供建筑材料、构配件、施工机具及运输条件；

3.统一向发包单位领取工程技术文件和施工图纸，按时供给分包单位。属于安装工程和特殊专业工程的技术文件和施工图纸，经发包单位同意，也可委托分包单位直接向发包单位领取；

4.按合同规定统筹安排分包单位的生产、生活临时设施；

5.参加分包工程质量检查和竣工验收；

6.统一组织分包单位编制工程预算、拨款及结算。属于安装工程和特殊专业工程的预决算，经总包单位委托，发包单位同意，分包单位也可直接对发包单位。

第十三条　分包单位的责任是：

1.保证分包工程质量，确保分包工程按合同规定的工期完成；

2.按施工组织总设计编制分包工程的施工组织设计或施工方案，参加总包单位的综合平衡；

3.编制分包工程的预（决）算，施工进度计划；

4.及时向总包单位提供分包工程的计划、统计、技术、质量等有关资料。

第十四条　分包工程经竣工验收（包括中间交工验收）达到合格标准后，由总包单位和分包单位

城乡建设环境保护部

建筑工程设计资格分级标准

（一九八六年八月二十七日）

一、建筑工程设计主要专业工种包括：建筑，结构，给排水，采暖通风空调、动力（以上三个专业工种可根据情况适当合并），电气照明，总图（视情况可与建筑合并），技术经济及概预算等。

二、建筑工程设计单位可以是综合性的，也可以是专业性的。综合性单位必需做到主要专业工种齐全；专业性单位可以是由单一的或若干专业工种组成。

三、综合性单位可以成套承包建筑工程设计，专业性单位只能承包本专业工种范围内的设计，配有建筑专业的单位可以总包工程设计，其它专业工种可以分包。

四、承担任务范围

（一）取得甲级证书的设计单位，可以承担建筑工程的设计任务范围不受限制。

（二）取得乙级证书的设计单位，可以承担下列建筑工程的设计：

1.现行民用建筑设计收费标准中规定的工程等级二级和二级以下、建筑高度不超过五十米、防火为二类的高层民用建筑，以及不超过十八层的普通住宅；跨度不超过三十米的单层民用建筑；

2.跨度不超过三十米、吊车吨位不超过三十吨的单层厂房和仓库，以及跨度不超过十二米、六层以下多层厂房和仓库；

在验收证书上签字，作为分包单位向总包单位交工的证件。验收不合格时，由分包单位进行返工或修理，并负担全部返修费用。

第十五条　总包单位影响分包合同履行，并给分包单位造成损失时，由总包单位向分包单位负责赔偿。属于发包单位的原因致使分包合同不能履行时，总包单位应先对分包单位赔偿损失，再依据总包合同向发包单位要求赔偿。

四、禁止转包工程

第十六条　建筑企业是直接进行施工的单位，只能按本办法规定进行工程总分包，不得转包工程。

第十七条　本办法中的转包工程，是指建筑施工单位以赢利为目的，将承包的工程转包给其他的施工单位，不对工程承担任何技术、质量、经济法律责任的行为。

第十八条　下列行为均属转包：

1.建筑企业将承包的工程全部包给其他施工单位，从中提取回扣者；

2.总包单位违反本办法第六条规定，将工程的主要部分或群体工程（指结构技术要求相同的）中半数以上的单位工程包给其他施工单位者；

3.分包单位违反本办法第八条规定，将承包的工程再次包给其他施工单位者。

五、罚　　则

第十九条　违反本办法第十六、十七、十八条规定转包工程的，由城乡建设主管部门会同工商行政管理机关视情节轻重，没收其转包所得，并处罚款，需要追究刑事责任的，移送司法机关处理。

第二十条　总包单位将工程分包给无证或不具备承接该项工程营业等级的施工单位，由城乡建设主管部门令其停止分包，没收其非法所得，并追究其主要领导者及经办人员的行政责任，情节严重的，取消其对该项工程的总包资格。由此而造成的损失由总包单位负责。

第二十一条　分包单位超越营业范围分包工程的，由城乡建设主管部门取消其对该项工程的分包资格，并处罚款。

六、附　　则

第二十二条　总包单位向分包单位计取的服务费标准，由各省、自治区、直辖市城乡建设主管部门规定。

第二十三条　本办法由城乡建设环境保护部建筑管理局负责解释。

第二十四条　本办法自发布之日起实施。

3.独立烟囱、水塔及水池等构筑物。

（三）取得丙级证书的设计单位，可以承担下列建筑工程的设计：

1.现行民用建筑设计收费标准中规定的工程等级三级和三级以下、建筑高度不超过二十四米的多层民用建筑，以及跨度不超过二十四米的单层民用建筑；

2.跨度不超过二十四米、吊车吨位不超过十吨的单层厂房和仓库；以及跨度不超过九米、四层以下多层厂房和仓库；

3.中小型烟囱、水塔及水池等构筑物。

（四）取得丁级证书的设计单位，可以承担下列建筑工程的设计：

1.现行民用建筑设计收费标准中规定的工程等级四级和四级以下，六层以下住宅、宿舍和其它混合结构的民用建筑，或跨度不超过七点五米、三层以下框架结构的民用建筑，以及跨度不超过十五米的单层民用建筑；

2.跨度不超过十五米、单梁式吊车吨位不超过五吨的单层厂房和仓库，以及跨度不超过七点五米、三层以下的轻型厂房和仓库；

3.采用标准图的中小型独立烟囱、水塔、和水池等构筑物。

注：丁级单位承担的建筑项目设计均不含地下室。

五、单位资格等级的技术条件

（一）申请甲级证书的设计单位

1.综合性设计单位：

（1）专职固定设计技术人员中建筑、结构专业工种至少各有五名、其它工种至少各有三名具有本专业大专学历水平，并曾担任过至少五项特级或一级工程项目专业设计负责人的技术骨干；

（2）技术骨干与中、初级技术人员比例大体为1:6，其中具有大专学历水平和五年以上专业设计实践经验的占技术人员总数百分之五十左右，技术人员级配构成比较合理；

（3）单位有比较完善的质量、技术管理制度，有比较先进、齐全的设备。

2.专业性设计单位：

专职固定设计技术人员中每个专业至少各有五名具有本专业大专学历水平、并担任过至少五项特级或一级工程项目专业设计负责人的技术骨干，其它条件要求与综合性甲级单位相同。

（二）申请乙级证书的设计单位

1.综合性设计单位：

（1）专职固定设计人员中建筑、结构专业工种至少各有三名、配套工种至少各有二名具有大专学历水平，并曾担任过至少五项二级或二级以上的工程项目专业设计负责人的技术骨干；

（2）技术骨干与中、初级技术人员的比例大体为1:6，其中具有大专学历水平和五年以上专业设计实践经验的应占技术人员总数的百分之四十左右；技术人员级配构成比较合理；

（3）单位有比较健全的质量、技术管理制度，有比较齐全的设备。

2.专业性设计单位：

专职固定设计技术人员每个专业至少各有三名具有本专业大专学历水平、并曾担任过至少五项二级或二级以上的工程项目专业设计负责人的技术骨干，其它条件与综合性乙级设计单位相同。

（三）申请丙级证书的设计单位

1.综合性设计单位：

（1）专职固定设计技术人员中每个专业至少各有二名具有大专或中专学历水平，并曾担任过至少五项三级或三级以上的工程项目专业设计负责人的技术骨干；

（2）技术人员级配构成比较合理；

（3）单位有较健全的质量、技术管理制度和一定的技术设备。

2.专业性设计单位：

专职固定设计技术人员中每个专业至少各有二名具有大专或中专学历水平，并曾担任过至少五项三级或三级以上的工程项目专业设计负责人的技术骨干。其它条件要求与综合性丙级设计单位相同。

（四）申请丁级证书的设计单位

1.综合性设计单位：

（1）专职固定设计技术人员中建筑、结构专业工种至少有二名，其它工种至少各有一名具有中专或以上学历水平，并曾担任过至少五项四级或四级以上的工程项目专业设计负责人的技术骨干，技术人员级配构成比较合理；

（2）单位有必要的质量、技术管理制度。

2.专业性设计单位：

专职固定设计技术人员中，每个专业至少各有二名具有中专或以上学历水平，并曾担任过至少五项四级或四级以上的工程项目专业设计负责人的技术骨干，其它条件与综合性丁级设计单位相同。

城乡建设环境保护部

市政工程设计资格分级标准

（一九八六年八月二十七日）

一、市政工程设计业务范围包括：城市给水、排水、燃气热力、道路、桥隧、防洪及公共交通、园林绿化、环境卫生等工程设计。

二、市政工程设计单位有综合性、专业性两种组织形式。

三、本标准仅对承担城市给水、排水、燃气热力、道路桥隧、防洪及园林绿化等八个专业的市政工程设计单位的设计资格分级标准和承担业务范围做出规定，其它专业在未统一制定前可由各省、自治区、直辖市的城乡建设主管部门根据本地区实际情况，参照本标准制定。

四、综合性市政工程设计单位的级别，按其主体专业级别确定，其它非主体专业按本标准分别确定其承担各专业任务的范围。

五、市政工程设计申请压力容器设计资格，应按劳动部有关规定办理。

六、承担任务范围：

（一）取得甲级证书的设计单位，其主体专业承担市政工程项目设计任务范围不受限制。

（二）取得乙级证书的市政设计单位，可承担下列市政工程项目的设计：

1.给水排水工程：

水质无需特殊处理，供水量不超过40000吨/日的一般给水工程；管径不大于800毫米的输水管道；人口不超过20万人的城市配水管网。

污水量不超过20000吨/日的一级污水处理厂；污水量不超过10000吨/日的二级污水处理厂；人口不超过20万人的城市排水管网。

2.道路桥隧工程：

工程投资不超过500万元，无特殊地质结构，宽50米、车速小于80公里/小时的各种二级城市道路；

单孔跨径40米以下，桥长200米以下的中、小型桥梁和涵洞。

3.燃气热力工程：

5万立方米以下煤气罐站，年贮配量为3万吨以下的液化石油气贮配站；总容量为6万立方米以下的高压贮站；10吨以下城市供热锅炉房。

新建1000万元以下及改建、扩建500万元以下的煤气、热力输配管网工程。

4.防洪工程：

工程投资200万元以下的二级城市防洪工程。

5.园林工程：

可承担中、小型园林工程设计。

（三）取得丙级证书的设计单位，可承担下列市政工程项目的设计：

1.给水排水工程：

供水量不超过二万吨/日的一般给水工程；日处理污水量不超过五千吨的一、二级污水处理厂。

2.道路桥隧工程：

工程投资一百万元以下的二、三级城市道路；单孔跨径二十米以下的小型桥梁及涵洞。

3.煤气热力工程：

煤气、热力庭院管网及户内管网设计。

4.园林工程：

承担单位所在地区范围内的中、小型园林工程设计。

（四）取得丁级证书的设计单位，可承担下列市政工程项目的设计：

1.县镇给水排水工程；

2.城市三级道路；

3.采用标准图的小型桥梁及涵洞等构筑物；

4.厂区改、扩建煤气、热力管网及零星小区户内管网；

5.所属本地区范围内的小型园林工程设计。

七、单位资格等级的技术条件：

（一）申请甲级证书的市政工程设计单位

1.综合性设计单位：

（1）专职固定设计技术人员中：每个主体专业至少各有五名、主要配套工种至少各有三名具有本专业大专学历水平、并曾担任过至少五项其规模、技术复杂程度高于乙级任务范围的工程项目专业设计负责人的技术骨干；

（2）技术骨干与中、初级技术人员的比例大体为1:6，其中具有大专学历水平和五年以上专业设计实践经验的占技术人员总数百分之五十左右，技术人员级配构成比较合理；

（3）单位有完善的质量、技术管理制度，有较先进、齐全的技术设备。

2.专业性设计单位：

专职固定设计技术人员中，每个专业至少各有五名具有大专学历水平、并担任过至少五项其规模、技术复杂程度高于乙级任务范围的工程项目专业设计负责人的技术骨干，其它条件要求与综合性甲级设计单位相同。

（二）申请乙级证书的市政工程设计单位

1.综合性设计单位

（1）专职固定设计技术人员中每个主体专业至少各有三名、配套工种至少各有二名具有本专业大专学历水平、并曾担任过至少五项乙级任务范围的工程项目专业设计负责人的技术骨干；

（2）技术骨干与中、初级技术人员的比例大体为1:6、其中具有大专学历水平和五年以上专业设计经验的占技术人员总数的百分之四十左右，技术人员级配构成比较合理；

（3）单位有较健全的质量、技术管理制度，有比较齐全的技术设备。

2.专业性设计单位：

除没有对配套工种的技术骨干要求外，其它条件与乙级综合性单位条件相同。

（三）申请丙级证书的市政工程设计单位

1.综合性设计单位：

（1）专职固定设计技术人员中主体专业至少各有二名、配套工种至少各有一名大专或中专学历水平，并曾担任过至少五项丙级任务范围内的工程项目专业设计负责人的技术骨干；

（2）技术人员级配构成比较合理；

（3）单位有较健全的质量、技术管理制度。

2.专业性设计单位：

除无配套工种的技术骨干要求外，其它条件与丙级综合性单位条件相同。

(四)申请丁级证书的市政工程设计单位

1.综合性设计单位：

（1）专职固定设计技术人员中每个专业工种至少有二名、配套工种至少有一名具有大专或中专学历水平、并曾担任过至少五项丁级任务范围的工程项目专业设计负责人的技术骨干；

（2）技术人员级配构成比较合理；

（3）单位有必要的质量、技术管理制度。

2.专业性设计单位：

除无配套工种技术骨干要求外，其它条件与综合性丁级设计单位条件相同。

城乡建设环境保护部

城市规划设计资格分级标准

（试 行）

（一九八六年八月二十七日）

一、承担任务范围：

（一）取得甲级证书的城市规划设计单位，承担规划设计任务的范围不受限制。

（二）取得乙级证书的城市规划设计单位，可以承担下列规划设计：

1.专业城市规划设计单位，受本省或本市政府委托承担本省或本市规划设计任务范围不受限制；

2.二十万人以下城市总体规划的编制及修，订包括：规划大纲、市域规划、分区规划、各项工程规划和专项规划等；

3.各种详细规划设计；

4.省级以下（含省级）各种专项规划，如：省城镇体系布局规划、省风景旅游规划等；

5.大型项目的选址、可行性研究。

（三）取得丙级证书的城市规划设计单位，可以承担下列规划设计：

1.建制镇总体规划的编制及修订；

2.中等城市一般地段、小城市及建镇的各种详细规划；

3.当地各种专项规划设计；

4.中型项目的选址、可行性研究。

（四）取得丁级证书的城市规划设计单位，可以承担下列规划设计：

1.小城市一般地段及建制镇的各种详细规划；

2.当地各种小型专项规划设计；

3.小型项目的选址、可行性研究。

二、单位资格分级标准：

（一）甲级单位：

1.作为主承担单位承担过二次以上20万人以上城市的总体规划编制或修订任务；

2.城市规划、建筑工种至少各有三名，社会、经济、道路交通、园林绿化、给排水、电力电讯、煤气热力、工程准备、区域规划、环保等工种至少共有15名具有大专以上学历水平、十五年以上规划设计实践经验的技术干骨，技术人员级配构成比较合理；

3.作为主承担单位承担过国家或部级城市规划标准、规范、定额的编制任务，曾获得过国家级、部级优秀设计奖、科技进步奖等奖励，做出的规划设计具有国内先进水平；

4.有比较先进、齐全的技术装备；

5.有较高的社会信誉；

6.有比较完善的质量、技术等管理制度。

（二）乙级单位：

1.作为主承担单位承担过二次以上20万人以下城市的总体规划编制或修订任务；

2.城市规划、建筑工种至少各有三名，社会、经济、道路交通、园林绿化、给排水、电力电讯、煤气热力、工程准备、区域规划、环保等工种至少共有10名具有大专学历水平、十年以上规划设计实践经验的技术骨干，技术人员级配构成基本合理；

3.作为主承担单位曾承担过省级城市规划标准、规范、定额的编制任务，曾获得过省级优秀设计奖或科学技术进步奖等奖励，做出的规划设计具有国内先进或比较先进的水平；

4.有基本配套的技术装备，有较好的社会信誉，有比较健全的质量、技术管理制度。

（三）丙级单位：

1.作为主承担单位承担过二次以上建制镇总体规划编制或修改任务；

2.城市规划、建筑工种各有二名，社会经济、道路交通、园林绿化、给排水等工种至少共有六名具有大专或中专学历水平、十年以上规划设计实践经验的技术骨干；

3.有必需的技术装备，有质量、技术等管理制度。

（四）丁级单位：

1.承担过城市规划任务；

2.城市规划，建筑工种各有一名，道路交通、园林绿化、给排水等工种共有三名大专或中专学历水平、五年以上规划设计实践经验的技术骨干；

3.有必要的工具，有质量、技术等管理制度。

城乡建设环境保护部

城乡建设勘察单位资格分级标准

（一九八六年八月二十七日）

一、城乡建设勘察、测量业务范围包括：为城乡建设、规划和工业与民用建筑任务而从事的工程地质、岩土工程、水文地质及工程测量等工作。

二、城乡建设勘察、测量专业包括：水文地质与钻井工程专业、工程地质勘察与岩土工程专业、工程测量专业。

三、城乡建设勘察、测量单位可以是综合性单位，也可以是专业性单位或是附属于设计单位的勘测机构。

单位的级别按其主体专业资格确定，其附属专业按本标准分别确定其承担专业任务的范围。

四、承担任务范围

（一）取得甲级证书的勘察测量单位，其主专业承担城乡建设勘察、测量任务范围，不受限制。

（二）取得乙级证书的勘察、测量单位承担任务范围：

1.水文地质勘察与钻井工程专业，可承担水文地质较复杂地区中型工程的水文地质勘察及地下水资源评价工作，包括水文、气象条件良好，地质条件简单，日产20万吨以下的水源地；水文、气象条件一般，地质条件一般，日产10万吨以下的水源地；水文、气象条件较差，地质条件复杂，日产1万吨以下的水源地。能承担400米以上深度的水文地质钻探及钻井工程。

2.工程地质勘察与岩土工程专业，可承担各种复杂程度场地的相应于设计资格等级承担任务范围的工程地质勘察（包括地质测绘、钻探、原位测试、室内试验）与岩土工程评价工作；以及场地工程地质条件简单相应于甲级设计单位任务范围的（不包括深基础勘察评价工作）工程地质勘察项目（在勘察过程中发现条件复杂时，须委托甲级勘察单位进行技术咨询并对提交的成果负责）。

3.工程测量专业，可承担城乡建设中的一般规划测量和建筑、市政工程测量任务，包括大中型工程控制测量，各类地区地形测量，各种线路测量，中型、比较复杂的建（构）筑物施工与变形测量。

（三）取得丙级证书的勘察测量单位承担任务范围：

1.水文地质勘察与钻井工程专业，可承担水文地质条件不复杂地区小型工程的水文地质勘察工作（地下水资源评价可委托甲、乙级资格单位进行），包括水文、气象条件良好、地质条件简单，日产水量10万吨以下的水源地；水文、气象条件一般，地质条件一般，日产水量5万吨以下的水源地。能够承担300米以上深度的钻井工程。

2.工程地质勘察与岩土工程专业，可承担中等复杂和简单场地的相应于设计资格等级承担任务范围的工程地质勘察（包括钻探、原位测试、土工试验及评价工作）。

3.工程测量专业，可承担为城乡建设规划而从事的中、小面积测图和小型建筑、市政工程等测量任务，包括较小面积控制测量与地形测量，一般线路测量及一般建（构）筑物施工定线放样与沉降观测。

（四）取得丁级证书的勘察测量单位可承担任务范围：

1.水文地质勘察与钻井工程专业，可承担一般地区小型工程的找水及水文地质钻探工作（地下水资源评价工作可委托甲、乙级单位进行），包括水文、气象条件良好、地质条件简单，日产水量1万吨的水源地。能够承担200米深度的钻井工程。

2.工程地质勘察与岩土工程专业，可承担简单场地相应于设计资格等级承担任务范围的工程地质勘察（包括钻井、常规测试及评价工作，部分工种可委托外单位）。

3.工程测量专业，可承担城乡建设中的小型建筑、市政工程测量任务，包括工程场地地形测量与横断面测量，普通建（构）筑物定线放样测量。

五、水文地质勘察与钻井工程专业资格等级的技术条件

（一）申请甲级证书的勘察单位

1.专职固定技术人员中至少有三名具有本专业大专学历水平并担任过至少三项甲级任务范围内的工程项目专业技术负责人的技术骨干，技术骨干与中、初级技术人员的比例大体为1:7；

2.专职固定技术人员中：（1）具有大专学历水平并有五年以上从事本专业实践经验的占技术人员总数的百分之五十左右；（2）至少有五名从事钻探与钻井工程十五年以上工程技术人员或较高级别的技工，技术人员及工人级配构成比较合理；

3.单位有较完善的质量、技术管理制度（包括有齐全的安全技术操作、钻探记录、岩土鉴定描述等规程制度）并在近年内参加过本行业省、部级以上的标准、规范的编制工作，具有一定的研究开发能力；

4.拥有能满足、适用于本地区水文地质勘察及钻井任务所需的比较先进、齐全的钻机及其配套设备。

（二）申请乙级证书的勘察单位

1.专职固定技术人员中至少有三名具有本专业大专学历水平并担任过至少三项乙级任务范围内的工程项目专业技术负责人的技术骨干，技术骨干与中、初级技术人员的比例大体为1:6；

2.专职固定技术人员中：（1）具有大专学历水平并有五年以上从事本专业实践经验的应占技术人员总数的百分之三十左右；（2）至少有五名从事钻探与钻井工程十年以上的工程技术人员或较高级别的技工，技术人员和工人级配构成比较合理；

3.单位有较健全的质量、技术管理制度（包括齐全的安全技术操作、钻探记录、岩土鉴定规程等）、并参加过本行业有关业务建设等工作；

4.拥有能满足、适用于本地区的乙级任务范围的水文地质勘察及钻井工程所需的比较先进、齐全的钻机及配套设备。

（三）申请丙级证书的勘察单位

1.专职固定技术人员中：（1）至少有二名具有大专学历水平、并担任过至少三项丙级任务范围的工程项目专业技术负责人的技术骨干；技术人员和工人级配构成合理；

2.单位有健全的质量和安全的措施、制度等；

3.至少有二台能满足本地区条件的钻机以及比较齐全的配套设备。

（四）申请丁级证书的勘察单位

1.专职固定人员中：至少有二名具有中专或以上学历水平，并担任过至少三项丁级任务范围的工程项目专业技术负责人的技术骨干，技术人员和工人级配构成合理；

2.单位有必要的质量和安全的措施、制度；

3.至少有一台钻机和比较配套的设备（每台钻机至少配有四名从事本工种五年以上实践经验的技工）。

五、工程地质勘察与岩土工程专业资格等级的

技术条件

（一）申请甲级证书的勘察单位

1.专职固定技术人员中：（1）至少有三名具有本专业大专学历水平、并担任过至少三项甲级任务范围的工程项目专业技术负责人的技术骨干；（2）技术骨干与中、初级技术人员比例大体为1:7；（3）具有大专学历水平，从事本专业五年以上实践经验的占技术人员总数百分之五十左右（其中至少有四名土工试验人员），技术人员及工人级配构成比较合理；

2.单位有比较完善的质量、安全等技术管理制度，参加过本行业省、部级以上的标准、规范的编制工作并具有一定的研究开发能力；

3.单位对当地工程地质条件熟悉、有丰富的工程勘察资料（其中至少有五项高层建筑物的长观资料），对处理地区的特殊工程地质问题有丰富的实践经验，并积极推广应用岩土工程技术；

4.拥有能满足、适用于本地区的比较先进、齐全的勘探及室外土工测试设备，钻探记录、岩土鉴定的描述，取样质量优良，符合规程要求，室内外土工测试设备齐全，测试成果质量优良，符合规程要求。

（二）申请乙级证书的勘察单位

1.专职固定技术人员中：（1）至少有三名具有大专学历水平，并担任过至少三项乙级任务范围工程项目专业技术负责人的技术骨干；（2）技术骨干与中、初级技术人员比例大体为1:6；（3）具有大专学历水平从事本专业五年以上实践经验的占技术人员总数的百分之三十左右（其中至少有二名土工试验人员）；技术人员及工人级配构成比较合理；

2.单位有比较完善的质量、安全技术管理制度，参加过本行业本地区的标准规范等的编制并具有一定的开发能力；

3.对本地区工程地质条件熟悉、资料丰富（至少有五项已建工程的长观资料）对处理本地区的某些特殊工程地质问题有一定的实践经验，并积极开展岩土工程技术。

4.拥有满足、适用本地区的乙级工程项目勘察工作所需的比较先进、齐全的设备，钻探记录、岩土鉴定描述、取样质量优良，符合规程要求，具有室内外常用的土工测试设备，测试成果质量优良符合规程要求。

（三）申请丙级证书的勘察单位

1.专职固定技术人员中：（1）至少有二名具有大专学历水平担任过至少三项丙级任务范围工程项目负责人的技术骨干；（2）中专以上学历水平从事本专业五年以上实践经验的技术人员占技术人员总数百分之三十左右（其中至少二名土工试验人员）；

2.单位有保证质量、安全的技术管理措施、制度等；

3.具有合格的、当地常用的工程地质钻机和相应配套的钻具、取样器，每台钻机至少配有三名从事本工种三年以上有一定水平的技工，钻探记录、岩土描述，取样质量符合规程要求，具有常规室内土工试验一至二种原位测试设备，测试成果符合规程要求。

（四）申请丁级证书的勘察单位

1.专职固定技术人员中：（1）至少有二名具有大专或中专学历水平，担任过三项丁级任务范围工程项目专业技术负责人的技术骨干；（2）中专以上学历水平并有三年以上实践经验的占技术人员总数百分之五十左右（其中至少有一名土工试验技术人员）；

2.单位有必要的质量、安全的技术管理制度等。

3.具有合格的当地常用的工程地质钻机和相应配套的钻具、取样器，每台钻机至少配有三名从事本工种三年以上有一定水平的技工，钻探记录、岩土鉴定描述、取样质量符合规程要求，具有常规室内土工试验及一种原位测试设备，测试成果符合规程要求。

六、工程测量专业资格等级的技术条件

（一）申请甲级证书的工程测量单位

1.专职固定技术人员中：（1）至少有三名具有本专业大专学历水平并担任过至少三项甲级任务范围工程项目负责人的技术骨干；（2）技术骨干与中初级技术人员比例大体上为1:7；（3）具有大专学历和五年以上专业实践经验的占技术人员总数百分之五十左右，技术人员、工人级配构成比较合理；

2.单位有比较完善的质量、技术管理制度。参加过省、部级以上的标准、规范、定额等编制工作。具有一定的研究、开发能力；

3.具有系列配套、性能比较先进的内外业测量仪器设备，包括精密经纬、水准、平板、电磁波测距仪、计算机、绘图、复制设备以及其它专用仪器工具。

（二）申请乙级证书的工程测量单位

1.专职固定技术人员中：（1）至少有三名具有大专学历水平、并担任过至少三项乙级任务范围工程项目专业技术负责人的技术骨干；（2）技术骨干与中初级技术人员比例大体为1:6；（3）具有大专学历水平和五年以上专业实践经验的占技术人员总数百分之三十左右，技术人员和工人级配构成比较合理；

2.单位有较完善的质量、技术管理制度，参加过本行业本地区的标准规范编制工作。具有一定的技术开发能力；

3.具有系列配套、性能可靠的内外业测量仪器设备，包括经纬、水准、测距、平板仪以及电算、绘图、复印等仪器工具；

（三）申请丙级证书的工程测量单位

1.专职固定技术人员中：（1）至少有二名具有大专学历水平，并担任过三项丙级任务范围工程项目专业技术负责人的技术骨干；（2）中专以上学历和五年以上专业实践经验的占技术人员总数百分之四十左右，技术人员、工人技术级配构成比较合理；

2.单位内部有必要的质量、技术管理制度；

3.具有配套的测量内外业仪器设备，至少应有普通经纬、水准、平板仪（或其它地面测图仪器）以及计算、析图等仪器工具。

（四）申请丁级证书的工程测量单位

1.专职固定技术人员中：（1）至少有二名具有大专或中专学历水平，并担任过至少三项丁级任务范围工程项目专业技术负责人的技术骨干；（2）中专以上学历并有三年以上本专业实践经验的占技术人员总数百分之五十左右；

2.单位内部有一定的质量、技术管理制度；

3.具有配套的测量内外业仪器设备，至少应有普通经纬、水准、平板仪及计算、绘图等仪器工具。

城乡建设环境保护部　国家计划委员会

关于《全国工程勘察、设计单位资格认证管理暂行办法》有关问题的补充通知

（一九八六年九月十八日）

根据国家计委计设[1986]1137号文颁发的《全国工程勘察、设计单位资格认证管理暂行规定》的精神，结合城乡建设（包括建筑、市政、园林、规划等）勘察、设计单位分布面广、主要隶属于地方领导等特点，特作如下补充通知：

一、城乡建设（包括建筑、市政、园林、规划等）勘察、设计单位资格分级标准，由建设部制订。

二、凡符合计设[1986]1137号文第二章发证条件的城乡建设系统勘察、设计单位，可向单位所在地省、自治区、直辖市人民政府指定的勘察设计主管部门提出申请。甲级证书由各省、自治区、直辖市主管部门审查、签署定级意见，报建设部审查，经国家计委平衡后由建设部盖章颁发；乙、丙、丁级单位因数量较多，由各省、自治区、直辖市勘察设计主管部门按照建设部规定的分级标准审查，盖章颁发。

三、凡符合发证条件的国务院各部门及地方所属持有专业证书的单位，如承担城乡建设任务，一般要低于主专业的等级。如承担城乡建设甲级设计任务时，需送建设部审查签署意见。

四、持证单位跨地区承担城乡建设勘察、设计任务时，甲、乙级需向项目所在省、自治区、直辖市勘察设计主管部门出示证书副本进行验证；丙级特证单位需经项目所在地省、自治区、直辖市勘察设计主管部门审查验证；以利于地方进行勘察、设计市场的管理。各地不能搞层层验证，也不得借验证收取费用或搞新的封锁。

五、勘察、设计证书由国家计委统一印制。

城乡建设环境保护部

建筑企业机械设备管理暂行条例

（一九八六年十一月十五日）

第一章 总　　则

第一条　为加强建筑机械设备管理，提高技术装备素质，保持机械设备良好的技术状态，充分发挥其生产效能，提高综合经济效益，特制订本条例。

第二条　实行独立经济核算的建筑安装、建筑构配件生产的全民所有制企业，都应按本条例管好、用好、维修好机械设备。

第三条　企业机械设备管理的基本任务是，建立健全管理规章制度和责任制度，运用经济、技术和行政手段，以及科学管理方法，进行综合管理，做到合理配置、择优选购、正确使用、精心维护、科学检修、适时更新改造，达到使用寿命长、技术状态好、消耗低、利用率和生产效率高的目的。

第二章 企业的权责

第四条　全民所有制企业的机械设备，无论是国家投资装备的还是由企业用自有资金装备的，均属国家所有。企业必须维护国家机械设备价值总额（折旧按国家统一规定计算）和生产能力而不得减少，并严格执行政府有关的纳税制度和政策、法令。同时，企业拥有自主选购、更新改造、有偿转让和报废机械设备的权利，拥有自主使用和出租机械设备的权利，拥有拒绝任何单位和个人抽调企业设备资金和无偿调拨企业机械设备的权利。

第五条　企业经理（厂长）是企业机械设备管理的总负责人，对企业技术装备的发展、机械设备的管理体制、生产经营方式、管理人员的聘任、机务职工的奖罚等，拥有最后的决定权。同时，对维护国家资产、保障国家税收和贯彻执行政府的政策、法令，负直接责任。

第三章 设备资金管理

第六条　企业必须按国家规定，按时如数提存机械设备折旧。报废的机械设备未提足折旧的应补提足折旧。企业不得用不提折旧或少提折旧的办法变相地挪用设备资金。折旧基金和转让机械设备的收入，必须全部用于机械设备的更新改造，不得用于其他开支。

第七条　大修理基金应贯彻专款专用的原则，在保证机械设备大修理需要的前提下，其剩余部分可用于机械设备的更新改造。当改造与大修理结合进行时，大修理基金可与更新改造基金结合使用。

第八条　地方全民所有制企业承担的工程任务都应按国家规定的比例及其基数计算范围收取技术装备费。承担同一工程的分包单位所分包的任务按同一比例及其基数计算范围向总包单位收取技术装备费，但不得向建设单位重复收取。招标投标工程的标底和报价都应把技术装备费计列在内。技术装备费应用于购置扩大生产需要的机械设备，或改造现有机械设备，不得挪作他用。

第九条　企业的生产发展基金，原则上应有一部分用于发展企业的机械装备。具体比例由各地建筑主管部门规定，并监督其管好、用好。

第四章 设备前期管理

第十条　企业购置机械设备要有效益观念，讲究投入产出。购置前，要了解当地该种机械设备的拥有量和工程任务量，正确估计购置后可能达到的利用率，如果利用率达不到60%，则不宜投资购置。购置前还要进行多机种机型的技术经济分析比较，选购性能好、能耗低和生产效率高的机械设备。

第十一条　企业要建立机械设备前期管理责任制度，从设备选型、购置、到货、验收、安装、调试到投产都要有人负责，严格办理登记和交接手续。进口的机械设备要及时安装、调试和使用，凡在索赔期内发现的问题，要做好索赔工作。

第十二条　企业需要自制非标准机械设备时，应事先提出报告和设计方案，由机械工程师审查，总工程师审批后方可设计制造。自制的机械设备应试用六个月后进行检测鉴定，质量、性能合格的方可纳入固定资产。

第五章 使用和维护保养

第十三条　新机械设备以及经大修、改造、重新安装的机械设备，在投产使用前都必须按《建筑机械技术试验规程》进行检验，严禁不安全、不能保证工程质量要求的机械设备投入使用。机械管理部门有权对机械的使用进行监督，直至停止作业。

第十四条　机械操作和维修人员应具备初中毕业以上文化程度，并必须经过专业培训，达到“应知、应会”要求。大型机械设备的操作和维修人员应是技工学校的毕业生。一切操作和维修人员都必须经过考核，合格者发给操作证件，每年复查一次。无操作证件者，不得上机操作和进行维修。

第十五条　企业要建立健全使用和维修保养制度和责任制度。实行机械设备经济承包必须把维护机械设备的良好技术状况作为承包和考核的内容，机械设备技术状况严重劣化，应对承包者进行经济处罚。操作班组要坚持实行严格的岗位责任制，要把机械设备使用和维护的好坏同个人的经济收益密切挂钩，定期进行考核，奖优罚劣。对违章操作、超负荷运转和严重失保失修等损害机械设备的行为必须追究责任，造成机械事故者，应按机械事故处理制度严肃处理。

第十六条　企业可根据需要开展设备管理竞赛和评选先进班组和个人的活动。评选先进班组和个人的主要条件是：(一)服务质量；(二)出勤数或产量；(三)油料、材料和配件的消耗量；(四)安全操作和保养规程执行情况；(五)“调整、紧固、润滑、清洁、防腐”十字作业状况。对成绩显著的班组和个人，企业可给予经济奖励或授予先进班组和个人的称号。

第十七条　企业对外出租机械设备，应与承租者签订租赁合同。双方的权利和义务由合同约定。合同的订立、履行、变更、解除、违反合同的责任和合同纠纷的仲裁，按国家经济合同法的有关规定执行。

企业对外租赁的租金标准应与对外工程承包的机械预算台班单价相区别。对外租赁的租金标准，可按当地现行机械台班单价为基础，增加管理费、社会平均利润、应纳税额等，由当地主管部门制订。企业在具体出租时，租金可根据季节、租赁时间长短和机械运输、作业条件，按当地制定的租金标准适度地上下浮动。

第六章　修理、改造和报废

第十八条　企业必须建立健全机械设备定检维修制和责任制度。要有人负责组织定期检测，掌握机械设备的技术状况，编制修理计划，组织修理。

第十九条　机械技术改造要先进行可行性研究，提出设计方案，由机械工程师审批，确认通过改造能够改善性能，提高经济效益和确保安全者，方可批准改造。改造后的机械设备应组织检验，检验合格的方可投入使用。

第二十条　机械修理单位（车间）要严格执行检修规程，确保修理质量，缩短修理工期，降低修理费用。修理后的机械设备必须经过送修单位检查验收，修理质量不合格的不得出厂，不准使用。

第二十一条　报废机械设备应进行技术鉴定和经济分析。属于下列情况之一者应予以报废：(一)磨损严重，基础件已损坏，再进行大修已经不能使其达到使用和安全要求的；（二）技术性能落后，耗能高，无改造意义的；（三）修理费用高，在经济上大修不如更新合算的；（四）属于淘汰机型，无配件供应来源的。

凡属国家或部规定淘汰的机械设备，一律不得租赁、销售给其他单位。

第七章　机械事故管理

第二十二条　机械事故分一般事故、大事故和重大机械事故三类：直接损失价值在500—1000元或停产5天以内的为一般事故；直接损失价值在1001—2000元或停产10天以内的为大事故；直接损失价值超过2000元或停产10天以上的为重大事故。

直接损失的价值按设备损坏后修复至原正常状态所需工、料费用计算确定。

第二十三条　企业应建立事故处理、统计和报告的制度。凡属机械事故都应查明原因，按上述事故类别和情节轻重，给予责任者以行政处分或经济处罚。因玩忽职守造成重大损失构成犯罪的，由司法部门追究刑事责任。

发生重大机械事故应在两天内报告上级主管部门，并抄报城乡建设环境保护部建筑管理局。

第八章　基础管理

第二十四条　企业要建立健全机械设备技术经济档案管理制度，主要机械设备都应有下列资料：（一）原始技术资料和交接验收签证；（二）历次大修、改造记录；（三）事故记录；（四）运转时间（台班或台时）记录。属于固定资产的机械设备都应逐台建帐立卡，每年至少要对照实物清查盘点一次，并将清查结果报告上级主管部门。

第二十五条　企业要建立健全机械设备统计和经济核算制度。要按照上级主管部门的规定，定期上报机械设备价值量、实物台件数、使用和经营情况等统计资料。企业要定期分析统计指标和核算指标高低的原因，以改进管理、使用和经营的薄弱环节。

第九章　行业主管部门职责

第二十六条　县以上各级建筑主管部门要设置机械设备管理机构或管理干部管理机械设备，其职责是：(一)贯彻执行国家有关方针、政策和法规，研究制订本地区的具体政策、制度、标准、定额和实施办法；（二）规划为行业服务的维修与配件供应网点、租赁企业和生产基础设施；（三）向建筑企业发布本地区各种机械设备拥有量和工程量的信

城乡建设环境保护部

评定工人技师暂行规定

（一九八六年十二月八日）

第一条　为了适应社会主义现代化建设的需要，鼓励广大工人努力学习技术理论和实际操作技能，稳定工人队伍，充分发挥高级技术工人在施工、生产和培训青壮年工人中的骨干作用，特制定本规定。

第二条　凡从事本工种施工、生产工作十五年以上的高级技术工人和从事本工种工作不足十五年、在施工、生产中有突出成绩、具有特殊技艺的中级技术工人，经过高级技术培训考核合格者，可申请参加考评工人技师。已脱离施工、生产第一线的工人不得参加考评。

第三条　评定工人技师的条件。

一、拥护党的十一届三中全会以来路线、方针、政策，热爱本职工作，有良好的职业道德，积极为四化建设贡献力量。

二、中等职业技术学校毕业或受过相应的职业技术培训，包括自学成才达到相应文化技术水平。

三、掌握本工种技术等级标准高级工的应知应会，能解决本工种关键操作技术问题。

四、具有特殊技艺，技术更新能力强或在革新改造中有较大成果，并能传授技艺和经验。

五、掌握一至二个相关工种的基本理论知识和操作技能，掌握先进施工、生产工艺的知识，并懂得企业管理方面的基本知识。

第四条　工人技师的任务是指导本工种的施工、生产，解决工艺中的难题，改革施工、生产工艺、进行技术革新，担任工人操作技术的培训工作，并完成一定的生产任务。

第五条　评定工人技师的工种范围应根据施工生产的实际需要逐步确定。评定工人技师应严格按照技师的条件进行，比例限额一般控制在高级技工的百分之五左右，最高不得超过百分之八。

第六条　评定工人技师的组织领导。

一、评定工人技师的工作由各省、市、自治区主管部门的工人技术考核委员会统一组织，企业由工人技术考核小组负责。

二、评定工人技师由个人申请，所在基层单位推荐，考核小组负责考评，厅、局（总公司）负责审批。审批合格者发给“工人技师证书”，并报劳动部门备案。“工人技师证书”由部统一印制，各省、市、自治区厅、局（总公司）颁发。

第七条　工人技师的工资等级标准，以现行工人八级工资制的八级工资为起点，向上延伸一至二个等级。凡评定为工人技师的，其现行工资等级低于工人技师最低工资等级的，可纳入最低工资等级；等于或高于工人技师最低工资等级的，可晋升一级工资。不执行工人技师工资标准的，可发给相应的技术津贴。工人技师享受本单位工程师的政治、生活福利待遇。

第八条　工人技师属工人编制，建立技术考核档案，由劳动工资部门管理。对工人技师要定期复核，经复核不合格者，或调离技术岗位的，可保留工人技师的称号，不再享受工人技师的有关待遇。

第九条　本规定自颁发之日起试行。本规定的解释权属城乡建设环境保护部劳动工资局。

息；（四）开发与培训机械设备管理人才与技术人才；（五）及时上报本地区机械设备统计和重大机械设备事故；（六）监督与考核企业的机械设备管理，评选管理优秀单位。

第二十七条　考核企业机械设备管理的主要指标有：（一）设备完好率；（二）设备利用率；（三）装备生产率；（四）维修费用率。完成考核指标成绩优秀者，授予设备管理优秀单位称号，并可推荐给国家主管部门进行表彰。连续两年完不成上述指标、管理混乱、机械技术状况和设备总值严重下降的企业，应追究经理（厂长）的责任，并限期改善。

第十章　附　　则

第二十八条　各省、自治区、直辖市建筑主管部门可根据本地具体情况制订补充规定和实施细则。

第二十九条　集体所有制建筑企业可参照本条例执行。

第三十条　本条例由城乡建设环境保护部建筑管理局负责解释。

城乡建设环境保护部

关于批准颁发《建筑技术政策》的通知

（一九八六年二月四日）

为推动建筑业的技术进步，由我部科学技术委员会组织编制的《建筑技术政策》，经有关专家、领导评议审定，现予批准，自颁发之日起施行。

建筑技术政策编制说明

城乡建设环境保护部建筑技术政策编制小组

（一）

根据国家科委、国家计委、国家经委关于编制全国重大技术政策的精神，自一九八四年四月起，在部科学技术委员会的组织指导下，部科学技术局、建筑管理局、设计局开始进行建筑技术政策的编制工作。通过数百位专家和实际工作者对十一个项目、四十二个课题的研究论证，共提出五十多项背景材料。在此基础上，经归纳提出：1.建筑产品设计，2.建筑施工技术，3.建筑材料与制品，4.建筑设备，5.建筑标准化，6.建筑业推广应用电子计算机，7.建筑科技管理共七个专业政策要点以及“七五”与九十年代的建筑任务预测资料，最后又综合归纳全部内容，撰写成《建筑技术政策纲要》（初稿）。

一九八五年六月，为了进一步审查讨论上述纲要和七个专业政策要点，在山东烟台召开了有建筑界著名专家、学者和有关领导参加的“建筑技术政策论证会”。这次会议除审定有关内容外，还确定增加建筑勘察技术专业政策要点。会后，经过修改补充，提出了《建筑技术政策纲要》及八个专业政策要点（征求意见稿），并于七月发往全国各省、自治区、直辖市及有关部门征求意见。经再次修改形成了送审稿。

一九八五年十一月，由肖桐、戴念慈副部长主持，在北京召开审定会。会上各有关部门的专家、领导一致同意送审稿的基本内容，同时提出了进一步修改补充的意见。经过修改，现已经部批准颁发实施。希望各地区和有关部门根据各自的情况，结合规划、计划的编制贯彻落实。

（二）

这次《建筑技术政策纲要》及八个专业技术政策的编制工作具有如下特点：

第一，有一个比较明确的指导思想。

从一九八三年年初开始，国家科委、国家计委、国家经委共同组织了全国性的技术政策制定工作，先后编制并经国务院审定批准了十二个领域的技术政策。在一九八五年六月一日，三委向国务院报送《关于颁发十二个领域技术政策的报告》中，深刻地论述了制定技术政策的目的、内容和它的重大作用。报告指出：

（1）当代科学技术已渗透到经济、社会乃至人们思维活动的各个方面。要更好地发挥科学技术的作用，除了研究开发一项项新技术、新工艺、新材料、新产品，推广应用“硬件”之外，一个十分重要的方面是，运用各种现代科学技术知识和手段，为国家的技术、经济和社会发展决策，提供科学的、有效的依据，使其符合客观规律。

（2）技术政策是国家对一个领域技术和经济发展进行宏观指导的政策性规定。它的主要内容是确定发展目标；明确一个行业合理的生产结构、产品结构和技术结构；选择技术发展方向；提出促进技术进步的途径和措施。

（3）没有正确的技术政策，科技攻关、技术改造、技术引进、重点建设以及生产结构、消费结构和技术结构的调整、变革和发展，都难免走偏方向。因此，研究、制定和颁发重要领域的技术政策，就成为我国顺利进行现代化建设的重要保证，应如同政治的和经济的政策一样，受到应有的重视。

在上述十二个领域的技术政策中，由我部负责组织编制的共有城市建设、村镇建设、城乡住宅建设、环境保护四个技术政策。参加本《建筑技术政策纲要》编制工作的同志，有不少就曾经参与过上述四个技术政策的编制，因而，在建筑技术政策的制定过程中，不仅直接地学习运用了全国重大技术政策编制的指导思想和精神原则，而且也是全国重大技术政策编制工作的延续。

第二，力图体现建筑业是一个重要支柱产业的精神。

建国以来，由于种种历史条件的限制，在很长时间里，建筑业没有得到应有的重视，甚至被认为是一个耗用基建投资的消费领域；建筑业整个生产过程的有机整体被人为地分割，局限为出卖劳务的施工队伍。

为了切实改变这种状况，这次建筑技术政策的制订过程中，全体参与工作的同志认真学习贯彻邓小平同志关于“要改变一个观念，就是建筑业是赔钱的。应该看到，建筑业是可以赚钱的，是可以为国家增加收入、增加积累的一个重要产业部门”的指示，并努力在纲要中加以体现。

首先是要树立起建筑业是一个产业，并围绕最终产品进行生产活动的观念。建筑业作为产业，就必须确定以房屋、构筑物及其有关环境做为最终产品，并使之进入市场成为商品，为国家积累资金。为此，必须对各类房屋建筑的数量及其质量的发展要求进行科学预测。这次提出的预测资料虽然还比较粗糙，不够精确，需要在今后不断补充修改，但毕竟是建立建筑产业完整体系必不可少的一种努力。

其次是向关联产业提出需求。建筑生产活动的特点之一是大量采用其他产业的产品作为半成品。除了大宗材料如钢材、木材以及砖瓦灰砂石之外，还有机械设备以及多种轻工业消费品。大体上说，一元钱的建筑净产值，可以引出三、四元钱以至更多一些的总产值。为此，在预测不同类型房屋建筑物、构筑物的数量与质量要求的基础上，进一步预测了对关联产业，特别是建筑材料与机械设备的需求数量，为它们配合建筑业的发展，提供了初步的定性和定量的信息。

第三，采取了集思广益既有民主又有集中的决策程序。

在建筑技术政策的整个编制过程中，强调了领导、专家与管理人员的互相结合。既采取了从深入专题研究、分头讨论到综合归纳，又按照统一的预测数字作为各专业政策的基础数据的互相交叉的办法，目的是使各专业紧密衔接，形成一个有机整体。

参加这次建筑技术政策编制的组织领导工作的，有张哲民、许溶烈、杨慎和张钦楠同志。承担主要具体业务的有林志群、吴家骝、肖绍统、赵鸿岐、胡世德、曹善琪、窦以德、夏靖华、吴元炜、汪森华和李国泮等同志，这些同志多数从事建筑业的各方面工作已达二、三十年。按照认真总结经验教训的精神，广泛组织建筑界的专家学者共同研究，深入探讨，不仅充分依靠了部直属科研机构的力量，还延请了包括北京、上海、江苏、四川等地和国家建材总局、冶金部、铁道部、国家计委的同志；大家分工负责，与各专业的专家共同讨论，撰写背景材料，起草专业技术政策和总的政策纲要。通过多次小型的专题会议和综合的论证会、审定会，努力做到集思广益和科学决策相结合。这样，就在完成编制任务的同时，初步形成一支建筑技术政策的研究队伍，为今后政策的贯彻执行和进一步修改补充，提供了一定的组织保证。

我们对于在编制工作中做出各种努力和贡献的所有单位和个人，特别是对大力协助和深切关心的江殿埕、沈汝松等同志，表示深切的谢意。《建筑技术政策纲要》及其附件，连同全部的背景材料，将交由中国建筑工业出版社出版，国内发行。

建筑技术政策纲要

建筑业是国民经济的一个重要产业部门，担负着物质文明和精神文明建设的双重任务，在实现本世纪末工农业总产值翻两番、人民生活达到小康水平的进程中，建筑业将持续发展，并对整个国民经济的发展起着重要的作用。

建筑业的主要任务，是全面贯彻适用、安全、经济、美观的方针，为社会生产和城乡人民生活建造各类房屋建筑、设施和相应的形体环境，并为社会创造财富，为国家积累资金。

三十多年来，建筑业已向全国城镇提供了大量的各类房屋建筑。特别是党的十一届三中全会以来，全国城乡房屋建造量每年达九亿平方米以上；展现了我国历史上空前的建设规模，并已形成一支拥有上千万人的具有一定水平的勘察、设计、施工和科研队伍。建筑科学技术也有较大发展，结合我国的国情，开发了一些具有一定特色的建筑体系，推广了一些先进的适用技术，提高了建筑工业化水平；掌握了大型、复杂建筑物的设计、建造技术；出现了一批较好的建筑产品和设计作品，繁荣建筑创作的呼声正在日益受到重视。但是，还存在着建筑造型单调，材料设备短缺、陈旧，工程质量粗糙，建设周期长，经营管理落后，使用功能低和环境效益差等问题。就整体而言，技术进步是比较缓慢的。

根据第七个五年计划和九十年代经济振兴的要求，各类房屋建筑的建设任务十分繁重。从建造量看，为达到每户有一套住房的小康居住水平，需建造城镇住宅约二十五亿平方米；随着农村经济迅猛发展，农房建造量约为一百二十三亿平方米；工业建筑除大量改建、扩建工程外，新建厂房与仓库的建造量预计约达八亿平方米；商业、旅游业以及文化教育等公共建筑的建造量骤增，预计约达十亿平方米。今后十五年全国房屋建造总量约达一百六十五亿平方米。随着数量的不断增长，对产品的质量、功能、效益，都有新的要求；建筑风格应日益丰富多样，并体现出时代的特征；建筑业还应进一步打入国际市场，更多地为国家创汇增收。

建筑业技术进步的方针是：贯彻中央提出的经济建设必须依靠科学技术，科学技术必须面向经济建设的战略方针，从我国国情出发，合理开发利用土地、材料、能源、资金、智力等资源，围绕建筑业最终产品的发展，因地制宜地采用新技术、新工艺、新材料、新设备，按社会化的生产方式多层次地调整和发展行业的生产结构、技术结构和组织结构，加速我国建筑工业化、现代化的步伐，并使勘察、设计、施工、材料和设备生产以及经营管理协调发展，取得建筑技术的整体进步，迅速而有效地改善功能，提高效益，最大限度地满足四化建设和人民生活的需要。

为此，必须制定建筑业科学技术发展的行动准则——技术政策，明确建筑科学技术的发展方向、技术路线和重大的技术措施。

1.树立建筑产品观念，制订建筑产品评价准则

——建筑业要树立和加强建筑产品观念，各环节要重视建筑最终产品的质量和功能的改进，通过技术进步实现产品的更新换代，并推动建筑材料、制品、设备的开发研究，促进建筑业的技术发展。

——要研究制订建筑产品评价准则。根据建筑物（群）的用途及要求，对使用功能、技术性能、经济效益及美观效果等的综合分析，确定定性和定量的评价指标。要重视对建筑物综合效益的评价，通过对建筑物评价指标的分析比较，确定不同方案的经济效益、社会效益和环境效益，为建设的决策提供依据。

2.重视建筑设计，提高建筑设计水平

——贯彻“双百”方针，加强建筑创作理论的研究，鼓励多种建筑风格的存在和不同流派的发展，繁荣建筑创作，尽快改变建筑产品“千篇一律，造型单调”的状况，创造具有时代性、民族性和地方性的建筑和形体环境。

——建筑设计要做到定型化与多样化相结合，在多样化的前提下发展定型化，在定型化的基础上实现多样化。

——采用现代化的设计方法及设计手段，提高设计能力，建立各类建筑产品的技术经济指标数据库，开发电子计算机辅助设计和用于综合评价建筑设计方案的计算机软件系统。

3.开发适应社会需求的各类建筑产品

——根据社会需求，为不同居住对象提供多种类型的商品住宅，以适应住宅商品化的发展。住宅设计要充分利用空间，改善使用功能，并具有适应变化的灵活性。

——住宅区的居住密度与层数应在保证生活、环境质量及节约用地的前提下，综合考虑土地投资、能源消耗、基础设施、建筑造价、施工周期等多方面因素，由各地确定合理指标。

——乡村建筑要满足生活与生产的需要，加强规划设计与管理，注意节约用地，确定合理用地标准，保证房屋的工程质量和村镇的环境质量，重视农村建筑材料与构配件的生产供应。

——扩大公共建筑的社会化程度，设计建造可以分层出售或出租的、统一经营管理的商业中心、文化中心、联合办公楼及多功能的综合大楼。要合理地利用地下空间，研究和开发地下建筑。

——工业建筑应根据工艺要求和各地技术条件，提倡向多层发展。有条件的地区，可建综合性的工业大楼以及与居住区结合的无污染工业小区。

4.重视建筑产品的节能设计

——建筑节能是建筑产品技术进步的重要标志，要扭转片面强调降低造价与节约材料，忽视使用功能，浪费能源的倾向。在保证室内热环境及卫生标准的前提下，降低单位建筑面积的能耗，充分发挥采暖、空调设备系统的效率。要适当改善公共建筑的空调及照明条件。

——采暖区的建筑物要因地制宜，推广各种保温性能好的墙体、屋面材料及门窗构件，选用合理的窗墙比和建筑体型，提高门窗密闭性能，在寒冷地区扩大推广双层窗，严寒地区根据度日数等条件可采用三层窗。对旧建筑要逐步进行节能改造。

——根据国家经济和能源供应条件，合理调整现有采暖区域，要提高过渡地区的建筑保温能力。炎热地区的建筑要尽量利用自然通风，改善隔热性能。

——优先采用节能型采暖、空调设备，合理确定供热（冷）指标，加强管道保温，配置必要的监测仪表，提高供热系统的运行效率和自动化程度。加强供热管理和维修。

——因地制宜地开发利用自然及再生能源，回收废热余热。

5.加强建筑标准化工作

——加强建筑标准化工作，健全各级标准化组织机构，完善建筑标准化体系，包括设计、生产、施工等标准、规范、规程，发挥标准化工作在加强科学管理、组织工业化生产、保证建筑产品的使用功能和安全中的作用，以维护国家和消费者的利益。

——逐步建立强制性和推荐性相结合的建筑标准化体制。以强制性标准为主，强制性标准与推荐性标准相结合；以政府质量监督为主，政府质量监督与企业自行控制质量相结合。

——加速制订强制性标准，包括有关安全、卫生、环境、节能、基本功能要求的标准、基础标准、通用检测方法标准以及重要的工程和产品标准等；试点制订推荐性标准，包括有关设计方法和施工工艺的标准、通用产品标准、技术经济管理标准等。

——继续完善房屋建筑的模数协调体系，加速制订各类建筑构配件、制品和设备的产品标准，提高建筑构配件和制品的定型化、系列化和通用化程度。

——结合国情认真研究积极采用国际标准，并且优先采用国际通用的基础标准和检测方法标准。

——加强实施标准的监督工作，分级建立工程和产品的质量监督、检测机构，逐步建立产品许可证制度和认证制度，对产品生产发放许可证，优质产品发放认证证书和认证标志。

6.搞好建筑环境设计，提高环境效益

——所有建筑产品均应处理好室内环境、建筑物与周围环境的协调关系，注重建筑群体的艺术效果。

——重视居住区环境设计，创造良好的生活条件，实施城市规划规定的公共绿地指标，积极发展庭院绿化，为住户创造必要的日照与通风条件，控制居住区内的噪声、电磁波干扰和强电场辐射，防止大气污染。

7.重视建筑勘察工作

——勘察工作要为建筑业提供全面的服务。在建筑地质环境评价、场地勘察、地基处理、施工监测到保证建筑物安全使用的全过程中，发挥勘察工作的先行和保证作用。

——加速勘察技术改造，提高装备水平。实行现代化手段与常规手段相结合，自动化、机械化、半机械化相结合的多层次技术结构。

——掌握和发展先进测绘技术，加速技术更

新。推广电磁波测距、电子计算和摄影测量技术，重点发展激光测量、近景摄影测量、现代化处理和数字化技术，开拓非地形测量应用领域。

——完善常规工程地质勘察方法与手段。发展原位测试技术，提高特殊土地基稳定性评价精度，编制工程地质图集，大力推行岩土工程体制，发展地基处理技术的理论与方法，逐步建立岩土工程数据库，并加强对地质环境灾害预测和防治的研究。

——完善地下水资源评价与地下水环境影响的理论与方法。开展地下水超量开采的综合治理，开发地下冷、热水资源。

——针对勘察工作分散、流动、多工种穿插配合作业的特点，利用系统工程理论和掌握现代信息手段，建立科学的管理系统，提高综合勘察质量、生产效率和管理水平。

8.改进传统建筑，发展先进适用的建筑体系

——改进砖混建筑，广泛采用标准建筑构配件和制品，扩大预制程度，改革施工工艺，完善配套机具，逐步提高工业化水平。

——推广行之有效、经济实用的住宅建筑体系。一般多层建筑要积极改善和发展中小型砌块和“内浇外砌”建筑体系，有条件的城市可发展装配式大板建筑体系，积极研究开发大开间住宅体系。

——对于高层建筑，应根据不同要求，分别选用框架、剪力墙、框架剪力墙和筒体等体系。改善和发展全现浇的大模、滑模以及“内浇外板”等各种预制与现浇相结合的施工工艺。

——一般单层工业厂房要努力改善传统的板、梁（架）、柱体系，积极发展各种新型建筑结构体系，适当发展多跨、大柱网灵活厂房。多层或高层工业建筑，推广采用现浇柱与预制梁板装配整体式框架剪力墙体系、现浇整体预应力框架体系。

——对大跨屋盖、超高层建筑以及部分工业厂房和商业建筑，可以采用钢结构和钢与钢筋混凝土组合结构。大跨公共建筑要推广应用网架、薄壳等空间结构体系。

9.开发施工新技术，逐步实现施工技术现代化

——发展各种建筑施工成套技术，完善现有建筑体系成套施工技术。开发高层、大跨、高耸以及大柱网、大开间、多功能建筑工程的成套施工技术，配套解决装饰、防水、保温等施工工艺以及建筑设备与工业设备安装、测试和控制等技术。

——提高混凝土、钢筋混凝土与预应力混凝土生产工艺和施工技术水平。发展流态混凝土，完善相适应的泵送混凝土技术，模板及架设工具要实现工具化、轻型化，发展钢筋连接的新技术，预制混凝土构件生产应研究采用新的成型和养护工艺，更新传统技术。

——提高地基基础和地下工程的施工技术，选用经济可靠的地基加固方法，发展长桩、大口径及扩孔灌注桩施工技术和施工机械，并解决控制质量的检测技术，深基础和地下工程要发展地下连续墙、锚杆技术、逆作法施工。

——重视开发研究装修、抗震加固、旧房改建与拆除、结构补强等施工新技术。

10.开发建筑机械产品系列，调整施工企业装备结构

——采用先进机械、简易机械和改良工具相结合的多层次的装备结构。

——机械设备应按专业或工种进行配套，发展各种机械化施工队伍，以提高工效和质量，改善劳动条件。

——发展机械租赁业务，打破部门和地区界限，按照经济合理的原则，逐步形成以城市为中心、面向社会的机械租赁和维修体制。

——建筑机械应向高效率、多功能、安全、节能、低噪声、系列化方向发展，广泛采用液压技术、振动技术与自动控制技术，提高机械操作的灵活性和生产效率，开发各种新型机械和电动工具。

11.加快建筑企业的技术改造

——建筑企业的技术改造，要着眼于新技术的开发、引进、消化和应用，提高企业的技术素质和经济效益，以适应建筑产品发展的需要。

——更新改造企业的施工机械设备，对性能差、能耗高、效益低、不安全的机械设备，可结合检修进行更新改造；对消耗严重、性能很差的设备应有计划地予以淘汰。

——改进各种制品加工企业的生产工艺，更新和改造机械设备、模具、健全测试、计量手段。

——建立各级建筑工程质量检测中心，充实和更新检测试验设备，承担有关建筑工程的测试检测工作和相应的试验研究任务。

12.推行建筑企业管理现代化

——建立适应于现代化管理需要的有活力的管理体制，运用计划、组织、指挥、控制和监督的职能，使建筑工程实现工期短、质量好、消耗低和安全施工。

——要逐步实现管理方法现代化。运用系统工程、价值工程和预测技术等理论和方法对企业进行目标管理，运用网络技术进行计划管理，运用盈亏平衡分析控制工程成本等对企业进行经济管理，运用全面质量管理方法控制产品质量，推动企业全面的管理工作。

——在企业管理中普及电子计算机知识，加强各项基础工作，做好原始资料的积累并使之规范化，建立企业管理综合信息系统。

13.合理使用钢材、木材、水泥，积极开发新品种

——配合冶金部门积极开发建筑钢材新品种。推广应用高效经济的低合金钢筋、钢丝、钢绞线，研制推广H型钢、闭合型钢、冷弯型钢、彩色涂层钢板和模板用冷轧钢板等，以满足建筑用钢的发展需要。

——合理使用、调整水泥品种及标号。结构工程应使用425、525以上标号水泥，逐步增加高强、快硬、彩色和特种水泥的生产与应用。非承重部位和砌筑砂浆应尽量采用低标号水泥和砌筑水泥，严格执行水泥检验制度，确保工程质量。

——合理利用和节约木材。大力推行木材资源的综合利用，积极开发刨花板、胶合板、纤维板等建筑用材，控制木模板与木脚手的使用，因地制宜地重视竹材、植物茎、籽壳等资源的开发利用。

14.发展商品混凝土，提高混凝土制品的生产技术水平

——发展商品混凝土。首先考虑利用现有预制厂的能力，在有条件的大中城市，可建立规模适当、分布合理的商品混凝土站，对于运输和施工机具，要注意配套，提高效率。

——提高预制构件的生产技术水平与商品化程度。当前应以城市、县镇为单位，加强生产管理和规划指导，统一编制构配件产品目录，建立颁发产品许可证制度，抓好构件厂的合理布局及其综合技术改造。

——重视砂石生产的组织管理，以切实提高砂石质量，积极推广外加剂及粉煤灰在混凝土中的应用，改进模具，严格控制生产工艺，加强全过程质量检测与控制。

——提高混凝土的强度等级和耐久性，承重结构逐步达到30～40级以上，并按强度与耐久性等指标设计和检验结构混凝土。

15.改革墙体和屋面，提高防水及热工等性能

——外墙与屋面应提高保温、隔热、防水性能和装饰效果，内隔墙应满足隔声、装饰要求，厨房卫生间隔墙与地面还应解决防水等问题，各种墙体与屋面均应减轻自重，耐久可靠，方便施工。

——提高现有粘土砖质量，加快发展粘土空心制品，扩大应用范围，积极发展楼板砖、花格砖、装饰砖、地面砖等新品种。

——发展小型砌块，改革提高各种中型砖块，发展高效保温材料，推广应用保温复合墙体与复合墙板，开发各种轻型隔墙，扩大天然与人造轻骨料及其他轻质材料在墙体中的应用范围，充分利用工业废料。

——发展多种屋面结构形式。开发生产各种彩色粘土瓦、水泥瓦、纤维水泥瓦以及金属瓦楞屋面等，注意提高平屋面的防水、保温、隔热性能，改善沥青防水材料与防水涂料的质量，发展中、高档防水卷材以及防水嵌缝材料。

16.大力发展装饰、装修材料及配套材料

——积极推广应用化学建材，加速开发高、中档产品。研制采用各种塑料管材、线材、地板(毡)墙纸、门窗等制品，改进提高和采用内外墙及地板等建筑涂料、各种粘结剂及密封材料，配套发展各种五金配件。

——继续发展饰面砖、马赛克、大理石、花岗石板材，开发人造大理石制品及各种吊顶材料，积极促进吸热玻璃、热反射玻璃、中空玻璃、钢化玻璃等新品种玻璃制品的发展。

——研究发展各种防火材料，特别是化学建材的防火、防毒措施，制订相应的检测标准和使用条件，并应有相应机构负责测试鉴定，建立发证的制度。

17.重视建筑设备产品的开发工作

——认真加强建筑设备产品的开发工作，做到传统技术与现代化新技术相结合，提高与普及相结合，引进技术与自主开发相结合。

——各类建筑设备产品都要在满足建筑功能的前提下，达到技术先进、经济实用、安全可靠、美化环境、成套性好、整体装配化水平高的要求，符合多品种、成系列、多档次、规格齐全的原则。

——大力开发节能型的新产品，淘汰和改造能耗高、噪声大、排污量多的落后产品。

——采用微电子、集中监控等新技术，提高设备系统运行的自动化水平及安全可靠性。

——新产品要为方便维修创造条件，并为使用者提供正确的使用、维护等技术条件，以保证设备完好率，提高设备的有效寿命。

18.明确各种建筑设备产品的开发重点

——室内给排水卫生设备，重点开发住宅、工业建筑和一般公共建筑的成套节水型卫生设备和盒子卫生间，积极研制用于高级宾馆等公共建筑的高档成套卫生设备，所有产品都要做到满足功能要求，防漏、卫生、防污染、低噪声和色彩协调。

——住宅厨房家具设备，重点开发经济实惠的普及型产品系列，积极开发中等标准型和高标准型档次的产品，制定适合当前国情的厨房家具设备尺度标准和功能标准，优先开发排除油烟设备，重视定型产品之间的互换能力和适应建筑空间的能力。

——采暖空调设备，要发展利用不同能源的采暖成套设备和用热计量控制装置，要为南方炎热地区一般建筑提供廉价节能的简易冷风设备，重点发展变风（水）量系统用的节能型空调设备产品，大力开发各种热能回收设备。

——电气及照明设备，大力促进对现有电气产品的整顿与改革，重点发展可以应用于高压深入负荷中心的成套箱式变电站产品，研制大型公共建筑微机自动控制和管理的成套设备，积极开发建筑用高效照明光源与灯具、开发不同档次的电器装置件、重视电气施工安装所需要的零配件配套生产，并制订全国统一的规格标准。

——通讯设备，积极发展住宅和一般公共建筑所需要的电话设备，共用电视天线和闭路电视系统，促进开发满足高级民用建筑、工业建筑使用要求的各种高档和特殊需要的成套通讯设备及其他弱电设备。

——消防设备，开发高层建筑防火所急需的自动报警、喷洒、防排烟的成套设备，制定产品性能标准。

——输送设备，发展性能可靠、安全平稳、效率高、节能的普通型与高层用高速型电梯等输送设备，公共建筑可根据需要推广采用输送量大的自动扶梯。

19.大力推广应用电子计算机

——采用分布式网络布局，有计划地设立各类节点，统一选定机型系列，逐步建立建筑行业电子计算机网络系统和各种类型的数据库，增强行业信息的收集、存贮、处理和分配能力，最大限度地实现软硬件资源共享。

——普及计算机知识，有计划地加强计算机专业技术人员的培训，首先抓紧软件人才的培训工作，大力推广应用微型计算机，以省级建筑业为重点，首先推广应用微型机编制工程预算、决算、制定施工计划、管理物资及财务等。

——广泛开发各专业的应用软件，重点抓好建筑工程大型软件包和微型机软件包，推进软件的工程化和商品化，开拓建筑行业的计算机软件市场。

——制定建筑业软件和信息编码的标准与规范。

——积极开发计算机辅助建筑设计（CAAD）技术的应用，抓紧开发面向微机的CAAD技术，逐步开发大型CAAD系统。

20.建立完整的科技管理系统，加强建筑科学研究

——建立完整的科技工作体系。加强行业科学技术主管机构的政府职能作用，健全中央、地方、基层三级科研体制，实行分层次管理，重点加强面向全行业的研究机构和专业技术发展中心，择优支持具有特色的地方或基层研究所，建立与健全专业试验基地。

——强化技术开发，抓好应用研究，加强为行业重大决策提供依据的研究和预测，重视技术基础与建筑理论的研究，强调各专业研究的协作配合，取得配套的科技成果。

——改革科技管理体制，改变科研经费拨款制度，按科研任务性质，分别实行科研合同制、科研基金制和经费包干制，建立各种形式的科研生产联合体，增强科研单位自我发展的能力和为生产服务的活力。

——改革和完善科技成果与专利管理，开拓技术市场，使科技成果迅速而有效地转化为生产力，对促进建筑技术进步有重大贡献的单位和个人实行重奖。

——加强国际科技合作与交流，技术引进与人才引进必须针对本行业的技术薄弱环节，认真做好消化、吸收和创新工作。

21.重视智力开发，加速人才培养

——采取多途径、多层次的方式，大力培养各类技术业务和管理人才，提高队伍素质。

——选拔、培养各类高级人才，选派出国考察、进修人员，着重提高建筑设计、理论研究和建筑管理业务水平。

——配套发展建筑高等院校、中等专业学校和技工学校，加速各专业，特别是建筑学、建筑经济、系统软件、企业管理等技术人才的培养，改善建筑行业技术人员的结构比例。

——开展职工再教育，促进知识更新。

建筑产品设计技术政策

建筑业的最终产品是建筑物或建筑群。它们是构成社会生产力和城乡生活环境的重要实体。

建筑设计的任务是全面贯彻适用、安全、经济、美观的方针，高质量、高效率地设计出具有时代性、民族性和地方性的建筑和建筑环境，不断提高工程的经济、社会和环境效益，为人民造福。

建筑设计是科学和艺术、逻辑思维和形象思维通过人脑及其辅助手段予以结合的多学科、多专业的创造性智力劳动。只有繁荣建筑设计，才能创造出高水平的建筑产品。

1.现状与差距

建国三十六年以来，我国建筑业已向全国城镇提供了约30亿平方米的工业、居住和公共建筑。这些建筑具有以下一些特点：

（1）结合我国国情，重视节约土地、材料和资金，采用比较低的面积和装修标准，做到在一定程度上满足社会生产和生活的需要，保证了国民经济的持续增长；

（2）从我国实际出发，制订和推行了建筑模数制，编制了一批建筑标准设计，发展了一些适用技术，开发了一些各具特色的结构体系，提高了建筑工业化的程度；

（3）掌握了一批大型、复杂的建筑物（如高层、大跨、大空间、高洁净度建筑）的设计和建造技术；

（4）有的建筑设计在艺术风格上做了探索和创新，受到了人民群众的欢迎和喜爱。

但是，应当承认我国的建筑设计与国际先进水平相比尚有较大差距，主要表现在：

（1）建筑产品结构的比例失调，突出地表现在民用建筑欠债甚多，而工业建筑中又有许多是盲目、重复的建设，投资效果较差；

（2）许多建筑受条条、块块所有制的限制，形成了封闭、分割的"庄园经济"模式，缺乏现代化社会应有的社会性和开放性；

（3）片面强调一次投资与三大材料的节约，缺乏综合效益的观念，使大量建筑处于质量低，性能差，能耗高，污染重的状态；

（4）缺少应有的建筑设计规范和构配件与制品的技术性能标准，以及建筑工程的评价准则和检验制度；

（5）建筑设计受到不适当的行政干预，严重束缚设计人员的创作活力，建筑创作理论贫乏，许多建筑千篇一律、简单呆板、缺乏地方特色；

（6）建筑材料、设备、制品等品种短缺，款式陈旧，性能落后，对传统材料和结构的革新重视不足。

在制订建筑产品设计技术政策时，必须肯定三十六年来的一些正确方针和原则、巩固发扬成绩、同时要吸取历史教训，尊重科学规律，繁荣建筑创作，使我国建筑设计不断适应现代化建筑的要求。

2.产品设计原则

（1）要根据我国国情与国力，恰当地确定各类建筑的面积指标、质量等级和性能标准。到本世纪末，除少数高级建筑外，量大面广的一般建筑，在面积指标上只能有适度的提高，但在建筑物的技术性能和质量上，应当根据功能要求及地方条件，有较大程度的改进。工业建筑以满足工艺生产及操作环境的要求为前提，可相应提高标准。

（2）根据商品化、社会化的要求改革建筑设计，改变目前许多地方存在的条块分割、分散投资、追求"大而全"或"小而全"的"庄园经济"模式，使建筑物（群）逐步适应开放性、社会化的商品经营的要求。

（3）讲求建筑的经济、社会和环境的综合效益。既要注意建筑物本身的经济效益，又要注意它的社会影响和环境质量，在经济效益中，既要注意节约建筑造价，降低材料能源消耗，缩短建设周

* 这里刊载的建筑产品设计技术政策等八个专业技术政策，是《建筑技术政策纲要》的组成部分，已于1986年2月4日由建设部发布。

期，又要有利于降低经常运行和维修、管理费用。

（4）在满足使用功能和环境质量（包括日照、通风和绿化等）的前提下，提高土地和室内外空间的利用率，在符合综合经济效益的条件下，综合开发利用地下空间。

（5）因地制宜地选用建筑材料、结构和设备，在开发新材料、新结构、新设备的同时，注意促进对传统材料、结构和设备的革新与改进。

（6）提高建筑的灵活应变能力，考虑远近期结合，在满足当前使用的基础上，适当考虑到今后改造的需要，要根据建筑物的用途和寿命选择结构类型，区分建筑物中不变及可变部分，做出不同的设计对策。

（7）定型化与多样化统一，在多样化的前提下发展定型化，在定型化的基础上实现多样化。

（8）全面贯彻“适用、安全、经济、美观”的方针，在适用、安全、经济的前提下，把建筑美与环境美列为设计的重要内容，搞好室内外环境设计，为人民创造良好的工作和生活条件。

（9）坚持繁荣建筑设计创作与建筑理论研究的方针，鼓励多种风格与流派百花齐放。

（10）采用现代化的设计方法及手段，运用系统工程学、运筹学、优化法等新的理论和电脑辅助设计（CAAD）等先进方法。

3.制订建筑工程评价的基本准则

（1）根据我国社会主义制度的特点，把建筑物（群）按其用途及经营方式分为：

盈利性产品（如旅游、工业、商业等建筑）；非盈利产品（如住宅、学校、医院等建筑）；半盈利性产品（如影剧、体育、展览等建筑）。

针对不同类型确定相应的产品评价准则：

1）盈利性产品：应在满足使用功能及性能标准的前提下，寻求最佳的经济效益，并努力改善影响范围内的社会生活素质及环境质量；

2）非盈利性产品：应在合理的全寿命费用值的基础上，寻求最佳的社会及环境效益；

3）半盈利性产品：针对具体对象，兼顾以上二类产品的准则。

（2）建筑物（群）本身的评价，应对取得的使用价值与投入的各种消耗进行比较，根据建筑类型确定定性及定量的评价指标，包括：

使用功能：如面积、体积、布局、交通、设施完备度等；

技术性能：如结构及防火安全度、疏散及报警能力、卫生条件、保温隔热及密封性、隔声性能、耐久性、使用寿命等；

消耗指标：如造价、工期、管理维修费、能源费等以及按市场价格及利率计算的“全寿命费用”；

美观效果：包括建筑造型、室内装修、室外景观等艺术处理效果。

（3）对重要的建筑物（群），还应进行社会影响的评价，包括：

经济效益：以理论（影子）价格及社会折现率为依据计算的社会净收益；

社会效益：建筑产品投入使用前后，在影响范围内社会“生活素质”（包括人口素质、国民收入、文化福利、社会安全等）的变化；

环境效益：建筑产品投入使用前后，在影响范围内“环境质量”（包括日照、绿化、噪声、生态平衡、景观等）的变化。

4.发展方向

（1）居住建筑

1）为适应住宅商品化的发展趋势，应根据社会（市场）需要，提供面向不同对象（大中小家庭、新婚夫妇、独身、老年残疾人等）的多种类型、形式及标准的住宅单元（套）。当前，应注意发展适应青年夫妇需要的“小户型”公寓，并考虑今后扩大改建的可能性。

2）住宅单元（套），应在国家和地方规定的面积标准内，充分利用空间，改善使用功能。厨、厕的面积比例可适当提高，应积极开发空间利用率较高的多种形式及标准的厨、厕配套设施，并为居住者创造自行改造的条件。

3）住宅区的居住密度，应在保证生活、环境质量及节约用地的前提下，根据所在地区的气象特征、城镇规模、地理位置，由城市规划（或分区规划）确定合理的指标。

4）住宅的建筑层数，应根据住宅的居住密度指标，并结合所在地区的具体条件，通过全面的经济、社会及环境效益分析及比较后确定。在进行经济方面的分析时，其消耗费用应综合考虑建筑造价、施工周期、土地投资、市政设施、能源消耗、维修管理等多方面的因素，用全寿命费用进行比较。

5）高层住宅的设计，应努力改进垂直交通、消防、外墙保温等技术条件，进一步处理好远、近期结合的问题。

6）因地制宜地发展各种工业化施工的结构体

系，大力改进量大面广的砖混结构，发展空心砖和空心砌块，完善配筋砌体结构的设计与施工技术。

7）开发品种多样、性能优良、模数协调、造型美观、便于用户自己购置的室内装修材料及制品。发展组合式家具及各种与住宅面积标准和建筑模数协调的轻型家具。

8）搞好居住区的室外工程、庭院绿化、儿童游戏场所、建筑小品、存车场地等各种配套设施，创造一个舒适宁静的室外活动环境。

（2）公共建筑

1）为适应第三产业的发展需要，应扩大公共建筑的社会化程度。在城镇中，设计和建造可以分层出售或出租、统一经营管理的商业中心、文化中心、联合办公楼及多功能综合大厦。

2）大、中城市的公共建筑，要因地制宜地向高、多层发展。在多种结构体系中，注意发展钢筋混凝土框架结构，合理扩大柱网，开发轻质高效的墙体材料及灵活隔断，充分开发利用地下空间。

3）公共建筑的装修标准，应根据建筑物的用途及经营要求合理确定，并相应地开发高档、中档及普及档的各类装修材料及制品。

4）公共建筑中有集会或人流量大的部分，当采用自然通风等手段不能满足室内卫生条件时，应设置人工空调系统（至少应留出位置）。

5）居住小区的公共建筑及设施，要方便居民，项目齐全，服务半径适当，位置符合人流规律，并配套建造。要考虑适应老人、残疾人、儿童等的活动场所及设施。

（3）工业建筑

1）根据工艺要求及地区技术条件，确定采用单层或多层厂房。在城市密集地区，当工艺及施工条件允许时，应向多层发展。有需要及条件可能的地区，可发展综合性的工业大厦以及与居住区结合的无污染工业小区。

2）发展高强度混凝土、钢材和预应力技术，锚夹具要商品化，合理扩大工业厂房的柱网。

3）改进和完善工业建筑的标准构件，简化构件品种，提高构件的质量及配套程度。

4）对要求快速投产而又有供应条件的建设项目，当综合效益好时，可采用钢结构。

（4）农村及集镇建筑

1）农村住宅要因地制宜，利用地方材料，吸取并改进传统经验，发扬地方特色，逐步走向现代化。注意节约用地，不占或尽量少占好地，发展楼房建筑。

2）结合集镇规划，建设多功能的文化、商业中心、综合服务楼以及商业街等公共建筑群；

3）改善环境质量，推广简易有效的供、排水及污水处理设施，开发自然及再生能源（如沼气池、太阳房等）；

4）设计和生产适合农村建房条件的建筑材料、设备及构配件。

5.重点政策

（1）建筑节能

在本世纪内，要把建筑节能作为重要的战略方向。扭转只强调节约造价和材料，忽视功能及节能的倾向。

1）根据“小康”水平的要求，在保证室内热环境及卫生标准的前提下，降低单位面积的能耗，逐步合理调整住宅建筑采暖区的范围，适当改善公共建筑中的空调及照明条件；

2）在合理的投资偿还期下，推广空心砖、空心砌块、加气混凝土、岩棉等保温性能良好的材料，合理选用双窗或双层玻璃窗，提高建筑围护结构的保温隔热性能。注意建筑朝向及形体，采用合理的窗墙比例和密闭性能良好的门窗（包括加设门窗封条等），降低门窗的渗气量。开发利用自然及再生能源。推行集中供热，合理确定热源类型、锅炉选型、供热指标及介质参数，重视管网保温，配置必要的热工仪表，提高供热系统的自动化程度，回收废热余热。选用效能高、损耗低的变配电、照明、家用电器及空调、动力系统设施。

（2）建筑环境

所有建筑均应满足国家规定的环境质量标准，努力提高产品的环境效益。

1）居住区要保持必要的生态条件，保持国家规定的公共绿地指标，发展庭院绿化。防止大气污染，逐步改造和取消分散的小炉灶及小锅炉。用“日照小时”代替“日照间距”，保证住户必要的日照及通风条件。控制居住区内的噪声干扰，防止城市交通道路穿越，保持噪声源与住宅之间的必要间隔。

2）工业及公共建筑，要综合治理废水、废气、废渣，保证国家规定的排放标准。控制生产和工作中噪声源。采用相应的消音及隔音措施。重视美化室内外环境，发展公共绿化。

（3）建筑美观

区别不同的建筑，处理好适用、安全、经济与美观的关系。

1）所有建筑都必须注意美观，并重视建筑物与周围环境的协调以及建筑群体的艺术效果和城市的总体效果；

2）对城市及环境起重要影响的建筑物(群)，要特别强调美观因素，为整个城市及环境添色；

3）对占城市总建筑量一半以上的住宅建筑，要注意改善群体艺术效果，实现多样化，发扬地方风格；

4）在风景区和受保护的古建筑邻近，要特别注意保护原有风景的特色，保护古建筑的环境，新、旧建筑物之间，在高低、体量、形式、色彩等方面要协调；

5）建筑艺术形式和风格要多样化，鼓励建筑师进行多种探索，繁荣建筑创作。建筑师要善于依据每个设计的不同客观条件，发挥个人的长处，引导出不同的建筑形式。要提倡“古今中外，一切精华，皆为我用”。

（4）建筑定型化

坚持建筑定型化的正确方向，总结历史经验，克服简单地把定型化理解为成套重复使用某种建筑模式或图纸的片面认识。

1）完善建筑模数，协调定型化体系，扩大应用范围，使各种建筑材料、制品、构配件、室内家具与设施以及各类建筑的参数均能服从统一模数的要求；

2）建筑主管部门应根据建筑产品的综合要求，制订各类建筑的使用功能和技术性能标准、规范、规程，并相应地提出对材料、设备、制品、构配件的尺寸、公差、规格、性能等的产品标准。各类标准应逐步向国际标准的性能指标靠拢；

3）健全各级定型化组织机构，稳定和加强定型化队伍，搞好定型设计的编制及更新。

4）建筑构配件要向商品化方向发展，逐步实行建筑构配件的社会化生产和商品化供应，编制产品目录，推广优质产品，凡有产品目录者一般不再编制定型设计；

5）各类结构体系在完善过程中向开放性发展，提高构配件的通用性及互换性。

6.主要措施

（1）加强对建筑物和建筑群的综合研究，包括进行需求的预测，设计标准的制订，质量改进的规划等工作。

（2）研究各类建筑的评价原理和方法，制订评价准则，研究提出为进行评价而采用的土地、能源、劳力等的理论（影子）价格以及适合于建筑业的社会折现率等。

（3）建立各类建筑的技术经济指标数据库，包括各类建筑的造价、工期、维修、管理、大修、寿命等数据以及各种建筑材料、制品、设备的性能、规格、价格等。

（4）开发用于综合评价建筑设计方案的电脑辅助设计的软件。

（5）根据各类建筑更新换代的综合要求，推动建筑材料、设备、制品、构配件的革新和开发，使各类新建建筑物每几年有一次大的更新。

（6）建立全国性和各省市的建筑综合研究及开发机构，从事并组织上述各项工作，并不断修订和完善建筑的技术政策和设计标准。

（7）加强经常性的建筑设计技术经济分析，建筑设计单位要建立和加强技术经济专业。

（8）重大建筑项目的前期可行性研究，除直接（微观）评价外，还应包括对建筑的经济、社会及环境效益的综合分析及论证，作为审批设计方案的依据。

（9）要对典型工程项目在建成后进行经济、社会、环境效益的反馈性调查。

（10）加强建筑的基础理论研究，包括建筑设计方法论、建筑定型化、建筑工程效益评价、环境心理学、建筑美学等课题的研究。

（11）改革建筑设计的组织体制，大力培训设计人才，提高和发挥现有人才的素质和作用，调整和改善各专业的结构比例。

（12）在建筑立法中，进一步明确建筑设计师的职责和权利，保障建筑设计师的社会地位和作用。

建筑施工技术政策

建筑施工技术的发展方向，应从我国的自然资源和地区特点出发，围绕建筑产品改革，积极采用新技术、新工艺、新材料、新设备，大力发展社会化大生产、商品化供应，组织专业化协作和联合，加速实现建筑工业化，并逐步实现现代化。要较大幅度地提高工效，提高质量，降低能耗和各种原材料消耗，提高经济、社会、环境效益，更好地为四化建设服务。

1.任务和目标

（1）加速建筑工业化。积极提高定型化程度和机械化水平，尽可能扩大工厂化、商品化生产，进一步发展、完善工业化建筑体系。“七五”期末大中城市采用工业化施工的建筑体系多数达到30%左右。本世纪末达到60%左右。

（2）努力实现建筑施工技术现代化。到本世纪末，城市住宅、公共建筑的施工技术，要努力达到经济发达国家八十年代初的水平。高级民用建筑、重要的工业建设和特殊工程的施工技术，要努力接近或达到经济发达国家本世纪末当时的先进技术水平。

（3）积极推行现代化管理技术，努力改善管理手段。“七五”期末国营建筑企业都要实行科学管理，全面推广应用微型电子计算机，逐步建立数据库和信息管理系统。

（4）依靠技术进步提高经济效益。全员产值“七五”期间每年递增5%，后十年每年递增3%。人均年竣工面积“七五”期末达到三十平方米，本世纪末达到四十平方米。“七五”期末平均工期比现在实际工期缩短四分之一，工程质量有较大提高，严格达到规范、标准的要求。

2.技术政策措施

（1）努力提高建筑工业化水平

1）改进传统建筑，选用和发展先进适用的工业化建筑体系。要对多层砖混建筑进行技术改造，广泛采用标准建筑构配件和制品，扩大预制程度，改革施工工艺，完善配套机具，逐步提高工业化水平。对一般多层建筑要积极改善和发展中小型砌块和“内浇外砌”、装配式大板、框架轻墙等建筑体系。高层建筑要根据不同要求，分别选用框架、剪力墙、框剪、筒体等体系。要改善和发展全现浇的大模、滑模和“内浇外板”等各种预制与现浇相结合的施工工艺。有条件的城市要积极研究发展大开间、大柱网、大空间、多功能建筑体系。

一般单层工业厂房继续改进传统的板、梁(架)、柱体系、发展新型建筑体系，适当发展多跨、大柱网灵活厂房。多层或高层工业建筑应采用现浇柱、预制梁板、装配整体式体系和全现浇框架、框筒体系。

村镇建筑要因地制宜，就地取材。积极发展小型预应力混凝土建筑构件和各种小型砌块。

2）混凝土施工采用预制与现浇并举的方法，并提高其工业化程度。建筑构配件要向定型化、通用化、系列化发展。各种工业化体系的成套主体结构构件，要由专用向通用的方向发展。积极采用卫生单元组合件和厨房组合件，提高装配化水平。在城市建设中要积极推广散装水泥、商品混凝土搅拌站和钢筋加工厂、模板加工厂，努力提高现浇混凝土的机械化水平。

3）改革施工企业的组织结构。打破部门界限，以城市为中心，成立既有承担总包任务的建筑公司，也有分包专业工程的公司，还有提供构件、租赁业务的服务公司和提供劳务的建筑队，形成专业分工、协作生产、多方联营、行业管理的组织体系，力求尽快形成一批既适应建筑工业的需要，又具有竞争能力的企业。

（2）开发施工新技术，逐步实现施工技术现代化

1）发展各种建筑施工成套技术。完善现有建筑体系成套施工技术，工业厂房要发展适应高层、大跨、大柱网、大开间、多功能等要求的施工技术和其他新的建筑体系。配套解决装饰、防水、保温技术以及建筑设备和工业设备安装、测试和控制等技术。

2）提高混凝土质量，改善混凝土性能。近期内要采用混凝土强度快速测定技术，加强对混凝土生产与施工的质量控制，使混凝土强度、耐久性严格达到规范、标准要求。发展轻质高强混凝土，混凝土的平均强度等级由目前的20级提高到30级，其中预

应力混凝土提高到40级。有的工程要向50级至60级混凝土发展。发展陶粒、浮石等轻骨料混凝土。积极发展纤维混凝土和各种多功能复合材料的混凝土。

积极完善并提高混凝土、钢筋混凝土和预应力混凝土的生产工艺和施工技术。发展流态混凝土，完善混凝土泵送技术。模板及架设工具要实现工具化和轻型化。发展钢筋连接的新技术。预制混凝土构件生产要积极采用搅拌、成型、养护新工艺，加速混凝土硬化，减少能耗。

3）适当发展钢结构，解决钢结构制作和施工技术问题。根据经济合理的原则，在公共建筑和工业建筑中，逐步发展新型钢结构，采用低合金高强结构钢、冷弯薄壁型钢、各类压型板、H形与T型型钢、闭合方管和矩形管等高效、经济的建筑用钢。注意解决钢结构的加工精度、防锈、防腐、防火、焊接等施工技术问题。

4）积极采用化学建材。开发建筑涂料、高分子防水材料、高效混凝土外加剂、密封膏、粘结剂和各种塑料制品（包括塑料门窗、塑料盒子卫生间、厨房单元、塑料地面、卫生洁具、水管等），提高建筑的使用功能和装饰效果。

5）发展地基、基础和地下工程施工新技术。选用经济可靠的加固方法（如强夯法、振冲法、旋喷法、深层拌和法和挤密桩等），提高杂土与软土地基、黄土地基和山区复杂地基的地耐力。进一步发展长桩、大口径及扩孔灌注桩施工技术和施工机械，解决控制质量的检测技术。发展地下连续墙、锚杆技术、逆作法施工，把地下建筑的防渗、挡土和地下结构三者结合起来，促进地下空间利用，发挥综合效益。对石方峒室要发展光面爆破、锚喷支护技术。

6）加速发展安装装配化，提高设备安装技术水平。研究发展长距离管道敷设、厂区管网施工机械化、管线水下穿越、海上敷设、管道耐磨耐腐蚀的衬里及防腐保温等施工技术。提高各种金属的自动化焊接技术、热处理技术和无破损探伤技术。推广应用大型设备的整体运输、吊装技术，提高高温高压高速的机械设备、自动化生产线、电梯群控、火警系统、通讯电视广播以及电子计算机系统的安装、测试和质量控制技术。研究提高通风管道的制作、保温、安装技术和电源线、弱电线的室内敷设技术。

（3）调整装备结构，提高装备素质，促进建筑施工机械化

1）采用多层次的装备结构。按照建筑工业化的发展方向，采用先进机械、简易机械和改良工具相结合的多层次的装备结构。工业化程度较高的城市和重点工业基地的施工机械化程度应高一些。各工种工程之间，也要分别轻重缓急，有重点地进行配套装备，提高机械的综合施工能力。对于建筑施工中的繁重体力劳动、危险作业和非用机械难以保证工程质量和安全施工的工种或工序，应优先实行机械化。对于建筑工程中的传统工艺，则应在提高技艺的前提下，发展手持动力机具，不断改进操作技术。

2）加强机械设备的配套，向专业化发展。机械设备应按专业或工种进行配套，建立各种机械化施工队伍，承担专业性较强的工程任务。各专业队伍要不断提高装备质量，改善装备性能，调整装备的技术结构，提高工效，改善劳动条件。

3）发展机械租赁业务，促进企业向社会化发展。机械管理要打破部门、地区所有制的界限，按照经济合理的原则，逐步形成以城市为中心的机械租赁和维修体制，提高设备利用率，向社会开放。

4）开发新型机械，完善产品系列。建筑机械要广泛采用液压技术、振动技术与自动控制技术，提高机械操作的灵活性和生产效率，提高机械的可靠性，并向高效、节能、低噪声发展。今后土方机械应向液压、液力方向发展，广泛采用振动压实技术。桩基设备要提高工效，降低噪声。混凝土和制品加工机械要充分满足工艺要求，向企业提供成套的机械。起重、运输机械要发展系列产品，以满足高层和多层建筑的不同需要。装饰机械既要满足湿作业的需要，又要适应干法作业的发展。大力开发各种手持电动机动工具，以满足建筑装饰和安装施工的需要。要提高产品的可靠性，搞好产品的售后服务工作。

（4）大力进行技术改造

1）建筑行业的技术改造，要以城市为中心，全面规划，统一安排。在房屋建筑中以量大面广的砖混住宅技术改造为重点，以施工工艺的改革为基础，相应采用新技术、新机具，改进劳动组织，努力提高工程质量，缩短工期，降低消耗。

2）更新改造施工机械设备。对那些性能差、能耗高、效率低的常用设备，可结合检修进行更新改造，对损耗严重的设备均应淘汰。经大修后其性能和精度仍不能达到规定要求，或技术上已陈旧落后，技术经济效果差，能耗超过标准20%以上者以及设备役龄长，经过三次以上大修或一次大修费用

建筑材料与制品技术政策

建筑材料与制品是建筑业发展的重要物质技术基础。我国建筑材料与制品的发展方向应是：从因地制宜，合理利用资源，综合利用工业废料，节约能源与提高施工效率和满足建筑功能等原则出发，采用先进的适用技术，增加建材与制品的产量，提高质量，积极开拓新品种，大力提高制品标准化和配套化程度。“七五”期间，着重调整产品结构，选定主导发展品种，抓好技术开发、技术改造和引进技术的消化吸收工作，搞出示范样板。后十年，各主要产品的技术指标和产品系列达到经济发达国家七、八十年代水平，某些新产品达到当时的世界水平。

1.任务与目标

（1）建筑结构材料

大力发展钢筋混凝土和预应力钢筋混凝土的结构材料与制品。向轻质、高强、复合、多功能方向发展。采用外加剂及掺合料等综合技术措施，提高混凝土质量和降低消耗。“七五”期间，承重结构混凝土平均强度争取达到30兆帕以上。后十年，达到40兆帕以上，全面改善与提高混凝土结构的技术性能和耐久性。“七五”期间制定保证耐久性的技术条例或规定，确保后十年能按强度和耐久性等指标设计与检验结构混凝土。

大力发展低合金钢和高效经济型建筑钢材，调整和增加必要的钢种和规格，建立配套的建筑钢材及其金属制品的产品结构，研究解决应用技术问题，制订与修订产品标准与相应的设计施工规范规程，使产品技术标准在后十年普遍达到国际标准的水平。“七五”期间要选定主导发展品种，进一步调整钢筋（丝）、钢材产品级别、品种、规格、产

超过设备原值50%的，均应进行更新。

3）改造加工企业。对混凝土构件厂的改造，主要是改进生产工艺，更新改造机械设备、模具，健全测试、计量手段。对木材加工厂的改造，主要是开展木材综合利用，发展多种经营，采用蒸汽远红外线干燥，节约能源。对钢门窗厂的改造，主要是提高产品质量，研制新的加工设备，发展新品种。除混凝土构配件外，相应发展玻璃钢、玻璃、塑料、钢板、石膏板等构配件的生产。要广泛应用地方材料和工业废料，建立和发展各种建筑制品厂，增加品种，繁荣市场。

4）建立和健全检测机构，充实和更新试验设备。以中国建筑科学研究院为基础，建立国家一级的“建筑工程质量检测中心”，承担有关建筑工程的测试、检验工作和试验研究任务，为工程质量认证和质量争议仲裁提供检验依据。为加强专业测试，建立若干个专业质量检测中心，面向全国。各省、自治区、直辖市也应建立相应的机构。各县要建立材料、构件试验室，配备必要的测试手段，加强村镇建筑材料和构件的测试工作，配合质量监督站，开展工程质量监督。对部属勘察、设计、科研单位和省、自治区、直辖市科研单位的检测、试验设备要进行更新补充，加强科学研究。

（5）推行建筑企业管理现代化

1）建筑企业要从传统的小生产管理思想转变为适应现代化大生产的管理思想，从生产型管理思想转变为生产经营型管理思想，对建筑企业的管理进行全面的改革。

2）建立适应于现代化管理需要的有活力的管理体制。充分发挥计划、组织、指挥、控制和监督的职能，为人民日益增长的物质文化需要提供优良的建筑产品，做到工期短、质量好、成本低、效益高、消耗低。

3）逐步实现管理方法现代化。运用系统工程、价值工程、预测技术等理论和方法对企业进行目标管理，运用网络技术进行计划管理，运用盈亏平衡分析控制工程成本等对企业进行经济管理，运用全面质量管理方法控制产品质量，推动企业管理工作的全面提高。

4）推广应用微型电子计算机。当前要加强各项基础工作，做好原始资料的积累，为企业推行管理现代化创造条件。同时要合理解决计算机选型，普及计算机知识，培养软件人员，通过试点，逐步建立建筑企业管理综合信息系统。

品结构，建立达到国际标准的钢筋（丝）钢材系列标准，为后十年合理使用与发展高效钢材打下基础。

继续深入进行墙体改革。要以提高墙体的保温、隔热性能，减轻自重和本身的自装饰效果为重点，因地制宜地合理利用地方资源与工业废渣，发展粘土空心砖、非粘土砖、混凝土砌块和加气混凝土等，提高质量，增加花色品种。在乡村还要重视石材及土筑墙体的改革利用。"七五"期间打好改革产品结构的技术基础，制定与修订产品标准与相应的使用规程，争取后十年在城镇建设中基本改变粘土实心砖占主导地位的局面。

（2）装饰、装修材料与制品

优先发展住宅与一般建筑用的化学建材产品，逐步发展高档产品。研制采用各种塑料管材、线材、地面（毡）、贴墙材料、门窗等制品。发展与推广内外墙及地面涂料，各种胶粘剂及密封材料。积极发展装饰用金属材料，适当扩大其应用范围，大力提高金属门窗及建筑五金的质量，增加花色品种。合理高效地利用木材、竹材，大力发展合成木制品，扩大应用范围。发展各种中、高档玻璃、陶瓷等无机装饰材料制品和高档大理石、花岗石制品。"七五"期间要充分注意市场需求变化情况，建立与调整产品结构与品种系列，组织配套生产与供应。后十年普遍达到国际七、八十年代水平，部分产品接近或达到当时世界水平。

（3）建筑保温、隔热、防水、密封和防火等材料制品

积极发展无机及有机保温、隔热和防火材料及制品。改善沥青防水材料与防水涂料的质量，发展中、高档防水卷材以及防水嵌缝密封材料。推广微膨胀混凝土等自防水屋面。"七五"期间重点开发防水、防火和保温、隔热材料新品种，全面开展应用技术的研究开发工作，建立与制定产品系列、标准与应用规程。后十年普遍达到国际七、八十年代水平。

（4）地方建材资源和工业废料

我国地方建筑材料资源十分广泛，要因地制宜有效地加以利用。大力改造砂石骨料以及石灰、石膏等材料的开采和加工技术，逐步建立起工业化供应基地，按工业产品的质量要求供应到户，减少使用现场的二次加工。积极开采火山渣、浮石等天然轻骨料资源，加速轻骨料混凝土制品的发展。要从治理环境和资源再利用双重意义上充分重视工业废料的利用，重点发展粉煤灰、自燃煤矸石烧结制品，包括人造轻骨料。广泛利用粉煤灰作房心填土、筑路和混凝土、砂浆的掺合料。进一步总结与提高粉煤灰与煤矸石砌块的性能与质量，积极推广应用。研究开发钢渣、工业废石膏、碱渣以及其他化工下脚料的应用技术。重视研究拆除房屋废弃物的应用技术。

2.技术政策

（1）建筑钢材及其金属制品

1）普通混凝土结构用钢，在保留原有钢种的同时，重点发展410～590兆帕级可焊接变形钢筋，使产品级别更趋合理。

2）预应力混凝土结构用钢，主要发展低松弛钢绞线、钢丝及高强钢筋。"七五"期间首先大力发展性能稳定的ϕ^j12（7ϕ4）及ϕ^j15(7ϕ5)的1570～1860兆帕级低松弛钢绞线，积极使用Ⅳ级钢筋及热处理钢筋，要求进一步提高质量，增加产量，研制并提供粗直径、屈服强度为735兆帕以上的高强度精轧螺纹钢筋，ϕ8的1570～1860兆帕级松弛高强钢丝，面接触低松弛钢绞线及延伸率不低于40％的785兆帕级微合金中强钢丝。与此同时。相应解决配套的预应力工艺与设备(包括锚夹具)，实行专业化生产和配套供应。

3）钢结构用钢，增加345兆帕级低合金结构钢（型材与板材）的产量，发展445兆帕级高韧、可焊、耐腐蚀新钢种。积极发展H型、T型及其他薄壁型钢、闭合型钢和管材。"七五"期间可先提供445兆帕级新钢种和焊接H型、T型钢；后十年提供735兆帕级多功能钢板和热轧H型、T型及其他型钢。逐步取代普通工字、槽、角钢，建立达到国际标准的轻型薄壁钢标准系列。

4）冷弯薄壁型钢与压型钢板，重点发展镀锌板和耐大气腐蚀的涂层薄板的冷弯、压型钢（铝）板。优先发展屋面、墙面(包括保温复合板)的新产品，结合新型钢结构、组合结构的发展以及门窗、隔断、天棚、施工模板等方面的应用，建立冷弯、压型产品标准系列。

5）建筑用金属管材制品，改进提高暖气、上下水、煤气等建筑用管材的性能和质量，提供不同类型建筑设备需要的系列产品。

6）门窗用金属材料及建筑小五金，主要发展耐腐蚀、断面合理的空腹与彩色涂层冷弯空腹门窗。同时提供高级建筑与其他装饰用的铝合金门窗、型材和建筑小五金（包括为卫生洁具等配套的五金配件）。

（２）木材及纤维制品

１）城镇限制使用天然成材的木结构，农房建筑应大力推广应用钢筋混凝土结构构件，逐步取代木结构。

２）积极发展和扩大刨花板、胶合板、纤维板等在建筑装修工程中的应用范围。

３）木门窗要合理用料，发展钢、铝、塑等门窗制品，木门扇应广泛采用各种人造板。农村应发展预应力钢筋混凝土和灰砂制品等门窗框。

４）控制木模板与木脚手的使用，除积极推广金属模板与脚手外，可适当采用胶合板等模板。

５）加强木材加工企业的技术改造。切实提高出材率和综合利用率，推广短材拼接、胶拼贴面技术，改进干燥、防腐、防虫、防火等处理工艺，提高产品质量，供应符合建筑定型化要求的半成品与成品。

６）重视竹材、植物茎、籽壳等资源的开发应用。

（３）水泥、混凝土及其制品

１）合理调整水泥品种及标号，增大普通水泥和硅酸盐水泥的供应比例，增加高强、快硬、早强水泥与膨胀水泥、白水泥、彩色水泥及其它特种水泥的产量。结构工程应使用425、525以上标号水泥。非承重部位和砌筑砂浆，应尽量采用低标号水泥和砌筑水泥。大力推广应用散装水泥。提高水泥质量，严格执行检验制度，确保工程质量。

２）必须十分重视砂石骨料的质量控制与生产供应。认真贯彻执行砂石生产质量标准，并严格监督执行。建立经营工业化砂石生产供应基地，建立颁发产品许可证制度，按市场需要加工供应不同规格、级配的骨料，后十年应改变目前手工业生产方式和质量失去控制的状况。积极开发利用火山渣（灰）、浮石等天然轻骨料，扩大其应用范围。发展人造轻骨料，主要利用工业废渣（如粉煤灰、煤矸石等）及淤泥、岩石为原料的人造轻骨料，有条件的地区可发展珍珠岩及超轻陶粒。

３）积极推广应用混凝土外加剂。近期要做好技术标准、品种系列的整顿与统一工作，扭转目前试验方法不统一，质量与牌号混杂的局面。积极开发利用各种资源，逐步建立以减水剂（尤其是高效减水剂）、早强剂、缓凝剂、速凝剂、加气剂、抗冻剂、阻锈剂、养护剂、膨胀剂等为主要品种的产品系列。

４）大力发展商品混凝土。以城市为单位，按合理服务半径确定合理布局与规模，充分利用现有预制构件厂的能力进行改建扩建，近期要选择有条件的城市建立商品混凝土搅拌站进行试点。搅拌站要采用先进的适用技术，同时解决运输、机械、通迅联系设备及施工机具的配套问题，提高技术经济效果。

５）大力发展预制混凝土构件与制品。提高预制构件的生产技术水平与商品化程度，改进模具，严格控制生产工艺，加强全过程质量控制与监督。要按全国和地区定型化要求，制定通用构件产品目录，从价格上限制非通用构件的使用。积极发展装饰混凝土的保温复合外墙板、空心砌块、花格砌块、地面砖、阳台栏板等构件与制品。

６）提高混凝土质量，重视混凝土基本性能及应用技术的研究开发。围绕质量、强度、耐久性和特殊用途，加强对新拌混凝土、硬化混凝土以及工艺设备、质量检验与控制等新技术的研究与仪器仪表的研制。积极发展新品种混凝土，重点研究应用高强混凝土、流态混凝土、微膨胀或补偿收缩混凝土、无砂混凝土、轻骨料混凝土。根据需要研究应用其他特种混凝土，如多孔混凝土、纤维混凝土、聚合混凝土。

（４）化学建材及其制品

１）大力发展内外墙涂料和贴墙材料。内墙重点发展中档涂料与墙纸（布），也要发展供高级建筑用的华丽、优质贴墙材料。外墙重点发展耐污不褪色、质感强和耐久的中、高档涂料。

２）积极发展地面材料。除继续大力推广地面涂料外，优先发展弹性发泡塑料铺地材料，逐步发展中、高档塑料地毯。

３）加强吊顶材料的开发与研究。推广应用各类顶棚涂料，加强保温、吸音、防火性能的研究。

４）有计划地发展塑料门窗。在有条件的地区，特别是寒冷地区，积极发展塑料窗和塑料内门。

５）广泛推广应用室内塑料下水管及其配套配件，积极研究开发上水管、煤气管、热水管及地下排水管等新品种，并尽快推广应用。

６）逐步推广应用阻燃型的聚苯乙烯和聚氨酯泡沫塑料，积极发展窗用密封带和镀层薄膜等保温隔热材料。

７）进一步发展改性沥青防水材料与防水涂料。逐步发展中、高档防水卷材，继续发展改性沥青玻璃纤维胎与聚酯纤维油毡，努力提高质量和使用寿命。积极发展沥青类冷用胶结料、防水涂料以及嵌缝、堵漏材料，提高商品化程度。

8）积极发展多种品种建筑胶粘剂系列产品及配套的施工技术和机具。

9）积极发展室内塑料装修制品（如扶手、踢脚板、挂镜线、窗帘盒等）以及塑料模具（模壳、模板）、卫生洁具等。

10）加强化学建材的防火、防毒技术的研究，制订相应的检测标准。

（5）玻璃陶瓷制品

1）进一步提高平板玻璃质量，生产供应符合建筑门窗标准规格的系列产品，改进包装运输方式，大幅度降低损耗。

2）积极发展满足建筑节能和其他物理功能要求的新品种建筑玻璃，如吸热玻璃、中空玻璃、彩色玻璃、钢化玻璃等。

3）大力发展节水型卫生洁具，增加花色品种，提高质量和配套程度。

4）改革提高传统的饰面砖、地面砖、马赛克等产品，积极发展新花色和新品种的中、高档饰面材料。

（6）砖瓦

1）全面提高粘土砖的质量，加速粘土空心制品的发展。近期内重点发展空洞率25％左右、强度10级的承重空心砖和空洞率50％、强度3.5～5级的非承重空心砖。在保证质量的前提下，稳步提高空洞率与标号，“七五”期间打下广泛应用空心砖的技术基础，包括制定生产应用的标准、规程和较大范围的示范应用，为后十年限制粘土实心砖的应用提供技术保证。

2）改进粘土制品的产品结构，扩大应用范围，增加花色品种。重点发展可供清水外墙用的具有多种装饰效果的制品。因地制宜地发展楼板砖、花格砖、地面砖等新品种粘土制品。

3）积极发展和应用粉煤灰、煤矸石等烧结砖和灰砂砖，降低生产能耗。

4）积极开发生产各种彩色屋面瓦，如粘土瓦、水泥瓦、灰砂瓦、纤维瓦以及金属瓦楞板等。适当发展釉面瓦和琉璃瓦。

（7）其他材料及其制品

1）积极发展商品化生石灰粉与消石灰，逐步消除现场熟石灰加工作业。

2）因地制宜地发展石膏板、石膏砌块、装饰石膏制品及粉刷石膏材料，积极开发应用工业废石膏制品。

3）大力发展岩棉、玻璃棉、硅酸钙、膨胀珍珠岩和膨胀蛭石等保温材料制品，提高墙体、屋面、吊顶、管道的保温节能效果。

3.主要措施

（1）合理调整并尽快制定建筑材料及其制品税收、价格政策，对于利用资源不合理、毁坏农田、高能耗的生产企业，应采取高额征税的经济手段以及行政、法律干预严格限制发展。对于合理利用资源，尤其是综合利用工业废料及其他废弃物的低能耗、低消耗的微利企业，应在税收、价格、贷款、利润等方面予以扶植，鼓励发展。化学建筑材料的原材料应降低价格和利润，采取薄利多销政策。

（2）建立建筑用材料制品的性能、质量检验测试、认定与评定制度。从确保房屋建筑安全可靠、使用寿命和不断改善其性能、功能出发，对主要材料制品，尤其是当前质量失去控制的材料制品，建立法定的性能质量检验测试、认定与评定制度。“认定制度”主要是对性能质量是否合格、是否符合技术标准作出裁决，并建议有关主管部门颁发或吊销生产经营的许可证。“评定制度”是对材料制品进行评选优良的活动，促使产品增加花色品种、更新换代和企业的竞争。这两种制度均属于技术立法、执法性质，由建设部制定有关的条例与办法，颁布实施。

（3）在各行各业大力发展建筑材料的情况下，要加强宏观管理与指导。加强需求预测和应用品种的综合分析研究，根据发展变化趋势，组织和协调生产平衡，提出近期、中期的需求计划及长期的需求方向。加强基本统计工作，逐步建立数据库。

（4）研究制定建材制品技术引进和进口政策，并采取相应措施。要有计划地引进技术，组织力量消化吸收，改变大宗材料生产技术的落后面貌，并增加新材料的花色品种，尽快实现高档材料与制品的国产化。大宗材料与制品来源要立足国内，同时要根据不同情况，有选择、有计划地组织进口（例如钢材、木材、高档装修材料与制品等），并主要由建筑应用部门提出对其数量、质量、品种的需求。

（5）加强技术开发和应用技术研究工作，支持建立中间试验基地和应用技术开发中心，组织国内和国际的技术协作与交流，加速技术成果的推广和应用。

建筑设备技术政策

建筑设备包括室内给排水与卫生设备，电器及照明设备，电力变配设备，自控和集中监控设备，通讯设备，厨房及冷藏设备，采暖通风及空调设备，输送设备，消防设备，垃圾处理设备等，是建筑产品中技术密集程度高、变化速度快的部分。建筑设备的发展与更新，是现代化建筑的一个重要标志，同时，社会上对建筑设备的需求，又为工业生产部门提供了广阔的市场。因此，必须对建筑设备在整个建筑产品中的重要地位有足够的认识。

1.任务和目标

（1）今后十五年，要为城镇住宅和农村住宅提供既适合经济承担能力（争取到二〇〇〇年达到国外七、八十年代的先进水平），又满足人民群众日益增长要求的建筑设备（这部分年工程投资占总投资的20%以上）。

（2）要为公共建筑（包括学校、办公、商业、文化、医院、体育等建筑）和工业建筑提供必要的有一定水平和质量的建筑设备（这部分工程投资占建筑总投资的20～30%）。

（3）要为数量虽小，但水平要求很高的各类高级现代建筑提供自动化水平较高的高档建筑设备（这部分工程投资占建筑总投资的30～40%），争取逐步替代进口产品，并有一定数量打入国际市场。

（4）要为旧建筑（民用与工业建筑）的翻新改造提供适用的建筑设备。

为此，要从我国的国情出发，走具有中国特色的传统技术与现代化新技术相结合，提高与普及相结合，引进技术与自主开发相结合的发展建筑设备的道路，降低建筑设备在使用过程中能源和资源的消耗，避免建筑设备大量使用所可能带来的环境问题（如噪声、振动、水污染、垃圾等），要为各类建筑产品提供数量充足、质量上乘的建筑设备，其中部分产品要具有国际竞争能力。

2.技术政策

（1）建筑设备产品要按照高、中、低不同档次进行开发，各档要求及其生产数量比例应随市场需求作相应调整。要研究用户对不同档次产品的性能、价格要求及其变化趋势，以提供适销对路的产品。

（2）建筑设备产品要按多品种、成系列、规格齐全的原则进行开发和组织生产，以适应多种类型建筑和不同消费水平的需要。

（3）大力开发和推广能源（资源）利用率高的建筑设备产品，淘汰能耗高的落后产品，满足建筑节能（节水）法规的要求。制定建筑设备的能源利用率评价指标。引进微电脑控制技术，提高设备产品运行调节的灵活性，减少运行能耗。要特别重视大量使用的风机和水泵产品的更新改造。

（4）大力开发无环境污染（包括噪声污染在内）的建筑设备，淘汰和改造噪声高和排污量多的设备。首先要对设备本身采取技术改进措施，相应开发减噪、消声、隔振的建筑设备。

（5）成套开发相关的产品，纠正“重主机（主设备）、轻辅机、轻配套件”的片面观念，要对全系统所包括的组件、各自的功能要求、相应需要的零件作出统一安排的开发计划，成套予以解决。要不断提高设备整体装配化水平。

（6）建筑设备的配置要与建筑整体设计和谐协调，安装建筑设备后不能破坏建筑美观要求，其外形、色彩、尺寸等不应与建筑最终产品相脱节，而应达到浑然一体。要服从《建筑标准化模数制》的要求，制定相应的产品功能标准及尺度标准，规定配合要求。色彩要多样化，以供选用。

（7）建筑设备除选用传统材料外，要大力采用工程塑料等新型材料，减轻设备、器材的重量，减轻安装工人的劳动强度，提高装配化水平，并研究解决由此而可能带来的各种技术问题和经济问题。

（8）注意采用微电子、光导纤维、红外线、自动化集中监控等新技术，提高设备系统运行可靠性和自动化水平。研究国外建筑设备的应用技术，要从实际出发，注意采用和推广经济效益显著的新技术。

（9）按照“引进、消化、发展、创新”的方针，积极而又慎重地引进技术，包括软件和硬件，确实提高建筑设备的生产技术水平和外汇使用效果。重视产品性能试验手段的建设，提高我国试验水平，使引进技术的消化吸收有科学的技术检测手段。

（10）设备产品技术开发工作的重点，除填补空白外，应放在降低成本、提高产品质量、延长使用年限、运行可靠和节约能耗上，其中设备的可靠性应居首位。要制定产品性能检验标准，建立和健全质量检测监督机构，加强产品质量监督工作。要把降低与人民群众生活密切相关的普及型设备产品的成本和增加花色品种，作为技术开发研究的重点。

（11）加强技术经济信息的收集、综合分析研究和市场预测研究，为制定行业产品发展政策提供科学依据。加强对建筑设备产品开发和推广的宏观指导，减少盲目重复开发，以较少的资金、人力、物力和较快的速度，开发尽可能多的适销对路的新产品。

3.开发重点

（1）室内给排水卫生设备

为满足人们对居住卫生保健的需求，重点开发量大面广的一般和中档的节水型成套卫生设备及配水部件。以分件式虹吸坐便器、立柱式或挂墙式洗脸盆和多用途浴盆(既可作淋浴盆，又可作浴盆用)为主，要求做到：满足功能要求，节水（大便器冲洗用水不大于9升每次）、防漏、消毒、防污染、低噪声和色彩协调。进一步开发带有空气隔断的大便器、冲洗阀、节水型大便器和配水部件，光电控制的冲水小便器或立式小便槽以及热风烘手装置等。研制集热效率高，价格适宜的户用型太阳能热水器。研制卫生间用通风器。

积极开发用于高级宾馆等公共建筑、高级公寓住宅及办公楼的高档成套卫生设备（包括净身器）及配水部件，以节水型分件式喷射虹吸坐便器、台式洗脸盆和大、中型浴盆（带手持莲蓬头）为主，适量开发联体旋涡虹吸式高档坐便器。高档成套卫生设备要求造型美观大方，使用舒适，低噪声，色彩协调，在满足功能条件下节约用水。

（2）厨房设备

逐步从由土建工种现场制作的方式向工业化生产、商品化供应的方向发展。有计划有步骤地积极开发普及、标准、高标三个档次（适应低、中、高级住宅不同需要）的住宅厨房家具设备，使住宅厨房达到功能完善、卫生方便的较高水平。住宅厨房成套家具设备应包括储藏用的炊具柜、食品柜、调料柜、食具酒具柜及冰箱，供清洗用的水池，供烹饪用的灶台、烤箱，供配备餐用的操作台及排除油烟汽的排烟设备等。在各种家具设备中以排除油烟设备为重点，在普及、标准、高标档中，优先开发量大面广、经济实惠的普及档。

按照卫生、高效、安全的要求，积极开发饭店、餐厅、食堂新建厨房或厨房改造所需的各种不锈钢厨房设备。积极组织研制适合农村住宅使用的节煤灶具。

为开发厨房家具设备提供必要条件，需要首先制定适合当前国情的厨房家具设备尺度标准及功能标准。厨房设备应做到：个体产品及零配件定型化，组合体多样化，以提高其互换性和适应性。

（3）采暖、通风及空调设备

进一步提高适应寒冷地区高层建筑用的热水采暖设备的质量，铸铁与钢制的采暖器具要并行发展。开发利用不同能源（燃气、燃油、用电等）的采暖设备，开发采暖系统所需的用热计量、控制装置及管道泵，促进采暖供热效率高的燃煤热水锅炉与成套附属设备的开发工作。研制采暖过渡区适用的采暖设备，开发住宅所需的通风设备及小型采暖锅炉。

开发价廉节能的简易冷风设备，大力提高现有空调设备、器件的质量，做到尺寸小，重量轻，能耗少，噪声低，整体性好，并使之系列化。特别要提高通用及专用整体式与分体式空调机组的水平，发展能调节风量、带热回收及节能控制的空气处理机组（包括配套的空气净化设备、新型加湿器）和末端空调器。促进开发多台活塞式压缩机组合的冷水机组。开发各种热能回收设备(包括热泵机组)，发展空调制冷自控仪表，逐步使之微电脑化。开发高效低噪声、流量可调的新型风机和水泵。

（4）电器及照明设备

大力促进对现有电气产品的整顿和改革。加速开发安全、可靠、节能、功能全、重量轻、体积小、噪声低、防干扰、无污染、装配化水平高、使用维护方便的成套电气设备，重点发展可以应用于高压深入负荷中心的干式的成套箱式变电站，形成系列化、定型化产品。研制采用微电脑对大型公共建筑内的各种用电设备实行自动控制和管理的成套设备（包括消防和空调用的）。积极促进照明光源和灯具的革新，开发适用于各类建筑的高效光源和灯具，淘汰现有的高能耗低效率的产品，逐步向定型化、装配化、装饰性强、功能多的方向发展。积极开发适应家用电器发展需要的节电、安全、美观的不同档次的电器装置件（如开关、插座、灯头、漏电保安器等）。重视各种电气施工安装用的零配件的更新，并制定全国统一规格、统一模数的生产制造标准。

（5）通讯设备

研究不同建筑用的电话、广播、电视的应用技术。逐步开发满足高级民用建筑与公共建筑特殊使用要求的成套通讯设备；多功能程控电话交换机（包括实现高功能通讯网的硬件、软件开发），UHF系统电视配套产品，卫星通讯、监视电视的配套产品，闭路电视的配套产品，电化教学的配套产品，一般的多品种配套广播设备与要求音质高的

建筑勘察技术政策

建筑勘察主要为建筑工程的可行性研究、规划选址、建筑设计、地基处理、施工监测、建成后安全检验以及建筑环境的保护与治理等提供地形、地质及环境等基础资料与依据，是建筑业的一个重要组成部分。

建筑勘察应遵照全面为建筑业服务的原则，高效率、高质量地提供精确、可靠的有关地形、地质、环境数据、图件和评价、监测资料，以满足不同工程、不同建设阶段对资料品种、内容、质量和时间的要求。

1.现状与差距

建国以来，我国的建筑勘察队伍为配合建筑业的发展，已为全国城镇房屋建筑提供了大量的勘察资料，勘察技术相应地有较大提高，主要表现在：

（1）结合不同建筑和地区特点，通过工程实践，总结经验，逐步完善了适应各类工程和各类地基土特征的常规勘察、测量技术方法，制定了相应的规程规范，统一了作业标准；

（2）逐步掌握并能承担大型、复杂的建筑物（如高层、大跨、地下、精密工程等）的勘察技术；

（3）不断吸收消化、应用国外先进勘察技术，推广了一批适合我国国情的新技术，自力更生并卓有成效地发展了新的岩土测试手段、水资源开采与评价方法以及光电测距、激光测量技术；

（4）逐步形成了从中央到地方基本配套的勘察生产技术体系，除大城市外，中、小城市的地方勘察专业队伍开始形成。

但是，我国建筑勘察从建筑业发展需要衡量，与国际先进水平相比，尚有不少差距，主要反映在：

（1）我国勘察体制多年沿用苏联的办法，专业分工过细，技术功能低下，多数单位只起到单纯为设计提供地形图与钻探资料的作用，对勘察工作

不同功能的音响设备（包括有线与无线产品），无线呼叫、同声传译设备，大型公共建筑用显示系统配套产品，旅游、办公与公共建筑用的电脑管理系统等。

（6）消防设备

按照高可靠性和耐久性，开发并推广高层建筑防火的自动报警、自动喷洒、自动防火排烟的成套设备，其中有：由感知器接触点直接启动的无管路卤代烷单元式灭火装置，大型公共建筑消防控制中心所需的成套设备，防火排烟系统所需的与烟感器联动控制的各种器材（如防火阀、排烟阀、电动控制阀）。

（7）输送设备

为解决有效使用各类建筑所必需的输送设备，大力开发性能可靠、安全平稳、舒适美观、自动化程度高的普通型与高层用的高速型电梯、自动扶梯等输送设备，完善电梯群控设备。发展高层建筑所需的旋转平台设备。

4.主要措施

（1）成立行业协会，发挥跨部门、跨地区的综合协调归口的功能，加强横向联系，做好行业信息服务工作，减少在生产布局、新产品开发、技术引进等方面的重复性和盲目性。

（2）逐步设立住宅设备开发指导中心、引进技术经济咨询中心和产品质量检测监督中心等机构，协助完成行业宏观管理任务，并为各基层单位提供各种咨询服务。

（3）建立和健全各类建筑设备的专业研究机构。除已有的建筑设备专业研究机构外，急需建立建筑电气、给排水卫生设备、厨房设备等专业研究机构，充实加强科研测试实验手段，结合设备技术引进，做好消化吸收发展创新所急需的研究开发工作。

（4）大力培养技术人才，除依靠学校外，要积极调动社会力量，大力培养建筑设备产品设计、性能测试、工程设计、安装调试、系统运行管理、维修等各环节所急需的各级技术人才。

（5）国家要运用经济杠杆（包括资金、外汇、税收等），扶植建筑设备新产品的开发、生产及工厂的技术改造，对量大面广的住宅用的设备产品要提供低息贷款，实行低税率政策。要为引进国内急需的建筑设备新产品、新技术和先进的工艺，提供外汇优惠。

在建设中的重要性认识不足，造成勘察行业不受重视，地位较低，与先进工业国家相比，存在很大差距；

（2）勘察技术装备陈旧落后，不配套，手工操作多，体力劳动强度大，勘察仪器设备种类多，供应渠道不畅，添置经费不足；

（3）勘察技术研究工作十分薄弱，技术力量严重不足，至今只有个别勘察单位配备少量从事开发研究的力量，绝大多数勘察单位研究工作一直处于空白状态。

2.技术政策

（1）要改变"勘察为设计服务"的单一功能的概念，从业务技术上全面提高为工程建设设计、施工与运营全过程服务的能力。勘察生产的产品品种与水平到本世纪末应努力接近发达国家的标准。

（2）开拓勘察技术应用领域，勘察工作要在扩大为各类建筑工程设计服务的同时，逐渐转向为岩土工程一体化和为施工监控、竣工验收、环境整治、建筑产品评价检验等服务，逐步形成功能齐全、技术配套的综合勘察行业。

（3）坚持发展精密、可靠、使用方便的勘察手段，努力提高勘察产品水平。要实行城乡建设工程勘察单位资格审查管理办法，禁止无照经营。勘察成果的评价，应严格遵照有关规范、标准的规定。对于重要工程项目，既要按照所承担任务的要求进行评价，还必须从使用勘察成果后的建筑效果中进行考核，并作出最终评价。坚决反对单纯追求产量，忽视质量和粗制滥造，甚至弄虚作假的行为。

（4）因工程、因地制宜地正确处理近期需要与远景规划的关系。对于具有长期和一定时期使用价值的勘察成果，要从近期需要出发，恰当考虑远景规划，进行勘察方案设计和成果验收。

（5）加速勘察技术改造，提高技术与装备素质，实行新技术与传统技术、现代化手段与常规手段相结合，自动化、机械化、轻便化与部分自动化、机械化以及半机械化相结合的多层次技术结构。

（6）技术引进应坚持消化、吸收、创新的原则。重点引进适用的国外先进技术和国内难以在短期内生产而又急需的先进技术及先进仪器设备。积极研制和使用国产仪器设备，并争取部分产品打入国际市场。

（7）加速制订和完善建筑勘察法规、规范、标准。针对勘察管理中的问题，制订建筑勘察技术管理法规。按照统一基本技术规格、方便使用、保证质量的原则，完善各工种的规程、规范，并积极向国际标准靠拢，加速实现建筑勘察标准的系列配套。

（8）加强勘察技术研究，实行专业、专题性研究与群众性革新创造相结合。注意针对重大、特殊工程项目需要的超前准备的技术理论与方法应用研究。重视针对生产关键技术问题和薄弱环节以及新技术开拓的应用与开发研究。重视针对勘察工作特点的科学管理方法研究和勘察成果检验准则的研究。

（9）大力培养人才，努力提高勘察人员技术业务水平，改善技术结构。要根据现有条件和发展需要，开展人才需求预测的论证研究，开拓人才来源，按合理的人员结构比例，增加大学、中专毕业人员成分，积极培养各勘察工种的熟练工、一专多能的技术骨干、高级技术与管理人才及科研情报人员。

3.各专业技术发展方向

（1）建筑工程测量专业

1）大力促进测绘技术与手段的更新换代，采用新型经纬仪、水准仪、平板仪，积极推广电磁波测距与电子计算技术，有重点地发展大比例尺航测成图与制图技术，全面提高控制与地形测量技术水平。

2）重点发展和提高建筑施工与变形测量技术，推广光、机、电相结合的新型测量仪器，发展激光测量、近景摄影测量、现代数据处理和数字化技术。

3）不断开拓非地形测量领域。掌握和发展大型、精密、地下工程测量技术。开拓建筑环境监测、园林雕塑造型设计、古建筑和文物保护维修、建筑制品检验以及土地利用、地产划分、地籍整理等方面的测绘技术与业务。

4）针对我国建筑业发展的需要，开展建筑工程测量理论、方法的综合配套研究，逐步建立我国的工程大地—摄影与遥感—制图一体化技术体系。

（2）工程地质与岩土工程专业

1）巩固和完善传统的建筑场地工程地质勘察方法与手段，提高特殊土地基稳定性评价精度。发展精度高、速度快、可靠性强的岩土测试技术，重点发展原位测试技术，为地质环境评价、场地勘察、施工监测快速提供高质量的测试数据。

2）大力推行岩土工程技术体制与技术方法，形成从场地勘察到地基处理、部分基础工程设计施工及现场监测的一体化技术系统，重点加强地质环境评价、地基处理和基础工程方案论证、施工质量监测，为建筑业提供全面服务。

3）普及电子计算机，重点普及微型机在工程地质和岩土工程中的应用，使评价工作由定性逐步走向定量，由粗略逐步走向精确。

4）开展建筑地区工程地质编图，逐步建立岩土工程数据库，以便加快建设前期工作的进度，保障建筑全过程对勘察数据成果的需要，做到工程地质与岩土工程信息的资源共享。

5）不断改进钻探工艺，提高成孔技术和取土质量。逐步提高钻机功能和机械化、自动化水平。

6）建立适应建筑勘察要求的勘察设备工厂和研究机构。

（3）水文地质与钻井工程专业

1）改变目前建筑施工场地人工降低地下水位的落后状态，积极采用新型降水设备与计算方法，以精确算出与降水位相应的排水量。

2）完善地下水资源评价与地下水环境影响评价的理论与方法，努力提高裂隙水与溶洞水发育地区的地下水资源评价精度。进行地下水水量与水质的预测性评价，开展地下水过量开采影响评价，提出建筑群与环境整治的技术措施。

3）大力开展建筑地区地下水资源管理，保护地下水资源免于枯竭和污染，开展地下水人工回灌，防止含水层疏干，充分利用含水层储水、储（冷、热）能。

4）建立和健全大型建筑场地或区域性的地下水（包括浅层水、上层滞水）观测网，加强地下水动态和水质分析，为建筑地下室防水设计、基础施工及场地降水提供准确依据。

5）改进钻井工艺，采用空气钻进、泡沫钻进、冲击回转钻进（液动冲击器、风动潜孔锤）等新工艺。改进成井工艺，采用新型管井过滤器。因地制宜地采用物理洗井、化学洗井和物理化学联合洗井技术。

6）钻探、钻井工程设备应朝着一机多用、全液压、仪表化的方向发展，加速研制全液压车装钻机和全液压多功能钻机。目前宜以专用钻机为主，多用钻机为辅，本着坚固耐用、成本低、效益高、操作灵活、安全可靠的标准，努力扩大钻机新品种。

（4）工程物探专业

1）改变单一物探法的倾向，根据需要完善多种物探仪器配套，发展综合工程物探技术，努力提高物探成果资料质量，提供更多更准确的工程地质、水文地质参数。

2）积极推广工程地震物探、常时微动的测量以及地基加固中的孔隙水压力、土动力等测试，为高层建筑、大型工程动力机器基础、工程抗震、地基加固等方面提供可靠的动力参数。在桩基工程中宜推广应力波速测试，以逐步代替大型压桩试验。

3）积极开拓工程物探仪器设备的电脑化，从信号接收、储存、数据处理分析到成果的控制要逐步实现电子化、自动化。

4.主要措施

（1）加速制定建筑勘察行业和单位的各专业技术发展与技术改造规划、实施计划，并定期检查规划与计划的执行情况。

（2）加强勘察行业的横向联合，集中优势，相互补充，协调攻关，加速重点工程任务、重点科研项目和标准化工作的完成。建立工程勘察技术发展中心和各地区的分中心，逐步在全国形成完整配套的勘察技术开发体系。

（3）加强勘察行业技术管理与交流，促进全行业的技术进步。部和地方政府主管部门应加强对勘察工作的领导，加强勘察队伍的建设，取缔不具备资格的勘察单位，积极开展工程勘察学术活动和勘察科技情报活动，发展与国外的学术交流，建立现代化的工程勘察信息系统。

（4）狠抓智力开发与知识更新。除国家统一分配的建筑勘察专业大专毕业生外，要采取多种渠道、多种方式开展在职人员的技术培训，建立全行业与地方的智力开发组织，加速现有技术结构的改善与人员素质的提高。

（5）加强国产勘察机具的研制工作。建立固定的部属勘察机具制造厂，增加定向为建筑勘察服务的生产勘察机具仪器的厂家，密切与精密仪器厂的配合，扩大其定向供应，以利改善建筑勘察单位对勘察机具的需求。

（6）加速推行岩土工程技术体制。实行勘察、设计、施工、科研四个环节的融合，要在建制上保证向以岩土工程为主的综合勘察方向发展，扩大勘察技术功能。有关高等院校应建立岩土工程专业，逐步建立岩土工程公司或岩土工程咨询公司。

（7）加强部工程勘察标准、规范管理职能，采取包干办法，加速技术立法和标准规范的制定，争取在“七五”计划期间完成勘察各工种的主要技术项目的国家和部级标准规范，相应制定勘察成果质量检验、技术装备、作业定额与收费标准，九十年代完成工程勘察各项技术标准及其他业务立法的配套和完善工作。

（8）建立配套的建筑勘察技术研究体系。加强部属勘察研究机构，着重开展应用新技术的理论与方法的研究。建立相应的省、市勘察研究机构，着重地区特点的开发研究和应用研究，逐步建成全国建工勘察科研网络。

建筑标准化技术政策

建筑标准化的基本任务是制订、修订建筑标准（含规范、规程、定额，下同），贯彻执行标准，并对标准实施进行监督。建筑标准是建筑业进行勘察、设计、施工、安装、验收及构配件生产等技术性活动的依据，是实行建筑业科学管理的重要手段，是保证建筑工程和产品质量的有力工具。

建筑标准化是建筑业的一项技术基础工作，也是建筑工业化、现代化的基础。要通过建筑标准化推广应用各专业领域中先进的生产经验和科技成果，促进建筑业的技术进步，使全行业获得最佳的综合经济效益和社会效益。

1.改变单一的建筑标准化体制

为适应我国改革后的经济体制，应逐步改变现行单一的强制性的建筑标准化体制，实行以强制性标准为主，强制性标准与推荐性标准相结合；以政府质量监督为主，政府质量监督与企业自行控制质量相结合的建筑标准化体制。

2.确定建筑标准的分类和分级

（1）建筑标准分为强制性标准和推荐性标准两类。

强制性标准包括：有关安全、卫生、环境、基本功能要求的标准；必须在全国统一的模数、公差、计量单位、符号、术语等基础标准；与评价质量有关的通用试验方法和检测方法标准；对国民经济有重要影响的工程和产品标准等。

推荐性标准包括：勘察设计、施工方法或生产工艺标准；产品标准；技术经济分析和管理标准等。

强制性标准应具有法律性，在规定的适用范围内必须遵照执行；推荐性标准应具有权威性，经当事各方以合同等法律性文件确认后，也具有法律性。

（2）建立以国家标准为主体的标准体系。具体分为国家标准、专业标准、地方标准、企业标准四级。地方标准是国家标准和专业标准的补充。

（3）在做好建筑标准化微观管理的同时，必须加强对整个建筑业标准化工作的宏观管理，逐步形成互相协调配套的各专业标准体系，发挥标准化的整体作用。

3.积极采用国际标准

积极采用国际标准是我国重要的技术政策。它是引进技术的重要组成部分。要认真研究和消化国外先进标准，并结合我国的具体情况区别对待。凡属于基础标准、通用方法标准和互换性标准的国际标准，应优先采用，为我国建筑业进入国际市场创造条件。

4.进一步完善建筑标准化的规划、计划

（1）要进一步完善制订、修订建筑标准的规划工作，保证标准化的发展速度能够适应建筑业发展和科学技术进步的需要。要按勘察测量、建筑设计、结构设计、建筑定型构配件、建筑机械与设备、建筑施工与安装、建筑工程防灾、建筑经济与管理等专业编制标准体系表，明确标准的层次、类别和标准之间的关系，以指导计划工作。

（2）近期内建筑标准化工作的重点是制订和实行强制性标准，但同时也要试点制订和实行推荐性标准。现行标准将继续作为强制性标准实行，今后按其性质逐步归类。

（3）各类建筑构配件、制品和设备的产品标准和通用图集，是建筑标准化体系的一个组成部分。为进一步提高建筑构配件的定型化、系列化、通用化程度，促进社会化生产和商品化供应，要分别制订强制性和推荐性的、全国通用和地方通用的工业建筑和民用建筑构配件标准。

5.必须明确建筑标准的编制、修订和施行的权限

（1）遵照中华人民共和国标准化管理条例，强制性标准由政府部门提出任务，委任主编单位，组织审查，并颁发实行。一部分强制性标准尚可试行招标承包制，择优委任主编单位。强制性标准均由政府部门委任管理单位。

（2）推荐性标准主要由学术团体、单位或个人提出建议文本，经政府部门组织审查而确认符合推荐条件时，由政府部门发布为推荐性标准。有权威的学术团体，也可发布本团体的推荐性标准。

6.建立建筑标准化的管理和监督机构

（1）建筑标准化应由政府的标准化管理部门会同所属的标准化事业机构实行统筹管理。在近期内，要健全政府的建筑标准化管理部门，积极筹建建筑标准化事业机构。

（2）要按专业设置由政府部门委任的稳定的专业标准化归口单位，负责组织协调该专业中各种标准的编制、修订和管理等具体业务工作。

建筑科学技术管理政策

建国三十多年来，建筑业为我国社会主义建设作出了重大贡献，积累了较丰富的经验，形成了一支较强的技术队伍。为实现本世纪末工农业总值翻两番，人民生活达到小康水平的战略目标，房屋建筑的建设任务十分繁重，现在的科技体制已越来越不适应我国经济建设依靠科学技术的要求。主要是研究机构与企业相分离，科研规划与经济建设规划脱节，科研单位缺乏自我发展的权力与活力，研究机构的设置缺乏专业特色，面向全行业的研究机构与地方研究机构没有明确分工，研究内容重复，资金分散使用，经济效益不显著，技术发展不平衡，影响全行业的技术进步。为适应城乡建设的发展，必须改革科研体制，加强科学管理，重视智力开发，更新技术装备，依靠技术进步。

1.方向与任务

（1）建筑科学技术要面向城乡建设，为发展工农业生产和改善人民生活服务，创造优美、舒适、安全的环境。为建筑业自身的现代化服务，提高效率，提高质量，提高综合经济效益。

（2）建筑科学研究要为建筑业的决策与规划提供可靠的预测，指导建筑业发展。要为量大面广的工程设计与施工提供先进手段，促进建筑技术进步。要为发展新技术、新材料、新设备、新机具、新工艺服务，为建筑业的技术更新提供物质基础。

（3）要按专业设置由政府部门聘任的有权威的专业标准技术委员会，负责审查该专业中各种标准，并向政府部门提出是否批准颁发的建议。

（4）要在中央和地方建立全国统一的质量监督、检测机构网，开展对工程和产品的质量监督及安全、卫生、环境的监督和检测等业务，保证标准的贯彻执行。

（5）要加速建立产品许可证制度和认证制度，对产品生产发放许可证，对优质产品发放认证书和认证标志。

（6）建筑标准化管理和监督机构尚应负责建筑标准化的咨询服务等工作。

7.积极开展建筑标准化的科研和情报工作

（1）为提高标准的编制和修订质量，除应广泛吸取已有的科学研究成果外，还必须针对标准化的特点，专门组织技术基础性的专题研究，以不断为制订、修订标准提供系列化的、可靠的依据。重要的建筑标准化科研项目列入国家或部门的重点科研计划，并试行招标选定承担单位。

（2）加强建筑标准化情报工作，以掌握国内外标准化动态，为制订建筑标准化规划、计划及标准的科研和编修工作及时提供信息。

8.明确建筑标准化的经费来源

（1）各级建筑标准化管理机构均属于从事技术基础和社会公益工作的机构，其业务经费由国家财政拨款解决，实行年度经费包干制。此外，应争取在行业基金中安排一部分经费用于建筑标准化工作。

（2）强制性标准的编制和修订经费由国家财政拨款解决，实行计划任务经费包干制。经政府部门事先认可而编制的推荐性标准，其编制和修订经费可由政府部门给予补助。

（3）建筑标准重点科研项目的经费一般由国家拨款解决，实行合同制。建筑标准的基础科研项目和部分应用科研项目，其经费可通过申请国家的或行业的科技基金解决。

（4）建筑标准化机构尚可通过开展标准化咨询服务等业务，获得横向的经济收入。

要使从事标准化工作人员的待遇不低于同水平的专业设计和科研人员。对做出突出贡献的人员，应进行奖励。

9.重视建筑标准的出版和发行工作

（1）建筑标准的版权属于标准的主管部门或组织。强制性标准和政府部门推荐的标准由主管部门委托专门的机构负责出版和发行业务，其他任何单位或个人均不得翻印和出版发行。

（2）建筑标准实行有偿使用。要通过合理确定售价回收资金，以部分补偿标准化经费。

（3）建筑标准出版后，按国家出版局规定的同类技术书籍的最高标准，向编制人员支付稿酬。

（3）推广与发展新技术必须与当地的自然、经济和社会条件相适应，与建设规模和对象相适应，与设计、施工、生产的技术基础相适应。一般地说，不宜简单地在全国上下推广单一的新技术、新产品，要使科学技术有的放矢，收到实效。

（4）近期内，建筑科学技术的主要服务对象是：在城镇建设中，民用建筑以住宅为重点，同时加强高层建筑与大跨度建筑的研究，工业建筑以改建与扩建厂房为重点，同时加强多、高层工业建筑与大柱网工业建筑的研究。在乡村建设中，主要解决就地取材建造适用于农民生活与生产用房需要的规划、设计、建造的技术问题，发展量大、价廉、耐用的建筑材料。

（5）当前建筑科学技术的开发重点是：推广应用与发展新的建筑体系，发展商品化供应的建筑构配件与各类制品，开发新型节能建筑设备与建筑机械，大力开发结构、墙体、装饰、保温、隔热、三防（防水、防火、防腐蚀）等各类建筑材料，扩大电子计算机在建筑行业的应用。应用研究的重点是：提高工程质量，改善建筑功能，节约建筑能耗，加强建筑物的防灾能力，改进旧房修复与加固技术等。

2.政策措施

（1）强化技术开发，重视应用研究

1）通过建筑科学技术体制改革，改变过多的研究院、所独立于设计、施工、生产企业之外的局面，克服部门分割、地区分割的状况和行政部门统得过死的弊病，运用经济杠杆和市场调节，使科学技术机构具有自我发展的能力和自觉为经济建设服务的活力。

2）建设部系统的直属建筑科学研究机构，除从事社会公益事业、科学技术服务和技术基础研究的科技人员以外，要加强从事技术开发工作。地方与企业研究所应以技术开发工作为主。各类研究机构都要开辟横向渠道，提倡与企业建立各种形式的联合体。

3）企业要加强技术吸收与开发能力，加强科技成果转化为生产力的中间环节，促进技术开发工作的蓬勃发展。

4）应用研究应以近期内对促进建筑业的技术进步有重要作用的课题为重点，对必须研究的长远性课题，面向全行业的研究机构要安排一定的力量，稳定地、坚持不懈地搞下去。有条件的地方与基层研究机构，也可以组织一些有特色的应用研究工作。对于从事这些研究工作的机构与人员，应在经济上和奖励政策上采取必要的措施给以支持。

（2）改革建筑科技计划与项目管理工作

1）建筑科技计划管理，要以建筑科技发展的长远规划目标为依据，制定阶段实施计划，以期达到预定的宏观目标。

2）编制阶段实施计划，要实事求是地确定起点和各项指标，注意密切结合我国的国情，讲究经济、社会和环境效益。根据科研任务的特点，今后要编制以二年或三年为期的阶段实施计划，科研项目要根据实施计划确定，实施计划要有一定的灵活性，如有新的重大科研项目，可按滚动计划的形式随时列入年度计划，以促进科学研究有步骤地发展。

3）按照分层次管理的原则，科技发展计划可分为行业、地方（省、市）和基层三级进行管理。行业科技发展计划要突出重点，集中主要人力、物力和财力，研究关键性的科学技术问题，同时保证研究项目的配套，防止低水平的重复研究。

4）科技计划管理的改革，主要是按研究工作的性质实行分类管理，通过不同的经费渠道支持各类研究工作，并实行科研任务与项目经费直接挂钩的办法。

对基础研究和一部分应用研究，实行科研基金制，相应建立行业科技发展基金。

对开发研究和一部分近期能取得效益的应用研究，逐步实行科研有偿合同制。各级研究机构除承担国家的纵向合同科研项目外，应向社会开放，广泛接受横向合同。纵向与横向合同科研项目的奖励应适当平衡，以保证纵向科研项目按质、按量并如期完成。

对从事技术基础工作和一些软科学研究的部门，如规划方案、发展预测、情报分析、技术政策、标准规范、长期观测等，采用经费包干办法，保留事业费。

凡属综合性的研究机构，要根据实际情况，划定基础研究、应用研究、开发研究和技术基础研究工作人员的比例，实行定编、定员、定任务，重新核定事业费指标，视条件逐年减少事业费拨款，争取三、五年内达到只拿额定的事业费。凡属开发研究单位，则应争取在三、五年内实现经费自给。减少事业费拨款要同纯收入提成挂钩，做到少拿事业费拨款者则纯收入提成按比例提高。

5）科技计划与项目管理的改革，涉及到科研组织体制、经费拨款、科研条件的准备科技力量的合理使用等，必须采取积极、慎重的态度，注意与各方面的工作协调同步。

（3）加强科技成果，专利管理，开拓技术市场

1）一切对建筑技术有贡献的理论、方法、规划、设计、新技术、新工艺、新材料、新设备、标准规范、重大技术情报、引进消化、政策论证等，均应列为成果，并按贡献大小给予奖励，对重大的科技成果实行重奖，保护成果提出人与专利发明人的合法权益。

2）建立、健全建筑业科技成果、专利工作管理机构，改革和逐步完善科技成果与专利的管理。制定成果的定量评定指标、价值评价指标及综合评价方法。对不同类型的成果，必须采取不同的评价、鉴定形式，克服成果鉴定工作上的形式主义。

3）开拓技术市场。利用各种途径和方式，如通过发布成果与专利公告，举办科技成果交易会，成立必要的技术商品经营机构，进行技术转让、技术承包、技术咨询、技术服务与各种形式的技贸结合的活动，促进成果与专利进入技术市场。制定有关的法规与制度，保证买、卖、中介三方的合法权益，推动建筑技术市场的繁荣和发展。

（4）加强技术引进与国际交流

1）技术引进要密切结合我国的资源、技术条件和国家经济发展的需要。引进要注意配套，除了引进设备（配件）外，要特别注意先进技术（包括软件）的引进，并使引进后尽快使用。要十分注意技术引进的消化、吸收和创新，使之发展成为我国自己的东西，有条件的还要争取向国外返销。

2）根据科学技术的性质、内容和对象，采取有效的引进方式，除了工贸结合、技贸结合的技术引进以外，还可以通过合作研究、合作设计、合作制造、合作经营等多种方式进行技术引进，从合作中引进我国需要的新技术，从合作中培养、锻炼我国的技术人才。

3）重视人才引进。对华侨、华裔和外国专家中有真才实学的人才，要对口聘请他们到国内担任顾问、任职、短期讲学或参加学术交流。

4）广泛开展国际学术交流。除考察、互访、派遣留学生或进修生外，可以开展互派访问学者、合作研究、双边专题讨论等方式，交流技术与学术成就。要创造条件积极争取在国内召开国际性学术会议。

（5）建立比较完整的建筑科技工作体系

1）建筑科学研究机构的设置，应根据建筑科学技术发展的需要，按不同层次，合理布局，建立起行业、地方、企业的建筑科学研究体系。

2）重点搞好面向全行业的建筑科研机构的建设，基建投资要适当集中，防止投资过于分散的倾向。

3）省、市建筑科研机构首先要面向本地区的建筑业，体现地方特色，为本地区的建筑技术进步服务。同时应努力创造条件，承担一部分面向全行业的建筑科技攻关任务，争取成为行业扶植的重点研究所，以取得财力、物力和人力的适当支持。

4）鼓励建筑企业建立、健全科研所和试验室。建筑企业的研究所（室），要发挥专业技术优势，主要面向本企业的建筑生产，为本企业的技术进步服务。

5）逐步建立各级科技服务、技术咨询、技术转让、科技信息中心，加强科技服务工作。支持各级建筑科研机构与企业建立科研一设计一生产联合体，成为科研与生产密切结合的纽带。

6）切实建立和加强当前急需的薄弱专业，如建筑标准化、建筑防灾、建筑节能、建筑设备与装修、旧房维修加固等专业。

（6）逐步建立合理的人才结构体制，通过各种渠道与方式培养科技人才

1）必须十分重视人才的使用和培养，研究各级科研机构的人才合理结构，逐步形成高、中、低级人才比例合理的科技队伍，并创造条件不断提高其科学技术水平。

2）与大专院校建立定向培训关系，以充实科技队伍。

3）有计划地选派留学生、进修生到国外学习，填补我国在建筑科学技术上的空白专业与薄弱环节。

4）建立若干个培训中心，轮训在职技术干部与管理干部，更新科技与管理知识，提高队伍素质。

5）继续办好刊授大学、电视大学和职工业余学校，提高广大职工的科学技术水平。

建筑业推广应用电子计算机技术政策

应用电子计算机是促进建筑科学技术进步的重要手段，开发电子计算机在建筑业的应用领域，是建筑行业技术发展的重要标志。当前，为适应国家经济建设发展的需要，在建筑业中开发应用和推广电子计算机，是一项重要的工作，它对建筑业整体技术进步，为实现建筑工业化、现代化，将起着重要的作用。

1.任务和目标

建筑业开发应用计算机的基本任务，是要围绕建筑业总的发展目标，为建筑科研、勘察、设计、施工和管理的现代化服务，为提高建筑产品的经济、社会和环境效益服务。

根据当前的条件，设想到本世纪末，建筑业推广应用计算机的目标是：在勘察设计、施工管理、建筑加工企业和科学研究等各个领域，都要比较普遍地应用计算机，初步建成行业计算机网络系统和通用的数据库，普及微型机的应用，基本实现办公室自动化，使广大工程技术和管理人员都会使用计算机，基本实现计算机在建筑业各方面的广泛应用。

到一九九〇年的目标是：

（1）初步建成具有我国特色的应用软件系统，形成一个比较先进的大型综合建筑工程软件包，完成适用于中小型建筑设计单位和建筑企业的成套微机软件包的开发。

（2）初步普及建筑企业的微机应用，在有条件的地方逐步实现主要业务由计算机管理。

（3）开发CAAD技术，实现面向微机的实用CAAD系统，为大型CAAD系统的开发作好准备，并完成几个大型CAAD系统的开发试点。

（4）建立工程勘察信息的存贮及处理系统。

（5）建立建筑科技文献检索系统。

（6）在建筑行业的主要管理机构中推广办公室自动化，局部开发由部级、省级、基层三级组成的经济信息管理系统。

（7）为建立建筑业计算机网络系统作好准备，实现一至二个局部计算机网络。

2.技术政策

（1）加快建筑业推广应用电子计算机的步伐，积极择优扩展计算机的应用领域，重点普及微型计算机的应用。

（2）统一选定全行业的机型系列，搞好计算机的系统配套，按分布式网络布局，有计划、有步骤地设立部级、省级、基层三类节点，建立现代化的建筑业电子计算机网络系统，最大限度地实现软件和硬件资源共享，逐步增强行业信息的收集、存贮、处理和分配能力。

（3）计算机网络系统的建设，要合理布点，分期实施，逐步形成。一类节点要成为行业计算中心，承担全行业的各种科学研究、大型工程计算、信息管理、软硬件系统维修和人才培训任务，配置容量大、速度高、功能比较齐全的大型或中型通用计算机。二类节点应属于专业（勘察、设计、建筑经济、情报检索、检测等）或省、市建筑业计算中心性质，配置专业性较强的小型机或超级小型机。三类节点分布到基层，以配置微机或终端机为主。

（4）在通讯设备尚未具备条件之前，可采用软盘、磁带等介质来传输信息。有条件的主要城市可发展局部网络。微机应用比较普遍的基层单位，应积极实现微机联网使用，以充分利用设备，发挥投资效益。

（5）积极组织软件开发协作网，大力开发各专业的应用软件，重点抓好微机应用软件包的开发，充实和完善建筑工程大型软件包，推进软件的工程化和商品化，开拓建筑行业的计算机软件市场。

（6）在已有的建筑工程设计软件包统一作业标准的基础上，认真搞好标准化工作，制定建筑业软件和信息的标准、规范系列。

（7）积极开发计算机辅助建筑设计CAAD技术，首先要从开发应用微机CAAD入手，逐步研究开发大型CAAD系统。

（8）开发建筑科技文献检索系统，建立面向全行业的科技文献资料库。

（9）在信息管理、企业管理、工程管理中，大力推广应用微型计算机，努力实现办公室自动

城乡建设环境保护部

转发关于山东省桓台县发展建筑业的调查报告的通知

（一九八六年五月十五日）

今年二月下旬，我部调查组会同山东省及淄市有关部门的负责同志，对桓台县发展农村建筑业的经验进行了调查。现将调查报告转发给你们，请结合本地实际情况，研究推广。

最近几年，随着全国经济情况的好转和党在农村经济政策的落实，我国农村建筑业蓬勃发展，从业人数日益增多，对于加快城乡建设步伐，调整农村产业结构，推动城市经济体制改革，起了十分重要的作用。但是，也出现了一些值得注意的问题，如盲目扩大队伍，组织涣散，工程质量低劣等，亟需加强领导和管理。桓台县坚持以农保工、以工补农的方针，在确保农业生产稳步增长的基础上，按照本地主客观条件积极发展农村建筑业，并在建筑业内部，实行严密组织，严格管理，以提高素质前提，不断加强自身建设，为进一步完善农村建筑业和解决当前存在的问题提供了有益的经验。

各地在推广桓台经验的时候，要坚持从实际出发，既不搞"一刀切"，也不要一哄而起，应根据本地具体情况稳步进行，不可简单地照抄照搬。对于涉及规章制度和管理体制等方面问题，要与有关部门主动协商或报请当地政府解决，使各项改革措施配套进行。

化。

（10）实行有利于增强自力更生能力的引进政策。计算机技术的引进，必须充分注意系统配套（包括硬件与软件、主机与外部设备、应用及维修技术力量的配套），避免系统配套条件不足的引进，注意引进的消化、吸收和创新，注意引进技术和国内研究工作的衔接。

（11）通过多种途径，采取各种方式，切实作好规划和安排，广泛宣传和普及计算机知识，在全行业的高、中级工程技术人员和管理人员中进行计算机扫盲，大量培训计算机专业人才，尤其要加速培训软件人才。

3.主要措施

（1）成立建筑行业计算机开发应用协调领导小组，负责开发应用规划、计划和技术政策的审定、有关经费的筹划和分配以及重大工作的组织协调。

（2）领导小组下设计算机推广应用办公室，负责规划、计划的组织实施，与国务院电子振兴办公室、国家计委、经委、科委等有关计算机推广应用的经常业务工作对口。

（3）建立专家咨询小组，负责向协调领导小组提供推广应用计算机技术的重大建议和咨询。

（4）成立行业计算中心，配备功能齐全的大型或中型计算机，承担行业的科学研究、大型工程计算，建立各类数据库，实现部机关的办公室自动化，成为全行业的维修和计算机人才培训中心。

（5）开辟投资渠道，实现预期的目标。原则上凡属企业单位推广应用计算机，均应自筹经费，缺乏偿还能力的行业计算中心、部属科研单位以及省、市级计算中心（站）等，建议列入基本建设计划，每年在部和省、市的基建投资中，划出一个投资比例份额，用于计算机的开发应用。

（6）制定普及计算机知识，大量培训计算机人才的专项规划。从计算机扫盲开始，直至中、高级技术人才的培养，要做到计划落实、组织落实、经费落实。人才培训经费要占开发应用经费的20%左右。

建筑业是农村经济的重要支柱

关于山东省桓台县发展建筑业的调查报告

（一九八六年三月二十三日）

城乡建设环境保护部调查组

桓台县位于鲁中平原，淄博北部。全县人口45万，其中农村人口43万，耕地53万亩。由于地少人多，农民素有外出从业建筑的传统。据有关史料记载，远在明末清初，便有人操起瓦刀，“遍及山东、云游东洋”，民国初期，济南商埠的八家营造厂，就有七家是桓台人开办的，并以施工技艺精湛，闻名全省。现存县境内的“四世宫保”砖砌牌坊，被后人称作罕世之物。矗立于济南的大教堂，虽历尽沧桑，依旧引人瞩目。这些古迹，都是桓台人从业建筑的历史见证。

新中国成立，桓台建筑业得到了新的发展。在当地政府支持下，有几千人到省会济南、轻纺基地青岛和工矿区淄博参加“医治战争创伤”和经济建设。他们在城市基础设施、住宅、公共建筑和工业厂房上，洒下了辛勤的汗水，许多人至今还引以为自豪。但是，一九五八年以后，特别是十年浩劫期间，在“左”的思想影响下，外出从业建筑在政治上受到歧视，在政策上受到限制，使大批世代相传的匠人，放下了瓦刀，扛起了锄头，专事“以粮为纲”的单一田间劳动，建筑队伍和建筑技艺的发展停滞不前。

党的十一届三中全会后，在“开放”、“搞活”方针政策的指引下，县委和县政府在坚持抓紧粮食生产的同时，大力发展建筑业，并通过建筑业带动其它乡镇企业的发展，走以农保工、以工补农的道路，取得了令人鼓舞的成就。据统计，从一九八〇年到一九八五年，桓台县农业总产值由1.32亿元增加到2.53亿元，增长了91.7%；建筑业总产值由4800万元增加到2.5亿元，增长了4.2倍；由建筑业投资兴办和包销产品带起来的乡镇企业总产值，由2100万元增加到1.1亿元，增长了4.2倍。这两部分产值占全县社会总产值的比重，由29.1%增加到56.1%。随着生产的发展，人民生活也得到了很大改善，按农村人口计算的平均年收入，由124元增加到535元，增长了3.31倍。现在，全县建筑队伍已达5万人，为建筑业服务的乡镇企业达3.57万人，两项合计占全县农村劳动力总数20.9万人的41%。一九八五年仅建筑业收入就有9500万元，人均221元，即全县每人535元的收入中，有41.3%直接来自建筑业。十分明显，建筑业的发展在调整桓台农村产业结构、繁荣农村经济、改善农民生活条件等方面，已经成为振兴全县经济的重要支柱。正是在这样的背景下，彭真委员长于一九八五年三月欣然命笔，为桓台县题写了“建筑之乡”四个夺目大字。这对桓台人民是一个极大的鼓舞，必将指引他们沿着这条脱贫致富的路子更加坚定地走下去。

一个正确的战略抉择

为了总结农村建筑业在城乡建设中的作用，我们从三个方面进行了调查。

（一）桓台县发展农村经济，为什么要从建筑业抓起？

桓台是全省粮食高产县之一，但由于长期拘守单一粮食生产，忽视多种经营，人均收入多年徘徊在80元左右，用他们的说法，是个高产穷县。一九八〇年前后，周围的县纷纷发挥土地多或靠山近水的优势，发展经济作物，农业生产和农民收入大幅度提高，而桓台县无论是总产值和人均收入，都远低于全省平均水平。当时，每一个桓台人，一年只能靠百余元的收入维持365天的生活，每天消费还不足三角钱。面对这一现实，县委和县政府重新思考发展桓台农村经济的路子。一九八一年春天，他们以“桓台要想富，该走什么路”为题，在全县三级干部会上进行了广泛地讨论。人们认识到：随着农村政策的落实，会有大批劳动力从粮田上转移出来，如果把这批劳动力安排好，就可成为致富的源泉。他们想了很多个方案，开始想仿照邻县种棉花，可是桓台耕地少，扩种棉花回旋余地小，无棉花财可发；又想上山下海种果捞虾，可桓台山低海远，投入多产出少，无“山海经”可念；而发展其他乡镇工业，又受资金、技术、原材料的限制，一时也看不出锦绣前程。最后，县委、县政府综合大家的意见作出决定："桓台要想富，必须发挥优势搞建筑"。当时，他们所考虑的条件主要有四点：一是桓台粮食亩产上千斤，群众吃饭不犯愁；二是桓台有外出从业建筑的传统，村村户户能拿瓦刀；三是桓台南靠淄博矿区，北邻胜利油田，西近省城济南，有发挥优势的客观条件；四是桓台已经出现靠建筑致富的好典型，这个县的新城公社一九八〇年组织148人外出从建，毛收入26.6万元，合人均1 800元，相当于7亩棉田的效益。由于县委这一决定有广泛的群众基础，符合桓台的主客观实际，很快得到了贯彻实施。从此，这个县从事建筑的劳动力逐年增多，由一九八〇年的1万人增加到一九八五年的5万人，增长了4倍；建筑业的收入，由1 200万元增加到9 500万元，增长了6.91倍；农村来自建筑业的收入由人均30元增加到221元，增长了6.37倍。他们所取得的这些效益证明，从本地实际情况出发，走优先发展建筑业的路子，是完全正确的。

（二）优先发展建筑业，给桓台经济带来了哪些变化？

建筑业是一个劳动密集而又技术性很强的产业，必须具备一定专长的人才能参加，不可能把所有的人都吸收进来。县里还有很多富余劳动力怎么办？县委、县政府发现，外出建筑队所用的砖瓦，多数要到远处购买，所用的建筑构件，要到大企业加工，所用的铁木配件，要到工厂里订做，而运输这些物资的车辆，更是要到处求援，既牵扯了建筑队的精力，又经常误时误事，拖延建设工期。于是，他们经过慎重讨论又作出决定，大力兴办同建筑业相关联的产业，开创"一业腾飞，四业俱兴"的局面，促进产业结构向更深的层次发展。

经过几年的努力，现在全县以建筑业为"龙头"，初步形成了包括砖瓦砂石生产、建筑构件预制、铁木配件加工和交通运输在内的"一条龙"生产体系。到一九八五年，全县共有砖厂100多个，每年产砖6亿块，其中80%用于本县建筑队承包的工程；建筑构件厂118个，年生产构件约20万立方米，本县承包工程所需要的构件，已经部分自给；铁木加工厂35个，基本上可以适应本县承包工程的要求；专业运输队23个，拥有各种机动车1 059辆，加上"两户一体"的运输能力，承担了本县承包工程所需材料运输量的一半以上。新的生产体系的实现，使关联产业创造的利润也逐年增长，一九八五年共实现利润2 200万元，比一九八一年的440万元增长了4倍。

建筑业的发展，不仅推动了乡镇企业的蓬勃兴起，而且显著促进了农业生产和农村文化福利设施的建设。五年来，从建筑业积累中用于这方面的投资近2 000万元，相当于每亩农田投入377元。其中一部分用于打井补贴，共打井397眼，使全县粮食总产量由一九八〇年的3.92亿斤增加到一九八五年的4.81亿斤，增产22.7%。全县新建电影院5座，敬老院50处，扩建学校68处，翻新改建校舍270处，修筑桥梁50座，大多数村庄建起了水塔，喝上了自来水。修路、建房更为普遍，仅唐山镇去年就投资450万元，把三条1 800米长的干道展宽到20米，铺上了沥青路面，建房4 000间。人均只有6分地的起凤镇，过去集体穷，个人也穷，现在成了全县由穷变富的先进典型。一九八四年仅建筑业收入就达1 643万元，人均300元。荆家镇东孙村，过去农民穷得称盐买油都要瞅着鸡下蛋，有15名30岁以上的光棍汉无钱成家，自从进了建筑队，不到三年功夫都娶上了媳妇，建了新房。群众高兴地说："东孙走富路，全靠搞建筑"。

（三）桓台的建筑业，对城市建设起了哪些作用？

桓台的建筑队伍，不仅在济南、淄博、东营（胜利油田）和滨州等市参加建设，而且还延伸到河南、河北等地投标竞争。五年来，仅在本省独立完成的房屋建筑面积就有547万平方米，相当于一个50万人口城市的住房面积。我国华东地区最大的油田——胜利油田，他们常年有两万多人在那里施工，这个新兴油城的职工宿舍、工业厂房、商业网点、中小学校，有半数左右是他们建造的。现在他们不仅能承担一般工业民用建筑，而且能建十层以上的楼房和旅游设施，成为城市建设的一支劲旅。

他们在完成大量建筑任务的同时，还向国家缴纳税金2 030万元，从资金上支援了国家建设。

农村建筑业作为异起之军，对活跃城市建筑市场，打破国营建筑企业"一统天下"的局面，起了积极作用。仅以东营市为例，最初只有几家国营建筑企业在那里施工，造价高、工期长。桓台的队伍进去以后，很快就出现了竞争的局面。由于它负担小，收费低，肯吃苦，服务好，在竞争中形成较大的优势。现在他们除独立承包工程外，积极与国营企业实行联合。一九八五年这个县的马桥建筑公司，同山东省机械施工公司、济南市房管局预制构件厂联合承包济南国棉四厂细纱车间工程，由机械施工公司总包，出机械设备，并负责技术指导，构件厂负责供应预制构件和安装，马桥公司出劳务，发挥各自优势，工程进展很快，并促进了用工制度的改革。据测算，国家每增加一名固定工人，城市和企业负担的交通补贴、水电补贴、医疗保健、子女入托、家属住房及生、老、病、死劳动保险等支出，一般每年需要800元至1 000元，而用农村建筑队就可大量节省这笔开支。他们养在农村，服务城市，进城不落户，新老交替自然进行，成为建筑业一支新型的产业后备军。

随着国民经济的发展，第七个五年计划期间我国城乡建设事业将继续保持发展的势头。建筑业作为一个劳动密集型的产业，使用一部分符合条件的农村建筑队，将是一个长期的政策，这个前景我们必须看到。

值得重视的经验

桓台县发展农村建筑业，对内坚持积极扶持，从严管理，疏导前进；对外坚持用户至上，信誉第一，优质服务。他们吸取农村经济体制改革的经验，勇于创新，路走得宽，事办得活，很有自己的特色。其主要经验，大致概括为以下六个方面：

（一）在组织管理上，坚持联分结合，以联为主。

全县5万人的建筑队伍包括1个县级建筑公司，13个乡镇级建筑公司（每乡镇一个，共3万人），还有240个村级建筑队（约2万人）。对这样一支分散庞大的队伍，究竟采取什么样的组织体制把他们管起来，是一个关键的问题。经过几年的摸索，他们总结出一套两个层次“联分结合，以联为主”的管理办法，统一对外承包，分别组织完成。

第一个层次的“联分结合”，牵头单位是县建筑工程总公司，被联合单位是13个乡镇建筑公司。总公司承揽到工程后，随即分配给各乡镇公司，由乡镇公司以法人资格同发包单位签订合同；各乡镇公司自己找到工程，也可以直接同发包单位签约，然后向总公司备案。总公司只向乡镇公司收取建筑造价0.8%的管理费（包括交给工程所在地有关部门的费用），不实行利润分成。各乡镇公司下设工区或施工队，实行内部承包，单独核算，各计盈亏。

第二个层次的“联分结合”，牵头单位是各乡镇公司，被联合单位是村级建筑队。建筑队同乡镇建筑公司的关系，主要是提供劳务，松散联合，不是行政隶属关系。乡镇公司按照“四核实、四统一”的原则（核实领导班子、技术力量、设备水平、施工能力；统一施工管理、质量检查、汇兑收益，交纳管理费）加强对建筑队的监督、检查和管理，作到人员能全面掌握，任务能合理安排。县政府规定不论采取哪种形式，联营的双方必须具有营业执照、企业技术资质等级证书，并且签订联营合同，明确双方的责、权、利。

实行两个层次的管理，使全县建筑队伍成为一个有机的整体，初步解决了单枪匹马作战，力量小、设备差、信息不灵的矛盾，防止和克服了各自为政、互挖墙角、争相压价的弊病。

（二）在生产管理上，坚持质量第一，以优取胜。

桓台建筑队伍承包工程的质量究竟如何，是大家最为关心的问题。据省里介绍，桓台的工程质量在县集体企业中大致处于中上水平。调查组看到的两个在建工程，即桓台建筑职工中专教学楼和县人大常委会办公楼，现浇混凝土梁柱节点几何尺寸准确，内实外光，前者地面、墙面平整光滑，后者砌砖横平竖直，只是油漆装饰略显粗糙，观感质量符合省内同志的判断。去年，他们创出优良工程102项、25万平方米。东营市表彰的140个施工队，就有70个是桓台县的，其中唐山建筑公司名列第一，夺得“三连冠”。陈庄建筑公司在胜利油田创建的第一个全优工程，被命名为“油建字第一号”。新城建筑公司在济南承建的省人大10栋住宅楼，一九八四年被济南市建委评为全优建筑群，受到省城有关单位的赞扬。

他们工程质量比较稳定的基本原因，在于认识清楚，制度严格，奖惩分明。干部和工人都知道，信誉取决于工程质量，没有信誉就失去了生存条件。他们的通常做法是：①严格干标准活，不马虎凑合。坚持图纸会审交底，否则不开工；坚持材料构件检验，否则不使用；坚持按规范施工，否则检查纠正。②质量与分配挂钩，重奖重罚。有的确定以90分为基数，每超过1分，技工奖励月基本工资的5%，壮工奖励月基本工资的3%；每出一个不合格点，扣罚一个工日，对出现较大质量事故，按其责任大小，对技工和各级负责人分别给予罚款和降级降职处分；创出全优工程，由公司按每平方米奖励2元，其中70%直接奖给工人。③严格监督检查。总公司、公司配专职质量管理人员，定期进行检查；并接受市、县质量监督站的抽查、认证。④加强基础工作，各项技术资料力求完整。调查组发现，索镇建筑公司保存的各种原始记录、帐卡、报表、图纸，从一九六五年至今，立卷数百个，整齐的排列在十几个文卷柜中，已形成制度。⑤坚持回访回修。田庄建筑公司一工区主任，在回访中发现，对一户电源安装不合理，损坏了住户的彩电和壁灯，便主动赔情道歉，免费整理了线路，包赔了电视损失。住户说："用这样的单位盖房子，我们一百个放心"。

（三）在经营管理上，坚持"一包三改"，包管结合。

由于乡镇企业是农民兴办的合作性质经济，在经营与管理、积累与分配等方面，各公司的作法不尽相同，但都享有较大的自主权，活力较大。推行较广的是"一包三改"。

"一包"，就是以施工队为基本核算单位，全面推行经济承包责任制。公司与施工队订承包合同，一次包死，盈不收、亏不补；施工队对工人实行小段包工或计件工资制，材料节约有奖。

"一改"，即改干部任免制为聘任制、选举制。县总公司和乡镇公司的干部和管理人员，在执行任免制的同时，逐步推行招聘制或民主选举制。不论国营或集体企业职工或农民，只要符合"四化"要求，能胜任的都可以应选应聘。现任两级公司领导班子的平均年龄38岁，高中以上文化程度的占70%，有专业职称的占36.5%。去年，田庄公司对基层管理人员进行民选，推荐上来的94人平均年龄31岁，个个年富力强。他们坚持不设虚职，不养闲人，能上能下，不断进行更替。

"二改"，即改固定工资制为浮动工资制。他们的分配办法十分灵活，既按劳动的质量和数量分配，有时甚至还按农时、气候分配。每年的"三夏"、"三伏"都是施工旺季，对坚守岗位不回家的加发工资。去年有个公司，对国庆节坚持出勤的日工资增至15元。对干部实行岗位工资制，担任什么职务拿什么工资，每个岗位都按照业绩分成若干等级，一等的加发工资10%，三等的减发工资15%。对工人，一般按劳动定额分配，有的把质量和数量分解成两个100分，按"双百分"实现程度分配，"死分活值"。他们每年还按照《建筑安装工人技术等级标准》进行技术晋级考试。首先在施工队考，合格的再到公司考，合格的上浮工资一级；第二年取得同样考绩或被评为技术标兵的，将浮动工资级别改为固定工资。去年，新城公司浮动升级452人，候庄公司浮动升级468人，升级面一般占职工总数的20%左右。这项措施，有力地激发了工人学技术的积极性。现在全县5万建筑职工中，4级以上技术工人有17 000人，其中6级以上的4 500人。

"三改"，即全部工人都实行合同制。桓台的建筑队伍中，没有国营企业那样能进不能出的固定工，有工务工，无工务农，公司对工人除发工资外，在经济上负担极少。没有房子问题，没有子女入托、上学、就业问题，医疗保健也很简单。公司赚了钱，一交税，二交管理费，三交乡镇政府一部分，剩下的用于购买设备、办教育等发展生产。

（四）在技术管理上，实行双向投资，坚持提高人的素质和添置设备并重。

桓台的建筑业，有一定的长远打算，他们想了很多办法"抓人才"、"添设备"。在智力投资方面，主要措施是：选派有培养前途的职工到大、中专院校进修。自一九八四年以来，已有120人到济南建筑学校、淄博电大、东营油田设计学院学习。经县里协助，有些乡镇企业与上海同济大学、青岛冶金学院等单位挂钩，举办技术训练班，解决燃眉之急。索镇公司与同济大学合办的"施工应用技术培训班"，第一期六个月，已经结业。候庄公司与冶金学院合办的施工队长培训班，第一期也已经结业。一九八三年以来，他们通过各种培训班培训了1 500人，一般都顶上了岗位。再是自己办学，截止目前已投资150万元，筹建建筑中专，教学楼已经竣工。三是内选外聘，会同县科委对从事多年技术工作的人员进行培训、考核、定职。考核标准，参照国家有关规定，由科委平衡审定。到去年底，已评定助理工程师126人，技术员347人。此外，还聘用退休的工程师14人，经公证处认证，承担施工技术责任。四是鼓励以师带徒，师傅每带出一名合格的技术工人，奖给二至三个月的工资，并允许带子女自培，出师后吸收为合同工，但不发带徒奖金。

在设备投资方面。一九八五年全县用于购置设备的投资近800万元。现在各乡镇公司一般都备有塔吊、搅拌机、翻斗车、卷扬机等，基本上能适应承包工程的需要。到一九八五年底，全县共有施工机械4 950台，总功率7万马力，固定资产净值近4 000万元，装备水平为人均800元，接近全国城镇集体建筑企业的平均水平。

（五）在职工生活上，层层关心，前后方兼顾。

桓台在外地的建筑工人，星期天较少休息，一年能干活10个月。各级领导在群众生活上主要办了八件事。一是对部分职工实行劳动保险，即对施工队长以上干部和六级以上技术工人，实行退休一次性补助，标准为1 000～2 000元；对因工致残和因工死亡的人员，给予一次性救济或抚恤，前者标准为500～1 000元，后者为3 000元左右。二是对全体职工实行劳动保护，有一套安全生产规定，"安全三宝"按国家规定配备、使用。三是每人都有一张床，不睡地铺。四是各施工队都备有电视机，丰富职工业余生活。五是各公司都备有大客车，为工人节假日回家提供方便。六是夏秋农忙季节，组织专门小分队，免费帮助职工家属收割耕种；七是每年都组织力量为职工家属拉冬季采暖用煤。八是允许个别从业时间长、家乡土地少的老工人，全家转为城镇户口，口粮自理。他们这样做的结果，有力地稳定了前方队伍的生产情绪。

（六）重视思想政治工作，坚持"四有"教育，努力建设"文明之师"。

这支庞大的建筑队伍，近几年没有发生违法乱纪触犯刑律的。经去年市、县两次财务大检查，也没有发现严重破坏建筑市场秩序，拉人下水的案件。这虽是一个很低的衡量标准，但真正能够做到这一点，也很不容易。这里的关键是县委注意了队伍的思想建设，有一套行之有效的思想政治工作制度。各乡镇公司都有党、团、工会组织，有比较健全的民主生活制度。他们坚持把四有教育贯穿在生产的全过程，教育全体人员自觉树立全心全意为人民服务的思想。他们的主张是：靠思想和政策把有技术的农民组织起来；靠信誉和质量把桓台的队伍派出去；靠严格的管理，培养教育一代新型工人队伍，努力把"建筑之乡"办成"文明之师"。

要有一个正确的指导

桓台县委、县政府，在发展桓台经济、调整农村产业结构过程中，始终坚持以农保工、以工补农的方针，作了大量卓有成效的工作，使全县建筑业保持了正确的前进方向。

一九八一年以来，县委常委会、政府办公会、县人代会、三级干部会，多次讨论发展建筑业的问题，并在组织领导、管理体制、发展步骤、经济政策等方面，适时作出部署。县委书记徐学汉同志，经常深入实际调查研究，探索建筑业的性质、地位、作用以及需要遵循的方针、政策等，写出了一些具有指导意义的报告和文章，对形成上述部署起了重要作用。省、市领导也十分关怀桓台的建筑事业，各级政府及人大代表多次临场视察，给予具体指导，不仅在精神上给予巨大支持，而且也使得他们的经验日臻完善。

县委、县政府在处理建筑业同农业关系的时候，始终突出农业，坚持综合平衡。桓台的建筑业是随着农业的发展而发展起来的。每年发展到什么程度，不光是看能够找到多少建筑任务，而取决于农业能够拿出多少劳动力来。他们不以谷贱轻农，也不以工弃农。在过去五年中，从农业转到建筑业及相关产业的劳动力，每年约6 000～10 000人，占全县劳动力总量的3～5%。这个速度，使桓台的农业与建筑业相互促进，协调发展。

桓台发展建筑业十分注意合理安排，量力而行，不盲目从事。他们不仅注意队伍数量的增加，尤其注意队伍素质的提高，坚持在提高素质的基础上扩大规模。几年来，他们的队伍人数虽然增加了好几倍，但四级以上技术工人的比重不仅没有减少反而明显上升。这是他们内部协调稳定，合作经济的凝聚力不断增强，外部保持良好信誉，工程质量逐步提高的一个极其重要的原因。

桓台发展建筑业，不以各业务主管机关获取某种利益为目的，而以富国裕民为宗旨。现在，除县建筑工程总公司按规定统一收少量管理费外，县政府的任何机关、团体都不巧立名目向各乡镇公司收取管理费。财经部门坚持"欲取先予"的政策，不搞"杀鸡取蛋"。各公司也以国家大局为重，一律照章纳税，不以任何名义算计国家。这些年来，建筑队伍为全县人民增加收入2亿多元，但县委、县政府依然是"清水衙门"。去年春天，淄博市审计局对桓台县建筑业的有关工作进行了审计，结论是：名符其实，堪称"建筑之乡"。

调查组认为：无数事实证明，发展乡镇企业是振兴我国农村经济的必由之路，是发展我国社会主义商品经济的重要途径。但具体到每个地区从哪里抓起，必须从本地的实际情况出发，不能照抄照搬，以有利于形成和发挥自己优势为原则。

当然，桓台的经验也并不是十全十美的，他们毕竟还处于发展过程中，在许多方面需要完善提高，无论是队伍的组织程度、管理水平、技术状况都存在着不少差距。目前达到的水平，同日益发展的建设任务相比还很不适应。可贵的是，这个县的县委、县政府已经清楚地看到这个不足，并正在积极采取措施努力解决。

坚持进行改革　加强精神文明建设

叶　如　棠

我们城乡建设环境保护工作的形势确实是很好的，取得了很大的成绩，之所以会出现这样好的形势，取得这样大的成绩，首先是由于十一届三中全会以来，中央制订和实行了一系列有关改革和开放的方针政策，给城乡建设环境保护工作创造了很有利的条件。中央和国务院领导同志对我们城乡建设环境保护事业很重视，很关心，这是我们工作能够取得成绩的根本原因。同时，也是各级党委和政府的直接领导以及我们城乡建设环境保护系统全体职工积极努力、坚持改革、勇于探索的结果。我们要充分认识这个大好形势，珍惜这个大好形势，发展这个大好形势。

怎样才能发展这个大好形势呢？我认为最主要的有两条，一条是要坚持进行改革，再一条是要加强精神文明建设。下面，我想就如何抓好这两条讲一点意见，供大家参考。

一、坚持进行改革

中共中央关于制订"七五"计划建议中提出的一个基本指导原则，就是"坚持把改革放在首位，使改革和建设互相适应、互相促进"。小平同志在党的全国代表会议上指出，"我们要抓住当前的有利时机，坚定不移，大胆探索，同时注意及时发现问题和解决问题，力争在不太长的时间内把改革搞好。"我们要认真贯彻中央的这些指示精神。

从总体来看，我部系统各行业、各地区改革的决心都是很大的，改革发展的总趋势也是很好的。从改革的措施来看，目前无非是三种情况，一是卓有成效的，我们要充分肯定，毫不动摇地坚持实行。二是基本成功的，我们要存利去弊，实事求是地加以完善。三是处于起步阶段的，我们要勇于开拓，知难而上地继续推行。各个行业、各个地区都有一个坚持改革、完善改革、继续改革的问题。明年，我们要从以下三个方面来努力：

一是要肯定成绩，增强坚持改革的信心。这几年，我们城乡建设环境保护系统围绕着发展有计划的商品经济的要求，开展各项改革，决心是很大的，方向是正确的，效益是显著的，取得了很大的成绩。这些要充分加以肯定。建筑行业，遵循国务院关于建筑业改革的决定，从计划、管理体制，到用工制度，从企业与国家的分配关系，到企业内部的分配关系，进行了一系列的改革，取得了突破性的进展，从而大大增强了企业的活力，使建筑行业的劳动生产率逐年提高。城乡建设体制的改革，各地进行了多方面的有成效的探索。一些改革措施已经在较大范围内实行，一些改革措施已经取得了成功的试点经验，一些改革措施已经制订了实施方案，正在组织试点。这几年城市面貌变化这样大，是和这些改革分不开的。特别是十二届三中全会以后，越来越多的城市政府把主要精力转向城市的规划、建设和管理，使城市建设开始走上统一规划并按规划进行建设的健康发展的道路。所有这些，都已被实践证明是行之有效的、正确的，我们一定要坚持下去。

二是要消化问题，落实完善改革的措施。为了使改革不断深化，要正确对待改革过程中遇到的困难和问题。改革是一场革命，我们走的是前人所没有走过的路。因此，改革不可能是一帆风顺的，必然会遇到各种困难和问题。这些困难和问题，一方面是由于外部因素的制约，如管理体制、材料供应体制的不适应、不配套等所造成的；另一方面，我们改革措施本身也还有某些不完善的地方。正如小

本文为城乡建设环境保护部部长叶如棠1985年12月18日在全国建设厅长、建委主任座谈会上的总结讲话。

平同志指出的那样，“我国经济体制的全面改革刚刚起步，总的方向、原则有了，具体章法还要在试验中一步步立起来。”拿百元产值工资含量这项改革措施来说，它解决了分配上的问题，调动了工人的积极性，缩短了工期，降低了造价，这是主要的一面。同时，也要看到质量下降的一面，就是说还有某些不完善的地方。但我们不能因此而对这项改革产生怀疑和动摇，甚至主张走回头路。而应当采取积极的态度，把质量搞好，把不完善的一面补上，使这项改革发挥更大的效益。又如使用农民工问题，这对我们这个八亿农民的国家来说，是一个带有方向性的改革措施，潜力很大，作用不小。但许多问题也急需要解决。现在看来，放任自流固然是不行的，但排斥、否定也不行。我认为用工制度的改革，其意义远远超出了建筑业的范畴。只要我们把管理工作做好，把必要的技术培训工作跟上去，目前出现的质量下降等问题是可以逐步解决的。

国务院领导同志指示，明年经济体制的改革，要巩固已有的成绩，并集中力量，对已经开展的各项改革措施进行完善、配套，把宏观控制和调节措施跟上来，解决改革中不衔接、不配套的问题，并对改革中冒出来的新问题进行消化，为“七五”计划后几年的进一步改革打好基础，创造条件。我们要充分认识这一宏观部署的重要意义。尤其要认识到，对已经实行的改革措施进行消化、完善、配套，这本身也是改革，是改革向纵深发展的标志。在某种意义上说，它比提出一项新的改革措施，任务更艰巨。因为，它往往是要解决改革中的一些难点，需要我们以更大的决心和魄力，做更加艰苦细致的工作。希望大家回去以后，认真研究如何贯彻执行这项指示。要全面分析一下，哪些问题需要消化，哪些办法需要完善，哪些改革需要配套。一项一项地作出安排。我们自己能够办的，要马上办。需要外部创造条件的，要积极主动地与有关部门联系、协商，加以落实。需要向上反映的要及时反映。象上面说过的行业管理体制、材料供应体制等问题，都要加紧去解决。这样，经过明年一年的努力，把我们的各项改革推向深入。中央“七五”建议提出，要“加快民用建筑业的发展，使建筑业成为我国国民经济的支柱产业”。这是一项关系到建筑业发展的战略性任务，是建筑行业带有根本性的一件大事，要抓紧办起来。明年，部里准备组织力量，研究如何贯彻执行的问题。请各地先做些准备，在认真调查研究的基础上，提出切实可行的方案。

三是知难而上，迈出继续改革的步伐。搞改革，一定要有一股子韧劲。象城市建设方面的改革，比较复杂，起步晚一些，难度也大一些。我们一定要知难而上，决心不能动摇。实践已经证明，现行的城市建设体制不改是不行的，因为它抑制了城市建设发展的活力。搞好城市建设的出路就在于改革。因此，不管困难有多大，我们也要继续进行改革，争取明年在城市建设体制改革上有所突破，促进城市建设、环境建设和经济建设能同步规划，同步实施，同步发展。我们希望七个计划单列城市能在这方面先行一步。首先是城市政府要真正地集中精力搞好城市的规划、建设和管理，这是加快城市建设步伐的重要保证。一些重要的改革措施要力争尽快实施。象城市建设资金的管理问题，就要认真地按照两委一部的规定执行，由城建部门归口管理。现在的问题，是要尽快拿出一个具体的管理办法来。这件事我们部里要加紧办。收取土地使用费的问题，一些城市已经在搞了。这个办法实施以后，在今后相当长的时期内，对加强土地管理，节约用地，对解决城市建设资金问题，都会起到积极的作用。我们要力争能够广泛实行。还有就是坚持实行“人民城市人民建”的问题，要继续抓好。实践已经证明，搞城市建设不发挥社会的力量、群众的力量是不行的。我们要根据中央办公厅和国务院办公厅有关文件的精神，除组织城市居民参加一定的公益劳动外，要开展合理的集资。我认为，所谓合理的集资，就是要坚持“自愿、受益，不摊入成本、不挪作它用，并由当地政府批准并组织实施”的原则。在这样的原则下，集资搞城市建设应该说是允许的。

总之，我们这几年的工作是紧紧围绕着改革这个中心而展开的。我们对已经取得的突破和进展加以坚持和发展是改革；我们对各项措施实行“完善、配套、消化”也是改革；我们在新的领域、在深度和广度上继续开拓，同样是改革。我们一定要坚定不移地把改革放在首位，用辩证的观点来分析改革的形势，认识改革的规律，从而把握住改革的主动权。

二、加强精神文明建设

中央关于制定“七五”计划的建议，把坚持在推进物质文明建设的同时，大力加强社会主义精神文明建设确定为“七五”期间经济和社会发展必须遵循的一条指导原则。小平同志在全国党代会上也指出，不加强精神文明建设，物质文明建设就会受破坏，走弯路。我们一定要把中央这一精神，贯彻到我们的改革和各项工作中去。

加强精神文明建设是社会主义的本质要求，也是当前深入改革的需要。我国当前进行的经济体制改革、科技改革、教育改革和其他各项改革，都是为了建设具有中国特色的社会主义，不仅要发展社

赵紫阳、胡启立同志视察即将竣工的中日友好医院

会生产力，建立强大的物质基础，而且必须建立同它相适应的生产关系和上层建筑。所以，抓精神文明建设不是权宜之计，也不是因为我们在前进中发生了这样那样一些问题才去抓一下，它是我们在建设四化大业中一项长期的战略任务。改革是一个新体制取代旧体制的复杂过程。社会上的一些旧思想、旧习惯、旧作风，会乘改革初期政策措施还不健全，新的体制还不完善的机会重新抬头，有些人还会钻改革的空子，借改革之名搞歪门斜道。最近北京市查处的公用局领导班子合谋营私舞弊，走上犯罪道路的事实，从反面给我们敲起了警钟。把这些人揭露出来是一件好事，纯洁了我们的队伍。但也暴露了我们系统思想政治工作薄弱，某些方面管理混乱的问题。所以，我们只有大力加强精神文明的建设，才能保证改革健康地、顺利地进行。

加强精神文明建设，对于我部系统各行业来说还有着特殊重要的意义。我部系统主管的各个行业，都是直接与人民群众的切身利益密切相关的，与各行各业的发展密切相关的，是为人民群众和各行各业服务的。因此，我们一定要教育职工树立为人民服务，对人民负责，想国家大局的观点，做好各项服务工作。总的来看，我们的广大职工在为人民服务的岗位上作出了很大的成绩，涌现了一批先进模范人物。但是，也确实有一部分职工，无论是服务态度上，还是服务质量上都存在不少问题。有一些企业经营思想和经营作风很不端正，一切向“钱”看，片面追求产值产量，不顾工程质量，弄虚作假、粗制滥造，甚至利用职权谋取私利。最近国务院领导同志指示我们要重视社会效益。这就要求我们在规划部署各项工作的时候，把国家利益、全局利益放在首位，正确处理全局的关系，自觉服从改革和四化建设这个大局。当前，就是要根据中央领导同志的指示，在北京市，搞好建筑行业的整顿；在全国，搞好建筑市场的整顿。这件事，部党组已下决心要把它搞好。请各地建设厅、建委把这项工作切实抓紧抓好，做出成效。通过整顿，使建筑业不仅成为城市经济体制改革的突破口，而且在促进社会风气根本好转方面走在前面。

加强精神文明建设的落脚点是要提高队伍的素质。一九八六年，我部系统的各个行业要开展一个以深入进行有理想、有道德、有文化、有纪律的“四有”教育为中心的精神文明建设活动。我们行业中的青年职工占百分之七十以上，其中不少人不熟悉、甚至不安心这个行业，加上劳动条件艰苦，经常处于流动、分散的状态，开展“四有”教育尤其重要。特别要注意进行树立优质服务的思想和培养崇高的职业道德的教育。同时，也要把文化教育和技术培养提到重要的位置上来。通过教育，提高广大职工的政治素质、技术业务素质，牢固地树立为人民服务、对人民负责、想国家大局的思想，开创文明施工、精心管理、热情服务的行业新风。

加强精神文明建设关键在于领导。各级城乡建设环境保护部门的领导干部要身体力行，坚持两个文明一起抓，带头做思想政治工作。

努力提高建筑业的经济效益和社会效益

廉　仲

一九八六年，建筑行业的中心任务是：深化体制改革，整顿建筑市场，改进经营作风，保证工程质量，进一步提高经济效益和社会效益。

深化体制改革，主要是继续推行以招标承包制为重点的各项改革措施，进行完善配套。根据各地的经验，推行这些改革，除要进一步提高思想认识外，还必须有一定的行政干预。全国建筑业和基本建设管理体制改革座谈会所充分肯定的大连等地运用行政手段推行招标投标的经验，就很说明问题。今后新开工程一般都要实行招标承包，条件不具备的也要积极创造条件，坚决打破条块封锁、垄断的局面。各级城乡建设环境保护主管部门要加强招标投标的管理工作，会同有关部门认真审查标底，合理评标定标，防止片面压低标价的倾向，坚持投标的平等性、评标的公正性和定标的合理性。实行招标承包，必须加强合同的制约作用，严格履行合同。实现了合同该奖就奖，违背了合同该罚就罚，不能搞成"橡皮合同"。

百元产值工资含量包干，是一项成功的改革，必须坚持。紫阳同志对这项改革多次予以肯定，在九月底召开的省长会议上讲了这个问题，前几天又对叶如棠同志讲了这个问题。紫阳同志指出，工资含量包干解决了分配问题，调动了企业和职工的积极性。还说，事物都有两个方面，有成绩的一面，也有不足的一面，主要是要把质量搞上去；计算时要扣除物价上涨的因素。李鹏同志在接见建筑业和基本建设管理体制座谈会部分代表时也指出，这是一项成功的经验。对继续推行这项改革给予了很大的鼓励和支持。今年以来，我们部对完善这项改革，进行过多次研究，并反复征求了各地的意见，认为关键是要按照平均先进的原则，把工资含量系数定得更加合理；把百元产值工资含量同形象进度和工程成本等构成工程实体的因素挂起钩来，特别要同工程质量挂起钩来。凡是工资系数定得偏高的，要降下来；因材料价格上涨而多计取工资的不合理因素，要扣除掉。在没有新规定以前，各地要继续按照去年国务院颁发的《关于建筑业和基本建设管理体制改革若干问题的暂行规定》执行，即由企业主管部门会同建设银行核定工资含量系数。并要坚决克服在一些企业中存在的不愿干不值钱的活和不愿干收尾工程的现象。

用工制度的改革，也必须坚持。对于这项改革，赵总理同样给予了充分肯定。前个时期工程质量出了些问题，有的同志就对使用农村建筑队发生了怀疑，在思想上产生了某些混乱。其实，工程质量下降不光是队伍素质的问题，也有管理失控的问题。从长远看，大量使用农村建筑队，建立城乡队伍相结合的体制，是符合我国国情的、带有战略性的改革措施。我们大家都知道，目前国营建筑企业已经离不开农村建筑队，农村建筑队也已经在城市扎了根。这对壮大建筑施工力量，确保建设任务的完成，起到了很大作用。今后要着重解决好三个问题：一是完善使用办法，有的可以采取固定工与合同工、临时工相结合的办法，有的可以采取分包的办法，有的还可以采取由农村建筑队独立承担任务的办法；二是要适当提高合同工、临时工的待遇；三是切实加强对合同工、临时工和农村建筑队的管理，总包单位要对分包单位承担业务技术指导和政治思想教育的责任，扭转不培养、不教育、撒手不管的现象。

要继续大力推行、完善各种形式的经济责任制。大家已经从实践中认识到这项改革的优越性，思想比较一致，经验也比较成熟。今后主要是抓好完善、配套和推广工作。重庆市建工局推行的栋号包干和沈阳市建工局推行的包工队经营承包责任制，就是比较成功的、有普遍意义的经验。其核心是，划小核算单位，把生产资料所有权与经营权分开，实行集体承包，队计盈亏，按劳分配，民主管理。包工队是责、权、利统一的经济实体，有相对独立的经营自主权，对单位工程全面承包，从开工到"交钥匙"负责到底。在承包合同范围内，亏损不补，盈余分成，一次包死，不留活口。包工队的工人，实行自愿结合为主，组织调配为辅；管理人员实行选举、招聘，通过民主管理实现包工队的经营目标。我们要通过推广栋号包干和包工队经营承包

本文为城乡建设环境保护部副部长廉仲1985年12月16日在全国建设厅长、建委主任座谈会上的讲话。

责任制，进一步调动广大职工的积极性，搞活企业，提高效益。

要以繁荣创作、提高设计质量为中心，进一步抓好勘察设计的改革。当前，需要注意的是正确处理好质量和数量、效益和速度的关系，坚持把提高设计质量放在首位，进一步活跃建筑创作，加速设计产品的更新换代。分配制度要有利于提高设计质量，有利于提高综合效益，有利于提高创作水平。当前在一些设计单位存在的追求产值、追求收入、忽视质量的作法，应当尽快加以改变。要认真总结这几年勘察设计单位企业化试点的经验，制定出实行企业化管理的制度和办法，努力促进勘察设计单位向企业化管理体制过渡。要着重抓好项目承包责任制的推广与完善，研究制定出提高建筑师在设计工作中的地位和作用的有效办法。同时，要通过调查研究，解决好业余设计的问题，可以在完成承包指标及指令性计划的前提下，由本单位适量适度地有组织地开展业余设计，并给个人以适当的报酬。

整顿建筑市场，明年要作为一项很重要任务来抓，切实解决好当前存在的一些突出问题，把队伍、市场和行业管理推进一步。叶如棠同志在全国建筑业和基本建设管理体制改革座谈会上，已就北京市建筑业的整顿，传达了中央领导同志的指示，同时也讲了我们部的一些意见。这里，我再强调几点。（1）整顿建筑市场，首先要坚决取缔无证设计、无照施工、越级承担任务和弄虚作假、骗取营业资格等违法行为。这一关把不住，市场混乱的状况就不可能得到改变。凡是资审工作没有搞完的地区，要抓紧时机善始善终地把这件事办好。有关建筑构件厂的资审和建筑个体户的资审，部里将很快下达一个办法，希望各地接到后，迅速组织实施。（2）对各种不正之风和倒手转包、从中牟利等违法乱纪行为，要敢抓敢管，敢查敢处理。在加强思想教育的同时，对重大案件要抓住不放。以法律为准绳，以事实为根据，该处分的处分，该制裁的制裁，该法办的法办。最近，广州市建委对广州重型机械厂基建部门向六个施工单位索贿的事件进行了严肃处理，决定对行贿单位停业整顿，并在一年内停止其在广州地区承包任务；对索贿单位也建议其上级主管部门依法处理。这种作法，效果很好。（3）加强城乡建筑队伍的管理。对进城承包任务的农村建筑队，从注册登记，资格审查，承包任务、直到安全教育、质量监督等各个环节，都要由城市的归口部门统一管起来；对跨省、市承包任务的建筑队伍，调出地区要开具资质证明，调入地区要严格复查。（4）强化行业管理。要遵照中央“七五”计划建议关于“专业性经济管理部门要从具体管理企业的生产经营转向管好行业管理”的要求，积极创造条件，实现建筑行业的归口管理。中心城市要推广重庆、南京、南昌、沈阳等城市组建管理机构、统一管理建筑业的经验。今后，随着改革的深入，建筑企业将陆续下放给城市，企业所需的原材料，构配件生产、交通运输和职工生活供应等条件，也都需要由城市统筹安排，建立面向全行业的建筑管理机构是大势所趋。国家体改委也认为这样做符合发展方向。这一经验，可以效仿。省一级也要加强行业管理，现在有的省正准备成立一级局，有的省正酝酿成立二级局。我们赞成它们这种组织管理体制。（5）改善企业管理。要积极推行管理现代化，采用科学的管理思想、组织、方法和手段，对企业的生产经营进行高效率的管理，创造最佳效益。

切实改进企业的经营作风。李鹏同志指出，建筑业也是为发展生产、为人民服务的部门。对这一指示，我们要认真贯彻执行。要进一步明确为人民服务，对人民负责的根本宗旨，坚决防止和纠正片面追求企业利益，损害用户利益的倾向，防止和纠正以权谋私、弄虚作假、敲诈勒索等不正之风。

在提高工程质量方面，明年一定要做出突出的成绩，彻底扭转质量下降的局面，使工程质量状况有个较大的变化。检验各地、各企业工作成绩的大小，改革是否成功，一个主要标志就要看工程质量是否有了明显提高。要着重抓好三件事：首先要端正企业的经营指导思想。要把提高工程质量放到十分突出的位置上来，坚持精工细作，坚持好中求快，好中求省。决不能由于质量不好而损害行业的信誉。二是要建立健全工程质量监督机构。各级监督站都要认真履行职责，严格执法，真正发挥作用。凡是力量薄弱的，要迅速充实，开展工作。凡是监督不力或者营私舞弊的，上级主管部门要采取措施，坚决加以扭转。同时，任何人不得干预监督人员行使职责。三是要抓好企业内部的质量保证体系，深入开展质量意识教育，为不断提高工程质量打下扎实的基础。从公司经理、职能科室到生产队组都要建立起多层次的、奖惩分明的质量责任制。评定工程质量必须以国家颁发的技术规范和标准为依据。所有工程都要建立技术档案，并保证技术资料的准确性。用于工程的原材料、构件和制品，要复验出厂合格证，无出厂证明的，经检验合格后才能使用。质量不合格的工程不能报进度，不能计算产值和竣工面积，必须返工重做。

为了提高技术、积累经验，遵照紫阳和李鹏同志指示精神，各地可以视具体情况，成立装饰公司，建筑企业内也可以成立装饰工程队，以提高装修水平。

建筑业努力走在城市改革的前列

肖　桐

一

去年，党中央、国务院作出了加快建筑业体制改革的一系列重要决策，使建筑业进入了全行业改革的新阶段。赵紫阳总理先后三次主持国务院常务会议和中央财经小组会议讨论建筑业的问题，明确了改革的方向、方针和政策；在全国六届人大二次会议的《政府工作报告》中，他对建筑业的改革又作了进一步的阐述。随后，国务院颁发了《关于改革建筑业和基本建设管理体制若干问题的暂行规定》。在此期间，各省、自治区、直辖市人民政府加强了对建筑业的领导，普遍制订了改革方案，并认真组织实施。所有这些，都为推进建筑业的改革创造了极为有利的条件。特别是《中共中央关于经济体制改革的决定》公布之后，使广大干部和职工群众的思想进一步得到解放，打破了人们在对社会主义的理解上长期形成的不适合实际情况的固定观念，有力地冲击了各种各样的"左"的思想影响，有关建筑产品是不是商品的问题，建筑业获取利润是不是资金空转的问题，以及建筑产品价格是不是合理、应不应加以调整的问题等等模糊认识，也都得到了澄清。价值观念、市场观念、时间观念、竞争观念普遍增强，按照经济规律办事，消除妨碍生产力发展的种种弊端，把企业搞活的自觉性进一步提高。人们对事物的观察已从企业的狭小天地转向了全国，不再是简单地用自己的现在同过去比，满足于"步子不大年年走，成绩不大年年有"，而是对比深圳，对比先进，面向世界，树立了新的思想境界，确立了新的起点。广大建筑职工思想上的这一解放，将形成强大的动力，推动建筑业的改革取得更大的成果。

目前，建筑业的形势很好，整个行业面貌发生了明显的变化。一九八四年，建设部系统国营建筑企业的施工产值，可以突破一百五十亿元，比一九八三年增长百分之二十点七，比一九八二年增长百分之四十五点八；房屋建筑竣工面积预计完成五千五百万平方米，比一九八三年增长百分之七点六，比一九八二年增长百分之十九点七；全员劳动生产率预计达到七千元，比一九八三年提高百分之十七点三，比一九八二年提高百分之二十七点三，大多数地区的工程质量也好于上年。县以上集体建筑企业预计完成施工产值八十五亿元，房屋建筑竣工面积预计完成五千五百万平方米，同前两年比平均递增百分之十以上。现在，无论国营企业还是集体企业，都涌现出一批年产值超万元、人均竣工面积超七十平方米的象"邯二"那样的高效率、高质量和高效益的建筑企业。

建筑业所以在缩短工期、降低造价、提高工程质量和投资效益方面出现了喜人的势头，各项经济技术指标持续全面增长，关键是各地、各单位在厉行改革上扎扎实实地做了一些工作。主要表现是：

（一）招标承包制逐步展开。据统计，全国二十九个省、自治区、直辖市普遍开展了招标承包制试点工作。用招标方式进行承包施工的工程累计达四千二百一十三个，建筑面积一千六百一十六万平方米，占全年施工总面积的百分之七点七，占新开工程总面积的百分之十三。进展较快的大连、广州、长沙、湘潭等城市，实行招标承包施工的工程占新开工程的百分之五十以上。吉林省有二百二十三项工程实行了招标承包施工，建筑面积四十七万平方米，比上年增长三点七倍。用招标方式承包工程设计和设计方案竞赛活动也有了新发展。如首都天安门广场和长安街规划设计方案，一些城市的主要公共建筑和住宅区等，都积极推行了这种办法。实行招标承包制，普遍取得了显著经济效益，工期一般缩短百分之二十，造价降低百分之六到百分之八。据大连市对招标承包施工的一百一十六项住宅工程分析，平均中标价格一百二十一元，比过去同类工程实际价格低十点八元，下降了百分之八点二，工期缩短了百分之二十三。石景山发电厂基础拆除爆破工程招标，原计划投资六百五十万元，河北省第三建筑公司以三百四十万元的标价中标，节约投资将近一半。中建总公司三局承建的深圳国际贸易大厦，地面建筑五十层，结构工程施工工期平均五天一层，最快时三天一层，成为国内"最高的楼宇，

本文为城乡建设环境保护部副部长肖桐1985年1月7日在中国建筑工程总公司第五次董事会上的讲话。

最快的速度”。目前，实行招标承包的工程虽然数量不大，但在建筑业引起了强烈反响。国营企业坐不住了，担心竞争不过城镇集体企业；而集体企业担心竞争不过农村建筑队，一个你追我赶的局面，正在招标投标中形成。

（二）企业内部各种形式的经济责任制日趋完善。以企业为对象的百元产值工资含量包干和以栋号工程为对象的作业队集体承包制，已经普遍推行起来，进一步克服了企业吃国家“大锅饭”、职工吃企业“大锅饭”的弊端。重庆市建工局推行的作业队栋号包干办法，得到赵总理肯定后，他们进一步总结完善，取得了更好的经济效益。去年完成的施工产值和全员劳动生产率，分别比上年同期增长百分之二十六和百分之三十三，实现利润比上年增长百分之四十一，并于九月份提前完成了上缴税利四百四十万元的任务。沈阳市建筑总公司实行国家所有，集体承包，由包工队包工包料包费用，一次包死，物化劳动节约也提取一定比例用于分配，使按劳分配和物质利益原则得到较好的贯彻执行。邯郸二公司实行的承包责任制，使他们的各项经济技术指标继续保持全国领先地位，去年由于调动队伍到秦皇岛施工，损失一部分工日，全员劳动生产率和人均竣工面积仍高于一九八三年，职工平均收入增加到一千六百元。实行百元产值工资含量包干和作业队集体承包制，是建筑业分配制度上的一项重大改革。它把企业的所有权与经营权分开，把过去国家对职工的一个层次分配，改为国家对企业，企业对作业队，作业队对职工的几个层次分配，使企业和职工的收入与经营好坏结合，与最终劳动成果挂钩。建筑业改革能够取得一些突破性的进展，抓了分配这个经济杠杆是个重要原因。

（三）工程质量实行政府监督有了良好开端。到去年十一月底，全国二百九十二个城市中，已有一百个城市建立了工程质量监督站。进展较快的福建、辽宁、吉林、黑龙江四省，所属城市基本上都建立了起来。福建省的五十八个县已有三十四个县（区）建立了工程质量监督站。吉林省的四十二个市、县工程质量监督站，已配备二百二十名专职质监人员。事实说明，已经建立监督站的地区，工程质量都有所提高，无证设计、无照施工的状况基本上得到控制，主体结构的质量基本上能够保证。

（四）全民、集体、个体多种经济形式协调发展。去年以来，城乡集体建筑企业和个体建筑户迅速增长，职工人数已达九百万人，比上年增加一百多万人。现在以国营企业为主导，多种经济形式同时发展的城乡结合的建筑队伍体制初步形成。集体建筑业的发展，加快了城乡建设速度，一九八三年他们完成的城镇房屋建筑面积占全部建筑面积的百分之六十，一九八四年又有进一步增长；农村每年建设的六至七亿平方米的农房中，有相当部分也是由他们完成的。个体建筑户的出现，对活跃建筑市场，起了积极作用。面对集体和个体建筑业的挑战，国营建筑企业积极调整用工制度，以增强竞争能力。目前临时工、合同工（主要是分包工程的农村建筑队）比例，已由前几年的百分之十上升到百分之三十左右。去年，四川省从农村招收合同工三千名，其中瓦工、抹灰工占百分之八十三点一，不仅缓和了工种比例失调的矛盾，而且使第一线生产工人的平均年龄由三十五点二下降为三十三点五岁，还相对减轻了企业职工住房压力和子女入托、上学、就业、医疗等方面的负担。实行这种队伍体制，是符合中国国情的，要继续总结经验，完善制度办法，积极引导其向前发展。

（五）综合开发和住宅商品化在大中城市迅速发展。去年，十四个沿海对外开放城市和内地许多大中城市普遍成立了综合开发公司，对城市的一些基础设施和住宅工程实行综合开发建设。中国房屋建设开发公司及在各地的八十四个分公司，建成商品房五百八十二万平方米，比前两年累计数还多二点一倍。一九八二年以来，常州、郑州、沙市和四平市进行公有住宅补贴出售试点，累计售出二千一百四十套、十一万平方米，总投资一千六百万元，将分期收回投资百分之三十。由于群众购房非常踊跃，现在试点城市已扩大到八十多个。许多地方由住宅商品化发展到贸易大楼、旅游设施、仓库、厂房等商品化，开发的路子越走越宽。实行综合开发和住宅商品化，是吸收社会游资加快住宅建设，加快旧城改造的好方法，也是我国建筑业提高社会效益，促进四化建设的一个重要措施，必须积极推广。

（六）科研体制改革和设计单位企业化向前迈进了一大步。去年，建筑科研工作遵照党中央、国务院关于科学技术必须面向经济建设的战略方针，进行了科技体制改革，对攻关项目实行了分级管理，取得了一定成绩。如抗震区空心砖住宅建筑、矿渣水泥改性剂的研制等都取得较好成果。明矾石混凝土膨胀剂等三项成果，已获得国家的发明奖；低碳冷拔钢丝和预应力农房构件成套设备两个项目，获得了国家经委颁发的重大技术开发奖。建设部系统还广泛开展了以改善建筑功能、提高工程质量、提高劳动效率和节能、节材、节约土地为主要内容的技术改造活动。同时围绕技术进步，对我国建筑业的发展方向、目标和政策措施进行了深入的论证工作，为制订建筑行业的技术政策、编制“七五”规划、建立合理的产业结构创造了有利条件。在勘察设计方面，去年我部曾在南宁召开专门会议，提出以承包责任制为核心的十项改革要点，得到了各地的广泛响应。现在部系统的一千一百七十六个勘察设计单位已经基本上实行了企业化经营，由事业费拨款改为按承担任务收费，初步扭转了承担任务越多经费越紧张，承担任务越少经费越宽裕的不合理现象。许多单位还实行了院长负责制和项目承包制，扩大了院的自主权，调动了设计人员的积极性。据三十三个省级以上设计院统计，去年第三季度完成的建筑面积比上年同期增长百分之三十四点七，第四季度又继续增长。不仅设计速度加快，设计质量也明显提高。从去年评选优秀设计情况看，各地推荐的一百五十八个项目都比七十年代大有进步。如获得国家金质奖的广州白天鹅宾馆以及上海龙柏饭店、福建武夷山庄、常州清潭新村、唐山百货大楼、上海电影技术厂录音楼等，都在设计上有所创新。尤其使人高兴的是，不少项目出自青年建筑师之手。设计工作在建筑业中占有极为重要的地位。我们能不能以较少的投资办更多的事情，以较快的速度实现宏伟的建设目标，在很大程度上取决于设计。事实证明，达到这个目标只有通过改革才能实现。现在，经过几年的努力，已经朝着这个方向迈出了可喜的步伐。

（七）改革促进了企业全面整顿，整顿与改革紧密结合，不仅加快了整顿的进度，也深化了整顿的内容，提高了整顿的质量，使许多难以解决的"老大难"问题得到了顺利解决。到去年年底止，我部系统已有七百六十七个国营建筑企业完成了五项整顿工作并验收合格，占全部一千零四十七个企业的百分之七十三。其中列入《国家预算内国营企业整顿验收规划》的一百七十九个大型建筑企业，已有一百七十五个整顿验收合格。中国建筑工程总公司企业整顿工作抓得紧，进度快，所属的四十一个企业已于去年六月份全部验收完毕，受到全国企业整顿领导小组的赞扬。集体建筑企业的整顿也有较大进展，据辽宁、安徽、福建、湖南等十三个省一千四百四十个县以上企业的统计，到去年底，已整顿验收合格的有六百三十一个，占百分之四十三点八。在改革和企业整顿中，各级领导都十分重视领导班子的革命化、年轻化、知识化和专业化，同时加强了干部培训工作。根据中央关于干部培训工作的要求，部制订了一九八四年至一九九〇年规划，正在组织实施。去年仅部里组织的八期建筑企业经理培训班和其他三十多个短训班，就培训干部四千多人。集体建筑企业的干部培训工作搞得最为活跃，黑龙江、江苏、山东、河南等十三个省及其所属地市已经广泛建立起集体建筑企业干部培训中心，还正在兴建十余所中等技术学校。据不完全统计，去年已经培训各种专业干部一万五千多人。

在肯定上述成绩的同时，我们还必须清醒地看到当前在改革过程中存在的困难和问题。把成绩估计过高，放松对新情况、新问题的研究，就会贻误我们的工作，必须自觉地加以防止。经济体制改革是一项极其复杂的、群众性的探索和创新事业，改革的过程将是一个不断发现和解决矛盾的过程。我们对一些问题已经有所认识，但还有许多问题没有被认识；有些矛盾已经解决，但有些矛盾还有待于深入解决。当前值得注意的问题是，思想认识跟不上形势的发展，有些主管部门和企事业单位的领导依然怕这怕那，行动不快，什么事情都要等上级作出具体安排，在改革上放不开手脚；材料供应体制的改革虽然喊了多年但至今局面没有大的改变，缺口大、渠道窄、环节多的矛盾仍然相当突出，它直接影响着招标承包制的推行；有不少地区由于对设计、施工单位，特别是对农村建筑队的技术资格审查不严，质量监督措施未跟上，工程质量有所下降，发生了一些重大质量和伤亡事故；设计千篇一律、呆板单调的问题还未很好扭转；行业管理和有些经济政策也还没有理顺。对这些问题，我们应当进一步调查研究，认真加以解决。

二

根据《中共中央关于经济体制改革的决定》，联系建筑业的实际，我们应当对改革提出明确的要求。我们要努力使建筑业的改革走在城市改革的前列。通过改革，要解决好以下几个问题：一是建立合理的产业结构，使勘察设计、建筑施工、构配件和制品生产、科研教育、机械制造与维修协调发展，适于社会化大生产的要求；二是调整设计、施工队伍结构，消除国营单位多年积累的"包袱"，使全民、集体、个体多种经济形式在联合和竞争中充分发挥各自的优势；三是发展商品生产，完善价格体系，使建筑业为国家提供的资金有一个明显的增加；四是推进技术进步和智力开发，有计划有步骤地实行技术现代化、管理现代化和人才现代化，把建筑业的生产技术提高到一个新水平，把产品质量提高到一个新水平。

关于一九八五年的工作，中央要求抓好四件事，即进行以城市为重点的整个经济体制改革，制定"七五"计划纲要，继续搞好整党，进一步调整各级领导班子。我们的各项工作，都要围绕着这几件大事来进行。在新的一年里，我们要全面执行国务院关于改革建筑业和基本建设管理体制的决定，以推行招标承包制为重点，加强行业管理，增强企业活力，建立开放型的城乡建筑市场，在缩短工期、降低造价、提高工程质量和投资效益方面取得更大的进展，进一步开创建筑业体制改革的新局面。

为了实现上述目标，一九八五年需要着重作好以下几项工作。

（一）采取积极措施，大力推行招标承包制

实行招标承包制是建筑业改革的关键，它是把封闭型的建筑市场变为开放型的建筑市场，打破地区封锁、部门分割，搞活建筑业的重大措施。建筑业的各项改革要以招标承包制为重点。我们要求，从今年起，除了国家下达的指令性计划外，新开民用建筑工程和一般工业建筑工程，都应当积极创造条件实行招标承包制，由建设单位选择设计、施工单位。据了解，今年基本建设投资将达到八百亿元，比去年计划增加一百五十亿元。这个盘子还不包括四个特区和自筹机动财力安排的建设投资以及更新改造投资、城乡集体所有制单位和个人投资。对于新开工程多，推行招标投标的条件还是比较好的。去年，有些地区采取了一些行政干预措施，对加快招标投标步伐起了促进作用。这个经验，可以总结推广。近几年各地推行的住宅平方米造价包干和工业建筑工程预算加系数包干办法，也属改革措施，还应继续采用。

目前，推行招标承包制进展不快的地区，既有认识问题，也有实际问题，需要从多方面采取措施，妥善加以解决。去年的情况是，一般中小城市要比大城市好些，中小企业要比大企业好些，集体企业特别是农村建筑队要比国营企业好些。但总起来看，招标承包制推行不快，主要原因是，材料设备缺口大，实际工作跟不上。

第一，广开建筑材料市场。前不久，国家物资局、建设部等四个单位联合颁发了材料承包供应办法，提出国家按合理工期组织建设的重点项目和各地的重点建设项目，由全国和地方两级基建物资配套承包公司承包供应。“属于计划内分配的材料，由物资承包公司按计划组织订货供应。属于计划外市场采购的材料，经协商可委托物资承包公司从国内市场或国外市场采购；也可以由工程承包公司自行采购。”这些办法，如能认真贯彻落实，将对招标投标起促进作用，我们要努力争取实现。同时，还应当主动采取其他对策。首先，提倡多家经营建筑材料。建设单位、施工单位、建材生产单位、商业部门等，无论是全民的或是集体的都可以经营，增加物资流通渠道。深圳特区就是这样做的，目前那里有大小建材商店一百二十七家，货源充裕，品种多样，竞争的结果，材料的价格稳中有降。上月，北京市成立了建筑材料贸易公司，将与兄弟省、市广泛开展联营、联产、经销、代加工等业务，也是一个积极措施。其次，建筑业主管部门可以搞补偿贸易、合资经营，大力组织建材生产。大中型企业，还可以开展协作串换，与外资联营组织进口，实行带料投标，扩大竞争能力。国家计委和建设部联合发出的《建设工程招标投标暂行规定》，已经提出这样的要求，希望一切有条件的企业都来积极响应。

第二，加强招标投标的管理。实行招标的工程，必须有经过批准的工程建设计划、设计文件和所需的资金。参加投标的企业必须经过审查，持有营业执照。招标的标底，在批准的概算或修正概算以内，由招标单位确定。招标承包制是讲的投资者一方和承包者一方，用投标的方式来确定双方的经济合同。在社会主义制度下开展竞争，既要保护投资者的利益，也要保护承包者的利益。标价既不是越低越好，也不是越高越好，而应科学合理、适于当地建筑市场的变化情况。当前，一些地区存在着任意压价的现象，不利于保证工程质量，发挥投资效益。南昌师范学院的一幢二千平方米的住宅工程，设计单位提出的标底为每平方米一百一十元，招标时竟以四十五元的标价成交，结果施工单位做完基础工程后跑掉。类似的教训不只一次发生，值得认真吸取。我们历来主张按合理工期组织施工，现在有一些单位，为了工程提前投产或交付使用，不顾施工程序，要求一短再短，也是很不科学的。经过修订的《建筑安装工程工期定额》，即将颁发执行。它可以作为确定标价和合同工期的参考指标。招标承包制是吸取发达国家的经营办法，主要是以经济手段来制约，我们过去采取的是行政办法，转为招标承包还缺乏经验，各级城乡建设主管部门应当组织专门力量，认真进行监督和管理，防止可能发生的弊病。现在大连、广州、西安等许多城市成立了招标办公室、标底计算站或多种形式的咨询机构，负责招标的管理和服务工作，已经取得一些经验，可以互相学习，取长补短。

第三，加强工程质量监督。推进招标承包制必须把工程质量搞上去，如果质量不好，速度再快也是无效劳动。当前要抓好两个环节，即尽快建立工程质量的政府监督机构和加强企业自身的工程质量管理。两者相辅相成，不可偏废。尚未建立质量监督站的市、县，在今年内都要建立起来。专职质量监督人员按建筑施工面积配备，一般每三至四万平方米配备一人，每个监督站不少于三人。所需经费向委托单位收取，标准按委托工程建筑安装工作量的千分之二点五至千分之三点五计算。监督内容包括：承担受监工程的勘察、设计与施工单位是否具有勘察设计证书和营业执照；设计文件是否符合规定的安全卫生要求；企业的质量保证体系是否建立起来；在施工过程中进行不定期的抽查，重点是地基基础和主体结构；对竣工工程进行质量验评，不合格的工程不准交付使用，并由监督站通知建设银行暂停拨款。成立监督站后，企业自身的质量管理不能削弱，应当进一步加强。有些企业由此放松了质量管理，必须迅速纠正。

创全优工程竞赛活动要按照各地的实际情况继续开展下去。但是，根据企业整顿、招标投标和质量监督的新情况，也要进行必要的改革。今后创全优工程竞赛评比活动主要在企业内部进行，并同企业的经常管理工作结合起来，社会上只观察质量指标，并由监督站来认定，不提倡跨省跨市组团检查评比。在改革这项活动的时候，要注意做好各种衔接工作，引导职工向更高的目标前进。

推行招标承包制，目的是正确开展企业之间的社会主义竞争，努力提高企业的经济效益。但是，由于长期“左”的思想影响，人们对于开展竞争存在着许多不正确的偏见和恐惧心理，这种情况如果不迅速改变，对于推行招标投标是非常不利的。《中共中央关于经济体制改革的决定》指出：“长期以来，人们往往把竞争看成是资本主义特有的现象，其实，只要有商品生产，就必然要有竞争，只不过在不同的社会制度下竞争的目的、性质、范围和手段不同。”我们通过招标投标开展企业之间的竞争是客观的需要，而决不是什么倒退。我们既要通过竞争，给企业造成外部的强大压力，又要采取正确的政策加以引导，变压力为动力，促进全行业共同发展，不断繁荣。

（二）完善企业内部改革，增强企业活力

增强企业活力，是这次城市经济体制改革的中心环节。我们建筑业的各项改革也要突出这个中心环节，当前要特别注意抓好完善经济责任制、改革企业领导制度和推进科学管理这三项工作。

完善经济责任制主要是解决好百元产值工资含量包干系数偏高偏低和包工队包而不死，核算单位偏大，分配拉不开档次的问题。目前有的地区对企业工资包干系数的核定，较多地迁就了企业职工构成现状，劳动效率高的不多定，劳动效率低的不少定，造成保护落后，鞭打快牛。还有的在核定系数时对工程质量和形象进度考虑不周，导致片面追求产值，请各地注意检查总结。核定工资包干系数一定要贯彻平均先进的原则，要以预算定额为依据，充分考虑工程结构类型、工程对象和单方造价的差异。务必解决好企业不吃国家的“大锅饭”、企业之间干好干坏一个样的问题。包工队集体承包是企业内部各种经济责任制的基础。要提倡包工队实行全员、全年和生产的全过程承包，包工包料包费用，一次包死，盈余归队，亏损不补。要提倡包工队自愿结合，队长民主选，生产大家管，千斤担子众人挑。包工队的规模要与所承担的工程和自身的管理水平相适应，力争发挥最佳效率。在分配上一定要坚持多劳多得，少劳少得的原则，努力创造条件使那些智力高，劳动好，贡献大的人先富起来，以带动更多的人前进。对二、三线人员也要拉开分配档次，把能干的和不能干的从报酬上区别开来。由于实行经济责任制而多余出来的人员，要及时调离原岗位，发展第三产业，进行妥善安排。

改革企业领导制度，重点在于实行经理负责制。它是建筑业体制改革的重要组成部分，也是改善和加强党的领导的客观要求，今年要有一个较大的突破。实行经理负责制要同贯彻经理任期制、经理“组阁”的干部制度改革以及实现企业领导班子高文化结构同时进行，以利于由新的领导班子，按照新的领导制度，开创全面改革的新局面。对于经理的人选要实事求是，既要看文凭，也要看水平。建筑企业有文化知识又有实践经验的干部中，现在四十至五十岁的，中专毕业的占大多数，大学本科毕业的人数较少。在遴选企业领导班子时，应当考虑这个客观情况。企业要建立以经理为首的，包括总工程师、总经济师、总会计师在内的新的决策系统。有些地区过去未评定经济师职称的，可以调配合适人选，先代行总经济师职务。企业党委要从日常生产指挥和经营管理等工作中解脱出来，集中力量加强党的思想和组织建设，监督和保证党的路线、方针政策的贯彻执行。同时，要健全职工代表大会制度，保证职工参加企业民主管理的权利。

推进科学管理，是一项十分紧迫的任务。在政企分开、简政放权、招标投标以后，建筑企业内部的管理必须进行大力改进。要抓好生产型向经营开拓型的转变，抓好市场预测和信息反馈工作，抓好管理方法和手段的现代化，让企业的活动始终处于主动地位，最大限度地减少盲目性。对于微型计算机的应用，希望今年能够有一个较大的进展。现在京、津、沪、川、苏等省市已经起步，我们将在总结经验的基础上，提出规划、选定机型、应用软件开发的方案，加强协调指导。

以上三项工作也是企业整顿的内容，这些工作抓好了，企业整顿工作也就在更高的水平上完成了。单就企业整顿而言，重点要放在中小型国营企业，力争上半年调整好领导班子，第二季度全部整顿验收完毕。要改革验收方法，企业自认合格后，报主管部门审查批准，一般不再组织验收团、组，坚决纠正验收中铺张浪费、请客送礼和弄虚作假等不正之风。对集体建筑企业的整顿也要抓紧，并同改革结合起来进行。重点是解决好自主经营、自负盈亏、按劳分配和民主管理问题，改官办为民办，真正按照集体经济的性质和特点办好集体建筑企业。

（三）实行政企职责分开，切实加强行业管理

《中共中央关于经济体制改革的决定》总结了

我国政府机构直接管理经济的经验教训，提出了正确发挥政府管理经济的职能的原则和方向。我们各级城乡建设主管部门，既是带有综合性的职能部门，又管理着若干行业，应当本着这些方针原则，卓有成效地做好我们的工作。

正确发挥政府机构管理经济的职能，就要实现政企职责分开，简政放权。长期以来，我们在管理上权力过分集中，政企职责不分，企业实际成了行政机构的附属物。加上条块分割，互相扯皮，使企业开展工作十分困难。现在实现政企分开，简政放权，是我们在经济体制改革上的一个新突破。这样各级政府部门可以从直接组织指挥企业生产经营活动中摆脱出来，就可以跳出多年来形成的僵化模式，集中力量从全局上组织和领导经济建设，通过经济的、行政的、法律的手段，正确发挥国家机构管理经济的职能。中央的《决定》对政府机构管理经济规定了八项职能，主要是要我们抓宏观发展战略的研究，抓具体方针政策的制定和实施，抓汇集和传播信息、开展经济咨询，组织人才交流等等。《决定》规定的八项职能，概括起来就是要做好"服务"工作，这就要求我们实现两个转变：即由直接管理企业转变为集中力量管好全行业；由基层为领导机关服务转变为领导机关全心全意为基层服务。完成这两个转变，对于搞好建筑行业的管理，改进机关作风，都具有重要意义。

政企职责分开以后，要充分发挥城市里的城乡建设局（委）的作用。可以首先通过四项工作把政府职能担负起来，即对在本市从事建筑活动的企事业单位进行技术资格和营业资格审查，按照条件划分等级，确定承担工程范围；成立工程质量监督机构，代表政府对在本市兴建的工程进行监督检查；统一制定建筑工程的经济定额，管理建筑材料和建筑构配件价格；监督和管理在本市的招标投标业务，建立统一的建筑市场。这样做，对缓解政出多门、条块分割也是一个有力措施。

实行政企职责分开，建筑企业的组织体制也必将适应社会化大生产和专业化协作的发展需要，进行必要的改革。这里的关键是要按照生产的内在联系，积极发展横向的经济关系，合理组织多种形式的、符合建筑业生产力特点的经济联合体。当前，许多地区正在考虑建筑总公司的改革问题。我们认为，建筑总公司是在长期建设过程中成长起来的，聚集了大批业务技术骨干，形成了较强的生产能力，积累了较多的实践经验。这支力量，基本上都已成为当地的重点工程和其他建设任务的骨干力量。当然，这些总公司在管理体制上也存在一些缺陷，主要是政企不分和集中过多。改革的途径应当是缩小管理职能，扩大经营职能，使自己成为企业集团性质的联合经济组织。这个联合经济组织必须是企业，而不是行政机构，对下要简政放权，不能因袭过去的一套管理办法。这种联合经济组织，不论"户头"挂在哪里，都与现在的部门领导含义不同，主要是指注册登记、缴纳税款的关系，以及由谁来委派、任免或批准聘选企业主要领导人的关系。建设厅（委）都不要直接管理他们及其所属企业的生产经营活动。建设厅（委）主管建筑业的力量要适当加强，应有专门的机构抓总。作为政府工作，一个地方由一个头抓建筑业，有利于加强行业管理。去年以来，四川，江西、福建、湖南、内蒙、甘肃、山东等省（区）及京、津、沪三市已经这样做了，避免了多头领导、政出多门所造成的矛盾。一个行业只能有一个政府部门主管，这一点国务院领导同志作过多次指示，我们必须认真贯彻落实。加强建筑行业管理，除了正确发挥主管建筑业的政府机关管理经济的职能外，根据国内外经验，还可以发挥行业协会的作用。它可以在政府经济管理部门和企业之间起桥梁和纽带作用，反映企业的愿望，传达政府的政策意图。让它承担政府部门简政放权后不应管，不便管，而从全行业看又必须解决的问题。为此，根据中央有关规定和一些地区及企业的建议，建设部将筹组建筑业联合会，以适应体制改革的需要。

要把生产经营管理权下放给建筑企业。企业要在确保完成国家指定的重点建设工程的前提下，自觉地运用价值规律，进行有计划的商品生产，在投标竞争中真正活起来。放权以后，今后企业本身的文章，主要靠企业自己去做。企业领导不能眼睛只望着上级机关，等着上级机关拿出办法，要依据中央的方针政策，从本企业的实际出发，努力发挥自己的主动性、创造性。

（四）发展专业化协作，用先进技术改造建筑业

我国建筑业的发展方向是实现建筑工业化。总方针是从我国的自然资源和地区特点出发，围绕建筑产品改革，用社会化大生产方式改造行业的生产结构、技术结构和组织结构，逐步把勘察设计、施工生产转移到先进的技术基础上来，迅速而有效地提高经济效益。围绕着这个总方向、总方针，我部在一九八三年和一九八四年分别制定了《关于建筑业技术改造规划要点》和《关于建筑行业科技发展和技术改造中长期规划大纲》，希望各地参照这些文件作出自己的具体安排，组织实施。经与各地协商确定的十个技术改造试点城市（即北京、上海、天津、常州、大连、哈尔滨、广州、西安、重庆、兰州市），希望今年迈出新步伐，以利积累经验。从全局看，今年首先要在五个方面作出成绩。

第一，调整混凝土构件厂。要严格控制建厂，构件生产既不能一家独办，也绝不允许发展粗制滥造的产品。对那些产品质量差、消耗高、浪费大的老厂，要在营业资格审查时给予限制，促其调整；在调整布局的基础上，实行合理分工，组织构件生产商品化。生产建筑构配件，必须严格遵守产品标准。同时，要搞好现有构件厂的改造，改进计量、养护、成型工艺，提高产品质量和节约原材料。

第二，推行商品化混凝土。在“七五”期间全国大中城市都要建立起商品混凝土搅拌站。大城市以上海为样板，中小城市以常州为样板，由面对本系统发展到面对全行业、全社会，逐步扩大供应范围。发展商品混凝土要组织固定的水泥、砂石供应渠道或基地，要制定合理的产品价格，让使用单位乐意接受。

第三，推行施工机械租赁制。企业扩权以来，不少单位购置了一些大型施工机械，但是利用率不高，造成了浪费。这种现象值得注意。今后要以城市为中心，重视机械配套，有计划地系统发展。对大型通用施工机械，实行协作使用，社会租赁制。租价要合理，调度要及时，让使用者感到租用比购置机械有利、方便。同时，要调整机械修理力量，改进配件管理，逐步向社会化方向发展。

第四，推行装修工程专业化。今后中高级装修工程将越来越多，我们要大力发展装修材料、装修机具和装修队伍。材料和机具可以用“外引内联”方式，积极组织生产。队伍主要靠在实践中培养，个别的也可以“派出去”，“请进来”，加快培养速度。目前有的城市成立装修公司，与外地联合经营，提高了自身技术水平。这个办法可以提倡。

第五，建立健全材料、构件测试中心。部已决定以中国建筑科学研究院为基础，筹建国家一级建筑工程质量检测中心，承担测试、检验工作和试验研究任务。为了配合政府开展质量监督工作，今年要把大部分县的材料、构件试验室组建起来，配备必要的测试手段，为县镇建设服务。

（五）加快设计改革步伐，提高设计水平

中央和国务院领导同志，非常重视勘察设计工作，作过许多重要指示，强调设计是整个工程建设的灵魂，没有现代化的设计，就没有现代化建设，搞四化建设设计要先行。要求我们一定重视设计工作，切实把建筑设计改革摆上重要议事日程。

设计单位要在实行收费制和承包责任制取得初步成效的基础上，加快向企业化、社会化方向发展，打破部门和地区界限，建立起开放型、竞争型的体制，在两三年内基本实现建筑勘察设计单位的全企业制。

目前，勘察设计单位实行的企业化经营，还只是初步的改革，一些地区和单位仍保留着事业费拨款尾巴，收费标准也不够合理。我们不能满足于事业单位实行企业化经营，而应当按照有计划的商品经济的原则，自觉运用价值规律，把勘察设计事业单位逐步改为完全企业化的独立经济实体。在步骤上分为两段：第一，暂维持现行收费标准基本不变，免征所得税，对采用新技术而达到更好的经济、社会和环境效益的优秀设计，实行优质优价；第二，提高收费标准，使设计价格基本反映设计者所创造的社会价值，并按国营企业利改税的原则，确定相应的税种和税率。建设部正在按照国务院领导同志的批示，就这些步骤和原则与有关部门协商具体实施方案。希望各地区结合实际情况也能作出安排，积极进行试点，继续创造经验。

在国营勘察设计单位改行全企业制的同时，要平行发展集体、个体勘察设计事务所。国务院第三十七次常务会议指出：全民所有制的建筑业，从设计到施工，要保留一支技术水平高、战斗力强的骨干队伍，同时应当允许集体和个人兴办建筑业。在这个问题上，思想要解放一点，既不能一哄而起，也不要顾虑重重。对申请开业的集体或个体勘察设计者，只要条件具备，能完成所担负的任务，就应当批准，并进行引导。让这三支力量在平等的条件下开展竞争，在取费标准、资格审查、税种税率、参加投标等方面要一视同仁、平等对待。国营勘察设计单位的一些工程技术人员，自愿离职去经营集体所有制的设计单位或个人开业搞设计的，应当允许。自愿去边疆的，还可以采取留职停薪的办法。国营勘察设计单位要逐步与主管行政部门脱钩，实行院（所）长负责制，比照国营企业厂长（经理）负责制的有关规定，享有各种自主权。同时，要努力搞好内部改革，克服机构臃肿、人才积压、管理僵化等弊病，认真贯彻按劳分配原则，推行按项目或按专业分组承包制，调动广大职工的积极性。

勘察设计工作要积极采用先进的科技成果，讲究建筑艺术，提高技术水平和经济效益，进一步打破千篇一律、呆板单调的格局，要鼓励设计人员大胆创作，努力创新，为人民创造美好的室内外环境及体现时代风貌和民族地方特色的建筑景观。长期以来，由于“左”的思想束缚，建筑美学受到摧残，近几年虽有所改进，但仍需大声疾呼，使大家都来关心单体建筑的美，群体建筑的美，整个城市建筑的美。建筑之所以成为重要的审美对象，是因为它凝聚着人类“依照美的尺度来生产的”巨大劳动，是人们自觉地改造客观世界的直接成果。无论是石器时代的穴居草棚，还是现代的高楼大厦，人们都要求有建筑的形式美。它是物质文明建设的一个组成部份，也是和精神文明联系在一起的。我们要研究建筑造型、建筑色彩，要搞装修设计专业化，大力提高建筑设计水平。

（六）加强职工教育，积极进行人才开发

首先是遵照《决定》要求，认真修订规划，加快培训步伐，提高培训质量。由部统一安排的干部进修计划，已经发到各地区、各单位，请给予大力支持。现在有一个办“大学热”的问题，要引起注意。务必使我们职工队伍的知识有一个合理的结构。一般说来，无论是技术工人、技术人员还是管理人员，高级的是少数，中级的略多些，初级的是绝大多数。高、中、初级人才，应是个宝塔形，绝不应倒过来。不能一提智力开发，就着眼于办大学，这不仅会造成浪费，也不符合实际需要。当前要特别注意抓好建筑企业经理考试和农村建筑队管理干部的培训。本月中旬，国家进行第二批厂长、经理统考，我部系统将有六百人参加。除第一、二批应考人员外，还有三千多人将参加第三、四批统考，培训任务十分繁重。部已决定在重庆建工学院和哈尔滨建工学院继续举办四期大中型企业经理统考学习辅导班，计划培训八百人。其余二千二百名经理的培训工作，要由各地自行组织，请提早作出安排。建筑市场开放后，大量的农村建筑队进城承包施工任务，但由于技术水平低，管理人员素质差，也发生了许多重大事故。据不完全统计，去年发生的四十一起房屋倒塌事故，绝大部分都是农村建筑队自行设计和施工的。对此，万里同志曾多次指示我们要加强对农村建筑队的管理，帮助他们提高技术水平。各地一定要把这项工作摆在重要日程上来。各地办短训班要吸收他们参加，对条件较好的青年人还可吸收到所属大中专学校培训，还可通过联合施工和派人支援进行指导。总之，要采取多种办法提高他们的管理和技术水平，争取尽快使他们适应设计、施工的要求。

一九八五年建筑业的任务是相应繁重的，务必加强领导，努力实现。要大力加强企业的思想政治工作，及时解决改革中出现的思想倾向问题。要坚持青工的系统教育和正规培训，把团中央、建筑工会与我部共同组织的青年突击队竞赛活动坚持下去，认真总结评比。要关心职工生活，保护群众的安全和健康，绝不能因为搞承包而对过份拚体力的现象不闻不问。要改进领导作风和工作方法。最近，中央领导同志建议：中央和国务院各部门，首先是经济部门司局长以上干部，省、自治区、直辖市经济部门局处长以上干部，从现在起每人都要亲自领导或过问一个企业的改革工作，参与改革的全过程，取得直接经验。中央领导同志的这个建议非常重要，我们要认真贯彻执行。

论建筑的风格、形式、内容及其他

戴念慈

这几年在建筑创作和建筑论坛上，出现了前所未有的百花齐放、百家争鸣的局面，也提出了不少值得探讨的问题。下面我说一点个人的看法。

建筑既是技术，又是艺术

我认为，建筑既是一种科学技术，又是一种艺术。有的人对建筑是艺术持怀疑态度，大致有以下几种理由，我觉得是难以成立的。

（1）建筑，在当前是有无的问题，不是有没有艺术的问题，只有到将来富裕的时候才能讲建筑艺术。这是把建筑艺术当作奢侈品来看待了。我认为穷有穷的艺术，低标准建筑有低标准建筑的艺术。艺术的价值不一定和钱的多少成正比例。

（2）建筑作为艺术是古代的事，现在建筑已成为一门科学，不再是艺术了。我以为科学技术和艺术不是绝对排斥的。事实上中外古代建筑的创造者，也都利用了当时的科学成就。他们在生产力较低、科学技术条件较差的情况下，仍然创造出极其辉煌的建筑艺术。今天建筑师所能运用的物质手段和科学技术手段，远远超过古代，理应创造更丰富多采、更高的艺术。

（3）有人认为，艺术是生活的再现，建筑不可能“再现生活”，所以建筑不是艺术。其实，建筑有点象音乐，无法直接而明确地形容某个实事实物，但它可以描写某个事物所激起的感情。贝多芬曾说过：“描写是属于绘画的。在这一方面，诗歌与音乐相比，也可以说是幸运的了；它的领域不象我的那样受限制。但另一方面，我的领土在旁的境界内扩张的更远；人家不能轻易达到我的王国。”①建筑也是如此，只能抽象地表达某种情感

本文为城乡建设环境保护部副部长、中国建筑学会理事长戴念慈在《红旗》杂志1986年第6期发表的文章。

（如庄严、伟大、高尚、愉快、活泼、优雅、忧伤、恐怖、压抑等等）。齐康同志设计的南京大屠杀纪念馆所表达的艺术感染力，就说明这个问题。人们说建筑是“凝固的音乐”，不无道理。

风格是共同特征在表现上的不断重复

关于建筑风格，我赞成格罗庇斯所说的一段话。他说：“包豪斯所要寻求的，是一种新的途径，而不是新的风格。一种风格，是指某种在表现上的不断重复，它是整个时期所已经固定下来的‘公分母’（即共同因素）。然而试想把正在成长阶段的活生生的艺术和建筑，分别类型凝固成为风格或‘主义’，这就不是鼓励而是近乎于僵化（建筑师的）创作活动了。”②

我理解，这段话有两层意思：

第一，我们说某些建筑属于同一种风格，是因为它们在表现上不断重复某些共有的特征，给人以类似之感的缘故。譬如就形式而论，西班牙风格的小别墅，一般总是坡度平缓的（类似中国筒瓦一样的）红陶瓦屋面，米黄色或接近白色的相当厚实的墙壁，不大的窗户，门窗上往往做一些花纹丰富的铁花栅等等。这些特征不能随意变化，如果把它的屋顶改变为陡坡石板瓦，就是英国风格而不成其为西班牙风格了。

某个时代的建筑，由于共同的历史条件、社会条件，共同的生产力水平和技术条件，必然会在建筑上不断重复表现出这个时代的某些共有的特色和手法，因而形成这个时代的建筑风格。同样，某个地方的建筑由于这个地方的特殊条件，会在不同的建筑上重复地表现出这个地方的某些共同特征，就成为地方风格。某个建筑师本人的工作经历、教育经历、生活经历、是非观、文化素养、喜好以及他特有的长处和短处，也会贯穿在他的不同作品之中，形成他个人的风格。过去把个人风格当作个人主义来批判，要求一个人做的设计不象他自己做的，就象要求写的字不象他自己写的一样，是既无必要也不可能的。然而今天也没有必要存心去追求个人风格或模仿某种风格，因为不管个人风格、地方风格还是时代风格，都是自然形成的，而不是存心追求出来的。

第二，我们讲某种风格，不是指正在发展变化着的东西，而是对已有创作成果的事后归纳，是指已经形成的某些相对固定化了的东西。因此，格罗庇斯不喜欢把他的东西当作一种风格来加以推广。他在就任哈佛大学建筑系主任时还讲了这么一段话：“我的意图不是从欧洲引进例行的、枯燥无味的所谓‘现代风格’而宁可引进一种途径和方法，以便使人们能够按照他（自己）所面临的特殊条件去处理问题”③。格罗庇斯重在创造，重在不断探索新的境界，因此不希望把他的成就凝固成为某种风格，让学生们照搬，不管叫做“国际风格”也好，叫做“现代风格”也好。他这段话是意味深长的，可以启发我们如何正确对待西方的现代建筑。这就是吸取他们探索问题的科学方法和途径，运用这种方法来处理我们中国建筑师自己所面临的问题，而不是刻意模仿或照搬他们的“结论”。由于国情不同，我们的“结论”应该是有所不同的。

常常有人把民族形式说成民族风格。这是不妥当的。风格，英语叫Style，就是格罗庇斯所说的那个含义；形式，英语叫Form，是相对于内容而言的，两者含义并不相同。如果把民族形式当作民族风格来提倡，就把发展着的民族形式固定化了。在我国，由于特定的历史条件、社会条件，也必然会形成我国的社会主义阶段的建筑风格。但所谓“中国社会主义建筑新风格”，只是历史发展的一种结果，不宜于也不可能事先规定什么是中国社会主义的建筑风格，然后让大家按规定的共同特征来进行创作。

从优秀传统出发，进行革新

对于传统和革新，有人喜欢作绝对化的全盘肯定或全盘否定，这是一种形而上学的思想方法。一个新事物的出现总是有个演化的过程。在演化过程中，总是一方面继承旧有的某些仍然有生命力的起着良好作用的东西，同时又否定旧有的某些已经过时的不起好作用的东西。对旧的东西全盘肯定固然不好，全盘否定也没有好处。“文化大革命”不但全盘否定古代的优良传统，也全盘否定了“五四”以来和建国以来的全部文化成就，可算是否定得很彻底了，然而结果如何？这是大家都知道的。

鲁迅和守旧顽固派斗争了一辈子，但是他并没有把旧的和新的绝对对立，全盘否定旧东西。他说：“比如一个青年得了一所大宅子。怎么办呢？我想，首先不管三七二十一“拿来”，如果反对这宅子的旧主人，怕给他的东西污染了，徘徊不敢走进门，是孱头；勃然大怒，放一把火烧光，算是保存自己的清白，则是昏蛋。不过因为原是羡慕这宅子的旧主人的，而这回接受一切，欣欣然的蹩进卧室，大吸剩下的鸦片，那当然更是废物，“拿来主义者”全然不是这样的。他占有，挑选。看见鱼翅，并不就抛在路上以显其“平民化”，也和朋友们象萝卜白菜一样的吃掉。看见鸦片，也不当众摔在毛厕里，以显其革命，只送到药房里去，以供治病之用。还有一群姨太太，也大以请她们各自走散为是，要不然，“拿来主义”怕未免有些危机④”。这就是我们常说的：对古人和外国人的东西，我们要取其精华，弃其糟粕。有人说：“一个民族如果老是热衷于过去，那是很危险的”。对此说法，我只同意一半，即一个民族如果老是热衷于过去的糟粕，那确实是很危险的。然而我反对这个说法的另一半。我以为利用过去历史上的精华就不仅没有危险，而且还有好处。如果一个民族不分青红皂白，对过去的传统一概否定，那就是鲁迅所讲的“孱头”。我认为这倒是有危险的。如果一方面抛弃本民族过去的精华，另一方面对外来的和自己过去的糟粕大加欣赏，则是双倍的危险了。至于哪些是糟粕，哪些是精华，应如何改造，如何吸取，这是要费一番斟酌，费一番苦心，而且难免要走点弯路的。鲁迅说：“旧形式是采取，必有所删除，既有删除，必有所增益，这结果是新形式的出现，也就是变革，而且，这工作是决不如旁观者所想的容易的”。⑤鲁迅是这方面的有心人，深知其中甘苦。如果我们采取全盘否定或全盘肯定的简单办法，想由此走出一条不必下苦功夫的捷径，是不行的。列宁说：“即使美是‘旧’的，我们也必须保留它，拿它作为一个榜样，作为一个起点。为什么只是因为它‘旧’，就要抛弃真正的美，拒绝承认它，不把它当作进一步发展的出发点呢？为什么只因为那是‘新’的，就要把新的东西当作供人信奉的神一样来崇拜呢？那是荒谬的，绝对是荒谬的。此外，在这方面还有很多伪善，当然，还有对盛行于西方的艺术时尚的不自觉的尊敬。”⑥这些话值得深思。

应该提倡民族形式、社会主义内容

内容是构成事物的一切内在要素的总和。形式是这些要素的存在方式或结构方式。任何事物的构成都有它特定的内容和形式。就建筑来说，建筑的内容就是构成建筑的物质功能、精神功能和社会功能等等这些内在要素的总和。

形式与内容是矛盾的统一，应该用辨证的观点来看待它们之间的关系。这几年颇有一些人怀疑“民族形式、社会主义内容”这个提法，这实在和形而上学的思想方法有关。

建筑，为什么要提社会主义内容？这是因为建筑具有物质功能、精神功能和社会功能，这些功能尤其是后两个功能不但与意识形态直接有关，而且会牵涉到社会制度。我们的建筑是为我国的社会主义物质文明和精神文明建设服务的，在物质功能、精神功能和社会功能上必须符合社会主义建设的需要，体现社会主义精神文化面貌。建筑，为什么要提民族形式？这是因为它建设在中国的土地上，为中国的四化服务，为人民服务，这就应当植根于广大的劳动群众之中，反映他们历史形成的文化、生活方式、风俗、习惯、审美观点和思想感情。

有的人不赞成社会主义内容的提法，其理由是值得商榷的。

（1）有人认为提社会主义内容会限制建筑师的创作自由。这个顾虑有其历史原因。它是“十年动乱”给人们造成的错觉，经过拨乱反正，这一问题是会逐步解决的。我认为，社会主义内容不仅不会限制、相反地会成为建筑师充分发挥自己才智进行自由创作的源泉和动力。社会主义现代化建设为建筑师提出了丰富多彩的课题，要求他们用自己辛勤的劳动创造性地探索答案，要求他们的工作自觉地服从社会主义建设的需要，同时，也要求他们懂得社会主义建设的客观规律。如果建筑师不懂得社会主义经济、政治、文化建设的客观规律，在创作中就难免碰钉子，也就谈不到有“创作自由”。

（2）有人把建筑的内容局限于物质功能，所以认为应该否定社会主义内容。我认为就物质功能本身而言，的确谈不上什么“主义”，但建筑的物质功能不是孤立存在的，它时常要和社会功能发生纠葛。譬如旅馆设计要考虑服务员的工作条件和健康条件，这也是物质功能，但不同的社会制度对此有不同的考虑角度，这就不免要涉及到社会主义内容的问题。

（3）有人提出：如果要求建筑有社会主义内容，那么社会主义建筑是什么样子？这是把内容和形式等同起来了。我们说形式要适应内容，但不能把形式等同于内容。社会主义内容是有具体含义的。譬如在设计中考虑多数人的利益；着眼于最大限度地满足人民的物质和文化需求，自觉地体现社会主义两个文明建设的需要；自觉地体现劳动人民的生活要求、思想和愿望；意识到建筑与整个社会生活相互联系，自觉地从城市整体环境来考虑问题；以及建筑作为艺术表达健康的向上的感情，而不是庸俗的低级趣味等等，这些都是属于社会主义内容的东西。

有的人不赞成民族形式这个提法，其理由也很难站得住。

有人引用列宁所说：“每个民族里面也都有资产阶级的文化（大多数的民族里还有黑帮和教权派的文化），而且这不仅是一些‘成份’，而是占统治地位的文化”。⑦单从这段话，似乎可以说明民族形式有害无益。然而列宁在同一篇文章中还说：“每个民族的文化里面，都有一些哪怕还不大发达的民主主义和社会主义的文化成份，因为每个民族里面都有劳动群众和被剥削群众”。如果由于西方社会占统治地位的是资产阶级文化，就一概反对，岂不是连西方的现代建筑也都在反对之列了吗？我们所说的民族形式，是和社会主义内容联系在一起的。是为了通过切合国情而又为人民乐于接受的形式，来更好地促进社会主义内容的发展，其核心是更好地与社会主义建设和人民群众的需要相结合。有人认为，这是让建筑师去“迁就”群众的喜爱，让高水平“迁就低水平”，必然会妨碍建筑师的创造性。这是不对的。事实上越是结合群众的需要，越可以充分发挥建筑师的聪明才智。

有人说，民族形式必然要排斥新的科学技术。这也不对。民族形式是要求在旧有的基础上有所发展，有所创新，这就需要新的科学技术。有一位印度建筑师认为，现代建筑运动是沿着欧洲的历史文化传统发展起来的。如果这个运动不是发生在欧洲，而是发生在印度，今天的现代建筑就会是另一种面貌。然而现在发展中国家有这样的现象，面对着西方的文化优势和科学技术优势，往往对自己民族的优秀传统丧失了自信心，这很成问题。我完全赞成他的意见。中国建筑师应该创造有中国特色的现代建筑，来丰富世界的现代建筑。

认真学习外国和所谓“时髦建筑”

我们是鲁迅所说的“拿来主义者”，主张学习外国。这可以开阔眼界，启发思路，丰富我们的技术手段和艺术手段。在学习过程中，搬用一点人家现成的形式，只要是精华，出于中国自身的需要，也未尝不可。譬如“五四”以来，我们的文学界翻译了大量的外国文学作品，对促进文学创作是起到了积极的滋补作用的。这也算是一种搬用吧。但翻译小说是外国文学，这在文艺界是没有争议的。我发现建筑界却不同，一些同志认为中国的现代建筑就是照搬外国，此外无路可走。他们对于外国的东西，纯粹象列宁所说的：出于“对盛行于西方的艺术时尚的不自觉的尊敬”，不问妍丑好坏，只从新鲜时髦出发，盲目地跟着人家跑，以学到一点表面皮毛为满足。我认为这样做，是搞不好真正的现代建筑的。我曾替它起了一个外号，叫做“时髦建筑”。

有一篇文章自称是时髦派，说赶时髦有种种好处，无非是说：现代建筑是赶时髦赶出来的，还把时髦建筑说成是学习现代建筑学得不象的低级阶段；说还有象格罗庇斯等大师那样的“高级时髦的东西”。其实格罗庇斯过去曾对这一问题作过一些剖析。他说：“新建筑的发展一开始就遭到严重的障碍。互不相容的理论和教条，在建筑师个人宣言中的申明，全都对主要结局助长了混乱。……其中最糟糕的是‘现代’建筑在某些国家里被当成时髦；由于形式主义地模仿和讲求外貌的结果，曲解了这个文艺复兴(指现代建筑运动)所根据的基本真理和朴实性”。⑧这些话可以算作对“时髦派”的回答。

实践中常常存在一种绝对化、一窝蜂的毛病：看到有糟粕，就连精华也一概拒绝；一说学习外国，就不管好赖全部照搬，等发现出了毛病，又回到一概拒绝的老路上去。要从这种恶性循环中解脱出来，我认为关键在于划清时髦建筑与现代建筑的界限。其界限在于：一、动机不同，前者只是追逐新奇，后者是为了充分利用现代科技成果和先进的生产力；二、态度不同，前者对外国的东西不求甚解，不分精华糟粕，缺乏认真学习的态度，后者对外国的东西则讲究取其精华、弃其糟粕，尽管一时分辨不清，或者学得不象，但只要态度认真，错了的就能纠正，就有可能从学得不象转化为学到手甚至有所超过；三、着眼点不同，前者着眼于表面形式，后者着眼于方法、途径和科学的精神实质；四、手法和作风不同，前者在设计手法、形式与功能的关系上，不惜弄虚作假，哗众取宠，后者则讲究实事求是；五、效果不同，前者的作品尽管可以风行一阵子，但由于脱离实际，脱离科学，难免过时，后者由于具有科学性和朴实性，能经得起历史的检验。这五条界限的核心，我以为在于认真的实事求是的态度。

注：

① 贝多芬给威廉·麦尔哈德的信。

② 保尔·海约：《建筑师论建筑》。纽约1966年版第203页。格罗庇斯，原德籍犹太人，为现代建筑运动的带头人之一，国际著名的建筑理论家、建筑大师及建筑教育家；希特勒时期逃亡美国，任哈佛大学建筑系主任。包豪斯是格罗庇斯在德国创办的建筑学院的名称，人们常把它作为格罗庇斯学派的代名词。

③ 同上书，第208页。

④⑤ 《且介亭杂文》。

⑥ 《列宁论文学与艺术》。人民文学出版社1983年版，第434页。

⑦ 《列宁全集》第20卷第6页。

⑧ 格罗庇斯：《新建筑与包豪斯》。伦敦版第20页。

关于建筑业体制改革的思考

杨　慎

正确估价几年来的改革成就

自从六届人大二次会议通过建筑业率先进行全行业改革以来，到现在整整两年半，如果从单项改革和局部试点算起，已经有八个年头。考察建筑业的改革成果，应把“六五”作为一个完整的历史阶段进行分析，才能得出比较全面的结论。前一个时期，人们对建筑业的改革议论较多，多数认为改革取得了巨大成功；也有的说变化不大甚至是“旧体制的循环”等等。总之，褒贬不一，各有各的看法。由于各地情况和条件不同，客观事物发展也不平衡，这种认识上的差异是很自然的，随着改革的深入，各种看法将会逐渐趋于统一。我认为，评价体制改革的成败得失，首先要有一个客观的标准，这个标准既不能离开社会效益单纯看企业自身得到多少好处，也不能离开企业和行业的兴衰，只讲社会效益的一面，正确的看法应该从二者的结合上看是不是促进了生产力的发展，是不是调动起广大干部和群众的积极性、创造性。根据这样一个观点，我认为这几年建筑业改革取得的成就是显著的，在某些方面甚至可以说是取得了带有突破性的发展。集中表现在以下三个方面：

第一、社会效益明显提高。

赵总理指出，建筑业的改革要围绕缩短工期、降低造价、提高工程质量和投资效益来进行。现在看来，这个要求已经初步实现。“六五”期间，我国建筑业完成社会总产值5 605亿元，比“五五”时期增长94.7%；建成各类工程项目17.5万个，其中大中型项目520个，新建公路8 352公里，交付运营铁路2 238公里，新增发电装机容量2 030万千瓦，增加煤炭开采能力8 127万吨。这一时期建成的各类房屋总量达9.8亿平方米（不包括农村），其中住宅6.3亿平方米，平均每天交付使用6 904套。据有关部门调查，我国城镇居民的人均居住面积从1980年的3.9平方米，增加到1985年的6.3平方米；农民住房由9.4平方米增加到14.7平方米。每完成1 000平方米房屋的施工天数，从1982年的162天缩短到1984年的138天，1985年又缩短为132天。建设一个10万平方米的住宅小区，只需一年到一年半就可完成；六层以下的办公楼、标准厂房、学校、住宅，一般七至八个月就可交付使用。全行业五年提供国民收入1 340亿元，相当于前三十一年总和的63.6%。同一时期，勘察设计单位也进行了事业单位企业化经营和方案招标为主要内容的改革，建筑造型呆板单调、千篇一律的状况正在改变。

第二、企业活力有所增强。

旧体制下建筑企业吃大锅饭的状况相当严重。随着建筑市场开放和招标承包制的推行，大多数企业摆脱了单纯依附行政主管部门的状况，任务自己找，盈亏自己负，企业处置人财物的权力相应扩大，自主经营和自我发展能力比过去增强。“六五”期间全民所有制企业（包括各地区、各部门）共实现利润118亿元，扣除上交利税和能源交通建设基金，企业留利69.8亿元。按年度计算的人均留利水平1981年为196元，1985年为346元。这个留利水平在全国各行业虽属中间偏下，但毕竟比过去好多了。当前主要问题是企业底子薄，承受风险能力差，特别是许多老企业退休职工多，住房紧缺、设备老化，面临困难更为突出。

由于增加了投入，建立了生产发展基金，五年新增固定资产64亿元，技术装备水平也比过去提高。在分配制度改革方面，实行工资含量包干，打破了多年来懒勤不分、平均主义的计酬办法，职工收入增加，对稳定队伍，推动生产起了重大作用。

第三、城市改革突破口的作用开始显露出来。

在拟定改革方案时，我们便注意到搞活微观和提高社会效益的一致性，力求使改革目标、改革内容和政策措施符合国家总体改革的方向。现在看来，建筑业的改革在总体上符合社会主义有计划商品经济的原则，在多方面起到了先行一步的作用。例如，在运用市场机制方面，大力推行招标投标，促使企业从经营性承包向竞争性承包转化，让企业

本文为城乡建设环境保护部副部长杨慎1986年10月30日在中国建筑业联合会成立大会上的讲话摘要。

在价值规律作用下凭真本事谋生存、求发展，去年新开工程实行招标承包的已达15 246个，竞争使企业增强了市场观念、信息观念和时效观念，并为国家节约了大量资金；在改革企业经营机制方面，按照分权、联责、联利的原则，划小核算单位，推行各种形式的承包经营责任制，改变了上层集权过多、管得过死的状况，促进了所有权与经营权的分离。1985年全国实行预算包干、单方造价包干、小区综合包干的工程共有10.6万个，占在建工程总数的56.2%；在所有制结构改革方面，遵循提高国营、发展集体的方针，初步形成以国营为主导、多种经济形式并存的格局，1985年全民、城乡集体和个体经济从业人员的比重分别为33.5%、66.2%和0.3%，基本上改变了国营企业"一统天下"的局面，推动了企业间的横向联合。在分配制度上，实行多元化工资管理制度，将国家对职工一个层次的分配，改为国家对企业、企业对职工两个层次的分配，扩大了企业在工资分配上的处置权。同时，在部分城市进行了行政管理体制改革的试点，探讨政府从直接经营管理企业转向综合运用调节手段管理行业的途径，凡是试行这一改革的地方，都促进了政企职责的分开，加强了行业管理。

当前存在的主要问题

建筑业的改革是在城市经济体制改革尚未全面展开的情况下进行的。它一方面借助行政力量的支持，可以在较大范围内进行改革和试验，一方面又不可避免地遇到同旧体制的剧烈摩擦，即人们常说的"你改我不改，下改上不改，政策不配套，措施不同步"，甚至对某些成功的改革以种种借口向企业收权。而在行业内部，由于传统体制下形成的旧观念、老办法仍然发生作用，也为改革带来一些新问题和困难。当前大家反映较为集中的，有以下几个问题：

第一，企业外部环境尚不宽松。

这几年由于计划体制、物资体制、金融体制和价格管理体制改动较少，设想的市场体系尚未形成，有些改革措施推迟了出台时间，建筑业缺乏独立生产经营条件的状况还没有根本转变，钳制企业发展的客观因素依然很多。例如建筑材料随投资走的供应方式喊了多年要改，但至今实行包工包料的为数很少；工程建设计划安排也没有跳出一年一定的老框框，投资单位和施工单位吃了上顿不知道下顿，在建工程越来越多；固定资产折旧率低，退休金大量超支的状况没有解决；特别是实行全额信贷后，原材料价格上涨，费用开支增加，流动资金和预算定额却没有相应调整，企业包袱越来越重，资金普遍紧张。以建设部系统为例，1985年国营企业留利只有7.1亿元，而拖欠工程款就有5.9亿元，今年上半年又增至6.6亿元，再加上购买国库券2.1亿元，不但没有盈余，反而靠专用资金和银行贷款弥补缺口。这种状况如不从政策上给予扶持，必将严重抑制企业活力，给深化改革造成新的困难。

第二，部分工程质量下降。

近几年建设的国家重点工程、大型公共建筑、高级和高层建筑质量有明显提高，这一点大家都承认，但是量大而面广的一般建筑质量多数下降。据建设部统计，"六五"期间共发生重大质量事故2 285次，倒塌事故406起，死亡556人，重伤885人，平均每四天半发生一起倒塌事故。为了扭转这种状况，1984年以来采取了一系列措施，质量下降的局面开始得到了控制，但尚未根本好转。今年抽检的97个建筑企业，质量全部合格的只有6个单位，有10个单位质量都不合格，在抽检的100个构件厂中，合格率只有63%，有些过去已经基本消除的质量通病又不断发生。虽然抽检的工程和构件有一定的随机性，但质量粗糙低劣的现实我们不能回避。工程质量低劣是最大的浪费，已给国家和人民生命安全造成难以弥补的损失，严重地败坏着企业信誉和改革声誉，必须作为突出的问题来对待和解决。

第三，建筑市场混乱，不正之风比较严重。

这方面的问题主要表现在越级承包、粗制滥造、刁卡用户、行贿受贿等现象屡禁不止，有的内外勾结，坑害国家，已构成犯罪。经过半年多的整顿，共取缔无证营业和越级承包1万4千多项，立案调查的经济违法案件500多起。整顿建筑市场的工作受到各地领导同志和建设主管部门的重视和支持，许多省市主要负责同志亲自部署动员、督促检查，使这项工作得以顺利展开，堵塞了管理漏洞，狠刹了行业不正之风。根据国务院领导同志指示，这项工作要继续进行下去，并同精神文明建设结合起来，使之成为行业管理的一项经常任务。我们认为，作为社会主义市场体系，既应有一般商品市场的物质内容和交换原则，又要坚持社会主义方向，不能对坑害国家和用户的行为听之任之。当前需要注意的是，不要把整顿建筑市场与开放、搞活对立起来，或借整顿之名行封锁之实，重新关起大门，排斥竞争，走地区封锁、部门分割的老路。

第四，行业管理没有理顺，政出多门的状况没有改变，工作交叉、业务重复、互相扯皮的现象有增无减。这个问题久拖不决的主要原因，是官僚主义作祟。为了不贻误工作，今后凡是上边两个部门互相扯皮打架的事情，各地可报请当地人民政府自行决定按哪一个文件执行，也可结合本地实际情况自己制订相应的文件。

上面这些问题，有的是新形势下改革不配套造成的，有的虽与改革没有必然的联系，但也发生在改革的过程中。解决这些问题的根本途径，是补充、完善各项改革措施，对已进行的改革要坚定不移，加速新旧体制的转换进程。除此之外，是没有别的出路的。

今后改革的设想

根据“七五”期间经济体制改革的三项任务，建筑业改革要在已有的基础上，突破改革难点，加速体制转换，推进企业由生产依附型向生产经营型转化，加强行业管理，改革经营机制，使之逐步承担起促进经济和社会发展、为国家积累资金的重任。实现这一目标，需要从多方面采取措施，这里着重商讨五个问题。

（1）实行建筑商品生产经营责任制

前一阶段建筑业的改革，主要是围绕经营方式、分配制度、队伍结构和内部承包等方面展开的，宏观方面的改革进展不大，企业还没有成为相对独立的商品生产者和经营者。根据发展有计划的商品经济的总要求，建筑业改革要取得大的突破，必须与完善市场体系相适应，摆脱劳务承包为主的模式，实行建筑商品生产经营责任制。所谓建筑商品生产经营责任制，就是在承认建筑产品是商品的前提下，由建造单位按照商品生产和流通的一般原则，组织设计、施工和安装，并对最终产品的形成全面负责。其经营方式主要有两种：一是按照交钥匙的方式实行总承包，相应改革现行工程建设的组织结构、材料供应和资金供应方式，发展设计、施工、科研一体化经营，具体组织形式不必拘于一格，可以组建企业集团，也可在有偿互利的基础上实行横向联合。国际上大型工程投标，很多都是采取几家公司联合组成企业集团的方式共同竞标，我国中建公司在国外投标时也采用这种作法，由总承包单位负责委托设计、设备订货、施工安装等完整的建设过程，权、责、利十分清楚，内部也很少扯皮。今后大型企业应朝这个方向发展，充分运用自己的技术和管理优势，在更高的层次上开展竞争。二是开发经营盈利性建筑，如住宅、商店、停车场、办公楼、标准厂房等，直接向社会销售。同时还可开展改造旧房业务，我国城市现有各类房屋46亿平方米，多数标准较低，设施简陋，从结构到内部装修，有许多需要进行改造，如果组织经营有方，这是一笔相当可观的生意。过去大家主要担心钱和物不好解决，随着生产资料市场的开放和金融体制的改革，经营商品房的条件也会逐渐成熟。只要我们以开拓创新的精神，积极朝这个方向转化，就会给企业带来新的生机。

（2）改革产品价格

要使建筑业真正成为增加财政收入、积累资金的行业，必须解决建筑产品价格“低、死、乱”的问题。改革的主要内容是：

第一、合理调整建筑产品的利润水平，将计划利润从现在的2.5%提高到15%左右。在步骤上可分两步走：第一步“七五”期间先提高到10%；第二步从“八五”起提高到15%。可能有人担心这样会造成投资膨胀或建设内容缩小，从第一年看可能会出现这种状况，但是从社会资金运动的全过程看，这种担心是完全不必要的。今后企业资金实行有偿使用，目前一般贷款利息已达7.42%，继续维持2.5%的利润率是难以持久的。

第二、调整产品价格构成。建筑产品定价原则应同一切商品一样，除成本、利润外，还应将营业税（产品税）一并计人产品价格，这样既可反映建筑产品的商品属性，也可为国家增加巨额财政收入。

第三、改革产品计价方法。现行按企业所有制性质和隶属关系取费的办法，已不适应招标承包制的发展，不利于在同等条件下开展竞争。改革的方向是，在简化全国统一建筑安装工程项目、计量单位和工程量计算规则的基础上，建立组合式价格结构，使价格成为促进技术进步的杠杆。

上述改革设想建设部正与有关部门研究，各地区、各部门也可组织力量积极探索。需要指出的是，我们主张改革建筑产品价格，绝不是为了给企业争利，更非靠调价发财，而是改革现实经济生活中不合理的价格体系，为实现等价交换、平等竞争创造一个起码的条件。

多年来我国建筑业所以颓衰不兴，主要是陈腐观念的束缚太深，认为建筑业赚钱是“资金空转”，把一个最具有活力的物质生产部门视为基本建设的附庸。因此，每逢压缩基建规模时，往往先拿建筑业开刀，其结果事与愿违，人为地价值转移不但使建设规模越砍越大，建筑业却成了非经济手段刀下的替罪羊。三十多年来的历史经验证明，任何违背经济规律的办法总是不能持久的，与其晚改不如早改。五十年代的苏联，把建筑业的利润定为2.5%，以后建筑业衰退了，不得不于七十年代把利润提高到6%，八十年代初又提高为8%。此外，每年还拨给数十亿卢布投资用于建筑业的技术改造，这个历史事实很值得我们深思。改革建筑产品价格牵动面广，关系到和全面价格改革协调同步的问题，需要在调查研究的基础上有重点、有步骤地进行，近期先在少数中心城市组织试点。

（3）进一步调整所有制结构

如前所述，目前我国建筑业的经济成份已经有了很大变化。今后要进一步增强企业活力，必须改革企业经营机制，调整所有制结构的内涵，从根本上解决企业活力不足的问题。社会主义已经实现了生产资料的公有制，这是不可动摇的经济基础和政治根基，然而社会主义的经济形式却应该是多样的。我们现有企业的一个致命的弱点，就是没有很好解决劳动者同生产资料的直接结合问题，从而难以充分和持久地调动起广大职工的积极性、创造性。解决这个问题，必然涉及到公有制内部所有制形式的改革，走承包、租赁、和股份制的路子。

关于租赁、承包，大家已有较多的经验，关键是步伐如何迈得更大些。目前多数企业仍局限于小型机具和临时设施等的承包，真正按核算单位搞经营性承包的还是少数。今后应按照所有权与经营权分离的原则，广泛推行各种形式的承包经营责任制，把企业包给个人或集团经营，有条件的单位可以试行小型企业租赁制，这样没有什么风险，因为它并不涉及所有制问题，真正危险的是把企业让那些无能的人去管理。

关于股份制问题，理论界认识并不一致，但这并不妨碍在实践中探索。根据建筑施工的特点，由一个总包单位全面负责，多家企业联合承包，将是今后企业组织体制改革的基本方向，而这种联合势必突破传统的分工界线，既包括设计、施工、科研、金融、物资单位间的联合，也包括不同所有制企业间的联合。因此，在利益结构上如何把它们联结在一起，就成为一个必须研究解决的问题。我主张把这类实行联合的企业改为国家、企业和职工参股相结合的混合所有制，建立社会主义企业新的组织模式。合股企业定股原则主要按资金投入数额确定，其中国家投资形成的固定资产可按现值计算，企业股金按利润留成形成的固定资产和流动资金计算，职工入股以股票的形式折计，合股后企业成为具有法人资格的经济实体，盈利按股份分红，亏损风险共担。这样改革后，生产资料公有制性质和国营企业的主导地位没有变，但把国家、企业和职工的利益紧密地连接在一起，使所有制关系人格化，有利于改变过去名为全民所有但谁都不负责任的状况，使职工从物质利益上更加关心企业的经营活动和技术进步。

除国营企业外，集体企业也可实行资产股份化，即将原来职工集资形成的资产（包括固定资产和流动资金）以及劳动积累形成的公积金，按工龄作股分给个人。这种股金不同于股票，原则上不能转移和出售，只能用于分红，职工离开企业，股金收归企业所有，也不再享受分红的权利。

（4）大力提高企业素质

搞活企业通常需要从两方面着手，一是努力改善外部环境，解决经营条件问题；二是改进企业管理，提高企业素质，着眼于内部挖潜。后者是当前管理工作中的一个薄弱环节，必须大力加强。

提高企业素质要同企业管理升级工作紧密结合起来，尽快制订升级标准和评审实施办法，使企业有明确的奋斗目标。企业升级要突出工程质量，全面加强基础工作，按照管理现代化的要求，使原始记录、计量、标准、定额和规章制度等基础工作规范化。这项工作正在拟订方案，1987年全面展开。开展企业升级是彻底改变企业落后面貌的一项战略性措施，必须加强领导，作出规划，扎扎实实地组织实现。

人才是提高企业素质的关键，也是振兴发展的根本，我们要缩小同先进国家的差距，必须采取切实措施培养一大批工程技术和经营管理人才，对基层管理人员无论是国营企业或集体企业，都要实行强制培训，通过考试发放岗位证书。没有取得证书的，一律不准上岗。当前高级工数量少是影响质量提高的重要因素，据部分企业调查，实际技能达到规定要求的高级工只占2.6%，因此要把培养高级工放到重要位置，并在全行业设立技师职称，力争用五年左右的时间使高级工比重达到5%以上。

为了提高企业素质，推动企业升级，还要组织若干个示范企业，这种示范企业在领导制度、组织体制、经营方式和管理方法等方面与现有企业应有较大的不同，能体现出管理效能的先进性，做到“管理现代化，质量第一流，改革有特色，效益高一筹”。有关示范企业的标准和具体做法，将另行颁发。

（5）加强行业管理

党中央关于“七五”计划建议和赵紫阳总理的报告，都一再强调加强行业管理的重要性。行业管理包括规划立法、产业政策、组织体制、调节手段以及行规行约等，工作领域很宽，是一项庞大的系统工程，现在由于上面政出多门，许多工作不能深入系统地进行。这个问题我们将继续反映，争取早日解决。这里着重谈一下中心城市和省一级行业管理机构的问题。随着政企分开和企业下放，政府管理经济的职能将相应转变，从过去以纵向为主的直控型转为以横向为主的按行业管理，这是发展商品经济的需要，也是历史的必然。今后中心城市行业管理机构如何设置，南京、重庆、沈阳、南昌、哈尔滨、济南等中心城市成立统一的行业管理机构的作法，受到各方面的肯定，有条件的地方可以参照他们的经验扩大试点。

关于省一级建筑业管理机构的设置问题，根据中央有关精神，主要由省（市、区）人民政府根据情况确定。近来许多省市反映，建设厅（建委）建筑业管理工作繁重，人手不足，行业管理削弱；而有些建筑总公司则反映，政企职责交织，有劲使不上。但都认为行业管理应该加强，多头分散的管理体制已难以适应形势发展的需要。这个问题在全国政治体制改革方案未定以前，可以继续探索，有条件的省市也可以组织试点，不必强求一律，关键是看怎样设置有利于加强行业管理。

改革是促进我国经济振兴的首位任务，同时又是一项史无前例的庞大的系统工程，只能在探索中前进，在实践中完善。我们要充分认识新旧体制转换的艰巨性和复杂性，以开拓的精神，求实的态度，埋头苦干，大胆探索，坚定不移地把建筑业的改革不断推向前进。

商品化引入住宅建设后

胡思升

城市综合开发——旧城改造，新区建设，各种公共设施的建设——走出了新路子，一种新的行业应运而生。近两三年来，安徽省、市的各种房屋开发公司纷纷成立，目前约有一百五十余家。据估算，全省的房屋开发公司施工面积达三百五十点五万平方米，竣工面积一百四十七万平方米，已占全省施工和竣工面积的一半左右。安徽省、市各级政府对这一新行业给予了积极的扶植。实践已经证明，以统一开发为己任的房屋开发公司，革除了过去单位分散建设的种种弊端和混乱局面，使城市规划和基建计划这“两张皮”合在一起。

但是，无数事实表明，陈旧过时的框框、固步自封的观念，仍然严重地束缚着这一新行业的发展，阻碍着新路子的开拓。

把旧城改造成新城。离不开走住宅商品化的路。住房是商品，但在我国大部分地区，目前仍被列入基本建设的固定资产投资范围，这当然会造成不适应的局面。一说控制“基建规模”，就往往容易在住宅建设上开刀，而不问住宅商品市场的需求和住宅建设会不会冲击国家重点建设。现在该是从体制上研究这一课题的时候了。

建造商品住宅，目前的趋势是造价不断上升。马鞍山市商品房的每平方米造价，一年内从一百九十四元上升到三百零一元，提高了55%。为什么？主要原因是住宅建设的一切公用设施的配套费用，一古脑儿转嫁到住宅建设成本费中。学校、卫生所、邮局、粮店、商场、派出所、道路等等，都要无偿“占领”阵地，甚至有的采取“讹诈政策”，“你不给就叫你们难以做成‘开门七件事’”。安徽某地新建一小区，不仅要无偿提供中学校舍，连中学职工的住宅也要在小区内分配。对于诸如此类的硬性摊派，国家有关方面已经明确指出不行。商店应该实行企业化经营，商店用房造价怎么能打入住宅建设成本呢？

此外，各种税费也不少。马鞍山市1984年以来增加名目繁多的税费十三种，每平方米建筑面积要分摊五十点二元。事实证明，只有减少“苛捐杂税”，住宅商品化和个人购房的步伐才能大踏步前进。这个道理是显而易见的。

值得一提的是，据安徽的统计，这几年有计划指标购房的不到40%，无计划指标购房的却占60%以上。这表明，计划之内建造商品房已经远远不能满足社会的迫切需求，而市场调节的补充作用正日益见强。

房屋的商品市场，到底应该加快其产销速度，还是加以堵塞？只要资金来源正当，是允许购买者购房，还是必须受基建指标限制？这些是关系到住房制度改革和住房商品化能否推进的重要问题，应该引起有关方面注意，得到妥善的解决。

（摘自1986年9月5日《人民日报》）

中国建筑年鉴

2

行业综述

建筑业发展概况

傅仁章

一

1985年至1986年，随着城乡建设规模的扩大和经济体制改革的深入发展，我国建筑业又取得了令人瞩目的成就。主要经济技术指标大幅度增长，胜利地完成了第六个五年计划（1981～1985），管理体制改革取得了突破性进展，人民群众从变化着的城乡面貌中看到了改革的希望。建筑业的产业形象开始发生转折性变化，并且进入了建国以来最活跃的历史发展时期。

〔“六五”期间取得重大成就〕 这一期间，建筑业完成总产值5631亿元，比“五五”期间（1976～1980）增长94.7%，占全国社会总产值的比重由1980年的9%上升到1985年的10%；创造国民收入1 360亿元，比“五五”期间增长98.8%，占全国国民收入的比重由1980年的5%上升到1985年的5.65%。“六五”期间共建成各类房屋44.8亿平方米，按城乡划分为：农村建房32.4亿平方米，农民人均住房由1980年的9.4平方米增加到1985年的14.7平方米。城镇建房12.4亿平方米，其中住宅6.3亿平方米，平均每天交付住宅6 904套。城镇居民的人均居住面积从1980年的3.9平方米增加到1985年的6.3平方米。建设速度较快的一些城市，面貌发生了显著变化，居住状况有所改善。北京市五年中建成各类房屋3 942万平方米，接近建国初期两个老北京的建筑面积；上海市五年中建成各类房屋3 825万平方米，相当于建国初一个旧上海；天津市五年中建成的房屋比“五五”期间增长80%以上。经济特区的建设更令人兴奋，以深圳为例，这个城市基本上是在“六五”期间建设起来的，由一个只有两万人口、几万平方米房屋建筑的边陲小镇，一跃而为拥有30万人口、几百万平方米房屋建筑的现代化城市。

“六五”期间，建成工业交通、科研教育、商业旅游和公用设施等各类建设项目17.6万个，其中大中型建设项目520个。新增的生产能力主要有：发电装机2 022.6万千瓦，煤炭开采能力8 127万吨，交付运营的铁路通车里程2 238公里，新建公路8 352公里，港口吞吐能力9 983万吨。这些项目的建成交付使用，对加快我国社会主义现代化步伐起了重要作用。如南疆铁路横跨天山南北，沿线地形、地质和气候条件都很复杂，所经地段除戈壁、沙漠外，一半以上是险山峻岭、泥石流、冰积垄、盐碱沼泽地，并在海拔3 000米的冰雪达坂上开凿了6 152米的隧道。这条铁路的建成，大大缩短了吐鲁番到塔里木盆地的距离，沟通了内地与边远山区的联系。引滦入津工程的完成，使天津市有了一个稳定可靠的水源和一个完整的输水系统，正常年景每年可供水10亿立方米，解决了天津历史上长期缺水的问题。上海石化总厂二期工程的投产，可年产涤丝原料20万吨，加工成纯涤编织物后可回笼货币30亿元。北京国际电信局安装的国际电话和电报程控装置，实现了北京地区国际电话自动化，为日益扩大的国际交往，提供了现代化通讯手段。

此期间，建筑业自身也有了显著进步：一是从业人数增加，由1980年的1 044.1万人，发展到1985年的1 728.4万人，其中全民所有制建筑职工为579万人，城镇集体所有制建筑职工为354万人，农村建筑队为790万人；二是技术水平提高，掌握了具有国际先进水平的大型工业建筑的施工技术，完成了北京石化总厂扩建工程、宝钢一期工程、秦山核电站、扬子乙烯工程和气象卫星资料接收处理系统工程等结构新颖、难度较大的项目，高层、高级民用工程施工技术得到了迅速发展；三是盈利和上交利税增加，五年中全民所有制建筑企业共实现利润118亿元，上交国家（税利及能源交通基金）48.2亿元，企业留利69.8亿元，其中建设部系统实现利润65亿元，上交国家24.5亿元；均比“五五”时期有较大的增加；四是劳动生产率和职工收入提高，以全民所有制建筑企业为例：全员劳动生产率1980年为4 263元，1985年为7 630元，提高79%；职工平均工资1980年为921元，1985年为1 485元，提高61.2%。目前，建筑企业自我改造、自我发展能力虽然还困难很多，但同“五五”时期相比毕竟有了很大增强。

〔1986年取得的新成就〕 从这年起进入了“七五”（1986～1990）时期。这一年，建筑业的工作方针是：深化体制改革，整顿建筑市场，推动技术

进步，提高工程质量。全年完成总产值1 954亿元，比1985年增长18%；创造国民收入469亿元，比1985年增长18.4%；竣工房屋面积15.1亿平方米，其中农村11.7亿平方米，城市3.4亿平方米，分别比1985年增长31.9%和2%；全民所有制建筑企业全员劳动生产率为8 635元，比1985年提高13.2%；职工平均工资为1 670元，比1985年提高12.5%。

二

〔**体制改革继续向纵深发展**〕 自1984年9月18日国务院发出《关于改革建筑业和基本建设管理体制若干问题的暂行规定》后，全国29个省、自治区、直辖市都作出了补充规定和具体部署，建筑业的改革呈现出前所未有的活跃局面。这个文件中规定的有关建筑业改革的各项内容，基本上都一一落实下下，并取得了明显的进展。有的改革措施虽然效果尚未反映出来，但人们的思路和工作方式发生了积极变化，为全面改革提供了条件。

到1985年底，全国在建的659个大中型建设项目中有300多个实行了不同形式的投资包干；按合理工期组织建设的169个国家重点建设项目有103个实行了投资包干。工程建设招标承包制，已从小型民用工程扩大到大中型工交项目，从施工招标扩大到设计和项目招标。1986年全国全民建筑企业施工的18 578万平方米房屋建筑面积中，用各种承包方式施工的为14 924万平方米，占全部工程面积的80.3%。其中投标承包的3 097.2万平方米，占16.7%(按当年新开工程施工面积计算约占18.9%)；概算或施工图预算加系数包干6 907.8万平方米，占37.2%；平方米造价包干和小区综合包干3 165.6万平方米，占17%；其他方式为1 624.3万平方米，占8.7%。此外，分配制度、用工制度、工程质量监督、城市房屋综合开发、住宅商品化和建筑设计、科研体制改革等，也都有了明显进展。我国建筑业发生的变化可以简要概括如下：开始突破产品经济模式，向有计划的商品经济转化；开始突破“大锅饭”的分配制度，向多层次按劳分配转化；开始突破单一固定工制度，向弹性建筑队伍结构转化；开始突破一种所有制只能有一种经营方式的束缚，向生产资料所有权与经营权适当分开的方向转化；开始突破分散投资、分散建设、自成体系的小生产建设方式，向统一开发、统一建设、商品化经营的生产方式转化。所有这些，都增强了企业活力，调动了职工的积极性，改革的效应开始局部实现。

〔**建筑业改革理论与实践讨论会**〕 为了总结改革经验，探索新的改革措施，建设部于1985年3月和1986年6月，召开了第二次和第三次建筑业改革理论与实践讨论会。第三次讨论会在徐州市举行，有140多人参加，收到论文60多篇。这次会议基本上统一了对“六五”改革成就的认识，明确了“七五”改革的重点。多数同志认为，经过七年多的改革，产业形势发生了转折性变化，管理体制取得了突破性进展，建筑业跨入建国以来最活跃的历史发展时期。对于“七五”改革任务，遵照国务院关于大力发展建筑业，使之成为促进整个国民经济和社会发展的支柱产业的要求，大家认为必须按照有计划的商品经济原则，调整行业的组织结构，全面推进以招标承包制为重点的各项改革措施，使建筑企业的运行机制进入新的轨道。会议初步议定：补充完善已经出台的改革措施，巩固和发展改革成果；简政放权，进一步增强大中型企业活力；调整建筑产品价格，为国家增加积累；积极推行住宅商品化，增强产业活力；深化所有制改革，实行承包、租赁和股份制；加强行业管理，转变管理职能等，作为深化改革的主要内容，加快改革步伐。

北京大学厉以宁教授作了录音发言。中共中央党校吴振坤教授提出了发展建筑业的“三化”主张。吴振坤认为，要使建筑业成为国民经济的支柱产业，从外部条件看，必须解决建筑行业独立化、建筑产品商品化和建筑产品价格合理化三个问题，引起与会者的广泛兴趣。

〔**整顿建筑市场**〕 针对改革中出现的问题，全行业突出抓了确保工程质量和整顿建筑市场等项工作。据建设部统计，“六五”时期共发生重大质量事故2 285起，倒塌事故406起，死亡556人，重伤885人。为了扭转这种状况，建设部及各部门、各地区采取了一系列治理措施。1986年开始的整顿建筑市场工作，是改革的继续，是为了克服改革中出现的消极因素，巩固和完善改革成果而采取的措施。整顿首先从北京市开始，继而推行到全国。整顿的范围在城市。整顿的重点是取缔无证设计、无证施工和越级承包工程的违法经营行为；查处内外勾结、行贿受贿、坑害国家的行为；查处出卖营业执照、银行帐号和转包渔利的行为；查处弄虚作假、偷工减料，造成重大事故的行为；纠正高估冒算、敲竹杠、设梗刁难用户的行为。各地政府对这次整顿工作都很重视，并对查出的问题积极进行了处理，从而推动了改革事业的健康发展。1986年9月23日，建设部向国务院提出了《关于整顿建筑市场情况的报告》，经国务院同意，由国务院办公厅批转各地执行。

三

〔**编制并颁发建筑技术政策**〕 为推动建筑行业的技术进步，1984年建设部成立了建筑技术政策编制小组，在总结过去经验的基础上，着手编制建筑技术政策。有几百名专家和实际工作者参加了论证和编写工作。经过一年多的努力，1985年11月定稿，1986年初建设部批准颁发实施。这部建筑技术政策，是国家公布的十三项重大技术政策的延续，它从我国实际出发，全面阐述了建筑技术政策应该遵循的指导思想和原则，是对我国建筑技术成就的高度概括和总结，它的编制和颁发实施不仅填补了我国在这一领域的一项空白，而且为实现2000年全国科学技术的宏伟目标指明了方向。

建筑技术政策是个总称，它的文件内容包括：《建筑技术政策纲要》及《建筑产品设计技术政策》、《建筑施工技术政策》、《建筑材料与制品技术政策》、《建筑设备技术政策》、《建筑勘察技术政策》、《建筑标准化技术政策》、《建筑科学技术管理政策》和《建筑业推广应用电子计算机技术政策》等八项具体政策。在这部政策中，贯穿了一个鲜明的指导思想，就是力图体现建筑业是国民经济的一个重要部门，建筑产品也是商品。建国以来，由于历史条件的限制，建筑业没有得到应有的重视，甚至被认为是一个耗用基本建设投资的消费领域，其基本生产要素被人为地割裂开来，局限为出卖劳务的施工队伍。为此，在政策中特别强调了两点：一是建筑业是一个产业，在这个产业中的所有生产技术活动都要围绕最终产品（即房屋、构筑物）来进行，使之能进入市场，成为商品，为国家积累资金；二是向关联产业提出需求，除了大宗材料如钢材、木材以及砖、瓦、灰、砂、石外，还有机械设备以及各种轻化工产品等，大体上一元钱的建筑业净产值，要引出三至四元钱的工业产值，促进关联产业的发展。

〔**建筑技术进步的方针和任务**〕 这是制定建筑技术政策的主要依据。主要内容是：从我国国情出发，合理开发利用土地、材料、能源、资金、智力等资源，围绕建筑业最终产品的发展，因地制宜地采用新技术、新工艺、新材料、新设备，按社会化的生产方式多层次地调整和发展行业生产结构、技术结构和组织结构，加速我国建筑工业化、现代化的步伐，并使勘察、设计、施工、材料和设备生产以及经营管理协调发展，以取得建筑技术的整体进步，迅速而有效地改善功能，提高质量，最大限度满足国民经济各部门和人民生活的需要。这里最重要的是围绕建筑业的最终产品，改善功能，提高质量。专家们认为，从现在看，主要是根据现有技术经济条件，保质保量地生产出优质建筑产品；从长远看，主要是不断提高建筑产品的标准。对于建筑现代化，专家们的看法是，除高级公共建筑外，就一般房屋建筑来说，到本世纪末全部实现现代化是有困难的，因为现代化的房屋要体现出现代化的设计标准，要采用现代化的建筑材料和建筑设备，而这一切都受到经济条件的制约。所以，建筑业现代化，主要体现在建筑设计方法和手段的现代化，建筑施工工艺和施工技术的现代化及建筑性能测试手段的现代化。

四

〔**工程质量大检查**〕 工程质量是百年大计。建筑业在改革中始终把工程质量问题放在突出的位置上，因此保证了国家重点工程、高级旅游宾馆和高层建筑工程质量一直处于稳定或上升势头。但由于企业管理松弛，许多地区非重点工程的质量却呈现下降趋势；装饰粗糙、屋面漏水、地面开裂、管道渗漏、门窗密封不严、质量通病严重。为弄清工程质量的真实水平，敦促企业采取措施确保工程质量，继1984年全国第一次工程质量大检查之后，于1985年和1986年建设部又先后组织了两次工程质量大检查。

这两次检查，都是多层次进行的。1985年4月10日至6月10日，建设部组织四个检查组，对北京、石家庄、太原等17个直辖市或省会城市112个企业报竣的3 168项工程（1 053万平方米），随机抽检了269项工程（99万平方米），严格按照国家标准、规范检查，合格率为54.3%，优良率为6.8%。随后，各省、地（市）、县，用同样标准和方法进行了大规模的工程质量抽查，共检查56 352项工程，其结果同建设部抽查结论相近。对有严重隐患的工程及时作了处理，共停建停用721项，加固补强1 516项，推倒重建207项。1986年4月27日至7月11日，建设部组织6个检查组，对河南、山东、山西等19个省、自治区、直辖市的97家建筑企业（59家全民企业，38家集体企业），随机抽检了387项竣工工程（126万平方米），全部合格的135项（52万平方米），占41.2%，其余252项主体结构合格的占90%，但不同程度地存在着非结构性质量缺陷。经过这两次检查，对提高各级领导的质量意识，促使企业把管理工作转到以质量为重点的轨道上来，起了重要作用，工程质量开始回升。

〔**综合治理工程质量**〕 针对连续三次工程质量检查所暴露出来的问题，各地区、各部门及广大建筑企业普遍采取了多种治理措施。主要的有：(一)加强政府监督，从严治理企业。全国工程质量监督站到1986年底已经建立1 600多个，配备专职干部8 000多人，监督工程87 766个、7 500多万平方米，约占全部在建工程的35%。质监工作较好的沈阳、哈尔滨等城市，监督工程覆盖面达到80%以上。（二）全面提高企业素质，在企业整顿的基础上，制定建筑企业管理升级标准和实施办法，在提质、

机 械 工 业 建 筑

关 仁 普

机械工业是国民经济的技术装备部门，也是生产人民生活的日用机电产品部门。机械工业按大类划分主要有：发电及输变电设备、石油化工设备、重型机械、矿山设备、机床工具、农业机械、汽车、轴承、仪器仪表及机械基础件等九大行业。产品有1 030个小类，53 000个品种。

机械工业建筑是为适应机械工业各种工艺的需要而发展起来的专业性建筑。由于机械工业专业多、产品品种多，工艺复杂，因此囊括了大多数工业建筑的内容，除工业建筑外，还有大量民用建筑，构成完整建筑体系。建国以来，机械工业建设事业得到了很大发展，逐步形成了门类比较齐全，布局比较合理，具有相当规模和水平的工业体系。

五十年代初期，为适应国家建设需要，在原有企业基础上进行改组、改造后，开始了以苏联援建项目为中心的第一个五年计划建设。经过第二个五年计划的建设和调整，机械工业有了很大的发展。第三、第四个五年计划主要以“三线建设”为重点，并对一、二线企业进一步调整、充实、填平补齐，改善机械工业的布局。国民经济两次大起大落，使机械工业建设受到了严重影响。直到党的十一届三中全会后，随着我国实行改革、开放和经济调整，机械工业才进入了一个新的发展时期。

1985年底，机械工业部系统拥有固定资产原值为515.4亿元。构成固定资产的主要来源有三个：一是基本建设投资。从1950年到1985年，累计完成投资333.87亿元，占同期全国基本建设投资总数的3.62%，累计新增固定资产277.95亿元；二是国家拨款的技术改造投资，累计43.66亿元；三是其它渠道投资193.79亿元。

投资构成：建筑安装工程占总投资48%，设备购置占总投资45%，其它基本建设占7%。累计交付使用的房屋面积为9 970万平方米，其中工业厂房为3 300万平方米，学校288万平方米，住宅3 510万平方米。

1954年至1985年建成投产的大中型项目361项，其中按规定办理了动用验收手续的253项。建成投产的大中型项目，由我国自行设计的316项，占投

降耗、增效三个条件中，质量指标放在第一位。（三）对全民企业的基层施工技术员、集体企业经理、施工员、质量安全员进行强制培训，经考试合格持证上岗，1985年着手编制培训教材并陆续出版发行，几十万专业干部的上岗培训工作已经展开，在规定时间内拿不到岗位证书的人将不准上岗从事专业管理工作。(四)颁发了《关于确保工程质量的几项措施》和《建筑工程质量责任制暂行规定》。前者从十一个方面对提高质量作出了具体部署并提出了“五不准”的要求，即：未经持证设计单位设计或设计不合格的工程，一律不准施工；无出厂合格证明和没有按规定复试的原材料，一律不准使用；不合格的建筑构件，一律不准出厂和使用；所有工程都必须严格按照国家规范、标准施工和验收，一律不准降低标准；质量不合格的工程和构件，一律不准报竣工面积和产量，也不计算产值。后者对各级领导干部、专业人员的责任及其奖罚等作出了明确规定。

五

〔推动建筑企业管理现代化〕 这是近两年我国建筑业提出来的一个新课题。随着我国对外开放事业的发展，许多发达国家的企业管理经验逐步被介绍了进来。一些长于探索的企业、科研单位、高等院校和协会组织，对建筑企业管理现代化问题积极进行了研究和试点，总结并发表了一批有一定理论深度和指导意义的经验和文章。为了肯定这批成果并推广开来，1985年10月和1986年12月建设部建筑业管理局两次组织试点企业和有关单位进行座谈，总结经验、研究方案、制定措施。第一次座谈会在上海举行，重点介绍了上海市第一建筑公司16个方面企业管理现代化的经验。会议遵照中共中央“七五”计划建议关于提高经济效益，加强企业管理的要求，研究了推进建筑企业管理现代化的方向、目标、原则和方法，确定10个优秀企业为全国试点单位。各省、自治区、直辖市建设厅（建委）、计划单列城市建委（建工局）、建筑企业、高等院校等86位代表出席了会议。第二次座谈会在洛阳举行，这次会议的任务是总结试点企业的经验，拟订企业管理现代化与企业管理升级相结合的目标和措施，有50位代表参加了会议。两次会议纪要均由建设部批转各地研究执行。

第二汽车制造厂总装配厂大门及装配车间

中心的辽中和辽南地区、京津地区都已发展为综合性机械工业基地。在不同地区建成若干个各有特色各有侧重的新的工业基地。主要有以电工产品为主的哈尔滨、西安基地，以汽车为主的长春、十堰基地，以重型机械为主的齐齐哈尔、沈阳、太原基地，以石油化工设备为主的兰州基地等等。郑州、洛阳、开封、杭州、南京、无锡、武汉、济南、唐山等城市的机械工业也有很大发展。在三线建设时期形成的以重庆、成都为中心，包括贵州、云南在内的西南机械工业基地和鄂西、湘西、关中、天水、银川、西宁等新的工业基地，组成了较为完整的工业体系。1986年机械工业部系统共有企业11 115个，职工595万人。

资总数87.5%。由国外进口成套项目或关键设备建成投产的45项，其中五十年代苏联援建项目22项，民主德国设计项目2项，捷克斯洛伐克提供产品图纸和单项技术4项。六十年代后，从日本、西欧各国引进的建设项目17项。按验收时完成投资统计总投资超过5 000万元的大型骨干企业62项。累计建成科研院所204个，建成高等院校及中等专科学校24个。

经过三十多年建设，我国机械工业的生产条件和生产手段大为改观。建设了一大批具有现代化生产条件的企业。这些企业的生产条件在国内处于领先地位，与国外同类工厂相比，水平也是相近的。机械工业部系统共拥有一百吨以上吊车的重型厂房38个。最大的单层厂房有兰州石油化工机器厂的容器车间，面积为45 631平方米。最大起重设备为400吨吊车，共有三台，分别安装在西安变压器电炉厂、哈尔滨电机厂和上海锅炉厂。第二重型机器厂拥有315吨锻造吊车和150吨淬火吊车。最高的厂房有第二重型机器厂的热处理车间，轨道为36米。哈尔滨轴承厂、北京精密机床厂和上海光学仪器厂建有达到20°C±0.1～0.5°C的恒温车间。最大的空调净化厂房有沈阳变压器厂五号厂房，面积为26 000平方米。超净等级最高的车间有襄樊仪表元件厂的生产楼，面积为3 445平方米，其中超净等级为100级洁净间115平方米，达到国内同类设施的先进水平。机械工业部最大的企业第二汽车厂截至1983年年底，共完成工业建筑132万平方米，民用建筑141万平方米，这样的大型企业在世界上也是屈指可数的。

经过三十多年建设，机械工业布局有了很大的改善，沿海机械工业和原有基地得到了很大的加强，以上海为中心的长江三角州、以沈阳和大连为

〔队伍建设〕

一、勘测单位

1986年共有勘察研究单位3个，职工共900余人。30多年来这支工程勘察队伍完成的各类重大建设项目的勘察任务，遍及全国26个省、自治区、直辖市。为建设项目提供场地的工程地质、水文地质、地形图等基础资料，对建设场地作出评价，并勘探地下水源、凿井施工，解决工厂的供水问题，为机械工业的建设作出了重要贡献。

第一个五年计划期间，第一机械工业部新组建的勘测单位就承担了156项工程中机械工业26个项目和国内设计300多项工程的勘察任务。在以后各个时期的建设中，完成了沿海各工业基地和三线建设中机械工业建设项目的勘察任务，特别是在“三线”建设项目中，成功地解决了许多重型厂房地基、软土、黄土、溶岩地区的一些特种地基问题，以及边坡评价，滑坡处理，地震影响评价，工厂供水水源等问题。同时结合建设项目中出现的问题，开展有关的科学研究，取得了一批具有一定水平的研究成果，丰富了处理实际工程技术的经验。

二、设计研究单位

机械工业共有部直属设计单位13个，职工8 144人。23个省、自治区、直辖市的机械工业部门及企业的设计单位135个，职工9 000人。

各设计研究单位都是以机械工业各行业制造工艺为主导，包括土建、电气、水暖、动力等全套技术工种的综合性设计机构。机械工业的工厂设计队伍是随着基本建设工作的发展而建立和壮大起来的。建国初期，根据恢复国民经济的需要，从全国各地各部门调集了职工4 626人（其中技术人员2 885人），组建了10个勘察设计单位。这支队伍在第一个五年计划期间，配合国外设计做了大量工作，自行设计了一批新建和改扩建的工厂，其中大中型项目有71项。在配合国外设计的实践过程中，积累资料，总结经验，培训干部，建立健全机构和各项规章制度，为以后开展独立设计打下了良好的基础。1958年至1965年是设计工作独立发展时期，努力探索自己的设计道路。这一时期完成的大中型项目设计有213项，数量成倍增长，并且做出了一批质量较好，水平较高的设计。还独立地完成了一批援外项目的设计。1964年开始的大规模"三线"建设，各设计单位在工作条件和生活条件都很艰苦的情况下，开展设计工作，使设计力量趋于成熟。设计建成了一批新的机械工业基地和第二汽车厂等具有先进水平的大型工厂。近几年设计工作重点逐步转移到技术改造方面，同时积极参与国外先进技术的引进与消化，采用新的工艺和技术，在机械工业振兴中发挥积极作用。

三、安装单位

机械工业部所属的建筑施工企业是中国机械工业安装公司。这个安装企业始建于1952年，以后逐步发展壮大，到1957年已发展为8个安装公司，职工1万多人。五十年代支援第二机械工业部部分骨干力量，六十年代军民机械工业部分家时，又划分半数力量给第三机械工业部，后来在此基础上相继成立了其他机械工业部的安装力量。1986年机械工业部安装企业共有固定职工5 000人。安装总公司系统有5个安装工程公司，1个机械化施工公司，1个进口设备检验处。

机械工业部安装企业以承担我国机械工业基本建设项目和技术改造项目的机电设备安装任务为主，同时也承担机械化施工重型厂房结构吊装、桥梁吊装，出口援外成套设备的安装和设备拆迁、安装调试等任务。

30多年来的施工经历，使机械工业安装企业成为一支经验丰富、技术精湛的队伍，并拥有较强的技术装备。全系统现有工程技术人员500人，各类高级技工400人，装备有50吨以内的各种汽车吊和履带吊；拥有200吨/米塔吊、40吨拖车和各种叉车，拥有200台各种吨位的运输车辆，备有用于各种非标制作、压力容器制作、金属门窗制作的各种加工、冷作、焊接等机械、电器设备，以及精密检验设备和各种测试仪器。

机械工业系统大中型建设项目的设备安装任务，主要是由这个企业承担完成的。此外，还承担了一些国防军工建设项目、北京肉鸡联营公司土建与安装、仪征化纤联合企业有关设备、山东石臼港煤码头机电设备，广州珠江水泥厂全套设备安装任务。承担的国外项目主要有巴基斯坦、朝鲜、罗马尼亚、越南、阿尔巴尼亚、坦桑尼亚、泰国等援建项目的设备安装和法国、联邦德国某些机电企业的设备拆迁、以及机械工业骨干企业进口设备的检验任务。

近年来，安装总公司系统随着形势的发展，业务范围不断扩大，本着立足国内，保证重点，转向沿海，扩大国外和一业为主，多种经营、发展联营、广泛合作的经营方针，以新的面貌，开创安装企业的新局面。

四、机械工业教育事业

机械工业教育事业，30多年来有很大的发展。1986年机械工业部属高等院校24所，在校学生6.6万人。其中有4个大学设有土木工程、建筑工程、水利水电工程等6个系，共有建筑、工业及民用建筑、给排水工程、环境工程、供热通风与空调工程、公路与城市道路工程、农田水利工程等16个专业教研组。这些专业共有在校学生2 065人。

新中国成立后，机械工业系统除了大力培养机械电器制造方面的人才外，也很重视培养建设人员。第一个五年计划期间，根据工业发展的需要，有计划地培养了大批技术人才，特别是建设和生产所需的技术、管理干部，并提出"建厂先建校，生产先育人"的要求。五十年代根据中央关于大专院校实行专业化、单一化的要求，将多科性学校调整为专业学校，机械工业教育的一个特点是发挥部门办学的优势，使教学、科研、生产相结合，使理论密切联系实际，加强实践教学，使学生在校期间就能受到实际训练，既学习了建设的基础知识，又比较熟悉机械工业生产特点，独立工作和工程实践能力比较强。

〔机械工业建设特色及主要成就〕

一、土建方面　在第一个五年计划期间，采用钢筋混凝土结构设计建造了不少重型厂房，并在试验研究的基础上，对大吨位吊车较早采用焊接钢结构。1956年太原重机厂采用了第一设计院设计的叠合式吊车梁，预应力混凝土30米拱架，12米天窗架和预应力芯棒基础等构件。1970年采用了250吨预应力混凝土吊车梁，这项设计被批准作为国家标准图并获得国家奖励。1973年第一设计院改进了预应力混凝土空腹桁架的设计，1976年被批准作为国家标准图。第一、第二设计院设计的多项屋盖结构标准图及第一设计院设计的18米，24米预应力混凝土多边形屋架，均批准作为国家通用标准图。在发展我国钢结构工业厂房设计方面，机械工业部首先采用了起重量350～400吨的双层吊车钢结构厂房。第七设计院设计的平顶山高压开关厂30米跨装配厂房，采用了钢网架、滑模柱墙、“升网滑模”新技术，获得1978年全国科学大会奖。

二、振动研究方面　第一设计院承担的上海金山石油化工厂超高压压缩机座基刚度试验研究，改变了日方方案，节约40％，但能满足日方要求，获1978年全国科学大会奖。该院编制的《动力机器基础规范》，解决了精密机床，仪表的防震问题，获1985年国家技术二等奖。第二设计院成功地解决了上海软土地基上建设万吨水压机车间地基处理，获得良好效果。

三、抗震研究方面　机械工业部设计部门在国内首先实现用计算机输入程序自动产生人工地震波，为抗震设计采用可靠性分析提供了手段，使单层厂房能通过计算机通用程序进行弹塑性分析；此项成果获得1983年部优秀科技成果奖。单层厂房突出屋面天窗架地震力计算方法等多项成果已被国家抗震设计规范采纳。1976年唐山地震后，会同有关单位，开展了高压、超高压电气设备的抗震性能和减震措施研究，获得1982年机械工业部科学大会奖，并在全系统完成抗震加固面积468万平方米。

四、恒温洁净车间设计方面　机械工业部系统设计，建造一批大面积、高精度、恒温要求高的恒温车间。上海机床厂3 000平方米的齿轮车间、昆明机床厂2 700平方米的精密磨床车间、上海光学仪器厂3 000平方米的光学车间，温度达到20°±0.5°C。襄樊仪表元件厂建成面积115平方米100级的洁净厂房，达到国内先进水平。

五、环境保护方面　电镀铬污水处理研究获得1979年国家发明二等奖，烟煤煤气站含酶污水处理方法，达到国内先进水平，镀银废水处理研究获1981年机械工业部科技三等奖。在活化煤吸附法处理含铬污水、乳化液回收和废水处理等，也取得良好成果。镇江蓄电池厂防尘灭毒技术改造工程，改善了生产环境，三废治理达到国内先进水平，获1983年国家优质工程银质奖。

六、勘察方面　勘察队伍研究总结提出的“粗颗粒松散地层勘察方法和地基评价标准”和《新近堆积黄土的概念和处理措施》等成果均为国家规范采用。在滑坡治理、地下水贫乏地区水源勘探、重型厂房软土地基处理、岩溶处理等方面的研究，都取得了一定成果。

1981年有3个援助巴基斯坦重机厂、罗马尼亚、朝鲜项目获国家优秀设计奖。

1982年、1983年有2个项目（东方绝缘材料厂聚丙烯薄膜车间、镇江蓄电池厂防尘灭毒技术改造工程）获国家优质工程银质奖。

1984年2个项目南京电瓷厂火花塞分厂、南海县大岗鸡场获国家优秀设计金质奖。

1985年有3个项目《动力机器基础设计规范》（二等奖）、南京电瓷厂火花塞分厂（三等奖）、南海县大岗鸡场（三等奖）获国家科学技术进步奖。

〔六·五期间和1986年建设方面主要成就〕

六·五期间，机械工业部系统共完成基本建设投资45.86亿元。1986年完成投资11.2亿元，6年建成

东方绝缘材料厂聚丙烯薄膜车间

上海发电设备工程项目
上海锅炉厂重型容器车间
（吊车上层400吨下层160吨）

投产大中型项目13个。其中有7个项目为技术引进项目，即：东方绝缘材料厂聚丙烯薄膜车间、南京机床厂扩建工程、天津第一机床厂扩建工程、杭州汽轮机及配套项目、南京电瓷厂火花塞分厂、北京液压件项目和哈尔滨发电设备制造项目。

这批项目生产技术和关键设备从国外引进，建筑及公用工程由我国自行设计。东方绝缘材料厂从日本引进聚丙烯薄膜技术，由第七设计院配合设计，在设计中结合我国具体情况，调整日方的布置图，缩短了流程，确保了洁净度，方便了施工。这项工程建设周期只有一年，工程质量优良，投产后经济效益明显，到1985年底投资2 835万元，已收回2 523万元，1982年被评为国家优质工程银质奖。该院设计的南京电瓷厂火花塞分厂，设计中采用引进的新工艺、新技术，厂房造型美观，布置合理，建成投产后，经济效益显著，投资3 868万元，预计到1986年底收回3 140万元，产品性能符合国际通用技术标准，品种质量能和国防名牌相媲美，获1984年国家优秀设计项目奖。其它几个项目投产后经济效益也很好。

另外建成的6个项目完全由我国自行设计和供应设备的，它们是：四平联合收割机厂、襄阳轴承厂、上海发电设备工程项目、沈阳变压器厂、太原重机厂和吉林工业大学扩建工程。

在“六·五”期间，还投入了26.96亿元用于老企业的技术改造。1983年国务院下达了机械电子工业首批550项技术改造重点名单，其中机械工业部系统342项。实施这项计划后，“六·五”期间后三年共竣工房屋面积152.4万平方米，新增设备仪器6.7万台。至1985年底共改造完成竣工验收283项，其中国家重点竣工验收115项。已完工的技术改造项目取得了较好的经济效益。据“六·五”期间后三年已竣工验收的技术改造项目的不完全统计，每年可新增产值11.76亿元，新增利税2.89亿元，节电3.7亿度，节煤14万吨，节油3.8万吨，节汇9 000万美元，创汇3500万美元。3年共开发试制新产品1 327件，其中549种达到国际七十年代末、八十年代初水平。江苏镇江蓄电池厂是通过技术改造治理工业污染，提高经济效益的一个成功典型。改造前，该厂因污染环境，危害职工身体健康、面临停产的危险，通过以治理污染为重点的技术改造和改造工艺，综合三废治理等措施，取得了明显的环境效果和经济效益，1983年获国家优质工程银质奖。第一汽车制造厂大规模改造工程是在六五期间完成了主体工程，为实现产品更新换代，奠定了基础。

上海汽轮机厂超速动平衡试验间

煤炭工业建筑

唐建光

煤炭建筑是煤矿建设的专业化行业，其显著特点是不仅有大量的地面建筑工程，还有大量的地下施工作业。由于煤炭贮存的特殊条件所决定，煤矿需要在几百米以至上千米深的地层下开凿井筒、构筑地下峒室、掘砌地下巷道，克服煤系地层中的油水、流砂、瓦斯、地压、地温等自然灾害，采用各种特殊工艺稳定围岩、支护巷道、封闭井帮、排除瓦斯、涌水、释放地压。建设一座现代矿井，需要掘砌几万米以至十多万米的井巷峒室，施工十几万平方米的地面建筑。除此之外，还要修建矿区的供电、供水、铁路、公路、通讯、商业网点、学校、机修厂、仓库、医院等配套公用工程和大批的生活福利、市政设施。在有限的空间、时间内，多工种、多单位协同配合、立体交叉作业，是一项技术条件复杂、难度大的专业建筑。

〔**煤炭建筑的成就**〕 新中国成立后，经过大规模的矿山建设，煤炭原煤产量由解放初年产3 240万吨提高到1986年的89 404万吨，一跃成为世界第一原煤生产国。30多年来煤炭建筑为煤炭工业的发展做出了杰出的贡献，从1949年到1986年共建成投产矿井（露天）1998处，新增生产能力达51 188万吨，建成投产洗煤厂202处，年入洗能力达到13 671万吨。截止到1986年末，新建成和改扩建年生产能力100万吨以上的矿区84个；其中年生产能力1 000万吨以上的有黑龙江省的鹤岗、鸡西矿区，辽宁省的阜新矿区，河北省的开滦、峰峰矿区，山西省的大同、阳泉、西山矿区，江苏省的徐州矿区，安徽省的淮北矿区，河南省的平顶山等11个特大矿区；年生产能力500～1 000万吨的大型矿区有北京的京西矿区，山西省的汾西、潞安矿区，内蒙的平庄矿区，辽宁省的抚顺、铁岭矿区，黑龙江省的双鸭山矿区，安徽省的淮南，山东省的新汶、枣庄、兖州，河南省的焦作、义马、新密，陕西省的铜川，宁夏的石炭井等16个大型矿区；年生产能力100～500万吨以下的矿区还有河北省的邯郸，山西省的晋城，辽宁省的沈阳，吉林省的通化，河南省的鹤壁，贵州省的盘江，陕西省的韩城等57个重要矿区。此外还有正在建设的新煤炭基地17个，其中1 000万吨以上的有安徽的潘集、宿东，山西的古交、平朔，内蒙古的伊敏、霍林河等6个新型特大

第一汽车制造厂改造后的总装配线

矿区。这一大批新老煤炭基地是我国煤炭工业的骨干力量，保障了社会主义经济的稳步发展。

在建设这些煤炭基地以及数以千计的中小煤矿过程中，煤炭建筑业的职工付出了辛勤的劳动。据统计，从1950年到1986年仅全国煤炭直属直供的建设项目，就掘进1.32万多公里的井下巷道，从地下挖出了1亿多立方的岩石，建筑地面工业、福利设施和职工住宅多达1.2亿多平方米，为煤炭工业的发展奠定了坚实的物质基础。

随着矿井建设规模的扩大，行业及矿区的配套建设也得到了相应的发展。全国设立了29个煤矿设计研究院，建起了基本配套的39个煤炭科研所，成立12所煤炭高等学院和1所专科学校，设置了41所中等专业学校和110所技工学校，形成了一整套完备的科研教育体系。全国的煤矿机械制造厂由建国初3家小厂发展到现在125个大中小配套的机械制造体系，基本满足了煤矿装备的需求。另外还建成75个煤炭专用火工厂和53个大小水泥厂；修建了上万公里的铁路专用线；架设了通到各矿区的高压输电线路及各种变电站、所，保证了煤炭生产和建设的需要。

〔煤矿设计队伍〕 建国后在苏联专家帮助下，进行了大规模的矿井恢复扩建，同时委托苏联和一些东欧国家代为设计了一批矿井、露天和洗煤厂，这些设计的引进推动了我国煤矿设计的起步。五十年代初根据煤矿重点建设的需要，首先在东北建立了第一个煤矿专业建设计机构，随后逐步扩充为我国第一个煤矿设计院——沈阳煤矿设计院。以后相继成立了北京、上海、重庆、武汉、西安等六个大区煤矿设计院和一个专业选煤设计院，职工达六千余人。广大技术人员认真吸收苏联和一些东欧国家的设计经验，在实践中摸索提高，很快提交的第一批设计就达到了较高的水平，东北鸡西小恒山立井、双鸭山岭西立井和淮南谢家集二号井建设工期短、造价低、达产快，投资效益显著。

几十年来，我国煤矿设计队伍尊重科学，注意调查研究，广泛吸取各国先进设计技术，努力探索适合我国国情的煤矿设计，积累了一套行之有效的设计经验，提交了 大批出色的优秀设计。山东院设计的南屯、兴隆庄矿井；山西院设计的云岗矿；湖南院设计的五亩冲矿井；武汉院设计的河南大庄矿；重庆院设计的宝鼎山巴关河选煤厂；沈阳院设计的晓南矿井；河南院设计的耿村矿均获得国家优秀设计奖。选煤院设计的180万吨选煤厂通用设计和大屯选煤厂设计分别获得了国家优秀设计奖和金质奖。

在长期的设计实践中，煤矿设计队伍的素质和设计水平有了长足的进步。到1986年，全国共设有29个煤矿设计研究院，拥有1.2万多名职工，其中高级工程师300余名，工程师和初级设计技术人员0.5万多人。设计手段有了很大提高，配置了缩放排印机、大型缩放复印机、中文处理机和中型电子计算机等一系列现代设备。建立了CAD微机辅助设计系统以提高设计效率。

近年来煤矿设计通过改革，破除旧的设计模式，积极开展多种形式对外交流，促进了设计水平的提高。矿区逐步实行了生产、生产服务、生活服务三条线集中布置，减少了重复建设。矿井简化了生产系统和环节；采取了分区建设、分期投产的设计；尽量减少工程量；提高安全装备水平；减少管理层次、精干机构；尽可能采用综采机组，提高生产效率等办法，使矿井从开拓部署到工艺技术发生了革命性的突破，取得了显著的经济效益。

〔煤矿施工队伍〕 1949年原燃料工业部为了发展煤炭工业，从老矿区抽调工人组建第一支施工队伍，在东北本溪彩屯立井和鸡西小恒山等矿井开始新中国第一批矿井建设。1950年鹤岗东山立井和辽源中央立井相继开工，使用了现代机械设备，煤矿施工队伍逐步走上了正规化和现代化的道路。

1953年，为了适应煤炭工业大规模建设，全国设立了18个煤炭建设综合公司，12个专业公司，施工队伍人数扩大到6.4万人。1955年队伍大部从东北转入关内建设，人数不断扩展。1964年根据中央指示建设大三线，煤炭十六万大军南下贵州和江南九省矿区，在短短的10年内改变了江南无煤的局面，建设了一批江南煤炭基地。1973年施工队伍主力回师北上，投入开发华北、东北、华东等八大煤炭基地的建设。经过三次全国性的大转移和多次下放上收的体制变化，施工队伍的专业配备由原来矿建和土建发展到现在包括安装、筑路、铁工和冻结、注浆、钻井等全面配套专业，施工队伍总数达50万人，全国设置了32个煤炭基建公司，拥有204个专业工程处，装备各种施工设备15万多台，设备总功率261万kw，设备总值达14亿多元。施工技术达到了较高的水平，已完全可以胜任在各种复杂地层和地质条件下开凿井筒、掘砌峒室、施工巷道工程；有能力建造各种新型特殊结构的高层建筑；可以承担各类矿山大型自动化电气设备的安装调试任务；具有每年建设一亿五千万吨规模矿井和矿区配套工程的施工能力。

1985年以来，为了增加企业的活力，调整了施工队伍的体制，减少中间环节，取消了一批中间一级的基建公司，由矿务局直接领导工程处。为了减少任务不平衡造成队伍过剩的困难，部分施工处转入生产矿井，压缩了管理机构，使煤炭基本建设队伍更加精干。同时煤炭施工队伍走向社会参加招标投标，承揽了一大批各行业的建筑安装工程，创出了信誉。通过对外开放，引进国外先进施工技术和装备，开展了对外承包和对外合作，施工技术水平又有进一步的提高。

〔**煤矿井巷施工技术**〕 快速、优质、高效、安全是矿井建设孜孜以求的目标，针对我国的煤炭埋藏比较深，上覆表土层厚且多富含水，煤矿开采以井工为主。井巷施工技术在富含水不稳定厚表土开凿井筒和松软膨胀性岩层掘进支护巷道等施工技术取得突破性进展。

1.特殊凿井技术

我国华东、华北、东北大部分煤田上部表土层厚100～400多米，常见流砂、富水砾石层，以普通方法开挖井筒难以凑效，在这种复杂的地层中施工，煤矿建设多采用冻结、钻井、沉井、注浆、帷幕等特殊凿井方法。

①冻结法　冻结法施工是在开挖井筒前，在井筒外围用钻机布置环形钻孔，置入低温盐水循环系统，使井筒周围形成低温冻土环状带，起到封水、堵砂、强化井帮的作用，以便井筒掘进施工的工艺。在1955年开滦林西矿首次试用以来，到1986年末采用冻结法施工井筒已达250多个，冻结总长度近40公里，最大冻结深度415米，最大冻结井筒净径8米(潘集三号东风井)。在长期冻结实践中，总结出了冻结壁的形成规律和冻胀力的分布规律，研究产生了一整套成熟的施工工艺。自行研制的专用钻机和测斜仪已解决450米以内的定向钻进技术，在淮南潘二井筒中试验成功的新型防水井壁——复合夹层井壁突破了深表土冻结凿井的围护技术关键，获1985年国家科学技术进步二等奖。目前冻结法已成为通过厚表土不稳定含水层的主要施工方法。

②钻井法　在地面利用大直径钻机分级钻进，依靠泥浆护壁压气排碴，地面预制井壁漂浮下沉，壁后注浆固定井筒的一种特殊凿井方法，具有地面预制质量可靠，机械化作业劳动强度低，安全性强等优点。自1966年淮北朔里南风井首次钻井成功以来，到1986年末共钻成30多个井筒，总长度为八千多米。在淮南潘三西风井采用国产AS9/500型钻机成功地打出了世界上钻井直径最大的井筒，净直径9米、深508米，达到了国际先进水平。

③沉井法　沉井施工历史较长，在通过不稳定含水表土层时，利用井筒自重，依靠井筒壁后泥浆减阻，井筒下端安钢刃脚切入地层，人工挖掘或水枪破土的施工工艺，具有设备简单、作业安全、成本低、质量可靠等优点，被广泛地应用在中小型矿井表土施工中。目前国内最大沉深达192.7米，偏斜率控制在0.688%。实践表明我国百米以内的沉井施工工艺已经完全成熟。

④其它特殊施工方法　参照水坝防渗墙的经验，使用环形混凝土帷幕掘砌也是煤矿井筒施工的常用方法，立井帷幕最大深度已达57米，斜井为23米，施工成本低是帷幕施工的最大特点。大多数特殊施工方法都是针对井筒涌水采取封闭措施进行的，井筒注浆同样是依靠浆液封堵涌水、加固井帮的措施。从1955年发展到目前各种方式的注浆，在兖州东滩西风井使用地面预注浆深达690米，封水效果良好。近年来推广高压浓浆新技术，可以不打止浆垫、止浆墙，注浆速度快、成本低、材料省、封水效果好，在煤矿施工中有着广阔的前景。

2.普通井巷施工技术

井工煤矿的绝大部分地下工程量主要由普通井巷施工来解决，几十年来我国总结了一整套适合国情的施工技术，使普通法施工达到了一定的水平。

①井筒施工作业方式的变革　立井开凿的作业方式在不断地改进发展，五十年代由长段单行改为长段平行，以及反向平行、短段平行。七十年代短段混合作业占据了主要地位，鸡西杏花立井在700米深的井筒中，短段掘砌混合作业月平均成井达50多米。阳泉工程处在进风井施工中用混合作业和锚喷永久支护创月成井177米的全国纪录。此外，采用掘、砌、安一次成井的工艺，月成井也达到97.33米的纪录。

②井巷施工装备的改进　在立井施工中，七十年代前大部分使用中小型设备。随着近来井筒加大、加深，施工设备也不断得到改进。1974年煤炭、冶金、一机部联合攻关，先后研制了6臂、9臂伞钻，重型凿岩机，0.6立米的中心回转、环形轨道、靠壁式和长绳悬吊等抓岩机，直径3～3.5米提升绞车，4立米容积吊桶，新IV型和V型井架，25吨以上的凿井稳车，500～750米扬程吊泵等设备，大大提高了立井施工装备水平。在邯郸九龙口立井中采用上述配套大型设备，平均月成井43.9米。在万年立风井基岩段施工中，平均月进成井92.7米，取得好的效果。

岩石平巷钻爆施工，从钻、装、运、支等工序都实现了机械化。我国自行研制的凿岩台车已接近引进的国外设备水平，钻装锚机组在工业性试验中已突破百米；70年代以来研制的3米全断面掘进机已投入使用，直径5米的全断面掘进机也在进行工业性试验。

国产的部分断面掘进机在煤巷和软岩施工中，月进已超过千米，达到国外同类产品的先进水平。

在斜井施工中，70年代配套改进的光爆锚喷、激光定向、扒斗装岩、箕斗提升、仓斗储矸、潜水泵排水的施工工艺，多次打破了斜井进度的世界纪录。陕西铜川二处和四处使用这一套设备分别创造月进504米、605.2米和705.3米的纪录，在第九届世界采矿大会上引起各国重视。阳泉贵石沟19平米断面1 140米长的斜井中，配套使用0.9立米扒斗装岩机，6立米的箕斗提升，24立米卸矸仓，最高月进150.7米，平均月进近百米，解决了大断面深斜井快速施工问题，获1985年国家科学技术进步三等奖。

③锚喷光爆的应用　深孔光爆在开滦试验成功后在全国普遍推广，先进凿岩机具配合高精度毫秒雷管，铵黑、水胶等高威力防水爆药，在峰峰万年矿中风井施工中，采用孔径55毫米，孔深4.2～4.4米的深孔爆破，连续54个循环进尺189米，平均循环进尺3.86米，接近了国际先进水平。淮南谢桥矸石井采用改型9机伞钻，4米深孔光爆也取得好的效果。光爆井巷成形规整，围岩破坏轻，为配合锚喷支护，减少超挖量创造了有利条件。

七十年代以来，试验推广的锚喷支护取代了木支架、背板挂网和料石砌碹，到1986年煤矿基本建设采用锚喷支护的巷道达2550多公里，兖州北宿矿井是我国第一对锚喷化的矿井。于常规支护比较，锚喷支护可提高施工速度30％，降低成本20％，节省了大量的木材和钢材。实践表明在不稳定岩层和受采动影响巷道以及立井表土中使用锚喷，同样获得良好的支护效果。

〔**煤矿地面建筑**〕　煤矿地面建筑分布广，矿井工业广场中井塔、大吨位圆筒仓等高层建筑多，构筑物受动载、集中荷载、反复荷载影响大，建筑物以钢筋混凝土为主，施工难度大。

1.人工地基加固技术　矿井建筑常遇滑坡、溶洞、污泥和软弱地层，地基处理十分关键。几年来通过基础对比选型，圆筒仓基础多采用箱型和浮筏型基础处理地基；运用数学地质多元设计分析法，建立砂土液化判别式；利用弹塑性理论对井塔人工冻融地基研究取得了重大进展。在工程上对液化砂土地基进行了振冲挤密碎石桩处理；在软弱地基中推广了振动挤密砂桩和灰土桩；在集中荷载大的砂、粘土地基中采用预制打入桩和灌注桩；在大孔性土层中应用碱液化学加固地基新技术；在湿陷性黄土和杂填土地基中广泛使用强力夯实加固地基新工艺。此外还推广了帷幕地下工程土方、钢筋混凝土加筋土挡墙、井点降水等新技术。

2.筒仓和井塔的施工工艺　矿井普遍采用圆筒仓装储煤炭，目前最大的筒仓是贵州盘江老屋基选煤厂的煤仓，直径22米、高60米，单仓储量1.2万吨。井塔是矿井建筑独特的标记，现有最高钢筋混凝土井塔高70米，提升最大静张力150万吨。六十年代这类建筑多用散装散拆木模原位施工，七十年代发展了液压滑升模板，缩短了工期，节省了大量木材。目前在圆筒仓施工中，在跨铁路线的漏斗以下部分采用可调桁架支模，上部配合滑模施工，速度快效果好。井塔施工采用滑模技术需要解决内部梁柱二次浇注的问题，山东兴隆庄主井采用随滑升预制安装次梁和预应力迭合楼板与主体交叉作业，减少了二次浇注量。安徽临涣副井采用钢模组合整体大模板，按结构层高一次泵送浇注流态混凝土等综合工艺，操作简便、质量可靠、速度较快。淮南基建公司综合了滑模快速施工和大模板工艺简便的优点，在潘集副井施工中发展为自爬升整体大模板新工艺，即快又好。通过不断革新现浇混凝土井塔工艺，已初步形成具有煤矿特色的成套技术。

为了缩短井塔施工占用井口的施工期，井塔预建整移井口就位新技术是国内一大创新。1977年安徽淮北刘桥矿副井首次采用平移技术，将高32.7米，重2 000吨的井塔平移36.5米获得成功。1981年淮北朱仙庄主井又将高62米，重4 000吨的井塔平移就位，占用井口工期缩短为7个月，这项技术达到了国际先进水平，获1983年国家科学技术进步二等奖。1981年河南焦作九里山平移了钢结构井塔，工期缩短到105天，钢结构自重小，平移简易，较

几种井塔施工占用井口时间表

	工　程　名　称	矿井生产能力（万吨/年）	土建总投资（万元）	塔　高（m）	施工方法	土建总工期（天）	土建占用井口时间（月）
1	九里山钢结构井塔	90	41.83	30	预组装整移	01	1.5
2	刘桥副井钢筋混凝土井塔	60	116	31.7	预建整移	142	2～3.7
3	朱仙庄主井钢筋混凝土井塔	120	138.3	62		291	
4	兴隆庄副井钢筋混凝土井塔	300	109.8	42.5	原位滑模	151	4.8～9.1
5	兴隆庄主井钢筋混凝土井塔	300	128.8	58.5		94	
6	朱仙庄副井钢筋混凝土井塔	120	68.3	42.8	原位大模板	316	7.2～11.5
7	临涣副井钢筋混凝土井塔	180	158	54.1		323	
8	潘集一号副井钢筋混凝土井塔	300		51.7	爬升大模板		5

电 力 工 业 建 设

马 致 中

电力是一种现代化能源。电力的广泛应用对提高社会生产力和人们的生活水平起着重要的作用。

我国电力工业在新中国成立后得到了巨大的发展。解放前，我国电力工业虽然有近70年的历史，但规模很小，而且分布不合理，90％以上的设备容量集中在东北和沿海地区。1949年底，我国的发电设备容量为184.86万千瓦，居世界第21位；当年的发电量为43.10亿千瓦小时，居世界第25位。经过30多年的建设，到1985年底，我国的发电设备容量达到8705.32万千瓦，在36年的时间内增长了46倍，在世界上的位次已上升为第8位；当年发电量为4106.89亿千瓦小时，比1949年增长了近100倍，跃居世界第5位。与发电设备容量增长的同时，35千伏及以上的高压送电线路从1949年的6 475公里，变电容量346万千伏安，增加到346 682公里和23 163万千伏安，分别增长52倍和65倍以上。现在，神州大地，电厂已是星罗棋布，送电线路伸向广大城乡，历史上形成的电力工业地区分布极不合理的局面已经改观。在全国10亿人口中，已有7亿人直接享受到电力这一现代物质文明的成果。“电气化”，在中华古老的大地上，正日益成为生活的现实。

但是，我们清醒地看到，和先进国家比较，我国按人口平均计算的电量水平还很低。电力工业仍然是我国国民经济中一个突出的薄弱环节，全国范围内的大面积缺电现象仍很严重，电力工业落后已成为影响国民经济发展的一个重要的制约因素，必须继续努力加快电力工业建设。

和取得光辉建设成就的同时，电力基本建设队伍茁壮成长。新中国成立前我国没有完整的电力专业建设队伍，而现在我们的电力建设队伍已经拥有44.7万名固定职工，并具有相当的技术装备和一定的技术水平。其中勘测设计4.4万人，施工39.3万人，筹建机构1万多人。工程技术人员35 055人，占全部职工总数的7.8％。按专业分，水电为25万人，火电、送变电近20万人。此外，还拥有相当规模的科学研究、大专院校、中专及技工学校等科研和教学力量。总之，已大体具备了电力建设更大发展的物质技术基础。

以下按电力工业基本建设的三个主要组成部分加以介绍。

〔水力发电建设〕

水电的开发具有一次能源开发和二次转换为电能同时完成的优点，是最清洁的可再生能源。根据普查资料，我国的水能蕴藏量为6.76亿千瓦，居世界第一位。可开发水能资源的总装机容量3.78亿千瓦，多年平均年发电量1.92亿千瓦小时。这些数字尚未包括台湾省。

我国虽有丰富的水力资源，但建国前开发很少。1949年我国水力发电装机容量仅有16.30万千瓦，当时由国内自行设计建造的最大水电站是四川下清渊峒，装机容量为3 000千瓦。

钢筋混凝土井塔投资节省一半，钢材只多用十几吨，经济效果显著。

3.选煤厂主厂房施工工艺改革　我国设计的选煤厂主厂房多为现浇钢筋混凝土框架结构，为了减少施工中钢模备用量，提高周转次数，部建安公司72处和平顶山局土建处均采用柱梁板分开支模，吊挂楼板大模板新工艺，模板用量只占常规支模的3.5％左右，年周转次数提高到10次以上，每座主厂房可节省钢模费100多万元，这项新工艺在1984年获国家银质奖。

近几年国外引进的选煤厂采用了钢结构厂房，兖州煤建公司37处在400万吨规模的中美联合项目兴隆庄选煤厂施工中，采用“方框推进法”安装主厂房结构，整体吊装皮带走廊，使用H型钢结构件和高强螺栓、自拱螺栓、永久性瓦楞钢模板、轻型围护、无收缩混凝土等新材料，工期只用33个月，比同类钢筋混凝土厂房工期缩短二分之一，提前投产效益显著。

刘家峡水电站

自第一个五年计划开始，我国水电建设就得到了迅速发展。首先重点改建了丰满水电站，投资8712.5万元，投产容量36.25万千瓦。通过丰满水电站的建设，培养了我国第一支水电建设队伍。五十年代，我国修建了新安江、新丰江、柘溪等大型水电站，并进行了古田溪、龙溪河、以礼河、猫跳河等中小河流的梯级开发，取得了良好的经济效益。其中新安江水电站，是我国第一座自行设计、自制设备、自行施工的大型水电站，装机容量66.25万千瓦。工程于1957年开工，1960年4月第一台机组即开始发电。在水工建筑结构上，105米高的混凝土重力坝拦截了11 850平方公里的汇流，形成有220亿立米库容的大水库。拦河坝后是厂房顶能渲泄14 000秒立米洪水的发电厂房。厂房顶要渲泄这样大的洪水，不仅有水流离心力所产生的巨大水平推力，而且高速水流是一种随机性的脉动荷载，要求厂房结构有很好的抗震性能，需要厂房内外墙和顶板有很大的刚度。设计中采取厂房和上游的坝体连接，凭借坝体的有力支托，以减少泄洪时水流推力作用下厂房顶的侧向水平位移。但是，水库蓄水后，厂房顶和坝体之间将产生相当大的相对变位，厂房构架的刚度愈大，产生的应力愈大。结构抗震性和变位应力之间产生了矛盾。为此，采取了先将厂房和坝体分开施工，待水库蓄水到一定高程，厂坝之间的相对变位大部分已产生后，再以"拉板"将厂房顶和坝体连接，从而较好地解决了这一矛盾。其他类似的技术难题还很多，都在设计和施工人员的共同努力下得到了解决。

新安江水电站的建成，在华东电网中发挥了巨大作用，并有效地减轻或免除了下游建德、桐庐、富阳等城镇和沿江30万亩农田的洪水灾害，兼有航运、灌溉、水产养殖、发展柑桔、开展旅游等多方面综合利用效益。

1955年7月30日，第一届全国人民代表大会第二次会议审查通过了邓子恢副总理所作《关于根治黄河水害和开发黄河水利的综合规划》的报告，并作出了相应的决议。按照规划，首先从黄河上游进行开发。从刘家峡、盐锅峡到八盘峡，在100公里的黄河河段内，陆续建成三座水电站。加上青铜峡水电站以及黄河中游的三门峡水电站和天生桥水电站，总容量已达232.2万千瓦。目前装机容量128万千瓦、坝高178米、库容247亿立米的青海龙羊峡水电站正在紧张施工，1986年10月15日已下闸蓄水，预计1987年将有两台机组投产发电，这是我国已建和在建水电站中大坝最高、库容最大的水电站，计划1988年全部建成。

刘家峡水电站位于兰州市以西约100公里处。拦河坝高147米，是整体式混凝土重力坝，主坝混凝土量为74万立米。装机容量为122.5万千瓦，核定出力为116万千瓦。刘家峡水电站是西北电力系统中的骨干电站，兼有灌溉、防洪、防凌、航运及养殖等综合效益。黄河水经刘家峡水库调节后，可使兰州市百年一遇洪水限制在6 500秒立米以内；可以扩大下游宁夏、内蒙灌区灌溉面积1 400万亩；下游700公里河段免除冰凌危害；并可使其下游的盐锅峡、八盘峡及青铜峡等梯级电站增加保证出力。

由于刘家峡水电站坝址河谷狭窄，发电厂房采用地面和地下混合式布置。地下厂房紧靠岸边，与地面厂房相联，共长169.8米。地下厂房最大开挖跨度31米，最大开挖高度59米，顶拱采用钢筋混凝土衬砌。厂房内安装3台22.5万千瓦、1台25万千瓦和1台30万千瓦混流式水轮发电机组，是我国首次采用这样大容量的机组。本工程开挖土石方811万立米，填筑土石方70万立米，浇筑混凝土182万立米。工程总造价5.12亿元，单位千瓦造价为417元。整个工程效益显著，质量良好，是我国大型水电工程的成功典型之一。

乌江渡水电站位于乌江中游，地处贵阳遵义之间，电站装机63万千瓦，年发电量33.4亿千瓦小时。乌江渡水电站是我国在岩溶地区兴建的第一座大型水电站。采用了新颖的重叠式枢纽布置。大坝为拱型重力坝，坝高165米，坝后式厂房。为解决石灰岩溶洞渗漏问题，建设了百米深的地下灌浆帷幕。泄洪建筑物普遍采用通气槽减蚀，从而成功地解决了由于河床窄、泄量大、水头高、单宽流量大所造成的高速水流、大流量消能等一系列技术难题。由于水电站周围200公里以内无可供利用的天然砂石料，成功地设计并建成了年生产能力为200万吨的全国水电系统最大的人工砂石料系统。且所产砂石成本低、质量好，为在缺乏天然砂石料地区筑坝提供了经验。

我国碳酸盐系分布面积达200多万平方公里，且集中在水能资源丰富的云南、贵州、四川、广西等省区。乌江渡水电站的建成，为在岩溶地区建设水电站积累了宝贵的经验。乌江渡水电站工程设计先进，质量优良，效益显著，于1984年被评为国家级优秀设计，并获得国家优质工程银质奖。

葛洲坝工程是万里长江干流上兴建的第一座大型水利枢纽，也是当前我国在建的容量最大的水电站。它既可独立运用，又是将来长江三峡水利枢纽的组成部分。它可以对三峡水电站尾水日变化进行反调节，满足航行安全要求。它的兴建，获得了发电、改善航道等综合效益，又为三峡水电站的建设积累了经验，锻炼了队伍。

葛洲坝水电站位于长江三峡出口南津关以下3公里、湖北省宜昌市以上4公里处。长江由南津关宽300米峡谷河段向下过渡为宽浅河谷，在坝址处骤然展宽为2 200米，水流由向东急转向南，水深由80米减为15米左右。这样开阔的地形是建设水电站的有利条件。坝址控制长江集水面积100万平方公里，约为全流域面积的55%。整个工程由船闸、电站、泄水闸、冲砂闸及挡水建筑物组成。大坝全长2 595米，最大坝高47米。一、二号船闸可通过万吨级船队，三号船闸可通过三千吨以下客货轮。年单向通过能力近期为2 000万吨，远期可达5 000万吨。

电站装机21台，总容量271.5万千瓦，年平均发电量141亿千瓦小时。27孔泄水闸和15孔冲砂闸全部开启后，最大泄洪量可达11万秒立米。整个工程的主要工程量，有土石方挖填11 300万立米，混凝土浇筑1 113万立米，金属结构安装76 100吨。

葛洲坝工程采取了“静水通航，动水冲砂”的设计原则，并据以进行枢纽布置：

1.要求航道不发生碍航淤积，口门纵向流速不大于2秒米，横向流速不大于0.3秒米，保证船只顺利进入船闸航道；

2.泄洪建筑物应能安全渲泄最大洪水流量11万秒立米，在施工期应能安全导流和顺利截流；

3.电站应进水顺畅，尽量减少粗砂过机。

根据以上原则，枢纽布置采取了“一体两翼”的布置方案。泄水闸居中，以迎主流；两侧分设大江、二江电厂，以利于分期发电，提前发挥效益，并减少厂前淤积和少引进推移质底砂；在左右岸大江、三江分设船闸，其两航道靠主河槽一侧各设防淤堤一道，有利于稳定主河槽，缩窄河道，束水拉砂，同时形成左右两条人工静水航道，顺应河势，方便施工，确保分期导流和通航发电。一期工程建成后已经过特大洪水考验，工程运用的实践表明，工程设计是完全成功的。

工程分两期施工。一期修筑二、三江围堰，形成基坑。修建左岸土石坝、三江航道、二号和三号船闸、三江冲砂闸、二江电厂、二江泄水闸及混凝土纵向围堰等建筑物。1981年5月一期工程通过了中间验收，1983年二江电厂的七台机组共96.5万千

葛洲坝水电站二江工程

瓦全部建成发电。

二期工程截断大江主河道，迫使江水从二江泄水闸下泄，修筑二期围堰，形成大江基坑。修建大江电厂、一号船闸、大江航道、大江冲砂闸以及右岸混凝土重力坝等建筑物。二期工程进展很快，从1982年开工，1986年5月第一台机组发电，历时仅四年五个月。到1986年底，大江电厂已有五台机组共62.5万千瓦投产发电。

葛洲坝水电站的建成，是我国水电建设的重大成就。在全部建设过程中，难度最大的是大江截流。就截流流量而言，在世界上仅次于巴西的伊泰普水电站，因此，其规模在国内外均属罕见。坝址处长江的枯水流量一般为3 000～5 000秒立米，水深10余米。由于二江泄水闸闸底高出大江底约7米，分流条件差。设计采用上游单戗立堵截流方案。1980年汛前，按设计要求进行了上游龙口护底，在水下填筑了4～5米高的混凝土五面体和钢架石笼，同时进行截流备料。1980年10月开始拆除二江围堰，同时左右岸戗堤先后向大江进展，大江上下游龙口分别于11月27日和12月14日形成，共抛投各类填料70.7万立米。12月24日二江基坑充水，1981年1月2日二江泄水闸开始分流。1月3日开始按上游单戗立堵进行截流。赵紫阳总理亲临现场。200多辆大型自卸汽车，把满载的各类料物抛向203米宽的龙口。当龙口宽度剩下30多米时，截流进入了最困难的阶段。龙口流速超过7米，抛下的重25吨的混凝土四面体也被冲动，随即抛下混凝土四面体串，才得以突破难关。1月4日胜利合龙。截流共历36小时23分，实测截流流量4 720秒立米，最大落差3.23米，最大流速在7秒米以上。共抛投料物10.6万立米，最大日抛投强度达7.2万立米。大江截流施工准备充分，进行的有条不紊，工程质量优良，荣获国家优质工程金质奖。

能大量节约水泥的碾压混凝土坝，已在福建坑口水电站建成并于1986年11月1日通过国家技术鉴定。采用碾压筑坝方法，与传统的柱状浇筑混凝土相比，每立米混凝土的水泥用量可减少近一半，节约了水泥，降低了造价。由于碾压混凝土施工简化了混凝土的温度控制并减少了坝体接缝灌浆和模板用量，施工进度大为加快。是坝工技术的一个突破性进展。

〔火力发电建设〕

新中国成立后，从第一个五年计划时期开始，我国的电力工业具备了有计划地发展的条件，并相应地制订了自己的技术政策。在1956年2月的全国基本建设会议上，电力工业部刘澜波部长在发言中指出：“采取合理的经济的技术政策，是把基本建设工作做的更快、更多、更好、更省的先决条件。电力工业建设，主要的技术政策是建设大的电力系统、大型和巨型的水电站和采用大容量机组”。火力发电建设按照采用大机组这一方针，“一五”时期在大量建设0.6万千瓦和1.2万千瓦机组的同时，陆续建成单机容量为2.5万千瓦的高温高压机组、供热机组，以及单机容量为5万千瓦的中温中压机组，在采用大机组方面迈出了较大的步伐。在其后的几个五年计划期间，又陆续投产10万、12.5万、20万、30万千瓦高温高压以及亚临界参数的大容量机组。第一台60万千瓦的大机组也于1985年在元宝山电厂投入运行。到1985年底，10万千瓦以上火电机组已有210台，总容量为3 084万千瓦。

机组容量增大、参数提高，其明显的经济效益是煤耗下降。0.6万千瓦机组的设计发电标准煤耗为786克/千瓦小时，而60万千瓦机组为300.3克/千瓦小时，后者较前者降低61.8%。由于采用高参数的大机组等一系列措施，全国的发电标准煤耗发生了以下的变化：

年份	1950	1955	1960	1965	1970	1975	1980	1983	1985
煤耗 克/千瓦小时	848	655	553	477	463	450	413	400	398

煤耗的持续大幅度下降，累计节约的原煤以亿吨计，这是火电基本建设做出的重大贡献之一。

火力发电厂建筑群的核心是主厂房。主厂房楼层多，高度和柱距大，数百吨重的集中荷重常作用在其20～40米标高处的框架上，因而结构较一般工业厂房复杂，土建结构设计、施工难度较大。除主厂房外，火力发电厂尚有大量辅助厂房，以及输煤、除灰、供水等构筑物，其中尤以双曲线自然通风冷却塔和高烟囱（目前已建成的有高240米）的设计施工技术要求较高。在建国初期学习苏联设计方法的基础上，从五十年代起，逐步总结、积累了我国自己的火电厂土建结构设计经验，这些经验集中地体现在1959年水利电力部颁发的《火力发电厂土建结构设计规定》中，之后于1962、1979、1984年三次进行了补充修订，得到进一步完善。

在火电厂的施工中，主厂房是工程量大而且集中，又是决定电厂建设速度的关键项目。五十年代均采用现浇钢筋混凝土，其中有普通柔性配筋和劲性承重骨架配筋两种配筋形式。从1958年开始，装配式主厂房结构开始采用，迄今仍是主厂房的主要结构形式。但随着20万、30万，尤其是60万千瓦大机组的采用，主厂房装配式构件的数量和单件重量显著增大，预制和吊装工期加长，施工用地增多，大型施工机械的需用量和装备费用上升。总之，装配式结构的造价升高。因而近年来现浇主厂房结构又

双曲线自然通风冷却塔
与机力通风冷却塔

得到发展。而且和五十年代的现浇不同，出现了外包钢和钢管混凝土等新结构；采用轻钢龙骨、高强石膏板、弹塑性高分子防水卷材等新型建筑材料；钢模板、钢脚手以及定型混凝土拌和楼、泵送混凝土、混凝土搅拌运输车等新工艺的推广应用。这些施工方法的进步是今后施工的发展趋势。

双曲线冷却塔是一种薄壁壳体的高耸建筑物，承受风载、自重、地震、温度应力等多种荷载，其在运行时又处温差、干湿、冻融等变化着的工作条件，要求有较好的耐久性。筒壁几何尺寸的正确与否，对壳体应力的变化增值幅度很大，会产生较大的附加应力。保证筒壁的厚度、配筋率和整体性，对壳体的屈曲稳定影响很大，因而施工中对壳体的几何形状、壁厚、保护层厚度、配筋率、整体性等有严格的规范要求。通过多年来的实践，我们在双曲线冷却塔的设计和施工方面已积累了较丰富的经验。

目前我国最大的双曲线冷却塔，其淋水面积已达7 000平米。

〔**电网建设**〕

建国初期，我国的水、火电厂容量都较小，普遍是分散供电，除东北外，没有较大的电网。30多年来，随着电厂规模的扩大，电网相应得到发展。到1985年底，全国已建成7个跨省电网。其中容量在1 000万千瓦以上的有华东电网(1 270.90万千瓦)、华中电网(1 252.71万千瓦)、东北电网(1 246.90万千瓦)和华北电网(1 135.65万千瓦)。电网的建成，在尖峰负荷不同时出现的情况下可以在网内不同地区之间交换电力，从而减少备用容量；可以采用大容量机组，从而降低电厂造价并改善运行指标；可以合理利用能源资源，改善工业布局；尤为重要的是大大提高了供电的可靠性。总之，电网的发展是电力工业在技术上日益成熟的重要标志。

我国电网的发展过程，以送电电压等级的升高来表示，可以分为三个阶段。

第一个阶段是建国初期到六十年代末，大量建设电压为110～220千伏的送变电工程。其中的松李送变电工程（线路从吉林松花江丰满水电站到抚顺李石寨变电所），是具有代表性的工程项目。这个工程是1952年开始设计，1954年建成投产。线路全长369.25公里，共有铁塔919基，标准塔型11种。这是我国自己设计、施工的第一条220千伏线路，对解决东北南部鞍山、沈阳、抚顺、本溪等地区许多大型厂矿的用电，增强东北电网供电的可靠性和稳定性，起了重要作用。而且通过这个工程，提高了送变电工程的设计、施工技术水平，编制了必要的技术规程，建立了质量检查、施工安全等制度，为此后的送变电工程建设打下了基础。

1972年投入运行的刘天关330千伏送变电工程，开始了我国电网建设的第二阶段。这是我国自己设计、施工并自己制造设备的第一个电压为330千伏的超高压送变电工程。是连接陕西、甘肃两省电力系统的一条主干线路。把黄河上游刘家峡等水电站丰富的水电资源，输送到关中和天水等地区，使关中、天水、兰州、西宁等几个独立电网联成一体，形成陕甘青联合电力系统（1986年宁夏也并入电网），从而充分发挥水电效益，并减少系统备用容量。这条线路年可输电约16亿度，相当于少烧标准煤124万吨。本工程包括刘家峡——天水——关中送电线路，全长534公里，以及秦安和汤峪两个变电站。工程采用了装配式预制混凝土基础，基本上改变了大块混凝土现场浇筑的施工方法。部分采用了拔梢预应力钢筋混凝土电杆，结构简单，挺拔有力，不打拉线，少占农田，与使用铁塔相比，可节约钢材55%。必须使用铁塔地段，选用了大比例矩形断面的新型直线铁塔，计算上采用超静定理论的新方法，主构件选用了16锰钢新品种。

1981年12月21日，我国第一个电压为500千伏的平武超高压送变电工程投入运行，这是我国电网建设的第三阶段，标志着我国送变电技术逐步接近世界先进水平。

电力建设中一个高一级电压的出现，往往需要包括前期科研、勘测设计在内的十多年时间。平武工程由于电压高、线路长、输送容量大、导线分裂根数多、杆塔高、荷重大，因而在工艺设计和建筑结构方面都带来一系列新课题。工程是在1981年建成投产，而早在1971年主要设计单位就开始了研究工作。在工程进行的过程中，不仅全国各部直属电力设计院都承担了一些设计项目，而且还动员了许多大专院校和科研单位的力量，总计有几十个单位参加了协作，攻克了许多技术难关，取得了丰硕的成果。例如，凤凰山变电站总容量为150万千伏安，是迄今国内最大的变电站。由于这项工程设计是在我国实行对外开放政策以后进行的，就为采用国外先进技术创造了条件。这个变电站的建设，采取了由我国自己设计，自己配套，择优引进国外设备的办法。较之成套引进，节约了大量外汇。在设计工作中，我国电力设计院负责总体设计，择优引进国外的局部设计技术。在采购国外设备时采用小成套的办法，选用了日本、法国、瑞典、美国等多国各有特色的设备，真正做到了博采众长，而设备之间的协调配套则由我国承担。实践结果表明，进口设备的总价有大幅度的减少，设计技术先进又符合我国国情，既保证了工程质量和进度，又锻炼了自己的设计、施工队伍。

平武线全长594.88公里，有长江金口和汉水钟祥中山口两个大跨越。其跨越段长分别为2 137和2 197米，跨越塔全高135.5和120.5米。设计采用钢管桁架塔头、环形断面变坡度锥体钢筋混凝土塔身的新型跨越塔结构。

平武线的建成，一方面配合了葛洲坝水电站的电力外送，同时提高了华中电网运行的稳定性和供电的可靠性，对确保武钢一米七轧机和华中地区工农业生产用电起到了重要作用。通过这一工程，编印出版了400多万字的工程总结，填补了我国500千伏超高压送变电技术的空白。

1985、1986两年电力工业的装机容量，都达到了500万千瓦以上的水平。这样的建设规模，在世界上只有少数几个国家能够达到。

核工业建筑

徐继源

中国核工业创建于1955年。为了具体组织领导我国核工业建设，1956年第一届全国人民代表大会常务委员会通过决议设立第三机械工业部；1958年改为第二机械工业部；1982年改为核工业部。

核工业，也称原子能工业，是一个综合性的工业体系。它包括铀矿地质勘探，铀矿开采，铀金属冶炼，铀同位素分离，钚生产，热核轻材料生产，核武器研制生产，放射性同位素利用，核能开发，核科研设计，核设备仪器制造，核安全防护卫生，核工程建设等方面。30多年来，先后成功研制了原子弹、氢弹、潜艇核动力装置，建立起比较完整的核科技工业体系，为打破霸权主义的核垄断和核讹诈，建立自己的核力量，保卫祖国安全，维护世界和平，作出了重要贡献。

核工业建设一开始就坚持从中国的实际出发，根据需要和可能确定了适当的建设规模，并制定了“自力更生为主，争取外援为辅”的方针。强调要根据我国的实际情况，把学习与独创很好地结合起来，“边干边学，建成学会”，在建设实践中学习外国提供的技术和经验，切实做好“消化、吸收”工作，逐步达到全面掌握。

为了开展核科学技术研究工作，1955年7月成立了国家建设委员会建筑技术局（核工业部前身的一部分），开始筹备组织领导苏联援助的7000千瓦研究性重水反应堆和2兆电子伏特回旋加速器的建造工作。这项工程建在北京市。工程于1956年5月动工，在土建安装施工和调试启动过程中，苏联派专家进行指导，1958年春，反应堆和加速器先后建成。6月13日反应堆达到临界。与此同时，从1958年5月起，湖南、江西铀矿铀水冶厂工程陆续开工建设。到1960年8月，这批矿山相继建成，铀水冶厂也开始了设备安装。这时又从建工部、冶金部、一机部、化工部等单位陆续抽调了设计和施工力量，开始组建核工业的专业设计院和施工公司。

1960年4月经中央批准，把铀—235生产线列为重点工程，集中力量加快了建设进度。到8月底，就完成了部分机组安装，与之配套的有关工厂的土建工程也大部接近完工。

1960年，苏联撤走全部专家，带走了重要的图纸资料，同时停止了设备材料的供应，使一些正在建设的工程被迫停工。此时，我国国民经济出现了暂时困难，更使地处偏远地区的建设工地增加了巨大的困难。

苏联停止援助后，核工业战线的职工在极端困难的条件下，坚持把核工业建设搞上去。经过1961、1962年的实践和艰苦工作，核工业建设和核武器研制进入了一个新阶段，西北核武器研制基地工程从1963年3月开始施工准备，5月工程全面展开，到1964年基本建成。10月16日我国自行研制、设计、制造的第一颗原子弹装置爆炸成功了。

此时，我国第一个生产钚的反应堆正在加速建设。在工程施工前作了大量试验工作，克服了各种技术难关，1966年初，反应堆安装工作基本结束。10月反应堆达到临界，11月达到满载。至此，我国第一个钚生产堆胜利建成。放射化工后处理厂一期、二期工程也分别于1967年初和1970年初建成。这样，我国建成了比较完整的核燃料循环体系。

1967年6月17日我国第一颗氢弹爆炸试验成功。

1978年中国共产党十一届三中全会提出：把全党的工作重点转移到社会主义现代化建设上来。接着提出了“调整、改革、整顿、提高”的方针。根据这一指示精神，核工业部的工作方针为“军民结合，保军转民”，并把工作的重点转向为国民经济和人民生活服务。转民的重要内容之一是核电站的建设。1983年6月1日我国自行设计和建设的秦山核电厂破土动工，至1986年底反应堆安全壳混凝土已浇灌到正44米。1986年1月国务院决定，我国核电厂的建设和运行由核工业部统一管理和经营。广东大亚湾核电厂（2×90万千瓦）工程建设正在积极准备中。今后，核电厂的建设以及与其配套的核燃料循环系统的建设将成为核工业建设的重要组成部分。

〔**核工程勘察设计**〕 我国的核工程勘察设计队伍是从1955年建立的。截至1986年底，核工业部共有六个研究设计院和一个工程地质勘察院。这些单位是：北京核工程研究设计院，西南反应堆工程研究设计院、上海核工程研究设计院、核工业部铀矿冶设计研究院、核工业部第五研究设计院、核工业部第七研究设计院，以及核工业部地质勘察院。职工总数达5 000余人。

1960年我国核工程勘察设计人员即初步掌握了核工程设计的特点，他们从干中学，有改有创，不断提高。

1965年4月，二机部设计部门陆续开始了“三线”核工程的设计工作。到70年代末，核工业的设计水平有新的提高。设计了高通量工程试验反应堆，受控热核聚变反应实验装置——中国环流器一号等。并对天然铀石墨气冷堆、天然铀重水堆、低浓铀压水堆等堆型进行了多方案的研究探索。与此同时，各设计部门还完成了一批核工程和民用工程设计。1973年底，组建了上海728工程设计队，后改名为核工业部上海核工程研究设计院，承担728核电厂的设计工作。1983年6月我国第一座30万千瓦压水堆电站——秦山核电厂工程破土动工。80年代以后，根据国民经济建设任务的调整，核工业的设计部门积极承担国民经济各个领域的工业和民用建筑设计。

〔**核工业建筑安装**〕 我国的核工业建筑安装队伍是从1958年建立的。他们常年转战祖国荒漠原野，为建立我国的核工业力量立下了丰功业绩，到1960年10月第一颗原子弹爆炸成试验成功时，施工队伍已发展到近3万人，三线建设时期又发展到5万人。

1974年后，随着国民经济的调整，核工业建设施工队伍除继续进行核工业建设任务外，逐步转向国民经济其他行业的建设。1974年起，二三安装工程公司第五工程处开始承担上海余山石油化工总厂的部分安装任务。1982年该工程处改为二机部第五安装工程公司。1984年10月，经核工业部建筑安装工程局与上海余山石油化工总公司对第五安装工程公司联营，实行双重领导，明确该公司主要承担上海余山石油化工总公司的安装检修任务。确定该公司又名上海余山石油化工总公司安装检修公司。1979年二三安装工程公司抽调1 500人支援纺织工业部，组建专业安装公司。第七建筑工程处改为二七建筑工程公司，并承担江苏仪征化纤厂的工业建筑任务。该公司后又改为华兴建设公司。1980年，二一建筑工程公司抽出3 000人进入深圳经济特区，组成华泰企业公司，承担民用建筑工程。1981年二二建筑工程公司先后组织了1 200人到约旦，承担民用住宅工程的施工。1982年二三建筑工程公司开始承担大庆乙烯工程部分安装任务。二四建筑工程公司承担北京、厦门等地的高层建筑施工任务。二五建筑工程公司承担了山西古交煤矿的建设任务。二二、二三建筑工程公司还承担了秦山核电厂的建设任务。华兴建设公司和二三建筑工程公司承担了广东核电厂建设任务。

截至1986年止，核工业部建筑安装施工企业共有六个以建筑工程为主的施工公司，即：二一、二二、二四、华兴建设公司和华泰企业公司；两个以安装

轻工业建筑

崔文玺　肖玉环

一、轻工业建设概况

建国以来，随着我国轻工业的发展，轻工建设事业得到不断发展，建设队伍得到不断壮大，完成了轻工业多种行业的大量建设工程，为国家积累了财富，丰富活跃了市场，满足了人民物质文化需要，使轻工业建设工作积累了经验，建设水平得到了提高。三十多年来，轻工业共上缴国家税利3 300亿元，占国家财政收入的18％左右，相当于同时期全国预算内基本建设总投资的45％左右。

〔轻工业基本建设投资完成情况〕 1950年～1985年，全国轻工业系统共完成基本建设投资323.9亿元，新增固定资产250.2亿元。总投资中建安工作量约占近60％。各主要历史时期完成基本建设投资如右图所示：

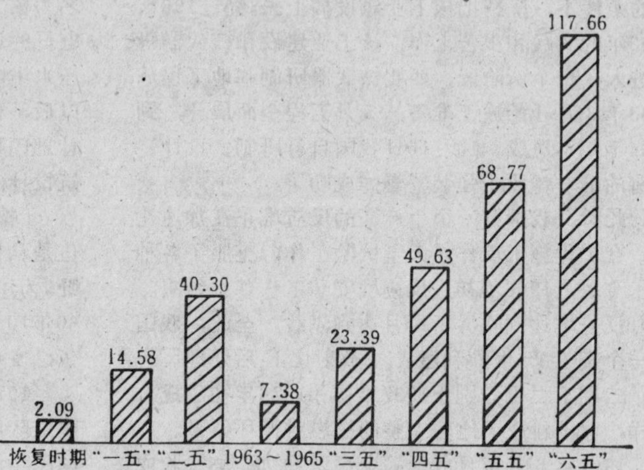

（单位：亿元）

工程为主的公司：二三建设公司和第五安装工程公司；一个矿山建井、水冶厂建筑安装工程公司：二五建设公司；一个机械制造厂：471厂。职工总人数约4.7万人。1986年共完成总工作量4亿多元。除二五建设公司隶属核工业部矿冶局外，其余公司、厂隶属核工业部建筑安装工程局。这支队伍经过长期核工业建设的锻炼，具有艰苦奋斗，苦干实干的作风，注重工程质量，技术力量强，工种齐全，除能完成核工业建设外，具有承担石油化工、化纤、机械、轻工、纺织等工业建设的能力，擅长于有特殊要求的机械设备、工业管道、电气自控仪表的安装，大型、重构件的吊装，各种金属材料的焊接和现代化民用高层建筑的施工。

30年来，核工业施工队伍克服种种困难，逐步掌握核工程的施工技术，圆满地完成了各项工程建设任务。

我国首批核工程的建设是在极其艰苦的条件下进行的，其中最能反映核工业特点而建造难度又大的是铀浓缩厂，原子能联合企业和核武器研制基地。这些工程都是建在人烟稀少的地方，施工队伍的生活和工作条件非常困难。

核工业建设主要特点是，一要确保放射性物质不泄出；二是很多主要工程建成后，直到寿期终止而报废，都不能检修。因此，对工程质量要求很高。钚生产反应堆、后处理厂和铀浓缩厂等工程都是很复杂的工业综合体。工程施工前必须编制详细的施工组织设计，并对工程中的关键技术问题作大量试验工作，得出科学的结论，以指导施工。以钚生产堆工程为例，施工前集中大量技术人员约花两年时间编制施工组织设计，并对大体积混凝土的浇灌，各种焊接工艺、变形、镗孔等技术进行了大量的试验工作。在国内有关单位的协作下，研制了不锈钢熔化极氩弧焊导向管管板专用焊机、ϕ8—ϕ219系列不锈钢钨极氩弧全位置自动焊管机等专用设备。对焊接、防腐、喷铝、仪表等专业工程进行了大量的技术工人培训工作，并加强工序质量监督和最终质量把关，尤其是隐蔽工程必须经各种检验合格签证后方可隐蔽。

通过核工程的建设，培养了一支技术水平高，能吃苦耐劳的土建安装施工力量。

〔建成投产的大中型项目和新增生产能力〕

建国以来，我国轻工业基本建设事业得到了迅速发展，据初步统计，已经建成投产的大中型项目共有574个，参见下表。

轻工业建成投产的大中型项目

（1950～1985年）

行业	年度			
	总计	1950～1965年	1966～1975年	1976～1985年
合计	574	138	114	322
造纸	78	29	27	22
制糖	340	66	42	232
盐及盐化工	36	14	9	13
食品	21	8	3	10
日用化工	29	7	9	13
日用硅酸盐	20	9	3	8
手表、缝纫机、自行车	18	2	4	12
塑料	11		4	7
轻工机械	12	2	9	1
其他	9	1	4	4

建国以来轻工业主要产品基本建设新增生产能力

产品名称	生产能力
机制纸及纸板	298.5万吨
机制糖	492.8万吨
原盐	1 324.7万吨
缝纫机	612.9万架
手表	1 482万只
卷烟	294 万箱
自行车	923.9万辆

二、设计施工队伍及成就

〔轻工业设计施工队伍〕

1986年，全国轻工业系统共有设计单位（院、所、室）42个，分布在27个省、自治区、直辖市。拥有一支0.7万多人的设计队伍，承担了全国轻工业绝大部分建设项目的设计任务。其中轻工业部直属的设计院有8个，直接生产工程技术人员约占总人数的70%，拥有百余名高级工程师，1986年完成设计投资额约20亿元。

多年来，这些设计单位注重业务建设，各展其长，多次承担国家重点工程、引进工程、援外工程等重要项目的设计任务，并开发了资源调查、厂址选择、工程勘探、可行性研究、信息咨询等项业务。“六五”时期，轻工业系统共有十个项目被评为国家优秀设计项目，全部是本系统设计院承担设计的。

〔轻工业设计施工技术政策〕

轻工行业老企业多，厂房陈旧，生产装备、技术落后，其改造任务繁重，同时建国以来陆续建设的一大批工业企业的生产能力还有待进一步发挥。因此轻工行业建设实行对老企业的挖潜改造为主，因地制宜地实行大中小并举的方针，达到尽快发挥投资效益的目的。

轻工业工厂企业多集中于城镇经济发达人口密集地区，所以工厂建设布局要合理，总图布置要美观协调，要把轻工业工厂建成花园式工厂。同时，在征用土地时要考虑尽可能不占或少占良田好地，建设中对地下管网的布置施工与市政建设协调，“三废”治理工程要同步建设，特别是对个别腐蚀、污染较为突出的工程建设给予充分注意和重视，重点加以解决。

轻工产品的使用对象是广大人民群众，一切都要以消费者的利益为出发点，千方百计地减轻消费

中山洗衣机厂

者的负担。在厂房建筑方面既要满足生产工艺技术要求，又要充分利用现有条件，节省投资，减少能耗，积极采用多层厂房建设和部分露天构筑物，以减少土地占用，降低造价。一些工厂建设，对人防工程进行了合理改造利用，充分利用地下工程温度稳定，适应轻工业某些行业生产车间要求的特点，节省了资金和能源。

最近几年，轻工业发展了如家用电器等新兴行业，这些行业起步虽晚，但起点较高，产品的性能、生产技术水平要达到当代国际先进水平，厂区和厂房建设也要求达到较先进的水平。根据这些工厂生产工艺特点和建设速度快的要求，一些工厂建筑采取了大型钢结构等轻型建筑形式，大大加快了建设周期。

在轻工业建设中，由于努力做好建设前期工作、设计准备工作、设计施工现场服务和技术回访工作，本着努力降低工程造价，节约投资，充分利用原有条件，避免生搬硬套，克服墨守陈规的陋习，使轻工业建设有了较快的发展。

〔**轻工业工程建设标准定额工作**〕

轻工业部系统四十多个行业，在1963年颁布了造纸设备安装施工及验收规范，1980年颁布了制糖工业设备安装施工及验收规范，由于多年未加修订，与国民经济发展对轻工业建设的要求极不适应。轻工业部从1985年起编制了我国轻工业工程建设标准定额规划，并正式列入国家计委“工程建设标准定额制订、修订‘七五’规划”。“七五”规划安排了造纸、制糖、制盐、食品、制革等行业的设计、施工规范及预算定额共33项，其中：设计技术规范16项，施工及验收技术规范 9 项，预算定额 8 项。1987年将陆续颁布 4 项规范和 3 项预算定额在全国试行，其他也将按规划陆续颁布施行。

〔**烟台合成革工程**〕

烟台合成革厂工程是经国家标准引进的重点建设项目之一，设计规模为年产合成革300万平方米，二苯基甲烷二异氢酸酯（简称MDI）1万吨，聚酯多醇3 200吨，聚氨酯4 600吨及其他副产品。合成革、MDI、聚酯多醇三套主要生产装置从日本引进，其他辅助公用工程均为国内配套。工程总概算为4.6235亿元，主要设计、施工单位有：山东省化工规划设计院、山东省工业设备安装公司、烟台市建筑工程公司、莱芜钢铁厂基本建设处等单位。这项工程于1980年 4 月正式破土动工，1983年 4 月基本建成。1984年11月通过国家正式验收，工程设计和工程质量优良率均达到95%以上。工程引进的技术和装置比较先进，国内配套工程适宜，总体设计布局较为合理，生活福利设施基本满足投产初期需要，“三废”治理做到了同时设计、同时施工、同时使用，建设速度快，各装置一次投料试车成功，生产能力和各项工艺技术指标均达到了设计要求。这项工程获得1985年国家优质工程银质奖。工程的建成为发展我国聚氨酯工业、合成革工业开拓了广阔前景，对加速发展轻工业和改善人民生活具有重要意义。

烟台合成革厂
MDI工程

纺织工业建筑

董卓超　周启章　俞兆丰

〔**棉纺织厂房建筑（包括毛麻丝及印染）**〕

我国手工纺织技术源远流长，有四千余年的历史。十九世纪后期引进了机器纺织技术。自1890年（清光绪十六年）在上海建成第一个纺织工厂之后，1947年全国只有纺纱机492万锭，织布机6.6万台。其中有多层厂房，也有单层锯齿厂房。有砖木结构的、钢筋混凝土结构的和少数钢结构的。空调设备缺乏，劳动卫生条件很差。新中国建立后，在3年恢复时期，就开始建设新厂，在武汉、咸阳、邯郸、乌鲁木齐等地建成棉纺织工厂。还在哈尔滨建成一个亚麻纺织厂，该厂由苏联设计并供应设备。

"一五"期间在北京、邯郸、石家庄、郑州、西安等地建成5个大型纺织工业基地，共计棉纺织厂21个（纺锭155.7万锭，布机46 148台）印染厂2个（年印染能力2.4亿米）。这些新厂设计，采用了"T"型柱，双梁（兼作空调风道），三角架承重的预制钢筋混凝土结构锯齿型厂房，统一柱网和车间高度，便于大面积机械化施工。取得了好、快、省的效果，同时注意了工厂环境卫生和美观。

六十年代初，为解决寒冷地区锯齿天窗凝水和夏季炎热地区车间内温度过高的问题，纺织部设计院曾在富拉尔基棉纺织厂、伊犁毛纺织厂和湘潭棉纺织厂设计成单层无窗厂房，又为了节约用地，曾为四川达县和湖北襄樊、安陆、云萝等棉纺织厂设计成三层和二层的楼房厂房，由于缺乏经验，这些设计偏于简陋。

六十年代末期，山东、上海等纺织设计院，先后设计成功天窗架承重、竖向大屋面板结构的锯齿型厂房，使钢筋混凝土天窗框兼起承重作用，取消了三角架，减少了构件种类，使车间内部光洁。山东省纺织设计院为解决印染厂高温高湿车间结雾滴水的老大难问题，吸取了常州灯芯绒厂的经验，设计成功带排汽井的锯齿型厂房，首先用于济南第二印染厂获得成功。这是锯齿型厂房设计的两项重大改进，七十年代开始被广泛采用，并用于援外设计中。

进入八十年代以来，我纺织工业在建新厂的同时，注重了老厂的挖潜改造。为了充分利用场地，在北京、上海、浙江、陕西、云南各地改建和新建了十多幢多层厂房。如上海第十织布厂，结合上海市城市改造规划和纺织行业调整，拆除原有破旧单层厂房，原地新建一幢四层楼房，跨度14+2.4+14米，一、二层为布机间，第三层为成品间及仓库，第四层为准备及浆纱间以便排汽，布机间装吸声吊顶，其上装空调管道，附房为6层，安置辅助生产及生活用房，车间降噪减振效果均有明显改善，且厂院宽敞，街景美观，评为1984年国家级优秀设计。相继建成的上海色织四厂多层厂房，主车间为6层，附房12层。采用部分预应力钢筋混凝土20+20米双跨连续大梁，开间柱距7.2米。由于采用大跨度，使布机排列更为合理，与一般柱网相比，在同等面积内多排布机12%，每年估可增产50余万元。在降噪抗振方面也采取了措施，收到预期效果。由华东建筑设计院、南京工学院、上海纺建公司承担科研、设计和施工，评为1985年纺织部部级一等奖。

杭州胜利丝织厂新建主厂房工程，首次设计成功由预应力拱架和承重架组成的双框架结构的二层厂房，底层车间净跨32.50米。二层利用拱架的空间，形成4个32.50×8.50米的房间，布置附房及其他房间。由于利用了拱架空间，从而降低了耗钢指标。该设计具有独创性，被评为1986年部级技术进步表扬奖，由浙江轻纺设计院设计。

多层厂房也用于印染厂等高温高湿车间，以前楼房下层排汽难的问题，在北京第二印染厂建设中采用竖向排汽井得到解决。北京第二印染厂印染车间为纺织部设计院设计，评为1984年国家级优秀设计。

鉴于大跨度厂房给工艺设备排列和更新带来的优越性，单层锯齿厂房和单层无窗厂房也都向大跨度结构发展，由纺织部设计院设计的常州气流纺车间，单层无窗厂房，柱网12×24米，钢筋混凝土结构，即为成功的一例。

〔**援外纺织工厂建筑**〕

建国以来，我国纺织工业的援外工作取得了很大成绩。自1954年援助缅甸建设棉纺织厂开始，至1982年先后帮助21个国家建成了纺织、印染厂33项。遍及亚、非、拉美、欧四大洲。在五十年代多采用锯齿型厂房，钢筋混凝土结构。六十年代以后，根据受援国的条件，多采用钢结构无窗厂房，并逐步采用大跨度柱网结构。例如纺织部设计院设计的援民主也门棉纺织厂采用了带技术搁楼的钢结构无窗厂房，柱网为15.90×19.20米，印染厂采用门式钢架，柱网6×13.5米，并在漂炼等车间设有排汽井，得到好评。

总结纺织工厂建筑设计的经验，由于纺织工艺多由单台设备组成，断续生产，工艺设备对厂房的约束较少，厂房型式的选择主要考虑因地制宜和经济技术条件。但纺织工艺要求一定的温湿度和照度，连同建筑围护结构设计都是十分重要的，目前在降低噪声和布机上楼的减振问题虽取得一定效果，尚待进一步综合治理。

〔化纤厂房建房〕

我国解放前化纤工业甚微，只有安东（丹东）化学纤维厂（日产10吨）和上海安乐人造丝厂（日产1吨）两个工厂，其设备陈旧、厂房简陋、环境污染严重，1954年以后，开始计划新建各种化纤厂。

（1）粘胶纤维　1956年初，从民主德国引进年产5 000吨人造丝的成套设备和厂房设计，建设保定化纤厂，1956年7月投产。1961年自行设计制造成功成套粘胶短纤维和长丝设备，同年开始陆续兴建南京、新乡、杭州、吉林等化学纤维厂，并在各厂中配备了棉短绒浆粕车间，这些项目于1964～1965年先后建成投产。1967年在保定扩建了年产2 000吨粘胶强力丝车间。同年开始在襄樊建设湖北化学纤维厂，年产1万吨粘胶强力帘子布。纤维质量达到国际指标。

（2）维纶纤维　1964年从日本引进生产维纶及其原料聚乙烯醇的成套设备和技术，兴建北京维尼纶厂和北京有机化工厂，年产维纶纤维1万吨，1965年投产。1970年开始参考引进的设备，自己设计制造了从聚乙烯醇到纺丝的成套设备，在福建、江西、安徽、湖南、广西、云南、山西、甘肃等省各建1个万吨规模的维纶厂，在石家庄建了1个规模为5 000吨的维纶厂，1972、1973年引进设备在上海石化总厂和四川维尼纶厂配置了年产3万吨及4.5万吨的维纶生产线。

（3）涤纶纤维　六十年代初，上海合成纤维研究所开始研究涤纶生产工艺，1963年我国自行设计制成涤纶纤维设备生产线，装备建成丹东、阿城和其他几个涤纶纤维厂。1973年引进石油（天然气）化工化学纤维联合装置，建成上海、天津、辽阳、四川等4个大型石油化工联合企业，共年产涤纶、腈纶、锦纶为35万吨，各厂自纺合成纤维23万吨。1983年这四个联合企业划归石化总公司管理。自1978年，纺织工业部又着手组建江苏仪征化学纤维厂，引进技术装备，年生产能力为聚脂53万吨，可纺制各类纤维约48万吨，分为3个涤纶分厂分期建设，涤纶一分厂已于1984年建成投产，评为1985年部级优秀设计一等奖。

（4）锦纶纤维　早在1957年从民主德国引进年产380吨锦纶丝的技术装置，建成北京合成纤维试验厂。八十年代初先后建成辽化锦纶厂、营口锦纶厂。又从日本引进成套设备在河南平顶山建成锦纶66帘子布厂，年产帘子布13 000吨。纺织部设计院承担土建及部分公用工程设计，该厂按中日合同规定28个月建成投产，产品质量达到国际水平，效益良好，评为1984年国家级优秀设计和优质工程项目。1985年又开始了二期工程建设，预计1987年秋可建成投产。

（5）腈纶纤维　1965年从英国引进了生产腈纶短纤维的成套技术，建成兰州化学纤维厂，年产腈纶纤维8 000吨，1969年投产。1971年先后建成大庆和淄博两腈纶厂，年生产能力各3 000吨。上海石化总公司所属腈纶厂，年产腈纶纤维4.7万吨，是目前国内规模最大的腈纶厂。

上海第十织布厂街景

化学纤维种类繁多，对厂房的要求虽各有差异，但化纤工艺的前工序，如粘胶纤维的原液，合成纤维的聚合，实属化工性质，工艺流程在专用设备内进行，并通过管道输送，因而工艺对厂房有密切的约束，厂房的型式一单层或多层乃至平面尺寸和层高，均须根据工艺设备决定。纺丝后加工工艺则与纺织厂相似，对厂房的制约较少，土建设计有较大的灵活性，故每种化纤工厂都因其工艺而形成某种厂房型式。当然，因化纤工艺的特性而必需的车间气候条件以及防毒、防火、防爆、耐腐蚀等，都必须加以满足。截至1984年末，全国化纤工业生产能力为粘胶纤维15.77万吨，合成纤维66.26万吨。

〔工厂环境及教育、科研、生活福利建筑〕

（1）工厂环境设计　为职工创造一个优美的生产和生活环境十分重要。新中国成立后所建各棉纺织厂的厂前区，大多已花木成荫，在八十年代新建厂中，对环境的要求更加重视了。如平顶山帘子布厂，在厂前区幼儿园周围栽种花木，配以山石凉亭，受到市政和职工的赞许。北京化纤厂合理安排厂前区建筑物，并以柱廊将厂前区与生产区划分开，用一池清水和几簇花树略加点缀，创造了简洁明快的环境，这一工程由北京市纺织设计院设计，获1985年部级优秀设计二等奖。又如天津华欣毛纺织厂，利用窑坑洼地，加以改造，碧波粼粼，婉如滨湖工厂，此工程由天津市纺织设计院设计，获1984年国家级优秀设计奖。

（2）教育建筑　早在1951年在上海创办了华东纺织工学院，1985年9月改名为中国纺织大学。先后在南通、天津、山东、陕西创办了纺织工学院。并创办了北京化纤学院和苏州丝绸工学院。近年又成立了武汉纺织工学院，该院教学大楼建筑面积32 600平米，已于1986年落成，由湖北工业建筑设计院设计。中国纺织大学新建中心大楼工程建筑面积26 857平米，主楼高17层，已于1986年动工。天津纺织工学院新建培训楼工程，建筑面积3 577平米，已于1986年竣工使用。

（3）科研建筑　1956年成立纺织部纺织科学研究院，同年在上海成立分院，1957年改名上海纺织科学研究院，1983年新建成理化实验大楼及科技交流会场。该科技交流会场由上海市纺织设计院设计，被评为1984年部级优秀设计二等奖。新建纺织部纺织科学研究院科研楼，总高14层，建筑面积10 300平米，属联合国工业发展组织的合成纤维研究中心的援助项目，内设测试中心站、自动化研究所、学术报告厅等，对防尘、防磁、防振、恒温、恒湿等都有较高要求，由纺织部设计院设计，已于1986年落成。

（4）生活福利建筑　建国以来，各新建厂中都建有托儿所、幼儿园、医务室或职工医院等，并在青岛等地建成纺织工人疗养院。1983年无锡市纺织工业局在该市郊区马山山麓新建了一所纺织工人疗养院，该院依山傍水，又有苍松翠竹，四季常青，建筑设计朴实宜人，博得好评，由江苏省纺织设计院设计，评为1985年部级优秀设计二等奖。

〔纺织系统的设计、施工队伍〕

（1）设计单位　1952年纺织部成立纺织设计院（初名设计公司），其后，上海、湖北、辽宁、黑龙江、河南、天津、北京、浙江、陕西、四川、山东、江苏、安徽、江西、河北、新疆、广西、青海、哈尔滨等省、自治区、直辖市都先后成立了纺织或轻纺工业设计院。中国纺织大学和仪征化纤联合公司等十个部属企业也成立了设计院（室）。至1986年底，纺织系统计有31个设计院（室）。职工3 800余名，其中技术人员3 700余名，成为一支水平较高的设计力量。1985至1986年，各纺织设计院（室）以提高质量为中心，建立了各种规章制度，采取各种措施，提高设计人员的技术水平，补充专业人员，健全各院的设计能力，并添置电算机，提高设计速度，确保设计质量。

纺织部建设局组织各院编制各种纺织、化纤设计技术规定，已出版6项，另施工标准及规范7项，预算定额3项。于1986年7月由上海市纺织工业局主办“大跨度部分预应力钢筋混凝土结构设计讲课”，于1986年9月在成都举办了“全国纺织勘测设计单位全面质量管理讲课”。还组织有关设计院进行科研试验，1983年委托上海同济大学、部设计院和上海设计院进行天窗架承重锯齿型厂房结构的抗振性能科研试验，由上海纺建公司制做模拟模型，已完成静力试验，现正准备继续作动力试验，这项试验已列为国家重点科研项目。由纺织部设计院和北京市第二印染厂、中国科学院微生物研究所共同研究的印染废水厌氧好氧处理中试装置列为纺织部重点科研项目，已于1986年10月通过鉴定，有关专家认为此项技术对于在常温下处理低浓度难生化降解的废水处于领先地位，效果达到国内先进水平，可在生产中推广应用。1986年又委托纺织部设计院为主，上海纺织设计院、山东纺织设计院等共同编制棉纺织和印染厂锯齿厂房结构标准图，现已开始。

建设局于1984年、1985年组织各院评选部级优秀设计，并择优申报评选国家级优秀设计，并参加评选优质工程项目和技术进步奖。

1986年度部级科技进步奖。经评选为（1）仪征化纤工业联合公司涤纶一厂聚脂熔体夹套管道设计获二等奖，纺织部设计院设计。（2）大跨度预应力双拱架结构二层工业厂房设计获表扬奖，浙江

无锡市纺织工人疗养院

轻纺设计院设计。

1984年平顶山帘子布厂评为部级和国家级优质工程奖，荣获国家银质奖章。

1986年浙江涤纶厂和云南绒布厂评为部级优质工程项目。

（2）施工单位　1986年10月，纺织工业部成立了中国纺织化纤工程公司，承包国内外纺织化纤行业各类项目的工程建设和技术咨询业务，同时承包其他工业和民用建筑项目。

上海纺织建筑工程公司成立于1953年。1985年上海市建委评定为房屋建筑一级施工企业。现有管理人员394人，其中工程技术人员152人，有高级工程师3名，工程师21名，能独立承担大、中型工业、民用建筑施工。

1985年，上海市纺织建筑工程公司、华东建筑设计院和南京工学院通过上海色织四厂合作进行科研、设计、施工的成功体验，共同组成了华东预应力混凝土技术开发中心，开展咨询、设计、施工和科研试验业务。两年来承担了多项大跨度预应力钢筋混凝土结构的张拉任务，将对我国推广和发展预应力工程做出贡献。

上海纺织工程承包公司，1985年1月成立，隶属上海市纺织工业局，主要为本市纺织系统内的事企业单位提供工程技术咨询，承担工程设计和承包工程建设以及施工管理业务，并为本市其他行业或外地纺织事企业单位服务。

河南省纺织安装公司，原名纺织安装队，五十年代成立，承担纺织化纤设备安装三十余年，足迹遍全国，是一个技术力量雄厚、实践经验丰富的安装企业。

湖北省纺织建筑工程公司成立于七十年代，十多年来承担了本省纺织工业和民用建筑任务多项，做出了很大成绩。

1984年末全国纺织工业主要设备安装统计　　表 1

设备名称	计算单位	1984年末安装数	备注
棉纺织			
棉纺锭	万锭	2 219.65	
棉布织机	台	633 484	
毛纺织			其中嘉兴毛纺织厂效益较好，见本年鉴建筑实录图片
毛纺锭	锭	1 205 233	
毛织机	台	17 121	
麻纺织			
麻纺锭	锭	362 690	
麻织机	台	14 402	
印染工业	（万米）	939 306	年末生产能力，其中涤纶混纺印染布40 2987

1985年在建大中型纺织项目　　表 2

建设项目	产品，单位	建设规模	新增能力	投产日期
哈尔滨纺织印染厂	中长纤维(纺锭)	51 240	51 240	
	涤　纶(纺锭)	50 752		
福州棉纺织印染厂	(纺锭)	50 000	50 000	注：(印染布4 000万米，在建)
淮北棉纺织印染厂	(纺锭)	103 840	103 840	(印染8 000万米，在建)
荆沙棉纺织厂	(纺锭)	101 344	101 344	
青海第三毛纺织厂	(毛纺锭)	10 000	5 000	
洞庭苎麻纺织厂	(麻纺锭)	30 000	30 000	1985年8月
上海第一毛条厂	毛条(吨)	3 000		
北京毛条厂	毛条(吨)	3 000		
黑龙江毛纺厂	(毛纺锭)	10 000	10 000	1984年12月

1985年在建大中型化纤项目　　表 3

建设项目	产品，单位	建设规模	投产日期	备注
仪征化纤工业公司涤纶二厂	涤纶短纤(万吨)	12		
浙江涤纶厂	涤纶长丝(吨)	5 000	1984年12月	
北京化纤厂	涤纶短纤(吨)	12 000		
	涤纶长丝(吨)	5 000		
山西涤纶厂	涤纶长丝(吨)	5 000		
厦门化纤厂	涤纶长丝(吨)	8 000		计划外项目
开平涤纶厂	涤纶长丝(吨)	5 000		计划外项目
佛山化纤工程	化纤单体(吨)	60 000		计划外项目
	涤　纶(吨)	25 000		

1984年优秀设计一览表　　表 4

序号	项目名称	设计单位	部级	国家级
1	平顶山帘子布厂总体设计、土建、公用工程设计	纺织工业部设计院	一等奖	优秀设计奖
2	北京第二印染厂印染车间	纺织工业部设计院	一等奖	优秀设计奖
3	上海市第十织布厂	上海市纺建公司设计室	一等奖	优秀设计奖
4	天津市华欣毛纺织厂	天津市纺织工业设计院	一等奖	优秀设计奖
5	上海国棉八厂第三纺纱工场	上海纺织工业设计院	一等奖	优秀设计奖
6	湖南省益阳苎麻纺织印染厂	湖南省轻工设计院	一等奖	优秀设计奖
7	云南绒布厂扩建工程	云南轻纺工业设计院	一等奖	表扬奖
8	上海纺织科学研究院理化实验大楼及科技交流会场	上海纺织工业设计院	二等奖	
9	湖南省沅江苎麻纱线厂	湖南省轻工设计院	二等奖	
10	上海第十一化纤厂1000吨/年涤纶长丝工程	上海化纤公司设计室	二等奖	
11	北京第三毛线厂污水处理站	纺织工业部设计院	二等奖	
12	湖北省阳新县苎麻纺织厂改建工程	湖北纺织工业设计院	二等奖	
13	黄河棉织厂扩建工程	陕西省纺织工业设计院	二等奖	

续表

序号	项目名称	设计单位	部级	国家级
14	哈尔滨亚麻厂扩建五千锭纺织车间	辽宁省纺织工业规划设计院	三等奖	
15	郑州国棉五厂气流纺车间	河南纺织设计院	三等奖	
16	都匀黄麻纺织厂主车间扩建工程	贵州省轻纺工业设计院	三等奖	
17	武汉毛巾厂污水处理工程	湖北纺织工业设计院	三等奖	

1985年优秀设计一览表

表5

序号	项目名称	设计单位	部级
1	仪征化纤厂涤纶一厂聚酯车间及熔体夹套管	纺织工业部设计院	一等奖
2	上海石化总厂涤纶二厂聚酯装置及HV401型熔体输送管	上海纺织工业设计院	一等奖
3	上海色织四厂，六层布机车间及其大跨度部分预应力钢筋混凝土多层框架	华东建筑设计院、南京工学院、上海市纺建公司设计室	一等奖
4	仪征化纤厂一期工程厂区总图及系统管线	纺织工业部设计院	一等奖
5	浙江涤纶厂	浙江省轻纺设计院	一等奖
6	佛山化纤厂涤纶短纤维车间	纺织工业部设计院	一等奖
7	福州棉纺织印染厂之纺织厂设计	上海纺织工业设计院	一等奖
8	洞庭苎麻纺织厂脱胶及污水处理工程	湖南省轻工业设计院	一等奖
9	北京化纤厂厂前区工程	北京纺织工业设计院	二等奖
10	伊犁毛纺厂精纺车间	纺织工业部设计院	二等奖
11	大连纺织厂自然纺车间	辽宁省纺织工业规划设计院	二等奖
12	江苏省无锡市工人疗养院	江苏省纺织工业设计院	二等奖
13	衡阳纺织机械厂	湖南省轻工设计院	二等奖
14	延吉纺织厂	上海纺织工业设计院	二等奖
15	上海石化总厂二期工程涤纶二厂总变电站	上海纺织工业设计院	二等奖
16	大庆市腈纶经编毛毯厂	黑龙江省纺织工业设计院	二等奖
17	上海毛麻研究所实验工场——无柱帽升板设计	上海纺建公司设计室	三等奖
18	周口棉纺织印染厂棉纺分厂冷冻站工程	河南纺织设计院	三等奖
19	金州纺织厂外贸专车间	辽宁纺织工业规划设计院	三等奖
20	湖南洞庭苎麻纺织厂水源工程	湖北纺织工业设计院	三等奖

水运工程建设

毛源发

第六个五年计划以来，国家为了适应“四化”建设、工农业生产和国内外贸易运输发展的需要，重视和加强水运建设。同前三十年相比，现在是我国水运建设发展最快的时期。沿海港口面貌现在有了很大变化，港口布局得到进一步的改善，建成了一大批各类码头和设施，码头泊位向大型、专业化方向发展；由于积极采用新技术和新工艺，工程质量不断提高，水运工程的科学技术水平也迅速发展，内河航运建设也有所加强。

〔沿海港口布局进一步改善〕

1981年以前，我国沿海主要港口仅有16个，各类货物总吞吐能力为1.5亿吨，三十多年中，只新建了湛江和三亚两个港口，其余主要是对老港进行改造和扩建。这种作法，不仅港口能力跟不上国内外贸易运输发展的需要，在港口布局上也不尽完善，大深水港口和深水泊位，尤为不足。为迅速改变这种落后局面，国家在继1972年“三年改变港口面貌”之后，又进一步加强这方面的建设。在1981年到1986年，相继建成了山东石臼10万吨级煤炭出口码头的港口，广西防城3.5万吨级的件杂货码头的港口；为配合深圳和蛇口特区开发，建成了赤湾港和蛇口港。同时配合各地经济发展，新开辟大连港和尚岛散杂货港区；营口港鲅鱼圈煤炭卸船港区；秦皇岛港煤炭出口东港区；烟台港散杂货西港区；连云港庙岭煤炭出口港区；南京港新生圩件杂货港区；镇江港大港镇杂货港区；宁波港北仑矿石中转港区和镇海散杂货港区；厦门港东渡件杂货港区；黄埔港墩头基集装箱及粮杂货港区、煤炭接卸中转港区和洪圣沙水转水港区；北海港石步山散杂货港区等。

新开辟这些港口和港区，事先都分析论证了它们的技术条件和在国民经济发展中的地位，从而使我国沿海港口布局有了进一步的改善。主要经济区都有出海口，避免了许多不必要的长途绕道运输和倒载，提高了运输质量，减少了货损货差，节省大量的投资和运输费用，同时还部分地减轻了南北向的铁路运输压力。

新开辟的港口和港区，工程一般都很大，不仅要建筑码头泊位、仓库、货场，还要开挖港池航道，建筑公路、铁路，有的还要兴建防护设施。例如：为配合石臼港建设，新建了新汶至石臼的铁路；防城港新建了南宁至防城的铁路；黄埔港墩头基港区新建了长400米的内河码头岸线，西江自广州至贵县的航道进行了整治。只有这样，港口才能成为四通八达的水陆运输枢纽，货物的集、疏、运相互适应配合。为使船舶能在港内安全作业，营口港鲅鱼圈港区，兴建了长2 381米的防波堤，长2 392米的护岸，长8.1公里、宽110米、水深9.2米的航道等配套工程。

〔码头建设〕

“六·五”期间，在大连、营口、秦皇岛、天津、烟台、青岛、石臼、连云港、南京、镇江、南通、张家港、上海、宁波、厦门、黄埔、海南（海口、八所）、湛江、防城、北海等20余个港口，开

新建的赤湾港

1986年建成的泊位情况表

港口		构造类型	泊位数（个）	靠船吨级		泊位长度（米）	码头前深水深（米）	装卸货类	设计吞吐能力（万吨/年）	建造时间年月（开工/竣工）
港名	港区			深水泊位	中级泊位					
营口港①	鲅鱼圈	墩堤混合式	1	2.6万吨		200	-11.0	煤炭	500	/1986.10
石臼港	石臼所	沉箱重力式	1	1～2万吨		238.8	-6.9～-8.5	杂货	30	1985.3/1986.11
连云港	庙岭	高桩梁板式	2	1.6万吨 3.5万吨		479	-15.37	煤炭	1 000	1983.5/1986.12
宁波港②	镇海	高桩梁板式	4	1.5万吨 2艘	5千吨 2艘	340	-9.5	杂货	50	/1986.12
黄埔港	西墩头基	方块重力式	2	3.5万吨		440	-12.5	煤炭	400	1982.2/1986.12
防城港③	防城	方块重力式	4	1～2万吨		930	-9.6～-10.6	杂货	360	/1986.12
八所港	八所	方块重力式	1	1.5万吨		210	-9.0	杂货	30	1984/1986.10
汕头港	汕头	引桥式	1		5千吨	182	-7.5	煤炭	100	/1986.12
海口港	海口	钢板桩结构	2		5千吨	430	-8.0	杂货	55	/1986.4
陈家港	陈家港	引桥	1		3千吨			客货		1984/1986.12
北海港	石步山	沉箱重力式	2	2万吨		340	-9.5	杂货	74	1985.1/1986.10

①堆场7.67万平方米堆存能力57.5万吨。

②泊位长度和能力为深水泊位的数字。

③为全港吞吐能力。

工新建万吨级以上深水泊位132个，建成深水泊位54个，中级泊位25个，新增吞吐能力1亿吨以上，平均每年建成深水泊位近11个，新增吞吐能力2 000多万吨，重点是解决煤炭和集装箱运输的需要。到1985年底，我国沿海主要港口的深水泊位已达199个，中级泊位156个，吞吐能力为3.17亿吨，比1980年增长50%，五年的建设成果，接近前10年的总和，约占建国后35年建成深水泊位总数的40%。1986年建成泊位21个，其中深水泊位15个，中级泊位6个，新增吞吐能力2 500多万吨，分布于11个港口；到1986年底止，沿海泊位总数为865个，其中深水泊位为214个，中级泊位162个，总吞吐能力为3.43亿吨。1986年建成的21个泊位的情况见表。

〔**建设开敞式码头**〕

开敞式码头，不建防波堤，可以节省大量投资，石臼港煤码头离石臼咀测波塔约1.5公里，天然水深为-12～-13米，50年一遇的设计波浪高度为7.1米，波浪周期为14.2秒。北仑矿石中转码头离岸约1.0公里，天然水深为-10～-20米，50年一遇的设计波浪高度为4.35米，最大流速1.84米/秒，波浪周期为7.0秒。北海港石步山码头，面向北部湾，最大设计波高也在3.2米以上。要在如此风浪条件下建筑防波堤，不但技术复杂难度大，而且建筑费用以千万元甚至亿元计。开敞码头通过适当的工程布置及结构措施，仅在特大风浪条件下不能作业，但可以为国家节约大量的资金，而且可以大大缩短建筑工期，提前投入营运，为国家建设服务。

〔**码头泊位向大型、专业化方向发展**〕

为提高运输质量，加速货物在港口装卸中转，我国码头建设也正沿着大型、专业化方向发展，而且，这种趋势愈来愈强。

1.件杂货集装箱化，其码头建设也随之向专业化方向发展。近几年中，我国在天津、上海和黄埔等三港先后建成集装箱泊位8个，新增吞吐能力80万标准箱。其中，天津港#3港池1个泊位10万箱，#4港池3个泊位30万箱；上海港张华浜2个泊位20万箱；黄埔港东墩头基2个泊位20万箱。据此，我国集装箱运输以这三个港为基地，迅速地开展起来。与此同时，在大连、青岛、南京、镇江、张家港、上海、福州、厦门、蛇口、赤湾、防城等港，也建设和利用原有码头，改造成一批多用途码头，开展集装箱运输。

专业集装码头建设投资大，要有宽大场地和专门的成套设备，技术也较复杂。天津港#4港池3个集装箱泊位，长895米，能停靠2.3万载重吨1 000个标准箱的集装箱船1艘和3.5万载重吨1 800个标准箱的集装箱船2艘。码头前沿水深－12米，进港航道水深－11米，底宽150米，长24公里。堆场总容量为14 918个标准箱。整个码头采用电子计算机进行营运管理，采用国际先进的集装箱成套设备进行装卸转运。上海、黄埔两港的集装箱码头的规模也都很大，设备也很先进。

2.在过去建成一批5～10万吨的大型石油专用码头的基础上，“六·五”期间我国又建成一批大型、高效的专业化的矿散货码头，建港技术和装卸工艺已接近或达到国际先进水平。宁波港北仑矿石中转码头，年通过能力为2千万吨：秦皇岛一、二期煤码头，年通过能力分别为1千万吨和2千万吨，在建的三期煤码头，年通过能力为3千万吨：石臼港煤码头年通过能力为1.5千万吨；连云港庙岭煤码头年通过能力为1千万吨；营口港鲅鱼圈接卸煤炭能力为每年5百万吨；湛江港磷矿码头年通过能力为4百万吨；黄埔港西墩头基煤码头年接卸能力为4百万吨。这些码头都配备了高效率的装卸机械和现代化的控制系统。

秦皇岛港二期煤码头是我国目前已建成的大型煤炭出口码头之一，主要工程包括5万吨级泊位2个，长615.4米，码头前沿水深－14米。堆场面积19.8万平方米，堆存能力为100万吨。全部装卸系统由中央控制室可编程序逻辑控制器（PIC）控制。

3.兴建大型散粮筒仓系统。在湛江、黄埔、上海，天津、大连等港都兴建了大型散粮筒仓系，这些系统都具有自动卸粮、除尘、灌包、过磅、熏蒸等设备，为我国散粮装卸的专业化、自动化，打下了基础。

黄埔港东墩头基散粮泊位长220米，码头前沿水深为－12.5米，可停靠3.5万吨级散粮船1艘，码头设有桥式起重机和吸粮机3台，圆筒仓21个，容量2.8万吨；有装火车用和装船用的皮带输送机各7路，均设有电子秤自动计量。

湛江港散粮码头全套工程于1981年开工到1985年底全部建成投产。码头前沿水深－12米，可停靠3.5～5万吨的散粮船1艘。设计年通过能力为80万吨。有钢筋混凝土筒仓24个，内径8米，筒身高30米，壁厚20厘米，分三排布置，中间形成14个星仓，总容积为4.3万立方米。全部操作主要采用2台电子计算机PC程序控制器控制。

天津港#12、#13泊位均为3万吨级，原设有门座起重机17台，近年又从英国引进散粮卸船成套设备对原系统进行了改造，年卸粮能力为350万吨。筒仓14个，总容量为6万吨。筒仓由宽600毫米、厚4毫米的优质镀锌钢板拼装而成，具有体轻、坚固、制做简单的优点。钢板首先通过初轧机和成型机成型，以螺旋咬边（LIPP）法将筒体绕制2至3圈，然后装筒顶。咬边对筒仓起加强筋的作用，内壁另装11米高的加强筋64根，以保证设施的机械强度。筒仓顶部由两种规格的支撑梁组成锥形顶架，上敷四种规格的镀锌板。整个筒仓密封，以免熏蒸气体造成污染。筒仓典型规格为直径20米，仓体高度17米，筒顶坡度27度，储存能力为4 286吨（小麦）。

〔**内河建设**〕

我国有得天独厚的内河航运优势，但由于过去对内河建设投资比例过低，加上水资源综合利用不当，在工业布局上未注意沿江、河建厂等原因，致使内河航运在相当长的一段时间内出现了萎缩的局面。“六·五”期间对长江、西江、黑龙江、淮河、京杭运河等水系及重要干线航道实行主要由国家投资建设，地方在财力和人力上给予协助配合；地方性的航道和港口由地方自行建设，国家酌情给予一定补助，并适当提高航道养护费率发展内河航运，截至1985年底，内河通航里程已达到10.91万公里，（历史最高达17.2万公里）其中水深1米以上的航道达到5.75万多公里，船闸758座，各式升船机44座，完成货运量3.4亿吨。

京杭运河和西江航道治理，是国家“六·五”期间的重点工程。运河徐州至扬州404公里航道，治理进展显著，建设港口、复线船闸、提水站和通讯设施，使通航条件大有改善。江南运河常州和无锡市区的运河，也进行了疏浚。西江贵县到广州的575公里航道，进行了开发整治，为解决碍航闸坝，建成了一批船闸。

长江是我国内河航运的骨干，包括主要支流在内的航道通航里程达7万公里以上。整治了几百处急流险滩；在一些水流湍急、狭窄弯曲的危险航段，建设了绞滩站；沿江安装了自动化航标，增设了信号台站，使航道条件大有改善。长江沿线建起了主要港口26个，码头泊位471个，码头长度24 942米。其中客运码头57座，万吨级以上泊位16个。港口装卸实现了机械化，年吞吐量达到11 441万吨（包括外贸591万吨）。沿线有70多座船台滑道和浮船坞，9个修造船厂，4个港机厂，各种机械设备3 000多台，能修造各类驳船、推轮、客轮、油轮和装卸机械；有6所水运院、校，3个船舶科研机构，已形成比较完整和配套的内河航运体系。

其他如松花江三姓浅滩、钱塘江与京杭大运河沟通工程，岷江和大渡江、昌江、湘江渠化工程，安徽、湖北、四川的碍航闸坝复航工程，都取得了一定的进展。

〔长江下游兴建海轮深水泊位〕

为了减轻上海港和铁路、公路的运输压力，实行江、河、海联运，充分发挥长江水运的优势，"六·五"以来，国家在南通、张家港、镇江和南京四港，建成深水泊位10个。目前，长江下游的海轮深水泊位已达到16个。

南京港海轮深水码头建于新生圩，位于长江南岸，上距南京大桥12公里，下至长江口350公里。一期工程建万吨级深水件杂货泊位3个，其中1个按集装箱码头设计。码头岸线长546米，前沿水深-9米。另外，水上设系船浮筒4个，40米长的混凝土趸船1艘，可同时供3艘万吨级海轮锚泊作业。设计年吞吐能力为150万吨。

镇江港深水码头泊位建于大港镇，一期工程于1985年11月建成投产。4个万吨级泊位、1个2千吨级江船泊位，总长732米；另外，西侧建有一个长为420米，宽为80米的停靠内河船的港池，内有7个内河泊位的转运码头。这个港码头泊位大、中、小配套，便于江、河、海联运。深水泊位设计年吞吐能力为237万吨。

〔设置水上过驳平台〕

设置水上过驳平台是解决大吨位船舶靠泊和疏运港口运量的有效措施之一。现在我国上海、南通、连云港等港口都已先后建立了这种设施。

南通港继上海港建立"双峰海"号大型过驳平台之后，由一艘3.5万吨的大型货轮"滨海"号改造成的过驳平台已投入生产。改建的平台上面配有2台起重量为25吨卸货机，1台每小时1 500吨的装船机，年吞吐能力达380万吨。它作为万吨级泊位使用，既承担中外货船和长江驳船的装卸，又作为仓库储存货物。

连云港的散货平台于1985年6月建成，经过1986年台风季节的考验，使用情况良好。它是用2.5万吨的散货船改装的，用2个浮筒固定在海上而成。

虾歧雷达站全景

〔装置先进的通信、导航设施〕

通信、导航的现代化，是港口现代化的重要标志之一。近几年来先后在镇江港引航道入口处和杭州湾舢海区王盘山岛上，设置了新型太阳能玻璃钢灯塔。王盘山岛上的灯塔，塔身总高度为10米，（不包括建筑物）直径为1.0～1.8米，塔顶装有375毫米透镜灯一盏，塔身红、白二色相间，根据需要制造，不需要涂漆，色泽鲜明，耐腐蚀，不易老化，经1986年8月15号12级强台风袭击，能抗阵风风速45米/秒而无损伤。这种灯塔，目前世界上只有美国等少数国家能制造。

1983年我国在宁波港北仑港区建立了由3个雷达站组成的港口雷达导航系统。这是我国第一个现代化的港口雷达导航系统。这套装置具有监视码头、港池、航道、锚地等全部水域的船舶动态，提供船舶信息，在能见度不良或恶劣气候条件下，可进行全天候导航和安全监督等功能。1984年开始在青岛、上海两港建立船舶交通管理系统，在青岛港作过雾天导航的试验。1986年秦皇岛港也建立了1座导航雷达站。这些设施的建立，说明我国港口导航和水上交通管理工作，已迈入了一个新的历史时期。

〔优化设计〕

近年来，组织设计单位提设计方案，深入进行筛选审查，对降低水运工程建筑造价，提高投资效益，促进水运建筑科学技术的发展，起到积极的作用。

关港作业区是上海港"七·五"期间开工建设的项目之一，交通部为了进一步搞好水运工程设计，决定对该项目进行优选设计方案试点。关港作业区，计划新建万吨级杂货泊位8个，其中2个按多用途建设；500吨级以下驳船泊位16个及相应的港内外的配套工程，新增吞吐能力400万吨。参加该项工程设计优选的单位有3个，各单位对工程的总平面，工艺流程、库场道路、生产生活辅助设施的布置和水工建筑物结构型式，先在本单位进行了多方案的分析比较，在此基础上，各单位各自提出2～3个设计方案，提交评选委员会进行评审。评审会议对8个设计方案进行了认真评议，最后根据评审意见，确定由交通部第三航务工程设计院，认真吸取兄弟院设计方案中的优点，完善其设计方案，于1986年10月中完成初步设计，为次年工程开工创造了条件。

大连港大窑湾一期工程，主要是为大连对外开放的新经济特区服务的一个新辟的港区，1986年3

月交通部基建局组织三个设计院，成立专门班子，对平面布局、码头和防波堤结构型式，进行了深入的比较、计算和研究，对装卸工艺方案和机械设备配置也进行了分析，6月中旬对提出的16个方案，进行比选。最后确定由水运规划设计院根据评审的意见，吸收各兄弟院的方案的优点和长处，综合提出推荐方案，节约投资近1亿元。

连云港庙岭二期工程是国家"七·五"期间建设的国家重点项目，工程包括新建5个专业化深水泊位和西大堤，年吞吐能力450万吨，其中3.5万吨级集装箱泊位2个，年吞吐能力150万吨。由于当地地质条件极差，为了进一步搞好设计工作，在该工程总体设计单位发动本院设计人员所提码头结构设计方案的基础上，筛选出4个比原来初步设计造价都低的方案。然后又组织大专院校、设计、科研、工程施工等7个单位，提出11个比原设计方案降低工程造价（直接费）20%的新设计方案。1986年11月交通部邀请各大专院校、银行、有关学会、航务工程设计、科研、施工等22个单位54位专家、学者进行了比选。比选工作结合现场条件，采用矩阵分析方法，从经济效益、技术进步、耐久性和施工条件等方面进行分析，结果，拟选用双排管桩刚构方案。该方案能适应当地自然条件和使用要求，在计算理论上还有所创新，但还需要进一步通过数学、物理模型和埋入抛石棱体的管桩水平力荷载试验，验证弹性嵌固理论，并做工程试验段，以便取得可靠的技术保证。参加评选的板桩岸壁方案，采用了新的结构型式，妥善解决了大管桩的抗弯强度，能适应当地条件，耐久性较好，便于施工，节省投资。会议建议对该方案施工荷载进行验算，进一步充实、完善，安排现场试验段，成功后用于该港另一港区。这次评选，为钢筋混凝土大管桩的利用，提出了新的结构形式。一些单位在计算理论、方法上都有所创新和探索。

〔提高工程质量，降低工程造价〕

在港口建设中，从1982年以来，先后对天津、上海、黄埔等港的集装箱码头的主要装卸设备，秦皇岛港、石臼港、黄埔港西墩头基煤码头的成套装卸设备，进行了国际性的招标。竞争的结果，不仅工期、质量、技术服务等方面达到甚至超过原设计要求，而且在价格上一般比原概算平均降低40%以上，因而为国家节省大量的外汇和资金。

水运工程建设开展同行业之间的竞争，是逐步展开的。首先是实行工程概算总包干，在工程内部则实行经济承包责任制。结果，已定项目节约投资6千万元左右，约占总概算的4.4%。这样做的工程有秦皇岛二期煤码头、石臼港煤码头等27项工程。之后改为定向议标。主要有连云港庙岭二期水工工程、上海港十四区及朱家门等8项码头水工工程。

1984年6月，国家在工程建设上决定大力推行招标承包制，于是建设工程的招标承包制在全国迅速铺开。交通部在同年7月规定部属基建项目，如无特殊情况，都应采取招标投标择优选择施工单位。1985年开工的7个大中型项目，已有6个实行了招标承包，其中5个国家重点项目已全部实行了招标承包。大连港和尚岛煤码头水工及回填工程，光挖泥即节约投资300万元；秦皇岛港煤码头三期工程招标，投资也有较大降低；其他如汕头港粮杂码头水上工程、安庆港五里庙杂货码头、黄埔港西墩头基煤码头设备安装工程等招标投标都取得很好

直径1 200毫米的预应力钢筋混凝管桩

的效果。现在，招标投标的方式和内容都有所发展，前面谈到的优化设计，实质上也是一种设计招标投标竞争。石臼港一期工程中，内部分项目参照招标投标方式实行投资包干，全面推行经济责任制，节约投资2.2千万元。广西北海港石步山港区由设计单位牵头，设计施工总承包，都是招标投标方式的新发展。

上述许多事实说明，通过招标投标，鼓励同行业之间开展竞争，不仅改变了基本建设长期存在的"投资无底洞，工期马拉松"的状况，而且在建立一支能打硬仗的精干的基建队伍，迅速提高科学技术水平等方面，都具有促进作用。

〔**采用和发展新技术、新工艺**〕

随着水运工程建设的蓬勃发展和工程建设的需要，新技术和新工艺不断涌现，并取得了不少重大突破。主要的有：

1.完成大口径预应力混凝土管桩和真空预压法加固软基两项国家技术项关项目。海港建设以混凝土方桩为主的高桩码头在我国已经沿用了30年，截面由35×35厘米发展到60×60厘米；桩长由15～20米发展到50～60米。近年来港口建设向深水发展，东南沿海软弱土层一般厚达数十米，要求进一步增大水深，加大码头荷载，增加桩长，但方桩已达极限，用钢管桩则费钢费钱，且易锈蚀，寿命短。因此，研制大直径预应力混凝土管桩势在必行。1983年5月这个项目正式列入国家重点攻关计划，经两年半的努力，终于研制成功一套完整的用干硬性混凝土和离心、振动、辊压复合制管和高强钢绞线后张自锚拼桩工艺技术，制成4米管节120节，直径1 200毫米、壁厚130毫米，拼接成28～36米管桩（长度可按实际需要接长）8根，并在连云港庙岭二期试桩中应用5根，管桩结构强度、刚度、耐锤击性及承载能力等，均能满足深水建港的需要。这种管桩已于1985年12月通过技术鉴定。管桩垂直极限承载力达900吨，用钢量只有钢管桩的1/6～1/8，成本为其1/2～1/3；与传统混凝土桩相比，其强度、刚度大大超过预应力钢筋混凝土桩。

真空预压法加固软基，已成功地用于加固天津新港等地的软基，对我国软基港口和其他建筑工程，具有广泛的使用价值。

2.采用壳体拱型预应力钢结构、钢筋混凝土双曲拱及双曲抛面扭壳体屋盖建筑大跨度仓库。

赤湾港在1985年兴建一座9 120平方米的大型仓库，采用壳体拱型预应力钢结构，跨径为48米，拱顶矢高4米，檐口高7米，长190米。仓库按弹性壳体原理设计制造，全部柱肢、组合式桁架梁、屋面板、墙板及排水槽等构件，均在地面上平面组装，然后，在空心方钢梁内通钢丝绳，并以10×80吨张拉力使屋面自动按设计要求形成拱型，再在柱肢上施加拉力，然后填充以高标号水泥浆。这种结构型式及材料的特点是轻便、刚度大、整体稳定性好，抗风力强，特别适用大跨度建筑物。

1985年天津港#4港池集装箱码头建筑4幢铁路和公路交接库，结构为柱基承托杯形基础，预制混凝土柱，预应力装配式钢筋混凝土双曲拱屋盖，跨度为39.68米，72个跨间，每一跨间为一双曲拱波段单元；横波大拱，纵波小拱。建成后外形美观大方，库内宽畅明亮。实际工期6个月。

广州黄埔港洪圣沙水上中转码头仓库为双曲扭壳结构，每幢平面投影面积为5 472平方米，长宽各为114和48米，由4个纵横跨度为48×24米扭壳屋盖与3个纵横跨度为48×6米的副跨共同组成。扭壳屋盖为变断面，厚度为6～20厘米。墙身为24厘米厚砖墙，钢门窗。采用填砂做底模，石蜡、柴油、滑石粉熬制脱模剂，液压顶升就位。做成后宽畅明亮，美观适用。

3.制造特大型沉箱。秦皇岛三期煤码头和广州远洋修船厂2.5万吨级浮船坞坞墩，根据工程稳定要求，分别采用了2 000吨和2 300吨重的特大型钢筋混凝土沉箱，前者是在大型预制场地利用纵向滑道溜放下水就位的；后者是在两个拼装的方驳上分块分层组装，最后构成巨型箱体。这是继石臼港利用座底浮坞出运大体积沉箱施工新工艺的新发展。

总之，这几年在港口航道码头建筑、各种仓库、设备、设施等的配备和水运工程科技水平的提高方面，都取得长足的进步。

补正　本《年鉴》（1984—1985）"管理机构"中：国家建筑工程总局副总局长遗漏张恩树（应居廉仲前）；"建筑实录"中：鉴真纪念堂应为扬州市建筑设计室设计。特予补正。

邮电通信建筑

王道焕

随着国民经济的发展与人民的物质文化生活水平的提高，特别是从党的十一届三中全会以来，国家实行了改革、开放、搞活的政策，国际交往日益频繁，城乡商品经济空前活跃，因而社会信息量迅猛增长。邮电通信作为传递信息与沟通联系的主要手段，其业务量也随之大幅度增长。

1985年的邮电业务总量为29.6亿元，比1949年增长21.9倍，比1984年增长18.3%，是历史上增长最快的一年。1985年比1984年的业务量增长的具体情况为：函件增长18.5%；包裹增长6.1%；汇票增长10.2%；订销报刊累计数增长10.4%；电报增长25.8%；长途电话增长21.4%；市内电话用户数增长14.6%。

然而迅速增长的邮电业务量，与现有邮电通信能力和建筑物的容量之间，却存在着尖锐的矛盾，从比较业务量的增长速度与固定资产的增长速度中就可看出，建国30多年来，邮件、报刊业务量从建国初期的10多亿件增加到了300亿件，增长了29倍，但邮政固定资产仅从5亿元增加到12亿元，才增长1倍多。从邮电局所的建设情况也可看出，虽然1985年是邮电局所数量增长最快的一年，至1985年底全国总计邮电局所为53 107处，但与1949年的局所总数26 328处相比，仅增加一倍左右。现有邮政建筑与生产作业场地，均大大落后于实际需要，一遇高峰季节或任何一环脱节，便形成大量邮件积压与停滞现象，"露天作业"、"马路作业"的情况相当普遍。电信业务量的增长速度，也远远超过了通信能力的增长，供需矛盾相当突出，打电话难、装电话难的情况人所共知。

1985年邮电通信业务量增长情况　表 1

名　　称	单　位	数　量	比1984年增长(%)	为1949年的倍数
函　件	万　件	467 825	18.5	7.8
包　裹	万　件	7 613	6.1	27.5
汇　票	万　张	16 355	10.2	36.5
订销报刊累计数	万　份	2 501 081	10.4	59.0
电　报	万　份	21 898	25.8	19.4
长途电话	万　张	38 254	21.4	42.4
市内电话用户数	户	2 189 554	14.6	10.0

1985年邮电局所增长情况　表 2

名　　称	单位	数　量	为1984年的（%）	为1949年的倍数
邮电局所总数	处	53 107	103.2	2.0
其中设在农村的局所	处	45 017	102.8	
由邮电部门自办局所	处	38 829	100.1	8.0
代办局所	处	14 278	112.6	66.5%

为了迅速提高邮电通信能力，缓解邮电通信的紧张局面，必须加快邮电通信建设步伐，而且必须首先解决邮电建筑在数量和质量上的严重不足，只有提供一定数量的能满足质量与环境要求的建筑物，通信设备的安装、运转、调测与维护等才具备条件。所以抓好邮电专用房屋的建设，是邮电基本建设中首要的一环。在这两年中，我们主要进行了这三方面的工作：第一、抓紧抓好续建工程的竣工投产，贯彻项目包干经济责任制等经济改革措施，早日发挥投资效益；第二、抓紧在建工程的质量与进度，使工程项目能保质保量按计划完成建设任务；第三、做好新建项目的前期工作与设计审查，使新建工程项目建立在充分调查研究的基础之上，既具必要性又具科学性，稳妥可靠，行之有效。

1985年全国邮电部门施工的房屋建筑面积共计421万平方米，比上年增长15%，竣工的房屋建筑面积共计184万平方米（其中生产性建筑约计108万平方米）。在1985年这一年中，增加的各类邮电局所共计1 644处，大大超过了1949年以来的年平均增长速度。尤其近几年来，由于加强了对提高通信能力效果显著的邮政与电信枢纽工程的建设，以及各类大通路通信干线工程的建设，虽然这还不能满足邮电业务量增长的需要，但已基本改变了历史上那种邮电设施只集中在几个大城市与沿海城市，而广大农村与边远地区无电话、不通邮的极端落后局面。现在，与人民群众密切相关的、直接为人民服务的邮电局、所、站、台等邮电建筑与通信设施，已遍布于广大城乡各地。下面分述近两年来建设较多的几类邮电建筑的概况。

〔**邮政枢纽建筑**〕

我国原有邮政建筑，大多是砖木结构或砖混结构，规模小、标准低，有些建筑早已超过了使用年限，无法安装邮政机械设备，很不适应日益增长的邮政业务量的需要。随着邮政事业的发展与业务量的增长，要求提高邮政机械化与自动化程度已迫在眉睫。省级邮政枢纽，作为省内邮件处理的中心，需要有一个能适应机械化操作与自动控制的建筑空间与场地，以便集中快速处理邮件，提高邮件的运转与分发速度。在七十年代中期与八十年代初期，邮电部在广州、长沙、烟台、石家庄、武汉、西宁等城市，建成了一批邮政枢纽楼，这些枢纽楼的建成投产，对于缓解该地区的邮政通信紧张局面，起了十分重要和有效的骨干作用。继这些工程之后，于1985年与1986年两年中，又建成了一批邮政枢纽建筑，它们是郑州、南宁、乌鲁木齐、昆明、太原等邮政枢纽大楼。

1985、1986年建成投产的邮政枢纽工程　表 3

名　　称	主楼建筑面积（平方米）	建设日期
郑州邮政枢纽楼	17 623	1982年7月～1985年5月
南宁邮政枢纽楼	11 452	1982年8月～1985年5月
乌鲁木齐邮政枢纽楼	14 224	1983年7月～1985年9月
昆明邮政枢纽楼	10 431	1982年1月~1985年10月
太原邮政枢纽楼	17 665	1981年9月～1986年9月

目前正在施工的有北京、南京、成都、福州、上海、青岛、长春、兰州等邮政枢纽工程，其中成都邮政枢纽工程土建已经完工正待验收，南京、福州邮政枢纽的土建施工也即将结束。

北京邮政枢纽是目前我国最大的一个邮政枢纽建筑，是国家重点工程建设项目。该工程位于北京火车站之西北角，东长安街之南侧。总建筑面积为79 011平方米，由中楼、西楼、南楼、北楼四个主体建筑组成，其中南楼（10 000平方米），即现有北京火车站斜对面的邮政楼，已于1971年建成投产。西楼（4 757平方米）于1985年12月动工兴建，至1986年底已完成全部结构工程的施工。中楼（27 802平方米）是主要的邮件处理车间，在1986年底完成地下基础工程施工的基础上，现正进行地上框架结构的施工，中楼柱网布局为7×7米，楼面采用无梁楼盖结构，是邮政枢纽楼中首次采用无梁楼盖的工程。北楼（36 452平方米）面临东长安街，北京市最大的一个邮政营业厅，就设置在这幢楼的底层。各个车间通过地下隧道通向北京站各站台。整个工程计划于1990年全部建成投产。

目前尚未施工，但已经主管部门审批过初步设计，正进行施工图设计的有沈阳、杭州、银川、天津、大连等邮政枢纽工程。其中天津邮政枢纽属国家大、中型建设项目，目前正配合天津车站的建设积极筹建。

近几年来，邮政枢纽建筑的建设速度加快了，在同一时期内，能有这么多的邮政枢纽大楼，包括北京、上海、沈阳、天津等国内最大的几个邮政枢纽大楼，都在这个时期先后开工或即将开工建设，这可算是邮政建设史上的盛举。这些邮政楼的建设，大多是与铁路车站的移址新建或扩建改建密切相关的，比如新建的乌鲁木齐、太原、郑州、上海、沈阳、银川、天津等邮政枢纽楼都属于这种情况。根据我国邮件的长距离运输以火车为主这个特点，所以邮政枢纽楼的建设均紧靠车站而建，这样可以缩短邮件的运程，便于及时快速地向车站邮政车箱收发邮件，加速邮件的运转过程。

〔长途电信枢纽建筑〕

随着社会的进步，国家经济的发展，以及通信现代化水平的提高，各省原有供安装长途电信设备用的长途电信建筑，很多已不能满足通信设备对房屋的容量与质量要求，有的建筑已很陈旧，设备安装拥挤，无法扩充容量，特别是现代通信设备所要求提供的温度、湿度以及防尘等环境条件都得不到满足。因此从七十年代以来，随着大容量长途通信干线的建设，邮电部新建了一批长途电信枢纽大楼，以适应长途通信的需要，如天津、济南、合肥、南京、上海、杭州、武汉、邯郸、石家庄等长途电信枢纽楼，就是随着北京—上海—杭州与北京—武汉—广州两条中同轴电缆载波干线工程的建设而兴建起来的（上海与石家庄两个长途枢纽楼目前尚在施工中）。这两条干线工程的建成投产，对于缓解沿途各省及华东与中南地区的通信紧张状况，发挥了重要的作用。通过北京、上海两个出口局，可以沟通国际通信网路。

然而这种大容量的通信干线，因其需要的投资大，耗费的设备与材料多，工期也较长，根据目前我国的财力物力情况，只能逐步建设，而且有些边远省份或地区，因通信业务量有限，不一定都需要这种大容量的干线。但是在省会城市中必须有一个符合现代通信要求的长途电信枢纽楼，因为那里还有其他一些通信干线通过，比如明线、小同轴电缆、微波以及光缆通信干线等等。近几年来，我们先后在乌鲁木齐、呼和浩特、哈尔滨、太原等地动工兴建了长途电信枢纽楼，就是在目前尚无大通路干线经过的情况下兴建的。

近两年中建成的长途电信枢纽工程有杭州长途电信枢纽楼与北京国际电信局两个工程，简况如下：

1.杭州长途电信枢纽楼：主楼建筑面积13 340平方米，工程总建筑面积21 140平方米。1982年5

月开工，1985年5月完成土建施工，1986年12月完成工艺设备安装并投产使用。由邮电部设计院负责土建设计，浙江省第四建筑公司负责土建施工，工艺部分由省内自行设计与安装。土建设计被评为邮电部1986年优秀设计。

2.北京国际电信局：主楼建筑面积13 467平方米，工程总建筑面积15 517平方米，主楼为13层的塔式建筑，框架剪力墙结构，屋顶高72.4米，土建工程从1983年12月开工，至1986年底完工，目前正进行工艺安装。该工程于1984年列入国家重点工程建设项目，是我国最大的一个专供国际通信用的比较现代化的国际电信楼。该工程由邮电部北京设计所负责设计，中国建筑一局四公司承担土建施工。

上海长途电信枢纽大楼，是目前我国最大的一个电信建筑，属国家重点工程建设项目。工程总建筑面积54 762平方米，其中主楼建筑面积46 135平方米。主楼地下3层，地上21层，加上顶部处理共24层，屋顶高度130.6米。楼内将安装长话、市话、电报、传真、数据传输以及微波等多种电信设施，是一个以长途为主的综合性电信大楼。这个工程的建成投产，对于上海、华东以及国际通信，都有重要影响。这个楼的结构设计打破了一般电信建筑的传统作法—框架或框架剪力墙的结构形式，而采用了筒中筒结构。这种结构对于超高层建筑，具有刚度大、变形小、用料省等优点，对于抵抗风荷、地震力具有较高的强度和较好的稳定性。外筒采用密柱（柱间距3米），与上下层窗间刚性较大的钢筋混凝土墙梁，组成框架筒体。内筒为墙式筒体，筒内由电梯、管道、竖井及空调机房、厕所等辅助用房所组成。内外筒之间由跨度为12米的现浇梁与

上海长途电信枢纽工程主楼建筑

板组成一个空间整体。各种工艺设备，可以布置在内外筒之间的大跨度、大开间的房间里，具有工艺设备布置灵活，便于远期发展扩容，平面利用率高，采光较好等优点。这个工程的另一特点是地质条件差，地基处理与地下工程的施工难度较大。实践证明，基础施工采用地下连续墙与逆作法施工比较安全可靠，符合质量要求。该工程于1982年9月开工，至1986年底，主楼土建除电梯未装外已基本完工。目前正进行附属建筑的施工与主楼电梯安装工作，预计1987年底要完成院内全部土建施工及部分工艺设备开通投产。上海长途电信枢纽工程由华东建筑设计院承担土建设计，上海第四建筑公司承担土建施工，上海基础公司承担地下基础施工，邮电部设计院上海邮电管理局设计所承担工艺设计。

〔市内电话机房建筑〕

电话是通信中最迅速最重要的通信手段，而电话中又以市内电话为人们使用最多最方便的通信手段。近几年来，随着大容量电路的开通使用、微波通信的广泛使用以及卫星通信的逐步发展，使得长途通信水平有了较大幅度的提高。长话发展了，市话必须跟上，市话太紧张也影响长话的接通率。

1985年我国电话使用情况　　表 4

名　称	单　位	数　量	平均水平
电话机总数	万　部	625.98	0.60部/百人
其中：市内电话机	万　部	476.11	1.83部/百人
农村电话机	万　部	149.87	0.19部/百人
长途电话	万　张	38 254.1	0.37张/人年

如果以我国的电话使用水平与世界电话使用的平均水平相比，1984年我国电话使用平均水平为0.54部/每百人，而世界的平均水平为14.07部/每百人，远远超过了我们，差距很大。因此提高电话使用水平，大力发展市内电话，是当前电信建设中的当务之急。为此，邮电部成立了市话增容领导小组，以北京、上海、天津、广州四个城市为重点，带动全国的市话建设。为了加快市内电话的发展速度，国务院批准，市内电话由中央与地方共同建设，并对市内电话资费进行合理调整，实行专业核算，其利润留作市内电话发展资金。国家对邮电部门实行了一系列优惠政策，各地人民政府在财力物力和施工力量等方面都给予大力支持，这样，市话的发展就有了可靠的保证。市话要发展，市话机房的建设必须先行，据统计，在1985与1986两年中，北京、天津、上海、广州四个城市建成和在建的市话机房共137 100余平方米，这些市话工程建成投

李鹏同志参加国内卫星通信网开通典礼

产后，将大大改善这些城市的电话紧张状况。

北京东单市话局（国家重点工程建设项目），是国内最大的一个市话局建筑，主楼建筑面积20 010平方米，整个工程于1985年底建成并投产使用共花了三年时间，土建于1983年初开工至1985年初竣工，共花了2年时间。北京市建筑设计院承担土建设计，北京市第五建筑公司承担土建施工。

〔**卫星地球站建筑**〕

1972年以来，邮电部于北京、上海两地先后建成了国际卫星通信地球站，现在可以与近30个国家开通卫星电路，卫星通信已成为我国国际通信的主要手段。为了发展国内卫星通信，邮电部于1984年开始组建国内卫星通信网，并于北京、拉萨、乌鲁木齐、呼和浩特、广州等五个城市郊区，开始进行国内卫星地球站的土建施工，至1985年底各站的土建施工和设备安装已先后完成，其中北京国内卫星地球站于1985年11月正式承担业务，开始向全国转播中央电视台的节目。1986年7月8日，国内卫星通信网正式开通投产，李鹏副总理参加了开通典礼，亲临北京国内卫星地球站剪彩并致贺词。

这些地球站的建成投产，使边远地区的通信有了较大的改善。现在全国广大城乡可以通过微波线路与卫星通信地球站，收看中央电视台的节目。

〔**邮电工业建筑**〕

据1985年统计，全国共有邮电工厂136个，其中邮电部直属工厂28个，这些工厂生产各种邮电通信设备与运载工具等，为我国邮电通信事业作出了很大贡献。

随着邮电通信事业的发展，社会对于通信需求的日增，如仍采用传统的通信设备与技术，则无法解决十分突出的供需矛盾，为了能迅速地提高通信能力，提供先进的通信设备，邮电部在上海成立了S1240工程局，筹建“上海贝尔电话设备制造有限公司”（属国家重点工程建设项目），是我国与比利时合营生产程控交换机设备厂，这个厂的1号楼是利用原上海电话设备厂的厂房进行改建，已经投产。新建的厂房建筑中，2号楼（7 236平方米）已于1986年底竣工投产。3号楼尚在筹建中。

1985年全国邮电工厂建筑情况　　表5

工厂类别	数量	总建筑面积（万平方米）	生产厂房面积（万平方米）
部属工厂	28个	211.5	105.4
省属工厂	108个	140.3	74.5
合计	136个	351.8	179.9

成都电缆厂全塑市话电缆生产线，是邮电部引进的一条先进生产线，利用原成都电缆厂的厂房并进行了改、扩建，改、扩建的厂房面积为32 900平方米，生产能力为年产120万对公里全塑市话电缆，该生产线于1985年12月竣工投产以来，取得了很好的经济效益，质量达到国际标准，并获得国家金质奖。

〔**邮电院校建筑**〕

全国邮电系统现有高等院校6所；中等专业学校31所；技工学校53所；函授学院1所；管理干部学院1所；职工业余大学5所；职工中等专业学校10

林　业　建　筑

苏玉璋　范立宾　程孝敏

1979年起，随着国民经济实行“调整、改革、整顿、提高”的方针，森林工业基本建设也由抓原木生产，逐步地转向木材综合利用。新中国成立至1980年木材采伐运输投资占森林工业总投资的68.11%，木材加工工业投资占8.04%。“六五”期间，木材采伐运输投资占同期森工总投资的45.17%，木材加工工业投资上升到占16.76%。1985年木材采伐运输投资占同年森工总投资的41.19%，木材加工工业投资占20.48%。这些数字说明，森林工业在“六·五”期间，特别是在1985～1986年木材加工工业发展较快。

〔1985～1986年林业建设的主要成就〕

1.各主要林区新增木材生产能力。内蒙古自治区牙克石林区1985年新增木材生产能力9万立方米，1986年新增木材生产能力11万立方米；吉林省长白山林区1985年新增木材生产能力10万立方米，1986年新增木材生产能力10万立方米；黑龙江省各林区1985年新增木材生产能力12万立方米，1986年新增木材生产能力12万立方米；林业部直属大兴安岭林区1985年新增木材生产能力9万立方米，1986年新增木材生产能力9万立方米。合计1986年新增木材生产能力43.8万立方米（包括福建省0.8万立方米，青海省1.0万立方米）。

2.修建运输、通讯、供电工程。

运输、通讯、供电工程修建情况　表 1

项　　目	1985年(公里)	1986年(公里)
标准轨铁路专用线	10.9	3.0
森林铁路	62.5	56.5
林区公路	1936.7	2199.3
通讯线路	276.4	187.6
输变电线路	129.3	80.1

3.建成一批林产工业工厂电站。

所。至1985年底，总共拥有校舍建筑117万平方米。

1985、1986两年中，部直属的8所邮电院校，共竣工房屋面积60 000平方米，其中较大的项目有北京邮电学院的图书馆13 406平方米，学生公寓7 010平方米，长春邮电学院的图科楼8 166平方米。北邮学生公寓平面布局紧束合理、使用方便，加之新的管理制度配合，使得这幢建筑在竣工使用后，很受学生与家长的欢迎，并得到社会有关方面好评。

〔技术队伍状况〕

在邮电部门的土建技术人员，主要从事于这两方面的工作：一是基本建设管理工作；二是土建设计与施工工作。从事于施工的土建人员，人数很少，仅在部属北京电信工程公司中保存了一部分土建施工力量，内中有技术人员5名，建筑工人200余人。各省市邮电部门中仅个别单位设置有土建施工队，负责本单位的房屋维修和小型建筑施工，这里不单作叙述。

1.基建管理人员

在邮电部门中从事基建管理工作的土建人员，从每个单位看，人数不多，不过一二人而已，最多三四人，但分布面很广，从部基建局到省、市、地、县邮电部门以及邮电工厂、学校的基建口，均有土建技术人员负责土建项目的设计审查、工程管理、质量监督检查以及贯彻执行有关规章制度等任务。他们大多具有一专多能，对土建各专业的知识均能了解或掌握，实践经验较多，对本部门的基本建设情况较熟悉。

2.土建设计人员

邮电部门的土建设计人员，主要集中在部属3个设计单位与各省（市）邮电设计院、所里。在这些设计单位近4千名设计工作人员中，土建设计人员共约500人，其中邮电部设计院（郑州）与邮电部北京设计所共有土建人员80人，是我部各类邮电建筑设计的骨干力量。其余约420人分布在各省市共40个邮电设计院、所里，承担各省市地方中的中小型邮电建筑设计。1986年邮电部在上海成立了“东方工程公司”，主要承担上海贝尔电话公司与华东地区的设计任务。

随着邮电设计任务的增加，设计队伍也随之扩充与壮大。近几年来，设计单位增添了一批大学毕业生，他们正在各设计工作岗位上锻炼成长，经过多年来设计实践的锻炼，设计队伍的素质与设计水平都有很大提高。

林产工业工厂电站情况　　表 2

项　　目	1985年	1986年
锯材新增生产能力	10.1万米^3	—
纤维板新增生产能力	0.8万米^3	5.2万米^3
中密度纤维板新增生产能力	/	5.0万米^3
胶合板新增生产能力	3.5万米^3	0.2万米^3
刨花板新增生产能力	—	9.1万米^3
松香新增生产能力	115吨	—
发电机组容量	0.13万千瓦	1.78万千瓦

4.全国营林、森工固定资产投资完成额和竣工房屋建筑面积。

营林、森工固定资产投资完成额　表 3

年　　别	营　　林	森　　工
1985年	6.19亿元	12.14亿元
1986年	6.03亿元	13.74亿元

注：① 森工固定资产投资中包括基建、更改措施、开拓延伸三个部分。
② 营林固定资产投资包括造林费。

营林、森工固定资产投资竣工房屋建筑面积

表 4

年　　别	营　　林	森　　工
1985年	99.81万米^2	232.71万米^2
1986年	92.84万米^2	221.81万米^2

注：森工固定资产投资竣工房屋面积中包括基建、更改措施、开拓延伸三部分。

5.林区城镇建设

两年来都有不同程度的发展，有些城镇新建、扩建了自来水厂，生活设施日益完善，有的城镇街道铺上了黑色路面，建起了旅馆。伊春市修建了小兴安岭林区电视大楼，建筑面积5 460平方米，该项目因功能设计合理，曾获黑龙江省1984年优秀设计奖。

6.大专院校和科研、设计单位建设

林业系统现有北京、东北、南京3所林业大学，中南、西南、西北3所林学院，中国林业科学院系统各研究所、试验局、三北防护林建设局，各自然保护区管理局，调查规划院（队）、林校等33个直属单位。1985～1986年共建成房屋建筑面积：

林业系统教育、科研、设计单位建房情况

表 5

建筑物种类	1985年竣工建筑面积（万米^2）	1986年竣工建筑面积（万米^2）
合　计	20.22	21.46
教育用房	4.26	6.59
文体用房	1.44	0.22
科研试验用房	0.78	0.88
办公用房	0.59	1.01
服务用房	0.91	0.30
商业用房	0.27	0.01
仓库用房	0.14	0.35
家属宿舍	5.52	7.18
集体宿舍	2.46	1.28
其　他	3.85	3.20

7.林区民用建筑标准

林区民用建筑标准50、60年代一直偏低，特别是林场职工住宅多数是临时性建筑和半永久性建筑，房舍维修3～5年后比砖木结构的房屋还贵，再加上冬季保暖不好，四处透风，每年要比住砖木结构房舍多烧木材30%左右。

近年以来，随着国家经济的发展和林业政策的落实，许多林业局已注意到要把林区建设好，首要的问题在于让职工安居乐业，把居住问题解决好。如吉林省白河林业局兴隆林场、黄松蒲林场，鹤北林业局高峰林场，东京城林业局老黑山林场，迎春林业局索伦林场等都设计、建造了新型的林区住宅，努力改善职工住房条件。

为了适应林区建设的需要，使各类民用建筑等级标准有所遵循，1985年提出了《林业局（场）民用建筑等级标准》“草案”。

8.勘察、设计、施工队伍建设

1986年全国共有林业勘察设计院（所）42个，其中甲级设计院11个，职工10 118人，其中：勘察生产人员4 373人，设计生产人员2 620人，在工程技术人员中，有高级工程师133人，工程师2 593人，助理工程师1 979人，技术员1 667人。

全国共有专业施工单位20个，职工39 903人，其中：工程技术人员1 273人，工人27 887人，管理人员4 629人，服务人员4 344人，其他人员1 550人。1985年建筑安装总产值21 656万元，施工面积505 860平方米，竣工面积248 885平方米。

企业管理和横向联合有可喜发展。1986年春，10家工程公司、8家设计院与中国林业国际合作公司联合成立对外劳务合作的工程业务部，开展了对外劳务合作工作。福建林业工程公司在1986年被授予“全国林业企业整顿先进单位”，经理李辉南同志被福建省人民政府授予“优秀经理”称号。该公司由林区转到特区，在福州马尾经济开发区首期道路及排水工程中精心施工，质量优良，是福建省第一条按国家标准进行验收优良的道路。在福州火电厂厦门机场大型土石方，水口电站、水漳公路、溪口大桥等工程中均由于优质服务和工程质量优良获当地建委好评和奖励。在林业系统施工企业中，完成的经济效益指标及综合评分值名列第一。

从1979年起，林业部开始评选优质工程，两年一次，到1986年共计评选4次。1979年评出工程质量优秀工程队6个，工程质量信得过班组12个，工程质量优秀标兵20个。其余3次共评出优质工程49项，其中获林业优质工程一等奖一项，二等奖12项，三等奖36项。福建连城曲东林区公路和广西梧州岐化松香皂车间荣获国家银质奖。

1986年共有13个建设项目获奖。其中获二等奖的是吉林省德惠县布海农田防护林建设工程和黑龙江省东京城林业局老黑山林场。获三等奖的是黑龙江省迎春林业局索伦林场、黑龙江省鹤北林业局高峰林场、吉林省白河林业局黄松蒲林场场址工程，吉林省辉南森林经营局刨花板厂一期工程、吉林省汪清林业局职工医院、内蒙古自治区牙克石林管局阿里河统建工程、内蒙古自治区牙克石满归林业局激流河大桥、福建省漳平县下林大桥、四川省炉霍林业局罗科马公路及友谊桥和大兴安岭行署办公楼及林产工业展销楼。

〔木材生产企业工程建设〕

1985年林业部所属大兴安岭林区有松岭等八个新建林业局，共完成基建投资1.14亿元；牙克石林区有阿尔山等17个林业局改扩建，共完成基建投资1.13亿元；长白山林区改扩建林业局11个，新建五个共完成基建投资0.65亿元；黑龙江省有鹤北等4个新建林业局，共完成基建投资0.50亿元：福建闽西北林区、湖南沅水上游林区、四川雅砻江林区、贵州黔东南林区、云南金沙江林区、新疆天山西部林区都继续建设。

东北、内蒙古国有林区林场建成情况　表6

林　区　别	1985年	1986年
大兴安岭林区	1　个	2　个
牙克石林区	3　个	4　个
长白山林区	3　个	2　个
黑龙江各林区	2　个	5　个

东北、内蒙古国有林区运材道路建成情况

表7

林　区　别	1985年	1986年
大兴安岭林区	183.9公里	171.7公里
牙克石林区	260公里	282.5公里
长白山林区	150公里	68.6公里
黑龙江各林区	128公里	73.0公里

注：1985年开始南方各林区实行“钱木挂钩”，即国家不统一收购木材，各省、自治区自愿向国家交售木材的每立方米补助一定数额的基建投资贷款指标。因交售数额小而且交材单位或个人很分散，国家补助的这部分钱很少有建设道路等生产性项目的，由于投资1985年突然中断，许多半截工程无法继续施工，造成一定的损失。

黑龙江省鹤北林业局，建设项目是林业系统第一个列入国家重点项目的工程，按合理工期，1986年末已全部建成投产。该局经营面积38.2万公顷，有林地面积26.5万公顷，总蓄积量2 853万立方米，成过熟林2 438万立方米，核定年产木材40万立方米。1984年国家计委批准鹤北林业局总体设计总概算为1.240亿元，主要工程量为：房建工程30余万平方米，运材道路567公里，大桥5座长500米，通讯线路437公里，输电线路89公里，制材厂一处年加工原木能力8万立方米，建设林场19个。1986年因材料价格调整等原因林业部批准修正概算1 334亿元，建设林场17个，到1986年末基本建成。该工程系黑龙江省林业设计研究院按照《林业局（场）总体设计规程》编制的总体设计，合江林业勘察设计院及合江林业局设计室参加了施工图设计，按80年代的林业局的建设标准进行建设的。在局址设有年吞吐能力40万立方米的贮木场，各林场均为汽车运材，到贮木场交国库，贮木场经标准轨专用线装火车运往全国各地。局址建筑一般是三、四层砖混结构楼房，部分砖木结构平房，局办公楼3 500平方米，招待所1 800平方米，商店2 500平方米，幼儿园1 000平方米，俱乐部文化宫3 200平方米，综合服务楼1 800平方米，家属住宅18 942平方米，以及其他建筑共41 082平方米。城镇主要街道为沥清路面，上、下水道，集中供热，路灯、街心公园，街旁行道树等设施比较齐全。林业局基层生产单位是林场，以高峰林场为例，年生产木材2.5万立方米，有职工200余人，基建设计概算投资130余万元，总建筑面积6 616平方米，其中生产性建筑有：材料库、发电室、检修间、车库、烘炉、油库等共729平方米，办公室、住宅、食堂、商店、学校、卫生所、幼儿园等建筑共5 887平方米，还有道路、配电线路、水井等。

〔林业部门的工厂〕

1985～1986年在林产工业工厂建设中以大中型项目为主。先后建成福州中密度纤维板厂，年产5万立方米，设备由美国引进；黑龙江省南岔水解厂（年产5万立方米）中密度纤维板分厂，设备由瑞典引进；广东鱼珠木材厂（年产2.8万立方米）刨花板分厂；吉林省临江刨花板厂（年产5万立方米）及正在施工的湖南人造板厂（年产5万立方米胶合板、5万立方米刨花板、180万平方米的二次加工）、内蒙古根水河刨花板厂（年产5万立方米）。以上各工厂设计均由林业部林产工业设计院完成，施工单位由各建设单位在当地招标或委托施工。黑龙江省铁力刨花板厂（年产3万立方米）、朗乡刨花板厂（年产3万立方米），以上两项设计工作由黑龙江省林业设计研究院承担。

林业部门营林基本建设完成实物工作量

表 8

项目名称	单位	1985年	1986年
1.建筑工程	万平方米	99.81	92.16
厂房		3.31	3.23
仓库		3.24	3.11
商业用房		1.54	1.39
服务业用房		3.86	3.23
办公室		18.77	18.02
家属宿舍		39.67	38.94
单身宿舍		10.40	7.60
教育用房		5.36	4.94
文体用房		0.18	0.55
医疗用房		0.22	0.06
科研用房		4.45	2.46
其他		8.81	8.63
2.公路工程	公里	1 436	1 174
3.林道工程	公里	5 727	2 781
4.通讯线路	公里	1 394	1 032
5.输电线路	公里	426	670
6.防火线	公里	4 942	6 589
7.瞭望台	座	109	82
8.设备购置	台	687	540
其中：汽车	辆	369	366
拖拉机	台	140	67

〔“三北”防护林工程〕

“三北”（西北、华北、东北）防护林体系工程，是1978年11月经国务院批准纳入国家建设计划的，其规划范围包括新疆、青海、甘肃、宁夏、陕西、内蒙古、山西、河北、辽宁、吉林、黑龙江、北京共十二个省、自治区、直辖市的396个县、旗、市。这条被国内外人士誉为“绿色万里长城”的绿化国土、保护农田、牧场的防护林工程，东起黑龙江省的宾县，西至新疆维吾尔族自治区的乌孜别里山口，东西长7 000余公里，南北宽400到1 700公里，总面积为347万平方公里。

第一期工程从1978年起至1985年完成。8年期间中央和地方共投资17.1亿元，人民群众和驻军共投入7亿个劳动工日，完成人工造林605.5万公顷，超过计划任务的2%。部分地区的风沙危害已有所减轻，水土流失得到不同程度的控制，保护农田800万公顷，一些地方木料、燃料、肥料、饲料俱缺的状况有所改善。如山西西山地区森林覆盖率已由1977年的8.3%提高到21.9%，控制水土流失面积已达34%。陕西省榆林地区北部，第一期工程8年时间造林面积为前29年的2倍多，连前累计营造防风固沙林66.7万公顷，固定了61%的流沙地，保护农田18.3万公顷，新辟农田3.5万公顷，恢复草场6.7万公顷，内蒙古自治区的清水河县，种植锦鸡儿等灌木7.6万公顷，1980～1981年两年连续大旱，虽然百草枯萎，但灌木林可以放牧，保住了23万头牲畜。

1985年“三北”防护林工程营林基建投资5 000余万元，造林总面积3 174万亩。其中：用材林968万亩、经济林172万亩、农田防护林272万亩、防风固沙林505万亩、水土保持林793万亩、牧场防护林60万亩、薪炭林311万亩、育苗199万亩、职工人数达14万人，其中生产工人9万人、技术人员1.2万人，购置汽车2 449辆、大中型拖拉机2 209辆、小型拖拉机1 209辆。

为保持工程连续性，又制订了第二期工程计划。第二期工程从1986年开始约10年，计划建设范围由396个县扩大为466个县，总面积由347万平方公里增加到395万平方公里。任务是：在保护好现有森林、草原植被、巩固提高第一期工程造林成果的基础上，继续大规模地进行人工造林、飞机播种造林、封山封沙育林育草，使“三北”地区的森林覆盖率由现在的5.9%提高到7.7%；有50个县实现绿化，并建成一批区域性的防护林体系。第二期工程计划人工造林636.7万公顷，飞播造林17.1万公顷，封山封沙育林育草154.5万公顷，建设的重点地区和重点项目是：北京市周围的绿化，毛乌素沙地和科尔沁沙地的防风固沙林，北京至包头至兰州铁路沿线防护林，黄河沿岸的防护林。

绿化工程特别象“三北”防护林体系工程这样的大规模防护工程的环境效益、社会效益、经济效益、随着时间的推移，它将逐渐发挥作用，被人们所重视。

商业仓储建筑

黄瑞鸿

1985～1986年商业仓储建筑，除综合仓库和食糖仓库外，主要是棉花仓库、粮食仓库和冷藏库。完成情况见表1。

表 1

仓库类别	1985	1986
综合仓库和食糖仓库(万平方米)	33.08	31.310
棉花仓库(万平方米)	30.50	45.09
粮食仓库(万公斤)	300.992	865.824
肉类(包括禽类)、鲜蛋冷藏库(万吨)	10.27	10.834
水果冷藏库(万吨)	7.20	8.26

一、普通仓库

〔**综合仓库**〕 近两年建成的综合仓库，主要有两种。一种是商业储运公司所属的综合仓库，多数建在交通枢纽，为全国服务的中转仓库，以中转调运为主，商品储存期较短，进出频繁，周转较快。另一种是专业公司所属的综合仓库，为本单位服务，多数是零售批发仓库，不但储存商品品种规格多，而且批量多批次多，进出库比较零星频繁。

综合仓库的设计标准，一般要求库区基地建筑覆盖率，多层仓库控制在30%左右，单层仓库控制在40%左右；多层仓库的建筑容积率不超过150%；建筑面积利用系数，多层仓库不小于70%，单层仓库不小于90%。为节约用地，要求大、中城市的综合仓库，一般应建多层仓库；至于笨重大件商品仓库、集装箱仓库，以及吞吐量大、进出频繁的中转仓库和铁路专用线站台仓库，可建单层仓库。多层仓库各层层高尺寸，不应超过三种，一般底层可高于楼层，顶层可高于中间各层。

多层仓库的结构形式，一般要求：楼面设计活荷载≧1 500公斤/平方米，采用钢筋混凝土无梁楼板框架结构，宽度方向不少于3跨；楼面设计活荷载＜1 500公斤/平方米，采用钢筋混凝土梁板式结构，宽度方向不少于2跨。柱网尺寸一般不小于6×6米。单层仓库的建筑跨度，一般要求单层单跨仓库不小于12米和不大于27米；单层多跨仓库不小于12米。

〔**食糖仓库**〕 为解决食糖仓储，避免露天存放减少损失，最近几年在食糖产区建了一批中转性食糖仓库，在销区建了一批储备性食糖仓库。中转性食糖仓库主要是为全国调运服务；储备性食糖仓库，以储存为主，储存期较长，储存批量也较大，仓库周转较慢。

目前食糖仓库的建筑形式，多数是单层仓库，但也有多层的。单层糖库的结构形式，多数采用预制钢筋混凝土柱和预应力钢筋混凝土屋架，柱距6米，跨度24米，大型屋面板，卷材屋面，檐高8.50米，一般要求堆高为28包(每包重量为100公斤)。多层糖库多数采用钢筋混凝土无梁楼板框架结构，柱网6×6米，一般底层层高6米，地面设计活荷载为4吨/平方米，楼层层高4.80米，楼面设计活荷载为2吨/平方米。

1986年在北京、天津地区建了一批单层预制装配式糖库，全部是钢结构。承重结构为梁柱式，全部采用型钢，现场螺栓连接。外围护结构为预制隔热板，聚氨脂泡沫塑料作芯材，0.60毫米压型涂塑钢板作面板，隔热层厚度屋顶为50毫米，外墙为40毫米。每栋糖库建筑面积2 000平方米，长84米，宽24米，檐高8米。地坪为现浇混凝土传统作法。这种仓库建设进度较快，但耗钢量大，工程造价也较高。

〔**棉花仓库**〕 由于农村经济政策落实，棉花生产迅速增长，1984年国家为解决棉花储存问题，专项安排建设一批棉花仓库。这批棉花仓库均为单层建筑，多数采用钢筋混凝土结构或混合结构，屋顶结构多数采用折线型屋架，大型屋面板，也有采用拱板结构的。库房跨度多数是18米，个别是15米或21米。檐高多数是8米，个别是10米，也有高达11米的。

在这批棉花仓库中，约有30万平方米采用钢板库。钢板库全部用钢板建造，这是一种新的尝试。钢板库的承重结构采用钢板焊接成H形变截面门式刚架，腹板厚度为5～6毫米，翼板厚度为7～8毫米。屋面和墙面采用压型镀锌钢板，屋面板厚度为0.7毫米，外墙板厚度为0.5毫米。檩条和连接件均采用钢板冷压成Z型钢梁。全部构件在工厂预制加工好，在现场用螺栓连接构成整体。建筑跨度为18

米，檐高为10米，堆高22～24包（每包重量为70～75公斤），建筑面积1 000平方米额定库容为3.20万担。钢材用量平均约52公斤/平方米，单方造价平均约210元左右/平方米，建设速度较快，投产后使用效果良好。

二、粮食仓库

〔**房式仓**〕 房式仓一般指单层粮库，是粮食仓库中的一种主要仓型。1984年国家为解决"卖粮难"问题，专项安排粮食仓库建设，其中大部分是房式仓。

房式仓从储存职能可分为三种：（1）散装房式仓。适用于储备粮库和散运散储的地区，一般储存周期较长和机械程度要求不太高。（2）包装房式仓。适用于城市粮食供应库和粮食加工厂的成品库，也适用于中转库内储存待运的包装原料和成品粮。（3）包散两用房式仓。这种仓型是从使用功能而言，实际上建筑结构是散装仓，工程造价当然要比包装仓大，因此应尽量避免将包装仓设计成两用仓。

目前散装仓一般要求堆粮高度为5米，建筑面积1 000平方米额定仓容小麦为300万公斤、稻谷为225万公斤；包装仓按每包100公斤麻袋装，堆高20包，檐高7米，建筑面积1 000平方米额定仓容为250万公斤；面粉成品库按每包25公斤布袋装，堆高20包，檐高5.70米，建筑面积1 000平方米额定仓容为150万公斤。屋顶结构，一般散装仓采用三角形组合屋架、折线形屋架和门式刚架；包装仓多数采用门式刚架。建筑跨度，一般为18米，柱距一般为3.60～6.00米。

1986年在西藏地区，由于交通不便，材料供应困难，采用了钢结构设计方案，建成了一座预制装配式钢板房式仓，屋面和外墙均采用压型钢板，屋面板厚度为0.75毫米，外墙板厚度为0.6毫米；梁和柱均采用型钢，现场螺栓连接，跨度为18米，檐高6.50米，用于包装仓，堆高18包，据反映投资效益较好。

〔**钢筋混凝土立筒仓**〕 立筒库主要用在港口粮库和粮食加工厂的原料库。其优点是：节约用地，机械化程度较高，劳动条件较好，防火、防虫、防鼠雀等条件也较好，而且比较密闭，易于熏蒸处理。缺点是：工程投资较大，建设周期较长，建筑结构也较复杂。

最近几年建成的钢筋混凝土立筒仓，筒体直径一般为6米、8米、10米，筒体高度一般为21米、24米、27米。要求筒群长度不大于48米，筒群长宽比不大于33，筒体壁厚不小于150毫米。筒体均采用滑模施工，施工精度要求：垂直偏差，筒高30米不大于80毫米；直径偏差，不大于±25毫米；壁厚偏差，不大于±15毫米。工作塔采用钢筋混凝土框架结构，柱距一般为6米、6.60米、7.20米；柱跨有2.40米、2.70米、3.00米等几种。各种粮食主要物理指标见表2。

表 2

粮食种类	容重 γ（公斤/立方米）	内摩擦角 ϕ（度）	摩擦系数 u	
			对混凝土板	对钢板
稻谷	600	35	0.50	0.35
大米	850	30	0.42	0.30
玉米	780	28	0.42	0.32
小麦	800	25	0.40	0.30
大豆	750	25	0.40	0.30
葵瓜子	550	30	0.40	0.30

〔**钢板立筒仓**〕 钢板立筒仓是近几年来发展起来的一种新型粮仓，主要有两种型式，即螺纹板立筒仓和螺旋卷边咬口式立筒仓。螺纹板立筒仓，一般筒体直径为8米、10米、12米，筒体高度为15～18米，螺纹板厚度为2.50毫米，采用螺栓连接固定在型钢骨架。螺旋卷边咬口式立筒仓，一般筒体直径为10米、12米，筒体高度为15～21米，采用镀锌钢板，板宽495毫米，筒壁成型有效螺距为360～390毫米，板厚为1.50～4.00毫米。

三、冷藏库

〔**肉类(包括禽类)冷藏库**〕 商业系统的冷藏库主要是存放肉食品和鲜蛋。随着生猪的迅速发展，肉类冷藏库有了很大的发展。为解决"卖猪难"问题，起初肉类冷藏库多数建在产区，即与屠宰加工结合的生产性冷藏库。后来在北京、天津、上海、广州、沈阳、哈尔滨、武汉、石家庄、太原等地，安排了一批分配性冷藏库。同时在上海、北京建了一些禽类冷藏库；在北京、天津、贵阳、西宁、郑州、赤峰等地，建了一批牛羊肉冷藏库。这些肉类冷藏的建成，对支持农副业生产，减少肉食资源损失，改善城市供应，起到了很大作用。

〔**鲜蛋冷藏库**〕 鲜蛋是人民生活中的重要食品，国家采取了一系列方针政策促进鲜蛋生产的发展，近几年来大城市郊区的工厂化养鸡业正在迅速发展。为保证市场常年均衡供应，从1981年起，先后在北京、天津、上海、南京、武汉、济南、合肥、重庆等城市建成了一批鲜蛋冷藏库。这批鲜蛋冷藏库，大多数是采用多层建筑，层高4.8米，堆高9～12个木箱（每个木箱高300～380毫米），每层库房容量一般不超过500吨，投产后使用效果良好。

1984年在河南省新乡市建成一座冷藏容量1 500吨的鲜蛋冷藏库，采用聚氯乙烯塑料薄膜作

“六·五”期间城镇住宅建设统计

投资：亿元　面积：万米²　　**表 1**

项　　目		合　计	1981年	1982年	1983年	1984年	1985年
合　计	投　资	1 007.5	145.1	187.6	188	195.9	290.9
	竣工面积	64 845.9	11 068.7	13 151.5	12 949	12 354.3	15 322.4
全民所有制单位基本建设	投　资	728.3	111.19	141.05	125.1	135.8	215.2
	竣工面积	42 136.1	7 904	9 019.6	8 124.5	7 703	9 565
全民所有制单位更改措施	投　资	158.7	20.4	28.8	41.9	34.3	33.3
	竣工面积	10 429.6	1 439.5	2 108.5	2654	2 207	2 020.6
集体所有制单位	投　资	55.3	6	9.2	11	12.2	16.9
	竣工面积	3 545.9	425.2	661.4	790.4	772.3	896.6
个人建房	投　资	65.2	7.5	8.6	10	13.6	25.5
	竣工面积	8 554.2	1 300	1 362	1 380.1	1 672	2 840.2

注：①1983～1985年住宅建设更改资金中含其它资金用于住宅建设部分。

②个人建房为城镇非农业人口个人建造住宅部分。

实行综合开发。近两年是房地产开发公司蓬勃发展的两年。

开发公司主要经营内容是有偿转让经开发的城市土地和组织住宅区的建设，以及出售商品房屋。开发公司的资金来源，除了少量自有资金外，主要通过银行贷款、单位集资和预收款获得。有的还通过银行发行住宅债券或有奖储蓄，以解决开发资金不足的问题以保证建设进度，缩短建设周期。开发公司是伴随着城市经济体制改革和建筑产品商品化而产生的新型企(事)业，是目前房地产业中为国家提供积累最多的企(事)业。

开发公司在城镇住宅建设中发挥了积极的作用。全国城镇或小区建设的住宅工程，除一些工矿企业和机关、事业单位的职工生活区外，大多是由开发公司组织建设的。1985年荣获国家优质工程银质奖的天津体育学院北三区小区住宅工程，便是由天津市城市建设开发公司组织建设的。开发公司在组织住宅区的综合开发时，注意基础设施先行，配套工程同步建设，住宅建成后即可交付使用，居民生活方便。

为了适应房地产业发展的需要，各城市的开发公司展开了两种形式的横向联系。一是通过参加中国房地产业协会，或组织开发企业间的经济联系会，来发展房地产开发企业间的横向联系，二是与建材生产、建筑设计、施工企业组成与开发工程相关的经济联合体。一些开发公司对深入企业内部改革也作了有益的尝试。如北京市城建开发总公司划小内部核算单位，并使所属单位均成为自立经营、自负盈亏的经济实体，建立起企业集团式的总公司结构，以提高开发经营效果。

住宅区开发建设是地方性很强的工作，现有的开发公司绝大多数是地方性企业。中央各部门所属的开发公司和中央企业中有房地产的共有5家，其中有在全国118个城市已形成较大的经济联合体的中国房屋建设开发公司，中国残疾人福利基金会所属的康华房屋开发公司，国务院侨务办公室所属的中国华兴公司等。

1985～1986年是开发公司大发展的两年。在大发展的过程中，也出现了一些既无资金，又无技术力量的“皮包”公司。各地已陆续开展开发公司整顿工作，对开发公司进行资质审查，认定开发公司等级，颁发开发企业等级证书，逐步使开发企业的行业管理走上正常轨道。其中黑龙江省已初步完成开发公司的整顿工作。

为了有利于住宅区开发建设的前期准备，有利于开发公司建设计划的连续性和完整性，1986年3月，建设部和国家计委联合发出《关于商品住宅建设问题的通知》。《通知》指出：今后建造商品住宅采取先建后卖的办法，建造时不列入固定资产投资规模；建成后视买房对象列入各自的固定资产投资规模。《通知》要求做好综合平衡工作，加强市场供需预测，防止盲目发展商品住宅。

到1986年底，全国城市和县镇共有两千多个开发公司。住宅建设从分散多头走向综合开发，标志着住宅建设的组织形式发展到一个较高的水平。

〔**住宅建设评优**〕 为了推进设计水平和工程质量的提高，建设部组织了1986年度优秀设计、优秀工程评选活动。湖北省沙市市洪垸新村居住小区、上海市雁荡公寓获住宅优秀设计三等奖。上海市嘉定桃园新村住宅区、深圳市滨河住宅区、山东省胜利油田孤岛新镇中华村住宅、无锡支撑体住宅试验工程、北京市建材村总公司高层住宅、新疆石油工人太湖疗养院职工住宅、佛山市同济路29—31号楼等七项获住宅设计创作奖。另外，还有14个项目获表扬奖。获奖作品集中反映了广大设计人员在设计多样化方面的各种探索。

在住宅区规划设计方面，洪垸新村在规划中利用池塘低地，少占良田，讲究综合环境效果，组团布局各具特色，绿化采取点、线、面相结合，各项服务设施配套齐全，居民生活方便。深圳市滨河居住区采用周边式布局，以二层连廊将各幢住宅连通，并围成大空间庭院，院内有大片绿地和游泳池、网球场等体育设施。这种立体处理手法，使人车分流，既保证交通安全；又创造了方便、优美的环境。

在住宅型体方面，嘉定桃园新村进行了多样化的尝试，并取得了好的效果。住宅组团与住宅单体有机组合，相辅相成，认别性强。胜利油田孤岛中华村住宅在层数、色彩、型体尺度上较好地处理了变化与统一的关系，错落、叠障、和谐而又不失简洁。

无锡市支撑体住宅，在借鉴和发扬中国传统民居特色方面进行了有价值的实践。该体系仅用3.6米进深，3.6米和4.2米开间两种尺度。采用灵活分隔手法组合出多种不同户型和面积标准的住宅，群体轮廓线丰富，规划上可不受朝向限制。这种体系还能适应住宅商品化的要求。

近年来，在大城市高层住宅建筑量陡增，对设计提出了许多新课题。上海雁荡公寓在基地狭小的情况下，获得了较高容积率，这项设计中对东西向房间进行了锯齿形角窗处理，争取了好朝向。北京市建筑材料总公司Y型住宅户型多样，功能完善。佛山市同济路29—31号楼结合地段，采用综合体，在旧城改造方面较好地处理了局部区域功能协调问题。太湖疗养院职工住宅，结合地形和风景区要求，将20幢点状住宅融于山地绿阴丛中。

通过评选活动，再次展示了住宅设计领域的广泛内容和繁荣前景。

〔**第一次全国城镇房屋普查**〕

遵照国务院领导同志的批示，由建设部和国家统计局组织开展了我国第一次全国城镇房屋普查。这次城镇房屋大普查历时两年。普查标准时间定为一九八五年十二月三十一日。从1985年7月开始，除西藏自治区暂缓普查外，28个省、自治区、直辖市（台湾省未普查）的323个市，1951个县(旗)，5 270个城镇与工矿区的房屋和1.5亿人(城镇人口)的住房都开展了普查（1984年7月以后批准建制的2 000多个镇的房屋，2 000多万人的住房，因条件不具备未进行普查）。经过对房屋和住户的逐幢、逐户实际测绘、丈量，普查质量检查验收，按照标准时间校正和逐级汇总，总结上报等步骤，普查工作到1986年7月基本结束。通过普查，查清了我国城镇房屋和居民的居住水平，取得各种原始数据15.5亿个；市辖区、县以上各级汇总统计数据841万个。这次普查，组织严密，方法科学，措施有力，取得的数据成果比较全面真实，具有十分宝贵的实用价值和研究价值。是制定国民经济和社会发展计划、城镇规划、房产管理、改革住房制度的可靠依据，填补了我国城镇房屋统计资料库的空白。建设部、国家统计局于1986年12月2日在北京召开了新闻发布会，公布了普查结果。主要普查数据是：

一、房屋状况。28个省、自治区、直辖市的城镇普查范围内共有房屋建筑面积46.76亿平方米。其中323个市（不含市属县）有房屋28.33亿平方米，占60%；县镇房屋18.43亿平方米，占40%。

①按户权划分，单位自管公房35.03亿平方米，占75%；房管部门直管公房4.21亿平方米，占9%；私房7.38亿平方米，占16%（其中县镇私房的比重要大些，占24%）。

②按结构划分，混合结构21.1亿平方米，占45%；砖木结构17.69亿平方米，占38%。

③按房屋层次划分，平房和楼房各占50%。

④按建成年代划分，70年代和80年代建造的房屋分别占32%和36%；建国前建造的房屋占9%。

⑤按使用用途划分，住宅22.91亿平方米，占总建筑面积的49%；工业交通、仓库用房13.53亿平方米，占29%；商业服务业用房3.88亿平方米，占9%；教育医疗科研用房3.88亿平方米，占7%；文化体育用房0.5亿平方米，占1%；办公用房1.96亿平方米，占4%；其它用房0.6亿平方米，占1%。

二、居住状况：

①居住水平。普查范围内的住户共有3 977万户，15 034万人。住宅使用面积15.09亿平方米，户均37.94平方米，人均10平方米；居住面积9.56亿平方米，户均24.04平方米，人均6.36平方米。市的居住水平比县镇低一些，为6.1平方米，县镇为

6.84平方米。

②缺房情况。缺房户占调查总户数的26.5%，为1 054万户，其中无房户占3.21%；不便户占10%；拥挤户占12%。

（附：各省、自治区、直辖市房屋普查成果表）

③设备情况。城镇住宅中，设备齐全的成套住宅有966万套，5.51亿平方米，占住宅总面积的24%。住宅中有独用厨房的占63%，合用厨房的占6.5%。没有正式厨房的占30.5%；有独用厕所的占24%，合用厕所的占10%，无厕所的占66%；独用自来水的占57%，共用自来水的占16%，无自来水的占27%；有电灯的占96%，无电灯的占4%。

以上数据均不包括部队和军工、保密单位的用房，他们的房屋普查由总后等单独进行并汇总上报。

这次全国城镇房屋普查是在各级人民政府的重视、领导下进行的。共动员了73.8万多人投入普查工作，其中经过培训的普查员有62万多人。各部门、各单位和人民群众给予了大力的支持和配合，城市房管部门、统计部门发挥了政府职能部门的作用，广大普查人员发挥了积极性、创造性，保证了普查工作顺利进行。

〔**住房改革及其研究**〕 1985年9月，中共中央在《关于制定国民经济和社会发展第七个五年计划的建议》中指出："积极推行城镇住宅商品化，加快民用建筑业的发展，使建筑业成为我国国民经济的支柱产业"。赵紫阳总理亲自过问城镇住房制度改革和住宅商品化的工作，并作多次重要讲话。城市住房改革，是城市经济体制的一项综合性的重大改革，涉及到各单位和千家万户的切身利益，政策性很强，工作相当复杂。在中央领导同志的直接领

各省、自治区、直辖市房屋普查成果表 **表 2**

序号	省、市名称	房屋普查总数量				其中：住宅					
		建筑面积（万m^2）	普查范围内人口（万人）	m^2/人	按m^2/人排序	建筑面积（万m^2）	（使用）m^2/人	按m^2/人排序	缺房户（万户）	占普查总户数%	按%排序小—→大
1	北京市	14 410	449	32.09	16	6 333	8.77	22	30	24.39	20
2	天津市	9 562	369	25.91	23	4 312	6.90	28	42	40.50	24
3	河北省	24 337	742	32.80	15	11 373	10.62	13	34	16.82	9
4	山西省	16 118	491	32.83	14	7 151	9.80	16	30	24.58	21
5	内蒙古自治区	11 853	491	24.14	25	5 957	8.68	23	42	34.47	22
6	辽宁省	27 700	1 224	22.63	26	12 487	7.25	27	144	44.73	27
7	吉林省	13 211	662	19.96	28	6 723	7.32	26	70	42.51	26
8	黑龙江省	23 839	1 181	20.19	27	12 368	7.63	25	121	41.66	25
9	上海市	16 304	669	24.37	24	7 543	8.32	24	90	49.98	28
10	江苏省	27 125	784	34.60	11	12 060	11.35	8	35	15.83	7
11	浙江省	20 024	511	39.19	4	9 964	14.32	1	23	15.74	5
12	安徽省	14 717	487	30.22	20	6 882	10.50	14	27	20.96	16
13	福建省	12 952	332	39.01	5	6 683	14.26	2	15	18.67	12
14	江西省	14 184	387	36.65	8	6 305	11.64	6	21	22.72	17
15	山东省	25 264	665	38.00	6	10 906	11.52	7	33	17.65	11
16	河南省	22 852	659	34.68	10	9 285	10.18	15	34	20.55	15
17	湖北省	23 770	639	37.20	7	10 410	11.81	5	35	14.33	2
18	湖南省	22 861	545	41.95	2	9 048	12.14	4	24	15.29	6
19	广东省	24 124	773	31.21	19	11 811	11.04	11	68	35.62	23
20	广西壮族自治区	12 974	303	42.82	1	5 822	12.69	3	17	19.96	14
21	四川省	32 737	951	34.42	12	13 898	10.94	12	42	15.10	4
22	贵州省	8 920	300	29.73	21	4 377	11.11	10	11	14.67	3
23	云南省	11 701	324	36.11	9	5 296	11.19	9	22	23.04	18
24	陕西省	14 615	371	39.39	3	5 350	9.26	18	23	23.77	19
25	甘肃省	8 474	265	31.98	17	3 518	9.13	20	13	19.73	13
26	青海省	2 902	91	31.89	18	1 225	9.19	19	4	16.14	8
27	宁夏回族自治区	2 196	64	34.31	13	821	8.86	21	2	12.09	1
28	新疆维吾尔自治区	7 936	305	26.02	22	4 020	9.38	17	12	17.01	10

导和关心下，1985～1986年，我国的住房问题研究和改革做了许多工作，其中包括理论探讨、调查研究、论证测算、方案设计、选择试点。到1986年底，已确定烟台、蚌埠、唐山等市为首批改革试点城市，试点城市选择的改革方案主要内容是“提租发券，空转起步”。

围绕住房改革问题，中国城市住宅问题和各地的住宅问题或房地产经济研究会，在这两年中作了许多理论研究和决策研究工作。1986年9月召开的中国城市住宅问题研究会第二届会员代表大会提出了《关于住房制度改革若干问题的建议》。《建议》的主要内容有：一、晚改革不如早改革。改革越推后，沉积问题越多，就越难迈开改革的步子。二、不宜搞“一刀切”方案。我国城镇多，经济水平、住房水平及其他社会条件差异很大，制定一个每个城市都适用的改革方案恐怕是很难的。可发动各地，从实际出发，制订不同特点的改革方案。三、分步实施住宅商品化。根据我国低工资低房租的实际，以及住房制度所涉及到的方方面面，欲大幅度提高工资，一步就迈到住宅商品化不大可能，因此宜分步实施。四、面上铺开，宏观控制，建议对全国新建住宅先行改革，提租补贴；同时，积极举办住房信贷，提倡和鼓励个人建房。五、要十分重视解决居住困难户的问题。目前全国城镇中居住困难户还占1/4多，建议从中央到地方，认真研究，作出规划，并从投资、分配等方面寻找对策，切实将这项工作列入重要日程。

到1986年，中国城市住宅问题研究会共有团体会员210多个，下设住宅社会学、住宅建设、房地产经济学术委员会。第二届理事会理事长为陆禹；副理事长为刘挥、苏星、张开济、张中俊、朱毅、康天锦；秘书长为顾云昌。研究会顾问：费孝通、于光远、戴念慈。

〔**成立房地产行业组织**〕 随着我国经济体制改革和商品经济的发展，房地产业已成为一个独立的行业。为了及时、有效地加强房地产行业的政策指导和组织协调，推动技术进步，提高经营效益，发展地区、行业之间的横向联系，使之沿着正确的道路健康发展，由建设部各地房地产管理部门和企业，于1985年9月成立了中国房地产业协会（之前，中国对外开放沿海港口城市房地产业协会于同年1月成立）。协会理事长为肖桐；常务副理事长刘挥，副理事长于泓泉、李信、陈林、曹健华、蒋如高；秘书长刘挥（兼）副秘书长韩立栋。协会邀请顾问：马洪、马宾、王光英、刘靖基、陆禹、张百发、储传亨。根据形势和工作发展需要，北京、上海、天津、广州、武汉、南京、成都、重庆、昆明、兰州、沈阳、长春、哈尔滨等二十多个城市相继成立了地方房地产业协会。全国和各地房协成立后，以改革为中心，积极开展行业调查；努力加强横向联系，为企业单位筹措资金；进行信息交流，开展各类培训，受到了各会员的欢迎，密切了政府部门和企业的关系，促进了房地产行业的协作和发展。

为了推动房地产行业各项工作发展，中国房地产业协会设立了若干个专业委员会，它们包括：修建施工、经营管理、房屋装饰、城市开发、古建筑、集体合作企业、企业自管房地产等专业委员会。

〔**制定和颁发房修标准**〕 现在，全国城镇约有近50亿平方米的房屋，制定和推行好房屋维修管理技术标准，使房修工作有章可循，对于管好、修好、用好这笔巨大财富，具有重要意义。为了提高房修质量，提高房修企业素质，保证房屋用户的住用安全，建设部住宅局自一九八二年起抓这方面的工作。一九八四年十月以来，经过建设部与各地房地产管理部门的共同调研、制定，建设部陆续颁发了《房屋修缮工程技术管理规定》、《房屋修缮工程施工管理规定》、《房屋修缮工程质量检验评定标准》、《房屋完损等级评定标准》、《房屋修缮范围的标准》等五个规定、标准。一九八六年四月又颁发了《危险房屋鉴定标准》，自九月一日起在各地房地产管理部门试行，单位自管房屋和私有房屋的鉴定，也可参考。在这个《标准》中指出：经鉴定已确认是危险房屋的，应按房屋危险程度、影响范围和具体情况，分别轻、重、缓、急，安排修建计划；是危险点的，应结合正常维修，及时排除险情。

这些标准和规定的颁发和推行，提高了房修质量和经营效益，得到了用户的好评；加强了房修工作的管理，提高了房修企业的素质；并在执行标准中积累了一些有益的经验。有的城市还结合当地情况提出了拟订起草地方房修标准的计划，制定了一些适合当地具体情况的标准、政策和办法，有力地推动了房修工作。

建设部于一九八六年还举办了三期《房屋完损等级评定标准》和《危险房屋鉴定标准》培训班，以推动各地对标准和规定的贯彻执行。

〔**城市房地产业职业技术教育发展迅速**〕 根据中央关于教育体制改革的决定，从我国城市房地产业管理水平低、技术水平差、管理人材少的现状出发，经建设部批准，于1983年7月成立了全国城市房产住宅职业教育中心，后改名为全国城市房地产业职业教育委员会。这个委员会贯彻“联合起来办学”的方针，以发展中等职业教育为重点，几年来已为房地产业培养了不少专门人材。

截止1986年底，各地已建立24所房地产职工中

旅　游　建　筑

邱秀文

旅游建筑主要是指在开放城市或风景区建造的旅馆等为旅游者服务的建筑。它通过对旅客收费、提供各种服务内容，从最简单的住宿、进而供应餐食、直至提供全部生活、娱乐、消费所需的各项设施（如餐厅、酒吧、舞厅、商店、银行、邮电、游泳池、健身房、桑那浴室、保龄球、医务所、存车库、出租汽车站、会议等服务），内容变化幅度很大，标准、规模、类型亦多种多样。兴建旅游旅馆、发展旅游事业，具有巨大的经济收益，是现代社会久盛不衰的行业，被赞为“无烟工业”。二次大战后，由于现代交通高度发达，国际间的政治、经济、文化交往频繁，世界性旅游事业的发展十分迅猛，旅游旅馆已遍布世界各大城市和旅游胜地，还出现了由一些跨国集团拥有的大型旅馆系统，即使资本主义世界发生多次经济危机、部分地区战火不绝，但旅游业的发展，还是保持逐年增长之趋势。从1950年至1980年国际旅游总人数增长11倍，由于每个旅游者的消费能力也在不断提高，故同期的国际旅游总收入增加约44倍，预计至1990年国际旅游总人数将近4亿，旅游总收入可达3 600亿美元。

〔我国旅游建筑的起始和发展〕

我国是文明古国，旅游资源十分丰富，但旅游业起步晚，长期处于空白状态，真正着手开发是在党的十一届三中全会之后，成为“开放、搞活”总方针下的一项重要决策。1978年国家旅游总局正式成立，于是向往已久的国际旅游者随即大量涌入，近年来华的旅游人数和旅游外汇收入增长之势也迅猛非常，旅游建筑也随着旅游业的开发而崛起。此外，由于人民生活水平的提高，我国内旅游之势也开始露头，但其人数和消费程度相对于接待国际旅客来说还甚微小，因而旅游建筑的概念现仍主要限于面向对外服务的范围，其形成和发展过程大致如下：

在五十年代末和六十年代初，国内各大中城市都建设了一批宾馆和饭店，主要接待外国的政府代表团、贸易代表团或华侨，如北京市的北京（西楼）、民族、友谊、西苑、和平、新侨、前门、京西、香山、华侨十大饭店。这些旅馆现在均已接待国际旅客，是当然现成的旅游建筑(表-1)。

在1972年以后的几年中，在世界旅游业高潮的冲击下，北京、广州等地开始修建专为外事、外贸和国外旅游者服务的宾馆，如北京饭店(东楼)、广州的白云宾馆、东方宾馆(新楼)和流花宾馆等(表-2)。它们的规模和标准与五、六十年代所建旅馆相比有较大的提高。此后，又在一些风景名胜地成套引进澳大利亚投资的简易装配式小型轻钢板房旅馆八座，如苏州姑苏饭店、无锡水秀园饭店、南京丁山宾馆（附楼）、北京燕翔饭店（客房楼）、镇江金山饭店、桂林甲山饭店等(表-3)。

1978年国家旅游总局正式成立后，即决定由国家投资在各地兴建一批旅游旅馆，1979年国家计委

专和普通中专，分布在北京、上海、天津、广州、武汉、西安、苏州、无锡、济南、青岛、成都、沈阳、哈尔滨、长春、齐齐哈尔、杭州、大连、石家庄、鞍山、佳木斯、牡丹江等市。这些学校开设了“房产经济与管理”和“民用建筑与维修”两个专业，填补了长期以来存在的专业缺门。现在在校学生已达6千余名，已毕业2千余名。北京、天津、哈尔滨、徐州四市，还开办了房地产职工大学。四所职工大学，分别设置了“房地产经济与管理”、“房屋修建工程”、“房屋修建管理工程”、“民用建筑与修缮”、“中国古建筑”、“传热与通风”以及“工业与民用建筑”等专业。

全国城市房地产职业教育委员会和各地房教委，为创办各所房地产职业学校，三年多来通过各种渠道，筹集资金3 000多万元；同时负责组织、编写《房地产经济学概论》、《房产企业管理学概念》、《城市房地产行政管理》、《房屋维修工程学》、《房屋修建施工技术》等第一批的七本教材，这些教材将陆续定稿、出版，供教学试用。

为发展城市房地产业的教育，武汉城建学院、苏州城建环保学院、华中师范大学，也先后开设了房地产专业。华中师范大学和南开大学还配合房地产管理部门举办了职工中专师资培训班。

一次拨出3亿7千万的大笔投资，集中成批下达在17个省、市建设23个旅馆项目，加上1978年前后零星确定的国家投资为主的旅馆工程，共计建成33座，其中规模最大的为北京国际饭店（1 098间）尚未建成，次之为上海宾馆（608间）、北京华都饭店（541间），其余大多是250～300间的中等规模。这批项目较之以往的明显改进是：设计更多注意了外国旅游者的生活需要，增加了一些现代化的设施（如空调等），重视了卫生间处理，提高了旅馆使用的舒服程度，适当添加了餐馆、酒吧间、健康设施的面积……等，建设周期一般为2年左右（除规模过大者外），投资见效较快，在一个时期内解决了客房紧张的燃眉之急。但由于匆促上马，宏观规划布局研究不够充分，投资平均分摊，面积、标准、投资普遍一般化，工程占地又普遍过多，部分项目出租率很低，部分项目资金不足，建筑布局风格形式不够多样化，室内装饰陈设普遍粗略(表-4)。

在与国家集中投资建设的同时，1978年起还大量利用外资建造旅游旅馆。在北京、上海、广州等7个城市首批合资的重大工程就有17项。这批旅馆项目的特点是：规模较大、投资标准较高、建筑形式各有特色，避免了单调、功能较为合理、结构设备材料（尤其是室内装修）较为新颖、施工要求复杂等。但由于我们经验不足，有的项目在本息偿还期内的工程经济效益不能充分发挥；另外，绝大多数项目由外方设计，中方即使参加，也主要承担施工图，某些设计脱离我国国情，经济效益受到影响(表-5)。

1980～1985年是我国旅游建筑发展全面进入高潮的兴盛时期。七十年代末计划建设的内、外资项目纷纷落成，国家旅游总局又作了“六·五”规划，克服了全国平均主义分配投资的弊病，而是按各地接待旅游的实际需要，充分挖掘地方投资的潜力，更进一步地全面吸收外资……各地的旅游旅馆涌现如雨后春笋，特别是在风景旅游历史文化名城和开放的沿海港口城市发展步子更是迅速。据国家旅游局在本系统内的统计（即不包括其他行政、商业、贸易系统在“六·五”期间进行开发的旅游设施），1980年底全国旅游饭店总计317座，客房59 588间，到1985年底则分别为710座和107 389间，五年内的增长为以往数十年总量的一倍。其中广州在1980年底仅有旅游饭店7座、客房3 955间，到1985年底广州及附近的深圳、珠海、中山、汕头五个城市的旅游饭店总数就达116座、客房21 193间，增长最为迅速。这批旅馆工程中有许多项目建设周期短、规划布局趋向合理、规模标准较前因地制宜、由我国自行设计、其中不少达到了相当的技术水平和艺术创造性，体现了我国旅游建筑行业的新飞跃(表-6)。

此外，“六·五”期间还开始着手改进一批七十年代之前建设的旅馆工程，如上海的锦江、和平、上海大厦、申江、桂林榕湖、西安钟楼、北京和平、前门、北京饭店等，以少量投资取得了显著的经济效益。

1985年底国家旅游工作会议决定“七·五”期间将旅游业纳入国家经济计划，进行宏观控制，预示旅馆建设将进入又一个新阶段。

〔旅游建筑的崛起对我国建筑业的全面推动作用〕

旅馆建设是实施对外开放政策的前沿阵地，因此它也得天独厚地首先获益，并以设计创作技术水平的提高为核心全面推动了施工、材料制品、设备、情报信息、标准规范、学术研究……等建筑业的技术和管理工作诸环节的发展。

据对国家及部门优秀科技设计成果历次评奖的统计，旅馆工程屡有名列前茅的项目，并占有可观的百分比(表-7)。

广州白天鹅饭店是我国自行设计的大型现代化旅馆建筑中，具有相当水平的第一个突出代表，广州市建筑设计院力敌众多的外方设计强手，争得了设计总包权，较成功地解决了功能布局、内外环境、艺术造型、填江造地基础处理、主体34层的框剪厚板结构、消防、空调、音响、电讯等多种设计和施工的技术难题，获1984年全国优秀建筑设计一等奖和国家优质工程金质奖。同期的武夷山庄以推出地方风貌的旅游建筑而取胜，是具有乡土特色多样化小型旅馆的先声，获1984年全国优秀建筑设计一等奖。此外国家首批投资的旅馆工程也都是各地在自己的设计、施工、设备、材料技术水平基础上全力组织攻关的佼佼项目，这批工程的完成使建筑业队伍得到全面的初步锻练。

随着旅馆建筑外资引进而带来的新的设计观念和新的建筑技术，对国内建筑业的各领域都有刺激和示范作用。如美籍华裔建筑师贝聿铭先生对现代中国建筑之路进行探索的香山饭店，在中国建筑界引起巨大反响，1982年底竣工时，《建筑学报》编辑部还专门召开了设计座谈会，其它一些刊物也相继发表了许多评论文章。许多合资旅馆各种各样的外观造型、中庭空间、整片玻璃幕墙、大面积采光天棚、旋转餐厅、高速电梯、精致舒适的内装饰、各种高层建筑技术、自动化防火通讯系统、各种游乐健康生活服务设施，使中国建筑师对现代化旅馆建筑有了更多的理解。其中北京建国饭店又以平面空间紧凑、有效面积比例高、相对简朴的装修和设施水平、建设周期短……等提供了旅馆设计讲求经济效益的启示。

在外资旅馆合作设计和施工承包过程中，促进了国内填补若干以往空缺的先进技术项目，如香山饭店四季厅玻璃顶安装及密闭技术；金陵饭店（主体37层，为目前国内层数最高的旅馆）框筒结构的施工和高速电梯的安装调试；长城饭店玻璃幕墙施工；西苑饭店塔楼旋转餐厅结构和大厅屋顶实腹钢板梁设计；建国饭店的固定式地毯铺设工艺；广州中国大酒店高层滑模施工；高级聚合水泥砂浆外饰面等技术不少是我方设计、施工单位开发和研制的，有关的试验报告、学术论文几百余篇。

通过1986年城乡建设优秀设计评选活动又不难看出，近年落成的旅馆建筑设计在艺术创新方面的努力和成就十分突出，在繁荣建筑创作方面起率先作用。如拉萨饭店简洁、质朴、和谐、自然，既有西藏地方建筑的风采神韵，又有鲜明的时代特色；山东阙里宾舍较成功地采用传统的建筑形式，以自身淹没在环境中的高深立意而取胜，室内设计高雅，文化气息浓厚；此外创造性地运用民族、地方建筑符号的新疆旅游建筑，结合地形叠落退层、造型别致的安徽庐阳饭店，气势磅礴的深圳南海酒店，布局自由的黑龙江省镜泊湖宾馆，雄壮华美的广州中国大酒店，浓郁乡土气息、小巧灵珑的云南竹楼宾馆……等，在艺术创作上都各有独到之处。

在建筑技术水平和艺术创作普遍取得的进展中，特别值得一提的是近年旅馆建设对国内室内装饰行业的刺激作用。由于现代旅馆的室内装修投资十分可观（一般占总投资的1/3～1/4左右），因此该行业近年逐渐形成一独立分支，尤其以广州、深圳等开放城市和特区最为兴旺发达。1984年3～4月建设部设计局与中国建筑学会筹办“室内设计交流”及“室内装修展览活动”，同年成立了中国建筑装饰协会（后成为中国建筑业联合会的一个分会），使该行业的特殊性开始得到重视。目前，室内设计队伍虽还十分薄弱，专门人才奇缺，但也已推出一批高水平的旅馆室内设计，如阙里宾舍、南海酒店、昆仑饭店等。1986年底中国建筑装饰协会经选送10个设计单位约14幅成功的室内设计图照参加全国室内装饰装修展览会，1986年11月国家教委委托建设部论证在同济大学和重庆建工学院开设室内设计专业的可能性，建设部建筑技术发展中心两次举办规模较大的室内设计培训班。这对我国中高档旅游宾馆室内设计是一个推动。此外，针对近年中高档旅馆室内装饰材料大量依靠进口、消耗外汇很多的问题，全国的建工、建材、轻工、纺织、有色等各行业都在大力开发研制有关材料制品，赶超国际水平，以进入中高档旅游建筑为竞争目标，可望今后将进一步以设计为核心带动我国旅馆建设最薄弱环节——室内装饰的全面发展和提高。

旅游建筑的发展，对各级行政部门的管理工作也大有促进。通过几次组织旅游旅馆建设的实地调查工作，使一些方针政策性问题逐步得到明确。前国家建委和国家旅游总局于1979年下达《关于旅游旅馆建设的几点意见》对旅游建设的面积、标准作出了规定。1983年春，国家旅游总局召开旅游旅馆基建会议提出建筑形式要多样化，突出民族地方特色，与此同时中国建筑学会建筑经济学术委员会举行旅游旅馆建筑经济问题学术讨论会；1985年5月国家计委设计管理局在武汉召开会议总结交流了“六·五”期间旅馆建筑设计经验；1986年国家计委又重新修订颁发了“旅游旅馆设计暂行标准”，对建筑面积、装饰陈设、设备标准、空调参数、能源消耗等作了规定；以期接近进而符合建设的客观规律，1985年建设部将旅馆建筑设计规范列入建筑规范总体系并下达编制任务。

[当前旅馆建设应特别注重提高规划设计的经济效益]

1985年底，国家旅游工作会议决定将旅游业纳入国家经济总体计划，经济效益问题将成为旅馆建设的核心，规划设计应着重解决前阶段明显存在的问题，明确以下各点：

科学合理规划布局是取得经济效益的最根本前提，建设前必须对客源、交通、供应、投资等条件作可行性综合研究；避免因布局不当建成后出租率低、积压浪费资金。

实现旅馆建设经济效益的观念，要从单纯规定面积及具体设计标准转向考虑面积装修设施水平、租金、投资回收时间……等因素的综合平衡，许多专家建议，根据我现实国情、经济能力和旅游接待水平，按国际通用五年回收投资的计算方法，对旅游建筑要按高、中、低三档分别规定每间客房的平均投资总额。

合理利用外资，有条件时争取自贷外汇，对京、沪、穗三大热点城市和一般温冷点城市要区别对待，平衡布局，实现宏观控制。要完善合资工程乃至合作设计的立法规定，在设计、材料、设备等方面发挥我国自己的优势。

调整档次，以建设中小旅馆为主，满足大量中低阶层游客的需要，提高出租率、降低投资、缩短建设周期。

广辟财源，挖掘地方投资甚至集体和私人投资的潜力。如北京的回龙观饭店就是乡镇集体投资的，群众集资简便灵活，建设速度快，有利于填补中、低档旅馆之缺。

增加收益空间。从旅游外汇收入的总构成分析，一般住宿服务只占总收入的15～18%，其余如交通、邮电、娱乐、餐馆等服务收入占82～85%。因此，旅馆建筑设计在保证必要的客房面积标准、空间尺寸的前提下，必须提高建筑面积利用率，努力减少无收益的大厅及交通、空间、设备、维修、行政、生活服务等用房。

挖掘改建、扩建已有旅馆的潜力，做到花钱少、速度快、节约用地。如上海市只用2 600万元投资改造了九个旅馆，使2 200间客房增加冷暖空调、新添客房300间，还适当增加卫生间、宴会厅、锅炉房等设施，全部改造用一年完成，与同量新建工程比较，节约投资一半，缩短工期三分之二，免于征地。

此外，为提高旅游经济效益，无容置疑还要解决旅馆经营管理、体制改革、设计施工技术水平的进一步提高等问题，在此基础上，“七·五”期间的旅游建筑将会更加兴盛繁荣。

六十年代前各大中城市现有宾馆、饭店接待国际旅客能力举例

（包括解放前留下的和解放后兴建的）　　表 1

城　　市	饭店名称	房间总数	床位总数
北　京	新侨饭店	329	658
	前门饭店	387	774
	和平宾馆	117	228
上　海	锦江宾馆	853	1336
	国际饭店	196	312
	衡山宾馆	210	386
杭　州	华侨饭店	306	648
郑　州	中州宾馆	170	340
广　州	华侨大厦	225	465

注：附表统计数字均为国家旅游总局提供。

七十年代前期在北京、广州等地为外贸外事服务修建的宾馆举例　　表 2

旅馆名称	建筑面积（米²）	客房间数	床位数	建筑面积（米²/间）	地上层数	总高度	开工年月	竣工年月
北京饭店(东楼)	93 900	695	1 166	135	18	80	73.3	74.6
广州白云宾馆	25 500	721	1 194	81	33	112	74	77
广州流花宾馆	23 111	438	876	52.76	7	24.6		73
广州东华宾馆(新楼)	45 613	776	1 260	58.78	12	42.8	72.9	73.10

1978年前成套引进澳大利亚简易装配式轻钢旅馆板房举例 **表 3**

旅馆名称	建筑面积（米²）	客房间数	床位数（米²/间）	建筑面积/间	开工年月	竣工年月
苏州姑苏饭店	6 048	110	220	54.98	79.7	80.2
无锡水秀饭店	6 868	110	220	62.44		80.4
镇江金山饭店	6 674	110	220	60.7		80～81
桂林甲山饭店	23 200	330	660	70.3		80～81

国家旅游总局成立后，首批由国家投资建设的旅游旅馆举例 **表 4**

旅馆名称	建筑面积（米²）	客房间数	床位数	建筑面积/间（米²/间）	地上层数	总高（米）	开工年月	竣工年月
北京国际饭店	105 000	1098	1991	80.6	21	103.6	83	预计87
南宁邕州饭店	24 718	272	524	90.8	13	42.2	80.2	81.1
桂林榕城饭店	19 129	250	500	76.5	低层		80.4	
西安西安宾馆	22 787	287	550	73.2	15	51.7	79.5	81.12
郑州国际饭店	21 282	253	506	84.12	14	55.67	78.11	81.6
广州南湖宾馆	23 395	314	628	79.5	4		79.11	81.10
广州华侨酒店	30 060	351	620	85.6	9		80.11	82.12
汕头华侨酒店	24 000	300	600	80	15		80.3	83.2
北京华都饭店	42 797	541	1 114	79.12	6	25.7	80.6	82.4
上海上海宾馆	44 546	608	1 268	73.3	26	81.6	79.12	83.5
长沙芙蓉饭店	18 000	265	500	67.92	17		79.12	83.12
沈阳饭店	19 453	250	500	77.8				
济南齐鲁饭店	20 914	254	508	82.3	11	40.05	79.12	83.12
长春白山饭店	25 137	268	538	93.79	15	54	79.6	82.5
哈尔滨天鹅饭店	18 825	270	540	70.2	15	48	70.2	83.12
杭州原花港饭店	5 066	75	150	67.4	3		79.12	80.10
杭州花家山饭店	11 462	175	350	56	3～4	16.3	80.4	81.10
湖北晴川饭店	22 504	286	572	78.7	25	88.25	79.9	83.9
南昌青山湖饭店	20 106	264	528	76.16	15	49	70.0	81
福州闽江宾馆	27 800	350	729	79.43	16	61	80.3	83.6
云南昆明宾馆二号	19 119	262	534	79.6	14	51.5	79.5	82.11
泉州华侨大厦	16 230	225	450	72.1	12		79.11	83.3
厦门华侨大厦	21 000	231	462	90.9	15		80.11	83.12
福建晋江大厦	5 318	65	172	81.8	5		79.11	81.5
福建武夷山庄	3 115	30	60	103.8	2		81.12	83.12
广东枞北华侨大厦	5 500	75	150	73.4	5		79.12	82.7
深圳华侨大厦	6 000	80	160	75	6		80.10	82.7

1978年后首批兴建的合资旅馆工程举例 **表 5**

旅馆名称	建筑面积(米^2)	客房间数	床位数	建筑面积/间(米^2/间)	地上层数	总高(米)	开工年月	竣工年月
北京建国饭店	29 615	527	972	56	5～10	15～28	80.7	82.3
北京长城饭店	80 396	1 007		79.8				
南京金陵饭店	58 690	804	1 288	73	37	111	80.3	83.4
北京西苑饭店	62 500	750		83.3				
北京香山饭店	36 572	327	586	112	3～4	15	80.7	82.9
广州白天鹅宾馆	92 000	1 014	1 760	91	31	102	79.11	83.2
广州中国大酒店	155 993	1 203	2 400	105	19	60	81.7	
上海静安宾馆	10 842	97	194	111.77				86
广州花园酒店								
北京丽都饭店	25 000	500		50				
上海锦江分馆								
广州中山温泉宾馆	20 782	199		104				

“六五”期间各地兴建的、由国内自行设计的较成功的旅游旅馆举例 **表 6**

旅馆名称	建筑面积(米^2)	客房间数	床位数	建筑面积/间(米^2/间)
拉萨饭店				
阙里宾舍				
南海酒店				
昆仑饭店	84 230	1 005		83.3
回龙观饭店	5 568	75	150	
首都宾馆				
兆龙饭店				
华亭宾馆	78 800	1 018		77.4
云南竹楼宾馆				
上海龙柏饭店	12 443	162	364	
敦煌宾馆	3 166	38	80	83.3
银湖旅游中心				
大连南山宾馆				
深圳湾大酒店				

旅游建筑工程项目获奖情况举例 **表 7**

获奖名称	获奖旅游工程	
	数量	占总获奖项目的百分比%
七十年代全国优秀建筑设计评选	4	18.2
1984年建设部优秀建筑设计评选	6	16.2
1986年城乡建设部优秀建筑设计奖	7	18.9

园林建设

柳尚华

享有世界"园林之母"赞誉的中国园林，在"六·五"期间有较大发展的基础上，1986年又取得较好的建设成绩。据1986年底统计，我国城市的园林绿化总面积已达164 772公顷，其中公园1 043个，面积35 967公顷。全国五届人大四次会议通过《关于开展全民义务植树运动的决议》后，随着社会主义精神文明建设的不断发展，植树绿化，美化城市的活动广泛开展起来，从而推动了城市园林建设的发展。天津、沈阳、合肥、北京、济南等许多城市，贯彻"人民城市人民建"的方针，发动群众参加义务劳动，在城市园林绿化建设方面，都取得了较大的成绩，增加了居民的游憩场所，使城市的环境面貌也有不少改观。

〔**公园建设**〕

1.因地制宜建设环城公园。我国的一些老城市，原来都有环城的城墙及护城河，后因历史变迁及其它原因，城墙已不复存在，或只留下了遗址。近几年，有的城市充分利用护城河水系、城墙或城墙遗址修建环城公园。济南市从1984年3月开始疏浚护城河，军民参加义务劳动257万个工作日，挖土清淤32万立方米，驳岸砌石3.26万立方米，沿河植树绿化，修建园林建筑14组，雕塑10组，并在黑虎泉畔建起了纪念济南解放的"解放阁"。从而把昔日淤塞、混浊的护城河，变成了绿树成荫、泉池喷涌、河水清澈、环境优美的环城公园，重振了"泉城"的风貌。公园绵延6.26公里，面积40.7公顷，已于1986年10月竣工开放。合肥市在已拆除的城墙的遗址上，经过历年的植树绿化，并按规划增添园林建筑、小品、雕塑，从而形成了以植物造景为主的环城公园。全园共分六个景区，各具特点。山西景区以秋景、动物雕塑群为主要内容，银河景区以水景为主题，包河景区以历史人文景观取胜，环东景区以规则广场、喷泉、大型城雕见长，环北景区主要表现山林野趣，环西景区较多地布置了游乐设施。公园中的园林建筑，在继承古典园林建筑及民居优秀传统的基础上进行创作，庐阳亭、叠亭、银河茶社等建筑，结合地形设计成跌落式，上下迂回，具有特色，在造型、色彩上也有新意。该园的设计，荣获建设部1986年度优秀设计一等奖。西安市以古代城墙为主要特色的环城公园，已基本建成。

2.结合环境综合治理，建设滨河公园。辽宁省沈阳市的南运河，由于年久失修，已成了河道淤塞、河水断流的一条臭水沟。市政府从1984年4月开始组织各方面力量，清除淤泥，铲除垃圾，砌石护岸，种草护坡，植树绿化，修建景点。经过一年多的努力，于1985年8月建成了蜿蜒14.5公里的南运河带状公司。它以南运河为纽带，把全市各公园的湖水连系起来，沿河建了18处游园，形成了清水常流、景色秀丽的绿色长廊。天津市在海河两岸，经过环境整治，建起了总长19.8公里、面积22.9公顷的海河公园，设有春花园、夏花园、秋景园、蔷薇园、草花园、青年园等景区，为海河两岸增添了秀色。

3.专类题材公园的建设。江苏无锡市新建的杜鹃园，占地2公顷，系以观赏杜鹃、兰花为主要题材的园林。园中利用山麓岗坡种植杜鹃，形成层层叠叠、如云似锦的景观，创造古代诗人所吟"一园红艳醉坡坨"的意境。并利用原有土涧，叠石掇景，夹涧两岸大量散栽兰花，创造开花时节满涧芬芳的效果。为了更好地观花赏兰，园中运用一带回廊——"踯蠋廊"组织观赏路线，并与云锦堂、绣霞轩、枕流亭等园林建筑相连系。此廊依山起伏，随地屈曲，蛇行斗折于树林之中，使咫尺山林，倍觉迂回，人行廊中，处处有景。该园的设计，于1985年获得国家级优秀设计奖。北京石景山区的雕塑公园，以主题雕塑、装饰雕塑、浮雕为主要内容，加上园林环境的艺术处理，也很有特色。此外，北京与上海，都正在建设以文学题材为内容的"大观园"。

4.一般公园的建设。湖南省长沙市1986年建成开放的晓园，园中建筑借鉴湘西民居风格，很有地方特点。宁夏银川市新建成的西夏公园，亭、榭、游廊等园林建筑具有我国传统的园林风格。甘肃省兰州市的小西湖公园、南湖公园、西固公园等，都在紧张施工中。近几年除了国家兴建公园之外，一些工厂甚至农民也在建园。包头钢铁公司去年就建了一个公园，并对全市群众开放。至今，包头市已有4座厂建公园，其面积占全市公园总面积的一半。兰州市郊的农民，也自己修建了一座小型公园。

〔**动物园建设**〕

石家庄动物园是近几年新建的动物园，已对外开放。武汉动物园建于汉阳墨水湖畔，现已建成了鸟区、中型猛兽区、熊猫馆、河马馆等部分。除了动物笼舍之外，还修了亭、廊、水榭等园林建筑。其余部分还在兴建之中。目前，全国共有动物园48个，在各地的公园中有100多个动物展区。其中以北京动物园规模最大，占地90公顷，饲养动物近600种。上海动物园内草坪开阔，树木葱郁，绿化配置符合动物的生态习性，如象房周围以棕榈、芭蕉为主，熊猫馆四周以竹林、藤萝环绕，狮虎山前后密植松林，天鹅湖畔栽植柳树、芦苇。重庆动物园在规划布局、兽舍建筑设计、植物配置等方面，也都各具特色。

〔**园林植物园建设**〕

我国的园林植物园，是从无到有逐步建立起来的。至今，全国已有7个园林植物园。北京植物园新近建成的牡丹园，具有科研基地和游览场所多种功能。全园分品种区、引种区、园林区，共栽植牡丹2 000多株。牡丹开花时节，游人络绎不绝。上海植物园中的山水盆景园，也是游人常到的好去处。园内庭园式的小型展览建筑，平面曲折有致，大小空间穿插变化，所有建筑白墙灰瓦，朴素无华。杭州植物园的规模最大，面积230公顷，展出植物3 450多种，被誉为西湖边的一颗绿色明珠。厦门植物园以种植亚热带观赏植物为主，园内奇石万千，颇为壮观，呈现一派南国风光。

〔**庭园建设**〕

我国的庭园，具有独特的风格。一些大型宾馆、饭店中的庭园，在设计上也达到了较高的艺术水平。北京长城饭店庭园、广州中国大酒店屋顶花园的设计，都获得了建设部1986年度优秀设计三等奖。北京长城饭店的庭园，以园中大面积水面和长城饭店玻璃幕墙所形成的空间环境特点命名为“镜园”，面积1.4公顷。庭园的中心是水池，水中有“百花喷泉”，池两侧有待月茶座和多功能舞台乐池。与饭店建筑相对的是镜园的主体建筑“画阁”，这座传统式的敞厅，与东部的山石、瀑布、水池，形成了又一幅自然山水图画。在庭园的东南角，设计建造了一座仿长城烽火台的城台。由于在规划设计和艺术处理手法上进行了认真研究探索，使西方的现代旅馆建筑与中国风格的自然山水庭园能和谐统一，取得较好的艺术效果。广州中国大酒店屋顶花园建于四周有高层建筑包围的四层屋顶平台上，面积1 800多平方米。园中花木繁茂，绿草茵茵，山石高处瀑布飞泻，清水池中金鱼漫游，得到宾客的交口称赞。

〔**古园修复**〕

我国的古典园林，是宝贵的民旅文化遗产的组成部分。新中国成立后，各地对遭到破坏的古典园林，积极进行整修，使其重放异彩。苏州市园林局于1984年10月修复了艺圃花园，该园是明代的一座宅园，但在修复前已变成了仓库、堆料场、裱糊间，水池被垃圾填去了三分之二，全园面目全非，一片荒芜。在修复过程中，技术人员努力收集有关资料，对艺圃的园史进行了考证。在设计和施工时，尽量保留原物和恢复原貌，工作极为慎重。经过整修，终于使这座已被毁坏的古园重现了原来的风貌，受到了有关部门的奖励。

〔**园林艺术出口**〕

1986年5月，加拿大温哥华市中山公园内的“逸园”竣工开放，为中加两国人民的友谊增添了绚丽的花朵。这是由中国园林建设公司苏州分公司设计建造的一座典型苏州园林。园子的北部是华枫堂，堂前植枫树一棵。枫叶是加拿大国旗的图案，华枫二字象征中加人民的友谊。华枫堂右边叠山建亭，左边曲池水榭。沿复廊南行便是两面临水的“涵碧榭”。跨过石桥往东，进入一处幽静的书斋庭院，名为“四宜书室”，含意四时宜人。全园亭榭花木点缀有致，湖光山色相映成趣，获得温哥华市民的很高评价。

中国园林艺术的出口，早在1980年就开始了。当时由苏州市园林局为美国纽约大都会博物馆建造的“明轩”，是以苏州网师园中的“殿春簃”为蓝本的明代园林艺术，在纽约引起了轰动。1983年在联邦德国慕尼黑举办的国际园艺展上，有40个国家参加评比，广州市园林局代表我国参展建造的“芳华园”，获得了大金奖。1984年在英国利物浦举行的国际园林节中，北京园林分公司建造的“燕秀园”，同样也获得了大金奖。1985年，上海园林分公司为联邦德国一客户建造的一个私宅小园“帼园”，也很成功，被联邦德国的园艺家称为“一颗小珍珠”。目前，我国园林艺术的出口，正在不断发展，方兴未艾。

市 政 工 程

王 卓

一、概 述

城市道路、桥梁、防洪堤是城市基础设施的重要组成部分。城市要形成强大的生产能力和现代化生活服务能力，必须逐步完备这些基础设施。大量事实证明，城市基础设施愈加完备，就愈能促进生产的发展和人民群众生活的改善。

〔**过去**〕 1949年，我国仅有城市道路长度11 127公里，其中高级、次高级道路2 903公里，数量少、标准低、质量差，道路不成网，大部分道路路面坑坑洼洼、凹凸不平。城市许多桥梁是建国前留下的旧桥、危桥。城市干道与干道，干道与铁路绝大部分为平交。城市防洪堤标准低，防洪设施不配套。

〔**现在**〕 新中国成立后，城市道路、桥梁、防洪工程的建设发展很快。特别是1978年以后，由于我国实行改革、开放和对内搞活的政策，经济建设速度加快，原有的基础设施已不能满足生产和生活的需要，基础设施的建设有所加强。到1985年，全国城市道路长度发展到38 282公里，比1978年增加11 316公里，相当于建国前城市道路总长度的101.7%全国城市桥梁达到7 436座，比1978年增加2 060座，相当于1959年以前桥梁总数的43.9%。全国城市防洪堤达到5 998公里，在1978年的基础上增加2 555公里，相当于1959年以前城市防洪堤总长度的143.5%。

〔**职工队伍**〕 建国以来，随着市政工程建设的发展，也成长起一支市政工程建设和养护维修队伍。到1959年，全国市政工程从业人数已达到80 194人。

〔**职工教育**〕 在市政行业职工队伍不断壮大的同时，职工教育也得到了发展，队伍素质不断提高。据1981年对189个城市的统计，电大、业大在校人数有480人，占职工总人数的0.31%，中专、技校在校人数405人，占职工总人数的0.26%，培训班在校人数3 480人，占职工总人数的2.25%。

二、工程建设成就

建国以来，我国道路、桥梁工程建设最有代表性的是世界上规模最大的北京天安门广场和二环路快速道路，兰州的滨河路，成都的东西干道，太原的迎泽大街，长沙的五一路，天津的十一经路高架桥和中环线道路工程，上海的黄浦江越江隧道和泖港斜拉桥，武汉、南京、重庆长江大桥，兰州黄河大桥，广州的区庄立交桥，北京的三元立交桥，北京、天津的地下铁道及正在建设中的上海第二条黄浦江越江隧道、重庆嘉陵江石门大桥、天津永和斜拉桥、我国第一座预应力混凝土独塔单索面斜拉桥——上海恒丰北路立交桥。

〔**重庆长江大桥**〕 于1977年11月开工，1980年7月竣工通车。该桥建于四川省重庆市中区，在北岸石板坡和南岸梨子园之间跨越长江。北连南区干道，向西直达重庆火车站，向东直通朝天门港区，南至南坪场，与川黔公路相接，是我国“五·五”期间重点建设工程。该桥全长1 120米，正桥布置有七墩、两台，共八孔，其跨径组成为86.5＋4×138＋156＋174＋104.5＝1 073米，主跨174米，结构形式为T型刚构，为目前我国同类型桥中跨径最大的桥梁。桥宽21米，其中行车道宽15米，两侧人行道（包括栏杆）各3米，荷载等级为汽—20、挂—100、人群荷载为350公斤每平方米。主要工程量有：土石方59.6万立方米，混凝土和钢筋混凝土14.8万立方米，砌石1.42万立方米，沥青路面7.8万平方米，附属房屋面积1 946万平方米。设计概算5 987万元，竣工决算5 972万元。该工程荣获1982年国家优质工程银质奖。

〔**天津市十一经路立交桥工程**〕 于1982年4月动工，1982年11月竣工通车。该桥建于天津市区河东区十一经路，是天津市第一座同时跨越铁路和公路的分离式城市立交桥。全长1 612.5米，其中全桥共25孔546.73米，宽18.5米，由主桥和引桥组成。主桥为3孔92米预应力混凝土连续箱梁，桥跨布置为30＋32＋30米，主跨32米；引桥为钢筋混凝土连续箱梁，长454.7米，荷载等级为汽—20、挂—100；抗震烈度主桥为9度，引桥为8度，主桥面积为10 120平方米，铺筑道路面积43 951平方米，排水管道4 439米，以及附属建筑物。设计概算为1 405万元，竣工决算为1 397万元，该工程荣获1983年

广州区庄立交桥

减少了拆迁，降低了工程造价。较圆满地处理了机动车、非机动车、行人以及直通车与转弯车分行等难点，达到了各行其道，互不干扰，车辆畅通、交通安全的目的。同时绿化处理及结构造型都比较美观。该工程荣获建设部1985年科技进步一等奖。

国家优质工程银质奖。

〔**广州市区庄立交工程**〕 于1982年12月1日动工，1983年11月底竣工。该桥位于广州环市路和先烈路的相交点，是一座四层带双层平面环交的互通式立交。第一层供东西向直通的机动车行驶，下挖深度为0至5米左右，纵坡为5%，长400米，有四条车道，宽15米，净高4.5米，混凝土路面，第二层是在原有道路上设置非机动车和人行道平面环形道路，环道内径82米，靠内为非机动车道，宽7.5米，往外为人行道，宽3.5～5米。第三层是专供机动车左右转弯行驶的环形高架桥和匝道桥。环形桥为65厘米厚的板式桥，内径为50米，外径为82米，净宽16米，净高4.5米，由18排圆形墩柱支承，环形桥用上下匝道桥8条与四个路口连接，每条匝道均宽7.5米，纵坡为5%。第四层是沿先烈路中线建造的高架桥，宽10米，长488米，高架部分为374米。该桥主要特点是：选用两直两环四层型式，大大节约了用地面积，桥面约22 914米^2，而用地仅3.2公顷，

〔**北京市三元立交工程**〕 1984年1月开工，同年10月1日竣工通车。是北京城市建设总体规划方案的重点工程之一，是迄今为止首都建桥史上规模最雄伟、最壮观的立交桥。全部工程分为地下、地上两部分。地下部分包括给水、排水、煤气、电信、电力等大型管线12.88公里，地下人行通道八处，照明线敷设10多公里，各种管线纵横交错，管线交汇点三百余处，施工复杂，技术上难度较大；地上部分包括立交桥三座，栈桥五座，各种路面14.5万米^2，此外还安装了几组艺术塑像，该工程荣获了建设部1985年科技进步三等奖。

〔**天津市中环线道路工程**〕 全长34.5公里，由西半环和东半环组成，其中西半环长度为18.36公里，于1985年1月开工，同年“七一”通车；东半环长度为16.14公里，于1985年11月开工，次年“七一”通车。该工程改建桥梁6座，新建道路立交桥8座，新建跨河桥1座，人行天桥2座，17座桥合计面积12.2万平方米。敷设排水管线74.4公里。修建改建排水泵站5座，修筑道路137万平方米。总拆迁面积19.08万平方米。同时，还包括新建和改建自来水管线、煤气管线、各种地下电缆及电讯、电力、无轨电车、照明线路和园林绿化等配套工程。

北京三元立交桥

天津中山门立交桥

这项大规模的工程，仅用了一年零四个月的时间就完成了，在我国城市建设史上是一奇迹。

三、道路、桥梁设计技术

〔**道路设计技术**〕 从五十年代初期到六十年代中期，主要是学习苏联的经验，采用变形模量法设计柔性路面。从六十年代后期到七十年代中期，开始走向技术革新时期，提出了我国柔性路面设计理论。从七十年代中期以后，我国的柔性路面设计水平有了很大提高，总结出一套隔温层、隔离层、纵横盲沟的设计方法，以控制冰冻深度或隔断、排除、降低地下水，解决了道路翻浆的危害问题。同时，还对柔性路面设计的主要参数进行了试验研究，取得了实际的数据成果，并总结出沥青混凝土面层的半刚性基层、柔性基层、贯入式沥青面层等三种不同容许弯沉值。

〔**刚性路面设计**〕 六十年代，对水泥混凝土路面，推广采用了横缝设结力杆、纵缝设拉杆等新的技术措施，将结力杆与板边、板角加固后，与过去板中受荷但不设结力杆的板角或板角受荷相比较，板厚可减少20～30%，投资可节省11.5%，而且使混凝土板不发生错台、热膨胀减轻、混凝土板断裂少。八十年代，又试验铺筑了长距离胀缝水泥混凝土路面，使这种路面的行车条件有所改善。

〔**交叉口设计**〕 从六十年代初期，我国开始修建立体交叉。二十多年来，各城市结合交通特点，设计建成了多种型式的立交桥工程，使这项设计技术有了很大提高。目前，我国的道路立交桥可分为双层混行长条苜蓿叶式，双层混行环岛加直行式、三层分行长条苜蓿叶式、三层分行环岛加直行式、分离式、菱形和喇叭形等七种式样，使我国道路立交工程设计技术发展，走向一个新的、较高的水平。

〔**桥梁设计技术**〕 我国城市桥梁设计技术水平，从学习和引进国外先进技术开始，经过实践不断创新，走出了一条自己的桥梁设计道路。五十年代，设计了许多跨度较大的现浇钢筋混凝土桥、预制装配式钢筋混凝土桥、钢筋混凝土空心板桥等。1967年，设计建成了广西柳州大桥，采用的是预应力混凝土T型刚构，最大跨径达124米，标志着我国城市桥梁设计技术，已接近国际先进水平。七十年代，一种新型桥梁——双曲拱桥，一度得到很快发展。特别是在软土地基上，成功地设计建造了72米跨径的上海和尚泾桥。济南的东天桥是采用斜腿刚架桥，上海青浦隆桥采用预应力混凝土悬臂桁架桥。八十年代，我国桥梁设计技术，无论从桥梁的选型、规模，还是在设计理论上，都有了很大进步。主跨为174米的重庆长江大桥，设计上对其挠度和应力控制等技术问题作了特殊处理，并采用电子计算机解决空间结构计算问题，曾荣获国家级优秀设计银质奖。又如跨径达200米的上海泖港大桥，是当时国内第一座大跨径斜拉桥，荣获国家和上海市优秀设计奖。

四、道路、桥梁施工技术

〔**道路施工技术**〕 解放后，我国道路机械化施工有了较大的发展，主要表现在以下几个方面：①翻挖旧路。北京市采用托式豁路机械或大型推土机的豁齿，翻挖旧路；沈阳市使用在拖拉机带动铧钩的基础上改进的破路机，这种破路机每台班能破路5 000～6 000平方米；上海、无锡、广州等城市，则采用了锤式破路机；有的城市开始用铣刨机破路。②路基土方施工。目前我国较多的城市拥有进行大量填挖土方作业的推土机和平整路槽土方的平地机；个别还配有铲运机和液压传动倾卸式装土车。③基层施工。大部分城市利用推土机或运输工具，将基层材料运上路基铺平，洒水车洒水，然后用拖拉机带动多铧犁或圆盘耙将材料搅拌，平地机刮平调坡，压路机碾压。这种施工形式一般每班能搅拌1 100立方米，合单层铺装5 000平方米。④碎石铺筑施工。

不再主要依靠人力操作，北京一般用0.3立方米的小型装载机，与一吨翻斗车配套，将碎石运入路床，再用人工推耙平整，压路机碾压。喷洒沥青，全国大中城市已经普遍用机械作业。兰州的沥青洒布车，以载重车为车架，能装油3.5吨左右，每天能浇一万平米路面。多数中小城市采用“土洋结合”的办法，使用手摇泵和油罐车进行半机械化喷布。⑤沥青混凝土的生产和铺筑。我国各大中城市都陆续设立了沥青混合料拌和厂，提供厂拌沥青混合料，铺筑沥青混凝土路面。1978年，南京市市政部门生产了筒（鼓）式沥青拌和机，可以连续供料、连续生产，并于1983年实现了微机自动控制。⑥道路碾压。建国初期，广泛使用的蒸气压路机，目前在大城市，已被柴油机压路机取代；中、小城市也都逐渐将蒸气压路机改制或更换成柴油压路机。天津、北京、上海等市，都采用小型震动夯板进行，代替了过去的铁路等笨重低效能的工具。

〔**桥梁施工技术**〕 五十年代后期，建造了一些钢筋混凝土悬臂桥梁，跨径30～40米。从六十年代初到六十年代中期，开始试建预应力混凝土桥梁，以后陆续修建了一些简支梁桥，跨径达到25米左右。在解决柳州柳江大跨径桥梁施工技术过程中，设计和施工单位努力研制并大胆采用悬臂浇注法修建大跨径预应力混凝土T型刚构设计和施工技术，在跨径上突破了百米大关。这一时期，施工建成的桥梁型式也逐渐趋向多样化，拱桥、悬臂梁桥、吊桥和T型刚构桥都有修建。六十年代后期至七十年代中期各地施工建成了不少预制拼装与现浇混凝土相结合的双曲拱桥。进入八十年代，预应力混凝土箱形连续梁桥的施工有了较大的发展。重庆长江大桥对正桥9个基础，根据其地形、地质和水文条件的差异，分别采用明挖基础、钢筋混凝土沉井基础和浮式钢围堰基础等多种形式；在T构箱梁施工中，采用斜拉式托架和斜拉式挂篮，进行悬臂浇筑施工，首次采用了箱梁内滑开模施工工艺，为大跨径混凝土桥梁施工创造了新的施工技术。天津市第一市政工程公司、第三市政工程公司承建的天津十一经路立交桥工程，为保证顺利安装180吨预应力混凝土箱型大桥，采用了“高栈桥横移落梁法”方案，攻克了运输、起吊、纵移、落梁和横移五道难关，荣获1982年天津优秀科技成果二等奖。

五、科技成果

建国三十七年来，广大科技人员在道路、桥梁科研方面取得了很大成绩。1985年10月8日～13日，光明日报公布了国家科学技术进步奖评审委员会评定核准的获奖项目，其中有五项是道路、桥梁方面的研究成果。

〔**粉煤灰综合利用**〕 上海市市政工程局、上海市建筑科学研究所、上海市建筑工程局、上海市建材工业局和水电部华东电业管理局共同合作，取得了电厂粉煤灰综合利用科研成果，获国家科技进步二等奖。这项成果解决了利用电厂粉煤灰拌石灰修道路基层，电厂粉煤灰无处排放和国内一些城市筑路材料短缺的问题。上海市1984年共排放电厂粉煤灰124万吨，综合利用掉84万吨，利用率达68%，其中修筑道路基层利用24万吨，占所利用粉煤灰的29%。据1985年统计，在筑路方面，共利用70万吨粉煤灰，生产了275万吨粉煤灰三渣，节约了近800万元工程材料费和200万元粉煤灰排放费。

〔**阳离子乳化沥青在道路上的应用**〕 从1978年开始，交通部科学研究所、大连市城建局、大连油脂化学厂等单位协作，研究阳离子乳化沥青及其路面性能，经过六年的努力，他们进行了大量的室内外试验，终于突破了乳化剂、乳化机、乳化工艺、乳液的检验、试验方法和铺路、养路等一系列技术难关，在四十个省、市不同条件下，铺筑各种试验路面37万平方米。创造性地用石蜡合成脂肪酸为原料，研制成JSA—1、JSA—2、JSA—3等我国一批乳化剂。制备的阳离子沥青乳液，达到了国际先进水平。到目前为止，全国已铺筑了各种阳离子浮化沥青路面150多万平方米，经过几年的行车考验，效果良好。这项成果已在全国一些省、市推广应用，并于1985年获国家科技进步二等奖。

〔**暗挖顶进法施工地下铁道工程**〕 天津市第三市政工程公司等单位，在1983年6月，成功地在津浦铁路天津西站7米覆土以下的软土地基中，采用顶进法施工，穿越18股铁路，建成一条9.1米宽，6米高地下铁道用的矩形双跨框架箱体，全长116米。由于采用顶进法施工，使工程缩短地铁线路550米，减少工程投资440万元，并相应地减少了长期的运输管理费，减少了拆迁房屋5 600平方米，合124万元。这项成果荣获了1985年国家科技进步三等奖。

〔**四氟板式橡胶支座**〕 上海市市政工程研究所研究成功的四氟板式橡胶支座是一种低摩擦系数，伸缩位移量大的新型桥梁活动支座。对多跨连续结构解决温度应力有显著的效果，并可减少桥梁墩台的水平作用力。到目前，全国已有上海泖港大桥、哈尔滨松花江大桥、郑州黄河大桥等15个省市的大、中跨桥应用了这种支座。这项成果荣获了1985年国家科技进步三等奖。

六、企业管理

〔**管理体制**〕 建国以来，我国市政行业的管理工作，一直由中央和地方的各级城建部门负责，政企不分，企事业不分。工程建设项目，一般都是以行政手段下达给各施工单位，工程项目预算和概算投资向承建单位交底，敞口花钱。虽然完成了大量的工程建设，但是工程建设浪费大，消耗高、工期长、经济效益差。

1983年7月，建设部城市建设管理局提出了市政工程行业改革的意见。指出：要明确划分企事业性质，把施工和养护分开；改革经营方式，施工企业全面推行核算加系数或预算加系数包干，内部要把核算范围适当划小，以施工队为承包核算单位，按照专业分工的原则，设立市政工程开发公司，统一经营市政工程的设计施工工作，有条件的城市可根据需要，建立市政工程承包公司（或咨询服务公司），实行企业化管理；要按照城市总体规划，在政府统一计划的指导下，采取招标承包办法，开展竞争，打破独家经营；要改革工资分配方法、用工制度和干部制度。施工企业实行百元产值工资含量包干，百元工资含量随生产和经济效益的好坏浮动；要控制固定工人的发展，实行固定工、合同工、临时工等多种形式的用工制度，取消干部终身制；要改革对市政设施的无偿使用，城市桥梁建设采取贷款建桥、收过桥费偿还贷款的办法，有条件的城市，道路也要收过路费。

〔**改革成果**〕 从1983年到目前为止，市政行业管理体制方面的改革，已经初见成效。具体表现在以下几个方面：

（一）市政工程行业企业内部实行政企分开，企事业分开，广泛推行了各种形式的承包责任制。施工企业实行了经理负责制。如大连市市政公司，从1984年上半年开始，实行了经理负责制，使公司同年6～9月完成的产值、劳动生产率、利润总额分别为1983年同期的101.3%～124.3%。

（二）改革市政设施管理维修机构体制。大连市成立了市政设施管理中心，使市政设施的管理工作自成体系，保证了市政设施维修养护任务的落实。

（三）市政工程建设逐步实行了包投资、包工期、包质量为内容的投资包干制，并积极推行招标承包制。如上海市对10个工程项目进行公开招标，概算造价为3 558万元，中标造价为2 836万元节约投资20%，工期一般缩短1～2个月。

（四）一些施工企业跨地区承包工程，促进了市场的竞争。如沈阳市政公司近几年已打入北京、上海、深圳、珠海、大庆等许多地区，并享有很高的信誉。抚顺市政公司在尼泊尔工程的国际投标中中标。北京市政公司也到伊拉克承担工程建设任务。

（五）一些城市实行了贷款建桥、收过桥费偿还贷款的办法。如广州、佛山、柳州等市，还有一些城市如重庆、武汉、长沙、湘潭、南昌等，也正在筹划实行贷款建桥、过桥收费的方法。

全国城市桥梁及防洪堤情况　　表 1

年　份	城市桥梁数(座)		城市防洪堤长度(公里)
	合　计	其中：永久性桥	
1959	4692	200	1781.3
1965	3464	2280	—
1972	4912	3726	2547.4
1975	5690	4553	3234.2
1978	5376	4373	3443.1
1979	5302	4472	3670.4
1980	5477	4624	4342.0
1981	5726	4883	4446.0
1982	6624	5899	5205.3
1983	6373	5835	5577.0
1984	6849	6235	6170.0
1985	7436	6945	5998.0

全国城市道路铺设情况　　表 2

年　份	实有道路长度(公里)		实有道路面积(万平方米)		人均实有道路面积(平方米)
	合　计	其中：高级、次高级	合　计	其中：高级、次高级	
1949	11127	2903	8423	2548	—
1952	12291	3091	8979	2862	2.9
1957	18259	4514	14421	4140	3.0
1960	23255	6023	20067	6723	3.0
1962	19499	5987	16008	5713	2.7
1965	12368	4512	10040	4417	1.7
1972	21676	10041	18885	9485	3.1
1975	26021	13817	21756	13223	3.5
1978	26966	15959	22539	14981	3.4
1979	28391	16898	24069	16049	3.3
1980	29485	19641	25255	18254	3.3
1981	30277	20035	26022	19070	3.2
1982	31934	22107	27976	21393	3.3
1983	33934	23610	29962	23018	3.2
1984	36410	26240	33019	26133	3.0
1985	38282	28286	35872	28994	—

勘察设计

张钦楠

1984年下半年，全国建筑勘察设计队伍全面推行了技术承包责任制，取得了较好的成绩。1985年10月，建设部在合肥召开勘察设计工作会议，在总结一年多来经验的基础上，提出以“繁荣建筑创作，提高设计质量”为中心，深化勘察设计改革。据不完全统计，1985年底全国城乡建设系统勘察设计单位共有2 584个，职工总数92 289人。1985年完成施工图设计约1.7亿平米，投资额433亿元，其中34个省属院完成施工图设计3 131.76万平米，投资额101.54亿元，总收入为2.07亿元，人均产值10 600元；1986年国家控制基建增长速度，任务量相对下降，完成施工图2 983.93万平米，总收入2.18亿元，人均产值11 030元，较好地完成了任务。

〔**勘察设计市场的管理**〕

建筑勘察设计由于社会性和地方性强，比其他专业设计更适于建立市场机制。为了推动技术竞争，国家计委和建设部于1984年11月联合印发的《建设工程招标投标暂行规定》中，专门规定了大中型工程要进行设计招标投标。近年来，全国各建筑勘察设计单位（以及一些专业院的土建力量）积极投入市场的技术竞争，打破部门、地区界限，互相渗透，互相学习，达到了共同提高的效果。以深圳特区为例，注册的外地勘察设计单位一度达到100家以上，设计效率、质量及建设速度一般来说都高于内地，城市及建筑的面貌也较为活泼多样。事实表明，凡是开放、竞争搞得比较好的城市，建筑创作的进展就快。

随着勘察设计市场的开放，一度出现了宏观管理跟不上的局面，主要表现在有一些不具备勘察设计资格的单位及个人涌入了市场，无证设计泛滥，有的设计质量低劣，浪费严重。据不完全统计，1985年全国发生的建筑工程倒塌事故中，无证设计和施工占76.2%，其中因无设计或与设计质量有关的占56.6%；一些正规的持证单位也有忽视质量及工程效益的倾向。为此，1986年起，各省、自治区、直辖市的主管部门普遍进行了勘察设计资格的复查，取缔了一批不合格的单位，有的限期整顿。国家计委、财政部、劳动人事部和建设部于1986年6月联合发出通知，明确规定业余设计只能由持证单位有组织地进行。为了防止安全质量事故，建设部于1985年8月发出了《关于加强对建筑勘察设计质量的监督与管理的通知》，并于1986年初总结了沈阳、合肥等地对施工图实施质量监督的经验，制定了进一步试点的办法。同年，建设部设计局与中国建筑业联合会设计管理研究会（以下简称“管理研究会”）共同组织对北京、重庆、西安三个市的12个建筑设计单位进行质量抽查。黑龙江、山东等省开展了设计质量大检查。通过检查表明，设计质量有所改进，但仍存在设计规范执行不严，部分项目浪费较大以及图纸错漏碰缺等问题。

〔**开展创优评优活动**〕

勘察设计改革的根本目的，是要繁荣创作，按照“安全、适用、经济、美观”的原则，做出综合效益良好的优秀设计，并在建筑风格上力图体现出时代性、民族性和地方性，为人民群众创造良好的生产和生活环境。

为了推动设计创作，建设部于1986年组织了全国性的城乡建设优秀设计的优质工程评选，在全国各地推荐的项目中，共评出优秀设计奖81项，表扬奖44项，城市住宅创作奖7项；优秀勘察18项，表扬11项；还有优秀规划20项，表扬16项以及优质工程18项，表扬6项。评选结果表明，进入八十年代以来，我国城乡建设勘察设计水平有了较大幅度的提高。特别可喜的是，一些边远地区的设计力量进步很快，打破了过去创优集中在沿海大城市的局面，如新疆维吾尔自治区建筑勘察设计院就由于在传统与创新结合上作出优异成绩而荣获少数民族地区建筑创作奖；另外，除了一些富有经验的老建筑师续有建树（如山东曲阜阙里宾舍）外，多数获奖作品出自中青年设计师之手。

近年来，建筑创作的学术空气更趋活跃。建设部于1986年8月在乌鲁木齐召开了少数民族地区建筑创作会。中国建筑学会在1985年1986年底先后在广州、昆明召开了建筑创作学术交流会。由中青年建筑师组成的中国现代建筑研究组和一些地区的建筑师学会也分别开展了学术活动。有的地方还成立了小型建筑沙龙。这些活动都有利于推进建筑理论的探索和创作水平的提高。

〔**提高基层管理素质，推行全面质量管理**〕

建筑设计是经济和技术、科学和艺术、逻辑思维与形象思维相结合的多学科创造性脑力劳动产品，具有商品的属性。它不同于成批生产的工矿产品，也不同于个人创作式的艺术作品。根据它的劳动及产品性质，建筑设计单位应当成为一种创作型、经营型的特殊企业。

五十年代，我国建筑设计单位学习苏联经验，建立了包括计划、技术、财务三条线组成的管理体系，对确立生产秩序、保证设计质量起了积极作用，但也往往出现“三条线”互相脱节，在计划管理上片面追求数量和在技术管理上“抓尾不抓头”等缺陷。1986年，建设部设计局商请北京、西北、湖北、武汉、辽宁、贵州、杭州、厦门、重庆及部设计院等十个建筑设计院，吸取我国铁道、水电设计单位和国外先进经验，推行全面质量管理（TQC）试点，并于11月在武汉召开了试点经验交流会。各院反映，尽管试点时间不长，但可以看出，TQC是对传统管理方法的一项重要改革，它根据“全员、全面、全过程”管理的精神，以质量为中心，通过目标管理、工序控制，PDCA循环等科学方法，把全院生产、管理、后勤各环节都带动起来。它的基本原则完全适用于建筑设计单位，但又必须结合建筑设计的特点推行，不能机械搬用工矿企业或其它专业设计单位的做法。

〔**勘察设计职业道德**〕

1986年，建设部设计局委托管理研究会西南、西北分会在本地区有关勘察设计院间开展思想政治工作的调查、总结、交流活动，分别总结介绍了云南、武汉院在实行院长负责制以后党政搞好配合，新疆院在建筑创作中调动设计人员的创造性和积极性，重庆院开展青年教育等专项经验，并在总结经验基础上，代部修订了勘察设计职工职业道德准则，经部思想政治工作会议讨论后颁布。

勘察设计职工职业道德的基本内容是：坚持质量第一，讲求工程效益；坚持国家建设方针、政策及原则，珍惜国家资财；信守合同；改进服务态度，树立社会信誉；尊重本单位和兄弟单位的集体利益；尊重他人的劳动成果；反对排斥别人的劳动；发扬团结协作精神，坚持平等的学术讨论和正派的学术风气。

〔**基础业务建设**〕

1.编制设计技术规范、规程及标准。建设部与各有关部门联合组织全国设计、科研、教学等单位，编制我国民用建筑设计规范，包括通则及各种建筑类型的20多种分则，已全面展开；另外，针对建筑能源浪费严重而颁发了《民用建筑（采暖住宅）节能设计标准》等；

2.更新工业及民用建筑标准设计。强调树立“多样化”及“超前开发”的观念，努力使建筑标准设计（特别是住宅标准设计）满足多样化的社会需要，并结合发展前景，有计划地与生产部门结合，超前一步开发新型高效能的建筑制品及构配件，为更新标准设计创造物质条件。1986年，建设部共批准颁发28项全国通用标准图，并通过标准设计协调委员会安排了64项新设计。中国建筑标准设计研究所和各大区标准设计协作办公室都围绕住宅更新进行了研究开发。华东协办与有关生产部门结合，举办住宅厨房、卫生间配套设计竞赛，并将优胜方案投入试制展览，取得较好的成果。

3.充实薄弱技术环节。重点抓岩土工程技术，建筑室内设计、建筑节能节水、电脑辅助设计等课题，通过委托大专院校举办各种专题训练班，代培研究生，结合设计任务需要进行技术开发，学习引进国外先进技术及装备等方式，建立和扩充基本队伍，不断提高技术水平。

〔**国际学术交流和技术合作**〕

两年来，我国和各国建筑设计界扩大了交流与合作，方式多样。在国内主办的国际性学术交流会，如深基础、抗震、电脑辅助设计、医院建筑设计等均取得成功；我国设计人员还应邀去澳大利亚、日本等国和香港地区的学术会议介绍经验。通过学术交流及接触，为促进勘察设计国际合作开辟了渠道。上海华东建筑设计院与日本大阪大学环境工学系合作，仅用半年左右的时间，就完成了《上海外滩—南京路城市景观》的电脑制作动画片，掌握了制作软件及技术。在扩大国际接触的过程中，我国建筑设计力量开始进入国际市场，除了继续执行经济援助项目外，在中东、北非、澳大利亚、日本等地区及国家都已经或正在承担一些建筑设计的任务。在国内开放城市的外资及中外合资项目中，也推行了合作设计的方式。

建筑勘察设计改革，目前存在的主要问题是：勘察设计市场还不够开放，存在某些不利于竞争的保护限制；设计组织体制比较僵硬，基层活力不足；宏观管理体制很不健全，政出多门。以上这些，均影响了建筑创作的繁荣和设计质量的提高，需要进一步努力解决。

规　范　与　标　准

邵　卓　民

标准化主要是指对经济、技术等领域中的活动，通过制订标准和实施标准达到统一，以获得最佳效益的过程。

我国国家标准《标准化基本术语》（GB3935.1-83）中，对标准化和标准给出的定义是：

标准化（Standardization）　在经济、技术、科学及管理等社会实践中，对重复性事物和概念通过制订、发布和实施标准，达到统一，以获得最佳秩序和社会效益。

标准（Standard）　对重复性事物和概念所做的统一规定。它以科学、技术和实践经验的综合成果为基础，经有关方面协商一致，由主管机构批准，以特定形式发布，作为共同遵守的准则和依据。规范、规程都是标准的表达形式。

凡是正式批量生产和交换的工业产品、重要的农产品、各类工程建设、环境保护、安全卫生、信息技术，以及其他应统一的技术、经济要求，都必须制订标准，并贯彻执行。

〔我国标准化的发展简史〕

标准化是组织现代化生产的重要手段，是科学管理的重要组成部分。在社会主义建设中推行标准化，是国家的一项重要技术经济政策。我国历来十分重视发展标准化事业。

建国后，在50年代我国各主要工业部门先后建立了标准化管理机构。1956年国务院制订的《十二年科学技术发展规划》中，明确规定制订和贯彻执行国家统一的、先进的技术标准是迅速发展国民经济的必要措施之一。同年，在国家科学技术委员会内设立了标准局，从此我国的标准化工作由分散管理走向统一领导，开始制订全国统一的国家标准。至1958年末，共发布了各行业的国家标准124个。1962年国务院颁发了《工农业产品和工程建设技术标准管理办法》。1963年召开第一次全国标准化工作会议，编制了1963～1972年标准化发展十年规划，提出要建立一个以国家标准为核心，适应我国资源和自然条件，充分反映国内先进生产技术水平，门类齐全，相互配套的标准体系。至1966年末，共发布了各行业的国家标准1 000个。"文化大革命"的十年期间，放松了对标准化的管理，工作进展缓慢，至1976年末所发布的国家标准只增加到1 400个。1978年我国成立国家标准局，重新加强了对全国标准化工作的领导和管理。党的十一届三中全会后，国家提出了对内搞活经济，对外实行开放，促进技术进步，提高经济效益的一系列重大方针、政策。1979年召开了第二次全国标准化工作会议，通过了《中华人民共和国标准化管理条例》，并由国务院颁发实行，大大促进了我国标准化工作的发展。至1981年末，所发布的国家标准迅速增加到3,400个。1982年国务院批转了国家标准局《关于加强标准化工作的报告》，1984年国务院又批转了国家标准局《关于加快采用国际标准的报告》，进一步加快了我国标准化的步伐。至1984年末国家标准数达到6179个，比1981年几乎增加了一倍。1986年赵紫阳总理指出：质量问题首先有个标准问题，国家标准都要采用国际标准和国外先进标准；国家经委、国家标准局并召开了全国采用国际标准工作会议，提出了提高标准水平，加快标准制订速度的一系列重要措施，我国的标准化又进入到一个新的发展阶段。至1986年末，我国正式发布的工农业产品、工程建设、环境保护、安全卫生等领域的国家标准已达9 388个。历年来我国发布的国家标准数量见图1所示。

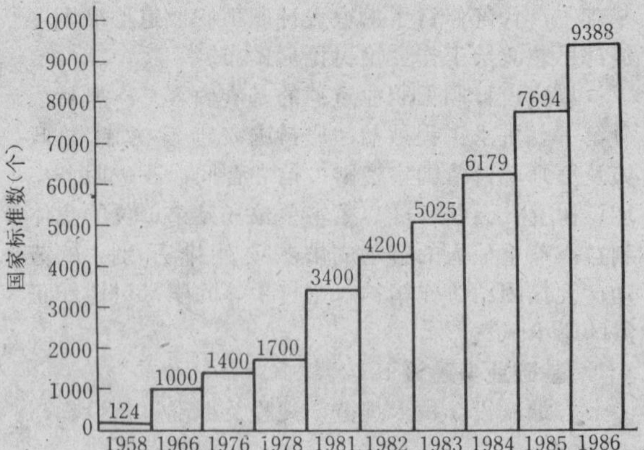

图 1　历年发布的国家标准数量

与全国的标准化工作一样，城乡建设标准化也随着我国经济建设的发展而发展起来。它也经历了从分散到集中管理，从借用国外标准到借鉴国际先进经验并结合我国实际情况自行制订标准的逐步发展过程。

在1954年以前，城乡建设标准处于各地区、各部门分散、零星制订的状态。1954年我国成立国家建委，设立了专门机构主管全国城乡建设标准，从此标准化工作开始走向集中管理。当时，因为经济建设的规模迅速扩大，我国的标准化力量一时不能适应，故采取了直接翻译苏联规范以应急需的办法。主要翻译了有关建筑结构、地基、厂房建筑、上下水道的一批设计规范，供全国参考使用。当时还翻译了一批施工及验收规范，结合我国的实际施工技术条件加上注解后供全国使用。与此同时，国家建委参照苏联的标准组织制订并发布了关于模数、图例、照明、卫生、防火的6个全国统一标准；建工部也制订并发布了有关荷载，建筑和结构设计，以及施工和验收的8个暂行规范。至1956年末，我国自已发布的城乡建设标准共14个。1957年以后，城乡建设标准化工作开始向纵深发展。特别是1962年国务院颁发《工农业产品和工程建设技术标准管理办法》后，针对工程建设标准发布了《设计、施工技术标准规范的幅面与格式的统一规定》、《关于设计、施工规范统一用词和用语的几点意见》、《关于设计、施工规范中文字符号的采用和做好有关标准规范之间对口工作的通知》，使标准化工作进一步统一起来。当时提出了编制标准规范要进行调查研究，要努力吸取我国工程建设中的实践经验和行之有效的科技成果的要求，使我国城乡建设标准化逐步走上主要立足于国内的道路。至1966年末，先后发布有关材料、设计、施工的正式国家标准有16个，建工部及其他工业部的部标准有29个，连同1956～1958年发布的15个暂行规范等，累计达到60个。1966年以后由于“文化大革命”的影响，标准制订工作一度停滞。在1973～1975年期间，正式发布了关于建筑结构设计的8个国家标准。这批标准中已较多地吸收了我国建国以来的工程经验和科研成果。在1974～1977年期间还发布了第一批共10个建筑安装工程质量检验评定标准。1973年以后，在勘察测量、建筑设计、工程抗震、建筑防火、暖通空调、煤气热力、水质、供水排水、道路、环境卫生、建筑机械等专业领域中也开始制订标准。至1978年末，所发布的城乡建设国家标准达62个，各工业部部标准达40个，连同1956年前后发布的暂行规范等，累计达到117个。1979年国务院颁发《中华人民共和国标准化管理条例》后，国家建委也相应颁发了《工程建设标准规范管理办法》及有关的具体规定，使我国城乡建设标准化的管理进入制度化。1979年以后，除上述专业领域外，关于建筑新材料、新结构、新工艺的标准，以及建筑物理、空气净化、水处理、燃气设备、市容园林的标准也都开始制订，关于建筑机械、市政机械和公用车辆的标准发展较快。1982年国家计委、国家经委发出了《关于加强基本建设经济定额、标准规范等基础工作的通知》，1983年在国家计委内设立了基本建设标准定额局，1982～1983年发布了12本修订后的建筑施工与验收规范。至1984年末，已发布的城乡建设国家标准共115个，部标准共110个，累计达到240个。1985年发布了国家标准《建筑结构设计统一标准》，其中规定采用近代的概率极限状态设计方法，使我国的建筑结构设计水平进入到国际先进行列。1986年建设部颁发了《建筑标准化技术政策》，成立了部标准化委员会，还建立了建筑工程标准研究中心和城镇建设标准研究中心，建立了国家的和各省市的建筑工程质量检测中心，并开始对建设部归口管理的主要工业产品实行生产许可证制度，从而初步形成了城乡建设标准化的管理体系。至1986年末，我国共发布了城乡建设国家标准191个，部标准161个，连同1956年前后国家建委、建工部发布的15个暂行标准等，累计发布过367个标准。历年来我国发布的城乡建设国家标准和部标准数量见图2所示。

图 2　历年发布的城乡建设国家标准和部标准数量

〔**标准化管理机构**〕

全国的标准化工作是由国家标准局统一管理的。城乡建设标准化工作主要由城乡建设环境保护部负责管理。

在城乡建设环境保护部内设有标准化委员会及其办公室，负责制订城乡建设标准化的方针、政策、规划、计划，并批准、发布职权范围内的国家标准和专业（部）标准。标准化委员会下设有建筑工程标准研究中心和城镇建设标准研究中心，分别负责管理本领域内标准的制、修订和审查等标准化业务工作。在两个标准研究中心下已设立了19个专业标准技术归口单位，分别负责组织本专业范围内标准的制、修订和审查等标准化业务工作。已发布的标准设有标准管理组，正在编制的标准设有标准编制组。标准的管理组和编制组分别由对口的专业标准技术归口单位归口管理。建设部的标准化管理系统和机构设置如图 3 和表 1 所示。

〔标准的分类、分级和数量〕

城乡建设标准分为强制性标准和推荐性标准两类。

强制性标准包括：有关安全、卫生、环境、基本功能要求的标准；必须在全国统一的模数、公差、计量单位、符号、图例、术语等基础标准；与评价工程和产品质量有关的通用试验方法和检测方法标准；对国民经济有重要影响的工程和产品标准等。

推荐性标准包括：先进的勘察、设计、施工方法或生产工艺标准；技术经济分析和管理标准；供创优、认证用的高质量产品标准等。

强制性标准具有法律性，在规定的适用范围内必须遵照执行；推荐性标准具有权威性，经当事各方以合同等法律文件确认后，也具有法律性。

当前主要实行强制性标准，并开始试点编制推荐性标准。

城乡建设标准分为国家标准、专业（部）标准、地方标准和企业标准四级。地方标准是国家标准和专业（部）标准的补充。

至1986年末，现行的城乡建设标准共有295个，其中国家标准172个（工程标准111个，产品标准61个），部标准123个（工程标准50个，产品标准73个）。已废止的国家标准和部标准有72个。各专业现行标准的数量见表 2 。

〔制订、修订标准的主要程序〕

制订、修订城乡建设标准，一般按下列五个步骤进行：

1.标准主编单位提出标准初稿，向全国有关方面征求意见。

2.标准主编单位提出标准送审稿，由对口的专业标准技术归口单位组织审查。

3.标准主编单位提出标准待批稿，经专业标准技术归口单位报对口的标准研究中心复审。

4.标准研究中心提出标准待批稿，报建设部标准化委员会。工业产品类国家标准由建设部标准化委员会批准；工业产品类和工程建设类专业（部）标准由建设部标准化委员会批准并发布。

5.由建设部标准化委员会将工业产品类国家标准的批准稿报送国家标准局编号发布；将工程建设类国家标准的待批稿报送国家计委标准定额局批准并发布。

〔专业标准技术委员会工作〕

为了促进标准化工作的发展，加快国家标准、专业（部）标准的制订、修订速度，提高标准的技术水平，自1976年以来，我国已成立了14个城乡建设专业标准技术委员会，见表 3 。其主要任务是向标准化主管部门提出有关本专业标准化工作方针、政策、规划、计划的建议，审查本专业的国家标准和专业（部）标准并提出结论意见，宣传贯彻本专业的标准，开展标准化技术咨询工作，审核标准化成果。

〔国际标准化活动〕

我国于1978年正式参加国际标准化组织（ISO），1982年和1985年连续两届当选为该组织理事会成员。到1986年末，我国以积极成员（P成员）身份参加了国际标准化组织104个技术委员会(TC)，以观察员（O成员）身份参加了60个技术委员会。其中，参加了有关城乡建设的27个技术委员会以及其中的69个分技术委员会（SC），见表 4 。几年来，已派出了城乡建设各专业的专家共27人次参加国际标准化组织各技术委员会和分技术委员会的19次工作会议，其中 1 次在我国举行。

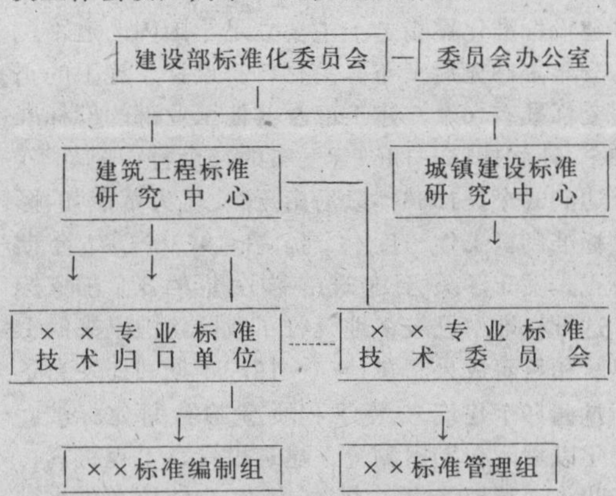

图 3　建设部标准管理系统

〔工程与产品的质量检测〕

为了严格贯彻执行技术标准，不断提高工程与产品的质量，自1984年以来，陆续建立了 3 个国家级和部级的工程、产品质量检测机构和20个地方级

建设部标准化管理机构

表 1

序号	标准化机构名称	所在单位	负责人
1	建设部标准化委员会	建设部	许溶烈　邵卓民
2	建设部标准化委员会办公室	建设部科技局	
3	建筑工程标准研究中心	中国建筑科学研究院	徐培福　夏靖华　吴兴祖
4	建设部工程勘察与岩土工程标准技术归口单位	建设部综合勘察研究院标准与质量检测研究所	严人觉
5	建筑工程材料标准技术归口单位	中国建筑科学研究院工程材料研究所	龚洛书
6	建设部建筑制品与构配件标准技术归口单位	中国建筑技术发展中心建筑标准设计研究所	唐正中
7	建设部建筑设计标准技术归口单位	中国建筑技术发展中心建筑标准设计研究所	张　华
8	建筑结构标准技术归口单位	中国建筑科学研究院建筑结构研究所	李明顺　白生翔
9	建筑抗震标准技术归口单位	中国建筑科学研究院建筑抗震研究所	龚思礼
10	建筑地基基础标准技术归口单位	中国建筑科学研究院地基基础研究所	黄熙龄
11	建筑施工与质量控制标准技术归口单位	中国建筑科学研究院建筑工程标准研究中心	吴兴祖　吴松勤
12	暖通、空调与净化设备标准技术归口单位	中国建筑科学研究院空气调节研究所	吴元炜　赵文德
13	建设部城镇建设标准研究中心	建设部城市建设研究院	戴传芳　施培森　梁满华
14	建设部城市公共交通标准技术归口单位	北京市公共交通研究所	赵家琳　杜乃红
15	建设部城镇道桥工程标准技术归口单位	北京市市政设计院	范励修　张均任
16	建设部城镇水质标准技术归口单位	中国市政工程中南设计院	杨文进　徐广祥
17	建设部城镇水处理药剂标准技术归口单位	中国市政工程西南设计院	李润生
18	建设部城镇水处理器材设备标准技术归口单位	中国市政工程华北设计院	陈　盖　荣铭涛
19	建设部城镇供水排水工程标准技术归口单位	建设部城市建设研究院	杨肇蕃
20	建设部城镇燃气标准技术归口单位	中国市政工程华北设计院	金石坚　高　勇
21	建设部城镇供热工程标准技术归口单位	建设部城市建设研究院	李国祥
22	建设部村镇建设标准技术归口单位	中国建筑技术发展中心村镇建设研究所	李维惠
23	建设部机械设备与车辆标准技术归口单位	建设部建筑机械综合研究所	罗世俊　李铁民　戴禾生

注：截至1987年4月。

各类现行标准的数量

表 2

序号	专业类别	国家标准		部标准	
		工程类	产品类	工程类	产品类
1	勘察与测量	3		2	
2	建筑工程材料	3		9	4
3	建筑制品与构配件		12		
4	工业与民用建筑设计	27		3	
5	建筑物理	7		2	
6	建筑结构设计	13		13	
7	工程抗震与防灾	5		2	
8	建筑地基与基础	3		2	
9	建筑施工与质量控制	34		5	1
10	采暖、通风、空调与净化	2	5		7
11	住宅管理			1	
12	城市公共交通		14		
13	城镇道路与桥梁工程	3		5	
14	城镇燃气及其设备	1	2	1	3
15	城镇水质与水处理	3		3	
16	城镇供水排水工程	4	1	2	
17	城市环境卫生	3			
18	城市园林				2
19	机械与车辆		27		56
	共计	111	61	50	73
		172		123	

注：①部标准指历年来由建工部、建工总局、城建总局、建设部等部门发布的标准。

②截至1986年末。

城乡建设专业标准技术委员会　表 3

序号	专业标准技术委员会名称	秘书组所在单位
1	民用建筑设计标准审查委员会	中国建筑技术发展中心
*2	全国工程结构基础标准技术委员会	中国建筑科学研究院结构所
*3	全国钢筋混凝土结构标准技术委员会	中国建筑科学研究院建筑结构研究所
*4	全国钢结构标准技术委员会	北京钢铁设计研究总院
*5	全国木结构标准技术委员会	中国建筑西南设计院
*6	全国砖石结构标准技术委员会	中国建筑东北设计院
*7	全国贮藏构筑物标准技术委员会	北京市市政设计院研究所
*8	全国湿陷性黄土地区建设工程标准技术委员会	陕西省建筑科学研究所
*9	全国防腐蚀工程标准技术委员会	中国寰球化学工程公司
*10	全国防火防爆工程标准技术委员会	公安部四川消防科学研究所
*11	全国工程结构焊接标准技术委员会	化工部施工技术研究所
*12	全国给水排水工程标准技术委员会	上海市政工程设计院
13	全国液化石油气瓶标准化技术分委员会	北京市煤气用具厂
14	中国建筑机械标准化协会	北京建筑机械综合研究所

注：截至1986年末。有*者属全国工程建设标准化委员会。

我国参加的国际标准化组织中有关城乡建设的专业技术委员会　表 4

委员会代号	委员会中文名称	参加身份	主管部门	技术归口单位
TC10	技术制图	P	机械部	机械部标准化研究所
…				
SC8	建筑制图	O	建设部	中国建筑标准设计研究所
TC43	声学	P	国家标准局	全国声学标准化技术委员会
SC1	噪声	P	国家标准局	全国声学标准化技术委员会
SC2	建筑声学	P	国家标准局	全国声学标准化技术委员会
TC59	房屋建筑	P	建设部	中国建筑标准设计研究所
SC1	尺寸配合	P	建设部	中国建筑标准设计研究所
SC2	术语、符号和语言统一化	O	建设部	中国建筑标准设计研究所
SC3	建筑结构中的功能	P	建设部	中国建筑标准设计研究所
SC4	房屋建筑中的极限与配合	O	建设部	中国建筑标准设计研究所
SC5	连接	P	建设部	中国建筑标准设计研究所
SC6	结构、围护结构、内隔断	P	建设部	中国建筑标准设计研究所
SC7	设施	O	建设部	中国建筑标准设计研究所
SC8	连接件	O	化工部	上海橡胶工业制品研究所
…				
SC11	厨房设备	O	建设部	中国建筑标准设计研究所
TC71	混凝土、钢筋混凝土和预应力混凝土	P	建设部	中国建筑科学研究院工程材料研究所
SC1	混凝土试验方法	P	建设部	中国建筑科学研究院工程材料研究所
SC2	混凝土结构设计规则	P	建设部	中国建筑科学研究院建筑结构研究所
SC3	混凝土生产和管理	O	建设部	中国建筑科学研究院工程材料研究所

续表

委员会代号	委员会中文名称	参加身份	主管部门	技术归口单位
TC74	水泥与石灰	P	国家建材局	建材局建材研究院
TC86	制　冷	O	轻工部	轻工部北京市家用电器研究所
…				
SC6	工厂用空调装置的试验	O	建设部	中国建筑科学研究院空气调节研究所
…				
TC89	建筑纤维板	O	林业部	中国林业科学院木材研究所
TC92	建筑材料、构件和结构的耐火试验	P	公安部	四川消防科研所
SC1	防　火	P	公安部	四川消防科研所
SC2	耐火性能	O	公安部	四川消防科研所
SC3	火灾中毒危险	O	公安部	四川消防科研所
TC96	起重机、起重设备及有关设备	O	机械部	机械部北京起重运输机械所
…				
SC6	移动式起重机	O	建设部	长沙建筑机械研究所
SC7	塔式起重机	O	建设部	长沙建筑机械研究所
…				
TC98	建筑结构设计依据	P	建设部	中国建筑科学研究院建筑结构研究所
SC1	术语与符号	O	建设部	中国建筑科学研究院建筑结构研究所
SC2	结构安全	P	建设部	中国建筑科学研究院建筑结构研究所
SC3	荷载、力和其他作用	P	建设部	中国建筑科学研究院建筑结构研究所
TC116	室内采暖设备	O	建设部 机械部	中国建筑科学研究院空气调节研究所
SC1	术　语	O	建设部 机械部	中国建筑科学研究院空气调节研究所
SC2	锅　炉	O	机械部	上海工业炉研究所
SC3	专用取热设备	O	建设部 机械部	中国建筑科学研究院空气调节研究所
SC4	非燃烧型取暖设备	O	建设部	哈尔滨建筑工程学院
SC5	热气炉	O	建设部 机械部	中国建筑科学研究院空气调节研究所
TC127	土方机械	P	建设部 机械部	北京建筑机械综合研究所 天津工程机械研究所
SC1	机械性能的试验方法	O	机械部	天津工程机械研究所
SC2	安全要求和人的因素	O	机械部	天津工程机械研究所
SC3	操作与维修	O	机械部	天津工程机械研究所
SC4	商业命名、分类和参数范围	O	机械部	天津工程机械研究所
TC142	空气及其他气体净化设备	O	建设部	中国建筑科学研究院空气调节研究所
SC1	集尘器、液滴及分离器和滤清器	O	建设部	中国建筑科学研究院空气调节研究所
SC2	过滤器	P	建设部	中国建筑科学研究院空气调节研究所
SC3	燃气轮机、内燃机和压缩机用气体净化设备	O	建设部	中国建筑科学研究院空气调节研究所
TC146	空气质量	P	国家环保局	中国环境监测总站
SC1	空压站	P	国家环保局	中国环境监测总站
SC2	工作环境的大气	P	国家环保局	中国环境监测总站
SC3	环境大气	P	国家环保局	中国环境监测总站
SC4	一般特性	P	国家环保局	中国环境监测总站

委员会代号	委员会中文名称	参加身份	主管部门	技术归口单位
TC147	水的质量	P	国家环保局	中国环境监测总站
SC1	术　语	O	国家环保局	中国环境监测总站
SC2	物理、化学和生化方法	O	国家环保局	中国环境监测总站
SC3	辐射法	O	国家环保局	中国环境监测总站
SC4	微生物法	O	国家环保局	中国环境监测总站
SC5	生物法	O	国家环保局	中国环境监测总站
SC6	取样(一般方法)	O	国家环保局	中国环境监测总站
SC7	精密度和准确度	O	国家环保局	中国环境监测总站
TC152	石膏、石膏灰泥及石膏制品	P	国家建材局	河南建筑材料科学研究所
SC1	天然原料和化工原料	P	国家建材局	湖北应城石膏矿
SC2	石膏建筑灰泥	P	国家建材局	河南建筑材料科学研究所
SC3	石膏建筑构件	P	国家建材局	河南建筑材料科学研究所
TC160	建筑用玻璃	P	国家建材局	秦皇岛玻璃研究所
SC1	制　品	O	国家建材局	秦皇岛玻璃研究所
SC2	使　用	O	国家建材局	秦皇岛玻璃研究所
TC161	热发生系统的控制与安全装置	O	建设部	中国市政工程华北设计院
TC162	门　窗	P	建设部	中国建筑标准设计研究所
SC1	门	O	建设部	中国建筑标准设计研究所
SC2	窗	O	建设部	中国建筑标准设计研究所
TC163	隔　热	P	国家建材局	河南建筑材料科学研究所
SC1	试验和测量方法	P	国家建材局	河南建筑材料科学研究所
SC2	计算方法	P	国家建材局	河南建筑材料科学研究所
SC3	建筑用隔热产品	P	国家建材局	南京玻纤研究设计院
SC4	工业用隔热产品	P	国家建材局	河南建筑材料科学研究所
TC165	木结构	P	建设部	中国建筑西南设计院
TC167	钢和铝结构	P	冶金部	冶金部标准化研究所
SC1	钢结构的材料和设计	P	冶金部	北京钢铁设计研究总院
SC2	钢结构的制作和安装	P	建设部	湖北省建工局
SC3	铝合金的材料和设计	O	冶金部	北京钢铁设计研究总院
SC4	铝合金的制作和安装	O	冶金部	北京钢铁设计研究总院
TC178	电梯、自动扶梯和自动人行道	P	建设部	中国建筑科学研究院建筑机械研究所
TC179	砌体结构	P	建设部	中国建筑东北设计院
SC1	无筋砌体	P	建设部	中国建筑东北设计院
SC2	配筋砌体	P	建设部	中国建筑东北设计院
SC3	试验方法	P	建设部	陕西省建筑科学研究所

续表

委员会代号	委员会中文名称	参加身份	主管部门	技术归口单位
TC182	岩土工程	P	水电部 建设部	南京水利科学研究所
SC1	术语、符号和分类	P	建设部	建设部综合勘察研究院
SC2	实验室和野外的测试勘探和监测	P	水电部	南京水利科学研究所
SC3	地基基础、挡土结构和土工构筑物	P	建设部	中国建筑科学研究院地基基础研究所
SC4	特殊岩石工程技术	P	水电部	水利水电科学研究院
TC189	磁　砖	P	国家建材局	咸阳陶瓷研究设计院
TC190	土壤质量	O	国家环保局	中国环境监测总站

注：截至1986年末。表中：TC—技术委员会，SC—分技术委员会，P—积极成员，O—观察员。

的工程质量检测机构，见表5。这些检测机构是经国家经委、国家标准局或地方经委、地方标准局审查认可的具有第三方公正性的非营利机构。其主要任务是对工程与产品质量进行抽检，对优质工程与产品质量进行检验和鉴定，对颁发生产许可证产品进行质量检验，对新产品进行投产检验，对有争议的工程和产品质量进行仲裁检验，参与或承担质量检验评定标准的制订、修订或标准的试验验证工作，研究开发新的检测技术和方法。有关城乡建设的质量检测机构，由建设部归口管理。

全国城乡建设质量检测机构的设置　　**表5**

序号	机构名称	挂靠单位
1	国家建筑工程质量检测中心(筹建)	中国建筑科学研究院
2	国家空调设备质量检测中心(筹建)	中国建筑科学研究院空调所
3	建设部城市燃气质量检测中心	中国市政工程华北设计院
4	河南省建筑工程质量检验测试中心站	河南省建筑科研所
5	广东省建筑工程质量检测中心站	广东省建筑科研所
6	福建省建筑工程质量监督检测中心站	福建省建筑科研所
7	宁夏自治区建筑工程质量监督检验站	宁夏自治区建筑科研所
8	陕西省建筑工程质量检测中心	陕西省建筑科研所
9	甘肃省建筑工程质量检测中心	甘肃省建筑科研所
10	安徽省建筑工程质量检测中心	安徽省水利科研所
11	湖北省建筑工程质量检测中心	湖北省建筑科研所
12	江西省建筑工程质量检测中心	江西省建筑科研所
13	黑龙江省建筑工程质量检测中心	黑龙江省低温建筑科研所
14	吉林省建筑工程质量检测中心	吉林省建筑科研所
15	辽宁省建筑工程质量监督站检测中心	辽宁省建筑科研所
16	河北省建筑工程质量检测中心	河北省建筑科研所
17	江苏省建筑工程质量监督检验站	江苏省建筑科研所
18	广西自治区建筑工程质量检测中心	广西自治区建筑科研所
19	山西省建筑工程质量检验所	山西省建筑科研所
20	四川省建筑工程质量监督检验测试站	四川省建筑科研所
21	浙江省建筑工程质量监督检验站	浙江省建筑科研所
22	山东省建筑工程质量检测中心	山东省建筑科研所
23	上海市建筑工程质量检测中心	上海市建筑科研所

注：截至1986年末。

劳动工资及劳动保护

杨兰茹 王孝慈

随着建设任务的增长和建筑业改革的深入，职工队伍有了发展和改善。

〔职工队伍〕

1985年和1986年全国建筑业职工队伍状况如下表：

表 1

年　份	全国建筑业职工人数（万人）	全民所有制建筑企业职工人数（万人）	城镇集体所有制建筑企业职工人数	农村建筑队人数（万人）
1985年	1 723.7	579.4	354.4	789.9
较1984年±	(＋) 12.7	(＋)11.8	(＋) 8.3	(＋)15.4
1986年	1 763.9	592	365	806.9
较1985年±	(＋)2.3	(＋) 2.2	(＋)3	(＋)2.2

自1984年经国务院批准，建设部和劳动人事部联合颁发《国营建筑企业招用农民合同制工人和使用农村建筑队暂行办法》以后，全民所有制建筑企业，突破了单一的固定工制度，开辟了从农村招工的新渠道；企业可以根据生产需要，自行招用农民合同制工人；工人能进能出，工资能升能降。1986年，建设部系统全民所有制建筑安装企业，招用农民合同制工人19.85万人，相当于现有固定职工人数的12.45%。固定职工由1984年的158万人，占67.4%，减少到1985年156.6万人，占63.9%；1986年又减为151.8万人，占59.6%。用工制度改革，促进了劳动生产率的提高。上海市建工局先后从农村招收了两万多名男性精壮劳动力，职工队伍结构日趋合理。1985年，该局所属土建企业一线生产工人比重，由原占职工总数的54.3%，上升至60.3%。

近几年该局完成的施工任务每年递增10%，全员人均劳动生产率，1984年～1986年均超过万元。充分发挥新型用工制度作用。北京、山西、沈阳、广东、广西、四川等地一些企业，在农村富余劳动力较多的地区，建立了稳定的劳动力基地，实行城乡结合，定点挂钩，长期协作，发挥企业和地方两个积极性，保证了招工素质。甘肃、江苏、北京、沈阳、湖南一些企业，建立了农民合同制工人养老保险制度。养老金由企业、个人共同筹集，合同期满时将投保的本息一次性支付给本人，使农民合同工安心在企业工作。

〔职工工资〕

1984年，建筑业在实践中创造的百元产值工资含量包干办法，得到了党中央、国务院领导同志的肯定，并列入《国务院关于改革建筑业和基本建设管理体制若干问题的暂行规定》。1985年，实行百元产值工资含量包干的国营建筑施工企业有1 797个，占当年全国国营建筑施工企业总数的66.6%；1986年实行这项包干办法的国营建筑施工企业有1 831个，占当年国营建筑施工企业总数的66.7%。1986年1月，国务院批转《国营建筑施工企业百元产值工资含量包干试行办法》，对确定含量系数，计算产值范围，掌握工资增长原则，突出工程质量在分配中的决定作用等作了改进和完善。

百元产值工资含量包干的推行，较好地解决了企业吃国家"大锅饭"问题，调动了广大职工的积极性，促进了生产，提高了经济效益。

建筑企业的职工工资标准，1985年后按照国家的统一安排和劳动人事部制定的《国营大中型企业职工工资标准》进行了套改。工程技术人员和行政管理人员，原执行建工部1963年17级制工资标准或1956年颁发的19级制工资标准的，统一套改到新的国营大中型企业干部工资标准，六类工资区、起点工资37元，最高工资270元。建筑安装工人原执行建工部颁发的建筑工人七级工资标准或安装工人八级工资标准的，分别套改到国营大中型企业工人八级制工资标准，六类工资区，二类产业起点工资37元，最高工资111元，一类产业区起点工资38元，最高工资114元。多数地区执行二类产业工人工资标准，部分地区执行一类产业工人工资标准或单独对瓦工、抹灰等繁重劳动的工种执行一类产业工人工资标准。

1980～1986年全国国营建筑施工企业职工平均工资增长对比*　　表 2

年份	职工平均货币工资			以1980年为基期，扣除生活费用上涨因素后职工平均实际工资			按施工产值计算的全员劳动生产率		
	绝对数额（元）	较上年增减（%）	同1980年比较（%）	绝对数额（元）	较上年增减（%）	同1980年比较（%）	绝对数额（元）	较上年增减（%）	同1980年比较（%）
1980	919	—	100	919	—	100	4 263	—	100
1981	938	(+)2.06	102	915	(−)0.5	99.5	4 051	(−)5	95
1982	979	(+)4.37	107	936	(+)2.3	101.8	4 574	(+)12.91	107
1983	1 018	(+)3.98	111	954	(+)1.9	103.8	5 148	(+)12.55	121
1984	1 275	(+)25.24	139	1 163	(+)21.9	126.5	6 234	(+)21.09	146
1985	1 485	(+)16.47	162	1 211	(+)4.1	131.8	7 630	(+)22.39	179
1986	1 670	(+)12.46	182	1 273	(+)5.1	138.5	8 635	(+)13.17	203

* 以上数字根据国家统计局劳动工资统计年报和建筑业统计年报。

建筑企业，由于继1981年调资升级之后，1984年～1985年，又先后进行了调整工资和工资标准套改，特别是由于实行了百元产值工资含量包干，发展了生产，因而从“六五”时期以来，职工工资水平，在提高劳动生产率的基础上，逐年都有所增长，考虑物价调整因素，一般也都有了较多的提高，情况如表 2。

〔劳动定额〕

根据生产和改革的需要，建筑业的劳动定额工作适时作了调整和改革。

建设部从1984年开始，组织各地建筑主管部门和施工企业的有关专业人员，用了一年多的时间，对1979年原国家建工总局颁发的《建筑安装工程统一劳动定额》土建部分（第1—17册）进行了修订，于1985年12月颁发了新的《全国建筑安装工程统一劳动定额》。新定额共有18册，5 402项。在项目上，坚持了简明适用的原则，删去了已过时的项目，增加了滑模、升板、钢模板、铝合金门窗等新工艺、新技术、新材料的项目，净增定额项目1948个。定额水平坚持了平均先进的原则，调整了一些偏高偏低的项目。同时，根据近年来质量技术要求较高以及原定额中笨重体力劳动项目工作物等级偏低的情况，对定额工作物等级也作了适当的调整。

为了加强劳动定额管理工作，建设部于1985年12月23日发出管理办法，规定：①全国统一劳动定额是建筑施工企业内部组织生产，考核工效，计算人工费用和进行经济核算的依据，是编制工程预算定额的基础；②建筑安装工程劳动定额管理体制，实行统一领导，分级管理，即全国统一劳动定额由建设部组织编制、修订和颁发，各省、自治区、直辖市建设厅（建委）负责贯彻执行，并有一定的调整定额水平和结构形式的权限。全国统一劳动定额未包括的项目，由地方或企业编制补充定额；③企业内不论实行哪种经济承包责任制和哪种工资形式，对生产班组工人的分配必须以完成劳动定额的数量和质量标准情况为依据，不执行劳动定额的，不得实行计件工资和超产奖；④实行计件工资或超产奖的工资单价，企业根据经济效益情况，可在百元产值工资含量范围内，适当加以调整。截至1986年底，已有26个省、自治区、直辖市的建筑企业，先后执行了新的全国统一劳动定额。冶金、化工、煤炭、铁道等部门所属建筑施工企业一般也已贯彻执行。对提高工效，加强管理，巩固改革，提高经济效益，起了积极作用。

建筑业开展全行业改革以来，曾因对劳动定额工作如何适应和促进建筑业的改革认识不够明确，而有过放松劳动定额工作或对劳动定额工作自身改革缺乏紧迫感的现象。经过建设部和中国建筑劳动定额研究会组织各地劳动定额理论工作者和实际工作者广泛进行了探讨，在以下问题上取得了比较一致的认识：①建筑业改革，不是可以不要劳动定额，而是必须加强。不论从调动职工积极性，增强企业活力，或从落实经济责任制，提高经济效益来看，都要更好地发挥劳动定额作为企业管理基础工作的作用；②百元产值工资含量包干与劳动定额，二者作用不同，前者解决国家对企业的分配问题，后者解决企业对职工个人的分配问题，不能互相替代；③劳动定额管理体制，实行统一领导或是由企业自行编制管理，这两种办法各有利弊。权衡利弊，目前仍应实行统一领导、分级管理。地区和企业之间的差异，可由给予地方调整权限解决。企业经济效益不同，职工工资收入应有差别问题，可以通过调整定额单价来体现；④各级劳动定额管理机构和定额人员，要把着眼点从单纯考核统计工效，分配奖金，转移到着重为改善企业素质，提高经济效益服务上来，要扩大工作辐射面，与企业管理的各项工作有机结合进行；⑤要逐步实现劳动定额工作的科学化、现代化，积极引进先进的科学技术成果，开展动作和时间研究，采用微型电子计算机，录像技术、运筹学、系统工程学等科学手段，使其更好地发挥其指导和促进生产，增加企业活力的作用。这些认识指导着劳动定额工作的开展，并已见到成效。

〔**技工培训**〕

建筑业的技工培训工作，在行业改革的进程中，开始了由初级技术培训向中级技术培训的转变。到1985年，各地建筑企业已较好地完成了“双补”任务。据北京、天津、上海、辽宁等十个省市和中国建筑工程总公司所属两个工程局共22万名青壮年职工的调查，文化补课累计合格168 725人，占应补人数的76.7%；技术补课累计合格139 594人，占应补对象的79%；均达到了国家关于加强职工教育工作的决定的要求。

通过“双补”，建筑工人队伍的素质有了提高。1979年初级工占70%，中级工占25%，高级工占5%。1986年初级工为39.9%，中级工为52.2%，高级工为7.9%。

为了鼓励广大工人努力学习技术理论和实际操作技能，建设部于1986年12月制定和颁发了《工人技术考核暂行条例》和《关于评定工人技师的暂行规定》。《条例》规定，工人、学徒都要进行技术考核。考核合格的，学徒可以提前转正，工人可以给予符合于合格等级的相应待遇以至上一级的技术津贴或浮动升级；不合格的不能转正，不能参加升级。对从事本工种施工、生产工作十五年以上的高级技术工人或虽不足十五年但在施工、生产中有突出成绩、具有特殊技艺并经高级技术培训合格的中级技术工人，可参加考评工人技师。工人技师的工资等级标准，以现行八级制工资标准的八级工工资为起点，向上延伸一至二个等级，并享受本单位工程师的政治、生产福利待遇。目前，各地区组织贯彻这两个文件。上海市建工局、房产局、湖北省建筑总公司、烟台市建筑总公司等单位已在进行考评工人技师的试点。

根据加强职业技术教育的要求，各地技工学校也有一定的发展。到1985年底共有技工学校113所，在校学生15 804人，从1979年到1985年，累计毕业学生42 162名，为建筑企业培养了一批生产技术骨干。

〔**劳动保护**〕

1985年5月，根据全国安全生产委员会的要求，建设部组织开展了全国性的施工安全大检查。首先由各地自下而上，普遍进行自检，摸清本地区本单位存在的主要问题，提出改进措施。当年9月份，又由建设部和中国建筑工会组成8个检查组，对12个省、市和中建总公司4个直属工程局进行了抽查，抽查了66个企业、144个工地、32个工厂，查出事故隐患3 000多条。对自检和抽查中发现的问题，除少数一时解决不了的以外，多数都进行了整改。

基于企业的工伤事故仍然较多，1985年全国县以上建筑企业的万人死亡率为2.02，比1984年上升14.1%。建设部在全国安全大检查的基础上，进一步分析原因，研究对策，于1986年4月作出《关于加强建筑企业安全生产工作的决定》，下发各地贯彻执行。《决定》要求加强对安全工作的领导，将安全生产同百元产值工资含量包干挂钩，落实安全技术措施，逐步建立行业安全监察制度，加强对外包工的安全管理工作等。1986年万人死亡率比1985年下降9.4%，但因工死亡人数（包括外包工）仍比上年有所增加。

为进一步搞好安全生产，建设部于1985年举办了安全系统工程学习班，组织8个省（市）、27个单位的安全处、科长和工程师学习了这项科学管理方法，现已有不少地区和建筑企业开展了安全系统工程的研究和应用。同时从1985年开始，在吉林建筑工程学院设立了安全技术干部专修科，学制二年，大专学历，1987年有了第一届毕业生。

在建立行业安全监察制度方面，福建省于1984年开始在福州、三明市试行，现已推广到厦门、永安、南平、邵武等市。1986年全省因工死亡人数比1985年下降25%，重伤人数下降36.5%。湖北和吉林省、江苏省的苏州市、安徽省的蚌埠市的建筑部门，也在试行行业安全监察制度。

随着我国国际关系的发展，建筑业在安全工作上也开始了国际交往。1985年9月，建设部组织了建筑机械化与施工安全考察团，去日本进行考察。1986年7月，建设部派人作为中国政府代表，参加了国际劳工组织亚洲地区组织在泰国曼谷召开的建筑业职业安全卫生和福利讨论会，中国建筑工会作为工会代表也应邀参加。与会代表对我国政府为职工劳动保护作的努力，表示赞许。

建 筑 经 济

张蓓真 王文元

建筑经济管理，指的是建筑行业和企业各项经济管理工作的总和。它主要在两个层次上展开：一是政府主管部门对行业的宏观管理；二是企业内部的微观管理。两者在内容上相承融通、互有交叉，但在管理层次和作用范围方面存在着差别。随着改革的深化，这两年建筑经济管理的主要特征是：（一）在宏观方面，由过去的行政管理为主、直接控制向以经济管理为主、间接控制的管理模式转换；同时，行业管理中分散的、政出多门的僵局有所突破，开始形成政府部门—建筑业联合会—建筑企业的新格局，其主要标志是中国建筑业联合会在1986年10月正式成立，这是我国建筑业发展史上的一件大事。另外，在南京、重庆、沈阳、南昌、哈尔滨、济南等中心城市，成立了统一的行业管理机构，受到了各方面的肯定。但是，在国家一级的行业管理机构，至今仍然没有统一起来。（二）在微观方面，随着企业逐步搞活和建筑市场逐步开放，建筑企业正由单一生产型向生产经营型积极转换，一个生机勃勃、符合商品经济原则的经济管理体系正在酝酿、产生；随着设计市场的开放，勘察设计单位的企业化社会化管理已经初步形成。

两年来建筑经济管理工作的具体进展，按以下几个方面分别叙述。

（一）推行招标承包制

实行招标承包制是有计划商品经济在建筑业的一个具体表现。自1984年末国家计委和建设部联合向全国颁发了《建设工程招标投标暂行规定》以后，各地方政府先后制定了实施细则，相应成立了管理机构，从施工招标到设计招标、设备招标，逐步试行招标承包制。据建设部统计，本系统国营建筑企业在1985年承担的新开工程中，实行施工招标的有5 924个，占新开工程的13.4%；在大中型工业项目施工招标方面，水电、铁道等专业部门进展较快，如水电部主持了浙江石塘水电站等四项重点工程的招标试点工作，其中葛洲坝至上海50万伏直流输变电线路工程，全长1 080公里，分九个标段进行招标，促使全国半数以上的送变电工程公司进行投标竞争；在设计招标方面，据国家计委对十九个地区和十八个部门的统计，到1986年6月末止，已有246个工业交通和民用项目进行了设计招标，如铁道部在1985年重点组织了焦枝铁路第二线黄河大桥和德州至东营新建铁路工程的设计招标工作，其中德州至东营线经过方案优选，节省了大量投资。由于压缩投资规模、改革不配套和立法不健全等多方面的原因，1986年的工程招标投标推行情况并不理想。据统计，1986年上半年内，新开工程实行施工招标的，按单位工程个数计占11.7%，按建筑面积计占17.3%。就全国范围看，目前招标投标工作发展很不平衡，有些城市如沈阳、大连、本溪、深圳等，工程施工招标面已达到50%以上，但有些大城市步履艰难，还基本上没有开展。为此，建设部曾委托中国建筑技术发展中心建筑经济研究所专题进行研究，该所于1986年末提出了《关于推动招标投标健康发展的若干建议》的研究报告。目前所要解决的主要问题是，需要兼顾招标和投标双方的权益，依靠立法来保障双方的责权利，同时逐步地减少行政干预。针对以上存在问题，建设部正在酝酿制定工程招标投标的实施细则，以促进招标承包制健康发展。

（二）勘察设计单位企业化经营

自1985年初起，建设部系统1 124个勘察设计单位，已全部由拨款制改为收费制，全面实行了技术经济承包责任制，从而向企业化经营跨进了一大步。现行经济责任制的主要内容包括：①设计单位对上级主管部门承包产值、质量、成本、基础业务建设和智力开发等综合指标；②对建设单位实行合同制；③在单位内部实行项目负责制和岗位责任制；④在上缴税利和留作技术发展基金后，留成部分按一定比例作生产发展、集体福利和职工奖励基金；⑤职工的个人奖励与其贡献大小挂钩；⑥试行院长负责制等。

在目前的管理体制下，设计单位企业化经营是与开放设计市场的方针相符合的。经过两年来的实践，各设计单位的活力明显增强，主要表现如：调动了单位和职工个人的积极性，完成任务量增加，收入增加，设计周期缩短；技术水平和建筑创作水平有所提高；设计管理体制改革有了一个良好的开端，朝着开放、竞争、服务的方向发展。继续推进设计单位企业化，将完全实行自主经营，自负盈亏。

（三）经济承包责任制继续深入发展

在建筑生产与经营方面，建筑业素有承包的鲜明特点。在有计划的商品经济条件下，建筑企业为处理企业与国家、企业与企业、企业内部各核算单位以及企业与职工之间责任、权利和经济利益关系，应当享有独立自主的权限，实行各种形式的经济承包责任制。这是整个"七·五"时期搞活建筑企业的关键。在企业外部，目前占在建工程总数的56.2%实行了预算包干、平方米造价包干或者小区综合包干，初步解决了企业吃国家"大锅饭"的问题。在企业内部，包工队集体承包和划小核算单位有了进一步的发展。沈阳市第三建筑工程公司全面实行包工队承包以来，企业经济效益逐年增长，最近连续四年受到国家和辽宁省政府的表彰，并获得四块金牌。今后的趋向是，按照国营企业所有权与经营权适当分开的原则，进一步扩大租赁、承包的范围，在有条件的地方试行小型企业直接由个人或集体租赁、承包，并探索股份制的新路子。

（四）建筑产品价格改革和预算定额管理

长期以来，由于不把建筑企业视为相对独立的商品生产者和经营者，不承认建筑产品是商品，其中最明显的事实是把城镇住宅建设当作职工福利事业，所以建筑产品价格也一直未纳入国民经济价格管理体系，长期沿用的是一套工程造价预结算制度。这实际上是把建筑产品价格及其管理与基本建设投资管理体制相混淆，以致未能建立起独立的建筑产品价格体系。现行建筑产品价格的主要症结是水平偏低，价格构成紊乱，因此，建筑产品价格改革势在必行。受建设部委托，中国建筑技术发展中心建筑经济研究所在1986年提出了专题研究报告，即《建筑产品价格改革设想——建立以浮动价格为主、多种价格形式并存的建筑产品价格体系》。该项研究，在社会主义商品经济思想指导下，经过广泛的调研，汲取了近几年国内关于建筑产品价格改革的初步经验，提出了一套包括改革的原则、方针、方向、内容、步骤和方法在内的总体设想。其中若干意见已被重庆等试点城市建筑产品价格改革方案中所采用。

为加强概预算定额管理工作，国家计委和建设银行于1985年以计标（1985）352号文印发了《关于改进工程建设概算定额管理工作的若干规定》、《关于建筑安装工程费用项目划分暂行规定》和《关于工程建设其他费用项目划分暂行规定》等三个文件；1985年又组织各有关部门、地区编制十五册全国统一安装工程预算定额，1986年批准发行。近两年来，各地区、各部门先后正式颁发了概算定额指标、投资估算指标等二十五册。

（五）企业流动资金拨改贷和利改税

自1985年起，全国国营建筑企业以及为建筑施工服务的加工生产企业和物资供销等附属企业，其国拨流动资金，一律转为银行流动资金贷款。这项资金的贷款利率，分别是：①计划内贷款月息4.2‰，②超计划临时贷款月息6.6‰，③国拨流动资金转作银行贷款月息3.6‰。利息的来源，按国家计委、建设银行的有关规定：企业计划内流动资金贷款"利息支出"，列在间接费中施工管理费项目内，由各地区、各部门按流动资金供应制度分别测算和确定费率，向建设单位单独收取。问题是：国营建筑企业计划内流动资金普遍不足，建设银行贷款供不应求，截止1985年末，仅建设部系统流动资金贷款总额即达35.4亿元；多数企业的流动资金贷款利息入不敷出，超支颇多；建设单位拖欠建筑企业工程款严重，据京、津、沪、辽宁、山西、浙江、湖北、广东、云南、青海等十省、市及重庆、西安两市统计，截止1986年5月末，即达12.58亿元，造成建筑企业资金更加短缺负担加重，阻碍了企业自身的发展。

根据国务院1984年批转财政部《国营企业第二步利改税试行办法》规定，从事建筑安装的国营企业，也列入缴纳营业税的范围。但由于当时建筑安装工程造价内未列入营业税取费项目，即税源问题没有解决，所以决定缓征1986年财政部在《关于对国营建筑安装企业承包工程的收入恢复征收营业税的通知》中规定：国营建筑安装企业从1987年1月1日起开征营业税，税率为3%。其应纳的税款，列入工程（概）预算造价内。

企 业 管 理

孙 尚 高

为了适应建筑业管理体制改革的需要，近几年国家对建筑企业的管理和建筑企业内部的管理工作都有所加强。

〔审查建筑企业技术资质〕

一、建筑企业技术资质与营业等级的基本要求。

建设工程实行招标承包后，为了加强对建筑企业的监督管理，保障企业的合法权利和正常的生产经营活动，1984年3月建设部发布了《建筑企业营业管理条例》，对建筑企业的开办、关闭、技术资质审查、营业等级划分和营业范围等，都作了明确规定。这是我国建筑业进入法制管理阶段的重要标志。这个《条例》是根据我国建筑业八十年代初期的组织体制和技术能力制定的。

对于建筑企业的开办和关闭，《条例》规定：开办建筑企业必须具备五个条件：（一）有独立组织生产和进行经营管理的组织机构；（二）有与承担施工任务相适应的技术人员、管理人员和生产技术工人；（三）有与承担施工任务相适应的生产机具和流动资金；（四）有健全的会计制度和经济核算办法，能独立进行经济核算；（五）有确保工程质量和施工工期的手段和措施。具备上述条件的单位，可填写企业开业申请登记表，按企业隶属关系报各地建筑业主管部门批准，由工商行政管理机关核发营业执照，取得法人资格。关闭企业亦按上述程序办理。

《条例》规定，建筑企业必须按审定的营业等级承担任务。从事房屋建筑的企业按其技术资质和规模，分为四个等级，各级企业必须具备的条件如下：

一级企业：（一）具有15年以上的建筑施工经历，担任过两个以上大中型建设项目的总包单位，拥有4 000人以上的基本职工；（二）设有高级工程技术职称的总工程师或主任工程师，设有会计师以上职称的总会计师；（三）具有技术经济职称的工程技术人员和管理人员占企业管理干部总数的30％以上；（四）企业具有与营业范围相适应的机械设备，全员平均技术装备率达到人民币1 200元以上。

二级企业：（一）具有10年以上的建筑施工经历，拥有2 000人以上的基本职工；（二）设有工程师以上技术职称的总工程师或主任工程师，设有会计师；（三）具有技术经济职称的工程技术人员和管理人员占企业管理干部总数的20％以上；（四）企业具有与营业范围相适应的机械设备，全员平均技术装备率达人民币800元以上。

三级企业：（一）具有五年以上的建筑施工经历，拥有500人以上的基本职工；（二）设有工程师技术职称的技术负责人，设有助理会计师；（三）具有技术经济职称的技术人员和管理人员占管理干部总数的10％以上；（四）企业具有与营业范围相适应的机械设备，全员平均技术装备率达人民币600元以上。

四级企业：（一）具有三年以上的建筑施工经历，拥有200人以上的基本职工；（二）设有助理工程师以上技术职称的技术负责人，有技术职称的干部不少于2人；当不具备上述条件时，其技术负责人必须具有5年以上的施工经验，有技术职称的干部不少于3人；（三）具有必要的机械装备，全员平均技术装备率达人民币300元以上。

以上各级企业的营业范围是：

（一）一级企业可以承担本行业、本专业的各种工程施工任务；

（二）二级企业除不得总包技术特别复杂的大型建设项目外，可承担本行业、本专业的各种工程施工任务；

（三）三级企业除不得独立承担国家尚未颁发施工验收规范的新结构建筑物和构筑物、12层以上的建筑物、高度超过50米的水塔、发射塔、监测塔等构筑物、跨度超过24米的房屋建筑和地下建筑物和跨度超过25米的钢筋混凝土桥梁外，可承担本行业、本专业的其他施工任务。

（四）四级企业可承担跨度不超过18米的公共建筑和厂房、仓库，六层以下的一般建筑，45米以下的烟囱。

对不够四级条件的企业，《条例》规定，有专职管理人员和能保证工程质量的技术力量，有必要的施工机具和资金的，经审批，可领取营业执照，限承担下列任务：500平方米以下的一般建筑、传统构造的农房建筑、房屋维修和旧建筑物拆除，提供劳务或分包一部分分项工程及组织粉刷、裱糊、油漆等专营业务。

对于设备安装、机械施工企业及铁道、煤炭、冶金等专业施工企业的营业等级和营业范围，国务院有关部门也作了类似规定。

二、建筑企业技术资质审查和确定营业等级工作取得显著效果。

《建筑企业营业管理条例》下达后，各级城乡建设主管部门认真开展了对建筑业的资质审查工作。到1986年底，已有27个省、自治区、直辖市的审查工作基本完成，已审查的建筑企业共49 482个，其中定为一级企业的479个，占0.97%；二级企业721个，占1.46%；三级企业4 472个，占9.04%；四级企业15 742个，占31.8%，四级以下企业28 068个，占56.72%。

经过资格审查，在行业建设上取得了重要成果。主要表现在以下几个方面：

（一）摸清了占全国建筑企业总数80%以上企业的基本情况。这次资质审查的内容包括职工队伍素质、领导班子状况、技术人员的结构、机械装备水平、企业资产及其施工能力；范围包括国营建筑企业、城镇集体建筑企业和进城施工的乡镇建筑队。从掌握建筑队伍状况的深度和广度来看，是建国以来最清楚的一次。这些资料对制定行业发展规划、研究行业技术经济政策，都是十分珍贵的。

（二）加强了政府对建筑企业的监督管理。这次资质审查工作，基本上冲破了按部门管理企业的状态，不论是属于那个部门的建筑企业，均按《条例》进行审查，促进了行业管理。由于按全国统一的标准划分了企业的营业等级，确定了营业范围，各类企业就可以在同等条件下开展竞争。同时，对加强建筑市场管理、取缔无证施工、越级承包工程，提供了法规依据。很多地区在资质审查的基础上制订了加强建筑市场的管理规定，纠正了一些单位不问企业技术资质，凭关系揽任务的作法，打击了行贿受贿行为，维护了建筑市场的正常秩序，保障了工程承发包活动的顺利进行。

（三）促进了企业提高队伍素质。这次资质审查主要是按企业的技术素质确定营业等级，增强了建筑企业特别是集体建筑企业对提高队伍素质的紧迫感。因此，许多企业舍得花钱进行智力投资。有的多方招聘技术人员，有的开办学校或外送代培，企业的主管部门也采取多种方式增加企业的资金和装备。有的县、乡政府主动增加留给企业的生产发展基金，有的把过去多收的利润返还给企业，作为流动资金或购置机械设备，从而增强了企业的经济技术能力。

〔全面整顿建筑企业〕

一、全面整顿建筑企业的基本要求。

1982年城乡建设环境保护部成立后，根据中央要求，对企业全面整顿工作进行了布署。建筑企业整顿主要抓了以下五项工作：（1）整顿和配套好企业的领导班子；（2）整顿和完善经济责任制；（3）整顿和加强劳动纪律与财经纪律；（4）整顿和改善劳动组织；（5）整顿经营思想和经营作风。

为了认真做好企业整顿工作，建设部和各省、自治区、直辖市建设厅（建委）成立了企业整顿领导小组，建立了企业整顿例会制度，并按《国营建筑企业整顿验收标准》，对整顿合格的企业进行验收。到1985年12月，建设部系统的企业整顿工作全部结束，1 047个国营建筑企业全部整顿验收合格（其中，国营大型企业179个）。

二、建筑企业整顿取得显著效果。

（一）把整顿领导班子与改革领导体制、干部制度相结合，提高了领导班子素质。据湖南省建筑工程总公司验收的7个直属企业统计，调整后的企业领导班子，平均年龄44岁，具有中专以上文化程度的达到94.1%，其中具有大学文化程度的为74.1%，具有助理工程师以上各种技术业务职称的比例达80.1%。湖北省安装公司七名成员平均年龄43岁，有4名大专毕业生，3名中专毕业生，公司的经理和书记都具有大专以上文化程度。

（二）把整顿劳动组织与改革企业内部经营方式相结合，精简了机构，精干了队伍。企业实行内部承包制后，对富余人员的安排，一般是组织各种服务公司，开拓新的生产门路。1984年沈阳市建筑工程总公司组建了137个包工队，将富余的3 000人全部安排从事房屋修建、建材生产、商饮、修理、服装加工等生产经营。实行包工队承包后，不少企业重新调整公司内部机构。西安市建三公司将15个科室151人减为6个科室80人。

（三）把整顿和完善经济责任制与改革分配制度相结合，推动企业建立多种形式的承包责任制，解决了职工吃“大锅饭”的问题。建筑企业实行内部承包后，一般都采取层层签订责任状或合同的方式把责、权、利用条文固定下来，有奖有罚，把职工的劳动报酬与企业的经济效益挂钩，同步升降。在承包的内容上由过去仅限于人工工资部分扩大到工、料和管理费用全面包干；在承包范围上，由一线生产班组发展到辅助生产部门、后勤服务部门和管理科室，有效地调动了企业和职工的积极性。

（四）把整顿企业经营思想、经营作风与改革任务分配方式，实行招标承包相结合，提高企业的竞争能力。建筑企业实行招标承包制后，把封闭型的建筑市场变为开放型的建筑市场。许多企业为了在竞争中求生存，进一步整顿经营思想和经营作风，哈尔滨市住宅三公司曾因装修工程质量低劣，受到报纸点名批评，企业信誉下降。1984年在企业整顿中，该公司认真整顿经营思想，严格质量管理，新开工的5个栋号质量都达到优良，扭转了企业信誉下降的局面。

第六个五年计划期间，建筑业经过全面整顿和初步改革，企业面貌发生了很大变化。但是从总体上看，建筑企业的技术水平和管理水平还比较落后。1986年7月国务院在《关于加强工业企业管理若干问题的决定》中指出，“七五”期间，要在企业整顿的基础上，开展以提高产品质量，降低物质消耗，提高经济效益为目标的企业管理升级活动，进一步提高企业素质。

〔推进建筑企业管理现代化〕

一、建筑企业管理现代化的方向和目标。

随着建筑业管理体制改革的深入发展，建筑企业的外部条件和内部情况都在发生变化，这就要求企业建立与之相适应的管理制度和方法，提高企业的应变能力和竞争能力。据此，建设部建筑管理局于1985年10月在上海召开了建筑企业管理现代化座谈会，提出了建筑企业推行管理现代化的方向和目标。要求“七·五”期间，大型建筑企业及部分基础较好的中小型建筑企业，要初步实现管理现代化。具体目标是：①普遍加强建筑企业的各项基础工作，做到各项原始记录、台帐齐全，统计数据及时准确。②开展多渠道、多层次培训，提高职工素质。③建立科学的组织管理机构，形成强有力的、高效率的生产经营管理系统。④积极应用现代化的管理方法和手段。并确定了10个试点企业。

二、推行管理现代化试点企业取得初步效果。

1986年12月建设部建筑管理局在洛阳召开第二次企业管理现代化座谈会，建筑企业管理现代试点取得可喜的效果。

（一）企业的经营管理思想有了进一步转变。中国建筑工程总公局三局一公司，充分发挥企业的人材、高层建筑施工和机械装备优势，把开拓国内“高大新尖”的工程项目作为企业重点目标，在竞争中先后承揽了一批技术要求高的大型工程，企业的生产形势很好。无锡市第二建筑公司在竞争中实行了“工期以短取胜、质量以优取胜、造价以廉取胜”的经营方针，在社会上树立了良好的信誉。去年一些企业的效益下降，但它们的经济技术指标比上年又有较大增长。

（二）进一步健全了企业内部的质量保证体系。上海市第一建筑公司运用目标管理方法，完善企业的全面质量管理保证体系，把工程质量的好坏与职工的政治荣誉和物质利益挂钩。同时通过提高各项专业管理工作的质量来保证工程质量，健全了生产准备、施工过程和竣工服务三阶段质量保证系统，在1986年建设部组织的百家建筑企业工程质量抽查中，获第一名，并荣获了国家质量管理奖。

（三）现代化管理方法和手段的应用取得了初步效果。南京市第二建筑公司与南京工学院合作，提出了建筑企业物资管理系统、建筑工程成本控制系统、建筑机械设备维修决策及微机系统等应用现代管理方法和手段的研究成果。

（四）多层次、多渠道地开展管理现代化培训。黑龙江省建委和省企业管理协会共同举办了大中型骨干企业和管理现代试点企业参加的学习班，有81人参加。上海市建筑业联合会举办了管理现代化讲座，共十八讲，有1 000多人参加。江苏省建筑工程总公司举办了两期计200多人参加的现代化管理学习班。河南省六建在全公司开展全面质量管理的教育，受教育面达80%以上。通过学习和培训，增强了企业领导推行管理现代化和自觉性，提高了广大职工的管理现代化意识，为推行管理现代化奠定了基础。

天津经济技术开发区

建筑施工技术

胡新六　赵鸿岐　吴慧娟

〔施工技术、水平概况〕

这两年来，我国建筑施工技术水平的提高。主要表现在以下几个方面：

（一）大型工业建筑施工技术达到了国际先进水平。新建的北京石化总厂扩建工程，上海石化总厂二期工程，宝钢总厂一期工程，秦山核电站，扬子乙烯工程，山西、新疆化肥厂，贵州铝厂，大同新电厂，陡河电厂，气象卫星资料接收处理系统工程等，不仅土建工程结构新颖、难度大，而且设备安装技术非常复杂。各种高压、高温管道、容器的焊接组装，大型设备整体吊装，大面积超净化空调工程，电算程控系统的安装调试等，都是高质量地完成任务。如无锡742厂高级超净工程，在4 000平方米的净化车间中，有288平方米要求达到100级（即在一立升空气里，1微米直径的尘粒不超过100个）。北京石化总厂丙苯酚酮工程原计划1986年10月交工，中建一局安装公司于7月提前完成，而且一次试车成功，日本专家对我国安装速度之快、质量之好也深感敬佩。

（二）高层、高级民用、公共建筑施工技术得到了迅速发展。为节约建设用地，全国已有40多个大中城市正在兴建高层建筑。1985年建成高层建筑386万平方米，较1984年263万平方米增长了47%。目前我国已建成的最高房屋是深圳国际贸易中心大厦，高160米，地面以上50层；正在建设的最高房屋是北京京广大厦，高204米、地面以上53层，广东国际大厦达60层。这些建筑不仅结构形式新颖，在建筑功能、建筑材料及设备上也已达到国际上八十年代初的水平。"六·五"期间建成的西苑饭店、金陵饭店旋转餐厅转台是进口和国外单位施工的，而1986年竣工的北京昆仑饭店旋转餐厅（270个座位）转台是我国自行建造和施工的。

（三）工业化建筑体系得到了新的发展。现在采用大模板、砌块、装配式大板等新型建筑体系建造的房屋不断增大，不少大中城市已达到15～20%。八十年代起，对量大面广的砖混建筑进行了技术改造，统一了建筑标准和构造做法，提高了预制装配和机械化程度。南京市一个多层砖混结构58万平方米的南湖小区，1983年12月开工，1985年12月完工，工期只有24个月。

〔地基与基础施工技术〕

（一）在地基处理技术方面。山西省在20多项工程上应用强力夯实法取得成功，地基承载力提高一倍以上，并能基本消除地震时的地基液化。振动水冲法具有工期短，费用省等优点，已在江苏、湖北、陕西、甘肃、宁夏等地推广使用。江苏南通市建筑公司在扩建南通电厂时，振冲成桩11 000多根，总进尺9.5万米，与原计划采用的钢筋混凝土桩相比，节约投资三分之一（47.6万元），缩短工期一半，节约大量钢材、木材、水泥。

（二）深基础施工技术。钻孔灌注桩这几年已普遍采用，其直径可以从几十厘米至二、三米，一根桩的承载能力可以抵几根预制桩用，我国用于桥墩基础的灌注桩已深达106米。钻扩桩比较适用于地下水位以上的一般粘性土和砂土地基，是一种有发展前途的基础形式，1985年在北京图书馆等工程中应用。在地下连续墙是一种噪音低、无振动、低公害的深基础施工方法，与沉井法相比可节约投资40%，已在高层建筑地下室、工业深基础、工作竖井、港口船坞、水坝截水墙等工程中采用，最深的成墙深

北京中国照相馆(升板升层法施工工地)

北京图书馆施工工地

度达45米。1985年上海基础工程公司采用双壁地下连续墙成功地完成了耀华玻璃厂熔窑深基础工程。该工程地基深达13米，基础底板长92.3米，宽48.1米，厚1.8米。北京国际大厦、科技活动中心、京城大厦等工程采用了预应力张拉土层锚杆技术，解决了狭窄场地深基础施工的困难。

（三）长距离顶管技术。我国从1972年上海吴淞水厂的百米顶管开始，近十多年来已完成了16条直径为1.2至3米的长距离顶管工程。上海市基础公司自1986年3月15日开始，历程142天，将过黄浦江输气管道一次顶进649米，并准确地穿越了接收预留孔内，偏差仅1.0厘米。

〔**主体结构施工技术**〕

（一）钢筋混凝土施工技术。1985年北京建工研究所研制成功了挤压涂层无粘结预应力束工艺设备，并形成一定生产能力，已用于北京饭店贵宾楼的楼板结构和八一电影制片厂排演场25.8米的大跨度梁上。预应力薄板叠合板结构已在北京西苑饭店等高层建筑中逐步推广，北京金融大厦所用的单向薄板跨度为8米，昆仑饭店采用了双向预应力薄板。预应力混凝土安全壳已开始应用于秦山核电站工程，其外径为38米，高度62米，纵向、环向及壳顶均配置大吨位钢绞线束。混凝土岩棉复合外墙板和无砂大孔陶粒混凝土复合外墙板分别由北京、天津研制成功，前者已形成年产量10万m^2生产线，后者也在天津推广使用。这几年，大模板现浇混凝土建筑每年建造量为300万平方米以上。1985年底全国拥有的定型组合钢模板约2 000万平米，现浇混凝土工程中约有60％使用组合钢模，每年可节约木材200余万立方米。

为了适应现浇混凝土的迅速发展，上海、北京、常州、广州等城市已对商品混凝土搅拌站进行改造，1986年全国商品混凝土年产量达150万立米以上，比1985年增加了30～40％。

（二）钢结构施工技术。这几年我国钢结构建筑增加较多。上海宝钢工程，厂房钢结构总重量29万吨，其中轧制和焊接H型钢占70％。在公共建筑中，新颖的钢网架结构被广泛采用，如丹东市体育馆采用悬挂薄壳W型空间结构，吉林省滑冰馆采用了预应力双层悬索结构。高26层的北京香格里拉饭店，27层的上海瑞金大厦等，正在施工的45层的上海锦江饭店分馆等均为钢结构建筑。

〔**装饰和安装工程施工技术**〕

（一）室内外装修装饰技术。目前已能批量生产的室内外装饰用品有：各种卫生洁具及配件、饰面材料、门窗及配套家具、灯具、厨房设备及用具、日用陶瓷、玻璃及装饰制品、铝合金制品、纺织品、室内电器及电子控制设备、音响设备、陈设用品、美容器械用品、装饰施工工具等十几大门类。很多品种具有明显的民族特色和时代感，如人造玛瑙、单柄调温水嘴、自动感应水嘴、植绒地毯、高级弹簧床垫、中空玻璃、玻璃马赛克等。中高档宾馆、饭店、商场的室内装饰用品国产化配套能力已达到75％。有1000多个配套用品已批量进入国际市场。

（二）防水工程技术。近年来北京、河北、上海、湖南、四川、辽宁、浙江等地正大力开发和应用。

中国金融大厦

建 筑 机 械

张宝义 李道稜

〔**发展概况**〕

建筑机械工业作为建筑业的装备部门，1985～1986年又有了新的发展。建机行业企事业规模如表1，职工人数、工资总额见表2。

1985年建筑机械工业产量为26万吨，工业总产值为15.1亿元，工业净产值6.4亿元。与1980年相比，产量增长99%，工业总产值增长88%。“六五”期间共生产建筑机械90万吨，工业总产值为49.4亿元，工业净产值为19.22亿元。产量平均年增长率为14.6%，产值年平均增长率为13.5%，行业和生产、技术经济逐年发展情况见表3所示。

表 1

年份	企事业总数（个）		按职工总人数分（个）				按固定资产原值分（个）			
			500人以下	501～2 000人	2 001～5 000人	5 000人以上	100万元以下	100～1 000万元以下	1 000～5 000万元以下	5 000万元及以下
1985	企业	118	41	58	16	3	8	81	26	3
	科研单位	3	3					1	2	
1986	企业	138	55	65	16	2	10	985	30	3
	科研单位	3	3					1	2	

表 2

年份	企事业单位（个）		职工人数（人）				年工资总额（万元）
			总计	其中			
				工人	技术人员	管理人员	
1985	企业	118	118 106	75 894	7 604	34 608	15 616
	科研单位	3	796	205	483	108	73.6
1986	企业	138	130 045	82 761	8 751	38 533	18 952
	科研单位	3	820	210	500	110	76

各种弹性或弹塑性冷施工防水材料。现已先后研制成功了三元乙丙橡胶、氯化聚乙烯、聚氯乙烯、铝箔塑胶油毡、橡塑共混防水卷材、沥青防水油膏、有机材料涂膜防水、乳化橡胶沥青防水和珍珠岩保温防水材料等。改变了我国防水材料品种单一的状况，使防水材料向多品种、系列化的方向迈进了一大步。北京钓鱼台迎宾馆新建的大型冷却贮水池漏水严重，采用涂膜防水，7天后就修复了。这几年高档的三元乙丙橡胶防水卷材已在首都机场候机大楼、北京积水潭医院、援建巴基斯坦工程等几百个工程，约80多万平米建筑上应用，经受了冬雨季的考验，保证了工程质量。

（三）暖卫、空调、电气工程安装技术。新型的节水型卫生洁具和厨房排烟洗涤设备已开始推广应用。硬质聚氯乙烯下水管材及管件，已在上海等地大面积使用。锅炉安装采用了新型胀管器和控制管外径的新工艺。许多企业已掌握了新型空调设备的安装技术，如活塞式、螺杆式制冷压缩机，离心式、吸收式、喷射式制冷机，可变风量和低噪声风机自控设备和仪表。

建机行业生产与技术经济逐年发展情况一览表(1981～1986年) 表 3

年代	企业总数（个）	职工人数（人）	工业总产值(按1980年不变价格)（万元）	工业净产值（万元）	产品销售收入（万元）	利润总额（万元）	上交利税(包括所得税调节税)（万元）	年底固定资产	
								原值（万元）	净值（万元）
1981	113	108 335	62 542	23 256	58 951	6 769	4 543	97 238	59 798
1982	111	106 528	75 668	27 430	77 970	10 444	6 866	96 403	58 392
1983	111	109 680	92 352	34 199	91 859	16 562	10 233	102 486	60 941
1984	117	115 645	111 954	43 428	113 448	19 990	12 234	111 911	67 294
1985	118	118 106	151 631	63 884	161 338	28 731	13 173	119 091	71 926
1986	138	130 045	177 000	72 990	187 771	29 698	23 504	143 286	87 057

年代	定额流动资金		每百元固定资产原值实现的产值（元）	每百元固定资产原值实现的利税（元）	资金利税率（%）	全员劳动生产率（元/人·年）	流动资金周转天数（天）
	年末占用数（万元）	平均余额（万元）					
1981	50 552	—	64.32	4.67	6.1	5 898	—
1982	49 105	49 506	78.49	7.12	9.9	7 179	229
1983	51 900	52 049	90.11	9.98	14.9	8 545	204
1984	61 801	57 460	100.03	10.93	16.8	9 868	182
1985	82 667	72 605	127.32	11.06	20.5	12 995	162
1986	117 235	104 623	123.00	16.40	21.80	13 825	200

建机行业各类产品产量 表 4

产品名称	单位	年份		
		"六五"期间	1985	1986
挖掘机械	台/吨	5 270 / 112 196	1 385 / 31 646	1 221 / 29 888
铲土运输机械	台/吨	51 861 / 68 364	13 911 / 17 951	11 443 / 20 274
工程起重机械	台/吨	19 820 / 108 481	4 654 / 27 946	4 359 / 32 634
压实机械	台/吨	16 002 / 63 069	1 895 / 17 984	3 785 / 21 073
桩工机械	台/吨	1 826 / 13 933	487 / 4 083	571 / 4 978
钢筋机械	台/吨	18 343 / 6 636	4 663 / 2 148	3 458 / 1 640
混凝土机械	台/吨	383 775 / 188 529	110 837 / 58 200	109 684 / 55 819
建筑装修机械	台/吨	59 239 / 4 965	17 591 / 2 383	28 212 / 3 062
电梯、扶梯	台/吨	—	3 999 / 59 514	4 720 / 69 799
建筑仪器	台/吨	—	19 748	40 113
配　件	吨	1 994	18 111	85 200
其　它				

〔技术进步成果〕

"六·五"期间，建机行业新产品开发工作，一是主要抓了引进技术的消化吸收及国产化，二是抓了量大面广的老产品的升级换代。共完成部级新产品鉴定136项，大多数新产品填补了行业空白，少数新产品达到了国外七十年代末或八十年代初期水平。1985年共完成部级新产品鉴定23项，1986年完成部级新产品鉴定71项。达到或接近国际先进水平的产品有：沈阳振动器厂、佛山振动器厂、安阳振动器厂生产的ZX50电动软轴插入式混凝土振动器；扬州机械厂生产的HZX60A混凝土真空吸水装置；陕西金属结构厂生产的JS-1型一吨翻斗车；洛阳建筑机械厂生产的YZJ10B型铰接式振动压路机；上海建筑机械厂生产的R942型液压挖掘机；上海工程机械厂生产的D25/32型筒式柴油打桩锤；北京建筑工程机械厂和广西建筑机械厂生产的QT80型塔式起重机；天津搅拌机厂和山东省建机厂等厂生产的JZ200型双锥反转出料搅拌机与JD200型单卧轴强制式混凝土搅拌机。1985年，郑州勘察机械厂研制的QJ250型正反循环大直径灌注桩钻孔机荣获部科学技术进步一等奖。长沙建机所与焦作建工机械厂完成的湿法混凝土喷射技术的研究荣获部科学技术进步二等奖。荣获部科技进步三等奖的共有9项。长沙建机所与广西建机厂研制的QJ-80

自升塔式起重机荣获国家科学技术进步三等奖。长沙建机所完成的轮式起重机伸缩臂计算方法和最佳截面型式的研究荣获国家科学技术进步三等奖。北京建筑机械综合研究所1986年完成了液压系统液压油污染控制的研究，在污染检测方法、液压油清洁度分等与污染控制等方面已取得成果，对提高建筑机械产品的可靠性和耐久性已发挥显著的效益。1985～1986年，科研体制改革有了新的发展。根据科研单位科研方向任务的不同，划分了应用技术开发、基础研究、技术服务与混合型的共四类研究所，事业经费由原来的财政部按人头拨款改为国家科委按技术合同、科学基金、经费包干等不同方式解决。科研单位加强了与企业单位的横向联系，科研自主权扩大了。实行技术转让的有偿合同制，技术贸易合同成交额不断增加，从1985年的250万元发展到1986年的350万元。技术合作方式由技术转让、技术咨询、技术服务逐步向不同紧密程度的科研生产联合体发展。为了进一步促进行业技术进步，满足国民经济各部门发展的需求，1986年10月在武汉举办了全国建筑机械新产品展览会和技术交流会。全国共有一百四十多家企业参加了展出，实物展品包括十大类共178台，展牌一百六十多块，学术交流项目共13项。

〔产品质量不断提高〕

1985年到1986年，全行业继续推行全面质量管理，实行产品生产许可证制度。液压挖掘机400小时可靠性试验胜利完成，产品的机能率、故障率、无故障工作时间全部达到国家标准要求。在质量保证措施方面，工装系数较高的企业陕西金属结构厂、沈阳振动器厂、华东建筑机械厂、贵阳矿山机器厂、湖南工程机械分别达到2.5～5.78。广州电梯厂在引进电梯技术时，引进了20套测试设备，保证了产品质量。福建省建筑机械厂等企业建立了用户档案，为用户培训操作人员，带配件上门维修，不断提高了产品质量。1985年11月到12月进行了全行业产品质量检查，重点检查了11个省区22个企业生产的挖掘机、打桩机、搅拌机、卷扬机、翻斗车、混凝土振动器等产品。经检查的这些产品的质量合格率达100%，零件主要项次的合格率达到95%左右，机械加工合格率达98%。

“六,五”期间，建筑机械获得国家银质奖的产品有9个型号，获部优质产品称号的有24个型号。贵阳矿山机器厂生产的W_4-60型液压挖掘机1981年以来保持国家银质奖称号，被工兵部队称为质量信得过的产品。

“六·五”期间建筑机械产品共制定颁布了国家标准十项，部标准39项。在新制定的标准中，增加了设计、计算、试验方法及基础标准的比重。1986年共制修定新标准55项，其中国家标准38项。在制修定标准过程中，对国际标准、国外先进标准采取了等同采用、等效采用、参照采用方式。技术引进标准的消化、吸收、转化工作正在加速进行。

〔基本建设、技术改造〕

“六·五”期间建机行业共安排了16项技术改造项目，其中属国家机械电子工业550项重点改造项目3项，即上海建筑机械厂、洛阳建筑机械厂、长沙建筑机械研究所。计划总投资8 229万元，共完成6 154万元，占总投资的75%。北京建筑工程机械厂、天津工程机械厂、哈尔滨工程机械厂、徐州工程机械厂、合肥矿山机械厂、湖南工程机械厂、韶关挖掘机厂、四川建筑机械厂、长江挖掘机厂、贵阳矿山机器厂、陕西金属结构厂按要求完成了“六·五”期间技术改造任务。“六·五”期间由国家拨款进行基本建设的企事业单位36个，基建总投资为14 305万元，“六·五”期间共完成13 505万元，占总投资94.4%。1979～1985年期间，国家投资、地方和企业自筹基建总投资为34 363，万元实际完成29 498万元，占总投资的85.8%。抚顺挖掘机厂迁建基建总投资11 450万元，“六·五”期间完成10 650万元，占该厂基建总投资的93%。长沙建筑机械研究所基建总投资为605万元，北京建筑机械综合研究所基建总投资168万元，这两个科研单位都完成了“六·五”期间的基建投资计划。科研楼、试验室、试验加工车间及生活设施的土建工程都已竣工并交付使用。科研仪器、设备也安装调试完投入使用，为全面开展科学试验、技术开发和科技咨询创造了条件。

1985年成交的引进产品制造技术项目共3项，其中液压挖掘机2项，小型混凝土砌块生产线1项，总用汇额为2 086万美元。“六·五”期间建筑机械工业共引进技术14项，其中合资经营1项，生产许可证7项，技贸结合6项。上海建筑机械厂引进的R942型液压挖掘机国产化率已达85%以上，北京内燃机总厂引进的风冷发动机国产化率已达90%以上，其它引进产品国产化率在50%左右。

〔产品销售〕

“六·五”期间建机产品国内销售总收入为503 566万元，每年递增情况见表5。1985～1986年主要建机产品销售额见表6。

“六·五”期间建机产品销售收入平均每年递增29%。销售额最大的产品是混凝土机械、各种电梯、挖掘机械和各种起重机械。

建机产品国内销售额逐年增长情况　表5

年代	1981	1982	1983	1984	1985	六·五期间
销售额（万元）	58 951	77 970	91 859	113 448	161 338	503 566

1985～1986年主要建机产品销售额(万元)　　表 6

产品名称＼年代	1985	1986
挖掘机	22 804	19 144.78
压路机	7 008	9 613.74
电梯	29 052	40 152.82
卷扬机	2 532	1 552.36
塔式起重机	8 700	9 593.93
平地机	1 215	1 333
机动翻斗车	9 295	6 906.23
混凝土搅拌机	22 165	18 506.39
灰浆搅拌机	448	—
混凝土搅拌站	580	—
混凝土输送车	1 944	3 416.7
混凝土振动器	3 190	—
汽车起重机	5 563	3 907.54
轮胎起重机	93	513
装载机	3 378	3 008.89
推土机	2 487	1 602.52
桩工机械	3 000	2 441.59
其它	37 429	

1985年获建设部优质产品称号的建筑机械产品一览表　　表 7

序号	产品名称	生产厂家
1	QY8液压汽车起重机	湖北建筑机械厂
2	ZX35混凝土震动器	广东省建筑机械厂
3	FC-1A机动翻斗车	江苏句容工程机械厂
4	$JJKD_1$电控快速卷扬机	长沙建筑机械厂
5	YC60千斤顶	柳州市建筑机械厂
6	YL60千斤顶	四平市建筑机械厂
7	YZS06B手扶震动压路机	洛阳建筑机械厂
8	3Y12/15三轮压路机	徐州工程机械厂
9	YZ2振动压路机	邯郸建筑机械厂
10	GZQ-800潜水工程钻机	新河钻机厂
11	WY60A全液压挖掘机	合肥矿山机器厂
12	WY160全液压挖掘机	长江挖掘机厂
13	WY40挖掘机轨链节总成	湖南工程机械厂

获1985年国优产品一览表　　表 8

序号	产品名称	生产厂家
1	古城牌HZX60A 混凝土真空吸水装置	扬州机械厂
2	洛阳牌YZJ10B型铰接振动压路机	洛阳建筑机械厂
3	建设牌JS-1型一吨翻斗车	陕西省金属结构厂

1985～1986年建筑机械技术引进项目一览表　　表 9

引进项目名称	合同号	主管部门及接受厂家	技术转让方国别、厂家	合同签约生效日期	有效期(年)	技术引进方式	引进技术主要内容
液压挖掘机	T/85MGU-16 500-4CT	建设部机械管理局、贵阳矿山机械厂、长江挖掘机厂、合肥矿山机械厂	联邦德国，利勃海尔公司(LIEBHERR)	1985.2	8	许可证与技贸结合(长控厂)	R系列各型液压挖掘机设计、制造技术
小型混凝土砌块生产线	85MGS-195 103CL	建设部机械管理局、四川建筑工程机械厂	意大利(ROSACOMETTA)	1985.10	8	许可证	小型混凝土砌块生产线设备制造技术
液压挖掘机	T/85MGU-165 016CD	建设部机械管理局、北京建筑机械厂	联邦德国欧凯公司(O&K)	1985.10	8	许可证	MH6,RH6型液压挖掘机设计、制造技术及设备
振动打桩机	TT/86MGS-195 145CN	建设部机械管理局、兰州建筑机械厂	日本国神户建调(株)	1986.7		许可证	VM. KM系列振动打桩机设计、制造技术

“六五”期间建机产品也打入了国际市场，共获外汇收入达4 000多万美元，主要销售在东南亚各国、港澳地区、巴基斯坦、斯里兰卡、中东、非洲、古巴及其它拉丁美洲等国家。出口销售收入最多的产品是各种压路机和混凝土搅拌机。

〔**行业管理与体制改革**〕

1985～1986年，行业管理工作主要抓了行业技术进步和产品质量、生产计划、技术改造与基本建设等工作。在加强行业技术和质量管理方面，1985年颁布了“建筑机械城建机械新产品管理办法”；1986年颁布了建筑机械城建机械生产许可证制度。为了加强建机产品质量管理，成立了建机行业产品检测中心，设在长沙建筑机械研究所。产品生产许可证制度已在全行业推行，1986年主要对塔式起重机产品进行了生产许可证发放的检查工作。许可证办公室设在北京建筑机械综合研究所。为了加强对建机行业生产和销售的管理服务，中国建筑机械总公司1985年在烟台和1986年在武汉召开了两次工作会议，在河南安阳和湖北武汉召开了二次全国定货会。中国建筑机械化协会在湖南长沙召开了第一届年会，进行了技术交流并调整了常务理事会领导机构成员。为了加强行业管理，1986年对建筑机械工业管理体制又作了调整，中国建筑机械总公司并合并到部机械管理局。

建 筑 制 品

严 雪 芳

建筑制品工业，是随着建筑业的发展逐渐形成的一个专业化生产领域。它的出现，是建筑产品缩短建造周期、满足社会需求的客观必然结果。

建筑制品包括构成建筑产品（房屋建筑、土木工程或构筑物）所用的砌块、梁、柱、楼板、屋架、墙板、门窗、暖卫制品、桥梁构件、铁道轨枕和建筑用部件。建筑制品按照所用材料的不同，分为钢筋混凝土制品、木制品、钢及铝合金制品、塑料制品等。凡是进行土木工程、房屋建筑、构筑物所需的建筑制品，事先在独立核算或内部附属生产单位加工预制，然后运到施工现场进行装配，称为建筑制品的工厂化生产。建筑制品实行工厂化生产和提高工厂化的程度，对建筑业的发展有着直接的影响。

〔**建筑制品企业的发展**〕

1985年建设部系统建筑制品企业有了很大发展。全民所有制和县以上集体所有制独立核算和内部核算的建筑制品企业有1 591个，职工33.6万人，其中全民所有制企业有1 007个，职工28.7万人，比1984年增加61个企业，1.17万人。独立核算的全民所有制建筑制品企业固定资产原值达12.8亿元，比1984年增长9.3%。全民所有制企业生产的钢筋混凝土预构件有568.4万立方米，木门窗731万平方米，钢门窗479.7万平方米。

建筑制品企业是建国后新发展起来的行业。新中国成立以前，我国没有专门生产建筑制品的企业。第一个五年计划时期，由于经济建设规模空前扩大，建筑业迅速发展，建设所需的大量混凝土构件和木门窗，采用在现场浇灌和加工，就地安装的生产方法已不能满足需要。这时，在建设任务比较集中的地区，才开始建立了独立生产的建筑制品企业。当时，工业建筑比重较大，这个期间在工厂生产的建筑制品，主要是工业建筑所需的钢窗、钢屋架、钢吊车梁、部分钢柱和民用建筑用的木门窗。五十年代后期，随着低碳冷拔钢丝预应力工艺的广泛采用，同时又推行了《建筑统一模数制（GB12—73）》，使建筑制品的通用性和互换性有了很大的提高，为建筑制品实行工厂化生产，提供了技术条件。钢筋混凝土及预应力钢筋混凝土制品在建筑工程上大量采用，促进了建筑构配件生产企业迅速发展（见附表）。

建筑制品企业发展情况

年 份	企业个数（个）	年末全部职工人数（人）	主要产品产量				
			混凝土制品（万立方米）	木门窗（万平方米）	钢门窗（万平方米）	铝合金门窗（万平方米）	金属结构（万吨）
1953	20	5 862					
独立核算企业	7	2 771					
内部核算企业	13	2 911					
1959	129	47 658	99.4	297.8			
独立核算企业	57	28 593	72.9	199.6			
内部核算企业	72	19 065	26.5	98.2			
1980			434.5	913.1			
独立核算企业	179	112 118（平均人数）	227.0	370.6			
内部核算企业			207.5	542.5	38.8		4.1
1985	1 591	336 074	666.9	829.1	496.4	9.57	8.01
独立核算企业	254	146 467	338.1	360.1	330.1	6.40	1.31
内部核算企业	1 337	189 607	328.8	469.0	166.3	3.17	6.7

注：本表所列数字为建设部系统。

在这个期间，各专业部的建筑制品企业也有了相应的发展。据不完全统计，1984年北京市149个建筑混凝土构件厂中，隶属于各专业部的有25个，年产混凝土构件60万立方米，分别占全市的16.8%和31.7%。

目前，在建筑制品的诸品种中，屋架门窗等已完全在加工厂加工，屋面、楼板、墙体等建筑结构及配件，也普遍采用工厂预制的钢筋混凝土构件，墙体除预制的大型混凝土板和轻板外，又发展了各种规格的建筑砌块。一些建筑用部件，如厨房、卫生间的槽、板、架以及窗台板、垃圾道也都采用了预制的混凝土制品。

〔**建筑制品生产工艺的改革**〕

近几年来，先后提出了《建筑业技术改造规划要点》、《建筑技术政策》，从而使建筑制品企业的技术改造、工艺改革有了明确方向。

1983年制定的《建筑业技术改造规划要点（草案）》，对建筑制品生产的要求，主要有：主体结构要增加预制构件的比重，减少现场操作，楼板、阳台、楼梯、窗台板应全部采用标准构件，暖卫设备采用预制安装，卫生间采用整间盒子构件；改造混凝土养护坑和木材干燥窑；采用蒸气热介质定向循环技术改造现有的旧式养护坑，将现有的蒸气木材干燥窑改造成蒸气远红外线干燥窑，推广太阳能养护混凝土构件和改造混凝土预制厂工艺及设备。

现在，建筑制品企业的技术改造，已开始引起各级领导所重视。江苏省对全省地、市级混凝土构件厂搅拌站进行了改造，解决了常用构件的标准化问题，同时制定了“三为主、三为辅”的方针。即以露天、长线、自然养护为主，以室内、短线蒸气养护为辅的方针。经改造后的扬州构件厂，新建一座三万立方米的搅拌楼，一级提料、电子秤计量、集中控制、粉尘污染处理较好，所有构件均为露天长线法生产。北京市第一构件厂生产能力已由五十年代建厂时的3.5万立方米，发展到1985年的21万立方米。北京市水磨石厂的生产能力由1954年建厂时的1.730平方米，发展到1985年的50万平方米。

建筑制品的工厂化生产，正在改变着建筑业的生产方式。一些新型的预制建筑结构件，日益为国内建筑工程所使用。如近年来推行的南斯拉夫整体预应力板柱体系，就是采用预制的板和柱，将板和柱吊装就位后，在纵横两向沿着楼板外侧，经过所有柱子，穿以钢绞线，施加预应力，从而产生相当的抗震能力。这一工艺，1985年已在9.5万平方米的房屋建筑上采用。

盒子结构，是整幢房间由预制的盒子（可以是一个房间，一个单元或卫生间、厨房）构件叠成。在盒子构件里，设备和装修都已经做好，因而预制程度大大提高，可达90%左右，施工现场只剩下平整场地，开挖基槽和运输吊装等工作。1986年建设部系统采用盒子结构建筑的房屋有15 914平方米，北京地区中外合资建造的丽都饭店、光明公寓等就是采用预制盒子进行装配的。1986年竣工的北京香格里拉饭店的卫生间，是在现场制作蒸气养护的盒子，该工程作为外墙的落地窗，也是事先在地面加工完毕，加以吊装组合完成。

此外，已经推广多年的砌块建筑、内浇外挂建筑也是使用建筑制品的建筑体系，施工面积仍在扩大。1985年这两种建筑的施工面达到256.7万平方米和505.9万平方米，分别比1980年提高24%和78.6%。

〔**混凝土制品的质量控制**〕

在各类建筑制品中，以混凝土制品的使用量最大，因此，混凝土制品质量的好坏，直接影响着建筑产品的质量。近几年，为了适应不断扩大的建设规模，各地纷纷建立了许多小型预制构件厂；但技术人员、检测手段，一时又难以同步发展，建筑制品，特别是混凝土制品的质量呈下降趋势，影响了建筑产品的质量。为此，1986年2月，建设部发布了《混凝土建筑构件厂营业管理规定》，对企业的开办、关闭、营业等级和技术资质及质量监督管理工作作了明确要求。如规定生产能力在一万立方米以上的一级构件厂，要求有与营业范围相适应的混凝土搅拌系统、钢筋加工车间、构件生产所需机具、设备、养护设施和场地，设有从事构件生产五年以上经历的总工程师或主任工程师为技术负责人，设有会计师或助理会计师，车间设有助理工程师或技术员以上的技术负责人，车间工长应有五年以上生产构件经历和相当于技术员的技术水平；工程技术人员的人数不少于职工总数的3%，具有技术员以上职称的工程技术人员不少于十人，生产工人中具有三级以上技术水平的人数不少60%；有保证产品质量的技术管理系统、质量检验机构和试验室，有对原材料和构件质量进行检验的设备，包括：万能试验机、压力试验机、钢丝应力测定仪、水泥软练试验设备、混凝土试配、标准养护室、构件结构检验和计量检测仪表等设备。这个规定用法规的形式从管理企业的角度保证了建筑构件生产的质量。

同时，根据《建筑技术政策》关于分级建立建筑制品产品的质量监督、检测机构，逐步建立产品许可证制度和认证制度，对产品生产发放许可证，优质产品发放认证证书和认证标志的措施，1986年在新组建的“建筑工程质量检测中心”中设立了建筑门窗、混凝土构件检测部。检测部将根据“国家级”和“部级”生产许可证制度，有步骤地开展工作，制定部优产品标志制度。

国际学术交流

（1985～1986年）

高德俊　邹宪荣

荣获国际学术组织名誉学位表　表1

姓名	名誉学位
茅以升	美国工程科学院院士
	加拿大土木工程学会荣誉会员
许溶烈	瑞典皇家工程科学院外籍院士
	美国深基础学会会员
	美国国际建筑官员组织会员
李国豪	加拿大土木工程学会荣誉会员
戴念慈	日本建筑学会名誉会员
张钦楠	澳大利亚皇家建筑师学会名誉会员
杜拱辰	欧洲（国际）混凝土委员会"研究和应用"顾问委员会荣誉成员
叶耀先	秘鲁工程师协会荣誉会员

担任国际学术组织领导职务表　表2

姓名	职务
何广乾	国际预应力混凝土协会副主席
吴良镛	国际建筑师协会理事会理事（1987年当选为副主席）
李国豪	国际桥梁及结构工程协会执委
高渠清	国际隧道协会执委
卢肇均	国际土力学及基础工程协会执委
唐本善	国际煤气联盟理事
叶耀先	国际建筑研究与文献协会理事会理事
刘开济	国际建筑师协会理事会副理事

在中国举办的国际学术会议　表3

年份	国际学术会议名称	主办单位
1985	生土建筑国际学术会议	中国建筑学会
1985	国际计算机在土木工程上应用会议	中国土木工程学会
1985	中法双边预应力学术讨论会	中国土木工程学会
1985	意大利塞柯钢窗研讨会	中国建筑技术发展中心
1985	中美地震危险性分析和现有建筑物抗震加固专题讨论会	建设部抗震办公室
1986	中日建筑中心交流会	中国建筑技术发展中心
1986	木框架结构建筑技术讨论会	中国建筑技术发展中心
1986	中法建筑技术讨论会	中国建筑技术发展中心
1986	中美砖结构抗震学术讨论会	建设部抗震办公室委托工程力学研究所
1986	中国——欧洲医院设计学术交流会	建设部设计局
1986	建筑设计与施工国际学术讨论会	中国建筑科学研究院
1986	城市抗震防灾国际学术讨论会	建设部抗震办公室
1986	中法建筑节能技术讨论会	中国建筑科学研究所

注：上列表1、2、3资料由中国建筑学会、中国土木工程学会、中国建筑科学研究院、中国建筑技术发展中心等单位提供。

中国建筑年鉴

3

地方概况

北京市建筑业概况

李燕秋　胡世德

1985～1986两年中，首都的建筑业在全面整顿，深化改革中取得了显著成绩，进一步加强了城市基础设施建设，较好地完成了重点工程和住宅等各项建设任务，城乡面貌有了令人瞩目的变化。

一、建筑队伍

〔**整顿**〕 北京市建筑业于1985年11月开始全面整顿，经过一年多的努力，已取得成效。清退不合理取费和提前工期奖310多万元；腾退长期占用建设单位的住房1 100多间。建立了市和区、县两级质量监督站，1986年受理委托监督的工程1 456项，总建筑面积710万平方米，比上年增长13倍，接受监督的构件厂147个、混凝土搅拌站6个。对全市建筑企业进行了资质审查工作，按照建设部颁布的企业等级标准，1986年6月核准了687个建筑安装企业，计40.5万人。此外，1986年1月还核准了106个构件厂和4个混凝土搅拌站。有398个集体建筑企业因素质太差被吊销营业执照。加强了工程定额管理，对全市概预算人员进行了培训，并组织了首次考核工作。本市和在京的224个单位、8 652人参加了考核，经过评定，1986年7月向其中3 417人颁发了资格证书。

〔**改革**〕 主要国营施工企业普遍实行百元产值工资含量包干，并使工资含量同质量、工期、竣工面积、利润、安全等挂钩，核定含量多数为17元。在企业内部采取多种形式的责任制，落实对国家承包的总指标。住宅、市政和部分重点工程实行了投资包干或工程预算造价包干，左家庄小区（31万平方米）按平方米造价包干后，仅用26个月即全部建成，比计划工期缩短三分之一。五座立交桥实行投资包干后，造价降低17%，工期也大大缩短。1984年9月通车的三元立交桥仅用9个月就建成，比计划提前一年。勘测设计单位推行承包责任制，进一步向企业化、社会化发展，市建筑设计院1986年人均产值达2万元，在全国优秀设计评选中，该院获奖项目占全国获奖总数的24%。用工制度改革取得较大进展，四家主要国营建筑企业已招用合同制工人1.7万人，建立了招收、使用、退休等一整套管理办法。城市建设实行综合开发进展较快，目前已有开发公司20多个，年开发总规模达开复工面积500多万平方米，竣工面积150万平方米。

〔**队伍**〕 到1986年末，全市建筑企业人数达61.3万人，其中市属单位52.5万人（其中国营26.3万人，集体26.2万人），中央在京单位8.8万人，外地来京的施工队伍约有5万人。

1986年全市全民所有制施工企业全员劳动生产率达到11 546元/人。

二、技术装备

〔**混凝土集中搅拌站**〕 到1986年末，已经建成并投入使用的混凝土集中搅拌站有18座，年生产能力100万立方米，目前供应混凝土量约60万立方米。

北京市西三环北小区

正在建设的有4座，年生产能力45万立方米。各搅拌站拥有搅拌车220辆、泵车33辆，引进成套搅拌设备12套，已基本做到从混凝土搅拌、计量到市内运输、现场泵送一条龙生产服务，并逐步向商品化、社会化发展。

〔**施工机械**〕 市建筑工程机械厂于1984年与法国波坦公司签订引进技术合同，开始生产FO/23B自升塔式起重机，该机具有80年代国际水平，最大工作幅度50米时吊重2.3吨，最大起重能力10吨。

市建筑工程总公司和住宅总公司分别试制成功高100米、起重量1吨的垂直运输架。市一建公司和机械施工公司、研究所分别试制成功起重量350公斤和500公斤的电动吊篮。

三、建筑制品和新材料

〔**建筑制品**〕 混凝土岩棉复合外墙板是国家下达给北京市的“六五”科技攻关项目，已建成一批试验性建筑，外墙厚25厘米，保温性能优于49厘米砖墙，1985年11月通过部级鉴定。1986年用于6.6米大开间住宅，外墙板厚度减至18厘米，已建成一万平方米试验性建筑。带大突窗套和折线窗的外墙板已在推行，在构件厂一次成型，以面砖或马赛克为饰面的外墙制品已用于外交公寓和彩电中心等公共建筑。各种装饰混凝土阳台栏板已大量采用，以玻璃钢、塑料或橡胶等为衬模，变化灵活，丰富了建筑立面。

适应抗震和平面变化的要求，北京大量发展了预制和现浇相结合，以预应力或非预应力薄板作底板的迭合楼板。这种薄板具备永久性模板、结构层、底面平整不再抹灰和顶面可敷设管线等多种功能，板厚5～8厘米，已由4米单向条板发展到5米左右整块双向板，最大跨度已发展到8米。这种薄板已推广应用到50多万平方米的建筑工程上。

〔**新材料**〕 1980年以来开发新产品130项，其中已投产60项。新型建材在全部建材产品中的比重由“五五”期间的3.8%提高到“六五”期间的14.6%。

在过去的五年中，装修材料增长了8.6倍。目前，已生产防水石膏板、薄木装饰板、中密度纤维板、PVC塑料发泡壁纸、高填充钙塑地板、防静电活动地板等，还引进了大理石薄板生产线，花岗石板材生产线，年生产能力40万平方米的水磨石生产线，年生产能力138万平方米的矿棉吸声板等。

门窗及配套材料方面生产了空腹新型钢门窗、铝合金门窗、防火系列门、球型门锁、三保险弹子门锁等新产品。卫生间及采暖设备方面生产了节水消声坐便器、玻璃钢系列产品、人造玛瑙浴盆面盆、壁板散热器等。墙体材料方面生产了由珍珠岩、粘土、煤矸石等制成的陶粒、粉煤灰、矿渣及用水泥、砂等制成的加气混凝土。

四、建筑科学技术

〔**科技成果**〕 北京市建筑市政环保系统获1985年国家级科技进步奖的科研成果有12项，其中北京市80、81住宅系列设计与研究获二等奖；获1985和1986年城乡建设环境保护部科技进步奖的有24项，其中“涂层无粘结预应力束成型工艺及其现浇平板成套技术”及“建设部标准《城市测量规范》”等分别获一等奖。

此外，为生产钢筋混凝土管材钢筋骨架而研制的“变径连续滚焊机”先后获1986年第14届日内瓦国际发明与新产品展览会银牌奖和第35届布鲁塞尔尤里卡国际发明博览会银牌奖。

〔**科技先进集体和先进个人**〕 1986年4月建设部召开了科技工作表彰大会，北京市有11个单位获科技先进集体称号，有34人获先进科技工作者称号。

五、建筑设计与施工技术

〔**建筑体系**〕 北京市建筑体系正在朝着提高使用功能、增加灵活性的方向发展。

住宅逐步采用大开间体系，临街住宅逐步发展底层为大空间的商业住宅楼。高度在50米以上的塔式住宅已基本上采用大开间（4.8～6.0米）、大进深（4.5～7.2米）的全现浇建筑，承重墙用大模板或滑模施工，楼板现浇或迭合。50米以下的板式高层住宅，1986年完成了三栋标准层为大开间(6.2～6.8米)、底层为大空间(200～300平方米)的商业住宅楼试点主体工程。外围护墙预制（条板、用小开间外墙板拼装及6.6米整间外墙板等多种做法），内承重墙用大模板现浇，楼板现浇或迭合，隔墙采用增强石膏空心条板、加气混凝土条板或用成组立模生产的5厘米厚混凝土板。此外，还建成三栋开间7.2米，进深20米、无内外承重纵墙的7层公寓，现浇楼板厚16厘米，用无粘结预应力张拉，板、墙采用飞模和大模板施工，纵向抗震依靠两端纵向剪力墙。1986年建成第一栋铸铝模板高层住宅。多层装配式大板建筑发展了外砖内板体系。

旅馆客房楼多数采用与住宅类似的建筑体系，新建成的兆龙饭店和昆仑饭店等采用整间大的预应力薄板迭合楼板（开间4.2～4.5米，进深5.2～5.3米），承重墙用大模板现浇。国际饭店平面采用3个弧形，开间7.5～9.0米，该工程提供了大面积滑模（每层2460平方米）、高空作业（60～80米、19～24层）、冬季施工（－8℃）的经验。

第一批采用筒体的彩色电视中心播出楼和中国银行金融大楼已于1986年建成。相继建设的科技交流中心和新华社业务楼采用内外筒滑模工艺。北京饭店贵宾楼和科技活动中心采用大空间板柱剪力墙体系，楼板采用无粘结预应力张拉，跨度分别达10米和8.5米，并降低了层高，用整间大的铝飞模，施工方便。在王府井等繁华地区，用升板升层无柱帽板柱体系建成了一批商业楼。对高耸和大跨度的建筑已经采用了钢结构，第一座钢结构高层香格里拉饭店已于1986年建成。京城大厦（高183.5米、52层）、长富宫（高91米、26层）、国际贸易中心（高150米、38层）、京广大厦（高204米、53层）等一批钢结构工程正在施工。

〔**地基基础**〕 1982年以来，国际大厦、科技活动中心、急救中心、新华社、京西宾馆、京城大厦等几十项工程采用土层锚杆技术，锚杆进入土中深度可达30米，用预应力锚固。

王府井饭店采取了地下连续墙施工技术，在约100×100米基坑的四周，用抓斗和泥浆护壁开挖深20米、宽60厘米的沟槽，形成有3～4层锚杆的地下钢筋混凝土连续墙。既是基坑支护结构，又是地下室的外墙主体结构，地面建筑物距连续墙最近只有40厘米。京广大厦也采用类似技术施工。

〔**装修防水**〕 近年来，适应装饰混凝土等外墙装修的发展，推行了多种耐污染、耐久和质感好的厚质及浮雕型外墙涂料。一些标准较高的建筑外墙较多地采用面砖和马赛克饰面，相应地发展了多种粘结技术。

室内装修装饰做法日趋丰富，各种室内喷涂、建筑塑料制品、石膏制品以及水磨石、大理石制品等有了较广泛的采用。

防水工程从改进材料、设计和施工做法着手，着重解决好卫生间、厨房、屋面、地下室、外墙面的渗漏。积极发展多种耐老化、有一定弹性、易于操作的新型防水材料，逐步扩大了冷作业施工。

〔**建筑节能**〕 近两年，着重从以下三个方面解决外墙保温问题：外墙体采用带空气夹层的内保温复合技术，门窗缝采用节能密封带以及在玻璃窗框粘贴上透明薄膜。

〔**市政技术**〕 在道路工程上全面推行了粉煤灰石灰砂砾混合料，逐步代替级配砂砾，以提高路面材料的回弹模量值，并增强路基的抗剪切能力。

桥梁工程中，横跨东三环路的大北窑立交桥，首次采用了跨全长105米的栓焊箱形变截面连续梁钢结构，中跨39米，中高仅70厘米，结构轻巧。

地下铁道复兴门底层折返线1986年8月开工，采用暗挖法，不影响地面交通，又无需拆迁。

污水再生回用技术已进行了中间试验，拟首先

北京国际饭店主楼

用于方庄住宅区。

顶管施工有了新的发展，在中医研究院内，用机械顶管将直径800毫米的混凝土管在楼房基础下安全穿越。

六、建设发展与成就

〔**城市基础设施**〕 “六五”期间，城市基础设施投资比“五五”期间增长近一倍。新建、改建4座水厂，新增日供水能力34万吨。完成了北京煤气厂扩建、首钢煤气进城和华北天然气进京一期工程，新发展煤气家庭用户16.7万户，为“五五”时期的4.5倍，城近郊已有102万户居民用上气体燃料。新增集中供热面积350万平方米，联片供热317万平方米。新增邮电局（所）52个。改建、扩建电话局54个，装机容量21.4万门，增长80.6%。城市道路总长度增加16.9%，面积增加54.1%，改善了内二环路，打通了三环路。新建公路、铁路立交桥38座，完成了地铁二期工程。新建、改建公路1 428公里，各村镇之间基本上有公路相通。

1986年新建成通县水厂、城子水厂；日供水能力近期50万吨、远期100万吨的水源九厂已于1986年6月动工。新建成北郊液化气灌瓶厂，从东南郊至西北郊35公里天然气输气管线正加紧建设。永定河引水渠污水截流木樨地至田村段工程已于1986年12月完工，近百万人饮用水质得到改善。环卫工程，1986年投资5 300万元，在远郊区开辟了5处垃

圾堆放场，日消纳垃圾6 000吨。为第11届亚运会召开，已开始兴建北四环路、北中轴路等一批骨干工程；三环路继1985年建成蓟门、马甸、安贞三座立交桥后，1986年仅用6个月时间建成大北窑立交桥，还建成一批过街天桥和地下走廊。

〔**房屋建筑**〕 “六五”期间，城市各类房屋建筑竣工面积为3 942万平方米，比“五五”期间增长了83%，其中住宅竣工2 317万平方米，比“五五”时期增长1.2倍，建成10万平方米以上的居住小区22个。

近两年，安排在北京地区的国家重点工程达25项，肉类食品综合研究中心、国际电信局、北京化纤厂长丝车间。中央彩电中心等工程陆续竣工。还建成了中国国际展览中心、首都体育馆综合练习馆、外交使馆大楼、国际大厦、金融大楼等重要工程。完成急救中心等医疗用房14万平方米，教学用房30多万平方米。交付使用的饭店有兆龙、燕春、昆仑、香格里拉、惠中、东方饭店等。

第11届亚运会工程，首批体育场馆于1986年9月开始建设。北京目前最大的住宅区方庄(总建筑面积266万平方米、总用地147.6公顷)1985年即开始建设市政道路工程，第一批住宅已于1986年9月开工。

1985年和1986年分别竣工892.2万和904.3万平方米的房屋建筑面积。其中，1985年和1986年分别建成住宅475.6万平方米和501万平方米。

〔**公园建设**〕 1980年以来，新建、扩建了18个公园。陶然亭公园修建了历史名亭区，崇文区扩建了龙潭公园东湖景区，石景山新建了雕塑公园和石景山游乐场，丰台区新建了体现花乡特色的丰台花园，宣武区兴建了北京大观园，朝阳区新建团结湖公园和水碓子公园，海淀区兴建圆明园遗址公园，恢复了福海、万春园水面800亩。有些郊区县也根据各自的自然特色修建了燕山公园（燕山区）、西海子公园（通县）、白河郊野公园（密云）、龙庆峡风景区（延庆）、金海公园（平谷）、晨曦公园（房山）等。

〔**城镇房屋普查**〕 北京市自1985年1月至1986年5月在19个区县的611平方公里地域内进行了城镇房屋普查。截止1985年底，全市城镇房屋建筑面积已达14 410万平方米，其中90.5%的房屋是新中国成立后修建的。全市城镇共有私人房屋725万平方米，占房屋总数的5.03%。全市城镇房屋中有46.3%是住宅，13.2%是教育、医疗、科研用房，6.2%是商业、服务用房，1.9%是文化、体育、娱乐用房。在住宅中，有47.38%是成套住宅。全市城镇人均居住面积为6.67平方米，比1978年提高了2.12平方米。在所查的123万户居民中，41.1%有暖气设备，17.8%有管道煤气设备。全市平房面积6 481万平方米，占45%；6层以下楼房7 178万平方米，占49.8%；7层以上有751万平方米，占5.2%。

主要市政公用工程简表 表 1

项目名称	规模	起止日期
田村山水厂	17万吨/日	1983.5～1985.6
通县水厂	2.9万吨/日	1983.5～1986.9
城子水厂	4.3万吨/日	1983.6～1986.5
北郊灌瓶厂	8万吨/年	1983.4～1986.12
左家庄供热厂(一期)	100百万大卡/时	1983.6～1985.10
玉泉山路(一期)	4.8公里	1985.12～1986.9
东直门外大街	1.2公里	1986.5～1986.11
车公庄路口	0.5公里	1986.5～1986.9
大北窑立交	360×16.6米	1986.5～1986.11
小月河治理	9.3公里	1984.11～1985.6
北土城河治理	6.4公里	1984.12～1985.6
垃圾堆放场	6000吨/日	1985.12～1986.2

主要公共建筑简表 表 2

项目名称	建筑面积(平方米)	起止日期
国际大厦	48 805	1982.4～1985.4
外交使馆大楼	33 493	1982.4～1985.6
中国国际展览中心	26 151	1984.1～1985.6
首体综合练习馆	10 500	1984.1～1985.7
兆龙饭店	24 426	1983.2～1985.9
昆仑饭店	82 898	1982.12～1986.12
中国文联文艺中心	15 245	1983.12～1986.8
中央彩电中心	104 000	1983.5～1986.12
国际电信局	23 000	1983.12～1986.5
北京化纤厂长丝车间	19 458	1981.4～1986.9
北京市急救中心	11 160	1985.9～1986.12
肉类食品综合研究中心	10 677	1985.3～1986.3

天津市建筑业概况

王永凡　杨建华　李祺联

随着天津各项建设事业的蓬勃发展，建筑业已成为全市一个重要的物质生产部门，为建设现代化的城市，作出了重要的贡献。

1985至1986年期间，天津全市房屋竣工面积1 218.4万平方米，建成投产或交付使用的大中型建设项目共有1 203个，建成投产更新改造措施项目3 361个。

一、建筑队伍

〔**施工队伍**〕 到1985年底，县级以上的全民所有制和集体所有制建筑企业88个，职工21.76万人，其中，中央部直属企业26个，职工7.64万人；地方全民所有制企业41个，职工12.53万人；集体所有制企业21个，职工1.59万人。另外，市郊和各县农村建筑队达1 137个，职工人数16.9万人。全市建筑施工队伍1985年为38.66万人，1986年为39.04万人。经过三十多年的锻炼，这支队伍已能承担结构复杂的工业建筑、高级民用建筑，以及修建古典建筑。1985年，全市建筑企业完成施工产值26.17亿元，比上一年增长28.7%，1986年完成27.59亿元；1985年全市建筑安装企业全员劳动生产率，按施工产值计算，达到10 633元/人，比上一年提高19.5%，创历史最高水平，1986年全员劳动生产率为11 538元/人，其中，全民所有制建安企业全员劳动生产率为12 364元/人，人均竣工面积20.2平方米，工程质量优良品率为57.6%（按项目计算）。中环线（西半环）工程被建设部评为1986年度优质工程二等奖。

〔**建筑业改革**〕 继续推行建设工程招标投标承包制，全市招标工程占当年新开工面积的16.05%，实行招标的工程一般比定额工期提前20%左右，工程质量也比非招标工程受到了普遍重视。实行百元产值工资含量包干，调动了职工的生产积极性，经济效益有较大幅度提高，据1985年统计，每支付一元超额工资及奖金可多创产值20元。在改革用工制度方面，大量使用合同工、临时工，成建制使用民工队分包联营，对搞活企业起了重要作用。1986年仅建工、市政、房管施工企业就使用了农民合同工7 350名。全市城建系统各建筑公司，还把企业整顿与改革经营方式结合起来，改变单一生产型为生产经营型，因地制宜开展多种经营，组织不适宜在施工一线劳动的职工兴办第三产业。1985年底，计有独立核算、自负盈亏的多种经营点（工业、商业、服务业等）330个，安排职工16 226人，年营业额达9 000多万元，实现利润1 200多万元。实行工程质量社会监督，强化质量监督体系。1985年以来，全市先后成立了市、区两级工程质量监督站8个，已经对368项工程，143万平方米的建筑实行监督。建筑企业内部的工程质量控制体系也相应进行了改革。为逐步推行住宅商品化，对城市建设实行综合开发。目前，全市共有各类建设开发公司29个，1982至1985年出售商品房133万平方米，1986年仅市建设开发公司就售出商品房45万平方米。

〔**建筑教育**〕 截至1986年，建委系统共拥有大学和中等学校70所，其中，普通大学1所，职工业余大学5所，全日制中专6所，职工中专8所，技工学校4所，职工学校46所，教育基地57 265平方米。在校学生总数已达到10 501人，应届大中专毕业生1 728人。各职工学校根据企业实际需要，1986年举办了各种类型的职工培训班262个，参加人数达22 000多人，约占全系统职工的10%，提高了职工的政治、文化、技术素质。

二、技术装备

〔**施工机械化**〕 为适应建设需要，近两年各施工单位增置了部分机械设备，逐步地进行补缺配套。以建工局为例，到1985年底，所属企业拥有机械设备7 800台，后方加工维修设备637台，设备总值18 972万元，总动力23.31万马力。1985年从联邦德国、日本等国家购置价值人民币1 312万元的塔吊、打桩机等63台。据1986年统计，全市建安企业共有土方机械839台，石方机械545台，起重机械986台，混凝土机械2 423台，运输机械4 739台。全市总机械装备净值达3.21亿元。土方、起重吊装、场内水平运输、混凝土和抹灰等五大工种机械化程度都有不同程度的提高。按人均计算的技术装备率，1985年建筑工程局为2 439元，5.3马力。市政工程局为2 858元，5.7马力。1986年，全市人均技术装备率为2 256元，平均每个工人为3 620元。动力装备率平均每人3.7千瓦，每个工人5.9千瓦。

三、建筑材料

〔**新型材料**〕 “六五”期间，先后研制成功陶质饰面砖、玻璃钢卫生间、氰聚塑直埋管、丙烯酸涂料、彩砂涂料等10余种新型建筑材料，并已形成生产能力。天津国际商场外墙采用陶质饰面砖装修，第一工人文化宫外墙采用丙烯酸涂料粉刷，均受到社会各界好评。

目前，天津新型建筑材料生产厂家共有20多个。其中，隶属市建材局的厂家8个，其余多数是乡镇企业。主要新型材料有加气混凝土、粉煤灰陶粒、抽孔石膏板、珍珠岩保温材料和内外墙涂料等40多种。1985年生产卫生陶瓷11万件，陶土管2 920吨。滤水器和瓷滤芯年产10万支，新型液体滤清器具荣获国家经委颁发的新产品金龙奖。粉煤灰制品每年可用掉粉煤灰24万吨，占年排出量的57%。

四、建筑设计与建筑科学技术

〔**建筑设计队伍**〕 到1986年底，全市有市属勘察设计单位103个（内含集体单位5个），职工总数6 868人。其中，技术人员3 678人，内有高级工程师95人，工程师1 582人。1986年完成4 951个项目，建筑面积433万平方米的设计任务。在建设部组织的1986年全国优秀设计评选中，我市中环线工程荣获优秀设计一等奖，南围堤河泵站、疏港公路两项工程荣获优秀设计二等奖。此外，中央在津的勘察设计单位还有20个。各勘察设计单位已普遍对外实行收费，对内实行技术经济责任制，逐步向企业化、社会化的方向发展。

〔**建筑科研成果**〕 近两年完成科研成果30余项，其中有16项分别获建设部颁发的科技成果奖、科技进步奖和天津市科技成果奖。另外，撰写出学术论文20余篇。

以应用技术为主开展的科学研究，通过在施工生产中推广，发挥了重要作用。①利用工业废料粉煤灰制作的轻型建筑材料，得到了进一步推广，天津生产的粉煤灰陶粒已在全国12个省、市大型工程中采用，如南京长江大桥公路桥路面、北京长城饭店、西苑饭店旋转餐厅等。②提高地基承载力及加固地基方法的研究有新进展，在系统研究的基础上，目前已着手编制天津市统一的地基基础设计、施工规程。“混凝土单桩垂直承载力计算公式”的提出，比现行计算方法提高承载能力10%；“振动灌注桩加钢筋笼工艺的研究”，既解决了灌注桩工艺方法上的难题，又为广泛采用灌注桩加固地基开拓了新途径。③施工工艺及设备研究有新的进展。“固定平模养护混凝土板材”新工艺，达到国内先进水平，并从建筑基础、主体施工到预制构配件生产初步形成了系列化的施工技术。“TG粉煤灰砂浆内檐一次抹灰”，获建设部科技进步三等奖。新研制的“JD250型混凝土搅拌机”获国家新产品奖。另外，聚乙烯整体塑料门在建筑中的应用，也受到了普遍的好评。④大胆运用新兴的科学理论指导设计。1985年，在中环线（西半环道路工程设计中，采用交通工程学理论，将路面分隔带间距加长，路口采用渠化设计，丁字路口设远引岛等，减少了次干道交通对主干道的干扰，提高了设计车速。在立交桥设计中，创造性地把匝道由地面改到空间，减少立交层次，节约了投资，减少了占地和拆迁，造型新颖，经济美观。道路设计中，基础由轻型击实改为重型击实，灰土和路面的联结层采用大粒径黑色碎石，提高了路面结构的整体强度和稳定性。建筑行业的构件管理及建材生产工艺控制，部分采用电子计算机，收到良好效果。

五、建设发展与成就

〔**工业建筑**〕 1985～1986年，新建工业建筑面积262.1万平方米，约占全市各类新建筑总面积的21.5%。建成投产或交付使用的主要项目有：天津港新增吞吐能力60万吨，化纤厂涤纶长丝8 000吨，电炉合金钢10万吨，新工艺硬质碳黑1.5万吨，天津油漆厂丙烯酸树脂漆2万吨，电冰箱40万台，飞鸽自行车150万辆等。

〔**住宅建筑**〕 近两年来，天津市共新建住宅670.6万平方米，约占全市同期新建各类建筑面积的55.03%。据1985年统计，全市人均居住面积达到5.6平方米，1986年达到6.0平方米。1985年完成

天津凯悦饭店

改造“三级跳坑”住房1.8万间，25万平方米；1986年改善了4 100间地下室的居住条件，仅此两项改造工程，即为万余户居民改善了居住条件。

“六五”期间，全市用于住宅建设的投资占固定资产投资额的19.9%，累计新建城镇住宅1 712万平方米，相当前三十二年建成住宅1 505万平方米的1.1倍。有计划地建设新城区和改造老城区相结合，先后开辟了体院北、万辛庄、长江道等10个新居民区，建成了9幢15层以上的高层住宅。市内建成一万平方米以上的成坊式、成群式住宅小区共达55处。自1983年以来，坚持以修房为重点，对市内主要街道和建筑物进行了路、楼、墙、院和上下水等综合整治，既恢复了原有建筑的艺术风貌和特色，美化了街景，又提高了建筑以及街道的全面功能。四年来，共整修街道150多条，整修楼房7 261幢，平房2万余间，围墙16.7万延米。

〔**文教卫生建筑**〕 1985年，修建了全长687米、建筑面积1.7万平方米的古文化街，同时修复了天后宫、文庙、广东会馆、吕祖堂4处古建筑。利用这些古建筑创建了戏剧博物馆、民俗博物馆和义和团纪念馆，并已对外开放。1986年，新建扩建了20所小学；基本建成了天津理工学院，完成了财经学院教学楼和师范大学学生宿舍等大专院校工程项目；建成了卫星电视教育台，并已开播节目；完成了电台调频立体声广播系统改造，正式播放节目；建成了中山门、北郊等7所医院。

据1986年统计，天津市共有高等学校28所，其中培养研究生的学校已达12所，中等专业学校、职业中学和农业中学338所，中学751所，小学3 274所，托幼园所6 368个。近两年总计新建教育用房65.4万平方米，约占全市同期新建各类建筑总面积的5.3%。

到1986年底，全市影剧院已达127个，共有座席131 814个。

全市医院截至1986年，为282所，共有病床27 247张。近两年新建医疗建筑面积为17万平方米，约占全市同期新建各类建筑总面积的1.3%。

〔**生活配套建筑**〕 1985年，在建成建筑面积达1.4万多平方米的国际商场同时，建成9条小型的风味食品街和9条服装街；建成青少年儿童活动中心的第一期工程；建成海河游乐场和水上运动俱乐部；完成了蓟县古长城第一期修复工程。1986年，建成了建筑面积达4.1万平方米的南市旅馆街；河西体育馆建成并交付使用。

〔**市政公用设施建设**〕 1986年末，全市实有铺装道路1 091.31公里，1 202.64万平方米，道路网密度达到每平方公里3.86公里。桥梁123座，其中永久性桥梁112座。中环线道路工程于1986年7月1日

天津海河西岸小花园

全线贯通，全长34.5公里，路面全宽50米，沿线与14条放射线干道相交，途经市内6个区。修筑道路140.8万平方米，桥梁7座，立交桥9座，铺设排水管道69.5公里，同时完成电力、电讯、路灯、煤气、自来水、交通信号、园林绿化等配套工程。全部工程仅用10个月的时间完成。1986年，开始建设外环线工程，组织全市30万人参加义务劳动，仅用25天就完成了环绕东西南北四郊，全长71.1公里，581万立方米的土方工程。

1985～1986年，新铺设供水管道209.6公里，年售水总量已达3.66亿吨，市区人均日生活用水量达到125.6公升，比“六五”前的1980年增长57%。

据统计，近两年全市共新铺下水管道161.9公里，建成泵站18座，总受益面积达130平方公里。

到1986年底，东郊煤制气厂已建成调试，设计能力60万m^3/日。液化石油气年销售量达3.48万吨，天然气年销售量达10 074万立方米，民用户共计613 354万户，比1984年增加35.85万户，市区居民气化率达到62.2%。

全市现有50个公园，市区人均占有绿地1.88平方米，市区绿化覆盖率达到11.97%。到1986年底，共建成114片庭院式绿化小区，新建绿地96.7万平方米。

〔**乡村建设**〕 近两年，全市农村共建成住宅52.17万间，建筑面积783.2万平方米，其中建成楼房达11.7万平方米。几年来，新修建了2 300公里乡村沥青铺装路面，并做到全部绿化，使80%的乡开通了客运汽车。自来水入户达72万户，全市农户的自来水普及率达到96%。

河北省建筑业概况

吕德浦　张玉兰　王海云

近两年，河北省建筑业在经济体制改革和有计划商品经济的条件下，有了较大的发展，从业总人数已达120万人。除承担本省建设任务外，有60万人分别在京、津、晋、内蒙古，以及东北、西北等地承担大量施工任务。

一、建筑队伍

〔**施工队伍**〕 自1984年以来，全省建筑业围绕增强企业活力这个中心环节，实行简政放权等一系列改革，促进了建筑业的发展。到1986年，全省建筑安装企业中：地方全民所有制企业152个，职工18.29万人，在省内外承担着国家、省内重点项目和较大型工业性项目的建设；城镇集体建筑企业241个，职工13万人，是全民所有制企业的辅佐力量，以承担小型工业性项目和民用建筑为主；乡镇和个体施工企业5 908个，从业人数83万，这支队伍已成为城乡建设的重要补充力量，以承担零星土建、农房建设、修缮业和提供劳务为主。

全省建筑业主要进行了以下五个方面的调整和改革。

第一，调整管理机构。1985年1月，建设厅将委托省建筑总公司代行的部分行政职权收回，以利于省建筑工程总公司集中精力搞活省属企业和抓好对外业务工作。随后，于1985年2月，为打破基本建设多头管理的混乱局面，省政府将省计委的基本建设管理工作，划归省建设厅。1985年3月，建设厅将省建筑总公司所属的一公司、三公司分别下放到保定市和秦皇岛市。1986年9月23日，为了加强对城乡建设的全面管理，撤销建设厅，成立河北省建设委员会。各省辖市也相继调整了建筑业和基本建设的管理机构，除唐山市已有建委外，石家庄、保定、秦皇岛、张家口、邯郸五市均陆续成立了建委，承德、沧州两市成立了建设局。

第二，积极推行和完善各种形式的承包责任制。

1985年初制定颁发了《河北省建筑安装工程招标投标实施细则》，各中心城市均成立了专门管理机构。全省有149个地方全民施工企业，推行了不同形式的承包责任制，推行面达80%。其中：通过投标承包的工程达1 079项，建筑面积216万平方米，占施工总面积的22%。实行概算或施工图预算包干的工程2 207项，建筑面积253万平方米，占施工总面积的26%。实行平方米造价包干的工程909项，建筑面积179万平方米，占施工总面积的19%。实行小区包干的工程304项，建筑面积51万平方米，占施工总面积的5%。在企业内部，按照所有权与经营权适当分开的原则，划小了核算单位。实行百元产值工资含量包干的企业有60多个，推行面达40%以上。一线生产工人实行超定额计件工资制，对二、三线人员，按责任、贡献大小、考核计奖，经济效益好的企业，实行岗位津贴、浮动工资、企业津贴等。此外，还开展了多种经营。对老弱职工和不适合生产第一线的女职工，组织劳动服务公司，减轻了企业负担。

第三，积极开展横向联合。省建筑总公司、省建一、四公司，邯郸一公司已分别和新城县冀新建筑公司、定兴县建筑公司、定洲四建公司、城安县建筑公司联合。各地市县的集体和乡镇施工企业也积极同技术雄厚、管理水平高、设备强的施工企业联合。

第四，加强工程质量监督。目前，全省已有9个省辖市、4个地区110个县（市）建立了工程质量监督站。建立质量检测中心13个，其中省检测中心1个，地市3个，县9个，共有质检人员824人。质量监督部门和企业内部的质量保证体系密切配合，促进了全面质量管理的推行。

第五，整顿建筑市场。1986年初，根据建设部《关于认真整顿建筑市场的通知》，在全省范围内开展了建筑市场的整顿工作。省建委颁发了《加强建筑市场有关问题的处理意见》。通过整顿，工程质量得到了基本保证。

1985年～1986年主要经济指标情况详见表1。

〔**建筑教育**〕 河北建筑工程学院和河北工学院土建系为全省培养高级建筑专业人才，每年毕业大学生617人，在校生1 030人。全省共有职工中专7所，每年毕业中专生750人。1985年以来，成人教育成绩显著，各类大专班的毕业生1 250人，在校生2 030人。成人中专毕业生1 250人，在校生1 770人。有104名经理，通过培训，参加了国家统考，180名干部被选送到建设部委托的高等院校学习。全省建筑类职业高中42所，85个班，年招生2 715人。还成立了河北省集体建筑企业培训中心，第一批学员50名已经结业。

地方全民所有制建安企业技术经济指标情况　　表 1

年份	施工面积（万m^2）	竣工面积（万m^2）	竣工率（%）	工程成本降低额（万元）	工程成本降低率（%）	施工产值（万元）	劳动生产率	优良品率（个/m^2）
1985	976	479	49.1	6 347	5.5	126 663	7 494	66.6/72.4
1986	951.2	481.9	50.7	3 723	2.8	144 634	8 339	59.4

城镇集体所有制建安企业主要经济指标情况　　表 2

年份	企业个数	职工平均人数	施工产值(万元)		全员劳动生产率	施工面积	竣工面积		房屋竣工率（%）
			绝对值	平均增长速度（%）			绝对值	平均增长速度（%）	
1985	241	119 860	69 882	20.1	5 830	647	386	8.8	59.7
1986	241	128 000	79 183	18.7	6 186	703	448	6.8	63.7

注：平均增长速度以1981年为基期。

二、技术装备

〔**工程机械化**〕　随着新结构、新工艺的推广，施工机械化程度不断提高，全省13种主要机械设备均有增加。

建设部系统主要工种机械化程度情况表　　表 3

项　　目	1985(%)	1986(%)
综合机械化程度	43	46.9
土石方工程	61.3	54.1
桩基工程	100	100
起重吊装工程	99.5	96.4
场内运输	35.1	42.8
混凝土工程	61.3	64.8
抹灰工程	7.7	8.4

〔**队伍装备**〕　1985年机械设备原值3.8亿元，净值2.7亿元，总功率62.4亿马力，人均技术装备率1 695元，动力装备率3.86马力/人。1986年地方全民及城镇集体建筑企业共拥有机械设备68 279台。其中：地方全民41 922台，净值3.3亿元，技术装备率1 953元/人；城镇集体26 357台，净值1.03亿元，技术装备率826元/人。

三、建筑制品与新材料

〔**混凝土制品**〕　建筑构件逐步走向工厂化、规格化、标准化。1985年以来，长线台张拉预应力、挤压成型、蒸汽养护等生产工艺，已由地方全民企业推广到城镇集体和乡镇企业。到1986年，全省建工系统国营混凝土预制厂5个，年产各类混凝土构件4·6万立方米，完成工业总产值819亿元。集体企业构件厂500多个，年产各类构件520万立方米，完成工业总产值8.2亿元。

〔**钢木制品**〕　目前，全省仅建工系统拥有木材加工厂7个。由于广泛开展“以钢代木”，木材的加工量有所减少。1985年加工锯材80 936m^3，制作木门窗754 878m^3；拥有金属构件厂10个，制作钢模3 860吨，金属结构件3 281吨，年产钢窗48 562平方米。

〔**新材料**〕　1986年，河北化工学院研制成功了“水泥结晶仿理石”，荣获国家发明金牌奖。该产品经省侨汇公司安排由保定市建筑工程公司生产。此外，加气混凝土、白水泥、钙塑泡沫装饰板、吸声板、石膏板、塑料地板、各种粘结剂等新材料从质量、数量上比前几年都有较大幅度的提高和增加。

四、建筑科学技术

〔**科研队伍**〕　省科研所设有建筑材料、建筑结构和建筑设计三个研究室，职工59人，其中科研人员41人。邯郸、张家口两市也先后成立了建筑科研所。此外，各地方主管部门和大型设计、施工单位都设有科研机构。

〔**科技成果**〕　1985年到1986年，全行业获得科技成果奖的有5项：省建筑设计院唐山抗震纪念碑设计方案，在1985年全国征集方案中获二等奖；张家口市建筑总公司，内砖板外砌住宅建筑体系，1985年获省四等奖；石家庄市建二公司综合加工厂，冷拔钢丝加工联动线获省四等奖；“农村家用沼气池建池技术”获省科技进步四等奖；“干法振动成孔器及砂石桩复合地基”获省科技进步二等奖、建设部科技进步二等奖。

五、建筑设计与施工技术

〔**设计队伍**〕 除省、地、市属骨干设计单位外，各行业、工厂企业及县相继成立了一批设计单位，到1986年底，全省共有设计单位187个，职工人数达9 043人，1985年设计建筑面积912.3万平方米，设计项目6 808项，完成投资50.9亿元，年收入4 041.1万元。

〔**建筑与结构**〕 全省地市以上的勘察设计单位，一般都能独立承担大型工业建设项目和使用功能要求较高的民用建筑项目的设计。近两年，逐步形成的新结构、新工艺建筑体系中，建工系统建筑面积为128万平方米，占全年施工面积的15%。其中，钢筋混凝土框架建筑16.9万平方米（包括轻质墙建筑14.3万平方米，框筒、筒中筒建筑2.6万m^2）；钢结构建筑8.5万平方米（包括24米以上大跨度屋盖6.8万平方米，框架结构建筑1.7万平方米）；内浇外砌95万平方米；全现浇2万平方米；滑模建筑4个；新型模板建筑3万平方米；在内外墙体装修方面，已采用各种涂料；在屋面防水方面，采用了冷防水新材料。

〔**施工技术**〕 逐步推广应用了盒子建筑、升板建筑、滑模建筑、新型模板施工等新工艺。邯郸市第二建筑工程公司，应用了飞模新工艺。现在，不仅能承担高层高级的民用建筑，而且还能承担能源、交通、冶金、化工、化纤等大型项目的建设。在主体结构上，继续发展了预制装配技术和预应力技术以及混凝土的各种现浇技术。如石家庄市长安路办事处工程，采用的提模框架工艺是我省自行设计的，在应用中已取得成效。在装修方面，发展了机械抹灰、彩色弹涂技术、块材镶面技术等。在安装技术中，进行了大型空间网架的整体安装、大型工业生产设备的整体吊装。在住宅设计和施工中，试验太阳能采暖和热水供应系统，以节约能源。

六、建设发展与成就

〔**房屋建筑**〕 “六五”期间，全省完成基本建设投资每年平均递增5.1%。1985年完成投资34.6亿元，房屋竣工面积以年平均6.7%的速度递增。1985年建成各类房屋710.8万平方米。其中：住宅401万平方米，文化教育用房70.8万平方米，工业厂房43.8万平方米，仓库26.4万平方米，医疗建筑15.8万平方米，商业服务建筑40.3万平方米，办公用房76.2万平方米，其他建筑36.5万平方米。

〔**工业建筑**〕 1985年，完成生产性建设投资18.3亿元。建成引滦南线输水工程，年输水量为80亿立方米。部分建成投产的大中型建设项目约30多个。其中：能源建设方面新建扩建了峰峰、邢台、开滦矿区，共新增开采能力1 050万吨。建成装机容量40万千瓦的邢台电厂，输电线路665公里。建成秦皇岛耀华玻璃厂浮法生产线和砂岩矿，新增平面玻璃生产能力150万标箱，沙岩22万吨。

〔**城市建设**〕 1985年，全省12个城市，城区总面积480平方公里，市区人口735.7万人，占全省总人口的13.1%。“六五”期间，建成住宅2 784.6万平方米，为前29年住宅总面积的1.9倍，城市人均居住面积5.2平方米。到1985年，城市集中供水工程共投资2.54亿元，建成供水管网2 794公里，日供水能力达到144万吨，加上企事业自建水源363万吨/日，城市居民生活用水普及率达85%；排水工程共投资1.7亿元，修建排水管道1 789公里；新修筑公路2 200公里；铺装路面2 172平方米；建成桥梁410座，其中立交桥69座。

〔**古建筑修复**〕 建国以来，国家对文物古建筑极为重视，拨专款总投资达2 000多万元，特别是国务院1976年批准的承德避暑山庄外八庙10年整修规划的实施，先后修复55组古建筑，总面积9.3万平方米，使承德这颗塞外明珠又焕发了新的光彩。

唐山百货大楼

秦皇岛建设日新月异

杨印田

秦皇岛市位于河北省东北部，北倚燕山，南临渤海，万里长城横亘东西，是沿海开放城市之一。它有北方不冻良港——秦皇岛港、避暑胜地——北戴河和历史古城——山海关。其总面积为7 753平方公里,其中市区面积363.2平方公里；人口为228万人，其中市区人口43.6万人。

建国以来，秦皇岛市建筑业发展很快，现已初步形成由勘察设计、建筑安装、预制加工，以及建筑机械修造等单位组成的产业部门。1986年全市共有建筑职工66 496人，比1952年增加44倍。建筑队伍的技术水平不断提高，从承担结构简单的传统建筑，发展到承担多层及高层的民用建筑、结构复杂及技术先进施工难度较高的大中型工业项目。从1952年至1986年共建成房屋面积565万平方米。

秦皇岛市交通十分发达,港阔水深、不淤不冻、腹地辽阔，年吞吐量居全国第二位。京沈、京秦铁路贯穿境内，公路四通八达，民航班机已开通。铁路、公路、海运航线相互连接成网，是华北与东北两大经济区的咽喉，是山西煤炭和大庆石油外运的海陆联运枢纽。秦皇岛港从“五五”计划开始进入大规模的建设时期。原油码头一、二期工程共三个泊位先后于1974年和1984年建成投产,其中2万吨级泊位两个，5万吨级泊位一个,原油输出能力为1 500万吨。与原油码头同时建成投产的还有3个3 000吨级的燃料油泊位。新煤码头一、二期工程四个泊位先后于1983年底和1984年底建成投产，其中2.5万吨级泊位1个，5万吨级泊位3个,年吞吐量为3 000万吨。港口装卸设备自动化程度较高。煤码头三期工程3个泊位。计划1988年建成投产,其中3.5万吨级泊位二个，10万吨级泊位一个，设计能力为3 000万吨。秦皇岛港正向以输出能源为主的综合性港口发展。港口建设由过去的七个“光板”浅水泊位，发展到22个泊位（万吨级以上的14个），其中生产用泊位16个，港口年核定能力已达4 000万吨。港内煤炭储备堆场能力已达100多万吨。港口专用铁路130余公里，并有一批自备机车和车辆。1986年港口吞吐量4 800多万吨。

与港口煤码头相配套的京秦双线电气化铁路是国家“六五”期间重点建设项目之一，1982年3月动工，1985年12月15日全线通车，提前一年建成。近期年运量为4 500万吨。目前,又一条晋煤外运的主要干线——大秦铁路正在建设中。

秦皇岛是我国最早兴办玻璃工业的城市之一，至今已有60多年的历史。国家建材局在秦皇岛市设有玻璃设计院、研究院。全市现有14个玻璃生产企业，产品有平板玻璃、压延玻璃、夹层玻璃、钢化玻璃、玻璃钢等50多个品种，1986年总产值16 426万元，占全市工业总产值的12.9%。平板玻璃年产能力600多万重量箱，占全国总产量的10%,占全国出口量的70%。耀华玻璃在国际市场，特别是在东南亚市场享有信誉,近年来,正向彩色玻璃、中空玻璃、光学玻璃等深加工、多品种、高档次方向发展。

为了提高城市综合功能，进一步加强城市基础设施建设。秦皇岛市自开放以来，先后新建给水管道65.5公里，污水管道90多公里，主要道路40多公里。老城区已开始大规模改造。目前，全市有自来水厂五座，日供水能力11.8万吨，供水管道总长度249.3公里,供水普及率近90%。污水处理厂一座,日处理污水能力4万吨，污水管道总长度178.4公里。目前，城市道路总长度达266公里，其中高级次高级路面196公里。公共汽车运营线路共有10条,年客运量1 500多万人次。城市煤气供应量达1 500多吨。由瑞典引进的AXE-10程控电话交换设备12 000门，一期工程已于1986年5月开通使用。长途电话可以直拨全国大中城市和世界一些国家和地区。

在住宅建设上，坚持综合开发，实行城市建设与住宅建设相结合、开辟新区与改造旧区相结合的方针，加快了住宅建设速度。几年来，市房屋建设开发公司，先后建成和基本建成滨河路、桥东里、康乐里、燕山大街等七个住宅小区,建筑面积50多万平方米，解决了一万户群众住房问题。市房地产管理公司采取多种形式集资，首先在海港区民族路中段西侧进行旧区改造，第一批拆除旧房82户，建筑面积2 649m^2；新建4栋住宅楼，建筑面积9 522m^2。第二批旧区改造项目正在进行中。各厂矿企事业单位也先后建了一批职工住宅。1986年底,全市住宅面积为529万平方米，其中市区住宅面积374万平方米。全市城镇人口人均居住面积为6.7平方米。

在旅游建设方面，秦皇岛地理位置优越，旅游资源丰富，风景名胜遍及城乡，名山大海，雄关要塞，扬名中外。由山、海、关、湖、洞、泉等景观组成的旅游网络，独具特色。本着国家、集体、个人一起上的方针，兴办旅游、服务设施，先后完善了老风景点，新辟了“黄金海岸”、碣石山、悬阳

山 西 省 建 筑 业 概 况

高 塞　于世伟　介德义

山西省是国家重点建设的能源重化工基地。党的十一届三中全会以来，全省建筑业在改革中开拓前进，得到了较大的发展，为保证国家重点建设，改善城乡人民生活条件，作出了新的贡献。

一、建 筑 队 伍

〔**施工队伍**〕 到1986年，全省共有建筑施工单位3 981个，从业人员60.6万人。其中全民所有制企业115个，职工28.5万人；县营以上集体所有制企业180个，职工5.8万人；城乡建筑队3 686个，从业人员26.3万人。在全民所有制企业中，中央部属企业35个，职工15.1万人；地方企业80个，职工13.4万人。

此外，近两年来进入山西施工而基地不在山西的中央部属队伍1.4万人，外地农建队约有24万人。加上这两部分队伍，在山西境内的建筑施工队伍总人数达86多万人。

1985～1986年全省县以上全民和集体所有制建筑施工企业主要经济技术指标完成情况见表1～3。

〔**建筑业改革**〕 两年多来，山西建筑业以增强企业活力为中心，围绕缩短工期、降低造价、提高工程质量和投资效益，进行了以下几方面的改革：（一）推行招标投标等多种形式的经济承包责任制。1986年全省在建的大中型项目中，有70%实行了各种形式的投资包干责任制。全民所有制建筑企

全省县以上建筑施工企业主要经济技术指标(一)　　表 1

	企业个数（个）		年末实有职工人数（人）		全部职工平均人数（人）		自行完成施工产值（万元）		全员劳动生产率（元/人）	
	1985年	1986年	1985年	1986年	1985年	1986年	1985年	1986年	1985年	1986年
全省总计	272	295	333 725	342 558	364 653	378 541	265 285	296 172	7 275	7 824
全民所有制企业	104	115	278 690	284 969	303 536	310 798	232 598	261 989	7 663	8 430
其中：中央部属企业	32	35	150 481	151 347	160 213	168 099	124 214	148 298	7 753	8 822
地方企业	72	80	128 209	133 622	143 323	142 699	108 384	113 691	7 562	7 967
其中：建设部系统企业	47	51	80 019	82 690	91 155	93 926	71 648	74 532	7 860	7 935
其它系统企业	25	29	48 190	50 932	52 168	48 773	36 736	39 159	7 042	8 028
集体所有制企业	168	180	55 035	57 589	61 117	67 743	32 687	34 183	5 348	5 046
其中：建设部系统企业	99	110	34 843	41 074	39 961	49 378	21 729	25 552	5 438	5 175
其它系统企业	69	70	20 192	16 515	21 156	18 365	10 958	8 631	5 180	4 700

洞等九个旅游点，重建了“天下第一关”两侧的靖边楼和临闾楼，修复了“天下第一关”和老龙头附近的长城等。目前，对外开放的旅游点有40多个，宾馆、旅馆床位56 000多个，每年接待游客400多万人次。

秦皇岛市的经济技术开发区位于海港区大小汤河之间，规划占地面积1.9平方公里，第一期先开发0.62平方公里。本着“建设一块，投产一块，见效一块，滚动发展”的原则，起步区的给水、排水、道路、热力和通讯等基础设施建设已基本完成，具备了安排项目的条件。区内第一个中外合资企业——华燕帮迪制管有限公司即将投产；打火机、吸收式电冰箱、精密五金件等项目已陆续上马。全市已签定合资、合作企业项目32个，总投资1.9亿美元。北戴河旅游新开发区，处于秦皇岛市区与北戴河老区之间，规划占地11平方公里。地势平坦宽阔，面临大海，交通方便，已进入全面开发建设阶段。国家教委新建教工活动中心已交付使用，其他工程正在加紧施工。

在文化教育建设方面，在海港区新建了一座图书馆和一座青少年宫。与经济技术开发区相毗邻的文教区已初具规模。

全省县以上建筑施工企业主要经济技术指标(二)　　表 2

	房屋建筑竣工面积（平方米）		人均竣工面积（平方米）		工程质量情况：验收鉴定的单位工程工程个数(个)/竣工面积(平方米)		工程质量情况：其中：优良品（个)/(平方米）		工程质量情况：优良品率(%)个数/面积	
	1985年	1986年	1985年	1986年	1985年	1986年	1985年	1986年	1985年	1986年
全省总计	4 438 652	4 695 466	12.2	12.4	8 616/—	7 443/—	4 084/—	3 401/—	47.4/—	45.7/—
全民所有制企业	3 052 789	3 338 903	10.1	10.7	4 965/2 354 786	5 340/3 109 686	2 657/965 950	2 677/952 975	53.5/41.0	50.1/30.1
其中：中央部属企业	849 170	1 083 584	5.3	6.4	2 500/524 123	2 955/849 403	1 804/284 098	2 074/442 628	72.2/54.2	70.2/52.1
地方企业	2 203 619	2 255 319	15.4	15.8	2 465/1 830 663	2 385/2 260 283	853/681 852	603/510 347	34.6/37.2	25.3/22.6
其中：建设部系统企业	2 032 351	1 989 103	22.3	21.2	1 896/1 662 728	1 730/1 985 108	434/560 079	293/354 101	22.9/33.7	16.9/17.8
其它系统企业	171 268	266 216	3.3	5.5	569/167 935	655/275 175	419/121 773	310/156 246	73.6/72.5	47.3/56.8
集体所有制企业	1 385 863	1 356 563	22.7	20.0	3 651/—	2 103/—	1 427/—	724/—	39.1/—	34.4/—
其中：建设部系统企业	956 264	1 009 919	23.9	20.5	2 728/—	1 303/—	999/—	350/—	36.6/—	26.9/—
其它系统企业	429 599	346 644	20.3	18.9	932/—	800/—	428/—	374/—	45.9/—	46.8/—

全省县以上建筑施工企业主要经济技术指标(三)　　表 3

	总产值（万元）		期末固定资产净值（万元）		定额流动资金平均占用额（万元）		工程成本降低额(万元)/降低率(%)		利润总额（万元）		税后留利（万元）		上缴利税（万元）	
	1985年	1986年	1985年	1986年	1985年	1986年	1985年	1986年	1985年	1986年	1985年	1986年	1985年	1986年
全省总计	274 556	308 452	115 495	129 800			14 989/6.1	14 293/5.2	18 962	18 010			4 801	
全民所有制企业	240 287	272 007	109 648	123 590	67 240	82 242	13 769/6.4	13 900/5.7	16 848	16 107	11 810	9 782	3 698	5 282
其中：中央部属企业	127 337	152 925	61 647	73 241	33 250	39 729	6 489/5.7	9 396/7.1	8 780	10 416	7 053	7 724	1 094	1 657
地方企业	112 950	119 080	48 001	50 349	33 990	42 515	7 280/7.3	4 504/4.0	8 068	5 691	4 757	2 058	2 604	3 625
其中：建设部系统企业	74 181	77 000	24 122	24 942	22 669	29 035	5 616/8.6	2 940/4.3	6 495	4 190	3 930	1 686	2 374	2 629
其他系统企业	38 769	42 082	23 879	25 407	11 321	13 480	1 664/4.9	1 564/3.6	1 573	1 501	827	372	230	996
集体所有制企业	34 269	36 445	5 847	6 210			1 220/3.96	393/1.3	2 114	1 903			1 103	1 234
其中：建设部系统企业	22 525	26 797	3 662	4 495			706/3.5	167/0.7	1 308	1 299			710	919
其他系统企业	11 744	9 648	2 185	1 715			514/4.9	226/2.9	806	604			393	315

注：上缴利税一栏集体企业统计数系上缴所得税及其他税合计数。

业实行各种经济承包责任制的工程达7 725个，施工面积625.8万平方米，占全部施工面积的73.6%。与此同时，90%以上的企业推行了内部经济承包责任制。（二）改革用工制度。国营企业大量使用临时工、合同工和农建队，固定工的比重相应降低。据地市以上建工企业统计，固定工由前几年占职工总数的80%以上下降为68%。（三）改革分配制度，实行百元产值工资含量包干。全民所有制企业中已实行这项改革的有68个，占65.4%。（四）改革工程质量监督办法，实行第三方认证。全省已建立建筑工程质量监督站55个（不含分站），1986年被监督工程达972项，建筑面积294万平方米。(五)组建城市综合开发公司，对土地、房屋实行综合开发。城市综合开发公司已发展到67家。两年共建造商品住宅169万平方米。太原市老军营住宅小区，总投资5 400万元，建成商品住宅楼58栋，实现了水、电、暖、煤气、道路“五通”，学校、幼儿园、商店、小游园、锅炉房“五配套”，商品住宅已全部售出，贷款均已偿还。

（六）勘察设计单位实行企业化经营。1984年，设计单位普遍实行了按承担任务收费的办法。1986年，全面试行了技术经济责任制，并开始进行设计招标投标试点工作。省和太原市建筑设计院等单位将设计室改为相对独立的设计所，增强了内部活力。

山西科技馆

（七）加强对建筑市场的整顿和管理，保证建筑业改革健康进行。对全省建筑施工企业和勘察设计单位的技术资格复查工作已全部结束。

〔**建筑教育**〕 全省设置建筑类专业的大专院校有太原工业大学和山西矿业学院，设有11个专业。1986年招生622人（其中本科生426），毕业292人（其中本科生252人），在校生1 975人（其中本科生1 704人）；职业大学有太原大学、云中大学等，设有3个专业，1986年招生90人，毕业95人，在校生248人。中等专业学校有山西省建筑工程学校和太原市城市建设学校。此外，尚有9所中等专业学校设有建筑类专业。全省共设有18个中专建筑类专业，1986年招生935人，毕业815人，在校生2 378人。职工教育方面，全省城乡建设系统现有职工大学1所、电视大学和电视中专班13个、技工学校6所、厂校联办的职业技术教学班3个。据不完全统计，在普通高校、职工大学、电视大学、电视中专、普通中专学习和参加函授、刊授、夜大学习的职工约有5 000人。

二、技术装备

〔**建筑机械生产**〕 全省建筑机械行业共有归口企业10个（其中部定点厂4个）。主要产品有施工电梯、混凝土搅拌机、混凝土空心楼板挤压机、混凝土切割机、混凝土振动器、建筑卷扬机、钢筋剪切机、钢筋弯曲机、钢筋调直机、快速冲击夯、夯土机等。1986年职工总数为3 153人，建筑机械工业总产值为2 620.28万元，产品产量约为3 728吨。

〔**队伍装备**〕 两年来，全省建筑施工企业的机械设备大量增加，技术装备水平相应得到提高。

建筑施工企业技术装备情况 表4

	年末自有机械设备总台数（台）		年末自有机械设备价值（万元）				年末自有机械设备总功率（千瓦）		技术装备率（元/人）		动力装备率（千瓦/人）	
			原值		净值							
	1985年	1986年	1985年	1986年	1985年	1986年	1985年	1986年	1985年	1986年	1985年	1986年
全省总计	77 527	90 407					1 298 898	1 768 786			3.9	5.1
全民所有制企业	67 586	75 144	86 480	99 261	60 597	71 078	1 196 547	1 664 332	2 189	2 509	4.3	5.9
其中：中央部属企业	36 479	41 372	50 621	61 178	36 184	44 255	708 593	1 135 683	2 435	2 957	4.8	7.6
地方企业	31 377	33 772	35 859	38 083	24 413	26 823	487 954	528 649	1 904	2 007	3.8	4.0
其中：建设部系统企业	16 239	19 270	16 505	18 109	10 674	12 297	221 828	241 627	1 334	1 487	2.8	2.9
其他系统企业	15 138	14 502	19 354	19 974	13 739	14 526	266 126	287 022	2 851	2 852	5.5	5.6
集体所有制企业	9 941	15 263					102 351	104 454			1.9	1.8
其中：建设部系统企业	6 413	9 582					62 391	76 494			1.8	1.9
其他系统企业	3 528	5 681					39 960	27 960			1.98	1.7

注：1985年中央部属企业中缺化工部第十二化建公司统计数字。

1986年，县营以上企业拥有机械设备90 407台，比1983年增加32 576台；其中全民所有制企业拥有挖掘、推土、铲运、起重、装卸等施工机械75 144台。1985～1986年县营以上建筑施工企业技术装备情况详见表4。

〔**工种工程机械化**〕 1985年，地市以上建工企业主要工种综合机械化程度为59.6%，其中，土石方工程为65.5%，桩基（运桩、打桩）为100%，起重吊装垂直运输为93%，场内装卸和运输为48.7%，预制和现浇混凝土工程为79.3%，抹灰工程为8.5%。

三、建筑制品和新材料

〔**建筑制品企业**〕 1986年，全省建工系统共有全民所有制建筑制品企业30个，职工5 414人，工业总产值4 148万元；其中独立核算的企业7个，职工2 292人，工业总产值2 148万元。

〔**建筑制品**〕 全省钢门窗年生产能力13 033立方米，并生产少量铝合金门窗。钢模板年生产能力549立方米。文水工程机械总厂可生产20万平方米钢模板，产品畅销全国18个省、市、自治区，在全国同类产品评比中8项经济技术指标有6项名列前茅。1986年该厂又研制出可调形模板和新型组合模板，将投入批量生产。散热器年生产能力达800万片。1986年，建工系统全民所有制建筑制品企业生产钢筋混凝土制品90 045立方米、锯材29 179立方米，木门窗106 073平方米。

〔**新材料**〕 建工、建材系统已研制成功，开始试生产或小批量生产的新型建筑材料主要有：防水涂料、墙体涂料、混凝土减水剂和抗冻剂、饰面石膏、石膏和矿棉吸音板、石膏砌块和条板、焦渣砌块、植物纤维板、无熟料水泥、低温煅烧粉煤灰喷射水泥、硫铝酸盐和铁铝酸盐水泥、紫红砂地砖等。

四、建筑科学技术

〔**科研队伍**〕 山西省建筑科学研究所，现有职工139人，其中科技人员90人（工程师36人）。设有水泥混凝土、建筑材料、建筑涂料、建筑结构、建筑设计、地基基础等6个研究室。省建筑科技情报中心站和省建筑工程质量检验所亦设在该研究所。在科技体制改革中，该所从1985年起，实行了科研技术合同制和以所长负责制为中心的内部经济技术责任制，并同一些企业建立了科研生产联合体。

〔**科技成果**〕 1985～1986年，通过省级鉴定的建筑科技成果共19项。省城乡建设环境保护厅、大连工学院、山西建筑机械厂共同研制的LH-186可擦洗内墙涂料，系具有耐水性的水溶性涂料，属国内首创。省建筑设计院研制的室内热水采暖和大门空气幕计算程序两个子系统软件包，达到国内外同类软件先进水平。中国建筑科学研究院建筑机械化研究所和山西建筑机械厂研制的HCD130快速冲击夯，具有重量轻、体积小、能耗低、效率高、操作简便、自行性及稳定性能好等优点。后两项成果均于1986年通过了部级鉴定。省建筑科学研究所1986年共完成科研项目20项。

五、建筑设计与施工技术

〔**设计队伍**〕 全省现有勘察设计单位215个(不含中央部属单位)。其中全民所有制单位210个，集体所有制单位5个。按技术级别划分，甲级18个，乙级16个，丙级34个，丁级52个，其人员构成情况见表5。此外，还有57个持有设计许可证的单位。据215个勘察设计单位统计，1986年完成施工图设计项目5 318个，项目投资177 185.58万元，建筑面积494.66万平方米；完成工程测量683.87标准平方公里，工程地质33.87万标准米，水文地质3.77万标准米；全年收入4 347.65万元，其中勘察设计收入3 809.35万元。

〔**标准设计**〕 近两年，先后组织编制常用钢窗、Q201空心板、通用平板、雨罩板、轻钢龙骨架、钢筋混凝土楼梯、非预应力空心板等通用建筑标准设计7项，村镇建筑设计通用图15套。

〔**工业化建筑**〕 全省进一步推广了大模板、滑升模板、装配式大板、框架轻质围护结构等建筑体系。省建总公司完成的工业化建筑面积在全部竣工面积中的比重，由1981年的6.6%，提高到1985年的17.8%。

〔**球节点网架结构**〕 县营集体所有制企业汾阳建筑金属结构工业公司是中国建筑科学研究院球节点网架专利生产单位。该厂现已形成年产系列产品56种规格、2 000吨空心钢球的生产线，并同有关单位共同研制出了玻璃钢轻型屋面板。该公司产品曾先后荣获国家经委优秀新产品金龙奖、技术开发优秀项目奖和山西省优质产品奖、新技术推广奖。公司所属6个网架施工队活跃在全国各地，完成了大、中、小网架工程156项。在深圳以优质、高速、低价完成了友谊贸易中心等3项工程的网架施工任务。1986年，又在北京投标承接了第十一届亚运会首批5项网架工程中的2项——北京大学体育馆和月坛体育馆的网架工程。

〔**地基处理**〕 在地基处理方面，采用了强力夯击法、灰土挤密桩、振密砂桩等技术。特别是强力夯击法施工技术，用于处理湿陷性黄土地基、可液化砂土地基，速度快，效果好，与混凝土预制桩相比，可节省投资70%。省机械施工公司积极研究和发展强夯法技术。在山西化肥厂地基处理中，最大

1986年全省勘察设计机构人员统计表 表 5

	单位数	年末全部职工人数					在全部职工人数中		
		合计	其中				勘察	设计生	专职科
	(个)		高工	工程师	助工	技术员	生产人员	产人员	研人员
总计	215	9 492	75	1 591	1 445	2 046	2 437	5 554	19
一、建设部系统	141	4 167	23	581	544	1 046	1 339	2 322	
二、其他系统	74	5 325	52	1 010	901	1 000	1 098	3 232	19

注：高级工程师、工程师、助理工程师人数包括相应职称人数。

夯击能量达到625吨米，居于国内领先地位。最近几年，该公司应用强力夯击法处理的省内工程达200余项，强夯面积62.5万平方米。

六、建筑发展与成就

〔**工业交通建设**〕 1985～1986年全省共完成全民所有制单位基本建设投资103.4亿元；其中按合理工期组织建设的17项国家重点工程共完成投资50.6亿元，建成投产的项目和单项工程共19项。以重点工程投产项目为骨干，两年中，全省基本建设新增的主要生产能力有：采煤能力774万吨，发电装机容量121.9万千瓦，公路通车里程705.9公里，新建铁路交付营业里程43.2公里，铁路复线交付营业里程235.2公里，铝矿50万吨，合成纤维5 000吨，汾酒4 000吨，糖5 000吨，电解铝5 000吨。

〔**房屋建筑**〕 1985年，省人民政府拨出专款2 080万元，为高等院校教师建造住宅楼43栋，建筑面积共108万平方米，1 300多户教授、讲师当年迁入新居。1985～1986年，全省建成各类工业与民用房屋1 042.6万平方米，其中住宅建筑569.4万平方米，工业厂房建筑77万平方米，仓库39.5万平方米，教育建筑83万平方米，医疗卫生建筑20.4万平方米，办公用房102.8万平方米，其他用房150.6万平方米。

〔**市政公用设施建设**〕 1986年，全省共完成城市建设基本建设投资8 356万元，比1984年增加23.37%。10个城市共有自来水厂22座，日供水能力86.8万吨，供水管道1 525公里(不含各单位自备水源59.5万吨)，分别比1984年增加5.33%和12.38%。日供水能力8.6万吨的长治市辛安引水工程已于1986年底开始向市区送水。新修城市道路长度1 028公里，面积1 066万平方米，分别比1984年增加4.15%和10.57%。城市桥梁124座，比1984年增加17座，全省第一座城市道路立交桥——太原市尖草坪立交桥于1985年底建成通车。城市下水道长度751公里，比1984年增加14.31%。有污水处理厂4座，日处理能力22.3万吨，比1984年增加218.57%。城市公共汽车和无轨电车885辆，出租汽车226辆。城市煤气日生产能力45万立方米，用气人口由1984年的14.4万人增加为50.04万人。96个县镇共有自来水厂97座，日供水能力16.1万吨(不含各单位自备水源能力33.47万吨)。公园14个，比1984年增加4个。

〔**村镇建设**〕 据统计，1986年全省有19.71万户农民建了新房，占农户总数的3.61%。房屋建筑面积1 708.74万平方米，其中住宅1 444.07万平方米，内有楼房33.8万平方米；公共建筑138.89万平方米，生产建筑125.78万平方米。目前，全省村镇共有住宅建筑面积53 766.38万平方米，公共建筑3 450.27万平方米，生产建筑3 003.18万平方米。有420个集镇、7 461个村庄用上了自来水，分别占集镇的49.4%、村庄的13.7%。村镇道路长度114 848.29公里，其中铺装路面的11 589.09公里。有805集镇、38 613个村庄用上了电，分别占集镇的94.7%、村庄的71.9%。

太原友谊大厦

内蒙古自治区建筑业概况

冯庄　胡道源　巴根

一、管理体制改革

〔**投资包干**〕　内蒙古自治区建筑业管理体制改革1982年开始试点，1984年逐步推行。1985年围绕提高质量、缩短工期、节约投资、提高效益这个中心环节，做了大量工作，有1 498个建设项目实行了预算加系数、平方米造价和概算等不同形式的投资包干，占全部在建项目的52%。投资包干项目，比1984年增加了近两倍。24个大中型建设项目，有12个实行了投资包干，包干投资额占1985年计划投资的76%。其中，5项国家重点建设项目，有霍林河南露天矿、通辽电厂、赤峰元宝山电厂、包头铝厂等4项工程实行了投资包干，投资额达5.89亿元。

1986年全区建设项目实行投资包干的有890个，占全部在建项目的37.4%，比1985年下降40.6%。但是，推行投资包干的大中型项目有所增加。国家和自治区在建的35个大中型项目，有21个实行了投资包干，占大中型项目的60%。呼和浩特地区就有402个项目实行了不同形式的投资包干。

〔**招标承包**〕　1985年内蒙古自治区有431个建设项目实行了招标承包制，约占全部在建项目的15%，招标承包的项目比1984年增加4倍。1985年全区建工系统国营施工企业全员劳动生产率比集体企业高32%。集体施工企业也充分发挥队伍小、机动灵活、负担轻的优势，积极参加投标竞争，收到了较好的效果。通辽农机研究所的一栋3 000平方米的住宅楼工程，投资64万元。通辽县建筑公司中标，提前两个月交付使用，工期缩短近一半，降低造价2%。

1986年全区有314个建设项目实行了招标承包制，约占全部在建项目的13.2%。国家大中型项目之一的赤峰毛纺厂粗纺工程，共有37个单位工程，其中公开招标的8个，议标的9个。

二、开放建筑市场

〔**打破地区分割**〕　1985年开放建筑市场以来，区外施工队伍约有5万人到内蒙古自治区承揽建设项目；区内也有5 000人左右的施工队伍到山西、北京、宁夏等省、市、自治区承揽施工任务。乌海市建筑公司通过投标，承建的银川涤纶厂工程，建设工期短、造价低、质量好，不但厂家满意，还受到银川市政府的好评。

1986年在继续开放、搞活建筑市场的同时，逐步完善了一些管理制度和规定，加强了对区内建筑市场的管理。有计划有目的地清理了一些管理差、技术低、工程质量差的区外施工企业。1986年区外施工企业190个，共计38 747人，完成建安工作量2.88亿元，比1985年增长60%，完成施工面积95.6平方米。

"七五"期间新建的赤峰第二毛纺厂，是内蒙古自治区第二座万锭大型毛纺厂

内蒙古自治区城乡建设部系统施工企业管理体制改革前后经济效益对比 表 1

企业性质	企业数（个）			职工平均人数(人)			施工产值(万元)			全员劳动生产率(元/人)		
	1981年	1985年	1986年	1981年	1985年	1986年	1981年	1985年	1986年	1981年	1985年	1986年
合计	156	178	196	80 997	119 516	113 626	36 095	79 941	92 250			
全民企业	19	33	32	37 817	52 257	56 718	17 513	40 382	50 952	4 631	7 728	8 983
旗县以上集体企业	137	145	164	43 180	67 259	65 908	18 582	39 559	41 298	4 303	5 882	6 266

内蒙古自治区1985、1986年建筑施工企业统计表 表 2

	总计		全民所有制企业										集体所有制企业	
			合计		地方城乡建设系统		地方专业系统		中央企业		外省市企业			
	企业个数	全部职工平均人数	个数	人数	个数	人数	个数	人数	个数	人数	个数	人数	个数	人数
1985年	707	297 071	136	153 968	36	55 711	65	42 303	23	51 487	12	4 467	571	143 103
1986年	670	294 295	124	151 329	36	57 410	69	42 849	17	50 764	2	306	546	142 966

在对区外队伍进行清理的同时，对区内施工企业也进行了清理和整顿。1986年区内施工队伍到区外承揽任务的人员比1985年增加3 450人，增长69%，完成建安工作量8 927.9万元，完成施工面积30.2万平方米。

〔**农村建筑队伍**〕 建筑市场的开放，带动了农村建筑施工队伍的发展，赤峰市以郊区和宁城县为主形成了两个建筑乡，从业人员达10万人，约占这两个农区总人口的10%，并承揽了北京、大连等地的施工任务。为了加强建筑乡的管理，提高农村乡镇施工企业的管理水平和技术素质，赤峰市改变了过去对农村建筑队多头领导的作法，由基建主管部门统一领导；市建设局正在采取措施，把农村乡镇施工企业纳入正常发展轨道。收入多少与任务完成好坏挂钩。

三、改变分配和用工制度

〔**实行百元产值工资含量包干**〕 1985年，实行百元产值工资含量包干的国营施工企业有22个，占全区国营施工企业（建工系统）总数的81%。呼和浩特地区建工系统直属施工企业实行工资含量包干后，1985年共完成总产值1.63亿元，比1984年增长了46.62%；全员劳动生产率9 731元，比1984年增长28.36%；实现利润1 051万元，比1984年提高44.96%。

1986年按照国家要求对1985年全区实行百元产值工资含量的施工企业进行了清理和整顿，对不符合实行含量包干的企业进行调整，在国家下达的综合含量内对继续实行含量包干的施工企业重新核定了包干系数。通过进一步加强管理，建工系统实行含量包干的24家施工企业，年完成总产值49 104.5万元（包括部分材差）比1985年提高15.72%，全员劳动生产率提高15.34%，实际工资含量为18.38%，比折算给部系统的含量降低0.72%。

〔**合同工与固定工相结合**〕 在改革分配制度的同时，施工单位积极进行了用工制度的改革，实行临时工、合同工以及其它工与固定工相结合的用工制度。近两年，固定职工占全部职工的比例逐年下降。据建设部系统33家国营施工企业统计，1985年比1984年下降6.3%，1986年又比1985年下降1.9%。农村建筑队伍迅速发展，1986年人数比1985年增长92.1%。赤峰市还出现了城乡队伍松散联合、弹性结构的好形式。

四、勘察设计改革

国营勘察设计单位在1985年全面推行了企业化管理，把设计单位的收入同完成任务挂起钩来，绝大多数国营勘察设计单位的劳动生产率达到了历史最好水平，做出了一批技术水平较高的设计。据112个勘察设计单位统计，全年完成施工图投资额比1984年增长88.4%；完成工程和水文勘探标准米比1984年增长12.5%；全年勘察设计收入比1984年增长90.8%。呼伦贝尔盟建筑设计院自1982年实行企业化经营以来，1985年完成建筑设计任务12万平方米，等于1981年完成任务的3.2倍，4年中为国家节约事业费51万元，上缴税金和能源交通基金31万元。

据180个勘察设计单位统计，1986年完成初步设计575个，投资11.6亿元；施工图设计4 925个、投资14.7亿元；完成工程测量42 399标准平方公里；工程地质、水纹地质26.7万标准米，全年勘察设计收入3 116万元。

五、加强工程质量管理

在质量管理上，1985年内蒙古自治区有9个盟（市）组建了质量监督站，旗、县、市、区也有45%设立了质量管理机构，加强工程质量管理与监督。同时，各施工、设计单位也都配备、充实了质量检查人员，这都有效地促进了工程质量的提高。

1986年全区12个盟（市）级的质量监督站全部组建完毕，旗、县、市、区级质量管理机构比1985年增加17%，达到62%。通过举办培训班，全区质检人员160人次受到了较为系统的培训。各盟（市）的质量管理部门对本地区建筑施工企业和混凝土构件厂的质量管理和工程（产品）质量进行了大检查。据不完全统计，全区共检查了152.5万平方米，其中合格的95.2万平方米，合格率62.43%，优良工程17.4万平方米，优良品率11.43%。在检查项目中1985年竣工工程36.1万平方米，合格率62.92%，优良品率15.46%；在建工程116.5万平方米，合格率62.27%，优良品率10.17%。检查混凝土构件厂83家，合格33家，合格率39.76%，比1985年有所提高。

六、新的组织形式和管理制度

〔**实行工程总承包**〕 1985年，城市综合开发和工程总承包开始起步，各盟（市）先后组建了一批房屋开发公司，从事城市土地、基础设施和住宅小区的综合开发以及商品化房屋的生产经营。包头市房屋开发建设公司承建的青松小区，总规模21万平方米，其中18万平方米是商品住宅楼，开发量大、进度快、质量好，到年底竣工36栋，约11万平方米。

〔**加强基础管理**〕 为了加强基础性管理工作，自治区城乡建设环境保护厅制定并颁发了有关建筑工程招标投标、建筑工程承包合同、工程质量管理与奖罚、建筑企业等级升级和引进施工企业承包工程管理等一系列规定和条例。同时改革了建筑安装工程取费办法，修订了工程概、预算定额，并适当扩大了综合预算定额。有的盟（市）旗（县）相继建立了标准定额管理机构。

七、建设成就

内蒙古自治区建筑业的改革，推动了全区各项建设的进展。1985年全区完成基本建设投资27.3亿元，比1984年增长25.3%；房屋竣工面积381万平方米，比1984年增长16.5%；全年新增固定资产25.5亿元，比1984年增长78.3%；固定资产交付使用率由1984年的65.6%上升到93.4%。全区24个大中型项目，建设速度加快，新增生产能力主要有：发电装机容量100万千瓦，为当年全国新增装机容量的20%；木材采运7.2万立方米；煤炭157万吨；硫铁矿45万吨；铁路复线铺轨46公里。全区建工系统累计完成总产值比1984年增长27.82%。房屋建筑竣工面积增长6.6%；全员劳动生产率提高21.77%；达到万元劳动生产率的企业有内蒙古第一、第三建筑工程公司、建筑构件公司工程队。

1986年全区共完成基本建设投资23,1亿元，房屋竣工面积306万平方米。全区35个大中型项目共完成基本建设投资12.7亿元，为年计划的97.3%。其中，国家按合理工期组织建设的霍林河矿区、通辽电厂二期工程、包头铝厂和大包复线都按计划完成。国家计划投产的5个项目均按期投产。全投产项目通霍线419公里到1986年12月24日全部建成，于1987年1月1日正式交付运营；全投产项目海伊线1986年底交付运营；单投产项目大雁三矿一井到1986年底新增采煤能力45万吨；大包复线建成复线交付运营37.5公里；牙克石林区新增木材采伐能力11万立方米，更替能力6万立方米。此外，包头钢铁公司新增铁矿开采150万吨；全长91公里的呼和浩特喇嘛湾公路，是国家开发准格尔煤电基地的前期工程，也是区内第一条新建的二级标准公路，已于1986年10月6日建成通车。

辽宁省建筑业概况

姜瑞 张有忠

辽宁省建筑业广大职工，坚持对外开放，对内搞活的方针，不断完善各项改革措施，1985～1986年又取得了新的进步。

一、施工队伍

〔**职工人数**〕 1985年全省建筑队伍114.7万人，比1980年普查登记时的69.8万人增长64.3%。其中：国营建筑队伍由32万人增加到36.6万人；城镇集体建筑队伍由25.8万人增加到32.7万人；农村建筑队伍由12万人增加到45.4万人。1986年全省建筑队伍达到136.38万人，比上年又增长18.9%。其中：国营建筑队伍39.97万人，占全省建筑队伍总数的29.31%；城镇集体建筑队伍45.06万人，占33.04%；农村建筑队伍51.35万人，占37.65%。

〔**队伍结构**〕 全民所有制建筑企业开始向固定工、合同工、临时工、农村集体工相结合的多种用工形式转化。据全省建工系统42个市以上国营建筑安装企业统计，1985年使用的合同工3 630人，临时工9 441人，农村集体工13 755人，三项合计26 828人，占固定工人总数的40%；1986年合同工、临时工和农村集体工41 332人，占固定工人的比重上升到63%。

整顿了建筑队伍。通过企业资格审查，取缔了无资金、无设备、无技术力量的企业和无营业执照的包工队717个。

1985年受建设部表彰的全国经济效益好的先进企业有朝阳市第二建筑公司和辽宁省第二建筑公司；受辽宁省委、省政府表彰的文明单位有沈阳市工业安装工程公司和大连市第一建筑公司等15个单位。1986年，朝阳市第二建筑公司和沈阳市第三建筑公司又分别被省政府命名为“六好”企业和创“六好”先进企业。

〔**产值和劳动生产率**〕 全省国营建安企业1985和1986年完成的施工产值和劳动生产率见表1。

1985年有23项工程被省政府评定命名为优质工程。1986年有26项工程被省政府评定命名为优质工程，有3项产品被评为优质产品，沈阳市第四建筑公司荣获省质量管理奖。工程质量具体情况见表2。

全省国营建安企业职工人数施工产值和劳动生产率表　　表1

年份	职工人数(人)		施工产值	总产值	全员劳动生产率
	年末全部职工人数	全年平均职工人数	(万元)	(万元)	(元/人)
1985	366 317	390 392	303 741	315 834	8 090
1986	399 760	425 845	399 554	412 152	9 678

全省建工系统国营建筑企业工程质量情况表　　表2

年份	验收鉴定单位工程				优良品率	
	单位工程数(个)	面积数(m²)	其中优良工程(个)	优良品面积(m²)	占项目%	占面积%
1985	2 158	3 450 100	1 424	2 541 009	65.9	73.6
1986	2 089	3 704 547	985	1 852 007	47.2	50

〔**建筑教育**〕 从省市到企业，普遍建立健全了建筑职工教育管理机构，配备专职教育干部299人，专职教师512人，形成培训教育网。应参加国家统考的企业经理124人，已考试合格88人，占应考人数的71%，有28人正在学习。青壮年职工文化补课合格人数62 944人，占应补对象的85.9%；技术补课合格人数45 788人，占应补对象的80.4%。全省共办起16所技工学校，1985、1986两年毕业1 400多名，为施工企业输送了新生力量。省市中等专业学校和职工大学，1985年在校学生人数1 250多名，毕业生320名，1986年毕业280名。两年共为企业培养了600名中等以上专业技术人才。

针对集体建筑企业施工管理薄弱的情况，于1985年末至1986年初由各市负责统一组织，对集体建筑企业施工员普遍进行培训，由省统一制订教材，统一出题，统一考试，统一发证。参加学习的施工员17 828名，参加考试的10 751名，其中8 807人考试合格，领到施工员证书，223人领到见习施工员证。实行持证上岗，见习施工员必须补课，限期达到正式施工员标准，否则取消其施工员资格。

〔**管理与改革**〕

（1）施工生产任务由主管部门分配为主转向

竞争承包为主。据1985年全省统计：实行各种形式承包的单位工程21 912个，建筑面积2 468.3万平方米，占施工面积的93.6%。其中：实行投标承包的单位工程2 737个，建筑面积708万平方米，占施工面积的26.9%；实行概算或施工图预算加系数包干的单位工程12 577个，建筑面积883.9万平方米，占施工面积的33.5%；实行平米和小区造价包干的单位工程3 082个，建筑面积729.1万平方米，占施工面积的27.6%；其它形式包干的单位工程3 516个，建筑面积147.3万平方米，占施工面积的5.6%。1986年实行各种形式承包的单位工程27 100个，建筑面积2 691.1万平方米，占施工面积的89.6%。其中投标承包的单位工程3 324个，建筑面积863.5万平方米，占施工面积的32.1%。

（2）继续推行百元产值工资含量包干。1985年全省建筑企业工资总额占施工产值的比重为17.6%，其中307个实行百元产值工资含量包干的企业为16.1%，而508个未实行承包企业的平均百元产值工资含量为20.9%，有的企业工资含量高达23.8%。1986年，全省建工系统国营建筑企业工资含量核定为17.37%，因职工调整工资因素略高于上年0.37%，而全员劳动生产率则提高21.7%，全省平均劳动生产率突破万元大关。

（3）进一步完善各种形式的经营承包责任制。沈阳市建工局1986年组成302个包工队，实行经营承包，按施工预算包干，单位工程核算，效果显著。沈阳市第三建筑工程公司组成15个混合包工队，有10个队人均产值超过2万元。全公司施工产值比上年增长44.9%，劳动生产率提高34.7%，利润增加30.4%。

（4）开展多种经营，实行横向联合。建筑企业由单一经营施工，向一业为主，多种经营发展。1985年全省建筑企业组织富余人员和职工子女开办商店、饭店、旅店、服装部、电器维修部、水暖器材加工厂和拆船等几十种业务，全年收入4 517万元，为企业发展提供了资金。

（5）实行住宅综合开发和商品化经营。城市住宅建设已经改变了过去那种多家投资、分散建设、见缝插针的建设办法，开始实行综合开发，配套建设，有计划地成片改造旧城区，建设新居民区。用这种办法建筑的住宅占城市住宅建设的70%左右，扭转了过去那种建完了房子，煤气、上下水、道路、供热、供电、学校、商业等服务工程和设施不配套，长期不能使用的局面。

（6）从省市到县区普遍建立了工程质量监督站和检测中心，开始形成了质量监督网。共建省市县区工程质量监督站96个，配备专职人员487人，建立省市检测中心14个，县区检测点171个，配备检测人员1 310人。1985、1986两年共监督14 062项工程，工程面积达3 415万平方米，占全省施工面积的62.2%。通过质量监督站工作，基本把住了设计、施工单位的资格关，建筑材料质量关和工程质量评定关。

（7）1985年，沈阳市组建成立建筑工程管理局，统一规划和管理全市建筑业，由过去只管直属企业转向全行业管理。到1986年底，全省13个市已有辽阳、营口、锦州和阜新等4个市借鉴沈阳行业管理归口经验，也相继组成建筑工程管理局。

改革促进了生产发展。“六五”与“五五”期间相比，全省建工系统市以上国营建筑企业完成的施工产值平均增长51.85%，竣工面积增长35.09%；工程质量优良品率增长30.36%，全员劳动生产率增长25.4%，利润增长162%，上缴利税增长3.4倍。1986年各项经济技术指标又有新的提高，完成的施工产值、竣工面积、全员劳动生产率、实现利润，分别比上年增长27.9%、7.4%、20.6%、8.9%，上缴利润下降5.3%。

二、技术装备

〔**机械装备**〕 由于城市高层建筑增多，1985、1986年新增塔式起重设备主要是80吨·米以上的高层起重设备。1986年底，全省建工系统共有各种机械设备25 837台。其中20种主要机械设备拥有数量见表3。

全省建工系统主要设备统计表　　表3

设备名称	台数	设备名称	台数
单斗挖掘机	46	专用汽车	27
挖土机	125	空压机	113
铲运机	15	打桩机	51
履带起重机	86	压路机	1
轮胎起重机	32	卷扬机	1 860
汽车起重机	248	机动翻斗车	381
塔式起重机	454	锻压设备	27
载重汽车	1 126	装载机	76
自卸汽车	226	混凝土搅拌机	1 808
拖车车组	27	金属切削机床	762

全省建工系统国营施工企业技术装备率和动力装备率见表4。

〔**工种工程机械化程度**〕 全省建工系统主要工种机械化程度1985年为66.34%；1986年为64.6%，其中土石方工程91.1%，桩基工程100%，起重吊装垂直运输工程88.8%，预制和现浇混凝土工程64.7%，场内装卸和运输工程28.2%，抹灰工程8.4%。

技术装备率和动力装备率表　　表 4

年 份	技术装备率		动力装备率	
	净值总额（万元）	装备率（元/人）	动力总功率（马力）	装备率（马力/人）
1985	17 698	1 331	405 630	3.05
1986	20 573	1 503	371 826	2.72

三、建筑制品和新材料

〔**混凝土制品**〕 全省国营企业内部核算的各种混凝土构件单位37个。1985年共完成产值13 689万元，各种钢筋混凝土构件产量503 786立方米；1986年完成产值10 428万元，完成各种钢筋混凝土构件产量454 833万立方米。此外，还有城乡集体构件企业222个，职工19 238人。

〔**钢木制品**〕 全省国营企业内部核算建筑机械厂18个。1985年完成工业总产值6 973万元，生产钢门窗80 778平方米，机械制造2 433台/8 581吨，钢模板4 184吨，锯材103 144立方米，木门窗扇642 695平方米。1986年完成工业总产值10 326万元，其中完成钢门窗117 971平方米，机械制造6 245吨，钢模板4 087吨，锯材228 768立方米，木门窗469 330平方米。

〔**新材料**〕 辽宁省建筑科学研究所在阜新、本溪研究利用工业废渣生产小型砌块代替红砖已开始试用，为综合利用工业废渣开辟了途径。该所研制的建筑结构加固胶，可以对强度不够的建筑物进行加固补强。全省在钢筋混凝土施工中，普遍推广了钢模板，各种减水剂也开始使用。

四、建筑科学技术

〔**科研队伍**〕 1986年，全省建工系统共有建筑科学研究机构5个，职工419人，其中科研人员215人。

〔**科研成果**〕 1985、1986年，全省施工、设计、科研部门研究成功的新技术有：辽宁省建筑设计院完成电子计算机“平面杆系程序（FRAME-2）的编制及应用”、“螺旋楼梯的有限元分析及截面自动设计”、“平板网架的优化设计”等。根据辽宁省建筑科学研究所“热介质定向循环养护工艺及坑窑改造”这一研究成果，1985、1986年改造了57座，累计完成140座（包括新建）。辽宁省建筑机械施工公司推广的“诺内尔管起爆技术”在岩石爆破和拆除建筑物中，具有快速、经济、安全的效能。辽宁省第二建筑工程公司研制的C_4垂直镜头，与水准仪配套使用，测量高层建筑物和构筑物的垂直角度极为有效。辽宁省工业安装工程公司研制的顶气带压快速接管新工艺，解决了煤气在不停气的状态下，24小时内接4道焊口的任务。他们在电站、石油化工施工中，采用N_2+H_2配比器及氮氢混合气焊接工艺，填补了国内的空白，它比用纯氢保护焊接降低成本66％。沈阳市第一建筑工程公司大板厂研制的混凝土坍落度自动控制仪，误差在0.5厘米以内。沈阳市第一住宅建筑工程公司“热水供暖自动间歇质调节技术的研究与应用”、辽宁省建筑科学研究所与中国建筑科学研究院、吉林、大庆油田、黑龙江等科研单位共同研制的轻骨料混凝土及其对钢筋的保护获得建设部1986年度科学技术进步三等奖。

五、建筑设计与施工技术

〔**设计队伍**〕 截止1986年底，中央、地方所属和企业所属勘察设计单位464个，比1984年增加229个。其中，国营415个，集体48个，个体1个。共有职工29 516人，其中，勘察4 660人，设计24 856人。1985、1986年地方所属和企业所属勘察设计单位完成任务情况见表5。

全省中央、地方所属和企业所属勘察设计单位完成任务情况表　　表 5

年 份	单位数（个）	年末职工人数	完成任务数量		
			施工图设计面积（万m²）	工程测量面积（万km²）	地质勘察（万m）
1985	407	28 283	2 119.6	2 177.2	101.2
1986	464	29 516	1 767.5	1 313.5	76.6

〔**优秀设计**〕 1985年开展了农村住宅及集镇文化中心设计竞赛活动，评选出住宅方案一等奖1个、二等奖1个、三等奖6个、佳作奖6个；住宅实例二等奖1个；集镇文化中心方案二等奖3个、三等奖3个。1986年评选出优秀设计二等奖4项、三等奖12项、表扬奖3项。

〔**设计企业化**〕 体制改革中，设计单位由过去事业费改为设计收费制。1985年国家拨付的经费已降到设计部门全部收入的9.1％，1986年占9.23％。有的单位和工程项目，还试行了招标办法，对提高设计质量，缩短设计周期起到了促进作用。

〔**建筑与结构**〕 1985、1986两年建工系统施工的工程除传统结构工程外，各种新结构工程317项，施工面积219.6平方米，占全部施工面积的12.2％。其中：装配式大板工程148 665平方米，钢筋混凝土框架建筑303 222平方米，钢结构建筑103 757平方米，砌块建筑2 570平方米，大模板现浇结构

辽宁省科技馆

126 107平方米，新型模板施工11 270平方米。

〔**施工技术**〕 在高层建筑施工中，沈阳市第三建筑公司在沈阳中山大厦深基础工程中采用锚杆技术；沈阳市第四建筑公司在省科技馆、北方大厦工程中采用了飞模、桌模技术。辽宁省建筑机械厂试制的高层RHS-1升降机，大连市第一建筑工程公司在富丽华大酒店工程上采用悬臂式双翼外挂架等办法，解决了高层建筑施工中的一些难点，有效地保证了高层建筑施工的顺利进行。

1985年以来，沈阳、大连、丹东、朝阳等地先后成立了高级装修公司或工区，由自己承担高级装修工程，改变了全由外商包揽的局面。

六、建筑发展与成就

〔**总产值和国民收入**〕 1985、1986年全省建筑业创造的总产值和国民收入见表6。

全省建筑业完成的总产值和提供的国民收入表　　表6

年份	建筑业总产值		创造的国民收入	
	总额（亿元）	占全省社会总产值的比重（%）	总额（亿元）	占全省国民收入的比重（%）
1985	92.3	8.57	26.4	6.20
1986	107.2	8.7	31	6.44

〔**房屋建筑**〕 1985年，全省全民与城镇集体共完成基建和更新改造投产使用项目5 425个，建筑面积1 312.2万平方米，其中住宅面积740.1万平方米。1986年，共建成投产使用项目6 233个，建筑面积1 810.3万平方米，其中住宅面积974.5万平方米。

〔**工业建筑**〕 1985、1986年通过基建和更新改造建成投产一批工业项目（其中基本建成全投和单投的大中型项目25个）。新增主要生产能力和效益有：铁矿开采580万吨，烧碱106 000吨，煤炭开采170万吨，发电机组装机容量43.48千瓦，输变电线路工程988公里，变压器141万千伏安，汽车36 020万辆，拖拉机、手扶拖拉机8 358混合台，合成纤维8 900吨，电视机64万台，电冰箱5万台。

〔**城市建设**〕 1985年城市实有住宅面积9 520万平方米，比上年净增1 401万平方米。1986年城市住宅实有面积11 011万平方米，比1985年净增1 491万平方米。城市人均居住水平1985年为4.3平方米，1986年为5.1平方米。通过基建和挖潜改造，城市供水、供气、供热、公共交通和市政设施都有

沈阳市文化路立交桥

南运河带状公园

张福忱

沈阳市南运河带状公园，位于市区南部，东起东塔闸门，西至龙王庙闸门，两端与浑河相衔接，全长14.5公里，占地314公顷，拥有80公顷水面。

昔日的南运河，是五十年代初沈阳市为了排引南部市区积水而开凿的人工水系，同时，也是南部市区排纳城市废水和雨水的主要干渠。几十年来，一方面由于城市发展较快，另一方面，城市建设和环境治理又比较薄弱，使得南运河由清水河变成了污水河，脏水淤积，臭气熏人，每逢夏季，蒿草蓬生，蚊蝇为患。由于水体污染严重，已经危及河道两侧的地下水质。沿河两岸，垃圾遍地，陋厦毗连，破旧不堪。综合治理南运河，早已成为全市人民的夙愿。

沈阳南运河俯瞰

1984年2月，沈阳市人大九届二次会议通过了《关于动员全市人民治理南运河建设带状公园的决议》，市政府将治理南运河，建设带状公园列为1984年、1985年本市城建计划中的重点项目，并于1984年4月1日正式破土动工。南运河带状公园的建设，始终贯彻了“人民城市人民建”的基本方针，实行了市、区分工，分段包干和军民共建，先后动员社会义务劳动244万人次，运输车辆和其它施工设备10万台次。沈阳驻军在工程建设中做出了突出贡献。由于全市人民的共同努力，1985年7月，这项工程包括的河道改造、公园建设、街路桥涵等全部竣工。

在为期16个月的时间里，共清除河道淤泥45万立方米，砌筑护坡石4.4万立方米，敷设污水截流管道3公里，建成宽14～24米最大流量为20立方米/秒的河道；河上新建五座造型各异的拱桥和钢架桥；清理被占绿地72万平方米，扩大绿地170万平方米，种树9.2万株，种草20万平方米，栽花20万株。沿河两岸修复扩建了6个公园，新建了春晓、夏芳、怡静、皂角、秋锦等18个游园，总面积为100万平方米。公园和游园之间，修建了雕塑、花坛、喷泉、庭廊等198项园艺设施。结合南运河带状公园的建设，还进行了沿河市政设施的改造，打通了14.6公里的道路，路面由原8米拓宽至12米，新铺设沥青路面11.9万平方米，人行道4.4万平方米，并安装了组合花灯、圆灯1 527盏。

如今的南运河，贯通市内五个人工湖泊，清水长流，绿树成荫，景点相连，桥水相映，繁花似锦，宛如一条彩带，飘浮在市区。这项工程的建成，使南运河水、绿、园、街融为一体，很富于时代感和地方特色，不仅改善了环境，美化了沈阳，为人民提供了优美的休憩场所，而且具有吸引旅游，净化空气，泄洪排涝等多种功能。

了明显改善。沈阳市1986年建成三座立交桥，特别是南湖文化路四层立交桥，仅用六个月时间就建成交付使用，缓和了沈阳市内交通拥挤状况。

〔**农房建设**〕 1985、1986年农村普遍按照乡村建设规划进行民房建设，1985年竣工1 328.2万平方米，其中住宅1 207.4万平方米；1986年竣工1 348.9万平方米，其中住宅1 246.8万平方米。

〔**国外施工**〕 1985、1986年，省市和一些企业利用各种渠道，向国外输出劳务和出国承包工程有了新进展。中建总公司辽宁分公司开始在关岛、香港承包工程。抚顺市建筑安装总公司到1986年底，在亚洲、中东地区的五个国家承担了12个工程项目，合同成交额3 256万美元，累计派出承包与劳务人员3 964人次，创外汇额度217万美元。阜新、丹东、本溪等市和沈阳市新城子区也开始出口劳务或在国外承包工程。

大连市建筑业概况

傅 彭

大连市是我国对外开放的14个沿海城市之一，自1985年开始实行计划单列，享受省级经济管理权限，是全国进行经济体制综合改革试点城市。全市总面积12 574平方公里，其中市区面积1 062平方公里。1985年末全市总人口485万人，平均人口密度每平方公里386人，其中市区1 533人。

一、行业综述

〔**队伍发展**〕 1985年，全市建筑业完成产值11.5亿元，占全市社会总产值的6.5%。从1980年至1985年五年之间，全市建筑业产值每年平均递增10.1%，超过全市社会总产值每年平均递增速度。全市城乡集体建安企业达269个，11.7万人，完成施工产值和竣工面积分别占全市建筑业的63.3%和77.3%。

〔**技术装备水平**〕 1985年从香港与外国引进一批性能优良的大型施工机械与小型手动工具40多种，1 160余台件。从而具备了建设高层楼房的能力，1985至1986两年，全市竣工8层以上的高层建筑达100多栋，30多万平方米；24层高的富丽华酒店主体工程已完工，27层高的国际酒店已进入装修阶段。

〔**勘察设计能力**〕 到1986年末，全市勘察设计单位共有145个，职工3 980人。市属勘察设计单位99个，外地来大连注册的勘察设计单位46个；年设计能力达322万平方米，工程测量能力达305万平方米，工程勘察能力为8.4万标准米。1983～1985年，由大连建筑设计院等单位设计的大连海港友好广场高层住宅荣获建设部表扬奖，大连市红星电影院等5项工程获省优秀设计奖，大连工人大学教学楼等20项工程获市优秀设计奖。

〔**主要建设成就**〕 解放40年来，全市以城市规划为依据，有计划地进行了工业、港口、交通、邮电、商业、文教卫生、科研、体育等方面的工程建设和供电、供水、排水、供气、道桥等城市基础设施建设，以及园林、旅游、环境保护等公用设施的建设，城市面貌发生了巨大变化。1949年至1984年累计完成基本建设投资达84.6亿元，形成固定资产达62亿元，建成交付使用的各种房屋建筑面积达2 024万平方米。新建住宅963万平方米，占全部房屋面积的47.6%。新建住宅面积相当于建国前遗留住宅的4.2倍。特别是1979年以来，全市每年平均建设城镇住宅94万平方米。1979年至1984年，共建成住宅564万平方米，超过前30年住宅建筑总面积的41.7%。建国以来，全市城镇人口增加2.4倍，住宅面积增加近5倍。

大连的建筑队伍参加沈阳、辽阳、青海、太原和汉中等省市重点工程的建设，并承担了对阿尔巴尼亚、蒙古、马耳他等国的援建工程。大连第一建筑工程公司被国家经委和全国总工会评为全国先进施工企业，荣获金牌奖。1981～1985年，全市有两项工程（大连第三建筑公司施工的大连石油七厂铂铼重整催化裂化和糠醛精制工程）荣获国家优质工程银质奖；有30项工程荣获省优质工程；有105项工程荣获市优质工程。

二、建筑业改革

〔**建筑业管理体制的改革**〕 大连市建筑业的改革共经历了三个发展阶段。第一阶段，从1980年开始，以整顿企业为重点，以创全优工程为目的，在施工企业中普遍推行了层层经济包干责任制；第二阶段，从1983年开始，以破除“两个大锅饭”为重点，把经济包干责任制逐步扩大到全系统；第三阶段，从1984年开始，以开放建筑市场为突破口，以提高质量，缩短工期，降低造价，提高投资效益为重点，狠抓了“对外开放、内部承包、横向经济联合”三个环节。

〔**全面推行了招标承包制**〕 到1986年，招标承包工程达2 854项，建筑面积达664万平方米。目前，招标承包范围已由土建施工扩大到工程设计；由民用住宅工程扩大到大中型工业交通建设项目；由房屋建筑工程扩大到市政道路桥梁工程；由单项工程扩大到住宅小区和工程项目的总承包。参加投标的，除本省市的施工队伍外，还有黑龙江、吉林、内蒙古、山东、河北、河南、江苏、浙江、福建、广东等10省、区及中建总公司、铁道、交通、冶金、水

---

* 本文经魏作金审阅。

大连滨海路友谊桥

电、核工业、航天工业等部的施工队伍。一个开放型、竞争型的建筑市场初步形成。

〔**推行投资包干制**〕 1984～1985年，全市已批准概算投资的重点工程35项，投资额为9.5亿元，共实行投资包干31项，概算投资额为8.2亿元，占86.3%。据已完工的10项工程统计，节省投资2 178万元，占投资额的7.5%。如国家“六五”期间的重点工程——大连港香炉礁杂货码头扩建工程，万吨级和中级泊位各两个，年吞吐量为96万吨，概算投资12 760万元。实行投资包干后，节省投资2 000万元，占概算投资的15.7%，整个工程于1985年10月经国家验收合格交付使用，比国家定额工期提前两年零四个月，比合同工期提前三个月。1986年，对全市18个建设单位在“七五”期间的国家重点、大中型及地方重点技措项目实行投资包干，投资额达52.6亿元。

〔**全面推行厂长(经理)负责制**〕 大连是国务院批准的全国两个试点城市之一。从1985年开始，对市建工系统国营施工企业全面推行了厂长（经理）任期目标责任制。利用经济手段，通过合同的形式，把国家同企业经营者的关系明确下来，增强了企业经营者的责任，促进了经济效益的稳步提高。

〔**推行百元产值含量包干**〕 从1984年起，在全市国营建安企业全面推行百元产值工资含量包干。市一建公司根据工程用途、造价、结构、面积、耗工等因素测算，编制出企业内部《单位工程平米含量包干定额》达2 784个子目、24 391个单价，使含量包干逐步做到科学化、标准化。

〔**组织城建综合开发**〕 大连市成立了市住宅办、房屋综合开发公司、城建开发公司等三个综合开发部门。通过各种资金渠道，筹集开发资金，建成并出售房屋。为了克服各自为政、分散建设、多头管理的弊端，于1986年成立市房屋土地综合开发管理办公室，负责对全市综合开发的归口管理。

三、建设中的经济技术开发区

1984年9月24日，经国务院批准兴办大连经济技术开发区，地址在大连市金县大孤山乡马桥子村，起步工程为3平方公里，建立综合性工业区，并相应地建设行政、生活服务区，远景规划用地面积为20平方公里。1984年10月15日，经济技术开发区正式动工。

大连经济技术开发区经过两年多的建设，“七通一平”基础设施已初具规模。雨水、污水、自来水、液化气、热汽五条地下管网和电力、电讯两条地下缆线，已接通了工业区、生活区和行政商业区。日供水能力5万吨的花园式净水厂和供气能力5 600吨的液化气站将投入使用；邮电大楼主体工程已近完工，热电厂正在筹建中，组团式供热系统已经完工；宾馆、办公楼等工程正在兴建中，18层高的银帆宾馆主体工程已近尾声；大庆和香港合资的庆港大酒店第一期工程主体部分也将完工；我国北方最高层商品写字楼*B*区主体工程已经完工，*A*区主体工程正在起层；总建筑面积11万平方米的东山住宅小区已基本成型。

大连市建筑安装企业基本情况 **表 1**

年度	企业个数(个)			职工总数(万人)			施工产值(亿元)			房屋竣工面积(万m²)			全员劳动生产率(元)			实现利润(万元)		
	合计	全民	集体	合计	全民	集体	合计	全民	集体	合计	全民	集体	合计	全民	集体	合计	全民	集体
1984	257	21	236	13.1	3.7	9.4	7.71	3.01	4.7	245.5	74.1	171.4	12 291	7 296	4 995	8 963	3 373	5 590
1985	293	24	269	15.2	3.5	11.7	11.5	4.2	7.3	336	76	260	16 626	10 445	6 181	11 185	4 243	6 942
1986	458	30	428	19.1	4.0	15.1	14.8	5.5	9.3	396	102	294	18 984	12 552	6 432	10 751	2 114	8 637

大连市建筑业自有机械设备基本情况

表 2

年度	各种机械设备(台)			自有设备(万元)						技术装备率(元/人)			动力装备率(kW/人)		
				原值			净值								
	合计	全民	集体	合计	全民	集体	合计	全民	集体	合计	全民	集体	合计	全民	集体
1984	18 549			23 070						1 333			3		
1985	18 630	7 351	11 279	23 489	12 873	10 616	17 464	9 421	8 043	1 214	2 690	739	2.3	4.6	1.6
1986	23 696	7 723	15 973	32 527	17 951	14 576	23 150	12 736	10 414	1 240	3 505	692	2.2	4.9	1.5

大连市勘察设计能力有关情况一览表

表 3

单位数(个)				职工总数	承担业务范围							证书等级							
					设计				勘察			甲级		乙级		丙级		丁级	
合计	全民	集体	个体		建筑工程	规划设计	市政	专业工程	工程地质	水文地质	测绘	单位数	人员数	单位数	人员数	单位数	人员数	单位数	人员数
99	90	8	1	3 980/2 714	83	17	12	40	10	13	9	3	592/441	26	1 629/1 160	47	1 318/787	23	369/228

注：1.承担业务范围中包括兼营它业；

2.人员数中分数线上为总人数，分数线下为技术人员数。

大连市固定资产投资成效一览表

表 4

年度	投资(亿元)	房屋竣工面积(万m²)	工业				运输、邮电		教育、科研、文化、卫生、体育				住宅			
			投资额(亿元)	占总投资额(%)	房屋竣工面积(万m²)	占总建筑面积(%)	投资额(亿元)	占总投资额(%)	投资额(亿元)	占总投资额(%)	房屋竣工面积(万m²)	占总建筑面积(%)	投资额(亿元)	占总投资额(%)	房屋竣工面积(万m²)	占总建筑面积(%)
1949～1984	84.6	2 024	44.8	53	470	23.2	9.7	11.4	5.9	7	197	9.7	15	17.7	963	47.6
1985	21.8	208.5	9.2	42.0	87.4	41.9	4.2	19.2	1.1	5.2	57.5	27.6	3.7	17.0	119.2	57.2
1986	29.6	256.2	4.5	15.2	—	—	3.6	12.2	1.5	5.1	—	—	3.5	11.8	208.1	70.2

大连市建筑工程总公司完成主要经济指标一览表

表 5

年度	施工产值(亿元)		竣工面积(万m²)		全员劳动生产率(元/人)		实现利润(万元)	
	完成	为上年(%)	完成	为上年(%)	完成	为上年(%)	完成	为上年(%)
1985	2.13	105.9	63.6	125.9	10 621	122.9	1 900	105.9
1986	2.75	128.8	67.7	106.4	12 837	120.9	2 114	111.3

吉林省建筑业概况

王岩　王文

吉林省建筑业自1985年以来，伴随着城市改革的步伐，继续开拓前进。建筑企业普遍推行了招标投标、各种形式的承包责任制等改革措施，整顿了建筑市场，进一步提高了建筑队伍的素质。

一、建筑队伍

〔**职工人数**〕 1985年末，全省有建筑安装企业1 698个，其中国营企业259个，集体企业1 299个，个体建筑单位140个。职工总人数51.9万人，比1983年增加22.1万人，其中国营职工207 020人，占总人数的40%；集体职工307 000人，占总人数的59%；个体建筑队伍5 026人，占总人数的10%。

全省有一级施工企业29个，二级施工企业27个，三级施工企业182个，四级施工企业349个，等外企业1 112个。在这些队伍中，从事房屋建筑的有1 541个，461 115人；从事设备安装的有35个，27 713人；从事混凝土构件生产的有40个，14 836人；从事机械施工和电气安装的有42个，9 480人。

在全省施工队伍中，有技术经济人员13 492人，占全部队伍总人数的2.6%；其中，国营建筑企业有技术经济人员7 727人，占国营建筑业总人数的3.80%；集体建筑业有技术经济人员5 765人，占集体企业总人数的1.9%。

〔**建筑业改革**〕 自1983年以来，建筑工程实行招标投标承包制的越来越多。1986年末全省招标投标的比例为18%。企业内部普遍推行了栋号承包，有些企业还实行了个人承包试点。大中型国营施工企业普遍推行了经理负责制。大部分企业实行了百元产值工资含量包干。全省50个市县都成立了质量监督站，配备了359名专职质监人员，全省质量监督面已达到858万平方米，约占全省施工总面积的92.8%。

二、技术装备

〔**施工机械化**〕 截止1986年底，全省国营建筑企业拥有主要施工机械设备3 393台，其中大型起重吊装设备297台，最大起重能力为90吨·米。

六大工种综合机械化程度达到46.9%。其中土方工程为63.2%，垂直运输为71.1%，场内水平运输为38%，混凝土工程为57.2%，抹灰工程为29.3%，桩基工程为99.8%。

〔**队伍装备率**〕 1986年底，国营施工企业技术装备率为6 272.5元/人，动力装备率为3.2马力/人。

三、建筑技术

〔**建筑制品与材料**〕 1985年开始，吉林省木门窗工厂加工已逐步向综合利用方向发展。敦化市木材厂生产的纤维板复合门年产7万扇（生产能力为30万扇），远销省内外。

在原天然轻骨料混凝土空心砌块（浮石、火山渣空心砌块）基础上，1986年又研制开发了煤矸石空心砌块和重矿渣空心砌块。其中，由省建筑科学研究所与通化钢铁公司联合开发的重矿渣空心砌块已通过技术鉴定，并批量生产。

1986年通过省级技术鉴定的《玻璃纤维屋面保温板》和《聚苯乙烯泡沫塑料保温板》已批量生产。

1986年，吉林省建筑科学研究所研制开发的

鹿鸣宾馆

* 本文经王开标审阅。

《双乙外墙涂料》和《彩砂外墙装饰材料》通过省级技术鉴定。

〔**建筑科研成果**〕 1985至1986年通过省级鉴定的技术成果共17项。其中，由吉林省计算机研究所、长春市煤气公司共同开发的《炭黑袋滤程控系统》和长春地质学院、长春自来水公司共同开发的《城市供水管网压力微机遥测系统》，被省科委评为1985年省科技进步四等奖。

四、建筑设计与建筑技术

〔**设计队伍**〕 1986年底，城乡建设系统共有设计单位77个，其中，国营设计单位69个，集体设计单位8个，个体设计单位1个，职工总数2 425人。其中，高级工程师19人（包括高级建筑师），工程师353人（包括建筑师），助理工程师380人，技术员642人。勘察生产人员399人，其中工程技术人员133人；设计生产人员1 498人，专职科学研究人员13人。

1986年完成设计项目2 658个，完成投资73 318.87万元，完成建筑面积3 359 732平方米。

〔**建筑结构**〕 1985至1986年间，吉林省建筑工程中的大型民用建筑和高层建筑增高，其中东煤公司办公楼、省电力设计院办公楼、鹿鸣宾馆、吉林工大图书馆、地质学院图书馆、吉林冰球馆、吉林微波大楼以及吉林市平战结合地下商场等工程相继建成交付使用。与此同时，各城市普遍重视居住小区的综合开发建设并已初具规模，从而使城市面貌有了较大的改观。

〔**施工技术**〕 1985年以来，城市房屋建筑基础工程由单一的打入桩逐步向钻孔灌注桩、挖孔式灌注桩、振动冲击桩发展，节省了投资和钢材。由哈尔滨建工学院设计，吉林市一建公司施工的吉林市冰球馆，采用空间悬索结构，获省建筑学会奖励。高层建筑已逐步使用泵送混凝土。高层框架结构正积极推广气压焊接、电渣焊接技术。墙体施工内浇外砌和复合墙体结构在逐步推广。内墙抹灰已大部分被刮腻子喷白所代替，推广水磨石干压地面（即干撒石子）施工方法。

五、建设发展与成就

1986年，建成各类房屋498.9万平方米。已建成使用的重要建筑有省人大办公楼、吉林三项体育工程、省农大图书馆、省农科院、省人参研究实验楼、四平师范学院、吉林大街立交桥以及一些医疗单位、宾馆等。1986年底，国营施工企业技术装备率为1 777元/人。

〔**工业建设**〕 1985年新增生产能力包括石油开采1.23万吨、水电5万千瓦、木材采运10万立方米、输电线路717.4公里、变电设备18.3万千伏安、发电机组容量5.4万千瓦。1986年基本建设施工面积801.27万平方米。共建成工业与民用建筑项目841个。其中有东丰50万伏变电所、长春第一汽车厂换型改造工程、红石水电站3号2号水轮机发电机组、吉林油田勘探与开发、通化矿区大湖平峒井、珲春矿区荧安斜井、长白山林区、吉林送变电等。

1986年建成投产项目新增主要生产能力：煤炭开采168万吨、发电机组容量10.271万千瓦、木材采运10万立方米、水泥49.4万吨。

〔**援外建设**〕 1985年以来，吉林省的建筑队伍在完成省内建筑任务的同时，还派出队伍到国外施工。其中有尼日尔综合体育馆的经援项目；伊拉克的库巴萨、拉玛迪、纳西尼亚三个小区市政工程；科威特548栋住宅群的劳务输出。

前郭县民族体育场观礼台

黑龙江省建筑业概况

姚兵　孙岩山　甄维新　李之春

1985～1986年，黑龙江省建筑业在改革中持续发展，勘察设计和科研事业进展较快，出现了集体和个体所有制成分。同时，也出现了设计和施工力量增长速度过快，企业管理水平不相适应，经济效益较低的趋势。

一、建筑队伍

〔**施工队伍**〕 1985年全省国营和集体企业1 252个，其中大中型企业42个，职工59.69万人，比1984年增长14%。共有国营企业405个，34.08万人，比上年增长15%。1986年全省国营和集体企业1 380个，职工60.77万人，比1985年增长1.8%。其中国营企业427个，34.5万人，比1985年增长1.23%。

〔**改革与整顿**〕 1985～1986年全省建筑企业开始试行经理负责制，继续推行多种形式的经营承包责任制。部分集体企业还试行股份制。全面推行百元产值工资含量包干，按定员定额组织生产包干等，使企业活力有所增强。1985年全省建筑施工企业共完成施工产值37.13亿元，全员劳动生产率6 220元/人，人均竣工面积13平方米，盈利总额18 358万元。当年在集体企业中评定出全优工程165项。全省有10个国营施工企业被命名为“六好企业”，其中4个为1985年命名的。1986年全省建筑施工企业共完成施工产值412 050万元，按施工产值计算全员劳动生产率6 780元/人，人均竣工面积14.4平方米，盈利总额15 136万元。评定出信誉工程212项，面积46.02万平方米。佳木斯第一建筑公司自1984年实行经理负责制以来，取得产值和效益同步增长的好成绩。哈尔滨市华兴、南建、长城、新阳、东方等集体建筑施工企业全员劳动生产率都已超过万元，人均竣工面积高的已达到50平方米。宝清县第一建筑公司实行集资经营股份制，使一个原来严重亏损的企业变成经济效益较高、社会信誉较好的先进企业。

全省建筑勘察设计单位实行收费制，技术经济承包责任制进一步完善。1985年同1984年相比，全省勘察设计单位完成的建筑设计面积增加了50%。黑龙江省建筑设计院1985～1986年在深圳、大连、山东等地设立分院或办事处，开展设计横向联合。1985年完成设计面积69.87万平方米，超额7%完成与主管部门签订的承包指标。全年勘察设计总收入401.8万元，为承包指标的180%。盈利249.1万元，为承包指标的237%。1986年完成设计面积63.27万平方米，为承包指标的126%，完成勘察设计收入404.82万元，为承包指标的176%。

建筑科研单位由单纯科研型向科研经营型发展，使科研转向工程建设，开展横向联合。省低温建筑科学研究所自1984年7月实行科研体制改革试点以来，以寒冷地区建筑技术开发推广为中心，同省内外建立了17个科研生产联合体，对外实行有偿服务，对内实行课题承包制。1986年完成10项科研任务，其中有4项达到国内先进水平。这些项目有59%已转化为生产力，获利380万元，相当于1985年前10年间国家拨给该所的全部事业费。近两年来这个所自费购置各种科研仪器231台，职工生活福利明显改善。1986年底已实现了经费自给。

1986年2月经省政府批准，由省建委、省建工局、省建设银行联合下发了《关于认真整顿建筑市场的通知》，对全省建筑市场进行全面整顿。全省共查出各类问题700余件，对280个素质差、等级不符的企业作了吊销营业执照、限期整顿或降级处理。同时，对勘察设计领域的违法行为和不正之风也进行了查处和纠正。加强了立法和管理工作。经过整顿和加强管理，建筑市场秩序基本好转。

〔**建筑教育**〕 全省青壮年职工“双补”任务已在1985年完成，1986年开始，职工教育的重点转入技术培训，全省城乡建设系统已培训技术工人32 390人。

截止1985年城乡建设系统共培训各级各类干部21 169名。各单位还加强了对45岁以下干部的培训工作，到1985年通过大专院校、电大、刊大、函授等各种途径培训大、中专毕业生2 526人。对科技干部进行知识更新和补缺教育，举办了电算、流水网络、质量管理等培训班，1985年培训技术干部800多名。

1986年全省建设系统共培训干部11 516名，累计培训干部32 685名，占干部总数的60.8%。

1985年全省城乡建设系统技工学校11所，已毕业学生420名，补充到工人队伍中。1986年全省城乡建设系统职业中学已发展到13所，在校学生

2 018名，累计毕业1 109人，就业911人。1985～1986年全省城乡建设系统经省政府批准，教育部备案的职工大学共有7所，共设17个专业，有专职教师192名，1986年在校学生1 353名，已毕业学生1 323名。1985年全省建设系统有15所职工中等专业学校，在校学生1 239名，已毕业学生209名。1986年职工中专发展到17所，在校学生1 239名，累计毕业学生534名。此外，还有在职工"双补"教育中发展起来的职工学校150余所，已转入中级技术培训、班组长培训和岗位培训。有2所干校从事干部培训教育。

1984年建立了城乡建设刊授大学黑龙江分校（中专部），在全省设13个刊授站，1985～1986年在读学员共835名。

1985～1986年全省有建工、城建、建材三所中专学校，其中历史最久的黑龙江省建筑工程学校，现有6个专业。1985年在校学生905名，毕业学生220名。1986年在校学生1 013名，毕业学生253名。

哈尔滨建筑工程学院1985年设6个系，15个专业，在校本科学生2 073名，研究生197名；在读函授生1 865名；完成科研项目25项，其中获国家级奖励1项，获部委级奖励2项，获省市级奖励4项。1986年全院设8个系，16个专业，在校本科学生2 303名；研究生293名；在读函授生2 097名，完成科研项目25项。

二、技术装备

〔**队伍装备**〕 1985年405个国营企业年末自有设备51 770台，其中施工机械12 125台，大型塔吊10台，技术装备率2 006元/人。集体企业自有设备24 712台，动力装备率1.34千瓦/人。1986年427个国营企业年末自有设备55 316台，其中施工机械11 182台，技术装备率2 038元/人。集体企业自有设备27 685台。

〔**工程机械化**〕 1985年土方工程为66.6%；桩基工程为100%；构件吊装工程为00.6%；混凝土搅拌为100%。1986年土方工程为65.3%；桩基工程为100%；构件吊装工程为100%；混凝土搅拌为99.5%。

三、建筑制品和新材料

〔**混凝土制品**〕 八十年代以来，积极开展了混凝土预制生产的工艺改革和新技术推广，国营混凝土构件预制厂较为普遍地实现了石子筛洗、原料计量、自动控温。建立集中搅拌站，大部分应用热介质定向循环进行了坑窑改造。采用了热膜及太阳能养护工艺，广泛掺用混凝土外加剂。积极采用混凝土二次投料和利用粉煤灰掺和料等。到1986年，全省城乡建设系统有混凝土构件厂225家，职工18 800人，设计总能力92.83万立方米，年总产量73.10万立方米。其中国营混凝土构件厂45家，职工6 907人，设计能力36.08万立方米，年产量28.15万立方米；集体所有制混凝土构件厂180家，职工11 900人，设计能力56.75万立方米，年产量44.95万立方米。

〔**金属、塑料制品和新材料**〕 1985～1986年，全省有钢模板及其配件生产厂两家，两年的年产量分别为2 900吨和2 600吨。1985年以来，全省有30家钢门窗生产厂，年产能力161万平方米，供应本省市场101.9万平方米。到1985年全省有近20家铝合金门窗生产组装厂，年产能力为16.2万平方米。1985年省内生产的金属门窗在本省市场上的占有率已达60.8%。1984年以来，还从国外引进两条塑料门窗生产线，1985年已开始试验性生产。

全省有加气混凝土生产企业6家，年设计能力48万立方米。1985年产量17万立方米，1986年产量18万立方米。石膏板厂1家，年设计能力400万平方米，1985年产量15万平方米，1986年产量11万平方米。陶粒生产厂1家，1985年生产3 032立方米。哈尔滨市从国外引进一条年产1.63万吨的岩棉生产线已于1986年12月正式投产。主要产品有岩棉保温板、岩棉保温毡和岩棉玻璃布缝毡。此外，装修装饰材料壁纸，年产110万平方米，地板革年产50余万平方米，墙面和地面装饰涂料年产1 700余吨。防水涂料厂全省50余家，产品大量投入建筑市场。还有石膏装饰板、塑料地板、防火涂料等产品的小批量生产。

四、建筑科学技术

〔**科研队伍**〕 1985～1986年全省四个建筑科研单位，1985年共有职工294人，其中科技人员154人，1986年共有职工364人，其中科技人员234人。此外，还有全省各建筑勘察设计单位内部专职科研人员，1985年共107人，1986年共57人。

〔**科技成果**〕 近年来，本省的混凝土外加剂研究成果和产品广泛应用于工程施工中。其中泥碳磺酸盐混凝土减水剂产品1985年通过了省级鉴定。省低温建筑科学研究所研制的NON-F型和MN-F型两种混凝土防冻剂，1986年被建设部认定。该所研制的WND型混凝土防冻外加剂和哈尔滨建工学院同黑龙江省安装公司研制的JA型混凝土防冻剂，以及齐齐哈尔建筑科研所研制的砂浆防冻剂，1986年通过了省级鉴定。省低温建筑科研所研制的

HD-2型混凝土冰点测试仪达到国内先进水平，1986年通过了省级鉴定。在基础施工技术方面，省低温建筑科研所的《基础防冻害措施》、《强夯法在季节冻土地区的应用研究》科研成果以及伴随着动力试桩新技术的引进本省而研制的FM-1型桩基动测参数测定仪均于1986年通过了部级和省级鉴定。哈尔滨市第一建筑工程公司在引进钢筋气压焊接新技术的同时，自制了钢筋气压焊接新机具，已于1986年通过省级鉴定并开始在省内部分建筑施工企业试点推广。近两年来微型电子计算机在建筑施工企业和建筑设计单位开始广为应用。

五、建筑设计与技术

〔**建筑勘察设计队伍**〕 1985年全省经过认证的建筑勘察设计单位共有259家，比1984年增加了69%。设计队伍职工总数9 700人，比1984年增加了56%。其中勘察设计生产人员总数7 473人，比1984年增加了104%。在上述全部勘察设计队伍中，专门从事建筑勘察设计的单位有225家。集体所有制建筑设计单位21家，个体所有制建筑设计单位1家。随着建筑勘察设计队伍的壮大，完成的勘察设计任务也空前增多，1985年共完成施工图建筑设计面积658.08万平方米，比1980年增加50%，完成工程地质勘探15.73万标准米，比1984年增加64%，完成工程测量14.57万平方公里，比1984年增加225%。

1986年全省建筑勘察设计单位共有258家，设计队伍职工总数10 360人，其中勘察设计生产人员8 118人。在全部勘察设计队伍中，专门从事建筑勘察设计的单位有218家，集体所有制单位14家，个体所有制单位1家。1986年共完成施工图建筑设计面积603.93万平方米，完成工程地质勘探18.28万标准米，完成工程测量0.0717万平方公里。

〔**建筑与结构**〕 1985年全省优秀设计、优秀工程评选，镜泊湖宾馆获1等奖。1986年举办了全省县级设计单位的优秀设计评选，富裕县站前旅社获1等奖。

以墙体改革为重点的工业化建筑有了新的发展。哈尔滨市的“框架轻板”住宅建筑已形成年建40万平方米能力。1985年建成框架轻板住宅18.1万平方米，1986年建成25.2万平方米。一栋5 000平方米的12层“内装外砌”点式高层住宅已竣工投产。哈尔滨建工学院、哈尔滨市振兴建筑公司设计室试验建造节能复合外墙住宅，在增加外墙热阻、减薄外墙厚度方面取得了成功。省建筑设计院设计的现场迭层预应力钢筋混凝土拱形屋面大板，在省内外40万平方米建筑工程上推广使用，1986年获得了中国发明协会颁发的银牌奖。此外聚氯乙烯硬质塑料下水管和自动气压给水装置开始在建筑设计上推广应用。

〔**施工技术**〕 1985年，在桩基测试中，应用了锤击贯入法和共振法，大大缩短了试桩时间，降低了试桩费用；抗冻外加剂的应用已发展到在－15°C气温下进行钢筋混凝土框架露天浇灌。在屋面防水施工中，以沥青橡胶为基料和新型丙烯酸系列的防水涂料冷作业施工技术得到应用。1986年，在桩基施工中开始采用大孔灌注桩技术，在桩基测试上又推行了动刚法试桩，并通过了省级鉴定。预应力钢筋混凝土施工技术有新的突破，齐齐哈尔市游泳馆工程跨度30米、高3.3米，成功地采用了高强钢丝束先张法施工技术。在哈尔滨松花江公路大桥矩形双箱九孔连续梁桥面，纵、横、竖三向预应力施工中，成功地采用了具有国内先进水平的分段“悬浇”成套施工技术。在高210米的钢筋混凝土烟囱施工中，成功地采用了“内砌外浇”、“外模单滑”同时施工工艺。

六、建设发展与成就

〔**房屋建筑**〕 1985年，全省国营和集体建筑企业共完成各类房屋面积784.8万平方米。1986年，共完成各类房屋面积874.49平方米。

〔**工业建设**〕 1985年，有2个大中型项目全部建成投产，有12个大中型项目部分建成投产。牡丹江电厂和青冈糖厂全部建成投产。1986年有4个大中型项目全部建成投产，有14个大中型项目部分建成投产。齐齐哈尔玻璃厂、齐齐哈尔电化厂、哈尔滨松花江公路大桥和依安糖厂全部建成投产。国家重点建设项目大庆30万吨乙烯工程一期工程，经7年多的建设历程，已于1986年4月建成，投料一次试车成功，于7月26日打通了5套生产装置的流程，生产出合格产品。工程质量好，进度快，创造了国内同类项目建设的新水平。哈尔滨松花江公路大桥于9月20日正式通车，比计划工期提前一年建成。

〔**乡镇建设**〕 本省乡镇建设已开始进入有计划有指导的建设新阶段。1986年全省1 136个集镇中已有1 022个完成了建设规划。全省3.34万个村屯中已有1.4万个完成了建设规划。村镇面貌开始由过去简陋的茅屋土房向砖木、砖混结构转化。1985年全省共建农民住宅780万平方米，农户总数的3.1%住进新房。新建房屋中砖石混合结构和“一面青”房屋约占40%，有的还建了楼房。据不完全统计，全省农村新建自来水受益人口约8.2万，占农民总数的4.1%。整修道路510万延长米，其中5%左右为砂石路面，还有的铺设了柏油路面。

哈尔滨松花江公路大桥

韩　旭　民

哈尔滨松花江公路大桥，横跨于哈尔滨市河图街街口和江北岸前进乡之间的松花江干流上。大桥全长1 656米，由主桥和南岸引桥两部分组成。主桥长1 198米，临近引桥两边均有新颖别致的圆街和长廊。南岸引桥是两个盘旋而上的环桥，直径均为114米，各长458米。大桥有十几个配套和附属工程，主要有北岸17.2公里的接线公路，南岸11.4万平方米的住宅小区。全桥混凝土总工程量9万立方米。主桥桥面宽24米，4辆重型卡车可并行通过，是目前我国最宽的公路大桥。设计载重汽车超20吨，挂车120吨。日通车流量可达1万多台次，人群荷载每平方米350公斤，是目前我国公路桥梁载重标准最高的公路大桥。主桥采用9孔一连预应力钢筋混凝土箱型连续梁，汽车可以时速百公里的速度通过，是目前我国连续梁中孔最多的公路大桥。

这座大桥建成之前，哈尔滨市通往江北岸的公路运输通路只有一座1934年修建的公路、铁路合用桥，桥面仅有5.4米宽，而且多处损坏，载重标准限8吨以下，行车困难，经常堵塞，大批车辆排队成龙，有时阻车几个小时，人亡车毁的交通事故时有发生，影响了城乡经济的发展，给人民生活带来极大不便。为了解决这一问题，黑龙江省政府投资17 500万元，国家交通部补贴4 000万元，共计21 500万元。从1983年5月10日正式开工建造，经3年零4个月，于1986年9月20日竣工，比原定工期提前1年。担负设计任务的是黑龙江省公路设计院、哈尔滨市市政工程设计研究院等单位。担负施工任务的黑龙江省公路桥梁公司和哈尔滨市市政一、二公司等单位，冬战严寒，春战流水，夏战酷暑洪峰，都较好地完成了任务。经国家有关部门验收认为，整个系统工程的设计达到国内先进水平，工程达到了优质标准。

现在，这座风格新颖、宏伟壮观的公路大桥成为贯通哈尔滨至黑河、萝北、满洲里地区城市的国道干线，成为黑龙江省重要的公路交通枢纽，对促进工农业生产、巩固国防，都具有重大意义。这座美丽的大桥与哈尔滨城市建筑谐相映衬，给北方名城增添了新的景观。

哈尔滨松花江公路大桥

上海市建筑业概况

奚正修　徐绳墨

1985～1986年间，上海建筑业加快了改革步伐，施工任务以20%的速度递增。建筑业除了继续完成量大面广的一般工业、民用建筑外，从总体来说，行业正在向高层住宅、高层工业厂房和高级公共建筑等"三高"工程为主转变。1986年，仅上海建工局所属企业承担的高层建筑即有240多幢，占全年施工面积的49%。市政建设也从一般的道路、桥梁、排水、给水等设施，向大规模、高技术方向发展，如延安东路越江隧道、中山北路车行立交、黄浦江上游引水工程等项目。上海建筑业正以改革开放为指针，不断提高技术水平，更好地完成建设任务。

一、建筑队伍

〔建筑力量〕 上海建筑业队伍结构正在进一步向多层次、多种所有制方向发展。1986年底，上海市辖管理的建筑力量有职工33.3万人，其中：市属国营企业77个，17.11万人；郊县集体建筑单位225个，9万人；中央各部长期在沪的建筑企业15个，7.2万人。

1985年，全市建筑业总产值34.68亿元（不包括外地进入上海建筑市场部分），比1984年增长19%，占当年社会总产值的4.3%。1986年，建筑业总产值为47.06亿元，其中地方国营施工产值24.8亿元，比上年增长16.3%。这二年，全市建筑业完成的主要指标见下表。

〔管理与改革〕 初步形成了开放型的上海建筑市场。兄弟省市和中央各部建筑企业和勘察设计单位陆续进入上海。1986年末，已有232个建筑企业共21.76万人在沪承包了施工任务，建筑面积达928.36万平方米；1986年竣工265.78万平方米，同时有43家勘察设计单位承接了328万平方米的设计任务。上海建筑市场开放，增强了建筑业的活力，加快了上海建设的速度。

推行了招标投标。1985年在住宅、医院、旅馆等六个建设项目进行设计招标试点，建筑面积87万平方米。

全面推行百元产值工资含量包干。全市对建筑安装、市政工程、公用管线、园林建筑等建筑企业共22万余职工推行了含量包干。

在建筑企业内部推行了多种形式的承包责任制，包括实物量承包、直接费承包、岗位承包等，其范围遍及生产工人、辅助工人和管理服务人员。

发展了经营范围。全市涌现出40余家综合承包公司，有的负责从工程规划、勘察设计到组织施工交付使用的全面承包，有的负责住宅和大型建设项目的综合承包。此外，还出现了专门承揽建筑装璜业务的企业。

开始加强对建筑业的宏观管理和控制。结合整顿建筑市场，开展资格审查、划分企业等级，取消了一批无力承担本市建设任务的企业的资格，有的则予以降低等级。对外地进入上海的设计施工单位实行许可证制度。同时健全招投标及工程质量的检查监督制度，成立"上海市建设工程质量监督站"等机构，加强了管理。

〔建筑教育〕 全市有产业系统办的高等院校二

项目	施工产值（万元）		竣工面积（m^2）		期末人数（人）		全员劳动生产率（元/人）	
年份	1985	1986	1985	1986	1985	1986	1985	1986
合计	346 877	470 559	819	867	333 536	355 268	10 070	12 317
地方国营企业	185 033	248 272	473	485	171 738	162 347	9 788	12 944
中央在沪企业	87 360	111 744	56	32	72 103	76 706	11 895	14 200
城乡集体企业	74 484	110 543	290	350	89 695	116 215	9 085	9 498

注：竣工面积中，住宅建筑1985年为454.88万平方米，1986年为484.7万平方米。

* 本文经叶伯初审阅。

所，即“上海城市建设学院”和“上海业余土木建筑学院”，设置房屋建筑、结构、道路桥梁、建筑机械和建筑管理等专业。二校共有正副教授20余人，讲师200余人，其他教职员近千人，在校学生4 800人。各局办有职工大学、电视大学6所，中等专科学校10所，在校学生6 500人。由于技工紧缺，还办了建筑技工学校7所，在校学生2 000多人。

二、技术装备

〔**建筑机械化**〕 近年来，上海建筑企业陆续装备了各种打桩机、挖掘机、自升塔吊、履带和轮胎式起重机、混凝土搅拌站、混凝土输送车、混凝土泵等一系列建筑机械，除砌筑、抹灰、装修外，主要工种基本上实现了机械化作业。机械装备的完善，形成了新的生产能力，如联谊大厦，建筑面积29 800平方米，高30层，108米，内筒外框全现浇钢筋混凝土结构，玻璃幕墙围护，施工中形成成套的机械化作业线，结构阶段五天一层，整个工期14个月，平均每千平方米施工期不到14天。

〔**装备率**〕 1985年市属国营建筑企业自有机械，技术装备率为3 335元/人，动力装备率为4马力/人。

三、建筑制品和新材料

〔**新材料**〕 推行以钢代木、以塑代钢新技术。1986年末，全市各国营企业拥有组合钢模67.4万平方米，其他形式钢模板1万平方米，钢模使用推广面已达到89.7%，节约木材7.61万立方米。市建工局还推广了钢门框32.94万平方米。PVC塑料下水管已通过国家技术鉴定，并正式应用于建筑物。

近年来开发了新的材料品种，已形成生产能力的有：加气硅酸盐制品21万立方米，粉煤灰陶粒10万立方米，低钙度水泥板即TK板150万平方米。塑料墙纸年产822万平方米，内外墙涂料7 500吨，花岗石饰面板4万平方米，釉面砖10万平方米等。铝合金门窗和自动门、卷帘门等已由本市工厂自行生产。

四、建筑科学技术

〔**科研队伍**〕 上海在建筑科技方面的研究所有：上海市建筑科学研究所、上海市市政工程研究所、上海市建筑施工技术研究所、上海市房屋管理科学研究所、上海市园林研究所、上海市特种基础技术研究所、上海市建筑构配件研究所、上海市隧道设计研究院、上海市建材工业设计研究院、上海市环境卫生设计研究所，以及各企业研究所、室。

〔**科研成果**〕 1985～1986年间共鉴定科研成果219项，其中1985年96项，1986年123项。获奖的建筑科研成果有，大跨度部分预应力混凝土多层框架、带悬挑阳台弹性支承板、多层厂房抗微震、半刚性基层设计方法、简支桥面连接板、混凝土减水剂统一试验方法、民用建筑聚氯乙烯下水管推广应用、双钢筋混凝土、SC-1混凝土胶凝剂、热压纤维板生产工艺等。

五、建筑设计与施工

〔**设计队伍**〕 经上海市建委审查合格发给证书的建筑设计单位共有233个，其中本市单位209个，职工25 821人，工程技术人员19 546人（具有高级建筑师、高级工程师职称的599人）。1986年共完成房屋设计的施工图建筑面积1 466万平方米和一批市政工程。

〔**房屋设计技术**〕

1.高层建筑方面，结构设计已掌握比较复杂的框剪、框筒、筒中筒等计算方法和高级民用建筑的室外环境、室内装修、平面布置、空间安排、垂直人流输送等设计技术。建筑设备已掌握多种复杂的现代建筑的设计要求。

中美上海施贵宝制药有限公司外景

上海新建筑群

2.工业建筑方面，多功能、大跨度高层工业厂房的设计日见增多，建成了由三个弄堂小厂联合组建的九层针织大楼（面积30 303平方米，上海纺织设计院设计、市建八公司施工）和跨度20米六层的色织四厂。100级静态超净、±0.5°C高精度恒温等高级工业建筑设计技术也已掌握并投入实际应用。

3.住宅建筑着重小区综合布局设计的完善，做到体形活泼，风格协调，空间丰富，公建配套。

4.计算机辅助设计有发展。华东建筑设计院用计算机进行结构计算已有多年，最近又把小型机用于高层建筑薄壁杆系的计算，已经过130多幢不同体型高层建筑的考验。此外，又在微机上开发出能生成复杂建筑物的线框透视图，建筑小区总体三维透视图和视点视角按需要变化的系列透视图。1986年开发出黄浦区中心地段计算机生成画面。

〔优秀工程设计〕 1985年评出的优秀设计项目有色织四厂布机车间、曲阳新村总体设计、瑞金医院门诊楼、上海显像管玻璃厂、上海中心气象台科研大楼、燎原电影院、上海南区污水干线改造以及南京五台山足球场照明、桂林漓江大桥、庄胡公路等。1986年评出一等奖7个，二等奖10个，三等奖24个，包括施贵宝制药公司、强吸声音乐楼设计和研究、宝钢长江引水工程、徐汇科技馆、新苑饭店以及贝宁友谊体育场、福州外贸中心等。

〔房屋施工技术〕 进一步采用工业化建筑体系组织施工。多层住宅继续推广蒸养硅酸盐中型砌块和内浇外砌等体系；部分高层建筑以及筒仓、烟囱等结构采用滑模技术，许多高层住宅采用全大模现浇剪力墙、内浇外挂等体系，正在不断提高。

发展混凝土集中预拌和商品化供应。1985、1986年全市10个混凝土集中搅拌站，共供应商品混凝土130万立方米，应用范围已由原来的大型设备基础和地下工程，发展到高层公共建筑及各种现浇结构。

发展了高层建筑成套施工技术。基础工程方面，重点推广了深基础和多层地下室连续墙、钢板桩支护及深层降水等技术；开始在工程中应用60米混凝土长桩和丁型钻孔灌注桩；结构工程方面，运用了成套机械装备，提高了综合机械化施工水平；普及了组合钢模，推行了台模、飞模、外墙爬模和装饰混凝土衬模；开始掌握了40层以上新型全钢结构的施工安装和组织管理技术。

扩大了粉煤灰等工业废料的应用。1986年，上海全市粉煤灰排放量为153万吨，利用量为114.5万吨，利用率达74.8%。主要用于水泥、砌块生产以及在混凝土搅拌、道路工程中。宝山、真如两个混凝土搅拌站，通过技术改造，形成了预拌混凝土外掺磨细粉煤灰成套装置，这项科研与应用成果，已于1985年10月通过部级鉴定。

开始掌握现代化安装工程的技术。金山二期最大的反应罐重达600吨，一次起吊就位成功。在现代化高层公共建筑中，掌握了空调、通风、防火、防爆、给排水、供电、动力、各类自动化电梯等一系列新型设备的安装技术。在新兴工业项目中，开始掌握了超净、超纯设备及自控仪表等安装调试技术。

推行现代化管理，应用电子计算机辅助企业管理。一些建筑企业运用目标管理、全面质量管理、QC小组活动、价值工程、网络计划和全员培训等现代管理方法，促进了生产的发展。目前市直属建筑企业已配备有VS小型机和IBM微机多台，应用于施工预算编制、工程队计划编制、网络计划管理以及财务报表、人事档案、劳动工资等方面的辅助管理。

〔优质工程〕 1985～1986年获得上海市核定的优质工程称号的有9个，它们是：瑞金医院门诊楼、气象局科研大楼、燎原电影院、金山石化总厂涤纶二厂聚酯装置和化工码头、庄胡工程、联谊大厦、友谊商店、徐汇区科技馆等工程。此外，宝钢一期工程还获得国家颁发的金质奖章荣誉。

六、建设发展与成就

〔**社会基础设施**〕 近二年来，增加了能源、交通、公用、市政、电讯等投资，其比重在全市固定资产总投资中已达到30%。特别在市政工程方面加强了城市道路、桥梁、车行及人行立交桥的建设，扩大了市区排污与排水能力。1986年全市共新建、改建、拓宽道路75万平方米。市政工程中的重大项目有：延安东路越江隧道（预计1988年使用）、黄浦江上游引水工程(预计"七五"期间完成)、真北路铁路车行立交工程(1986年底通车)、虹桥路拓宽改造工程(1986年完成)以及龙华污水处理厂等。

〔**住宅建设**〕 十一届三中全会至今八年来，上海共建造住宅2 835万平方米，占解放后新建住宅总量的63%，其中1985年、1986年共建成939万平方米。高层住宅近年来逐步增多，1985年竣工高层住宅37.87万平方米，占当年新建住宅的9%。

〔**商品住宅**〕 "六五"期间，共出售商品住宅34.2万平方米。1986年出售27万平方米。上海市已制定出售商品住宅管理办法与实施细则，推行多层次的商品化经营体制。对华侨等住房标准要求较高的，实行全价出售；一般住宅采取补贴出售，商品价为360元/平方米，个人出三分之一。此外还发展联建公助等形式。目前在商品住宅中出售给个人的占77%。

上海石油化工总厂二期工程——芳烃联合装置吸附分离二甲苯精馏单元

〔**工业建设**〕 建国以来我国最大的骨干工业建设项目宝钢一期（日方设计、冶金部第五、十三、十九、二十等冶建公司以及上海建工局施工）已于1985年9月全部建成投产，一年多来运转正常，已达到年产钢300万吨的设计能力。金山石化总厂二期工程（联邦德国等设计、上海市建一公司、中建五局四公司等施工）也已于1986年建成交付投产使用。两年来，上海还引进了一批具有七十年代末八十年代初的先进技术，新建、改建和扩建了一批工业项目，对电子、机械、化工、冶金、建材等行业加速了改造，主要的项目有电视机、汽车、飞机制造、电话通讯设备制造等。

〔**公共建筑**〕 二年来新建的公共建筑有：高28层、建筑面积为24 300平方米的高级公寓雁荡大厦，高30层、建筑面积为29 800平方米的外商办公大楼联谊大厦，虹桥国际机场候机楼扩改建工程，高20层、建筑面积为26 162平方米的交通大学包兆龙图书馆等。1986年建成了高29层、建筑面积79 000平方米、具有1 000套客房规模的华亭宾馆并开始营业。高30层、建筑面积为36 200平方米的瑞金大厦已于1986年10月建成。高43层、建筑面积为71 400平方米的五星级宾馆静安希尔顿酒家，高43层、建筑面积为57 300平方米的五星级宾馆锦江饭店新楼，高34层，建筑面积为57 000平方米的花园饭店，均在加紧施工。采用钢筋混凝土结构的公共建筑还有高24层、建筑面积为46 000平方米的长途通讯枢纽工程电信大楼，现已接近完工。高34层、建筑面积为55 842平方米的虹桥宾馆也已完成主体结构。另外总投资为2.67亿元的上海铁路新站，建筑面积为45 000平方米，可于1987年底全部建成交付使用。

〔**开发新区建设**〕 为了适应对外开放的形势，上海开发的闵行、虹桥二新区正在积极建设。闵行开发区主要吸收外资办工业，占地213公顷，已完成主干道及三分之二支路，建成了几座多层工业厂房及相应设施，有环球玩具厂等多项合资企业开工投产。虹桥开发区是外事、外资经营旅游事业中心，面积65公顷，已有一批旅馆、办公楼、领事大楼、公寓、银行、保险公司、超级市场、购物中心正在兴建或筹建；区内还设有网球场、游泳池、溜冰场、剧场、公园、花园等文化娱乐设施。在虹桥开发区加快建设的同时，规模更大的古北新开发区已开始规划。

〔**援外建筑**〕 近年来，上海建筑业还承担了一批援外工程。如科摩罗人民大厦1985年7月建成，经科摩罗当局验收，评为质量优良。埃及"开罗国际会议中心"是一组具有阿拉伯建筑风格与中国传统建筑特色相结合的高级建筑群，建筑面积58 000平方米，1986年初正式开工，主体结构将于1987年间完成。

上海宝山钢铁总厂一期工程

陆兆琦

上海宝山钢铁总厂是我国建国以来最大的建设项目，一期工程于1978年12月23日开工，1985年9月15日建成投产，设计能力年产钢300万吨。一期工程主要生产设施包括：4 063M^3的大容积高炉，300吨转炉，1 300初轧机，年产50万吨的140无缝钢管连轧机，还设有年卸运量达2 000万吨的大型机械化原料码头及发电量为70万kW的自备电厂等。全厂生产工艺技术、生产过程自动化控制、能源消耗指标以及环境保护等方面，都达到当代世界先进水平。

整个工厂的建筑施工，由于厂址位于上海宝山县长江沿岸，地基软弱，因此基础工程规模大，难度高，共引进、消化并创新采用了103项新技术。如大面积重载堆场的地基处理运用挤密砂桩结合砂井；主要车间和设备基础的深层地基加固采用钢管桩和预应力钢筋混凝土管桩，使用量分别达到21万吨和16.5万立方米；从而取得了用现代化施工方法在软弱地基上建设重型工业项目的成套技术经验。

在各类大型设备基础施工中，深层降水技术有了很大发展，喷射井点降水达到－22米，降水时间最长为1.5年，最大面积15.5万平方米。在总量达216万立方米的基础混凝土及其它混凝土工程中，全面采用从水泥运送以至混凝土搅拌、运输、浇灌、振捣等全过程的综合机械化施工方法，生产效率显著提高。在模板工程中，广泛采用定型组合钢模及配套支撑系统，使施工速度不断加快，工程质量也得到了保证。

在各生产厂房施工中，对钢结构自行开发了H形钢焊接工艺线，采用了国产扭剪型高强螺栓进行节点连接；对屋面及围护结构采用V形彩色涂层钢板及铝合金板；对厂房内部辅助建筑采用轻钢龙骨、石膏石棉板、防静电塑料地面等新型建材；这些对减轻建筑物自重，减少装修湿作业，缩短施工周期，都起到了积极作用。

宝钢建设中还采用了不少特殊建筑施工技术。如自备电厂取水站是一个大型沉井，取水管在长江江底下顶管，取水口在江中安装；大型干式煤气柜和油槽用空气浮升法施工；大型工业炉使用先进的安装方法和砌筑技术；各种高压和薄壁管道使用新型焊接工艺；还有大型橡胶柔性贮水池等等，均在技术上达到了较高的水平。

宝钢一期工程的机电设备总量为40万吨，采用了精密安装技术，施工质量好，做到一次投产成功。

这一特大建设工程项目，质量总优良率达到96.8%，荣获国家授予的"优质工程金质奖"。宝钢一期工程不仅高质量地按期建成，还节约投资2.2亿元。

上海宝山钢铁总厂的胜利建成投产，充分证明我国建筑业有能力承担规模巨大的，具有当今世界第一流先进水平的工业建设工程，参加建设的冶金、工业部第五、十三、十九、二十等冶金、建设公司以及上海建筑工程局的几万建筑大军，对此作出了重大贡献。

上海宝山钢铁总厂一期工程全景

江苏省建筑业概况

陆章南　熊杰民　黄励贞　汪承武　张炳根

江苏省是党的十一届三中全会以来经济建设发展较快的省份之一。“六五”期间，全省新增固定资产投资207.58亿元。1986年，国民收入总额比1980年增长109.7%，六年翻了一番。1981年～1986年，建筑业建造房屋17 305万平方米，1985～1986年建成房屋7 187万平方米，江苏建筑业已经成为江苏国民经济的支柱产业之一。

一、建筑队伍

〔施工队伍〕 经过“六五”期间的努力，全省已建立起一支以国营企业为主导，集体企业为主体的队伍体制。到1986年底，建工系统职工总数达124.67万人，比1984年增长20.56%，其中国营企业31个，职工7.84万人；县以上集体施工企业108个，职工14.7万人；乡镇企业2 299个，职工102.13万人，比1984年增长21.4%。经过1985年企业资质审查审定，一级企业11个（均为国营企业），职工4.87万人，占3.9%；二级企业56个（其中国营企业18个，集体企业37个），职工10.75万人，占8.62%；三级企业227个（其中国营企业1个，集体企业226个），职工29.4万人，占23.58%；四级企业919个（均为集体企业），职工39.81万人，占31.94%；等外级队伍39.84万人，占31.96%。此外，还有省各专业局所属施工企业92个，职工7.86万人，比1984年增长96.5%；中央各部属施工企业24个，职工5万人，比1984年增长25%。

在“立足本省、服务全国、走向世界”方针的指导下，施工队伍分布在全国26个省、市、自治区。据1986年统计，出省施工队伍37.79万人。其中乡镇企业出省35.74万人，比1984年增加12.84万人。为了加强对省外施工队伍的管理，自1982年起，先后在深圳、大庆、新疆、上海、北京等地区派驻了管理机构。

近年来，施工队伍的管理水平、技术水平也有了较大提高，承建了一批国内较有影响的工程。如西藏的拉萨饭店，深圳的航空大厦（38层、42 500平方米）、北方大厦（27层、28 360平方米）、上海的长白大厦（24层）、中联大厦(30层)、瑞金大厦（30层），以及扬子大酒店（36层）等高级高层建筑。1986年，江苏建筑队伍在上海承担5万m^2以上的小区14个，10层以上高层建筑140多栋（全省施工队伍共承担高层建筑200多栋），其中19层以上的高层建筑17栋。江苏建筑队伍，连续九年支援大庆建设，完成施工产值20亿元，房屋竣工面积1 100万平方米，建房1 600栋，实现当年开工，当年竣工，当年交付使用，受到好评。

1986年，国营施工企业人均产值9 477元，人均竣工面积26平方米；县以上施工企业人均产值7 492元，人均竣工面积27.4平方米；乡镇集体企业人均产值6 719元，人均竣工面积32.4平方米。

在国际建筑市场上，江苏建筑队伍自1979年首次同日本承包商合作，先后承接伊拉克五座医院，计12.95万平方米，工程建设实现了优质高速，赢得了信誉。现在对外经营方式有劳务输出、多边合作、合资经营、项目承包、同外商在国内合作承包等多种形式。北京香格里拉饭店（26层、5.77万平方米），就是同日本大成株式会社联合承包的，仅用24个月建成，于1986年底交付使用，工程质量和施工速度均达到较高水平，受到有关方面的好评。从1979年到1986年，先后在伊拉克、科威特、约旦、西萨摩亚、日本、美国、索马里、埃及、阿拉伯也门等国家和香港地区承包工程和提供劳务。据不完全统计，出国人数近11 700人次，为国家创汇5 150万美元；从1983年到1986年底，仅在科威特即建成住宅1 636栋，总面积近60万平方米。

〔职工教育〕 本着自力更生为主培养人才的原则，采取多层次、多渠道、多种形式培养人才的途径。经过几年努力，初步形成了省、市办职大、职工中专、技工学校，县办职工职业技术学校（班），乡镇办各类人员培训班的省、市、县、乡四级办学的职工教育培训体系。1986年全省建筑方面的大、中专、技工学校达到25所，电大班98个，在校学生总数14 500人，比1985年增长16.9%。其中大专生5 056名，中专生5 744名，技工学校、职业学校3 700名。1985～1986年毕业学生1 295人。通过人才培养，全民企业工程技术人员比例已由1979年的2.5%，上升到3.5%；县以上集体已由1979年的1%，上升到1.4%；工人平均技术等级由2.5级上升到4级左右。

二、技术装备

〔队伍装备〕 1986年，国营施工企业主要工种工程机械化程度达到54.7%。技术装备率15.8元/人,动力装备率3千瓦/人，分别比1984年提高16%和28%；县级大集体企业技术装备率622元/人，乡镇企业253元/人。近几年,为适应高层、大跨度建筑工程的需要，江苏建筑施工企业的大中型施工机械的拥有量迅速增长。据不完全统计，全省全民、集体和乡镇企业现有各种塔式起重机460台,是1980年的三倍。还装备了8～75吨-米汽车式起重机30台，75米以上施工电梯40台，混凝土泵和输送车18台，各种混凝土搅拌机约2万台，以及桩基机械和小型土方设备，机械化施工能力增长较大。与此同时，机械设备的管、用、养、修也得到了加强，在全省建筑施工企业中开展了红旗设备竞赛和评比活动，涌现了一批设备管理先进企业。如南京市建三公司，被国家经委命名为1986年设备管理先进单位，南京市建三公司被评为建设部设备管理先进单位。连云港市建二公司等4个单位，被评为省经委设备管理先进企业。

〔**建筑机械生产**〕 为了提高建筑企业的自我武装能力，全省安排了18个建筑机械生产厂，58种产品，年产施工机械9 272台套。同时，在加速施工机械更新换代方面，同省有关科研单位、大专院校联合开发了25-80T-m自升液压塔吊、附墙电梯、双锥卧轴混凝土搅拌机、轻便吊篮、打桩机等15种新产品，1986年创部优产品1种，省优产品4种。

三、建筑材料及制品

〔**混凝土制品**〕 1986年底，建工系统经资质审查的构件厂共1 101家,职工54 786人，其中一级企业24个,9 507人;二级企业77个,11 698人；三级企业847个,33 581人,余为等外级。各种水泥预制房屋构件年产量200万m^3，较1982年增长80%以上。1986年农房构件产量为152万m^3，虽较1982年增长了2.9倍，仍难以满足广大农村建房的需要。1986年粉煤灰、加气混凝土、混凝土等各种砌块年产量达35万m^3，比1982年增长50%以上,主要用于墙体和屋面工程。

〔**新材料**〕 近年来，建筑材料有了新的发展。防水材料有防水涂料、化学卷材、密封材料，灌浆料和防水剂五大类系列产品，80余种。1986年年产化学卷材15万卷，防水涂料3万吨。化学建材方面有P、V、C管材、塑料内门及其建筑配件等，年产量7 000吨;塑料地毯、地板材150万平方米；发泡壁纸,花色品种齐全,达100余种,五条引进生产线产量达5 000万平方米；有150多家工厂生产内外墙和楼地面涂料,年产量近3万吨,较1982年增长50%；还有年产达2.5万m^2的铝合金门窗和玻璃马赛克等。活动塑料地板，人造玛瑙卫生洁具和纤维水泥压力板等新产品也已起步，并批量生产。

四、建筑科学技术

〔**科研队伍**〕 到1986年底，全省共有建筑和建材科研单位21个（其中建筑7个，建材14个）职工约1 000人,科技人员约占50%以上。此外，还有中央各部在江苏的建筑、建材科研单位7个。

〔**科技成果**〕 近两年取得科技成果52项（建筑29项，建材23项）,有1/3获省、市级奖励。其中省建筑科研所的科研成果“内浇外砌多层抗震住宅设计与施工”及“多层砖房空斗墙抗震能力与措施”较好地解决了江苏建筑结构七度抗震设防的需要及面广量大的多层空斗墙建筑的加固问题。这两项成果均获省政府颁发的科技进步三等奖。

省建材工业研究所研制的“多彩涂料”、“抗静电涂料”、“混凝土多功能外加剂”及“改性乳

北京香格里拉饭店

化沥青”等新型建筑材料，都具有较好的技术经济效益和社会效益。无锡市太湖建科所研制的“气压钢筋焊接机”，也已在省内外推广应用。

两年来全省建筑行业大力开发微机应用技术，苏州的钢筋翻样、设备管理，常州的施工图预算，徐州的财务管理等软件，均具有实用、快捷、准确的特色。为了推广上述成果，开发新软件，建立了建工系统计算机应用技术推广站。

〔**施工技术**〕 省建安一公司在深圳38层航空大厦施工中，运用大型塔吊和井架快速卷扬机相结合的垂直运输工艺，创造了钢筋混凝土结构综合工期15.6天/层的新纪录。在此工程中，还成功地解决了一次浇灌量3 000m^3的大体积混凝土基础和高大深梁的混凝土浇筑技术；掌握了54米深的大口径深灌注桩成桩技术。省建筑公司在北京26层的香格里拉饭店工程施工中，开拓了我国用“积层法施工钢骨混凝土结构的新技术，工程质量优良。南京市建一公司在22层的南京玄武饭店工程施工中，在复杂曲线平面的高层建筑上应用滑模工艺。

两年来地基加固，深基础的施工技术也有了新的突破。钻孔灌注桩、振冲法碎石桩、深层搅拌成桩、石灰粉煤灰挤密桩等地基加固方法得到广泛应用，静力压桩技术也得到实际应用。南京市建二公司和工程兵学院合作，将静态扩爆成孔、钢管护壁锚杆技术用于13m深的基坑支护中，比钢板桩降低造价三分之二。南通县建筑公司将高压旋喷注浆制桩法用于防水挡土也取得成功。这两项技术对于城市建筑密集区施工具有实用价值。

五、建筑设计

〔**设计队伍**〕 到1986年底，全省从事建筑设计单位219个，职工9 500多人，全年完成建筑设计近1 600万平方米。

〔**建筑与结构**〕 1986年，全省评出优秀设计26项，都各具特色，有所创新。如1986年建成的西藏拉萨饭店，其总体布局，建筑造型和结构处理均有独到之处，获得全国优秀设计一等奖。有的设计院，还组织力量参加外省设计方案的竞赛。如在福州银行大楼、青岛人事局培训中心、青岛大学等方案竞赛中均能夺标，赢得声誉。

在住宅小区建设方面也有新的发展，小区设计力求做到点面结合，高低错落，色彩协调，造型丰富。同时，也注意了生活方便，功能配套，着重向实用美观方面发展。如南京的南湖、苏州的彩香、常州的红梅等住宅小区，在省内外都有一定影响。

为了保持城市特色，各地在恢复名胜名景方面做了大量工作。南京夫子庙商业一条街的改造，再现了六朝风貌。秦淮河的整治，已初见端倪。素有东方威尼斯之称的苏州也着手治理。

六、建设与发展成就

1984年春，江苏建筑业在城市各业中，首先进行全行业改革，重点是：推行招投标承包制，流动资金有偿占用，百元产值工资含量包干，企业由上交利润改为上交所得税，行业管理由直接管理企业改为间接管理企业。

〔**招投标**〕 江苏建筑业从1984年上半年开始试行招投标承包制，多数中心城市相继成立了招投标办公室，推动了招投标承包制的深入发展。1985年，全省招投标承包施工的工程占新开工程面积的23.4%，1986年上升到25.2%。

〔**工业建设**〕 国家安排在我省建设项目逐年增多，投资也有较大增长。1985年在建总规模中，能源占17.4%，交通运输占16.2%，原材料占28.5%。建成投产的项目有南京新生圩港一期工程，徐州电厂5、6号两台20万千瓦发电机组，仪征化纤涤纶一分厂，宝钢配套工程（镇江船山石灰石矿、南京白云石矿）。1986年，国家在江苏建设的重点项目有13个，如大屯矿区张双楼立井，徐州电厂七号机组，徐沪50万伏超高压输变电工程苏北段，连云港庙岭一期工程，五十五所微波生产线，谏壁电厂九号机组，淮海水泥厂等都已建成投产。

〔**住宅建设**〕 城市住宅建设继续稳定发展，如1985年建成全省最大的南京市南湖住宅小区，整个住宅区占地962亩，总建筑面积58万平方米，其中住宅278幢，51万平方米，公共生活配套设施114项，7万平方米。工程建设历时二年，使4万多人住进了宽敞的新房。1986年城市住宅建造量仍是发展的趋势，全省竣工房屋面积529万平方米，比上年增长5%。江苏城镇房屋普查结果表明，截止1985年底，全省城镇房屋总面积为27 100万平方米，是1949年的九倍。其中，住宅为12 900万平方米，占房屋总面积的47.5%，人均居住面积为7.11平方米。

〔**园林建筑**〕 风景名胜区建设规划全面展开，园林风景点的整修取得新的成果。到1985年底，连云港花果山三元宫复建工程竣工，南京蔓园、无锡鹃园、淮安勺湖公园、扬州茱萸湾公园等相继开放。苏州整修了环秀山庄和艺圃。太湖风景区共整修了景点24处。据统计，到1985年底全省13个城市共有公园83个，动物园7个，城市园林绿地面积7 998公顷，接待游客7 003万人次。与1980年相比，公园、动物园开放个数增长18.4%，城市园林绿地面积增长21.5%，年游客量增长51.8%。

〔**农村建设**〕 随着农业生产的发展，农民生活

南京市夫子庙贡院街街景

水平不断提高，农房更新改造量越来越大。十一届三中全会以来，每年建造和翻修的农房约有6 000万平方米。广阔的苏北平原一大批草房已改瓦房，有的建了楼房，苏南地区许多农户翻建了二层三层的小楼房，江阴、无锡、武进、沙洲等县楼房占的比重已高达90％，新建的许多农舍既有堂房、卧室、厨房，又有厕所、禽舍畜圈配套，规划井井有条。

南通市建筑业概况

季金发

南通市东临黄海，南濒长江，地处长江三角洲，位于上海经济区北侧，是我国14个沿海开放城市之一。1984年4月开放后，南通市建筑业又有了新的发展，特别是集体建筑业活跃在国内外的建筑市场上，已成为南通市的一个支柱产业。

〔建筑队伍〕

南通市建筑队伍从1978年的4.3万人，发展到目前的24.2万人，已成为南通市仅次于工业、农业的新兴产业大军。

南通市建筑队伍是由全民、大集体、小集体三种所有制形式，国营企业和集体企业两种经济成份所组成。1985年，全市建工系统的职工有242 356人，占全省建筑职工的21.75％。其中，国营职工3 944人，大集体职工23 661人，乡、镇工程队职工214 701人。全市336个企业，已有154个企业经过资产审查，经审核确定为一级企业的1个，二级企业7个，三级企业27个，四级企业119个。

南通市建筑队伍，从过去只能修建简单民房，发展到现在能够承担高层、群体、宾馆等结构复杂的工业、民用建筑；从承接一般的装饰工程，发展到承揽高级装饰、古建筑工程；从单纯为本地服务，发展到立足本地、服务全国。全市17万队伍外出施工，遍布全国28个省、市、自治区，分布在60多个大、中城市。1983年，南通市建筑队伍进入国际建筑市场。1985年，全市建筑业完成施工产值19.37亿元，竣工面积889万平方米，经济总收入5.16亿元，占全市经济总值的17.1％。

〔建筑技术〕

南通市建筑队伍在各地承担了大量工程，目前在建的八层以上高层建筑99幢。南通市承建的大庆体育馆工程，为焊接接点立体网架结构，施工队将317个直径350毫米的空心钢球和1 266根不同规格的钢管与1 290块不同形状的钢板连接成四角锤体，屋架覆盖面积1 665平方米，自重70吨。南通市体育场看台应用12米悬挑钢纤混凝土雨棚的新技术进行施工，经技术鉴定工程质量达到国家标准。南通市易家桥新村7幢五层盒子结构工程，盒子装配技术，引起了建筑界的关注。南通市建筑队伍在施工方法上采取平行流水、立体交叉，既保证了工程质量，又缩短了工期。

〔职工教育〕

全市建工系统用于智力投资的经费达1 100万元，仅1985年投资514万元。已建校舍38 791平方米，拥有教职员工362人，其中专职教师177人。全系统有23个电大教学班，其中工民建19个班，建筑企业经济管理3个班，给排水1个班。与南京工学院联办4个工民建大专班，全市通过自培、代培的在校大专生1 181人。有2所职工中等专业学校。全市中专在校生1 891人。全市所属启东、海门、南通、如东、如皋、海安6个县都有1所建工学校，7所中学开设工民建职业班51个。这几年共举办各类培训班389期，受训人员24 417人次，平均每10人中有1人接受过培训。南通市建筑业在24万职工中挖掘人才资源，经过学习和培训，先后有2 068人获得了技术员、助理工程师职称，更新了企业的知识结构和技术结构。

〔技术装备〕

南通市建筑业现有固定资产1亿元，流动资金4 440万元，拥有塔吊、履带吊、汽车吊、人货电梯、起重机、推土机、打桩机、压路机等大中小机械设备3万台件。南通市建筑业对收取的机械费采取各县集中管理，统一使用。这两年全市投资了3 000万元添置设备，已初步形成了市、县办大中型机械，乡镇企业办小型机械的格局，以行之有效的措施大力推进技术进步。南通市建筑业从过去靠拚体力完成任务的小生产作业形式，正在逐步向现代化大生产形式过渡。

〔国际合作〕

南通市建筑业自1983年进入国际建筑市场以来，先后组织了近2 000名技术管理干部和工人在科威特、伊拉克、日本、约旦、美国等国施工，提供劳务，并从纯劳务输出，逐步转向搞包工包料，拓宽了劳务输出的渠道，先后竣工了918套住宅和其他公共设施，人均年竣工面积达98平方米的好成绩。

〔体制改革〕

1985年，实行政企分开。市建工局代表政府行使行业管理职能，实行统一领导、分级管理，行使统筹、监督、协调、服务的职能；市建筑总公司是实体型公司、自主经营、自负盈亏，是具有一定的权利和义务的法人。

南通市建筑业实行市、县、乡三级管理，健全了生产指挥系统。市、县建工部门对外统一承接施工任务，统一调度施工力量，实行业务技术指导，检查监督工程质量，并组织各县联合经营。市建工部门先后组织了2 000名制砖工人，自带设备，到新疆、贵州、深圳等地办起了9个砖瓦厂，年产砖26 000万块，实行就地生产，就地供应，加快了工程进度，仅在新疆办建材工业，收入达2 500万元。南通市建筑业在西藏承包的拉萨饭店工程，从土建施工到室内摆设，从主体工程到园庭绿化，从电器安装到工艺美术，由南通市一家总包，与一轻、二轻、工艺美术、服装、纺织、园林6个系统22个企业联合，仅配套一项全市即受益1 100万元。

南通市建筑业概况一览表

项目	队伍人数（万人）	外出人数（万人）	出省、市（个）	施工面积（万m²）	竣工面积（万m²）	施工产值（亿元）	劳务收入（亿元）
1979年	9	4.85	2	170	136	2.37	0.46
1980年	10.5	6.52	8	498	399	3.91	0.78
1981年	11	6.97	13	510	400	5.22	1.26
1982年	13	8.56	18	610	427	6.51	1.92
1983年	18	11.8	23	827	581	8.72	2.41
1984年	23	16.5	27	1 078	720	17.13	4.22
1985年	24.2	17.1	27	1 364	889	19.37	5.16
1986年	25.5	19.2	25	1 450	910	21	5.51

浙江省建筑业概况

张石光　张训生

一、建筑队伍

〔**施工队伍**〕 全省建筑业人数已达66.30万人，比1984年的43万人增长了54%。其中国营建筑安装企业职工6.57万人，城镇集体建筑职工14.07万人，农村集体建筑业45.66万人。由于国营、城镇集体企业改革用工制度，在全省建筑业中，农村建筑力量约占总人数的80%。其中进城施工的农村建筑工人已有25.36万人，占农村建筑企业总人数的55.5%。目前，我省建筑队伍出省人数在20万人以上，其中进入上海建筑市场的即达10万人。

〔**设计队伍**〕 1986年全省有勘察设计单位325个，职工14 393人，比1984年增长29%。其中建筑、城建系统156个单位，4 512人；水利电力系统99个单位，5 330人。在勘察设计单位职工中，有各类工程技术人员8 244人（含高级工程师166人，工程师3 195人，助理工程师1 886人，技术员2 997人），占职工总数的57.28%。

〔**行业管理**〕 为适应建筑市场开放的新形势，我省加强了建筑行业的管理，主要做了四项工作：（1）勘察设计单位和建筑施工企业资质审查，分别颁发了勘察设计许可证和施工营业管理手册。计有甲级建筑勘察设计单位9个，乙级26个，丙级142个，持临时证书的11个；建筑施工企业有一级6个，二级19个，三级213个，四级541个，四级以下2 495个。（2）建立定额管理网。各市、地相继建立起建筑定额管理站，为企业培训了一批定额人员。（3）整顿建筑市场。从1986年3月开始，在全省开展了建筑市场整顿工作，对查出的各类问题，分别情况作了处理，并建立健全建筑市场的管理制度。（4）建立城市建筑市场管理机构。全省各城市普遍建立了建筑管理站，省建设厅还先后在上海、山西、江西等省市设立办事处，对进城和出省施工队伍实行统一管理。

〔**技术装备**〕 1986年，全省建工系统国营建筑安装企业拥有机械设备原值12 329万元，净值10 389万元，分别比1984年增长43%和77%，施工设备12 422台，设备总功率为121 673马力，每个生产工人技术装备率为2 916元、动力装备率为3.42马力。

〔**人才培养**〕 1985年至1986年，通过多层次、多渠道办学，培养了一批专业人才，充实和加强了建筑企业的技术力量。两年中，从省育才职工大学和省建筑工业学校毕业的大专生31名、中专生397名；地市职工中专毕业生93名；函授和代培的大学本科毕业生46名、中专生28名；干部专修班61名；短期培养各类专业人员1 169名。

二、建筑业改革

〔**承包责任制**〕 据全省39个国营建筑安装企业、13个全民自营建筑企业和148个三级以上集体建筑企业统计，1985年有168个企业推行了不同形式的承包责任制，占84%。实行包干的项目有2 940个，面积538万平方米，分别占施工项目的36.3%和施工面积的45.4%。1986年全省施工的25个大中型基建项目，有17个实行了投资概算包干，包干面为68%。

〔**分配制度**〕 1986年上半年，全省实行百元产值工资含量包干的施工企业有79个，其中城乡建设

浙江工学院教学楼

系统23个国营建筑安装企业中，实行工资含量包干的有20个。在建筑企业内部，实行栋号包干、施工队承包等多种形式的经济责任制。

〔**用工制度**〕 由单一的固定工改为固定工、临时工、合同工相结合的用工制度。1985年，全省国营建安企业职工人数65 320人，其中固定工34 620人,占53%;建工系统国营建安企业职工人数50 351人，其中固定工23 662人，占47%。用工制度的改革，把全民企业在技术、装备和管理上的优势，同农村劳动力的优势结合起来，扩大了企业生产和机动作战的能力。

〔**设计改革**〕 全省146个全民建筑勘察设计单位均实行了设计收费制，年设计事业费减少200多万元，而完成设计工作量和设计面积却分别比1984年增长了90%和36.96%。为了提高设计质量，降低工程造价，近年来，还在部分项目中开展了设计招标投标。

〔**质量监督**〕 全省已有51个市县建立了工程质量监督站，受监工程已有300多个，面积80多万平方米。

〔**开放建筑市场**〕 进一步支持农村建筑队伍进城、出省施工，促进了企业的竞争，建筑市场十分活跃。杭州市结合工程招标，举办建筑交易市场，规定建筑面积3 000平方米或投资50万元以上的建设项目，都拿到建筑集市上公开招标，到1986年10月，已举办交易集市20次，先后发布招标信息72条，建筑面积54万平方米，总投资约2.7亿元，促使招标投标向制度化、规范化发展。

三、企业综合效益

〔**综合指标**〕 1985年、1986年国营建筑安装企业主要经济效益如表 1。

〔**优秀设计**〕 1986年，全省城乡建设系统评选出优秀设计二等奖 6 个，三等奖11个，佳作奖12个。其中 6 个二等奖均为省建筑设计院设计，它们是：厦门综合楼、杭州宝石会堂（人防）、省人民医院门诊楼、浙江工学院教学楼、加兴第二毛纺织厂、杭州望湖宾馆。评为建设部1986年优秀设计二等奖的项目有：西扩电影院；三等奖的项目有：肖山红山农场场部规划、绍兴府河商业步行街规划、杭州朵荷小区二期工程；绍兴市总体规划获表扬奖。

〔**优质工程**〕 评为1985年省优质工程的有浙江涤纶厂、杭州金属物资大楼；受表扬工程有杭州望湖宾馆、杭州长话通讯枢纽大楼。获1986年国家优质工程银质奖的有浙江涤纶厂、西藏体育馆。西藏体育馆、浙江工学院教学楼和中国银行杭州分行大楼还被评为1986年省优质工程。

四、科技发展

〔**获奖项目**〕 两年中，我省建筑业有12项科研成果获奖。其中1985年获省科技进步奖的项目有：LYC-1型钢丝测力仪、杭州深厚软土地区住宅地基处理方法研究、常用异步电动机最佳运行参数表、JZ350、200双锥反转出料混凝土搅拌机、2.8吨米动臂吊（滑轨爬移式楼面起重机）、QS-1全方位移动式升降台、RHS-1型升降机；获建设部科技进步奖的项目有建筑装修工艺与施工配套机具的研究；获国家科技进步奖的项目有：升板建筑盆式提升法、冷拔低碳钢丝预应力混凝土技术。1986年获省科委优秀软件成果奖的项目有：省建筑工程预算程序（YSZK-1）、一般工业与民用建筑工程预算程序（JZYS）。

〔**技术进步**〕 两年来，我省建筑业的技术进步主要表现在以下方面：

软土地基处理技术。大直径灌注桩、石灰桩、水泥搅拌桩的推广，取得了较好的经济效益；

省建筑总公司所属施工企业，在高层建筑中采用了滑模、台模等施工工艺，最高的滑到29层，对

1985年、1986年建工系统建安企业主要指标完成情况 表 1

企业性质	年份	总产值（万元）	施工产值（万元）	施工面积（万平米）	竣工面积（万平米）	劳动生产率（元/人）	工程质量优良品率（%）	工程成本降低率（%）
国营	1985年	52 415	49 875	348	162	11 562	85.5	8.6
	比上年增减%	41	39	19	24	18	5.4	-0.9
	1986年	60 600	57 600	329	149	13 386	30(新标)	6.9
	比上年增减%	15.6	15.5	-5.5	-8	15.8		-1.7
集体	1985年	72 828	63 975	718	354	6 553	58	5
	比上年增减%	55	65	29	29	9		
	1986年	87 199	80 928	768	399	7 721	30.5(新标)	3.6
	比上年增减%	19.7	26.5	7	12.7	17.8		-1.4

浙江省机关事务局多层汽车库

节省人力、物力，加快施工进度，取得明显效果；

研制了一批中小型建筑机械，主要有：20-60Y系列振动打桩锤、振动压路机、混凝土切割机、冲击夯，以及40吨/米塔式起重机、LYC-1型钢铝测力仪、LYZ-1型张拉机、LYD-1型镦头机等张拉、检测机具；

新型建筑材料主要发展了彩色屋面防水隔热多功能涂料、SN型建筑粘结剂、彩色三元乙丙复合防水卷材、耐擦洗内墙涂料等。1985年至1986年已在全国推广SR防水涂料12 000多吨，SN型建筑粘结剂销售200吨左右。

电子计算机在设计上已应用于结构计算，部分建筑企业已在编制预算、材料管理、人事档案等方面运用微机，取得了较好的效果。

五、建筑机械与制品

〔建筑机械〕 全省10个建筑机械定点生产厂，产品已发展到17个品种42个型号规格，新开发并经过鉴定的新产品有aTK-40吨/米塔吊、DZ40Y振动打桩锤、JZ350立升混凝土搅拌机等八个品种。

1985年、1986年建筑机械生产、销售情况

表 2

年份	工业产值	产品产量	销售量	销售额
1985年	3 065万元	5 070吨	8 992台	2 950万元
1986年	3 408万元	5 253吨	6 680台	3 020万元

〔建筑制品〕

表 3

类别	单位	1985年	1986年	备注
混凝土构件	立方米	148 611	159 369	
钢门窗	平方米	974 518	1 151 128	
钢模	吨	3 441	3 527	

六、建设成就

〔房屋建筑〕

1985年、1986年全省完成房屋竣工面积

表 4

（万平方米）

年份	合计	厂房	仓库	商业	文教科卫	住宅	其他
1985年	783.9	126.37	52.7	37.59	106.24	351.11	109.89
1986年	869.68	119.22	47.08	25.06	111.02	471.91	145.39

〔经济建设〕 两年中新建成的大中型项目有：台州发电厂二台12.5万千瓦机组二期扩建工程、镇海发电厂二台20万千瓦机组二期扩建工程、宁波至北仑港铁路（37.5公里）、镇海石化总厂30万吨合成氨、52万吨尿素大化肥工程、杭州加气混凝土厂（年产20万立方米）、浙东啤酒厂（年产1万吨）。镇海港杂货码头已建成5—9号泊位（年吞吐量90万吨）。全省固定资产投资新增主要生产能力：发电装机容量71.56万千瓦，11万伏以上输电线路766公里，11万伏以上变电设备169.44万千伏安，铁路79.2公里，公路679公里，港口吞吐能力354万吨，水泥105万吨，化肥（折合量）24.93万吨，化纤1.66万吨、棉纺织9.98万锭、毛纺织1.68万锭、酒38.68万吨、商业网点557个。

〔住宅与公共建筑〕 两年中新建的住宅为1 293.67万平方米，其中全民所有制单位建房773万平方米、集体所有制单位127.23万平方米、个人建房393.43万平方米（不包括城镇农业人口建房871万平方米）。约有26万城镇居民搬进新居，人均居住面积由1984年的6.82平方米上升到7.78平方米。新增自来水供水能力27.58万吨，各类学校学生席位39.56万个、医院病床床位13 301张。

〔援藏工程建设〕 1984年3月，我省承接了西藏自治区的西藏体育馆、西藏大学、西藏电教馆三项工程的建设任务，工程总面积21 396平方米，总造价3 450万元。从11个厅局级、5个市、40多个单位中选调了近千名职工进藏参加建设。工程从1984年4月16日派出勘察设计先遣人员，到1985年7月13日向西藏自治区政府交出最后一把钥匙，只用了16个月时间，实际施工期只有11个月。三项工程全部被西藏自治区政府批准为全优工程。

〔对外劳务承包〕 中国建筑总公司浙江分公司，在1985年和1986年，以劳务合作的形式，在伊拉克加德里亚承建121套住宅小区工程和辛迪亚坝

宁波市建筑业概况

宁波市城乡建设委员会

宁波是一座具有悠久历史文化的古城，早在六、七千年前，就有新石器时期的文化。宁波曾于1927年设市。新中国成立后，随着各项建设事业的发展，建筑业从小到大逐渐兴旺发达起来。三十多年来，建筑业为发展宁波市的政治、经济、文化和改善人民生活，改变城市面貌作出了重要的贡献。

一、建筑队伍

〔**施工队伍**〕 至1986年止，全市建筑安装企业共有114个。其中：土建单位，二级企业2个，三级企业16个，四级企业95个，共113个；设备安装单位二级企业1个。全市建筑业总人数为12 918名。

〔**劳动生产率**〕 1985年市属四个土建施工企业，平均全员劳动生产率为11 060元/人。市设备安装公司全员劳动生产率为14 895元/人。县（区）属施工企业，平均全员劳动生产率为8 300元/人。

〔**职工教育**〕 1982年建立了宁波市高等专科学校，内设有建工系，在校学生260名，已毕业学生为80名。1985年建立了宁波市中等专业学校建筑分校，在校学生86名。1986年建立的宁波大学，设有土木系。

〔**改革与管理**〕 1984年以来，市属各建筑企业进行了整顿，调整了领导班子。同年十个建筑企业，开始实行了百元产值工资含量承包制。1985年起，市属五个设计单位试行了百元设计费收入奖金含量包干办法。1986年成立了宁波市招标投标办公室。1982年和1985年分别成立了宁波市建筑安装管理处和定额站。1985年成立了宁波市建筑安装工程质量监督站，对市区所属三个区内的建安工程质量进行监督。各县（区）于1986年起也相应建立了建筑工程质量监督站，负责监督各自地区的建筑工程的质量。

二、技术装备

〔**队伍装备率**〕 市属各土建施工企业全员技术装备率（平均）1986年为2 608元/人。全员动力装备率（平均）为4.83马力/人。市设备安装公司全员技术装备率1986年约为1 770元/人，全员动力装备率为4.30马力/人。县（区）属各企业平均全员技术装备率1986年为898元/人。动力装备率1985年为2.02马力/人。

三、建筑制品与新材料

〔**建筑制品**〕 市属施工企业均各有自己的混凝土构件预制厂，年生产能力约为30 100立方米，产品大多数为预应力多孔板和圆孔板，还有预应力大型屋面板、桁条、吊车梁和钢筋混凝土离心电杆等等。各县（区）的混凝土构件预制厂产品大多数为预应力多孔板和预应力桁条等。

全市木门窗年生产能力约为5万平方米，锯材年生产能力1 600立方米。铝合金门窗和钢门窗年生产能力为64 000平方米。

本市已能生产马赛克、硅酸钙保温材料、ϕ50～ϕ100塑料管及管件、花岗岩和大理石饰面板等。

四、建筑科学技术

建筑工程预算微电脑程序（CJ-86-1.0）于1986年5月13日经省城乡建设厅鉴定通过，该项技术已在全省多数施工单位中推广使用。

预应力空腹梁，经浙大结构系技术鉴定，1980年由省标准站出版《预应力双L梁重复试用图》。

五、建筑设计与施工技术

〔**设计队伍**〕 1986年，市区内共有建筑设计单位8个，其中甲级（暂定）1个，乙级2个，丙级5个，职工总数为423名。其中：高级工程师3名、高级建筑师2名、工程师73名、建筑师16名、助理工程师45名、技术员82名。

全市设计单位自1981年至1985年五年内共完成房屋设计456.1万平方米，其中市区内设计单位为292.4万平方米，各县（区）共为163.7万平方米。

住宅小区工程及12万立方米的块石坡工程。在北也门承建了由日本公司总包的两座医院及商场、办公楼、私人住宅等大小工程20多项。在科威特承建了国家级重点工程——海滨旅游娱乐中心第一、二期两项工程。两年来共派出642人次。劳务收入444万美元，创汇114万美元。

1985年完成产量为88.9万平方米，各县（区）共为45.2万平方米。其中造型新颖的设计有宁波动物园、新芝宾馆、亚洲华园宾馆、宁波酒家及高塘、白鹤、黄鹂等住宅小区。

在建筑方面，平面布局采取折线型灵活多变的手法，增强了环境美。外墙装饰采用了彩色干粘石、面砖、大理石、白水泥粉刷、玻璃马赛克等装饰。内墙装饰开始采用涂料、滚花、贴墙布等。门窗采用铝合金或钢门窗。

〔**施工技术**〕 在基础施工方面，从七十年代起，由原来用简易工具人工打桩法，发展为机械打桩法，近年来已能掌握锤击50米以下钢筋混凝土预制长桩的施工技术。在结构施工方面，已推广预应力先张法和后张法的施工技术，并掌握了液压滑模、升板、装配式结构吊装和大模板施工技术。

六、建设发展与成就

〔**城市拓展**〕 1981年市辖区范围为市区和镇海县，辖区总面积为996.5平方公里，其中市区为238平方公里，镇海县为758.5平方公里。1985年，市辖区扩大为市区和市属六个县（市），辖区总面积为9 365平方公里，其中市区为1 033平方公里。

〔**城市建设**〕 1985年市区道路面积为84.1万平方米（不包括3.5米宽的道路），中山东路和中山西路已全部改线和拓宽。1979～1981年改建了新江桥和解放桥，1982年新建了运河桥，1985年又新建了跨奉化江上的兴宁桥。1985年市区供水能力达到18.5万吨/日。供水管道为204.88公里。煤气储气能力为1 380.4吨。园林绿地面积为252.84公顷，其中公园八个。公共汽车为155辆。运行路线为262.37公里。此外还建设有进港铁路支线（洪塘至镇海和炼油厂专用线已全线通车运行）和北仑港支线（现已铺轨完成）。新扩建港口码头10万吨级一个、2.5万吨级二个、万吨级三个。

〔**房屋建筑**〕 市区房屋建筑面积1986年达1 800万平方米，其中住宅为510万平方米，目前住宅每年竣工面积约50万平方米。

〔**农村建房**〕 1985年全市农村个人建房竣工面积为510.14万平方米，其中住宅为493.28万平方米。

〔**古建筑修复**〕 宁波从唐代开始，佛寺林立，有很多古建筑，如天一阁藏书楼、保国寺、阿育王寺、天童寺、雪窦寺、七塔寺、天封塔等等。这些古建筑有些已经相继修复，有些正在或即将修复。如天一阁藏书楼已于1980年修复，保国寺于五、六十年代间经多次修理，现已恢复原状，阿育王寺和天童寺等于1979～1981年修复，象山县的溪镇街心亭也于1985年修复。

七、经济技术开发区

1984年10月18日，国务院批准宁波市在小港地区兴办经济技术开发区。小港经济技术开发区面积为3.9平方公里。1985年3月，小港地区开始爆破横水山，进行三通一平工作。至1986年底，已完成的建筑项目计2 000门程控交换机房工程、标准厂房工程（三幢）、宾馆及餐厅工程、商品住宅工程和仓库工程等，建筑面积共计34 384平方米。此外，还完成了一期海塘工程772米、区外公路2.08公里，区内道路4 650米。污水管道9.3公里，雨水管道12.7公里，给水管道4公里，以及土石方工程59.4万立方米。

宁波大学校景

安徽省建筑业概况

李 增 堂

一、建筑队伍

〔管理机构与施工队伍〕 省城乡建设环境保护厅主管建筑业，实行全省建筑业行业归口管理。1985年对全省国营、集体建筑企业进行了资质审查，统一发证。截止1986年5月，共审查了2 326个企业，职工人数达到490 574人，其中，一级企业7家、二级企业19家、三级企业112家、四级企业544家、四级以下企业1 655家。

〔改革与管理〕 建筑业对建设项目推行各种投资包干制。其中有施工图纸预算加系数、住宅平方米造价，小区综合造价和项目投资包干等。1985年我省建工系统国营企业实行上述方式承包工程项目816项，建筑面积142万平方米，占全部施工面积的38.5%。

合肥、马鞍山、淮南、蚌埠、芜湖等市，已成立了招标投标办公室。1985年，我省建筑业招标承包项目达到684项，建筑面积有150万平方米，为1984年的4倍。

建工系统国营企业，全部实行了百元产值工资含量包干。建筑企业内部普遍实行了以施工队、班为核算单位的集体承包，或以幢号工程为对象的产品承包，在改革用工制度方面。我省建筑企业逐步降低固定工的比例，大量使用合同工、临时工，推行劳动合同制。现在全省25家二级以上企业，基本上都采用了上述的用工制度。省建一、二、三公司，招收农民合同制工人，目前已达4 300人，占固定职工总人数的58%。

省建设厅本着扶持、发展、整顿、提高的方针，促进农村建筑队伍的迅速发展。目前我省农村建筑队伍由1983年的17万人，发展到1985年的33万人。1986年不完全统计，外省进入我省的建筑施工队伍约10万人。我省也组织了农村建筑队到西藏、新疆、内蒙、辽宁、河北、天津、江西等省市承包工程任务。

我省已有15个城市和70个县（市）成立了房屋建设开发公司，总计有150余家，开发商品房350万平方米，完成投资三亿多元，银行和开发公司取得

安徽省建筑企业技术资质等级情况一览表 **表 1**

企业级别	已审批企业数	按所有制形式和隶属关系分				按经营范围分							备注
		国营		集体		房屋建筑	机械施工	设备安装	水利建筑	古建筑园林	防腐建筑	市政工程	
		建设部系统	专业厅、局系统	建设部系统	专业厅、局系统								
一级企业	7	7				6		1					
职工数	23 476	23 476				20 743		2 733					
二级企业	19	16		3		17	1	1					
职工数	35 498	29 206		6 292		33 624	791	1 083					
三级企业	112	8	1	87	16	100	1	1	1				
职工数	71 967	5 413	2 273	57 829	6 452	69 505	135	54	2 273				
四级企业	544	3	3	198	340	536			3	2	2	1	
职工数	180 128	744	651	71 051	107 682	178 526			511	305	475	321	
四级以下企业	1 655	1		25	1 639	1 663		2					
职工数	182 984	32		3 800	179 152	182 778		206					
合计 企业(个)	2 347	35	4	313	1 995	2 331	2	5	4	2	2	1	
合计 职工(人)	494 053	58 871				182 778	926	4 076	2 774	305	475	321	

此表统计时间1986年7月25日为止。

本文经丁捷、高国梁审阅。

利润2 000万元。

各设计单位实行企业化管理后，1985年全省完成设计任务建筑面积为255.2万平方米，总产值1 900万元。

这一时期，全省16个地、市和42个县已建立了质量监督站，委托受监项目1 565项，建筑面积332万平方米，占在建施工面积的26.3%，取得了较好效果。

全省建工系统国营、集体施工企业1985年和1986年完成主要指标　　表 2

主要指标名称	1985年		1986年
	全　民	集　体	全　民
职工人数(人)	63 261	113 471	64 056
施工产值(万元)	45 942.45	54 201.27	52 869
竣工面积(m^2)	1 719 819	2 823 775	1 697 060.5
全员劳动生产率(元/人)	7 701	5 159	8 617
人均竣工面积(m^2/人)	28.80	26.90	26.5

〔建筑教育〕 新增设城建系统中等专业学校五所：安徽城市建设学校、安庆建筑工程学校、蚌埠市职工中专学校、安徽省房地产管理职工中专学校、巢湖建筑工程学校，加上原有的合工大分校、安徽省建筑工程学校共有七所大、中专院校。1984～1986年这几所学校共招生1 295人。

各地、市、县建设局同教育局联合办学。1985年开办了13个中专班，招生549人；1986年开办了14个中专班，招生600人，目前我省建设系统共有地方中专班35个，在校学生有1 479名。

部分地市成立城市建设教育中心，对职工实行短期轮流技术培训。目前我省有同济大学函授站、安徽省城乡建设电视函授中专、安徽省城乡建设干部学校等。

二、技术装备

安徽省在建筑机械生产上有了进一步的发展。“六五”期间，省建设厅系统完成建筑机械生产6 721台/9 284吨，产值3 931万元，其中塔吊74台/2 884吨，卷扬机563台/368吨、机动翻斗车125台/138吨、混凝土搅拌机1 776台/2 967吨、砂浆搅拌机396台/368吨、水磨石机3 413台/596吨。

1985年底20种主要施工机械设备拥有量为3 925台，设备原值6 477万元。

三、建筑制品和新材料

〔钢模板与钢门窗及其他〕 经过产品技术鉴定的钢模板生产厂4家，年产量达5 000吨，其中1985年生产3 500吨；1986年生产5 000吨。到1986年全省钢模板拥有量达41万平方米。

钢门窗生产厂13家，年产量60万平方米，1986年累计生产275.9万平方米。铝合金门窗厂3家，1986年完成10 000平方米。钢脚手年产量1 000吨，1986年累计拥有量8 000吨。

四、建筑设计与施工技术

〔设计队伍〕 1986年，有甲级设计院7家、乙级设计院37家、丙级设计单位99家；设计队伍达2 500人。其中：有职称的专业技术人员有1 300余人，完成设计任务255.2万平方米，总产值1 900万元。

〔设计成果〕 近两年全省创作出的优秀设计24项，其中部优5项；省优1985年12项。在优秀设计项目中，合肥庐阳饭店，获1986年全国城乡建设优秀设计三等奖；合肥环城公园绿化及四景点设计获国家二等奖；合肥市城隍庙步行商店中心规划设计获规划二等奖；芜湖市总体规划获国家三等奖。

〔施工技术〕 我省的高层建筑开始兴起，1984年全省有35项18层以上高层建筑，近两年发展较快，就合肥地区而言，9层以上的有50余幢。其高层建筑的结构形式有纯框架结构、框剪结构、预制梁板现浇柱结构和框架轻板结构等。在高层建筑施工中，对基础施工、混凝土浇筑、框架支模、脚手架设置、垂直运输、质量控制等方面都取得了成功

淮南市农民住宅区

合肥城隍庙市场

的经验。

装饰施工技术方面，外墙面采用了马赛克、面砖、干粘石、水刷石、弹涂、涂料等。在旅游建筑和高层建筑中，还镶贴天然大理石、玻璃马赛克等。室内装饰采用了涂料、贴墙布、化纤墙纸、油漆、滚花工艺。在地坪施工中，使用了塑料地板、涂料、拼花木板地坪。天棚施工除常用的石灰砂浆粉刷外，还采用了纤维板天棚、石膏板天棚、钙塑板、轻钢龙骨等。

五、建筑科学技术

1986年，有11项科研成果获得省科技进步奖。其中：劲性柱网架屋盖整体提升与滑模工艺获三等奖；炉渣小砌块农房墙体抗震性能研究、砖混结构住宅改革、单梁网格盆式提升施工技术、十个筒仓同步滑升、粉煤灰硅酸盐水泥生产性试验、ZM早强剂、CW-A混凝土早强减水剂、内浇外砌多层大楼板住宅建筑体系成套技术、移动式钢筋冷拉台座、民用建筑硬PVC排水管材管件的生产及其应用研究等获四等奖。

1986年，通过省级鉴定的有丙苯涂料和通过部级鉴定的非煅烧粉煤灰轻骨料项目。

六、建设发展与成就

〔**城市建设**〕 到1985年底城镇人口占全省总人口的18.9%；15个城市人口365.3万人，占总人口7%；建城区面积303.8平方公里。

城市基础设施建设，1985年底铺设道路1 439公里，各类路面1 275.6万平方米，其中高级和次高级路面有1 197.7公里，1 147.7万平方米，主干道主要是沥青路面和水泥混凝土路面。现有桥梁168座，其中永久性桥梁158座。15个城市共铺设下水道690.8公里，服务面积为173.3平方公里，主要市区基本上消除了污水横流的现象。已建水厂23座，日供水能力111.6万吨。县城有供水设施的占93%。各厂矿企业自备水源，日供水能力达518万吨。城市煤气，现在有马鞍山、铜陵、芜湖、淮南、淮北、合肥六市利用焦炉余气作气源，储气量35.9万立方米，埋设煤气管道300余公里，居民用气达10万户。到1985年底，有15个城市通了公共汽车，共有车辆1 137辆，营运线路达200公里。15个城市绿地面积5 416公顷，其中公共绿地928顷，建有公园31个，面积达745公顷，苗圃近400公顷。

〔**房屋建筑**〕 1985、1986两年建成各类房屋建筑面积见表3。

表 3

项目名称	1985年	1986年
房屋施工面积(万m^2)	443.6	437.5
房屋竣工面积(万m^2)	194.9	192.8
其中(住宅建筑面积)(万m^2)	74.5	83.1

此表为地方全民企业不含部属企业和集体企业。

1986年房屋竣工面积中，厂房40.98万平方米，库房8.95万平方米，商业服务用房11.3万平方米，办公用房11.4万平方米，住宅66.15万平方米，文化教育卫生用房15.1万平方米，科学试验研究建筑3.02万平方米，其他用房12.75万平方米。

〔**工业建设**〕 近两年又扩建和新建一批电力、建材、煤炭等基础工业：包括50万伏的繁昌输变电所工程、淮南平圩及洛河电厂、蚌埠平板玻璃厂、合肥电厂、铜陵化工总厂、潘一矿大型选煤厂等。

〔**古典园林建筑**〕 近年来完成的主要项目有：黄山紫光阁、南京净觉寺、贵池怡春园、徽州明村博物馆、霍山烈士陵园、巢湖悬景楼、华山公园、浙江绍兴的沈园、合肥城隍庙市场、陶行知纪念馆、徽州明居等。

〔**村镇建筑**〕 到1985年8月止，全省已有26个县完成了村镇规划，3 274个小城镇中，有3 012个完成了规划，占规划总数的92%，全省共有30 800个中心村，有65%完成了规划，规划后的村镇用地比规划前减少了26万6千亩。

“六五”期间，我省村镇共完成电影院、文化馆、商店、医院、学校、办公楼等公用建筑150万平方米；厂房、库房等生产性建筑500万平方米，建成农贸市场119个，总面积达120万平方米。

近三年来，我省农村建房4 000万平方米，每年有40～50万户农民搬进新居。党的十一届三中全会以来，全省农村新建房已达一亿五千万平方米。如条件比较差的利辛县农村，过去草房占绝大多数，现在已有78 157户农民建起了砖瓦房，占全县总户数的36.6%。

福建省建筑业概况

《福建省建筑业概况》编写组

福建省背山面海，海岸线长达3 324公里，沿海港湾多，海运交通方便。海外华侨多，开展对外经济活动，有优越的自然条件和社会条件。两年来，福建较好地利用了各方面的优势，经济建设和社会发展都取得了前所未有的成果，建筑业也有了新的进展。

一、建筑队伍与管理

〔**建筑队伍**〕 1985年全省有地方国营施工企业44个，职工人数71 385人，完成产值49 198万元，房屋竣工面积126.3万平方米，全员劳动生产率7 026元；1986年，产值及劳动生产率又分别为50 771万元和8 492元。1985年城镇以上（含城镇）集体企业268个，职工人数111 845人，产值58 791万元，竣工面积325万平方米，劳动生产率5 215元。

全省企业状况简表　　表 1

名　　称	1985年	1986年
(一)企业个数(个)		
地方国营施工企业	44	36
部属及外省国营施工企业	14	13
县级集体企业	158	167
城镇集体企业	110	113
乡村建筑企业	1 954	1 943
(二)职工人数(人)		
地方国营企业	71 389	65 282
部属及外省国营企业	20 539	27 042
县级集体企业	80 201	77 851
城镇集体企业	31 644	32 253
农村建筑企业	337 372	333 057
(三)完成产值(万元)		
地方国营企业	49 198	50 771
部属及外省国营企业	18 754	24 320
县级集体企业	44 282	44 582
城镇集体企业	14 509	14 504
农村建筑企业	123 221	138 029
(四)竣工面积(万平方米)		
地方国营企业	126.3	108.9
部属和外省国营企业	23.8	14.6
县级集体企业	242.1	250.8
城镇集体企业	83	82.8
(五)劳动生产率(元/人)		
地方国营企业	7 026	8 492
部属及外省企业	9 912	9 774
县级集体企业	5 821	6 092
城镇集体企业	4 784	4 869

实行对外开放以后，部直属施工企业和外省施工企业来福建参加建设。1985年，有14个部属和外省的施工企业的20 539名职工在福建施工，完成产值18 754万元，房屋竣工面积23.8万平方米。1986年又完成产值24 320万元，竣工14.6万平方米房屋。

到1985年，成立了乡村建筑企业1 954个，职工33.7万人，完成产值12.3亿元。1986年又完成产值13.8亿元。

〔**建筑管理**〕 1984年进行管理体制改革，省属施工企业和部分专业施工企业下放给省辖市或地区管理，企业内部实行了百元产值工资含量包干，推行临时工、合同工制度。1986年地方国营企业固定职工的比例下降为55.7%。1985、1986两年内实行承包责任制的项目有1 105个和1 672个，按施工面积计算，分别占47%和83%。省、地、市、县各级普遍建立了质量监督站，对施工企业实行工程质量监督。

〔**建筑教育**〕 省建筑工程学校1981年至1985年共有中专毕业生867人，1986年又有255人，目前有在校学生535人。福建省建筑工程专科学校1981年至1985年共有大专毕业生457人，1986年毕业生133人，现在在校学生595人，比1980年增加二倍。

二、技术装备

〔**机械生产**〕 建设系统有省建筑机械厂、福州市建筑机械厂、厦门建筑机械厂和福州朝阳建筑机械厂四个专业建筑机械制造厂。1985、1986两年，四个厂生产的主要产品有：塔式起重机25台，挖掘装载机16台、卷扬机1 253台、混凝土搅拌机1 804台、灰浆拌和机518台、振动器5 096台、翻斗车235台、磨石子机609台和钢筋切断机221台等。省建筑机械厂试制的ＷＥ25挖掘装载机通过技术鉴定后即转入成批生产，1986年生产16台。

〔**装备率**〕 1985年全省地方国营施工企业拥有

福建东山岛

机械设备14 794台，总功率241 949千瓦，其中施工机械占46.7%，人均技术装备率1 664元，动力装备率3.4千瓦。县级集体施工企业拥有机械设备21 950台，总功率140,798千瓦，多数为小型机械，其中施工机械占63%，人均技术装备率536元，动力装备率1.75千瓦。城镇施工企业和农村建筑队，基本上还是靠手工操作。

三、新技术、新材料

〔**科研成果**〕 1985和1986两年中，有折板建筑结构体系、马尾松木材改性利用与劣质木材应用、计算机编制工程预算软件、硬质聚氯乙烯塑料排水管、锤击贯入试桩法测定单桩承载力、空心大板建筑热工性能及墙面隔热处理、快速养护测定混凝土强度、太阳能在住宅中的应用、JM80无机建筑涂料等科技成果通过了省级鉴定，并有六项获得省建设系统“六五”期间科技进步奖。

〔**应用新技术**〕 硬质聚氯乙烯塑料排水管，经在全省25幢建筑中试用，各项指标均达到《国标》要求，1986年通过国家鉴定。硬质塑料管与铸铁管比较，每平方米建筑面积造价降低0.22元，工效提高67%，生产管材的能耗降低68.5%。为了进一步推广使用，省建委批准颁发了《住宅硬聚氯乙烯塑料排水管设计安装标准图集》和《福建省民用建筑硬聚氯乙烯排水管设计及施工安装验收规程》。马尾松木材改性利用与劣质木材应用，1985年通过了部级鉴定。利用电热远红外干燥木材，可以节约能源32%、缩短干缩延续期、提高木材成品率。

在大田县坑口水库，试用了碾压混凝土筑坝技术。水库大坝为混凝土重力坝，混凝土总量60 610立方米，其中碾压混凝土42 000立方米。试验结果证明，碾压混凝土不仅强度高、施工速度快，而且节约大量模板和水泥。与传统筑坝施工方法比较，水泥用量可节约二分之一至三分之二。

〔**新材料**〕 1985年引进国外花岗石板材加工设备，生产板材2 402平方米，1986年生产48 659平方米，使丰富的花岗石资源得到有效的利用。1986年生产大理石板材10 692平方米、釉面砖94.91万平方米、墙地砖26.74万平方米。

四、建筑设计与施工技术

〔**设计队伍**〕 福建省现有勘察设计单位130个，职工6 458人，其中高级工程师28人，工程师1 235人，助理工程师1 013人。本省的建筑任务主要靠这些勘察设计单位完成。1986年，福州大学土建系设计的南平九峰山悬索桥，厦门员当新区设计室设计的厦门社会福利院，省建筑设计院设计的福建师范大学文科楼和福州闽江宾馆，厦门建筑设计院设计的华侨大厦扩建工程等六个项目，被评选为全省优秀设计。九峰山悬索桥工程还获得全省建设系统科技进步奖一等奖。

〔**施工技术**〕 近两年施工技术的进步，集中表现在改进管理、缩短工期上，如新建的2×10万千瓦漳平火电厂，以20个月的时间建成第一台10万千瓦机组，1985年4月破土动工，12月移交生产，正常并网发电。福州22层高、建筑面积1.69万平方米的江滨大楼，以17个月工期建成。省第五建筑工程公司施工的泉州贤鉴大厦，为14层圆形建筑，高50米，建筑面积0.87万平方米，实际工期15个月。高180米的火电厂烟囱，采用滑模施工，86天完成。新建的顺昌水泥厂矿山剥离工程，于1985年9月实行定向爆破。一次抛掷土石方123万立方米。

福州、厦门、泉州、漳州等沿海城市的高层建筑，软土地基广泛应用冲（钻）孔灌注桩加固。已完成的灌注桩总长度达5万多米，最大桩径达1 400毫米，最大桩长达50米，最大单桩设计荷载为800吨。

五、建设发展与成就

〔**能源建设**〕 福建正在建设的有装机容量140万千瓦的水口水电站，装机30万千瓦的沙溪口水电站，装机70万千瓦的福州火电厂，装机20万千瓦的漳平火电厂和一批小型水电站。1985、1986两年，建成了永安火电厂10万机组一台、漳平火电厂第一台10万千瓦机组、福州和厦门装机容量7.44万千瓦燃气轮机应急电源各一个，连同一批小型发电机组，新增发电能力共40万千瓦。

〔**交通运输建设**〕 福州、厦门两个飞机场，进一步完善了配套设施，增加了国内航班，新辟了马尼拉和新加坡两条国际航线。贯通闽南、赣南、湘南的三南公路，1986年完成了厦门至漳州段初设审查工作，并抓紧进行施工前的准备工作。福州至厦门公路的改造工程，正在建设。厦门东渡港新增550万吨吞吐能力的第二期工程已经编制初步设计。介于泉州、莆田两市之间的深水良港湄州港也开始建设。

〔**工业建设**〕 1985、1986两年，新建、扩建的工业企业有700多个，技术改造项目2 000多个。两年内建成的主要项目有：三明钢铁厂的300立方米高炉一座，福建水泥厂的年产30万吨熟料的窑一座，福州棉纺印染厂的染色生产线，日处理甘蔗2 000吨和700吨的新建糖厂各一个，年产8 000吨涤纶长丝的厦门化纤厂扩建工程等。目前正在建设的项目中，厦门感光材料厂的彩色感光材料生产线和顺昌水泥厂的年产62万吨熟料的窑外分解生产线，都具有八十年代水平的先进技术。

〔**住宅建设**〕 第六个五年计划期间，十个城市由国家和地方（含企业）投资建设的住宅竣工面积1 073万平方米，私人建房110万平方米。至1985年，十个城市实有住宅2 455万平方米，人均居住面积6.1平方米。1986年又有200多万平方米住宅建成。近两年中，全省成立了76个房地开发公司，各地财政拨给周转金5 000万元，并以多种形式、多种渠道筹集资金，建成一批商品房出售或出租，加速了城市住宅和小区配套房屋建设。

〔**旅游建筑**〕 各城市对风景点和名胜古迹，陆续进行了整修。福州的西禅寺、涌泉寺、于山、乌山、林则徐祠等风景名胜，厦门的鼓浪屿、南普陀、万石岩、胡里山炮台等名胜古迹，泉州的清源山、开元寺、东西塔等古代建筑和佛像、漳州的南山寺、莆田的广化寺都重新整修一新。各城市还利用当地自然条件，因地制宜增辟公园，增设娱乐设施，如福州的江心公园、三明的麒麟山公园、南平的九峰山公园都各具特色。厦门市精心雕刻了15.6米高的郑成功石像，屹立于鼓浪屿海滨，以纪念郑成功收复台湾的英雄业绩。

〔**村镇建设与规划**〕 1981年至1985年，全省农村集体和私人的房屋建设投资共21.21亿元，竣工面积4 934万平方米。

全省68个县普遍建立了村镇建设管理机构，培训了村镇规划管理人员，编制了村镇规划。至1986年底，已举办了两期县长研究班，组织县长研究学习村镇规划和建设工作，培训了初级规划人员5 000多人。全省所有村镇，除个别地区少量分散的村庄外，都已编制了粗线条规划。

1981～1985农村建房情况简表　　表 2

一、投资金额(万元)	总　计	集体投资	私人投资
1981年	21 827	2 298	19 529
1982年	45 495	3 608	41 887
1983年	40 522	4 628	35 894
1984年	45 978	6 074	39 904
1985年	58 294	5 649	52 645
1981年至1985年合计	212 116	22 257	189 859
二、竣工面积(万平方米)	**总　计**	**集体建房**	**私人建房**
1981年	1 184.9	38.3	1 146.6
1982年	1 135.0	149.9	985.1
1983年	870	106	764
1984年	844.6	102.0	742.6
1985年	899.5	72.5	827.0
1981年至1985年合计	4 934	468.7	4 465.3

〔**特区和开发区建设**〕 1984年以后，厦门特区新建和拓宽了50多公里主干道。自来水厂在完成由日供水6万吨增加为12万吨的扩建工程后，第二期日供水12万吨的扩建工程已着手建设，员当湖的污水处理工程也动工兴建。湖里工业区已有55.68万平方米房屋竣工，其中有通用厂房、高级别墅、普通住宅和货仓、商场等配套服务设施。员当新区有市政府大厦、国际金融大厦、金桥大酒店、东方酒店和一百多幢华侨别墅和三个住宅小区正在建设，竣工面积有16万平方米。新开辟的东区开发区，已建成一座1.4万平方米的富山国际展览城和12.6万平方米的住宅小区。

马尾经济技术开发区，位于福州市东南、闽江北岸的一片狭长地带，离福州市区20公里，面积4.4平方公里。经过两年建设，吹沙造地2平方公里，建成工业厂房1.7万平方米和住宅6.6万平方米，12层的马江大厦已基本建成，2 000门程控电话系统已经安装并开始使用，可以与福州市区及其他城市直接拨号通话。自来水厂的供水能力已经由每日1.5万吨扩建为5万吨。马尾港经过疏浚，万吨轮已能乘潮进港。这些已建成的基础设施，使开发区的投资环境初步形成。

〔**国外承包工程**〕 至1985年，已在10多个国家和地区承包工程，签订合同36个，合同金额达4 063万美元，营业额1 578万美元。1986年又签订合同17个，合同金额8 232万美元，营业额3 634万美元。

福州市建筑业概况

颜肖鸿　刘润生　林　飞

1985年1月国务院批准福州市为沿海十四个开放城市之一。福州市总面积11 986平方公里，总人口482万人，其中城区面积44.16平方公里，人口72万。福州地区有华侨75万人，分布于世界上50多个国家和地区，是著名侨乡之一。

一、建筑业队伍

〔**建筑队伍**〕 党的十一届三中全会后，建筑业有了较大的发展，全市现有施工企业157个，职工62 840人，其中部属1个（中建七局三公司，职工2 626人）；省属下放2个（省二建、省六建），职工9 821人；市、县属国营4个，职工3 146人；市属集体6个，职工6 682人，乡镇属144个，职工40 529人。目前，我市国营企业和市属集体企业已能独立承担高层建筑、公共建筑和民用建筑的施工安装任务。

〔**建筑教育**〕 目前本市培养中、初级建筑技术人才的学校有福州市建筑职业中专、福州市建筑工程学校等，年招生250人。1984年底创办城乡建设刊授大学福州刊授站，在校学生达120人。福州市建委、市土木建筑学会还不定期举办预算员、施工员等专业培训班，为各区县及乡镇施工单位培养技术骨干，据不完全统计，目前已培训人员200人。

二、建筑业改革

〔**推行招标承包制**〕 1984年9月开始推行，截至1986年底，实行招标计有610个单项工程，建筑面积149.29万平方米，中标造价平均降低5.07%，工期比国家规定的工期缩短17.71%，节约投资901.15万元。

〔**加强监督和管理**〕 1985年五区八县相继成立了质量监督和安全管理监察机构，监督工程276个单项，建筑面积90万平方米，占总面积的30%左右。

〔**管理体制**〕 省属企业下放后，为福州市建筑业增添了骨干力量、技术设备和技术队伍。与此同时，进行了经理厂长负责制试点，对全行业产生了极大影响。据市属建安企业统计，完成建安产值3.4亿元，比上年增长38.76%，竣工面积187万平方米，增长3.12%，全员劳动生产率5 295元/人，增长30.23%，实现利润442.82万元。

三、技术装备与建机生产

全市建工系统拥有施工机械20 817台，总功率337 663马力，国营建筑企业人均动力装备平均为3.624马力/人。福州市目前有省属下放企业——省建筑机械厂及福州市建筑机械厂两个建机生产企业。福建省建筑机械厂建厂以来，已设计了近40种新产品。“六五”期间研制成功七种新产品，有五种通过省级以上技术鉴定。JZ-350搅拌机自1979年获全国同行业检查质量优胜后，1982年起连续四年获省优产品称号。1983年JG-150搅拌机获建设部优质产品称号。福州市建筑机械厂主要生产插入式及平板式水泥震动器、强制式混凝土搅拌机、0.5、1.3吨系列电动卷扬机、钢筋切割机、钢筋弯曲机等施工机械。ZX-50软轴水泥震动器1984年获省优产品称号。市建机厂年生产总值为420万。随着近年来高层建筑的发展，我市陆续成立了2个打桩公司，打桩及钻探设备共35台。

四、建筑设计与施工技术

〔**设计队伍**〕 全市现有勘察设计机构26个，职工692人，其中市属5个，职工497人，区、县属13个，职工114人，其它设计单位8个，职工81人。全市勘察设计队伍共有高级工程师4人，工程师、建筑师103人，助理工程师、助理建筑师101人，各工种配套齐全。

〔**建筑设计**〕 福州市建筑设计队伍目前除了承

担一般工业与民用建筑设计、总体规划、小区规划、市政设计外，还独立承担了许多大型高层的公共建筑、民用建筑和市政工程的设计任务，如13层框剪结构的高桥大厦、21层框剪结构的综合性大楼江滨大厦以及华美大厦、文艺大厦、马江大厦、铁道大厦等。市属设计院目前都配全了勘察设备和微电子计算机，设计手段不断更新。

〔**施工技术**〕 本市的施工队伍，掌握了一些难度较大的施工技术，如熟练运用组合钢模、大钢模、一模三板新工艺，悬吊式飞模新工艺、滑升工艺等一些先进的施工技术。

五、建筑技术的发展

〔**地基处理技术**〕 福州市区地处福州盆地中心，闽江横贯其中，市区工程地质情况较为复杂，大部分地区处于软土地基，淤泥承载力在5吨/平方米左右，沉降、倾斜、开裂等建筑病害屡有发生。因此，有关单位已研究总结出一套改造软土地基的设计与施工经验，如采用沉管式混凝土灌注桩、冲（钻）孔钢筋混凝土灌注桩、打入式钢筋混凝土预制桩、人工砂基改造天然地基、袋装砂井处理软土地基、高压旋喷注浆新技术等。

〔**预应力技术应用**〕 在福州拖拉机厂主修车间屋面采用了24米跨度的后张自锚法T形梁。福州铁合金厂30吨级鱼腹式吊车梁也采用了这种技术。1985年又引进了双钢筋焊接设备，推广了现浇双钢筋混凝土梁桥和双钢筋预制板，节约了水泥和钢材。

六、建设发展与成就

〔**城市基础设施建设**〕 “六五”期间，新建扩建市区及近郊交通干道12条，全长24公里。1986年建成了第一座三层立体交叉桥，同时扩建了东西干道国货路东段。江滨路拓宽后，路堤结合建成江滨公园。建成火车站至台江广场无轨电车线路，1985年客运车辆347辆，自来水日供水从原17.5万吨增至30.5万吨。兴建了石油液化气站，可供9 000多户用气。建成日产5千吨温泉热水厂，实行统一供热。新建住宅286万平方米。在纵贯南北的通衢大道——五一、五四路沿线兴建了闽江饭店、文艺大厦、珠宝大厦、海关大楼等八层以上高楼近百座。修茸了西禅寺、于山、乌山等风景名胜和林则徐祠等国家、省、市级文物保护单位80多处。新辟江心、茶亭、屏山三个公园，改建了五一广场。建成电脑程控的彩色音乐喷泉、整修了西湖与六条内河，全市大、小25个港口码头年货物吞吐量达519万吨，客运量447万人次。公路运输通车里程3 934公里。铁路每日发货量0.43万吨，客运量0.92万人次，扩建机场后，可供三叉戟等机型飞机起降。开辟了直达广州、上海、北京、厦门等地航线。1982年引进国际先进水平的万门程控电话，长途电话可通120多个国家和地区。

〔**经济技术开发区建设**〕 1984年5月筹建经济技术开发区，面积4.4平方公里。经过两年多的建设，投资环境已初步形成，吹沙900万立方米，造地2平方公里，工业厂房1.7万平方米已交付使用，公建住宅6.6万平方米，正陆续交付使用。由日本引进的2千门程控电话系统正抓紧进行，光纤电缆铺设已完成。自来水厂由日供水1.5万吨扩大为5万吨/日，一期进出水隧道1 460米已全线凿通，罗星小区6条道路6.7公里已通车；马江大厦12层已基本完成。

〔**科学文教卫生建设**〕 现有11所大专院校，4所业余大学和电视大学，34所中专学校，202所普通中学，3 380所小学，在校学生83万余人。在福州的中央、省、市级科研机构36所，拥有各类专业技术人员4.5万人，有155家影剧院，公共图书馆六个，体育馆五座，电视台三座，广播电台四座。

〔**旅游建设**〕 目前福州地区有旅游服务机构68个（其中：旅游宾馆10所，旅游餐馆7家，大、中、小旅游汽车230辆，游乐场5个），据不完全统计，“六五”期间共接待华侨、港澳同胞、外国来宾等25万人次。

江滨大厦

厦门经济特区建设

王时雨

1980年以来，特别是1984年3月中央决定将特区范围由原来2.5平方公里扩大到全岛（包括鼓浪屿）以后，厦门经济特区的建设发展很快。自定为经济特区至1986年底，全市共完成基本建设投资总额250 363万元（其中1985、1986年15、15亿元）。相当于前二十九年基本建设投资总和的3.91倍。经过几年来的努力，特区的基础设施已初具规模。

一、调整城市总体规划

1985年，市政府先后邀请中外专家对城市总体规划进行了修订和评议，1986年完成了总体规划的调整。规划布局大致划分为北部生产区，包括湖里工业区、东渡港区、高崎交通枢纽和寨上仓库区，用地21平方公里；中部生活区，包括北面的新市区（用地17平方公里）和南面旧城区（用地10平方公里）；南部风景区，包括鼓浪屿、万石岩、南普陀、胡里山古炮台、曾厝安旅游村一带，面积20余平方公里。整个厦门城市布局形成以本岛为中心，包括环海各城镇所组成的“众星拼月”、“一环数片”式的城镇体系。

二、进一步完善基础设施

特区兴办以来，中央、省、市政府十分重视基础设施建设，集中相当的人力、物力、财力投入港口、机场、通讯、水、电、道路等工程项目，总投资6.55亿元。

国际机场：自1983年10月建成通航以来，已陆续开辟了北京、上海、杭州、南京、南昌、西安、桂林、广州以及香港、马尼拉、新加坡、日本等航线。目前，按照国际一级机场的第二期扩建工程正在抓紧进行，延长跑道550米填海工程。第二期工程完成后，将可起降国际大型客机。

港口码头：东渡新港第一期四个万吨级泊位于1984年12月正式建成投入使用。码头装备有起重能力305吨集装箱起重机等现代化机械设备，以及仓库、杂货堆场、集装箱堆场、供水、供电等配套设施。公路、铁路直达码头，年吞吐量为209万吨。现已有通往上海、广州、香港的定期客轮和货运船队，也有直达新加坡、日本、澳大利亚的不定期货轮，厦门口岸已与世界113个国家和地区建立贸易往来，特区内外幅射正在不断扩大。

通讯工程：第一期程控电话总投资2 130万元，电讯大楼建筑面积18 650平方米，从日本引进万门程控电话和960路微波通讯设备于1984年底投入使用，可与美国、日本、港澳地区直接拨号通话。

水、电工程：自来水第一期工程总投资4 243万元，提高了制水能力，改造了供水系统，日供水能力达12万吨。1985年完成岛内电源与闽西水电站并网，2.3万千瓦和7.4万千瓦燃气轮机辅助电站交付使用，全市发电量增长1.57倍。

城市道路和交通：六年来，新建湖滨南路、湖滨北路、湖滨中路、湖滨东路、湖滨西路、金榜路、文塔路等，总长60多公里。占地1万平方米，富有特色的火车站新站房，1983年5月已投入使用。

煤气工程：1986年已建成年灌瓶能力5 000吨的东渡液化气灌瓶站和湖滨南路供气站，供应居民液化气7 000多户。

三、新区开发建设

按照城市总体规划布局，目前，新区主要分为三片（湖里、员当、东区），由五个单位（湖里工

建设中的莲花新村

江 西 省 建 筑 业 概 况

朱 子 湘

一、建筑业改革

〔**建筑业管理体制改革**〕 1984年6月省政府决定，由建设厅统一管理全省建筑业，即负责贯彻执行建筑行业（包括建工系统和煤炭、水电、冶金、交通等系统施工队伍）的方针、政策和建筑队伍、工程质量、定额规范，以及招标投标等管理工作。全省建筑业的科研、设计、施工、教育都集中在建设厅管理，初步形成行业管理的局面。

〔**加强行业管理的地方法规**〕 1986年3月江西省政府，批准颁发了《江西省建筑工程招标投标实施细则》、《江西省建筑施工企业管理和施工承包管理暂行办法》、《江西省建筑工程质量暂行规定》和《江西省建筑施工企业经济承包责任制暂行规定》等四个规定。此后，建筑市场秩序渐趋正常，工程质量下降的趋势得到扭转。

〔**推行投资包干制和招标承包制**〕 全省重点工程建设推行投资包干办法，主要形式有：建设单位对项目主管部门包干，实行投入产出总承包、施工图预算加系数包干、概算加系数包干和平方米造价包干等。江西水泥厂实行包干后，工期提前半年，工程质量达到优良。江西氨厂4万吨联碱工程设计概算2 658万元，实行投资包干后进度快、质量好。

1985年全省招标投标推行面为12.2%（按施工面积计算）。通过竞争，平均比标底降低0.9%，每个工程比合同工期缩短19.5天，工程质量有明显提高。在招标管理上，坚持做到投标的平等性、评

* 本文经舒基鼎、胡华章审阅。

业区管理局、员当新区开发建设公司、东区联合开发公司、厦门市房地产公司、厦门工程承包公司）进行开发建设，截止1986年底，共完成投资额6.16亿元，新区开发已初具规模，并已建成配套设施比较完善的九个小区。

湖里工业区：（属规划中的北部生产区）是厦门经济特区最早开办的出口加工区，1981年10月破土动工，至1986年累计完成基本建设投资额3亿元，竣工房屋面积59.5万平方米。区内现有厦门华侨电子企业有限公司、印华地砖厂、华美烟草有限公司、厦门磁带有限公司、厦门王安电脑国际有限公司、厦美微波有限公司、东南铝业有限公司等33家“三资”企业和六家内联企业。

员当新区：面积17平方公里，属总体规划生活区范围。累计完成投资2.7亿元，竣工房屋面积47.7万平方米，在建的有观音山、槟榔二个住宅小区。正在建设的有国际金融大厦、金桥大酒店、振兴大厦等十几幢高层建筑，以及一百多幢独院式建筑——凤凰山庄、西堤华侨别墅等。这里将逐步建成厦门经济特区的金融中心。

东区：面积31平方公里，累计完成投资1.08亿元，竣工房屋面积26万平方米。建筑面积12.4万平方米的莲花一村住宅小区（56幢住宅），生活服务配套设施齐全，当年建设当年交付使用。位于莲花新村一侧的富山国际展览城，首期建筑面积1.4万平方米，设有现代化的电传通讯设备，建筑富有特色，建成以来，已举办多次国际性展览会。

四、建筑市场和管理

据统计，1986年，外来勘察设计单位66个，建筑安装（装饰）企业97个，外来施工劳力共5万余人；外来施工企业完成的投资额，占全市完成投资额的65.99%；招标的45项工程，按标底造价计算，降低率为2.7%，按国家定额工期，缩短工期15%，工程质量都比较好。

随着建筑市场的开放，勘察设计和建筑施工企业面临激烈的竞争，也出现了一些问题。为了加强建筑市场管理，先后成立了“工程质量监督站”、“安全监督站”、“设计质量监督所”，制定了《厦门市外来施工单位管理暂行规定》、《关于外资建筑安装及装饰企业管理暂行规定》、《厦门市建筑企业施工安全管理暂行规定》、《厦门市建筑安装工程招标投标暂行办法》等。现在，全市实行质量监督的工程已接近总数的一半，从1986年5月开始，开展了建筑市场整顿，并针对出现的问题，制定了《建筑企业资质审查中几个问题的规定》。目前，特区的建筑市场在开放、改革、搞活的方针指引下，正逐步发展。

标的公共性和定标的合理性。

〔**实行工程质量政府监督**〕 全省11个地(市)，均已建立了工程质量监督站，84个县（市）已有56个建站。1986年8月建立了江西省建筑工程质量监督管理站。到1986年6月止，全省各地（市）和六个地辖市的质量监督站对142万平方米的建筑工程实行了质量监督，其工程预算造价约2.2亿元。无证设计、无照施工的状况基本上得到控制，主体工程结构的质量基本上能够保证。

〔**整顿建筑市场**〕 到1986年10月止，全省经过近十个月的建筑市场整顿工作，基本摸清了施工队伍的情况，与1985年建筑企业资格审查核级时相比，施工队伍增加760多家，从业人员增加12.6万人。共核查工程8 502项，其中违章工程3 749项（占44.1%）。违章工程中无证设计1 891项，无证（照）施工628项，越级承包415项，转包渔利363项，行贿受贿137件，工程质量低劣285件，并已分别作了处理。

二、建筑施工队伍

〔**施工队伍**〕 江西省从1984年10月起对全省建筑企业进行资质审查，到1985年11月基本结束。共有1 836个企业经过资审核级发证，其中定为一级企业的10个，二级企业17个，三级企业90个，四级企业190个，四级以下企业1 520个。

开放建筑市场后，省外进赣建筑施工队伍42个，5 063人，主要来自浙江、福建、广东、湖南、江苏等省市。1986年江西出省承包建筑工程施工队伍16个，约3 000人，其中以临川县为最多。该县以农民为主体的建筑公司，劳务和技术相结合在上海、厦门、郑州、南昌等大中城市承包500多项工程，总造价近1亿元。

〔**技术经济指标情况**〕 详见表1。

〔**建筑教育**〕 设土建专业的高等学校有江西工业大学、华东交通大学和职工大学（包含夜大学、函授大学、电视大学）。中等专业学校有省建筑工程学校。1986年全省有培养大学本科生300人规模的函授站、有年招生300人规模的各类电大班、有委托江西工业大学、华东交通大学举办土建类的专修科，有招生350人规模的两所职工中专和一所技工学校。此外，还有分布各地、市的13个职工教育培训中心。

三、技术装备

〔**机械和工具**〕 近年来陆续购置或自制的较先进设备有：JDN-1型建筑施工电梯，双层悬挑脚手架，TQ-100型塔式起重机，西德“施维茵”BPL 601HD混凝土泵送汽车，6立方米混凝土输送车，NM1125/750混凝土搅拌站，日立牌PD80打桩机和意大利“探索者号”移动式混凝土搅拌站。许多企业添置了一批国内外生产的小型电动机具有：管子套丝机、冲击电钻、液压弯管机、混凝土切割机、钢筋切断机、以及大口径管子切断机、角向磨光机等。

〔**队伍装备水平**〕 见表2。

〔**工种机械化**〕 1985年，江西省建设系统国营建筑企业的六大工种综合机械化程度为56.2%。其

表 1

年份	工程质量优良品率(%)	全员劳动生产率(元/人)	全员劳动生产率(m²/人)	竣工率(%)	工程成本降低率(%)	资金利税率(%)	工期完成率(%)
1984	57.5	6 107	25	44	5.8	9	87
1985	29.5	6 095	20.7	73.3	4.7	7.0	68.3
1986	28.4	6 958	23.7	76.2	3.9	5.8	74.7
备注		按总产值计算	按面积计算				按单位工程个数计算

1985年江西省建筑业技术装备情况　　表 2

类别	企业个数	机械设备总台数(台)	技术装备率(元/人)	动力装备率(kW/人)	备注
地方国营建筑安装企业	32	6 876	1 003	2.41	
其中省属企业	5	1 990	1 464	2.41	
地市属企业	13	3 190	865	2.42	
县属企业	14	1 690	519	2.36	
县以上集体企业	152	10 176		1.38	总功率86 295kW

中土石方工程67.6%，桩基工程100%，起重吊装垂直运输工程100%，场内装卸和运输17.8%，预制和现浇混凝土工程71.1%，抹灰工程8.2%。

四、建筑材料和制品

〔**建筑材料和制品**〕 全省共生产建筑材料48种。1985年水泥产量（包括年产8.8万吨以上的企业）163万吨。1984年、1985年，釉面砖连续两年年产量居全国首位（年产660万平方米），占全国产量的1/4，占出口的40%。玻璃纤维6种产品位于全国第2～6位。省内石灰岩和石英砂资源丰富，粉石英矿国内外罕见，赣东北的瓷土、膨润土、珍珠岩，赣南的萤石、石墨、硬石膏，赣西的硅灰石、大理石，以及全省分布的花岗石，储量丰富。

近两年建厂并投产的建筑材料有：上高、分宜、新余的白水泥；新余的矿棉；九江的粉煤灰耐火材料；进贤的水泥型非烧砖；弋阳、永修（军山）、广昌、南昌的玻璃马赛克，年产约20万平方米；吉水的无机涂料；星子的花岗石板材；上高的天然大理石板材；萍乡的彩砂；景德镇的仿木纹涂料；九江的玻璃钢制品（浴缸、冷却塔、管道）；分宜等地的农林纤维人造板材；赣州的铝合金型材。

五、建筑科学技术

〔**建筑科技成果**〕 完成了以下七项建筑科学研究项目：碱木钠混凝土减水剂、改性硅酸钠无机内墙涂料、农村住宅标准化研究、混凝土非破损测强技术、抚州地区体育馆屋盖板架结构设计与施工、钢筋混凝土变截面阳台拖梁研究和微机JA-1H土建预算系统。

“预应力钢筋混凝土刚性防水屋面”获国家发明四等奖。

六、建筑设计和施工技术

〔**建筑设计**〕 省建筑、电力、轻化设计院和南昌市建筑设计院四单位，从1980年开始实行设计取费试点。这些单位设计的南昌市经济大楼、省儿童少年活动中心、省保险公司、南昌民航候机楼、省医学科研大楼等大、中型建筑工程，造型新颖、布局合理、功能齐全。省建筑设计院在厦门特区建立了分院，已取得了“银香卢”大厦设计权，并完成了26项建筑工程设计。

〔**建筑和结构**〕 南昌市经济大楼系24层的高层建筑，上设旋转厅和电视发射天线，采用双曲凹立面造型，格调新颖，钢筋混凝土桩基础承重，地下室采用防水混凝土浇筑，上部结构采用框架——剪力墙体系，整体现浇施工。为厦门特区设计的银城、香江、卢山三座大厦组成的建筑群，总建筑面积10.8万平方米，地面以上28～29层，建筑高度99.6米，三座大厦均设有展销、商场、餐厅、酒家、写字楼、旅馆及公共文娱活动场所，采用中央空调系统，电脑程控。

省体育馆（中选方案）屋盖采用拱与网架组合型式，曲线优美的钢筋混凝土大拱，悬吊三角锥网架，为比赛大厅提供了较理想的平面和内部空间。抚州地区体育馆屋盖体系采用板架合一的正放四角锥网架，跨度45米，是目前国内同类型建筑跨度最大的工程，结构刚度大，材料用量少。

〔**建筑标准化**〕 1984～1986年完成了邮政信报箱、钢筋混凝土槽形板、预应力混凝土多孔板、现浇钢筋混凝土梁式楼梯和钢筋混凝土预制桩图集等五项“省标”新编项目。

此外，还完成了预应力混凝土多孔板、平板、矩形檩条、钢筋混凝土多孔板、平板、矩形檩条、悬臂楼梯等七项“省标”修编项目。这批修编图集针对原图集中板厚小、刚度不足、保护层不够、小跨度板的脆断以及不能在七度地震区使用等问题，作了修改。

〔**施工技术**〕 现浇混凝土桩基础发展很快，预制桩逐渐减少，代之而起的是大直径（800～1 500毫米）挖孔桩、扩底桩、箱形基础。单桩承载力达150～600吨。改革预制桩施工工艺，采用先钻后打法，振动轻，破损少。采用大吨位强夯软杂填土地基和碎石振冲桩处理软地基。

钢筋混凝土工程施工工艺方面，省建一公司使用泵送混凝土浇筑高层建筑的构架和地下室，成功地泵送了B6、B8防水抗渗混凝土，目前已向商品化供应发展。为节约水泥和改善混凝土性能，采用二次拌和法搅拌混凝土，质量检验使用非破损方法。钢筋焊接开始采用气焊工艺。混凝土浇筑采用滑模、组合模、大模、倒模技术。防水材料从热施工向冷施工作业发展。贵溪冶金大道与浙赣线铁路相交的立交桥采用转体法建桥，国内首次应用，净跨30米，主梁全长48米，仅用70分钟就使两边转体平稳合拢，施工中火车照样通行。

七、建设成就

〔**房屋建设**〕 1985、1986两年，全省共建成各类房屋建筑399.3万平方米，分类详见表3。

〔**工业建设**〕 1985、1986两年，全省新增年生产能力：发电装机容量25万千瓦，原煤96万吨，电解铜7.5万吨，水泥96.5万吨，涤纶长丝2 000吨，

表 3

年份 \ 分类	合计 (m²)	十层及以上建筑	厂房	仓库	住宅	文化教育用房	医疗用房	其它
1985	1 002 732	29 451	249 862	64 990	300 256	137 822	14 415	235 387
1986	1 114 253	66 476	271 338	72 731	391 317	56 254	43 488	279 125

精纺毛料120万米，照相机7万架，纯碱4万吨，轮胎25万标准套，铝合金材1 000吨。

主要投产项目：景德镇华风瓷厂，贵溪冶炼厂，江西涤纶厂，江西水泥厂年产64万吨窑外分解生产线，南昌发电厂，江西毛纺厂，景德镇焦化煤气厂，宜春钽铌矿等。

〔**住宅建设**〕 “六五”期间，全省12个城市新建住宅976万平方米，全省城镇人均居住面积由3.6平方米/人提高到6.6平方米/人。

〔**对外工程承包和劳务输出**〕 1981年到1984年，江西在国外承接16项工程建设任务，有1 900人次在国外工作，完成建筑面积24万平方米。近两年，江西继续在赞比亚、科威特、利比亚、伊拉克等国以劳务形式承建工程。

〔**纪念性建筑及古建筑修葺**〕 近几年来，全省修建纪念性建筑主要有：南昌市青云谱、抚州市王安石纪念馆、吉安市文天祥纪念馆文山阁和铅山县儒家朱熹鹅湖书院。全省修葺整理文物古迹和新建风景游览点多处，主要有：南昌市佑民寺、绳金塔、西山万寿宫、南浦园。景德镇宋代红塔。九江明代锁江楼古塔、东林寺等。江南名楼滕王阁重建工程已完成32万立方米土方和全部桩基，建筑物高54.5米，总面积9 000平方米。是一座宋式仿古楼阁。

〔**村镇建设**〕 到1986年末，全省1 850个集镇已基本完成规划，192 188个村庄已有80%完成规划。临川县唱凯镇、高安县灰埠镇、新建县七里岗等集镇通过规划和建设，已形成本地政治、经济、文化、科技中心。

1979年至1985年七年里，全省550万农户中有225万户新建或翻建了住宅，占总户数41%，建筑面积1.9亿平方米。“六五”期间，农民平均每人房屋面积由1980年的11.9平方米增加到1985年的18.7平方米。新建的农村住宅有砖瓦房、混凝土平顶房，部分为两层以上的楼房，平均每家农户房间5.58间，使用面积108.28平方米。

〔**城市建设**〕 到1986年止，全省12个城市和78个县已完成总体规划。城市增加供水40万吨/日，县城增加供水20万吨/日；南昌、萍乡、新余、赣州城市煤气工程已动工建设；城市道路增加84公里。省会南昌市近几年城市基础设施投资1.4亿元，比三中全会前29年总和还多。新建住宅335.7万平

王安石纪念馆

樟树药都新貌

黄 磊

江西省清江县县城樟树镇，早在公元前211年至589年就是新淦县治城，名淦阳，后称清江镇。南唐升元2年（公元938年）改名樟树镇。

樟树地处赣中腹地，居赣江中下游，扼水、陆要衡，交通发达，气候温和，土质肥沃，资源丰富。镇内有中药泡制、制盐、酿酒、粮曲加工、皮革制造、印刷等工业，尤以中药业最为发达，源远流长，享有“药都”盛名，有“药不到樟树不齐，药不过樟树不灵”的声誉。与药业媲美的四特酒，1985年获轻工部银杯奖，故樟树镇又誉为“药都、酒乡、贸易城”。

建国后，镇区除旧布新，不断扩建，党的十一届三中全会后，县城建设日新月异，使千年古镇面貌一新。共和西路是镇的主要商业街道，全长1 340米，1986年6月至9月全部拓宽拉直，并翻修为水泥路面，改建和新建了市政设施，总投资120万元。

1983年清江县在镇之西南兴建了一座药材交易大楼，建筑面积5 600平方米，投资100万元；1986年又兴建了一幢十层大楼、建筑面积12 176平方米的“药都宾馆”，投资324万元，为每年召开全国药材交流大会创造了条件。

樟树四特酒厂从1967年开办至今，由原年产5 000吨，扩建为15 000吨，现第二期工程正在扩建中，预计1987年6月投产。

方米，城市道路52.8公里，下水道25.03公里，扩建自来水10万吨，有70多幢高层建筑拔地而起，新建城市立交桥3座，人行高架桥6座，人行地道4处，市容市貌有了改观。

永平转体桥

山东省建筑业概况

郭永昌　王庆选　徐崇斌

一、建筑队伍

〔**管理体制**〕 山东建筑业仍沿用传统的体制模式，实行多层次、多部门、以专业系统行政管理为主体的管理体制。中央驻鲁的建筑队伍由中央各部直属领导；省内各专业系统的建筑设计和施工力量，以各主管厅局领导为主，由省城乡建设委员会归口业务管理。建工系统的建筑队伍，以各市地建委（建管局、总公司）领导为主，由省建筑工程总公司归口业务管理指导。乡镇建筑队伍由省多种经营乡镇企业局归口进行行政领导，由省建筑工程总公司进行业务指导和管理。省政府确定，山东省建筑工程总公司（1984年1月组建）担负着全省建工系统行政管理的职能。各市（地）县城乡建设委员会负责建筑行业的行政管理。1986年6月，济南市撤消了原市建筑总公司，组建了建筑管理局，作为政府的职能部门对全市建筑业实行行政管理。

〔**施工队伍**〕

〔**勘察设计队伍**〕 1986年统计，全省勘察设计单位共计330个，职工总数14 120人。其中省建委系统勘察设计单位168个，职工总数4 642人。两年中，全省共完成工程和水文地质勘察进尺561 419米；完成设计项目18 142项，投资111.53亿元，建筑面积2 226.46万平方米。其中，省建委系统完成12 795项，投资3.4亿元，建筑面积11 990万平方米。

〔**教育队伍**〕 1986年，全省建委系统共有建筑专业院校11所。其中高等院校1所，有本科七个专业、专科三个专业，教职工589人，在校生1 619人。中等学校2所，设有五个专业，教职工273人，在校生1 493人。职工中专6所，设有两个专业，教职工241人，在校生1 354人。

〔**市政建设队伍**〕 截止1986年，全省22个城市的市政建设队伍共74 836人。其中：房屋维修13 821人，市政工程11 266人，园林绿化8 071人，自来水9 968人，环境卫生8 968人，公共交通、出租汽车20 422人，液化气、煤制气、供热2 320人。

二、建筑业改革

〔**承发包制度**〕 1985年开始，全省进一步开放了建筑市场，打破地区和部门的界限，允许外省市的建筑队伍办理审批手续后，来山东省参加投标承包。当年进入山东省承包工程的有十多个省市和中央八个部。为保证招标承包制的公正合理，全省各级建筑主管部门还制定了一些补充规定和措施。1985年，全省实行招标承包制的建筑工程共计2 076项、489万平方米。1986年为810项、280万平方米。在招标范围和规模上，已从一般小型民用工程扩大到大中型工业、交通项目和高级高层建筑。设计招标

1985～1986年全省施工队伍及完成任务情况　　**表 1**

单位	1985年				1986年			
	企业个数	职工平均人数（人）	完成施工产值（万元）	竣工面积（m^2）	企业个数	职工平均人数（人）	完成施工产值（万元）	竣工面积（m^2）
总计	270	402 993	300 612	7 395 206	274	386 219	333 146	7 557 626
一、中央企业合计	29	132 022	120 223	726 890	42	151 839	143 868	737 130
1.部直属小计	22	96 183	83 139	632 382	22	102 598	90 822	518 066
2.部自营小计	7	35 839	37 084	94 508	20	49 241	53 046	219 064
二、地方国营合计	59	135 906	94 205	2 430 146	45	96 236	91 906	2 227 554
1.建安企业小计	34	103 954	76 974	2 148 496	33	86 319	84 916	2 108 327
建设部系统	28	77 026	63 065	2 085 454	28	82 405	81 674	2 107 151
其中：建工系统	22	69 850	56 460	1 866 962	22	74 264	74 083	1 918 217
2.自营企业小计	25	31 952	17 231	281 650	12	9 917	6 990	119 227
三、县以上集体合计	182	135 065	86 184	4 238 170	187	138 144	97 372	4 592 942
建设部系统	170	132 692	84 502	4 160 785	176	136 297	96 323	4 554 540

济南解放阁

也逐步开展。招标设计的工程除单体工程外，还有小区规划招标。1985年参加山东省建筑工程设计招标的有十多个省市的设计院和大专院校。

〔**分配制度**〕 1985年，在全省国营建安企业中开始试行产值利润率办法，国家、企业和职工收入分配的比例为4:3.1:2.9；1986年比例为3:3.7:3.3。

〔**用工制度**〕 两年来，全省建工系统国营建安企业实行的是固定工、合同工和临时工（包括农村建筑队）相结合的多种形式的用工制度。1986年统计，劳动合同制工人从上年的2 500人增至5 000余人，加上临时工和农村建筑队近3万人，占全部职工的比例从上年的34%上升到38%。

〔**质量监督体系**〕 至1986年底，全省14个市地和106个县（市）区已全部成立建筑工程质量监督站，专职监督人员共542人。1986年，省建委、省建筑总公司制定颁布了《山东省建筑工程质量监督条例》和《山东省建筑工程监督收费标准》等一系列规定，同时对监督人员进行了审批和发证工作。两年来，全省各级质量监督站接受监督的工程共计8 024项，建筑面积1 153万平方米，约占施工面积总数的45%，共发现和处理重大质量事故131起。

〔**资质审查**〕 从1985年4月开始，对全省建筑施工企业和设计单位（包括中央属和省各专业建筑企业）进行了资质审查，到1986年底基本结束。经审查批准的一级施工企业18个，二级企业27个，三级企业274个，四级以下3 461个；甲级勘察设计单位17个，乙级67个，丙级126个，丁级以下77个。从1986年7月开始对全省2 200个混凝土预制构件厂进行资质审查。到年底，已进行了摸底排队和对6 250多名乡镇预制厂技术人员的考试发证工作。

〔**质量检查**〕 1986年10月5日至11月28日，省建委、省建筑总公司针对近几年工程质量有所下降的状况，组织了质量检查团，在十三个市地的55个施工企业和中建八局抽查了271个工程。结果竣工合格率为21.8%，优良率为2.42%；在建工程合格率为51%，优良率2.8%。1985年和1986年，建设部对山东省工程质量进行了检查。1985年抽检了4个企业的16个竣工工程，合格的6个，合格率为37.5%。1986年抽检了5个企业的20个竣工工程，合格的11个，合格率为55%。其中济南第四建筑工程公司受检的竣工和在建工程质量全部合格。

1986年9月15日，中国城建建材工会在山东省泰安市举行了全国建筑青工第二次技术比赛。比赛在全国建设职工泰山休养院客房楼工程上进行。比赛内容为铺贴卫生间瓷砖墙面和马赛克地面。全国25个省、市、自治区（缺西藏、内蒙、湖南）和中建总公司所属七个工程局（缺六局）共35个代表队、105名选手参加。比赛结果，山东队获团体总分第一名，个人名列第二、四、十一名。

〔**整顿建筑市场**〕 1986年7月8日，济南市召开了建筑工程质量现场大会，表扬了济南第四建筑公司等先进企业，批评了后进单位，并强令拆除了两个不合格工程。这次会议在全省引起强烈反响，促进了整顿工作的开展。

1986年8月31日，山东省人民政府颁发了《关于搞好建筑市场管理的暂行规定》。

截止1986年底统计，全省共取缔有违法行为的集体设计事务所3处，拆除不合格工程19个，处罚工程质量低劣及违犯建筑市场管理规定的施工单位360个，罚款42.9万元，取缔不合要求的建筑队伍

1985～1986年全省建工系统施工企业各项经济指标完成情况　　表 2

经济指标	1985年	比上年增长(%)	1986年	比上年增长(%)
建安总产值(万元)	139 420	25.9	166 175	19.2
施工产值(万元)	132 356	26.4	158 923	20.1
全员劳动生产率(元)	7 435	18.9	8 499.9	14.3
竣工面积(m^2)	5 619 099	5.5	5 947 279	5.8
人均竣工面积(m^2)	30	0	30.4	1.3
实现利润(万元)	9 220	22.9	11 224	21.7

148个。

〔**经济效益**〕 1986年，全省建工系统22个国营施工企业的全员劳动生产率首次突破万元大关，达10 362元，比上年提高15.8%。全省建工系统劳动生产率（按总产值计算）过万元的企业也由上年的8个增加到23个。各项经济指标见表2。

三、技术进步

〔**科技成果**〕 两年中，全省完成科研项目18项。1986年，《冷拔低碳钢丝预应力混凝土技术》、《升板建筑盒式升板法》获国家科委技术进步三等奖。城乡建设环境保护部授予《PH-1型喷灰机械手》、《外加构造柱抗震性能研究》为部级技术进步三等奖。省科委授予《屋盖网架高空滑梭法施工》、《山东大学公用教学楼》、《预应力混凝土空心楼板图集》、《硅酸钙固体填料溶解乙炔气瓶》、《JYZW-72型植树挖穴机》、《阳离子乳化沥青筑路技术推广应用》、《济南市大纬二路展宽工程规划》、《框架轻板住宅楼》、《十里泉电厂第三水源地供水水源初步勘测》等九项为省级技术进步三等奖。山东省建筑科研所和淄博、枣庄市建筑公司联合研制的内墙抹灰配套机具，其结构性能和经济效益都居国内领先地位。山东高压容器厂试制的硅酸钙固体填料溶解乙炔气瓶通过了国家鉴定。

〔**新建筑材料与产品**〕 1985年，枣庄市从美国和意大利引进了两条混凝土小砌块生产线，年产量分别为600万和900万块。铝合金门窗、建筑小五金、灯具、厨房卫生器具，和化学建材装饰装修材料逐渐发展。济南市两年来应用硬质聚氯乙烯塑料下水管的建筑面积达20万平方米。

〔**新建筑体系**〕 内浇外砌建筑体系在济南市有较大的进展。1985年甸柳庄小区10万平方米住宅和1986年八里洼小区10万平方米住宅建设全部采用内浇外砌。

〔**高层建筑**〕 1985年以来，全省建设10层以上的高层建筑20栋，1986年底已竣工11栋。主要有：烟台市劳动培训中心（18层）、省电力调度中心（20层）、潍坊鸢飞阁宾馆（21层）等。

〔**古建筑**〕 1986年10月竣工的济南解放阁，是为纪念济南解放而建的，采用了亭与回廊相结合的古典建筑形式，庄重而美观。曲阜孔庙的奎文阁，初建于1018年，原为历代帝王赐书和墨迹收藏之处，是我国古代著名木结构楼阁之一，1985年3月开始进行全面整修加固。

〔**装饰装修工程**〕 两年来，全省装饰装修水平和标准都有新的提高。外墙大多采用各种马赛克和贴面砖，内墙则采用各种油漆(乳胶)和壁纸，天花板逐步采用轻钢骨架和塑料泡沫板。

装饰装修工程开始向专业化发展。继1985年初成立山东省装饰装修公司之后，青岛、泰安等市也成立了专业性公司。

〔**电子计算机应用**〕 截止1986年底，全省建工系统共有微机（不包括PC-1500）80台。微机在建筑工程预算、统计、成本分析、财务管理等方面的应用有很大发展。省建筑总公司1986年生产统计年度报表及资料全部使用微机处理。

〔**建筑机械制造**〕 山东省建筑机械厂研制的JD350型单卧轴搅拌机，JD350型双卧轴搅拌机和JD150型单卧轴搅拌机在全国新型混凝土搅拌机评选鉴定会上均被评为一等奖，获得建设部颁发的“新产品开发奖”和“新结构设计奖”。济南建筑机械厂制造的60TM多功能塔式起重机，采用电磁变速新技术，经省级鉴定性能良好。

〔**机械装备**〕 两年来，全省机械施工能力有了明显提高。据1986年底统计，全省建工系统国营企业技术装备率从1984年的1 428元/人增加到1 681元/人，动力装备率从2.4千瓦/人提高到2.5千瓦/人。县以上集体企业技术装备率从1984年的655元/人增加到875元/人，动力装备率从1.6千瓦/人提高到1.9千瓦/人。

四、人才培养和智力开发

〔**学校教育**〕 1985年，原青岛冶金建筑学院改为青岛建筑工程学院，烟台大学、山东工业大学等七所高等院校相继增设了建筑工程系或开设建筑工程专业。1986年，原省建筑安装技工学校改为省建筑工程学校。两年中，全省建筑专业大专毕业生达918人，中专毕业生935人。1986年底在校大专生1 619人，中专生1 504人。此外，山东建筑工程学院自1986年开始举办函授、夜大班，共招生157人。

〔**社会培训**〕 1986年，省建筑总公司和省建筑学会举办了全省四级施工企业技术负责人培训班和全省建安企业助理会计师电视培训班，参加学习的人员分别达1 400人和700人。按照国务院的规定，到1986年底，全省建工系统大中型施工企业已通过培训并参加考试的经理54名，占全部应考人数的83%，考试成绩全部合格。

五、建设成就

〔**房屋建设**〕 两年中，全省共建成各类房屋建筑2 400万平方米。其中：工业厂房与仓库337.4万平方米、办公用房121.7万平方米、教育建筑138.6万平方米、住宅建筑1 423.2万平方米。1985年以来，全省住宅商品房建设有较大进展。各市地建设银行发放贷款2.9亿元，开发区片近200个，竣工面积

337万平方米。

〔**工业建设**〕 1985年，全省共完成基本建设投资4 865亿元，比上年增长45%；固定资产交付使用率为73.9%，比上年提高15%。建成投产的大中型项目有兖石铁路、石臼港煤码头、青岛啤酒厂二期扩建；单项工程有邹县电厂一号机组、张家洼小官铁矿、青岛港8号码头、兖州矿区鲍店矿井、胜利油田新增原油开采600万吨。

1986年，全省共完成基本建设投资62.03亿元，比上年增长27.5%；固定资产交付使用率为56.3%。用于能源、交通和原材料的投资39.2亿元，比上年增长17.7%。用于生产性建设的投资44亿元，占完成总投资的71%，用于非生产性建设的投资18亿元，占完成总投资的比重由上年的32%下降为29%。全省施工的建设项目2 678个，全部建成投产和交付使用的项目1 408个，施工面积1 384万平方米，竣工面积740.3万平方米。建成投产的大中型项目和单项工程有邹县电厂2号30万千瓦机组、胜利油田国家计划要求新增原油能力430万吨、兖（州）荷（泽）铁路改造和胶济复线计划开通的里程、省体育中心游泳馆等。

〔**城市建设**〕 全省设市城市已达22个。城市基础设施建设加快。两年中，供水投资9 314万元，新增供水能力16.3万吨/日，人均生活用水量达120升/日。为解决青岛的水源，引黄济青工程已于1986年9月动工。新增公共交通车辆421辆，每万人拥有车辆达4.2标台。到1986年底，城市道路已达2 180公里，人均占有道路3.9平方米。城市园林绿地面积11 101公顷，绿化覆盖率达21%，人均占有公共绿地3.5平方米。枣庄、济宁、泰安三个煤气工程已建成投产，生产能力达20万立方米/日；济南市集中供热面积已达40万平方米。

〔**乡村建设**〕 1985年底，全省共有105 953个村庄、2 643个乡、630个镇、281个区和57个农村办事处，村镇规划工作已全部完成。两年中全省新建农村建筑共18 238万平方米。其中：农民自建住宅13 559万平方米；公共建筑2 157万平方米；生产建筑2 522万平方米。山东省乡村建设不仅速度快，而且住房建设同生产、文化、服务设施建设紧密配合。

〔**旅游建筑**〕 1985年5月开始营业的山东齐鲁宾馆（18 000平方米），拥有500张床位；1986年4月营业的曲阜阙里宾舍（13 224平方米），拥有316张床位。阙里宾舍荣获1986年度全国城乡建设优秀设计一等奖。此外，在威海刘公岛、蓬莱水城、泰山天街、邹县孟庙等旅游胜地还新建了一批建筑景观。

〔**援外建设**〕 1985～1986年，全省在国外劳务承包人员共达2 300余人，完成承包额1 569万美元，创汇额达361万美元，利润195万美元。竣工项目有：科威特阿尔迪亚446套有限收入住宅工程、法尔多斯清真寺、阿尔迪亚区中小学、清真寺、综合商店，中国驻苏丹使馆等。此外，1985年还完成了几内亚卡松果医院、援几内亚比绍医疗队住房和农技组住房等三个经援项目。

〔**援藏建设**〕 从1984年3月开始的援藏建设，全省共有37个单位，近2 000人进藏施工和工作。共完成建设项目5个，建筑面积19 429万平方米，总投资2 812万元。工程质量经检验全部评为优良。

青岛市建筑业概况

李金广　衣雪涛

青岛市位于山东半岛南部，东南濒临黄海，西北连接内陆，是一个以轻纺工业、外贸港口、海洋科研、风景旅游为主要特色的沿海城市。新中国成立后，青岛的建设开始了新的里程。适应社会和国民经济发展的需要，建筑业也不断发展壮大起来。

一、建筑队伍

〔**施工队伍**〕 1949年8月，青岛市成立了第一个国营建筑企业——青岛建筑公司，有职工1 500多人。1950年后，又相继成立了大建、生建、红星等国营建筑企业。1952年，上述公司合并组建了青岛市建筑工程局，职工12 000人。1955年，经过社会主义改造，36个私人营造厂合并为集体性质的青岛市合营建筑公司，有职工1 400人。到1986年，建安企业已发展到248个，职工11.7万人。其中，国营企业11个，1.2万人；集体企业12个，1.6万人；乡镇企业225个，8.9万人。

〔**建筑管理机构**〕 1950年青岛市人民政府设立建设局，主管城市建设和工程管理。1952年成立了青岛市建筑工程局，管理建筑业。1954年成立了城市建设委员会，主管城市规划和建设业务，归口领导的建工局、建设局、房地产管理局分别管理建筑工程、市政工程和房地产业务。1958年城市建设委员会撤消，成立了基本建设委员会。1962年撤消基本建设委员会，将建工局改为建筑工程公司，隶属省建设厅。1975年恢复了基本建设委员会，对城建局、房产局、建筑工程公司、建材公司等单位实行归口领导。1978年，建筑工程公司改为建筑工程管理局。1983年，基本建设委员会改为城乡建设委员会，主管城乡建设、城市规划管理以及建筑业，建筑工程管理局改为建筑安装工程总公司。

〔**建筑教育**〕 青岛建筑工程学院是青岛唯一的建筑类高等工科学院。该校成立于1953年，隶属冶金工业部领导，现设有建筑工程、管理工程、环境工程、机械工程等四个系十个专业。自建校以来，共为国家培养本科毕业生和中专生近7 000人，1986年在校学生2 000人。中等专业学校有青岛市建筑工程职工中专、青岛市房地产管理职工中专。这两所学校已培养毕业生105名，现有在校生434名。此外，还通过电视、函授、刊授、代培等形式，积极培训大中专建筑人才，1979年至1986年已毕业近400人。

〔**建筑业改革**〕 1985年，建安企业（不包括乡镇企业）完成施工产值35 569万元，实现利润4 393万元，全员劳动生产率达到9 129元/人，分别比1983年增长90%、48.6%和49%。1986年，实行投资包干的工程350项，建筑面积117万平方米，占当年新开工面积的77.7%，其中招标投标220项，74万平方米，约占当年新开工面积的一半。实行招标的工程，造价降低3.6%，工期提前13%左右。

二、技术装备

〔**队伍装备**〕 1985年，施工企业拥有机械设备5 430台，设备总功率50 950千瓦；地方国营建筑施工企业技术装备率达到173元/人（按设备净值计算），动力装备率6.89千瓦/人。

〔**工种机械化**〕 1985年，市建工系统主要工种机械化程度为：土方工程3.97%，桩基工程100%，垂直运输98.1%，水平运输3.73%，混凝土搅拌98.3%，抹灰工程7.9%。

三、建筑制品和新材料

〔**混凝土制品**〕 到1986年，全市共有混凝土构件厂144个，职工6 883人，年产能力34万m^3，其中国营构件厂5个，职工894人，年产能力5万立方米。

〔**钢木制品**〕 1985年建工、房产系统共生产锯材2.2万立方米，加工门窗5.7万立方米。1985年，建工系统生产钢模板7万立方米，以钢代木的建筑配件产品不断发展。

〔**新型材料**〕 目前，全市有20余家企业生产石膏、石棉制品、膨胀蛭石、膨胀珍珠岩制品、防水涂料、装饰涂料、彩釉饰面砖、钙塑制品、玻璃钢、玻璃纤维、加气混凝土砌块、天然和人造大理石等新型建筑材料。据统计，膨胀珍珠岩等保温材料年产量5.5万立方米；各种建筑涂料年产量4 000吨；大理石、花岗石、水磨石板年产量27万平方米，并有部分出口。在生产规模不断扩大的同时，产品质量稳步提高。自1979年以来，共有6个产品获得国家银质奖，17个产品获部和省优质产品称号。

四、建筑科学技术

〔**科研队伍**〕 1965年，成立了青岛市建筑材料科研所。1980年，成立了建筑科研所。目前，这两个科研所共有职工56人。

〔**科技成果**〕 1979年以来，共完成科技成果15项，其中获国家级和省级科技成果奖的各1项，获市科技成果奖的13项。市建安总公司完成的升板建筑盒式升板法在1986年全国科学技术奖励大会上获国家科学技术进步三等奖。

五、建筑设计与施工技术

〔**设计队伍**〕 青岛市建筑设计院，现有职工192人，其中设计人员155人，是青岛市技术力量比较集中、专业配套比较齐全的甲级设计单位。近年来，各县和专业部门也陆续建立了设计机构，建筑设计队伍进一步壮大。1986年，市属建筑设计单位28个，职工861人，其中设计人员664人，年建筑设计能力近200万平方米。设计水平有了很大提高，出现了一批优秀设计。青岛龙山宾馆获1984年全国优秀建筑设计表扬奖，青岛汇泉宾馆、第一海水浴场、黄海饭店、小鱼山风景点、青岛港客运站等被评为山东省优秀设计奖。

〔**施工技术**〕 青岛建筑队伍除掌握了预应力混凝土施工技术、各种新建筑体系的施工技术、升板施工技术外，还掌握了滑模施工技术、钢网架屋盖的整体提升、大吨位金属塔罐整体吊装等施工技术，能适应各种复杂建筑结构施工的需要。

六、建设发展与成就

〔**房屋建筑**〕 市区房屋依山傍海，式样各异，兼有欧、亚、美和中国的民族风格，近年来又先后建成一批具有现代风格特点的高层建筑，高低起伏，错落有致，与碧海、蓝天、绿树相映衬，构成了独特的城市风貌。据统计，1985年市区各类房屋建筑面积达2 559万平方米，其中建国后新建的各类房屋建筑面积为1 926.2万平方米，占75.3%。建国后新建各类房屋面积见附表。

〔**工业建设**〕 三十六年来，全市共完成工业建设投资33.1亿元，占生产性投资的78%，全部固定资产的52%；新增工业固定资产27.9亿元，为解放前全部固定资产的5.1倍。通过固定资产投资，新建、改建、扩建了一大批工业企业，建成了娄山后新工业区，扩大了沧口、水清沟、四方等老工业区。到1985年底，全市已拥有各种类型的工业企业2 411家，工业总产值达到109亿元，为1949年的52倍。1986年又达到125.95亿元，比1985年增长15.4%。

〔**市政公用设施建设**〕 1985年，市区道路长度462公里，面积464万平方米，分别为1949年的1.9倍和2.25倍，其中沥青路面积占71%；下水管道505公里。自来水厂10座，管道长度781公里，年供水量7 009万吨。城市供气事业，从七十年代初期开始发展，到1985年，市区居民气化率为23%。1986年底，建成煤制气厂，生产能力14万立方米/日，可供6万户居民使用。

〔**乡村建设**〕 1982～1985年，全市农民新建房屋177万间，建筑面积2 241万平方米。1985年全市159个乡镇，6 392个村庄都编制完成了建设规划，并开始按规划进行建设。

建国后新建各类房屋面积统计表（万平方米） **附表**

	总计	厂房	仓库	办公室	住宅	商业	文教	卫生	其他
恢复时期（1949～1952）	41.4	5.0	3.6	1.1	24.0	0.1	2.3	1.2	3.8
"一五"时期（1953～1957）	155.7	13.8	13.4	6.6	85.1	2.4	17.2	4.3	12.9
"二五"时期（1958～1962）	153.5	59.2	19.7	6.7	31.9	0.6	14.5	2.8	18.1
1963～1965年	67.3	18.3	8.5	1.0	21.2	0.4	9.9	2.0	6.0
"三五"时期（1966～1970）	87.3	24.1	13.5	0.7	24.8	1.8	9.6	3.1	9.7
"四五"时期（1971～1975）	168.3	61.3	23.9	4.6	43.1	3.0	11.2	7.0	14.2
"五五"时期（1976～1980）	462.4	115.0	45.6	14.6	222.4	12.5	10.1	9.8	32.4
"六五"时期（1981～1985）	790.6	123.9	46.6	30.2	476.4	26.6	27.0	14.9	45.0
1949～1985年总计	1 926.2	420.6	174.8	65.5	928.9	47.4	101.8	45.1	142.1

注：本表不包括农村集体及私人建房。

烟台市建筑业概况

韩 春 师

位于胶东半岛的海滨城市烟台，是我国十四个沿海对外开放城市之一，总面积18 932平方公里，人口814万。其中，市区面积33.2平方公里，人口31.1万。

一、建筑队伍

党的十一届三中全会后，烟台市建筑业出现了蓬勃发展的新局面，到1986年底，已拥有四级以上建筑施工企业315个，总人数12.3万人。其中国营施工队伍1万人，县大集体企业1.3万人，乡镇企业10万人。丁级以上勘察设计单位22个，总人数640人。这支建筑队伍除满足本市城乡建设任务外，还有2万多人到外地承担施工任务，并在科威特承担了三个项目的建筑任务，出国人数1 400人。市建筑工程公司拥有职工7 000余人，年产值过亿元，年创利润过1 200万元，1985年获国家计委颁发的施工企业管理优秀奖。由该公司施工的烟台合成革厂、莱阳肉联厂冷库工程，被评为国家优质工程，获银质奖章。近年来崛起的黄县建筑业，1985年发展到二万人，年产值一亿元，实现利润二千万，占全县工业总产值的三分之一。

建筑设计水平有所提高，1985年，评为省级优秀设计两个，市级住宅方案优秀设计十七个。学校教育方面，市建筑职工中专学校1984年正式批准为全日制中等专业学校，规模500人。

二、城乡建设与发展

自批准为沿海开放城市后，基础设施建设进展迅速。莱山机场扩建工程，为国内二级机场，将于1987年建成。正在建设的烟台邮电枢纽大楼工程，为多功能综合性设施，已完成土建部分，建成后可增加市话程控交换机12 000门，长途500线及通大连的微波一级干线。

两年多来，建成新开小区——幸福河小区20万平方米。旧城改造按规划分五个小区和四条街实行

本文经周勃同志审阅。

河南省建筑业概况

谢葆雷

1985～1986年，我省建筑业围绕着缩短工期、提高质量、降低消耗、扩大经营、增进效益这个目标，由单项改革发展到配套改革，由企业内部改革发展到全行业总体改革，加强行业管理，整顿建筑市场，为全省经济建设做出了积极的贡献。

一、改革与成果

〔**施工队伍**〕 据1986年全省建筑企业资质审查统计，目前全省建筑队伍约150万人。全省在册的四级以上建筑企业4 099个，人数120万。其中城乡建设系统全民建筑企业95个，11.39万人；中央驻豫和省直属部门的建筑企业39个，5.81万人；集体建筑企业3 965个，100多万人；另外，四级以下的建筑队，约20多万人。

全省现有60多个县兴办了乡村建筑队，其中超过万人的有十五个县，林县从事建筑业有10.2万余人，是目前全国从事建筑业最多的一个县。1985年到省外各地施工的队伍有27万人，1986年达29万人。

〔**企业整顿**〕 全省全民建筑企业整顿工作，历时三年，于1986年结束，已全部通过检查验收。整顿后，企业按照“四化”要求调整和建设了领导班子，完善了以承包为主的各种形式的经济责任制，经济效益有较大提高。省建六公司，南阳地区建筑公司，郑州工程机械厂等单位被评为全省企业整顿先进单位。

〔**改革情况**〕 1985～1986年全省建筑业改革主要做了以下几项工作：

1.1985年11月省政府批转了省建设厅《关于全省建筑业体制改革的决定》，明确规定全省建筑施工、勘察设计和定额工作由各级城乡建设部门统一归口，实行行业管理。现阶段，行业管理主要是管政策、管队伍、管市场、管质量。到1986年，原省属八个建筑安装公司全部下放到企业所在城市。省建筑工程总公司改组为省建设总公司，并由原来的行政管理型转变为经营服务型的经济实体。1986年，省建设厅对全省勘察设计单位、建筑安装企业、乡村建筑队进行了资格复查、等级评定和换发证件工作。

2.坚持用工制度和分配制度的改革。全省建工、煤炭、电力、水利、交通等系统的全民所有制施工企业实行百元产值工资含量包干的已达80%，改变了过去按人头核定工资总额的做法。企业在不突破工资总额的前提下，可以选择适合自己特点的工资、奖金分配形式，调动了企业和职工的积极性。目前全省建安企业的合同制工和农村建筑队约占全部职工的40%。企业根据需要自行调剂余缺，一线生产工人的平均年龄有所下降。一些企业通过实行自愿劳动组合，调整企业内部的生产关系，提高了生产力。

3.实行招标投标，开放建筑市场。1985年，全省实行招投标工程约512项，建筑面积67万平方米，为全年施工面积的13%；1986年，全省实行招投标工程为3 892项，建筑面积105万平方米，为全年施工面积的14%。招标投标的开展，打破了部门分割、地区封锁和所有制的界限，一个开放型的建筑市场已初步形成。

4.加强质量管理。两年中，全省建筑企业成立

成片改造和开发，1985年，完成旧城改造面积31万平方米，公建配套建筑5万平方米，人均住房面积6.8平方米。

乡村建设方面，到1986年，全市105个镇、152个乡驻地、9 400个村的粗线条规划已全部完成，新建和翻建农房82万户，占农户总数的40%，并出现了像招远县西宋家村、牟平县西天村、荣城县大畛村、威海市远瑶村等乡村建设的典型。

烟台经济技术开发区规划建设面积10平方公里，东西长约5.5公里，南北宽近2公里，为环带形组团结构，人口控制在8～10万。近期开发两平方公里，起步工程为1平方公里。到1986年底，完成投资1.13亿元，其中基础设施1亿万元，占90%。供水管网，雨污水管网、热力管网、煤气管网和电缆隧道工程基本完成，完成路基17.1公里，1平方公里范围内的基础设施基本达到了“六通一平”条件，地面建筑已完成4万平方米，第一个中外合资项目——亚东标准件厂已于1985年12月正式投产。目前，已引进项目14项，其中投产或试生产的3个。

洛阳市植物园

全面质量管理小组近600个，初步形成了群众性的质量管理网。全省17个市（地区），目前已有14个市（地区）及26个县成立了工程质量监督站。1985年和1986年，由监督站实行质量监督的工程项目占施工面积的51%，处理了各种隐患1万多起，纠正质量事故13 796起，受监工程质量得到了保证。1985年、1986年分别开展了全省施工质量检查。1986年全省建筑工程合格率为70%，比1985年有所提高。1985年在建设部组织的全国城市工程质量检查中，郑州市名列第二名。1986年，新乡市6 500吨鲜蛋冷库、郑州矿产综合试验基地和洛阳友谊宾馆获国家优质工程奖。

5.在建筑安装企业内部，围绕着全面提高经济效益这个中心，积极推行和不断完善各种形式的责任制。1985年、1986年全省有1 392项单位工程实行了集体承包，施工面积占年度施工总面积的23%左右。实行经济承包后，企业加强了内部经济核算，降低了消耗，减少了费用，提高了工效。

〔**整顿建筑市场**〕 从1986年5月开始在全省开展了整顿建筑市场工作。整顿的重点是省辖市、行署所在市及工矿区建筑安装企业。到1986年底，全省已查出无证施工、越级承包、转包渔利、偷工减料工程340多项；贪污受贿、以权谋私等案例30多起。通过整顿，全省吊销了165个施工企业的营业执照，降低了179个施工企业的资质等级。使全省建筑市场秩序有了明显好转。

〔**建筑教育**〕 全省建筑教育事业有较快发展。1985年、1986年进一步巩固和发展了省建筑职工大学和郑州建筑学校，创办了平顶山城建学校，河南省建筑职工中专，武汉城建学院河南分院，黄河大学建工学院等大、中专院校，两年来共招收中专生1 415名，大专生407名。同时，举办了建筑企业经理培训班，施工管理人员培训班，还通过电大、刊大、函大、代培、专修等形式，培训人员达900多人次。各地、市和企业举办的建筑业各类培训班，1986年培训人员达5 000余人次。

1985年、1986年全民建筑企业主要经济技术指标情况表

指标名称	1985年	1986年
职工平均人数(人)	88 887	94 493
总产值(万元)	70 324	83 225
施工产值(万元)	59 972	71 795
施工面积(m^2)	5 060 857	5 265 532
竣工面积(m^2)	2 162 432	2 238 238
全员劳动生产率(元/人)	6 747	8 038
工程合格率(%)	67.4	70

〔**国外工程**〕 1985年、1986年我省在利比亚、马里、阿联酋、科威特、几内亚、塞内加尔等国家及香港地区经援、承包工程，创取外汇200多万美元，成交额6 370多万美元。1985年建成的马里伊斯兰文化中心，建筑面积7 134平方米，一次检查验收合格，为我国赢得了较高的声誉。1986年承建的我驻塞内加尔使馆工程，提前二个多月完工。

〔**技术装备**〕 到1986年全省全民所有制建筑企业自有机械设备18 021台，总功率191 808千瓦，其中施工机械功率为93 387千瓦，技术装备率1 392元/人，动力装备率2.65千瓦/人。主要机械设备有4 938台件，完好率为89.1%，利用率为64.2%。运输设备总功率为111 907.66千瓦。据全省184个城镇集体所有制建筑企业统计，自有机械设备16 428台件，总功率为111 818千瓦。为适应高层建筑、现代化建筑发展的需要，许多建筑企业积极装备各种现代化施工机具，装备水平有了显著提高。

全省省属建筑企业主要工种机械化程度为56.3%，其中：土石方工程为48.9%，桩基工程为100%，起重吊装垂直运输工程为99.8%，场内装卸和运输为54.4%，预制和现浇混凝土工程为82.1%，抹灰工程为9%。

〔**建筑科学技术**〕 1985年、1986年全省建筑业积极推行科研体制改革，开展了以适用技术开发及新材料、新工艺为重点的科技研究。组织进行科研项目30项，其中有9项科研成果获奖。郑州勘察机械厂研制的“QJ250型大直径正反循环灌注桩钻孔机”获建设部科技进步一等奖；洛阳建筑机械厂研制的“YZJIOB型铰接式振动压路机”，获省科技进步一等奖。

两年来，全省建筑施工中积极推广应用升板建筑技术、水泥抗压强度快速测定法、JG-2冷胶料屋面防水、灰土摩擦承载桩、圆型水平滑模、承重钢模在框架施工中的应用等新工艺、新材料、新技术。

〔**建筑设计**〕 目前全省有各类专业勘察设计单位316个，职工16 062人。其中城乡建设系统勘察设计单位139个，技术人员2 245人，占职工总数的70%左右（高级建筑师11人，高级工程师28人，建筑师192人，工程师733人，助理工程师554人）。中央各部属设计单位39个，职工8 601人；省、地、市、县设计单位213个，职工5 875人。全省建筑设计体制改革正逐步向企业化社会化发展。省直设计单位和地、市设计单位大部分都改吃事业费为收费制，实行企业化管理，自负盈亏。在设计单位内部普遍推行了技术经济责任制，扩大设计室与基层组织的自主权，推行项目责任制和管理人员责任制。省建筑设计研究院设计的“省人民医院老干部病房门诊综合楼”和洛阳市园林规划设计院设计的“洛阳白居易墓园规划设计”被评为1986年度全国城乡建设优秀设计三等奖。洛阳植物园、河南省博爱县泗沟村住宅、郑州市汝河路住宅区评为1986年度全国城乡建设优秀设计表扬项目。

二、发展与成就

〔**房屋建筑**〕 从1984年11月开始到1986年6月底，在全省城市进行了房屋普查。目前全省城镇房屋建筑面积为22 852万平方米。其中：住宅建筑面积为10 621平方米，占46.5%；工业交通、仓库用房为6 740万平方米，占29.5%；商业服务用房为2 197万平方米，占9.6%；教育、医疗、科研用房为1 696万平方米，占7.4%；文化、教育、娱乐用房261万平方米，占1.2%；办公用房为1 147万平方米，占5%；其它用房189万平方米，占0.8%。

全省城市住房面积为10 621万平方米，成套住宅39万套计2 249万平方米，不成套住宅计7 033万平方米，集体宿舍1 339万平方米。城市人均使用面积10.18平方米，人均居住面积6.66平方米。

1985年全省住宅投资395 636万元，竣工住宅面积7 400万平方米，其中城市新建住宅竣工建筑面积为428万平方米。

〔**工业建设**〕 1985年全省完成固定资产投资52亿元，1986年完成48.2亿元。洛阳玻璃厂第二浮法生产线1985年7月投入试生产。中原油田新增140万吨原油，1.5亿立米天然气的生产能力。姚孟电厂装机容量30万千瓦的3号机组于1985年底发电，年发电量为20亿度；焦作电厂装机容量20万千瓦的3号机组也建成投产。

〔**城市建设**〕 目前全省设市城市18个，城市人口497.7万，占全省总人口的6.4%。城市建成区面积为425平方公里。为适应城市经济体制改革的需要，有8个省辖市成立或恢复了城市建设委员会，形成了集中统一的城市建设管理体系。到1986年，全省18个城市的总体规划已全部编制、审批完毕。全省104个有独立城关镇的县，已有101个完成了县城总体规划的编制工作。近两年来，全省成立各类城市

郑州市振兴商场

郑州市汝河路住宅小区

郑州市汝河路住宅小区，是郑州市新建的第一个规模较大，配套齐全的住宅区。它位于郑州市西南郊，整个小区投资4 500万元，占地20多公顷，建筑面积22.94万平方米，其中住宅建筑面积20.78万平方米，公共建筑面积2.16万平方米。1983年9月动工兴建，1985年初全部竣工交付使用。

整个小区被东西、南北两条十字道路分为4个组团。每个组团有住宅、公共建筑、绿地和市政设施。小区的公共建筑有25幢，公共建筑用地3.97公顷，占小区总面积的19.5%；小区道路用地2.20公顷，占小区总面积的11%；绿化用地2.10公顷，占小区总面积的10.5%；小区设有中学、小学、文化站各一所，幼儿园二所。在小区中心和主道路两侧有粮店、菜店、副食品店、百货店、银行、邮电、照相、理发等，每组团中心设有居委会、自行车棚、小吃部和综合服务部。

小区共有住宅楼88幢，可供3 800多户，15 000多人居住。住宅建筑用地11.77公顷，占小区总面积59%；住宅建筑毛密度9494.1m^2/公顷，居住面积净密度16 165m^2/公顷。采用了四种单体类型住宅，以条式为主，多为五层，少量六层，并配有七层、八层的点式，高低错落有致。户室比：二室一厅、一室半一厅占65%；三室一厅、一室一厅占35%。每户设有厨房、卫生间、阳台和适当的储藏空间，建筑日照间距为楼高的1.2倍，可保证一定的日照要求。住宅建筑外墙广泛采用清水墙涂料，基本色调为暖色。阳台、入口等精心处理，富于变化。公共建筑设计别致新颖，大部分都搞外粉刷。整个小区建筑朴实大方，活泼多姿。

经抽样检查，小区100多项单项工程，有62个单项工程的质量评为优良，占整个工程项目的62.98%；有41个单项工程的质量评为合格，占整个工程项目的37.02%。

综合开发公司92家，开发面积已达全省城市建成区总面积的10%左右。目前，全省有城市自来水厂40座，1986年城市供水量为68 677万吨。城市下水道1 566公里，服务面积242平方公里，占城市建成区面积的59.4%。全省城市实有道路长度为1 632公里，道路面积1 672万平方米，全省用气人口达50多万人，气化率为10%。1986年城市绿化覆盖率为25%，郑州市达到35%。1985年，为迎接全国首届青少年运动会在河南召开，郑州、洛阳、开封、新乡、焦作等城市，以较快的速度、较高的质量新建了现代化的体育馆、场。1986年郑州市用于市政、公用、园林、环卫等基础设施投资达10 798万元，相当于整个“六五”期间该市建设投资的80%。

〔**乡村建设**〕 1985年以来，全省新建农村住宅1.05亿平方米，新建各类公共建筑和生产性建筑3 776万平方米。全省现有农村影剧院540座，小学校47 570所，中学校9 250所，乡镇卫生院2 070个，设有55 000多张病床。有近800个集镇、6 700多个村庄安装了供水设施，800多万农户用上了自来水；有2 020个集镇，近10万个村庄用上了电。有10万多户农民使用了沼气。到1986年，全省86%的集镇和83%的村庄编制了规划。

湖北省建筑业概况

杨析 岳忠超 彭显廷

一、建筑业改革

〔招标投标〕 1985年以来，全省招标投标（含议标）工程项目2 594个，总建筑面积为400万平方米，占新开工面积的37%。招标投标由民用建筑发展到工业和民用建筑工程，如湖北省光化水泥厂扩建工程、荆沙地方铁路、湖北省科教馆等，都是通过招标投标选择的施工队伍。为保证工程质量，全省有66个县市成立了工程质量监督站，对所有的招标投标工程都实行社会监督。仅1985年，全省受监工程达2 313个，面积494万平方米。实行招标投标的工程工期平均缩短20%，造价平均降低5%，质量普遍较好。

〔百元产值工资含量包干〕 湖北省国营建筑安装企业全部实行了百元产值工资含量包干，据1985年对67家企业统计，劳动生产率达到7 666元，比1984年增长19.3%；人均工资收入达到1 356.9元，较1984年增长16.9%。完成利润较上年增长20%。1986年，国家又正式核定湖北省建筑安装企业百元产值工资含量系数为17.2%（原为18%）。

〔综合开发〕 湖北省城市和乡村房屋综合开发公司，经过整顿由原来的400多家压缩到150多家。到1986年，已有武汉、沙市、襄樊等城市的十多个小区建成，正在开发的28个，占地288公顷，计划建筑面积260万平方米。沙市三家开发公司开发面积44万平方米，完成投资5 676万元。武汉市运用经营方式，吸收社会资金，计划综合开发8个新区，成片改造9个旧区，改建10条各具特色的商业街，新建50余栋高层建筑，其各项计划已取得较大进展。

二、建筑市场整顿

〔普查整顿〕 为保证建筑业改革的健康发展，维护建筑市场秩序，1985年9月湖北省对全省建筑市场存在的问题进行了普查。据各地的情况统计，全省初步查实无证设计工程308项，无证施工412项，越级施工160项，转包工程430项，发现行贿受贿9起，以及一些扰乱建筑市场经济秩序的行为。对查出的问题基本上都作了妥善、严肃的处理。

〔资历审查发证〕 1985年底，经过技术资质审查，获《资格证书》的施工企业共2 524个，职工人数750 471人（详见附表）。1986年3月至9月，对全省1 231家混凝土构件厂进行了资质审查发证工作。全省340家勘察设计单位也进行了资格审查发证工作，其中承担建筑、市政工程设计和工程勘察的单位198个；承担专业为主，同时承担一些建筑设计的单位76个，其余为林业、冶金等专业设计单位。1986年，对外省来鄂施工的362家企业588个施工点（共计72 410人），进行了注册登记和整顿。

三、建章建制与职工教育

〔建全法规和规章〕 为加强行业管理和行业服务，湖北省先后制定并颁发了《湖北省勘察设计单位注册登记审查发证实施办法》、《关于加强〈勘察设计证书〉管理的通知》、《湖北省建筑工程设计招标（方案设计竞赛）实施办法(试行)》、《湖北省建设工程招标投标实施办法》、《湖北省关于加强建筑业（资格证书）管理的通知》、《湖北省建筑工程质量监督实施办法》。1986年主要颁发了《湖北省优质工程奖励试行办法》、《湖北省关于加强混凝土构件厂〈资格证书〉管理办法的通知》、《湖北省建设厅关于确保混凝土空心小型砌块建筑

武昌洪山体育馆

工程质量的通知》、《湖北省建筑工程质量检测工作试行办法》、《湖北省建筑工程质量监督站基本工作职责(试行)》、《关于调整建筑安装工程施工管理取费标准的通知》、《关于贯彻〈国营建筑施工企业百元产值工资含量包干试行办法〉的实施意见》、《关于调整建筑安装工程定额测定费费率的通知》等文件。

〔**职工教育**〕 到1986年，湖北省先后恢复和建立了二所职工大学、六所普通中专、七所职工中专，不少单位还开办了电大学校（班）、电视中专班，初步形成的培训能力达3 600多人，1986年秋季在校生为3 300人左右。各地各单位还开办了76期各类短训班，培训专业和管理人员2 700人，技术工人3 000人。全国第一所村镇建设中等专业学校——建设部南方村镇建设学校于1986年2月26日正式在孝感市成立，于同年招收前批学员100名。

四、建筑制品

〔**混凝土制品**〕 湖北省获得《资格证书》的混凝土构件厂1 231家，职工61 904人。其中三级以上构件厂541家，职工40 740人；集体所有制企业1 077家，职工43 241人。按系统分，城乡建设系统790家，职工37 075人，其它系统441家，职工人数为24 829人。1985年，仅全省城乡建设系统县城以上混凝土构件生产能力达二十多万立方米。

〔**金属结构制品**〕 1986年，湖北省从事建筑钢（铝）门窗生产的企业40个，生产能力130万平方米；生产钢模板的企业24个，年生产能力8 000吨；生产钢扣件的企业24个，年生产能力1 560万套。

五、建筑科学技术

〔**建筑设计**〕 1986年9月，湖北省城乡建设厅颁发首次科技进步奖，获奖项目45个。其中一等奖为黄鹤楼重建工程（湖北工业建筑设计院）、洪湖县洪林新村（洪湖县建设局）；二等奖为中南民族学院第一期工程（湖北工业建筑设计院）、武汉新华饭店（武汉市建筑设计院）、沙市洪垸住宅小区（沙市建筑设计院）、宜昌县村坪镇一条街（宜昌县建设局）、天门县车垮新村（天门县建设局）；三等奖为武汉市中南商业大楼(湖北工业建筑设计院)、武汉长途通讯枢纽（湖北工业建筑设计院）、武汉市文化电影院（武汉市建筑设计院）、武汉长途汽车站客运大楼（武汉市建筑设计院）、沙市江津宾馆新楼（沙市建筑设计院）、华新水泥厂贮煤库（武汉市建筑设计院）。同年获得湖北省首届科技进步奖的项目还有14项，其中湖北工业建筑设计院的深圳国贸大厦获一等奖。

〔**施工技术与管理**〕 武汉市安装公司承担完成的大型煤气柜施工用单轨环形起重机设计制造使用技术，湖北省建筑总公司研制的洪山体育馆桁架支座托梁轴线定位测量施工技术获湖北省城乡建设厅科技进步三等奖。管理方面获三等奖的有：湖北工业建筑设计院完成的一般工民建概预算程序、武汉市工业设备安装公司研究的安装工程预算编制微机和管理系统，武汉市建筑设计院研究的微机辅助建筑设计概预算系统（ADB）。

〔**地基处理**〕 武汉地基处理中心总工程师汪益基研究的“建筑物基础锚桩加压纠偏法”于1982年获国家发明奖后，该中心运用这一成果先后完成较复杂的工程处理20多项，为国家节省投资2 000多万元。1985年，他们又先后完成了“倾斜群罐连体控制法”的科技成果与鉴定。首次在湖北采用外大内小的桩基整板承台处理新方案，完成了大冶钢厂住宅区溶洞处理设计任务。武汉地基处理中心被建设部评为1986年度先进集体，汪益基同志被评为科技特等劳动模范。

〔**优质工程**〕 1985年，湖北省建设厅评出全优样板工程5个。这些工程为：武汉市建筑总公司二公司施工的黄鹤楼、湖北工业建筑总公司三公司施工的第二汽车制造厂技术中心主楼、中建三局二公司施工的武汉石化6号住宅、省工业建筑总公司二公司施工的《湖北日报》综合办公楼、省建筑总公司荆州公司施工的湖北省化肥厂招待所。

六、建设成就与发展

〔**房屋建筑**〕 据1985年湖北省房屋普查统计，到1985年底，全省城镇共有各类房屋建筑面积23 768万平方米，其中城市房屋面积11 408万平方米，占60.60%。八十年代建成的房屋面积为9 484万平方米，占房屋总建筑面积的40%。“六五”时期，湖北省住宅投资40.5亿元，占总投资比重由“五五”时期的10.3%上升到19.5%，共建成住宅面积2 895万平方米，比“五五”时期多1 279万平方米。1985年住宅投资11.9亿元，建成面积661万m²。

〔**城市建设**〕 1986年湖北省又成立了6个县级市，至此湖北大中小城市发展到20个。“六五”时期，原十四城市，道路长度增加了五百多公里，永久性桥梁增加了102座，自来水日供水能力新增116万吨以上。尤其是居民住宅人均面积由1980年的5.4平方米增加为1985年的9.2平方米，无房户由1981年的2.3%下降为1985年的0.12%。单元式成套住宅增长更快，到1985年底，全省城镇有独用厨房的家庭80.9%，独用自来水的家庭达62.8%，专用厕所的家庭达44.9%。同时，湖北还集中力量从1985年起计划三年解决全省50个县城正规化水泥厂建设问题，经过两年努力，全省已由原十五个县、20个

洪湖县洪林新村

水厂增加到四十个县63个水厂，县城年新增（含技改）供水能力15万吨。另外，不少城市的防洪排水工程也相继动工，如武汉市的黄孝河工程、黄石、随州、老河口的排水工程，都在湖北省建设上产生较大影响。

〔**村镇建设**〕“六五”期间，全省共建设2 000多个小集镇，农村新建住宅达1 000万间，平均每户农民增加一间新房。1985年，全省农民建房3 948万平方米，其中楼房近1 000万平方米。天门县车塆村和洪湖县洪林村作为湖北省农民新村建设试点，于1985年12月正式建成，被评为全国1986年度城乡建设优秀设计三等奖。1986年，湖北省广大村镇又兴起自来水开发热潮，相继有227个集镇水厂开工，当年建成74个。

〔**建筑业**〕1985年，湖北省城乡建设系统建筑安装企业（系指县城镇以上建安、市政、房屋维修、独立核算的建筑制品和其它有关企业）542个，大力推行各种形式的经济承包责任制，共完成施工产值164 875万元，比上年增长57.1%；全员劳动生产率人均6 380元，比上年增长12.6%；竣工面积788万平方米，比上年增长36.3%；人均竣工面积31.3平方米，比上年增长0.3%；实现利润7 845万元，比上年增长26.6%；上交税金3 174万元，比上年增长46.5%。另外，湖北省开拓国际建筑市场开始出现良好开端，近1 000人于1986年底相继进入中东、南亚地区承包新的工程。近两年来，全省相继竣工的大型工业和民用、公用建筑项目有武汉的中南商业大楼、洪山体育馆、鄂钢二炼钢、沔阳麦芽厂、湖北广播电视塔等，为湖北的国民经济和社会发展做出了积极贡献。

1985年湖北省建筑施工企业资质状况

企业等级		已审批企业数	国营			集体			个体
			总数	建设部系统	其他系统	总数	建设部系统	其他系统	
总计	个数	2 524	202	108	94	2 315	2 209	106	7
	人数	750 471	335 946	136 474	199 490	413 976	394 535	19 441	531
一级	个数	37	37	27	10	0	0	0	0
	人数	220 662	220 662	76 342	144 320	0	0	0	0
二级	个数	32	31	14	17	1	0	1	0
	人数	44 267	41 876	20 485	21 391	2 400	0	2 400	0
三级	个数	159	77	46	31	82	76	6	0
	人数	112 692	52 585	32 257	20 333	60 107	57 510	2 597	0
四级	个数	347	49	16	33	298	276	22	0
	人数	137 861	137 861	6 265	11 640	119 956	113 162	6 794	0
四级以下	个数	1 946	8	5	3	1 934	1 857	77	7
	人数	234 980	2 936	1 130	1 806	231 513	223 863	7 650	531

湖南省建筑业概况

谢和祥

一、建筑队伍

〔**施工队伍**〕 全省国营建筑施工企业1985年有64个，职工15万人（固定职工10.86万人），比1980年增加74%，其中：建工系统40个，职工7.11万人（固定职工3.91万人）；省各厅局所属施工企业5个，职工1.68万人（固定职工1.29万人）；中央各部（总公司）在湘施工企业8个，职工5.49万人（固定职工5.24万人）；厂矿自营施工企业11个，职工0.71万人（固定职工0.42万人）。1985年底集体建筑企业达55.59万人，其中：县属以上集体施工企业185个，职工9.26万人（固定职工5.73万人），城镇街道、农村建筑队2 126个，43.17万人，比1980年增加115%。

1985年底全省施工企业共有工程技术人员6 100人，比1980年增加48.78%，省建筑总公司1986年末有工程技术人员2 222人，占固定职工的8.4%，其中工程师419人，助理工程师329人，技术员501人。1986年全省施工队伍遍布全国21个省市承担施工任务，两年派出设计施工人员410名到6个国家承担设计施工任务。

〔**整顿与改革**〕 1985年以来，省建委对全省建筑企业进行了技术资质审查。全省共审定建筑企业2 866个，职工63.49万人，并发放了《建筑企业营业管理手册》。按企业等级分：一级企业14个，职工4.21万人；二级企业17个，职工2.65万人；三级企业178个，职工8.48万人；四级企业607个，职工22.23万人；四级以下企业2 050个，职工25.92万人。到1985年底全省国营建安企业已全部整顿验收合格，县以上集体建安企业有94个已整顿验收合格，占57%。

1985年省建工系统国营施工企业有39个实行了百元产值工资含量包干，占97.5%，实际百元产值工资含量为17.94%，比核定的18%略有节余。1986年核定省建筑总公司的工资含量为18.2%，在实行百元产值工资含量包干的基础上，省建四公司、五公司自费进行了工资制度改革的试点。

1985年省属企业推行栋号承包的工程项目由1984年的26.6%扩大到53.55%。1986年实行各种承包责任制的工程占全部施工工程的70～80%。

省建委于1985年初颁发了《湖南省建设工程招标投标暂行规定实施细则》，各地市相继成立了招标投标管理机构，配备了专职人员。1985年全省推行招标投标的工程项目437个，比1984年分别增加1.68倍，省建工系统国营施工企业1985年参加投标237项，中标115项，中标率为48.52%。1986年投标招标承包的项目249个，建筑面积65.45万平方米。新开工的6个重点项目都实行了招标或议标承包。

1985年2月，省政府批准成立"省建设工程质量监督站"，到1986年底，全省13个地（州）市已全部成立质量监督站，全省100个县（包括县级市）和两个区，除一个县还未建立站外，其他99个已全

长沙岳麓书院

1985～1988年湖南省建筑业基本情况表　　表 1

隶属关系	企业个数		完成施工产值		竣工面积		全员劳动生产率		期末职工人数	
	1985（个）	1986（个）	1985（亿元）	1986（亿元）	1985（万m^2）	1986（万m^2）	1985（元/人）	1986（元/人）	1985（万人）	1986（万人）
总计	2 503	2 783	29.44	36.56	1 744.22	1 762.59	4 541	5 176	70.59	75.83
一、国营建筑企业	64	66	9.14	11.79	224.39	213.41	7 039	7 562	15.00	16.36
1.建工系统	40	42	4.30	5.09	174.20	168.09	7 305	7 623	7.11	7.34
（1）省建总公司	8	8	2.55	2.87	82.14	73.39	8 003	8 054	3.86	3.88
（2）地市属企业	15	34	1.27	2.22	60.33	94.7	6 707	7 128	2.34	3.46
（3）县属企业	17		0.47		31.74		5 942		0.92	
2.省及厅局施工企业	5	5	0.86	0.96	6.72	6.31	6 014	6 877	1.68	1.5
3.中央在湘施工企业	8	8	3.47	5.13	31.67	29.58	6 952	7 485	5.49	6.76
4.自营施工企业	11	11	0.51	0.61	11.80	9.43	7 541	9 171	0.71	0.76
二、集体建筑企业	2 439	2 717	20.30	24.77	414.51	1 549.18	3 915	4 500	55.59	59.47
1.县以上企业	185	185	5.10	5.6	321.29	306.11	5 839	6 274	9.26	10.08
2.城镇企业	128	135	1.31	1.59	93.22	98.88	4 684	5 294	3.17	3.32
街道		251		1.18		74.36		4 093		3.05
3.农村建筑队	2 126	2 146	13.89	16.4	1 105.32	1 069.83	3 444	4 076	43.17	43.02

注：全员劳动生产率按施工产值扣除其他人员计算。

部建立了质量监督站，共有编制527人。到1986年9月底，全省受监督的单位工程有11 492个，建筑面积1 727万平方米，建安产值25.7亿元，各级质监站在监督过程中，检查发现和清除重大质量事故隐患1 000多起。

省建筑总公司从1985年起不再集中所属企业的固定资产基本折旧基金、技术装备费，税后留利由原来集中30%改为只集中10%，超计划利润全部留企业，增强了企业的活力。

几年来，各市县相继成立了47家城市建设综合开发和房地产开发公司。各地开发公司已建成30个住宅小区，1985年19个市的开发公司共建房屋40.3万平方米，其中住宅35.5万平方米。

〔**建筑教育**〕 湖南省建筑学校1985和1986年应届毕业生600人，招收新生645人。省建筑技工学校应届毕业生387人，招收新生400人。1985年在省建筑技工学校内成立了"省建筑职工中等专业学校"，两年招生134人，并增设了电视大学班和各种专业培训班151人，已毕业14人。1985年省建委与湖南大学联合开办了建筑学、工业与民用建筑、给水排水、建筑电器四个夜大大专班和建筑与环境设计本科班。省建四公司、六公司于1985年试办了建筑职业高中班，招收了102名学生。省建筑总公司通过自办或与高等院校合办等方式，开办了经理学习班、干部专修班、职工中专班、专业培训班，选送干部到高等院校进修。据不完全统计，1985年共培训干部558人。省建总公司所属单位从1981年至1985年底，已对15 021名职工进行文化、技术补课，考试合格率达81.2%。

二、技术装备

〔**队伍装备**〕 1985年末，省建工系统国营施工企业自有机械设备13 778台，原值12 421万元，比1980年增加43.25%，净值7 731万元，比1980年增加48.43%。设备总功率156 243千瓦，比1980年增加24.42%。机械完好率为88.3%，利用率为62.4%。1985年省直属企业投资1 700多万元，购置了一批大型施工设备，包括80～120吨·米自升塔式起重机10台，引进西德混凝土搅拌站1座、日本输送泵车1台，固定输送泵1台，搅拌输送车8台，美制320马力和460马力推土犁机1台，施工装备水平有所提高。

〔**工种机械化**〕 1985年省建工系统国营施工企业6个主要工种工程的机械化程度平均达到62.75%，比1980年提高13.75%，其中：土石方工程达到79.27%；桩基工程达到98.11%；起重吊装垂直运输工程达到92.4%；场内装卸和运输达到53.44%；预制和现浇混凝土工程54.18%；抹灰工程达到8.2%。

〔**建筑机械生产**〕 到1985年底，由省建筑机械工业公司归口管理的建筑机械厂有17个，职工1.1万人，拥有固定资产7 800万元。1985年生产建筑机械产品9 194吨，产值8 060万元，产品发展到10大类，86个规格型号。湖南工程机械厂生产的FCI型翻斗车连续五年保持省优质产品称号；WY40型挖掘机轨链总成和长沙市建筑机械厂生产的JJKDI型电控快速卷扬机获建设部优质产品称号；湘潭电校机械厂生产的ZX50型插入式混凝土振动器获国家优质银牌奖；湖南建筑装修机具总厂生产的Z_1C_1-22、27型电锤等15种产品，获省优质产品称号。省建四公司机修厂(现为湖南省桩机制造厂)研制的BZK-3A型液压步履振动成孔机通过省级技术鉴定，达到国内先进水平，获省重大科技成果三等奖和产品银质奖。

三、建筑制品和新材料

〔**建筑制品**〕 1985年末，省建工系统国营施工企业内部核算的建筑制品厂和独立核算的省湘潭混凝土制品厂共有27个，其中：混凝土预制厂10个、木材加工厂3个、综合加工厂13个、金属结构厂1个，共有职工5 905人，全年完成工业总产值5 943.39万元，完成钢筋混凝土制品14.87万立方米，木材加工：锯材2.21万立方米，木门窗1.14万平方米，钢门窗3.20万平方米，钢模2 265吨，金属结构件2 119吨。

〔**新材料**〕 全省生产建筑涂料的企业有60多个，年产能力3万吨，产值近千万元，有聚乙烯醇水玻璃（106）、聚乙烯醇缩甲醛（803）内墙涂料、ZJ82型耐擦洗内墙涂料、JX-801无机建筑涂料等7个品种。塑料制品有塑料天花板、塑料地板，年产能力达100万平方米。人造大理石全省有20多个企业进行试制生产。省建五公司研究所和南方动力机械公司基建处，在西安昆明化工厂的协助下，研制成功一种F型乳化沥青胶，已通过省级鉴定，1985年以来，已生产1 000多吨，先后在近百个大小工程12万平方米的屋面上使用，证明其技术性能和经济效果优于石棉乳化沥青和石灰乳化沥青。省湘潭混凝土制品涂料厂研制的SP耐洗内墙涂料，通过技术鉴定，已批量投入生产。

四、建筑设计与施工技术

〔**勘察设计**〕 1985年底全省有勘察设计单位137个，职工18 932人，其中：中央各部在湘勘察设计单位31个，职工11 050人；省、地、市、县属勘察设计单位106个，职工7 882人，技术人员占职工的比例由1984年的47.5%，提高到56.4%。1985年完成初步设计1 498项，完成施工设计7 141项，设计人员全年人均完成图纸15.3张，比1984年增长12.5%。省建筑设计院1985年参加9项工程的设计投标，中标4项，中标率为44%。该院1985年完成设计面积44.1万平方米，占年计划的121%，设计费盈余249万元，占年计划的276.6%，比1984年增长68.8%。

1985年3月省建委对1984年评出的23个优秀设计项目和11个表扬项目进行了表彰，1986年评出省级优秀勘察一等奖4个、二等奖6个；优秀测量一等奖2个、二等奖5个。

〔**建筑科研**〕 1985年省建委组织科技课题攻关，取得有实用价值的20项科技成果，并通过了技术鉴定。主要项目有：B-173型轨链总成和B-203型轨链总成、混凝土强度非破损检测基准曲线的研究、3205型热轧钢窗框、QT80A型塔式起重机，钢筋混凝土夹心大型墙板隔热性能研究、掺水乳化汽油应用技术研究等。1986年省建委组织鉴定了科技成果12项，其中已形成产品或商品的9项。1985年有7项建筑科技成果获湖南省第一次科技进步奖，其中三等奖2项，四等奖5项。

〔**新结构新工艺建筑**〕 1985年省建工系统国营施工企业装配式大板建筑竣工41个，竣工面积8 1246平方米；钢筋混凝土框架建筑竣工33个，竣工面积120 573平方米；砌块建筑竣工5个，竣工面积14 836平方米；大模板现浇结构建筑竣工4个，竣工面积18 193平方米；滑模建筑竣工17个，竣工面积38 371平方米。1984年以来，全省施工的10～22层的高层建筑有50多栋。

〔**施工技术**〕 省建四公司研究了一套先进的高耸烟囱滑模施工的成套技术，他们以莱阳电厂210米钢筋混凝土烟囱施工为对象，在施工中采用了国内外先进的施工方案和技术措施。经过半年的精心施工，以平均4.68米/24小时的滑模速度，筒身中心偏差40毫米（规范允许偏差210毫米）、扭转154毫米，筒垂厚误差+15毫米～10毫米（规范允许偏差±20毫米），降低成本率达到4.02%，比国家定额工期330天提前170天。省建七公司与苏州水泥制品研究院及怀化地区设计院共同完成的84型改性钢丝网水泥砂浆薄板在屋面工程上的应用研究成果，1986

获一级优秀设计奖项目(9项)　表2

项目名称	设计单位
1.益阳苎麻纺织印染厂	省轻工业设计院
2.铁山灌区大坝	省水利水电勘察设计院
3.咸宁一岳阳一长沙220千伏输电线路工程	省电力勘察设计院
4.华容大桥改建工程	省交通规划勘察设计院
5.湖北阳新县银山冶炼厂5m³综合回收高炉	省冶金规划设计院
6.杀草丹基础设计	省化工设计院
7.长沙轮船客运站站房	省建筑设计院
8.湘潭市新华书店营业楼	湘潭市村镇规划研究所
9.长沙市中山路百货大楼危房改建工程	长沙有色冶金研究设计院

长沙五一东路

1986年湖南省优质施工项目　　表 3

项 目 名 称	施 工 单 位
1.株洲电力机车工厂备料车间	省建五公司
2.湖南大学图书馆	省建五公司
3.湖南省社会科学院图书馆	省建六公司
4.岳阳市自动电话楼	省建三公司
5.水利电力部中南勘测设计院科研楼	中建五局第三建筑安装公司
6.长沙市政府办公楼	中建五局第三建筑安装公司
7.株洲冶炼厂锌饼四配工程	有色金属总公司第三建设公司第二工程公司
8.省马迹塘电厂灯泡型贯流机组安装工程	省水电安装工程公司
9.金竹山电厂6号机组安装工程	省火电安装工程公司

年已通过部级鉴定。

五、建设的发展与成就

〔**房屋建筑**〕 1985年全省建筑施工企业竣工房屋面积1 744.22万平方米，其中国营建筑企业竣工面积224.39万平方米，集体施工企业竣工面积1 519.82万平方米。全省完成总产值32.05亿元(施工产值29.44亿元)，其中国营建筑企业完成总产值9.66亿元(施工产值9.1亿元)，集体施工企业完成总产值22.39亿元(施工产值20.29亿元)。"六五"期间，全省建工系统国营企业和县以上集体企业共竣工房屋面积2 421.8万平方米，比"五五"期间增长31.21%，其中国营施工企业竣工面积832万平方米，比"五五"期间增长24.55%，县以上集体企业竣工面积1 589.8万平方米，比"五五"期间增长35%。工程质量优良品率为46.03%，获国家优质工程银质奖2个，有一项工程评为省优质工程。1986年全省被评出省优质施工项目9个，省建工系统国营施工企业1985年降低成本率达6.54%，实现利润3 213.35万元，上缴税金1 227.75万元。

1986年省建工系统国营施工企业竣工房屋面积168.09万平方米，为1985年的96.49%，其中省建筑总公司竣工73.39万平方米，比1985年下降10.65%；完成总产值5.34亿元，为1985年的117.36%，全员劳动生产率达8 006元(按总产值)。

〔**工业建设**〕 湖南省"六五"期间基本建设投资额共完成87.23亿元，比"五五"期间增长32.3%。竣工交付使用的房屋建筑面积共计3 061万平方米，其中住宅2 168万平方米，竣工率为58%。五年间全部建成投产项目8 973个，新增生产能力为：炼焦28万吨、煤炭开采163万吨、硫酸500吨、合成氨4.5万吨、化肥8.4万吨、化学农药1 000吨、化学纤维2 000吨、11万伏及以上输电线路1 335.33公里、水泥70.7万吨、平板玻璃165标准箱、棉纺锭17.26万锭、新建铁路交付营业591.67公里、新建公路347公里、商业冷藏库6.19万吨、医院病床9 880张。

1985年建成大中型施工项目35个，全部建成投产的有洞庭苎麻纺织印染厂一期工程、湘潭电机厂百吨电动轮自卸车工程、京汉广中同轴载波电缆工程湖南段等6个项目。1986年又有湘乡水泥厂4号窑、葛常株50万伏送变电一期工程、常德沅水大桥等6个项目建成投产。

〔**城市建设**〕 1985年新建、续建城市道路51条95公里，面积96万平方米。"六五"期间，住宅建设投资达28.23亿元，为前31年住宅建设投资总和的161.31%，建成住宅2 313.4万平方米。1985年末城市日供水能力达281.1万吨，比1980年增加79.1万吨，供水管道总长2 606公里，比1980年增加1 439公里，城市供水普及率达87.6%，比1980年提高4.9%。城市煤气到1985年底用气户已有12万户，43万余人，城市气化率为11.2%。

〔**村镇建设**〕 到1986年底，全省462个建制镇(不含78个县城关镇)规划已完成97.6%；乡域总体规划297个，集镇建设规划2 983个。益阳、衡阳等6个地(市)、70个县(市)完成了乡域总体规划和集镇建设规划。全省各地(市)县确定了140个村镇进行试点。"六五"期间，农民自筹资金60多亿元，新建住宅2亿平方米，人均新增住宅面积4.1平方米，有30%的农户住进了新房。到1986年末，全省农村拥有住宅建筑面积10.7亿平方米，其中楼房占20.6%，人均面积22.7平方米，比1980年增长31%。1985年新建住宅面积4 598.58万平方米，其中楼房占31.9%，居住条件有明显改善。

广东省建筑业概况

孙文彬

1979年，广东省在经济方面开始实行特殊政策、灵活措施。此后，广东省在经济体制改革、对外开放的方针指导下，建立了深圳、珠海、汕头三个经济特区，开发海南岛，开放广州、湛江两个沿海城市，珠江三角洲也列为经济开发区，全省经济发展进入了新的历史阶段。随着全省国民经济的迅速发展，建筑业也得到相应的发展。1985～1986年间，广东省的建筑业又取得了新的成绩。

一、建筑队伍

〔**施工队伍**〕 1986年对全省施工企业重新进行资质审查，业经审核发证的四级以上企业共855个，职工人数63.1万人。这些企业按所有制形式和隶属关系划分如表1。此外，乡镇建筑队伍约有22万人。现在，全省建筑施工队伍总数达85万人。开放建筑市场以来，外省进入广东的建筑队伍4.3万人，主要是参加省内交通重点项目建设和经济特区、海南岛的开发建设；同时广东也有3.3万人的施工队伍出省，到18个省市，75个县承包工程542项，建筑面积147.6万平方米。

1985～1986年，省建设系统施工企业的主要经济指标情况见表2。

表 1

企业级别		已审批企业数	国营			集体		
			合计	建设系统	专业部厅局系统	合计	建设系统	专业部厅局系统
总计	企业(个)	855	82	45	37	773	770	3
	人数(人)	631 437	176 854	121 452	54 902	455 083	453 397	1 685
一级	企业(个)	34	34	24	10			
	人数(人)	106 421	106 421	76 291	30 130			
二级	企业(个)	30	26	16	10	4	4	
	人数(人)	60 091	51 861	40 911	10 950	8 230	8 230	
三级	企业(个)	315	19	5	14	299	296	3
	人数(人)	280 574	17 491	4 250	13 241	273 088	261 397	1 685
四级	企业(个)	473	3		3	470	470	
	人数(人)	183 351	581		581	182 770	182 770	

表 2

指标名称	单位	1985年			1986年		
		合计	国营	集体企业	合计	国营	集体企业
总产值	万元	427 073	155 366	271 707	475 258	174 007	301 251
建安工作量	万元	414 481	147 869	266 612	463 944	168 127	295 817
施工面积	万m^2	2 970.35	745.09	2 125.26	3 206.86	827.48	2 379.38
竣工面积	万m^2	1 367.83	302.58	1 065.25	1 504.13	300.98	1 203.14
全员劳动生产率	元/人	8 944	11 120	8 023	9 351	11 538	8 443
人均竣工面积	m^2/人	29.4	24.2	32.1	30.3	20.6	34.3
工程质量优良率	%	77.6	83.2	76	69.5	74.9	68.2
降低成本率	%	2.95	3.4	2	2.1	2.3	1.9

广州中国大酒店

全省施工企业进一步开展创全优工程活动。建设系统评定的全优样板工程，1985年为30项，1986年为21项。在国家优质工程评选中，广东省1985年有珠海宾馆和中堂大桥两项获银质奖，1986年有清远大桥一项获银质奖。

〔**建筑业改革**〕 1986年全省实行招投标（含议标）的工程有1 500多项，总投资23.8亿元，建筑面积1 045万平方米，占全年新开工项目的60%，其中深圳、珠海、海口市达到100%，海南自治州达76%，广州市达到60%。全省组织工程承包公司23个，其中省属的有5个。广州市珠江外资建设公司承包广州白天鹅宾馆和花园酒店等大型民用建筑取得了成功的经验，广州市工程承包公司又在承担年产量120万吨、总投资4.8亿元的珠江水泥厂大型工业建设项目中进行探索。施工企业除了在工程施工中普遍推行以大带小的总分包方式之外，还开始横向经济联合，县以上施工企业有73个与外市、外省实行横向经济联合。

全省县以上施工企业有136个，实行了经理负责制；有的实行经理任期目标责任制；有的还实行民主选举经理制。大中型企业划小核算单位，实行多种经济责任制。建设系统有38个国营企业实行了百元产值工资含量包干。用工制度方面，建设系统国营施工企业的合同工比例，1986年达到48.1%。

在工程质量监督方面，各市、地、县已建立工程质量监督站106个，有质监人员800多人，对建设工程的监督面平均达到30%，佛山市达到55%。为了给质量监督提供可靠的检测资料，1986年省成立了工程质量检测中心站。

〔**教育培训**〕 全省有普通和职工大学四所，设有九个专业，在校学生1 543人，每年毕业生400人。广东省建筑专科学校1985年9月恢复为大专学校，在校学生500多人。省内的华南工学院、广东工学院以及近几年新办的深圳、汕头、海南、广州大学等高等院校均开设与建筑有关的专业。全省办有建筑中专17所，在校学生3 200人，建筑技工学校7所，在校学生780人。

经过1985、1986两年的分批培训，全省大中型国营施工企业经理参加国家统考的占70%，及格率达到100%。青壮年职工初级文化补课完成83%；初级技术补课完成47%。据不完全统计，1986年参加各种专业培训的人员达到1.2万多人。

二、技术装备与施工技术

〔**队伍装备**〕 到1986年，全省建设系统国营施工企业共拥有塔式起重机116台，汽车式、履带式、轮胎式起重机129台，载重汽车595台，卷扬机1 814台，混凝土搅拌车24台，混凝土搅拌机1 177台，各式打桩机175台。建设系统国营企业技术装备率达到1 235元/人、动力装备率达到2.79千瓦/人；集体企业动力装备率达到2.1马力/人。

〔**工程机械化**〕 1986年，建设系统国营施工企业施工机械化程度达到54.2%，其中：土石方工程83.1%，桩基工程92.4%，垂直运输94.9%，水平运输24.2%，混凝土工程76.9%，抹灰工程12.1%。

〔**施工技术**〕 在基础方面，掌握了沉井和地下连续墙的施工技术，近人爆破混凝土桩和定向爆破技术，发展了大口径混凝土灌注桩和混凝土预制管桩，引进了香港的“建新桩”技术。在主体结构方面，应用激光测量新技术建造高层建筑，掌握了大模板现浇、滑升模板现浇、大板建筑、升板法等施工技术。在混凝土搅拌和运送方面，采用了高层施工泵进混凝土和快速输送板运送混凝土相结合的方法，发展现场型和中心型相结合的混凝土搅拌站，试行了商品化混凝土供应，使用混凝土外加剂节约水泥等。在安装方面，基本掌握了一系列现代化引进项目和高要求、高标准项目的安装新技术、新工艺和新方法，采用了大柱网空间网架整体吊装，改进了大型钢油罐、网架球节点和不锈钢薄壁管的焊接等。在装饰工程方面，外墙采用面砖、玻璃马赛克、玻璃幕墙、磨光花岗岩等；内墙采用耐擦洗的有机彩色涂料、喷涂饰面和贴墙纸等方法，都得到运用。此外，还开始将电子计算机技术运用于施工管理。

三、新型建筑材料

〔**新型建筑材料**〕 八十年代初，大批新型材料的引进，也刺激和带动了广东新型建筑材料的发展。1985年新型建筑材料增加了35种，1986年又新增了27种。从而，不仅取代了进口材料，而且还能供应其他省市和对外出口。

广东的新型建筑材料，1986年有塑料和玻纤贴墙纸生产厂六家，年产能力3 700万平方米。玻璃马赛克生产厂近十家，年产能力800万平方米。装饰装修玻璃生产厂十五家，品种有中空玻璃、套色玻璃、压花、刻蚀、茶色镀膜等数十种。锦砖、彩釉、釉面砖、仿石砖等建筑陶瓷有引进国外生产线8条，新增年产能力445万平方米。大理石、花岗石、水磨石生产厂近百家，年产能力120多万平方米。木材复合装饰材料年产能力近20万平方米。新型化学建材，有建筑塑料制品，各种涂料、粘接剂、水泥外加剂等。铝合金门窗和型材有48条生产线，其中引进国外设备技术的32条，年产能力达7万吨。

四、建筑科学技术

〔**科研队伍**〕 全省现有建筑、市政工程、住宅、人防工程、建筑材料专业研究机构7所。省建筑科研设计所对该所负责设计建造的CGB-1建筑风洞，继续完成了技术配套和流场校测的资料准备，建设部于1986年11月组织了对这座风洞的鉴定、验收，正式投入科研使用。

〔**科研成果**〕 河床净化过滤大口井的研究，获1986年国家发明奖二等奖。广州区庄立交桥设计，获1985年建设部科技进步奖一等奖。获1986年广东省科学技术进步奖的有：深圳市大直径（$\geqslant \phi 800$）冲孔灌注桩试验研究、墙梁结构试验研究、广州市白天鹅宾馆现代化大型旅游宾馆综合设计、中国大酒店现代化大型旅游宾馆综合设计等4项获二等奖；高层建筑风压风振研究、新利用树种隆缘桉木材建筑应用研究、回弹法测定混凝土强度的研究和应用、袖珍机分析高层建筑的刚度矩阵带宽缩聚法、Z_1T_4型套丝切管机，广州市西村水厂一级泵站微型计算机控制系统等6项获三等奖。

五、建筑设计

〔**设计队伍**〕 1985年至1986年间，对全省勘察设计单位进行了技术资格审查，整顿了设计队伍。到1986年底，全省共有建筑勘察设计单位244个，比1984年增加了67个，职工人数达到7 490人，比1984年增加了845人。

全省建筑勘察设计机构和人员发展情况　　表3

名　　称	单位	1984年底	1986年底	增长（%）
设计单位	个	177	237	33.9
其中：设计院	个	10	18	80
省厅局属设计室	个	18	24	33.3
市、地、县设计室	个	147	192	30.6
大专院校设计室	个	2	3	50
职工总数	人	6 645	9 336	40.5
其中：高级工程师	人	75	90	20
工程师	人	1 348	1 893	40.4
助理工程师	人	1 060	1 658	56.4
技术员	人	1 204	2 174	80.6
其他	人	2 958	3 521	19

〔**装备和技术**〕 近年来引进有VAX-11/750计算机及IBM-PC、MINDSET、PC1500等微机，SAPS全能结构计算程序等软件。省建筑设计研究院在原有基础上进一步改编及新编有《框剪协同程序》、《网架程序》、《平面杆系程序》、《平面应力程序》、《楼盖程序》、《空间结构程序》、《总体计算程序》等。目前各设计单位较普遍使用电子计算机进行结构计算，并在道路桥梁、地质钻探、绘制地质剖面等方面使用电算机辅助设计和绘图，在工资表格、档案管理、编制预算等工作上也采用了电子计算机技术。

广东在1986年度全国城乡建设优秀设计评选中，有中国大酒店、中国大酒店屋顶花园等四项获优良设计奖，深圳白沙岭居住区西部一项获优秀勘察奖。在1986年全省第三次优秀设计评选中，有47项获得等级奖。

〔**建筑设计**〕 实行对外开放以来，从高层建筑、大型公共建筑到住宅的设计，从建筑形式到建筑装修，都有新的发展形式新颖、体型轻巧、颜色明快等特点更加鲜明，体现了广东八十年代的建筑特征。省建筑设计研究院设计的北京工艺美术展销馆，以玻璃幕墙及花岗石材料组成一个高低错落、多切面的组合体型，六层阶梯式变化的八角形展馆，打破了过去千篇一律的建筑体型。广州市建筑设计院针对市区用地狭小，建筑密度大，容积率高等特点，合理解决各部位（特别是车库及动力设备部分）叠合竖向布置，从中国大酒店的设计中获得了成功的经验。汕头市设计院设计的北回归线标志塔，以四个方向均可见到的抽象“北”字作为承重骨架，上托一直径5米的地球模型构成的标志主体，使建筑艺术与科学含义有机地结合起来。

城市住宅小区的规划设计不断趋于完美。佛山祖庙、同济新村和汕头飞厦住宅区的规划设计，公共建筑配套齐全，住宅设计形式新颖、多样，而且注意绿化设计。

〔**结构设计**〕 深圳亚洲大酒店“Y”字型主楼（33层），采用多个钢筋混凝土筒体，每隔六层设置结构承重层，组成空间构架，承重层间再用小框架分成六个建筑层。从底层至二、三层空间均没有承重结构，空间全部透空，使内庭空间延伸并与各层公共活动空间联成一体，提高了空间使用效果。中国大酒店的建筑与结构设计密切配合，利用综合楼作挡土构筑物，省去高差22米的挡土墙，正门入口悬挑9米，满足了建筑造型和功能要求。用电子计算机以有限元核算配置构造钢筋，实现大梁开大洞，以提供设备管道空间等，都取得很好的效果。

六、建设成就

〔**房屋建筑**〕 1985年，全省房屋建筑竣工面积1 375.4万平方米。1986年因继续压缩基建规模，年度房屋建筑竣工面积1 199.07万平方米，比上年减少9.85%。两年竣工的各类房屋建筑如表4。

单位：万m² **表4**

	1985年	1986年
总　计	1 375.44	1 199.07
厂　房	170.67	167.67
仓　库	55.47	45.77
商业服务业用房	121.56	91.98
办公室	61.92	80.46
住　宅	731.08	583.56
教育用房	119.26	140.39
医疗用房	30.80	29.92
科学实验用房	9.11	7.99
其　他	75.57	56.14

〔**工业交通建设**〕 1985、1986年，广东在电力建设方面施工的项目有广东核电站、沙角电厂60万千瓦A厂和70万千瓦B厂、韶关电厂20万千瓦机组、黄埔电厂、海口电厂、两广输变电联网工程等。建成投产的发电装机容量39.9万千瓦，11万伏以上输电线路942公里。交通建设方面，铁路有衡广复线、广深复线、广茂线三水至腰古段正在施工，完成铺轨250公里；港口新建、扩建的有黄埔港、湛江港、海口港、八所港、洋浦港等，新增港口吞吐能力1 150万吨/年。民航项目建成交付使用的有海口、汕头两机场的扩建工程。新建公路1 884.5公里。通讯建设方面，建成京汉广中同轴通讯电缆458皮长公里，微波电路1 644.9公里，市内电话交换机6.5万门。其他建成投产的主要项目有：新(扩)建日榨甘蔗1 000～2 000吨的糖厂8间，新建年产量各5万吨的珠江啤酒厂并扩建广州啤酒厂，新建年产量3万立方米的渔珠刨花板厂，年产量5 000吨的茂名化工纺织联合总厂丙烯睛车间等。

〔**城市建设**〕 两年间，广东省新增加了东莞、通什两市，城市总数达18个。18个城市的总体规划都已编制完毕，除东莞市外，都已审查批准。两年完成城市建设投资，占全省完成总投资额的11.7%。深圳、珠海、汕头三个经济特区经过几年的建设，已经成为初具规模的特区城市。全省两年内自来水供水能力增加了25万吨/日，深圳建成全省第一个污水处理厂，日处理能力2.5万吨。广州市建成了六座大中型立体交叉桥，十七座人行天桥，还有一条高架路正在建设中。深圳、佛山等市也建起了大型立交桥。两年新建成城市住宅2 602万平方米，全省城市人均居住面积达到7.85平方米(包括厅)。

〔**村镇建设**〕 到1986年底止，全省19 828个中心村和2 127个集镇的建设规划，已全部编制完毕，并完成了100个集镇的详细规划试点。据统计，“六

深圳国际贸易中心

广州市建筑业概况

刘海腾

广州市人口723.56万，下辖八区、八县，面积16 631.7平方公里。近几年来，建筑事业发展迅速，逐步成为国民经济的重要组成部分。

〔**建筑队伍**〕 改革开放的政策使广州市建筑队伍有了较大发展。1986年，市属（不包括八县，下同）县以上施工企业共75个，全年平均职工人数72 753人，比1980年增加13.6%；全员劳动生产率人均10 065元，比1980年增长13.5%；工程技术人员2 338人，占职工总人数3.2%；总包建安工作量11.6亿元，比1985年增长20.7%。

1983年广州市开放建筑市场，大量外地建筑队伍进入广州承担工程任务。据1986年末统计，外地进穗建筑施工企业共140多个，49 200多人，建安工作量7.7亿元。

〔**技术装备**〕 "六五"期间，广州市建筑业的技术装备有了较大改善，据1986年末统计，全市县以上施工企业技术装备率1 168元/人，动力装备率2.55千瓦/人，分别比1980年增长24%和26%，主要拥有各式起重机101台，载重汽车309辆，自卸汽车77台，装载机30台，卷扬机1 005台，混凝土搅拌机400台，混凝土搅拌站2个，沙浆拌和机757台，打桩机28台。大部分建筑公司都普遍装备了钢组合排栅和支顶。滑模、混凝土输送泵等先进设备已逐步在施工中推广应用，各种先进的小型机具的使用更为普遍。

〔**建筑设计**〕 1984年设计管理体制改革后，广州市设计队伍有了较大发展，设计单位由1981年的35个发展到1986年的70个，增加一倍。其中甲级设计单位由2个增加到6个。这6个甲级设计单位是：市设计院、规划勘察设计院、珠江总公司设计院、市政工程科研设计院、市园林规划设计院、市住宅科研设计所。

广州市的建筑设计在发扬传统风格和吸取先进技巧方面都取得较大成绩。1985年番禺沙湾文化站荣获全国村镇设计二等奖。区庄立交以其"轻巧、雅洁、多功能、少占地"的特色荣获全国科技进步奖。白天鹅宾馆获得全国设计金质奖。其他如中国大酒店、花园酒店等也以其独特的设计风格获得好评。

〔**建筑市场管理**〕 1983年广州市开放建筑市场后，指令性分配施工任务逐步为招标投标所代取，大量外地施工队伍涌进广州承包工程。1986年，市属建设单位实行招标投标的工程230项，面积111.7万平方，占全年新开工面积61%，工程造价平均下降3.57%。在激烈的竞争中，建筑市场一度较乱。1986年初，市建委在劳动局、工商局、公安局等部门协助下，按建设部的要求，对建筑市场进行了全面整顿。通过整顿，纠正了不正之风和违法乱纪行为，加强了对招标投标、质量安全和定额等各方面的管理，进一步提高了队伍素质。经有关部门同意，从1986年开始，由市建委对全市（包括外地驻穗企业）的建筑施工、建筑装修企业和开发公司实行行业管理。

〔**建材新产品**〕 近几年，广州市建材新产品发展很快。1985年和1986年投入批量生产的建材新产品共28项，主要品种有彩釉砖、彩色工艺美术玻璃、石膏天花板、玻璃马赛克、膨体珍珠岩板、柔光塑料板、树脂复合板、速效粘合剂、人造花岗岩、早强水泥等。

〔**建筑成就**〕 1981年至1986年，全市共竣工房屋面积2 196万平方米，其中住宅1 210万平方米，居民人均住宅面积由1980年的3.9平方米增加到1986年的6.6平方米。新增城市道路31.8公里，面积128万平方米。各式桥梁立交21座。在这期间陆续建成的大中型工业、市政和民用建筑项目共70项，主要有年产6 000吨涤纶长丝的广州合成纤维厂、年产5万吨啤酒的珠江啤酒厂、日供20万吨的石门自来水厂首期工程以及白天鹅宾馆、中国大酒店、花园酒店、东方乐园，太阳岛乐园、白云索道、广州大桥、区庄立交、大北立交和小北立交等。

五"期间，占全省总农户四分之一的农民建了新房，建筑面积达1.5亿平方米。1986年又完成了3 000多万平方米。农房建造，不仅数量大，而且形式新颖，不少是别墅式楼房。几年来，还兴建了9 000多万平方米的公用建筑，如东莞常平镇的体育馆、幼儿园，中山三乡的敬老院，顺德马岗镇的医院，新会陈冲镇的瑞祺中学等，都具有较高的标准。村镇生产性建筑建成7 283万平方米；兴建道路16.8万公里；兴办小型自来水设施1.6万多个，村镇自来水普及率达到17.8%；电力和电话建设也取得明显成绩，使75%以上农村通了电，70%的农村有了电话。

深圳经济特区建设

郑家光　林玉婷

深圳特区的建设是从城市建设起步的。从1979到1986年八年间，就将原来只有3平方公里的边陲小镇，建成城区面积47.6平方公里、房屋面积1 216.8万平方米的现代化城市。尤其是1985～1986年间，完成基建投资467 621万元，比过去6年完成的总和360 042万元还多29.9%；两年竣工面积608.2万平方米，相当于过去6年竣工面积的总和。

〔**城市建设**〕 深圳特区建设一开始，就将创造并不断完善投资环境作为一项重要内容。先后开发了47.6km²的土地面积，使城区面积扩大了15倍。同时完成了罗湖、上埗38.7平方公里新城区的基础工程。新建长189公里、面积431.8万平方米的城市马路，新铺各种地下管道913公里。还建成新的自来水厂4座，使年供水量从232万吨提高到6 120万吨；建成电信大楼一座，使自动电话用户从400户增加到27 000户；长途电话已能与北京、上海、广州等内地54个城市及美国、加拿大等14个国家和地区几十个城市直接拨号；建成一批变电站，年供电量从3 514万度提高到63 023万度。此外，还建成笋岗和泥岗两座立交桥，蛇口、赤湾、新港3个港口码头，以及南头直升飞机场等；建成了对外口岸6个；连接内地的交通，也设立了6个联检设施和20多个通道口。特区管理线已建成交付使用，国际机场、高速公路正在规划设计，铁路高架桥正在紧张施工（西线已经通车）。这些都进一步增强了对外的吸引力。1980年外资实际投资额仅为3 295万美元，1986年已达4.9亿美元。

〔**不同功能的房屋建筑**〕 几年来，全市共建成178万平方米工业厂房，使工业企业从1980年的247家发展到1 065家，工业总产值从8 444万元提高到35.6亿元；出口工业品产值占工业总产值的比例，1985年为37%，1986年上升至51%。建成55万平方米仓库、104万平方米商业服务业用房，使社会商品零

历年来深圳基本建设计划完成情况　　表 1

年份	施工面积		竣工面积		完成投资	
	万m²	比上年增长%	万m²	比上年增长%	万m²	比上年增长%
1978	12.3		5.8		1 182	
1979	29.3	138.2	13	124.1	4 988	322
1980	52.4	78.8	34.6	166.2	12 487	150.3
1981	96.9	84.9	54.6	57.8	27 039	116.5
1982	250.7	158.7	92.67	69.7	63 265	134
1983	368.4	46.95	146.9	58.52	88 593	40
1984	644.6	74.97	266.6	81.5	163 670	84.7
1985	1 034.0	60.4	320.94	20.4	276 125	68.7
1986	786.3	-24.0	287.5	-10.4	191 496	-30.6
1979～1986合计	3 262.6		1 216.8		827 663	

罗湖小区高层建筑群

售额从20 509万元增加至26.4亿元，年递增66.7%。建成43万平方米办公楼、523万平方米住宅，使人均居住面积达到11.8平方米。建成35万平方米文化教育用房，创办了3所大专院校、7所中专和一批中小学校。建成15.5万平方米医疗卫生用房，兴建和扩建了大小医院31所。此外，还建成了2.8万平方米科研用房，78万平方米其他用房。1986年国民收入、国民生产总值分别达到26.7亿元和34亿元，比1980年增长12倍和8.5倍。财政收入从1980年的5 509万元提高到1986年的9.4亿多元，增长17倍。

〔**现代化城市的雏形**〕 根据特区的地理条件和性质功能，总体规划采用了比较先进的城市组团式结构。城市区域布局强调按功能区划，如住宅区与工业区适当靠近，仓库区尽量靠车站、码头等。到1986年底止，深圳特区动工兴建的18层及18层以上的高层建筑已达137幢，建筑面积336.67万平方米，其中已竣工56幢，竣工面积75.93万平方米，仅1986年就竣工14幢，竣工面积31万平方米。全国最高的50层（未含地下3层）国际贸易中心已于1986年投入使用。国贸大厦、体育馆、图书馆、科学馆、南海酒店和银湖旅游中心等，已成为深圳有代表性的建筑。为了使城市居民有良好的工作和生活环境，几年来，修建了6个城市公园，城市干道两侧安排了30米宽的绿化带，部分住宅区还设有花坛、草坪、雕塑、喷水池、游泳池、旱冰场等绿化、造景和娱乐设施。市政公共设施和建筑物都按现代化城市的要求来进行建设。在1986年全国优秀工程项目评选中，深圳有9项荣获奖。其中：深圳特区总体规划（包括交通规划）和科技工业园规划分别获得优秀规划一等奖和三等奖，深圳国际贸易中心，深圳体育馆、蛇口培训中心、深圳市东湖水厂获优秀设计二等奖，南海酒店获优秀设计三等奖，白沙岭居住区西部获优秀勘察三等奖，滨河住宅区获城市住宅设计创作奖。国际贸易中心的设计与施工，深圳特区道路交通规划还获得建设部1986年度科学技术进步奖。

〔**管理体制改革**〕 特区建设的主要做法是：城市规划和社会经济发展规划紧密结合；城市开发采取综合开发，配套建设；城市基础工程建设实行统一规划、统一设计、统一征地、统一安排施工、统一使用资金；设计、施工采用招标投标，择优承包，提倡竞争；工程采用总承包，从建设项目的主项开始直至建成"交钥匙"，一揽子大包干；建设资金实行多渠道筹集，采用"滚雪球"，使资金在流通中不断产生价值增值；采取层层经济责任大包干，克服平均主义的弊端，开放建筑业的劳务、资金、材料、技术市场，建立建筑市场体系；大力推行建筑产品商品化，为特区建设积累资金，使建筑业成为特区的重要经济支柱之一；建立工程监督的专门机构，把好经济、技术两大关；推行地盘管理制度，加强施工现场的文明管理等等。

深圳建市8年来各类房屋竣工面积统计表 **表 2**

房屋用途 \ 年份	1979 (m^2)	1980 (m^2)	1981 (m^2)	1982 (m^2)	1983 (m^2)	1984 (m^2)	1985 (万m^2)	1986 (万m^2)	1979～1986年累计 (万m^2)
合计	130 113	346 303	545 944	926 662	1 468 645	2 666 305	320.94	287.49	1 216.83
1 厂房	21 245	42 649	38 045	172 617	255 119	475 044	79.77		
所占比例%	16.3	12.3	7.0	18.6	17.4	17.8	24.9		
2 仓库	6 078	25 786	41 617	68 430	100 426	136 335	17.7		
所占比例%	4.7	7.5	7.6	7.4	6.8	5.1	5.5		
3 商业服务业用房	13 872	28 776	27 801	93 654	140 656	356 122	39.46		
所占比例%	10.7	8.3	5.1	10.1	9.6	13.4	12.3		
4 办公用房	3 998	12 423	13 490	35 183	62 739	111 893	19.32		
所占比例%	3.1	3.6	2.5	3.8	4.3	4.2	6.0		
5 住宅	52 617	178 546	234 067	455 687	624 207	1 237 560	139.31	105.41	523.0
所占比例%	40.4	51.6	42.9	49.2	42.5	46.4	43.4	36.7	43.0
6 文化教育用房	5 865	17 171	25 344	29 664	34 854	155 314	9.15		
所占比例%	4.5	5.0	4.6	3.2	2.4	5.8	2.9		
7 医疗用房	2 380	8 979	6 561	8 276	39 384	41 464	5.03		
所占比例%	1.8	2.6	1.2	0.9	2.7	1.6	1.6		
8 科研用房	650	4 694	2 300	3 112	4 185	1 982	1.15		
所占比例%	0.5	1.4	0.4	0.3	0.3	0.07	0.4		
9 其它	23 408	27 279	156 719	60 039	207 075	150 591	10.05		
所占比例%	18.0	7.9	28.7	6.5	14.1	5.6	3.1		

深圳市基建资金投向表

表 3

单位：万元

系统 \ 年份	1979～1986 合计	1979	1980	1981	1982	1983	1984	1985	1986
合计	827 663	4 988	12 487	27 039	63 265	88 593	163 670	276 125	191 496
1 工业	208 416	1 717	6 281	13 893	9 839	17 054	30 492	74 612	54 528
占总投资比例%	25.2	34.4	50.3	51.4	15.6	19.2	18.6	27	28.5
2 农林水	13 611	546	657	1 006	1 617	1 300	3 182	1 755	3 548
占总投资比例%	1.6	11	5.3	3.7	2.6	1.5	1.9	0.6	1.9
3 运输邮电	78 065	286	1 500	587	2 795	6 931	17 438	38 168	10 360
占总投资比例%	9.4	5.7	12	2.2	4.4	7.8	10.7	13.8	5.4
4 商粮贸	106 489	489	944	2 419	7 563	10 968	21 055	33 866	29 185
占总投资比例%	12.9	9.8	7.6	8.9	11.9	12.4	12.9	12.3	15.2
5 金融	10 229	36	77	142	263	492	1 728	520	6 971
占总投资比例%	1.2	0.7	0.6	0.5	0.4	0.6	1.1	0.2	3.6
6 科研	1 710	15	40		120			493	1 042
占总投资比例%	0.2	0.3	0.3		0.2			0.2	0.5
7 文教卫生	51 345	211	488	941	2 026	2 504	12 838	16 098	16 239
占总投资比例%	6.2	4.2	3.9	3.5	3.2	2.8	7.8	5.8	8.5
8 城建	251 987	601	989	5 990	25 739	33 870	50 535	82 357	51 906
占总投资比例%	30.4	12.1	7.9	22.2	40.7	38.2	30.9	29.8	27.1
9 其它	105 811	1 087	1 511	2 061	13 303	15 474	26 402	28 256	17 717
占总投资比例%	12.8	21.8	12.1	7.6	21	17.5	16.1	10.2	9.3

深圳市基建投资构成表

表 4

单位：万元

项目 \ 年份	1979	1980	1981	1982	1983	1984	1985	1986	1979～1986年 合计
合计	4 988	12 487	27 039	63 265	88 593	163 670	276 125	191 496	827 663
1 国家投资	2 385	3 300	2 274	4 738	4 370	2 106	4 285	4 424	27 882
占总投资比例%	47.8	26.4	8.4	7.4	4.9	1.3	1.6	2.3	3.37
2 利用外资	547	5 392	13 533	19 138	22 212	26 498	36 065	34 622	158 007
占总投资比例%	11	43.2	50	30.3	25.1	16.2	13.1	18.1	19.09
3 国内贷款		703	3 163	20 291	33 405	72 175	56 351	22 510	208 598
占总投资比例%		5.6	11.7	32.1	37.7	44.1	20.4	11.8	25.20
4 市、县财政拨款	625	964	3 339	6 396	7 802	21 294	45 013	34 549	123 614
占总投资比例%	12.5	7.7	12.4	10.1	8.8	13	16.3	18.0	14.94
5 市企业自筹	207	812	1 996	5 000	9 706	21 748	73 271	36 104	148 844
占总投资比例%	4.2	6.5	7.4	7.9	11	13.3	26.5	18.9	17.98
6 中央各部、省自筹	1 224	1 316	2 444	5 793	7 024	14 185	37 842	31 158	98 160
占总投资比例%	24.5	10.5	9	9.2	7.9	8.7	13.7	16.3	11.86
7 内联企业自筹			290	1 909		806	18 214	19 099	47 428
占总投资比例%			1.1	3		0.5	6.6	10.0	5.73
8 其它投资					4 074	4 858	5 084	9 030	15 130
占总投资比例%					4.6	3	1.8	4.7	1.83

汕头经济特区建设

叶启轮　郑锡泉

一、建筑队伍和技术装备

〔**机构与队伍**〕 1950年汕头建筑公司仅有职工46人，以后随着建设任务的增加，队伍不断扩大。到1985年底，全市建筑施工队伍通过资格审查在编的人数共有13万多人，其中，县以上国营和集体建筑施工企业48个，职工6.7万人；乡镇建筑施工企业326个，职工6万多人。

目前，建设系统的国营建筑企业共有工程技术人员1 334人，其中高级工程师6人，工程师和助理工程师177人。1985年，全市建筑施工企业施工产值为9.28亿元，竣工面积为296.81万平方米，工程质量优良品率为88.02%。近年来，汕头市的建筑企业正逐步由内向型朝外向型转变，据1986年统计，全市施工队伍分布在全国13个省市，长期在外的施工人员达7万人以上。

〔**教育培训**〕 1958年建立汕头工专，设立土木科，至1963年工专下马停办，共有三届毕业生逾200人。1983年起，汕头市的大，中专学校相继办起建筑专业班。汕头大学建筑工程系在校学生80人；电大汕头分校设立工业与民用建筑专业班，在校学生123人；市建设系统与韩山师专合办建筑管理工程专业，学制三年，在校学生共75人；市职大和岩光中专办了建筑中专班，在校学生共245人。除此之外，全市还兴办了各种短期培训班，为建设系统培训职工。

二、建筑设计与施工技术

〔**建筑设计**〕 1958年，成立了汕头市建筑设计室，1984年地市合并后，组建了汕头市建筑设计院，共工程技术人员202人，其中，高级工程师4人，工程师57人，助理工程师60人，技术员81人。近年来，全市各区、县也相继成立建筑设计室。目前全市共拥有持证设计单位17个，职工667人。汕头市建筑设计院仅1985年和1986年就有7个项目获省、市优秀设计奖。青年设计人员设计的汕头市北回归线标志塔以其新颖独特的造型备受称赞，荣获省级优秀设计二等奖。他们还对高烈度抗震设防区的高层建筑物节约设计造价问题进行了新的探索和尝试，已设计的26层的汕头国际信托大厦，可节约材料30%。1985年，市设计院建立了电子计算机室，大大提高了工作效率和设计质量。

汕头特区管理大楼

〔**施工技术**〕 建国初期，建筑施工队伍一般只能承担低层低级的普通民用建筑，现在已经能承担高层高级的建筑施工，如27层的深圳金城大厦、汕头华侨大厦、汕头日报社办公大楼，32层的深圳金融

〔**调整基本建设**〕 1986年是特区建设从铺摊子、打基础转向抓生产、上水平、求效益的重要一年，着力压缩基建规模、调整投资结构。1986年深圳在建和已批准的基建项目多达1 532项，约需投资42.2亿元。市里对这些项目进行了全面清理，区别轻、重、缓、急、停建、缓建了804个项目，共压缩投资25.7亿元。同时，还将各部门要求纳入财政投资计划的7亿多元工程压至2.5亿元，使财政基建投资占财政支出的比重由1985年的54.1%（不含财政贷款投资）下降为31.2%。7月中旬，根据国务院关于规模控制在20亿元内的批示，又作了相应的调整。执行的结果，1986年完成投资19.1亿元，比1985年（27.6亿元）缩小了31%，工业投资占总投资的比例由1984年的18.6%上升至1985年的27%和1986年的28.5%，使以工业为重点的外向型经济的发展战略目标得到了体现。

1986年基建规模虽然压缩近三分之一，但与1985年比较，工业总产值增长33.33%，农业总产值增长33%，出口总值增长28.8%，实际投入使用的外资总额增长48.6%，社会商品零售额与上年持平，财政收入完成年计划的118.0%，超收9 203万元，并已归还贷款本息1.9亿元，总体效益提高。

中心大厦等。深圳大学教学楼、电教中心工程，由于施工质量好、速度快，被树为省全优榜样工程。在桩基施工技术方面，从小锤打小桩发展到大锤打大桩。1986年，汕头市建安公司引进西德D62同式柴油桩锤，最大冲击能量达22.3吨，提高了现代化施工的能力。近年来，施工队伍在深圳、广州等地承担了人工挖孔桩工程，深圳金城大厦大型挖孔桩工程，桩孔直径达2 800毫米，深30米。

三、建设成就

〔**建筑新材料**〕 1983年以来，汕头市兴办了一批新型建材企业，产品有建筑陶瓷、建筑塑料制品、钢门窗、玻璃钢、建筑涂料、防水涂料、花岗石板材、烧结粘土砖瓦等20多个品种。其中，潮州彩釉砖厂，年产60万平方米；饶平花岗石板材厂，年产5万平方米，成为广东省石材出口重要基地。

〔**城市拓展**〕 1949年，汕头市区建成区面积为3.63平方公里，到1985年，建成区的面积扩大到14.91平方公里，为1949年的4.1倍。

〔**住宅建筑**〕 1979至1986年全市城镇居民住宅建设竣工面积567.35万平方米，至1985年底，全市城镇居民人均居住面积4.73平方米。

汕头市区1949年原有住宅149万平方米，至1985年增加到535万平方米，为1949年的3.6倍。旧市区的中山路、大华路、跃进路等主要马路也完成了一批改建工程，市容有所改观，市民的居住条件也得到显著的改善。党的十一届三中全会以来，住宅建设竣工面积大幅度增加，1979年至1985年就建成住宅207万平方米。其中，以补贴形式出售的商品房基地飞厦住宅区，布局较合理，功能配套齐全，受到省内外同行和海外侨胞的称赞。

〔**乡村建设**〕 1979年至1985年，全市农村共建成住宅142万间，建筑面积3 597万平方米，共有81万户农民搬进新居。

〔**经济特区建设**〕 1984年11月，国务院批准将汕头经济特区的范围由1.6平方公里扩大为52.6平方公里，划分为龙湖和广沃两个片区。汕头经济特区建设，遵循"统一规划，合理布局，开发一片，建设一片，获益一片"的方针，四年多来基础设施建设投资2.9亿元，开发面积达2.52平方公里，创造了良好的投资条件。目前，共建成各级道路30公里，一级公路路基12.9公里，3 000吨级集、散装两用码头一个，安装了2 000门程控电话。

汕头经济特区起步以来，已同20多个国家和地区以及国内8个省市洽谈、签约。至1986年底，协议投资总额21亿港元，外引内联和自办项目共300多个，已有电子、机电、塑料、服装等100多家企业相继建成投产，并获得了良好的经济效益。目前，一个以工业为主，农牧渔、旅游、交运、商贸和房地产业经营的综合性外向型的经济特区已初步形成。

本文经黄伟鸿审阅。

湛江市建筑业概况

湛江市建设委员会

湛江市位于我国南海之滨，背靠西南各省，有天然的良港，海陆资源丰富，交通发达，风光绮丽，是我国沿海十四个经济技术开放城市之一。

目前，湛江市面积1 460平方公里，人口94.72万，其中，城市建成面积31.83平方公里。1983年实行市管县的体制改革后，湛江市管辖吴川、廉江、海康、遂溪、徐闻五个县，总面积124.71平方公里，人口486.83万。

〔**建筑队伍**〕 据1986年广东省建筑业资质审查的统计，全市四级以上建筑企业99家，人数8.95万人。1985年、1986年，全市建筑施工产值（含五个县）分别为4.348亿和4.34亿元。

湛江市国营建筑企业已发展成4家，10 363人；市政、园林建设公司各一家，577人，县以上集体建筑公司（含五个县）94家，70 008人。

我市建筑企业除了担负本市的施工任务外，还有一部分建筑队伍进入外地建筑市场。1985年外出23 805人，完成工作量22 025.94万元，竣工面积71.64万平方米；1986年外出14 169人，完成工作量16 071万元，竣工面积54.66万平方米。

〔**机械设备**〕 国营企业近年增置了新式塔吊9台，以及施工电梯，混凝土搅拌机，输送泵等一大批先进施工机械，从而在垂直运输，混凝土浇灌，钢、木加工等方面实现了机械化生产。在施工方法上大量采用滑模、大模板等先进工艺。1984～1986年由我市建筑企业施工的18层以上高层建筑和跨度在40米以上的建筑物共有8栋。

〔**创优工程**〕 1985年全市创全优工程78项，面积146 364平方米，全优率10.95%；1986年创全优工程83项。湛江市第一建筑工程公司担负茂名石油公司加氢裂化工程的土建施工任务，其中《北套装置》、《污水处理》两个项目的工程质量全部达到

湛江港四区仓库

优良标准，获国家经委质量银质奖章。

〔**设计队伍**〕 全市目前有17个设计单位，人数468人，科技人员286人，占61%。1986年共完成初步设计63 578平方米，施工图774 646平方米。过去只能设计低层房屋及500吨以下的糖厂，近年来已能担负10层以上楼房和1 500吨中型糖厂的设计任务。

〔**建筑材料**〕 湛江市建材工业比较发达，目前市内有水泥厂四家，机制砖厂五家，减水剂厂一家，主要建材产品的产量如下：

	1985年	1986年
水泥	19.76万吨	19.80万吨
机制砖	2.48亿块	2.97亿块
陶瓷饰砖	18.69万平方米	11.40万平方米
减水剂	1 746吨	1 820吨
膨胀珍珠岩		1 434.73立方米

〔**建筑教育**〕 1984年市电视大学举办了两个三年制“工民建”大专班，招收学员89人；有三年制建筑中等专科学校一所（湛江市第一建筑公司建筑中专），1985年毕业生42人，在校生85人，1986年在校学生135人，此外，湛江市技工学校办建筑班学员79人。湛江市建筑系统两年内自行培训施工技术员780人。

〔**交通能源通讯建设**〕 湛江港是1957年建成投产的我国十大港口之一，经过不断扩建，港口逐年增大。1985～1986年码头泊位从15个增加为21个，码头长度从2 458米增为3 811米，仓库面积从15 655平方米增为75 490平方米。建成了全国第三位的容量为400万立方米的散装粮筒仓一座，客运码头一所。目前该港与世界上70多个港口通航，1986年吞吐量1 296万吨，比1985年增加5.30%。建成大型客机跑道1 750米，改善了广州—湛江—海口航线的导航能力。

两年来，湛江发电厂新增发电能力1.6万千瓦，架设高压线7 000多米，建成6.3万千伏安变电站一所。

通讯设施方面，广州—湛江—海南微波通讯，在我市装置已建成投入使用。

〔**市政基础设施**〕 1985～1986年间，市区拓展面积2.14平方公里；新建道路26.14公里，面积67万平方米；一条起止我市霞山、赤坎两个城区，贯穿新经济技术开发区，全长7.3公里的新建人民大道于1986年底通车。1985～1986年新建供水管道25公里，供水量5 382万吨。1985～1986两年全市新建房屋面积498 974平方米，1986年城镇人均居住面积6.81平方米。

〔**开发区建设**〕 为吸引外资和引进新技术，1984年开阔面积为9.2平方公里的霞海经济技术开发区。近期开发面积0.9平方公里，到1986年止，已完成近期开发地“五通一平”，可提供建设用地50万平方米，开发区内新建道路7.4公里，通讯线路6 800米，已通香港、广州直拨电话。目前该区已建成工业厂房25 991平方米，已建和正建的服务性设施房屋15 610平方米，建成各类项目17个，1986年出口创汇716万美元。

海南岛建筑业概况

陈 金 城

海南岛是祖国第二大岛，位于广东省西南部，南海北部，隔琼州海峡与雷州半岛相望，面积33 920平方公里，地处热带，气候温和，阳光充足，雨量充沛，四季长青。

海南岛是个多民族地区，有独特的民风民俗。海南行政区人民政府统一管辖10个市、县和海南黎族苗族自治州及其所属9个县（市）以及西、南、中沙群岛。人口597.51万人。1986年国家批准海南行政区实行计划单列。

一、建筑队伍

〔**建筑机构**〕 1983年海南岛成立建设委员会。州、市、县均相应成立建委（海口市为城建局），是各级政府的行政管理机构，为建筑业的主管部门。至1986年，全区2至5级建筑企业数量达195家，其中县以上国营、集体施工企业27家。

海南建筑安装工程总公司是海南建筑业的骨干队伍，成立于1950年。现该公司下属6个土建公司、1个安装公司、1个建筑机械厂。

〔**施工队伍**〕 1955年，海南的建筑企业职工仅800余人。1978年，有建筑企业23个，职工约12 000人。1986年，从业人数已达64 907人，成为海南经济建设的一个重要产业部门（见附表）。

1985年，海南汉区县以上国营、集体施工企业完成施工产值17 217万元，比1984年的9 098万元增长89.2%，全员劳动生产率9 737元/人，比1984年增长23.4%，其中，有9个企业达万元以上。

〔**建筑教育**〕 从1979年以来，进行专业技术培训人员达10 053人次，其中，海南建筑总公司技工学校自1974年以来培养机电、泥工、木工、预算员、施工员、装饰工程等学生667人，近两年又与海口市业余大学合办施工员培训班两期，学员74人。海南大学从1985年起开办工民建专业本科一个班、专科两个班，两年共招收学生240人。

二、建筑制品与新材料

〔**建筑制品**〕 海南构件预制厂成立于1974年，年产混凝土构件3 000立方米，主要生产水泥桁条、预应力空心板、小砌块、水泥花窗等。此外，还生产钢门窗和铝合金门窗。

〔**新材料**〕 1980年以来，海南陆续发展了一些新型建筑装修材料，如马赛克、琉璃瓦、彩釉砖、泡沫塑料材料、彩釉砂以及人造大理石等多种产品。此外，还生产全塑料门窗、贴墙纸、天然大理石、花岗岩砌块以及各种墙体涂料等。

三、建筑科研

〔**科研机构**〕 1978年成立的海南建筑科学研究所，1986年有职工30人，内助理工程师以上技术骨干8人。主要研究适合海南特点的地方建筑材料的利用，如火山砾轻骨料的综合利用，研究所有两人被建设部评为科技先进工作者。

四、建筑设计

〔**建筑设计**〕 海南建筑设计院成立于1985年，现有职工62人，其中工程师9人，技师1人，助理工程师13人。1985年完成设计工作量8 364万元，设计建筑面积35.18万平方米。1986年，经技术资格审查发证的勘察设计单位有31个，职工人数563

海南黎族苗族自治州政府大楼

人，其中工程师59人，助理工程师108人。海南农垦医院干部病房被评为广东省全优样板工程。海南建筑设计院42-3住宅方案获1979年全国城市住宅设计方案竞赛优秀奖。

〔**结构设计**〕 海南岛琼北一带为高地震烈度区，岛东、南、北部每年都不同程度遭受台风的侵袭，所以按地震烈度设防和抗台风袭击，是结构设计必须考虑的因素。近年来，随着高层建筑兴起，结构由砖混结构向框架结构发展，有的还设有剪力墙。施工要求采用现浇体系。在结构计算上，各设计单位已应用PC-1500微电脑。

〔**地基基础**〕 近年高层建筑增多，采用振动式、锤击式灌注桩基础越来越多，口径为320～450毫米，个别施工条件差的地方使用钻孔桩。1985年动工兴建的22层海口国际金融大厦工程，首次采用地下连续墙。

五、建设发展与成就

〔**工业建设**〕 据1952年统计，全岛只有35个小厂或作坊，年产值420万元。1983年以后，工业建设有较大发展，新建糖厂12间，扩建糖厂29间，现日榨甘蔗能力已达2.6万吨。扩建了海口机场，接通了岭头至八所59.2公里铁路。新建南渡江大桥、叉河大桥、横山大桥、海口港两个5 000吨泊位、八所港5 000吨和10 000吨泊位各一个。新建海口3 000门自动电话、海口至广州1 800路微波工程、石碌铁矿扩建工程，叉河水泥厂一、二期扩建工程。新建海口纺织印染厂、海口啤酒厂、琼山卷烟厂、琼海涤纶丝厂。正在兴建的海口火电厂、洋浦港等重点建设多项。据统计，列入1986年全区重点建设的工程22项，总投资12.87亿元。1985年全区工业总产值13.62亿元，为1980年6.86亿元的2倍。

〔**城镇建设**〕 "六五"期间，新建城镇道路115公里，面积115万平方米，新建自来水厂11个，新增供水能力8万吨/日，新建扩建桥梁23座。现全区城镇建成区已达83平方公里。全区19个城镇的总体规划、307个村镇规划和2 080个中心村规划已基本编制完成，并逐步按照规划实施建设和管理。

〔**房屋建筑**〕 1950年以前，全区城镇共有房屋98.14万平方米。到1985年累计达1 437.59万平方米，为解放初期的14.65倍，其中，"六五"期间新建房屋610.53万平方米，为建国以来新建房屋的42.47%。1985年，全区城镇人均居住面积5.92平方米。

〔**公共建筑**〕 据1983年统计，全区各县、市共建有各类医院、卫生院459间，病床18 587张。1985年建成海南科技中心，建筑面积4 533平方米。华南热带作物学院和研究院，是我国热带作物的科研、教学重要基地之一，校舍总建筑面积已从建院初期的7 000平方米发展到1985年的237 574平方米。1983年动工兴建的海南大学，总规模建筑面积14.72万平方米。现在，全区共有高等学校8所（其中成人高等教育5所），中专23所，中学531所，小学4 957所。

1958年，海口市建成第一个标准游泳池，1972年又建成10米跳台跳水池一个。1984年建成海南灯光球场，拥有4 000多个座位。目前全区共建有灯光球场或体育馆14个。

全区建有文化馆18个，群众艺术馆2个，公共图书馆18个，公园7座，电影院32间，广播电台2座。1979年海南电视台建成高75米的钢结构电视塔，全区先后建成电视差转台19座。1986年竣工交付使用的海口图书馆，建筑面积4 000多平方米，可同时容纳一千多位读者。

〔**旅游建筑**〕 随着对外开放，海南的旅游业有较大发展，新建旅游设施增多。著名的海瑞墓、五公祠、苏公祠、东坡书院、李纲庙等名胜古迹已经修葺一新。目前，三亚市已列为国家七个重点旅游区之一，风景秀丽的玡琅湾旅游区正在规划建设中。

〔**村镇建设**〕 十一届三中全会以来，农房建设发展较快。在经济发达的农村，小楼房或混凝土屋面逐步增多。中心村编制了规划，按规划进行建设和管理。据统计，"六五"期间，全区农村竣工房屋建筑面积为1 024.7万平方米。

1986年海南行政区建筑企业概况

企业技术等级	企业个数	职工总人数	工程技术人员人数：工程师	助理工程师	技术员	技术装备率（元/人）	机械设备净值（万元）	流动资金（万）
总计	195	64 907	87	161	708	742.35	4 632.81	11 111.2
二级	1	3 944	22	54	33	1 056	416.48	194.2
三级	22	17 070	36	52	231	1 225	2 091.43	7 863.4
四级	32	16 875	6	22	155	716	1 208.42	1 972.9
五级	140	27 018	(汉区)23	(汉区)33	(汉区)289	(汉区)373.8	(汉区)916.48	(汉区)1 081

注：国家统一规定营业等级为四级，五级企业是行政区根据本地情况自行确定的。

广西壮族自治区建筑业概况

《广西壮族自治区建筑业概况》编写组

〔**建筑队伍**〕 1986年，广西有区、市、县属建筑安装企业195个，其中全民62个，集体133个，拥有职工15.79人。其中全民9.99万人，集体5.8万人。建筑勘探设计院（所、室）有110个，职工2 075人，其中工程技术人员1 296人。全区国营企业共有各类机械设备8 000台（件），机械设备总功率43.4千瓦，其中施工机械设备总功率32.7千瓦。机械动力装备率4.9千瓦，技术装备率2 289元/人。

〔**经济技术指标完成情况**〕 房屋施工面积1985年为269.8万平方米，1986年为331.1万平方米，1985年比1984年增长23.8%，1986年比1985年增长27.6%。房屋竣工面积1985年为143.8万平方米，1986年为148.7万平方米，1986年比1985年增长3.4%。总产值1985年为5.7亿元，1986年为7.3亿元，1986年比1985年增长28.1%。施工产值1985年为5.3亿元，1986年为6.8亿元，1986年比1985年增长28.3%。全员劳动生产率按施工产值计算1985年为5 852元，1986年为7 098元，1986年比1985年增长21.3%。除重点工程、高层建筑、高级装饰继续稳步提高外，量多面广的民用建筑质量也有了提高。

〔**建筑业改革**〕 进一步完善招标投标承包制。由自治区计委、建委、建行联合颁发了《广西壮族自治区建设工程施工招标投标实施办法》（试行），使招标投标有法可依，加强了宏观控制，从管理上堵塞了漏洞。同时，为了进一步理顺行业内部的关系，调整了管理层次，划小核算单位，健全岗位职责；进一步简政放权，明确各级责权，使经营权和所有权逐步分离，调动了企业的积极性。

继续巩固和完善经济承包责任制，改善企业的经营机制。企业内部实行责、权、利相结合的层层指标分解包干，队组实行专项或栋号承包，使这些包干办法更趋合理科学。

改革用工制度。以原有固定工为主，广泛使用合同工和临时工，定点聘用农村合同制工人，基本形成一种弹性的用工制度。

进一步加强纵横向经济联系。在行业内部，大、中、小型企业，自治区、地、市、县企业以及国营、集体企业之间实行联营；在行业外部，以产品或技术开发为中心，实行各种形式的联合经营。同时，还相继成立了中外合资经营的桂港、桂南、华源装饰工程有限公司，以适应国内外高级装饰需要。

〔**企业整顿**〕 继1985年企业全面整顿验收后，1986年又抓了验收复查。同时，针对建筑市场混乱

广西图书馆

的情况，全面开展了建筑市场整顿工作，各地分别成立了整顿建筑市场领导小组。根据建筑市场出现的问题，自治区建委和建设银行广西分行联合颁发了《关于加强建筑业管理，整顿建筑市场若干规定》，重点是取缔无证设计和无证施工，查处行贿受贿，查处转手发包、从中渔利，查处偷工减料，粗制滥造，纠正胡夯乱要，高估乱算等问题，从而有效地刹住了不正之风。

〔**开拓建筑市场**〕 1985、1986年，全区共有24个施工企业和设计单位先后到深圳、珠海、海南岛、北海（防城）等经济特区及开发区和上海、广东、福建、湖南、湖北、贵州、云南等地承担施工和设计任务，外出施工人员1985年达4 405人，施工面积309 202平方米，完成竣工面积184 778平方米，完成施工产值6 221.3万元，全员劳动生产率14 123.3元/人。广西壮族自治区建筑工程总公司，在巩固原有国外工程承包关系的基础上，又开拓了美国关岛等建筑市场。

1986年又派出225人到索马里、冈比亚、约旦、泰国、卢旺达、布隆迪、美国、香港等国家和地区施工，承担经援项目3个，承包工程14项，新签订承包合同金额407万美元，创汇31万美元。1986年是自1980年承包国外施工项目以来经济效益最好的一年。与此同时，许多企业坚持以建筑为主，大力开展多种经营，开发了钢模板、钢门窗、钢锭、大理石料、建筑塑料、电风扇、煤气罐、家具、建筑机械、制糖设备等工业产品，进一步搞活了企业经济，提高了企业的经济效益和社会效益。

〔**科技成果**〕 广西壮族自治区建筑工程总公司计算中心开发的《桂建预-1》建筑工程预算程序，1986年在全国施工企业微机应用软件鉴定会上获得总分第一名。目前应用的八十米直径悬索结构和三铰拱45米大跨度钢结构，是全国最大的建筑新结构。钢筋混凝土柱结构设计施工均达到国内先进水平。双钢筋和冷扎扭钢筋工艺的应用与非预应力比较，可节约钢材35～40%。应用“Y＋x”工艺，施工速度快、质量好。墙面刮腻子工艺的广泛应用，取代了过去石灰刷墙面的落后工艺。沥青再生胶屋面防水涂料和铝合金门窗新产品已通过鉴定并批量生产。80吨·米塔吊和钢门窗已通过鉴定获得生产许可证。

〔**重点工程质量**〕 引进丹麦主要设备的柳州水泥厂扩建工程、北海飞机场工程，按国家计划提前竣工，均获得了一次点火和一次试航成功。各级主管部门和各勘设、施工单位强化了质量监督体系，层层建立质量检验制度，进一步端正指导思想，把工作重心从追求产值转移到提高工程产品质量上来，切实解决历年来质量等级评定要求不严等问题，做到了“挤水分、上水平、达标准”，工程质量稳步上升。1985年全自治区被评为优秀设计的项目18项。在1985年建设部组织的17个省、市、区、112个企业的工程质量检查中，广西受检工程官感质量评分名列第三，综合评价名列第七；南宁市成为受表扬的八个城市之一，广西第一建筑工程公司也成为受表扬的七个企业之一。

中国人民银行广西分行办公大楼

四川省建筑业概况

杜恒产　甘宇平　张国存

"六五"期间，围绕着缩短建设周期，降低工程造价，提高工程质量，四川建筑业进行了多方面的改革。尤其是1985年至1986年，随着改革的拓展和深化，四川建筑业的发展出现了建国以来的最好形势。

一、建筑队伍

〔**施工队伍**〕　"六五"期间，四川建筑业的施工队伍已由1980年的60多万人，发展到1986年的165万人，其中工程技术人员增至3万余人。由省统一进行资质审查，颁发等级证书的建筑施工企业4 911个（如包括中央在川企业22个，则为4 933个），其中一级企业49个，二级企业73个，三级企业759个，四级企业2 036个，五级企业1 994个。按所从事的专业分类，计有房屋建筑施工企业4 805个，安装企业23个，机械化施工企业7个，土石方施工企业3个，市政工程施工企业5个，公路工程施工企业5个，桥梁工程施工企业10个，航道工程施工企业3个，水利电力工程施工企业10个。一支以国营大中型施工企业为主导，集体施工企业为辅助，农村建筑队伍为补充的一支工种比较齐全的建筑施工队伍已基本形成。施工生产能力已达每年可完成产值90亿元左右。

〔**建筑教育**〕　四川省有专门培养高等建筑专业人才的重点大学——重庆建筑工程学院，同时在西南交通大学等四所院校也分别设有房屋建筑、工业与民用建筑、水工结构以及城市道路和桥梁等专业。建工系统还拥有10余所各类职工大学、电视大学分校、刊授大学四川分校等高等教学机构和三所中等专业技术学校。在上述学校从事建筑教育的教职工有3 000多人（其中专职教师约占66%），在校学生近万人。此外，全省还有各类成人教育机构上百所。1985年至1986年，全省以各种方式培训了约5万名初级技术管理人员，为城乡集体建筑企业培训了5 000名专业人员。

〔**建筑业改革**〕　1984年，四川建筑业全面展开改革，尔后两年又继续发展和深化。基本建设实行了投资包干制，到1985年底，全省实行投资包干的项目有2 219个，占在建项目37%。续建的大中型项目有80%实行了投资包干。住宅建设大部分实行了平米造价或小区综合造价包干。在分配制度方面，全面推行了百元产值工资含量包干。1984年实行含量包干的全民企业61个，占企业总数的48%，1985年达到73%，1986年增至74%。招标承包制1985年底有832个项目、157.5万平方米实行，其中重庆市1985年新开项目45%已实施了这一制度。企业内部全面推行了多层次、多形式的经济承包制。在改革用工制度方面，全省国营施工企业使用合同工、临时工的人数由1984年的6万人增至1985年的6.1万人，1986年增至10.8万人。固定工与临合工的比例由1比0.18增加为1比0.20和1比0.26。通过整顿建筑市场，基本上扭转了混乱现象。1986年随机抽样调查，无证设计比1985年减少42%，无证施工与越级施工分别减少了39%和60%。工程质量下降趋势已得到控制，存在重大质量缺陷的工程由5.2%下降为1.5%。1986年，建立起市、地、县各级质量监督站114个，对6 002个工程项目进行了工程质量监督检查。近几年来，四川省出现了由设计单位或施工企业全面组织建设的工程承包公司，对工程项目从勘察设计、征地拆迁、设备订货、建筑安装到投料试车、交付使用、实行全过程总承包的尝试。重庆市机场建设总公司对重庆江北机场工程项目实行总承包，既培养了一批专门人才，又提高

成都体育馆工程

了投资效益，仅土地征用和场道土石方工程两项就节约投资几百万元。

“六五”时期，建成投产项目13 700个。新增固定资产121.27亿元，房屋竣工面积53.6万平方米，比“五五”时期增长69%。1985年全民所有制建筑企业总产值为7 070元/人，比1984年提高29.8%，1986年总产值7 993元/人。城镇集体所有制企业产值1984年为4 606元/人，1985年为5 198元/人，1986年为5 327元/人。

〔**对外开拓**〕 1986年，四川省建筑队伍到省外承包工程和提供劳务的人数达30多万人，遍及全国28个省、自治区、直辖市，完成施工产值14亿元。1986年，还有4 200人到30多个国家和地区承包工程和提供劳务，合同项目46个，合同金额1.2亿美元。

二、技术装备

〔**技术装备**〕 1985年和1986年技术装备情况见表1。

〔**主要施工机械装备**〕 国营施工企业1985年和1986年16种主要施工机械实有情况见表2。

表 1

项目	1985年		1986年	
	全省全民所有制建筑企业	全省集体所有制建筑企业	全省全民所有制建筑企业	全省集体所有制建筑企业
机械设备总台数(台)	36 364	44 630	38 450	48 316
原值(万元)	47 178	—	52 092	
净值(万元)	30 151	—	34 125	
总功率(千瓦)	64.8	29.1	66.0	34.6
技术装备率(元/人)	1 377		1 452	
动力装备率(千瓦/人)	3.0	1.003	2.8	1.2

三、科学技术

〔**科研队伍**〕 1985年至1986年，包括省建筑科研所、重庆、成都、渡口等市科研所以及各类专业施工单位和大中型施工企业所属的科研所、中心试验室（站）在内，建筑科研机构共有50多个，科研试验人员3 000余名。仅省建筑科学研究所就有各类科研人员280人，其中工程师以上的科研人员150人。

〔**科技成果**〕 “六五”期间，随着高层建筑的增加，研究改进了箱形基础、大孔径桩基等新型基础。研制出竖向钢筋电渣压力焊机，解决了高层建筑施工中竖向钢筋焊接技术的难题。在测试技术方面，采用多种先进的测试手段，对重庆电厂240米钢筋混凝土烟囱的滑模施工进行了监测控制，其精确度达到了世界先进水平。1986年评出省级科技进步奖29项，德阳市段家坝新村规划设计方案还荣获国家银牌奖。

四、建筑设计与施工技术

〔**勘察设计队伍**〕 1986年，勘察设计单位发展到800余个（包括中央各部委在川的设计单位），人数超过4万人，其中有高级工程师450人，工程师9 000人，助理工程师4 100人。由于开放了设计市场，地县一级的设计单位逐年增多，由1980年16个发展到1986年近300个，初步形成了一支从部属到县属、多层次分布的以全民设计单位为主体、集体全民并存的设计新体制。

勘察设计单位普遍实行了企业化管理和各种技术经济责任制。1985年全省完成设计投资总额225.4亿元，设计面积4 700万平方米。1984年建筑设计受奖项目33个，1986年受奖项目31个。1985年荣获

表 2

机械设备名称	1985年			1986年		
	机械设备台数（台）	总能力		机械设备台数（台）	总能力	
		计算单位	能力		计算单位	能力
单斗挖掘机	294	立方米	344.9	284	立方米	318.7
推土机	858	千瓦	71 739	852	千瓦	82 014.5
铲运机(成套的)	222	立方米	1 587	219	立方米	1 727.3
履带式起重机	160	吨	2 741	170	吨	3 078
轮胎式起重机	64	吨	1 131	68	吨	1 138
汽车式起重机	488	吨	5 178	502	吨	5 967.6
塔式起重机	928	吨	5 403	947	吨	4 659.3
载重汽车	3 997	吨	18 802	3 890	吨	20 089
自卸汽车	2 168	吨	17 497	2 119	吨	16 557.1

国家级优秀设计奖5项，表扬奖4项。1984年以来，还对锦城艺术宫等一批大中型民用建筑项目进行设计招标或设计方案评选，繁荣了设计创作。有数十家勘察设计单位积极向外拓展，中标的重大设计项目30余个。

五、建设成就

〔**房屋建筑**〕 “六五”期间，共完成房屋建筑5 316万平方米（内住宅3 249万平方米），其中1985年完成1 200万平方米（住宅674万平方米），竣工面积平均每年递增7.72%，1986年房屋竣工面积1 969.2万平方米。

〔**城市建设**〕 “六五”期间全省城市由13个增加到19个，城市人口由521.2万人增加到696.4万人。截止1985年底，19个设市的城市全部完成了城市总体规划。城市住宅和市政基础设施也都有较大幅度的增长。详细情况见表3、表4。

“六五”时期四川省城市住宅发展情况

表 3

计算单位：万平方米

项目	设市城市			1985年全省城镇
	1980年	1985年	1985年比1980年(%)	
实有住宅建筑面积(m^2)	3 572	7 382	106.7	7 264
实有住宅居住面积(m^2)	1 810	3 709	104.9	2 976
人平均住宅面积(m^2)	3.5	5.5	57.1	7.1
新建住宅竣工面积(m^2)	1 553.5	3 211.5	106.7	473.3

四川经济干部管理学院大楼

1986年又新建住宅小区43个，新建面积520万平方米，改造旧城小区24个，新建、改建房屋面积223万平方米。1980～1986年累计新增医院病床位18 140张，大专院校席位4.65万个，中小学席位80.55万个，影剧院21 000平方米。

“六五”时期四川省城市基础设施发展情况 表 4

项目	单位	设市城市			1985年全省城镇
		1980年	1985年	1985年比1980年(%)	
1.自来水					
自来水厂	座	31	49	58.1	196
水厂生产能力	万吨/日	105	135.5	29	48 888
2.市政工程					
道路长度	公里	1 994	2 434	22.1	1 815
桥梁	座	236	497	110.6	911
下水管长度	公里	891	1 318	47.9	1 268.5
3.民用燃气					
储气能力	吨/个	150/5	213/19	41.9/280	
用气人口	万人	12	129	980	
4.园林绿化					
园林绿化面积	公顷	4 078	6 469	58.6	1 303.3
公共绿地面积	公顷	685.5	889	29.3	620.4
人均公共绿地面积	平方米/人	1.32	1.3	-1.5	2

〔**村镇建设**〕 1981年到1985年，全省有6 000个赶场集镇的总体规划已基本完成。培训了3.2万名初级村镇规划人员，728名中高级村镇建设人才，完成农村建房4 422万平方米，改建和扩建住房3.6亿平方米，其中砖瓦、砖混结构约2.5亿平方米。1985年，全省修建乡村公路3.2万公里，1.1万个村庄安装了自来水，新建沼气池40万个，新建村庄文化站、文艺室等公用设施880万平方米。

贵州省建筑业概况

童印佩

1985年和1986年贵州省建筑业在精神文明建设和物质文明建设方面都取得了新的进步，为贵州省的经济建设和改善城乡人民的生活居住条件，都作了重要贡献。

一、建筑队伍

〔**施工队伍**〕 据1986年7月统计：全省共有建筑施工企业（包括中央部属施工企业）1 271个，固定职工共266 031人。其中由省建设厅统一定级发证的有1 267个企业，固定职工239 993人；由中央各专业部资审、定级发证的有4个企业，固定职工26 264人。按所有制形式划分：中央和省属国营建筑企业共139个，固定职工112 088人；集体建筑企业共有1 132个，固定职工154 169人。按经营范围来划分（不包括由中央各部资审发证的企业）：土建施工企业共1 236个，固定职工220 798人；设备安装企业15个，固定职工5 439人；机械化施工企业4个，固定职工2 501人；市政工程施工企业4个，固定职工1 295人；公路、桥梁河道施工企业4个，固定职工2 539人；电力施工企业4个，固定职工6 705人；邮电施工企业2个，固定职工240人；人防施工企业1个，固定职工476人。按技术资格等级划分各类企业情况见表1。

〔**建筑业改革**〕

推行招标投标。1985年全省国营建筑企业投标承包(包括议标)新开工的工程共143个，建筑面积34.6万平方米。全省城镇集体建筑企业投标承包（包括议标）新开工的工程78个，建筑面积14.6平方米。1986年全省国营建筑企业投标承包（包括议标）新开工的工程75个，建筑面积11.63万平方米。全省城镇集体建筑企业投标承包的新开工工程118个，建筑面积20.3万平方米。

1985年，省建设系统有17个国营企业推行百元产值工资含量包干，推广面为74%，全省平均含量系数为18.98%。1986年核定综合含量系数为18.48%，各企业最高为20%，最低为18%，省属国营企业实行工资含量包干的推广面（以职工人数计算）为60%。另有中央在省的8个企业也实行了工资含量包干。

到1986年底，全省成立了75个工程质量监督站，共有监督员365人，其中专职154人；兼职211人，共监督了1 651个工程，建筑面积为245.1万平方米。

1986年根据建设部统一部署，整顿建筑市场，基本刹住了无证设计、无照施工、越级承包、转包渔利、出卖帐户等行为，查处了一批行贿受贿等违法案件，工程质量下降的趋势得到了扭转。1986年对全省建筑施工企业进行了技术资格审查，由建设厅对1 267个建筑施工企业（包括中建四局和省属公路、桥梁、煤炭、电力等各类专业施工队伍），进行定级、发证。1986年全省绝大多数地、州、市和县都已成立了建筑管理站和工程质量监督站，有的

* 本文经张学纯同志审阅。

贵州六盘山

贵州省建筑施工企业资质审查基本情况汇总表 **表 1**

		企业个数	企业固定职工 人数	企业固定职工 百分比（%）	技术经济人员数	技术装备率（元/人）	备注
	全省总计	1 267	239 993	100			
	其中：国营企业	135	85 824	35.76	7 247	1 820	
	集体企业	1 132	154 169	64.24	4 752	450	包括等外级
各级企业情况	一级企业（均为国营）	26	47 741	19.89	5 152	1 866	
	二级企业总计	26	24 442	10.18	1 360	2 072	
	其中：国营企业	24	21 863		1 113	2 244	
	集体企业	2	2 579		247	614	
	三级企业总计	115	43 789	18.25	2 065	740	
	其中：国营企业	27	7 954		487	1 513	
	集体企业	88	35 835		1 578	569	
	四级企业总计	278	58 187	24.25	2 418	462	
	其中：国营企业	42	6 605		408	725	
	集体企业	236	51 582		2 010	428	
	五级企业总计	251	32 377	13.49	999	354	
	其中：国营企业	16	1 611		82	676	
	集体企业	235	30 716		917	336	
	等外级企业	571	33 457	13.94			

注：另有中央各专业部资审发证的国营企业 4 个，职工 26 264 人，因此全省共有建筑施工企业 1 271 个，职工 266 031人。

1985、1986年贵州省建筑施工企业完成生产情况 **表 2**

企业类别	生产指标	1985年 数值	1985年 比上年增长（%）	1986年 数值	1986年 比上年增长（%）
全省国营建筑企业（包括中央在省企业）	总产值（万元）	66 531	27.06	74 444	11.89
	施工产值（万元）	63 427	32.46	72 137	13.73
	竣工建筑面积（万m^2）	136.43	20.5	157.75	15.62
	全员劳动生产率（元/人）	5 930	34.4	6 573	10.84
	创利润（万元）	4 156	49.9	3 538	-14.87

还成立了招标办公室，从项目登记、颁发施工许可证和施工通告、组织招标投标、委托质量监督、审监施工合同等整个施工活动，都有一套管理制度。

中国建筑第四工程局，以贵州为基地，以华东地区为重点，在厦门、南昌、上海承包了一批工程，赢得了信誉，已形成了闽、沪、赣的经营网。1986年贵州省搞商品房屋经营开发，已建成商品房15 000平方米，出售和预售 8 000 平方米，盈利24.46万元。1986年省建总公司实现利润达1 090万元，比上年增长 28.83%，人均创利 792元/人，产值利润率9.66%。

1985年和1986年全省建筑企业各项生产指标详见表 2。

〔**建筑教育**〕 贵州工学院土建系，设有工业与民用建筑专业 5 个班，1986年在校学生 200人；贵州建筑专科学校，三年学制大专，开办有建筑学专业 1 个班，1986年在校学生20人，工业与民用建筑专业 4 个班，在校学生187人。另外，职大、电大的工业与民用建筑专业在校学生有 186人，工业与民用电气专业在校学生118人。

贵州省城乡建设学校（中专），设工业与民用

贵州省建筑业科技成果、科技进步奖获奖项目单 表 3

项目名称	主要完成单位和主要完成者	获奖等级	时间
剑河大桥—主跨150米预应力混凝土悬臂桁架拱桥	贵州省交通厅、省交通勘察设计院、省交通科研所	省科技成果一等奖	1985年
大模板现浇无砂(碎石)混凝土建筑成套技术	中国建筑四工程局科研所	省科技成果二等奖	1985年
混凝土空心砖应用技术的研究	贵州省建材科研设计院	省科技成果四等奖	1985年
微沫砂浆应用技术研究	中建四局科研所	省科技成果四等奖	1985年
灌注桩履带吊干法冲击成孔工艺	贵州省机械化施工公司	省科技成果四等奖	1985年
钢管架飞模在无梁楼盖中的施工	贵州省建筑一公司	省科技成果四等奖	1985年
TW混凝土隔离剂的研制	中建四局科研所孟永光等	省科技进步三等奖	1986年
超声—回弹综合法测定混凝土强度的研究和应用	中建四局科研所周育弦等	省科技进步三等奖	1986年
蒸压自燃矸石墙体砖	贵州省化冶研究所吴美珍等	省科技进步三等奖	1986年
新型砂浆外加剂	中建四局科研所林力勋等	省科技进步四等奖	1986年
糖蜜缓凝减水剂试制应用	贵州省建筑二公司夏洪成	省科技进步四等奖	1986年
钻芯取样评定结构混凝土强度	中建四局科研所周育弦等	省科技进步四等奖	1986年
建筑物冷热负荷设计计算新方法	贵州省建筑设计院孙延勋	国家科技进步三等奖	1986年

建筑专业5个班，1986年在校学生240人；设城镇建设专业3个班，在校学生120人。另有各企业自办的职工中专和电视中专约300人。

1986年省建设厅直接委托有关部门开办的集体企业经理、施工员、施工规范、装饰等短期培训班共10期，450人次。各地、州、市建设局（建委）开办的各类短期培训班51期，约2 000人次。省建设厅1986年制订了全省统一的施工员培训的教学大纲，各地、州、市按教学大纲进行培训后，通过考核，已颁发了部分施工员证书。送往外地大专院校培训的职工约100人。

二、技术装备

〔**队伍装备**〕 1986年贵州省属地方国营建筑企业，共有机械设备总台数为8 325台，比1984年增加了2 166台。机械设备原值9 561万元，净值6 657万元，机械设备总功率153 900千瓦。技术装备率按全部职工计算为1 360元/人，动力装备率按全部职工计算为3.1千瓦/人，其中省建设系统建筑企业共有机械设备总台数为4 699台，机械设备原值为4 667万元，净值为3 010万元。机械设备总功率69 517千瓦。技术装备率按全部职工计算为966元/人，按工人计算为1 181元/人。

〔**工程机械化程度**〕 对省建总公司抽样统计：综合机械化程度为57.5%。其中土石方工程为60.6%，桩基工程为100%，吊装垂直运输为95.4%，场内装卸和运输为65.5%，预制和现浇混凝土工程为56.8%，抹灰工程为4.1%。

三、建筑科学技术

〔**科研队伍**〕 贵州省没有省属的建筑科学机构。中央在省的建筑科学研究单位有中建四局科研设计所，共有职工150人，其中工程技术人员93人（内工程师35人）。

〔**科技成果**〕 1985年和1986年，贵州建筑科研、设计和施工单位，共获得国家科技进步三等奖1项，省科技成果奖（科技进步奖）一等奖1项；二等奖1项；三等奖3项；四等奖7项。详见表3。

四、建筑设计与施工技术

〔**勘察设计队伍**〕 到1986年8月止，由省建设厅审查发证的勘察设计单位共有186个，其中甲级12个；乙级78个；丙级77个；临时19个，共有勘察设计职工6 191人，其中高级工程师68人；工程师1 458人；助理工程师1 010人；技术员1 012人。1986年全省设计单位共完成初步设计项目1 034项，施工图设计项目3 240项，初步设计项目投资110 726万元，施工图项目投资118 531万元，初步设计建筑面积144.56万平方米，施工图建筑面积343.25万平方米，标准设计和通用设计124项。全省勘察单位共完成工程测量150.75标准平方公里，工程地质243 699标准米，水文地质2 238标准米，物探6 264标准点。

省建设厅组织了1986年度贵州省优秀设计和优秀工程勘察的评选工作。共评优秀工程设计一等奖3个，二等奖（包括优秀村镇工程设计）10个，三等奖（包括优秀村镇工程设计）17个。优秀工程勘察一等奖3个，二等奖4个，三等奖6个。贵州省1986年度优秀工程设计、优秀村镇设计、优秀工程勘察获奖项目见表4。

贵州省1986年度优秀工程设计、优秀村镇设计、优秀工程勘察获奖项目　　表4

优秀工程设计

一　等　奖

项目	单位
剑河大桥	贵州省交通勘察设计院
第七砂轮厂扩大棕刚玉生产能力—5号冶炼炉工程	第七砂轮厂设计室
贵阳果品冷库	贵州省建筑设计院

二　等　奖

项目	单位
遵义市图书馆	贵州省建筑设计院
北京路影剧院	贵州省建筑设计院
贵阳市委党校	贵州省建筑设计院
赤水县两河口水电站工程	贵州省水利水电设计院
重庆市食品综合商场	贵州省建筑设计院
贵州省万山汞矿大水溪尾矿砌石拱坝	铜仁地区水利水电勘测设计队
贵阳卷烟二厂主厂房	贵州省化工设计院
水城钢铁厂1号焦炉汽化冷却工程	水城钢铁厂设计院

三　等　奖

项目	单位
朝阳影剧院	贵州省建筑设计院
德江县白果沱乌江大桥	贵州省交通勘察设计院
六盘水市人民医院	贵州建筑设计院
《DBJT22-住-82》贵州省职工住宅标准图	贵州省建筑设计院
天柱水口120米跨钢筋混凝土双曲拱渡槽	贵州省水利水电设计院
安顺民族饭店新楼	安顺地区建筑设计室
水钢动力75T/H锅炉房工程	水城钢铁厂设计院
遵义公园荷花池改建工程	遵义地区建筑设计室
铜仁城区锦江游园工程	铜仁地区建筑设计室
安顺虹山宾馆扩建第一期工程	安顺地区建筑设计室
东方机床厂出入口建筑及环境	东方机床厂建筑设计室
凯里纸厂给水工程	贵州省轻纺工业设计院
贵州电视机厂扩建彩色电视机技术改造工程	贵州省机械研究所
贵阳钢厂650开坯机改建工程	贵阳钢厂设计科

优秀村镇工程设计

二　等　奖

项目	单位
兴义县红旗第五队综合服务楼	兴义县设计室

三　等　奖

项目	单位
镇宁县黄果树邮电所	镇宁县规划设计室
遵义县山盆集镇一条街建设规划设计	遵义县规划设计室
贵阳市白云区格廊寨新村规划	贵州省乡镇建筑设计所

优秀工程勘察

一　等　奖

项目	单位
火石坡水库	贵州省水利电力勘测设计院
贵州省新闻图片社宿舍	贵州省建筑设计院
盘江矿务局老屋基矿井、选煤厂工业广场	水城煤矿设计研究院

二　等　奖

项目	单位
松柏山水库	贵州省水利电力勘测设计院
贵阳市科协情报楼、图书资料库和阅览室	贵州省建筑设计院
遵义卷烟厂烟叶仓库	贵州省建筑设计院
贵阳市水果冷库	贵州省建筑设计院

三　等　奖

项目	单位
马畔塘水库	贵州省水利电力勘测设计院
中国银行贵州分行业务办公大楼	贵州省建筑设计院
盘江矿务局土城矿小云尚工业广场	水城煤矿设计研究院
水城钢铁厂线材车间	水城钢铁厂设计院
石板滩水库	贵州省水利电力勘测设计院
贵阳市自来水公司中曹水厂扩建工程	贵阳市建筑设计院

〔**结构与施工**〕　贵州省是喀斯特发育地区，地基较为复杂。在深基础的设计和施工中，近几年有许多成功的经验。如处理填土和软土地基，采用重锤夯实加固，用碎石垫层回填来调整地基不均匀沉降。在深填土地基上做不埋式基础（整片钢筋混凝土板式基础）。还有，各种打入或浇灌桩基础，尤其是倒挂护壁的人工挖孔灌注桩，已普遍推广。这两年高层建筑增多，推广了液压滑模施工技术。省建四公司施工的贵州饭店，33层、105米高，为框支剪力墙结构，使用组合翻模施工，标准层以上每月能完成三层结构的钢筋混凝土浇灌。中建四局和省建总公司还推广了钢筋气压电焊。在大跨度建筑的屋盖结构中，进行钢管网架的设计和施工。在墙体方面，已开始推广使用的小型空心砌块。大模板现浇无砂大孔混凝土墙，是一种适合我省特点的建筑工业化建筑体系，已在部分工程采用。省交通厅等有关部门设计施工的剑河大桥，于1985年竣工，

贵阳花溪

获省科技成果一等奖，主跨为150米预应力混凝土悬臂桁架拱桥，是我国目前最大跨径的桁架式桥。在施工中首创了“变倾度桅杆整体移动法”，并充分运用了预应力粗钢筋和轧丝锚碇体系，能多次张、松、接的工艺，对建桥技术是一重大突破。

1986年被评为省级优质工程的有省建四公司施工的省委党校图书馆、中建四局三公司施工的遵义市图书馆，黔南州建公司施工的黔南州图书馆。

五、建设发展与成就

〔**房屋建筑**〕 全省国营和集体建筑施工企业（包括中央在省企业），1985年共完成单项工程4 086项，竣工建筑面积341.97万平方米，其中住宅面积105.9万平方米。1986年完成单项工程4 219个，竣工建筑面积367.65万平方米，其中住宅128.9万平方米。

〔**村镇建设**〕 “六五”期间，全省农民新建住宅4 600万平方米，其中1985年为1 235万平方米，五年全省每户平均增加0.78间，每人增加建筑面积2.84平方米，到1985年底每个农民住房已达12.2平方米，在1985年农民新住房中，砖木和砖混结构已达76.92%，其中有60%是楼房。1985年，全省建设农贸市场共422个（含县城），投资622万元，面积为23万平方米，“六五”期间全省兴建各种公共建筑224万平方米。其中有区、乡农村文化站1 693个，集镇电影院147座。

〔**“六五”期间建设成就**〕 “六五”期间，我省基本建设完成投资44.1亿元，较“五五”期间增长11%。其中生产性投资24.07亿元，比“五五”期间下降22%，非生产性投资19.98亿元，比“五五”期间增130.5%。“六五”期间我省共完成技术改造投资23.4亿元。

“六五”期间，共建成工业生产项目451个。全部建成的大中型项目4个，部分建成投产的大中型单项工程22个。如乌江渡水电站、贵州铝厂八万吨电解铝、盘县土城煤矿、六枝地区洗煤厂，贵州木材加工厂、输电线路和变电工程等。新增的主要生产能力有：电解铝8万吨、煤炭开采153.6万吨、洗精煤60万吨、发电装机46.7万千瓦、输电线路479公里、变电设备63万千伏安、棉纺锭4.8万锭、机制纸0.5万吨、酒5 507吨、卷烟6万箱、平板玻璃48万标箱、新建公路1 378公里，水利有效灌溉面积25.2万亩。

〔**1986年建设成就**〕 1986年全民所有制单位完成基本建设投资13.13亿元，比上年增长6.1%，其中生产性投资6.4亿元；非生产性投资6.73亿元。建设项目投产率为55.6%，房屋竣工率为52.0%。全年新增固定资产8.64亿元，比上年提高2.4%。1986年全民所有制单位完成更新改造投资9.07亿元，比上年增长19.0%。全年建成投产的更新改造项目843个，新增固定资产7.1亿元。

1986年新的主要生产能力或设施有：电炉铁合金4 742吨/年，磷矿开采20万吨/年，化肥（折纯量）33 340吨/年，发电机组容量2.35万千瓦，输电线路（11万伏及以上）190公里，水泥29.1万吨/年，酒20 372吨/年，卷烟4万箱/年，电冰箱5万台/年，新建县以上交通部门管的公路351公里，水库容量2 358万立方米，商业网点92个共76 560平方米，大中专学校学生席位57 643个，医院病床1 312张，自来水供水能力5.49万吨/日。

云南省建筑业概况

毛朝屏

一、建筑队伍

〔**建筑队伍**〕 1985年末，云南省全民所有制建筑业职工共16.63万人，比上年增加了9 544人，增长6.1%；到1986年末，全民所有制职工人数达16.90万人，比上年增加4.65万人，增长1.4%；城镇集体建筑业职工62 914人，比1985年增长5 614人，增长9.79%；农村建筑业约26万人，1986年全省建筑行业约49.8万人，按从业人数计算的各种经济成分所占的比重分别为：1985年，全民为34.4%，城镇集体11.8%，农村集体为53.8%，而1986年所占比重则分别为52万人，其中全民为16.9万人，城镇集体近7万人，农村集体为28万人，所占比重分别为30.7%:13%:53.3%。

1985年，全省建筑安装工程投资15.217亿元，比上年增长20.3%。1986年，完成投资13.94亿元，减少8.4%，其中城市建设完成投资2.58亿元，城市住宅建设投资3.4亿元，县镇建设投资0.38亿元。完成的投资额1986年比1985年虽有所下降，但投资效果明显上升。1986年建设项目投产率由上年的52.8%升到54.3%，房屋建筑面积竣工率由48.9%上升到54.3%，其中住宅竣工率由51.3%上升到56%；固定资产交付使用率由70.2%上升到75.5%。劳动生产率为7 359元，比上年提高9.4%。

1985年，施工项目4 342个，投产或交付使用的有2 580个。1986年施工项目3 321个，投产交付使用的1 802个。1985年施工房屋建筑面积922.2万平方米，其中住宅建筑施工面积444.13万平方米；总竣工建筑面积451.37万平方米。1986年施工房屋建筑面积490.4万平方米，比上年增长3.1%，竣工建筑面积259.2万平方米，比上年增长12.2%，其中住宅为177.9万平方米。1985年施工大中型项目32个，已有10个项目全部或部分建成投产。1986年重点工程项目36个，已有16个项目建成投入使用，有8个项目基本建成。国家重点建设项目昆明三聚磷酸钠厂一期工程已通过国家验收，做到了建设速度快、质量好、投资省；小龙潭二电厂装机容量10万千瓦一号机组，已并网发电。

〔**建筑教育**〕 1985年筹建了"重庆建筑工程学院昆明分院"，于1986年1月18日破土动工正式开始建校。经过半年多的努力，于1986年9月1日开学前，建成了教学大楼、学生宿舍、食堂及其配套设施，共竣工2.1万多平方米，保证当年建校当年招生的需要。分院开办了城市规划、房地产经营与管理、给排水、工民建、城市建设、工程测量等六个专业，招收学生330人，在校生近400人，引进、招聘教师100余人。云南省建筑工程学校已开办工民建、建筑经济与管理、村镇建设等四个专业，在校学生已达700多人。1986年，省建委干部学校举办了市、县长研究班3期，培训78人。其它各类干部进修班4期，共培训各类专业干部157人。

二、建筑制品与建筑新材料

〔**建筑制品**〕 昆明地区的混凝土建筑构件厂，已由1981年以前的15家，到1985至1986年间猛增至200家，五年间增长了14倍。云南全省现有混凝土建筑构件厂近300家，1986年末生产能力已达120万立方米，而实际需要量近30万立方米，厂房占地达240万平方米。为此，对混凝土建筑构件企业进行登记，实行资质审查和整顿，有的要关、停、并、转，以符合经济发展的实际需要。

昆明工人文化宫

〔**新材料**〕 我省有40多个厂家，生产内外墙装饰涂料、防水涂料、石棉制品、大理石、玻璃马赛克、粉煤灰空心砌块、塑料门窗、建筑塑料管材等各种新材料，30多个品种，向轻质、高强，空心化方向发展。

三、建筑科学技术

〔**科技成果**〕 1985年有3项获国家级技术进步奖，2项获建设部技术进步奖，9项获省科技成果奖，48项评为建设厅系统技术成果奖。

1986年，获全国科技成果奖的有二项，获省科技成果奖的三项。1986年3月正式成立"云南建筑技术发展中心"。通过近一年的努力，已开发AAS屋面浅色隔热防水涂料，引进开发了FBCAD建筑结构计算机辅助设计程序，配备了DMP-56大型绘图仪和HOUSE软件，已成功地配在M-24微型计算机上投入了实际使用。新型强制式混凝土搅拌机已试制成功，取代陈旧的鼓筒式搅拌机。高层建筑地基基础攻关，喷涂新材料和施工技术也取得了进展。微型电子计算机已在建筑行业中广泛推广应用。全省各地州、市级设计、规划、科研、施工单位已配备统一的型号M-24高兼容型微电子计算机72台，有30多个实用程序用于结构计算、施工预算、城市规划等方面的数据处理和生产管理。

四、建筑设计与施工

〔**建筑业改革**〕 1986年，全省共有243个勘察设计单位，职工17 000多人。据不完全统计，1985年实行设计招标的项目有13项，1986年有7项，其中有规划设计招标，还有以设计为龙头的联营承包，实行建设的全过程招标。开始出现设计、科研、施工、建材、设备设施一条龙的横向大联合。省设计院与53家设计施工单位实行联营，进行工程总投标，中标工程总额达7 393万元。

1986年，云南建筑施工企业，实行投标承包的工程有36个，实行概算或施工图预算加系数包干的工程484个，按平方米造价包干的工程413个，按建筑小区综合造价包干的工程22项，按单位能力造价包干的工程48个，实行其它方式承包的工程118个。1986年，127个国营地方建筑施工企业总产值为8亿4千万元，比1985年增长10.4%，房屋竣工面积增长了12.2%，全员劳动生产率增长9.4%。永平糖厂采取总承包，节省投资400万元。

整顿建筑市场，加强对工程质量的监督。1985年底，全省有73个设计单位领到合格执照，待审批的有80个；审批国营、城镇集体、农村集体施工企业636个；到1986年底，完成了县以上的45个全民和149个集体建筑企业的资质审查和复查工作。同时对229个设计单位进行重新登记，并对全省水泥制品厂、钢门窗厂企业进行普查和登记，在审查中，对不具备条件的公告社会，限期整顿、停业转产或取缔。

工程质量监督。到1986年底，昆明、思茅、丽江、曲靖、怒江、玉溪、楚雄、大理等八个地州及个旧、开远、文山、西畴等19个市、县都先后成立了地区性的建筑工程质量监督站，先后对329个工程进行检查，发现问题及时予以解决。

〔**防震抗震**〕 云南是一个多地震的地区，80%的县镇及村庄位于地震区域，历来震害频繁。中央和省政府近几年拨专款对原有房屋建筑、重要的堤坝和水库进行抗震加固。1985至1986年，加固了房屋建筑79.1万平方米，支出抗震加固经费400余万元。同时，组织昆明、大理、东川等市编制了抗震防灾规划。

〔**重点工程建设**〕 1986年，全省39个重点项目共完成6.92亿元，为计划的104%，昆明煤气输气工程、小龙潭二电厂二号机组、昆明三聚磷酸钠厂二期工程等13个建设项目和单项工程建成投产。

〔**管理机构**〕 根据云南省委和省人民政府决定，1986年撤销云南省城乡建设环境保护厅，将省计委管理的基本建设业务划出来，于1986年9月5日正式成立"云南省城乡建设委员会"，设18个处室，为省政府职能部门，主管全省的基本建设、建筑安装行业和城乡建设工作。另成立云南省环保委员会，与省建委合署办公，主管全省环境保护工作。

五、城市建设展新貌

〔**城市规划**〕 到1985年底，全省县以上城市的地形测量已告结束，1986年底已编制完11个市、114个县城的总体规划。在此基础上，开展了部分市、风景区的详细规划工作。昆明市完成新建小区、北京路改造、旧区改建、石林风景区等详细规划10个，面积52公顷。1986年，详细规划完成了47项，面积共340公顷。完成集镇规划340个，村庄规划2 506个。全省累计完成集镇规划1 086个，占集镇总数的91%；村庄规划累计完成15 062个，占村庄应规划数的84%。全省确定集镇建设试点166个，其中由省建委抓的试点5个，地州级试点23个，县级试点138个。红河、大理、楚雄、文山、玉溪、思茅、曲靖、开远、个旧等市，结合近期建设项目，开展了一条街、一个小区为主要内容的26个详细规划，现已有18个正在按规划进行建设中。

〔**城市建设综合开发**〕到1986年底，城镇房地产普查工作已全面完成，为编制住宅建设计划和城市建设规划提供了科学依据。按中央规定，落实私房产权6 526户，面积36.86万平方米，占应落实的92%；腾退房屋5 694户，面积31.9万平方米，占79.4%。

1986年全省城镇综合开发公司，已发展到74个；比1985年增加了15个。实行了统一规划、合理布局、综合开发、配套建设。“六五”期间，全省新建住宅1 320多万平方米，城市住宅建设投资3 412万元。全省城镇居住面积已达1 072.4万平方米，城镇人均居住面积达6.26平方米。

〔**住宅商品化**〕由于城市建设管理体制的改革，房地产经营开发公司对城市土地、住宅小区、市政配套设施等进行统一规划，综合开发，配套建设，商品住宅已竣工建筑面积70万平方米，采取补贴出售及全价出售，至今供不应求。

〔**城市基础设施建设**〕从1985年开始征收城市建设维护税，初步统计可征收9 000万至1亿元，为城市的维护与建设开辟了固定的资金渠道。仅1986年，城市建设共完成投资17 739万元。

省属11个城市，已拥有自来水厂21座，日产水量34.1万吨；县城已建立日产水量五百吨以上的水厂82座。“六五”期间城市自来水厂建设，年平均增长率为6.8%。一些边疆城镇吃水难的问题开始得到解决。路南彝族自治县人民过去饮用巴江河水、沟水和浅井水，不卫生，影响健康，经修建一座日产千吨的自来水厂后，用上了符合标准的自来水，疾病减少，人民健康状况有明显的好转。

全省城市、城镇的道路共修建31 094公里，其中11个省属城市道路总长419公里，高级和次等级路面长384公里。1986年总计新建、拓宽城市公路干道100余公里。

全省1985年已有城市路灯10 900盏，到1986年底，已装设路灯21 000多盏。一些县城的路灯也从无到有，发展到9 000多盏，保证了夜间交通安全；加强了社会治安，方便了群众。

1986年昆明市煤气厂建设工程竣工，铺设煤气管道110公里，一期工程供气25万立方米，2万多户居民用上了煤气。此外，昆钢、花山镇等地区利用工厂焦化厂生产煤气回收作民用，使附近城镇居民也用上了煤气。

城市公共交通车辆已从1980年的398辆，发展到1986年的748辆。公共交通线增加到143条，营运线路总长8 594公里，年运客总数达24 781万人次。昆明市建立了出租汽车公司，有213辆投入营运，改善了城市的交通条件。

城市公园已发展到30个，县城公园已发展到63个。据不完全统计，各城市共植树4 318万株，建花坛1万余个，种花464万盆，种草皮45万平方米。

大理州博物馆珍宝馆楼

西藏自治区建筑业概况

车　念　国

自1951年西藏和平解放到1985年，三十五年来，随着国民经济和各项建设事业的发展，西藏的建筑业逐渐发展壮大，全区兴建了大量的工业建筑、民用住宅、文教卫生及商业服务等各类建筑。全民所有制单位共完成固定资产投资35.9亿元，其中基本建设完成33.8亿元，更新改造措施完成1.37亿元，竣工房屋面积537.5万平方米，促进了西藏经济和社会的发展，使西藏的面貌发生了巨大的变化。

一、"六五"成就

〔建筑业产值占社会总产值的比重〕 西藏建筑业"六五"期间已成为仅次于农牧业的第二大产业。1985年农牧业在社会总产值中的比重为49%，建筑业为26.2%。

表 1

年　份	社会总产值（万元）	其中建筑业产值（万元）	建筑业产值占社会总产值比重（%）
1981	106 977	18 042	16.9
1982	109 783	21 926	20.0
1983	111 741	20 862	18.7
1984	175 092	47 945	27.4
1985	222 377	58 251	26.2

〔投资与建设〕 "六五"期间及1986年固定资产投资与房屋竣工面积情况如表2。

全区1985年房屋平均造价为509元/平方米。其中厂房419元/平方米，商业营业用房557元/平方米，办公楼406元/平方米，普通住宅300元/平方米，医疗用房689元/平方米。

1985年施工项目564个，其中本年新开工426个，建成投产456个，投产率80.9%。

"六五"期间全区竣工住宅面积达86.19万平方米，平均每个城镇居民增加了2.33平方米，拉萨市每人平均居住面积为6平方米。

二、发展变革

〔建筑企业近况〕 西藏建筑部门有独立核算的施工企业12个（其中国营企业10个），职工约1万人。

全区建工系统完成的主要经济指标情况见表3。

〔四十三项工程〕 援藏的四十三项工程中有能源工程八项，交通工程二项，旅游工程九项，文化、教育、卫生、体育项目十五项，建材工程三项，商业工程四项以及市政工程和加工工业各一项。整个工程总建筑面积为234 162平方米，总投资为48 085万元，所需水泥、钢材等各类物资总重量超过20万吨以上，内地进藏参加建设的工程技术人员和工人约27 000人次。上述工程从1984年5月陆续开始到

拉萨新貌

表 2

年份	固定资产投资额（万元）		生产性和非生产性建设投资额比重（%）		竣工的房屋建筑面积（万m^2）	
	合计	其中建筑安装工程	生产性建设投资	非生产性建设投资	合计	其中：住宅
1981	10 359.9	9 128.5	61.0	39.0	18.11	9.48
1982	14 219.6	12 793.3	54.5	45.5	22.86	10.54
1983	19 438.2	17 640.7	49.6	50.4	28.39	14.99
1984	43 320.0	38 214.0	31.5	68.5	42.78	18.88
1985	70 537.0	48 448.0	35.0	65.0	83.52	32.30
“六五”合计	157 874.7	126 224.5	—	—	195.66	86.19
1986	24 966.0	15 738.0	47.8	52.2	25.08	13.20

注：1986年系预计数字；设计中均不包括更新改造措施投资及竣工房屋面积。

表 3

指标名称	单位	1981	1982	1983	1984	1985	“六五”合计	1986（预计）
职工平均人数	人	9 718	9 169	7 791	7 417	6 893	—	7 767
其中：国营	人	6 223	6 078	5 873	5 552	5 627	—	6 543
集体	人	3 495	3 091	1 918	1 865	1 266	—	1 224
施工产值	万元	4 216.5	4 566.7	4 591.8	5 886.2	6 314.1	25 575.3	4 861.1
其中：国营	万元	2 752.3	3 195.2	3 216.8	4 385.6	5 653.1	19 203.0	4 227.2
集体	万元	1 464.2	1 371.5	1 375.0	1 500.6	661.0	6 372.3	638.9
竣工面积	万m^2	15.96	16.79	13.93	15.14	13.57	75.39	12.54
其中：国营	万m^2	8.34	9.80	8.73	10.32	11.20	48.39	10.25
集体	万m^2	7.62	6.99	5.20	4.82	2.37	27.00	2.29
全员劳动生产率	元/人	4 423	6 583	5 925	9 164	10 683	—	9 827
竣工率	%	60	60	59	84.6	68.9	—	62
工程优良品率	%	13	26	21	37	42	—	54
成本降低率	%	9.0	6.8	9.2	6.7	3.8	—	—
技术装备率	元/人	923	961	997	1 301	1 917	—	2 492
动力装备率	马力/人	3.5	4.8	4.6	4.2	4.5	—	5.9

注：后六项均为国营企业经济指标。

1985年8月，只短短一年多时间就相继建成交付使用。由于各方面的团结协作，1986年上半年，国务院对九省市和国家水电、建材等部门的进藏建设人员，颁发了《援藏四十三项工程建设纪念证书》19 450册。1986年8月由江苏省建筑设计院设计的拉萨饭店工程被评选为全国优秀建筑设计一等奖。

〔**整顿、改革与市场管理**〕 全区从1985年至今，建筑业在整顿、改革方面走了三大步。

第一步对企业整顿、改革首先抓了四个问题：一是政企分开，简政放权，给企业三大权（经营自主权、机构设置权、中层干部任免权）；二是民主选举领导干部，实行任期制；三是经济承包责任制，实行栋号包干、包工、包料、包费用、包质量；四是改革用工制度，实行固定工、合同工、临时工相结合的用工制度。

第二步是建立专门机构，1985年起相继设立了质量安全监督站、标准定额管理站、招标投标办公室、竣工验收办公室。四个单位联动运转，监督。执行有关规定和办法，取得了显著成效。

第三步是加强行业管理。根据建设部关于整顿建筑市场的通知，西藏自治区人民政府1986年3月份召开专门会议，决定成立由计委、建设厅组成自治区基本建设管理办公室，对全区的工程实施全过程管理。从设计审批、招标投标、队伍调度、质安监督、竣工验收等工作配套成一条龙。对区内外建筑队伍重新进行了资审，如外来设计、施工到拉萨地区登记的就达56家，注册人数一万人。最后经审定核发承包工程许可证的只18家，有力地制止了无证设计、无照施工、越级承包等违法行为。

〔**建筑设计**〕 西藏从事专业建筑设计的单位共

表 4

项 目 名 称	建筑面积 (m^2)	投 资 (万元)	规模及建筑项目	设计和施工单位
1.拉萨饭店	39 783	8 411	客房500间，床位1000张，总统别墅二幢	江苏省建筑设计院 省工业设备安装公司 南通四建司
2.拉萨剧院	8 067	2 164	1 200座，会议中心等	天津市建筑设计院 天津市二建
3.西藏体育馆	8 072	1 824	3 114座，设活动舞台可供演出	浙江省建筑设计院 省工业设备安装公司 省建四公司
4.西藏宾馆	11 829	1 825	客房92间，床位200张	福建省建筑设计院 省工业设备安装公司 惠安县建司
5.西藏大学	10 060	795	教学楼、艺术楼、宿舍等	浙江省建筑设计院 宁波建司
6.拉萨电视教学楼	3 264	831	教学和录制中心等	浙江省建筑设计院 省工业设备安装公司 诸暨建司
7.少年儿童活动中心	2 314	319	扩建原拉萨市少年宫	江苏省扬州设计院 南通四建司
8.拉萨汽车站	8 111	962	客运站房、旅客接待楼	江苏省淮阴设计院 南通四建司
9.区群众艺术馆	3 594	649	观众、展览、练功等厅	天津市建筑设计院 天津市二建
10.北郊商场	2 500		营业厅等	中国新型建筑材料公司 西藏自治区二建司
11.西郊贸易中心	4 000	803	营业厅、展览厅、贸易洽谈室	中国新型建筑材料公司 西藏自治区一建司
12.三类物资供应站	1 500		营业厅、办公楼	中国新型建筑材料公司 西藏自治区一建司
13.自治区人民医院	17 067	1 680	扩建工程：住院部400床位，门诊900人次	西藏建筑勘察设计院 南通四建司
14.拉萨市上下水工程	—	3 064	上水10.1公里 下水18.8公里	成都市政设计院 省工业设备安装公司 成都市政公司

八个，全部职工约200人，每年可完成初步设计建筑面积约6万平方米，施工图建筑面积约20万平方米左右。西藏建筑勘察设计院有职工100人，其中工程技术人员占58%。1985年完成初步设计6.2万平方米，施工图面积24.72万平方米，收入21.2万元，人均年完成产值9 828元，1986年完成初步设计2.3万平方米，施工图面积17.5万平方米，收入32万元，人均年完成工作量达9 902元。该院实行收费后，完成的任务比试行企业化经营前增长50%左右，并设计出一批有民族风格的建筑，如政协办公楼、拉萨电影院、自治区人民医院、中国银行西藏分行、外贸中心大楼等等。

三、城 镇 建 设

〔**拉萨城市建设**〕 目前，西藏自治区只设一市，即拉萨市。1985年末城市人口10.77万人，市区面积245平方公里，其中建成区34平方公里。人均居住面积6平方米。自来水年供水总量282万吨，供水管道总长度34公里。公共交通营运线路总长159公里，全市现有高级道路50公里，面积69万平方公里。下水道总长32公里。园林绿地面积565公顷，市区绿化覆盖率17%，人均占有公共绿地面积8平方米。公园共三个，面积51公顷。全年植树60万株。

市区内新建的十四项公共服务性建筑列于表4。

〔**村镇建设**〕 西藏自治区建制镇共九个，总人口约10万人，大部为地区或重点县的所在地，近年来发展都较快。下司马镇是与印度接壤的边境小镇，为亚东县政府所在地，在市镇建设中，依靠自己的力量办起多种加工工业，建设了自来水、道路、学校、医院等公共服务设施，小镇环境清秀，镇容整洁，经济繁荣，人民安居乐业。

至1986年为止，市镇已完成或基本完成总体规划编制的有六个，即日喀则、泽当、昌都、八一、江孜、狮泉河。

1985年农民建房50 827间，94.76万平方米，竣工房屋投资2 989万元。有的县已有30%农户建了新房，60%农户改建或扩建了农房。

四、科技进步

〔**科技成果**〕 西藏自治区在1985年8月公布了全区第二次66个科技成果奖励项目，城乡建设系统共获四项，其中拉萨城市总体规划荣获二等奖；3 000吨双层山洞冷库设计与施工获得三等奖；西藏古建筑研究专著《罗布林卡》、《古格王国遗址》分别得四等奖。

〔**新技术与新材料**〕 西藏是我国太阳能最丰富的地区之一，年日照数为3 100至3 400小时。1986年，全区拥有太阳能采暖建筑3.2万平方米，太阳能温室50余万平方米。1985年在日喀则还建成了具有现代化仪器设备的太阳能试验站，有太阳房、热水器、光电和风电机等四套微型电子计算机自动测试系统。新建筑材料方面：西藏已能较大规模生产各种混凝土制品，并采用太阳能养护工艺。西藏石膏板厂引进联邦德国技术和设备，已开始生产各种石膏板、石膏砌块，一些品种已使用于室内平顶及轻质墙体上。为了节约木材，推行以钢代木，钢模板、钢脚手架正开始应用。西藏已能定型生产钢门窗。拉萨石材加工厂可生产大理石及花岗石板材等产品。施工技术方面也在发展，如墙面喷涂、滚涂和弹涂饰面，外墙用面砖、马赛克贴面，内墙饰面已大面积使用塑料壁纸、玻璃纤维墙布，最近推行喷涂饰面和有机涂料。

西藏自治区政协办公楼

陕西省建筑业概况

龚森业

一、建筑队伍

〔**施工队伍**〕 1986年，全省施工队伍总人数为76.14万人，比1984年增长89%。其中省建筑总公司施工、安装企业11个，职工5.68万人；地、市、县国营企业32个，职工3.15万人，比1984年增长14%；中央各部及省各专业局在陕国营施工企业36个，职工12.4万人；城镇集体企业220个，职工7.2万人，比1984年增长20%，农村建筑队伍47.71万人，比1984年增长275%。

〔**管理与改革**〕 自1984年8月至1986年底，西安市实行招标决标的工程共125项，建筑面积62万平方米，投资1.96亿元。1986年实行招标的工程约占全市可实行招标工程总投资的21%，比1984年增加100%。与建设部颁发的工期定额和经过审定的标底相比，平均缩短工期20.2%，降低造价6.07%。

多种形式的经济承包责任制已初步形成，从过去的施工队承包发展到班组承包、单位工程承包、分部分项工程承包和个人承包等多种形式。省建筑总公司制定了百元产值工资含量包干实施细则，普遍推行简化工资标准的自费工资改革。西安市建筑总公司适应市场“开放、搞活”后的新形势，颁发了《强化经营管理，提高经济效益的紧急措施》。1986年全公司系统完成了全年建安工作量计划，实现利润150万元。

* 本文经王继唐审阅。

陕西省体育馆

省建筑总公司1985年直供料的单位工程726个，建筑面积148.8万平方米，占总施工面积的41.6%，材料供应值1.44亿元，比1984年增长65%；1986年直供料单位工程556个，建筑面积110.5万平方米，占总施工面积的28.9%，材料供应值1.29亿元。除省材料公司外，各地、市都成立了基建物资配套供应公司。

从检查在建工程着手，抓了建筑市场的整顿。西安市对全市1 427个工程项目进行检查，共查出无证设计和私人设计项目55个，无证施工和越级承包工程项目89个，未办施工许可证的项目203个，倒手转包工程项目33个。通过查出的问题，制定了有关工程总分包、企业资质审查与质量管理等一批管理制度。对已竣工工程进行质量回访，翻工维修了64.8万平方米，初步扭转了不重视质量的倾向；复查了建筑企业的技术资质，等级与实际不符的进行了调整，对全省预制构件厂也进行技术资质审查，合理确定了经营范围。

全省有10个地、市与38个县、区已成立了质量监督站，共有质量监督员174人。已对约240万平方米建筑的工程质量进行了监督。

全省已成立各类房屋建设开发公司57家。资金筹集方式有集资统建、入股经营、公建民助、民建公助、建行贷款与发行有奖储蓄债券等多种形式。两年来，建成住宅95.5万平方米，合1.7万套；共出售商品房共20.57万平方米，有3 300户职工购到了新住宅，共收回资金4 453万元；普遍重视了整体配套性小区开发，目前已建成与正在建设的有西安市兴庆、草阳、咸阳市沈家等8个。

1985与1986两年，全省建筑安装企业共完成施工产值8.79亿元与9.93亿元，分别比前一年提高14%与12%；竣工面积318.6万与315.1万平方米，比前一年提高5%与14%；全员劳动生产率为

7 020元与6 610元。

〔**建筑教育**〕 为了全面提高城乡建设队伍的技术素质，制订了全省“七五”教育发展规划。办了4期主管城乡建设的县长、市长、建设局长与建委主任研究班，有106个县、市共174人参加；在全省大中型建筑企业应统考的82人中，已有73人参加了全国厂长统考。西安、宝鸡等8个地、市有21个县结合普通中学改制，办了设有建筑班的职业技术学校，已有在校学生886人。开办了函授中专、电视中专学校与2个电视中专班，在校学生共600余人。各地、市与厅直属单位共举办的各种类型培训班共培训了1 666人。1985、1986两年西安冶金建筑学院、西北建筑工程学院与省建筑总公司职工大学共毕业建筑类各专业学生1 975人，研究生35人，目前在校生4 768人，研究生230人。

二、技 术 装 备

〔**队伍装备**〕 据1985年行业调查，全省共有从事建筑机械修理与制造的工厂43个，职工1.8万人，年生产能力2万吨。能设计与制造动力翻斗车、混凝土搅拌机、磁轮气割机、电梯等。其中城乡建设系统所属及省定点企业17个，1986年产量9 835台，合1.2万吨，产值7 690万元，比1984年增加25%。1986年全省施工队伍拥有挖掘机、推土机、铲运机608台，各种起重设备764台，混凝土搅拌机1 577台，打桩机36台。技术装备率：全省国营施工企业为2 324元/人，集体企业为1 200元/人。动力装备率：全省国营施工企业为4.32千瓦/人，集体企业为1.51千瓦/人。

三、建筑制品与新材料

〔**混凝土制品**〕 全省共有独立核算与附属于企业内部核算的混凝土构件厂18个，1986年生产各种混凝土制品9.15万立方米。

〔**木制品**〕 全省有独立核算与附属于企业内部核算的全民所有制木材加工与生产木制品的工厂8个，1986年共生产木门窗14.08万立方米。

〔**钢制品**〕 全省有全民所有制工厂46个，1986年生产钢门窗762万平方米，钢模板0.6万吨，钢制散热器11万米。

〔**新材料**〕 1985、1986两年，生产了一批多孔砖和竖向配筋用的空心砖，为地震区砖混结构改革提供了新品种。硅酸盐制品向定型化、构件化发展，可生产砌块、墙板、屋面板、楼板等几十种产品。全省有铝合金制品工厂9个，年生产铝合金门窗10万平方米以及隔断与轻钢龙骨等产品，还有12家工厂生产各种地毯、挂毯、木雕座屏及木蕊、玻璃画及火烙壁画以及清式家具等产品。

四、建筑科学技术

〔**科研队伍与改革**〕 省建筑科学研究所现有职工262人，其中科技人员142人。1985、1986两年承担了成果转让及各种技术服务项目550多项，90%的项目是当前工程与生产中急需，60%的成果及时得到推广。两年共完成科研项目89项。其中36项已经过鉴定，获国家、省与西安市奖励的有7项，完成规范规程4项。

〔**建筑结构**〕 在西安市草阳小区近6万平方米的住宅建设中，对砖混与内浇外砌结构体系作了比较系统的改革，推广了能减轻自重，改善抗震与热工性能的竖向配筋空心砖承重结构体系；三个体系采用统一的模数、层高与13种定型平面单元，配套构件只有50种，预制装配化程度由过去的40%提高到60%；采取合理降低层高等措施及考虑抗震后，使用面积每户增加5平方米；采用钢模生产的中型预应力空心板与圈梁硬架支模，减少了湿作业，缩短了工期；改革后的砖混结构比传统砖混结构降低耗工量22%，钢材20%，水泥9.4%，平方米造价7%，工期缩短23%。

抗地震方面，针对砖混结构存在的抗震问题，依据488个墙片侧推试验的数据，对砖结构抗侧力做了系统分析，提出了几种假设条件下的强度验算表达式；为了解决层间刚度、质量分布不均匀时地震力分配的计算问题，提出了“主振型分配法”和计算层间变形的“状态点法”；为防止全框架房屋的底层刚度变形集中，提出了层间刚度比建议限值；用一次二阶矩阵验算点法计算了不同烈度区、不同层数的多层住宅砖房的失效概率，提出了相应的砖房层数限值；进行了刚心和质心不重合砖房的空间振型试验，提出了层间墙体扭转反应振型，为多层砖混结构的抗震设计和抗震性能评价提供了依据。为了阐明实心砖填充墙框架结构的抗震性能，通过80榀填充墙框架试验，提出了实用的计算方法与构造措施，解决了填充墙对结构刚度及强度的影响问题，已被国家抗震规范所采用。

〔**地基基础**〕 通过近70项工程证明，非自重与一、二级自重湿陷性黄土地基经过处理后，夯面以下5～8米深度内，土的湿陷性能得到消除，干容重平均可提高25%，容许承载力提高0.3～8倍，每平方米处理费仅9.20元。编制出版了《陕西省灰土桩和土桩挤密地基设计施工及验收规范》，使黄土地区的地基处理方法逐步完善配套。

〔**施工技术**〕 针对现浇混凝土框架建筑日益增多，为了节省模板，加快施工速度，研制成功了在密肋楼板中推行塑料模壳施工工艺，解决了楼板的收缩裂缝问题，在现浇框架建筑中还研制成功了

"液压滑模施工技术"。

五、勘察设计

〔**勘察设计队伍**〕 到1986年，全省建工系统共有勘察设计单位148个，职工6 209人，比1984年增加107个，2 491人。其中：省、地、市、县属全民单位84个，职工3 856人；企事业所属全民单位43个，职工1 053人；集体、个体所有制单位20个，职工365人。省各专业厅局与其企业所属单位23个，职工988人。中央各部与其企业在陕的单位12个，职工8 463人。全省勘察设计队伍总数共为1.57万人。1985、1986两年，建工系统设计单位完成设计产值均各为3 400万元，比1984年提高70%。完成建筑面积360万与460万平方米，比前一年提高20%与30%。评出省级优秀设计9项，建设部优秀设计1项，优秀勘察项目3项，完成标准图2项，构配件标准设计12项。

〔**建筑与勘察**〕 西安市环城建设已将城墙、环城林、环城河融为一体，修整一新的明代古城庄严雄居，与之相连的火车站，碧瓦，鸱尾脊、斗栱，浓厚地方色彩的壁画，较完整地体现这座历史文化名城的风貌。

编制了"奇险天下第一山"的华山风景区规划。规划了山岳与平原的7个景区和5个主要景点。规划范围发展为167平方公里，年接待量远期可达100万人次以上。

六、建设成就

〔**房屋建筑**〕 两年来，全省共完成施工产值70.07亿元，完成各类房屋6 165.4万平方米。其中：住宅建筑4 953.64万平方米（全民所有制单位部分为685万平方米）。建成了省体育馆、西安与宝鸡市火车站、省政府办公楼、省科技馆与西安市青少年宫等一批大型公共建筑，以及唐城宾馆等3处旅游宾馆，增加各种套型客房568套。

〔**抗震加固**〕 陕西省大部处于地震区，在南北地震带以东，汾渭地震带的西部。全省有八度地震烈度城市13个，七度地震烈度31个。其中西安、宝鸡、咸阳为国家重点抗震城市。全省建筑已完成抗震加固的有1 254万平方米，约占应加固面积的35%。省内铁路上的"五所一室"和桥梁，公路干线上桥梁的加固任务已全部完成，重点文物建筑与邮电、通讯、供水、消防等系统的主要建筑物也已大部分得到加固。宝鸡市的城市抗震防灾规划已基本完成。

〔**古建筑和革命纪念建筑的修复**〕 1985、1986两年修复了西安明代城墙，发掘了凤翔县秦公一号大墓与耀州古瓷窑遗址，继续挖掘清理了秦兵马俑坑；修复了西安事变旧址杨虎城与张学良的公馆等。现全省开放旅游点已达55处。

〔**村镇建设**〕 1985～1986年共规划了集镇441个，累计完成规划1 073个，占集镇总数的98.8%。完成村庄规划3.6万个，累计完成规划达10.97万个。新建住房共55.63户，建筑面积4 026万平方米；公共建筑622万平方米；生产建筑356万平方米。建设给水设施的村镇1万个，占全部村镇的9.7%。建设并已通电的村镇5.12万个，占村镇总数的49.7%。

〔**国外建设与中外合资建设**〕 两年共完成国外承包施工任务2 139.3万美元，承担中外合资项目的设计施工项目11项，投资2.7亿美元。

西安市古城墙建设

张景沸　龚森业

西安是我国六大古都之一，历史上有11个王朝在此建都。隋唐时的长安（即西安）城，规模宏大，规划严谨，世界闻名。现存城墙是明初(1370)在隋唐皇城原址上修建，周长约14公里，仍保持了唐城的规划布局。现城墙还覆压着唐部分城门遗址，它的部分墙芯夯土，仍是隋唐的墙体。城墙高12米，气势雄伟，为世界上仅存的几个古城堡之一。

新中国成立前，古城屡遭破坏，部分箭楼与城楼被毁，墙体洞穴遍布，护城河成了排放污水与倾倒垃圾的场所，造成严重淤塞。为了重视这座名城的历史风貌，1983年成立了环城建设委员会，进行全面开发修建。修建规划方案是以维修城墙为主，将城墙、环城林、环城河、环城路建成"四位一体"的绿环，综合考虑城墙保护、防洪蓄水、市政交通、园林绿化与游览休息等各种功能。总投资达一亿余元，是一个大型文物与市政综合维修工程。四年来，共完成了以下项目：

1.全面修葺了城墙。修补了所有残垣断壁和洞口塌方，铺砌修整了全部海墁，11处城市道路穿过的豁口已卷洞相连7处，按原貌修复了瓮城、月城（包括南门闸楼和吊桥）和女儿墙、垛口、登城马道，98座敌楼中的12座与1座魁星楼已基本竣工，发掘了唐朱雀门与含光门遗址，并修建了保护设施。

2.基本上完成了改造城河，完善城市排雨水系统工程。对城河拓宽加深，清除淤泥，疏通河道，

甘肃省建筑业概况

姜明哲 冯康茂

1985～1986年，甘肃省建筑业在经济体制改革和两个文明建设的推动下，队伍得到发展壮大，职工的政治、技术素质明显提高，初步形成了具有设计、施工、加工、建筑机械、科研、教育等门类齐全的建筑产业部门，为甘肃的经济建设和人民生活水平的提高，作出了重要贡献。

一、建筑队伍

〔**施工队伍**〕 甘肃省现有的施工队伍主要由建工企业、专业施工企业、部属在甘施工企业、城乡集体施工企业和农村建筑队等多层次组成。

1985年，全省拥有建筑施工企业1 198个，全年职工平均人数达388 597人，其中国营施工企业150 685人，集体施工企业50 246人，农村建筑队187 666人。

1986年，全省拥有建筑施工企业1 369个。全年职工平均人数53万人，其中国营施工企业16.7万人，集体施工企业19.5万人，农村建筑队16.8万人。

全省建筑施工企业主要经济技术指标如表1。

甘肃省建工系统现有101个企业，79 996名职工。其中省建总公司所属建筑公司8个、安装公司2个、机械化公司1个、构件公司1个；地、州、市所属县以上国营企业15个；住宅建设和市政工程建设施工企业3个；县以下集体施工企业71个。

甘肃省各部门专业施工队伍1万多人，主要分布在全省交通、水利、煤炭、电力、冶金、邮电、农牧、轻纺等各系统。

中央有关部门施工队伍在甘肃省有近6万人。主要的施工企业有中国有色金属总公司第一、第八建设公司，西北电力建设局甘肃送变电公司，中国石化总公司兰州化建公司等。

〔**整顿与改革**〕 近几年对国营施工企业普遍进行了整顿。全省国营施工企业的整顿验收工作，于1985年底已全部结束。

* 本文经阎海旺审阅。

修建引水渠与退水闸，护砌堤岸与阶梯，修建停船码头、钓鱼台与桥涵。将来水源由东南角流入城河，分西、北两路环抱古城，在城西北角汇流，经退水闸排入渭河。

3.环城绿地将分区建设各类公园，供成人儿童游乐休息。南半部已种植了各类绿化树种，主要道路入口处修建了明代风格的牌坊、门廊与亭台，环城公园已初具规模。

4.改善了交通设施。已打通了环城东路，环城北路火车站处的立交道工程正紧张施工。

经过三年多的修整，城墙、环城林、城河已溶为一体。雄伟典雅的古城墙已以崭新的面貌，呈现在人们面前。城上，城楼、箭楼与敌楼，威镇雄关；城下，城河环绕，拱桥与园林古建筑点缀其间，一座独具秦地风格的环城立体公园已初具雏形。1985年试开放了南城一段，供游览与举办灯节，已接待了120万人次。博得各界赞誉，公认是为保护人类文化瑰宝作出了重大贡献。

修建中的明代古城墙

表 1

项　　目	年份 1985	年份 1986
1 施工企业总数(个)	1 198	1 369
其中：国营企业	65	111
集体企业	145	246
农村建筑队	988	1 012
2 年完成总产值(万元)	197 736	282 270
其中：国营企业	114 140	126 431
集体企业	30 607	169 453
农村建筑队	52 989	46 386
3 年完成房屋竣工面积(平方米)	3 371 537	4 126 167
其中：国营企业	2 251 082	2 578 946
集体企业	1 120 455	1 547 221
4 全员劳动生产率(元/人)		
国营企业	7 575	8 571
集体企业	4 683	5 613
农村建筑队	2 824	2 760
5 工程质量优良率	63.9%	38.2%
6 国营企业利润总额(万元)	5 965	6 087

随着经济体制改革的深入发展，近两年来在全省建筑业普遍推行了以下几个方面的改革：实行工程建设和委托设计的招标投标；普遍推行企业内部经济承包责任制和设计单位的企业化管理；在国营企业实行百元产值工资含量包干；改革用工制度，发展农村建筑队；各地组建了定额管理站、建筑管理站、质量监督站，加强行业管理，实行政府对工程质量的监督；试行经理（厂长）负责制。

1986年，全省在整顿建筑市场过程中，重点是围绕端正施工企业的经营思想，以树立为全社会服务，提高工程质量和社会效益为目标，认真纠正行业的不正之风。在整顿的基础上，结合甘肃省的实际情况，制定颁发了有关对建筑市场和行业管理的办法、规定等文件；进行了施工、设计、预制构件生产的技术资格复查和换证等工作。

〔建筑教育〕 甘肃省没有正规的建筑工程大专院校，只有省建总公司所属职工建筑工程学院1所、甘肃省建筑工程学校1所、兰州市所属的兰州城建学校1所。1985年毕业大专生65名。1986年毕业大专生121名、中专生164名。1986年大专在校学生360名，中专在校学生870名。

近两年来，采取多层次、多渠道的形式，加强了在职职工的培训。到目前为止，省建委所属各单位培训各类干部2 173人，培训率达32%。其中培训县以上领导干部101人，培训各类专业技术干部1 618人，培训其他干部454人。现有干部队伍中，具有大专以上文化程度的占21%，具有中专和高中文化程度的占30.7%，初中以下文化程度的占48.3%。

〔队伍装备〕 1985年全省施工企业拥有施工机械设备3.6万台，总功率71.98万千瓦。1986年全省施工企业拥有施工机械4.4万台，总功率80.16万千瓦。

全省国营施工企业的技术装备情况如下表2。

二、建筑制品与新材料

〔建筑制品〕 随着建筑科学技术的进步，近两年我省发展和生产了一些新的建筑制品，如粉煤灰加气混凝土砌块、钙塑门窗、聚氯乙烯下水管、钙塑发泡天花板、聚氯乙烯天花板等新型建筑制品。同时生产和开发了一些原来不能生产或生产量很少的新材料，如人造大理石、玻璃马赛克、陶瓷釉面砖及各种内外墙装修涂料等新型建筑材料，为提高我省建筑装修水平打下了物质基础。

三、建筑设计与科技

〔设计队伍〕 甘肃现有的设计队伍主要有省和各地、州、市设计单位，省级各部门设计单位，中央有关部在甘肃的设计单位等。

1985年，全省拥有设计单位146个，职工总数10 233人。全年完成初步设计592项，建筑面积133万平方米，投资9.9亿元；完成施工图设计3 105项，建筑面积305万平方米，投资10.7亿元。

1986年，经过整顿、技术资格复查和重新换证后，全省现有设计单位152个，职工总数10 654人。全年完成初步设计560项、建筑面积131万平方米、

表 2

项　目	年末机械设备总台数(台)	年末机械设备总价值(万元) 原值	年末机械设备总价值(万元) 净值	年末机械设备总功率(千瓦) 总功率	年末机械设备总功率(千瓦) 施工机械功率	技术装备率(元/人) 全部职工	技术装备率(元/人) 工人	动力装备率(千瓦/人) 全部职工	动力装备率(千瓦/人) 工人
1985年	27 577	35 768	24 451	656 956	298 727	1 934	2 505	5.2	6.7
1986年	30 471	37 614	26 452	697 962	311 421	2 434	3 051	5.6	6.4

兰州市中心东方红广场

投资8.6亿元；完成施工图设计2 964项、建筑面积298万平方米、投资9.8亿元。

〔**科研队伍**〕 甘肃建筑科研单位主要有省建筑总公司建筑科研所、甘肃省建筑材料研究所、中国有色金属总公司兰州建筑研究所和有关中央部在甘肃的大型设计院内的科研力量。

〔**科技成果**〕 1985年以来，通过部级鉴定的科技成果有“波动理论在桩基工程中应用技术的研究”，通过省级鉴定的有“内板外砖住宅建筑结构性能的试验研究”，“甘肃省农村房屋抗震性能的试验研究”等。

〔**设计、施工新技术**〕 近两年来，我省在学习外地设计、施工新技术的基础上，结合本省实际，逐步改进了建筑造型，采用了一些新的设计和施工工艺。如体育馆65.33米倒V钢屋架的设计和整体吊装，17层高层民用住宅建筑滑模施工工艺，60×74米大型钢管网架设计与施工等设计、施工新技术。

四、建设发展与成就

〔**基本建设**〕 “六五”期间全省完成基本建设投资56.8亿元，新增固定资产42.5亿元，全部建成投产项目3 131个，房屋竣工面积1 230万平方米，住宅竣工面积710万平方米。

1985年，全省完成基本建设投资16.2亿元，新增固定资产12亿元，固定资产交付使用率达74%，建成投产项目856个，建成投产率49.2%，房屋竣工面积309万平方米，房屋竣工率为45.7%。

1985年，全省33个重点项目共完成投资3.9亿元。国家重点项目金川公司扩建工程全面完成年计划。省列32个重点项目中，兰州平板玻璃厂九级窑、酒泉糖厂等15个项目建成或基本建成。厂坝铅锌矿、甘肃绒线厂等14个项目完成了投资计划或达到形象进度要求。

1985年，全省新增生产能力：原油11.8万吨、原煤19万吨、电解镍1万吨、硫精砂30万吨、大窑水泥4.4万吨、平板玻璃150万标箱、ABS树脂1万吨、纯碱3.8万吨、烧碱0.4万吨、食糖2.7万吨、输电线路183.8公里、送变电装机容量28.6万千伏安。

1986年，全省完成基本建设投资18.6亿元，新增固定资产12.6亿元。

〔**城市建设**〕 “六五”期间，全省完成城市建设固定资产投资23 042万元。其中：用于给水工程3 860万元；排水工程3 460万元；道路5 020万元；桥梁449万元；防洪730万元；公共交通1 567万元；煤气2 124万元；园林绿化1 563万元；环境卫生433万元；其它3 836万元。

“六五”期间，全省设市城市建成供水管道27.8公里，新增供水能力31.1万吨，铺设排水管线273公里，新建扩建道路221公里/307万平方米，建成永久性桥梁4座，公共交通新增汽车205辆，建成住宅472.8万平方米，建成防洪堤坝154公里，铺设煤气管道13公里，新增煤气3万立方米/日，城市园林绿地1 000公顷。

1985年，全省完成城市建设固定资产投资7 059万元，为年计划的105%。主要的工程是：新建续建21个城镇的给水工程、铺设上水管道24公里。其中，兰州西水东调主体工程和华池、阿克塞等5个城镇的给水工程已基本建成，形成日供水能力6 760吨。新开兰州污水厂及酒泉、合水、泾川等城镇的4个排水项目，铺设排水管道18公里。完成了武都城防一期工程，在兰州、武都等城镇建成了约6公里的防洪堤坝。

1986年，全省十二个设市城市维护建设资金12 691万元。其中完成基本建设投资5 164万元。

青海省建筑业概况

庞志奎　李　群　张连城

一、建筑队伍

〔**施工队伍**〕 青海省目前已形成多层次、多种所有制的队伍结构，既有青海省的地方建筑队伍，也有中央冶金、电力、水电、铁路等专业施工力量；既有市、州、地、县所属的建筑企业，也有各专业局直属的建筑施工队伍。1984年组建成青海省建筑工程总公司，原省建委直属的13个企事业单位统由总公司管理。该公司具有矿建、预制构件加工、木制品加工、钢门窗制作和机械化施工的综合生产能力，是承担全省工业和民用建筑工程的主要力量。近两年全省集体建筑企业和乡镇建筑企业也有了很大的发展。据1986年末统计：全省有建筑企业654个，职工114 927人，其中：国营建筑企业41个，职工44 831人，集体建筑企业67个，职工20 486人，乡镇建筑企业546个，职工49 610人。

〔**改革与效益**〕 经济体制的改革，给建筑企业带来了活力。扩大企业自主权，推行百元产值工资含量包干办法，企业内部层层经济责任制的建立，推行招标投标合同制和按概算加系数、预算加系数的承发包合同制，降低了工程造价，缩短了建设周期，提高了工程质量，据1986年末统计：全省建工系统完成施工产值2.84亿元，竣工面积73.8万平方米，全员劳动生产率为9 878元/人。

二、技术装备

〔**队伍装备**〕 1984年，为了适应高层建筑的建设需要，青海建筑业先后添置了高层塔式起重机、大型吊车、大型打桩设备和地基强夯设备，1985年全省国营建筑企业技术装备率为1 460元/人，动力装备率为3.6千瓦/人。

三、建筑制品与新材料

〔**钢木制品**〕 近年来青海的钢窗生产发展较快，到1985年，全省已有钢窗厂17个，年生产能力为30万平方米，还建成一条年产5 000吨的实腹钢窗料轧制生产线和一条年产6 000吨的空腹钢窗料轧制生产线。目前全省新建建筑工程大都采用钢窗。

〔**新材料**〕 青海省现有大小水泥厂31个，年产水泥56万吨。玻璃纤维制品、加气混凝土等各种保温材料、玻璃马赛克、水泥花格砖和一些中级装饰材料都已在各类建筑中使用。近几年，随着装修水平的提高，青海的大理石资源得到了开发，现已有5个天然大理石产地，目前正积极筹建大理石加工基地。

四、建筑科学技术

〔**科技成果**〕 两年来我省研究的“砖混结构大开间住宅建筑”、“预应力高强刻痕钢丝多孔长楼板”和“挂式太阳能热水热风器在住宅上应用试验研究”等项目，经过一年多的使用测试，1986年已正式通过省级鉴定。新建的大开间住宅，采用6.6米跨长楼板，用轻质石膏板作户内分室隔断，外墙面挂太阳能热水热风器。目前已推广大开间住宅17 000平方米。

两年来还完成“阳离子乳化沥青屋面防水涂料”、“石膏装饰板、吸音板”、“钢框蜂窝纤维

新增供水能力0.3万吨，供水管道6.7公里，城市道路1.3公里，下水管线2公里，防洪堤3.7公里。

〔**村镇建设**〕 1985年，全省10户以上的村庄89 171个，已有82 809个完成了规划，占92.86％。现有1 051个集镇，已有973个完成了规划，占92.8％。村镇规划节约了用地，规划比现状节约土地14万亩，节约率达5.1％。

1985年，在13个集镇进行了建设试点。这13个试点集镇一年内就修建各种商品房4万平方米，拓开道路16公里，铺设路面37公里，修建水塔3座，铺设上下水管线7.5公里，挖筑排水沟3.7公里，修建防洪堤2公里。

1986年，全省100个建设试点集镇，新修拓宽道路19公里，修筑排水沟30公里，新建生产和公共建筑4.3万平方米，建成商品房1万平方米。

〔**抗震加固**〕 截止1985年底，全省共完成加固面积612万平方米，还加固了一些桥梁、烟囱和设备，共支出抗震加固经费7 904万元。

1985年，全省加固各种建筑物39万平方米，支出抗震加固经费685万元。同时，在兰州、天水、嘉峪关三个国家重点抗震城市开展了城市抗震防灾的规划编制工作。

无线电一厂综合车间

板门”等项目的技术开发工作，并已投入批量生产。用本省材料、燃料生产硅酸盐白水泥的研究课题已经完成。

五、建筑设计与建筑技术

〔**设计队伍**〕 到1986年底，全省共有32个勘察设计单位，其中甲级1个，乙级2个，丙级13个，丁级13个，还有戊级3个。职工总数为1 191人，其中技术人员662人。1986年完成投资额3.3亿元，工业与民用建筑面积122万平方米的设计任务。

青海省建筑勘察设计院成立于1956年，是省内组建最早，技术力量比较雄厚的一个设计单位。目前有职工304人，其中工程技术人员165人。该院年建筑设计能力在40万平方米以上。

〔**设计改革**〕 1985年开始在全省勘察设计单位中推行技术经济责任制，承接生产任务收取勘察设计费办法，加快了设计速度，缩短了周期，提高了经营管理水平。随着设计市场的开放，设计单位打破地区部门界限，一批省外设计单位进入青海设计市场，省建筑设计院等单位也先后到甘肃、广东承接设计任务。

为了择优选定设计方案，1986年先后在省妇幼保健院、西宁曹家堡机场候机楼、航管楼等工程上实行工程设计招标，有的民用建筑工程还实行设计方案征选，除省内一些设计单位外，还邀请新疆、甘肃、陕西、江苏等地设计单位参加。

〔**建筑与结构**〕 近年来，我省在城镇建筑设计中积极探索青海地区的建筑风格，逐渐重视建筑群体和建筑环境的处理，要求城市高层建筑和重要地段的建筑工程都要做多方案比选，中选方案要有特色和个性，如省中医院门诊楼和青海宾馆工程的设计都有不同程度的创新。城市建设的另一个突出变化是高原古城西宁出现了一批高层建筑。据不完全统计，西宁地区在建的10层以上高层建筑有十余栋，其中最高的达23层。

在建筑构配件新产品开发方面，1985年从国外引进一条塑料门窗生产线，并已编出标准设计图集，开始批量生产，为住宅设计的更新创造了条件。

〔**施工技术**〕 近几年在地基基础中已普遍采用混凝土灌注桩、钢筋混凝土预制桩和灰土挤密桩，还掌握了在松软地基上采用强夯法施工技术。与省外有关单位合作成功地完成了大孔径混凝土灌注桩荷载动测试验。在主体工程施工中已掌握了一整套较为先进的施工技术。西宁清真冷库工程在1986年被评为建设部优质工程。

六、建设发展与成就

〔**房屋建筑与工业建设**〕 两年来全省房屋建筑竣工面积277万平方米。其中住宅建筑73.5万平方米，办公用房15.1万平方米，学校建筑6.6万平方米，医疗建筑4.3万平方米，工业厂房14.3万平方米，其他163.2万平方米。

在工业建设方面也有较大发展。柴达木盆地锡铁山铅锌矿选矿厂已形成年含铅锌精矿6.4万吨生产能力，宁果公路黄河拉加寺大桥全长1.77公里，已经建成通车。黄河上游龙羊峡水电站建设已进入

青海省中医院

宁夏回族自治区建筑业概况

董家林　孙　琳　马维邦

1985～1986年，活跃在宁夏建筑市场的勘察、设计、施工和科研队伍10万多人，每年完成建安产值5亿元，提供建筑物的施工图设计110万平方米，建成各类房屋120万平方米，为发展生产、改善生活、美化环境，促进宁夏经济建设和文化事业，做出了很大的贡献。

一、建筑队伍

〔**施工队伍**〕 1985年经审查定级的建筑安装施工企业有281个，职工85 194人，其中：城乡建设系统建安企业68个，职工30 726人；专业厅（局）下属建筑施工企业94个，职工27 446人；乡镇企业117个，职工26 861人。按经济性质划分，国营建安企业42个，职工36 262人；城镇集体建筑企业122个，职工22 071人；乡镇集体建筑企业117个，职工26 861人。

1986年对四级以下（含四级）建安施工企业进行了资质等级复查。整顿复查后全区有建筑安装施工企业362个，职工97 220人。按经济性质划分，国营建安企业53个，职工39 203人，其中：城乡建设系统22个，职工19 134人；专业厅（局）下属建筑施工企业14个，职工14 355人；农垦系统17个，职工5 714人。城镇集体建筑企业122个，职工21 649人（其中县以上企业28个，职工10 134人）；乡镇集体建筑企业187个，职工36 368人。

〔**勘察设计队伍**〕 1985年全区注册发证的勘察设计单位53个，职工1 800人，其中技术人员890人。1986年经整顿审查注册发证的勘察设计单位41个，职工1 760人，其中技术人员820人。每年可完成初步设计建筑面积40万平方米，施工图设计建筑面积110万平方米，工程测量130标准平方公里，工程地质进尺5万标准米。

〔**建筑教育**〕 宁夏工学院建工系现有在校学生155人，1986年首届毕业41人。宁夏建筑工程学校1986年有教职工122人，在校学生608人，1985年工业与民用建筑毕业生为45人，1986年为41人，建筑经济与管理专业毕业生41人，城镇规划专业毕业生40人。宁夏建筑职工中专学校，1986年在校学生256人。该校学制3年的工业与民用建筑专业，1985年毕业生92人，1986年毕业生40人；还为乡镇集体企业举办各种类型的业务、技术短期培训班4期共205人，为同心、盐池等回民地区乡镇企业代培两年制工业与民用建筑专业人员一期49人。

二、技术装备

〔**队伍装备**〕 1985年全区建安施工企业技术装

机组安装阶段，并于1986年10月15日正式下闸蓄水。青海第三毛纺织厂5 000锭的设备安装已经完成，并于1986年12月正式通过国家验收。

〔**城市建设**〕 到1986年底，全省已建起45座城镇，城镇总人口达到412.5万人，其中非农业人口119.9万人，占全省总人口的29.1%，建成区面积220万平方公里。目前，全省城镇道路已有219.3公里，其中沥青路面高级、次高级205.3公里，桥梁40座，防洪堤14.0公里，下水道92.0公里，城镇自来水日供水能力达到28万吨，用水人口62.8万人，公共交通车辆236辆，营运线路487.5公里，绿地631.2公顷，人均居住面积达到6.04平方米。

省会西宁“六五”期间也取得了长足的进展，1986年末城市总人口达到61.2万人，其中非农业人口51.9万人，建成区面积52.8平方公里。1985年人均居住面积达5.2平方米，1986年达6.05平方米。已成为开发建设青海的重要基地。

青海西部重镇格尔木市，昔日是个仅有几百人口的“帐篷城”，由于它特殊的地理位置和周围得天独厚的矿产资源，现正在建设成为一个联系西藏、新疆、甘肃等省区，以盐化工业和石油化工为重点的戈壁新城。1986年末，城市总人口6.2万人，其中非农业人口5.5万人，建成区面积15.7平方公里。

〔**村镇建设**〕 全省现有村镇6 707个，其中集镇395个，中心村3 151个。到1986年底共完成村镇建设规划2 993个，占84.4%。两年来有198个村镇用上了自来水，157个村镇通了电，新建庄廓5.67万户，建筑面积达287.08万平方米。过去广大牧民一直过着逐水草放牧的游牧生活，近年来在人民政府帮助下，先后有28个牧区县建起了1.13万户牧民定居点，并相应建设了生产加工设施，大大改善了牧民的生产、生活条件。

备率为762元/人，其中国营企业为1 306元/人〔城乡建设系统企业1 152元/人，专业厅（局）系统企业1 434元/人〕；动力装备率，城乡建设系统企业2.8马力/人，专业厅（局）系统企业3.4马力/人，县以上集体企业1.9马力/人。1986年度增值不大。

1985年末，全区国营施工企业拥有机械设备8 611台件（城乡建设系统企业3 985台件，专业厅（局）系统企业4 626台件）；县以上集体企业拥有机械设备2 117台件。其中主要机械有挖掘机、推土机、铲运机等土方机械131台，各种起重设备139台，打桩机10台，混凝土搅拌机392台，各种卷扬机947台。

〔**工种机械化**〕 国营建安企业主要工种机械化程度如下表：

工种名称	机械化程度(%)	
	1985年	1986年
综合	49.3	58
土方工程	56.7	62
挖	48	22
运	82.3	90
桩基工程	100	100
起重吊装垂直运输	67.3	96
场内装卸和运输	44.2	62
装卸	12.5	37
预制和现浇混凝土工程	76.8	65
混凝土搅拌	99.7	99
抹灰工程	8	8
砂浆搅拌	98.8	97

三、建筑制品与机械制造

〔**混凝土制品**〕 1986年宁夏建筑构件厂基本建成，年生产能力为30 000立方米，可生产各种混凝土建筑构件。1986年全区审查定级的二、三级小型建筑构件厂71个，空心板、槽形板及其他小型混凝土构件年生产能力为180 642立方米。1985年建成投产的加气混凝土砌块厂4个，年生产能力10万立方米，1985年已生产加气混凝土4.87万立方米，1986年生产3.09万立方米。

〔**木制品**〕 全区建筑工程所需木门窗等木制品，现在均由施工企业所属加工厂自产自用。到1986年底，自治区区属施工企业的木材加工厂，已具有年锯材3万立方米、木门窗制品4万立方米的生产能力。

〔**金属制品**〕 到1986年已有五个国营钢窗厂，年产29万平方米，品种有空、实腹钢窗、钢门框、卷帘门、轻钢龙骨等。1986年有两个钢模板生产厂，年产30 000平方米。

〔**机械制造**〕 宁夏建筑机械厂主要生产快速卷扬机、蛙式夯、灰浆机、钢模板、钢门窗。1985年生产机械570台，钢门窗20 443平方米，钢模板968吨，金属结构件54吨。1986年制造小型机械146台，钢门窗31 688平方米，钢模板1 235吨，金属结构件463吨。该厂1986年有职工362人，其中技术人员17人，管理人员57人，拥有设备156台，年总产值506万元，全员劳动生产率达到13 978元，年利润总额115.6万元，上缴利税58.9万元。

四、建筑业改革

1985年宁夏建筑业改革全面实施，1986年整顿建筑市场进一步巩固改革成果。两年来，招标承包制推行速度快且面广。城乡建设系统企业承包工程投标面，1985年为27.3%，1986年为48.1%；自治区和银川市属企业普遍推行百元产值工资含量包干，基层实行作业队包干责任制，一些施工企业实行了厂长（经理）负责制试点，进一步扩大了企业的自主权。1985年勘察设计单位试行企业化管理，全面推行技术经济责任制，到1986年已全部实施。全区建立了两个综合性工程承包公司，一个电力专业工程承包公司，专门组织工业与民用工程项目建设。

银川、石嘴山、吴忠等中心城市，建立了

宁夏展览馆

银川绿洲饭店

五个房屋建设开发公司，对城市土地、房屋实行综合开发。到1986年底，银川房屋开发公司在各方面的协同下，建成了幸福村、湖滨、光华、朔方和唐徕区第一组团五个住宅小区，为居民提供了3 600套住宅，还建成了八幢办公楼、31个商业网点，改造了民族南街、北门、天主教堂等13处地段。

全区19个县市已建立18个建筑工程质量监督站，已有70多名工作人员从事工程质量监督工作。1986年全区工程质量状况有所好转，水平有所提高。

五、建筑科学技术

〔**科研队伍**〕 宁夏建筑工程研究所，1986年有职工43人，其中科研人员20人；宁夏城乡规划设计研究所，1986年有职工25人，全部是科研人员；区属国营建安企业、建筑设计院，都设置了由总工程师负责的施工、设计技术研究开发小组，初步形成科研工作网。1985年到1986年，宁夏建筑工程研究所积极发展科研、生产联合体，建立了一个地区和两个企业的联合体，技术服务项目发展到17项。

〔**科研成果**〕 "六五"期间，城乡建设系统直属单位完成建筑科研项目28项。自治区建筑设计院和第五建筑工程公司联合研究的"新结构"平板网架的应用及斜方四角平板球铰网架施工精度控制"、自治区第二建筑工程公司研究的"大面积沙夹石回填振动碾压地基"两项成果，获1986年12月自治区第二届科学技术进步奖四等奖。自治区第五建筑工程公司参加联合研制的"CBP微机编制施工图预算系统(软件)"，1986年已被国家计委委托中国施工企业微机中心通过鉴定。自治区第二建筑工程公司与哈尔滨建筑工程学院、西北电力设计院联合研究的60米预应力钢桁架，已使用到宁夏大武口电厂输煤栈桥工程上。这是把预应力钢绞线Jm12型锚具液压张拉工艺，首次运用到大跨度钢结构上。

六、建筑发展成就

"六五"期间累计完成基本建设投资205 000万元，技术改造投资104 000万元，新增固定资产142 000万元，建成投产项目三千多个，其中大中型项目19个。

"六五"期间竣工的房屋建筑面积4 618 869平方米，其中：住宅2 285 545平方米（占总竣工面积的49.5%），学校教育用房505 771平方米，工业厂房、仓库506 322平方米，商业服务性建筑163 155平方米，文化、体育、医疗、科研用房268 137平方米，办公用房468 281平方米，其他公用建筑421 678平方米。县以上国营和集体建筑企业完成建筑安装工作量108 700万元。交工的项目中，银川第二毛纺厂、银川毛条厂、平罗糖厂、青铜峡水泥厂和汝箕沟煤矿扩建工程等五个工业项目投产后年增产值7 894万元，创利润1 391万元，超过设计指标。1985年又有四个重点建设项目相继建成或部分建成投产。固海扬水工程竣工通水，目前可灌溉20万亩地，造福山区人民；宁甘电网联网工程竣工运行，使陕、甘、青、宁四省区电网连成一片；银川涤纶厂提前建成投产，当年生产1 300吨涤纶丝；大武口电厂一号10万千瓦机组投产。

〔**工业建设**〕 1985年大武口电厂一号10万千瓦机组投产后，1986年二号、三号两台10万千瓦机组先后投产，实现了一年"双投"的目标。1986年建成投产的工业项目还有年入洗原煤210万吨的太西洗煤厂、马家滩炼油厂、银川针织厂。重点技术引进的大型项目——年产30万吨合成氨的宁夏化工厂于1985年5月正式开工建设。

〔**房屋建设**〕 1985和1986年城乡建筑施工队伍建成各类房屋面积3 141 861平方米，其中通用厂房439 915平方米，公共建筑159 864平方米，住宅1 562 005平方米。

〔**村镇建设**〕 全区应规划的村镇257个，1985年底完成227个，1986年已全部完成。在贺兰立岗、平罗姚伏、青铜峡瞿靖、固原三营4个集镇进行了建设试点。全区农村住宅建设，1985年完成215万

新疆维吾尔自治区建筑业概况

季肇祚　刘戈青

一、建筑业管理与改革

〔**施工队伍**〕 1985年全区建筑企业职工总数为30.8万人，1986年为31.4万人。1985年有12个省、区的10万建筑队伍进疆施工。1986年进疆施工的外地建筑队伍约7万人。1985年底，新疆城乡集体建筑企业为1 650个，从业人数为20.5万人，其中农村建筑企业1 064个，从业人数7.1万人，完成总值达9.5亿元。

〔**建筑企业整顿和技术资质审查**〕 1985年，列入自治区企业整顿计划的34个国营建筑企业已全部整顿验收合格。1984年底至1985年初，自治区建设厅对全区建筑企业进行了技术资质审查，共审定1 314个企业；1986年，又进行了全面复查。通过资质审查和复查，基本摸清了全区各建筑企业的主要情况。

〔**管理体制改革**〕 主要进行了以下几个方面的改革：建设项目实行投资包干；建筑工程实行招标承包制；建筑企业实行百元产值工资含量包干；改革用工制度；对建筑工程质量实行政府监督和第三方认证；改革设计管理；改革材料管理体制；推行商品住宅和房地产开发；建设项目拨款改贷款；组建工程承包公司。

为了巩固改革成果，1985年2月，自治区人民政府颁发《关于改革建筑业和基本建设管理体制若干问题的暂行规定》、《关于进一步改革勘察设计工作的暂行规定》。

〔**建筑工程质量监督**〕 至1986年底，全区已正式批准成立44个建筑工程质量监督站或代监站，发证的质量监督员242名，初步形成了遍布于全区的

迎宾馆接待楼

平方米，平均每个农民使用生活面积达11.79平方米；1986年完成140.69万平方米，平均每个农民使用生活面积达12.01平方米。

〔**城市建设**〕 到1985年底，全区共有水厂23座，日供水能力为21.8万吨，厂矿自备水源日供水量为84.25万吨，全区铺设给水管道486公里，铺设排水管道219公里；1985年全区公共汽车运营线路总长度为1 518公里，年客运总数为7 358万人次。全区到1986年共有城市道路387公里，面积为639万平方米，其中高级、次高级路面242公里，面积为225万平方米，共建城市桥梁69座；1985年以来扩建新建公园8个，面积为91公顷；城市人均公共绿地面积达2.9平方米，绿化覆盖率为14%。1985年银川市完成给排水工程15项，旧城区给水能力达到每日3万吨，排水能力每秒6立方米，使银川长期存在的供水不足、排水不畅的局面有所好转。1986年液化石油气供气能力为512立方米，用气人口为4万人，气化率为16%。

1985年底全区城镇住宅达820万平方米，人均居住面积6.48平方米；公共建筑也有发展，新建银川“小吃一条街”、吴忠农贸市场、大武口百货商场、一批影剧院、工人文化宫、少年宫、图书馆、体育场，使塞上城镇显现出新的风貌。

〔**国外承包工程**〕 自1980年11月至1986年9月底，中国建筑工程总公司宁夏分公司，先后派遣1 600余人次到阿拉伯也门共和国和埃及承包工程和提供劳务，累计施工25万平方米左右的房屋，1986年，自治区为了稳步发展对外工程承包，加强宁夏回族与世界穆斯林的友谊，扩大阿拉伯穆斯林国家建筑市场，由宁夏大成承包工程公司牵头，组成了一个以回族职工为主体，联合乡镇企业参加的，集体所有制性质的经济联合体——新月建筑公司。该公司已接受埃及阿斯旺住宅工程施工任务，为集体建筑企业到国外承包工程开拓了一条新路子。

自治区全民所有制建筑安装企业、自营施工单位生产情况和建筑业净产值　　表 1

	企业数（个）	自行完成总产值（万元）		累计竣工产值（万元）	房屋建筑面积（万m^2）				净产值及其构成（万元）						
		合计	其中：施工产值		施工面积		竣工面积		合计	利润	税金	工资	职工福利基金	利息	其他
					合计	其中：本年新开工	合计	其中：住宅							
1985年	102	117 931	109 551	92 567	558.8	304.2	292.4	136.0	43 719	9 777	1842.0	22 986	2 197	1 041	5 876
1986年	111	119 915	114 811	98 649	539.7	277.8	284.9	120.4	44 541	7 891	1 611	24 418	2 686	1 954	5 981

建筑企业技术资质等级情况　　表 2

分类 等级	实有企业数（个）	已审企业数（个）	已审企业按所有制形式和隶属关系（个）								已审企业按经营范围（个）						
			国营				集体				房屋建筑	机械施工	设备安装	土木工程	矿山建设	房屋维修	其他
			总数	建设部系统	专业部、厅、局系统	建设兵团系统	总数	建设部系统	专业部、厅、局系统	建设兵团系统							
总计企业个数	1 312	1 252	258	53	88	117	994	101	880	13	888	2	71	77	3	208	3
职工(万人)	31.4	30.96	19.67	4.7	4.65	10.33	11.29	2.02	9	0.27	22.88	0.24	1.68	5.13	0.17	0.82	0.04
一级企业	13	13	13	5	6	2					6		2	5			
职工(万人)	5.17	5.17	5.17	2.2	1.9	1.07					3.2		0.24	1.72			
二级企业	30	29	29	7	10	12					11	2	7	8	1		
职工(万人)	5.84	5.75	5.75	1.39	1.1	3.26					2.8	0.24	0.81	1.8	0.09		
三级企业	37	36	29	10	7	12	7	5	2		28		2	5	1		
职工(万人)	4.31	4.26	3.75	0.65	0.27	2.82	0.51	0.42	0.1		3.62		0.04	0.55	0.06		
四级以下企业	1 232	1 174	187	31	65	91	987	96	878	13	843		60	59	1	208	3
职工(万人)	16.07	15.78	5.01	0.45	1.38	3.18	10.78	1.61	8.9	0.27	13.25		0.59	1.05	0.03	0.82	0.04

建筑业承包责任制推行情况（全民）　　表 3

年份		合计	其中：按承包责任制形式分					
			小计	实行投标承包	实行概算或施工图预算加系数包干	实行平方米造价包干	实行小区综合造价包干	实行按单位能力造价包干
一九八五年	一、施工的单位工程个数(个)	4 342	2 608	353	1 179	977	57	42
	其中：本年新开工的(个)	2 318	1 692	300	740	602	30	20
	二、房屋建筑施工面积(万m^2)	558.8	337.2	61.9	146.9	117.3	6.1	5.0
	其中：本年新开工的(万m^2)	304.2	200.7	55.0	70.9	67.7	5.2	1.9
一九八六年	一、施工的单位工程个数(个)	4 891	3 629	632	1 540	1 283	108	66
	其中：本年新开工的(个)	3 254	2 376	396	1 026	828	70	56
	二、房屋建筑施工面积(万m^2)	539.7	444.8	93.4	158.9	176.2	11.2	5.1
	其中：本年新开工的(万m^2)	277.8	227	44.9	85.3	89.4	4.3	3.1

1985～1986年全民所有制建筑企业主要经济效益指标完成情况 表 4

指　　标	工程质量优良品率（按单位工程计算）（%）	全员劳动生产率		竣工率（%）	工程成本降低率（%）	产值资金率（%）	资金利润率（%）	工期完成率（%）
		按总产值计算（元/人）	按竣工面积计算（m^2/人）					
1985年	28.3	6 978	20.2	84.5	4.4	36.2	8.2	69.0
1986年	34.1	7 348	19.9	85.9	3.3	43.7	5.3	66.3

主要工种机械化程度（单位%） 表 5

	合　计	土石方工程	桩基工程	起重吊装垂直运输工程	场内装卸和运输	预制和现浇混凝土工程	抹灰工程
1985年	52.7	59.2	99.4	96.8	33.1	75.8	15.4
1986年	46.1	49.9	99.2	96.8	35.9	58.6	8.8

注：本表统计范围为建设部系统国营建筑施工企业。

建筑工程质量监督网。1985年，全区28个质监站进行监督的单位工程1 565项，建筑面积221.5万平方米，竣工认证工程260项，监督面积覆盖率50%。

1986年自治区评出优质工程４项：自治区三建施工的迎宾馆被评为自治区优质工程一等奖、建设部优质工程二等奖；自治区二建施工的华侨宾馆、自治区一建施工的人大常委会办公楼、昆仑宾馆北楼被评为自治区优质工程三等奖。

〔**建筑企业横向经济联合**〕 自治区建设厅等部门于1985年５月、1986年６月先后主持召开南疆、东疆、北疆地区建筑业经济技术协作会议，自治区骨干建筑企业与各地建筑企业达成近140个协作项目。内容包括联合经营、人才培养、技术改造、地材开发、物资供应、机械租赁等７个方面。至1986年底，自治区建筑工程总公司已与全区14个地州市的48个企业开展了各种不同形式的经济技术协作，并与全国12个省、市、自治区的75个企业、大专院校、科研单位达成80多个经济技术协作项目。

〔**教育与培训**〕 到1984年底，自治区已培养出高级建筑技术人才422人，中、初级人才672人，技工2 000余人。1985年３月，自治区人民政府正式批准筹建新疆城市建设学校（中专）。近几年来，自治区和各地区还通过委托中高等院校代培，办电视大学、职工大学，办短训班等多种形式培养建设人材，加快了技术队伍的壮大。

二、技 术 装 备

〔**队伍装备**〕 至1986年底，全区各建筑设计、施工、科研、教育单位已拥有微型电子计算机近百台。从事软件研制工作的人员已达80多人。目前已研制出施工图预算、施工预算、材料分析、结构设计计算、网络计划、财务管理、人事档案管理等35套程序。仅自治区第三建筑公司两年来即节省预算人员30多人，节约资金９万多元，为企业增加收入70多万元。自治区第四建筑公司开发的预算软件已转让给新疆、辽宁等省区的几十家施工企业。

〔**技术革新与工种机械化**〕 为提高施工机械化程度和工作效率，各施工企业在引进先进技术设备的同时，积极革新或研制适用的施工机械。如自治区施工企业自己研制的高速组合井字架、120米附墙井架、80米多用井架、自升式附墙龙门吊架，等等。这些机械都适用于高层建筑施工，垂直运输高度最高的可达120米；有的还可用于烟囱、电厂、冷却塔等特殊工程施工。

目前自治区能够生产的建筑机械有：混凝土搅拌机、砂浆搅拌机、振动器、打夯机、翻斗车、平台升降机、卷扬机、自立式起重机等。新疆建筑机械厂的产品被评为自治区优质产品称号的有JG250搅拌机、ZX-50插入式振动器、F205、FZ06附着式振动器、JST-1吨翻斗车。其中ZX-50插入式振动器已远销国外。

三、建筑制品和新材料

〔**混凝土制品**〕 1985～1986年，自治区各种建筑预制构件生产量达50万立方米。主要品种有：预应力和非预应力空心板、钢筋混凝土梁和柱、钢筋混凝土大板、普通钢筋混凝土大楼板、双向预应力大楼板、双钢筋双向配筋大楼板、砖夹心大楼板、加气混凝土条板、石膏条板、排水管等。

〔**钢制品**〕 目前，新疆已有从事钢门窗生产的企业40多个，职工约5 000余人。近两年生产钢门窗300多万平方米，已能够满足自治区基本建设需求量的95%以上。近年来还有一些工厂小批量生产铝合金门窗。1986年，建筑钢门窗行业划归建设厅业务归口管理，并成立了自治区建筑钢门窗协会。

近两年自治区钢模板生产量约为3 700吨，生产钢脚手架杆1 300吨。

〔**塑料制品**〕 自治区生产的塑料制品的主要品种有：塑料上下水管件、水箱、钙塑楼梯扶手、钙塑门窗、窗帘盒、彩色塑料组装地板、密封条等。

〔**新材料**〕 近两年来新疆发展的新型建筑材料已有近200个品种，其中有：加气混凝土块、石膏砌块、石膏墙板、屋面防水材料、塑料油膏、地板漆、人造大理石、内外墙防水涂料、喷塑涂料、石膏装饰板、外墙装饰彩砂、轻钢龙骨吊顶、丙烯酸建筑乳液、珍珠岩保温材料、蛭石保温材料，石棉保温材料，以及各种陶瓷卫生洁具。

四、建筑科学技术

〔**科研机构**〕 目前自治区有新疆建筑科研所、乌鲁木齐市建筑科研所、生产建设兵团建筑科研所等3个建筑科研机构，共有职工230人，其中工程技术人员140人，占职工总数的61%。此外，各大中型企业和大专院校内也设置了相应的建筑科研机构。1986年，自治区建筑科研所等三个单位被评为建设部系统先进科研集体，新疆建筑勘察设计院总工程师孙国诚被授予“全国劳动模范”称号。

〔**科技成果**〕 1985年，自治区建筑科研所有三项成果获自治区科学技术进步奖：双钢筋混凝土受弯构件获三等奖，复合人造大理石和“8311”沥青防水涂料及施工工艺被评为四等奖。自治区建筑科研所和安徽省建材科研所联合完成的300级页岩超轻陶粒工艺试验研究获建设部1986年度科学技术进步三等奖。

五、建筑设计与建筑技术

〔**设计队伍**〕 至1985年底，全区已有勘察设计单位110多个，职工人数比1984年增加25%。1986年，该设计室改为自治区城乡规划设计院，至年底职工发展到74人。1986年11月，原自治区工程水文地质勘察公司改为自治区综合勘察院。

〔**建筑设计**〕 近几年来，新疆建筑设计在继承和发扬民族风格和地方特色方面取得了较好的成就。1986年6月，自治区人民政府批准成立了“新疆城市重要建筑、沿街建筑设计方案审查委员会”。1985年，新疆友谊宾馆三号楼和昌吉工人文化宫被评为自治区优秀设计。1986年，自治区再次组织优秀设计评选，人民会堂、迎宾馆、科技馆、昆仑宾馆新楼、乌鲁木齐青少年宫被评为一等奖。1986年，迎宾馆获全国城乡建设优秀设计二等奖，科技馆、友谊宾馆三号楼获三等奖，新疆民族住宅、石河子市总体规划获表扬奖。

自治区建筑勘察设计院获得1986年全国唯一的少数民族地区建筑创作进步奖。

〔**建筑与结构体系**〕 1979年以后，乌鲁木齐的多层、高层建筑已发展到30多幢。这些建筑，有的采用框架结构，有的采用剪力墙结构，有的采用框架剪力墙结构。1986年在乌鲁木齐友好路建成的第一幢高层住宅建筑则采用了装配式大板结构。在大跨度建筑中则采用了比较先进的钢网架结构。

〔**施工技术**〕 在地基处理方面，采用了钻孔灌注桩、强夯法处理软弱地基。在高层建筑施工中采用了滑模、现浇节点的预制装配式整体框架、升板等新技术。新疆建筑队伍还能承担球节点钢网架和高压球罐等技术比较复杂的工程施工。在混凝土养护方面，采用了太阳能蒸气养护混凝土、中频涡流电热养护混凝土新工艺。在冬季施工中应用了混凝土防冻外加剂负温混凝土等。

1985年自治区勘察设计机构人员情况 表 6

年末全部职工人数					在年末全部职工人数中							
全部职工人数	其中				勘察生产人员				设计生产人员			专职科学研究人员
	高级工程师	工程师	助理工程师	技术员	小计	其中 工程技术人员	工人	辅助生产人员	小计	其中 工程技术人员	辅助生产人员	
8 634	36	1 279	966	1 176	2 678	986	1 053	627	3 205	2 541	656	37

六、建筑发展与成就

〔**城市拓展**〕 解放初期至1986年底，经批准设立的城市已发展到16个，建制镇126个。1985年8月在地震中沦为废墟的乌恰县城也重新选址规划开始建设。

〔**城市基础设施建设**〕 至1985年底，全区15个城市（除1986年批准设市的阿图什市）基础设施建设情况如下：

〔能源设施〕 全年用电量为24.96亿度。5个城市建成统一的液化石油气供应设施，用气户2.6万户，用气人口71.6万人，占城市人口的27%。乌鲁木齐、克拉玛依已部分建成集中供热设施，集中供热面积250万平方米。

〔给排水设施〕 13个城市建成了统一的供水设施或自来水厂，供水管道总长725公里，日供水能力25.2万吨，用水普及率66.5%。13个城市已铺设下水管道，总长度352公里。克拉玛依、昌吉已建成污水处理设施。

〔交通设施〕 乌鲁木齐、吐鲁番、哈密、库尔勒4市通了铁路，1986年北疆铁路已通至昌吉、石河子。至1985年底，城市道路总长799公里，面积792万平方米；其中高级、次高级道路405公里，面积491万平方米；有城市桥梁108座，其中永久性桥梁84座，立交桥2座。

〔邮电设施〕 全区15城市共有邮电局（所）410处。1985年末电话机总数为63 104部。

〔环境设施〕 至1985年底，全区城市绿化总面积达4 287公顷，建成区绿化覆盖率为17.3%。已建成公园16个，面积419公顷；动物园1个，面积30公顷。近几年部分城市结合拓宽城市道路建造行道树和街心花坛。

〔**城镇住宅建设**〕 “六五”期间，住宅建设迅速发展。1981～1985年，全区完成城镇住宅建设投资达21.27亿元，占同期固定资产投资总额的16.2%，共竣工住宅925.3万平方米。从1984年起开展了城镇住宅补贴出售试点，当年建商品住宅1.45万平方米。1985年，商品住宅竣工10.23万平方米，售出6.02万平方米，计1 043套。近几年来，约有20多万城镇居民迁进新房。据全国房屋普查结果，至1985年底，自治区90个城镇人均居住面积已达7.39平方米。

1985年，全区竣工各类房屋建筑面积487.71万平方米，其中住宅209.73万平方米。

人大常委会办公楼

〔**文教卫生设施建设**〕 据对全区15个城市统计，至1985年底，已建成高等学校17所，中等专业学校103所，普通中学、职工中学、技工学校793所，小学1 935所，建成公共影剧院129座，公共图书馆15个，卫生机构1 628个。1985年全区竣工教育用房52.86万平方米，文化体育用房12.52万平方米，医疗用房10.24万平方米。

〔**工业建设**〕 “六五”期间，我区工业建设的重点是能源、建材和轻纺工业、基本建设和更新改造。建成大中型骨干项目14个，单投大中型项目10个。5年间，全民所有制单位新增固定资产65.67亿元，固定资产交付使用率达76.65%。

〔**村镇建设**〕 至1986年底，全区已完成集镇规划428个，占57%；完成2 980个中心村规划，占56%。饮用简易自来水的农牧民占全区农村总人口的25%，用电村庄已达50%以上。1985年，农村私人建房24万间，面积近500万平方米，其中住宅20万间，面积426万平方米。农村人均居住面积达14平方米。

〔**抗震防灾**〕 新疆是地震多发地区，地震烈度在7度以上的城市有7个，县31个，占新疆总面积的33.7%。搞好抗震防灾具有十分重要的意义。1976年，自治区地震办公室编制出《新疆维吾尔自治区地震烈度区划图》，规定了各地的地震基本烈度。截止1986年底，累计加固工业与民用建筑面积252万平方米，加固烟囱132座，水塔25座。加固经费累计4 147万元。为提高城市综合抗震防灾能力，近几年重点城镇还开始编制抗震防灾规划，乌鲁木齐等4个城市和独山子矿区已基本完成。

新 疆 新 建 筑

刘戈青

〔**迎宾馆接待楼**〕 该建筑位于乌鲁木齐南郊绿树掩映的野营地，是新疆人民为迎接国家元首级贵宾而兴建的一座高级宾馆。建筑总面积6 600平方米，气宇轩昂，巍峨典雅。立面上重复运用了尖拱、圆弧拱以及半边弧形拱构件和图形。不同比例和尺度的尖拱门窗构件镶嵌在不同层次、高低错落的各部实体上，加上明暗、虚实色彩的强烈对比和光影变化，丰富了建筑造型。两座并立的空调冷却水塔处理成一对喇叭花形的塔身，构思巧妙，立意新颖。接待楼内部功能分区明确合理，装饰高雅华贵。一层设有接待厅、小宴会厅、活动室和随员客房。二层设有卧室、办公室、室内花园、礼拜堂等。室内花园与室外景色浑然一体。礼拜堂是为接待穆斯林贵宾设置的，内部装饰采用了新疆传统的伊斯兰彩画图案和石膏花饰。室外庭院曲径通幽，有水有石，有亭有廊，其处理手法均与主体建筑相呼应。重复而又富于变化的图案，赋于整个建筑浓郁的伊斯兰文化特色。该建筑获1986年自治区优秀建筑设计一等奖，优质工程一等奖，全国城乡建设优秀设计二等奖，优秀工程二等奖。

〔**友谊宾馆三号楼**〕 该建筑也座落在风景秀丽的野营地，是一座中级标准的既适用，又有民族风格和地方特色的旅游宾馆，建筑面积6 454平方米。三号楼形体构成着意于在新建筑中再现传统建筑形式。外檐平直简洁，空间组合参差错落，灵活多变。再配以各种窗、门、洞口、体积感、雕塑感极强。造型上大量运用拱及拱形图案，如窗洞口、檐下甚至室内。餐厅尖拱花窗直接取材于维吾尔传统建筑。入口处雨篷支柱经过特殊处理，使得整座建筑个性更加鲜明。为适应新疆干热性气候特点，在平面布局上安排了三个不同特色的庭院，使这里环境优雅，气候宜人。一是两排客房楼之间由连廊、空廊屏蔽的半封闭庭院，院内流水曲折于花木之间。二是由门厅、餐厅组成的全封闭式室内庭院，餐厅悬挑于水面，水清见底，游鱼可数。三是由哈萨克帐篷式风味餐厅与葡萄架组成的院落，更是非新疆莫属。该建筑设计被评为1985年自治区优秀设计和1986年全国城乡建设优秀建筑设计三等奖。

〔**科技馆**〕 该建筑以现代建筑特有的形体耸立在乌鲁木齐市北京路南端，主楼11层，高50.20米，建筑面积10 119.52平方米。平面按人流大小将公用部分的电影厅、报告厅、茶厅、展览厅等设置在主楼前部，形状不同的几何块体组合，既保持了主楼的安静，又使各部实体高低错落，形象生动。布局上最大特点是打破了传统建筑矩形平面格局，大量采用了三角形构图。以正三角形为因子组成的大小不同的电影厅、报告厅，不仅获得了良好的视觉和听觉效果，而且大大丰富了建筑造型。立面上突出了现代科技建筑的特征，并将传统的建筑手法加以提炼和简化，主楼顶部四个柱伞并立构成拱的形象，虚实结合，自然得体。为使建筑个性更加鲜明，设计者运用了十分丰富的建筑语汇。如大片实墙上装饰性壁龛，变化而富于韵律。报告厅外墙上的纸皮石图案取材于民间窗花，既有乡土气息，又恰似有机分子结构。入口处支撑雨罩的三个拱圈，既是结构需要，又颇具民族特色。室内大厅地面采用了维吾尔族人民喜爱的艾得丽斯绸图案，把装饰性与导向性融为一体。大厅吊灯设计成分子结构模型，堪称画龙点睛之笔，表现出科技艺术的感染力。科技馆设备先进，功能完善。该建筑设计获自治区1986年优秀建筑设计一等奖，全国城乡建设优秀设计三等奖。

新疆科技馆

附载

台湾省建筑业小计

卞之文

台湾省房屋建筑结构　　单位：平方米

年份	总计	钢筋混凝土结构	砖石结构	木结构	其他结构
1981	38 892 000	29 404 000	8 300 000	20 000	1 168 000
1982	26 919 000	20 823 000	5 097 000	18 000	981 000
1983	24 987 000	19 893 000	3 927 000	17 000	1 150 000
1984	27 191 000	21 523 000	4 390 000	19 000	1 259 000
1985	28 113 000	22 078 000	4 687 000	22 000	1 326 000

〔**人民会堂**〕 该建筑位于乌鲁木齐北艺公园一角，与展览馆、昆仑宾馆、科技馆相毗邻，形成一个规模宏大的建筑群。人民会堂占地4.67公顷，建筑面积28 000平方米。建筑总宽140米，纵深90米，按功能分为主体建筑和附属建筑两大部分。主体建筑内设有3 000座观众厅，多层前厅，多功能舞台，排练厅等。前厅迎面是一幅题为《天山之春》的大理石马赛克镶嵌壁画。壁画长24米，高5.6米，展示出新疆各族人民团结奋斗，开发建设新疆的主题。观众大厅呈扇形，进深为42米，池座最近视距为39米，楼座最远视距为45米，设有4种语言同声传译设备。由于设计时充分运用现代科学技术，尽管空间体积大，但视觉和音响效果都很理想。观众席几千个绿色座椅犹如无边无际的草原。其上顶棚为312块钢丝网水泥船形板，布置成不同半径的弧线，其间装有500盏满天星吸顶灯，随着灯光变幻，形成一幅无比美丽的孔雀开屏的图案。现代化的舞台设计和先进装备，为各种会议和演出提供了十分方便的条件。主楼右侧辅楼为上下两层，一层为多功能餐厅，二层为八角形会议厅，四周设有自治区各地州市的会议厅。厅内装饰、陈设风格迥异，如维吾尔民族特色的喀什厅、吐鲁番厅、和田厅、哈萨克民族特色的伊犁厅、阿勒泰厅、蒙古族特色的巴州厅、博州厅等。人民会堂的造型设计为避免长方块体造成的形象呆板，在主体四角吸收了维吾尔传统建筑中四角设邦克楼的手法，给空透的四方体以墩实的感觉。该建筑大量运用圆柱、圆弧、方块和长方块，以其不同的形状和体量互相对比，刚柔相济。该建筑气势磅礴，雄伟壮丽，被评为1986年自治区优秀建筑设计一等奖。

台湾省房屋建筑结构

单位：平方米

年份	合计	住宅用房屋	商业用房屋	工业用房屋	机关学校用房屋	其他用房屋
1981	38 892 000	21 002 000	10 917 000	4 084 000	1 684 000	1 205 000
1982	26 919 000	13 604 000	6 729 000	3 563 000	1 979 000	1 044 000
1983	24 987 000	13 547 000	5 779 000	2 962 000	1 464 000	1 235 000
1984	27 191 000	14 328 000	5 633 000	3 843 000	1 993 000	1 394 000
1985	28 113 000	14 661 000	5 697 000	3 951 000	1 726 000	2 076 000

台湾省工业与房屋建筑业生产分析

年份	工业		房屋建筑业		房屋建筑价值占工业生产总值之比（%）
	生产指数（%）	变动率（%）	生产指数（%）	变动率（%）	
1981	100.00	3.54	100.00	10.60	4.98
1982	99.37	-0.63	69.31	-30.69	3.99
1983	113.36	14.08	64.46	-7.00	2.85
1984	127.21	12.22	70.11	8.77	2.69
1985	128.95	1.37	72.43	3.31	3.17

台湾省主要建筑材料产量

产品	单位	1981年	1982年	1983年	1984年	1985年
水泥	公吨	14 342 019	13 432 082	14 809 785	14 234 401	14 417 679
水泥砖	千块	49 255	38 371	47 068	52 034	23 864
水泥管	千支	1 080	1 466	2 200	1 334	725
水泥杆柱	千支	996	633	1 156	676	1 010
预拌混凝土	千立方米	7 612	8 624	8 783	8 489	8 110
红砖	千块	4 304 833	3 024 525	2 739 649	2 404 037	2 188 688
耐火砖	公吨	125 728	94 090	96 180	61 169	55 818
耐火泥	公吨	23 199	32 184	46 692	42 567	45 239
大理石制品	千元	3 180 192	3 967 110	4 993 410	5 577 414	5 933 548
石灰	公吨	179 971	138 126	131 862	117 496	105 132
石棉瓦	千块	13 820	15 130	19 585	26 100	20 778
钢筋	公吨	1 973 388	2 063 384	2 038 851	2 161 644	1 912 017
塑胶地砖	千平方米	16 138	17 782	15 019	17 979	19 705
磁砖	千平方米	21 081	20 904	22 964	24 527	20 953
卫生陶瓷器	件	1 979 000	2 287 349	3 193 292	3 191 208	2 357 675
平板玻璃	标准箱	3 738 829	3 332 445	3 854 435	4 091 926	4 335 315
玻璃纤维	公吨	4 653	5 350	6 631	7 711	9 039

台湾省建筑业的财务状况分析

项	目	计算方式	单位	1983年	1984年
财务结构	净值占总资产比率	净值/总资产	%	16.93	18.67
	长期资金对固定资产比率	(净值+长期借款)/固定资产	%	374.38	444.41
	长期负债占净值比率	长期负债/净值	%	126.28	130.05
	净值对固定资产比率	净值/固定资产	%	165.45	193.18
	银行借款占净值比率	银行借款/净值	%	124.60	118.05
偿债能力	负值比率	负债总额/净值	%	490.50	435.74
	流动比率	流动资产/流动负债	%	110.00	126.84
	速动比率	速动资产/流动负债	%	28.08	28.39
经营能力	商品周转率	销货成本/存货	%	1.47	1.48
	应收款项周转率	营业收入/应收款项	%	4.57	5.29
	固定资产周转率	营业收入/固定资产	%	5.48	5.70
	净值周转率	营业收入/净值	%	3.31	2.95
获利能力	营业获利率	本期损益/营业收入	%	6.41	7.01
	资本获利率	本期损益/资本	%	29.60	29.03
	净值获利率	本期损益/净值	%	21.23	20.67
	总资产获利率	本期损益/资产总额	%	3.60	3.86
	固定资产获利率	本期损益/固定资产	%	35.12	39.93

台湾省建筑业受雇人员统计

单位：人

年份	1981	1982	1983	1984	1985
建筑业受雇人员	432 492	387 279	383 560	360 593	347 253

香　港　建　筑　业　一　瞥

曹万华　王振东

中、英关于香港联合声明的发表，进一步促进了香港地区的政治安定和经济繁荣。1986年，香港经济持续发展，工业贸易发展速度加快：据香港政府统计处提供资料。1986年按人均计算生产总值为5.2759万港元，比1985年提高9.2%。1986年出口总值2 765亿港元。比1985年增长17.6%。

随着经济的全面繁荣，推动了地产建筑业的发展，以下是1986年香港地产建筑业的一个掠影。

〔外资注入增加，地产日趋兴旺〕

基于香港经济持续发展，增强了外资在港投资的信心。澳大利亚、日本、新西兰及其他南太平洋国家和中国有关机构都先后涉足地产业，其中尤以澳大利亚、日本最为活跃。1986年外资在香港购入的11项大宗房地产中，日本就占5项，总投资额达15.69亿港元。1986年日本购入的主要房地产见表1所列。

表 1

物　　业	买　主	投资额（百万港元）
广东道地皮	孙氏企业	880
寿德隆大厦(九成)	GGS	222
美国银行大厦	孙氏企业	162
旧水星大厦	GGS	155
旺角大元百货公司旧址	微笑堂	150
小计：		1 569

注：本表引自《瑞安季刊》1986年12月号。

澳大利亚1986年在香港外资购入的11项大宗房地产中，虽然仅占3项，但总投资额却达17.9亿港元，比日本高出2.21亿港元。1986年澳大利亚购入的主要房地产见表2所列。

中国有关机构涉足地产业的时间较晚。其中开

中国海外建筑工程有限公司建的海宝花园住宅楼

表 2

物　　业	买　　主	投资额（百万港元）
置地豪华住宅	奔达集团	1 425
旧山顶道地利根阁58个单位	辉煌太平洋	208
前大大百货公司五层商场	联合海外投资	157
小　计		1 790

注：本表引自香港：《瑞安季刊》1986年12月号。

展地产活跃的有中国国际信托投资公司、光大实业公司、中国海外建筑工程有限公司、粤海公司、华润集团、招商局等。开展的地产项目有：海宝花园、广旅大厦、国泰酒店、粤海酒店、光辉染厂等。此外还购买了一些地皮和旧物业，正在兴建商业住宅楼、写字楼和中等标准住宅、酒楼等等。

〔需求殷切，楼宇明显不足〕

由于外资在港投资日益增加，市民置业和改善居住条件愿望殷切，利率偏低，金融机构为置业提供各种优惠贷款、刺激了对房屋、写字楼和工业楼宇的需求，未来15年私人住宅将出现供不应求的情况。

根据港府统计处提供的资料，1986年批准动工的新建私人楼宇共338.9万平方米，建成的私人楼宇247.7万平方米。年建成的永久性住所总数6.79万间，但住房的供应仍不能满足要求。1986年10月底时发售的住房单位是2.9963万个，比1985年2.7515万个的预售单位总数多出8.9%如由信和、中国海外建筑工程有限公司兴建的屯门市广场第三、四座塔楼，推出预售时，540个住宅单位两天内全部卖出。住宅的空置率也低于1985年。由于工业的发展和对外贸易的扩大，对工业厂房和商业楼宇，写字楼的需求也日益增加。1986年建成厂房约940万平方英尺，而实际需要为1 000万平方英尺。厂房的空置率为3.5%，比1985年的8.9%减少了5.4%，商业楼宇的铺位1986年的供应量是21万平方米，铺位空置量也相继减少。

由于地产的发展，1986年1～7月获批准的住宅、商业、商业住宅、工业的建筑设计还多七份，是1985年同期的52.4%。

由于供不应求，从而引起了地价和房价上涨。1986年11月底政府公开拍卖20幅土地，这20幅土地用途各异，除有2幅地开卖价和成交价持平外，其余18幅地价都高出开卖价，平均成交价高于开卖价的61.5%，个别的成交价高出开卖价达300%。地价上涨，也促使房价上涨，从1985年第4季度到1986年第3季度，住宅单位平均成交价按不同地区来分析，9个不同地区仅有半山区的住宅房价下降4%，其余8个地区房价均上升，平均上升8%左右，上升最高的是沙田和屯门地区，一年内房价上升分别

1985年1～7月同1986年1～7月获批准的建筑设计对照表　　表 3

类　　型	1985年1～7月	1986年1～7月	1986年与1985年相比（%）
住　　宅	71	93	130.98
商　　业	36	62	172.2
商业住宅	93	145	155.9
工　　业	29	49	168.97
总　　数	229	349	152.4

注：本表引自香港屋宇地政署建筑物条例执行处每月统计数字。

为12.1%和11.1%。从推出的楼盘平均定价看，7个楼盘1985～1986年间都趋上升幅，升幅大约达到22%。房价上涨，租金相应提高，1986年，豪华单位平均租金为12港元/平方英尺，有的豪华楼宇的租金高达18港元/平方英尺。

〔建筑市场，竞争更加激烈〕

根据英国政府提交国会1985～1986年度香港事务年报（白皮书）有关资料反映香港房屋委员会已连续7年超额完成每年的建屋目标，年内共有4.3万个公共房屋单位落成。据报导，香港政府1986～1987年财政年度批准拨款接近54亿港元，而1987～1988年施工的新工程总值约60亿港元，比1985～1986年计划年度增加12亿港元，增长幅度为25%，为历年来最高的投资额。就工程项目而言，55%以上用于公路、地盘开拓等工程，1986年开始动工的主要有：提供土地给九广铁路公司客运及货运总站扩建计划的红石勘湾填海工程，沙田至荃湾的第5号干线以及东区医院打桩。政府还拨出大量款项，增加输港食用水的水务工程。除此以外，还准备兴建东区医院、沙田疗养院，筲箕湾至柴湾东区走廊第三期等大型工程。私人机构也积极筹措资金，据《经济文萃》报道，1987年预计私人投资达284.5亿港元，比1986年242.43亿港元增长17.4%计划兴建的项目有耗资达34亿港元的东区海底隧道，使港岛东部和东九龙可由一条行车路和铁路连接起来；葵涌货柜码头兴建第六个货运站；启德国际机场兴建第二座货运综合大楼；九广铁路耗资13亿港元兴建屯门至元朗轻便铁路运输系统；开发大屿山，并兴建国际机场等大型工程。由于香港建筑市场继续兴旺，发展良好，促使大批承包商不断涉足香港建筑市场。到1986年底，共有76家海外承包商参与香港建筑市场的竞争。其分布情况是：日本18家、南朝鲜10家、中国6家、英国和法国各8家、意大利4家、澳大利亚1家、其他国家和地区21家。这76家海外承包商在1986年获得批准的公共工程合约38

份，合同额达32.9180亿港元，其中南朝鲜签订6项，合同额为7.6110亿港元，名列第一；中国签订9项，合同额为6.5420亿港元，排行第二。中国建筑承包公司于1979年陆续进入港澳建筑市场，截止1986年底，其签订承包合同411项，总合同额53.2亿港元，占中国同期对外所签合同总额的1/8。在香港的中国建筑承包公司中，中国海外建筑工程有限公司承建了房屋、土木、基础、输入管线等60项工程，合同额达27亿多港元，占中资企业累计合同额的67%，现已建成44项，营业额14亿多港元，承建超过一亿港元的大型项目有木湖至大揽涌输水管线，大埔地盘开拓，康乐园一期，大嵩口屋村第二期，利东村第一期，润发货仓，屯门市广场，朗屏村第三期以及景明苑屋村工程等。特别是1985～1986年承建了远东最大的货仓——长沙湾润发货仓，新界地区规模较大的屯门市广场，以及大埔24B——33区的土木海事等有影响工程。1986年该公司签订了10项合同，合同额近7亿港元，占中资企业在港合同额的40%。

在香港建筑市场上，最活跃的是日本公司，他们参与了耗资34亿的东区海底隧道工程，承建了中国银行总部、屯门医院、玛丽医院、港湾道法院及政府办公室综合大楼地库及地基工程，地下铁路工程以及一批私人项目。1986年日本承包商在香港承包了约80亿港元的工程项目，占香港工程总发包额的32～40%，其他还有南朝鲜、法国、英国、美国和当地有实力的承包公司也积极参与承包竞标。在激烈竞争中，各承包公司开展了多元化经营、经营范围扩展到众多环节，为香港的经济繁荣和发展作出了一定贡献。

香港1986年3月31日的住所数目和估计居住人数

住所数目 表1

种类	港岛	九龙和新九龙	新界	合计
政府宿舍	7 600	7 200	7 800	22 600
公共房屋				
房屋委员会屋村	48 500	268 600	209 100	526 200
房屋委员会平房区	1 000	400	2 200	3 600
房屋协会楼宇	11 100	10 100	9 500	30 700
居者有其屋单位*	7 000	17 900	40 000	64 900
小计	67 600	297 000	260 800	625 400
私人房屋	247 900	291 400	222 800	762 100
永久房屋合计	323 100	595 600	491 400	1 410 100

估计居住人数 表2

种类	港岛	九龙和新九龙	新界	合计
政府宿舍	24 700	20 000	20 500	65 200
公共房屋				
房屋委员会屋村	205 200	1 008 800	862 700	2 076 700
房屋委员会平房区	2 800	1 600	6 700	11 100
房屋协会楼宇	48 100	42 800	37 000	127 900
居者有其屋单位*	22 700	70 500	128 300	221 500
小计	278 800	1 123 700	1 034 700	2 437 200
私人房屋	842 400	1 090 000	644 700	2 577 100
永久房屋合计	1 145 900	2 233 700	1 699 900	5 079 500
临时居所				363 200
水上居所				36 400
人口总数				5 479 100

注：*包括私人机构参与计划及中等入息家庭房屋计划单位。

澳门建筑业掠影

程 应 锽

澳门位于珠江西南口外，距广州约150公里，由澳门半岛（与广东省珠海市拱北镇相连）、氹仔岛、路环岛组成，总面积16.143平方公里，人口40多万，其中97%以上是中国居民，主要语言是广东话，通行中文、官方行文用葡萄牙文。

一、澳门建筑业的发展

澳门的建筑业，1960年以前发展缓慢，六十年代以后，平均每年落成的楼宇近120座。七十年代后期，建筑业进入一个发展时期。1979年至1981年期间，新落成的楼宇达678座，建筑面积约150万平方米，其中住宅近100万平方米（见附表）。1985年澳门生产总值增长率为2.5%，而建筑业增长率约达11%，成为增长率最高的部门。

澳门市区面积为5.7平方公里，由于面积小，人口密度高，楼宇建筑多为高层建筑，主要是住宅、商业、工业楼宇。在众多大酒店、娱乐场、商业楼宇等现代化建筑中，工程最庞大，最壮观的是澳门的澳氹跨海大桥和填海公路。澳氹跨海大桥由本岛伸向仔岛，全长2 500多米，是当时世界上最长的跨海钢筋混凝土桥梁之一。

澳门的建设集中在澳门本岛，氹仔和路环岛的开发，近年才开始。1984年以来，由于本岛建设日趋饱和，当局已制定规模较大的填海工程和扩大土地面积规划，以满足发展建设用地的需要。

二、澳门建筑业概况

澳门最高建筑管理机构是澳督府工务交通司，下设工务运输厅，负责处理全澳大小建筑工程，管理屋宇。此外设有工务技术委员会，有关全澳的工程建设，均由委员会决定，然后由工务厅执行。与建筑有关的法规主要有《市区建筑总章程》和严格控制土地占用的《土地法》；还有为促进社会房屋发展的《经济房屋条例》、《租务法》等。建筑设计须经工务厅核准，兴建中由工务厅监督，建成后由工务厅验收发证。

澳门的建筑企业包括建筑工程公司和建筑置业公司，多数建筑公司均兼营房地产。行业组织有建筑置业商会、泥水工会、油漆工会、木艺工会等民间组织，正式注册的建筑和建筑置业公司，1960年54家、1972年66家、1981年发展到200多家，此外尚有打桩、装饰、水电、冷气、电梯等专业公司数十家。1981年中国建筑工程总公司所属中国建筑工程（澳门）有限公司首家在澳注册成立。继而，广东

香港在田土注册处登记的文件的交易总额(单位：千元)①　　　　表 3

整座楼宇或整幅土地的转让	2 173 927	6 919 558	28 122 386
分层楼宇或其他居住单位的转让	22 378 613	31 308 553	45 501 356
买卖分层楼宇或其他居住单位的契约	11 934 640②	36 965 120	48 954 289
楼宇按揭/楼宇合法抵押	286 086	974 099	908 610
其他按揭/合法抵押	15 362 741	25 147 894	33 085 756
收回按揭楼宇的地契/收据/解除登记负债/解除扣押和还清债款证明书	14 586 346	22 735 099	22 182 199
其他文件	148 587	50 310	83 719
合　计	66 870 940③	124 100 633	178 838 315

注：①只包括港岛、九龙和新九龙的登记项目。
②四月至十二月数字。
③不包括一月至三月期间内所登记的买卖分层楼宇或其他居住单位的契约。

省所属南方公司、交通部所属振华港湾工程公司、福建省所属中福技术服务公司等也先后进入澳门。同时，葡萄牙、香港、日本也有几家建筑公司在这个时期进入澳门。中国建筑工程（澳门）有限公司除承建大型楼宇外，并承揽工程设计。该公司1982年建成的澳门国际银行大厦，建筑面积25 000平方米，共37层，高103米，是澳门最高的建筑物，工期提前，质量优良。

澳门建筑公司多无固定工人或只有少数固定工人，工人流动性大。目前全澳建筑工人约7 000人左右，内地公司在澳建筑工人约200～300人。建筑工人分工种集结于判头组成包工网，建筑公司得到工程后，分项判给判头或专业公司，建筑公司负责整个工程的管理，履行工程合同。

澳门较大工程项目的设计，施工和试验工作过去大多由香港承包商承担。澳门当地建筑公司一般是承接工程后从国外或香港购买或租赁施工机械。高层建筑在澳门占主要地位，大都采用现浇钢筋混凝土结构，内外装修比较讲究。建筑原材料主要靠香港、内地和其他国家输入。

澳门的建筑设计需由在当地政府注册的建筑师和工程师签字报工务厅批准。正式注册的建筑师和工程师（当地称则师）必须具备当局规定的学历和资格，设计采用葡萄牙或英国规范。澳门建筑形式比较丰富，各种风格的酒店、商业大厦、工业楼宇林立，使澳门成为一个美丽的海边城市。

三、澳门建筑业前景

澳门地区狭小，无深水港，生活生产物资大部分靠进口。随着中葡两国政府关于澳门问题的联合声明的签署，将会大大促进澳门经济的稳定发展和繁荣。为鼓励工业投资，吸引外来资金，1985年澳门当局颁发了《鼓励工业投资新例》。澳门历史上最大规模的填海工程——新口岸填海工程1986年动工以来进展顺利，计划填海造地101公顷，面积相当于现在澳门半岛的1/6。填海区内将兴建住宅、商业大厦，并建成一个可容纳 7 ～10万人的新市区。澳门东北部的黑沙湾填海工程，计划造地22万平方米，兴建经济房屋和工业大厦，全部工程在 8 年内完成。内地、港、澳合资的中联钢铁企业公司，准备在路环岛兴建一座拆船厂和轧钢厂。

1979～1984年落成楼宇数目 附表

年份	落成楼宇			成楼宇（千元，澳门币）		
	数目（个）	增减数（个）	比上一年增长（%）	金额	增减数	比上一年增长（%）
1979	206	—	—	256 277	—	—
1980	245	+39	+18.93	313 048	+56 771	+22.15
1981	227	−18	−7.35	333 565	+20 517	+6.55
1982	157	−70	−30.84	319 653	−13 912	−4.17
1983	138	−10	−12.10	423 960	+104 307	+32.63
1984	160	+22	+15.90	582 096	+158 096	+37.30

4

体制改革

充分发挥建筑业在国民经济中的支柱作用

《建筑业产业政策》研究组

《中共中央关于制定国民经济和社会发展第七个五年计划的建议》提出：加快建筑业的发展，使建筑业成为我国国民经济的支柱产业。为此，必须从国民经济的全局出发，认真分析建筑业在社会经济发展中的战略地位和当前建筑业存在的问题，进而制定振兴建筑业的产业政策。

一、建筑业在我国经济中的支柱地位

建筑业是国民经济的重要物质生产部门。它从事勘察、设计、施工、制品、维修等生产经营活动，为国民经济提供的产品可分为：房屋建筑，包括厂房、仓库、住宅、办公楼、医院、学校、商业用房等；构筑物，包括水的安装工程。

世界经济发展的历史表明，无论是工业化，还是随之而来的城市化，都将对建筑产品产生旺盛的需求。在一定的历史时期内，建筑业的发展，直接影响着这一进程的速度，带动着相关产业的发展，成为经济繁荣的重要支撑点之一。前工业化时期，这一特征尤为明显。

我国仍处于前工业化时期，从我国社会经济发展的整体说来，依靠建筑业的发展来满足经济建设的需要，仍然是一个不可逾越的经济发展阶段。

我国的建筑业，经三十多年来的发展壮大，已具备了作为支柱产业的主要条件。这些条件是：

1.已具备较强的经济规模，足以对国民经济和社会发展产生强大的推动作用。

过去的38年中，建筑业共创造社会总产值15.111亿元，国民收入3 936亿元。1986年建筑业总产值1 954亿元，比1950年增长近23倍，占社会总产值的比重由1949年的0.7％发展到10.4％，超过商业、运输业之和。同年国民收入总额7 790亿元中，建筑业为469亿元，占6％。“六五”期间，建筑业完成的房屋面积相当于前三十一年的38.1％（不含更新改造部分）。

2.为国民经济的发展提供了物质基础，并带动了相关产业的发展。

建国以来，建筑业除兴建了大量工、交、文、卫项目及住宅外，已改建和扩建了200多个城市和上千个县镇。截止到1986年，全国完成基本建设投资11 963.2亿元，其中60％以上为建筑业所完成。为我国的四化建设和改善人民生活条件作出了重大贡献。

另一方面，建筑业可以吸收国民经济各部门大量的物质产品，带动众多相关产业的发展。我国建筑产品成本中，70％是材料消耗，它包括建材、冶金、化工、石油、森工、机械等等50个以上工业部门的产品。每年建筑工程材料消耗：约占钢材总消耗的25％，木材的40％，水泥的70％，玻璃的70％，塑料制品的25％，运输量的8％。因此，建筑业的发展必然对相关产业的发展起到“拉动”作用。

3.具有经久不衰的产品需求。

至2000年，除需建设一大批能源、交通、原材料等工业项目和科技文化设施外，城镇住宅建设也将有一个大发展。据预测，1986至2000年间需建城市住宅25亿平方米，预计农村同期需要建房126亿平方米，对建筑产品的需求要比以往更大，考虑到2000年以后逐步达到中等发达水平，城市人口比重和居住面积达到世界平均水平，则对住宅的紧张需求还需再持续几十年。

4.具有较大的就业容量。

建筑业属劳动密集型行业，可容纳大量的就业人口。据统计，1949年，我国建筑职工占国家职工总数的2.5％。1985年已占全国职工总数的7.6％。进入80年代以来，全社会（包括农村）建筑业就业人数呈明显增加趋势。1981年建筑业就业人数1 000万人，1984年为1 300万人，1985年为1 700万人，1986年达1 800万人。其中一个显著特点是，随着农村经济的发展，农村建筑队伍的发展来势迅猛。1981年农村建筑队伍有210万人，1984年达482万人，1985年达683万人，1986年807万人，据北京测算，每增加一万平方米建筑安装任务，可直接间接增加就业人员1 000人左右。随着经济的发展，无论是城市还是农村，建筑市场队伍的容量将继续呈上升趋势。与美国当初把建筑业作为支柱产业时期相比较，据估算，全国直接间接从事建筑业的人员和创造的国民生产总值比例，均已超过美国当时占15％的水平。

5.具有创汇的巨大潜力。

我国建筑业人力资源雄厚，工人工资低，吃苦耐劳，并有独具一格的建筑艺术，打入国际市场，

本文为建设部建筑业管理局、中国建筑技术发展中心建筑经济研究所《建筑业产业政策》研究组1986年12月写的一篇文章。

是一个具有优势的部门，而且还可以带动机电设备和原材料的出口。在党的十一届三中全会后，截至1986年5月，已在87个国家和地区开展了业务。目前年承包额达10亿美元，出国人员每年约5万人，并已经由单纯劳务承包、分包和联合承包，进一步发展到总包工程。但是，我国建筑业国际承包的潜力尚未发挥出来。目前，国际承包市场年承包总额约1 000亿美元，我们仅占1%，与我国建筑业雄厚的人力资源很不相称。南朝鲜在政府扶植下，每年外汇收入的40%来自国外工程承包收入。因此，只要政策对头，改革经济管理体制，出现创汇成倍增长的局面并无过多的技术困难。

值得注意的是，据国外咨询机构预测，由于中东石油危机和政治动荡，以及中国的对外开放和经济振兴，国际承包商竞争的主要市场将从中东转向我国。我国建筑业在巩固国内阵地，减少外汇倒流中，也将担负起重要使命。

列宁在阐述建筑业的作用时曾经指出："大机器工业发展的必要条件之一（也是大机器工业发展的极具特征的伴侣）是提供燃料和建筑材料的工业及建筑业的发展"。在二次大战后，为恢复和发展经济，建筑业的发展，在世界范围掀起了一个高潮。西方一些发达国家，随着国内对建筑产品的需求的相对饱和，国际承包市场竞争的白热化，特别是新的科学技术革命，促进了高技术产业的发展，因之建筑业在国民经济生产总值中所占比例已呈下降趋势。加之经济增长速度缓慢，出现了建筑市场的相对萧条，开始出现了建筑业是"夕阳工业"的感慨。但是，我国既没有达到发达国家的经济发展时期（且不说这些国家建筑产品需求的绝对量依然很大），更不可能主要依靠国际承包商来支撑国内的经济建设。因此，我国的建筑业依然是"朝阳工业"。在国家的经济社会发展长远规划中，应当把建筑业放在重要的战略地位，按国民经济的支柱产业，加以发展。

二、产业政策中存在的主要问题

赵紫阳总理在六届人大二次会议的政府工作报告中指出："建筑业的经济效益如何，对整个国民经济关系很大。长期以来，建筑业缺乏独立经营的必要条件，普遍存在着工期长、消耗高、浪费大、技术上不求进步等问题。这种状况不改变，就会严重影响大规模经济建设的开展和城乡人民居住条件的改善"。这是对建筑业状况的高度概括，既阐明了建筑业存在的问题、已经和可能出现的严重后果，也指出了问题产生的原因。

为什么建筑业缺乏独立经营的条件？除了企业内部、行业内部均存在着全国各行业的共性问题外，关键问题在于：长期以来忽视建筑业在国民经济中的战略地位，没有把它做为独立的物质生产部门。这些问题反映在建筑业的产业政策上，表现为以下几个方面：

1．以基本建设投资管理取代建筑业管理，视建筑业为基本建设投资的消费部门，使之长期处于依附地位，缺乏独立的生产经营条件。

长期以来，在我国往往把"基本建设"作为"建筑业"的代名词，而把建筑产业囊括于基本建设的管理之中。认为基本建设"是建造固定资产的物质生产活动"，而建筑业是吃投资饭的消费部门，是基本建设生产活动中的一环节。这种理论，完全抹杀了建设单位和建筑企业之间是建筑产品的购买者与生产者的商品交换关系，而把以往农村（商品经济不发达时期）建筑生产自营的性质扩大到整个国民经济之中。实质上，这是按浓厚的自然经济思想和进口的产品经济模式来指导建筑业的发展。马克思主义认为，社会分工是社会发展的一大进步。而这种理论实际上是以"自营论"取代"分工论"，没有把建筑业看做是社会化大生产的产业部门。正是源于基本建设和建筑业的关系没有理顺，使建筑业的发展遇到了其他产业较少遇到的特殊不利因素。

其一是，建筑业的发展，一直难于列入国民经济计划。长期以来，在国民经济计划中，建筑业是没有产品计划的唯一产业。虽然从1982年起，建筑业产值等指标开始纳入国民经济计划，但建筑产品并没有象其他产品那样，参与人、财、物的实质性宏观平衡，在这种体制下，投资膨胀时，建筑业战线太长，增人增设备，突击抢工，或集中兵力，保一点，丢一片，浪费惊人。投资锐减时，建筑业封存设备，到处窝工，亏损严重。基本建设的大上大下，恶性循环，使建筑业疲于应付，无法均衡生产和实施发展战略。

其二是，紧缺材料和特种建设设备随着投资走，肢解了建筑生产力，使建筑业丧失了独立经营的必要条件。这种体制造成物资余缺不能调剂，影响工期；流通环节多，物资积压严重，越是紧缺，则越是屯积"胀库"；建设单位和建筑企业两套人马，两套仓库，造成人力物力的很大浪费；更为严重的是，人、财、物分家，使建筑业长期处于来料加工的劳务承包水平，无法包工包料，自主经营，更难于发展成为综合承包的现代化大生产的产业部门。

其三是，建筑生产直接受基本建设投资计划的束缚，受基建管理部门的行政领导，与建设单位合吃投资大锅饭，使建筑企业完全依附于建设单位，把建筑业完全置于基本建设加工厂的位置，很难根据市场需求组织主动性的大批量生产。

另外，由于基本建设和建筑业两种管理互相混淆，界限不清，造成建筑业政出多门、管理重叠、政府各部门文件“打架”的状况，要比其他行业更为严重。加强行业管理作为一项改革，必然与以往用基本建设管理取代建筑业管理的旧体制发生摩擦和碰撞，行业主管部门既难对行业行使管理职权，也难于充实健全行业管理的全国性职能机构。

2.建筑产品价格水平过低，损害了建筑业自我积累、自我发展的能力。

建国初期，我们曾采用过冻结和压低建筑产品价格刺激投资需求的作法，这在百业待兴的建设初期，是完全必要的。在二次大战后的恢复时期，无论是西方国家，还是东方国家，也都曾采用过类似作法。但是，我们却把这种一时的办法奉为教条，长期沿用，任意曲解发挥。在指导思想上逐步形成一套僵化的理论，认为建筑业不应当作为盈利行业。建筑业赚了钱，再交给国家，是国家左边口袋里的钱回到右边口袋，不创造任何财富，是“资金空转”。我国一直沿用“平均先进”的原则确定成本，并以极低的利润率确定价格，使价格远远低于价值和社会必要劳动消耗。而且，对建筑产品价格的管理，也未象其他工业产品一样，由行业主管部门和物价部门管理，而是纳入了基本建设概预算的管理体制。这就必然违反商品买卖双方协商定价的原则，造成片面按建筑产品的需求价格定价，由买方管理卖方价格的反常情况，使等价交换原则难以实现。

据1983年测算，农业、工业、建筑业、运输业、商业及城市服务业六大门类的平均工资利润率比建筑业高1.3倍。工业部门的资金、成本、工资利润率分别比建筑业高42%、160%和249%。上千万建筑职工创造的利润仅占全国的2%，不及一个十来万人的大型工业企业。相比之下，日本占10%，苏联占8%，而在我国经济中建筑业的战略地位，要比这些国家重要得多。

这种价格政策，除导致国家税收减少和不反映供求关系、诱发投资饥饿症外，也严重地损害了建筑业的利益，造成行业内部一系列后遗症：过低的价格水平导致相当多的建筑企业长期在亏损线上徘徊，依赖于国家补贴或减免税来维持生产；价格中难于复盖的独立费越来越多，实报实销的性质越来越重，企业利润动机弱化；建筑业创造的价值中，相当一部分转移到其他部门，不利于建筑业的扩大再生产；价格中无风险利润可言，难以实施竞争性承包，企业满足于以低劣的产品质量维持成本开支；企业安于传统定型技术，不求技术进步。

3.企业部门所有制和大而全、小而全的生产方式，阻碍了建筑企业现代化的进程，企业办社会的沉重负担，进一步削弱了企业的生产功能。

我国建筑业受部门所有制的限制，内部自成自给自足的封闭体制，难于开展跨部门的专业化联营。建国初期，我国建筑队伍是按承包和自营两个体系发展起来的。但是，自营体制毕竟不符合社会化大生产的形势。时至今日，建筑业按以往的模式迅速发展，条块分割，部门所有，地区所有，自成体系，越发难以综合平衡和调整。一些大城市，云集着“部属”、“省属”、“地属”、“市属”、“县属”、自营和农村队伍，重复布点严重，生产缺乏统一管理，造成技术标准不一，质量差，资源浪费很大。

由于建筑业生产的社会化程度低，混凝土、构配件、施工设备设施等一般均需自产自供。这也给企业跨地区流动承包任务带来了困难，不利于发挥骨干企业技术上的攻坚优势。企业所到之处，均要人、材、机械设备成建制流动，并要自行建设简陋的生产基地、生活基地，乃至学校、医院等各种社会设施。这种“来时建、走时拆”的生产方式造成了国家资源的极大浪费，而企业依然是两手空空，生产效率很低。

建筑业生产环境艰苦，劳动强度大，除技术管理人员和少量技术骨干外，需要大量青壮年劳动力。过去很长一段时间，我们执行的是单一的固定工用工制度，使得一些老企业队伍逐步老化，退休工人比例逐年增加，劳保福利费用严重超支，很难轻装上阵。老企业后方包袱大，一线工人不足，也是当前建筑市场逐步开放以来，国营竞争不过集体、集体竞争不过农村队伍的一个主要原因。

对待建筑业之所以出现上述政策性问题，其根本原因是：受产品经济、自然经济和战争年代供给制的影响，缺乏商品经济的概念。长期以来，在理论上既不承认建筑业的劳动成果是产品，更不承认是商品，没有真正按价值规律指导建筑业的生产经营活动，限制和阻塞了建筑业的正常发展道路。

三、振兴建筑业的对策

振兴建筑业的关键是改革现行体制，调整对建筑业的政策，为建筑业的发展创造一个良好的外部环境和内部条件。应采取的主要对策概括为：行业独立化，产品商品化，价格合理化，调整产业内部结构。

1.行业独立化

建筑业应作为相对独立的物质生产部门来发展，促进和保障建筑业从其他产业部门中分离出来，改变建筑业长期处于依附地位的被动状态，这是振兴建筑业对宏观经济管理体制提出的起码要求。

（1）理顺基本建设与建筑业的关系。首先要分清基本建设和建筑业的两种不同的概念。基本建设是为满足固定资产再生产和扩大再生产要求的一种投资行为。在商品经济社会里，它是一种购买行为，是用投资购买作为固定资产使用的其他产业部门提供的产品。建筑业是一个相对独立的物质生产部门，与其他的物质生产部门一样，应具备相应的劳动力、劳动对象和劳动资料，区别于其他产业的专门生产技术和技术装备，以生产专门的物质产品——建筑产品。基本建设与建筑业的关系是购买方与出卖方的关系。不确定基本建设与建筑业的平等买卖关系，就不可能使建筑业真正成为经济支柱。

其次，要划清基本建设管理和建筑业管理的权限。基本建设管理是一种投资管理，其主要职责应当是制定投资政策法规，确定宏观投资规模和投资结构，创造投资环境，审查项目的可行性研究报告及投资计划。其管理的主要对象是建设单位。建筑业管理是对建筑产品生产部门的管理，包括国家对建筑行业的管理和建筑行业对建筑企业单位的管理。不能以建设单位的监督为由变相地形成政府对建筑业的第二管理机构。

（2）统一政令，加强建筑业行业管理。在建筑业的管理上，要切实解决政府机构重叠、牵制扯皮、政出多门的问题，真正归口由一个政府部门加强对建筑业的行业管理。行业管理的主要职责是：确定行业发展战略规划，制订建筑产业政策和专业法规，监督检查方针政策法规的贯彻，协调行业内外的关系，指导建筑市场管理，搞好建筑信息服务，抓好建筑队伍的培训、升级、考核工作。

（3）将建筑产品计划及建筑业发展计划纳入整个国民经济的发展计划。首先，在计划工作中，要搞好对建筑产品的总需求与总供给的平衡，而不能仅仅制定国家重点工程的投资计划，以防止社会投资总水平失控，使建筑业生产陷入盲目性。其次，建筑业产品计划应与建材产品计划相协调，留有余地，解决建材缺口过大的问题。此外，建筑队伍的发展规模，建筑业自身的更新改造和扩大再生产，也要纳入国民经济的总体计划。

2.产品商品化

要振兴建筑业，就必须改革以往生产任务的行政分配制、建筑产品的供给制以及单纯提供劳务的作法，促使建筑业纳入商品经济的轨道，实施建筑产品商品化经营。

（1）推行以最终产品为对象的建筑产品经营承包制。项目投资批准以后，由建筑业通过承包经济合同实行以工期、质量、投资为主要内容的总承包。建筑企业之间通过多种形式的联合，自主确定总包、分包、劳务等关系，层层签定承包经济合同，共同承担风险，分享经营收益。通过这种办法，将勘察设计、前期准备工作、施工、物资供应等全部纳入统一承包过程，聚集被肢解分离的建筑生产力；建筑业承包的业务范围应逐步扩大，向“交钥匙”工程承包发展，将项目建设全过程，从可行性研究、设计、施工到投产，全部交由工程承包公司负责，提高建筑生产和项目管理的专业化水平。建筑业今后应成为项目投资包干的责任方，自负盈亏，投资节余作为建筑企业利润向国家纳税。

（2）全面推行招标承包制。除少数特殊工程外，所有工程项目，不分所有制和隶属关系，都应采用招标投标的方式，竞争择优，确定承发包关系。不仅施工要招标投标，设计、设备物资供应，都应进行招标投标。为了保证招标投标活动的健康发展，要在实践中逐步完善招标投标管理办法和法规体系；建立完善招标组织和投标企业两方面的资格审查制度；建立履约担保制度；加强政府对招标投标活动的监督；发展为招标投标各方服务的咨询机构。

（3）发展房地产业，搞好综合开发。由实力雄厚的大型建筑企业直接投资或贷款进行区域性综合开发，直接向社会出售，增强企业按市场宏观需求进行生产的主动性，形成大规模批量生产的能力。为了搞好这项工作，要在国家和地区的长远计划中，编制房地产综合开发计划，并改变分散投资的作法；并要放宽政策，鼓励多家建筑企业竞争，防止一个城市只设一个城市开发公司而形成垄断。

（4）尽快实现住宅商品化。实现住宅商品化，必须首先进行租金改革，使目前不足以支付维护费的租金，调整到成本租金，将国家对住房的补贴由暗贴改为明贴，发给职工个人，并逐步向商品租金过渡。引导城市居民靠积极工作，增加工资收入来解决住房问题。住宅商品化的实现，将刺激住宅市场的活跃，引导消费行为，大量吸收游资和回笼货币，增加财政收入，而且还可以大大促进民用建筑业的发展。

3.价格合理化

按商品经济原则实施建筑产品价格改革，改变价格水平过低、价格管理过死的状况，逐步实现合理的价格水平和形成灵活开放的价格体系。

（1）理顺建筑产品价格构成，使建筑产品价格同其他产品价格一样，由成本、利润、税金组成。建筑产品计划价格改革的第一步，是合并名目繁多的独立费项目，根据计价的性质，将它们分别合并项目，划拨到成本、利润之中，将“法定利润率”改为计划利润率，其额度暂时根据现行定额水平，并项后加以确定。同时，所有企业在解决税源的前提下，全面开征营业税（产品税）等转嫁税目，统一税率额度，纳入产品价格。第二步，提高建筑产品计划利润率水平，使之逐步接近社会平均利润率，以保证建筑业自我积累、自我发展的能力和国家所得税收入的增加。

（２）逐步开放建筑产品价格，以招标投标竞争，促进建筑产品市场价格体系的形成。要改变建筑产品按所有制和企业级别取费的作法，实行同一产品同一价格。通过招标投标竞争，以多样化的合同价确定建筑产品的交换价格。中标价围绕标底上下浮动，使价格在竞争中体现等价交换的原则和市场供求关系。

（３）改革现行概预算定额取费制度，制定指导建筑产品定价的“计划定额”。一是要改“平均先进”的编制原则为“社会平均水平”，根据合理竞争下实际价格水平统计修定，克服确定定额水平上的人为因素和主观片面性，以利于更有效地指导建筑市场。二是要改变定额的作用，主要应作为估算投资和编制招标工程标底的依据，并作为中准价指导建筑产品市场价格的合理浮动。今后建筑业有权根据各自的实际水平和投标策略按企业内部定额报价。三是要化简合并计算项目，编制扩大综合定额，以减少计算价格的工作量，满足投标的要求，并与企业实际成本统计分析工作对口。

（４）简化工程决算办法。承包合同价格中，包括一定额度的风险利润。市场建筑材料价格和工资水平变化在一定额度内（例如5％）由承包方负责，多不退少不补；超过额度的部分，可根据物价部门测算的市场平均价格指数加以调整。这样做既有利于简化决算，也有利于建筑企业和建设单位共同承担风险。既可避免建筑材料价格实报实销，挫伤了建筑企业选用材料的积极性，也可限制建设单位不顾市场价格的变化情况，盲目投资，将风险全部转嫁给建筑企业的作法。

4.调整产业内部结构

要使建筑业走向发展商品经济的道路，就必须调整产业内部结构，使建筑队伍从条块分割的状态下解放出来，走向社会，按商品经济的规律，开展联合经营。

（１）促进建筑企业专业化联合化经营。建筑企业一律与政府部门脱钩，实行政企分开。企业可根据自身条件和社会环境，自主确定自己的经营方向和经营方式。一般说来，大型骨干企业（包括专业部大型队伍）应向管理、技术密集型发展，以发挥其现代化管理优势、技术优势和装备优势。为此，要逐步提高专业技术人员、经济管理人员的比例，减少工人比例，形成弹性队伍结构，增强总包职能，搞好对分包的管理和监督。这类企业还应向国际上一流的承包公司看齐，增强国际承包的竞争能力。中小型企业应向专业分包发展，在竞争中形成自己的拳头工艺、拳头产品，主要担当专业工种任务。

大型和复杂的工程建设，应采用各类企业联合承包的方式进行。建筑企业间的联合，可以是长期合作，形成固定的企业集团，也可以是由总包招募，随具体工程规模而定的一次性的总分包临时联合。鉴于建筑产品的固定性、单件性和建筑生产流动性，生产规模多变，完善总分包体系，发展松散性临时性联合的经营方式，更具有现实意义。

（２）开放劳务市场。企业除保留少量技术骨干外，所需劳力应主要用临时工、合同工补充，从工程所在地区劳务市场招募，主要由农村提供。这样有利于企业轻装上阵，降低搬迁、生活福利设施等费用。随着农村经济搞活和农民进城参加建筑生产，建筑劳务市场已经形成，开放劳务市场已成为可能。可以设想，把建筑企业分为两大类：一类是经营承包企业，主要负责投标承包，技术经济管理工作；一类是生产企业（或工种企业），主要负责专业工种的施工。通过调整建筑队伍结构，可改变企业忙闲不均、劳动力难于流动的状况，大大提高劳动生产力。

（３）改变所有制结构。通过多种形式的跨所有制联合、联营，形成以国营企业为主导、多种所有制形式并存的建筑企业集团，集团内部执行股份制。允许国营建筑企业在所有权不变的条件下，通过各种方式吸收集资入股或合股经营。小型国营企业可实行国家所有集体承包。集体企业可先行作好股份制的试点。

对发展建筑业的几点主张

——吴振坤教授在建筑业改革理论与实践讨论会上的发言摘要

在不久前建设部召开的建筑业改革理论与实践讨论会上，中共中央党校吴振坤教授就“七五”期间推进建筑业改革问题提出了三点主张。他说：要大力发展建筑业，使之成为国民经济的产业支柱，必须坚定不移地推进改革，从外部条件看，要解决建筑行业独立化，建筑产品商品化和建筑产品价格合理化三个问题。

吴振坤同志详细阐述了“三化”的具体内容。他说：长期以来，我们受国外体制模式的影响，用自然经济和产品经济的观点对待建筑业这一物质生产部门，把基本建设和建筑业混淆在一起，自上而下存在着用基本建设取代建筑业的糊涂观念。一九八〇年邓小平同志提出大力发展建筑业的战略思想后，这些同志没有及时转过向来，根源在于商品经济的理论还未深入“取代论”者的头脑。基本建设是实现固定资产扩大再生产的活动，从商品经济运动的过程来说，它是一种购买行为，而建筑业是从事房屋建筑和构筑物生产的独立物质生产部门，二者互相联系，互相依存，但又是完全不同的两种性质和从属。按照马克思主义的观点，社会分工是历史的一大进步，如果现在仍然用自然经济的思想把基本建设与建筑业混在一起，就是一个大退步，这个认识问题不解决，建筑业在国民经济中的地位就确立不起来，产业支柱就是一句空话。

关于建筑产品商品化问题。吴振坤说：住宅商品化已开始被大家所接受，问题是住宅以外的建筑产品要不要商品化。有人讲建筑部门盖的房子是不动产，不参加流通，不能成为商品。这种看法是不确切的，流通或交换是联结生产和消费的环节，其物质内容是相互交换彼此的劳动和产品，不能认为只有把产品带到商店去交换才叫流通，不带到商店就不是流通，这是对流通的曲解。从广义讲，有买有卖，就是流通。建筑部门盖了住宅、厂房、办公楼、停车场等等，不是供自己使用而是卖给投资者，当然是商品。这个认识问题不澄清就无法克服建筑产品商品化的局限性。

关于建筑产品价格合理化问题。吴振坤说：现在对建筑产品价格有两种反映，就是既高又低。“高”是指把一些与房屋有关的工程如商业网点、幼儿园等都算了进去，价格当然就高了；“低”是指建筑产品没有真正反映价值。前一种是政策问题，后一种是价格水平问题，没有给建筑业确定合理的利润。过去很长一个时期建筑产品没有利润，我看是不公平的。现在定为2.5%也太低，不利于调动企业积极性，也不利于国家从宏观上控制建设规模。承认建筑产品是商品，就应当按商品经济原则给予合理利润。

（建设部建筑业管理局整理）

建筑业体制改革的重大成就

傅仁章

建筑业体制改革，是针对旧体制统得过多，管得过死，缺乏独立的生产经营条件而展开的。目的是把这个行业建成强大的、充满生机和活力的物质生产部门，使它成为国民经济的一个重要支柱。为此所采取的改革措施，已经陆续出台，并逐步铺开。近两年各地在实践中，由于抓住了搞活企业与开放市场这两个环节，既促进了体制改革的持续发展，也保证了生产建设高效率地进行，达到了改革与建设的统一。现在，我们高兴地看到，产业形势发生了转折性变化，管理体制取得了突破性进展，建筑业正在跨入建国以来最引人注目、最活跃的历史发展时期。它在城市改革中的突破口作用，也开始显露出来。从全局看，主要表现在以下几个方面：

（一）开始突破部门分割、地区封锁，向开放型、竞争型建筑市场转化。现在建筑企业的生产任务，已经由主管部门自上而下的分配为主，转为向投资者横向竞争承包为主。过去那种条条块块和条块之间的封闭状态发生了重大变化。到1986年底，由企业自己承揽的任务增加到80.3%，主管部门分配的任务减少到19.7%。京津沪三市自开放建筑市场以来，外地建筑单位已有50多万人相继进入，全国跨地区、跨部门承包工程的建筑队伍超过了500万人。在优胜劣汰规律作用下，广大企业既增加了生存的压力，也培育了奋发向上的心理，自觉地调整行为机制，加快了由单纯生产型向生产经营型的过渡，从而提高了经济效益和社会效益。据对14 363项投标工程的统计，共节约投资5亿多元，缩短工期20%以上。

（二）开始突破单一所有制结构，向多种经济形式转化。这几年，在保持国营经济占主导地位的前提下，采取引导和鼓励政策，积极发展城乡集体经济和个体经济，取得明显效果。国营建筑企业职工占总人数的比重，由1980年的45.2%下降到1986年的32.8%。城乡集体建筑企业职工由占总人数的54.7%上升到67.2%，他们承担的工程任务占城镇房屋建筑总面积的60%以上。其中农村建筑队，有活就来，无活就走，按照商品经济原则自行调剂，造成了城市劳务市场，不仅增强了建筑业的活力，也节省了国家大量开支。据统计，我国“一五”至“四五”期间，光支付建筑职工调迁费即达20亿元，“六五”期间建筑职工流量超过了前20年，却基本上没有支付这笔费用。

（三）开始突破单一固定工制度，向固定工、合同工、临时工相结合的多种用工形式转化。现在，国营建筑企业的固定职工已由1980年的83%减少到64.7%，城镇集体建筑企业的固定职工已由

60%以上减少到40%以下。全国城镇建筑企业使用合同工、临时工的数量超过了300万人。一个符合产业特点的城乡结合的弹性建筑队伍体系基本形成。过去那种死水一潭、能进不能出的僵化局面，发生了根本性的变化，在建筑企业中出现了三个重要转折：一是来自农村的男性青年工人增多，显著提高了职工队伍的劳动素质；二是这部分工人来去自由，减少了企业的非效益开支；三是建筑企业的职工住房、子女入托、入学及就业等问题。没有再增加新的包袱。同时，农民进城做工，对于调整农村产业结构，增加农民收入，也有重要作用。

（四）开始突破单一层次的分配制度，向多层次按劳分配转化。建设部系统已有近90%的国营建筑企业，由按人头核定工资总额改为按产值工资含量包干，把国家对职工的直接分配，改为国家对企业、企业对职工的两个层次分配。现在，职工的报酬，不仅取决于职工个人对企业的贡献大小，也取决于企业对社会的贡献大小，既改善了宏观控制，又扩大了企业在工资方面的处置权，调动了职工的积极性。1986年中建设部系统国营建筑企业全员劳动生产率达到9 342元，比1980年提高83%，人均产值超万元的企业，由1个增加到285个。职工工资占工程总成本的比重，已由1953年至1982年的平均22.23%，降低到17.2%。

（五）开始突破一种所有制只能有一种经营方式的束缚，向生产资料所有权与经营权适当分开转化。贵州省建筑总公司同省建设厅签订合同，实行承包经营，利润递增包干。以1983年实际利润为基数，从1984年到1986年每年递增4%，超收归已，欠收用自有资金补足，一定三年不变。经过实践取得优异效果，三年完成总产值、竣工面积和利润平均递增22.3%、10.1%和30.1%。同承包前三年比较，上交国家部分增加2.3倍，企业留利增加1.3倍，职工收入增长56%。依据两权分开的原则，继沈阳、大连、重庆、上海之后，已有大批建筑企业实行了内部集体承包、队计盈亏。一般以施工队为对象；以单位工程为基础，按照施工预算包工包料包费用，一次包死，亏损不补，节余归队。这项改革，使生产资料与生产者由全企业范围的间接结合变为施工队内部的直接结合，使企业与施工队由上下级行政关系变为生产资料所有者与使用者的关系，从而使生产力中最活跃的因素真正活了起来。现在，全国每完成1 000平方米房屋建筑的施工天数，已由1982年的162天减少到1985年的134天。

（六）开始突破分散投资、分散建设、自成体系的小生产建设方式，向统一规划、统一建设、商品化经营的社会大生产方式转化。现在全国各城市普遍成立了房屋开发公司，实行集资或垫资成街成片的建设，出租出售。既提高了土地利用系数，正确实施城市规划，房屋工程与供水、排水、绿化、道路等设施同步建设，也打破了房屋建筑不是商品的传统观念，开始以商品形态进入流通领域。投资单位不必再抽人搞筹建，为征地、拆迁、备料、设计和施工四处奔波。南京市采用这种综合开发办法。五年来新建万人以上的住宅小区11个，其中南湖小区建筑面积58万平方米，各种楼房278幢，公用设施114项，仅用两年时间就建成交付使用。

（七）积极开展对外承包和劳务合作，跨入国际建筑市场。我国建筑业从1979年起开展这项业务，目前已在85个国家和地区承包工程和劳务合作，共签订合同2 900项，完成营业额24.9亿美元，累计创汇5.7亿美元。先后派出各类人员10万人次，初步掌握了国际商务活动中投标、报价、信贷、保险和工程管理等方面的知识，为推进中外技术合作，发挥我国建筑优势奠定了基础。

（八）改革中心城市行业管理体制，强化政府管理职能。适应政企职责分开和城市中心作用的要求，南京、沈阳、重庆、南昌、合肥、哈尔滨等城市，针对过去政企不分、条块分割、行业管理薄弱的问题，调整组建了建筑业管理机构。主要内容是，由管直属企业改为面向全行业，由直接抓微观生产经营活动改为立法监督、政策指导、规划协调等宏观管理。现在，这些城市的行业发展规划、建筑市场管理、建筑企业资审、工程质量监督等工作关系，已大体理顺。虽然这一改革只在少数城市进行，但改革的方向和内容符合中央体制改革决定的要求，是一个有益的尝试。

此外，在勘察设计、科学研究、学校教育和工程质量监督等方面也取得了可喜的改革成果。

通过几年的改革，阻碍生产力发展的旧体制已经千疮百孔，一个新的体制模式正在逐渐形成。改革推动了生产力的发展，“六五”期间完成的建筑业总产值比“五五”期间增长94.7%，完成城市住宅建筑面积6.3亿平方米，相当于前31年总和的90%，平均每天交付住宅6 904套。其中北京五年建成各类房屋3 942万平方米，接近解放初两个北京市的建筑面积，上海、天津建成的房屋均比“五五”时期增长80%以上。“六五”期间，建筑业提供国民收入1 360亿元，相当于前31年总和的63.6%，其中1985年达到376亿元，为1980年185亿元的2.03倍。人民群众从耸立的楼群、工厂、住宅和迅速变化着的城乡面貌中，看到了改革的希望。广大建筑职工也在实践中经受了锻炼和考验，思想观念发生了很大变化。一大批善于经营、勇于开拓的新人，正在改革中迅速成长，这将对建筑业的繁荣和发展产生不可估量的作用。

在改革中前进的沈阳三公司

石　红　兵

沈阳市第三建筑工程公司（简称沈阳三公司）在不断探索建筑企业改革中，连续几年取得了较好成绩。

1986年完成施工产值12 375.4万元，比1985年增长51.5%，比1984年增长114%；竣工面积291 574平方米，比1985年增长4.4%，比1984年增长34.2%；全员劳动生产率达到13 652元，比1985年增长29.6%，比1984年增长75.5%；利润总额突破了千万元大关，进入全国同行业的先进行列。沈阳市三建公司坚持改革，提高企业经济效益的主要做法是：

〔**制定方针**〕

随着建筑业改革的深入，建筑市场出现激烈竞争局面。为使企业在竞争中处于主动地位，公司适时地提出了三条战略方针。

一是"发挥优势，占领市场"。把"两高两大"即高层建筑，高级装修，大型工业建筑，大型公用建筑作为企业占领建筑市场的突破口。到1986年底止，公司已承担13项"两高两大"工程，建筑面积达22.34万平方米，占全市这类工程总数的54%。

二是"高速优质，巩固市场"。两年来公司在提高工程质量，缩短施工周期上狠下功夫，制定了质量升级规划，建立和完善了从公司经理到操作工人，多层次的质量责任制，强化质量控制体系。建成了市迎宾馆、东电医院、辽大教学楼、沈阳日报综合楼、辽河外招等八项省、市级优质工程。在提高工程质量的基础上，狠抓施工周期的缩短，1986年住宅工程每千平方米施工周期比1985年缩短了61天，合同履约率达到97.5%，竣工后回访率达到90%以上，受到用户好评。

三是"积极开发，扩大市场"。公司积极投入市场竞争，承担住宅小区开发，商品住宅开发，使公司两年来任务饱满，年施工任务达80万平方米以上。打破了多年来单一承包的老框框，增加了企业的辐射力，使企业在激烈的竞争中不断得到发展。

〔**提高经济效益**〕

1.巩固完善经营承包责任制。在认真总结几年来包工队经营承包责任制的基础上，不断完善承包办法，落实各项经济责任制，把所有权和经营权适当分开。全公司共组建了32个包工队，实行了"集体承包，队计盈亏，民主管理，按劳分配"的经营方式，使包工队形成了权责利相统一的内部经营单位。在分配上打破平均主义，实行"上不封顶，下不保底"的原则，充分体现经营好坏有别，责任大小有别，干好干差有别。全公司32个包工队，两年来全都超额完成了生产计划和利润计划。

2.改革企业领导体制，推行经理负责制。公司于1985年1月开始实行经理负责制，使企业的领导工作和民主管理逐步走向制度化、程序化和规范化，进一步发挥了经理的生产指挥经营决策作用，党委的保证监督作用和职代会的民主管理作用，促进了生产的发展。

3.改革人事制度，打破干部职务终身制。这个公司的干部由"任命制"改为"任期制"、"聘用制"、"选举制"。1985年公司与960名干部签订了两年合同，并根据能力和表现，免去6名中层干部职务。

4.改革单一固定工制度，实行多种用工形式。两年来共招收中长期农民合同工1 000余人，建立了以固定工人为骨干，以合同工、临时工为主体，以乡镇农建队为辅助的新型队伍结构，增强了企业活力。

5.改革企业内部生产组织结构，走专业化发展道路。公司在原有建制的基础上，组建了装修工程处和水暖锅炉通风队，工区也组建了铁工、粉饰、水电等专业承包队，形成两个层次的专业化生产结构，实行了大流水作业。与此同时，公司两年来用于设备投资750万元，扩大了生产能力。

6.积极扩大横向联合，增强了企业的活力。两年来，公司先后与朝阳县政府合资兴建了水泥厂，以补偿贸易形式扩建了辽阳小屯水泥厂，与市安装公司联合，实行安装工程定向总分包，并与东北建筑设计院联合成立了东沈建筑工程联合承包公司，实行设计、施工"一条龙"承包。

〔**强化管理**〕

为有效地提高企业经济效益，1986年公司从强化管理、挖掘企业内部潜力入手，组织广大职工揭摆出现场管理问题一千余件，并抓住影响经济效益的主要问题，制订改善管理措施，收到明显效果。在加强各项传统管理的基础上，积极推行现代化管理，先后实行了目标管理、网络计划、全面质量管理，运用了微型电子计算机。城乡建设部已将该公司列入全国十家建筑企业现代化管理试点企业。

改革给无锡二公司增添了活力

蒋 听 根

无锡市第二建筑工程公司（简称无锡二公司），是1975年8月以原郊区建筑站为基础，逐步发展起来的集体所有制企业。现有职工2 532名，其中合同工600多名。经过十年发展，1985年完成施工产值2 213万元，比1975年增长11倍，竣工面积11万平方米，比1975年增长4倍；公司成立时原建筑站面临倒闭，亏损7.29万元，近几年还清债务并盈利1 090万元，上交国家税利503万元。职工的收入从1975年人均686元增长到1985年的1 450元。公司利用集体积累，建造23 000平方米宿舍，439户职工搬进新居。

随着企业自主权的不断扩大和建筑市场的开放，企业走上了“施工任务自己找，建筑材料自己搞，劳动力自己招”的自主经营轨道。

〔加强职工队伍建设〕

为了企业的生存，公司自力更生地办了两期两年制的半脱产大专学习班，聘请浙江大学、复旦大学的老师讲课，培养了55名技术人才，其中95％成了公司管理骨干。公司每年还有计划的选送一批干部、工人到短期学习班和正规院校深造。目前在大专院校学习的有21人，接受电大、刊大函授教育的有11人。与此同时，公司从全国各地引进了一些大学毕业的工程技术人员，充实了科技队伍。现在公司共有各类技术人员84名，其中工程师、助理工程师24名。公司建立了教育中心，组织各类管理人员进行岗位业务培训。提高了干部的管理素质。在工人中，分工种、分等级进行技术工艺应知应会的初、中、高级培训，同时，每年至少组织一次岗位操作比赛。公司为了迅速提高青年职工的文化水平，组织他们脱产和半脱产学习。由于抓紧了全员培训，职工队伍素质产生了可喜的变化。建筑能力，从只能承建普通民用建筑，发展到能承建几万平方米的全预制装配多层工业厂房，三十米高的100吨水塔，十七层的高层大厦，以及整体的电厂建筑等。近几年还选送了100多名技术干部和技术工人，到西萨摩亚、科威特承包工程，为祖国赢得了信誉。

〔划小核算单位，实行承包制度〕

为解决不吃“大锅饭”的问题，公司分五种类型，组建成18个包工队。土建包工队，按单位工程实全行过程、全费用、工资奖金全浮动。混凝土构件、金属构件、钢筋成型、水电、油漆、运输等包工队，实行年利润承包。在满足前方施工生产的情况下，允许向社会开放，增加收益。机械设备、周转材料，实行内部租赁制，测定合理的租赁价格，要求他们保本自给，加强保养维修，做好调度供应，在满足公司需要的前提下，鼓励他们做好对外租赁工作，争取对内保本，对外盈利。木制品包工队，由于木材价格上长和出材率下降，公司在保证木制品质量的前提下，实行亏损包干。同时把13项管理费用共30个子目，按年开支计划，分给有关职能科室承包，在全公司形成了一个大的承包系统。

公司和包工队纵向之间是五种承包形式的经济合同。年初聘用队长，签订合同，年终兑现。公司对包工队实行“五到底”：即施工计划、统计报表到包工队，材料、机械设备供应到包工队，劳动工资、定额业务到包工队，经济成本、财务核算到包工队，奖金分配到包工队。

包工队和班组之间实行“五包五奖”：包工程质量，实行优质优价；包分项任务，按劳动定额，超额发奖；包安全无事故，无违章违纪。包现场文明，材料节约。包出勤，发满勤奖。对干部实行联岗联责与一线工人挂钩奖。奖励的原则是：确保利润，再提奖金，利多奖多，无利不奖。承包制的推行，使管理人员的作风变了，职工的责任心强了，群众反映说：“这种承包合情合理，既有压力，又有动力”。

〔严格监督系统，完善改革措施〕

1.施工计划监督系统：施工计划科代表公司执行监督责任，按月计划要求，每月负责检查单位工程形象进度完成率，班组任务单回收率，劳动定额执行率，以及定额外的非生产用工面。

2.工程质量监督系统：由技术质量科代表公司履行监督责任。公司聘任了一批技术水平高，施工经验丰富，作风正的老工人当质量检查员或检查工，受技术质量科领导，负责单位工程全优预查，月度分项工程质量复查，日常施工中的质量监督。

3.安全生产监督系统：公司建立了五级责任系统，即经理领导下的公司安全生产委员会，主任领导下的工区安全生产领导小组，队长负责的包工队安全生产管理小组，工地安全生产监督岗和班组安全生产工作小组。

4.成本核算监督系统：由公司财务部门牵头，全体包工队长、有关业务科室参加，按每月规定的时间对各包工队的成本进行分析、讲评，并提出奖惩意见。

〔**力求决策正确，提高企业信誉**〕

建筑市场开放后，为了在竞争中取得优势。公司分析了自己在技术上、装备上、材料供应上的条件，于1985年又提出“四取胜”的经营决策，特别强调要建成一批有影响的工程，使之成为公司的活广告牌。1986年公司在手的施工面积已超过18万平方米，其中跨年度施工面积在10万平方米以上，使下一年的任务也基本落实。

中建总公司对外承包业务新发展

丁　永　书

1986年，中国建筑工程总公司对外承包和劳务合作业务，在国际承包市场竞争日益激烈的形势下，克服困难，加强开拓经营，几项主要经济指标取得较好的效果。全年合同成交额2.87亿美元，为年计划的119%，占全国同期成交额的20.9%；完成营业额3.47亿美元，为年计划的116%，占全国同期完成总额的36.6%，比上年同期增长21%，全年在外职工平均13 000人。

〔**承包业务**〕

1986年，国际石油价格下跌，美元贬值，产油国经济发展受到严重影响，普遍削减财政预算，压缩建设规模。世界最大的中东承包市场发包项目显著减少；拉美地区一些国家仍为沉重的债务所困；非洲地区因多种原因发包项目有限。国际承包市场的特点是：竞争激烈，地区保护主义日益加强，延期付款、带资投标、实物支付盛行。面临如此严峻的市场形势，中建总公司审时度势，灵活经营，在努力经营好在手项目的同时，根据自身的资金实力和承包能力，逐步把经营重点转移到现汇项目，尽力减小经营风险。1986年所成交的承包合同，基本上都是现汇项目，在建工程价款结算的美元比例也有较大程度的提高。其中有香港长沙湾货仓、屯门市广场、大埔填海筑地，有澳门新建华填海工程，有埃及萨达特4 000套住宅和萨达特二区工程等六个项目，合同额都在1 000万美元以上，占总公司成交总额的54%。许多经理部以所在国为依托，积极向周围国家和地区辐射，广泛收集承包信息，跟踪项目，承揽业务。如澳门公司和伊拉克经理部相继在关岛和美国本土设立了分支机构。经过努力，1986年5月，美国分公司正式注册成立，并开始承揽工程。

1986年，中建总公司采取积极开拓的方针，在土耳其、加蓬、塞拉里昂、加纳、利比里亚、科摩罗等国，有的进行投标洽谈，有的已承揽了工程。在对扎伊尔和科特迪瓦等西非承包市场进行考察的基础上，相继设立了常驻经营机构。

〔**创建优质工程**〕

1986年，中建总公司在对外经营中坚持把工期和质量放在首位，陆续创出了一批优质工程。由中建总公司伊拉克经理部总包的凯菲尔·希纳菲亚四个水坝工程，共计挖土方500万立方米，填土250万立方米，浇筑混凝土20万立方米，打钢板桩1.1万吨，此外，还有船闸、电站、鱼道、堤坝、驻工用房、公路等配套工程。1984年8月正式开工，1986年7月，已有三个坝比合同工期提前两个月落成，其余一坝预计在1987年竣工。这项工程，由于发挥了总包管理和高度机械化的优势，科学组织施工，创出了高水平的劳动生产率。1984年人均年产值32 400美元，1985年63 840美元，1986年达到七万多美元。担任伊方技术咨询的巴格达大学理工学院的博士们认为，“四坝工程与欧洲水平相比也算得上是第一流的”，被伊政府领导人誉为施工速度最快的工程。在埃及，由于在十月六日城1 000套住宅项目中创出了信誉，1986年埃方又与中建总公司埃及经理部续签了十月六日城的另外2 600套住宅项目合同，并已正式开工。由西南勘察院承担的伊拉克北加齐拉灌溉工程大面积勘察任务，在900平方公里的区域内进行1/5 000的地形图测量，整个工程提前3个月完工，速度和质量都达到或超过技术发达国家同行水平。

〔**经济援助工作**〕

1986年，中国建筑工程总公司共承建或协作承建经济援助建设项目27项，总建筑面积26万平方米，其中正式建成移交5项工程。由中建总公司负责承建的苏里南体育馆，建筑面积8 130平方米，在苏里南乃至加勒比海地区也属最大的体育设施。比合同提前5个月竣工，质量优良，苏里南政府非常满意。1986年2月4日，苏里南代总统达米西到工地参观后称赞说：“你们用你们的智慧和辛勤劳动，得到了苏里南人民的信任，为增进两国人民的友谊作出了贡献。”援刚果军事学院技术组一改过去经援项目实报实销的“大锅饭”办法，试行了层层承包责任制，保证了工期和质量。1986年8月16日，刚果总统亲自主持了竣工典礼，刚果党、政、军一致赞扬中刚两国之间真诚的友好合作。1986年，中建总公司承建的埃及开罗国际会议中心工程，是我国正在援建的工程中规模最大，标准最高，技术最复杂的工程，总建筑面积58 000平方米，包括2 500座会议厅、宴会厅、展览厅、总统用房、新闻中心、办公用房等。1986年3月，国家主席李先念和埃及总统穆巴拉克亲自主持了奠基仪式。开工以来工程进展顺利，主体工程已如期如质完成。

新兴的中国农房建筑材料公司

龚之明　张璐璐

党的十一届三中全会以来，农村经济形势越来越好，农民收入逐步增多。富裕了的农民除购买生产资料外，最迫切的要求就是建房。但是，农村建筑材料供销渠道不畅，物资中转环节太多，农民很难买到钢材、木材、水泥、玻璃等建筑材料。1984年3月，国务院第27次常务会议决定组建农房建筑材料公司。赵紫阳总理指示：当前农村建房材料奇缺，农民迫切需要建材。组织好农民所需建房材料的供应，是回笼货币的有力手段，也是国家积累资金的一大来源，应当抓紧把农村房屋建筑材料成套供应公司组建起来。根据这一决定，城乡建设环境保护部于1984年8月1日组建了中国农房建筑材料公司（以下简称中国农房公司）。

〔**性质**〕 中国农房公司是经营与开发相结合的实体，是城乡建设环境保护部所属独立核算、自负盈亏的全民所有制企业，具有法人资格。中国农房公司的经营体制是：以县为基础，主要通过联营、合营和协作等方式，与各级农房建材成套供应部门和企业合作，通过经济办法开展各项业务活动。

〔**业务范围**〕 中国农房公司的具体业务范围是：（1）成套供农房建材产品与制品，包括预制构件、墙体屋面材料、门窗、建筑卫生陶瓷、配套五金电料、防水保温材料、装饰材料及必要的钢材、水泥、玻璃等原材料；（2）开发建材资源，并进行深加工；（3）在有条件的地方，组织商品房建设；（4）经营村镇建设需要的其它物资和设备。

〔**工作进展和成就**〕 1985年和1986年，中国农房公司开展了下列工作，并取得了成绩：（1）组建了公司机构，配备了人员，设经理、副经理，职能部门有综合部、金属材料部、非金属材料部、财务管理部和生铁组。（2）与全国各省、自治区、直辖市和计划单列城市的农房公司建立了业务联系。中国农房公司和地方农房公司实行分级管理、分级经营的原则。中国农房公司近期以材料经销为主，并有重点的进行联营和开发。地方农房公司以材料深加工为主，同时有重点的进行资源开发和商品农房建设。据全国24个地区（河北、山东、青海、新疆、西藏除外）的统计，已建立的地、市、县级农房公司1 150个。另外，中国农房公司建立了混凝土构件和商品房建设联营点28个，加上各地农房公司在县以下建立的581个联营点，初步形成了一个为村镇建设服务的全国建材供应网络。（3）开发建材资源。中国农房公司目前开发重点是钢材、水泥、玻璃，共投入资金16 795万元。其中以补偿贸易方式与6家钢铁企业协作增产钢材16.8万吨；与11家水泥厂协作增产水泥20万吨；利用国家补贴贷款购买了水泥生产能力216.4万吨；还采用供料加工和投放资金的方式与水泥制品厂联营开发混凝土预制构件20.7万立方米。（4）组织建材资源。中国农房公司已为村镇建设供应钢材16.8万吨，水泥6.44万吨，玻璃40万标准箱，木材3300立方米，90％的材料到了农民手里。（5）商品房建设开始起步。两年来，先后在广东省的台山、顺德、东莞、三水、中山、清远，江苏省的苏州、常熟、昆山，湖北省的洪湖、天门，四川省的灌县等地建设商品农房27万平方米。有些省市的农房公司也进行了开发商品农房的试点，仅1985年就建成商品农房160多万平方米。这批商品农房虽然在全国农村建房的总数中比例甚微，但它表明建设商品农房的路子是行得通的。

1987年11月公司已更名：中国村镇建设发展公司。

附表：

中国农房建筑材料公司机构及对口联系公司和网点

- 经理
  - 副经理
    - 生铁组
    - 金属材料经营
    - 综合部
      - 北京市村镇建设开发公司
      - 天津市农村建房服务总公司
      - 河北省城乡建设综合开发公司
      - 山西省农房建筑材料公司
      - 内蒙农房建材公司
      - 辽宁省农房建筑材料公司
      - 吉林省乡村建设开发公司
      - 黑龙江省村镇建设开发公司
      - 上海市农房建材公司
      - 江苏省农房建材公司
      - 浙江省农房建筑材料公司
      - 安徽省农房建设开发公司
      - 福建省农房开发建设公司
      - 江西省农房建设开发公司
      - 山东省农房建设经营公司
      - 河南省村镇建设开发公司
      - 湖北省乡村房屋开发公司
      - 湖南省农房建设开发公司
      - 广东省村镇建设物资公司
      - 广西省城乡房产开发公司
      - 四川省村镇建设开发公司
      - 贵州省农房建设公司
      - 云南省农房建筑材料公司
      - 陕西省村镇建设开发公司
      - 甘肃省农村房屋建材公司
      - 青海省农房公司
      - 宁夏农房建设开发公司
      - 新疆农房建材公司
      - 广州市村镇建设物资供应公司
      - 武汉市农房建设综合开发公司
      - 西安市乡镇建设开发公司
      - 哈尔滨市农房开发公司
      - 大连市村镇建设材料供应公司
      - 重庆市农房建材成套供应公司
      - 二十八个联营点
        - 洪湖县村镇房屋开发公司
        - 天门县村镇房屋开发公司
        - 台山县农房建材公司
        - 苏州市郊区农房公司
        - 江苏昆山县农房公司
        - 常熟市农房开发公司
        - 广州市清源县沅潭镇
        - 中农广州公司中山市
        - 中农广州公司东莞县
        - 广东省公司珠海市南平区
        - 广东省公司顺德县北窖区
        - 四川灌县
        - 洛阳市第二房屋开发公司
        - 浙江苍南县龙港镇
        - 浙江黄岩县
        - 中南材料构件供应公司
        - 陕西省建总公司混凝土构件厂
        - 陕西西平县制杆厂
        - 江苏武进县农房建材供应公司
        - 湖北襄阳县乡镇房屋开发公司
        - 河北省安新县拔丝厂
        - 河南孟津县电磁线厂
        - 无锡县房产公司构件厂
        - 江阴县混凝土构件厂
        - 浙江省海宁县构件厂
        - 杭州市西湖区空下构件厂
        - 杭州市西湖区转塘构件厂
        - 杭州市西湖区袁浦构件厂
    - 非金属材料经营
    - 财务管理部

前进中的中国房屋建设开发公司

刘让腾　刘增田

[公司基本概况]

中国房屋建设开发公司，经国务院批准，于1981年1月16日成立。1985年12月11日在国家工商行政管理局登记注册，是国家经营房地产业务的综合性企业，对国家承担经济责任，具有法人资格。

业务范围：办理征地、拆迁和规划设计；组织市政、公用等基础工程的建设，开发经营各类商品房屋，包括住宅、旅馆、商店、贸易中心、服务楼、写字间、仓库、通用厂房及其配套设施等；承包高层建筑；经营建筑材料；从事海外房地产开发和技术咨询服务。

中国房屋建设开发公司是在国家经济体制改革中诞生发展起来的，迄今已在27个省、市、自治区的133个城市建立了房屋开发公司140个。其中：直属公司7个，有：北京、昌平、塘沽、北戴河、广州、深圳、华艺；合资公司9个，有：常州、郑州、沙市、四平、苏州、厦门、合肥、蚌埠、延吉；联合公司124个，有：朝阳、石家庄、保定、秦皇岛、张家口、承德、唐山、邯郸、邢台、廊坊、太原、长治、阳泉、大同、呼和浩特、通辽、鞍山、本溪、丹东、阜新、辽阳、营口、锦西、抚顺、长春、辽源、通化、图门、吉林、敦化、白城、浑江、哈尔滨、齐齐哈尔、牡丹江、佳木斯、鸡西、双鸭山、鹤岗、黑河、伊春、上海、无锡、徐州，南通、连云港、淮阴、镇江、扬州、盐城、宁波、温州、湖州、嘉兴、绍兴、衢州、芜湖、南昌、九江、鹰潭、烟台、青岛、淄博、泰安、洛阳、开封、新乡、安阳、焦作、平顶山、濮阳、商丘、许昌、三门峡、武汉、江岸、黄石、十堰、襄樊、宜昌、隋州、荆门、鄂州、老河口、孝感、长沙、邵阳、株洲、衡阳、湘潭、岳阳、怀化、南宁、桂林、梧州、北海、柳州、南方、华建、江门、成都、重庆、自贡、攀枝花、泸州、绵阳、德阳、广元、内江、昆明、个旧、贵阳、安顺、西安、咸阳、宝鸡、延安、汉中、银川、西宁、乌鲁木齐、喀什以及安徽省和吉林省等公司。上述公司在各市都是经济实体，具有法人资格。按省或按片组成了15个经济技术联合体。共有职工15 000多人，其中技术人员2 400多人。

[房屋开发成就]

中国房屋建设开发公司经与各城市建立横向经济联合公司，现在拥有强有力的综合开发技术力量和经营管理专门人才；拥有雄厚的资金和多种建筑材料供应渠道；拥有广阔的开发领域。据不完全统计，“六五”期间共开发各类房屋面积2 326万平方米，竣工面积1 064万平方米，为人民群众提供住宅约17.86万套，开发工作量达30亿元。一九八六年又实际完成开发建筑面积1 689万平方米，竣工面积877万平方米，交付房屋面积703万平方米，其中住宅604万平方米，计10.17万套，开发工作量23亿元。几年来，建成了三十多个配套齐全，设计优秀的居住小区。如常州清潭新村、丽华新村、红梅新村；苏州彩香新村；无锡清扬新村；沙市洪垸新村；郑州汝河路居住小区；合肥西园新村；芜湖团结路住宅小区；蚌埠龙湖新村；厦门槟榔居住小区，员当居住小区；徐州湖滨居住区；上海园南居住小区、工农新村；武汉钢花居住区；重庆南坪居住小区；哈尔滨大桥居住小区；长沙望月湖居住小区；南昌朝阳居住小区；南通濠北新村等。这些小区严格按照城市总体规划进行建设，布局合理，造型新颖，环境优美，生活方便，深受住户好评，有的被誉为当地住宅小区建设的典范。

在旧城改造方面，也积累了一定的经验。如合肥市金寨路北段一点零五公里长的旧街改造，将4.1万平方米的破陋房屋拆除，新建了44幢15.7万平方米的楼房。不仅原有的1582户居民的住宅条件得到根本改善，还为302个集资单位提供了8.5万平方米的住宅和商业网点，使金寨路的面貌焕然一新，受到赵总理的肯定和称赞。

积极开拓海外业务，一九八六年在香港、深圳新设立了华艺设计顾问有限公司，开始向国外开拓业务，接洽海外开发投资及引进外资合作开发业务，已成立了近10个项目，其中有日本古都奈良的“中西文化村”；从香港引进外资在西安建设“秦兴宾馆”等。

[“七五”期间发展设想]

一九八七年是中国房屋建设开发公司商品房屋建设正式列入国家计划的第一年。为加强计划管理，贯彻“以销定产，量力而行”的开发方针，计划开发商品房屋建筑面积1 720万平方米，竣工面积860万平方米，交付面积700万平方米，其中住宅604万平方米、计10万套，开发工作量32亿元。随着我国经济体制改革的不断深化，公司在研究进一步理顺同各方面的关系，建立健全房屋开发各项规章制度，使企业管理科学化、制度化、民主化；坚持四项基本原则，加强思想政治工作，调动广大职工积极性，努力提高经营管理水平，提高设计施工质量，提高住宅使用功能，努力降低销售价格。为城市居民提供物美价廉、生活方便的住宅。

“七五”期间，中国房屋建设开发公司将逐步向集团公司发展。计划开发的总建筑面积为10 000万平方米，竣工面积6 000万平方米，建成住宅100万套，开发工作量达150亿元。上述指标完成后，分别是“六五”期间各项指标的4～5倍。

[综合开发的优越性]

1.有利于按照城市总体规划进行统一建设，解决了过去规划和计划“两张皮”的问题，使“规划”由被动地“控制”，变成了主动地实施建设。综合开发是城市建设日益现代化的客观要求，是今后城市建设的发展方向。

2.有利于聚集社会资金，加快城市建设步伐给城市带来生机，各城市用综合开发的办法，建设新的住宅小区和成街、成片地进行了旧城改造，社会效益十分显著。合肥市城隍庙商场，通过吸收社会资金综合改造后，拆迁居民平均每户使用面积由原来的33.58平方米提高到40.29平方米，商业网点由原来的29个增加到723个。城市面貌改观了；居民的居住条件改善了；城市商业繁荣了。

3.有利于提高经济效益。由开发公司统一组织综合开发，可以减少众多的建设单位，节省人力物力财力，改变因分散建设而各自筹建，各自备料，各自征地，各找勘察设计和施工队伍所带来的种种困难，从而加快了建设，缩短了工期，提高了综合经济效益。一般可降低单方造价10%左右；提高土地利用系数10%～15%。

4.有利于推行房屋商品化。房屋实行综合开发和商品化经营可以建造不同档次的住宅，适应不同经济条件的人购买，促进个人买房，为国家回笼货币，打破了住宅由国家包下来的传统习惯，大大减轻了国家财政负担，同时也加快了民用建筑业的发展。

1987年12月公司已更名：中国房地产开发总公司。

中国建筑年鉴

5

建筑实录

1—1

1—2

1 拉萨饭店

西藏自治区拉萨市
39784m²，512间客房，
1028床
框架及混合结构
江苏省建筑设计院
陆宗明 赵复兴 曹兴儒
等设计
江苏省南通市第四建筑
公司施工
1985年8月建成

-1

2 阙里宾舍

山东省曲阜县
13223.74m^2，164套客房，316床位
客房部分为砖混结构，公建部分为钢筋混凝土框架结构
建设部设计院　戴念慈 傅秀蓉　杨建庠 等设计
山东省曲阜县建筑公司及当地施工队施工
1985年10月建成

2—2

3

3—1

3 中国国际展览中心2—5号

北京市
2—5号馆及附属设施共26000m²
现浇钢筋混凝土框架结构
北京市建筑设计院
柴裴义 张天纯 林慧姬等设计
中建一局五公司施工
1985年6月底建成

4 深圳体育馆

广东省深圳市
21980m²，6480观众席位
全现浇钢筋混凝土框架结构、四支柱钢管球节点空间网架
建设部建筑设计院
华森公司 熊承新 梁应添 陈元椿等设计
四川省华西企业公司第三建筑工程公司施工
1985年12月建成

3—2

4

5 中国矿业学院

江苏省徐州市

210000m^2

教学主楼：框架－剪力墙、箱形基础

其他教学楼：框架

住宅等生活用房：砖混

实习工厂：单层排架

中国建筑西北设计院

张生南 教锦章 罗笃敬 等设计

中国建筑总公司八局四公司、煤炭部建筑安装公司第六工程处、江苏省海门、海安、如皋、铜山等县建筑公司施工

1984年建成

5

6

6 黄鹤楼重建工程（第一期工程）

湖北省 武汉市
4000m^2
钢筋混凝土仿古代木结构
中南建筑设计院
向欣然 郑锦明 袁培煌等设计
武汉市第二建筑工程公司施工
1985年5月建成

7

7 招商局蛇口工业区培训中心

广东省深圳市
6528.5m^2
主楼采用现浇钢筋混凝土剪力墙结构
建设部建筑设计院
华森公司 黄建才 吴抗李祖瑞等设计
中建总公司广西分公司施工
1985年10月底建成

8

8 巴基斯坦综合体育设施

巴基斯坦伊斯兰堡
占地60公顷、总建筑面积71260m^2（10000座体育馆、50000座席体育场、500座席练习馆）
四支点网架屋盖、钢筋混凝土框架结构
建设部建筑设计院
杨 芸 蒋仲钧 周庆等设计
巴方施工队施工 天津建工局技术指导
1984年9月建成

9 深圳国际贸易中心

广东省深圳市
建筑面积99796m²53层
地面以上总高度 160m
钢筋混凝土筒中筒结构
中南建筑设计院
区 自 朱振辉 张子仲
等设计
中建三局一公司施工
1985年建成

10 新疆维吾尔自治区迎宾馆

新疆 乌鲁木齐市
地上二层7000m² 地下
一层2000m²
钢筋混凝土框架结构
新疆维吾尔自治区建筑
勘察设计院 高庆林
罗传浩 吴建业 等设计
新疆维吾尔自治区第三
建筑工程公司施工
1985年9月建成

9

10

11

11中国国际信托投资公司

北京市
48000m²
框架－剪力墙、外墙挂板
北京市建筑设计院
顾天籁 单沛圻 吴德绳等设计
北京市一建二公司施工
1985年7月使用

12 首都体育馆综合训练馆

北京市
9960m²
采用了两层楼36m跨的劲性柱钢架体系
北京市建筑设计院
汪安华 刘振秀 施绍南等设计
北京市城建总公司第二公司施工
1985年8月建成

12

13 东方歌舞团业务用房

北京市
办公楼和排练楼共5296 m^2
混合结构
清华大学土木建筑设计研究院
孙凤岐 许宏庄 郑金床等设计
北京市第五建筑工程公司施工
1985年5月建成

14 段家坝新村

四川省德阳市
全村95户，365人，总建筑面积10000m^2（其中住宅9400m^2、文化中心600m^2）
小砌块、小构件体系
四川省建筑科学研究所
钟云生 张 瀑等设计
德阳市村镇建设开发公司施工
1986年2月建成

15 上海色织四厂布机车间

上海市
12266m²
钢铰线曲线后张预应力大跨度多层框架结构
华东建筑设计院
余如柏 张 芩 毛锡纯 设计、试验
上海纺建公司施工
1984年4月建成

16 西塘电影院

浙江省嘉善县
913座，1192m²
混合结构
浙江省嘉善县建筑设计室 吴 中设计
嘉善县第一建筑公司施工
1983年建成

15

16

17 庐阳饭店客

安徽省合肥市
7460m²，208床位
分别采用了现浇框架
混凝土基础、砖混结
毛石及钢筋混凝土挡
墙等结构体系
安徽省建筑设计院
张振民 王俊贤 俞
等设计
1985年8月建成

.8 中国画研究院

匕京市

055m²

专混结构

匕京市建筑设计院

七继仁 韩永康 王迎伍

等设计

匕京市第六建筑公司施

工

984年初建成

17

9 新疆维吾尔自治

区科学技术馆

新疆 乌鲁木齐市

也上10层10119.52m²,

也下一层

网筋混凝土框架剪力墙

系统

新疆维吾尔自治区建筑

勘察设计院 黄仲宾

国城 周桂隆 等设计

新疆维吾尔自治区第一

建筑工程公司施工

985年9月建成

18

19

20

20 湖南师范大学美术楼

湖南省长沙市
6033m^2
部分框架部分砖混结构
湖南大学设计研究院
王绍俊 王胜平 邹仲康等设计
湖南省第六建筑公司一处施工
1985年8月建成

21

21 南京市瑯玡路小学

江苏省南京市
2734m^2
采用砖混结构及部分框架
南京工学院建筑设计研究院 高民权 余传禹 朱 坚等设计
一期1984年6月、
二期1985年10月使用

22

22 新疆友谊宾馆三号楼

新疆 乌鲁木齐市
6454m^2 156床
砖混结构
新疆维吾尔自治区建筑勘察设计院
王小东 孙国城 南俊峰等设计
新疆维吾尔自治区第三建筑工程公司
1984年5月建成

23 上海联谊大厦办公楼

上海市

28752m²

稀柱框筒结构

华东建筑设计院

张乾源 胡其昌 杨莲成等设计

上海市第二建筑工程公司施工

1985年5月建成

24 沈阳新乐遗址展厅

辽宁省沈阳市

869m²

全部钢筋混凝土捣制

中国建筑东北设计院

张庆荣 李慧娴 陈同伶等设计

辽宁省第二建筑工程公司施工

1985年5月建成

23

24

25—1

26

25—2

25 中国大酒店

广东省广州市
159000m^2 18层
除J座采用现浇外，其余各段均采用滑模施工
广州市建筑设计院
梁启杰 陈家麟 关福培等设计
1986年6月全面开业

26 南海酒店

广东省深圳市
35000m^2 424间房客
框架自承倾斜式剪力墙结构
建设部建筑设计院
华森公司陈世民 谢明星黄际洸等设计
中国土木工程公司广州分公司二队施工
1985年11月建成

27 文化部音乐研究所录音棚

北京市
360m^2
砖混结构
北京市建筑设计院
项端祈 吴佩刚 戈世南等设计
北京市朝阳区第三建筑公司施工
1984年6月建成

27

28 北京四中教学楼

北京市
全楼5081m^2
现制钢筋混凝土框架剪力墙结构
北京市建筑设计院
黄 汇 程玉珂 徐禹明等设计
北京市第一建筑公司一工区施工
1985年6月建成

28

29 北京市天文台

北京市
1055m²
钢筋混凝土墙体结构
北京市建筑设计院
陈宗纹 温可润 瞿钟庆
等设计
北京市怀柔县一建公司
施工
1984年12月建成

29

30

30 河南省人民医院老干部病房门诊综合楼

河南省　郑州市
9946m²，150间单人病室，附设门诊、体检
砖混结构
河南省建筑设计院
邓元庆 王三兴 章文绍
等设计
河南省第一建筑工程公司一处施工
1984年11月建成

31 黑龙江镜泊湖宾馆

黑龙江省镜泊湖
3298.24m²
混合结构
黑龙江省建筑设计院
郭怡淬 王秀兰 赵明光
等设计
河北省邯郸市建筑工程公司青县施工队 牡丹江市建筑工程公司二处施工
1983年6月建成

31

32 北京医科大学口腔医院门诊病房楼

北京市
12618m^2框架、框剪结构
北京市建筑设计院
施正莉　吴小平　陈孝华等设计
北京市第三建筑公司施工
1984年1月建成

33 复旦大学文科图书馆

上海市
13180m^2板柱结构
上海市民用建筑设计院
居其宏　冯克康等设计
江苏省南通市建筑工程公司施工
1986年建成

34 成都铁路客站站房工程

四川省成都市
16470m^2
屋面结构为平板型钢网架
重庆建筑工程学院建筑系
四川省建筑勘测设计院设计
四川省第三建筑工程公司总包
1984年6月建成

32

33

34

35

35 上海电影技术厂强吸声音乐录音棚(二期)

上海市
$1225m^2$
砖混结构
上海市民用建筑设计院
郭小苓 刘星莺 徐之江
等设计
上海市崇明县建筑公司
施工
1985年建成

36

36 成都计划生育技术干部培训中心

四川省成都市
$9950m^2$
主楼为高层框架结构
中国建筑西南设计院
沈 庄 谢建业 吴大明
等设计
1985年9月建成

37 湖北沙市洪垸新村居住小区

湖北省沙市
$100000m^2$
砖混结构
湖北沙市设计院、湖北
沙市城市规划管理处
陈佛超 陈祖强 谭振耀
等设计
1984年4月建成

37

38

38 中国驻伊拉克大使馆

伊拉克巴格达市
7800m²
钢筋混凝土现浇框架结构
中国建筑东北设计院
王　罗 黄元浦 金家和等设计
中建总公司浙江省分公司第一建筑工程公司施工
1985年1月建成

39

39 北京射击场手枪靶场

北京市
3029m²
门式钢架结构
北京市建筑设计院
高鸿印 张承起 柯金秀等设计
北京市东城区第三建筑公司施工
1984年1月建成

40

40 西安变压器电炉厂变压器装配车间

陕西省西安市
全钢结构
机械工业部第七设计研究院、太原重型机器厂等设计
陕西省金属结构厂、陕西省第一工程建筑公司、陕西省设备安装公司等施工
1985年10月建成

41

41 仪征化纤工业联合公司

江苏省仪征市
钢筋混凝土结构
纺织工业部设计院
王广鑾等设计
核工业部华兴工程公司、纺织工业部安装公司等施工
1984年12月建成

42

42 大屯选煤厂

江苏省沛县
180万吨
框架结构
煤炭部选煤设计研究院设计
大屯煤电公司土建处、铁路处、宁夏煤炭基建公司施工
1982年9月1日建成

43 虹山轴承厂

贵州省安顺东关
年产轴承150万套
钢筋混凝土结构
机械工业部第十设计研究院　沈锡琪 张向荣等设计
国家建委三局四〇一公司施工
1967年建成

44

44 广州冰箱电器公司

广东省广州市
1000000台/年
框架结构
广州市设计院
李文正等设计
广东省开平第三建筑公司施工
1986年12月建成

45

45 元宝山发电厂

内蒙古自治区赤峰市
规划210万千瓦
安装30万千瓦和60万千瓦机组
东北电力设计院设计
东北电力建设一公司施工
1978年12月21日第一台机组并网发电
1985年12月第二台机组发电

46

46 嘉兴第二毛纺织厂

浙江省嘉兴市
毛精纺0.5万锭
钢筋混凝土锯齿型厂房
上海纺织工业设计院、浙江省建筑设计院
程沛林 方孔熊等设计
嘉兴地区第二建筑公司、浙江省机械化施工公司、嘉兴地区工业设备安装公司施工
1980年12月建成

47

47 上海市北宝兴路家禽部扩建冷库工程

上海市
冷藏容量7000T 14933 m^2
现浇钢筋混凝土无梁楼板框架结构
上海市第二商业局设计室 邱嘉昌 顾孟晋 王振庸 等设计
上海市第二建筑工程公司204工程队施工
1986年7月建成

48

48 南岔木材水解厂中密度纤维板分厂

黑龙江省伊春市
12220m^2，年产中密
纤维板50000m^3
钢筋混凝土结构
林业部林产工业设计院 金 钢 陈梅三 李德
等设计
南岔木材水解厂建安公司及安装队施工
1986年8月建成

49

49 郑州市面粉厂铝合金波纹板粮食立筒库

河南省郑州市
1.2万吨
整钢结构，铝合金波纹板
商业部郑州粮食科学研究所 陆承霞 等设计
河南省第五建筑公司、黑龙江省庆安钢铁厂施工
1985年7月建成

50 太原邮政通信枢纽楼

山西省太原市
$17665m^2$
钢筋混凝土框架结构
太原市建筑设计院
程耀中　龚汉个设计
山西省第二建筑公司施工
1986年9月建成

51 北京国际电信局

北京市
$13467m^2$、72.4m
现浇钢筋混凝土框架剪力墙结构
邮电部北京设计所
王育民　孙仲康设计
中建一局四公司施工
1986年5月建成

50

51

52—1

52 厦门港新建东渡港区第一期工程

福建省厦门市
1～5万吨深水散杂货泊位4个，年吞吐能力200万吨
交通部第四航务工程局勘察设计研究院
陈俊生设计
交通部第三航务工程局第六工程处施工
1984年8月建成

53 黄浦港新建西墩头基煤炭码头作业区全景

广东省广州市
3.5万吨级煤炭泊位2个
交通部第四航务工程局勘察设计研究院杨寿仁林磻溪等设计
交通部第四航务工程局一公司、交通部第三航务工程局、广州航道局一公司、上海港机厂、文冲船厂安装队等施工
1986年12月建成

52—2

52—3

52—4

54

55

54 兖州矿区(包括

山东省邹县
规划能力3400万吨/年
煤炭部兖州煤矿设计研
究院、山东煤矿设计研
究院等设计
兖州煤炭基建公司、煤
建安公司等施工

55 株洲市面粉厂

湖南省株洲市
年产等级粉4.6万吨
钢筋混凝土框架结构
商业部无锡粮食科学研
究所 徐禄均 张盛
等设计
湖南省第五建筑工程公
司施工
1986年3月建成

56 湛江港霞山区
新建建筑群

广东省湛江市
建筑面积29178m^2
混合结构
广州市建筑设计院、
江市建筑设计室、湛
港务局等设计
湛江市第一建筑公司
湛江市建筑安装公司
施工
1985年建成

57 帝国大厦

台湾省台北市
23196.75m^2
钢筋混凝土框架结构（地上17层）
沈祖海建筑师事务所
沈祖海 黄景芳等设计
东帝士营造股份有限公司施工
1985年8月建成

58 东海大学图书馆

台湾省台中市
13643.70m^2
钢筋混凝土框架结构
杨明雄建筑师事务所
杨明雄等设计
长发营造股份有限公司施工
1985年1月建成

57

58

59 成功新村国民住宅社区

台湾省台北市

252936.41m^2

钢筋混凝土无梁高层板柱结构(7～19层)

沈祖海建筑师事务所等

沈祖海等设计

太平洋、新亚工程公司等施工

1984年4月建成

59

60

61

61 兴安国宅

台湾省台北市
207249.92m²
钢筋混凝土框架结构
宗迈建筑师事务所
费宗正 陈 迈潘 冀设计
大陆工程股份有限公司（土木工程）、大顺工程股份有限公司（水电工程）施工
1984年5月建成

62 台北某图书馆

台湾省台北市
40110m²
钢筋混凝土框架结构
柏森建筑师事务所等
陈柏森 陈胜彦等设计
互助营造股份有限公司施工
1986年6月建成

60 台北世界贸易中心

台湾省台北市
钢筋混凝土预应力框架、桁架等
157705m²
沈祖海建筑师事物所＋H.O.K, INC
沈祖海 James J. Mognihan 等设计
中华工程股份有限公司，互助营造有限公司等施工
1985年12月建成

62

雕 塑 选 例

1 孙中山像

北京市中山公园
3.4m青铜
曾竹韶设计
1986年落成

2 中国工农红军强渡大渡河纪念碑

四川省石棉县安顺场
6.26m花岗石
许宝忠 高 彪设计
1982年落成

3

4

3 黄河母亲

甘肃省兰州市
2.6×6m花岗石
何　鄂设计
1986年落成

4 能源纪念碑

山西省太原市
碑身30m　像7.3m
不锈钢
欧阳宁明　李晓阳
张卫东设计
1986年落成

5 走向世界

瑞士洛桑奥委会总部
沈阳海关大楼
2.2m青铜
田金铎设计
1986年落成

6 吉布提共和国烈士纪念碑

吉布提人民宫
总高4.6m 像高3m
青铜
李守仁设计
1985年落成

5

城乡建设环境保护部

关于表彰一九八六年度城乡建设优秀设计优质工程获奖项目的决定

（一九八六年十月）

近年来，全国城乡建设事业蓬勃发展，涌现出了一批优秀城乡建设设计和工程项目。为繁荣创作，提高质量，城乡建设环境保护部在全国组织了一九八六年度优秀设计、优质工程的全面评选。经省级主管单位申报，各专业委员会评选及部评审委员会最后审核，共评出一、二、三等奖项目共计137名，少数民族地区建筑创作进步奖1名，城市住宅设计创作奖7名，表扬项目77名。建设部决定对荣获一、二、三等奖的项目分别颁发金、银、铜质奖牌，并对所有表彰项目颁发奖状。

希望受到表彰的单位能发扬成绩，继续创新，为社会主义现代化建设做出新的更大的贡献。

从这次评选中可以看出，近年来，由于坚持了对外开放，对内搞活的改革方针，以及在学术创作领域内贯彻了“百花齐放、百家争鸣”的政策，城乡建设战线广大的勘察、设计、施工、规划人员思想进一步解放，在设计构思、使用功能、艺术造型、经济效益、工程质量等方面都有新的突破，呈现出令人欣喜的局面。城乡建设环境保护部号召全国城乡建设系统的单位，向受到表彰的单位学习，努力推动城乡建设行业的科学技术进步，努力提高建设工程的经济效益、环境效益和社会效益，为人民群众创造更好的生活和工作环境，为推进社会主义物质文明和精神文明的建设和实现党的新时期的总目标而努力奋斗。

优 秀 设 计

工程项目	设计单位
一 等 奖	
拉萨饭店	江苏省建筑设计院
山东曲阜阙里宾舍	建设部建筑设计院
中国国际展览中心2～5号馆	北京市建筑设计院
宝钢长江引水工程	上海市政工程设计院、中国船舶第九设计院
天津市中环线道路工程	天津市政工程勘测设计院
合肥市环城公园及四景点	合肥市园林管理规划设计室
二 等 奖	
中国矿业学院	中国建筑西北设计院
深圳体育馆	建设部建筑设计院
黄鹤楼重建第一期工程	湖北工业建筑设计院
巴基斯坦体育综合设施	建设部建筑设计院

新疆维吾尔自治区迎宾馆	新疆自治区建筑勘察设计院
深圳国际贸易中心	湖北工业建筑设计院
贝宁友谊体育场	华东建筑设计院
招商局蛇口工业区培训中心	建设部建筑设计院
国际大厦（中国国际信托投资公司）	北京市建筑设计院
首都体育馆综合训练馆	北京市建筑设计院
上海色织四厂布机车间	华东建筑设计院
东方歌舞团业务用房	清华大学土建设计研究院
北京市田村山净水厂	北京市市政设计院
深圳市东湖水厂	中国市政工程西南设计院
兰州维尼纶厂给水工程	中国市政工程西北设计院
天津市南围堤河泵站	天津市市政工程勘测设计院
北京三元立体交叉工程	北京市市政设计院
桂林市净瓶山漓江大桥工程	上海市政工程设计院
京开公路（南三环～黄村段）道路工程 天津疏港公路工程	北京市市政设计院、天津市市政工程勘测设计院
上海煤气公司漕宝路输配站（三期工程）	中国市政工程华北设计院
北京植物园牡丹园、碧桃园、丁香园	北京市园林设计所
四川省德阳市段家坝新村	四川省建筑科学研究所
浙江省嘉善县西塘电影院	浙江省嘉善县建筑设计室
三　等　奖	
中国画研究院	北京市建筑设计院
庐阳饭店客房楼	安微省建筑设计院
新疆自治区科学技术馆	新疆自治区建筑勘察设计院
湖南师范大学美术楼	湖南大学设计研究院
南京琅琊路小学	南京工学院建筑设计研究院
新疆友谊宾馆三号楼	新疆自治区建筑勘察设计院
文化部音乐研究所录音棚	北京市建筑设计院
北京四中教学楼	北京市建筑设计院
中国大酒店	广州市建筑设计院
南海酒店	建设部建筑设计院
上海联谊大厦办公楼	华东建筑设计院
沈阳新乐遗址展厅	中国建筑东北设计院
北京市天文台	北京市建筑设计院
河南省人民医院老干部病房门诊综合楼	河南省建筑设计研究院
复旦大学文科图书馆	上海市民用建筑设计院
北京医科大学口腔医院门诊病房楼	北京市建筑设计院
成都铁路客站站房工程	重庆建工学院及四川省建筑、勘测设计院等单位
黑龙江省镜泊湖宾馆	黑龙江省建筑设计院
成都计划生育技术干部培训中心	中国建筑西南设计院
中国驻伊拉克大使馆	中国建筑东北设计院
上海电影技术厂强吸声音乐录音棚（二期）	上海市民用建筑设计院
北京射击场手枪靶场	北京市建筑设计院
上海石化总厂水厂第二期工程	上海市政工程设计院
绵阳东河坝水厂扩建工程	中国市政工程西南设计院
郑州市印染厂污水处理厂	中国市政工程中南设计院
郑州市给水工程第二水厂	中国市政工程中南设计院
辽河化肥厂给水工程（二水源）	中国市政工程东北设计院

上海市龙华肉联厂污水处理工程	上海市政工程设计院
哈尔滨一、三水厂改建工程	中国市政工程东北设计院
上海市杨思水厂	上海市政工程设计院
汉口机场河分流工程	武汉市市政工程设计研究院
北京昌平路（北三环路～西三旗路口）	北京市市政设计院
北京马家堡铁路立交桥	北京市市政设计院
海拉尔伊敏河大桥工程	内蒙牙克石林业勘察设计院
成都市人民东西路干道工程	成都市市政工程设计院
大连煤气公司一厂油煤气车间改建工程	中国市政工程华北设计院
洛阳白居易墓园规划设计	洛阳市园林规划设计室
广州中国大酒店屋顶花园	广州市园林规划设计院
北京长城饭店庭园	北京市园林设计所
上海东安公园	上海市园林设计院
苏州明代园林一艺圃修复	苏州市园林设计室
大连市中山路西端游园	大连市绿化管理处
大连市公厕	大连市建筑设计院、大连市政环卫处设计室
赣州垃圾转运站	赣州市环卫处及市政工程公司
广东省东莞县常平镇	中国建筑技术发展中心村镇所
上海市嘉定县马陆乡政府大院	上海市嘉定县建筑设计公司
浙江省肖山县红山农场场部中心	浙江省城乡规划设计研究院、浙江省肖山县建设局
湖北省洪湖县洪林中心村	湖北省洪湖县建设局
贵州省镇宁县黄果树邮电所	贵州省镇宁县规划设计室
湖北沙市洪垸新村居住小区	沙市规划管理处、沙市建筑设计院
上海市雁荡公寓	上海市民用建筑设计院

少数民族地区建筑创作进步奖

新疆维吾尔自治区建筑创造进步	新疆自治区建筑勘察设计院

城市住宅设计创作奖

上海市嘉定桃园新村住宅区	上海市民用建筑设计院
深圳市滨河住宅区	深圳市建筑设计院、深圳市建筑设计一院
山东胜利油田孤岛新镇中华村住宅	同济大学建筑系
无锡市支撑体住宅试验工程	南京工学院建筑系、无锡市房管局设计室
北京市建材总公司高层住宅	北京市建筑设计院
无锡新疆石油工人太湖疗养院职工住宅	同济大学建筑系
佛山同济路29～31号楼	佛山市房管局建筑设计室

表扬项目

天坛医院手术楼病房楼	北京市建筑设计院
辽宁省军区北陵军人俱乐部	中国建筑东北设计院
云南竹楼式宾馆	云南省设计院
上海市徐汇区科技馆	上海市民用建筑设计院
贺兰县医院	宁夏区建筑设计院
遵义市图书馆	贵州省建筑设计院
上海市嘉定县凌云楼饭店	华东建筑设计院
东北工学院图书馆	中国建筑东北设计院
邯郸市引水工程	中国市政华北设计院
兰州生物制品研究所给水工程	中国市政西北设计院
宝钢江堤加固工程	上海市政设计院

天津市塘沽供水水流工程	天津水力勘察设计院
贵阳市南郊水厂	中国市政西南设计院
学院路雨水工程	北京市市政设计院
红旗开发区主干下水道	长沙市规划设计院
天津市凌庄水厂改造工程	天津市自来水公司
南昌市第四交通路地道式立交桥	南昌市规划设计院
通化市玉皇山大桥	通化市建筑设计院
汉口青年道路工程	武汉市市政设计院
太原市尖草坪立交工程	太原市市政设计院
上海石化总厂纬五～经一水泥混凝土路面	上海市市政设计院
牡丹江大桥工程	北京市市政设计院
南京市煤气公司液化石油气二贮配站工程	中国市政华北设计院
洛阳植物园	洛阳有色金属加工设计院
沈阳南湖公园"鱼跃荷香"	沈阳市公园管理处
天津桃花堤	天津市园林局设计室
湖北省宜昌县樟村坪镇一条街	湖北省宜昌县建设局
陕西省大荔县雷北新村一条街	陕西省大荔县建设局、雷北新村建设委员会
河南省博爱县泗沟村住宅	郑州工学院土建系
江苏省南通市"农家乐5号"住宅	江苏省南通市建材工业局、南通市建筑设计院
天津市三多里高层住宅	天津市建筑设计院
郑州市汝河路住宅区	郑州市建筑设计院
北京多层小天井住宅（81试住2）	北京市建筑设计院
北方通用大板住宅体系	中国建筑标准化设计研究所
深圳高嘉花园	机械部设计研究总院深圳分院
深圳友谊大厦	机械部设计研究总院深圳分院
广州白云宾馆东侧A型住宅	广州市住宅设计院
深圳怡景花园Y2型住宅	广东省建筑设计院
佛山同济新村I型住宅	佛山市房管局建筑设计室
福州坡道住宅	福建省轻工设计院
北京青年湖小区北12号楼青年公寓	北京市建筑设计院
新疆民族住宅	新疆自治区建筑勘察设计院
清华大学I型住宅	清华大学土建设计院
北京塔院小区18层住宅	清华大学土建设计院

优 秀 勘 察

工 程 项 目	勘 察 单 位
二 等 奖	
陕西省人民政府办公大楼	陕西省综合勘察院
北京中日友好医院	北京市勘察处
开封啤酒厂扩建工程	河南省建筑设计研究院
秦皇岛枣园水源地地下水资源评价及海水入侵研究	中国市政工程华北设计院
小月河凿井工程	北京市勘察处
北京植物园供水深井工程	建设部综合勘察研究院
陕西省韩城电厂变形观测	陕西省综合勘察院
北京市规划市区1:5000比例尺影象地图	北京市测绘处
温州市1:1000，1:2000航测成图	沈阳市勘察测绘处
三 等 奖	
贵阳水果冷库	贵州省建筑设计院

深圳市白沙岭居住区西部	广东省建筑设计研究院
上海联谊大厦	上海勘察院
长江航运管理局通讯大楼	湖北勘察设计研究院
电磁法排除地下爆炸物	上海勘察院
国营405厂供水	陕西省综合勘察院
山西大同二电厂供水	山西省勘察院
济南化肥厂总平面测绘	济南市勘察测量大队
上海游泳馆工程测量	上海勘察院
表 扬 项 目	
陕西省人民政府办公厅47号院9号楼	陕西省综合勘察院
贵州省新闻图片社宿舍	贵州省建筑设计院
武汉市化学助剂厂	湖北省勘察设计研究院
兰州市崔家湾供水管井工程	中国市政工程西北设计院
益民食品一厂大口径超深层曝气槽管井	上海勘察院
湖北省京山县冷库凿井工程	湖北勘察设计研究院
武汉市江汉路人行天桥施工测量	湖北勘察设计研究院
宝钢高精度平面形变控制网测量	上海勘察院测量队
首都机场东跑混凝土道南无胀缝试验规划	北京市测绘处
铁道部长春客车厂总图测量	吉林省建筑设计院勘测队
第二汽车制造厂襄樊基地工程测量	湖北勘察设计研究院

优 秀 城 市 规 划

项 目 名 称	规 划 设 计 单 位
一 等 奖	
山东省东营市孤岛新镇规划设计	同济大学孤岛新镇工程规划设计组
深圳经济特区总体规划（包括交通规划）	中国城市规划设计研究院、深圳市城市规划局
二 等 奖	
合肥市城隍庙步进商业中心规划设计	合肥工业大学建筑工程系
南京市夫子庙文化商业中心规划设计	南京市城市规划局、南京市城市规划设计研究院
北京市什刹海历史地段保护整治与更新规划	清华大学建筑系城市规划教研室、北京西城区什刹海管理处
徽州屯溪市老街历史地段的保护与更新规划	清华大学建筑系城市规划教研室、屯溪市人民政府
三 等 奖	
湄州湾港口城市总体规划	中国城市规划设计研究院
芜湖市总体规划	芜湖市规划设计院、北京大学
珠海市城区总体规划	湖北省城市规划设计研究院
邯郸市市区城市总体规划	原邯郸市城市规划管理局
深圳市科技工业园规划	中国城市规划设计研究院
绍兴市府河商业步行街规划	浙江大学土木系、绍兴市城市建设局
上海市虹桥新区规划	上海市城市规划院设计院
上海市铁路客站及天目路——恒丰路地区综合改建规划	上海市城市规划设计院
上海市漕溪路地区综合改建规划	上海市城市规划设计院
杭州市采荷新村二期工程规划	杭州市城市规划设计院
南宁市大麻村居住小区规划	广西自治区城市规划设计院
太原市老军营居住小区规划	太原市城市规划局、规划院、开发公司
黄龙——九寨沟风景名胜区总体规划	四川省城乡规划设计研究院

汉口黄孝河综合开发规划	武汉市城市规划设计研究院
表 扬 项 目	
绍兴市城市总体规划	浙江省城乡规划院、绍兴市城建局
自贡市城市总体规划	自贡市城市规划办公室
沙市市城市总体规划	沙市市城市规划设计院
石河子市总体规划	石河子市建筑规划设计室
大新县城总体规划设计	南宁地区城建局、大新县城建局
大荔县城总体规划	西北建工学院
黄陵县城总体规划	陕西省城乡规划设计院
武店镇规划	安徽省城乡规划设计研究院
通化市沿江居住小区规划设计	通化市建委规划设计处
宝鸡市火车站规划设计	西安市设计院
兴城海滨地区详细规划设计	清华大学建筑系规划研究所、辽宁兴城县建委
新乡市曙光居住小区	天津大学建筑系
烟台经济技术开发规划	天津大学建筑系、烟台建委及经济技术开发区
承德市中心区详细规划	中国城市规划设计研究院
江陵历史文化名城保护规划	湖北规划院、荆州地区城建局、江陵县城建局
遵义古城保护规划	中国城市规划设计研究院

优 质 工 程

工 程 项 目	施 工 单 位
二 等 奖	
新疆维吾尔自治区迎宾馆	新疆第三建筑工程公司
洛阳友谊宾馆	河南省第六建筑工程公司
上海瑞金医院门诊楼	上海市第四建筑工程公司
黄鹤楼重建第一期工程	武汉市第二建筑工程公司
北京田村山净水厂	北京市市政工程局第四工程公司
天津中环线（西半环）道路工程	天津市市政工程局
上海泖港大桥	上海市基础工程公司
三 等 奖	
上海市燎原电影院	上海市第五建筑工程公司
江西省计算中心	江西省第一建筑工程公司
上海联谊大厦办公楼	上海市第二建筑工程公司
上海友谊商店	上海市第三建筑工程公司
云南中医学院附属医院大楼	云南省第三建筑工程公司
上海石化总厂聚酯装置	上海市第一建筑工程公司
云南绒布厂扩建工程	云南省第五建筑工程公司
西宁清真冷库	青海省第五建筑工程公司
唐山市商业区百货大楼	河北省第四建筑工程公司
中国大酒店	广州市第三建筑工程公司
上海东安公园	上海市园林局工程公司
表 扬 项 目	
上海宾馆	上海市四建公司
上海市徐汇区科技讲演楼	上海市上海县建筑总公司鲁汇公司
上海建工局职工医院外科楼	上海市一建公司
景德镇市少年宫活动楼	景德镇市二建公司
无锡市少年宫科技活动楼	无锡市三建公司
昆明市汽车客运东站	云南省八建公司

中国建筑年鉴

6

村镇建设

1　湖北省潜江县浩口镇街景

2　湖北省洪湖县洪林村农民住宅

1
———
2

3 湖北省潜江县浩口镇卫生院
4 内蒙古阿巴嘎旗牧民的定居
5 河南省新乡县刘庄村新村鸟
6 湖北省浩口镇自来水厂
7 浙江省绍兴县沈家畈新村鸟
8 河北省栾城县贾村办公楼
9 北京市昌平县马连店农村住
10 湖南省沅江县熙东村地下水
铁构筑物

3	6	8
4		9
5	7	10

11 广东省番禺县石岗村文化宫

12 福建省福清县龙田镇石砌农民住

13 山东省烟台市珠玑村农民住宅

14 福建省福清县龙田镇石砌农民住

15 上海市虹桥镇农民住宅

16 广东省南海县里水镇农民住宅

17 广东省番禺县石岗村幼儿园

11	14	16
12	15	
13	17	

18 广东省宝安县西乡华侨新村街
19 广东省农民住宅卧室
20 陕西省礼泉县烽火大队窑洞学
21 江苏省常熟市碧溪镇鸟瞰
22 广东省花县巴江乡农民住宅
23 广东省宝安县西乡农民住宅

18	21
19	22
20	23

24 广东省农民住宅会客室
25 河南省温县赵堡村学校
26 马连店村农民住宅

24
25
26

村镇建设概述

王　筠　王训政

1985和1986两年，正是完成“六五”计划，开始“七五”计划的关键年度。村镇建设经历了回顾和总结“六五”主要成就，展望和部署“七五”发展方向的继往开来的转折。目前全国村镇建设已从过去的自发状态走上有领导、有规划、有步骤的发展轨道，并正在进入以集镇建设为重点，带动整个村镇建设稳步前进的发展阶段。

“六五”期间，农民新建住宅32亿多平方米，公共和生产建筑约5亿平方米，超过了前30年农村建房的总和。同“六五”计划指标比较，住宅超过28％，公共和生产建筑超过40％。到1985年底，农民人均住房面积由1980年的11.59平方米增加到17.8平方米，每年全国约有5％左右的农户迁入新居。（表1）。

“六五”期间全国各地村镇建设的主要成就，1985年11月在北京举办的《全国村镇建设展览会》上作了比较全面的反映，展出期间约有三万六千多人参观，并接待了一万八千多名代表和特约代表。全国人大副委员长廖汉生同志看完展览即兴提词：“为八亿人民造福”。全国政协副主席赵朴初和马文瑞同志看过展览之后，分别赋诗和提词：“上下五千年未见，八方村镇开生面，齐心四化展鸿图，放眼神州观巨变。”“继续前进，逐渐消灭城乡差别。”

“七五”时期的任务是，继续改革，立足同我国农村社会经济发展相适应、相促进的基点上，基本保持“六五”的建设速度和规模，提高村镇规划、建设和管理的质量为九十年代全面发展打好基础。

1985年5月城乡建设环境保护部在苏州召开了部分省市经济发达地区村镇建设工作座谈会，根据中央1985年一号文件关于加强对小城镇建设的指导和国务院关于把长沙、珠江三角洲和闽南三角地区辟为对外经济开发区的决定精神，交流了经济发达地区村镇建设的经验，明确了村镇建设的工作重点。1985年11月，城乡建设环境保护部在北京又一次召开了全国村镇建设工作汇报会议，总结了“六五”期间村镇建设工作的主要成就和经验，确定了村镇建设在“七五”期间的发展方向和任务。根据这两次会议的精神，近两年在全国范围内进一步作了以下五个方面的工作：

〔村镇规划编制工作〕

到1986年底，全国完成初步规划，建制镇有7 172个，占总数的92.2％；其他集镇有37 407个，占总数的97.5％；村庄有2 719 235个，占总数的72.10％。总的说，初步规划还是比较粗糙的，由于任务大，要求急，特别是技术力量薄弱，多数规划还只能起到控制用地的作用，用以指导建设还有距离。这两年全国各地在初步规划基础上，通过调查分析，进一步测量考察，逐步完善修订了许多集镇规划和部分村庄规划。全国经过加深加细重新修订提高的建制镇规划有1 498个，占规划总数的20.88％；其他集镇规划有3 186个，占规划总数的0.085％；村庄规划有72 100个，占规划总数的0.026％（表2）。

这几年全国编制村镇规划的效果很明显，据1985年测算，规划前后的占地规模：长江以北的村庄将节约土地10～15％，集镇节约土地约4～9％；长江以南的村庄节约土地约2～8％，集镇用地约增加2～4％。下一步编制村镇规划的重点将转向调整完善，提高规划质量的工作上来，“七五”期间，要求首先把占全国集镇中30～40％约1.5万个左右的中心集镇的规划修订提高，并将这些集镇的水、路等基础设施基本配起套来。

〔人才培训工作〕

两年来为了适应村镇规划任务的需要，各地通过短期长期培训共培养了118 865名初等、中专、大专技术人员。鉴于村镇规划任务渐趋完成，逐步转向以集镇为重点的建设阶段，培养人才需要加强设计、施工方面的专业力量，因此，中专、大专的

1985年、1986年全国农民建房情况 表 1

年度	本年建房户		本年住宅建筑面积（万平方米）		人均住房面积（平方米）	本年公共建筑面积（万平方米）		本年生产建筑面积（万平方米）	
	户数（万户）	占总户比率（%）	小计	其中楼房（%）		小计	其中混合结构（%）	小计	其中混合结构（%）
1985	982.79	5.37	71 818.31	26%	17.8	7 921.03	67.65	8 668.08	65.22
1986	949.33	4.76	71 062.26	27.7%	18.99	8 284.79	63.34	9 424.55	71.41

1985年、1986年全国编制村镇规划情况 表 2

年度	编制村镇总体规划（个）		本年编制						累计编制					
			集镇			村庄			集镇			村庄		
	本年编制	累计编制	数量（个）	完成（%）	修订提高（%）	数量（个）	完成（%）	修订提高（%）	数量（个）	完成（%）	修订提高（%）	数量（个）	完成（%）	修订提高（%）
1985	9 465	25 845	13 568	28.5	—	742 441	188	—	41 668	87.6	—	2 341 980	67.4	—
1986	1 974	21 708	2 913	0.06	72.73	377 255	10.3	0.09	44 597	96.6	10.50	2 719 235	74.5	0.026

备注：表内集镇数含建制镇和其他集镇数。

1985年、1986年全国村镇规划建设人员培训情况 表 3

年度	本年培训人员（人）				累计培训人员（人）				现从事村镇建设工作人员（人）
	合计	短期培训	中专	大专	合计	短期培训	中专	大专	
1985	88 867	87 451	1 295	121	468 488	463 933	4 406	150	—
1986	29 998	28 957	889	152	427 643	423 890	3 382	371	58 692

备注：1986年的累计总数比1985年的累计总数减少原因是，培训时间短的人员除外。

培养人数在逐年增加（表3），培养条件在逐年提高。1986年2月由建设部乡村建设局与湖北省建设厅、孝感地区联合举办的《南方村镇建设学校》，专门为全国县以下培养村镇建设中专人才，实行定向招生，定向分配，学制两年，每年招生150名，1987年开始毕业生分配。同时，乡村局还委托河北农业大学代培大专程度的村镇建设人才，商定在20年内，每年代培100名大专毕业生。不少省、地、县级建设部门已同当地中专、大专学校，订立了培养人才的合同，每年可以培养一批中专和大专生。

〔抓好乡村建筑设计和组织科技力量下乡〕

由建设部、文化部、国家体委等联合发起的“全国农村住宅及集镇文化中心设计竞赛评比会”，从1984年8月开始，到1985年9月在大连召开评比会议。据不完全统计，全国参加地（市）级评比的住宅方案有6 315个，集镇文化中心方案844个；参加省、（区）、市级评比的住宅方案3 146个，集镇文化中心方案616个；参加全国竞赛评比的住宅方案84个，集镇文化中心方案71个，住宅实例26个。最后全国评出，住宅：二等奖9个，三等奖9个，佳作奖25个；集镇文化中心：二等奖6个，三等奖8个，佳作奖21个；优秀住宅实例奖13个。获奖方案的主要特点是：从实际出发，充分考虑了当地的经济发展水平和实际需要；注意了节约用地和节约能源；考虑了先进技术和新材料的合理应用；继承发扬了地方的建筑特点和民族形式；集镇文化中心大多设于集镇的中心区域，注意了合理的功能分区、空间组织和环境设计。1986年，又组织了19个省市编制通用设计图集。

这两年组织技术下乡，对于解决村镇建设技术力量不足的问题起了一定作用。北京、天津、辽宁、江苏、浙江、四川等技术力量比较雄厚的地区，积极发动城市里的规划、设计、施工、科研等单位及大专院校，通过多种形式，组织技术下乡，帮助村镇搞规划设计、指导施工、培养人才和进行技术咨询。象北京市聘请若干专家，组成北京市村镇建设顾问团搞技术咨询。天津市通过组织工程技术人员到村镇建设培训班讲课；组织有关专业部门与各郊县对口包干，编制典型规划进行示范，帮助设计，指导施工，选编天津的农村住宅通用图等在村镇建设中加强技术指导作用。1986年暑假，建设部为贯彻"星火计划"，组织9所高等院校千余名高年级学生和教师，深入到22个省、区、市的集镇和村庄去支援建设，协助地方完成了一批村镇规划、农村建筑设计、市政、给排水设计和辅导中专学员等工作。农民赞扬他们是"雪中送炭"人。

〔**集镇建设试点工作**〕

安徽、四川、湖北、湖南、江苏、浙江、河南、河北、贵州等十多个省市都召开了小城镇建设研讨会或经验交流会。并于1985年5月苏州会议上推荐了一批集镇建设搞得突出的典型，如浙江欧海县的郭溪镇、贵阳市的沙文镇、上海嘉定县的马陆镇、天津蓟县的官庄镇、江苏吴江县的莘塔镇、沙洲县的塘桥镇等。同时建设部还直接抓了三个点：江苏碧溪镇创建了城乡结合、工农结合、具有中国特色的文明镇；四川三水镇经过精心规划，将改造成为新型集镇；安徽七里塘镇正在形成城郊型的林园式的新兴集镇。1986年5月至6月，分别组织专家对这三个试点镇举行了规划论证会，认为碧溪、三水镇的规划，在加强区域经济、社会发展分析的基础上，立足村镇体系的总体布局研究集镇建设的发展，在村镇规划的理论和实践上，都是一大进步；七里塘以"立足农业，服务城市，依托城市，富裕农村"为指导思想。规划成蔬菜生产基地和副食加工为主，城乡融合的新型集镇很有特色，这些都为指导各地修订提高规划提供了典型经验。目前，建设部又以不同类型确定了一批联系点，如工商型集镇有广州的新塘、北京的牛堡屯，河北的白沟、宁夏的瞿靖、甘肃的总寨、湖南的合口镇等；农牧业型的内蒙川井；沿海渔业型的山东海阳所、大连小长山乡镇；边境集镇吉林的十二道河乡镇及风景旅游型的广西兴坪镇等。另外部还掌握着四川的向阳镇、北京的马池口村、江苏的杨市镇、浙江的红江村、湖北的马弯镇等一批"星火计划"试点。到1986年底，累计有省级试点单位164个，地、市级试点单位624个，县级试点单位2 838个。

〔**环境保护**〕

据统计，到1986年底，全国乡镇企业已经发展到1 300万个左右，乡镇工业中化工、电镀、印染、皮革和造纸等行业的"三废"向农村扩散日趋严重，全国受乡镇工业污染的农田面积已达1 500万亩。农村还有一个污染源，就是集镇上的垃圾与粪便没有很好处理。这两年建设部门配合环保、卫生部门在抓紧村镇规划建设管理工作的同时，注意贯彻落实1984年国务院发布的《关于加强乡镇、街道企业环境管理的规定》；注意把整修道路、建设供水排水设施、整顿村容镇貌，解决脏、乱、差等问题同抓两个文明建设任务等纳入统一规划和综合建设的活动中去。近两年环保部门在控制乡镇企业污染方面做出了显著成绩：一是，开展了对乡镇企业污染状况的调查研究，摸清了大部分污染源，制定了农村环境保护的初步规划；二是，部分地区建立了乡镇企业环境管理机构和环保员；三是，乡镇企业的环保法制建设进展较快，既国务院发布管理规定之后，北京、上海、山东、天津、河南、四川、广西等16个省、区、市共发布有关乡镇企业环境保护管理规定、办法等30个；四是，开始用经济手段控制乡镇企业的污染，1985年对15 000多个乡镇企业征收了排污费，用于排污事业；五是，治理了一批污染源，控制了某些污染严重的行业发展，许多省份合并了电镀厂，通过培训使电镀厂走上健康发展道路，对环境污染严重的土炼焦、土硫磺、石棉制品、印染、小造纸、小炼油、制革、有色金属冶炼和小化工等乡镇企业都采取了控制措施，控制不了的实行关、停、并、转、迁、限、治、罚等办法；六是严格控制新污染的产生，严格实行"三同时"，从根本上控制新污染的产生。

村镇建设典型介绍

王　筠　王训政

〔潜江县的自来水开发〕

湖北省潜江县位于江汉平原四湖地区，水资源极其丰富，素有“江汉间一泽国”之称。近几年来，由于水源污染严重，群众“吃水难”的问题十分突出。

由于历史上遗留下来的血吸虫病的严重威胁，钉螺分布面广，每年都要使用剧毒药物灭螺，使许多沟渠不能作为饮用水源；由于江汉油田的开发和县乡地方工业的发展，部分水系也被污染，据卫生部门测定，被污染的水中挥发酚，有机氯、氰等含量超过国家饮水卫生标准六至二十倍；还有农村大量的使用农药、化肥，使大面积的水域普遍污染，经化验，“一六〇五”含量超过国家标准四十倍，“滴滴涕”含量超过国家标准三十至五十倍；特别是近几年来，沤泡黄红麻，几乎把全县农村整个水体污染贻尽。对此，群众反映十分强烈。由于水生物、腐殖质以及工业废水污染所产生的致病菌、病毒掩护体，导致各种疾病的流行。据该县高石碑区笃实村的调查，全村一千六百五十四人中，近年来因患肝炎病死亡二十五人，占总人口百分之一点五，因肝硬化腹水死亡三十八人，占总人口百分之二点三。因患各种疾病长期卧床不起的五十一人，占总人口百分之三点一。针对这种情况，该县采取了如下治理措施：

1.建立专门班子，提供各种服务　这个县自来水开发公司是由县自来水公司派生出来的，领导班子是统一的、对外两块牌子，内设开发办公室专门抓全县的自来水开发工作，并拥有一支三十人的工程队负责具体业务，实行企业化管理。它作为一个技术咨询服务机构，面向农村集镇，服务生产和生活，两年来为各区、镇、乡、村水厂提供有偿或无偿服务二百多项。其服务方式：一是整体承包；二是单项服务，由建设单位自筹资金，组织施工，开发公司根据需要帮助设计、预算、提供技术指导、代培技术工人，在力所能及的情况下辅以部分贷款或提供部分紧缺设备材料等等。他们对全县十四个水厂（其中八个区镇水厂，六个村办水站）和两个扩建，改建水厂进行了可行性调查、帮助选定厂址，确定水源。

2.合理规划，多层次兴办小水厂　潜江县办自来水大体上经历了四个阶段。1980年以前是群众自发改水阶段，各家各户打手压式竹管井提取地下水，一般的是采取挖土井和饮、用水分家的净化措施；从1981年开始，转入有领导的水改阶段，由卫生部门加以引导和扶持，仍然是以吃清洁水为目标，属民办性质的福利事业；自1985年县里成立了自来水开发公司以后，进入了多层次的办水厂阶段，不仅提供安全卫生的饮用水，而且推行了先进的制水工艺，实行企业化管理。它本来是一种群众性的福利事业，但又可做为乡、镇、村办企业来办，把取之不尽，用之不竭的水资源优势，变成人民每天不可缺少的商品优势。为了发挥这种优势，他们花了一年的时间，配合村镇规划，对全县所有集镇、乡村进行了一次全面调查，并根据各地的自然条件，经济基础和群众要求分类排队，制定了分期分批的多种方式的开发规划。目前，已交付使用的有十四个小水厂，这些小水厂又向周围延伸建立了一部分小水站。

3.自力更生，多渠道筹备资金　落实建设资金是开发自来水的重要关键，他们坚持自力更生，采取了“以水养水”和“四个一点”的办法（即：地方政府自筹一点，企事业单位和群众集资一点，银行贷一点，争取有关部门扶持一点），基本上解决了现有水厂的建设资金。

“以水养水”，是他们开发自来水的一条基本原则。县自来水公司于1977年正式投产，当时只有日产五千吨的生产能力，次年增加到日产一万吨，1980年又增加到日产二万吨，今年再增容一万五千吨，这样连续翻番，采取滚雪球的办法扩大再生产，为全县开发自来水事业树立了榜样。该厂的固定资产已达二百零二万元，其中财政拨款三十八万元，社会性的集资包括统建费和增容费二十九万六千元，其余全部是自身的积累。由于县政府在各项税收政策上采取了许多扶持优惠政策，藏富于企业，也有利于它们的发展壮大。

〔金华市集镇建设和农村商品经济〕

金华市位于浙江省中部腹地，是浙西、浙南的交通枢纽，也是浙江通往闽赣皖和中南，西南各省的陆上孔道。

该市农村第一步改革起步较早。1981年至1983年，粮食总产量平均每年增长速度高于全省平均水平，但农村工业和第三产业发展不快。直到1985年，全市只有百分之二十五的农民从事非农产业，乡镇工业只占全市工业产值的百分之三十。城镇的国营、二轻工业基础也比较薄弱，加上“七五”期间国家资金投入量很少，因而城市辐射能力不强，难以胜任三百六十多万农村人口的依托。

面对地改市后遇到的新情况、新问题，当地市府冷静地分析了本地经济发展的现状，认为要加速本市农村商品经济的发展，光依靠现在金华市区辐射作用是远远不够的。必须在实践中大胆探索符合本地实际的新路子。即一方面要把发展乡镇企业作为农村第二步改革的突破口。另一方面要下大力搞好小城镇规划，为农民进镇务工经商创造良好的投资经营环境，通过抓小城镇建设再进一步带动农村工业和第三产业的发展，逐步形成“中心城市带动小城镇”，“小城镇带动周围广大农村”这样一个多层次，网络型的“群马拉车”式的新局面。

他们按照这一新的构思，考虑到本市地形地貌多样化，经济发展不平衡等特点，提倡各地在发展小城镇中“八仙过海，各显神通”。目前全市的建制镇已从1984年的十个发展到五十四个，还有八个正在报批的过程中；小城镇人口由1984年的五十万增加到一百十九万，约占全市人口的百分之三十；这六十二个小城镇所创造的工业产值已占全市工业产值的百分之五十以上。1978年至1985年，全市工农业总产值和利润的增长速度低于全省水平，而1986年一至十一月份全市工业产值比去年同期增长百分之十七点六。高于全省平均增长水平。其中乡镇工业（包括家庭和联户工业）一至十一月份已完成产值十五点三亿元，比去年同期增长百分之四十六，初步展现出了经济建设与小城镇建设同步发展的良好势头。

〔怀远镇规划和建设〕

四川省成都市崇庆县地处川西平原，土地肥沃，物产丰富。怀远镇是崇庆县的一个大镇，距县城25公里，是三县，七乡，十一场（集镇）的中心，是山区和平原的交接处，交通十分方便。怀远在西晋时即设县制，清代改为“崇庆州分州”俗称“分州”，解放后一直为区所在地。怀远镇面积1.25平方公里，全镇人口6 340人，全镇人均收入585元，其中家庭工副业收入人均214元，是该县人均收入较高的地区之一。

党的十一届三中全会后，开辟了农村繁荣致富的广阔前景。工农业产品的发展，人民生活水平的提高，原有集镇的局面已不适应，因此他们从84年起便着手集镇的规划建设。经过两年多的努力，现已建成宽25～30米的新街5条，总长2 450米；新建楼房398幢，商业铺面1 034个（46 680平方米）；新建服务设施28处，建筑面积8 736平方米。农民进镇建房占总面积的69％。1985年恢复了原有的两个市场，在开辟新区建房的同时，疏通旧排水沟，种植乔灌相间的花草树木，各项建筑已初具规模，集市贸易兴旺，促进了经济发展。

怀远镇建设的作法和经验：

（一）加强领导、规划先行　1984年着手规划，首先成立了规划领导小组，由各有关单位负责人及村长参加。规划领导小组邀请市规划专家、由县、镇技术人员吸收群众代表组成规划班子开展测量、搜集数据、绘制现状图和规划图，并报请上级批准，使建设施工有科学的蓝图为依据。

（二）依据规划，统征土地，按专业需要分配　怀远新建面积虽大，但征地只有36亩，其余均利用治理后的河滩进行建设。土地征用后，专业户的使用面积根据其专业性质和实际需要，从严计算，一次分配。

（三）两项优惠　凡进镇建房者原则上应一次性交纳配套设施费及土地补偿费，对交纳两费后影响建房标准的，可暂缓交，待营业有收入后再分期交付。

（四）集中资金，统一管理　怀远镇先后从建房者手中集资487万元，资金的使用原则是“统一管理，统建联建，分户决算”。有了这笔资金对房屋的造型、装饰、内部设施、三项改革（饮水，厕所，灶房）也有保证。

（五）统一设计　房屋的造型、层高、装饰及色调都有一个统一的设计要求，特别是房屋的结构、造型以及庭院内的设施绿化，都要求具有一定的水平，而且造价合理。

（六）兼顾旧区改造　怀远镇原有24条旧街，旧街遗留的排水明沟、厕所和坎坷不平的道路，在新区初具规模后，即拨款整修了旧街的排水设施，铺设了混凝土路面318米，以提高设施综合功能。

〔东观集镇规划和建设〕

山西省祁县东观镇，是晋中地区历史悠久的十大古镇之一，也是山西省的规划建设试点镇。位于祁县与太谷县城之间，总面积72.3平方公里，镇内人口9 616人，面积1.2平方公里。近几年该镇狠抓了集镇规划、乡镇企业、文明镇建设三个环节，集镇建设出现了可喜变化：（1）经济结构发生了变化，镇上常住人口百分之七十从事工副业生产，1985年全镇工农业总产值4 231.7万元，比1980年1 037.34万元翻了两番。（2）粮食大幅度增产。（3）第三产业兴盛，镇内年商品成交额达1 500万元。（4）基础设施逐步完善。基本上实行了吃水通院，电照通户，广播通家，电讯通队，道路硬化率已达百分之五十以上，新建的商业两条街、农贸市场一条街，41幢楼房建筑已竣工落成。人民生活水平有了显著提高。

〔黄尖镇基础设施配套〕

江苏省射阳县黄尖镇座落在新洋港湾南岸。早在明清时县志就略有记载，不过未称之“镇”。那时遍地蒿草，人烟稀少，经济萧条。随着海水东移，渔船改泊此地，盐商又常在此落脚，于是先后开设了杂货店、饭店、旅社，于1941年才有了街道的雏形。1983年6月，经省政府批准，成立了黄尖镇。

随着经济的发展，集镇的各种基础设施基本配套，初步实现了“四通一平”，即：电讯通、道路通、电力线路通、供水管路通、地基平整。现有黄海、盐黄两条公路纵横交织于黄尖集镇，并背靠新洋港湾南岸，水陆交通方便，车船络绎不绝。集镇辐射七，八个乡镇，每逢集市，客流量高达五万人次以上，已成为本镇的政治，经济，文化的中心和射阳县南部的区域中心集镇。

黄尖集镇之所以能够如此迅猛的速度发展，其主要原因是农村商品经济得到了空前的发展，抓好了集镇的基础设施建设，主要做法是：用系统工程原理，指导小城镇基础设施建设。

第一、严格按规划进行建设。一个集镇的基础设施，是由若干个子系统构成的。他们在进行建设时，不仅注意了各分支系统的特点，而且遵循了总体系统的要求，使各方面能够保持平衡和协调发展。

第二、统一建设，注意配套。基础设施任何一方面失灵，都将造成集镇的混乱，以致带来反作用。因此，他们在集镇总体规划公布后，凡是在规划范围内的，不管是上级各主管部门投资修建的，还是驻镇国营企业、县属企业、镇办企业自建的所有建设项目，都必须统一标准，按照总体规划实施。对于电力、交通、邮电、供水排水、文化教育设施等都由镇政府实行统一管理。

第三、分步实施，初步建成“六大系统”的雏形。先后拓宽、新建了四条街道，全部用沙石铺面，两旁装上了路灯。为保证街区安全、优雅、减少噪音，他们将贯穿镇内的合黄公路改道，使主干公路近镇不进镇。为方便集镇的单位和个人及时掌握信息，沟通与外界的联系，形成了全集镇广播、电话等通讯网络系统。在能源供应方面，专门拉了黄合专线，总长度达三十一公里，新增设了一千千伏安的变压器一台、街道电线路由10米杆子全部换为12米，由A35导线换为A50导线。还发动有关单位自办十九台发电机组。在给水排水方面，做到了有计划地开采利用地下水，保证地下水资源。修建了排水主干管道一千五百米，支管道一千米。同时，改造利用了集镇内若干天然沟、塘，使之成为天然池水系统。在环卫处理方面，共填平了集镇内原来臭水沟塘，填土两万立方米。对原来由于布局不合理，设在街区中心的电镀厂进行了搬迁。对医院等排放污水较严重的单位限期进行净化处理，符合国家标准后才准排放。在镇街区建造了八座公共厕所、九个垃圾箱。农民定期清除。在文化教育方面，先后扩建和兴建完全中学两所、小学一所、托儿所和幼儿园各一所。镇内设有文化站、图书馆、新华书店门市等，还建造了一个初具规模的剧场。

〔**砂河城镇建设**〕

山西省繁峙县砂河镇位于繁峙中部，镇内有东关、西关、南关、长胜号四个村，有机关、学校、厂矿企事业单位45个，全镇1.1万人，京原铁路和京原公路从镇区经过砂（砂河）台（五台山）公路线与砂左（大同、内蒙）公路线的始点，是县中部八个乡（镇）的政治、经济、文化活动中心。

砂河镇的建设于1984年底动工，经过二年的努力，近期规划的第一期工程已按计划初步落成。先后新建楼房102幢，建筑面积81 000平方米；形成了商业区、旅游服务区、工业区、文教区、军民区、行政区。一年多来，全镇已接待了各种游客25 000多人次，其中外国游客400余人。工业区内，机砖厂与粉丝厂、罐头厂、炼钢厂和正在筹建的11万伏变电站各一座。新建的火车站和汽车站及粮食、供销系统服务楼、已破土动工。文教区内，有县第二人民医院，精神病院、镇卫生院、电影院、敬老院和幼儿院；有高级中学、初级中学、小学三座；还有露天剧场、文化中心站、广播站、老干部游艺活动室、公用事业服务公司等。

砂河镇建设快、变化大的原因，主要是坚持走“人民城镇人民建”的道路，国营、集体、个人一齐上，动员社会各方面力量集资到砂河投资搞建设，办工、办商、办服务业。

一是放宽政策，争投取资。砂河镇党委和政府，在广泛宣传本镇诸方面优势的同时，尽量放宽政策，创造一个良好的投资环境，使各个方面想来投资，便于投资，以吸引大量资金。他们决定：不论本地或外地，不论国家、集体或个人，都可以到砂河务工经商和建筑旅游服务设施。对进镇者，一是提供地基；二是优先发给营业执照；三是按政策规定适当减免工商税收；四是来去自由，所建建筑允许出租，转让和买卖；五是本县农民的家属进镇，粮食部门代购代供口粮；六是进镇从业者经公安、派出所介绍，可随时落户、随时迁出。结果，在很短的时间内，到砂河镇搞建设或投资的就有500多户，投资3 501万元。

7

科技进展

工程勘察

马立德

近年来，随着我国工程建设的发展，工程勘察行业已从工程测量、工程地质、水文地质、工程物探和钻井工程等几个比较单一的传统专业开始渗入和包括了摄影测量与遥感、岩土工程、地下水资源及其环境、水文测量等若干直接相关专业，并涉及包括激光、电子、计算机、岩土力学、环境工程、地震工程等新兴学科的应用。它的功能已扩展到为工程建设与城乡建设的可行性研究、规划选址、设计施工、竣工验收、安全检验、以及建设环境的调查、监控、保护和治理等建设全过程，提供地形、地质及环境的图解、解析成果与论证、评价、预报资料，为建设的始终提供全面技术保障；它的应用范围已扩及水利、水电、电力、铁道、建筑、城市建设、环境保护、冶金、交通、煤炭、石油、化工、纺织、轻工、航天、机械、航空、电子、兵器、核工业、林业、邮电、国防等部门。目前，全国勘察设计单位已达3 000多个。职工约40万人。其中，从事于工程勘察的职工有13万多人。据不完全统计，从“六五”以来，获国家级和部级一、二等优秀工程和科技进步奖的项目有55个（详见附表）。

〔工程建设中的经济效益〕

近些年来工业与民用建筑、城乡建设勘察项目大量增加，大型、高耸、复杂、特殊工程日益增多，勘察生产的品种、质量和效益逐年有所提高。为厂矿、库坝、线路、道桥、城镇的规划设计所需进行的控制、地形测量资料，场地与地基稳定性评价和地下水资源合理开发利用，都取得显著成就。如宝山钢铁总厂第一期工程，系软土地层，技术难度大，工期又紧，先后投入11个勘察单位数千人开展综合勘察大会战，取得了第一流的勘察成果；秦岭电厂二期工程，正确提供厂址、水源地、灰场处的洪水位，合理确定风压数值，减少了土建投资；北京市区800km²的1:5000黑白影象地图，是目前国内最大面积的这种新型图种测绘；在白山大型水电站和引滦入津输水工程中，勘察工作紧密配合作出了优异的成绩。

在各类工程施工、运营中的勘察工作，比较突出的是岩土工程、变形监测与环境评价。如中日友好医院工程，全面提出工程地质与水文地质评价，地基基础设计与施工处理建议，被日方采纳，节约了投资；北京正负电子对撞机工程场地“活动断裂”鉴定，避免了迁址，节省基建投资2 000万元，同时大大缩短建设周期；圣多美人民宫工程提出合理的地基基础和主体建筑沉降变形计算方案，得到对方的赞许与好评；中央彩色电视中心基础工程改变原设计方案，有效节约材料和工期；韩城发电厂通过筑物变形观测，预报了滑坡位移，抗滑抢险，保证了电厂安全；包头钢铁公司尾矿场渗漏水对环境影响的现状评价，为地区环境管理，尾矿扩建提供科学依据，并避免了一个乡8 000农民的搬迁；其他特殊工程，如七七工程地下洞库爆炸试验中的岩土介质分析研究，香港大屿山宝莲寺世界最高铜佛建造第一期工程中的近景摄影测绘都取得了显著效益。

〔推广应用先进技术和科研成果〕

近年来大力推广勘察应用先进技术，加速了技术更新换代，并出现了一批水平较高的科研成果。

在工程测量方面，普及电磁波测距与电子计算技术，使控制测量从优化设计、布网实测到平差计算、精度评定比过去有重大改观，人工测图已开始研究试验全站型组合式半自动化电子速测系统，航测成图已在百余个城市和矿工程设计测量中开展。航测技术已从综合法、全能法向着解析测图、数字化方向开拓，已建有不少工程测图机助系统，如CAD技术已在工程勘测设计中应用。北京、天津等城市开展的航空遥感为主辅以卫星资料的综合性调查，对城市土地利用，水、热、气、植被污染状况、园林绿化、古建筑分布、城市交通、房屋密度及环境工程地质等提供了可靠的数据与资料，编制出各种比例尺影象图、彩红外影象图及专题图件。建筑施工测量已开始普及激光准直、激光导向、激光扫平等新型仪器。我国研制的衍射频谱和投影成象的激光准直系统已在推广。建筑变形测量，除深化沉降、位移观测技术外，还开展了日照、风振等观测，以及变形观测的几何与物理分析研究。静力水准装置已用于精密沉降和形变观测。近景摄影测量除在地基、结构变形与模型试验中应用外，已成功地用于北京北海九龙壁、苏州虎丘塔、西安清真寺、大足宝顶山摩崖石刻、大同云岗石窟等古建筑测绘。

工程地质与岩土工程方面，测试技术的研究与开发有较大发展，静、动力触探技术已经普及，自钻式横（旁）压试验、大型载荷试验及桩基非破损检验已在若干单位推广，勘探、取样、试验设备开始标准化系列化，微机控制的岩土试验数据采取与处理系统已投入使用，先后研制出QJD-50型取样

“六五”以来(1981～1986)主要优秀工程勘察及科研成果获奖项目

年份	项目名称	主要完成单位	获奖情况
1981	WKP-1型旁压原位测试仪	兵器部综合勘察院	部科技进步一等奖
	DPP-100型汽车钻技术改进	兵器部综合勘察院	部科技进步一等奖
	YSC-300型全液压水井钻机	兵器部综合勘察院	国防科工委重大科技进步二等奖
	震动钻机系列	机械部第三勘察院	部优秀成果奖
1982	北京建国门外交公寓工程	北京市勘察处	国家优秀工程奖
	RM-2型钻孔流速仪	冶金部武汉勘察研究院	部科技进步奖
	昆明三聚磷酸钠厂环境影响评价	中国有色金属工业总公司昆明勘察院	部科技成果一等奖
	闵行电厂冷却水对黄浦江水温影响的试验	水电部华东电力设计院	部科研成果二等奖
1984	贵州盘县电厂工程初步设计阶段工程地质勘察	中建总公司西南勘察院	中建优秀工程一等奖
	衍射频谱和投影成象的激光系统	湖北勘察设计研究院	全国建筑科技成果优秀项目奖
1985	秦岭电厂二期工程	水电部西北电力设计院	国家优秀工程银质奖
	4507厂工程勘测	电子部综合勘察院	国家银质奖
	多年冻土研究	黑龙江省林业设计院	全国“五一”劳动奖章
	膨胀土地区建筑物变形观测	航空部综合勘察院	部技术成果一等奖
	静力触探应用技术	铁道部科学研究院	国家科技进步二等奖
	地质力学模型试验技术及其在坝工建设中的应用	水电部长江水电科学研究院等	国家科技进步二等奖
	φ53毫米钻孔彩色电视系统	长办勘测总队	国家科技进步二等奖
	大冶铁矿边坡加固	长沙矿山冶金研究院等	国家科技进步二等奖
	WT-300型气水两用车装钻机	石油部物探局等	国家科技进步二等奖
	七七工程洞库爆炸试验的工程地质研究	兵器部综合勘察院	国家科技进步二等奖
	SD型数字大地电磁探测仪研究与应用	国家地震局地质研究所等	国家科技进步二等奖
	1984年5月21日南黄海6.2级地震速报及短期趋势估计	上海市地震局传输站等	国家科技进步二等奖
	引滦入津输水工程水文工程地质研究	天津市地矿局地质调查研究所等	国家科技进步二等奖
	土坝坝体劈裂灌浆加固技术	山东省水利科学研究所	国家科技进步二等奖
	高压喷射加固地质技术	郑州铁路局等	国家科技进步二等奖
	“光爆锚喷”新技术在矿井支护及引滦入津工程中的应用	徐州矿务局等	国家科技进步二等奖
	地震工程地质研究及其应用	建设部综合勘察研究院	国家科技进步三等奖
	洞室围岩稳定性评价原理与方法	兵器部综合勘察院	国家科技进步三等奖
	625t·m高能量强夯首次试验成功并应用	化工部第二化工建筑公司	国家科技进步三等奖
	膨胀土地区营房建筑技术规定	总后勤部基建营房部设计院等	国家科技进步三等奖
	金川露天矿边坡稳定性研究	中国科学院地质研究所	国家科技进步三等奖
	地下连续墙的应用研究	中国船舶总公司第九设计研究院	国家科技进步三等奖
	中小直径新型硬合金钻头	武汉地质学院等	国家科技进步三等奖
	大口径多功能潜水钻机的研究及应用	黄委会河南河务局	国家科技进步三等奖
	三维地震勘探技术及应用	江汉石油管理局等	国家科技进步三等奖
	JSX-2型超声成相测井仪研究及应用	镇江煤矿专用设备厂等	国家科技进步三等奖
	QJ250型大直径正反循环灌注桩钻机	郑州勘察机械厂	部级科技进步一等奖
1986	上海宝山钢铁总厂一期工程	冶金部武汉勘察研究院等	国家级优秀工程金质奖
	含软弱层(带)复杂地基的工程地质研究	长江流域规划办公室勘测总队	部级国家科技攻关项目奖
	YZJ-100型程控刚性电液伺服直剪试验机	长江流域规划办公室勘测总队	部级国家科技攻关项目奖
	白山水电站	水电部松辽水利委员会勘测公司等	部级优秀设计奖
	小口径金刚石钻进	水电部松辽水利委员会勘测公司等	部级优秀成果奖

续表

年份	项 目 名 称	主要完成单位	获 奖 情 况
1986	膨胀土专题研究	航空部综合勘察院	部级科技进步一等奖
	《城市测量规范》(TJ8-85)(部标)	北京市测绘处等	部级科技进步一等奖
	北京市规划市区1:5 000影象地图	北京市测绘处	部级优秀工程二等奖
	温州市1:1 000及1:2 000航测成图	沈阳市勘测处	部级优秀工程二等奖
	北京中日友好医院	北京市勘察处	部级优秀工程二等奖
	陕西省人民政府办公大楼	陕西省综合勘察院	部级优秀工程二等奖
	开封啤酒厂扩建工程	河南省建筑设计研究院	部级优秀工程二等奖
	干法振孔器及砂石桩复合地基研究	河北省承德市建设局等	部级科技进步二等奖
	秦皇岛枣园水源地地下水资源评价及海水入侵研究	中国市政工程华北设计院	部级科技进步二等奖
	小月河(北京)凿井工程	北京市勘察处	部级优秀工程二等奖
	北京植物园供水深井工程	建设部综合勘察研究院	部级优秀工程二等奖
	重庆红岩机器厂水源勘察	机械部第二勘察研究院	部级优秀工程二等奖
	韩城发电厂变形观测	陕西省综合勘察院	部级优秀工程二等奖

说明：本表系根据有关报刊及部分单位报送的资料整理。限于篇幅，表中只列入国家级与部、省级一、二等获奖项目。

钻机、YZJ-100型程控刚性电液伺服直剪试验机、WKP-1型旁压原位测试仪、SD型数字大地电磁探测仪研究与应用、震动钻机系列、QJ250型大直径正反循环灌注桩钻机等；对于特殊土（如多年冻土、膨胀土等）的地基效益，工程地质参数、建筑物合理埋深与地基计算深度的研究有不少发展，如含软弱层（带）复杂地基的工程地质研究、碎石类土的工程地质分类和容许承载力的确定都有可喜的成果；岩土工程体制的逐步推行，使传统的工程地质勘察不断深化发展，增强了工程勘察行业的活力。

水文地质与地下水资源方面，地下水资源评价、管理已广泛采用解析法、数值法，并已逐步采用边界单元法、线性规划与有限单元相结合的方法，以及环境同位素、电子计算机、遥感图象判释等新技术的应用；钻井技术和机械不断革新和发展，提高了成井率；物理化学洗井技术增大单井出水量；推出新型测试仪器，如RM-Ⅱ型钻孔流速仪、DR-Ⅱ型数字水位仪等。

地球物理勘探技术在寻找地下水、测定岩土物理力学性质及动力参数、划分地层以及测试地基与建筑物抗震性能，并借助电算技术进行解释等方面得到广泛应用。测井技术发展也较快，如声纳测井、彩色电视测井、磁法透视测井、波速测井等。在资料解释、判读上已开始采用数值解法、频谱分析法等，提高了判释精度。

〔技术标准日趋完善〕

工程勘察技术作为一个学科分支已在中国大百科全书——土木卷中分别按四个专业列入56个条目与释文。1986年城乡建设环境保护部颁发的《建筑技术政策》中列入了建筑工程勘察技术政策。近几年来已出版的标准规范有《城市测量规范》(部标，1986年)、《膨胀土地区营房建筑技术规定》(部标，1985年)、《机械工业单层厂房抗震基础设计规范》(部标，1985年)、《城市勘察物探规范》(部标，1985年)、《林区公路勘测规范》(部标，1985年)、《港口工程测量技术规范》(部标，1987年)、《港口工程桩基工程规范》(部标，1983年)、《水文地质、工程地质、物探规程》(部标，1980年)、《电力工程物探规程》(部标，1986年)、《旁压试验规程》(部标，1985年)、《供水管井施工及验收规程》(部标，1985年)、《城市规划工程地质勘察规范》(部标，1986年)、《市政工程地质勘察规范》(部标，1986年)等。

〔科技情报及学术交流〕

1978年建立的建筑工程勘察科技情报网已发展为跨部门、跨地区670多个单位的全国性网络系统。仅1985、1986两年开展科技情报交流、技术培训、学术讲座、技术咨询等活动就有100余项；1979年成立的中国建筑学会工程勘察学术委员会，聘请了100余名工程勘察各专业的专家、学者、教授及高级工程师担任委员；除已召开了三届综合性学术交流大会外，仅1985、1986两年召开的取土技术与取土器、水资源、工程物探、工程勘察现代化管理、横(旁)压仪测试应用技术等专题学术讨论会和电算、土工试验等研讨班就有14项；从1986年起，学会的会刊《工程勘察》已分为《工程勘察》和《工程测量》出版，国内外公开发行。此外，冶金、机械、化工、水电、铁道等系统，每年也开展有关工程勘察技术的学术与情报交流活动，以及编辑出版刊物，如《勘察科学技术》等。

与国外的学术交流日益增多，仅城乡建设系统，已与美、英、日、德、苏等十多个国家建立工程勘察与岩土工程科技交流联系。1986年9月由建设部综合勘察研究院与美国深基础协会共同主持在北京召开了深基础工程国际会议，在出席会议的360余人中有国外代表及随员176人。另外，在开展国际科技合作、对外承包业务方面，近年也有较大进展。各系统勘察部门在海外都建有工程承包机构开展业务。

地基与基础

黄熙龄

近几年来，地基与基础方面的技术正在向新的高度迈进。其基本标志为深基础愈来愈多，地基处理技术工艺发展迅速，对规范规程提出新的要求。

〔**深基础技术**〕 七十年代以前除了特殊工业建筑外，基础埋深一般以浅基础为主，房屋层数超过六层者不多，基础造价占工程造价不到10%。七十年代开始，层数到达十二层，基础埋深增到3～5米，桩基开始大量采用。八十年代以来，由于城市用地紧张，大城市中房屋层数普遍增高，有的已达50层，总高度达150米，基层埋深一般超过10米，大直径桩开始使用。特别在近两年来，地下空间的利用提到重要位置，如地下车库、商店、餐厅、设备间、储藏室等。地面标高以下的建筑型式复杂，要求防漏、防渗、通风、防潮；地下部分造价已超过工程造价30%。深基础技术实际上包括地下室部分与基础，边墙及坑壁稳定。根据上部建筑体型，结构体系以及地下室功能要求，深基础的型式也发展成箱基、厚筏及大直径桩等三大类。有时也出现箱一桩、筏一桩等型式。

箱基仍是最主要的基础型式，它有较大的刚度，可以适应上部建筑复杂型式和调整不同结构体系所造成的集中应力问题，并调整沉降的作用。北京国际饭店可作为代表，它为多弧面组成的平面，中为筒、两翼为框柱、地下一层为商店、土层为粉沙与粘质粉土夹层。因此，在沉降过程中有发生两翼框柱结构向中部挤压的可能。经过试验，采取加强刚度的箱基后，效果很好。复杂体型的箱基应用成功促进了箱基设计水平的提高。

地下车库柱间距从7米增加到10米，使柱荷高达千吨以上，一桩一柱也成为这个时间深基的标志。这种桩直径在一米以上，深入岩层或较好的石层中，扩底直径最大达到4米。广州、深圳高层建筑采用这种型桩较多，其它如北京、郑州也有少量工程采用。在施工技术上发展很快，以人工挖孔建筑护壁或钢管护壁施工法，质量较好。也有泥浆护壁钻孔或冲孔施工方法，但沉渣问题未根本解决。

在软土地区，由于软土厚度超过数百米，在一段时间采用钢管桩、桩长60米，最近上海成功地制成预应力外方内圆空心管桩，并用于36层高层建筑。这是长桩改革的一项新的工艺，它与钢管桩相比，承载力相同，但节省造价50%。

深基坑坑壁支护方法进展较慢，北京地区开始使用锚焊，其它地区采用钢筋混凝土桩加横撑支档，效果比连续墙经济。但总的说来，施工机具落后，开挖基坑及边坡支护费用很高，需时过长，这是急待解决的问题。

〔**地基处理技术**〕 六十年代的地基处理技术主要限于砂桩、砂垫层、重锤夯实、矽化法等。七十年代唐山地震后出现了振冲法，解决了砂土液化问题。目前地基处理技术在方法和工艺上都有了新的发展。强夯法的能量从开始时100吨米提高到250吨米以上。在湿陷性黄土，水位较高的粉土，淤泥上的大块抛石等地基上均获得了新的成就。在夯击点的布置方面有排夯、点夯、变能量夯；在设计理论上提出近似计算，及强夯有较深度。由于土工织物材料的出现及压入土中工艺获得解决，砂抹排水已为织物及砂带排水所代替使得在软弱土层及水下土层的夯实成为可能。

石灰桩在软土层中成型工艺是这两年来地基处理发展中最有特色的成就，南京、天津、浙江、湖北等地都先后取得突破，在技术上有的从石性质上加活性材料如粉煤灰，有的采用干粉加土压实法，亦有从热效应出发，都收到了效果。如果在工艺上得以改进，石灰粉煤灰土小桩技术将成为在软弱地基上中小型房屋地基处理最有前景的最经济的处理技术。武汉地区用灰土桩代替原设计的灌注桩，节省了一半以上的工程造价。

干振加密密地基方法已在河北省石家庄、承德地区研究成功并付诸工程实践，它是不需要任何建筑材料如水泥、碎石、石灰等的振密杂填土的方法、唯振密深度目前设备能力仅能达到5米。能量耗用尚嫌太多。

地基处理的范围有日见扩大的趋势。城市用地日益紧张之后，一些原有较差土质急需利用；房屋间距离过近，对老房的安全存在加固问题，特别是沿海地区，如大连、深圳都已出现向海中索地的要求，所以，加强地基处理方法及工艺的研究对今后若干年内的建设工作具有极重要的意义。

〔**规范、规程及设计理论**〕 在地基基础方面现行规范规程有地基设计规范，湿陷性黄土地基设计规范，地基基础设计施工规范，灌注桩设计施工规程层建高过筑箱基设计规程等。这些规范规程都反映了我国地基斜基础术已经达到的水平。规范以土力学基本原则为核心，以丰富的实践经验为基础，有大量的研究成果及数据为依据，它不仅将已有的经验成果总结起来传给未来，同时为现在的经济建设做出了重大贡献，节约了大量资金。

1986年我国又完成了膨胀土地区建筑规范。这是我国第一本膨胀土地基包括勘察、评价、设计、处理及施工在内的建筑规范，也是世界上第一本这方面的规范。这本规范是在全国范围内有组织地进究十研通数，行系统万个数据并经实践证实有效的成果，在编制研究过程中，召开过全国性学术会议，总结了全国的设计施工和科研经验最后在1986年通过。这本规范的完成，改变了我国在膨胀土地基上建造房屋大量破坏的历史，保证了在这些地区的工程建设的质量，引起了国外的重视。

1987年完成了IJ7-74地基基础规范的修订。它增加了近几年来高层建筑及近代工业所带来的设计经验，大、中、小各类建筑地基设计有所依据。在这本规范中改变了土的分类方法，结束了长期以来粉砂、轻质粘土的分类不清的争议，并提出按概率统计确定各项土的参数，从而使勘察设计人员按统一的科学标准提出各项参数，有助于充分而合理的发挥地基承载能力。在规范中提出了弹性地基梁板计算原则及基本构造、大直径桩承载能力试验方法及取值公式，提出深口计算公式及桩基承台弯矩计算公式。对沉降计算的有关参数作了修改和补充，进一步提高了精度。目前全国各地正按照新编规范进行设计及编制教材，各省市亦围绕这本规范开展大量的学术活动。

上海、天津、深圳、云南、贵州等各地都正以国家规范为中心编制地区规范；预期不久的将来，全国地基规范及地区规范将形成一个完整的既有共性又有地区特性的设计指导文件。

除了规范以外，有关土力学的基本研究也正在发展，其中包括按非线性变形计算问题、关于边坡稳定分析问题，按极限状态设计理论问题，原筏的反力及设计方法，上部结构刚度对地基变形的影响，海洋土的基本性质，土的动强度及抗震地基设计问题，地下室空间利用及防水、防潮、防地震问题的综合分析等。

在测试技术方面，大能量动力试桩以确定大直径桩的质量及承载力方面有了初步成效；利用超声波测定钻孔桩的成孔质量在开始应用。土工试验自动化还在逐渐实现。新型按加荷络经设计的压缩仪已试制成功，各种规格型号的测试土的动静压力的传感器已开始投入生产。

〔**学术交流**〕 在这两年期间我国派出了代表参加国际第十一届土力学及基础工程年会，在国内主办了国际性深基础学术会议，参加了国际性建筑设计及施工学术会议。同时分别与美国、法国、澳大利亚、日本有定期的学术交流活动。国内除每年有一次全国地基基础学术年会外，各省市都有不定期的学术会议，这些会议活跃了学术空气，增加了交流，推动了当前建筑业的蓬勃发展。

建筑结构

李明顺

建筑结构是构成各类房屋和构筑物的主体结构，对确保工程的安全性、适用性和耐久性起着决定性的作用。在大规模城乡建设中，为适应各类房屋建筑使用要求和为加快建造速度，节约资金，我国建筑结构有了新的发展，设计与施工水平有了进一步提高。

〔**高层建筑**〕 近年我国高层建筑发展迅速，不仅数量增加快，而且层数和高度增大，在结构体系上除过去常用的框架、框剪和剪力墙三种结构体系外，还广泛应用了筒体结构（筒中筒结构和筒体—框架结构），由于建筑要求，平面形式更为多样，立面形状也变化较多。如1985年建成的深圳国际贸易中心是目前全国最高的高层建筑。该建筑主楼采用筒中筒结构，地面上50层，地下三层，地面以上高度160米。该建筑由湖北省工业建筑设计院承担设计，中国建筑科学研究院结构所为其进行了内力分析计算。在北京建成的中央彩电中心播出楼，亦采用筒中筒结构体系，按地震烈度9度设防，由广播电视部设计院承担设计，中国建筑科学研究院结构所为其进行了内力分析计算和模型试验，这是在地震区建成的最高建筑。我国的高层建筑以采用钢筋混凝土结构为主，随着建筑层数的增多，高度的加大，高层钢结构亦得到应用，其中有正在施工的深圳开发中心（圆形，33层），上海锦江饭店分馆（50层），京城大厦（50层）等。

随着高层建筑形式的多样化，高层结构布置亦更为复杂，不少高层建筑采用了如斜交剪力墙、弧形框架、弧形剪力墙、S型框剪结构以及其它更为复杂的不规则布置结构。

我国高层建筑结构的科研与设计水平提高很快，利用电子计算机进行大型的空间结构分析，输入地震波的动力分析，以及模型试验、拟动力试验方面都取得了可喜成果。如中国建筑科学研究院结构所高层结构课题组完成的大底盘、大空间高层结构模型拟动力试验研究对设计这类结构提供了可贵的科学依据。

〔**多层工业建筑结构**〕 为节省建设用地，特别是老企业在原有厂区内进行技术改造，多层工业建筑有了较快的发展。目前除原来较多的采用多层工业建筑的电子、仪表、轻工、化工行业外，近年在纺织、金属加工、各类仓库、汽车库方面都建成一批多层建筑的成功实例，已建成的多层厂房最大跨度达20米左右，荷载最重达每平方米5吨，织布机也能上楼。在大柱网的多层工业建筑上采用预应力结构显示了明显的优越性。1986年建成投产的天津市四新纱厂一纺场，建筑面积45 221平米，包括技术层共五层，采用无粘结预应力井式梁板悬挂夹层升板结构体系，与现浇框架结构相比，可节省钢模50%，较定额工期提前81天投产，使厂方增加产值1 000万元，少拆迁原有车间4 000平米，多创产值4 303万元。

〔**大跨空间结构**〕 功能上要求大空间的体育建筑，风雨操场、大型库房、剧场等要求采用大跨度空间结构，促进了我国大跨空间结构水平的提高。目前各种形式的空间网架更加成熟，广为推广使用，在网架结构从最优选型、空间计算、网架及构点构造与加工吊装，形成了一套比较完整经验。近年又在向网壳和悬索结构方向发展。如1986年建成的吉林滑冰馆，底层轮廓尺寸为67.4×76.8米，面积为8 456平方米。屋盖采用双层预应力悬索结构体系，承重索与稳定索沿矩形平面的短向平置，在跨度中央的2／3的跨长范围内，稳定索高出承重索，形成筒形屋面。悬索材料采用国产预应力钢铰线，每束承重索由7φ5的钢铰线18根组成。正在建造中的四川省体育馆，平面近似矩形，73.7×79.4米，结构设计选型上采用跨度102米大拱凌跨比赛场地与两个双曲抛物面悬屋盖构成整个大跨屋盖，别具特色。悬索材料采用高强钢丝束。丹东体育馆在结构处理有类似之处，但采用预应力刚架凌跨比赛场地，与单曲率的索壳屋盖构成整个大跨屋盖。

为适应建筑形式变化的要求，空间结构的造型在不断创新，通常采用方法是解析法和实验法。此外，尚有从自然界的生物、矿物形状上获得启发与参考的仿生方法。

〔**多层住宅及办公楼结构**〕 住宅建筑是各类建筑中建造数量最多的一种建筑类型，办公楼建筑的绝对数量也相当可观。目前，砖混结构仍占多数，但几年来工业化体系得到了较快发展，如大模板结构体系推广速度较快，其中在多层住宅上“外砖内模”，“外板内模”经济效益较好，在若干地区已形成为一种主要结构体系。装配式大板结构处于稳定发展状态，层数有所增加，但数量增长不快。主要是造价偏高，保温问题解决得不够理想。中、小型砌块建筑是一种发展潜力较大的结构体系，欲获得更快的发展，应解决从砌块形状、模数化、标准化以及制作生产与施工工艺、结构抗震构造等方面的成龙配套问题。

轻骨料混凝土结构，我国已推广使用，主要有陶粒混凝土，浮石混凝土和煤干石混凝土，由于重量轻，还能利用工业废料，是重要的发展方向。

预应力结构，对提高结构质量，节约钢材有显著作用。近年我国预应力混凝土的研究工作有较大进展，主要是基本解决了无粘结预应力混凝土结构和部分预应力结构的设计计算问题，特别在高强预应力筋束的预应力工艺，如后张法预应力锚具和张拉工艺，已研制成功，其性能已达到国际水平。

建筑物理

张绍纲

1985～1986年，在科技体制改革方针指导下，取得了比以前质量水平更高的科研成果，其主要进展如下。

〔**建筑声学**〕

1.环境噪声综合治理有了新的开端，在北京市环保局配合下，已完成崇文区龙潭、体育馆、六海小区的噪声综合治理，达到国家标准规定的一类混合区标准。

1.制订了《工业企业噪声测量方法》、《建筑隔声评价标准》、《民用建筑隔声设计规范》，编写了《建筑声学设计手册》，填补了我国建筑声学方法的空白。

3.研制出一些新型的吸声材料，如阻燃麻纤维吸声材料、阻燃木质吸声板、膨胀珍珠岩吸声复合板、陶粒珍珠岩吸声砖、GS—A系列隔声、阻尼材料、纸蜂窝膨胀珍珠岩吸声板等。这些吸声隔声材料，对提高建筑声学功能有较大作用。

4.厅堂音质设计方面，设计了北京中央彩色电视中心演播室的声学设计，试用效果较好。

〔**建筑光学**〕

1.混光光源特性及其应用研究取得了新成果，研制10余种混光灯具，已推广应用于高大工业厂房的车间、体育馆的照明，达到了提高照度、改进光色和提高照度的目的。

2.开展了中国的辐射光当量、自然光照度和光气候研究，为编制我国的光气候图提供了依据。

3.开展了对于有显示装置（计算机终端）房间照明的研究，提出了合适的键盘、文件和显示屏幕的适宜亮度，对于保护工作人员的视力、提高劳动效率、减少疲劳有重要作用。

4.制订了《采光测量方法》、《室内照明测量方法》、《人类工效学照明术语》、《光源显色性的评价方法》等，统一了测量和评价方法。

5.采光和照明测试技术有新进展，已研制成功的光气候自动测量仪，可以连续记录在白天时的天然光照度，并研制成功自动换挡的数字式照度计、彩色亮度计等。

〔**建筑热工**〕

1.对华北、东北、西北地区的采暖住宅建筑能耗进行了调查、实测与计算分析，摸清了我国采暖住宅能耗状况，并提出能耗的计算与分析方法，并进行节能住宅的试点。

2.对地下冷库、埋粮仓和地铁等地下建筑的提出了整套热工设计方法和控制最佳热环境计算方法、软件和科学管理方法。

3.制订了《民用建筑节能标准》，该标准根据科研成果的各种节能措施，在造价提高不超过5％的情况下，可达到节约能源30％的效果。

4.制订了《建筑外窗抗风原强度性能分级及其检测方法》、《建筑外窗气密性分级及其检测方法》、《建筑外窗水密性能分级及其检测方法》，从而使窗的检测方面有了统一的标准和方法。

5.在热工测试技术方面，提出了居住建筑能耗现场检测技术、数据采集和处理自动化技术。

建筑结构抗震

龚思礼

唐山地震是中国历史上一次重大浩劫。全国人民从这场大灾难中吸取了沉痛教训，十分重视抗震防灾工作。原国家建委成立了抗震办公室，（现为城乡建设环境保护部抗震办公室）统管全国抗震防灾工作，各主要地震区和有关部门也成立了抗震办公室。抗震科研机构在各部门、各大专院校、各省(市)兴起，原有的主要抗震科研机构也得到加强。国际科研协作交流频繁，1980年和1984年我国派遣代表团参加了在伊斯坦波尔和旧金山召开的第七届和第八届世界地震工程会议。在中国建筑学会和中国地震学会下分别成立地震工程专业委员会，两个专业委员会又联合成立了中国地震工程协会，并以这个名义正式加入了世界地震工程协会（International Association of Earthquake Engineering）。地震工程的发展成就如下。

〔**城市抗震防灾**〕 近年来世界上城市发生地震的经验表明，一旦在人口密集的城市发生地震，对人民生活、生产乃至生命的危险性比农村发生地震要严重得多，为此世界各地震区国家特别是日本、美国，普遍重视城市的地震防灾工作，我国吸取了这些国家的经验，把单体的建筑抗震扩大到对一个城市系统的抗震防灾，八十年代初我国先在烟台、徐州两市进行城市抗震防灾规划的试点，对编制规划所需的基础资料进行了科学研究，如城市的地震危险性分析，地震小区域划分，地震震害预测以及编制原则和程序方法等。目前已有西安、兰州、乌鲁木齐、大连、德州、安阳、连云港、秦皇岛、合肥、泉州、长春、吉林等四十个城市正在进行编制工作。

〔**抗震设计规范**〕 1974年我国已经颁发了《工业与民用建筑抗震设计规范》试行本，唐山地震后，进行了修订，于1978年正式颁发。1981年原国家建委下达任务，要求对抗震设计规范进一步修订。中国建筑科学院抗震所从1982年开始进行调查、试验和理论分析，1983年底形成修订初稿，于1987年上半年报送审批。新修订的规范稿，吸收了近十年来国内外震害经验和唐山地震后的试验研究成果，有如下一些特点：1.以“小震不坏、大震不倒”为设计思想，规定了三水准的设防要求和二阶段的设计步骤；2.增加变形验算的规定和简化计算法；3.修改了设计反应谱，考虑了近地震和远地震对不同周期结构的影响；4.增加了砂土和粉土的液化判别程序（初判和试判别），并修改了现行规范的砂土液化公式，使能同时适应粉土的液化判别；5.增加了各类结构的抗震构造措施。

〔**现有建筑的加固**〕 我国有大量现有建筑物是在抗震设计规范颁发以前建造的，没有抗震设防，缺乏抗震能力，须对这类建筑物进行抗震加固。抗震加固工作自1977年开始，到现在全国共完成了各类建筑物的加固1.8亿多平方米，部分重点城市抗震加固工作已基本完成，为适应加固工程需要，制订了一系列的抗震加固技术文件，如"抗震加固规程"，"抗震加固技术措施"，"抗震加固技术管理暂行办法"等，抗震加固方法大体从三个方面着手：

1.增加抗震强度；增加抗侧力构件的面积（如设抗震墙和柱等），加强抗震侧力构件的强度，如在原抗震墙上采用砂浆或钢筋网砂浆抹面，压力灌浆，喷射混凝土，增设钢筋混凝土构造柱等。

2.提高整体性措施；增设拉杆，圈梁和钢筋混凝土支撑以及其它一些联结措施。

3.提高变形能力：墙角及内外墙交接处增设构造柱，外加钢筋水泥砂浆抹面等。

〔**强震观测**〕 强震观测是利用强地震仪布设在地震容易发生的自由地面、地下、水下、建筑物上以捕捉地震时的地面震动加速度的时程变化图和建筑物的地震反应时程变化图。我国到目前已有二百多台强震仪，并已经有了较密集的台阵。近年来还收集、积累了国内和国外的强地震记录近二千条，形成了强地震记录的数据库，供结构抗震计算应用。

〔**地震危险性分析**〕 参照国外经验，我国近年来也进行了地震危险性分析的研究，并用这种方法，校核了六十多个城市的基本烈度和"小震"及"大震"烈度同基本烈度的差别。

〔**地震小区域的划分**〕 这是在大的地震区划的范围内，根据局部条件更详细地将地区划分为具有不同地震动影响的小区，目前我国较多地在城市内划分地震小区，以用于城市抗震防灾规划或确定某个工程建设项目的所在小区的地震动参数。目前应用于城市抗震防灾小区划方法有：计算分析法和地震易损性分析法等。

〔**抗震设计理论**〕 近年来在抗震设计理论方面的研究工作有：

1.关于结构抗震的极限状态（破坏准则）的研究，提出了变形和能量双重准则作为抗震的极限状态。

2.关于结构抗震可靠度的研究，所谓抗震设计的可靠度由结构达到极限状态的概率确定，分线性系统的可靠度和非线性系统的可靠度，前者在假定地震荷载同结构抗力为相互独立的情况下，估计了现行规范的主要结构可靠度指标，并作为新修订规范制订强度验算规定时的参考依据，后者比较困难，目前尚无重大突破。

3.关于结构的地震反应，研究了结构在地震作用下的吸能和耗能反应，并得出了结构的吸能和耗能同地震输入能量之间的关系。

4.关于模糊数学方法在地震工程领域中的应用，这一方法在研究关于地震烈度和烈度评定、震害预测、抗震设计和地震危险性估计中作为一种新兴的理论工具得到较广泛的重视。

〔**结构抗震设计**〕 近年来，人们在总结大地震的震害经验中提出应该重视结构抗震的"概念设计"，在房屋的总体设计方面要求房屋的体型简单、对称、平面和立面规则，抗震结构体系要强度和刚度均匀连续分布，有多道抗震防线，分结构和构件间要有较可靠的连接，改善结构材料的变形和耗能能力，注意非结构构件对主体结构抗震的影响，等。这些原则已经为广大设计人员接受。

我国占95%以上的砖结构房屋，在历次地震中，特别是在唐山地震中表明其抗震能力很差。对这类结构，近年来进行了大量的试验研究工作，并在抗震设计规范中给以许多保证抗震能力的规定，如保证房屋具有一定的抗震强度，限制房屋的高度，改善房屋的变形能力（采用钢筋混凝土构造柱加强对砖墙的约束），强调房屋各部分连接的可靠性，以保证房屋具有良好的整体性等。

多层及高层钢筋混凝土结构房屋的抗震，国内许多单位进行了大量的试验研究和分析研究工作，重点放在钢筋混凝土构件（梁、柱、墙）的延性能力及其改善措施和各类构件的恢复力特性，这方面工作已经积累了相当充足的资料。由于数字计算机技术的发展，各种功能的软件的开发，计算分析工作渐趋完善，如二、三十层的甚至具有复什体型的高层建筑已经能够借助于微型电子计算机进行三维空间分析。

供水与排水

张淑敏

为了进一步加强城市基础设施建设，城建部门广大职工和科技人员积极努力，取得了一批科技成果。市政工程、公用事业、园林风景、环境卫生等行业技术水平都有一定程度的提高。1985年首次参加国家级和部级科学技术进步奖评定的项目约有150多项，获国家级进步奖的项目有13项，其中二等2项，三等11项；获部级奖28项，其中一等1项，二等9项，三等18项。1986年有36个项目参加了部级技术进步奖的评定，有10项获得了技术进步奖，其中一等1项，二等4项，三等5项（国家级尚未评定）。获奖的项目都有较好的社会效益和经济效益，对城市建设事业的发展起了一定的推动作用。

城市供排水行业的技术成果近年来都在增加。1985年获国家级技术进步奖中有给排水方面的项目二项，其中二等1项《地下水曝气接触氧化法除锰》、三等1项《人工轻质新型陶粒滤料过滤技术的研究》；获部级技术进步奖中有九项，其中二等3项，三等6项。

〔**电子计算机的应用**〕

城市供水行业近年来对电子计算机应用的研究取得了可喜的成果。在1986年6月份举办的全国电子振兴技术展览会上展出了成都市自来水公司应用电子计算机进行遥测、遥控及监控的模型、图片和录像。该公司第五水厂中心调度室可以对清水池水位和输水管压力进出水泵房机组进行监控，对移动罩滤池、加速澄清池等进行程序控制，并将巡检、检测装置的相关参数传递给中心调度室。该系统的建立，大大提高了生产能力，可节省1/2的人力，节约10％的电耗。目前在上海、广州、兰州、武汉、贵阳等城市也应用微机进行调度自动化，建立“三遥”系统。

〔**净水工艺的发展**〕

在给排水工程中为了达到净化水质，使固液分离，一般采用沉淀法。近年来在平流式或立式沉淀池基础上，发展了澄清池以及斜板斜管沉淀池等。但此方法在遇到水中悬浮颗粒较轻，比重接近于水时，很难使固液分离。如湖泊水、水库水及江河中的藻类，植物残体和细小胶体物质，印染行业、造纸、化纤、炼油等行业的污水，都很难用沉淀法处理。

为解决这一不足，又研究和采用一种新的净水工艺，即《溶气浮升法》。采用这种方法净化水，其容量大，浮渣含水率低，可以混凝、沉淀、过滤合为一体，组成一个完整的内部结构紧凑的净水工艺系统，大大节省了土地和基建费用。1984年建设部城建局在同济大学召开了全国气浮净水技术讨论会，介绍了40余篇论文，内容广泛深入，有气浮净水机理、形式、工艺、设备、运行等，从溶气效率、积气效率、气泡微细度、处理效果、能量消耗等方面都反映出我国气浮净水技术已达到国际水平。

这一成熟的技术在国内推广应用已取得显著的社会和经济效益。苏州华盛造纸厂，过去生产1吨纸，用水200吨，因废水不好处理全部排掉。现在可以用气浮法处理废水回用，平均生产1吨纸只用20吨水，仅造纸机每日节约用水1万多吨。过去生产每吨纸用纸浆950公斤至1 000公斤，用气浮处理废水回收纸浆再用，现在平均每吨纸只用870公斤，每吨废水中回收纸浆80公斤至100公斤。既节约了用水，又回收了原料，并且可以对环境直接起到保护作用。苏州华盛造纸厂采用气浮法处理废水，每年可节约运行费和原料费40万元，而且使寒山寺水源不受污染。昆明市第三水厂，由于原水中藻类影响，使滤池运行周期缩短，只2～4小时，冲洗次数多，水量消耗大，滤料更换也频繁，维修费用高，改成气浮法净水后，出水水质稳定，去除色、味、臭效果明显，浊度只有1.5度。滤池冲洗周期延长到16到24小时，电耗和制水成本均低于采用气浮法处理前的指标。

〔**新型高效沉淀器—梯形斜板沉淀器**〕

获国家发明三等奖和1986年日内瓦第十四届国际新技术发明展览会银质奖。

六十年代瑞典国提出的“兰美拉”同向流斜板沉淀装置，以其占地面积小，净水负荷率高的特点，使其他型式沉淀池与之无法比拟。1972年传入我国，先后建成九座池子，但都有积泥问题。从平流沉淀池到“兰美拉”沉淀池都是尾端横向一次性收水，其横向集水渠和滑泥板等都是产生积泥的根本原因。同时，“兰美拉”池构造复杂，制造难度较大，造价高，因而影响推广和发展。

北京市市政设计院研究所从1978年开始研究，运用变量流沉淀理论，由梯形状斜板和集水管组成凹型沉淀单元体，包括泥水分离、澄清水收集和导出沉渣滑送等，使水流沿斜板层间流动，两侧收集澄清水，造成浅水层的变量流沉淀过程，达到高效率的完成固液（泥水）分离，获得良好的澄清水。这种净水构筑物其工艺构造简单，占地面积小，投资低，沉淀效率高，净化水质好，斜板和集水系统不积泥且运行可靠，适用于各种规模的自来水厂新建和老厂挖潜改造及某些污水净化的工程。

北京田村净水站二期工程，仅斜板构造一项节约投资26万元；湖北沙市西水厂平流池改造采用此形池，投资6.5万元，日产水由1万吨提高到5万吨，提高产水能力5倍；在数十条长江客轮上使用，改变了供水和卫生状况，每年可以节省船仓装水费用数十万元；在城镇小型供水装置上应用，比浙江地区CW-20型净水器少用钢材2吨，体积小，价格低，便于运输，已在农村推广；广州黄埔港西基煤码头污水工程，日处理3 600吨污水，采用梯型斜板沉淀器后比原设计节省占地面积600平米，净化水质符合排放标准。

城市燃气

王云龙

党的十一届三中全会以来，城市燃气事业得到了迅速的发展。据统计，到1985年底，在全国设市城市324个中已有133个建有煤气设施，比1984年增加了24个，煤气企业职工人数为六万五千人，其中技术人员约三千人。1985年度城市燃气热值按3 500大卡/标立方米计算，总供应量为74.6亿立方米，其中：煤制气23亿立方米、液化石油气46.5万吨、天然气13亿立方米、矿井气0.6亿立方米。供应民用总户数达600万户，城市用气人口为2 629万人，达到了“六五”末城市用气人口2 500万人的规划目标。

为了实现城市燃气发展规划目标，城乡建设环境保护部针对城市燃气的薄弱环节，制订了在近期内努力提高燃气装备的技术水平，引进适合我国情的成熟技术及设备。同时，充分利用中央、地方的技术力量，开展科学研究和技术改造工作，从而使我国城市燃气技术发展提高较快，原来的制气设备单一陈旧、输配管网量少质差，燃气应用简陋落后的局面有所改观。这项工作也在国务院煤转化科技领导小组和国家科委的支持下，将城市燃气重大科研项目列入国家科研计划组织协调各部门的技术力量参与工作，有力地推动了煤气技术的发展。

城市燃气的科学技术发展，主要有：

〔煤加压气化制气技术中间试验研究〕

我国褐煤储量丰富，利用褐煤在纯氧及蒸汽气化剂的加压作用下，使固态煤完成气化，生产燃气。这项工艺具有耗氧低、热效率高、产气量大，便于远距离输送等特点。东北煤气化设计研究所开发的褐煤生产城市燃气的工艺，为我国合理利用劣质煤资源开辟了一条新的制气途径。

该试验装置的加压气化炉，由我国自行设计，采用国产材料制造，炉子直径为1.12米，炉体外径1.57米，炉高4.8米，炉内设计工作压力30公斤/平方厘米，并完成了沈北褐煤的造气试验。在此基础上，为沈阳煤气厂利用褐煤制气提供了经验，沈阳加压煤气厂已于1986年投产。同时，该所1985年进行的直径100毫米煤的加压气化性能评价装置通过国家级鉴定；1986年，直径1.0米的加压气化新型中间试验炉通过国家有关部门的鉴定，从而使我国形成了大、中、小系列的加压气化试验装置。

〔大中城市燃气化途径的研究〕

由中国市政工程华北设计院为主承担的该课题，是一项城市燃气化方针、政策性的软科学研究，列为国家重点科研项目。课题组通过大量调查研究，广泛收集资料，进行认真分析和论证，对我国发展城市燃气的途径和政策，提出了比较系统的意见，并为国家和各级地方部门所采纳，为我国城市燃气事业发展起到了一定的促进作用。

〔鼎牌ZD-80型、ZS-82型自动点火煤气灶〕

由天津市煤气公司用具厂研制、生产的鼎牌煤气灶，属国内首创，产品达到同类产品的国际先进水平，在国际上享有一定信誉，深受国内用户欢迎。这种灶具经中国城市燃气检测中心检测，符合部颁（CJ4-83）标准要求，并符合日本JIS-Z103及欧洲共同体EN—30标准的主要指标。荣获1983年国家经委优秀新产品金龙奖及1985年建设部科技进步二等奖。

除此之外，我国城市燃气科技工作者还大力开发煤制气技术，对于传统的干馏制气技术，如焦炉、直立炉等，研究、设计、施工了大容积、大尺寸的新炉型；采用提高自动化水平，提高热能利用率和减少污染的干法熄焦技术、水平迂回火道等；还结合国情，针对中小城市的特点，引进国际上成熟的、实用型制气技术，如两段式完全气化炉、旋流床气化（JSW）炉，建设国内示范厂。在输配应用上，近几年我国城市燃气输配系统的压力级制逐步提高，采用了一些新型调压装置，如箱式调压器、曲流式调压器等，减少了管网建设投资，提高了输气能力。在管材方面，采用球墨铸铁管，改变接口的连接方式，提高了施工质量和工效。这些新技术、新工艺、新材料已为许多煤气工程建设项目所采用，充分发挥他们的优越性，为我国城市燃气事业的发展和赶上国际水平作出了贡献。

城市交通道路建设

武 勇

1986年城市道路交通科技工作重点是贯彻国务院审查批准的《城市建设技术政策要点》，在继续抓好道桥“硬技术”研究的同时，还大力开展了道路交通发展方面的决策性的软科学研究工作，尤其是围绕着综合治理城市交通的对策展开了一系列研究工作，并取得了一定成效。

〔大城市交通发展政策及管理讨论会〕

为解决适合我国城市交通特点的交通综合治理指导原则和对策，国家科学技术委员会、城乡建设环境保护部、公安部联合于1986年7月在广州召开了大城市交通发展政策及管理讨论会，参加会议的有国务院有关部委的代表，有北京、天津、上海、沈阳、大连、长春、武汉、重庆、杭州、福州、深圳、西安、南京、哈尔滨、广州等十五个大城市的代表，还邀请了国内十二名交通方面的专家参加。

会议肯定了我国大城市交通发展的主要目标是：“七五”期间改造和逐步完善城市道路系统，实现以公共交通为主的客运体系，在有条件城市建设快速轨道交通系统，大力发展专业运输并逐步取代单位自备运输力量，逐步建立健全城市交通管理法规体系，加强城市交通管理工作，争取“七五”期末使城市交通堵塞的状况得到基本缓解。实现上述目标采取的发展政策：一是科学地进行城市交通规划；二是加快城市道路系统的建设。三是建立以公共交通的专业货物运输为主的城市交通结构。四是多渠道筹集城市道路交通建设资金。五是强化城市交通立法，加速交通管理现代化建设。六是加速城市交通科学研究和人才开展。七是加强城市交通的集中统一规划建设和管理。

〔城市道路设计规范〕

1980年由原国家城建总局以（80）城发科字207号文，要求由北京市政设计院主持编制我国《城市道路设计规范》，上海市市政工程设计院、天津市市政工程勘测设计院、同济大学道路与交通工程研究所担任副主编单位，参加编写工作的共有18单位。编制工作于1981年9月开始，1984年完成初稿，1985年完成送审稿，1986年形成报批稿。建设部城市建设管理局于同年十一月在北京召开“城市道路设计规范”审查会。审查会认为：一、本规范是我国建国以来第一部比较系统、完整的城市道路设计指导文件，对于当前和今后城市道路建设具有指导意义。二、本规范在柔性路面设计部分采用了双圆均布垂直与水平荷载作用下三层弹性体系设计理论，在水泥混凝土路面设计中采用有限单元法解算弹性地基上有限尺寸的矩形混凝土板的应力等均接近国际先进水平。三、对隧道、路基、道路排水、广场、绿化及附属设施等，规范重视了对以往经验的总结和分析，使之条理化、规范化，从而具有较大的指导意义。

〔“硬科学”研究〕

1986年度部级重点科研项目除了继续进行“用动载法测定桥梁承载力的研究”项目之外，还新开了由哈尔滨建筑工程学院道路与交通工程系承担的“城市桥梁加固技术的研究”项目，由上海市政工程设计院和中国建筑科学研究院共同承担的“大吨位斜拉索冷铸群锚体系的开发研究项目，由哈尔滨建筑工程学院承担的”城市道路养护体系的研究。在“软科学”研究方面有重庆市城建局和北京建筑工程学院承担的“城市道路交通评价指标体系及城市道路改扩建技术标准研究”项目，由中国市政工程华北设计院承担的“城市道路交通设施等级划分及发展水平的研究，还新开了“大城市交通合理结构和新型交通运输方式的研究”项目。

〔优秀设计优质工程〕

1986年度城乡建设优秀设计优质工程评比获奖项目有：获优秀设计一等奖的工程项目是天津市中环线道路工程(天津市政工程勘测设计院设计)。获优秀设计二等奖的是北京三元立体交叉工程（北京市政设计院设计），桂林市净瓶山漓江大桥工程(上海市政工程设计院设计)，京开公路（南三环——黄村段）道路工程（北京市政工程设计院），天津疏港公路工程（天津市市政工程勘测设计院）。获优秀设计三等奖的是北京昌平路工程（北京市市政工程设计院），北京马家堡铁路立交桥（北京市市政工程设计院），海拉尔伊敏河大桥工程（内蒙牙克石林业勘测设计院），成都市人民东西路干道工程（成都市市政工程设计院）。获优秀设计表扬的工程项目是南昌市第四交通路地道式立交桥（南昌市规划设计院），通化市玉皇山大桥(通化市建筑设计院），汉口青年道路工程（武汉市市政设计院），太原市尖草坪立交工程（太原市市政设计院），混凝土路面（上海市市政设计院），牡丹江大桥工程（北京市市政设计院）。获优秀勘察表扬的工程项目是：武汉市江汉路人行天桥施工测量（湖北勘察设计研究院）。获优秀城市规划一等奖的项目是深圳经济特区总体规划（规划单位为中国城市规划设计研究院）。获优秀城市规划三等奖的项目是绍兴市府河商业步行街规划（规划单位是浙江大学土木系）。获优质工程二等奖的是天津中环线道路工程（天津市市政工程局）；上海泖港大桥（上海市基础公司施工）。

1986年度城市道路交通建设行业获城乡建设环境保护部科学技术进步奖

获奖项目	类别	主要完成单位	主要完成人
废旧沥青混合料再生利用的研究	一等奖	上海市市政工程研究所 南京市市政工程公司	周风瑛　梁伟光 卢铭伊 曹吴淳　刘以惠
天津永和斜拉桥缆索张拉锚固体系的研究	二等奖	中国建筑科学研究院 天津市政一公司	裴　骕　张清杰 田凝寿　肖荣玺 李　昭
深圳特区道路交通规划	二等奖	中国城市规划设计研究院	闵凤奎　计万根 谢小郑　赵　朋 舒　洁
水泥混凝土路面填缝材料（聚氨脂型）	三等奖	南京市市政设计院 镇江塑料五厂	王自成　何肇滕 田友根
DL-84沥青混凝土多功能试验仪	三等奖	北京市市政工程研究所	刘贵增　王燕玮 武　毅　梁建宁 谢产庭

建筑经济与管理

郭树声　高　拯

建筑经济与管理科学的研究工作随着大规模的经济建设而逐步发展起来。尽管在“文化大革命”十年动乱中遭受了重大挫折，但今天已经初具规模，在我国的经济建设中，日益发挥出重要的作用。

〔历史沿革〕 五十年代，同济大学、西安冶金建筑学院、中国人民大学培养过一批建筑经济与管理的专门人才，并向苏联等国派出留学生和研究生。在第一个科学技术十二年（1956～1967）发展规划中，建筑经济已成为一个独立的学科，中央和省市设计研究单位都曾成立过独立的建筑经济机构。1958年，原建工部建筑科学研究院成立了建筑经济研究室，编制60人，它是我国最早成立的一个建筑经济研究单位。这一期间是建筑经济与管理学科的创建时期，在技术经济、设计经济、概、预算定额、劳动定额、计划管理、施工组织等领域，均开展了奠基性的调查研究工作。在施工管理上引进苏联的“流水施工组织原理”，并在推广中逐步形成了“大流水”、“立体交叉、平行流水”等施工组织方式，缩短了工期，取得了经济效益。

六十年代，在新材料、新结构、新工艺、新设备和新项目的技术经济论证和生产管理等方面的研究工作十分活跃。例如：《上海市粉煤灰中型密实砌块建筑经济效果分析》课题，通过粉煤灰生产成本和砌块建筑造价分析，提出了降低生产成本的措施和预期经济效果，指导生产，在两年内使砌块成本由最初的每立方米70多元降为30多元，砌块建筑造价与砖混建筑造价持平，为上海市发展砌块建筑打开了局面。又如北京市振动砖壁板和粉煤灰大板技术经济效果分析，为改进工艺，降低成本和粉煤灰大板厂的建厂提供了科学的依据。通过大量实际技术经济效果分析论证的实践，还研究制订了《新材料技术经济效果评价原则和方法》、《新结构技术经济效果评价原则和方法》、《住宅建筑设计方案经济效果评价原则和方法》等，作为部颁标准指导全国的技术经济评价工作。在施工组织管理方面，重点解决施工管理的实际问题，如考核施工进度的“形象进度法”和考核劳动生产率的“定额工日法”等科研成果，至今仍在管理工作中广泛应用。这一时期，开始了重大技术经济政策的多学科研究工作。1964～1966年进行了《我国居住建筑工业化道路》的研究，较全面的收集积累了世界各国的有关资料，针对当时片面走苏联式的预制全装配化道路，较早地提出了把混凝土现浇工艺纳入我国建筑工业化道路。然而这一重要的研究因“文化大革命”而夭折，使我国现浇混凝土工业化的发展推迟了十几年。

在十年动乱期间，建筑经济研究受到严重的破坏，直到1973年建筑科学研究院恢复建制时，才重新设置了建筑经济研究组。科研人员在很不正常的环境中，开始了部分科研工作。如：为开发电子计算机在管理上的应用，建研院于1974年初成立专门科研小组，在北京市建工局配合下，于当年设计出了国内第一个应用441B-Ⅲ机编制民用建筑工程施工图预算通用程序，至1976年，科研小组先后同北京、天津、西安、济南等建筑管理部门协作，进一步开展各类建筑工程概预算通用电算程序的研究和推广工作，取得提高工作效率4～12倍，提高概预算准确性等明显效果。

1976年以后，建筑经济与管理的科学研究工作开始复苏。1977～1978年，开展并完成了较大规模的住宅建筑合理层数、高层住宅建筑技术经济分析等研究课题，对指导迫在眉睫的住宅建设起到了重要的作用。各种电算程序的研究开发也加快了步伐。1979年末，中国建筑学会正式成立了建筑经济学术委员会。从1980年起，同济大学、西安冶金建筑学院、重庆建筑工程学院、哈尔滨建筑工程学院、南京工学院、南京建筑工程学院等院校相继建立了管理工程系。1980年末，城乡建设环境保护部下属的中国建筑技术发展中心成立了建筑经济研究所，从此，建筑经济和管理研究工作进入了繁荣时期。

〔**技术经济论证**〕 突出了以经济效益为中心，为建筑业的技术进步和国家经济建设提供依据。1978～1980年，开展了对工业化建筑体系经济效果的论证。北京、上海等20多个城市就各自推广的工业化住宅建筑体系进行了技术经济分析。经过实践和理论研究，制定了《工业化住宅建筑体系技术经济评价原则和方法》。此外，还开展了对建筑标准化、工厂化、机械化、商品混凝土以及建筑节能、节地等领域的技术经济分析研究工作。进入八十年代以来，国外大量经济评价理论、方法被吸收和改造，促进了我国经济评价方法从静态评价转向动态评价为主，并在定性指标定量化和多指标综合评价等方面进行了有益的探讨，取得了一定的效果。设计单位在研究开发和推行建设项目可行性研究，促进项目决策科学化方面起到了重要作用。

〔**管理现代化**〕 现代管理技术、方法被大量引进和开发。从1979年开始，企业经营管理的各种新方法开始普及，并相继有一部分建筑企业试点应用或推广“网络计划”、“决策技术”、“价值工程”、“线性规划”、“目标管理”、“成本管理”、“预测技术”、“全面质量管理”等。至1985年，全国建筑业系统已建立TQC小组九千个左右，接受全面质量管理培训人员达40万人次以上。在引进现代管理方法的基础上，加以改造和创新，也取得了一定成效。1980年研究提出的“流水网络计划方法”，将国内企业习惯采用的流水施工原理与网络技术相结合，得到基层企业的肯定和欢迎，开始在全国推广。至今，采用流水网络法的各类工程项目已超过5 000个，参加培训的技术人员已逾万人次。进入八十年代以来，随着微型电子计算机的引进和在建筑管理中的应用，管理软件的开发进入了新的阶段。除了把七十年代已开发的预算、决算、工资、统计报表数据处理、网络等大量电算程序移植到微机上以外，还开发了人员、材料、设备、财务管理、网络绘图、流水网络等电算程序。1985～1986年，在大量单项程序的基础上，开始在企业财务管理系统、管理信息自动化系统、经济数据库等方面进行了探索性试验研究。建设部已选择十个企业进行现代化管理的全面试点。

〔**住宅经济**〕 多学科的综合研究空前活跃，一个崭新的住宅经济学科已经形成并逐渐完善。十年动乱结束后，住宅问题成为社会问题。一批从事建筑经济学、建筑学、房产管理经济学、乃至社会学的研究人员和实际工作者从不同的领域对住宅问题进行了研究探索，分析了世界各国和我国解决住宅问题的经验教训，提出解决我国住房问题要“调动国家、地方、企业、个人四个方面积极性”和“住宅商品化”的主张，并形成了国家住房政策的基本点，扭转了单一靠国家投资、财政补贴和供给制的做法。1983年，配合全国人口普查，上海进行了建国以来我国第一次住房状况普查，其他城市也相继开展了有组织的大面积住房抽样调查，为住宅问题的研究积累了宝贵的基础信息。这一时期，住宅需求预测工作得到加强，1983年研究提出了到2000年城镇居民每户有一套经济实惠的住宅，人均居住面积8m^2的住宅目标。目前，2000年小康居住水平的预测论证正在深入进行。实现住宅商品化的关键措施是住宅租金的改革，将租金改革与工资调整相结合，分阶段将租金调整到成本租金，再发展到商品租金的设想已形成初步方案。目前全国已有十四个城市进行租金改革的试验，租金改革方案的深入论证工作正在进行。此外，在居住区综合开发、旧城改造、资金筹措、房产管理等方面也进行了大量的研究。

〔**学科理论**〕 为创立具有中国特色的建筑经济学科理论体系，建筑经济学术委员会组织社会各界的建筑经济科研人员和实际工作者开展了各种活动。对建筑经济学的重要理论问题，进行了系统广泛的研究、争鸣与交流。诸如：建筑经济学的研究对象、任务、内容和性质；与其他经济学科，特别是与基本建设经济学的关系；建筑业的范围与在国民经济中的地位；建筑经济活动的一般规律；建筑产品的技术经济特点和对生产、交换、分配、消费的影响等。在此基础上，学会利用近三年时间(1983—1985)，组织40多个单位近百名专家，编写完成了我国第一部大百科全书土木卷建筑经济分卷。

〔**建筑业改革理论**〕 配合方兴未艾的建筑业改革实践，进行大量的科学论证和研究，成为八十年代建筑经济研究的一个重要特点。如改革建筑业的经营方式，执行投标承包；改革吃大锅饭的分配制度，实行产值工资含量包干，企业内部层层建立承包责任制；改革单一固定工的用工制度，逐步增加合同工比例；改革工程质量监督，加强政府监督；改革材料随着投资走的供应体制，开放建筑材料市场等等。这些研究成果基本上被国家采纳，为国务院1984年颁发的《关于改革建筑业和基本建设管理体系若干问题的暂行规定》提供了理论依据，为在城市经济改革中建筑业先走一步鸣锣开道。1984年以来，改革理论研究工作进一步加强。建筑产品价格改革的研究，根据1981年和1983年两年全国各类建筑产品价格测算的资料，和对单一的计划价格体制弊病的论证，就建筑产品价格构成、利润水平、计价方法和价格管理等方面进行了系统的研究，提出了建筑产品价格改革的意见，为深化改革做好了准备，建筑工程招标投标管理问题的研究，总结了各地招标投标的好经验，分析了开放建筑市场后出现某些失控现象的原因，对建筑业开展招标投标的环境条件、政府的职能、管理模式的转换、以及招标、投标、价格、合同、质量等管理办法，进行了系统的研究，提出了保证招标投标健康发展的建设，为政府加强建筑市场管理和制定建筑业深化改革的方案提供了依据。此外，为振兴建筑业，真正使建筑业成为我国经济的支柱产业，建筑业产业政策的研究工作也取得了初步进展，有效地配合了国家产业政策的研究。

回顾八十年代以来建筑经济与管理研究工作，其显著的特点是：理论联系实际，面向经济建设、面向企业、面向改革实践，而且是建国以来少有的科研丰产期，研究领域的开拓期，研究水平也有较大的提高。然而，在建筑科学中，建筑经济与管理学科依然是一棵幼苗，科研人员比例过低，青黄不接的问题尚未根本扭转。改革科研体制，充实科研力量，开拓科研领域，提高科研水平，依然是今后的重要任务。

上海市建筑业技术进步

郑　念　中

上海市的建筑产品有三个显著变化：第一，住宅建筑由多层向高层发展；第二，公共建筑数量多、规模大、体型复杂、要求高、技术难度大；第三，工业建筑由单层转向多层，层数与高度都在增加。这种趋势推动着建筑工业化、机械化和商品混凝土的发展，也带动深基础和装饰技术的提高。

［高层建筑技术发展迅速］ 进入80年代以来，上海的高层建筑迅速增长，以上海市建工局为例，1981年竣工的高层建筑仅6.6万M^2，占同期竣工面积的3.2%；1985年达46.7万M^2，占16.7%；1987年承建的高层建筑施工面积达到50%。1983年以前的高层建筑超过16层的只占21%；1985年达到72%。为适应高层建筑施工需要，上海市建工局先后引进各种大型机械设备330台件，计1 540万美元。全局机械设备达到了18 604台，设备固定资产由1.7亿元增到2.3亿元，人均技术装备率达到3 240元。并形成了年完成100万M^2高层建筑的综合施工能力与相应的施工工艺和配套设备。

为提高现浇混凝土技术，对模板作了较多改进，普遍使用大模、台模、爬模与组合钢模等技术；商品混凝土和泵送及布料杆浇灌技术的广泛采用，提高了工程质量与施工效率。

高层建筑施工速度不断加快，目前18层以下的高层住宅，一般都能当年建成。高27层、建筑面积3.5万M^2的上海宾馆用了32个月，如今高29层、建筑面积3万M^2的联谊大厦只用了14个月，工期缩短了一半。

［深基础施工技术有新进展］ 上海地处长江三角洲沉积平原，地下水位高，承载力低，建造高层建筑工期长，难度大，造价一般约占25～30%。上海采用的软粘土地基加固技术有桩基、箱基和桩箱基合用三种型式。桩基使用较多，桩的长度一般为30—40M，有的达60 M。为避免施工噪声和振动，现浇灌注桩比重已增加到占桩基总量的1/10左右。桩箱基合用既提高了地基承载力，又可充分利用地下空间，在大型高层建筑中使用较多。

为解决深基础施工问题，地下连续墙、带拉锚的钢或钢筋混凝土板桩、土锚杆等应运而生。地下连续墙的使用面积已超过10万M^2，成槽最深达40M，目前正向承重、挡土与防水三种功能方向发展。地下逆作法正进行工程试点。树根桩、振冲桩和深层搅拌技术，以及利用井点回灌控制周围建筑物沉降等技术已开始使用。直径3M、一次顶进1 120M的越江输水管线，顶管技术达到了世界先进水平。

［商品混凝土迅速发展］ 混凝土搅拌站设备配套逐步完善。通过改进管理体制和预算价格，商品混凝土的优越性日趋显示出来，出现供不应求的局面。目前上海市已有商品混凝土搅拌站22座，搅拌运输车192台，泵车46台，年产能力260万M^3。1986年实产140万M^3，占全市现浇混凝土总量的56%。商品混凝土的发展，迅速改变着施工现场面貌。

中国建筑年鉴

8

教育 文化 艺术

高 等 教 育

吴 勤 珍

1985年教育战线发生了几件比较重要的事情：一、党中央公布了关于教育体制改革的决定，全党、全社会提高了对教育重要性的认识；二、公布9月10日为全国教师节，大大提高了广大教师的社会地位；三、加强了教育工作的领导，成立了国家教育委员会。由于党的一系列正确政策、措施的实施，建筑工程类专业高等教育在1985年有较大的发展，全国设置建筑工程类专业的高等学校已由1984年的147所加到190所。其中，招本科专业的学校87所、专业点208个，共招本科学生12 725人，比1984年增长17.8%，在校生数为41 564人，比1984年增长13.3%；招专科生的高等学校163所、专业点224个，共招专科学生10 362人比1984年增长69.1%，在校专科生19 463人，比1984年增长78.1%，本、专科的招生差距逐渐缩小。1985年是我国第六个五年计划的最后一年，1985年的招生数和在校生数均为1980年的一倍，是继五十年代之后的第二次高峰时期。

1986年开始的"七五"计划是我国进行经济、科技、教育体制改革的关键时期，也是在物质、技术和人才方面为九十年代经济振兴准备条件的重要时期，适应这一需要，建设部在1985年9月召开的教育工作会议上提出："经过'七五'期间的努力，初步建立起一个与城乡建设事业发展相适应的教育体系，特别是职业技术教育体系，使城乡建设系统职工队伍的人才结构有一个明显的改善，政治、文化、技术素质有一个较大的提高"。提出要"充实、提高、发展本科教育"，"巩固、发展专科和研究生教育"。高等学校不仅要为城乡建设事业培养输送高级技术人才和管理人才，而且要为各类初、中级专业学校培养提供师资。据此，1986年建设部直属高等学校除招普通班、干部专修科学生外，还增加了师范班和教师本科班的招生。1986年全国设置建筑工程类专业的高等学校有206所，其中设本科专业的高等学校92所、专业点232个，共招本科专业学生11 964人，设专科专业的高等学校180所，专业点257个，共招专科学生10 277人。

〔**专业设置**〕 在1984年原教育部审订工科专业目录的基础上，1985年将"机械设备安装工程"专业作为特批专业，在重庆建筑工程学院继续招生，重庆建筑工学院还邀集全国机械设备安装方面的专家共同研究培养目标及教学计划有关问题。

1986年，建设部受国家教委委托，对"室内设计"专业组织有关专家进行了论证，1986年12月批准为试办专业，由同济大学、重庆建筑工程学院先开始招生。

1985年，城乡建设高等教育研究协作组委托沈阳建筑工程学院和扬州工业专科学校，牵头组织高等学校专科专业目录调查和讨论，提出了高等建筑工程类32个专科专业目录及其专业简介（建议方案），拟作为建筑工程类专科专业设置的依据。

为适应建筑及城市建设事业发展的需要，建设部在部属高等学校设置了水暖与通风、建筑电气技术（1985、1986年南京建工学院），环境卫生工程、城市建设管理(1985、1986年武汉城建学院)，城市房地产管理（1986年武汉城建学院、1985年苏州城建环保学院），市政公用事业管理（1986年苏州城建环保学院）等专科专业。

另外，1985、1986年，常州、无锡、徐州、长治等地的职工大学也招收了工业与民用建筑专业普通班专科学生。

〔**教学工作**〕 为了建立适合我国国情的高等工程教育评估制度，建设部受国家教委的委托，进行了"供热通风与空调工程"专业本科生培养质量的评估试点。这项工作自1985年12月开始到1986年10月底，初步完成准备工作，其中包括建立评估小组，确定评估指标体系、评估标准和评估办法等。在建立评估指标体系过程中还对天津大学、同济大学、湖南大学、重庆建筑工程学院、哈尔滨建筑工程学院、上海城市建设学院和北京建筑工程学院等七所院校进行了实测试点，完成了全国高等工业学校供热通风与空调工程本科生教育质量评估指标体系。确定了“供热通风与空调工程专业大学本科四年制业务培养基本规格”修改稿。

〔**教材及教材编委会**〕 1985、1986年各专业教材编委会主要进行1983～1986年建筑工程类专业教材规划的落实工作：①1985年共出版教材11种445万字，1986年出版14种525万字。②建筑施工及管理专业教材编委会基本完成了建筑管理工程专业主要课程的教材评选工作。③建筑结构专业教材编委会1985年召开扩大会，交流了各校工业与民用建筑工程专业课程的教学情况、教学改革的做法及外国教材的评价。④给水排水及环境工程编委会讨论了评选教材办法，组织进行15门课程(给水排水专业)教学基本要求的研究。⑤建筑学及城市规划专业教材编委会与中国建筑学会、南京工学院建筑系在南京召开了第一次全国性的建筑教育思想讨论会，并决定筹办“建筑教育通讯简报”，由同济大学首先试办。

〔**研究生及学位工作**〕 1985年招建筑学学科硕士研究生186名,比1984年增长56%（1984年国家计划共招收119名）；建筑工程类学科招收硕士研究生524名,比1984年增长41%（1984年为371名）。1985年录取博士研究生共33名（其中建筑学学科2名）。

1985、1986年经国务院学位委员会批准的硕士学位授予单位共25个，学科专业点57个；博士学位授予单位共12个,学科专业点18个,博士导师53名。

〔**教学、科研、生产三结合**〕 设有建筑工程类专业的高等学校1985、1986年除完成各项教学任务外，在科技生产活动中也取得不少成绩。1985年度获国家科学技术进步二等奖的，有地下水曝气接触氧化法除锰（哈尔滨建筑工程学院等）、热介质定向循环养护工艺（重庆建筑工程学院）；获三等奖的，有建筑物冷热负荷设计计算新方法、人工轻质新型陶粒滤料过滤技术的研究、天然气低压平焰燃烧装置（重庆建筑工程学院等）。获1985年建设部科学技术进步二等奖的，有氢氧化铝“一步法”制取聚合氯化铝（山东建筑工程学院）、现代海港城市规划和港区合理布局（同济大学参与）；获三等奖的，有低温热水散热器热工性能试验台、低温条件下生物降解规律及其措施（哈尔滨建筑工程学院）、水库水源饮用水处理工艺的研究（北京建筑工程学院）、青岛市城市污水回用于工业（武汉城市建设学院）。1986年获国家教委科技进步一等奖的，有北京奥林匹克建设规划研究（清华大学）、结构模糊优化设计理论（哈尔滨建筑工程学院）；获二等奖的，有XZZ-J型旋风除尘器（同济大学）等等。

获1986年度城乡建设优秀设计二等奖的有东方歌舞团业务用房（清华大学土建设计研究院）；获三等奖的有湖南师范大学美术楼（湖南大学设计研究院）、南京琅玡路小学（南京工学院建筑设计研究院）、成都铁路客站站房工程（重庆建筑工程学院等）；获城市住宅设计创作奖的，有山东胜利油田孤岛新镇中华村住宅及无锡新疆石油工人太湖疗养院职工住宅(同济大学建筑系)、无锡市支撑体住宅试验工程(南京工学院建筑系等),等共10项。获优秀城市规划一等奖的有山东省东营市孤岛新镇规划设计（同济大学）；获二等奖的，有合肥市城皇庙步进商业中心规划设计（合肥工业大学建筑工程系）、北京市什刹海历史地段保护整理与更新规划及徽州屯溪市老街历史地段的保护与更新规划（清华大学建筑系）；获三等奖的有绍兴市府河商业步行街规划（浙江大学土木系等）共9项。

1986年为了实施村镇建设“星火计划”，建设部还组织了重庆建筑工程学院、哈尔滨建筑工程学院、沈阳建筑工程学院、西北建筑工程学院、南京建筑工程学院、武汉城市建设学院、清华大学、同济大学、南京工学院等9所院校的师生共1 047人，分赴二十个省、自治区，进行了村镇的规划设计、住宅设计、施工以及辅导城乡建设函授中专学员（包括刊授生）等方面的工作。

〔**协作组活动**〕 1986年12月建设部系统高等学校教育研究协作组召开第二次会议，修改了协作组暂行工作办法。协作组成员单位从16所院校发展到23所，会上对高等学校学生思想政治教育方面的几个专题开展了研讨并成立了部系统高等学校思想政治教育研究会。会议确定，1987～1988年的研究重点为：关于思想政治教育问题的研究，关于教育质量的研究，师资队伍建设的研究，建筑工程类高等学校科学管理的研究和教育质量评估的研究等。

1986年高等学校建筑工程类专业学生基本情况表

科别	项目＼专业	建筑学	城市规划	风景园林	工业与民用建筑工程	给水排水工程	供热通风与空调工程	城市燃气工程	建筑材料与制品	建筑管理工程（含经济）	地下建筑	城镇建设	交通工程	环境工程（土建类）	岩土工程	土建结构工程	环境规划与管理	工业设备安装工程	房地产经济管理	环境卫生工程	市政公用事业管理	城市建设管理	合计
本科	设置学校数	40	11	4	86	23	24	5	5	10	3	3	4	10	1	1	1	1					92
	招生数	1 579	377	148	6 175	1 071	1 008	214	213	325	90	114	117	376	55	40	32	30					11 964
	毕业生数	779	171	31	4 327	721	724	143	200	160	66	0	0	253	24	0	0	33					7 632
	在校生数	5 556	1 205	309	24 095	4 216	3 979	842	970	1 316	368	239	269	1 467	198	70	63	128					45 290
专科	设置学校数	16	5	2	164	18	11	1	5	17	1	9		1				1	3	1	1	1	180
	招生数	520	117	34	6 917	602	488	40	258	674	22	394		0					108	30	37	36	10 277
	毕业生数	154	0	0	3 025	213	145	75	78	291	0	195		0				40	0	0	0	0	4 216
	在校生数	1 128	302	92	18 435	1 293	955	78	548	1 541	54	901		31				8	143	61	37	36	25 643

注：1986年统计资料中，农林院校设置的“农村建筑与环境工程”及“园林”专业的设置学校数、招生数、毕业生数和在校生数均未统计。

1986年高等学校建筑工程类专业设置一览表

序号	专业	建筑学	城市规划	风景园林	工业与民用建筑工程	给水排水工程	供热通风与空调工程	城市燃气工程	建筑材料与制品	建筑管理工程	地下建筑	城镇建设	交通工程	环境工程(土建类)	岩土工程	土建结构工程	房地产经济管理	市政公用事业管理	环境规划与管理	城市建设管理	环境卫生工程	工业设备安装工程
		40 Δ16	11 Δ5	4 Δ2	86 Δ164	23 Δ18	24 Δ11	5 Δ1	5 Δ5	10 Δ17	3 Δ1	3 Δ9	4	10 Δ1	1	1	Δ3	Δ1	1	Δ1	Δ1	1 Δ1
1	清华大学	/			/		/			/				/								
2	北方交通大学				/Δ																	
3	北京工业大学	/			/Δ	/	/						/									
4	北方工业大学				/Δ																	
5	北京建筑工程学院	/Δ			/Δ	/	/	/		Δ												
6	北京钢铁学院分院				/Δ	Δ	Δ															
7	海淀走读大学	Δ			Δ	Δ	Δ															
8	天津大学	/			/		/			/Δ				/								
9	天津理工学院				/																	
10	天津大学建筑分校	/Δ			/Δ	/	/	/		/		/										
11	河北工学院	/			/																	
12	河北煤炭建筑工程学院				/Δ	Δ	Δ															
13	华北水利水电学院				/Δ																	
14	唐山工程技术学院				/Δ																	
15	河北建筑工程学院				/Δ	/	/			Δ												
16	石家庄铁道学院				Δ																	
17	河北水利专科学校				Δ																	
18	西南交大唐山分院				Δ																	
19	唐山大学				Δ																	
20	邯郸大学				Δ																	
21	石家庄大学				Δ																	
22	衡水职业大学				Δ																	
23	太原工业大学	/			/	/	/															
24	太钢职业大专班				Δ																	
25	太原工学院电力分院				/																	
26	太原工业大学冶金专科班				Δ																	
27	阳泉煤炭专科学校				Δ																	
28	太原大学				Δ		Δ															
29	云中大学				Δ																	

注："/"为本科，"Δ"为专科(包括干部专修科)。

续表

序号	专业	建筑学	城市规划	风景园林	工业与民用建筑工程	给水排水工程	供热通风与空调工程	城市燃气工程	建筑材料与制品	建筑管理工程	地下建筑	城镇建设	交通工程	环境工程（土建类）	岩土工程	土建结构工程	房地产经济管理	市政公用事业管理	环境规划与管理	城市建设管理	环境卫生工程	工业设备安装工程
30	包头钢铁学院				/Δ	/	/															
31	内蒙古工学院	/			/		/															
32	内蒙古建筑学校大专班	/Δ			/Δ		/Δ															
33	青山大学				Δ																	
34	丰州联合大学				Δ																	
35	大连工学院	/			/																	
36	沈阳建筑工程学院	/Δ			/Δ	/	/		/			Δ										
37	大连大学				/Δ																	
38	阜新矿业学院分院				/				Δ													
39	东北工学院辽宁分院				/																	
40	大连水产学院				Δ																	
41	沈阳大学	Δ			/Δ	Δ	Δ		Δ													
42	鞍山大学				Δ																	
43	抚顺大学				Δ																	
44	丹东大学				Δ																	
45	营口大学				Δ																	
46	本溪大学				Δ																	
47	东北电力学院				/																	
48	吉林建筑工程学院	/	Δ		/Δ	/	/			/												
49	长春建筑专科学校	Δ			Δ	Δ	Δ															
50	四平市职业大学				Δ																	
51	吉林科技大学			Δ	Δ																	
52	哈尔滨工业大学				/																	
53	哈尔滨建筑工程学院	/	/		/	/	/	/	/	/Δ	/Δ			/								
54	黑龙江矿业学院				/																	
55	黑龙江商学院				/Δ																	
56	哈尔滨大学				Δ			Δ														
57	牡丹江大学				Δ																	
58	同济大学	/	/	/	/Δ	/	/	/	/Δ	/	/		/	/	/							

序号	专业	建筑学	城市规划	风景园林	工业与民用建筑工程	给水排水工程	供热通风与空调工程	城市燃气工程	建筑材料与制品	建筑管理工程	地下建筑	城镇建设	交通工程	环境工程（土建类）	岩土工程	土建结构工程	房地产经济管理	市政公用事业管理	环境规划与管理	城市建设管理	环境卫生工程	工业设备安装工程
59	中国纺织大学						/															
60	上海工业大学				Δ																	
61	上海铁道学院				/Δ																	
62	上海城市建设学院	/			/Δ	/	/			/Δ		/		/		/						
63	上海冶金专科学校				Δ																	
64	上海技术师范学院				Δ																	
65	南京工学院	/	/	/	/Δ				/	Δ				/								
66	中国矿业学院	/			/Δ																	
67	河海大学				/Δ																	
68	南京建筑工程学院	/			/					Δ		Δ										
69	苏州城市建设环境保护学院	/	/	/	/									/			Δ	Δ	/			
70	南京能源工程学院					Δ																
71	南京航务工程专科学校				Δ																	
72	盐城工业专科学校				Δ																	
73	扬州工业专科学校				Δ	Δ	Δ			Δ		Δ										
74	江苏水利工程专科学校				Δ																	
75	苏州职业大学								Δ													
76	南京市金陵职业大学			Δ	Δ	Δ																
77	淮阴工业专科学校				Δ																	
78	常熟职业大学				Δ																	
79	连云港职业大学				Δ																	
80	南通职业大学	Δ			Δ																	
81	彭城大学				Δ																	
82	常州工业技术学院				Δ																	
83	江南大学				Δ																	
84	沙州职业大学				Δ																	
85	浙江大学	/			/Δ																	
86	浙江工学院				/Δ																	
87	浙江工学院浙西分校				Δ																	

续表

序号	专业	建筑学	城市规划	风景园林	工业与民用建筑工程	给水排水工程	供热通风与空调工程	城市燃气工程	建筑材料与制品	建筑管理工程	地下建筑	城镇建设	交通工程	环境工程（土建类）	岩土工程	土建结构工程	房地产经济管理	市政公用事业管理	环境规划与管理	城市建设管理	环境卫生工程	工业设备安装工程
88	浙江大学附设杭州高等专科学校				Δ																	
89	宁波高等专科学校				Δ																	
90	嘉兴高等专科学校				Δ																	
91	绍兴高等专科学校				Δ																	
92	温州大学				Δ																	
93	合肥工业大学	/			/																	
94	淮南矿业学院				Δ																	
95	合肥工大建筑分校	/	/		/Δ	/				Δ		Δ										
96	芜湖联合大学				Δ																	
97	合肥联合大学				/Δ																	
98	马鞍山联合大学				Δ																	
99	淮南联合大学				Δ																	
100	蚌埠联合大学				Δ																	
101	皖西联合大学				Δ																	
102	华侨大学	/			/																	
103	福州大学				/																	
104	福建建筑工程专科学校				Δ					Δ		Δ										
105	鹭江职业大学				Δ																	
106	三明职业大学				Δ																	
107	漳州职业大学				Δ																	
108	闽西职业大学				Δ																	
109	闽江职业大学				/																	
110	黎明职业大学				Δ																	
111	南平职业大学				Δ																	
112	华东交通大学				/	/Δ																
113	江西冶金学院				Δ																	
114	江西工业大学	/			/Δ																	
115	南昌职业大学				Δ																	
116	山东矿业学院				Δ																	

续表

序号	专业	建筑学	城市规划	风景园林	工业与民用建筑工程	给水排水工程	供热通风与空调工程	城市燃气工程	建筑材料与制品	建筑管理工程	地下建筑	城镇建设	交通工程	环境工程（土建类）	岩土工程	土建结构工程	房地产经济管理	市政公用事业管理	环境规划与管理	城市建设管理	环境卫生工程	工业设备安装工程
117	青岛建筑工程学院				/	/	/			/Δ												
118	山东建筑工程学院	/	/		/Δ	/	/			Δ												
119	山东水利专科学校				Δ																	
120	山东矿院济南分院				Δ																	
121	烟台大学	/			Δ																	
122	济南职业大学				Δ																	
123	郑州工学院	/			/Δ																	
124	郑州粮食学院				/																	
125	郑州纺织机电专科学校						Δ															
126	洛阳大学				Δ																	
127	中州大学				/																	
128	华中工学院	/			/Δ																	
129	江汉石油学院				Δ																	
130	武汉水利电力学院				/Δ																	
131	武汉工业大学	/			/Δ	/Δ																
132	武汉测绘科技大学				Δ																	
133	湖北工学院				Δ																	
134	武汉城市建设学院	/	/Δ	/	/	/							/				Δ			Δ	Δ	
135	武汉冶金建筑专科学校				Δ	Δ	Δ															
136	武汉大学									/Δ												
137	江汉大学	Δ	Δ		Δ																	
138	黄石职业大学				Δ																	
139	沙市职业大学				Δ																	
140	襄樊职业大学				Δ																	
141	湖南大学	/			/Δ	/Δ	/							/								
142	长沙铁道学院				/Δ					Δ												
143	长沙交通学院				Δ																	
144	衡阳工学院				/Δ	/	/															
145	长沙基础大学				Δ																	
146	湖南城建专科学校		Δ		Δ	Δ																

续表

序号	专业	建筑学	城市规划	风景园林	工业与民用建筑工程	给水排水工程	供热通风与空调工程	城市燃气工程	建筑材料与制品	建筑管理工程	地下建筑	城镇建设	交通工程	环境工程(土建类)	岩土工程	土建结构工程	房地产经济管理	市政公用事业管理	环境规划与管理	城市建设管理	环境卫生工程	工业设备安装工程
147	株州大学				Δ																	
148	株州冶金工业学校				Δ																	
149	株州高等工业专科学校				Δ																	
150	长沙大学				Δ																	
151	华南工学院	/	/		/Δ																	
152	深圳大学	/			/																	
153	广东工学院				/																	
154	广东建筑工程专科学校	Δ			Δ																	
155	汕头大学				/																	
156	海南大学				/Δ																	
157	五邑大学				Δ																	
158	广州大学				Δ					Δ												
159	西江大学				Δ																	
160	广西大学	Δ			/Δ																	
161	广西工学院				/																	
162	南宁职业大学				Δ																	
163	西南交通大学	/			/Δ																	
164	重庆建筑工程学院	/	/		/Δ	/Δ	/	/	/Δ	/Δ	/	Δ		/								/Δ
165	四川工业学院				/Δ																	
166	凉山大学	Δ			Δ					Δ												
167	重庆建筑专科学校									Δ												
168	攀枝花大学				Δ																	
169	成都大学				Δ																	
170	贵州工学院				/																	
171	贵州省建筑专科学校	Δ			Δ																	
172	昆明工学院				/Δ																	
173	云南工学院	/			/Δ																	
174	重庆建工昆明分院		Δ		Δ	Δ						Δ					Δ					
175	昆明大学				Δ																	
176	西安交通大学	/			/Δ		/															

续表

序号	专业	建筑学	城市规划	风景园林	工业与民用建筑工程	给水排水工程	供热通风与空调工程	城市燃气工程	建筑材料与制品	建筑管理工程	地下建筑	城镇建设	交通工程	环境工程（土建类）	岩土工程	土建结构工程	房地产经济管理	市政公用事业管理	环境规划与管理	城市建设管理	环境卫生工程	工业设备安装工程
177	陕西机械学院				Δ																	
178	西安冶金建筑学院	/	/		/	/Δ	/			/Δ				/Δ								
179	西安公路学院	Δ			/								/									
180	西北建筑工程学院	/	/		/Δ	/	/					Δ										
181	西北工业大学				/																	
182	西安基础大学				Δ																	
183	甘肃工业大学				/																	
184	兰州铁道学院				/Δ	/Δ																
185	金城联合大学				Δ																	
186	青海工农学院				/Δ																	
187	宁夏工学院	Δ			Δ																	
188	宁夏农学院				Δ																	
189	新疆工学院	Δ			/Δ																	
190	石河子农学院				Δ																	
191	黄河大学	/			/																	
192	成都科学技术大学				/Δ																	
193	宁波大学				/																	
194	大庆石油学院				Δ																	
195	东北林业大学				Δ																	
196	上海交通大学				/Δ																	
197	上海建材工业学院				Δ																	
198	华东石油学院				Δ																	
199	陕西工学院				Δ																	
200	吉林市联合大学				Δ																	
201	平原大学				Δ																	
202	佳木斯大学				Δ																	
203	鸡西大学				Δ																	
204	湖南邵阳工业专科学校				Δ																	
205	河套大学				Δ																	
206	武汉城建学院河南分院					Δ						Δ										

教育部、中国科学院、中国社会科学院临时学科评议组通过的博士学位授予单位（建筑工程类学科专业）

（1985年12月31日国务院学位委员会批准）

学位授予单位名称	学科、专业名称	指导教师		学位授予单位名称	学科、专业名称	指导教师	
		姓名	职务			姓名	职务
清华大学	建筑设计	李道增	教授	同济大学	★结构工程	沈祖炎	教授
	地震工程及防护工程	沈聚敏	教授			项海帆	教授
		陈肇元	教授		★环境工程	高廷耀	教授
	★环境工程	傅国伟	教授	南京工学院	★结构工程	宋启根	教授

第三批博士学位授予单位和指导教师名单（建筑工程类学科专业）

（1986年7月28日国务院学位委员会批准）

学位授予单位名称	学科、专业名称	指导教师		学位授予单位名称	学科、专业名称	指导教师	
		姓名	职务			姓名	职务
清华大学	建筑历史与现代建筑理论	汪坦	教授	同济大学	★岩土工程	侯学渊	教授
	★城市规划与设计	张守仪	教授		★结构工程	欧阳可庆	教授
	★结构工程	过镇海	教授			蒋大骅	教授
		陈聃	教授		★环境工程	赵松龄	教授
	★环境工程	王占生	教授		★市政工程	严煦世	教授
天津大学	建筑设计	彭一刚	教授			杨佩昆	教授
	★结构工程	何玉敖	教授		★地震工程及防护工程	俞载道	教授
		严宗达	教授			徐植信	教授
哈尔滨建筑工程学院	建筑设计	梅季魁	教授	南京工学院	★建筑历史与现代建筑理论	郭湖生	教授
	结构工程	沈世钊	教授			潘谷西	教授
		钟善桐	教授		★结构工程	吕志涛	教授
	市政工程	王宝贞	教授	武汉工业大学	结构工程	李桂青	教授
		李圭白	教授	湖南大学	★结构工程	王世纪	教授
	建筑热能工程	郭骏	教授	华南工学院	★结构工程	梁启智	教授
	★结构力学	刘季	教授	重庆建筑工程学院	建筑技术科学	陈启高	教授
同济大学	声学	魏墨盦	教授		★岩土工程	朱敬民	教授
	热能工程	张鹤声	教授	西安冶金建筑学院	★结构工程	梅占馨	教授
	建筑历史与现代建筑理论	陈从周	教授	中国社会科学院研究生院	基本建设经济	林森木	副研究员
		罗小未	教授	中国建筑科学研究院	岩土工程	黄熙龄	高级工程师
	道路工程	姚祖康	教授		结构工程	蔡绍怀	高级工程师
	工业管理工程	江景波	教授			魏琏	高级工程师
	★城市规划与设计	李德华	教授		★结构力学	张维岳	高级工程师
	★建筑设计	戴复东	教授				

注：专业名称旁注有“★”号的，为已有博士学位授予权的学科、专业增列指导教师。

第三批硕士学位授予单位及其学科、专业名单（建筑工程类专业学科）

（1986年7月28日国务院学位委员会批准）

学位授予单位名称	学科、专业名称
北方交通大学	岩土工程、结构工程
北京工业大学	市政工程
北京建筑工程学院	建筑设计
太原工业大学	建筑技术科学、市政工程
哈尔滨建筑工程学院	固体力学、实验力学、城市规划与设计、建筑技术科学、环境工程、道路工程、水力学及河流动力学、地震工程及防护工程
同济大学	结构力学、建筑经济与管理、建筑热能工程
中国纺织大学	建筑热能工程
南京工学院	美术历史及理论、城市规划与设计、建筑经济与管理、岩土工程、环境工程
河海大学	结构工程、建筑材料
浙江大学	建筑技术科学
合肥工业大学	建筑设计、岩土工程、结构工程
华侨大学	结构工程
江西工业大学	结构工程
郑州工学院	建筑设计
华中工学院	建筑设计
湖南大学	建筑设计、岩土工程、环境工程、市政工程、工业管理工程
华南工学院	声学、结构力学、城市规划与设计
西南交通大学	结构工程
重庆建筑工程学院	环境工程
云南工学院	建筑设计
西安冶金建筑学院	城市规划与设计、建筑技术科学、建筑经济与管理、建筑材料
甘肃工业大学	结构工程
中国社会科学院	城市经济学△
中国建筑技术发展中心	建筑历史与现代建筑理论
解放军后勤工程学院	建筑设计、结构工程

注：专业名称旁注有“△”号的为新增的试办专业，待修订专业目录时再确定增列与否。

国务院学位委员会授权部分学位授予单位审核批准的硕士学位授权学科、专业名单

（建筑工程类学科、专业）

学位授予单位名称	学科、专业名称	注
清华大学	建筑经济与管理、市政工程、建筑材料、建筑热能工程	国务院学位委员会第六次会议决定，逐步试行在一定的学科范围内下放硕士学位授权学科、专业审批权，国务院学位委员会批准了北京大学等二十个试点单位有权自行审批硕士学位授权学科专业

中专教育

赵铁凡 赵力勃

为贯彻中共中央关于教育体制改革的决定，1985年9月2日至7日建设部在北京怀柔召开了教育工作会议，各省、自治区、直辖市建设厅（委）的领导及有关院校负责人参加了会议。会上廉仲副部长做了《积极发展城乡建设教育事业》的讲话，各地交流了发展职业技术教育的经验，讨论了《城乡建设教育发展规划纲要（草案）》和《关于大力发展城乡职业技术教育的决定（草案）》。最后由戴念慈副部长做了题为《积极开创城乡建设教育事业新局面》的总结。根据会议讨论的意见，建设部在10月正式发布了《城乡建设教育发展规划纲要》和《关于大力发展城乡职业技术教育的决定》。这次会议对中级职业技术教育的发展起了很大的推动作用。

城乡建设教育发展规划纲要提出，“七五”期间除个别边远省外，基本形成一省一所建工中专校、一所城建中专校的目标，会后各省都在积极落实。到1986年底统计，已有14个省、自治区、直辖市基本实现了“一省两校”的格局；有5个省在原有建筑工程学校的基础上扩建城建学校；有7个省已经省政府批准，正积极筹建。

“纲要”提出，要结合全国中等教育结构改革，积极与教育部门合作，大力发展城乡建设类的职业高中。并对发展职业技术教育的主要条件：资金和师资，提出了明确的解决办法。1985年12月建设部与财政部联合发出《关于城市建设教育事业建设资金来源的通知》。师资问题，1986年建设部从部属高等院校毕业生中分配一部分给各地中专校作师资，并在部属高等院校举办了师范班，招生180人，同时还举办了从在职中专教师中招生的二年制本科师资班，招生60人（1985年已招生64人）。

1986年10月至12月，建设部分别在呼和浩特、合肥、昆明分片召开教育工作会议，传达1986年全国职业技术教育会议精神，强调不仅要重视高层次人才的培养，也要重视中级、初级人才的培养；不仅要重视研究、设计人才，也要重视应用、工艺和第一线人才的培养。

〔中等专业学校的发展〕

1985年、1986年全国建筑类中等专业学校在数量上有了发展，各学校的招生数也在增加，另外各地还办了中专水平的职业高中和职业高中中专班。具体情况如表所示。各校的专业设置情况如表所示。由表可见，设建筑类专业的中等专业学校已达190所，1985年全国建筑类中等专业学校招生数已达14 963人，超过了历史最高水平的1956年招生数14 196人。

〔教学计划、教学大纲和教材建设〕

1985年11月建设部教育局在郑州召开了“教学计划改革座谈会，讨论了专业设置、学制、人才业务规格、培养目标和教学计划改革问题。在此基础上，1986年3月在南宁召开了“工业与民用建筑专业教学计划讨论会”，提出了“工业与民用建筑专业毕业生业务规格”、工业与民用建筑专业三年制、四年制两种教学计划方案，供各地试行。

1986年5月在天津和福州召开了“园林绿化”和“建筑机械”专业教学计划讨论会；7月在大连、湘潭召开了“水暖通风”专业和“建筑学”、“城市规划”与“城（村）镇建设”专业教学计划讨论会；8月在福州召开了“给水排水”、“城市道路桥梁”和“市政工程”专业教学计划讨论会，分别提出了这些专业的毕业生业务规格和教学计划，以及修订教学大纲的工作计划。在此之前，1985年11月，“建筑企业经济管理”专业也在重庆讨论了教学计划改革问题。

为推动职业高中的发展，1985年8月建设部和国家教委联合颁发了职业高中“建筑施工”、“城镇建设”专业教学计划，并组织编写了相应的全套专业课教材，这套教材由高教出版社在85年、86年陆续出版了12册，约288.3万字。中等专业学校教材在1985年、1986年共出版了11册约381.7万字，至此，“建筑企业经济管理”专业的专业课教材已经基本出齐，“给水与排水专业”的教材正在陆续编审出版。

〔中等专业学校的协作活动〕

中等专业学校的专业协作组和地区协作组在85、86年继续开展了研究、交流和协作活动，各专业教学计划和教学大纲的修订与改革就是由各专业协作组组织进行的。经过改选，各协作组的组长有部分调整。

中等专业学校的协作代培活动，建设部每年组织一次，1985年有代培能力的学校15所，代培学生720人。1986年有代培能力的学校12所，代培学生434人。这种协作代培会，迄今已开过六次。

江苏省、浙江省建设厅在1985年、1986年有计划地利用协作代培方式为本省培养了352名学生，补充了本省培养人才的能力。

全国建筑类中等专业学校情况表

序号	学校名称	1985						1986					
		专业数	教职工总数	教师数	在校生数	招生数	毕业生数	专业数	教职工总数	教师数	在校生数	招生数	毕业生数
1	北京建筑工程学校	3	176	72	220	97		3	182	75	296	79	
2	北京城市建设学校	3	150	66	357	155	74	4	178	78	593	319	78
3	北京园林学校	1	90	40	76			1	95	39	40		36
4	北京第二轻工业学校	1			41	41		1			32		
5	北京农村建设学校	1			44	44		1			44		
6	天津市建筑工程学校	4	167	77	322	183	131						
7	天津市政工程学校	2	115	55	171	94		2	110	51	209	40	
8	天津市规划学校	2	54	26	71	32		1	56	50	25		
9	天津市园林学校	1	113	47	186	64	29	1	125	49	167	84	40
10	天津市房地产管理学校	6	92	42	390	234	104	2	96	49	136	90	38
11	天津铁路工程学校	1			227	83	82	1			160	82	
12	天津建材工业学校	1			81			1			122	41	
13	天津市农机化学校	1			50	50		1			97	47	
14	大津市公用事业学校												
15	天津大学附设中专校	1			20	20		1			19		
16	河北城乡建设学校												
17	河北省建工院中专部	1			209	130	79	1			170	40	79
18	承德职业建筑中专校	1			65	31		1			121	90	
19	华北航天工业学校	1			49			1			40	40	49
20	廊坊地区工业学校	1					40	1					
21	张家口职业建筑中专	1			47	47		1			89	43	
22	山西省建筑工程学校	6	245	115	867	377	443	7	257	111	773	295	203
23	太原市城市建设学校	5	55	25	260	85		3	138	70	171	86	
24	山西省电力学校	1			126	44	43	1			92	48	39
25	山西太原冶金工业学校	1			90	44	80	1			84	40	46
26	雁北地区煤矿学校	1			42			1					42
27	内蒙建筑学校	4	328	200	502	165	167	3	322	178	329	124	123
28	内蒙城建学校												
29	包头铁路工程学校	1			249	80	79	1			268	106	84
30	辽宁省建筑工程学校	3	104	49	319	217	198	3	101	47	319	78	
31	抚顺市城市建设学校	5	165	78	680	210	150	7	152	75	687	190	171

续表

序号	学校名称	1985 专业数	1985 教职工总数	1985 教师数	1985 在校生数	1985 招生数	1985 毕业生数	1986 专业数	1986 教职工总数	1986 教师数	1986 在校生数	1986 招生数	1986 毕业生数
32	丹东市建筑工程学校	1	50	26	271	63	106	1	53	24	140	80	114
33	辽宁省城市建设学校	2	65	35	71	71		3	103	49	193	122	
34	阜新煤矿工业学校	1			39		80	1			80	80	80
35	朝阳地区工业学校	1			84	42		1			123	80	42
36	瓦房店农机化学校	1			80	40		2			122	40	
37	辽宁水利学校	1			240	81	37	1					
38	辽源煤矿学校	1			90		38	1			208	120	130
39	辽源市工业学校							1			50	50	
40	辽宁省林业学校	1			78	40		1			118	40	
41	朝阳地区农机化学校							1			42	42	
42	吉林省建筑工程学校	1	26	23	161	80	79	1	29	25	160	81	77
43	吉林省城市建设学校												
44	吉林市工业学校	1			100	100		1			199	90	
45	长春冶金建筑学校	3			1 554	596	696	3			1 020	351	852
46	长春教育局三中专	3			171	85		4			175	85	
47	黑龙江省建筑工程 城市建设学校	8	336	140	1 016	367	253	7	345	133	947	370	301
48	齐齐哈尔铁路学校	2			413	200	80	2			239	80	83
49	哈尔滨建设银行学校	1			84	84		1			169	85	
50	黑龙江农垦林业学校	1			82	82		1			122	41	
51	大庆农业学校							1			42	42	
52	上海市建筑工程学校	2	272	118	869	301		2	317	121	1 025	322	143
53	上海市住宅建设学校	2	127	55	165	165	72	2	137	63		123	71
54	上海市建筑管理学校	1	92	33	268	81	138	3	95	37		80	138
55	上海市公用事业学校	3	250	71	615	274	148	4	251	75	655	194	148
56	上海市房地产管理学校	2	147	75	362	105	104	2	155	88	361	110	
57	上海城市建设工程学校	2	204	65	715	268		2	222	80	714	193	145
58	上海市园林学校	3	174	67	363	127	116	3	170	73	312	32	98
59	上海市环境卫生学校	2	79	15	83	83		2	83	40	176	93	
60	崇明县建筑工程学校							1	25	13	80	40	
61	上海县乡镇建设学校							2	15	5	122	82	
62	松江建筑工程学校							1	32	18	142	100	
63	泰兴县建筑工程学校	1	50	30	244	107		1	50	30	307	80	33
64	江苏省城镇建设学校							3	18	12	125	125	
65	纺织局纺建司中专	1			162	81	37	1			221	104	39
66	徐州煤炭建筑工程学校	2			331	173		2			308	196	117
67	江阴县工商学校	1			40	40		1			42		
68	宜兴县经济学校	1			41	41		1			81	40	
69	江苏省扬州水利学校	1			77			1			36		39
70	江都县工业学校							1			197	85	
71	邗江县职业中等校							1			49	49	
72	常州职业中等专业学校	1			281	242		1			309	128	

续表

序号	学校名称	1985 专业数	1985 教职工总数	1985 教师数	1985 在校生数	1985 招生数	1985 毕业生数	1986 专业数	1986 教职工总数	1986 教师数	1986 在校生数	1986 招生数	1986 毕业生数
73	盐城建筑工程学校							1			105	50	
74	保山地区工业学校							1			85	85	
75	南京建筑工程学校	3	81		600	200	200	4	83	14	603	205	196
76	南京建筑工程学院中专部							4			398		202
77	南京市中等专业学校建筑分校	1			625	188	80	4	129	78	683	213	143
78	南京化工学校	1			108	41		1			72		35
79	南京林业学校	1			120	40		1			212	82	
80	无锡县工业学校							1			42	42	
81	杭州市城建技术学校				38	38		2	68	37	160	80	
82	浙江省建筑工业学校	3	237	94	566	188	159	3	236	118	629	268	203
83	杭州电力学校	1			80	40		1			120	40	
84	肖山镇工业学校	1			198	100		1			290	92	
85	绍兴县工业学校	1			98	98		1					
86	宁波市中等专业学校	1			46	46		1			86	40	
87	嘉兴市中等专业学校							1			88	88	
88	浙江台州工业学校							1			90	90	
89	诸暨县中等专业学校	1			80	80		1			160	80	
90	金华市城建学校							1			100	100	
91	杭州综合中等专业学校							1			28		
92	宁波林业学校							1			40	40	
93	安徽省建筑工程校	3	145		400	201	199	2			418	210	198
94	安徽省安庆市建筑工程学校	1	10		86	41		1	11	10	86		
95	安徽省巢湖建筑工程学校	1	19	8	100	100		1	26	15	187	87	
96	安徽省城市建设学校												
97	安徽铜陵有色金属工业学校	1		1	83	41	91	1			171	130	42
98	淮南化工建筑安装学校	1			275	80	78	1			273	80	78
99	合肥铁路工程学校	1			81	81		1			81		
100	福建建筑工程学校	5	298	145	620	268	314	4		63	515	175	278
101	建阳地区工业学校	1			80	40	40	1			89	49	40
102	龙岩地区工业学校	1			81	40		1			81		
103	江西省建筑工程学校	3	169	93	672	251	99	4	207	114	769	300	212
104	江西省南昌城建学校												
105	南昌有色金属学校	1			123			1			40	40	121
106	南昌铁路机械学校							1			81	81	
107	山东腾县职业中专							1			100	100	
108	济南铁路机械学校	1			45			1					45
109	山东省建筑工程学校	2	164	45	636	292		1	89	45	161	80	
110	山东省济南城建校	4	133	67	448	221	225	5	158	69	483	258	225
111	河南焦作建设经济学校	1	80	14	103	103		1	80	30	206	103	
112	郑州建筑工程学校	3	175	86	642	247	102	2	205	97	686	245	201

续表

序号	学校名称	1985 专业数	1985 教职工总数	1985 教师数	1985 在校生数	1985 招生数	1985 毕业生数	1986 专业数	1986 教职工总数	1986 教师数	1986 在校生数	1986 招生数	1986 毕业生数
113	河南省平顶山城建环保校	6	77	32	348	206		3	96	48	499	258	145
114	河南煤矿学校	1			205	117	79	1			196	80	88
115	焦作煤炭工业学校							1			165	81	88
116	中原机械工业学校					40		1			276	80	77
117	汝南园林学校	1			375	95	77	1			388	93	80
118	湖北省城市建设学校	2	114	55	325	160	72	1	129	63	319	80	161
119	湖北孝感地区建筑工程学校 建设部南方村镇建设学校	2	59	36	299	150	48	2	68	40	338	135	98
120	武汉市民用建筑学校	1	54	53	76	33	43	2	74	32	92	59	
121	武汉市城建学校	2	51	26	80	32	48	1	59	30	72	82	48
122	湖北省宜昌城市建设学校	2	22	11	100	100		3		23	224	124	
123	武汉城市规划学校							4					
124	武汉铁路桥梁学校	1			319	124		1			203	82	37
125	武汉无线电工业学校	1			46	46		1			120	74	
126	武汉工业学校	1			121	121		1					
127	黄岗地区工业学校							1			121	121	
128	黄岗地区农机化校							1			127	54	
129	湖南省建筑学校	5	233	109	864	307	395	5	246	113	858	342	258
130	湖南煤炭工业学校	1			142	57	41	1			173	45	40
131	株州冶金工业学校	1			293	89		1			242	46	100
132	衡阳铁路工程学校	1			592	318	85	2			491	164	166
133	湖南长岭炼油厂石油学校	1			89	49	30	1			138	49	
134	深圳市建筑工程学校	2	62	29	241	81	80	2	62	27	280	124	76
135	广州市建筑工程学校	2	147	78	339	121	77	2	152	79	378	126	78
136	广州市房建中专学校	3	118	53	326	153	74	2	118	52	311	134	37
137	广州市政建设中专专业学校	3	54	33	329	154	36	3	63	41	139	81	60
138	广州市园林中等专业学校												
139	广东省建筑工程学校												
140	广州交通运输中等专业学校	4	161	51	291	76	38	3	167	58	313	165	66
141	广东茂名石油学校	1			40	40		1			76	40	
142	广州有色金属学校	1			36			1					
143	广东省煤炭工业学校	1			30	30		1					
144	广州林业学校							1	5		81	81	
145	广东茂名建设中专校							1			79	79	
146	广西建筑工程学校 广西城乡建设环保学校	6	173	72	628	285	251	5	198	78	733	284	188
147	钦州地区农机化学校							1			52	52	
148	四川省建筑工程学校	4	299	106	650	352	230	4	304	122	744	300	196
149	成都市建设学校	4	160	72	560	193	160	3	155	62	578	238	206
150	重庆市城市建设工程学校	3	209	76	398	167	145	3	73	73	453	203	145
151	渡口市建筑工程学校	2	172	73	356	134	45	3	178	68	405	88	137

续表

序号	学校名称	1985						1986					
		专业数	教职工总数	教师数	在校生数	招生数	毕业生数	专业数	教职工总数	教师数	在校生数	招生数	毕业生数
152	成都航空工业学校	1			252	110	70	2			279	97	69
153	成都水利发电学校	1			81		41	1			122	80	79
154	成都铁路工程学校	1			86	46	75	1			86		
155	重庆石油学校	1			166	85		1			240	78	
156	重庆市工业学校				119	39	41	1			124	45	40
157	万县水利电力学校							1			40	40	
158	绵阳市水利电力学校							1			65	65	
159	攀钢冶金学校						31	1					
160	内江水电学校	1			35	35		1			34		
161	阿坝州农机化学校	1			80		2	1			78	40	40
162	温江农业学校				66	66		1			103	38	
163	贵州省建筑工程、城乡建设学校	4	144	49	438	161	150	2	148	70	354	161	75
164	贵州省冶金学校	1			131	44	50	1			180	48	
165	贵州省煤炭学校	1			124	40	38	1			40		38
166	贵州省化学校	1			52			1					
167	贵阳煤炭工业学校							1			124		40
168	毕节工业学校							1			40	40	
169	云南省建筑工程学校	2	174	57	371	136	133	3	169	56	410	181	141
170	云南省大理城乡建设学校							1	15			100	51
171	昆明冶金工业学校				92	45		1			88	43	47
172	昆明农牧学校							1			45	45	
173	楚雄农机化学校	1			40	40		1			40		
174	曲靖农业学校							1			42	42	
175	西北建工学院中专部	4	70	61	299	148	150	4	73	61	269	120	150
176	陕西省城乡建设学校												
177	西安航空工业学校	1			72	72		2			71		
178	陕西省水力学校							1			41	41	
179	甘肃省建筑工程学校	1	107	36	297	204		2		37	524	281	93
180	兰州市城市建设学校	3	74	34	165	231		3	113	45	170	89	84
181	天水市工业学校	1			80	80		1			79		
182	甘肃省冶金工业学校	1			70	70		1			109	42	
183	甘肃省乡镇建设学校	1			81	81		1			81		
184	兰州园林学校							1			51	28	
185	青海建工建材 城　建学校	3	75	35	362	90		3	199	55	360	90	91
186	宁夏建筑工程 城　建学校	5	109	53	490	205	45	4	121	62	448	120	122
187	宁夏煤矿学校	1					40	1			41	41	28
188	新疆建筑工程学校	3	281	123	371	145	72	3			394	120	137
189	新疆城市建设学校							2	88	45	167	167	
190	新疆喀什水利学校							1			40	40	

全国部分建筑类职业高中和职业高中中专班情况表

序号	学校名称	1985 在校生	1985 招生	1985 毕业生	1986 在校生	1986 招生	1986 毕业生	序号	学校名称	1985 在校生	1985 招生	1985 毕业生	1986 在校生	1986 招生	1986 毕业生
1	伊犁州建工中专班	79		78				21	勉仁职业中学	10		15	210		105
2	铜陵市六中中专班	52						22	朝阳职业中学				35		
3	六安市四中中专班	90	50					23	南桐农业中学				46		
4	阜阳市五中中专班	93	50					24	古南职业中学				30		
5	淮南商企管中专班	41	41					25	东新职业中学				62		
6	龙溪工商职中班	35						26	木洞农业中学				84		50
7	肥东县中专班	43	43					27	合阳职业中学				102		50
8	淮南职教中心中专班	119	36					28	居农业中学				60		
9	马鞍山职业高中班	50	50					29	壁城职业中学				46		
10	芜湖市六职高中班	40	40					30	壁城市十七中				88		66
11	径县二中建材中专班	30	30					31	壁城市市十字中学				56		
12	天津大学附中专班	20	20					32	长生桥中学				138		61
13	滁县地区城建中专班	52	52					33	静观区中学				100		50
14	桐城县中专班	30	30					34	两路镇民办中学				164		50
15	省行知中学中专班	24	24					35	兴隆区中学				50		
16	合肥十六中专班	133	44		275	96	89	36	太安职业中学				88		
17	淮南二十中专班	41	41					37	永川五中				43		
18	重庆官井巷职业中学				34		48	38	荣昌三中				30		
19	石新路职业中学				40			39	綦江铁路子弟中学				78		
20	浮图关职业中学				69			40	十八冶金建筑公司职业中学				28		

全国设有建筑类专业中等专业学校1985、1986年建筑类专业人数一览表

专业名称	专业点数	在校生人数 1985年	在校生人数 1986年	招生人数 1985年	招生人数 1986年	毕业生人数 1985年	毕业生人数 1986年	备注
工业与民用建筑	119	19 607	23 816	8 557	9 778	4 440	6 740	
建筑机械	12	848	970	302	236	274	291	
建筑企业经济管理	27	2 871	1 715	1 417	318	827	380	
建筑学	2	136	1 278	73	466		171	
水暖与通风	18	1 811	1 845	878	888	510	568	
电气安装	5	398	472	206	168	71	64	
设备安装	3	179	164	42	43	81		
道路桥梁	10	1 058	1 317	577	412	86	145	
给水排水工程	15	1 702	2 187	643	897	467	600	
村镇建设	11	000	166	308	273	298	213	
民用建筑	5	469	511	272	199	181	75	
城镇规划	10	312	661	77	295	123	170	
房产管理	4	526	502	192	261	113	40	
园林绿化	7	573	1 700	170	726	107	317	
园林规划	4	383	205	199	52	86	49	
园林花卉	2	87	41	48		38	37	
地下铁道	1	39	79		38			
排水工程	4	118		39		48	35	
煤气		40	252	40	195		243	
市政工程	2	114	120	132	41			
建筑与城规	1	90	175		83	80		

续表

专业名称	专业点数	在校生人数		招生人数		毕业生人数		备注
		1985年	1986年	1985年	1986年	1985年	1986年	
建筑机械与汽车修理	2	39		39		36		
汽车运用与修理	1	147	193	76	81		34	
汽车运输管理	1	76	84		84	38		
环卫机械及维修	1	41	88	41	47			
环卫工程及管理	1	42	133	42	91			
环境监测	1	10	9					
硅酸盐工艺	1	25	30		30		25	
水泥工艺	1	79		40				
复合材料	1		45		45			
给水工程	1	10	43	5				
环保工程	2	127	211	85	86		82	
化学分析	1	113		43		35		
机　　械	1	68	36				32	
城市建设	5	286	580	164	264	80	89	
建筑装饰工艺	1		19		19			
城市规划与管理	1	83						
水电设计	1	40		40				
水分析	1	46		46				
混凝土制品	1	23		23				
微型计算机	1	29		29				
村镇规划	2	203	85	118	85	45	41	
计　　划	1						40	
财　　会	1						98	
建筑工程概预算	1		206		103			
建筑电器技术	1		29					

全国建筑类中专校各专业协作组情况表

专业	组长校	副组长校
工业与民用建筑	黑龙江省建筑工程学校	四川省建筑工程学校
建筑机械	福建省建筑工程学校	
给水排水	广州市政学校	北京城建学校
道路桥梁	上海城市建设学校	
建筑学	湖南省建筑学校	
城市规划		
水暖通风	山西省建筑工程学校	
园林绿化	天津市园林学校	
建筑装饰	北京建筑工程学校	
建筑企业经济管理	四川省建筑工程学校	
力学教学研究	山西省建筑工程学校	
电工教学研究	山西省建筑工程学校	

全国建筑类中专校各地区协作组情况表

地区	组长	地区	组长
东北	黑龙江省建筑工程学校	华东	福建省建筑工程学校
华北	山西省建筑工程学校	中南	湖南省建筑学校
西北	西北建筑工程学校	西南	四川省建筑工程学校

全国建筑类中等专业学校专业设置情况表

学校	专业设置
北京建筑工程学校	工民建、道桥、地下铁道
北京城市建设学校	工民建、给排水、暖通、建经
北京园林学校	园林绿化
北京第二轻工业学校	工民建
北京农村建设学校	工民建
天津市建筑工程学校	工民建
天津市政工程学校	道桥、给排水
天津市规划学校	建筑学
天津市园林学校	园林绿化
天津市房地产管理学校	民用建筑、房产经营和管理
天津铁路工程学校	工民建
天津建材工业学校	工民建
天津农机化学校	工民建
天津公用事业学校	
天津大学附设中专校	工民建
河北城乡建设学校	
河北省建工院中专部	工民建
承德职业建筑中专校	工民建
华北航天工业学校	工民建
廊坊地区工业学校	工民建
张家口职业建筑中专	工民建
山西省建筑工程学校	工民建、暖通、建经、城规、建机、村镇建设、工业设备安装
太原市城市建设学校	道桥、城规、环境保护
山西省电力学校	工民建
山西太原冶金工业学校	工民建
雁北地区煤矿学校	工民建
内蒙建筑学校	工民建、暖通、建机
内蒙城建学校	
包头铁路工程学校	工民建
辽宁省建筑工程学校	工民建、暖通、建经
抚顺市城市建设学校	工民建、暖通、给排水、建经、建机、村镇建设
丹东市建筑工程学校	工民建
辽宁省城市建设学校	城规、道桥、给排水
阜新煤矿工业学校	工民建
朝阳地区工业学校	工民建
瓦房店农机化学校	工民建、民用建筑与维修
辽宁水利学校	房屋建筑和维修
辽源煤炭工业学校	工民建
辽源市工业学校	工民建
辽宁省林业学校	园林绿化
朝阳地区农机化校	暖通
吉林省建筑工程学校	工民建
吉林省城市建设学校	
吉林市工业学校	工民建
长春冶金建筑学校	工民建、暖通、给排水
长春教育局三中专	工民建、暖通、道桥、建筑学

学校	专业设置
黑龙江省建筑工程 城市建设学校	工民建、暖通、给排水、建经、城规、村镇建设、电气安装
齐齐哈尔铁路学校	工民建、暖通
哈尔滨建设银行校	建筑学
黑龙江农垦林业学校	园林绿化
大庆农业学校	园林绿化
上海市建筑工程学校	工民建、建机
上海市住宅建设学校	工民建、建经
上海市建筑管理学校	建筑计划、财会
上海市公用事业学校	机械、电气、城市煤气、城市自来水
上海市房地产管理学校	民用建筑与维修、房产经营与管理
上海城市建设工程学校	道桥、给排水
上海市园林学校	园林绿化、园林规划设计、园林花卉
上海市环境卫生学校	环卫机械制造及维修、环卫工程及管理
崇明县建筑工程学校	工民建
上海县乡镇建设学校	工民建、乡镇建设
松江建筑工程学校	工民建
泰兴县建筑工程学校	工民建
江苏省城镇建设学校	城规、环卫工程、房地产经营与管理
纺织局纺建司中专	民用建筑
徐州煤炭建筑工程学校	工民建、暖通
江阴县工商学校	工民建
宜兴县经济学校	工民建
江苏省扬州水利学校	工民建
江都县工业学校	建筑学
邗江县职业中等校	建筑学
常州职业中等专业学校	工民建
盐城建筑工程学校	工民建
保山地区工业学校	工民建
无锡县工业学校	工民建
南京建筑工程学校	工民建、给排水、建机、建筑电气安装
南京建筑工程学院中专部	工民建、暖通、建机、建筑电气技术
南京市中等专业学校建筑分校	工民建、暖通、建经、复合材料
南京化工学校	工民建
南京林业学校	园林绿化
杭州市城建技术学校	工民建、道桥
浙江省建筑工业学校	工民建、建经、城镇建设
杭州电力学校	工民建
肖山镇工业学校	工民建
绍兴县工业学校	工民建
宁波市中等专业学校	工民建
嘉兴市中等专业学校	工民建
浙江台州工业学校	工民建
诸暨县中等专业学校	工民建
金华市城建学校	工民建

续表

学　　校	专　业　设　置	学　　校	专　业　设　置
杭州综合中等专业校	园林绿化	株洲冶金工业学校	工 民 建
宁波林业学校	园林绿化	衡阳铁路工程学校	工民建、给排水
安徽省建筑工程校	工民建、建经	湖南长岭石油校	工 民 建
安徽省安庆市建筑工程学校	工 民 建	深圳市建筑工程学校	工民建、建经
		广州市建筑工程学校	工民建、建经
安徽省巢湖建筑工程学校	工 民 建	广州市房建中专学校	工民建、建经
安徽省城市建设学校		广州市政建设中专专业学校	给排水、道桥、市政企业管理
安徽铜陵有色金属学校	工 民 建		
淮南化工建安装学校	工 民 建	广州市园林中等专业学校	
合肥铁路工程学校	工 民 建	广东省建筑工程学校	工 民 建
福建建筑工程学校	工民建、城规、建经、建机	广州交通运输中等专业学校	汽车运用与修理，机械制造工艺及设备、汽车运输管理
建阳地区工业学校	工 民 建		
龙岩地区工业学校	工 民 建	广东茂名石油学校	工 民 建
江西省建筑工程学校	工民建、暖通、建经、村镇建设与规划	广州有色金属学校	工 民 建
		广东省煤炭工业学校	工 民 建
江西省南昌城建学校		广州林业学校	园化绿化
南昌有色金属学校	工 民 建	广东茂名建设中专校	工 民 建
南昌铁路机械学校	工 民 建	广西建筑工程城乡建设环保学校	工民建、给排水、建机与汽车修理、建经、建筑与城镇规划
山东腾县职业中专	工 民 建		
济南铁路机械校	工 民 建	钦州地区农机化学校	工 民 建
山东省建筑工程学校	工 民 建	四川省建筑工程学校	工民建、建经、建机、城镇建设
山东省济南城建校	工民建、给排水、城规、村镇建设园林规划	成都市建设学校	工民建、道桥、园林绿化
		重庆市城市建设工程学校	工民建、道桥、园林绿化
河南焦作建设经济学校	建筑工程概预算		
郑州建筑工程学校	工民建、城规	渡口市建筑工程学校	工民建、给排水、建经
河南省平顶山城建环保校	给排水、环境保护、房屋建筑及管理	成都航空工业学校	工民建、给排水
		成都水利发电学校	工 民 建
河南煤矿学校	工 民 建	成都铁路工程学校	工 民 建
焦作煤炭工业学校	工 民 建	重庆石油学校	工 民 建
中原机械工业学校	工 民 建	重庆市工业学校	工 民 建
济南园林学校	园林绿化	万县水利电力学校	城市供热供煤气
湖北省城市建设学校	工 民 建	绵阳市水利电力学校	工 民 建
湖北孝感地区建工学校		攀钢冶金学校	工 民 建
建设部南方村镇建设学校	工民建、村镇建设	内江水电学校	工 民 建
		阿坝州农机化学校	工 民 建
武汉市民用建筑学校	工民建、建筑装饰		
武汉市城建学校	道　　桥	温江农业学校	建 筑 学
湖北省宜昌城市建设学校	工民建、城规、燃气	贵州省建筑工程城乡建设学校	工民建、城市建设
		贵州冶金学校	工 民 建
武汉城市规划学校	城规、航空摄影测量、工程测量、工程地质	贵州省煤炭学校	工 民 建
武汉铁路桥梁学校	工 民 建	贵州省化学校	工 民 建
武汉无线电工业学校	工 民 建	贵阳煤炭工业学校	工 民 建
武汉工业学校	工 民 建	毕节工业学校	工 民 建
黄岗地区工业学校	工 民 建	云南省建筑工程学校	工民建、建经、村镇规划
黄岗地区农机化校	工 民 建	云南省大理城乡建设学校	建筑施工
湖南省建筑学校	工民建、城规、建筑学、村镇建设、建经	昆明冶金工业学校	工 民 建
湖南煤炭工业学校	工 民 建	昆明农牧学校	园林绿化

职 工 教 育

王育才　陆品才　林晓冰

1985年9月，建设部在怀柔召开城乡建设教育工作会议，对职工教育提出了要求。为了落实这次会议精神，建设部教育局于1985年12月在江苏省南通市召开电化教育经验交流会，由江苏省建筑工程总公司、南通市建筑工程局、南通县工程局、扬州市江都县建筑安装工程总公司、南京市房管局等单位介绍举办电大班的经验；布署1986年电视中专的招生工作。1986年1月，中央广播电视大学在山东省济南市召开土建类电视中专工作座谈会，确定与建设部教育局合办建筑施工与管理、乡镇建设、建筑企业经济管理等三个电视中专专业。之后，国家教委和建设部于1986年3月联合发出《关于开办土建类电视中专的通知》，对举办电视中专的若干原则做了明确规定。

中国建筑学会和中国土木工程学会刊授大学举办的刊授中专，1984年招生15000人，为加强对这部分学员的指导和管理，学会与部商定将刊授中专改为函授中专，由部和两个学会共同领导，以部为主。为管理函授和电视中专的日常工作，保证其教学质量，建设部1986年5月决定成立远距离教育中心，下设函授电视中专校。

〔**职工高等教育**〕　1985年，各类成人高等学校仍实行由地方统一招生考试的办法。1986年，国家教委为了加强成人高等教育的管理，实行全国统一招生考试。1985、1986两年，建设部系统共有职工大学、职工业余大学43所，1985年招生3700人；1986年招生2400人。全国高等院校建筑类专业函授教育，1985年招收本科生1773人，专科生1343人；1986年招收本科生1313人，专科生1467人。全国高等院校建筑类专业夜大学，1985年招收本科生254人，专科生1541人；1986年招收本科生147人，专科生886人。1986年，中央广播电视大学继续开设工业与民用建筑、公路与城市道路、城镇建设工程、给水排水、建筑管理工程等五个土木建筑工程类专业，招生12400人。

1985、1986两年，部教育局组织有关院校，编写了电大84级“建筑学”和“城市规划”两个专业7门课程的教材，制作了八门课程的教学用录像带。1986年11月，在长沙研究了这两个专业的毕业设计指导书和任务书。

1985、1986两年，建设部系统职工大学普遍开展了地区性协作活动，交流、研究教学管理、教务工作、加强学生思想政治工作，并对“工民建”专业教学计划进行修订。各协作组的牵头单位如表。

续表

学校	专业设置	学校	专业设置
楚雄农机化学校	工民建	甘肃省乡镇建设学校	工民建
曲靖农业学校	园林绿化	兰州园林学校	园林绿化
西北建工学院中专部	工民建、暖通、建机、城镇建设	青海省建工建材城建学校	工民建、建经、硅酸盐工艺
陕西省城乡建设学校			
西安航空工业学校	暖通、道桥	宁夏建筑工程城建学校	工民建、给排水、城规、城市建设与管理
陕西省水力学校	工民建	宁夏煤矿学校	工民建
甘肃省建筑工程学校	工民建、暖通	新疆建筑工程学校	工民建、建经、暖通
兰州市城市建设学校	工民建、市政工程、城镇建设	新疆城市建设学校	给排水、园林绿化
天水市工业学校	工民建	新疆喀什水利学校	给排水
甘肃省冶金工业学校	工民建		

全国高等院校开设建筑类专业函授情况表

序号	专业名称	学校名称	学生数											
			1985年						1986年					
			毕业生		招生		在校生		毕业生		招生		在校生	
			本科	专科	本科	专科	本科	专科	本科	专科	本科	专科	本科	专科
1	建筑学	重庆建筑工程学院	—	—	—	—	—	25	—	—	—	14	—	39
2	工业与民用建筑	北方交通大学	—	—	40	—	82	—	—	—	—	—	76	—
		北京水电经济管理学院	—	—	—	71	—	71	—	—	—	121	—	192
		天津大学	—	—	—	—	—	—	—	—	—	41	—	41
		河北工学院	—	—	—	46	—	46	—	—	—	4	—	44
		东北电力学院	—	—	63	—	87	—	—	—	62	—	120	—
		哈尔滨建筑工程学院	—	—	313	94	1449	94	—	—	242	—	1600	72
		黑龙江矿业学院	—	—	—	21	—	21	—	—	—	32	—	49
		同济大学	286	—	339	—	1663	—	235	—	339	—	1690	—
		中国矿业学院	—	—	—	—	—	—	—	—	—	70	—	70
		南京建筑工程学院	—	—	39	—	39	—	—	—	47	—	85	—
		福建建筑工程专科学校	29	—	31	—	138	—	25	—	40	—	148	—
		山东建筑工程学院	89	—	59	—	349	—	57	—	—	110	282	110
		华中工学院	—	—	—	—	—	—	—	—	—	37	—	37
		武汉工业大学	—	—	—	—	—	—	—	—	—	571	—	571
		武汉测绘科技大学	—	—	—	38	—	38	—	—	—	—	—	38
		湖南大学	—	—	452	26	1279	361	—	335	177	82	1455	108
		合肥工业大学	55	—	—	35	63	35	—	—	—	—	63	35
		中南工业大学	—	—	—	—	—	—	—	—	—	113	—	113
		长沙铁道学院	—	—	—	—	83	—	3	—	68	—	145	—
		华南工学院	—	—	144	55	473	55	—	—	—	—	400	55
		西南交通大学	—	—	—	—	69	—	—	—	33	—	102	—
		重庆建筑工程学院	—	—	—	365	240	1071	—	633	—	77	177	515
		西安冶金建筑学院	—	—	—	203	419	379	187	69	—	93	221	377
		兰州铁道学院	—	—	—	—	—	—	—	—	—	23	—	23
3	建筑结构工程	合肥工业大学	—	—	—	88	—	88	—	—	—	—	—	88
4	建筑材料工程	重庆建筑工程学院	—	—	—	40	—	40	—	—	—	13	—	53
5	给水排水	哈尔滨建筑工程学院	—	—	73	—	180	—	—	—	51	—	219	—
		同济大学	83	—	88	—	423	—	63	—	90	—	420	—
		福建建筑工程专科学校	16	—	1	—	22	—	10	—	6	—	7	—
		山东建筑工程学院	13	—	19	—	75	—	5	—	—	—	70	—
		重庆建筑工程学院	—	—	—	70	—	160	—	—	—	—	—	160
6	供热通风及空调工程	同济大学	57	—	58	—	275	—	36	—	77	—	303	—
		福建建筑工程专科学校	7	—	—	—	10	—	3	—	7	—	7	—
		重庆建筑工程学院	—	—	—	70	—	70	—	—	—	—	—	70
		哈尔滨建筑工程学院	—	—	44	—	142	—	—	—	74	—	206	—
		山东建筑工程学院	13	—	10	—	65	—	11	—	—	—	54	—
		西安交通大学	—	—	—	21	—	21	—	—	—	66	—	87
7	城市热能供应工程	重庆建筑工程学院	—	—	—	70	—	70	—	—	—	—	—	70
8	建筑管理工程	重庆建筑工程学院	—	—	—	30	—	30	—	—	—	—	—	30
		合计	648	—	1773	1343	7625	2675	635	1037	1313	1467	7850	3047

全国高等院校开设建筑类专业夜大学情况表

序号	专业名称	学校名称	学生数											
			1985年						1986年					
			毕业生		招生		在校生		毕业生		招生		在校生	
			本科	专科	本科	专科	本科	专科	本科	专科	本科	专科	本科	专科
1	建筑学	吉林建筑工程学院	—	—	—	—	—	38	—	—	—	—	—	38
		同济大学	—	—	—	36	—	36	—	—	35	—	35	36
		南京工学院	—	52	—	—	—	—	—	—	—	—	—	—
		武汉城市建设学院	—	—	—	—	—	—	—	—	—	12	—	12
		湖南大学	—	—	—	—	—	27	—	—	—	—	—	27
		新疆工学院	—	20	—	—	—	—	—	—	—	—	—	—
		深圳大学	—	—	—	—	—	19	—	—	—	—	—	17
2	工业与民用建筑	北方交通大学	—	—	—	—	—	41	—	—	—	—	—	41
		北京建筑工程学院	—	—	—	—	160	—	45	—	—	—	112	—
		天津大学	—	—	—	21	—	21	—	—	—	—	—	21
		河北机电学院	—	—	—	51	—	51	—	—	—	—	—	49
		太原工业大学	—	—	—	—	76	—	—	—	—	—	74	—
		大连工学院	23	—	31	32	190	32	37	—	27	30	172	62
		沈阳建筑工程学院	—	—	—	100	125	269	124	—	—	101	—	367
		吉林建筑工程学院	—	—	—	91	—	260	—	37	—	56	—	260
		同济大学	—	—	—	92	—	92	—	—	—	91	—	180
		南京建筑工程学院	—	—	—	40	—	77	—	—	—	40	—	117
		南京航务工程专科学校	—	—	—	39	—	39	—	—	—	30	—	65
		浙江大学	—	—	—	34	—	124	—	21	—	52	—	146
		合肥工业大学	55	—	—	35	63	35	—	—	—	—	63	34
		江西工业大学	—	—	59	34	98	34	—	—	—	—	95	34
		华东交通大学	—	—	—	—	—	—	—	—	—	54	—	54
		青岛建筑工程学院	—	—	—	85	—	257	—	—	—	43	—	299
		山东建筑工程学院	—	—	—	—	—	—	—	—	—	58	—	58
		武汉工业大学	—	—	—	8	—	54	—	14	—	54	—	94
		武汉城市建设学院	—	—	—	—	35	—	—	—	—	—	35	—
		湖南大学	—	—	—	60	64	60	—	—	—	—	64	60
		中南工业大学	—	—	—	71	—	71	—	—	—	—	—	68
		长沙交通学院	—	—	—	61	—	61	—	—	—	—	—	60
		广东机械学院	—	—	—	20	—	20	—	—	—	—	—	20
		深圳大学	—	—	—	36	—	36	—	—	—	38	—	66
		武汉钢铁学院	—	—	—	76	—	76	—	—	—	—	—	76
		华南工学院	—	—	74	83	144	83	—	—	—	—	144	83

续表

序号	专业名称	学校名称	学生数											
			1985年						1986年					
			毕业生		招生		在校生		毕业生		招生		在校生	
			本科	专科	本科	专科	本科	专科	本科	专科	本科	专科	本科	专科
		西安冶金建筑学院	25	—	—	—	—	—	—	—	—	—	—	—
		新疆工学院	56	—	—	—	—	—	—	—	—	—	—	—
		西南交通大学	—	—	—	—	—	24	—	24	—	—	—	—
		重庆建筑工程学院	—	—	—	—	—	—	—	—	—	65	—	65
		昆明工学院	—	—	—	—	—	—	—	—	—	59	—	59
		西安公路学院	—	—	—	80	—	80	—	—	—	—	—	79
		甘肃工业大学	—	—	—	—	35	—	—	—	—	—	35	—
		广州大学	—	—	—	—	—	—	—	—	—	44	—	44
3	建筑结构工程	南京工学院	—	—	—	—	114	45	48	45	—	—	64	—
		合肥工业大学	—	—	—	88	—	88	—	—	—	42	—	130
4	给水排水	北京建筑工程学院	—	—	—	—	98	—	36	—	—	—	62	—
		武汉城市建设学院	—	—	—	35	—	35	—	—	—	17	—	52
		湖南大学	—	—	—	43	50	43	—	—	—	—	47	43
		西安冶金建筑学院	—	—	—	—	63	—	23	—	40	—	80	—
5	供热通风及空调工程	北京建筑工程学院	—	—	—	—	73	—	—	—	—	—	71	—
		吉林建筑工程学院	—	—	—	—	—	38	—	—	—	—	—	35
		中国纺织大学	—	—	—	—	36	—	—	—	—	—	34	—
		西安冶金建筑学院	55	—	31	75	54	75	—	—	—	—	51	72
		湖南大学	—	—	59	68	59	68	—	—	—	—	59	68
6	建筑工业经济管理	北京建筑工程学院	—	—	—	—	—	—	—	—	45	—	45	—
		广州大学	—	—	—	47	—	47	—	—	—	—	—	47
		合计	214	27	254	1541	1537	2456	313	141	147	886	1342	3138

协作组名称	牵头学校
建设部系统华北地区职工大学、职工业余大学协作组	北京市建筑总公司职工大学
建设部系统东北地区职工大学、职工业余大学协作组	黑龙江省建筑工程局职工大学
建设部系统华东、中南地区职工大学、职工业余大学协作组	江苏省建筑职工大学
建设部系统西南、西北地区职工大学、职工业余大学协作组	陕西省建筑总公司职工大学

〔**职工中等专业教育**〕 1985、1986两年，城乡建筑类职工中等专业教育招生人数比建国以来任何一年都多。经各省、自治区、直辖市人民政府批准，教育部备案的职工中等专业学校，1985年有106所，招生9580人；1986年有122所，招生9181人。设在普通中专、职工大学和干部学校内的职工中专班，1985年有51个，招生2997人；1986年有55个，招生2367人。职工中专1985年共招生12577人，1986年共招生11548人。

1986年开办的电视中专共招生8600余人。其中地方电大同当地建设厅（建筑总公司）合办的有12个，招生4 000余人；地方电大或电视中专自办的有8个，招生3 400多人；地方建设厅（建筑总公司）自办的有5个，招生800余人；走地方自学考试途径的有1个，招生400多人；西藏和宁夏自治区已批准自办电视中专校，计划1987年正式招生。

〔**干部教育**〕 1986年以前，城乡建设干部教育工作的重点，是全面提高干部队伍的文化水平，突出学历教育。自1980年至1986年间，各地参加各种形式大专学习的32 072人，参加各种形式中专学习的28 183人。1985年9月教育工作会议后，干部教育工作重点开始向岗位职务培训方面转移，1986年进入调研和培训试点阶段。

在培训企业领导干部的同时，1985年以来，科技干部培训中心通过举办各种形式培训班，培训了全系统科技干部2470人次，中国建筑技术发展中心培训了2349人次。为使全系统科技干部的继续工程教育经常化、制度化，1986年12月，建设部制订了加强科技人员继续教育的暂行规定，要求具有助理工程师以上职称的科技人员“七五”期间要保证每年至少有一个月的脱产进修时间，完成2～3门课的更新、补缺学习。

建设部系统职工中等专业学校情况表

序号	学校名称	专业设置	学生数 1985年 毕业生	1985年 招生	1985年 在校生	1986年 毕业生	1986年 招生	1986年 在校生
1	北京市第一建筑工程公司职工中专学校	企业管理	—	38	77	39	—	38
2	北京市第二建筑工程公司职工中专学校	建筑经济与管理	—	39	61	38	—	61
3	北京市机械施工公司职工中等专业学校	建机修理与管理、施工技术与管理、财务与会计	—	77	138	—	—	134
4	北京市设备安装工程公司职工中等专业学校	采暖通风、电气	—	—	62	—	—	62
5	中国建筑第一工程局职工建筑工程学校	建筑施工与管理、政工	153	133	336	130	110	297
6	北京市农村建设学校	工业与民用建筑	—	44	141	54	—	87
7	北京市住宅建设总公司职工中等专业学校	工业与民用建筑、企业管理、施工管理、财会	—	119	317	75	138	377
8	北京市园林职工中等专业学校	园林绿化、党政干部基础理论	—	155	239	—	69	308
9	北京市房地产管理局职工中等专业学校	民用建筑与维修、房产经济与管理、机械设备管理法律、秘书、政工、地政	61	203	355	151	231	434
10	北京市公用局职工中等专业学校	城市供热、给水工程、机电物资管理、党政	—	109	233	117	57	166
11	北京市市政工程局职工中等专业学校	施工与安全管理、经济管理、计划统计、财政金融	24	71	294	156	80	218
12	天津市建筑工程局职工中等专业学校	建筑企业管理、劳动经济、建筑会计、党政干部基础理论	—	99	168	69	93	192
13	天津市第二建筑工程公司职工中等专业学校	工业与民用建筑、施工与管理、会计	—	90	155	—	57	212
14	中国建筑第六工程局职工中等专业学校	工业与民用建筑、建筑施工与管理、建筑企业经济管理	80	91	297	127	40	210
15	天津市机械施工公司职工中等专业学校	建筑机械修理与管理、机械施工技术与管理	—	60	60	—	—	45
16	天津市煤气公司职工中等专业学校	煤　气	—	—	—	—	31	29
17	唐山市建筑工程职工中等专业学校	工业与民用建筑	—	71	124	—	60	184
18	邯郸市建筑工程职工中等专业学校	工业与民用建筑	—	37	83	46	36	73
19	中国建筑第二工程局职工中等专业学校	建筑施工与管理	74	80	173	—	87	260
20	石家庄市房产职工中等专业学校	工业与民用建筑、市政工程，房产经济管理	—	153	153	—	98	251
21	张家口市城建职工中等专业学校	工业与民用建筑、市政工程	—	47	62	—	77	139
22	河北省城市建设职工中等专业学校	工业与民用建筑、市政工程，城市规划	81	78	77	—	41	118
23	山西省城乡建设职工中等专业学校	工业与民用建筑、城镇建设、建筑经济、环境保护	—	—	—	—	—	—
24	呼和浩特市城市建设职工中等专业学校	市政工程、给水排水、煤气与供热工程、城市建设与管理	—	40	171	72	—	95
25	内蒙古第二建筑工程公司职工中等专业学校	工业与民用建筑	67	36	—	71	101	—
26	呼和浩特市建筑工程公司职工中等专业学校	工业与民用建筑、建筑企业管理	—	38	96	—	—	96
27	大连市建筑工程总公司职工中等专业学校	工业与民用建筑、建筑企业管理	—	81	292	91	57	258
28	锦州城乡建设职工中等专业学校	工业与民用建筑、采暖通风、村镇建设	—	80	172	92	58	138

续表

序号	学校名称	专业设置	学生数 1985年 毕业生	1985年 招生	1985年 在校生	1986年 毕业生	1986年 招生	1986年 在校生
29	抚顺市城市建设职工中等专业学校	工业与民用建筑、采暖通风、园林、企业管理	—	181	181	—	92	273
30	大连市城乡建设职工中等专业学校	园林绿化、道路排水、企业管理、规划、环境保护	—	72	236	103	41	174
31	鞍山市房地产管理局职工中等专业学校	工业与民用建筑、暖通、房屋经营管理	—	80	213	74	80	219
32	沈阳市房地产管理局职工中等专业学校	房地产管理、房屋构造与维修、采暖通风、电器安装	—	147	147	—	132	280
33	大连市公用事业职工中等专业学校	汽车运用工程	—	—	—	—	40	38
34	沈阳市城乡规划建设职工中等专业学校	园林绿化、城市排水、道桥、环卫、测绘	—	165	323	113	155	365
35	沈阳市建筑工程局职工联合中等专业学校	工业与民用建筑、建筑企业经济管理、供热通风	—	—	334	214	124	242
36	沈阳市交通局职工中等专业学校	汽车运用与修理、汽车运输管理、道路桥梁	—	141	300	36	91	345
37	沈阳市自来水公司职工中等专业学校	给水工程	—	—	—	—	45	45
38	大连市房地产管理局职工中等专业学校	工业与民用建筑、房屋经营管理	—	83	155	37	36	154
39	长春市房产职工中等专业学校	工业与民用建筑、房产经济与管理	—	112	266	44	74	294
40	长春市建筑职工中等专业学校	工业与民用建筑、建筑企业管理、建材企业管理	—	65	204	—	59	263
41	四平市城乡建设职工中等专业学校	工业与民用建筑、城市规划	51	55	181	40	30	171
42	通化市建筑职工中等专业学校	工业与民用建筑、采暖通风	—	38	146	46	28	128
43	牡丹江市建筑管理局职工中等专业学校	工业与民用建筑、建筑企业经济管理	43	46	118	36	31	113
44	齐齐哈尔市城市建设局职工中等专业学校	道路桥梁、给水排水、园林绿化	—	24	179	84	26	121
45	哈尔滨市市政建设管理局职工中等专业学校	道路桥梁、企业管理、园林绿化	—	115	230	40	33	223
46	哈尔滨市房地产管理局职工中等专业学校	房产经济与管理、房屋室内装修	—	—	174	95	52	131
47	齐齐哈尔市房地产管理局职工中等专业学校	民用建筑与维修、房产经济与管理、工业产品与建筑造型、暖通	—	30	112	36	30	106
48	佳木斯市房地职工中等专业学校	房产经济与管理建筑经济、建筑材料、施工技术与管理	—	39	85	46	182	221
49	牡丹江市房地职工中等专业学校	工业与民用建筑、房地产经济与管理	—	—	37	—	87	123
50	哈尔滨市公用事业管理局职工中等专业学校	给水排水、汽车运用与修理、电车运用与修理、工企电	—	97	97	—	78	175
51	鹤岗市工业交通基本建设职工中等专业学校	工业与民用建筑	—	38	134	96	33	71
52	佳木斯市城市规划建设管理局职工中等专业学校	道路桥梁、给水排水	—	—	—	—	—	—
53	上海市工业设备安装公司职工中等专业学校	电器安装、管道安装、机械设备安装、焊接	—	135	134	—	55	189
54	上海市人民防空职工中等专业学校	人防建筑工程	—	54	54	—	26	80
55	上海市自来水公司职工中等专业学校	给水排水	—	40	40	—	27	66
56	上海市公共交通公司职工中等专业学校	运行调度、企业管理、汽车修理、护士、医士	80	192	555	158	243	631

续表

序号	学校名称	专业设置	学生数					
			1985年			1986年		
			毕业生	招生	在校生	毕业生	招生	在校生
57	上海市建筑工程材料公司职工中等专业学校	建筑材料管理	—	45	78	—	25	103
58	上海市建筑构件职工中等专业学校	工业与民用建筑、工业企业管理、钢窗	—	79	113	34	65	143
59	上海市房地产管理局职工中等专业学校	房屋经营管理、房屋建造与维修	—	—	—	—	—	—
60	苏州市建筑职工中等专业学校	工业与民用建筑、建筑经济与管理	—	—	30	—	130	160
61	连云港建筑职工中等专业学校	工业与民用建筑	—	51	75	—	100	175
62	镇江建筑职工中等专业学校	工业与民用建筑	—	89	89	—	133	220
63	徐州建筑职工中等专业学校	工业与民用建筑	—	90	90	—	92	182
64	南通建筑职工中等专业学校	工业与民用建筑、建筑企业经济管理	—	299	648	76	442	955
65	南通县建筑职工中等专业学校	工业与民用建筑、采暖通风、建筑电气	—	91	91	—	145	236
66	无锡建筑职工中等专业学校	工业与民用建筑、建筑经济管理	—	178	352	22	161	491
67	扬州建筑职工中等专业学校	工业与民用建筑	—	—	—	—	90	90
68	南京市城建职工中等专业学校	园林绿化、道路桥梁、给水排水、环卫、燃气工程、公交企管	116	174	288	52	144	380
69	苏州市城乡建设职工中等专业学校	道路桥梁、给水排水	—	132	156	—	77	233
70	淮阴城乡建设职工中等专业学校	工业与民用建筑、城乡规划	—	—	—	—	120	120
71	苏州市房地产管理职工中等专业学校	民用建筑与房屋维修、房地产经济与管理	—	26	26	—	61	116
72	江苏省无锡房地产管理职工中等专业学校	民用建筑与房屋维修、房产经济与管理	—	58	135	—	36	171
73	浙江省建筑安装职工中等专业学校	工业与民用建筑、设备安装、焊接、建筑施工与管理	—	103	103	—	64	165
74	绍兴市城乡建设职工中等专业学校	工业与民用建筑、城镇建设、建筑设计	—	74	139	—	—	139
75	温州市城乡建设职工中等专业学校	工业与民用建筑、城镇建设	—	46	137	46	—	86
76	安徽省建筑工程职工中等专业学校	工业与民用建筑、建筑经济管理、物资管理、政治	—	178	276	—	92	368
77	蚌埠市城乡建设职工中等专业学校	给水排水	—	—	—	—	34	34
78	厦门建筑工程职工中等专业学校	工业与民用建筑、建筑经济	—	130	176	—	191	367
79	福清县建筑工程职工中等专业学校	工业与民用建筑	—	56	56	—	—	55
80	江西省建筑职工中等专业学校	工业与民用建筑	—	48	48	—	43	91
81	江西省建筑工程职工中等专业学校	工业与民用建筑、房屋维修	127	73	177	39	34	172
82	济南市建筑工程职工中等专业学校	工业与民用建筑	—	57	150	93	118	175
83	山东省建筑工程职工中等专业学校	工业与民用建筑、建筑企业经济管理、采暖通风	—	132	364	105	63	322
84	青岛市建筑工程职工中等专业学校	工业与民用建筑	30	35	106	34	83	155

续表

序号	学校名称	专业设置	学生数 1985年 毕业生	1985年 招生	1985年 在校生	1986年 毕业生	1986年 招生	1986年 在校生
85	烟台市建筑工程职工中等专业学校	工业与民用建筑	—	97	324	113	94	305
86	枣庄市城乡建设职工中等专业学校	工业与民用建筑	—	80	80	—	59	139
87	济宁市城乡建设职工中等专业学校	工业与民用建筑	—	82	82	—	35	117
88	青岛市房地产管理职工中等专业学校	民用建筑、房产管理、建筑装璜	—	216	216	—	118	334
89	济南市城市房产住宅职工中等专业学校	民用建筑与维修、房产经济与管理	—	103	103	—	97	200
90	中国建筑第八工程局职工中等专业学校	建筑施工与管理	—	—	—	—	42	42
91	河南省建设职工中等专业学校	建筑施工与管理、建筑经济与管理、建筑学、工业与民用建筑、城乡规划	28	42	102	32	727	797
92	开封市建设局职工中等专业学校	工业与民用建筑	—	—	—	—	35	35
93	中国建筑第七工程局职工建筑工程学校	建筑施工与管理	—	96	96	—	65	171
94	湖北省工业建筑总公司职工中等专业学校	工业与民用建筑、企业管理、电气安装、采暖通风	—	141	219	77	49	191
95	武汉市建筑职工中等专业学校	工业与民用建筑、建筑企业管理、建筑材料管理、建筑财会、采暖通风、金属结构、政工	—	153	248	93	96	243
96	中国建筑第三工程局职工中等专业学校	工业与民用建筑、建筑施工与管理	—	87	127	—	118	245
97	武汉市住宅建设职工中等专业学校	工业与民用建筑、建筑装饰	—	31	31	—	22	53
98	武汉市园林职工中等专业学校	风景园林	—	—	—	—	60	60
99	武汉市公用事业职工中等专业学校	汽车运用与维修、城市公交营运管理、工业企业管理、工业财务会计、电气工程、给水工程、工会干部	15	235	323	35	106	394
100	武汉市房地产职工中等专业学校	民用建筑与维修、房地产经济与管理	—	—	—	—	—	—
101	湖南省建筑职工中等专业学校	工业与民用建筑、建筑施工与管理、劳动工资与管理	—	93	93	—	69	162
102	中国建筑第五工程局职工中等专业学校	工业与民用建筑、建筑企业经济管理	52	185	276	45	86	317
103	长沙自来水职工中等专业学校	给水排水、供水自动化	—	82	82	—	—	82
104	韶关市建筑职工中等专业学校	工业与民用建筑	—	—	—	—	59	59
105	广东省第八建筑工程公司职工中等专业学校	工业与民用建筑	42	83	129	—	49	178
106	广州市公用事业局职工中等专业学校	给水工程、企业管理、工业电器	—	60	60	—	34	92
107	江门市工交职工中等专业学校	建筑定额预算	—	—	—	—	56	56
108	广西建筑安装职工中等专业学校	建筑企业经济管理、电器工程安装	—	216	216	—	32	248
109	成都市公用事业职工中等专业学校	给水排水、燃气工程、公共交通营运管理、公用事业管理	—	70	70	—	108	178
110	成都市房地产管理职工中等专业学校	房地产管理	—	40	40	—	44	84

续表

序号	学校名称	专业设置	学生数					
			1985年			1986年		
			毕业生	招生	在校生	毕业生	招生	在校生
111	重庆建筑职工中等专业学校	工业与民用建筑、建筑企业经济管理、政工	—	206	206	—	82	288
112	贵州省建筑职工中等专业学校	工业与民用建筑、建筑经济管理	—	41	41	—	73	111
113	中国建筑第四工程局职工中等专业学校	工业与民用建筑、建筑经济管理、建筑材料管理、政工	81	252	469	152	133	450
114	陕西省建筑工程职工中等专业学校	工业与民用建筑、建安财会、建安计统、基建财务、建材管理、建筑经济管理、政工	130	183	299	—	62	361
115	西安市建筑职工中等专业学校	工业与民用建筑	—	—	—	—	—	—
116	宝鸡市建筑职工中等专业学校	工业与民用建筑、工业财务会计	—	36	36	—	—	32
117	西安市房地产管理职工中等专业学校	房屋建筑与维修、房地产管理、建筑装饰	—	128	175	47	68	196
118	甘肃省建筑工程总公司职工中等专业学校	工业与民用建筑、建筑企业经营管理、党政干部	—	—	—	—	81	81
119	中国市政工程西北设计院职工中等专业学校	给水排水、建筑概预算	—	—	35	—	—	35
120	宁夏建筑职工中等专业学校	工业与民用建筑、建筑经济管理、建筑财会	92	51	170	40	53	183
121	青海省建筑职工中等专业学校	工业与民用建筑、施工企业会计	—	95	95	—	30	125
122	新疆建筑职工中等专业学校	工业与民用建筑、建筑经济管理、建筑企业会计、建筑企业预算、政治理论、护士、测绘	—	134	170	36	345	479

建设部系统职工大学、职工业余大学情况表

序号	学校名称	设置专业	学生数					
			1985年			1986年		
			毕业生	招生	在校生	毕业生	招生	在校生
1	北京市建筑工程总公司职工大学	工业与民用建筑	—	83	224	54	46	216
2	北京市建筑设计院职工业余学院	建筑设计、建筑结构、建筑经济管理	38	37	83	—	—	81
3	北京市房地产管理局职工大学	民用建筑、古建筑、产地产经济管理	40	34	66	—	—	66
4	天津市建筑工程业余大学	工业与民用建筑	59	66	278	57	74	292
5	天津市市政工程局职工大学	道路桥梁、给水排水	—	—	—	—	22	—
6	天津市公用局职工业余大学	汽车运用与修理、企业管理、秘书、财会	77	135	374	106	74	342
7	天津市房地产管理局职工大学	房屋修建工程、房屋修建管理工程、房地产经济与管理	—	108	108	—	48	155
8	辽宁建筑工程职工大学	工业与民用建筑、供热通风	226	61	138	31	84	188

续表

序号	学校名称	设置专业	学生数					
			1985年			1986年		
			毕业生	招生	在校生	毕业生	招生	在校生
9	大连市自来水公司职工大学	给水工程、工企自动化	39	62	175	42	25	158
10	吉林省建筑职工大学	工业与民用建筑	45	98	235	43	45	236
11	长春市建筑职工业余大学	工业与民用建筑、建筑学、供热通风	45	120	213	—	62	273
12	黑龙江省建筑工程管理局职工大学	工业与民用建筑、建筑企业管理、建筑经济管理	50	187	329	48	193	474
13	哈尔滨市建筑工程局职工建筑工学院	工业与民用建筑、建筑企业管理、采暖通风	31	129	309	97	81	293
14	哈尔滨市市政建设管理局市政工程学院	道路桥梁、给水排水、企业管理	64	53	177	120	31	84
15	哈尔滨市房地产管理局民用建筑工程学院		—	—	—	—	—	—
16	齐齐哈尔市建筑工程总公司职工建筑工程学院	工业与民用建筑、采暖通风	31	84	158	—	79	237
17	佳木斯市职工建工学院		—	—	—	—	—	—
18	上海市业余土木建筑学院	工业与民用建筑、建筑学、给水排水、建筑经济管理	—	224	506	—	124	630
19	上海市市政工程管理局职工大学	土建结构、道路桥梁	26	66	139	31	44	152
20	上海市建筑工程局职工大学	工业与民用建筑、建筑企业管理	—	61	61	—	61	122
21	江苏省建筑职工大学	建筑电气工程、建筑机械	60	39	76	—	39	112
22	南京市建筑职工大学	工业与民用建筑	21	42	119	41	15	90
23	苏州市建筑工程局职工大学	工业与民用建筑、建筑经济管理	40	78	198	38	32	185
24	无锡市城建职工大学	工业与民用建筑、城市规划、道桥、建筑企业管理工程	40	119	240	45	62	252
25	常州市建筑职工大学	工业与民用建筑	29	35	90	24	37	98
26	徐州建筑工程职工大学	工业与民用建筑	—	85	164	36	—	128
27	浙江育才职工大学		27	49	92	—	—	77
28	河南省建筑职工大学	工业与民用建筑	75	76	183	—	78	261
29	湖北工业建筑设计院职工大学	工业与民用建筑、建筑学	40	—	33	—	—	32
30	武汉市建筑工程总公司职工大学	工业与民用建筑	—	70	158	48	32	138
31	广州市城建职工大学	工业与民用建筑、城市规划、给水排水、道路桥梁	—	144	266	29	147	380
32	广州市交通运输职工大学	汽车运用工程、汽车、交通运输管理工程	41	66	158	38	25	145
33	广州市建筑总公司职工大学	工业与民用建筑、给水排水、建筑企业管理	—	139	139	—	145	284
34	广西壮族自治区建筑职工大学	工业与民用建筑	—	—	—	35	—	—
35	四川省建筑工程总公司职工大学	工业与民用建筑、建筑工程管理、建筑学、建筑企业政治工作	45	140	236	52	115	299
36	中国建筑西南设计院职工大学	建筑学、工业与民用建筑	—	—	75	52	119	142

续表

序号	学校名称	设置专业	学生数					
			1985年			1986年		
			毕业生	招生	在校生	毕业生	招生	在校生
37	四川省建筑勘测设计院职工大学	建筑学、工业与民用建筑	18	132	202	29	—	171
38	重庆建筑职工大学	工业与民用建筑	—	81	110	29	66	147
39	重庆市建筑勘察设计研究院职工大学	建筑学、工业与民用建筑	13	33	72	—	—	68
40	陕西省建筑工程总公司职工大学	工业与民用建筑、建筑工业经济与管理、医疗、数学、党政干部、物理	75	262	489	71	191	604
41	甘肃省建筑职工工程学院	工业与民用建筑、财会	64	150	390	121	99	368
42	青海省建筑职工专科学校	工业与民用建筑、建筑学、水泥工艺	—	13	94	—	—	94
43	新疆维吾尔自治区建筑职工大学	工业与民用建筑、建筑企业经济管理、政治理论、语文、数学、英语	41	206	311	39	101	373

1986年建设部举办干部培训班情况表

培训班名称	培训对象	办班地点	办班时间	期数	人数（计）	备注
市长研究班	设市正副市长	中央党校	四个半月	1	52	由建设部、中组部、中国科协联合主办
建设厅长研究班	建设厅(建委)正副厅长(主任)	部管理干部学院	两个月	1	36	
建筑企业经理统考班	建筑企业正副经理	重庆建工学院	三个半月	1	122	
建筑企业经理统考班	建筑企业正副经理	哈尔滨建工学院	三个半月	1	92	
城建局长规划研究班	市城建局长	同济大学	三个半月	2	117	在建筑系举办
城建局长管理研究班	市城建局长	同济大学	三个半月	2	84	在经济管理学院举办
经济管理干部研究班	部机关局处级干部	部管理干部学院	三个月	2	57	
党政干部进修班	部机关局处级干部	部管理干部学院	四个月	2	34	
城市供水与环境卫生师资班	省市业务领导干部及院校师资	同济大学	五周	1	40	建设部与世界银行经济发展学院联合主办
城市住房与城市发展师资班	省市业务领导干部及院校师资	同济大学	五周	1	40	
工程师进修班	建筑施工企业工程师	同济大学	三个半月	2	104	
工程师进修班	建筑施工企业工程师	重庆建工学院	三个半月	2	53	
建筑施工管理干部专修科	建筑施工企业科以上干部	重庆建工学院	二年	1	37	
建筑施工管理干部专修科	建筑施工企业科以上干部	同济大学	二年	1	45	
建筑工程管理干部专修科	建筑施工企业科以上干部	哈尔滨建工学院	二年	1	22	

近代建筑教育史略

齐康　晏隆余

中国近代和现代建筑教育的形成和发展，历经了一条坎坷曲折的道路的，形成自己的特点。因为建筑与社会文化价值观关系密切，所以建筑教育涉猎的面广、问题复杂，需要继续探索和讨论。我国古代的营建活动，多由圬工、梓人打样营造，建筑技艺一直是师徒传授、世代沿袭，历经千百年长期发展过程而形成一定的经验、建制和法则，悠久的历史文化和勤劳智慧的人民，使我国古代建筑无论在艺术和技术方面，都达到了相当高的成就，是人类建筑文化宝库中的珍宝。我们研究近代和现代建筑，不能不追溯这些历史成就对后来的影响。

我国近代建筑教育，起源于19世纪中叶。随着帝国主义入侵，沿海港口城市开放，在中国出现了工厂、铁路、矿山等现代工业，同时也出现现代工程构筑物和建筑，西方建筑技术和材料也一同传入中国。随着工业的迅速发展日益感到人才的缺乏，首先是缺少工程结构和建筑设计方面人员。当时一批维新派人物和爱国人士，主张向西方学习科学、教育，以图自强救国。

1895年10月（清光绪20年）在天津创设北洋西学学堂，设置土木工程系。学制为四年，这是我国开办最早的土木工程系。随后不久，上海南洋大学于1904年、唐山路矿学堂于1907年也相继建立土木系。建筑系的成立是以后的事。

1920年从日本留学归来的柳士英，于1923年和留日同学刘敦桢、王克生、朱士圭在上海创办由中国人开设最早的建筑师事务所——华海建筑师事务所，同年柳士英邀挚友刘敦桢、朱士圭在苏州工业专科学校（1921年创办）新设建筑科，柳士英任建筑科主任，学制为三年，都是日本留学生任教。课程设置侧重工程技术，主要课程有：建筑意匠、建筑结构、中西营造法、测量学、建筑力学、中外建筑史和美术课等。苏州工业专科学校建筑科是我国首办的中等建筑学校，为日后建筑学高等教育的创建奠定了基础。

1927年蔡元培、周子竞先生鉴于时代需求及我国建筑人才缺乏，极力主张在东南大学增设建筑系，遂于当年6月决定将苏州工业专门学校建筑科迁往南京，该校一、二年级学生也转至东南大学新创的建筑系就读，半年左右改名第四中山大学，次年5月又易名改称中央大学。系主任是留美归国的刘福泰，他是中国第一个建筑系的首任系主任，教师有李毅士、刘敦桢、夏季眉等。

中央大学建筑系学制四年，要求毕业生具有广泛的工程基础知识，有设计和运用美术的能力并可胜任督察工程和执行建筑师业务。课程设有微积分、物理、建筑则例、国文、语文、建筑画与建筑初步，还有徒手画、西洋建筑史、应用力学、营造法、美术史、内部装饰、建筑师职务与法令、给排水、建筑组织、钢筋混凝土、铁骨构造法、图解力学、测量学等，课程设置是艺术课与技术课并重。1938年因抗日战争爆发，中央大学内迁重庆沙坪坝，一大批名教授、建筑师在系任教或兼课，如刘敦桢、杨廷宝、童寯、鲍鼎、谭垣等。这就是誉称的“沙坪坝时代”，当今中国一大批著名学者、建筑师就是这一时期在这里培养出来的。

1928年东北大学工学院内新增设建筑系，约请当年从美国留学归国的梁思成、林徽音主持，并于同年招生。次年陈植，1930年童寯都相继受聘在该系任教，学制四年，课程设置受美国宾州大学建筑系影响，重视艺术。1931年“9·18”事变，东北大学内迁，建筑系停办，低年级多转入中央大学就读，高年级同学辗转至上海，由童寯、陈植、赵深继续授教完成学业。

20年代北平大学下设有八个学院，其中艺术学院于1928年开设建筑系，系主任汪中，教师有沈理源、朱广才、华南圭等，课程设置侧重装饰、绘画。这是中国在艺术院校中开办建筑系最早的学校。其后于1936年的杭州艺术专科学校也设建筑科，聘请俄籍教师杜劳西洛夫斯基教建筑装饰课程。林风眠为首任校长。但一年后即停止招生。1947年在工艺美术系内又恢复招收建筑设计班，陈植、吴景祥在此兼建筑设计课程。此外1941年至1945年上海宗美专科学校，1946年成都艺术专科学校也曾先后设置建筑班。

1931年广东省立工业专门学校开始筹建建筑系，次年即并入广东省工学院并招收建筑系学生，1933年改名勷勤大学，首届系主任林克明。

1920年，在黑龙江省哈尔滨，由中东铁路管理局兴办哈尔滨铁路专门学校，设有土木、机械两科，土木科又下设交通和城市两个班，城市班内设有铁路站房和街区规划等课程，用俄语授课，多由俄籍教师授课，主要培养铁路方面中等技术人才。1928年改名为哈尔滨工业大学。1959年将其中土木系分出成立哈尔滨建筑工程学院，同时增设建筑系。

现在的重庆建筑工程学院建筑系其前身是重庆大学土木系，原设道路和水利两专业，1937年增设建筑科，1940年正式设系。黄家骅、李惠伯先后任系主任。

1938年沦陷区的北平，北京大学工学院内曾设过建筑系，系主任朱兆雪。沈理源、钟森、杨耀、赵正之、赵冬日等先后任教，解放后并至清华大学。

清华大学建筑系创建于1946年，抗战胜利后梁思成先生主持创建，林徽音、刘致平和莫宗江等任教。

天津工商学院在1937年即设建筑系，首任系主任为法籍人暴安良，其后为沈理源。解放后改名为津沽大学，系主任为阎子祥。河北唐山工学院建筑系成立于1946年，系主任林炳贤。1952年唐山工学院与津沽大学建筑系合并至天津大学。

杭州、上海解放前曾有三所设建筑系的院校，这就是：成立于1933年的沪江大学建筑专业夜校，黄家骅为首任系主任，其后系主任是哈雄文、王华彬、任子昂等，1947年停办；1938年赵深、童寯到内地云南、四川，陈植在杭州之江大学首先于土木系内办建筑班，次年设建筑系。王华彬任系主任，谭垣、黄家骅、钟耀华等执教，解放后陈植任系主任；上海圣约翰大学1942年成立建筑系，黄作桑为首任系主任。任教教师有李锦沛、程及、陈占祥、李德华等，1952年与之江大学一起并入同济大学。

以上是中华人民共和国成立前中国建筑教育的简单回顾。解放后1952年起全国高校进行首次调整，以后又进行小规模调整，其间几经周折，直至1966年“文化大革命”前夕，全国仅有8所院校设有建筑系，分别归属当时教育部或有关专业部领导，这些学校是：清华大学、同济大学、南京工学院、天津大学、西安冶金建筑学院、哈尔滨建筑工程学院、重庆建筑工程学院和华南工学院。

总结近代中国建筑教育具有以下几个特点：

1.由于政治上的动荡，战争频繁，经济萧条，发展缓慢，建筑教育也深受影响，许多学校建筑系时办时辍，不能稳步发展，招生人数很少，教育体系很不健全。就以中央大学建筑系来说，建筑系从1927年兴办至1937年十年间，毕业生人数总共不到50人；教育发展受到限制。

2.这时期正规的建筑教育都是从无到有首次创办，图书资料、物资设备缺匮，困难很多，多得力于前一辈教育家的苦心经营才得以建立和发展。如柳士英、刘福泰、刘敦桢、梁思成、陈植、童寯、杨廷宝、林克明、黄作燊，都为中国近代建筑教育的发展，作出了奠基性的贡献。

3.当年建筑系创始和任教者多是各国留学生，以美国、日本和德、法居多，所以我国早期建筑教育受国外影响很大。各校建筑系教学都带有教师自己就读学校的特征，有些重视艺术，受制于巴黎艺术学院教育影响；或偏重现代工程技术，得包豪斯真传；或教学中艺术与技术并重。各校没有统一的教学大纲或计划。按各自特点办学。

4.解放前各校任课教师中，有相当一部分教授是兼职教学工作，既在学校就教又在建筑师事务所供职，许多人在两方面都有建树。他们中许多人能把建筑师实际工程经验在教学中贯彻，同样也能把教学中知识应用在实际工程之中，为教学中理论联系实际创造良好的条件。

5.建筑教育形式多样，除正轨的高等教育外，还有通过在建筑师事务所图房实际工作累积经验及由建筑师的指导来获得知识、经验与技能，这种渠道也培养出一定数量的建筑师及设计人员和科学工作者。

大力发展和加强职业技术教育

——建设部教育工作会议综述

许 昌 华

1985年9月，城乡建设环境保护部在北京怀柔召开教育工作会议，参加会议的有二十九个省、自治区、直辖市和七个计划单列城市及部分市、县的建设厅（委、局）及其教育部门的负责同志，建工局和建筑总公司的负责同志，部系统有关院校和企业、事业单位的负责同志，以及有关新闻单位的代表，共二百余人。建设部副部长廉仲做了《认真落实全国教育会议精神，积极发展城乡建设教育事业》的报告，建设部副部长戴念慈做了《积极行动起来，为开创城乡建设教育事业的新局面而奋斗》的总结讲话，在京的部党组成员都出席了会议。会议讨论了教育工作的各个方面，同时突出一个重点——加强职业技术教育，特别是大力发展中等职业技术教育。会议讨论了部党组提出的待议文件《关于大力发展城乡建设职业技术教育的决定》，经研究修改，于会后以正式文件下发施行。国家教育委员会副主任邹时炎、全国职工教育管理委员会副主任浦通修出席会议并讲了话。

本文拟就这个“决定”的主要内容和有关情况作些介绍。

一、关于加强职业技术教育的重要性和紧迫性

《中共中央关于教育体制改革的决定》把调整中等教育结构、大力发展职业技术教育作为体制改革的一个重点，这是一项具有战略意义的重大决策。胡启立同志在全国教育工作会议上指出：“这个问题可能是关系到四化建设成败的一个关键的问题。”这一决策也完全适合城乡建设系统的实际情况。从现在起以至整个“七五”期间，我们应当把大力发展职业技术教育作为教育工作的重点来抓。

所谓职业技术教育，包括各种职业技术学校教育和职业技术培训，就业前教育和就业后教育。即：招收小学或初中毕业生培养初级技术工人的初等职业技术教育；招收初中毕业生培养中级技术、管理人员和中级技术工人的中等职业技术教育；招收高中毕业生或中等职业技术学校毕业生培养高级技术员、技师等等的高等职业技术教育；以及各种短期职业、技术培训。之所以把职业技术教育作为发展的重点，是因为职业技术教育的主要对象是生产第一线大量需要的中、初级技术人员、管理人员和技术工人。这部分人员的技术和业务水平，直接决定着企业、事业单位的素质和生产水平。而职业技术教育恰恰又是我们目前人才培养工作中最薄弱的环节。

从城乡建设系统职工队伍状况看，现在各种专门人才严重不足。据1983年全系统专门人才普查结果，县以上单位的六百零二万职工队伍中，有中专以上学历或有技术员以上职称的专业人员三十万人，不到职工总数的百分之五。至于县以下集体单位四百多万职工队伍中，专门人才更近乎空白。与其它产业部门相比是最低的部门之一。特别是现有专门人才层次结构很不合理，工程师、助理工程师和技术员的比例是1:2.5:1.45，也就是说，高、中级专门人才的比例是2.25:1.45，呈倒挂现象。而建设系数现有各类学校培养高、中等专业人才的比例，是1:0.87，也是倒挂的。这种状况已造成人才培养和使用上的极大浪费，极需加以改变。据1983年系统专门人才需求预测，到1990年县以上单位共需补充七十五万人，其中需本系统自己培养的四十八万人，加上乡镇企业和村镇规划建设所需要的十二万人，共计需要我们自己培养高、中级专门人才六十万人。其中，本科生、专科生、研究生共十二万人，中专生四十八万人。而建设部系统现有各类学校的招生能力是，高等平均每年二万三千人，中专平均每年二万人，共四万三千人，显然满足不了需要。而其中需求量最大、培养能力缺口最大的，是中专人才。这说明加速发展中专层次的职业技术教育，已是一项十分紧迫的任务。

职工队伍状况的另一突出问题，是工人队伍的文化、技术素质低。目前，在全民所有制企业里，技术工人只占百分之六十五。许多集体企业，技术工人还不足百分之二十。高级技工尤其缺乏。从文化程度看，占职工百分之五十以上的青年工人是“双补”（补文化、补技术）对象。“双补”任务

虽已接近完成，技工学校也增至一百五十五所，年招生达五千人，但对照实际需要差距仍然很大。中级培训任务将十分繁重，高级培训也极待开展。因此加速发展培养技术工人的职业技术教育，也是一项很紧迫的任务。

过去由于职业技术教育、特别是中专职业技术教育发展不够，许多企业、事业单位缺乏经过职业技术培训的合格的工人和技术人员、管理人员，吃了不少亏。最明显的例子，就是一些地区不断发生新建房屋倒塌事故。为什么房子会倒？一个重要原因就是这些房子是不懂建筑的人设计的，是不懂施工人的来盖的。归根结蒂，还是生产第一线的中、初级技术人员和技术工人太少。建筑市场开放、集体建筑企业大量增加以后，这个矛盾就更加突出。现已发现一些地区的集体建筑企业和农村建筑队用“重金礼聘”的办法，挖走国营建筑企业的技术人才，这应当引起我们的重视，积极地加以解决。解决的办法，就是抓紧职业技术教育，不仅要为国营企业培养中、初级技术人才，也要帮助集体企业培养中、初级人才。

我们强调职业技术教育，决不是不重视高等教育，大学生、硕士生、博士生当然是重要的。而是说，不同性质的工作，需要培养不同层次的人才。在现在的新形势下，工业现代化和科学技术现代化的步伐大大加快，对就业人员文化、技术素质的要求越来越高，职前职后的技术业务培训必须迅速跟上。如果忽视了职业技术教育，我们的事业就会受到损失。因此必须提高对职业技术教育的认识，改变那种“城乡建设是劳动密集型行业，不进行就业前培训也可以就业”的旧观念，树立劳动就业技术有一定的政治、文化和技能准备的新思想。应当看到，正因为城乡建设系统多数是劳动密集型行业，需要的中、初级技术人员、管理人员和技术工人比其它行业更多，更需要大力发展职业技术教育。以建筑安装企业为例，中、初级水平的技术、管理干部应为技术、管理干部总数的百分之七十五左右；中级以上技术工人应占技工总数的百分之六十以上。目前我们队伍素质不高，主要表现之一就是缺乏中、初级人才，特别是中级技术人员、管理人员和技术工人。当务之急就是要从加强职前教育和职后教育两方面着手，建立起一个“双管齐下”的职业技术教育体系，以迅速增加中级专门人才的比重，提高整个职工队伍的素质。

二、关于职业技术教育的发展目标、指导思想和学制规定。

（一）发展目标

经过“七五”期间的努力，基本形成以中等职业技术教育为重点，高、中、初级职业技术教育互相衔接，比例比较协调，专业比较配套，办学形式多样的城乡建设职业技术教育体系；形成年培养高、中级职业技术专门人才八万一千人的能力，其中专科层次二万人，中专层次六万一千人。逐步将城乡建设系统专业人员中的高、中级比例调整到1:2以上；业务管理人员基本达到中专以上水平；技术工人中的中级技术工人比重提高到百分之五十，高级技术工人比重提高到百分之十。

（二）指导思想

在发展职业技术教育时，要从加强职前教育和职后教育两方面着手，坚持“两条腿走路”的方针，多种形式、多种层次办学。在发展中调整职业技术教育的结构，重点发展中等职业技术教育和短缺专业，建立高、中等职业技术教育和各类专业的合理比例。要正确处理数量与质量的关系，既要发展数量，更要注意不断提高质量；要统筹规划，全面安排，使招生人数稳步上升，防止大起大落。

（三）学制规定

职业技术教育的基本学制暂定为：

1.初等职业技术教育

培养初级技术工人。招收初中毕业生，学制一年；或招收小学毕业生，学制三至四年。

2.中等职业技术教育

①中等专业学校培养技术员、中级管理人员。要从目前的主要招收高中毕业生过渡到主要招收初中毕业生，学制三至四年。

②技工学校培养中级技术工人。招收初中毕业生，学制三年。

③职业学校培养中、初级技术、管理人员，或中级技术工人。招收初中毕业生，学制三年。经教育主管部门批准，可实行中等专业学校或技工学校的学制，执行相应的教学计划，取得相应的学历。

3.高等职业技术教育

培养高级技术员和专业管理人员。招收高中毕业生或中等职业技术学校毕业生，学制二至三年。少数有条件的中等专业学校经批准，可以试办招收初中毕业生学制五年的职业技术专科班。

上述学制，如国家教育委员会有新的规定，则按国家教委的规定执行。

三、关于各种教育形式和具体奋斗目标。

（一）加速发展中等职业技术教育

1.扩大普通中等专业学校的招生能力

现有六十四所建工、城建中等专业学校的年招生能力到1990年要翻一番，达到一万六千人。省办的中专校，规模一般应达到一千至一千二百人；其它各级办的中专校规模也应在六百人以上。要给这些学校增加投资，充实师资，改善办学条件，使之在中等职业技术教育中发挥骨干作用。

新建一批城建中等专业学校。1990年以前，每个省、自治区、直辖市的城乡建设部门都应创办一所为全省（自治区、直辖市）服务的城建中专校。办学方式，可以是省办，也可以是省与中心城市联办，面向全省招生和分配。个别边疆、困难省、自治区，也可采取在现有建工中专校中投资扩建，增设城建专业、学校挂两块牌子的办法。总之，要通过多方面努力，实现"一省两校"（一所建工校，一所城建校）的格局。有需要、有条件的大城市也可创办为本市服务的中等专业学校。

2.巩固和发展技工学校

要认真办好现有的技工学校，挖掘潜力，扩大规模。各省、自治区、直辖市和大、中城市的城乡建设部门，要继续组织有关企业开办技工学校。

3.积极举办职业学校和职业高中

这类学校是中等教育结构改革的产物，一般系现有普通中学改办（也有新办），且多系教育行政部门与用人部门联办，利于发挥双方的积极性和各自的优势，投资省，收效快。这类学校还实行自费、毕业生不包分配、用人部门择优录用的制度，便于向广大的集体企业和基层单位输送人才。各市、地、县的城乡建设部门，要积极主动地协同、配合当地的教育部门举办城乡建设类的职业学校、职业高中或职业班。1990年以前，各大城市至少办好一至二所建工、城建类的职业学校；中等城市至少办一所城乡建设类职业学校；中等城市至少办一所城乡建设类职业学校；小城市和建设队伍较大的县要办好一所城乡建设类职业学校；一般的县应争取开设建筑职业班。

4.切实抓好职工中等专业学校

大城市要办好一至二所建工、城建职工中专；有需要、有条件的中等城市，也应举办一所城乡建设类的职工中专。

5.大力发展电视中专、函授中专及其它业余中等职业技术教育

建设部与中央广播电视大学联合举办的电视中专，与中国建筑学会、中国土木工程学会合办的函授中专，以及正在筹备的全国土建类中等专业教育自学考试，是发展业余中等职业技术教育的重要措施，各级城乡建设部门应充分重视，加强领导，给予扶持，把它们作为解决中专人才来源、特别是把在职干部提高到中专水平的一条重要途径。

（二）巩固、提高、发展高等职业技术教育

要努力办好建设部系统现有的七所专科学校，使其成为高等职业技术教育的骨干。

现有职工大学应努力巩固、提高，扩大服务面、有条件的也可招收社会青年入学。今后扩大高等职业技术专门人才的来源，应主要通过巩固和发展电视大学、函授大学、夜大学及开展高等教育自学考试等办学形式。

（三）合理调整高、中等职业技术教育的结构比例

要通过大力发展中等职业技术教育，争取在1990年以前，将全系统高、中等职业技术教育招生人数的比例，提高到1:3以上。今后教育投资的重点应放在发展中等职业技术教育上。现有的中等专业学校不得再转为大、专院校。要提高财经、管理和工业与民用建筑等短缺专业的培养能力。

四、关于职业技术教育的师资和投资问题

廉仲同志在报告中提出，发展教育，一个是要投资，一个是要师资，"两资"问题必须解决好。必须看到，教育是开发智力资源的一个重要投资部门，教育投资是效益最大的一种投资。古今中外，凡是有远见卓识的人，都舍得花本钱和精力来办教育。部和各地主管部门、企业、事业单位，都要通过各种途径和办法开辟资金渠道，切实解决好发展教育的资金问题。师资问题，也要开辟多种渠道介决。

在"决定"中，对这两个问题作了如下规定：

（一）千方百计解决好发展职业技术教育的资金来源

1.原有职业技术教育的经费来源继续保持不变。

2.经商得财政部同意，各地城乡建设部门发展城建教育的建设资金应首先在地方统筹安排的基建投资和地方财政中解决，如地方财政有困难的，可以在城市维护建设税中开支学校的基建投资，日常的教育经费则仍须在地方财政中解决。

3.各地从分配到的乡村规划建设人员培训费中拿出一定的数额，资助有关的中等专业学校和职业学校举办村镇规划、建设专业。

4.企业的教育资金，可以从税后留利的生产发展基金、后备资金、预算外收入和营业外开支中支出。按照国务院[1985]12号文《关于推进国营企业技术进步若干政策的暂行规定》第九条规定："企业培训技术业务人员的费用，可摊入成本。""为某个产品创优、技术开发、技术引进、技术改造项目服务的培训费用，包括出国培训费用，可在项目资金中开支。大型企业兴建的培训中心，或城市、行业为中小企业服务兴建的培训中心，首先由自筹资金安排，还可用返回的折旧基金及地方机动财力予以适当补助。"这也是企业教育资金的一个重要来源。

5.学校和学校主管部门可以按照"谁投资，谁受益"的原则，采取多种办法集资，如委托培养收费、联合办学等，在政策允许的前提下，千方百计多筹集一些资金。

6."七五"期间，建设部每年从部掌握的城建

和建工基本建设投资中拨出一定数额，用于扶持困难、边远和少数民族地区发展职业技术教育，及助为全国服务的少数配套专业。

（二）采取多种办法增加职业技术教育的师资，巩固提高现有的师资队伍

各地城乡建设部门应主要依靠自己的力量解决发展职业技术教育所需各类师资。今后几年各地分配到的本科、专科毕业生，应首先用于满足职业技术教育师资的需要。

部属高等院校从1986年开始，每年从本科招生总数中拿出一定的名额招收师范班，并继续举办二年制本科师资班。为地方中等专业学校培养师资，在这些学生未毕业前、建设部将每年“戴帽”分配一部分本科毕业生到高、中等职业技术学校补充师资。建设部系统地方办的高等院校，也应努力为本地职业技术学校培养师资。有条件的中专校，要为当地职业学校开办师资班。企业、事业单位要积极安排工程技术人员到中专校担任教师或兼课。还可聘请离退休的工程技术人员到校任教。

同时要努力巩固现有的师资队伍，教育广大教师树立培养人才的光荣感和责任感。要表扬优秀的教师和教育管理干部，鼓励他们终身从事教育事业。要努力改善教师的工作和生活条件。企业办的各类学校，教师的奖金和生活福利待遇应和生产第一线技术人员一视同仁，或者略高一些。地方办的各类学校，要在政策允许的前提下，通过各种途径合理创收，增加的收入主要用于学校的建设，同时也可适当用于改善教师的福利待遇。对于教师住房困难的学校，主管部门要优先安排这些学校的住宅建设资金，或在统建房中拿出一定比例分给学校，尽快改善教师的居住条件。

五、关于加强对职业技术教育的领导，及有关政策和改革措施。

（一）各级城乡建设部门要在提高认识的基础上，把教育工作摆到战略地位，把发展教育事业作为主要任务之一，列入重要议事日程，像抓好经济工作那样抓好教育工作。

省、自治区、直辖市建设厅（委）要对本地区城乡建设系统的职业技术教育进行统一规划，归口管理；对学校布局，专业布点，人才预测，各类教育事业的发展等，进行指导协调。要健全教育管理机构，配备必要的专职干部。

要加强对教育工作的督促检查。在考核企业效益时，不仅考核各项经济指标，而且要同时考核教育工作。教育工作开展得差的，不能评为“六好企业”。在考核干部时，要考核他们对教育的重视程度。

（二）严格执行“先培训，后就业”的原则，制订业务、技术岗位的培训、考核制度

中共中央在《关于教育体制改革的决定》中提出，要“在改革教育体制的同时改革有关的劳动人事制度，实行‘先培训，后就业’的原则。今后各单位招工，必须首先从各种职业技术学校毕业生中择优录取。一切从业人员，首先是专业性技术性较强行业的从业人员，都要象汽车司机经过考试合格取得驾驶证才许开车那样。必须取得考核合格证书才能走上工作岗位。有关部门应该制定法规，逐步实行这种制度。”

实行这一原则，根本目的是提高劳动者的素质，使劳动者在就业以前必须接受一定的政治、文化和技能的训练，而要真正做到这一点，又必须广泛开展各个层次、各种门类的职业技术教育，这二者必须同步。因此，积极推行“先培训，后就业”、“经过考核择优录用”的原则，本身就是对职业技术教育的有力推动，各地在发展职业技术教育时要注意充分运用这一动力。

本着这一精神，建设部的决定中提出，今后技术工种招工应首先从技工学校、职业学校毕业生中择优录用。同时对已就业的青壮年工人要抓紧文化、技术补课，大力开展中、高级技术培训。要切实抓好各类技术、管理人员的业务培训。要加强干部考核工作，形成制度。对已在岗位、尚不具备规定业务水平的，要有计划地安排培训提高。经过培训仍达不到要求的，应调离岗位。

（三）逐步扩大职业技术学校办学的自主权，充分调动学校办学的积极性，增加学校适应城乡建设事业发展需要的活力。允许学校在完成国家指令性计划和保证教育质量的前提下，接受委托培养、招收自费生和承担社会技术服务，并相应地扩大学校在人事、经费、基建、教学工作等方面的自主权。

国　务　院

批转建设部、文化部关于请公布第二批国家历史文化名城名单报告的通知

（一九八六年十二月八日）

国务院同意建设部、文化部《关于请公布第二批国家历史文化名城名单的报告》，现转发给你们，请研究执行。

各地区、各部门要按照《中华人民共和国文物保护法》、《国务院批转国家建委等部门〈关于保护我国历史文化名城的请示〉的通知》（国发[1982]26号）的要求，切实做好历史文化名城的保护、建设和管理工作。

建　设　部　文　化　部

关于请公布第二批国家历史文化名城名单的报告

（一九八六年四月二十四日）

一九八二年二月，国务院批转原国家建委等部门《关于保护我国历史文化名城的请示》，公布了第一批国家历史文化名城的名单，对保护我国历史文化名城、优秀历史文化遗产的工作起了重要的推动作用。几年来，各历史文化名城都积极开展工作，进行调查研究，编制保护规划，采取保护措施，加强维护管理，处理好保护与开发建设的关系，取得了较大成绩。国家历史文化名城名单的公布，也带动了其他城市在发展建设中注意保护历史文化遗产和城市特色。当前，城乡经济十分活跃，各项建设和旅游事业发展很快，为使保护历史文化名城的工作进一步深入，适时公布第二批国家历史文化名城名单，强调在现代化建设中切实保护好优秀的历史文化遗产，加强精神文明建设，发展旅游事业，是十分必要的。

经请示国务院办公厅同意，依据《中华人民共和国文物保护法》的有关规定，我们于一九八四年四月着手第二批国家历史文化名城名单的准备工作。考虑到由国家公布的历史文化名城对国内外的影响甚大，为慎重起见，我们采取了自下而上推荐，广泛征求意见的办法。各省、自治区、直辖市先后推荐了八十个城市，我们就这些城市征求了各有关方面和专家的意见，并重点作了实地调查。全国政协文化组和经济建设组曾专门召集政协委员和专家对第二批国家历史文化名城的名单进行了讨论，提出了建议。此后，我们邀请全国历史、文物、考古、革命史、建筑、城市规划、地理等各界的知名专家、教授开会，对第二批国家历史文化名城名单进行了审议。我们在各省、自治区、直辖市推荐的名单基础上，综合各方面的意见，这次，确定三十八个城市（名单及简介附后）作为第二批国家历史文化名城，报请国务院核定公布（台湾省的历史文化名城待以后公布）。

为了切实保护和管理好历史文化名城，我们提出以下建议：

一、我国是一个有悠久历史和灿烂文化的国家，值得保护的古城很多，但考虑到作为国家公布的历史文化名城在国内外均有重要影响，为数不宜

过多，建议根据具体城市的历史、科学、艺术价值分为两级，即国务院公布国家历史文化名城，各省、自治区、直辖市人民政府公布省、自治区、直辖市一级的历史文化名城。

二、关于历史文化名城的标准，根据《中华人民共和国文物保护法》的规定，历史文化名城应是“保存文物特别丰富，具有重大历史价值和革命意义的城市”在具体审定工作中要掌握以下几点原则：

第一，不但要看城市的历史，还要着重看当前是否保存有较为丰富、完好的文物古迹和具有重大的历史、科学、艺术价值。

第二，历史文化名城和文物保护单位是有区别的。作为历史文化名城的现状格局和风貌应保留着历史特色，并具有一定的代表城市传统风貌的街区。

第三，文物古迹主要分布在城市市区或郊区，保护和合理使用这些历史文化遗产对该城市的性质、布局、建设方针有重要影响。

三、做好历史文化名城保护规划。要保护文物古迹及具有历史传统特色的街区，保护城市的传统格局和风貌，保护传统的文化、艺术、民族风情的精华和著名的传统产品。保护规划要纳入城市总体规划，按《城市规划条例》规定的程序上报审批。各历史文化名城要制定保护、管理的地方法规，明确保护对象及其保护范围和建设控制地带，分别采取相应的保护措施。

四、对一些文物古迹比较集中，或能较完整地体现出某一历史时期的传统风貌和民族地方特色的街区、建筑群、小镇、村寨等，也应予以保护。各省、自治区、直辖市或市、县人民政府可根据它们的历史、科学、艺术价值，核定公布为当地各级“历史文化保护区”。对“历史文化保护区”的保护措施可参照文物保护单位的作法，着重保护整体风貌、特色。

五、继续加强宣传，提高广大干部和群众对保护历史文化名城、历史文化保护区重要意义的认识。开展科学研究，为历史文化名城的保护、建设及其社会、经济、文化的发展提供科学依据。同时，加强对保护历史文化遗产专门人才的培养工作。

六、保护历史文化名城和历史文化保护区需要一定的资金，中央有关部门及各级地方政府在财力可能的条件下，应给予支持；同时可依靠社会力量，开辟多种资金来源。

第二批国家历史文化名城名单

（三十八个）

上海　天津　沈阳　武汉　南昌　重庆　保定　平遥　呼和浩特　镇江　常熟

徐州　淮安　宁波　歙县　寿县　亳州　福州　漳州　济南　安阳　南阳

商丘（县）　襄樊　潮州　阆中　宜宾　自贡　镇远　丽江　日喀则　韩城

榆林　武威　张掖　敦煌　银川　喀什

第二批国家历史文化名城简介

上海

上海是我国近代科技、文化的中心和国际港口城市。古代这里为海滨村镇，唐天宝十年（751年）设华亭县，宋设上海镇，元置上海县。上海具有光荣的革命历史，是中国共产党的诞生地，近、现代许多重要历史事件和历史人物的活动都发生在这里，如小刀会起义、五卅运动、上海工人三次武装起义、松沪抗战等。现存革命遗址有中共一大会址、孙中山故居、鲁迅墓、宋庆龄墓、龙华革命烈士纪念地等。文物古迹有龙华塔、松江方塔、豫园、秋霞浦、唐经幢等。上海近代的各式外国风格建筑在建筑史上也具有重要价值。

天津

天津是我国北方重要的港口贸易城市、交通枢纽。从金、元时起，由于漕运兴盛促进商业繁荣而发展起来。明代在此设卫建城，进一步奠定了古城的基础。保存的文物古迹有天后宫、文庙、广东会馆等。革命遗址有大沽口炮台、望海楼遗址、义和团吕祖堂坛口遗址、觉悟社、平津战役前线指挥部等。传统文化艺术有泥人张彩塑、杨柳青年画、天津曲艺等。现存的过去各国租界地的外国式建筑和清末民国初年的别墅式建筑和街道，如同一个近代"建筑博物馆"，很有特色。

沈阳

位于辽宁省中部，汉代建侯城，辽、金时为沈州，明代在金、元旧城址上重建沈阳中卫城，一六二五年清太祖努尔哈赤迁都沈阳，扩建城池，增筑外城，是清入关前的政治中心。沈阳故宫是除北京故宫外，保存最完整的宫殿建筑群。城北的北陵（昭陵）和城东北的东陵（福陵）是皇太极和努尔哈赤的陵墓。其它文物古迹还有抗美援朝烈士陵园、周恩来同志少年读书处，以及永安石桥、塔山山城和一些寺观等。

武汉

位于长江的中游，武昌、汉口、汉阳三镇相联，水陆交通便利，号称九省通衢。武汉历史悠久，自商周、春秋、战国以来即为重要的古城镇，宋、元、明、清以来就是全国重要名镇之一。武汉还是革命的城市，辛亥革命武昌起义、"二七"罢工、"八七"会议等都发生在这里。现存的革命遗址、名胜古迹，有武昌起义军政府旧址，二七罢工旧址，八七会议会址，向警予、施洋烈士墓及胜象宝塔、洪山宝塔、归元寺、黄鹤楼、东湖风景名胜区等。

南昌

位于江西省北部，赣江下游，为江西省的省会，全省政治、经济、文化的中心。南昌水陆交通发达，形势险要，自古有襟三江而带五湖之称。汉代在此设了豫章郡治，隋为洪州治，唐、五代至明、清一直是历史名城。南昌还是革命的英雄城市。一九二七年八月一日，周恩来、朱德、贺龙等在中共前敌委员会领导下，组织了南昌起义，打响了反对反动统治的第一枪，开创了中国共产党领导的武装斗争和创建人民军队的新纪元。现存的革命遗址和名胜古迹有"八一南昌起义"总指挥部旧址和纪念馆、纪念塔、革命烈士纪念堂、方志敏烈士墓及青云谱、百花洲等。

重庆

位于长江与嘉陵江汇合之处，水陆交通发达。战国时候，重庆为巴国国都，称江州。其后两千多年一直为重要的城市，留下的文物古迹有巴蔓子墓、船棺、岩墓、汉阙等。在近代史上，重庆也占有重要的地位。辛亥革命时期为同盟会的重要根据地之一，抗日战争时期，以周恩来同志为首的中共南方局驻在这里。现存有曾家岩、红岩村八路军办事处旧址，新华日报社旧址及白公馆烈士牺牲纪念地等。还有南温泉、北温泉、缙云山等名胜古迹。

保定

位于河北省中部，西周属燕，至战国中期为燕国辖地，北魏建县，唐至明为州、路、府治，清为直隶省省会。今旧城始建于宋，明增筑，尚存部分城墙。保定不仅是历代军事重镇，还是一座著名的文化古城。自宋设州学，清末、民国初年曾为北京的文化辅助城市。革命纪念地有保定师范学校、育德中学、协生印书局、石家花园等。文物古迹有大慈阁、古莲花池、钟楼、直隶总督署、慈禧行宫、清真西寺等。

平遥

位于山西省中部，城始建于周宣王时期。现在保存完整的城池，为明洪武初年重修，城墙高十二米左右，周长六点四公里，有垛口、马面、敌楼、角楼、瓮城等。城内街道、商店、衙署等比较完整地保持着传统格局和风貌，楼阁式的沿街建筑、四合院民居以及市楼、文庙、清虚观等古建筑都很有特色。城北的镇国寺万佛殿和殿内塑像是五代遗物，雕塑和壁画十分精美。城西南的双林寺，殿宇规整，寺内彩塑也有很高艺术价值。

呼和浩特

"呼和浩特"蒙语意为青色的城，自古就是北方少数民族与汉族经济文化交往地。现老城为明代所建，清初在其东北建新城。呼和浩特有许多喇嘛寺庙，著名的有大召、席力图召、乌素图召等。此外，还有金刚宝座塔、清真大寺、将军衙署旧址、昭君墓、万部华严经塔、清公主府等名胜古迹。

镇江

春秋时称朱方、谷阳，秦称丹徒，三国时孙权筑京城后称京口，北宋始称镇江，为府治。沿长江有著名的京口三山，金山有金山寺、慈寿塔、"天下第一泉"等；焦山有定慧寺和"瘗鹤铭"等著名碑刻；北固山有甘露寺及宋铸铁塔等，南朝梁武帝称之为"天下第一江山"。市内文物古迹有元代石塔，石塔附近还保持着古街道风貌，还有清代的抗英炮台和纪念辛亥革命先烈的伯先公园，南郊风景区有招隐寺等。

常熟

商末称勾吴，西晋建海虞县，南朝梁时称常熟，自唐以后为县治所在。古城布局独特，城内有琴川河，西北隅有虞山伸入，人称"十里青山半入城"现虞山上保存有明代城墙遗迹，城内街道基本保持明、清格局。文物古迹有商代仲雍墓、春秋言子墓、南朝梁昭明太子读书台、南齐兴福寺、宋代方塔、元代大画家黄公望墓等。虞山风景秀丽，有剑门奇石、维摩寺、辛峰亭等名胜。

徐州

尧封彭祖于此，称大彭氏国，春秋有彭城邑，战国时为宋都，项羽亦曾在此建都，三国时为徐州州治，清代为府治。自古兵家必争，是有名的军事战略要地。文物古迹有汉代戏马台遗址、兴化寺、大士岩、淮海战役烈士陵园，还有汉墓多处，出土有汉画象石、兵马俑、银镂玉衣等。所辖沛县有元代摹刻刘邦"大风歌"碑。南郊有云龙山、云龙湖风景区。

淮安

位于江苏省北部，秦汉设县，隋、唐至清历为州、郡治，元、明以来，漕运、商业发达，为运河要邑。城池始建于晋，元、明增筑，三城联立，至今格局未变，尚保留有部分城墙遗迹。文物古迹有周恩来同志故居、青莲岗古文化遗址、文通塔、金代铜钟、关天培祠及墓、祠淮楼、韩侯祠、勺湖园、漂母祠、吴承恩故居、梁红玉祠等。

宁波

位于浙江省东部，早在七千年前已有相当发达的河姆渡原始文化，秦时设鄮县，自唐以后历为州、路、府治，并为重要港口，近代为"五口通商"的口岸之一。文物古迹有保国寺、天童寺、阿育王寺、天封塔，我国现存最早的私人藏书楼天一阁，还有明代的甲第世家、清代大型民居等。宁波是我国烧制青瓷最早的地方之一，古代造船及海外贸易发达，宋代已有整套涉外机构，目前尚有遗迹可寻。

歙县

位于安徽省南部，秦代设县，自唐至清历为州、府、郡治。城池始建于明，现保存有南、北谯楼及部分城垣。城内有大量明、清住宅及庭园，一些街巷还基本保持着明、清时代风格。文物古迹有许国牌坊、李太白楼、长庆寺砖塔、棠越村牌坊群、新安碑园、明代古桥等。歙县人文荟萃，有许多名人遗迹，还有歙砚、徽墨等传统工艺品。

寿县

位于安徽省中部，古称寿春，春秋为蔡侯重邑，后历代多为州、府治。城墙始建于宋，兼有防洪功能，经明、清修整，至今保存完好。文物古迹有报恩寺、范公（仲淹）祠、孔庙等，附近出土许多战国墓葬。城郊有八公山、淝水，是著名的"淝水之战"的古战场。

亳州

位于安徽省西北部，曾称亳县。亳，因商汤王立都而得名，以老子之故乡，曹操、华佗之故里而传闻中外。北周时即名亳州，涡河绕流城东北，古代水运较发达，商贾云集，会馆林立，曾为商埠，是我国古代四大药材基地之一。亳州一些老街依然保持着明清建筑的浓厚风貌。现存的文物古建筑有商汤王陵、曹操家族墓群、华佗故居、文峰塔、明王台、花戏楼和古地道等。

福州

秦代设闽中郡，后一直为福建的政治中心，宋末、明末两次做为临时京都。福州汉代即有海外贸易。宋代为全国造船业中心，近代是"五口通商"口岸之一。城池始于汉代的冶城，晋、唐、五代、宋几次扩大，奠定了现在市区三山鼎立、两塔对峙的格局。市区文物古迹有宋代华林寺大殿、崇福寺、乌塔、白塔、戚公祠、开元寺等，郊区鼓山有涌泉寺及历代摩崖石刻，还有王审知墓、林则徐祠堂和墓、林祥谦陵园等。市区三坊七巷保存有大量明、清民居。

漳州

位于福建省东南部，战国属越，晋设县，自唐以后历为州、郡治所。宋末已有漳人去台湾，是台湾同胞及海外侨胞的祖居地之一。文物古迹有唐代咸通经幢、南山寺、文庙、陈元光墓、芝山红楼革命纪念地等。周围有明建仿宋古城赵家堡、明代铜山古城、清代军事城堡诒安堡、宋代石桥和云洞岩摩崖石刻等。

济南

战国时为历下城，自晋以来历为州、府、郡治所。市区有风景优美的大明湖和趵突泉、黑虎泉、珍珠泉、五龙潭四大泉群，泉水串流于小巷、民居之间，构成独特的泉城风貌。文物古迹有城子崖龙山文化遗址、孝堂山汉代郭氏石祠，隋代四门塔，唐代龙虎塔、九顶塔、灵岩寺，宋代塑像、千佛山、黄石崖等名胜古迹。

安阳

位于河南省北部，是商代的殷都，秦筑城，隋至清历为州、郡、路、府治所。市区西北部的“殷墟”出土有大量甲骨文、青铜器，其中有著名的“司母戊”大方鼎。旧城基本保持传统格局并有许多传统民居。文物古迹有文峰塔、高阁寺、小白塔等，城北有袁世凯陵墓，城西水冶镇有珍珠泉风景区。

南阳

位于河南省西南部，古称宛，战国时为楚国重邑，东汉称陪京，后历为府治。文物古迹有两千年前的冶铁遗址、战国时宛城遗址、汉代画像石刻，还有玄妙观、武侯祠、医圣祠、张仲景墓、张衡墓等。

商丘(县)

位于河南省东部，舜封契于商，契后裔汤在此建商国，北魏、南宋短时做过帝都，秦置睢阳县，自汉代以后历为郡、州、府治。现县城始建于明，称归德府，城池内方外园，城墙及城河、城堤保存较完整，城内棋盘式道路、四合院居民基本保持传统格局与风貌。文物古迹有阏伯台、三陵台、文庙、壮悔堂、清凉寺等，还有梁园、文雅台等遗址。

襄樊

位于湖北省北部，周属樊国，战国时为楚国要邑，三国时置郡，后历代多为州、郡、府治，襄阳城墙始建于汉，自唐至清多次修整，现基本完好，樊城保存有两座城门和部分城墙。文物古迹有邓城、鹿门寺、夫人城、隆中诸葛亮故居、多宝佛塔、绿影壁、米公（芾）祠、杜甫墓等。

潮州

位于广东省东部，是著名侨乡。古城始建于宋，现东门城楼及部分城墙保存完好。城内南门一带有很多明、清民居及祠宇，反映了潮州建筑的传统风貌。市区有开元寺、葫芦山摩崖石刻，宋代瓷窑遗址、凤凰塔、文庙、韩文公祠、涵碧楼等文物古迹。市区西南有以桑浦山为中心的名胜古迹区。传统的潮州音乐、戏曲及手工艺品对台湾、东南亚均有影响。

阆中

位于四川省北部，是古代巴蜀军事重镇，汉为巴郡，宋以后称阆中，历代多为州、郡、府治所，清兵初入川时曾为四川首府。古城内有许多会馆等古建筑，还保留着主要的历史街区，传统风貌保存较好。汉、唐为天文研究中心之一，现存唐代观星台遗址，文物古迹还有张飞庙、桓侯祠、巴巴寺、观音寺、白塔等，城东大佛山有唐代摩崖大佛及石刻题记。丝绸是著名的传统产品。

宜宾

位于四川省南部，金沙江、岷江交汇处，有“万里长江第一城”之称。曾为古西南夷僰侯国，汉为僰道，北宋始称宜宾，历为州、郡、府治所。文物古迹有翠屏山、流杯池、旧州塔、汉代墓葬、唐代花台寺、大佛沱石刻以及赵一曼纪念馆等。

自贡

位于四川省南部，生产井盐已有两千年历史，为著名“盐都”。现存南北朝时的大公井遗址，有的清代盐井至今仍在生产，杉木井架高达百米，蔚为壮观。自贡还以“恐龙之乡”著称，在大山铺出土大量恐龙化石，建有恐龙博物馆。此外还有西秦会馆、王爷庙、桓侯馆、镇南塔等文物古迹。

镇远

位于贵州省西部，汉设无阳县，宋置镇远州，后历为州、府、道治，是古代东南亚入京城的主要通道。㵲阳河穿城而过，北为府城，南为卫城，皆明代建，现保留有部分城墙。城内基本保持着传统风貌，四合院民居及沿河建筑富有地方特色。文物古迹有青龙洞古建筑群、四官殿、文笔塔、天后宫、谭家公馆、祝圣桥等。城西十六公里处有㵲阳河风景区。

丽江

位于云南省西北部，是纳西族聚居地，战国时属秦国蜀郡，南北朝时纳西族先民羌人迁此。南宋时建城，元至清初为纳西族土司府所在地，后为丽江府治。现老城区仍保存传统格局与风貌。具有浓郁的地方特色，新建民居亦就地取材，采用传统形式。文物古迹有木氏土司府邸、明代创建五凤楼、保存有纳西族古代壁画的大宝积宫琉璃殿、玉峰寺、普济寺，还有纳西族古代象形文字的“东巴经”、纳西古乐等。附近有玉龙雪山、长江第一湾、虎跳峡等风景名胜。

日喀则

位于西藏中南部，古称“年曲麦”，很早就是藏族聚居地，交通方便，环境优美，是后藏地区的政治、经济和文化中心。该地建城已有五百余年历史，十四世纪初，大司徒绛曲坚赞建立帕竹王朝，得到元、明中央政府的支持，当时日喀则为十三个大宗溪（行政机构名称）之一。噶玛王朝时期，西藏首府设此。现基本保存藏式传统建筑风貌。有西藏三大宗之一扎什伦布寺，雄伟壮丽，为历世班禅驻锡之地。城东南有珍贵的宋、元建筑夏鲁寺等。

韩城

位于陕西省东部，西周时为韩侯封地，春秋称韩源，秦、汉为夏阳县，隋代称韩城县。旧城内保存大量具有传统风貌的街道及四合院民居，还有文庙、城隍庙等古建筑群，城郊有旧石器洞穴遗址、战国魏长城、司马迁祠墓、汉墓群、法王庙、普照寺、金代砖塔等名胜古迹。

榆林

位于陕西省北部，古长城边，著名的沙漠城市，是古代军事重镇和蒙汉贸易交往地。古城建于明代，现城墙大部分尚存，城内古建筑很多，有新明楼、万佛楼、戴兴寺、关岳庙以及牌坊等。城北有古长城、镇北台、易马城、红石峡雄山寺，还有凌霄塔、青云寺、永济桥等。榆林传统手工业发达，民间音乐“榆林小曲”脍炙人口。

武威

位于甘肃省中部，古称凉州，六朝时的前凉、后凉、南凉、北凉，唐初的大凉都曾在此建都，以后历为郡、州、府治。是古代中原与西域经济、文化交流的重镇，是“丝绸之路”的要隘，一度曾为北方的佛教中心。著名的凉州词、曲，西凉乐，西凉伎都在这里形成和发展。文物古迹有皇娘娘台新石器文化遗址，唐大云寺铜钟、海藏寺、罗什塔、文庙、钟楼、雷台观及碑刻等。雷台汉墓出土的铜奔马为国家文物珍品。

张掖

张掖位于甘肃河西走廊的中部，水草丰茂，物产富饶，因有“金张掖”之称。自汉武帝元鼎六年（公元前111年）开设河西四郡以来，张掖一直为通往西域欧亚各国的“丝绸之路”的重要城市。现存的文物古迹丰富，有大佛寺、木塔、西来寺、鼓楼、大土塔、黑水国汉墓群等。大佛寺内的大卧佛身长34.5米，为全国最大的卧佛。市内还保存有不少明、清时期的民居，具有明显的地方特点。

敦煌

位于甘肃省西部，周以前为戎地，秦为大月氏地，汉武帝时设置敦煌郡，为古代“丝绸之路”上的重镇，自宋至清雍正年间称沙州。乾隆年间改名敦煌县。文物古迹有莫高窟千佛洞，是中外闻名的艺术宝库；城南月牙泉，在茫茫沙漠中水泉澄碧，有“沙漠第一泉”之称。还有敦煌古域遗址和白马塔、古阳关遗址、汉代烽燧遗址、玉门关等。县境内有汉代长城遗址三百华里、烽火台七十余座，还有寿昌城、河仓城等古城遗址。

银川

秦为北地郡所辖，南北朝时屯田建北典农城。自古引黄灌溉，有“塞上江南”之称。现银川旧城为唐始建，新城前身为清代建的满城。西夏时名兴州，在此建都达一百九十年。保存有承天寺塔、拜寺口双塔、西夏王陵等。其它文物古迹还有海宝塔、玉皇阁、鼓楼、南门楼、清真寺以及阿文古兰经、古代岩画等。

喀什

位于新疆西部，古称疏勒、喀什噶尔，汉为疏勒属国都城，自汉至清均为历代中央政府管辖，是古代“丝绸之路”的重镇。文物古迹有艾提尕尔清真寺、阿巴克和卓陵墓、经教学院、艾日斯拉罕陵墓、斯坎德尔陵墓、玉素甫·哈斯·哈吉甫麻扎儿及佛教石窟三仙洞等。喀什是维吾尔族聚居地，街道、民居、集市以及音乐、舞蹈、手工艺品都有浓郁的民族特色。

第一批全国重点烈士纪念建筑物保护单位

（国务院1986年10月15日批准，民政部10月28日公布）

1　**李大钊烈士陵园**　1982年修建　北京市海淀区

2　**晋冀鲁豫烈士陵园**　1946年修建　河北省邯郸市

3　**华北军区烈士陵园**　1954年修建　河北省石家庄市

4　**狼牙山五勇士纪念塔**　1942年修建　河北省易县

5　**董存瑞烈士陵园**　1955年修建　河北省隆化县

6　**太行太岳烈士陵园**　1952年修建　山西省长治市

7　**刘胡兰纪念馆**　1956年修建　山西省文水县

8　**辽沈战役烈士陵园**　1955年修建　辽宁省锦州市

9　**抗美援朝烈士陵园**　1951年修建　辽宁省沈阳市

10　**雷锋纪念馆**　1964年修建　辽宁省抚顺市

11　**杨靖宇烈士陵园**　1958年修建　吉林省通化市

12　**饶河抗日游击队纪念碑**　1986年修建　黑龙江省饶河县

13　**哈尔滨烈士陵园**　1948年修建　黑龙江省哈尔滨市

14　**淮海战役烈士纪念塔**　1965年修建　江苏省徐州市

15　**瞿秋白烈士纪念碑**　1952年修建　福建省长汀县

16　**红军烈士纪念塔**　1933年修建　江西省瑞金县

17　**井冈山革命烈士纪念塔**　1950年修建　江西省井冈山市

18　**江西省革命烈士纪念堂**　1953年修建　江西省南昌市

19　**方志敏烈士墓**　1962年修建　江西省南昌市

20　**华东革命烈士陵园**　1949年修建　山东省临沂市

21　**竹沟革命烈士陵园**　1958年修建　河南省确山县

22　**湘鄂西苏区革命烈士陵园**　19[illegible]8年修建　湖北省洪湖县

23　**鄂豫边区革命烈士陵园**　1979年修建　湖北省大悟县

24　**广州起义烈士陵园**　1958年修建　广东省广州市

25　**广西壮族自治区烈士陵园**　1974年修建　广西南宁市

26　**东兰烈士陵园**　1956年修建　广西东兰县

27　**自贡市烈士陵园**　1984年修建　四川省自贡市

28　**张自忠烈士陵园**　1942年修建　四川省重庆市

29　**遵义红军烈士陵园**　1958年修建　贵州省遵义市

30　**“四八”烈士陵园**　1957年修建　陕西省延安市

31　**刘志丹烈士陵园**　1943年修建　陕西省志丹县

32　**乌鲁木齐烈士陵园**　1956年修建　新疆乌鲁木齐市

中国建筑年鉴

9

图书 报刊 论文选目

图 书 选 目

营造法原（第二版） 姚承祖原著 张至刚增编 刘敦桢校阅 中国建筑工业出版社 1986年8月出版

本书是记述我国江南地区传统建筑做法的专著。全书十六章，按各部做法系统地阐述了江南传统的型制、构造、配料、工限等内容，兼及江南园林建筑的布局和构造。书中附有照片170余帧，图版51幅。

梁思成文集（三） 梁思成著 清华大学建筑系编 中国建筑工业出版社 1985年3月出版

本书收入梁先生生前两部专著：《中国建筑史》及《中国雕塑史》，均系未刊稿，也是当时国内学术界采用断代方法介绍中国建筑史和雕塑史的第一部学术著作。其中梁先生首次提出的有关历朝建筑和雕塑特征的论述以及不少十分珍贵精美的插图和照片，均受到国内外的重视。

梁思成文集（四） 清华大学建筑系编 中国建筑工业出版社 1986年9月出版

本卷是《梁思成文集》最后一卷，收集了我国著名建筑学家梁思成先生1950年至1964年间撰写的文章共37篇。内容有对首都规划的建议；学术论文；古建调查及研究报告；建筑科普性文章；古建设计方案介绍等，并附插图及照片约150余幅。

华夏意匠——中国古典建筑设计原理分析 李允钚著 中国建筑工业出版社 1985年4月出版

这是一本以现代科技的观点和建筑艺术语言来对中国传统建筑进行全面阐述和分析的理论著作。全书的重点在于总结中国古典建筑的设计原理和法则，并且指出它们和现代建筑之间的关系。

本书的特点是取材广泛，并且论及所有中外古今的有关著述和论点，作者对各种问题都明确地提出自己的见解。内容丰富，知识性、学术性强。

建筑十书 〔古罗马〕 维特鲁威著 高履泰译 中国建筑工业出版社 1986年6月出版

本书是古罗马帝国时代维特鲁威向罗马皇帝奥古斯都呈献的一部建筑百科全书。内容包括建筑工程和市政建设的规划、设计、材料、营造的各个方面，对建筑理论、建筑艺术、建筑经济、建筑教育等都有论述。在西方的古代历史上曾享有盛名。这部书在两千年里有过多种版本，各种文本，本书是依据一九四三年日译本译出，参照了一九三三年伦敦出版的葛兰英译本。

吉林民居 张驭寰著 中国建筑工业出版社 1985年9月出版

本书介绍了吉林省境内满族、汉族、朝鲜族、蒙古族城乡居民的传统住宅建筑。分别对其分布情况、总体布局、房屋建筑、结构构造、装修细部、施工材料等的传统做法进行了分析。附有插图及照片260余幅。

云南民居 云南省设计院《云南民居》编写组 中国建筑工业出版社 1986年6月出版

本书介绍了云南省白族、纳西族、傣族、彝族、景颇族、崩龙族、哈尼族、佤族、拉祜族等少数民族的村寨布局、院落组织、民居建筑的传统和特点。叙述中密切联系各民族的发展历史、宗教信仰、风俗习惯及聚居地区的自然条件进行了分析。书中附有大量测绘图及照片。

古建筑游览指南（第二版） 《建筑师》编辑部编 杨永生主编 中国建筑工业出版社 1986年12月出版

分布在我国各地的许多古代建筑，是中华民族悠久历史的见证和古老文化的遗产，至今仍放射着光彩，为世人所瞩目。为帮助广大读者对我国古代建筑有一个概括的了解，特编辑了本书，于1981年分三册出版。现根据读者意见和要求，又在原版的基础上进行了修订，使其中介绍的古建筑共达517项，并重新编排，合订成一册。

外部空间设计（建筑师丛书）〔日〕芦原义信著 尹培桐译 中国建筑工业出版社 1985年3月出版

本书是日本著名建筑师芦原义信的名著。作者在该书中通过对比、分析意大利和日本建筑的外部空间，提出了积极空间、消极空间、加法空间、减法空间等饶有兴味的概念；并结合建筑实例，对庭园、广场等外部空间的设计提出了一些独到的见解。

建筑空间论——如何品评建筑（建筑师丛书）〔意〕布鲁诺·赛维著 张似赞译 中国建筑工业出版社 1985年3月出版

该书为意大利有机建筑学派理论家赛维的建筑理论名著。作者在书中评击了用绘画和雕塑等造型艺术的评价方法来品评建筑的现象，强调了空间是建筑的主角，运用"时间——空间"观念去观察全部建筑历史。该书在国外已被译成十余种文字出版，并被列为许多国家建筑学课程的基本教材。

明式家具研究 杨耀著 中国建筑工业出版社 1986年5月出版

本书选编了我国著名明式家具研究学者杨耀教授有关明式家具研究论文五篇，包括：我国古代家具简况；明代室内装饰和家具，明代家具艺术；明代家具的艺术地位和风格以及明代家具线脚。由陈增弼同志整理。书后并附录四十余幅明代家具测绘图（重绘稿）和二十余幅实物照片，为研究明代家具设计提供了宝贵的资料。

台湾建筑师论丛 高杨选编 中国建筑工业出版社 1986年6月出版

本书选编了12篇台湾建筑师的论文和学术座谈记录。通过本书，我们可以从各个侧面了解台湾建筑界的动向。本书文章选自台湾《建筑师》杂志。

现代建筑语言（建筑师丛书）〔意〕布鲁诺·赛维著 席云平、王虹译 中国建筑工业出版社 1986年3月出版

本书是意大利著名建筑史教授布鲁诺·赛维的名著之一。作者在该书中通过归纳现代建筑大师创造的一系列建筑语言，提出了一套新的语言体系。并在对建筑历史的论述中，证明现代建筑语言是一个同所有具有创造性的建筑进行交流的真正方法。

后现代建筑语言（建筑师丛书）〔英〕查尔斯·詹克斯著 李大夏摘译 中国建筑工业出版社 1936年3月出版

本书是英国著名建筑评论家查尔斯·詹克斯的名著之一。这部著作被许多人称作是一本对"现代建筑"的宣战书，具有广泛的影响。作者在批评"现代建筑"的同时，系统地阐述了后现代建筑的理论和手法。尽管该文的许多观点尚有争论之处，但不失为读者了解后现代建筑的重要依据。

古代希腊建筑艺术 罗静兰编写 商务印书馆 1985年6月出版

希腊古典建筑艺术是人类文化宝库中的明珠。本书就希腊古典建筑艺术的产生、各种建筑艺术成就及其后来的影响作了较生动的介绍。

中国伊斯兰教建筑 刘致平著 新疆人民出版社 1985年8月出版

中国古代建筑技术史 中国科学院自然科学史研究所主编 科学出版社 1985年10月出版

本书对我国古代建筑工程技术的发展作了阐述，还对建筑工程做法、技术经验和成就进行了整理和总结。

中国古代建筑 腾明道编写 中国青年出版社 1985年10月出版

清式大木作操作工艺（中国古代建筑研究丛书）井庆生著 文物出版社 1985年11月出版

近百年西方建筑史 童寯著 南京工学院出版社 1986年2月出版

本书主要论述了十九世纪社会与建筑；新建筑萌芽；十九世纪末到第一次世界大战，第二次世界大战前后新建筑在北美、拉美及欧洲。并阐述了新建筑的发展方向和趋势。

现代建筑艺术 谭秉生 蒋厚本编著 湖南教育出版社 1986年4月出版

本书展示了现代化世界建筑的风貌，五花八门的造型，异彩纷呈的材料，新颖奇特的营造法等。

舞台表演建筑（国外建筑实例图集）高宝真 金东霖等选编 中国建筑工业出版社 1986年9月出版

本书介绍了世界各国近二十五年来在剧场、音乐厅、多功能厅建设方面的成果，足臻我国建

筑工作者参考。其中还注意介绍了在我国当前较少采用，而在今后发展中可以借鉴的一些类型。全书选录了20个国家的84个实例，大多数实例有文字说明、平、立、剖面图及内外景照片，共计附图486幅，照片398帧。

电信建筑设计 魏挹澧等著 中国建筑工业出版社 1985年7月出版

本书系统地介绍了国内外各种类型电信建筑的总体环境设计、机房设计及该类建筑对室内外环境的要求等。全书共四章，在书的后部附有不同类型的电信建筑实例。

园林建筑设计 华南工学院建筑系 杜汝俭 李恩山 刘管平主编 中国建筑工业出版社 1986年5月出版

本书对解放以来，我国各地的园林建筑及近年来大量兴建的公共建筑所属庭院等的设计基本理论与方法，作了扼要介绍及评述。全书共分五章：中外园林发展概述；园林建筑设计方法与技巧；建筑庭园设计；园林建筑个体设计；园林建筑小品等。还就有关民族传统、地方特色、新技艺影响及创新等问题作了探讨。书后附有九个实例。本书插图700多幅，所列资料遍及二十余城市。内容比较全面、系统和实用。

电影院建筑设计 周人忠主编 中国建筑工业出版社 1986年3月出版

本书在总结我国电影院建筑设计实践经验的基础上，对有关电影院建筑设计的各项理论问题和技术问题作了比较系统的论述。

本书共分五章：电影院基地的选择与总平面、观众厅设计、其他用房设计、电影院建筑的组合方法、电影院的改建等。在一些专题性问题的阐述中还涉及了国外电影院建筑设计的经验及实例。书后附有十三个不同类型的电影院建筑实例。

洁净技术与建筑设计 电子工业部第十设计研究院 符济湘 俞渭雄 中国建筑工业出版社 1986年5月出版

本书是洁净室建筑设计专业技术读物，是以洁净技术为中心，采取专题论述的方式，扼要介绍了污染和净化的基本理论、污染对生产的危害、洁净室标准等，也分析了若干典型生产洁净室的特征；系统探讨了洁净室建筑设计问题；阐述了建筑设计专业与有关专业的综合协调关系等。适用于整体或局部洁净室的新建和改建设计参考。

法国工业化住宅设计与实践 娄述渝 林夏编译 中国建筑工业出版社 1986年12月出版

法国是最早在工业化住宅设计和标准化方面进行了大量研究和探索的国家之一。本书对法国近30年来的工业化住宅设计作了全面的介绍。内容有：住宅成片建设的教训；对改造工程的分析；当代建筑发展的趋势；工业化住宅标准化发展的不同阶段；对住宅设计创新的分析；介绍了法国目前最有代表性的十个建筑师及其作品。

钢筋混凝土装配式建筑 〔匈〕L.莫克等著 傅信祁等译 中国建筑工业出版社 1985年2月出版

本书共分两篇。第一篇为理论部分，对装配式钢筋混凝土构件的设计原理、构造方法、预制工艺、安装、运输等均作了较详细的阐述。第二篇为国际实例部分，选自欧美几个国家已建成的代表性的上述各类建筑，介绍其钢筋混凝土装配式构件的构造设计、制作和安装。

建筑防爆设计（建筑设计基本知识丛书） 上海医院设计院 曾清樵编著 中国建筑工业出版社 1986年9月出版

本书阐述建筑设计应采取的排除发生爆炸条件、排除引起爆炸的火源，以及减轻爆炸事故危害等措施。对建筑防爆构造有专门一章来论述。工厂、仓库防爆建筑设计实例也列为一章。第二版内容作了某些补充和修改，并增加高压化学反应室防爆设计一节。

建筑物防雷设计（第二版）（建筑设计基本知识丛书） 王时煦等著 中国建筑工业出版社 1985年11月出版

本书是编者经过一系列的雷害调查、实验室模拟试验，并总结了北京地区一些工程的建筑物防雷设计经验后编写的。

本书介绍了雷电活动规律的一些基本概念；对接闪器、引下线、接地装置及防止沿架空线引来雷电波的具体措施和解决方法也作了适当的介绍。

房屋构造设计（建筑设计基本知识丛书） 湖南大学陈文琪 杨新民 龙韬编著 中国建筑工业出版社 1985年1月出版

本书主要阐述多层民用房屋和单层厂房构造设计的基本原理及介绍一些常用的国内外的先进构造做法。书中还对建筑中共同性的构造设计问题作了专题阐述。此外，还对一些大跨度空间结构和新材料的应用作了介绍。

高层建筑防火 章孝思著 中国建筑工业出版社 1985年2月出版

本书对国内外高层建筑概况、火灾特点及火灾实例；总体布局和平面布置中的防火及安全疏散；烟气的危害性及防、排烟设计；高层建筑的主要构件及其它构件的耐火构造设计；报警系统、灭火设备及国外高层建筑防火设计实例等方面作了较详细的分析和阐述。内容密切结合我国实际情况和已颁发的《高层民用建筑设计防火规范》。

室内设计论丛 王荣寿 黄德龄主编 中国建筑工业出版社 1985年7月出版

本书是我国首次出版的关于室内环境设计的图书，内容涉及室内设计的基本理论、设计技巧、空间组织、色彩、家具、装修、壁画、照明，以及许多实践经验的总结，包括：旅游宾馆、住宅、图书馆等室内设计的实例分析和介绍。本书还收入1983年“室内设计成果及新产品展览会”上展出的图版57幅。

建筑实录 北京市建筑设计院 中国建筑西北设计院编 中国建筑工业出版社 1985年7月出版

本书选编了国内二十余个设计院近几年建成的优秀建筑实例180个。按旅馆、住宅、办公、科教、体育、文娱、医院、博览、交通、商业、工业建筑等分类汇编成册。每个实例都有照片、平面及简要的文字说明。编入的工程在设计构思、平面布局、立面处理以及空间组织等方面各具特色。

建筑画环境表现与技法 钟训正著 中国建筑工业出版社 1985年8月出版

绘制建筑画是建筑师必须掌握的基本技能之一。本书用大量图例，配以简要的文字说明，介绍了用钢笔绘制建筑画应注意的要点和基本技法，提供了数量众多的建筑环境表现范例。最后还辑有65幅摹自国外书刊的较优秀或典型的钢笔建筑画实例。

公共建筑图集 《公共建筑图集》编写组编 中国建筑工业出版社 1986年5月出版

本书是《中小型民用建筑图集》的姐妹篇。全书收有中型公共建筑实例75个，包括体育建筑、图书馆、博览建筑、影剧院、交通建筑及其他类型建筑（餐馆、商店、银行等）六大类。每个实例有平、立、剖面图，有的还有总图、照片和局部大样。这些实例实用、朴实，在形式上也有所创新，反映了近十年来我国公共建筑的新面貌。

城市雕塑设计 白佐民等编著 天津科技出版社 1985年2月出版

本书包括城市雕塑的特征与类型，选题，选址，构想手法，视觉特征，基座与总平面设计，材料结构，照明方式，避雷设计等。

现代建筑室内设计 龚德顺等编著 天津科技出版社 1985年2月出版

农村房屋建筑（上、下册） 黎钟 张以中 徐竞达等编著 解放军出版社 1985年2月出版

本书介绍村镇房屋建筑设计和识图的基本知识，以及房屋主要构件的作用和构造方法，建筑施工的基本知识等。

室内装潢技巧 范能华 陈春舫编著 上海科技出版社 1985年5月出版

本书介绍室内装潢的知识与基本技术，书末还附有室内装潢费用比较情况及装潢实例。

高层建筑结构设计 包世华 方鄂华主编 清华大学出版社 1985年7月出版

建筑基本知识与识图 袁齐家编写 吉林科技出版社 1985年7月出版

本书包括建筑概述、建筑图基本原理及实际工程的建筑施工图、结构施工图和建筑设备施工图。

现代形式构图原理——造型形式美基础 史春珊著 黑龙江科技出版社 1985年7月出版

本书是研究现代造型形式美基础理论与技法的专著。

乡镇房屋抗震设计 山东省城乡建设委员会抗震办公室编 山东科技出版社 1985年9月出版

本书介绍房屋建筑抗震基础知识，包括地震的基本概念，场地及地基选择，地震荷载的计算，各种房屋的抗震设计和加固的原理。

当今住和行 冷兆和编著 江苏科技出版社 1985年9月出版

本书介绍现代建筑的各种新颖的设计构想、

国内外各种建筑材料的巧妙应用和天桥、立交桥、高速公路、地铁的特色以及未来城市建设的图景等。

建筑阴影与透视 谢培青主编 黑龙江科技出版社 1985年9月出版

本书叙述阴影透视的基本原理和基本作图法。

中国传统民居百题 荆其敏编著 天津科技出版社 1985年10月出版

本书列出一百例，讲述了中国传统民居设计的布局手法。

视觉与视觉环境 杨公侠编著 同济大学出版社 1985年11月出版

本书从视觉生理学、心理学、人类工效学及照明工程等多种角度探讨了视觉环境设计问题。

室内设计 霍维国编写 西安交通大学出版社 1985年11月出版

本书介绍了室内设计的任务、内容、流派、总则和空间知识，以及家具、陈设、照明、装修、壁画、色彩、绿化与小品的设计原则和要点。

农村住宅设计与施工 朱保良等编著 同济大学出版社 1985年11月出版

本书介绍农村住宅平面、立面、剖面设计，结构构件和建筑配件选用，建筑构造处理，以及内外装修、备料、估算、选择宅基等。

现代高层住宅图集 屈浩然等编绘 天津科技出版社 1985年11月出版

中小型公共图书馆建筑设计方案图集 南京工学院建筑系编 书目文献出版社 1986年1月出版

本书介绍四十四个新建图书馆实例及文字分析，叙述十九个不同规模图书馆的新设计方案。

香港建筑室内设计 薛光弼编著 天津科技出版社 1986年2月出版

建筑与水景 厦兰西 王乃弓编著 天津科技出版社 1986年2月出版

围墙集锦 《城市管理》杂志编辑部编 中国科技出版社 1986年2月出版

本书荟集180个天津市综合整修和改建围墙的实例。

工程结构优化基础 刘烈全编著 华中工学院出版社 1985年3月出版

居住区儿童游戏场的规划与设计 方咸孚等著 天津科技出版社 1986年4月出版

本书论述在居住区儿童游戏场的布置和设计，包括场址选择、布局手法、器械选择、绿化配置等问题。

单层工业厂房结构设计 罗福午等编 清华大学出版社 1986年6月出版

农村房屋建筑 庞万泽 王绍德编著 黑龙江科技出版社 1986年6月出版

本书介绍有关农村住宅房屋设计和施工等方面的知识，包括房屋图纸设计，工料及资金计算，房屋的施工以及钢筋混凝土预制构件的简易生产方法。

外国室内装饰与家具图集 北京图书馆文献信息服务中心编 书目文献出版社 1986年8月出版

本书选编外国不同风格的室内装饰和家具设计实例。

现代建筑的结构构思与设计技巧 布正伟著 天津科技出版社 1986年9月出版

本书研讨了现代建筑的构思意义、原理、思路、手法及其想象力与意图表达等内容。

建筑庭院空间 张敕编著 天津科技出版社 1986年9月出版

本书介绍建筑庭院空间的理论和实践问题。

现代建筑画选——美国钢笔建筑表现图 天津大学建筑系资料室主编 天津科技出版社 1986年9月出版

本书选辑了近二百幅在国际上有影响的城市规划和建筑设计方案的表现图。

图书馆建筑 鲍家声主编 书目文献出版社 1986年9月出版

本书论述了图书馆建筑规划和设计要求、原则、方法和将来的趋势，并提供了图表和实例。

住宅与美化 王永发编著 黑龙江科技出版社 1986年10月出版

本书论述住宅的平面选择、立面构图、室内布置、家庭陈设、房间装修、人工气候、住宅绿化等。

住宅建筑构造破坏预防100例 文竹编译 黑龙江科技出版社 1986年12月出版

本书选择100个破坏实例，重点介绍平屋顶、墙体和阳台的易受破坏部位、破坏的表现形式，提出预防措施以及设计与施工要点。

城市和区域规划 〔英〕P.霍尔著 邹德慈 金经元译 中国建筑工业出版社 1985年5月出版

本书按历史顺序系统地介绍了英国城市和区域规划的理论和实践的演变过程；并介绍了自产业革命以来，西方城市规划思想的产生和发展，美国和西欧各国的城市和区域规划概况，以及现代规划理论的发展趋势。

如何实施新城市总体规划 〔苏〕N.M.斯莫利亚尔主编 杨葆亭 张叔君译 中国建筑工业出版社1984年9月出版

本书在重点调查苏联12个新城市的基础上，论述了如何实施新城市总体规划问题。书中列举了有关实例的调查数据和分析图表；阐明了新城市总体规划实施中一系列重要问题，如新城市总体规划的修订原因，新城市总体规划在人口、用地、第一期建设、规划结构和建筑布局方面的实施经验等；提出了有关改进城市规划设计和城市建设方案审批与实施管理方面的建设性意见。

居住区规划设计 《居住区详细规划》课题研究组编 中国建筑工业出版社 1985年9月出版

本书系中国城市规划设计研究院与16个协作单位组成的《居住区详细规划》课题研究组在23个专题研究报告基础上综合、缩编而成的。

本书包括八部分，内容为居民活动分析与居住组团的改进，居民生活组织与商业服务设施，居住区规划多样化，居住区绿地的规划设计，居住区综合造价分析，居住区合理节约用地的途径，综合居住区规划和建设，以及居住环境质量评价方法及其运用等。本书附有大量插图。

小城市总体规划 同济大学城市规划教研室编 中国建筑工业出版社 1986年8月出版

本书介绍二十万人口以下小城市总体规划的特点、原则、依据与方法；分项阐述城市性质和规模，用地总体布局，道路交通规划，给、排水和供电规划，环境评价，近期建设规划，不同类型的小城市总体规划布局的特点，总体规划的实施等，并附录小城市总体规划实例——福建省龙海县石码镇规划。

考工记营国制度研究 贺业矩著 中国建筑工业出版社 1985年3月出版

本书是一部研究中国古代城市规划制度的学术著作。内容包括营国制度简介及其产生的历史背景，营国制度的王城、宫城、庙社、市里及道路规划，营国制度传统的发展等。通过本书，可对我国古代城市规划体系的内容和基本特征、形成和发展，有一个较全面的认识。

中国古代城市规划史论丛 贺业矩著 中国建筑工业出版社 1986年9月出版

本书包括六篇学术论文。它们是《关于我国古代城市规划体系之形成及其传统发展的若干问题》、《鲁都规划与营国制度》、《春秋战国之际城市规划初探——兼论前期封建社会城市规划制度》、《北魏洛都规划分析——兼论中期封建社会城市规划制度》、《唐宋市场规划制度演变》、《南宋临安城市规划研究——兼论后期封建社会城市规划制度》。按照我国古代城市规划中的发展进程编辑，对具有划历史阶段意义的、代表性的若干历史名城规划作了较详细的分析，不仅可以了解各个历史阶段的城市规划体系传统的发展，还可以从革新传统的历史经验中得到启示。

城市：它的发展、衰败与未来 〔美〕伊利尔·沙里宁著 顾启源译 中国建筑工业出版社 1986年4月出版

本书是著名美国建筑师伊利尔·沙里宁编写的脍炙人口的名著，出版于1943年，是论述城市的经典著作。作者从建筑的角度出发，回顾了过去城镇发展的历史，分析了目前城镇建设中存在的各种问题，并结合具体实例，提出了今后改进城镇规划和城镇设计中应遵循的正确原则。

现代城市建设 〔波〕W.奥斯特罗夫基著 冯文炯 陶吴馨 刘德明译 中国建筑工业出版社 1986年7月出版

本书内容主要以欧洲国家为例，探讨城市建设在历史发展中所面临的一些重要问题，阐述和评析了霍华德、索里亚、西特、艾纳尔、戛涅、柯布西埃等人的都市主义观念。书中介绍的主要是人口分布、城镇集团规划、居住区和居住小区规划、城市和城郊地区绿化、城市交通运输及城市古建筑保护等方面的问题。

城市建设经济学 〔苏〕 A.П.鲍里索夫 Э.Я.布列斯 H.T.列乌诺娃著 周惠珍 刘树云译 沈彩文校 中国建筑工业出版社 1986年12月出版

本书系统地论述了城市建设理论和城市建设方案论证的经济问题。主要内容包括：城市建设设计工作在国民经济体系中的作用、地位和协调关系，城市建设方案的经济效益计算，区域规划、城市总体规划、城市详细规划和修建设计方案的经济论证，以及城市改建和发展用地的综合经济论证。此外，还介绍了经济数学方法和电子计算机在城市建设优化设计中的应用。

城市硬质景观设计 〔英〕 M.盖奇 M.温登伯格著张仲一译 中国建筑工业出版社 1985年3月出版

城市硬质景观（hard landscape）是从国外引进的一个新词汇，它是相对于由植物形成的软质景观而言，其内容包括了除绿化和建筑物以外的、城市中一切有形物体。

本书由两部分组成：第一部分，从功能和审美上阐述各种硬质景观的设计要点和方法；第二部分，介绍了18种用混凝土制作硬质景观的详细设计、施工、操作的资料。

城市规划经济工作（城市规划知识小丛书之十九） 赵瑾等编 中国建筑工业出版社 1986年6月出版

本书主要介绍城市总体规划阶段经济工作的任务、作用、内容及方法。本书共分九章，分别对城市性质的确定、城市规划的经济依据、技术经济指标的运用、城市人口推算、城市用地的计算、规划方案的技术经济论证、城市建设造价估算等作了简要的介绍。

公园规划与建筑图集 同济大学建筑系园林教研室著 中国建筑工业出版社 1986年10月出版

本图集收入的各类城市公园实例共50个，都是经过作者实地调查、分析、摄影、绘图，汇集而成。作者对每个实例的总体规划、建筑布局和设计、植物配置等提出了分析和评价意见。本书共有各类图和照片500余幅。

中国古典园林分析 彭一刚 中国建筑工业出版社 1986年12月出版

本书在概括介绍中国古典园林历史发展的基础上，着重强调中国造园艺术的基本特点在于“艺术地再现自然”。书中还用大量篇幅系统而全面地分析了中国传统造园艺术的技巧和手法，并就南、北园林艺术风格的变化作了比较。除附有照片外还配置了大量插图及分析图。

环境心理学 〔日〕相马一郎 佐古顺彦著 周畅 李曼曼译 中国建筑工业出版社 1986年12月出版

本书从理论和实践两个方面介绍了环境心理学的研究方法、环境与人类的关系、高密度居住空间对人的影响等问题。书中不仅有定性的理论分析，还通过大量统计数据和图照阐述了人们对今天环境的评价。

杜鹃花 沈渊如 沈荫椿著 中国建筑工业出版社 1985年9月出版

本书对杜鹃花的历史、生态习性和分布、繁殖方法、栽培管理等作了详细的介绍，书后附有杜鹃花主要品种览目表和彩图96幅。

热带鱼 袁永江 戴定远 赖明程 李连仲著 中国建筑工业出版社 1985年7月出版

本书重点阐述热带鱼的饲养方法，对热带鱼的环境要求、饲养饵料、管理和繁殖技术等都作了简明扼要的介绍，特别是对鱼病的防治有较详细的叙述。本书对热带鱼的饲养历史、热带鱼的形态和种类也作了概括的介绍，并附有彩色图54幅。

大丽花 姚梅国 池玉文编著 陈俊愉审校 中国建筑工业出版社 1986年10月出版

本书是作者对大丽花长期研究、实践的总结，对大丽花的历史、形态、习性、栽培、繁殖、管理等均作了全面而简要的阐述。书中介绍了68个优良品种，并列出大丽花品种名录335种，附彩色图100幅。

避暑山庄园林艺术 孟兆祯编 紫禁城出版社 1985年4月出版

本书从各个方面探索和分析了营建避暑山庄的至理和手法，阐述了山庄建设的特点。

说园（汉英对照） 陈从周著 同济大学出版社 1985年5月出版

本书论述造园理论、立意、组景、动观、静观、叠山理水和建筑栽植等。

城市规划与古建筑保护 李雄飞编著 天津科技出版社 1985年8月出版

本书列举国内外城市环境设计中保护古建筑

实例，介绍各种行之有效的保护方式和设计手法。

中国新园林 中国城市规划设计研究院主编 中国林业出版社 1985年9月出版

本书反映了三十多年来的园林绿化建设成就，内容均为新中国成立后新建和改建的公园绿地，计39个。

现代海港城市规划 科研成果汇编组编 黑龙江人民出版社 1985年10月出版

本书介绍港址选择、港区布局和岸线规划的原则和方法，论证港城工业的合理结构、港口与城市协调发展的条件和港城总体布局，指出不同类型的海港城市的发展趋势。

城市基础设施 本课题组编 北京燕山出版社 1986年3月出版

本书是北京城市基础设施建设与管理专题调查研究的成果汇编。

区域规划系统工程 王毓基主编 湖南大学出版社 1986年4月出版

本书介绍区域规划系统工程的基本原理和方法，精选十多个区域规划的案例与模型。

中国园林艺术 安怀起编 上海科技出版社 1986年4月出版

园林揽胜 许石丹编著 上海科技出版社 1986年5月出版

城市规划基础知识 周瑞涛 陶家旺编写 陕西科技出版社 1986年6月出版

本书介绍城市的性质和规模，城市用地评定，城市工业区规划，城市对外交通规划，城市生活居住用地规划，城市道路交通规划以及城市园林绿地系统规划和工程规划等。

城市规划 〔日〕秋山政敬著 孙继文译 华南工学院出版社 1986年7月出版

本书通过实例，对城市规划的理论作了阐述，同时对现代城市的发展方向及现实中存在的问题作了探讨，还对城市规划工作中的基本事项作了介绍。

城镇与工业布局的区域研究 中国科学院地理研究所主编 科学出版社 1986年11月出版

城市总体规划 宋家泰等编著 商务印书馆 1985年5月出版

岩土工程论文选集（英文版） 中国土木工程学会土力学及基础工程学会 中国建筑工业出版社 1985年5月出版

岩土工程 〔澳〕I.K.Lee W.White O.G.Ingles著 同济大学 俞调梅 叶书麟 曹名葆等译校 中国建筑工业出版社 1986年12月出版

本书系统地介绍土力学与基础工程在理论与实践方面的新发展。全书内容丰富，取材新颖，涉及到土的形成、分类和勘察，土的变异性，强度与变形，土体中的水流，沉降与固结，挡土结构物，边坡稳定，基础以及地基处理等。书中还有大量例题和习题，可增强读者的趣味性和启发性。

岩土工程测试技术 王钟琦 孙广忠 刘双光 朱小林 唐家洪 黄世铭编著 中国建筑工业出版社 1986年2月出版

本书系统地介绍了岩土工程测试技术的理论和方法，侧重于介绍工程实用的系统性成果和国内外新近的理论和测试技术，并加以评述。主要包括：土的物理性和渗透性、土的变形和强度、土的动力性状和室内测定方法、土的原位测试技术、原型试验和现场监测、岩体力学测试原理及方法、岩土工程试验设计等。

软土地基与地下工程 孙更生 郑大同主编 中国建筑工业出版社 1984年9月出版

本书介绍我国沿海软土地区的地基基础和地下工程的设计、施工经验，全书内容包括软土的流变性质、原位测试、地基承载力、沉降计算、地面沉降、地震反应分析、土的液化、基础振动、降水、地基加固、箱形基础、桩基础、沉井、地下连续墙、盾构隧道、沉管隧道、水下长距离顶管等。

湿陷性黄土地基 钱鸿缙等编 中国建筑工业出版社 1985年9月出版

本书较全面、系统地叙述了湿陷性黄土地区工业与民用建筑的设计与施工，是我国西北地区30多年来地基与基础工程的经验总结。本书分别叙述了黄土的成因、湿陷性黄土的基本性质、地基评价、建筑物的设计、地基处理、防水措施、结构措施以及建筑物的维护管理、地基湿陷事故的处理等。

第四届土力学及基础工程学术会议论文选集 中国土木工程学会编 中国建筑工业出版社 1986年10月出版

本论文选集选编了第四届土力学及基础工程学术会议的8篇综合报告及68篇论文。分为8类：一、勘探取样、现场试验及原位测试技术；二、室内试验和本构关系；三、高重建筑物地基与基础；四、土的动力性质；五、特殊土；六、近海岩土工程；七、挡土墙、边坡、堤坝；八、地基处理。这些内容大体上反映了最近几年来我国土力学与基础工程方面的主要成就。

深基础工程国际会议论文集 第一集 王锺琦 严人觉主编 中国建筑工业出版社 1986年9月出版

1986年9月在北京召开了深基础工程国际会议。本书据各国代表提交的论文选编成册，以英文版出书。

袖珍计算机上的抽水试验资料分析方法 （工程勘察新技术丛书） 季国强编著 中国建筑工业出版社 1985年7月出版

本书详尽地介绍了在袖珍计算机上分析非稳定流抽水试验资料的一种最优化方法——最佳拟合方法。全书共分四章包括：SHARP PC—1500袖珍计算机的主要性能和BASIC程序语言；最佳拟合方法的原理和在袖珍计算机上的实施过程以及有关的计算方法；最佳拟合方法在分析抽水试验中的应用，15种含水层条件下的应用程序，并附有演示实例，一组水文地质计算和一般科技计算中常用袖珍计算机程序等。

地下水运动与资源评价 陈雨孙著 中国建筑工业出版社 1986年7月出版

本书是著者近十年来关于地下水资源评价的科研成果汇总。内容涉及地下水资源评价的问题及计算方法，包括地下水运动和资源的概念、分类及其估算的基本原理，单井抽水降落漏斗与补给类型、强度的关系，补给量与开采量的关系，多隔层含水层抽水的降深分布和代数有限元法等。书中拥有数百个计算公式和算例，并有著者参加解决的许多城市和建设工程的地下水资源评价实例。

土力学及基础工程 殷永安编 中央广播电视大学出版社 1986年6月出版

本书介绍土的物理性质及工程分类，地基的应力和变形、土的抗剪强度和地基承载力、土压力和土坡稳定等土力学的主要概念和基本理论，工程地质勘察、浅基础的设计、桩基础、特殊土地基、地基处理及托换工程等基础工程设计原理。

加筋土挡墙 铁道部第四勘测设计院科研所编 人民交通出版社 1985年5月出版

地基与基础 张顺联编 水利电力出版社 1985年11月出版

土的冻胀与建筑物冻害防治 童长江 管枫年编著水利电力出版社 1985年4月

本书叙述土的冻结、冻胀及冻胀力规律及形成过程，并对影响冻胀及冻胀力的土质、水分、温度和外部荷载等因素进行了分析。

钢筋混凝土结构理论 清华大学工程结构教研组王传志等主编 中国建筑工业出版社 1985年3月出版

本书论述了钢筋和混凝土材料的物理力学性能，钢筋混凝土构件的抗压、抗弯、抗剪、抗扭性能和强度计算，钢筋与混凝土的粘结，钢筋混凝土结构的设计方法和安全度等。书中着重介绍了近几年来国内外在钢筋混凝土结构理论及试验研究方面的科研成果。

结构概念和体系——建筑师与结构工程师用 〔美〕林同炎 S.D.思多台斯伯利著 王传志等译 中国建筑工业出版社 1985年7月出版

本书阐述了结构设计方案中的基本力学概念，特别介绍了用整体概念来规划结构总体方案的方法。同时，还介绍了结构总体系和各分体系间的相互力学关系以及简化近似设计计算方法，对提高快速比较、选择设计方案的能力都大有裨益。

结构模型分析 〔联邦德国〕H.霍斯多尔夫著 徐忠 陈安息 曾盛奎译 中国建筑工业出版社 1986年1月出版

本书主要内容为：模型试验分析的目的和意义；相似力学原理及在建筑结构试验中的应用；模型试验的方法、材料和设备；以及电子计算机在模型分析中的应用。书末附有一些实际工程和模型的照片。

结构塑性极限分析 徐秉业 刘信声 编著 中国建筑工业出版社 1985年9月出版

本书介绍了结构塑性极限分析的基本原理，并以梁、刚架、板、壳等结构作为分析对象，给出了在极限状态下确定这些结构完全解的方法，不仅给出了不同结构在各种受载情况下极限荷载的表达形式，而且还给出了应力分布和破坏机构的具体形式。

结构分析 （经典方法和现代方法的综合） 奚毓堃 夏正潮 滕家禄译 中国建筑工业出版社 1986年9月出版

本书对结构分析中的经典方法和现代方法做了系统综合的介绍。两种方法的对照介绍，既有综合联系又各成系统。使不同情况的读者，既可对简易结构进行手算，又可学到运用计算机计算。本书主要内容有：结构分析的基本概念，静定结构分析、超静定结构分析以及现代矩阵方法等。

弹性结构力学 〔美〕 J.T.奥登 E.A.里帕格著 成文山 程翔云 周义武译校 中国建筑工业出版社 1986年11月出版

本书根据作者所著《弹性结构力学》一书的1981年第二版译出。全书共十章：绪论、结构性能、等截面杆的扭转、杆的压力及应力合力、梁中的剪应力和剪力流、弹性曲线、薄壁梁的弯曲与扭转、虚功原理、能量原理及板的弯曲等。每章附有许多算例和习题，便于读者自学。

钢结构与混凝土结构塑性设计法 〔英〕斯图亚特 S.J.莫易著 陈维纯 马宝华译 中国建筑工业出版社 1986年12月出版

本书简练地阐述了塑性设计的基本原理，并以大量例题演示了这种方法在钢结构和钢筋混凝土结构中的应用。

钢筋混凝土框架结构抗震设计 郭继武 倪吉昌编 中国建筑工业出版社 1986年5月出版

本书主要介绍钢筋混凝土框架及框架-剪力墙结构抗震设计。内容包括：框架及框-剪结构布置、地震荷载、框架及框-剪结构内力和侧移的计算、框架梁柱及剪力墙强度设计和计算，以及有关框架的抗震构造措施等。每章附有必要的例题和计算图表，最后附有完整的工程实例。

隔振设计手册 中国船舶工业总公司第九设计研究院等编 中国建筑工业出版社 1986年7月出版

本手册目的在于提供隔振设计所需的数据资料、设计计算方法和工程实例。全书内容包括隔振设计总的原则、精密仪器和设备的允许振动、动力设备的扰力、地面振动的衰减、积极隔振、消极隔振，以及隔振材料和减振器等七章。

板壳应力 〔美〕A.C.阿加雷著 范钦珊译 中国建筑工业出版社 1986年10月出版

本书专门论述板和壳的内力分析方法，共十三章。前九章是板的基本定义与分析，后四章研究壳体结构。各章后都有典型的例题和大量习题。书中还有非常实用的公式和图表。

应力应变公式 〔美〕 R.J.罗克 W.C.扬著 汪一麟 汪一骏译 中国建筑工业出版社 1985年8月出版

本书将各种构件的应力应变公式、论据和原理汇集一起成为一本手册性的参考书。

全书分三部分：一，对所用名词述语下定义；二，扼要阐述一般原理及分析方法；三，讨论各类构件在不同受力下的状态，并列出其应力、应变和强度计算公式，附有详细的计算例题，并提供大量参考文献。

概率统计及其在土建中的应用 杨有贵编著 中国建筑工业出版社 1986年10月出版

本书介绍了概率统计及其在土建方面的应用。内容由两部分组成，第一部分是概率论基础，第二部分是数理统计。每章都有大量土建方面的例题和习题，紧密结合专业实际。书中的一些繁琐计算附有微机运算程序。

异形楼梯内力计算 陈富生编著 中国建筑工业出版社 1986年10月出版

本书介绍各种异形楼梯的内力计算，以适应设计公共建筑的需要。所述及的楼梯类型有：Π形、U形、L形及V形等悬挑楼梯，以及局部有直线段梯板、中间有休息平台和纯圆弧形螺旋楼梯。书中附有各类楼梯的算例及分析结果，使设计人员对其受力特性有较清晰的理解。

给水排水工程结构设计手册 上海市政工程设计院等编 中国建筑工业出版社 1984年7月出版

本手册内容包括：给水排水工程结构设计的静力计算、圆形水池、矩形水池、水塔、取水头部及泵房、沉井、管道以及抗震设计等方面的有关设计计算资料。以图表公式为主，辅以相应的文字说明，并列有设计计算实例和部分结构内力分析的电算程序。

工程力学习题指导（下册）运动学与动力学 刘毅朴等编 中国建筑工业出版社 1984年9月出版

本书主要介绍工程力学的解题方法及其有关内容的理论要点，上册为静力学，中册为材料力学，下册为运动学与动力学。

本册为运动学与动力学。运动学包括：点的运动学、刚体的基本运动、点的复合运动、刚体平面运动与绕定点运动。动力学包括：牛顿定律、质点运动微分方程式及其积分、质点的振动、质系普遍定理、碰撞、达朗伯原理、虚位移原理、中心力、拉格朗日第二类方程、质点相对运动、单自由度及双自由度微振动等。

地震工程学原理 〔美〕N.M.纽马克 E.罗森布卢斯著 叶耀先 蓝倜恩 钮泽蓁等 中国建筑工业出版社 1986年10月出版

本书讲述了地震工程学所需结构动力学知识；介绍了地震地面运动和结构对地震的反应，以及材料和结构部件在地震作用下的性状，最后介绍抗震设计与修复加固以及抗震实验技术。书末附有大量参考文献。

空间结构论文选集 中国土木工程学会桥梁及结构工程学会空间结构委员会编 科学出版社 1985年2月出版

本书文章选自中国土木工程学会桥梁及结构工程学会第一届空间结构学术交流会所交流的论文。内容包括薄壳、折板、网架、网壳、悬索及充气结构的理论分析与工程实践等问题。

民房的结构计算与施工 黎景鸿编 广东科技出版社 1985年3月出版

抗震结构计算理论和方法 李桂青著 地震出版社 1985年3月出版

本书论述抗震结构计算理论和方法。

结构风压和风振计算 张相庭编著 同济大学出版社 1985年5月出版

本书叙述结构风压和风振计算的基本理论和分析方法。

结构优化设计方法 陶全心 李著璟编 清华大学出版社 1985年9月出版

全书叙述结构优化设计的基本概念及各种结构优化设计实例和特点。

部分预应力混凝土结构设计建议 本书编写组编 中国铁道出版社 1985年12月出版

建筑结构选型 谢兆鉴 陈眼云编 华南工学院出版社 1985年12月出版

结构力学基础 蔡四维主编 科学出版社 1986年1月出版

本书介绍杆系结构力学的基本理论和计算方法，包括静定结构内力、位移计算、超静定结构的方法、位移法、力矩分配法、振动理论与计算、结构的能量原理及应用等。

框架轻板建筑结构设计手册 李桂青主编 知识出版社 1986年3月出版

梁板壳静动力学译文集（1） 翁智远主编 同济大学出版社 1986年3月出版

建筑结构的安全性与可靠性 余安东 叶润修编 上海科技文献出版社 1986年5月出版

建筑构造基础知识 霍维国等编著 陕西科技出版社 1986年6月出版

建筑构造图集 吴永夫编 清华大学出版社 1986年8月出版

本书的内容主要取材于近年来国内一些地区有代表性的已建工程，反映当前我国建筑构造学科领域有关方面的实际情况。同时又重点选择和补充了结构方案及有关尺寸数据。

网架屋盖的计算与构造 张明宇译 天津科技出版社 1986年9月出版

特殊钢筋混凝土构件设计 〔联邦德国〕F.莱昂哈特 E.门尼希著 程积高译 水利电力出版社 1986年9月出版

本书剖析深梁、牛腿、墙板、混凝土铰等特殊钢筋混凝土构件的受力特点、传力途径和配筋方式。

建筑模板施工手册 〔日〕高桥昌著 毛启豪 余荣汉译 中国建筑工业出版社 1986年6月出版

本书主要介绍了日本各种建筑模板形式构造及做法，其中包括模板的材料和设计、模板的组装、模板工程事故应急处理等内容，并附有模板强度计算实例。反映了目前日本模板设计及施工的先进水平，内容详尽实用。

激光在建筑工程中的应用 欧阳立 中国建筑工业出版社 1984年12出版

本书共五章，第一章介绍激光的基本知识和激光应用技术的基础知识，第二、三章介绍横向、铅直激光束的应用技术，第四章是本书重点，介绍七十年代兴起的激光平面法工程测量、自动测量及自动控制的概念、应用技术，第五章简单介绍激光测距、激光全息术和其他应用。书中列举了很多激光技术应用于工程的实例。

绕丝预应力油罐设计与施工 徐至钧编著 中国建筑工业出版社 1984年1月出版

本书主要介绍地下式、半地下式绕丝预应力油罐的选址、勘测、设计、施工、防渗和观测试验等内容，着重叙述了实用的设计计算方法，并编有计算实例和成套的计算表格数据；还叙述了绕丝机的构造和常用施工技术等。本书的内容同样适用于圆形水池、贮仓等绕丝预应力圆形构筑物。

刚性防水屋面设计与施工 罗国强等编著 中国建筑工业出版社 1985年3月出版

本书在总结我国细石混凝土刚性防水屋面设计与施工经验的基础上，系统地阐述了这类刚性屋面的基本概念、防水基本原理、防水层设计方法、避免防水层开裂的途径以及施工工艺和维修技术。

水磨石生产与施工 张新国等编 中国建筑工业出版社 1985年3月出版

本书从水磨石厂和施工现场的实际需要出发，比较系统地阐述了预制水磨石的生产工艺和装修技术以及现制水磨石的施工工艺。

照明手册 日本照明学会编 《照明手册》翻译组译 中国建筑工业出版社 1985年9月出版

本书根据原著1978年版译出。本书集中了1930年以来的各次版本的精华，又吸取了最新照明技术科技成果，为解决各种照明技术问题提供了原理、方法、数据、资料。全书分基础和应用两部分。

声音·人·建筑 〔英〕 L.H.肖丁尼斯基著 林达悃 李崇理译 中国建筑工业出版社 1985年2月出版

本书是一本有关建筑和城市环境噪声控制的基础理论读物，作者以人和声音的关系为主题，通过大量的图表和数据，在系统地讨论了声音产生和传播的各种物理特性之后，从生理声学和心理声学的观点，阐明噪声对人的刺激和影响，然后通过实例，介绍了住宅、学校等各类建筑和城市小区的环境噪声控制设计方案。

简明施工手册（第二版） 江正荣 朱国梁 中国建筑工业出版社 1986年10月出版

本书主要介绍建筑施工工艺方法、操作要点、保证质量的措施；常用建筑材料的规格、性能、配制方法；常用机具的型号、规格性能等。

第二版在地基与基础、爆炸、钢筋混凝土、装饰等章增补了新内容。书后还附有一般工业与民用建筑百平方米主要材料、人工消耗参考表。

双曲线冷却塔维修技术 刘鲲编著 中国建筑工业出版社 1986年8月出版

本书着重介绍双曲线冷却塔的损坏原因和维修方法，也适当介绍了运行与维护的原理以及有关理论和新的科技成果。

建筑工程质量症害分析及处理 王寿华 黄荣源 穆金虎编著 中国建筑工业出版社 1986年12月出版

本书主要叙述建筑工程中的质量症害问题。全书按地基与基础、砖石结构、钢筋混凝土结构、木结构、构筑物等五章，介绍了与结构强度和稳定性有关的质量症害。分析了产生的原因，提出了预防措施，并较详细地介绍了各种处理方法。

工业爆破设计 〔苏〕 Б.Н.库图佐夫等著 顾倚鳌 史家堉译 中国建筑工业出版社 1986年11月出版

本书对于采矿工业、水利建设、农业、林业、港湾建设、冶金炉修复、构筑物拆除等各方面的爆破工程设计叙述了基本原理，列举了有关设计文件编制、药包布置参数的计算、危险带计算等方面的资料以及计算公式。

建筑物爆破拆除 杨人光 史家堉著 中国建筑工业出版社 1985年3月出版

全书着重介绍建筑物及烟囱的爆破失稳拆除，构筑物破碎，切割爆破拆除，罐体水压力爆破拆除等方面的理论与设计计算等。

顶管技术 高乃熙 张小珠编 中国建筑工业出版社 1984年8月出版

本书是一本介绍不开槽敷设室外地下管道的施

工技术书籍，共计三篇（十四章），第一篇介绍管道材料、土质与顶管施工的关系；第二篇介绍顶进设施、顶进设备及普通顶管施工工艺；第三篇介绍减阻、水射、挤压、牵引、机挖及工作面稳定等特种施工技术和小口径顶管。

建筑防腐蚀施工（建筑工人技术学习丛书） 刘家梁 中国建筑工业出版社 1983年12月出版

书中根据沥青类、水玻璃类、硫磺类、树脂类、聚氯乙烯塑料及涂料等防腐蚀工程的特点，具体阐明了这些工程所用的原材料规格和施工方法，包括材料配合比及配制方法、施工程序、操作技术、养护要求及安全防护措施等。

钢筋工简易计算法（第二版） 傅钟鹏编著 中国建筑工业出版社 1986年8月出版

本书系统地讲述了钢筋下料、配料、成型、张拉、规格代换、吊环选用、质量检查等工序所必须掌握的计算方法，并简要地介绍了钢筋配置在混凝土中的设计计算原理。书中列有大量练习题，供读者在学习过程中加深理解，学会运用。此外，还提供了作者设计的一些图表，使计算工作更趋简化。

怎样当施工工长 王朝熙 中国建筑工业出版社 1986年12月出版

本书系作者在现场实际施工多年的实践经验编写而成的。阐述了工长的中心任务和职责，工长的内业、外业和如何创全优工程。

施工现场料具管理 孔庆富 中国建筑工业出版社 1986年9月出版

本书主要介绍了各种常用的建筑料具的性质、用途、验收、发放、回收和保管方法。并对料具帐目的建立，各种报表的填报，以及设计变更、人为或自然灾害等特殊问题的处理，均有详细叙述。

运筹学：管理科学基础（建筑施工工程师技术丛书） 周士富编著 中国建筑工业出版社 1986年3月出版

本书比较系统地介绍了运筹学的基本原理和主要方法，内容包括线性规划、运输和分配问题、动态规划、网络技术、库存控制、设备更新、决策分析、对策分析和模拟技术等。本书特点是通过具体问题和实例引出数学模型和计算方法，而避开了复杂的数学推导和论证，文字通顺，便于自学。

高层建筑基础工程施工（建筑施工工程师技术丛书） 赵志缙编著 中国建筑工业出版社 1986年10月出版

本书主要介绍高层建筑基础工程的施工技术，内容包括：高层建筑基础工程的结构形式、施工方案；降低地下水位与土方开挖；深基坑的支护结构；地下连续墙；土层锚杆；桩基施工；大体积钢筋混凝土基础结构施工。

新型混凝土及其施工工艺（建筑施工工程师技术丛书） 赵志缙等编著 中国建筑工业出版社1986年10月出版

本书着重介绍十六种新型混凝土和这些混凝土的特殊用途。文内分别叙述了各种混凝土的发展、配合比、物理力学性能、施工技术和方法，有的品种还简介了国外的研究和使用情况。

砖石工程 建筑工程施工及验收规范讲座（3） 周九仪 周良模编著 中国建筑工业出版社1986年9月出版

本书是建筑工程施工及验收规范讲座之一。主要对砖石工程规范中砌筑砂浆、砌砖与砌石工程、冬期施工的一些关键问题，以及对新规范增删的原因、制定的依据，从技术上分别作了较详细的阐述。

木结构工程 建筑工程施工及验收规范讲座（6） 樊承谋编著 中国建筑工业出版社 1986年9月出版

本书是“建筑工程施工及验收规范讲座”之六。全书共五章：建筑用木材；木结构和木构件；胶合木结构；门窗；木结构和木制品的防腐、防虫和防火。按木结构施工规范内容的顺序，比较详细的阐述了规范条文修改、制定的原由和根据。

建筑工程施工及验收规范讲座（12）通风与空调工程 陈乐德 毛蓉丽编著 中国建筑工业出版社 1986年9月出版

本书是“建筑工程施工及验收规范讲座”之12，内容包括：通风管道制作与安装、部件制作与安装、空气处理设备制作与安装、空气洁净系统的制作与安装、空调制冷系统、防腐与保温、工程验收、通风空调系统测定与调整等。

装饰工程（建筑施工问答丛书） 徐俊才 孙鸿德编著 中国建筑工业出版社 1985年12月出版

本书是建筑施工问答丛书之一。内容包括抹灰、饰面、油漆、刷浆、玻璃、裱糊、饰面和花饰等建筑装饰工程。叙述这些工程在材料性能、施工工艺、使用机具和质量检验等方面存在的“通病”，以问答形式提出195个问题。

施工技术与管理问题精解 本书编写组编 科技文献出版社 1985年3月出版

本书内容包括施工企业的理论和实践。

普通房建施工简明手册 王鸿喜编 中国铁道出版社 1985年4月出版

实用土木工程手册 杨文渊编 人民交通出版社 1985年8月出版

混凝土冬期施工手册 王异主编 大连工学院出版社 1985年12月出版

本书介绍混凝土冬期施工的理论方法及实践。

混凝土预制技术 顾 辆编 山东科技出版社 1985年12月出版

本书有150个问答题，内容涉及混凝土材料，混凝土搅拌、成型、养护工艺，混凝土预制构件生产操作，冬季施工和质量通病防治等各方面。

房屋建筑工程基本知识 同济大学编 上海科技出版社 1986年1月出版

建筑施工技术 本书编写组编 甘肃人民出版社 1986年7月出版

钢筋混凝土工程基础知识 铁道部第二工程局教育处编 中国铁道出版社 1986年11月出版

电梯安装 〔苏〕 B.C.布尔克沃尼可夫等编 贡力 大卫译 中国建筑工业出版社 1985年8月出版

本书阐述了广泛用于民用建筑的标准电梯的结构、装置及其组成单元与机构的作用。书中还探讨了载人电梯和载货电梯的电气设备及其电路，并介绍了电梯的机构及电气设备的最新安装法。

土建预算快速手编技巧（建筑与安装经验谈） 车复周著 中国建筑工业出版社 1986年8月出版

本书介绍了土建预算工程量快速计算方法和技巧，预算书快速编制和自审技巧，内容具体、实用，通俗易懂。书中对于各分部工程量计算技巧的叙述尤为周详，并逐一实例说明。掌握这些技巧，可望显著提高预算编制工作效率，加快编制速度，收到事半功倍之效。

集料对混凝土性能的影响 〔苏〕 维诺格拉多夫著 周新益译 中国建筑工业出版社 1985年2月出版

集料对混凝土性质的影响是多方面的，但本书着重介绍近年来讨论较多的，集料与水泥浆和水泥石之间发生的化学反应及这些反应对波特兰水泥混凝土性能的影响。

正交设计在混凝土中的应用 蔡正咏 王足献著 中国建筑工业出版社 1985年1月出版

本书系统介绍正交设计的基本方法和在混凝土中的应用，主要包括在优选高强硅酸盐水泥熟料矿物组成，优选减水剂的品种及最佳掺量，配制特种混凝土，选择混凝土配合比，研究混凝土性能，优选混凝土的成型、养护工艺等试验研究中的应用。书中附有常用正交表和有关统计表，供读者查用。

现浇混凝土（施工工艺） 〔苏〕 Ю.Г.哈尤金著 张昭林等译 中国建筑工业出版社 1985年11月出版

本书是以苏联为主兼及其它国家在现浇混凝土施工工艺方面的总结。书中对混凝土的拌制、运输、浇灌与养护作了详尽的探讨，还对混凝土硬化过程的物理化学特性和混凝土现代化质量检验方法作了细致全面的论述。

泵送混凝土 赵志缙编著 中国建筑工业出版社 1985年9月出版

本书较全面地介绍了国内外泵送混凝土技术的发展概况和趋势，介绍了采用泵送混凝土施工的经验，并对泵送混凝土同其他方法施工混凝土工程，作了经济上的分析对比。

预拌混凝土 〔日〕 龟田泰弘著 阎盛慈 王家治译 中国建筑工业出版社 1986年9月出版

预拌混凝土在我国也叫商品混凝土。本书详细介绍了日本商品混凝土的发展以及近代的生产技术及使用方法，对我国各地正在兴起的商品混凝土站有重要的参考价值；对我国有关部门制订混凝土搅拌站的质量管理规程也有重要参考意义。

漫谈混凝土 高学善编 中国建筑工业出版社 1985年11月出版

本书比较系统通俗地介绍了混凝土科学技术概况：从古代的混凝土到现代硅酸盐混凝土的发展历史，混凝土品种、性能、用途及混凝土科学技术的某些重要发展现状和趋势等。

混凝土科学——有关近代研究的专论 〔加拿大〕 V.S.Ramachandran等著 黄士元 孙复强 王善拔 方承平译 中国建筑工业出版社1986年9月出版

本书对当代混凝土研究的最新进展作了述评。书的内容侧重于把水泥、胶结材料中发生的物理、化学及力学过程，作为认识混凝土性质与作用的基础，有些章节的叙述是相当深入的。

混凝土质量的早期判定与控制 耿维恕 韩素芳 杜益彦编著 中国建筑工业出版社 1986年6月出版

本书重点介绍了已列入我国建设部标准的沸水法、热水法、温水法等早期推定混凝土强度的试验方法。书中叙述了这些方法的原理、操作要点、仪器设备及回归方程的建立等内容，并附有不少生产应用实例。

混凝土真空脱水技术 程作渭 陈章洪主编 中国建筑工业出版社 1986年10月出版

本书着重对混凝土真空脱水技术的物理基础、混凝土密实机理、工艺制度、真空脱水装置、真空脱水混凝土的物理力学性能以及真空脱水技术综合工艺与扩大使用等进行介绍，力求理论联系实际。书中收集了国内外近20年的科学研究成果和生产经验。

冷拔低碳钢绞线预应力混凝土 刘奇履编著 中国建筑工业出版社 1986年6月出版

本书介绍了冷拔低碳钢绞线的基本力学特性，冷拔低碳钢绞线预应力混凝土构件的材料要求、结构设计和生产工艺。以及这类构件在大跨度屋架和大吨位吊车梁中的试验应用。并对硬钢配筋的预应力构件在计算理论方面的某些问题作了初步探讨。

今日轻混凝土 〔法〕 P.果尔蒙著 苏锡楠等译 中国建筑工业出版社 1984年10月出版

本书介绍轻骨料混凝土及多孔、大孔混凝土等各种轻混凝土的性能、制作工艺及其在建筑工程中的应用技术。书中还对各种轻骨料作了全面、系统的分析比较，并介绍轻混凝土生产及建筑施工中的经验与做法，向读者推荐了轻混凝土的一些有效的设计计算方法。

水泥混凝土的结构与性能 〔苏〕 A.E.谢依金等著 胡春芝 袁孝敏等译 中国建筑工业出版社 1984年5月出版

本书引用了最新科学成就，论证了混凝土主要性能与其结构之间的关系。提出了在荷载作用下或经受多次冻融循环时，混凝土破坏机理的新假说以及徐变的物理本质。

混凝土外加剂浅说 石油部施工技术研究所黄兰谷等著 中国建筑工业出版社 1984年8月出版

什么叫混凝土外加剂？它在混凝土中起什么作用？目前国内外应用的外加剂有哪些主要品种，作用机理如何？有什么经济效果？本书分门别类作了简要的介绍。

混凝土化学外加剂译文集（第二辑） 唐必豪等译 中国建筑工业出版社 1985年1月出版

本书汇编了1976年至1982年的26篇译文，对现浇混凝土施工和预制混凝土构件生产中，外加剂的各种实际用法、效果、特点、出现各种现象的机理及解决方法等作了介绍。

混凝土工艺学 〔苏〕 Ю.М.布然诺夫著 龚洛书 柳春圃译 中国建筑工业出版社 1985年2月出版

本书系统介绍混凝土的基本性能，各种混凝土的配合比设计方法，混凝土生产工艺及质量检验、测试技术。书中还介绍了近年来苏联在混凝土领域中利用现代科学技术的新成就。

蒸压材料工艺学 〔苏〕 П.И.波任诺夫著 吕昌高译 中国建筑工业出版社 1985年11月出版

本书叙述了用蒸压处理方法生产硅酸盐建筑制品的工艺学原理，分析了蒸压处理条件下材料内部发生的物理化学过程。书中并以大量科研成果和试验数据，对可用作硅酸盐建筑制品原料的工业废渣、尾矿及某些天然岩石进行了分析与评价，列出了各个工艺过程（特别是不同蒸压制度）对蒸压材料性能的影响，阐明了蒸压材料的特性。

建筑材料手册（第二版） 陕西省建筑设计院编 中国建筑工业出版社 1984年11月出版

《建筑材料手册》（第二版）全面系统地介绍了25类建筑材料的品种、规格、性能、用途、生产单位和参考价格，并介绍了各种新材料的用料配比及施工、使用注意事项。

与1978年版相比，本书不仅增加了“古建筑材料”和“大型墙板”两大类材料，而且对原有23类材料的内容作了很大的补充和修订。基本上做到“全”、“新”、“准”。

简明建筑材料手册 陈世霖 包定国 邓钫印 袁孝敏编 中国建筑工业出版社 1986年12月出版

本手册主要介绍土木工程中常用建筑材料的品种、规格、性能、用途和部分参考价格。为了适应建筑施工企业的需要，手册中对有关材料的配料、施工技术、用料估算及材料的保管知识也作了较详细的介绍。

现代建筑装修材料及施工 王福川编著 中国建筑工业出版社 1986年12月出版

本书介绍现代建筑中广泛应用的装修材料的生产配制、主要性能、施工技术及其产品的规格、价格等。还简要介绍了国内外小型装修机具的知识。

常用建筑材料试验手册 纪午生 陈伟等编著 中国建筑工业出版社 1986年9月出版

本书主要介绍水泥等近20类常用建筑材料的用途、质量标准、试验项目、取样方法、仪器设备、试验步骤和结果评定等内容；并对建筑施工企业各级试验室（站）的组织与管理，各级试验人员必须掌握的基本知识及为施工现场服务的技术知识作了必要的介绍。

机械修理基本知识 第一分册（工程机械修理基础知识丛书） 朱绍华等编 中国建筑工业出版社 1985年2月出版

本书主要介绍机械修理方面的基本知识。内容有：识图、公差与配合、金属材料和热处理、机械加工工艺以及质量管理等知识。

机械修理共同性工艺 第二分册（工程机械修理基础知识丛书） 张四合等著 中国建筑工业出版社 1985年2月出版

本书内容包括机械拆装的工具、设备和方法，油污、积炭、锈层、水垢、旧漆层的清洗和清理方法，各件量具、量仪的构造、原理和使用方法，国内迅速发展起来的各种无损检验方法，常用油漆的特性和施工等。

旧件修复工艺（上）第三分册（工程机械修理基础知识丛书） 徐滨士等编 中国建筑工业出版社 1986年1月出版

本书主要介绍有关旧件修复工艺，内容包括：手工电弧焊接，振动电弧堆焊，埋弧自动堆焊及应用实例，等离子喷涂及堆焊，低真空熔结及修复实例，氧一乙炔焰喷熔及喷涂，铸铁与铝合金零件的焊修及其应用实例。

旧件修复工艺（下）第四分册（工程机械修理基础知识丛书） 欧南发等编 中国建筑工业出版社 1986年1月出版

本书主要介绍有关旧件修复工艺，内容包括：金属喷涂的原理、结构性能、工艺规范和应用实例；胶接、胶补、塑料涂敷工艺和应用实例；镀铬、镀铁和化学镀镍的方法及安全技术；几种常用的金属扣合修复方法。

发动机修理 第五分册（工程机械修理基础知识丛书） 陈敬诚编 中国建筑工业出版社 1986年9月出版

本书主要叙述发动机修理的基本方法，介绍了常用修理工艺，现代柴油机修理的新工艺，对PT燃油系统的修理，润滑系统、冷却系统的修理方法作了简明阐述。书中对电气设备的修理也作了比较详细的介绍。

工程机械底盘修理 第六分册（工程机械修理基础知识丛书） 杨景章编 中国建筑工业出版社 1986年12月出版

本书介绍工程机械底盘和工作装置各主要系统的常见故障、基本修理方法和修理后的质量要求。

建筑机械液力传动（建筑机械基础知识丛书） 徐都 弘学友 恒文 中国建筑工业出版社 1985年8月出版

本书根据我国建筑机械常用的液力传动系统和元件，简要介绍液力传动的特点、基本原理、主要液力元件的结构及其应用，包括试验方法与试验装置。并对工作介质的要求以及使用维护的基本常识也作了简要介绍。

建筑机械修理手册 第四分册 电路及电气元件 孙森编 中国建筑工业出版社 1984年8月出版

这套手册，适应性强，概括面广，共分五册出版，本分册以我国目前建筑机械应用量多面广的机型为重点，对其电气部件及电路的作用原理、维护修理方法作通俗易懂的阐述。

〔134—209〕建筑电气设备手册（上、下册） 《建

筑电气设备手册》编写组　中国建筑工业出版社　1986年12月出版

本手册介绍国内常用建筑电气产品的主要类型及规格、选型及使用，其中包括新型节能产品。本手册提供了产品的规格、主要技术参数、外形及安装尺寸、电气线路、参考价格和部分应用举例等，能满足工业企业和大型、高层民用建筑电气设计选型的需要。

共用天线电视系统及其设备　林敦　陈正祥　程梅生编著　中国建筑工业出版社　1986年12月出版

本书介绍共用天线电视系统的组成、设计、安装和维修技术，同时也对电波传播、电视接收天线及系统的主要部件的工作原理作了适当的阐述。

建筑设备方案设计数据　〔日〕　村上宏　北见进著　张启东　朱庆元译　中国建筑工业出版社　1986年12月出版

本书汇集建筑设备方案设计的各种数据，包括建筑、结构、电气、给水、排水、采暖、空调和预算等方面的设备方案设计数据，以电气设备方案设计数据为重点。

建筑机械常用电气设备（建筑机械基础知识丛书）　赵连玺　中国建筑工业出版社　1986年9月出版

本书较全面、系统、通俗地讲述了交、直流系统建筑机械的电工基础知识、电气设备、电气设计、典型电路及其自动控制。其内容理论联系实际，既有构造、原理又有使用维修；既有电路的分析又有电路设计；既有常用的电气设备又介绍了今后建筑机械电气传动的发展。

建筑结构安装手册　上海宝钢工程指挥部第十九冶金建设公司编　冶金工业出版社　1986年10月出版

水和废水标准检验法　第15版　美国公共卫生协会等编著　宋仁元等译　中国建筑工业出版社1985年4月出版

本书内容丰富详尽，介绍了各类水中所含的金属、非金属无机物、有机物、放射性核素、水生生物和水微生物的检验以及水的物理检验，生物学检验和自动化检验。为取得准确一致的结果，叙述了美国有关条例和法律要求的化学分析、放射性分析和细菌学分析的质量保证程序。

城市污水高级处理手册　〔美〕　R.L.卡尔普等合著　张中和译　中国建筑工业出版社　1986年3月出版

本书是美国在污水高级处理方面的专著新版，内容比较全面详尽，侧重实践。它论述了污水高级处理的目的和用途，并论证了单元过程的选择和组合。

废水生物处理过程设计　〔美〕　拉里.D.贝尼菲尔德克里福德.W.兰德尔著　邢建　段宁译　中国建筑工业出版社　1984年8月出版

本书主要由三部分内容组成，首先，简明地介绍了废水生物处理的动力学基础及废水特征。其次，以大量的篇幅介绍了各种生物处理过程的数学模型，最后，本书对应用范围相当广泛的各类生物处理工艺的定量设计，用实例介绍了应用数学模型进行模拟计算的详细步骤。

环境工程师手册　水污染及其处理（上、下册）　贝拉G.利普泰克主编　《环境工程师手册》翻译组译　盛建康总校　中国建筑工业出版社　1985年10月出版

本书主要介绍水污染及其控制，包括美国水污染法律和条例，水资源管理，水污染物的种类及其效应，水质和处理用的仪器，传统废水处理技术，废水处理的先进形式，去除水中特种污染物质，变废物为资源等内容。

印染废水处理　顾鼎言　朱素芬编著　中国建筑工业出版社　1985年1月出版

本书以总结国内在印染废水处理方面的科研成果和成熟经验为主，并适当选取国外有关数据和新技术。主要内容包括：概论、厂内治理、初级处理、活性污泥法、曝气装置、曝气池运行管理、生物膜法、污泥处理以及脱色处理等。

水处理工程理论与应用　〔日〕　井出哲夫等编著　张自杰等译　中国建筑工业出版社　1986年10月出版

本书主要论述水处理的基本原理、理论。全书共十二章，包括固液分离、污泥脱水、生物处理、吸附、离子交换以及膜分离等水处理领域内通用的各种技术和单元操作。对各种技术的设备、装置的构造、设计方法、程序、试验方法等各方面都作了阐述，并列举大量实例和设计计算例题。

虹吸滤池　徐彬士　李同德编著　中国建筑工业出版社　1985年5月出版

本书较详细地论述了虹吸滤池的原理、构造、设计计算方法、施工管理和应用实例，其中特别就小阻力配水系统、冲洗系统及其水力自动控制方式等作了详尽的分析介绍。

三层滤料滤池（第二版） 杨文进 乐丽孙编 中国建筑工业出版社 1984年12月出版

这是修订本，在理论和实践方面都作了详细补充，其主要内容包括：三层滤料滤池的构造和设备，过滤，反冲洗，设计、施工、运行管理注意事项和测定方法等。

移动冲洗罩滤池 何寿平著 中国建筑工业出版社 1984年9月出版

本书系统总结了近年来，我国研制、设计移动冲洗罩滤池的经验。从它的特点、工艺设计、程序控制、施工和运行管理等方面作了全面介绍。书中附有大量插图，并提供了设计计算示例、移动冲洗罩滤池实例和多种程序控制器实用线路等。

地表水取水 周金全主编 中国建筑工业出版社 1986年7月出版

本书较系统地总结地表水取水的设计、施工和运行的经验，并针对工程实际，从理论上进行了分析研究。主要内容包括：河流水文计算；固定式、移动式取水构筑物位置和形式的选择；特种取水构筑物计算；各种形式取水头部、引水设施和取水泵房设计；取水构筑物设计等。

供水系统遥测遥控技术 翟玉庆 蔡雪彬 宁奎喜 刘柏德编著 中国建筑工业出版社 1986年7月出版

本书系统总结了我国近年来供水系统的遥测遥控技术经验，详细介绍了时分制脉冲编码遥测遥控技术的原理和实际电路，重点介绍了全双工音频数据信道和超短波无线信道。

水的再净与再用 希利I.舒瓦尔主编 邱中峙 钱荣孙等译 中国建筑工业出版社 1986年9月出版

本书重点介绍了当代废水处理的各种工艺，废水在农业、工业和市政等方面的再用方式及其水质标准、卫生要求，还列举了美、英、德、日等国家在废水再用方面的实例和经验。

净水厂设计 钟淳昌主编 中国建筑工业出版社 1986年7月出版

本书主要阐述净水厂设计的基本理论和实践经验。系统地介绍了常规自来水厂的工艺流程，净水原理，处理构筑物的类型，设计要求和设计参数的选用等。本书还就水厂的平面布置、建筑设计和绿化布置以及净水工艺的优化设计，单体构筑物经济设计等作了详细介绍。

废水稳定塘的设计和运行 〔美〕 E.J.米德尔布鲁克斯等著 杨文进 张选墀译 中国建筑工业出版社 1986年6月出版

本书主要介绍废水稳定塘的设计、运行性能、衬里和止水、塘出水消毒、需能量、塘污泥蓄积量以及处理费用等，并介绍了用水风信子处理废水的工艺；此外，还对稳定塘的水力学作了论述。

卫生技术 〔联邦德国〕 H.伏伊利希 K.比施著 张美贞 崔志忠译 中国建筑工业出版社 1986年9月出版

本书主要介绍室内卫生设备，如各种盥洗设备、吐漱设备、盆浴、淋浴设备、净身设备、大便器、小便器、洗涤盆、污水盆等的设计、规格和安装要求。还介绍了卫生设备配件和卫生间设计、平面布置及残废人用卫生间的设计。

给水排水与卫生设备 曹羽中 王大哲编译 中国建筑工业出版社 1986年3月出版

本书主要介绍给水排水、卫生设备和热水供应系统的基础理论知识；城市给水排水工程；水泵的性能和安装；常用管材和配件；室内上、下水道、热水供应系统的设计，卫生设备、卫生器具及煤气供应设备等。

给水排水设计手册 第1册 常用资料 中国市政工程西南设计院主编 中国建筑工业出版社 1986年7月出版

《给水排水设计手册》共分11册。本册汇编了给水排水常用的资料。主要内容包括：气象、地质、地震资料，管道接口、消音、减震、防露、防水、防腐、保温、钢管、铸铁管、石棉水泥管、钢筋混凝土管、塑料管与各种断面的管渠水力计算图，热水、蒸气、压缩空气管道计算表，三角、梯形堰流量表等。

给水排水设计手册 第2册 室内给水排水 核工业部第二设计研究院主编 中国建筑工业出版社 1986年12月出版

本册汇编了室内给水排水设计的数据和计

算，主要内容包括：室内给水、热水供应、饮水供应、局部给水处理、水景、公共浴室和游泳池给水排水设计、室内排水、屋面排水、小型污水处理以及湿陷性黄土区和地震区室内给水排水设计等。

给水排水设计手册 第3册 城市给水 上海市政工程设计院主编 中国建筑工业出版社 1986年12月出版

本册汇编了城市给水设计的数据和计算。主要内容包括：给水工程系统设计，输配水，地下水取水，泵房，混凝、沉淀、澄清、气浮、过滤、消毒、臭氧、活性炭吸附、除铁、除锰、除氟、小型综合净水构筑物和水厂布置等。

给水排水设计手册 第4册 工业给水处理 华东建筑设计院主编 中国建筑工业出版社 1986年12月出版

本册汇编了工业给水处理设计的数据和计算。主要内容包括：水处理分类，药剂软化，水质预处理，离子交换，膜分离技术，水处理系统选择和站房设计，循环冷却水处理，冷却构筑物分类、计算、选择、布置等。

给水排水设计手册 第5册 城市排水 北京市市政设计院主编 中国建筑工业出社版 1986月12月出版

本册汇编了城市排水设计的数据和计算。主要内容包括：城市排水管渠及附属构筑物，城市河湖工程，排水泵站，城市污水的一级、二级、三级处理，污泥处理，城市污水处理厂总体设计，城市污水及污泥的利用等。

给水排水设计手册 第6册 工业排水 北京市市政设计院主编 中国建筑工业出版社 1986年9月出版

本册汇编了工业排水设计的数据和计算。主要内容包括：工业排水管道，料渣水力输送，工业污水处理前期工作及常用预处理，若干国内工业污水处理实例，并附有关排水标准等。

给水排水设计手册 第7册 城市防洪 中国市政工程东北设计院主编 中国建筑工业出版社 1986年3月出版

本册汇编了城市防洪设计中所需的常用资料及若干工程实例。主要内容包括：基础资料、防洪设计标准、城市防洪总体规划、洪水和潮位计算、分洪与滞洪、防洪堤、护岸和岸壁、山洪沟治理、排洪渠道与截洪沟、防洪闸以及交叉构筑物等。

给水排水设计手册 第8册 电气与自控 中国市政工程中南设计院主编 中国建筑工业出版社 1986年12月出版

本册汇编了给水排水工程电气与自控设计中所需的常用资料并选取了若干工程示例。主要内容包括：35（60）千伏以下变电所的设计、计算、设备选择、继电保护、二次接线、电气传动、电线电缆敷设、电气布置、防雷、接地、照明、仪表选型、自控与远控等。

给水排水设计手册 第9册 专用机械 上海市政工程设计院主编 中国建筑工业出版社 1986年1月出版

本册汇编了给水排水专用机械设备的设计和计算。主要内容包括：趸船、缆车取水设备，格栅、滤网除污设备，水厂和污水处理厂的撇渣、充氧、混合、反应、滤池配水和冲洗、管道闸阀锤消除以及提水和引水等专用机械设备。

给水排水设计手册 第10册 器材与装置 中国市政工程华北设计院主编 中国建筑工业出版社 1986年12月出版

本册汇编了国内近年来给水排水工程常用的新材料、器材及水处理设备。主要内容包括：金属及非金属管材，阀门、常用金属及非金属材料，药剂、离子交换树脂及滤料，水处理专用器材，气浮、加药及消毒、饮用水深度净化及一体化净水器，软化除盐设备，工业废水处理及其他水处理设备，玻璃钢冷却塔，卫生器具及器材，计测仪表，水质检验仪器及设备等。

给水排水设计手册 第11册 常用设备 中国市政工程西北设计院主编 中国建筑工业出版社 1986年12月出版

本册汇编了国内近年来给水排水工程常用的新设备。主要内容包括：各种泵、动力设备、分离机械、起重设备、其他设备等。

空气净化技术手册 许明镐等译 电子工业出版社 1985年3月出版

本书汇集日、美等国有关空气净化技术资料。

水处理工程 顾夏声等编 清华大学出版社 1985年9月出版

本书介绍水质及其有关标准，水体污染与自净，各种水处理方法的基础理论、设备、工艺设计和计算方法。

室内给排水设计施工手册 乔清超等编写 吉林科技出版社 1986年4月出版

城乡计划用水 潘鸣钟编著 河南科技出版社 1986年4月出版

循环供水——水的冷却系统 〔苏〕库切连科等著 周开君等译 化学工业出版社 1986年8月出版

城乡建设环境保护法规汇编（第二辑） 城乡建设环境保护部政策研究室编 中国建筑工业出版社 1986月12月出版

本书第二辑收入了1984年初至1985年末全国人大常委会、国务院、城乡建设环境保护部及有关部、委在城乡建设环境保护方面颁布的法律、行政法规、规章等共65项，分为城市建设、乡村建设、建筑业、环境保护、测绘和抗震六个部分。

建筑经济学 〔英〕I.H.西利著 张琰等译 中国建筑工业出版社 1985年3月出版

本书是英国房屋建筑经济方面的一本专著。全书以控制造价为纲，比较详细地阐述建筑经济原理、控制造价的方法、影响造价的各种因素、投资方案的评价以及土地利用、建筑开发和环境经济等问题。

计划评价中的效益与费用分析 〔美〕马克·汤普森著 张军译 中国建筑工业出版社 1985年9月出版

本书系统论述了计划评价中效益-费用分析的基本原理和方法。书中结合公共计划决策所面临的典型问题，通过大量实例详细介绍了效益-费用分析的八步工作法及其应用、效益与费用的确定和标价、计划效应的标价、耗费-效应分析及根据相关因素进行计划评价等，并附有习题和部分答案。

建筑企业统计 四川省建筑工程总公司编 中国建筑工业出版社 1985年12月出版

本书以社会经济统计学一般原理为指导，密切结合建筑业生产经营的特点，对反映建筑企业生产经营活动全过程的统计指标体系，对各专业统计的方法制度，指标含义及其相互关系作了全面、详尽的阐述，并辅之以必要的实例。

简明微观经济学 毛子洄编 中国建筑工业出版社 1986年12月出版

本书主要论述了资本主义制度下单个经济单位企业的经济行为包括供需、消费、生产、市场等理论，并联系实际以实例加以说明。

运筹学与工程系统分析 郭耀煌等编著 中国建筑工业出版社 1986年12月出版

本书扼要介绍了系统工程和系统分析的概念，详细论述了运筹学各主要分支的基本理论和方法。主要内容有：系统工程和系统分析、数学基础知识、线性规划、运输问题、整数规划、非线性规划、动态规划、图与网络基础、统筹法—网络计划技术、矩阵对策、决策分析、排队论和随机模拟。

管理决策法 〔美〕哲学博士 Wm.E.索德著 中国基本建设优化研究会 姬优惠 谢瑞健 龚航虚译 中国建筑工业出版社 1986年9月出版

本书系统地论述了管理决策的基本原理、背景条件、从准备工作到制定实施决策的全过程及各种行之有效的管理决策科学方法。主要内容包括确定问题，机会与方案，方案的经济评价，决策树形图，项目评价与选择、计划与预算的编制、进度安排，库存决策，资源分配，决策的评价、执行与控制等。

建筑工程招标与投标 中国建筑工程总公司海外部调研室编 中国建筑工业出版社 1986年3月出版

本书第一部分介绍了国际上工程招标投标的程序、作法和我国在国外投标工作中的经验；第二部分介绍了我国各地近年来试行建筑工程招标投标的有关规定、具体作法，取得的初步经验和存在的问题，并论述了我国社会主义条件下招标投标的性质和特点。

建筑施工企业设备综合管理学 江基桓编著 中国建筑工业出版社 1986年9月出版

本书基本上按照设备管理的工作流程编写的，从施工企业角度，阐述了设备管理的全过程。除第一章绪论，第二章技术经济分析基础外，依次为装备管理、资产管理、使用管理、维修管理、经济管理、统计管理及安全管理共九章。书末并附有总练习题及附录。

日本建筑业经营营业问答 日本建筑业经营营业研究会著 戚未艾译 中国建筑工业出版社 1985年5月出版

本书介绍了日本建筑业经营管理的一些基本知识，包括经营和营业两个部分，内容涉及日本建筑业的经济法、体制制度、政策措施以及建筑企业经营管理和营业活动等方面。

建筑经济原理与体制改革 金敏求著 中国建筑工业出版社 1985年3月出版

全书主要论述建筑业的范围和内容，建筑业在国民经济中的地位和作用，建筑产品商品属性及商品化的战略意义，建筑产品价格体系的改革，建筑业推行招标投标制问题，建筑企业实行百元产值工资含量包干问题，经济核算问题。

建筑业与基本建设管理体制改革 田春生 王加春 郭世坤 中国建筑工业出版社 1985年12月出版

本书简要地叙述了近年来建筑业与基本建设管理体制改革的具体作法和主要经验，包括基本建设计划管理、投资包干、拨款改贷款、工程招标承包制、物资供应、勘察设计管理、用工制度、百元产值工资含量包干、城镇住宅商品化、流动资金及建设银行管理等。

建筑统计 城乡建设环境保护部建筑管理局 福建省建筑工程总公司编 中国建筑工业出版社 1986年3月出版

本书介绍了建筑企业统计工作的全过程，包括建筑统计资料的搜集和整理，建筑统计指标的核算、分析和考核。

设备安装工程预算基础知识 周承绪编著 中国建筑工业出版社 1986年7月出版

本书是根据原国家建委颁发的九册通用安装工程预算定额的规定，并参考其它有关资料，积作者二十余年预算编制工作经验编著而成。

施工企业管理知识500问（上） 北京市建筑工程总公司编 中国建筑工业出版社 1984年12月出版

本书为施工企业管理方面的知识手册，分上、下两册。

上册介绍施工企业概况、领导者素质、思想政治工作和职工教育、施工企业经营管理的特点和内容、计划、施工、技术、工程质量、安全生产、劳动工资、物资供应、机械设备管理的特点和内容。

施工企业管理知识500问（下） 北京市建筑工程总公司编 中国建筑工业出版社 1984年12月出版

下册介绍施工企业合同、定额、预算、财务、成本管理的特点和内容，经济核算，经济活动分析，全优工程管理，全面质量管理以及现代管理方法与技术。书末还附录了有关管理资料。

建筑工程招标与承包 卢谦编著 辽宁科技出版社 1985年11月出版

建筑施工组织与预算 周银河主编 中央广播电视大学出版社 1986年2月出版

建筑施工管理 本书编写组编 上海科技出版社 1986年4月出版

建筑施工企业管理与技术 吴中原 国振喜编著 辽宁大学出版社 1986年5月出版

混凝土试验设计与质量管理 卢瑞珍编著 上海交通大学出版社 1986年6月出版

本书主要阐述概率统计法在混凝土生产、试验、研究工作中的应用。内容包括：混凝土材料试验中的测量误差；混凝土性能研究中的正交试验设计；混凝土生产过程的质量管理和最终产品的验收评定标准。

暖通计算机方法 陈在康 武建勋 施鉴诺编著 中国建筑工业出版社 1985年10月出版

本书是为暖通空调专业人员编写的计算机方法入门书，以帮助本专业人员获得有关计算机应用的基本知识，了解计算机的功能和运行特点以及常用的计算方法和程序设计方法，并介绍了一些应用例子。

高温水供热与采暖（第二版） 周祖毅编 中国建筑工业出版社 1985年8月出版

本书较详细地阐述了高温水系统的优越性、设计方法、主要设备的结构和选用；简要地论述了高温水系统供热量的调节、管理和操作，并扼要介绍了高温水热媒在各种生产工艺加热过程中的应用。

这次修订补充了近几年国内外文献资料中新的动向和成就，着重增编了我国的有关设备和经验。

供热学 〔苏〕 A.A.约宁主编 单文昌 尚雷译 中国建筑工业出版社 1986年9月出版

本书是苏联新近编写出版的高等学校教材，它总结了苏联长期大规模发展集中供热的经验，全面而系统地叙述了有关集中供热各方面的问题。内容丰富，并反映了最新技术与发展方向，书中大量资料与数据值得我国集中供热技术人员借鉴与采用。

热泵的理论与实践 〔英〕H.L.von库伯等著 王子介译 中国建筑工业出版社 1986年9月出版

本书是介绍热泵及其应用的专著，全面地介绍了各种热泵的分类、组成、热力学原理及热泵系统的设计原则；还介绍了热泵的热源、热泵与能源工业的关系，并用大量的篇幅介绍了各种热泵的应用实例。全书既有较大的工程参考价值又有一定的资料性。

集中采暖运行管理 张在准编著 中国建筑工业出版社 1986年12月出版

本书系统地介绍了工业与民用建筑集中采暖的运行管理，内容简明扼要，有采暖系统的工作原理和流程；系统的交工验收、试车和开车以及运行维护；采暖系统不热现象的原因及消除方法，其它形式的故障、事故及处理，以及系统的检修等。

人与室内环境 〔美〕Stephan A.Konz 魏润柏著 中国建筑工业出版社 1985年11月出版

本书介绍了人与热、声、光、毒物、工作和服装等不同环境的关系以及人对环境的反应。书中提出了一些具体原则和实例，用于改善工业企业中人的工作条件，从而提高生产效率。

工业锅炉房设计手册（第二版） 航天工业部第七设计研究院编 中国建筑工业出版社 1986年9月出版

本手册内容包括锅炉房各种设备的选择计算、系统组成、设计布置、原理简述、计算示例等。本版修订的主要内容有：最新的工业锅炉热力计算方法；增加了噪声防治措施等，还新增了蓄热器、热工检测、化验机修等章节。

空气调节手册 〔日〕 井上宇市著 范存养 钱以明秦慧敏 金东哲译 中国建筑工业出版社 1986年9月出版

本书在日本空调界有很大影响，本版为第三版，编入了许多最新科研成果。对各种系统及设备的发展过程、现状分析、经济比较和今后发展趋向等方面，有作者的精辟见解，可供我国借鉴。本书内容广泛全面、资料丰富、叙述简明实用。

空调工程设计实例集 张乐法编著 中国建筑工业出版社 1986年9月出版

本书包括香蕉冷库及空调总面积1620m²的四层办公楼的完整设计图纸及设计书，另有饭店等建筑的设计实例，均附有双线风管系统详图。并有各种设备及附件施工安装详图、风管及附件安装详图以及各种配管施工详图等。最后为自控系统设计实例。介绍内容比较全面，全部图纸精细准确，所有说明及图上标注全部中英文对照。

工厂通风 〔日〕 林太郎编 张本华 孙一坚译 中国建筑工业出版社 1986年6月出版

本书对工业通风设计的有关问题作了全面系统的叙述。特别是对工业通风原理、局部排风罩的气流运动规律及设计计算方法作了较详细的阐述，提出了新的观点和计算方法。书中重点介绍了流量比法和吹吸式法的理论基础、实验结果及在生产上的应用情况。

调节阀的选择 施俊良著 中国建筑工业出版社 1986年12月出版

本书详细介绍了调节阀的结构、流量特性与流通能力C的计算方法。探讨了影响加热器静特性的主要因素，并推导出静特性计算公式。最后介绍调节阀的选择，提出了三通阀总流量波动的普遍公式和最佳阀权度的概念及寻找最佳阀权度的标准方程。本书的研究方法和结论可推广到其它热工调节系统。

工业厂房通风技术 刘锦梁 苏永森主编 天津科技出版社 1985年10月出版

本书介绍工业厂房通风的基本原理、设计和计算方法，并结合基本理论知识扼要地介绍了有关通风系统的运行管理。

采暖工程及小型锅炉房设计手册（上、下册） 乔清超等编写 吉林科技出版社 1985年11月出版

本手册的主要内容有：采暖工程及小型锅炉房设计常用数据、常用材料、热水采暖、蒸汽采暖及小型锅炉房设计，并有详细的计算例题和简化计算图表等。

空调工程负荷计算与程序汇编 金显明编著 天津大学出版社 1986年3月出版

本书内容包括建筑物空调工程负荷计算的发展概况，数理基础应用，空调工程负荷计算原理及实用的计算程序。

煤气设计手册（中册）　《煤气设计手册》编写组　中国建筑工业出版社　1986年12月出版

本手册分上、中、下三册，是我国煤气工程设计方面的第一部综合性工具书。上册为基础资料、液化石油气供应；中册为煤气生产与净化；下册为煤气输配与应用。

本书提供了城市制气厂的大量工程设计数据、图表与设计示例，是一本实用性的工具书。

燃气燃烧理论与实践　姜正侯等　中国建筑工业出版社　1985年5月出版

本书阐述了燃气燃烧的稳定性，燃气的互换性等理论问题；介绍了关于燃气火焰温度的光学测量，燃气红外辐射器等的研究成果；分析了燃气工业炉的节能技术。

煤气工业词汇　（英、法、德、俄、汉对照）（第二版）　国际煤气协会编　城市煤气情报网译　中国建筑工业出版社　1986年6月出版

本书再版，删去已过时的旧词约1000条，增加新词约1500条，并新添了俄文词汇。全书词汇正文按基础科学、燃料与原料、天然气开采、煤气制造、供销、应用、副产品、卫生安全、经济管理、液化气、现代制气工艺等分支编排，共收词汇约5000条。书后还有示意图、释文、各国有关煤气工业标准摘要以及英、法、德、俄、中文索引。

煤气工业发展史　刘宗崙编译　中国建筑工业出版社　1986年10月出版

本书根据〔英〕马尔科姆·W·H·皮布尔斯原著1980年版编译而成。主要介绍了英、美、日荷、苏五国煤气工业的发展史。

本书着重叙述了各国煤气工业的气源构成、生产工艺、输配应用技术、管理体制以及技术政策等的演变过程，力图从中找出一些规律性的东西，以作我国发展煤气工业的借鉴。

煤气供应　〔苏〕А·А·约宁著　李猷嘉　王民生译　中国建筑工业出版社　1986年9月出版

本书内容包括：城市和工业企业的煤气供应系统；煤气管网、调压站和其他构筑物的设计、计算与运行管理；煤气管网及设备的可靠性与水力工况问题；煤气燃烧理论；民用煤气灶具与工业燃烧设备的构造；燃烧器的设计、计算和运行管理等。

燃气压力容器　马都编著　中国建筑工业出版社　1986年3月出版

本书叙述了常用的燃气性质，阐明了各类燃气压力容器及其附件的应力分布、强度计算和设计程序，并列出了示例，介绍了燃气压力容器的制造工艺、检测技术和使用方法，还对其典型事故进行了理论分析。

城市和城镇群的客运交通系统　〔苏〕Э·В·沙巴洛娃著　刘统畏译　中国建筑工业出版社　1985年1月出版

本专著综合研究城市和城镇群客运交通运输系统的设计问题，重点探讨改进设计的方法。作者深入分析了综合交通运输系统设计方案的编制、评价和比较的方法原理；探讨了有关交通系统运营组织的一些重要问题。

城市道路设计手册（上册）　北京市市政设计院编著　中国建筑工业出版社　1985年2月出版

本手册分上、下两册，共分十四篇。上册包括：1.道路的分类；2.路线设计；3.路口设计；4.路基路面设计；5.排水设计；6.停车场及广场；7.道路交叉；8.交通设施；9.管道综合；下册包括：10.道路构造物；11.道路材料；12.绿化照明；13.道路常用计算公式及图表；14.设计文件。

城市道路设计手册（下册）　北京市市政设计院编　中国建筑工业出版社　1986年10月出版

本手册汇编了有关城市道路设计的资料，分上下两册出版。下册包括道路构筑物、道路材料、绿化照明、设计文件等内容。

透水性沥青路面　日本道路建设业协会著　李茂森等译　中国建筑工业出版社　1985年8月出版

本书详细论述了在城市内铺筑透水性沥青路面的重要性和所铺试验路面的透水效果，并对结构设计、材料、施工方法，以及质量控制与检验等项技术均有叙述。本书附录详载各种试验方法、试验路面历年追踪调查的技术资料。

热拌沥青混凝土路面施工原则　美国沥青学会编著　赵克明　路晓村译　中国建筑工业出版社　1986年7月出版

本书系美国沥青学会1983年为从事热拌沥青混凝土路面施工的工作人员编写的一本实用书。系统阐述了沥青混凝土的材料、配合比设计、预制拌和、摊铺和碾压等工序。在各工序中均着重讲述质量控制问题。概括了目前美国沥青路面的施工技术和质量控制技术。

农村医院建筑设计（农村建筑丛书） 谭伯兰 刘管平编 中国建筑工业出版社 1986年6月出版

本书分章对农村医院的规模、选址、总平面设计以及门诊部、住院部和辅助医疗部分的设计原则和手法作了详尽的阐述。书后还编入了一些使用效果比较好的简易设施和农村医院的建筑构造，供读者参考。

轮窑烧砖瓦百答（农村建筑丛书） 殷念祖编著 中国建筑工业出版社 1986年7月出版

本书以问答形式全面叙述了利用轮窑烧制砖瓦的技术经验，包括轮窑的结构，焙烧的热工知识、码窑方法、焙烧作业、焙烧事故的处理及产品质量检验。书中着重介绍了利用轮窑烧砖瓦的实际操作方法，突出了内燃烧砖工艺，分析了产品缺陷产生的原因，指出了解决的办法。

怎样烧砖瓦（农村建筑丛书） 苏国准等编 中国建筑工业出版社 1986年9月出版

本书是为农村乡镇企业砖瓦厂培训技术人员编写的教材。全书向读者介绍了从原料、成型、干燥、码窑、焙烧的制砖瓦全过程，并对原料开采、废渣利用、窑炉结构也作了介绍。此书特别对在砖瓦生产中易出现的问题及其解决措施给予了详细论述。

怎样使用建筑材料（农村建筑丛书） 王朝熙 江正荣编 中国建筑工业出版社 1986年12月出版

本书以问答的形式，较系统地介绍了钢材、木材、水泥、混凝土、砖、瓦、灰、砂、石等常用建筑材料以及各种防水、保温和内、外装饰材料的主要技术性能，并介绍了如何正确地选择和使用这些材料的知识和经验。

农村自来水（第二版） 刘学功等著 中国建筑工业出版社 1985年5月出版

本书在第一版基础上作了修改补充。按照农村修建自来水工程的需要，分别介绍了水源选择，取水方式，水的净化方法，农村常用的水泵和水泵房的修建，供水方式，管网的布置、计算、施工和管理材料，农村自来水的电器设备等。

农房混凝土构件生产与安装 周兆桐 杨伯科 刘良季编 中国建筑工业出版社 1985年3月出版

本书主要介绍农房混凝土构件的生产技术，内容包括：混凝土构件的原材料选择、配合比设计、基本性能、生产工艺过程和质量检验以及农房构件的安装技术，并对构件运输、安装及简要的施工技术做了介绍。

预应力混凝土农房构件 冯靖宇等编 四川科技出版社 1985年11月出版

中国建筑年鉴（1984～1985） 《中国建筑年鉴》编委会 中国建筑工业出版社 1985年12月出版

本年鉴为双年刊，是全面反映新中国建筑业发展历程和成就的大型工具书，全书内容丰富、资料翔实、体例合理、图片精致，是综观建筑业全貌的珍书。

中国建筑企事业单位便览 中国建筑工业出版社编 中国建筑工业出版社 1985年12月出版

本便览是《中国建筑年鉴》的附册，反映了我国13000余家建筑企事业单位的概貌，是一本信息性较强的工具书。

英汉水污染控制词汇 英汉水污染控制学会编辑委员会 胡名操 徐美琪译 中国建筑工业出版社 1986年7月出版

本词汇选收了生活污水及工业废水处理、计算机、工程管理等方面的常用词汇1747条。参考了英、美等国出版的有关词典与专业书刊，经过严格筛选。词目的词义解释严谨，文字精炼。以往在技术书刊中含义不清或引用其它专业的名词术语，该书都根据现代水污染控制工程方面的特定含义，作了定义和解释，有利于读者理解和今后用法的统一。并附有中文索引。

汉英建筑工程常用词汇 林建平 朱永庆主编 湖南科技出版社 1985年9月出版

绍兴（中国历史文化名城丛书） 魏仲华 徐冰若主编 中国建筑工业出版社 1986年10月出版

《中国历史文化名城丛书》具有较高的资料价值和欣赏价值，丛书内容丰富，取材谨严，收入大量珍贵的古籍资料与图录，选用许多精美的彩色照片，吸取了最新的研究成果，行文简洁，力求将科学性、知识性和趣味性融为一体。丛书的作者多为研究有素的专家、学者和优秀的摄影家。《绍兴》即是其中之第一本。

新疆丝路古迹 新疆维吾尔自治区建筑学会编 中国建筑工业出版社 1985年10月出版

本书是一部大型画册，图文并茂，向读者介绍了新疆的悠久历史，丰富资源，众多古迹，多变的自然奇观和多采的民族风情，展现了新疆瑰丽的风采。

塔尔寺建筑 陈梅鹤著 中国建筑工业出版社 1986年11月出版

塔尔寺是中国喇嘛教黄教派六大寺院之一，至今已有400多年历史。塔尔寺建筑融合汉、藏建筑的优良传统，吸收青海地区一些建筑特点和装饰艺术，形成了独特的建筑风格，在布局、造型、装修、色彩等方面有许多宝贵经验值得借鉴，在中国古代建筑史上占有重要地位。

罗布林卡 西藏工业建筑勘测设计院著 中国建筑工业出版社 1985年5月出版

罗布林卡是西藏历代达赖喇嘛专用的花园，它始建于十八世纪七世达赖时，以后各代均有增建，规模逐步扩大，成为达赖喇嘛消夏避暑的离宫别苑。本书是一部关于罗布林卡的学术研究著作，由西藏工业建筑勘测设计院编写。它是第一部研究西藏园林的著作。

大昭寺 西藏工业建筑勘测设计院著 中国建筑工业出版社 1985年5月出版

本书是第一部介绍西藏喇嘛教寺院建筑的学术研究著作，以图片为主，读者可以看到西藏的建筑艺术、雕塑艺术和绘画艺术，更可以看到西藏建筑的发展和汉藏建筑技术、建筑艺术的交融。它是了解和研究藏族文化和历史，了解和研究汉藏两族友好发展史的一部重要著作。

圆明园四十景图咏 中国圆明园学会编 中国建筑工业出版社 1985年9月出版

圆明园四十景图，系清代乾隆年间宫廷画师沈源、唐岱所绘，绢本彩色，共四十幅；爱新觉罗·弘历（乾隆）特为各景题咏，共四十首。这是一项有关我国古典园林建筑的重要资料，具有相当的艺术欣赏价值和学术研究价值。

中国当代雕塑壁画艺术选集 曹大澄主编 辛国勋编 中国建筑工业出版社 1985年5月出版

本书是一本彩色精印的画册，收集了七十年代末、八十年代初，我国当代雕塑、壁画艺术的代表作品七十余件。这些作品有纪念性雕塑、园林雕塑、案头雕塑及大型壁画等。

圆明园（3） 中国圆明园学会筹备委员会编 中国建筑工业出版社 1985年1月出版

本期学刊收有关于长春园建筑、花木配植、西洋楼遗址修整的文章四篇，并刊印了新近由法国送回的西洋楼铜版画二十幅，以及一百年来西洋楼遗址对比变化的照片。继上一期续载了乾隆的圆明园御制诗和彩画艺术探讨文章。另有五篇文章介绍分析了圆明园的一些文物。

圆明园（4） 中国圆明园学会编 中国建筑工业出版社 1986年10月出版

圆明园学刊第四集，包括中国圆明园学会成立特辑等六个栏目。学会成立特辑中有：学会成立大会报导、学会章程、学会的组成。学术研究栏有清·五朝御制集有关圆明园诗辑录(续二)、圆明园各殿座匾额、圆明园大事记。特辑中刊载了《圆明园图咏》，这部图咏原为木刻本，分上、下两卷、清光绪年间天津石印书屋曾录石重印，图前有雍正的圆明园记、乾隆的圆明园后记，四十景的每幅图均配有乾隆诗一首，并有诸臣注，卷尾有大学士鄂尔泰、张廷玉等人的跋。圆明园西洋楼遗址整修规划方案栏，刊载了讨论会的发言及六个整修方案。

实用创造学与方法论（现代设计法丛书） 芮杏文 戚昌滋主编 中国建筑工业出版社 1985年7月出版

本书是《现代设计法丛书》之序言书，主要是探索现代设计与分析的科学方法论，目的在于改革传统思维与设计分析方法。本书除对创造学作了较大篇幅的叙述外，还对创造学所采用的系统论、离散论、智能论等作了简要的介绍，为后续丛书作概念上的准备。

现代设计法（现代设计法丛书） 戚昌滋等著 中国建筑工业出版社 1985年9月出版

本书是丛书之一《实用创造学与方法论》的深化展开，除创造学部分外，对现代设计法作了更详尽的理论与实践探讨，概论及其定义、范畴、对象、哲理，并提高到方法论的高度作了系统的论述，其他各章对最常用的一些现代设计方法作了扼要的介绍。

流体液压系统现代设计方法（现代设计法丛书） 邓起孝 戚昌滋 中国建筑工业出版社 1985年12月出版

本书在归纳常规设计基础上，对流体液压系统的现代设计研究方法作了有重点的探讨，对现代设计法如何运用于流体液压系统，进行了系统的论述。

（胡善芙、毛士儒选辑）

图　书　统　计

中国建筑工业出版社是城乡环境保护部领导下的专业科技出版社。它的前身是1954年6月1日成立的建筑工程出版社，以及1956年相继成立的基本建设出版社、城市建设出版社和建筑材料工业出版社。1958年随着国务院部、委调整，这四个出版社合并为建筑工程出版社。1961年领随着国民经济的调整，包括建筑工程出版社在内的国务院各工业部所属的八个出版社合并，成立中国工业出版社。1971年中国工业出版社撤销。同年11月15日重建中国筑建工业出版社。

中国建筑工业出版社及其前身
图书出版种数统计

社　名	年　份	小　计（种）
建筑工程出版社	1954～1960	1808
城市建设出版社	1956～1957	104
建筑材料工业出版社	1956～1957	69
基本建设出版社	1956～1957	175
中国工业出版社	1961～1971	554
中国建筑工业出版社	1972～1987	2874
总　计	1954～1987	5584

中国建筑工业出版社
各类图书出版种数统计
（1985～1987年）

年　份	新　版	种　数	重	种　数
1985	一般图书	165	一般图书	79
	其中：工具书	5		
	画　册	5		
	丛　刊	3		
	规　范	63		
	教　材	24	教　材	50
	总　计	189		129
1986	一般图书	165	一般图书	83
	其中：工具书	21		
	画　册	4		
	丛　刊	2		
	规　范	6		
	教　材	43	教　材	36
	总　计	208		119
1987	一般图书	177		115
	其中：工具书	18		
	画　册	3		
	丛　刊	2		
	规　范	43		
	教　材	61		48
	总　计	238		163

报 刊 选 目

建设报 地址：北京市西郊百万庄 电话：8311589 8311587

1686年9月试刊。1987年1月2日创刊。每周二、五出版。城乡建设环境保护部主办的机关报纸。面向群众，面向社会，面向未来，是它的办报方针。宣传建设，推进建设，服务建设，是它的一切工作的出发点。

四川建筑报 地址 成都市解放北路二段95号 电话：31395 本报前身是《西南建筑通迅》，1956年改为现名。文革期间停刊，1982年复刊，四川省建筑工程总公司主办。

甘肃建筑报 地址 兰州市七里河西津东路247号 电话：36921转 1982年创刊，甘肃省建筑工程总公司主办。

陕西建筑报 地址 西安市北大街171号 电话：715191转 1969年复刊，中共陕西省建筑工程公司委员会主办。

建工报 地址 上海市江西中路406号二楼 电话：230984 上海市建筑工程局主办。

天津建工报 地址 天津市河西区西楼后街21号 电话：285083 天津市建筑工程局主办。

山西建工报 地址 太原市新建南路8号 电话：221831 山西省建筑工程总公司主办。

福建建设报 地址 福州市北大路296号 电话：32969 福建省建设委员会主办。

新疆建筑报 地址：乌鲁木齐市青年路17号 电话：24485 本报的前身是《建新报》，创刊于1952年，1959年5月改名为《新疆建筑报》，1961年又改为《建新报》，其中一段时间为四开日报，至1967年1月被迫停刊。1980年7月复刊，用现名。

建筑 地址：北京市西郊百万庄城乡建设环境保护部内 电话：8992849

本刊创刊于1954年，月刊，每月七日出版，16开本，国内外公开发行。

本刊面向全国建筑行业广大干部、工人，宣传党和国家对建筑业的路线、方针、政策，贯彻建设部的工作部署、条法规程，发表有政策指导性文章、调查报告和勘察设计、施工管理、科研、教育、建筑制品、综合开发、对外承包等方面的新经验；介绍国外建筑业的先进经验和科技成果等。辟有“人物专访”、“工作研究”、“百花园地”、“集体建筑企业”、“国外见闻”、“建筑论坛”、“建筑史话”、“建筑画廊”、“设计改革”、“建筑科技”等专栏。

城乡建设 地址：北京市西郊百万庄城乡建设环境保护部内 电话：8992034

本刊是城乡建设环境保护部主办的综合性指导刊物，月刊，16开本，国内外公开发行。

本刊的方针是，积极宣传贯彻党和政府有关城乡建设的路线、方针、政策，介绍建设部的工作部署，总结与交流各地城乡建设工作中的新事物、新成就、新经验，以推动我国城乡建设事业的发展。

本刊辟有“城市规划”、“城市建设”、“城市管理”、“村镇建设”、“城市住宅”、“市政公用”、“市容园林”和“国外城市”等专栏。

建筑经济 地址：北京市西外车公庄大街19号 电话：8992669

本刊原名《建筑经济研究》，1980年试刊，1981年正式出季刊，1983年改双月刊，1985年改名《建筑经济》，并出月刊，16开本，每月中旬出版，向国内外公开发行。

本刊主要刊登建筑经济理论及管理知识、建筑经济管理专题研究、建筑企业经营管理经验及管理现代化方法、集体建筑企业管理、农村建筑经济、建筑设计经济、施工技术经济、能源问题、计划统计、材料、机械、财会、经济核算、国外建筑经济和科学经营管理方法介绍、建筑市场信息、问题讨论、读者问答等方面的文章。

建筑学报 地址：北京市西郊百万庄 电话：8992632

本刊创刊于1954年，月刊，16开本，向国内外公开发行。

本刊是中国建筑学会主办的建筑学综合性学术刊物。主要报道我国建筑学领域的科研成果，交流先进经验，探讨学术问题，促进创作繁荣，为城乡现代化建设服务。辟有城乡规划、住宅建设、建筑理论、设计研究、建筑论坛、建筑实录、设计资料、传统建筑、国外建筑等栏目。

建筑结构学报 地址：北京市西郊百万庄 电话：8992734

本刊创刊于1980年2月，为季刊，16开本，公开发行。从1981年起改为双月刊。

本刊是以报道和交流建筑结构、地基基础、抗震防震等方面在基本理论研究和工程实践中取得的新成就为主的学术性刊物，除刊载学术论文外，并辟有"国外动态"、"工程简介"、"来稿摘登"、"学术讨论"、"学术活动"、"书刊信息"及"软件信息"等专栏，介绍国内外的先进经验和技术，报导有关的学术动态和信息。每期都刊载英文目录和主要文章的英文摘要。

土木工程学报 地址：北京市百万庄 电话：8992667

本刊创刊于1954年3月，是我国土木工程方面的综合性学术刊物。季刊，每季中月出版，向国内外公开发行。

本刊主要刊载土木工程各分科（结构、桥梁、道路、隧道、水利、预应力及加筋混凝土、土力学及基础工程等）的学术论文、科研成果以及设计、施工和教学方面的新成就和突出的技术革新成果。此外，还辟有重点工程报道、学术活动消息、学会会讯、综合性评论等栏，报道有关新信息。

岩土工程学报 地址：南京市虎踞关34号南京水利科学研究院内 电话：33662 电报：5710

本刊创刊于1979年、为中国水利学会、中国土木工程学会、中国力学学会、中国建筑学会、中国水力发电工程学会联合主办的全国性学术刊物。

本刊主要刊登反映国内外岩土工程学理论研究成果及工程实践经验的学术论文、研究报告、专题综述、测试技术、工程实录、情报资料以及学术活动简讯等。

本刊为16开本，公开发行，1984年起由季刊改为双月刊

建筑师 地址：北京市西郊百万庄中国建筑工业出版社 电话：8992820

1979年创刊。每年编辑、出版3～4期。中国建筑工业出版社主办。主要包括建筑理论、城市规划、建筑设计、园林、民居、古建筑研究、青年建筑师园地、建筑师修养、大学生设计及论文竞赛、国外建筑师介绍、国外建筑理论等内容和栏目。

建筑画 地址：北京市西郊百万庄中国建筑工业出版社 电话：8992553

1985年12月创刊。每年编辑、出版两期。中国建筑工业出版社主办，目的在于提高建筑设计人员的艺术修养和创作水平，增加人民群众对建筑艺术的了解，同时也利于进行国际学术、艺术交流。

世界建筑 地址：北京市西郊清华大学主楼八楼 电话：282451-2923

本刊创刊于1980年10月，双月刊，逢双月出版，公开发行。本刊的宗旨是促进对世界各国建筑的了解和研究。刊载内容包括评介各国城市规划和建筑设计的新理论、新实践、新趋向；介绍各国名城市、名建筑和名建筑师的作品；评述各国建设事业的成就和经验；并报导各种建筑科技情报。

时代建筑 地址：上海市四平路同济大学建筑系 电话：462121—429分机 电报：3658

本刊创刊于1984年11月，为16开本，公开发行。

本刊系由同济大学建筑系《时代建筑》编辑部主编的建筑丛刊，是建筑学术性书刊。主要内容：介绍有一定见解的学术论文、设计、创作方案、实践经验、新结构、新材料在建筑上的应用，以及新技术革命对建筑的影响等，同时还适当介绍国外这方面的有关论著和实录，提供当前

建筑活动的信息。开辟的栏目有：研究论文、建筑教育、建筑理论与历史、园林建筑、建筑设计作品、室内设计、建筑技术、建筑师札记、建筑表现、建筑美术、建筑考察、学生作业、学术评论、国外建筑及动态等。

新建筑 地址：湖北省武汉市华中工学院建筑系 电话：70152-709

本刊创刊于1983年10月，季刊，16开本，季末月15日出版，由邮局向全国公开发行。

本刊旨在促进建筑设计的创新与设计方法的革命，提供了一个交流、争鸣的园地，兼及扩大知识面与知识更新的需要。辟有建筑创作论坛、求索、广角镜、中国古建筑研究、近现代建筑理论、方法论与优化、大学生园地、什锦窗等栏目。

南方建筑 地址：广东省广州市流花路85号 电话：61833-35

1981年4月创刊。季刊。广东省建筑学会编辑。着重介绍南方地区有关建筑、城市规划和城市建设理论、实践与技术探讨，兼发国外有关文章。

中州建筑 地址：湖南省郑州市黄河路284号 电话：34798

本刊创刊于1984年7月20日，双月刊，16开本，每逢单月出版，向国内公开发行。

本刊主要内容：有关建筑各学科的论文及对本刊发表过的论文的讨论；对规划和工程设计的评论；规划、设计、施工、建材及其制品的技术性总结；建筑经济方面的探讨以及企业管理方面的经验介绍；有关中、小城镇和乡村建设技术政策的转载和讨论以及小城镇和乡村规划实例与村镇规划、设计方面的知识、经验介绍；农村住宅（包括黄土窑洞的改造）及各种公共建筑、生产建设的设计方案介绍；适用于各地“就地取材”的建筑材料以及新型建筑材料的设计、制做方法；河南省范围内的古建筑、各类传统建筑介绍；辟有城乡建设刊授大学辅导园地。

室内设计 地址：四川省重庆市沙坪坝重庆建筑工程学院内 电话：661989

本刊主要刊载国内、外室内设计方面的论文、动态。附有彩色图片。

建筑科学 地址：北京市安外小黄庄路9号中国建筑科学研究院内 电话：464354

本刊主要刊载建筑科学研究方面的论文、动态。

工程勘察 地址：北京市宽街山老胡同7号 电话：444787 电报：0707

本刊创办于1973年3月，原名《勘察技术资料》，1978年7月改名《勘察技术》，1980年1月改名《工程勘察》。双月刊，16开本，逢单月22日出版。向全国公开发行。

本刊是面向全国基本建设的学术性与应用性科技刊物，设有工程测量、工程地质与岩土工程、水文地质与水资源评价、工程地球物理勘探等专业栏目，主要介绍上述各专业的基本理论、科研成果、技术经验总结、国内外消息动态等。

水文地质工程地质 地址：北京市西四地质矿产部院内 电话：668741转567 电报：0966

本刊创刊于1957年1月，双月刊，逢单月15日出版，16开本，公开发行。

本刊力求全面、及时地反映水文地质和工程地质学科领域内基本理论的探索和专题科研成果；有关水文地质和工程地质调查、勘探和科学实验的经验以及新技术、新方法；国内外科技动态及发展水平的综述；水文地质和工程地质现象的典型照片（野外试验或技术方法等方面的专题性照片）和素描汇编及文字说明等。

勘察科学技术 地址：河北省保定市东风中路51号 电话：7935 电报：4430

本刊创刊于1983年1月，双月刊，16开本，由邮局向全国公开发行。

本刊主要报导工程勘察各专业的生产经验、科研成果与发展动态，开展技术交流与学术讨论。内容包括：工程地质与岩土工程、水文地质、工程测量、水文工程地质钻探与物探及岩石、土试验与水质分析等方面的生产经验总结，仪器设备的革新成果，新技术、新方法的试验研究报告，科学论文，技术发展动态等方面的文章。

建筑技术通讯·建筑结构 地址：北京市西直门外车公庄大街19号 电话：8992630 电报挂号：2594

本刊创刊于1971年，1975年改为分专业出版。双月刊，逢双月出版。16开本。由邮局向全国公开发行。

本刊主要报道国内外工业与城乡民用建筑结构、地基基础方面的新技术，新经验、新成就；工业化建筑结构体系、新结构材料的研究和应用；结构测试技术和抗震等方面的经验和成果；结构和建筑物的实用设计计算方法；各类结构设计规范、规程的阐述和解释等。

建筑技术通讯·施工技术　地址：北京市西直门外车公庄大街19号　电话：8992630　电报：2594

本刊创刊于1975年，双月刊，逢单月出版。16开本。由邮局向全国公开发行。

本刊主要介绍国内城乡建设中各种工程的新技术、新工艺、新材料、新机具，以及国外有关建筑施工的先进方法与设备。为建筑业科研、施工单位的工程技术人员、技术工人、管理干部以及大专院校工业与民用建筑专业的师生提供国内外先进施工技术资料。

建筑技术通讯·暖通空调　地址：北京市西直门外车公庄大街19号　电话：8892630　电报：2594

本刊创刊于1975年1月，双月刊，逢双月出版，16开本，由邮局向全国公开发行。

本刊主要报道工业与民用建筑的采暖、空调、通风除尘、气体净化、洁净技术等国内外先进技术，以及新经验、新设备等。

建筑技术通讯·给水排水　地址：北京市西直门外车公庄大街19号　电话：8992630　电报：2594

本刊创刊于1971年，双月刊，逢单月20日出版，16开本，向国内、外公开发行。

本刊是以报道给水排水的应用技术为主，兼顾技术理论和新技术基础知识的科技情报性刊物。报道范围为：水源保护、取水技术、给排水管网、给水净化、工业用水、城市污水和工业废水处理与利用、水质检测、室内给排水及给排水设备、仪表等国内外先进技术和经验。

混凝土与水泥制品　地址：江苏省苏州市小日晖桥　电话：5202　6046

1979年创刊。双月刊。苏州混凝土水泥制品研究院编辑、出版。主要报道混凝土和水泥制品的应用技术、生产施工经验、科研设计成果和基础理论。

硅酸盐建筑制品　地址：辽宁省沈阳市南湖　电话：23424

1973年1月创刊。双月刊。中国建筑东北设计院编辑、出版。主要刊载加气混凝土、硅酸盐砌块与板材、轻骨料等方面的文章。

混凝土及加筋混凝土　地址：辽宁省沈阳市南湖　电话：24537

1979年10月创刊。双月刊。中国建筑东北设计院编辑。刊登各类混凝土、水泥混凝土建筑构件、混凝土外加剂等方面文章。

工程机械　地址：天津市丁字沽三号路　电话：67-144　电报：5000

本刊创刊于1964年，月刊，每月20日出版，16开本，向国内外公开发行。

本刊作为工程机械行业的综合技术性刊物，本着普及与提高相结合的方针，有针对性地选登一些具有一定学术水平的科技论文，并从提高产品质量与使用维修技术水平的需要出发，全面报道工程机械八大类产品（即挖掘机械、铲土运输机械、工程起重机械、桩工机械、压实机械、钢筋混凝土机械、路面机械、凿岩机械与风动工具等）的科研、试验、设计、制造、使用维修等各方面的经验与成果，以促进全行业技术的发展。除此，本刊还选登行业科学管理，普及与推广新技术，提高质量，扩大品种，提高经济效益以及促进产品升级换代，提高使用寿命，合理使用与维修，推广国际标准等方面的文章。

建筑机械化　地址：河北省廊坊市金光道　电话：2416　电报：0948

本刊创刊于1980年，系中国建筑机械化协会会刊，是介绍国内外机械化施工和建筑机械的综合性科技刊物。月刊，16开本，每月24日出版，向国内外公开发行。

本刊以机械化施工与建筑机械相结合，加强施工与制造单位的联系为特色，主要报道：机械化施工技术、建筑机械、电梯、建筑扣件与横板、构配件生产技术、设备管理与维修、企业经营管理、检测技术、节能、革新、改造、技术经济研究、标准化、技术咨询等内容。辟有专栏，为读者提供国内外科研、新产品、新工艺、新材料及使用等各种信息。

工程抗震　地址：北京市安外小黄庄路9号中国建筑科学研究院工程抗震研究所内　电话：464354；463631-373　电报：5912

本刊创刊于1979年，原名《地震工程动态》季刊，16开本。

本刊是由中国建筑学会地震工程学术委员会和建设部抗震办公室主办。是工程抗震专业的综合性技术刊物。主要是宣传我国有关工程抗震方面的方针、政策；刊登最新科研成果及其应用；交流抗震设计、加固经验和施工先进技术；介绍抗震规范、规程及其制定背景；报导国内外地震工程动态。

建筑电气　地址：四川省成都市金华街168号　电话：32823　电报：1122

本刊系综合性电气科技刊物。创刊于1981年10月，季刊，每季中月20日出版，16开本，国内公开发行。

本刊主要内容是：工业与民用电压在35千伏及以下的小区规划、变配电所、继电保护、建筑供配电、电气照明、电子技术应用、空气调节、自动控制、建筑物及构筑物的防雷保护、电力设备接地、电气设备安装、线路敷设、火灾报警、防静电、电磁屏蔽、电气抗震、弱电通信技术等；以及电气节能、农村用电等方面的电气设计与安装、运行的科技成果。

工业建筑 地址：北京市海淀区学院路43号 电话：66 4061—400 电报：9144

本刊创刊于1963年，原名《冶金建筑》1983年起更名为《工业建筑》，系全国性的工业建筑综合性科技刊物。月刊，16开本，限国内公开发行。

本刊报道的主要内容有：工业建筑、建筑结构、地基与基础、建筑材料、施工技术等。辟有中心栏、二栏、以及老厂维修改造经验、工程建设国家标准规范简介、技术讲座、国外小资料、文献介绍、创造革新动态等专栏。

建筑技术 地址：北京市复兴门外南礼士路19号 电话：86 3037

本刊创刊于1974年1月，月刊，每月24日出版，16开本，公开发行。

本刊是以实用性、资料性、学术性为特点的综合性建筑科技杂志。每期围绕一个建筑科技专题发表系列文稿组成专辑。主要刊登建筑施工技术、混凝土制品工艺、建筑设计试验研究、建筑材料、建筑机械和设备安装等方面的文章，推广交流国内建筑新技术、新成果以及先进实用的施工技术经验，报道国外建筑科技发展水平、动向和成就，探索建筑技术发展的方向和途径，介绍国家技术标准与规范，普及建筑技术与管理科学知识。

建筑技术开发 地址：北京市复兴门外 电话：81 1031转31号分机

本刊创刊于1974年，原名《建筑技术科研情报》，双月刊。为适应建筑行业体制改革的需要，自1985年起改名《建筑技术开发》，并由"限内部发行"，改为"国内发行"。

本刊以建筑产品为对象，大力推广交流有关新材料、新工艺、新技术、新设备的研究开发成果，主要内容包括：混凝土制品与工艺、建筑施工技术、建筑机械、建筑工程材料、建筑技术经济、电算与测试技术等专业。主要栏目有：技术开发论坛、研究与开发、建筑技术市场、专题情报综述、国外建筑技术开发等。

中国给水排水 地址：天津市河西区气象台路 电话：33 1730～33转272分机 电报：7230

本刊创于1985年1月，季刊，每季首月末出版，16开本，国内公开发行。

本刊系全国性给水排水专业的学术性刊物。主要刊登以给水排水工艺为主的应用技术论文、科研成果、工程设计总结、专题论述及国内外科技信息等。

古建园林技术 地址：北京市地安门东大街129号 电话：44 0801

本刊于1983年12月份创刊，从1984年起按季出刊，16开本，向国内外公开发行。

本刊是中国古建园林传统技术理论与实践并重的专业性刊物。辟有古建传统技术、古典园林工程、传统建筑与园林的设计施工、古建园林艺术研究、古建历史文献介绍、古建修缮经验及古建文物保护维修政策、方法的研究探讨等栏目。

村镇建设 地址：北京市西郊车公庄大街19号 电话：8992692 电报：2594

本刊创刊于1984年2月，季刊，1985年改为双月刊16开本，向国内外公开发行。

本刊是目前国内唯一为村镇建设服务的科普刊物，主要面向农村，向各地村镇建设工作者介绍国内外村镇建设的经验和成就，并向广大农民和能工巧匠普及建筑科技知识，提供一些乡村规划及住宅设计实例。也是农村知识青年学习建筑基础知识的园地。

建筑知识 地址：北京市西郊百万庄 电话：8992667

本刊于1980年创办，原名《建筑科普》，出版6期。1981年改名为《建筑知识》，16开本，双月刊，向国内公开发行。

本刊是建筑科学技术的综合性科普期刊，内容包括城镇规划、农村建设、建筑设计、建筑结构、施工、材料、设备、市政工程、园林绿化等。辟有基础知识讲座、三新、科技集锦、居住与生活、事故与防治、答读者问、建筑文摘等众多栏目。

建筑工人 地址：北京市复兴门外南礼士路19号 电话：86 2531—20

本刊创刊于1980年5月，月刊，每月15日出版，32开本，向国内公开发行。

本刊是以实用性、知识性、趣味性为特点的建筑科普杂志。设有经验交流、建筑知识、技术革新、技术讲座、农村建筑、考工顾问、队组管理、安全园地、创全优、建筑与生活、施工辞海、科技信箱、古建集锦、建筑电话、建筑花坛、俱乐部、服务台等栏目。

建筑施工 地址：上海市 卢湾区 打浦路303弄30号 电话：3737660 电报：6413

本刊创刊于1979年1月，由上海市建筑施工技术研究所编辑出版。为双月刊、16开本，1985年起向全国公开发行。

本刊系建筑施工专业刊物，主要介绍建筑地基、结构、设备安装、饰面的施工技术；交流上海建筑施工新工艺、新技术、新机械、新材料和科学实验研究的新成果；探索建筑施工管理现代化的途径；开展对建筑经济的研究；同时还报道国外引进技术、材料、设备的应用实践以及国内外建筑科技的发展水平和动向等。

住宅科技 地址：上海市 复兴西路193号 电话：313913

本刊创刊于1980年7月，月刊、16开本，国内发行。

本刊是以住宅为对象，进行综合研究的专业性刊物，主要刊登住宅的规划、设计、施工、维修、旧住宅改造、室内外装饰、房屋设备维修更新、白蚁防治、庭园绿化、新型材料等应用技术，及有关政策、科技成果、技术革新、技术改造的经验和国外动态，以及房产经营管理等有关内容的文章。

建设信息 地址：安徽省合肥市环城南路2号 电话：77333转212 电报：4639

本刊创刊于1984年6月20日，为半月刊，属快讯性质，旨在交流信息、沟通渠道、宣传推广适用新技术、促进科技成果向生产转移。着重于建筑材料与制品、建筑设计与城镇规划、微型电子计算机应用与建筑节能、水、暖、电、勘测以及环境质量评价、环境治理技术、环境监测技术和环境管理等各方面。当前特别侧重于村镇建设、重点污染源的治理技术和体制改革方面的技术信息及经验交流。主要面向省内各有关业务部门。

浙江建筑 地址：浙江省杭州市莫干山路文二路2号（浙江省建筑科学研究所内） 电话：88714转5分机 电报：4591

本刊系浙江省建筑业的综合性科技刊物。创刊于1984年10月1日，双月刊、16开本、向国内公开发行。

本刊主要报导浙江省城市规划、建筑设计、建筑结构、建筑施工与安装、建筑工程材料、村镇规划等方面的新技术、新经验、新成果；选登优秀设计方案与作品、建筑实录、刊授辅导教材、科普讲座等；并将着重报导浙江省风景旅游建筑、冷拔丝预应力混凝土技术和软粘土地基加固处理方面的新成就。力求反映浙江省建筑技术的风格与特色，努力为促进全省的基本建设、经济改革、人才培养，以及提高全行业的科技水平和管理水平服务。

四川建筑 地址：四川省成都市解放路二段95号 电话：31140 32951 电报：2457

本刊创刊于1981年5月28日。季刊，每季仲月28日出版，16开本，国内公开发行。

本刊为综合性建筑技术刊物。主要刊登四川省建筑学会各专业学术委员会的学术论文、技术经验总结、科研和革新成果，推广和宣传实用技术，报导建筑技术知识。

四川建筑科学研究 地址：四川省成都市外北梁家巷 电话：31213转编辑部 电报：0036

本刊创刊于1975年10月，原名《建筑技术科研情报》，从1979年起改名《四川建筑科学研究》。季刊，季末月25日出版，16开本，由邮局向国内公开发行。

本刊以报导建筑应用技术研究为主，主要内容包括：建筑体系、钢筋混凝土与预应力混凝土、砖石与木结构、工程抗震、地基基础、建筑材料与制品、建筑标准与规范、建筑工程测试技术、建筑经济与管理、农村建筑和国外科技等。

广东建筑研究 地址：广东省广州市沙河顶 电话：76046 电报：0282

本刊创刊于1973年8月，为不定期的内部发行刊物，每年出版4期，16开本。读者对象为省内外各建筑部门的工程技术人员及部分大专院校师生等。

本刊旨在宣传推广新技术、新工艺、新产品、新材料，促进科技成果向生产转移，交流建筑科技信息着重介绍建筑设计与城镇规划、工程结构、建筑材料和制品、建筑机械、施工技术与管理、地基与基础、暖通空调、给水排水等方面科学技术的进展及成果。并适量报道省内外建筑业的试验研究情况及国外建筑研究的新动向。

重庆建筑工程学院学报 地址：四川省重庆市沙坪坝 电话：661989 电报：5120

本刊创刊于1957年，16开本，不定期发行。1966年停刊，1979年复刊，1982年定为季刊向全国公开发行。

本刊是以反映本院教学、科研成果为主的建筑科学技术综合性学术刊物。刊载内容包括建筑材料、建筑设计、城乡规划、建筑结构、建筑施工、建筑机械、工业自动化、地下建筑、给水排水、供热通风、燃气供应、建筑经济与管理以及有关基础学科领域的科研成果和学术报告、理论探讨、综述等。

哈尔滨建筑工程学院学报 地址：黑龙江省哈尔滨市西大直街144号 电话：33509转 电报：2049

本刊创刊于1959年6月，为季刊。1965年停刊。1973年复刊，不定期出版。1981年起恢复为季刊，16开本，向全国公开发行。

本刊主要报道，结构工程、建筑学、市政工程、建筑热能工程、建筑经济管理、建筑材料、工程机械、电气自动化、道路工程、力学、数学、物理、化学、工程制图等方面的科研成果、学术论文、理论探讨、专题性和综合性的动态评述等。

南京建筑工程学院学报 地址：江苏省南京市中山北路200号 电话：32002转科研科 电报：9098

本刊创刊于1984年11月，16开本，现为试刊阶段，不定期出版。

本刊主要刊登建筑学、工程结构、建筑施工、建筑材料、建筑机械、给水排水、地质勘探和测量、力学等诸方面的研究成果、学术论文等。

沈阳建筑工程学院学报 地址：辽宁省沈阳市东陵区文化路3段3号 电话：483521 电报：1331

本刊创刊于1979年8月、1984年起定为季刊，16开本，内部发行。

本刊系理工科综合性学术刊物。主要内容包括数学、物理、化学、力学等基础学科，及机械制造工艺与设备、机械设计与制造、起重运输与工程机械、工业电气自动化、计算机及应用、工业与民用建筑工程、供热通风与空调工程、给水排水工程、建筑材料与制品、企业管理等专业学科的学术论文、科研报告、理论探讨、评述等。

西北建筑工程学院学报 地址：陕西省西安市小寨 电话：5—3241 电报：4455

本刊创刊于1984年10月，为双季刊，16开本，每年4月1日和10月1日出版。内部发行。

本刊主要刊登建筑学、城乡规划、城镇建设、工业与民用建筑、给水排水、供热与通风、制冷空调、建筑机械与电气等专业，以及数、理、化、力学等基础学科的学术论文、科研成果、研究生及大学生的专题论文等文章。适当刊登建筑工程和城乡建设各个领域的发展动向、综述、评论及有关科技史方面的文章。

同济大学学报 地址：上海四平路1239号 电话：462121—3444 电报：3658

本刊创刊于1956年，为理工科综合性学术刊物。季刊，16开本，每季月末出版，向国内外公开发行。

本刊主要刊登本校建筑学、城市规划、园林绿化、建筑结构工程、桥梁工程、地下建筑工程、道路工程、工程地质、水文地质、测量、给水排水工程、环境工程、工程机械、机械制造工艺、供热与通风、城市燃气热能供应工程、热能动力机械、工业自动化、电子仪器测量技术、计算机工程、建筑材料工程、管理工程、海洋地质、海洋地球物理勘探、应用数学、固体力学、应用物理、应用化学、德语等学科领域的学术论文。

西安冶金建筑学院学报 地址：西安市雁塔路西安冶金建筑学院 电话：5—2871 电报：西安市3555

本学报创刊于1957年2月。季刊，16开，公开发行。

本学报反映本院科学研究的成果与经验，其目的是通过学术交流以促进科学技术的发展和教育质量的提高。

本学报是以土建类为主的综合性自然科学学术刊物。主要刊载有关建筑学、工业与民用建筑、工程力学；环境保护、供热通风、给水排水、工业运输、建筑机械、矿山机械、建筑经济、工程管理、工企自动化、采矿、选矿、有色冶炼、金属压力加工、金相、耐火材料等专业和基础理论方面的学术论文、科研成果报告、实验新技术以及理工科教材评论等文章。

湖南大学学报 地址：湖南长沙岳麓山湖南大学 电话：83171 电报：1801

本刊创刊于1956年，是反映自然科学研究成果的综合性学术刊物，现为季刊，16开本，国内外公开发行。主要刊载建筑工程、土木工程、数学、物理、力学、计算机科学及化学化工、机械、电气、环境保护、经济管理工程等方面的学术论文和科学实验报告。

清华大学学报 地址：北京市西郊清华园 电话：282451—2044 电报：1331

本刊创刊于1955年12月，16开本，原为季刊，1985年下半年起改成双月刊，向国内外公开发行。

本刊是自然科学类的综合性理工期刊。主要内容包括：建筑学、土木工程、环境保护、水利、机械、仪器、汽车、热能、核能、电机电器、无线电、计算机、自动化、化学化工、物理、数学、生物、力学以及经济管理等学科在内的现代科技领域的基础理论和应用技术的研究进展及成果论文。

西南交通大学学报 地址：四川省峨眉县 电话：西南交大总机转5275

本刊创刊于1954年，季刊，16开本，向国内外公开发行。

本刊主要刊载铁道科学与技术、土木工程、机械工程、电气工程、计算机科学、材料科学、工程地质与测量、应用理科、运输及管理工程等方面的科研论文、实验新技术、国内外科学技术发展的新水平、新动向述评，以及新技术运用、学术讨论、技术革新成果报告、科研进展与成果、学术活动和科技信息报导文章等。

南京工学院学报 地址：江苏省南京市四牌楼 电话：34691—7转627 电报：0515

本刊是综合性科学技术刊物，创刊于1955年7月，季刊，16开本。每季初月20日出版，向国内外公开发行。

本刊主要刊载本院在建筑、土木、机械、动力、无线电工程、电子工程、计算机科学与工程、生物医学工程、材料科学与工程、管理科学与工程、自动控制以及数学、力学、物理、化学等方面的理论和应用研究的学术论文，包括新的理论、新的设计、工艺、材料、设备等。

华中工学院学报 地址：湖北武汉 电话：70154转800 电报：7122

本刊系理工科综合性刊物，创刊于1973年10月，为双月刊，16开本，向国内外公开发行。

本刊主要内容是：建筑学与建筑结构、自动控制、电子计算机科学、无线电工程、光学工程、生物工程、船舶与海洋工程、经济管理等方面有创见的学术论文和科研成果的理论总结，并选登科技新见解和学术争鸣等文章。每年按学科出若干专辑或特辑。

华南工学院学报 地址：广东省广州市石牌 电话：77461

1957年创刊。季刊。主要刊载建筑、化工和其他学科方面的论文。

北京工业大学学报 地址：北京东郊九龙山北京工业大学 电话：784631转320

本刊创刊于1974年，季刊，16开本，由邮局向全国公开发行。

本刊是北京工业大学主办的理工科综合性学术刊物，主要刊登土木建筑、化学与环境工程、应用数学、应用物理、计算机、金属材料、热能等方面的学术论文和科研总结报告，以及综述评论、自然科学发展史、教学经验和最新科学知识介绍等。

中文科技资料目录·建筑工程 地址：北京市车公庄大街19号 电话：8992519 电报：2594

本刊创刊于1961年、原名《国内建筑技术内部资料索引》，1968～1972年停刊。1973年复刊。1977年以后，列入国家检索刊物体系，改名《中文科技资料目录·建筑工程》，是我国专业检索刊物的一个分册。月刊，16开本，国内公开发行。

本刊报道内容为城乡建设环境保护部所属业务范围的中文资料，有：工程勘察、城市规划、市政工程、环境保护、园林绿化、建筑理论与历史、房屋建筑设计与结构计算、给水排水、暖通空调、燃气工程、电气工程、建筑材料与制品、施工与安装技术、建筑机械与工具、建筑经济、房产管理、建筑物理等。以题录和简介的形式编辑出版，每期介绍建设部收藏的文献资料1000篇左右。一直使用《建筑工程资料分类表》对题录进行标引，并按照全国科技文献编委会的规定，使用统一的注录格式，每期均刊登使用说明，逐年编印年度索引和本刊引用期刊一览表。为广大建筑、城建科技人员提供信息、交流资料。

国外科技资料目录·建筑工程 地址：北京市车公庄大街19号 电话：8992509 电报：2594

本刊创刊于1962年。1968～1973年停刊。1974年复刊，1977年列入国家检索刊物体系。月刊，16开本，向国内外公开发行。

本刊系查找建工、城建专业国外科技资料的必备工具，报道建筑图书馆收藏的外文期刊和图书。内容与中文科技资料目录一建筑工程相同，每期刊登1200篇左右的国外文献题录。

（卞之文选辑）

论 文 选 目

城镇化与城镇体系 齐 康 夏宗玕 《建筑学报》1985年2、3期

城镇化和城镇体系的研究需要从研究中国城镇化的道路和途径作为出发点，这个出发点就是城镇化和经济发展相关关系，就是和国家经济发展、战略发展部署相联系并取得一致。工业的发展和城市交通运输的现代化，原有城镇的基础是促进城市化的主要因素，地域人口的变化、国家的经济体制、社会的性质、政治、历史等综合因素，都影响着城镇化和城镇体系。

城镇化和城镇体系的研究，必须从我国国情出发。科学的预测对城镇化和城镇体系的研究也是必要的，到达2000年，国民经济总产值翻两番；人均收入 800～1000 美元。这些目标是要通过自上而下的重点建设项目和自下而上的农业经济发展，社队企业发展促进小城镇的建设和发展，使城乡相互融合。

城镇化和城镇体系的研究要从城镇的分布密度、性质、规模、环境、背景、腹地、城镇建设的基础条件作为制约条件和发展条件来研究，在不同条件下所要求解决的矛盾是不同的。

城市土地的使用价值、价值与价格 胡兆量 《城市规划》1986年第2期

城市土地的价格问题是城市经济学和城市地理学的基本理论问题，也是城市规划和城市管理中的重要理论问题。建国以来，由于忽视了对城市土地价值与价格的研究，无法运用价值规律来促进城市土地的合理利用，在实际生活中，造成许多不良的后果。

社会主义公有制并不排斥地价，相反，社会主义公有制需要地价。把土地公有制和地价杠杆完善地结合起来，我国的城市建设必将有一个新的面貌。为此提出三点建议：

1.城市规划要对城市土地资源的使用价值，价值、价格进行综合评价。只有根据综合评价部署城市用地才有比较科学的根据。

2.研究制订合理的土地征用价格体系。

3.使用土地的单位应该把土地列为固定资产的一部分，打入产品成本，应该向城市管理部门交纳一定的地产税。

充分利用“黄金水道”建立沿江“经济走廊”——长江中下游生产力布局研究 宋家泰 郑弘毅 李应明 蒋宁玲 《城市规划》1986年第4期

这一地区是全国人口最密、经济发达，且潜力十分巨大的经济地区。开发长江，充分利用这一“黄金水道”，建设中下游沿江地区经济走廊，是我国社会主义四化建设的的客观要求，是实现本世纪内工农业总产值翻两番的重要保证。

长江今后将是我国生产力东靠西移的主要通道。中下游地区也是我国经济起飞的关键。为了到本世纪末，使本区建成为工、农、交通和城乡经济全面发展、对内对外商业贸易十分发达的强大的沿江经济走廊，从经济发展战略观点出发，提出以下三个方面看法：（一）充分发挥沿江地区“两通”优势。（三）建立沿江经济走廊。（三）形成和发展沿江地区城镇体系。

为了充分发挥长江“黄金水道”的优势，并促进沿江经济走廊的建设，提出以下几项建议：（一）长江中下游沿江地区应该成为我国生产力布局的重点地区。（二）全面整治长江。（三）建立以水运为主体的综合运输网。（四）建设经济走廊，大力发展工业。（五）有计划有步骤地开放沿江城市。（六）逐步按照经济地域组织形式，进行沿江地区经济活动。

关于城市科学研究 吴良镛 《城市规划》1986年第1期

一、城市研究的理论与实际问题。城市研究的目的，不仅在于解释世界，还应当立志于改造世界。而多学科的城市研究就有可能剖析得更深刻些，解决得较为完善些。

二、城市研究需要借助于如系统理论等新的学术思想、理论和方法。对城市系统研究，有助

于全面地提高我们建设的经济效益、社会效益和环境效益。

三、多学科与单学科的关系。在城市科学体系中，城市的综合研究，可以促进相邻学科的交汇与边缘学科的生长，带动水平不一的有关学科的综合提高。但另一方面，还有赖于有关学科本身的提高，对此，不能有任何片面性。

四、城市研究与城市学。城市研究包括着一大宗学科群组，城市研究的学术界有感于城市问题的综合性与城市研究各个学科的不完善，有人认为必须创造一个新学科，称之为城市学，也有同志提出过成立“中国城市学学会”的建议。最近钱学森先生提出了建立“城市学”的新见解。

从我们这个学科来说，不仅要更积极地推动发挥城市的多种职能，还应落实在为人民创造一种良好的城市工作和生活环境，因此城市学科的研究，归根到底是为了人，可以说这是属于“关于人的科学”（马克思语）

论住宅的建设、使用及住房消费 林志群 《城市规划》1986年1～4期

本文的立意，是对住宅的建设、使用以及住房消费在国民经济中的地位，定量地进行探讨研究。分三部分：一、国际情况。先从全世界的范围说起，尽可能多地列举各国的情况，做一个横断面上的观察；接着解剖几个主要国家在几十年中的变化发展趋势，做一些纵剖面的考查，然后提出几点值得注意的现象。二、我国的现实情况。分为十一届三中全会以前和三中全会以后两个时期，着重从住宅建设与使用在国民生产总值中的比重以及住房消费在整个消费结构中的比重的变化，来看两个时期的特点，以及当前存在的问题。三、对未来的展望。分为两节，一是来自世界银行的信息；二是我国实行住宅商品化的前景。对我国城乡住宅的发展趋势做一点预测，重点放在如何根据中央确定的住宅商品化的方针，探讨实施的可能途径。

本文通过大量的原始资料，主要是表格形式的统计数据，为今后的研究提供了条件。同时在做出一些肯定判断的同时，说明迄今为止尚未解决的一些问题与困难。

用建筑记录我们伟大的时代 尹培桐 《建筑学报》1985年11期

现代建筑的种种思想、观点、方法推广到世界许多国家后，就在世界范围内广泛流行开只有共性而无个性的“国际式”建筑样式。今天的世界是一个多元化的时代，建筑作为文化的一个重要组成部分，又怎能以抽象的普遍性强加给各个不同国家不同地区的不同民族呢？

东西方建筑传统，是完全不同的两个体系，有着极大差异。中国建筑比较注重宏观效果，西方建筑偏重自身的魅力。

建筑的发展不可能割断历史而凭空创造，对传统不应持虚无主义观点。建筑本身是一个创造过程，继承传统只是手段而不是目的。

要进行创作，首先得有一个正确的创作态度，必须树立起作为建筑师的责任感和进取精神。

建筑的思维本质在于创造 汪正章 《建筑学报》1986年7期

1.从建筑矛盾的复杂性看“创造”——建筑创作的思维活动、通常是在极其苛刻多变的条件下进行的、创造活动就是矛盾的创造性解决、单纯“因袭”和“模仿”式的设计方法和缺乏表现力的“一般性”设计不仅远离于创造、且有别于“设计”的本来涵义。创造性的思考和解决应在设计中善于抓住主要矛盾、“使复杂多样的要求条理化起来、并找出本质的东西、有区别、有个性地而不是程式化地去满足他们”。在全面思考的同时、有所择取、有所侧重。2.从建筑目的的兼容性看“创造”——建筑学是创造人类生活环境的综合的科学和艺术，建筑师的思维特点是逻辑的、理性的、又是感性的、形象的。因此既要善于发现每个设计中的科学真理、又要有志于创造美的建筑形象。3.从建筑条件的差异性看“创造”——时域、地域、对象及物质技术是决定建筑师创作思维的客观基础。我们承认条件的影响、却并不否认建筑师自我意识的主导作用。建筑作品的个性、正是建筑师个人创造力量的物质和外部体现。

《建筑创作与时代精神》 熊明 《建筑学报》1985年1期

建筑创作中的“真与假”、“少与多”、“新与旧”三对矛盾对反映时代精神最关紧要。1.真与假——创作必须有独创性。而真实是独创性的基础。“真实”首先是生活空间符合功能要求，艺术形象与生活空间有机结合。“真实”还存在于如何对待技术的问题之中、在建筑中合理地使用新材料新技术、不仅能达到经济合理地构成生活空间的目的、还可以加强建筑艺术形象的表现力。2.少与多——简练由融洽丰富而来、所以简练又蕴蓄着丰富。建筑形象也是如此、愈简练表现力愈丰富、格调愈高。经过锤炼、去掉一切可

有可无的东西、更加突出生活的本质、事物的规律、达到更高级的美。3.新与旧——建筑是生活空间与艺术形象的对立统一，形式确有相对的独立性、有自己发展的继承性。但新形式的创造不能以旧形式为依据，只能以新内容为依据。生活是创作的唯一源泉、古代的建筑是以古代的生活为源泉而创作的、创作现代的中国建筑应从今日生活出发：满足现代的使用要求、用现代的技术材料、反映时代的精神面貌。

建筑贵在创新 余卓群 《建筑学报》 1985年9期

千百年来，建筑的发展，总结了前人的经验又给人以新的启迪。文中就几个方面的分析，以改变我们固有的建筑观，充分理解建筑创新的目的。时代需求指出各种优秀建筑的生产，都离不开具体的社会条件和历史背景，建筑创作如跟不上时代需求的步伐，赞赏已成的格局，默守和承袭过去型制，将会给建筑创作带来桎梏。纵横渗透说明建筑处在广阔的社会环境中，与人民生活习惯有千丝万缕联系，是多层次、多向性的发展，彼此有一定的渗透和影响。符号变迁说明建筑符号和语言不是一层不变的，建筑符号以社会的约定俗成为基础，经过社会实践的筛选为人民所公认。情理交融阐明了建筑的社会利益，环境效益，经济效益是多方面的，建筑仅仅完成功能要求是不够的，还要兼顾历史长河中，旧的衰落、消亡，新的产生、壮大、发展的规律，继承是时间性，创新是永恒的。创新是建筑创作的精髓，我们对有些词要有鲜明态度，为建筑创新大开绿灯。

传统的继承与发展 ——我国现代建筑创作探讨 薛恩伦 《建筑学报》1986年第2期

为了进一步繁荣建筑创作，在继承传统方面，归纳起来大体有四种。一、想比较全面地继承和发展我国传统建筑形式和风格，在功能许可的条件下，无论是平面布局，空间处理或立面造型，都尝试学习、运用传统的手法，例如南京中山陵、北京美术馆、福建武夷山庄等都是比较成功的例子。二、局部地运用传统形式，或者说是把传统的形式做为“符号”来运用。三、是把传统的形式加以抽象和变形，用联想和隐喻的手法再现我国的传统风格。这是我国目前不少建筑师正在探索的一种创作思路。目前我国尚无成熟的实例。四、认为继承传统不应仅仅着眼于形式的探求，应继承先人分析问题、解决问题的方法和思路，从而寻求我们今天应有的建筑形式。这种创作思路是更深一层的继承传统，可以找出带普遍性的规律。

不能把继承传统与吸收外来文化对立起来，要兼收并蓄。我国在评价建筑时应当与外国人有不同的标准，有不同的价值观。我们应当从理论的高度深入分析、研究我国各种类型的传统建筑，这将有助于推动我国现代建筑的创作。

中心地理论的进一步探讨 柯建民 陈森发 《城市规划》1986年第4期

中心地理论是由德国地理学家瓦尔特·克里斯泰勒在三十年代提出来的、关于一定区域内城市和城镇职能、大小及空间结构分布的学说。其一些基本原理至今仍具有一定的普遍意义。我国城市商业服务中心布局规划与中心地理论的两个最主要的原则——交通费用最省、利润最大和中心规模从大到小按等级分布的提法并没有什么不同。只不过中心地理论提出了具体的六边形模式，而我们还停留在按级分配的定性分析水平上，有必要进一步探索。我们剖析城市商业服务中心分布规律的内涵，发现以下几个问题具有一定的普遍意义：

城市人口分布的不均匀性导致了商业服务中心的替代与扩散变化；

城市道路交通特征使商业服务设施向可达性好的地区集中并造成作用圈变形；

居民购物方式不仅影响商业服务中心分布而且使中心规模向两极分化。居民购物的选择性、购物出行的顺行性和向心性，导致城市大的商业服务中心规模趋向于更大，内容更全，小的中心则趋向于分布更均匀更方便，而属于中间层次的中心，作用在降低。

城市社会空间的研究与规划 虞 蔚《城市规划》1986年第6期

城市是一个由物质空间和社会空间组合而成的空间实体。城市规划与设计可以归结为人的即社会空间的规划和地的即物质空间的设计。

七十年代产生了一种新的社会空间研究方法，即因子生态分析法。

对上海中心城社会空间的分析发现主因子有两个：人口聚集作用（呈以市中心为主要核心的多核同心圆）和文化职业构成即社会经济地位（与西欧北美相似呈扇面状）。

在不同地区，城市的社会空间有其独特的主因子。在上海中心城，影响社会空间最重要的一个因素是长期的住房紧缺，这给上海社会空间带来压缩效应和阻滞效应。上海社会空间规划首先必须减弱人口集聚作用。上海中心城社会空间另一大特点是人口文化职业构成的影响。问题是社会主义国家是否要保留社会经济地位的差异。从几个东欧国家城市社会空间规划看，它们还是留有这种等级差异。

形象思维和形态构形　——建筑创作思维特征刍议　莫天伟　《建筑学报》1985年第10期

要说明建筑创作的思维特征，必须把它放到建筑设计的过程中去探讨。

一个建筑设计方案，环境、功能的要求，结构构造的可能，使它具有这样的形状；材料特性、施工技能、经济条件保证这样的形状能做得出来。显然，这种思维过程属于形象思维。说它是形象思维，是取决于建筑创作思维过程本身的特性。

在建筑创作思维过程中，逻辑思维同样是重要的。然而我们说逻辑思维重要，仅指它的审省作用而已，就建筑创作思维的整体而言，两种思维方式绝不是并重的，更重要的是不干扰形象思维的连续性。功能的实现，技术的保证，经济的制约，只有通过其转为心理信息，化成为形象而渗透进形象思维过程才有意义。

对于建筑设计来说，建筑形态的构成过程即上述“新的形象系统”的建立过程，形态构成是建筑设计各思维元素的结合部。这种把思维元素连结成新的形象系统的能力，对建筑师来讲至关重要，岂但是看家本领，简直应视为身家性命。

中国现代建筑历史（1949～1984）的分期及其它　龚德顺　邹德侬　窦以德　《建筑学报》1985年第10期

建国以来三十五年的中国现代建筑历史，分为以下六个时期：

一、1949～1952国民经济恢复时期，基本建设规模较小。

二、1953～1957第一个五年计划时期，经国内有影响的专家倡导，掀起了以大屋顶为特征的探索“民族形式”的创作活动。于1955年初，对以“民族形式”为主要旗帜的“复古主义”进行了批判。

三、1958～1960“大跃进”和经济困难时期，建筑界在“双反”（反浪费，反保守）的基础上，开展了以“快速设计”和“快速施工”为中心的“双革”（技术革新，技术革命）运动。

四、1961～1964经济调整时期，在基建规模大减、“非生产性建设”基本停止的情况下，设计单位也相应进行了精简。

五、1965～1976“文化革命”的十年，建筑设计战线上的知识分子不但作为思想改造对象，而且许多单位被拆散、撤销、下放。

六、1977～1984建设社会主义现代化强国的新时期，十一届三中全会以后，学术思想及建筑活动空前活跃。

创作有个性的建筑　白佐民　《建筑》4986年第5期

建筑创作，我们更大胆追求的应该是建筑的“个性”。追求“个性”绝不是信“手”开河，绝不是凭设计人员主观想像随心所欲。恰恰相反，这里所说的追求“个性”是要求设计人员严格遵循客观实际。建筑创作从来就不曾像文学、绘画、音乐艺术的创作那样“为生活中的某些人物、事件或自然景象的强烈吸引，从中领悟到了生活的某种意义、价值和美，产生了一种要把它在艺术上表现出来的念头或冲动而进入创作过程的”，建筑师的创作活动是从接受社会订货开始，且所面临的是一系列的客观制约条件，整个创作过程是一个“受控”的制约过程，这种制约包括环境、包括行为、包括社会、包括技术，任何一个成功的设计是不可能迈过这些制约的，相反地是要在能动地找寻制约条件的过程中，从必然走向自由。可以毫不夸张地说，一个设计方案对客观制约条件把握得愈充分，把握得愈准确，就会深入地认识创作对象的“自我”，从而就会产生出与众不同的有“个性”的建筑。

论建筑的风格、形式、内容及其他　戴念慈　《建筑学报》1986年第2期

建筑既是一种科学技术，又是一种艺术。实用和工程学是建筑学的先决条件，而建筑艺术则是在这个基础之上创造出来的。

建筑风格是指建筑实践中所已经形成的某种相对固定化了的东西。是对已有创作成果的事后归纳。所谓中国社会主义建筑新风格，只是历史发展的一种结果，不可能也不宜于事先作出规定。建筑的内容就是构成建筑的物质功能、精神功能和社会功能等等这些内在要素的总和。其中后两项就有个意识形态的问题，就会牵涉到社会制度的问题。因此对中国来说，要求建筑的社会主义内容是个客观存在。建筑，为什么要提民族形式？这是因为它建设在中国的土地上，为中国的四化服务，必须与中国的国情、中国的民族特点相结合。搬用一点人家现成的形式，也未必不可。所以，对于有选择的搬用，把他当作滋补手段，本来不必害怕，就怕把搬用代替自己的创

造，并把它当作创造中国新建筑的唯一出路。

城市特色与建筑创作　李再琛　《建筑学报》1985年10期

一代风格寓于“千篇一律”之中。严格控制所造成的千篇一律统一了建筑风格，不能一概予以否定。

特色的形成靠抓住一点不及其余。特色从来就不是面面俱到，无论什么都可以成为特色，关键是突出一点，力压异端。一个城市要形成特色，必须有自己的基调。

寻根认同应是创作的原则　一个建筑师设计一幢建筑其首先的出发点不应该是他的设计与周围建筑如何区别，而应该是与它的邻居如何一致。从寻根与对原有建筑的认同中去进行创作。决定一个城市风貌不是靠一两个优秀建筑师的“高水平”设计。建筑师只有在创造地方特色中贡献努力，他的设计才具有生命力。

钢塔的非线性动力分析　马人乐　《建筑结构学报》1986年第3期

本文提出的非线性动力分析适用于高耸钢塔在强风下的变形及极限承力计算。它综合考虑了结构位移、P-Δ效应、杆件初弯曲、钢材弹塑性等多种非线性因素的影响，并可进行随机动力分析。计算速度亦比一般确定性的非线动力分析方法快。本方法得到钢塔模型非线性静力及动力实验结果的较好验证。通过对滨海电视塔所作的强风下的非线性动力分析，提出了一些对工程设计有参考价值的观点。

国产热轧普通工字钢轴心受压杆件承载能力的研究　王国周　赵文蔚　王　珊　《建筑结构学报》1986年第4期

本文对以18号热轧工字钢为轴心受压杆件的承载能力进行了试验和理论研究。测定了截面的残余应力，进行了拉伸试件试验以及中、长柱试件试验。用切线模量理论对轴心受压柱曲线进行了分析，并同中、长柱试验结果做了比较。用极限强度理论对柱的极限承载能力进行了计算，由于全部存在着受拉残余应力，按极限强度理论所得柱曲线具有较高的屈曲强度。

国内高层建筑施工技术综述　胡世德　《建筑技术通讯·施工技术》1986年第6期

文章通过实例就与高层建筑建筑体系有关的结构材料、结构类型和施工工艺的应用与发展情况作了介绍；并在比较优缺点的同时，结合我国国情提出了今后的发展方向。

塔式起重机是高层建筑施工机具中的关键设备，文章在简述塔机和其他几种机具使用情况的同时；提出要根据具体工程对象和综合效益全面考虑机具选择。不足之处是未能提出高层建筑施工综合机械化的解决途径。

深基础是高层建筑施工中的一大难题，文章对箱形基础和各种桩基的应用作了叙述和比较，提出应尽量使挡土支护结构和地下工程结构结合，以取得最佳综合效益。

最后，对高层建筑的装修、设备以及施工组织管理等方面，针对目前存在的问题，提出了作者的见解。

自升式塔吊在高层建筑中使用与发展问题的探讨　薛大德　《建筑机械化》1986年第6期

本文结合施工实践，就自升式塔吊在高层建筑中的使用与发展问题提出了一些看法。文章进行了高层建筑施工常用的以自升塔吊为主的吊运方式，以商品混凝土为主的泵送体系以及以快速提升斗为主的提升体系等三种垂直水平起重运输机械组合型式的定性和定量分析。对上海几个典型高层建筑工程中使用塔吊作了技术经济分析；论述了上海地区几种塔吊在使用中适应情况及尚存在的技术问题；提出对塔吊发展方向的几点看法。分析了塔吊的种类及使用特点；讨论了塔吊长臂使用的合理性，列表说明了起重幅度与使用面积的关系以及吊塔使用的科学性与经济性的问题。提出了今后塔吊设计中需要进行计算理论、塔吊组合使用、提升速度提高与节能等的研究课题。

砖混住宅机械化施工成套技术的研究　中国建筑科学研究院建筑机械化研究所、江苏省建筑科学研究所、镇江市建筑工业总公司、镇江市建筑工程公司、镇江市房屋建设开发公司共同研究，执笔袁必勤　《建筑机械化》1986年第4期

本文总结了我国约20米高度的砖混住宅（占住宅建筑的90%）机械化施工成套技术，在主体装修工程中，推广了有经济效益的施工工艺及机具其中包括塔吊配用轻型提升机、附着式井架、机械喷涂抹灰、楼地面机械抹灰、内饰面低挡彩涂、块体刚性防水屋面等。除配套主机外，还特别重视看了不起眼，用起来得心应手的小工具的选用与研制，配套机械共20种25台件，配套工具共22种107件。在施工组织方面，建立了一套11种定型化的施工组织设计表格，提高了工效。

以试点工程为例，造价降低（2.2～2.49）%，

单方用工降低（8.5～11.82）%，工期缩短（15～17）%，取得了较好的经济效益。

吉林滑冰馆预应力双层悬索屋盖 沈世钊 徐崇宝 《建筑结构学报》1986年第8期

作者以吉林滑冰馆预应力双层悬索屋盖结构为例，介绍了这种在国内首次采用的新型结构形式及其主要构造。该结构的主要特点是承重索与稳定索不在同一竖向平面内，而是错开半个柱步布置，并通过桁架式檩条和波形檩条相互联结，以建立拉索预应力并保证双索的共同工作。该建筑结构造型新颖，屋面排水简单，且在受力特点上仍属平面工作性质。文中还介绍了预应力双层索系按平面工作性质的静力和动力计算方法。为了验证所采用的理论计算方法的正确性，按原型的十分之一对该结构进行了模型试验。通过试验对该结构的工作性能得出了较完整的概念，并证实了该悬索体系在整体刚性、形状稳定性和动力特性方面所具有的良好工作性能。实验实测值与理论分析值符合良好。所获得的试验数据为设计计算提供了有力的依据。文中还提出了符合实际需要的具体编索步骤和防护措施。

钢管混凝土偏压柱的性能和强度计算 蔡绍怀 邸小坛《建筑结构学报》1985年第4期

作者在文中报道了51根钢管混凝土偏压柱的试验成果，其柱端偏心率（e_0/r_c）从0到1.3，长细比（L/D）从4到22。试验表明钢管混凝土偏压柱截面的纵向应变和环向应变都是非均匀的。鉴于目前对非均匀三向受压下的混凝土强度增长规律和非弹性变形发展规律尚未进行系统研究，作者认为还不可能象轴压短柱那样用极限平衡法给出偏压钢管混凝土柱的严格理论解，故只能依据试验结果建立设计计算公式。试验表明钢管混凝土的极限强度随偏心率及长细比的增加而显著降低。极限承载力的总折减系数可表达为反映长细比影响的折减系数φ_l与反映偏心率影响的折减系数φ_e的乘积。作者根据本文及有关文献的试验数据提出了计算φ_l和φ_e的经验公式。

竖向预应力混凝土装配整体大跨度多层框架结构 王正霖 李唐宁 邓朝荣 《建筑结构学报》1986年第5期

作者在文中介绍了一项采用竖向预应力的装配整体式多层框架的两层大跨度篮排球馆的结构设计。该结构体系以纵向多层框架为主要承重结构。楼盖及屋盖采用横向承重的预应力混凝土大跨度（23m）单T板。单T板主肋与纵向框架柱错开布置。纵向框架划分成按层分段的预制柱和带悬伸臂的单跨预制梁。在节点处采用“柱断梁不断”的叠压构造方案。通过张拉贯穿柱身及节点处梁截面的预应力筋，使梁、柱在节点处形成刚接。框架梁则通过现浇跨中接头连成整体。对框架柱及节点施加预应力，既是节点的连接手段，又为结构受力所必需，它提高了结构的整体性和抗裂性，而且创造了一种较为合理的预应力结构施工方案。

这种结构体系具有结构新颖、构造简单、施工方便以及经济效益显著等特点，是近年来出现在我国多层大跨预应力混凝土结构中的一种有发展前途的结构形式。

北京图书馆的结构设计 李培林 吴学敏 《建筑结构学报》1986年第6期

文中介绍了国家重点工程北京图书馆的结构设计。其中各分项工程的主体结构分别采用了现浇钢筋混凝土框架、钢筋混凝土剪力墙和框架—剪力墙结构。文中通过对书库现浇剪力墙结构按不同抗震计算方法所得结果进行对比分析，得出了该部分结构设计中采用的合理方法；随之介绍了社科阅览楼考虑偏心扭转的抗震结构方案对比，并对社科阅览楼采用大直径扩底桩的基础设计做了介绍。有关大直径扩底桩基础设计和试验，本文作者在《建筑技术》1985年第6期中另有专文介绍。本文还着重介绍了工程中采用的一种跨度较大、荷载较重、刚度大而且抗震性能较好的无梁、无柱帽现浇密肋楼盖。该楼盖采用国产原料制作的聚丙烯大型塑料模壳浇筑，该模壳重复使用次数多，成本较低，施工方便，并已在若干工程中试用，技术经济效果显著。

建筑结构专业应用软件信息 中国建筑科学研究院等 《建筑结构学报》1985年第1～6期、1986年第2期

本文较为全面地提供了目前我国已经研制成功的用于建筑工程的计算机应用软件和软件包信息，从中可以了解到计算机在我国建筑领域里的应用概貌。其中首先介绍了在中国建筑科学研究院主持下，由35个单位共同研制成功的大型建筑工程设计软件包（BDP）。它具有较强的功能，可以解决结构设计、施工管理、采暖空调和建筑物理等方面的多种设计问题。此外，北京土木建筑学会组织编制了较为大型的微型机建筑工程应用软件系统，程序的功能也较为全面。这篇报导还侧重介绍了计算机在我国建筑结构设计方面的应用情况以及各单位的自编应用软件。如用于高

层框剪结构、平面杆系结构和弹性地基基础等的设计程序；用于平面应力分析的有限元和有限条程序。从类型来看，有大、中、小型程序之分；从所用机型来看，有大型机（SIEMENS 7760）、中型机（VAX 11）、微型机（IBM-PCXT）和袖珍机（PC-1500）之别。这些程序能解决各种不同层次的静、动力结构设计问题，表明我国在计算机用于建筑结构设计方面已达到一定水平。

结构在地震动时延性和积累塑性耗能的双重破坏准则 陈永祁 龚思礼 《建筑结构学报》1986年第1期

作者对结构在地震动作用下的现有四种破坏准则进行了分析，认为变形和能量之间虽有一定的关系，但并非完全相关，而是各具有一定的独立性。因此，建立同时考虑结构变形能力和累积塑性耗能的破坏准则是十分必要的。文中提出了能量指标η，并对其物理意义和变化规律进行了讨论。作者运用经过改进后可以计算结构弹塑性能量时程反应的数值积分法计算程序，分别将实际地震记录和人工地震波输入到八座在唐山地震中遭受不同程度破坏的结构的剪切型计算模型中，进行了包括结构的塑性耗能、该层以上地震输入的总能量、该层能量指标η、结构最大层间位移、最大位移角和延性系数μ的结构弹塑性变形和能量反应计算，并将计算结果与实际震害进行了对比分析。根据理论计算的η和μ以及实际震害程度，建立了用η和μ表达的“严重破坏”和“未达到严重破坏”两类情况的分界线，即图解的双重控制破坏准则。在此基础上经过简化，定义了考虑塑性耗能修正后的延性μ'，并用它来表达上述双重控制准则。

低周反复荷载下两跨三层钢筋混凝土框架受力性能的试验研究

徐云扉 胡庆昌 陈玉峰 施昌 洪柏年 林绍钧 十洪 《建筑结构学报》1986年第2期

本文报道了一榀1/2比例的两跨三层钢筋混凝土框架模型在低周反复荷载下的受力性能试验。通过试验分析对强柱弱梁型框架的破坏机制、变形能力、强度、刚度、延性、耗能能力、构件变形与结构变形的关系、强柱弱梁关系、节点核心区强度、塑性铰区的箍筋作用、纵筋在节点核心区的锚固滑移以及框架的恢复力特征等进行了研究。试验表明根据TJ11-78规范按8度区设计、且按层满足$\Sigma M_c/\Sigma M_b \geqslant 1.55$的框架在反复荷载作用下能形成梁铰机制，其强度、刚度、变形能力、延性以及耗能能力均能满足抗震要求；而且证实了已经提出的节点核心区抗震设计方法的合理性。试验还表明，柱脚塑性铰出现后，梁端塑性铰不再明显发展，故使柱脚塑性铰具有足够延性对保证强柱弱梁型框架的延性是至关重要的。试验中观测到中间节点梁筋滑移形成的梁端转角可占梁端塑性铰区总转角的35%，故应在设计中以适当方式考虑由此引起的框架侧移，并对梁筋直径给以限制。

均匀—非均匀滤材滤池最佳设计参数的试验研究 姚雨霖 傅金祥 《中国给水排水》1986年第3期

本文对均匀陶粒—非均匀石英砂双层滤料滤池的最佳设计参数：粒径、层厚比和粒径比进行了试验研究，生产滤池的出水水质均保持在2mg/l以下。

现代过滤机理指明，影响杂质颗粒通过滤层从水中分离的主要影响因素是滤料的表面积，而滤料表面积又是滤层厚度L与粒径d_3比值的增函数，故本试验均以L/d_3为800作为对等条件进行试验研究。

在滤层总表面积相等的条件下，通过滤速与工作周期、水头损失、杂质截留量及其在滤层中的分布、杂质去除率的研究，认为上层均匀滤料最佳粒径采用1.43～1.60mm为宜。从滤料层厚度比的实验研究知道，上层均匀陶粒滤料层厚度L/d_3为300、下层非均匀石英砂滤料层厚度L/d_3为500，厚度比为0.6，为使双层滤池的滤料颗粒沿水流通过滤层的方向从粗到细均匀分布，在两层间应有一定厚度的混杂，试验认为最佳粒径比为4.0，混杂厚度为10cm。

最佳级配滤池的滤速可达25m/h，比单层砂滤池的产水量可提高三倍。若产水量相同，土建及设备投资可省一倍。每生产万米^{3}水可节约电耗31.3度，具有显著的节能效果。

新型滤料——纤维球的研究 金实 王占生 马金 张崇华 《中国环境科学》1986年第2期

本文对新型滤料——纤维球滤料的特点和性能进行了初步探讨。

纤维球滤料是一种柔性可压缩的滤料。它具有与传统的颗粒状砂滤料不同的特点。刚性砂滤料的滤层高度基本不变，而纤维球滤料的滤层高度则是随着滤层压缩程度的不同而有变化。由于滤层上部和下部的压缩程度不同，越靠下部压缩程度越大，孔隙率越小。因此，过滤时滤层的孔隙保持着从上到下逐步变小的情况。从而形成了合乎理想的孔隙率分布，取得了良好的出水水质。

本文对各种类型的自制纤维球滤料进行了多次试验。试验是在试验室和水厂、污水处理厂现场进行的。试验对纤维球滤料的适宜操作条件、影响运行的因素、设计参数及其在生产中应用的可行性进行了观测和研究。试验证明：与砂滤料相比，纤维球滤料有着理想的孔隙率分布，较高的滤速，较高的含污能力和较长的反冲洗周期，以及较好的出水水质。滤层的反冲洗是采用气、水联合反冲洗，可以将纤维球滤料层截留的悬浮物洗净。

给水配水系统的最优化设计　杨　钦　《中国给水排水》1985年第1期

本文主要论述流量分配的最优化和管径的优选。在配水系统的优化设计中，用简约梯度法求得凹函数$f(q)$的约束最小值，通过进一步计算可得到全域最小值。根据最优化水头损失（h）可求得最优化管径，并以极限经济流量来制约标准管径。

本文主要侧重在最优流量分配下，追求最优管径，前者是一难题，目前尚缺很理想的解法。这里是引用简约梯度为指导，采取单纯形法，应依赖丰富的经验，从实际出发深入考虑运行上的要求，拟出多组q_N作为起点，而不是盲目地拟出全网流量分配，令计算机找出最优的树枝网，然后给连枝适当流量恢复为环网。不同起点会出现不同的受最小流量约束的局部最优。因此对较大的管网要获得接近全域最大，工作量可能很大。

本文所述的方法只适用于网中管线上设有加压泵站及网中设水库、水塔的情况，并按此已编有程序，尚待进一步考验。

定量系统单斗液压挖掘机反铲装置优化设计　陈世教　喻志刚　洪昌银　《建筑械机》1985年第3期

本文从铲斗挖掘工艺出发，建立了铲斗挖掘阻力包络曲线的数学表达式；通过挖掘性能分析，导出了在规定闭锁范围内，动臂、斗杆机构的闭锁力与转斗设计载荷相匹配的表达式；从反铲工作装置三组机构动力学的内在联系建立了动臂、斗杆机构优化设计数学模型；在此基础上，结合铲斗机构优化设计成果形成了反铲工作装置整体优化设计数学模型；编制了相应的通用性强的优化设计程序和挖掘性能分析程序。对某厂WLY60型挖掘机改型进行了反铲工作装置的优化设计，满意地实现了设计的全部要求，并对优化前后的挖掘性能进行了电算分析。

本文建立的反铲工作装置优化设计数学模型的思想，对定量系统转斗挖掘为主的一般中小型液压挖掘机反铲工作装置的设计有普遍意义。本文所编制的优化设计程序和挖掘性能分析程序可直接应用于生产。

“QY-25汽车吊底架的有限元分析及刚度讨论”　廖兼武　杨利军　《建筑机械》1986年第9期

汽车吊底架是一个空间板梁结构，分析相当复杂。本文采用有限元法，使用底架计算专用程序CMA-1对QY-25汽车吊进行了强度和刚度分析。分析时取车架整体为计算模型，共有节点一千多个，单元五百多个。整体坐标以回转中心为坐标原点，共用了十几个相对坐标系。各单元应力在各自的坐标下输出，节点位移在节点坐标下输出。转台法兰用一般空间直梁单元模拟，并与车架作主从关系联结。在转台中部固定支腿与车架的连结处作网格细化处理，水平与垂直活动支腿及各种加筋都作为梁单元，水平活动支腿与车架也作为主从关系联结。其计算结果与实测数据间吻合程度较好。所需结果全部由计算机绘图输出，这有利于推广计算机辅助设计。本文还着重讨论了车架的刚度，提出了弯扭刚度协调判据供讨论。还指出，车架的刚度控制只能从整车工作要求着手，找出下车刚度与上车工作要求的内在联系。

工程机械最佳修理周期的选择　张守真　《工程机械》　1986年第1期

目前我国普遍采用的工程机械维修制度是计划预期检修制，这种维修制度的一个很重要的组成部分是工程机械的修理周期。

本文对“以可靠性为中心”的维修思想进行了探讨，这对推动我国工程机械维修理论的发展有较大的作用。所谓可靠性理论，就是在预测系统的状态和行为的基础上建立选取最佳方案的理论，保证所要求的可靠性水平。

最佳修理间隔期的确定公式：

$$T_{最佳}=0.3\left(\frac{\tau_k}{\tau_1}+1\right)(\beta-\sqrt{\beta^2-1})T_P$$

式中　τ_k——全部零部件组同时修理时机械修理总劳动量；

τ_1——第一组零部件修理的劳动量；

β——机械的维修性，由计算和实测来确定；

T_P——机械在使用中所选用的实际修理间隔期。

可用解析法或图解法求解。文中有应用举例。

推行经济责任承包，提高施工质量管理水平 上海市工业设备安装公司 《安装技术》1986年第4期

本文主要介绍在质量系统的管理人员中推行经济责任承包，将管理人员的工作质量和工作效果与报酬结合起来，使奖金分配等工作搞得更为活跃，更有起色。对全国的安装行业有一定的指导意义。

其方法为：

一、用目标管理方法，实行逐级负责，分级承包。

二、在质量管理中推行了631工作方法。

三、以量定分、实行奖罚制度。

四、在建设物质文明的同时重视精神文明建设。

文中还介绍了电气、设备、管道专业负责人考核要求和评分办法与电气、设备、管道专业质量员考核要求和评分办法。

变量系统液压挖掘机反铲工作装置优化设计 陈进 喻志刚 洪昌银 《工程机械》1985年第10期

液压挖掘机反铲工作装置通常设置有动臂，斗杆和铲斗三组机构，如何根据变量系统的特点，对三组机构进行整体优化设计使整机挖掘性能最佳，这是广大设计研究人员迫切需要解决的问题。

本文研究了这三组机构的外载荷，探讨了变量系统反铲工作装置的动力特性，提出了用分步优化代替整体优化的思想。

本文从保证整机挖掘性能出发，建立了动臂斗杆机构子系统优化设计数学模型和铲斗机构子系统优化设计数学模型，介绍了采用混合罚函数法求解的过程。

本文最后是应用实例，通过实例证明，利用本文建立的数学模型和优化程序可在计算机上实现变量系统挖掘机反铲工作装置的优化设计，利用本文介绍的电算分析方法和程序可全面而直观地反映出整机挖掘性能。

海外工程承包策略探讨 杨世礼 《基建优化》1986年第1期

当前海外工程承包市场的特点是：竞争激烈，成交条件苛刻，为确保本国利益，对本国承包商报标实行优惠，这样就使我们海外工程承包工作难度增大。为此，本文认为应从决策策略上加以认真探讨：1.严格执行海外工程承包“守约、保质、重义、薄利”的八字方针。2.开展海外工程承包业务的可行性研究。3.与国际承包商或当地承包商组成财团联合竞争。4.利用当地劳务承包工程。5.无利润报标。6.外汇收取分额。7.重视信息对决策的影响与作用。8.建立良好的公共关系。9.应用网络技术及置信度分析。10.重视报标致函的作用。11.报标文件装订要美观大方。12.注意业务骨干的选派。

模糊数学在土建工程中招标投标的应用 王祯显 《土木工程学报》1986年第2期

利用模糊数学的原理进行招标投标快速计算标底的新方法，已通过工程实例得以检验，其精确度达95%以上，而计算时间极少，为土木建筑工程投标竞争赢得了时间。同时也为电子计算机在投标中的应用开辟了新的途径。

这一应用首先是根据施工图及有关资料，选定工程集合中的各元素，以及各集合中作比较的基准元素，用试探法建立模糊关系。次之，根据模糊关系，列出工程模糊子集合，按模糊数学公式求出其贴近度，再根据择近原则，选取前三个大的贴近度以及相应的三个工程预算向量。最后根据经验法确定调整系数的值，确定欲估工程的估测造价。

当前项目可行性研究存在的问题及其改进意见——兼论项目决策程序 李兰佑 张荣生 《基建优化》1986年第3期

建设项目试行可行性研究以来，所暴露出的主要问题是：第一，切块分配投资的管理体制，造成一些急需项目以及综合利用项目很难上马。第二，价格失真使可行性研究失真。第三，投资计划管理不科学。第四，目前可行性研究的作法保证不了大型项目决策的正确性。第五，委托单位意志的约束，设计部门地位、知识的局限性，难以使可行性研究完美无缺。为此，要解决上述问题首先要有一个权威性的专职的公正的项目评价机构。其次，要迅速建立基本建设程序。再次，要搞好投资管理体制的改革，以促进项目决策程序的顺利实现。最后，要尽快制定项目评价方法、评价标准、评价指标体系，项目评价中的国家参数，大力完善项目评价的基础工作。

运用价值工程审查预算的探讨 余明龙 《基建优化》1986年第1期

应用价值工程对工程预算进行审查，将有效

地控制造价，降低建设成本，提高投资效果。

运用价值工程对建筑工程预算进行审查，就是通过对分部分项工程的功能分析，计算出功能评价系数，并将功能评价系数与成本系数相配比，从而找出不必要预算成本，然后提出改进方案，修正预算，以达到审查预算的目的。其一般步骤是：1.选择审查对象。2.对审查对象进行功能分析。3.进行功能评价系数与成本系数比较，找出不必要预算成本。4.提出改进方案。5.修正预算。

运用价值工程审查预算，一是保证建筑产品的功能不受损害；二是能有效地降低建筑产品成本，控制工程造价。

当前影响企业搞活的几个问题 王凤歧 《建筑经济》1986年11月

当前，由于处于新旧体制交替阶段，双重体制同时运行、同时起作用，企业活力受到了压抑。目前影响企业搞活的外部条件有下列几个方面。第一，流动资金严重不足，企业陷于经济困境。一方面拨改贷后银行对企业流动资金贷款供应不足，财政部门对流动资金的供应，没有随同企业产值增加而增加，结果完成任务越多，资金越困难；另一方面建设单位大量拖欠工程款，使资金紧张。第二，建筑企业法定利润只有2.5%，目前一方面建材涨价，另一方面在招标中建设单位有意压低标价。所以企业利润率逐年下降。第三，企业负担过重，影响了企业的发展。第四，用工制度权利没有真正放给企业。企业用工目前仍受行政干预。第五，招标承包制推行中存在一些弊端。表现在（1）尚无一个完整的招标，投标领导机构；（2）基本建设前期工作不落实，招标条件不具备；（3）招标条件苛刻，主管部门不管不问；（4）招标中压工期和标价现象严重；（5）行政干预作用过大。

建立一个合理的建筑产品价格体系 杨冬生 《建筑经济》1986年9月

建筑产品价格体系是指由各种建筑产品价格组成的经济网络。主要研究建筑产品的比价、差价及其价格形式。建筑产品比价是指各种不同实物形态、不同建筑标准、不同施工方法以及标准设计与非标准设计的建筑产品比价。为了合理制定建筑产品的比价，必须按平均水平重编新的预算定额；适当提高产品利润率。建筑产品的差价是指同一种建筑产品由于施工地点、工程质量和施工期限不同，形成的价格差异。为了合理制定建筑产品的差价，首先重编地区材料预算价格，凡由市场购买的材料应按市场价格计算；其次要根据建筑产品的特点，制定出一套按质论价方法；最后必须利用价格这一经济杠杆，促使缩短工期，实行工期差价。建筑产品价格形式过去我国一直采用固定的计划价格，目前采用的招标投标价则是一种浮动价格。今后，建筑产品将是在计划价格的基础上，以浮动价格为主的多种价格形式并存的价格体系。

建筑企业活力初探 黄如宝 《建筑经济》1986年9月

企业活力具体表现在企业的竞争能力、应变能力、发展能力和盈利能力等四个方面。同类企业在产品价格、质量、品种和服务等方面的竞争是竞争的外在表现，企业管理水平、技术水平的竞争是竞争的内在实质。目前建筑企业更要注意提高自己的管理水平和技术水平。企业要能够对外界变化作出反应并且还要能够预测这种变化、顺应这种变化。在当前新形势下，企业应在经营思想、经营目标、经营方法上来一个大转变。建筑企业的发展取决于外部环境与自身素质，目前我国建筑企业的管理素质、技术素质和职工素质都亟待提高。目前建筑企业一方面要进行企业的挖潜改造，另一方面要作好企业的成本管理，从而提高盈利能力和竞争能力。增强企业活力还需要有良好的生产资料市场、建材市场、技术市场等经济环境，同时还应改变建筑企业为微利行业的状况。

建筑材料供应体制改革的探讨 何万钟 《建筑经济》1986年11月

近年来，建筑材料供应体制不同程度地进行了改革。一方面在材料的供应方式、供应范围、供应部门的地位和职能等方面发生了良好的变化；另一方面材料供应体制仍然存在很多弊病，材料在流通过程中仍受着许多的行政干预，材料供应公司离专业化、社会化的要求亦有很大差距。为此，建筑材料供应体制必须作进一步的改革。第一，在材料分配方式上，要从以纵向分配为主，转变为逐步形成建筑材料市场；第二，在材料流通方面要达到少环节；第三，材料供应部门要实现专业化、企业化和社会化。为了实现上述目标，必须将建筑材料供应体制的改革分两阶段来进行。首先实现改革的近期目标，即在新旧两种经济模式转换过程中，为旧的材料供应体制向新的分配体制转换创造条件。然后再实现改革的远期目标，从而使我国建筑材料的供应成为建立在商品运行轨道上的一种新型的经济活动。

施工企业内部经济承包方式的探讨　蒋华东　曾智芳　《建筑经济》1986年10月

目前，施工企业内部经济承包方式主要采用下列方式。第一，单项承包，即将建筑工程任务化整为零承包给专业班组。这一方式适合于大型工程或建筑群体工程。它具有便于管理，便于灵活地调整劳动力以及有利于工程质量和劳动生产率提高等优点。第二，分部承包，即将单位工程按建筑物的主要部位划分为几大部分承包给专业队、组。这一方式适合的筑建对象同单项承包。它除具有单项承包优点外还具有下列优点：（1）能促进施工生产向专业化方向发展；（2）有利于采取合理的技术组织措施；（3）适应竞争需要；（4）与目前管理水平相适应，并能促进管理水平的提高。第三，幢号承包，即以单位工程为对象承包给混合作业队。它适合的建筑对象同单项承包相反。这一承包方式具有下列优点：（1）能较好地协调多工种之间的关系；（2）降低成本，企业和社会效益好；（3）有利于工人参加管理。

加强行业管理的探讨　石其金　白方璞　《建筑》1985年9月

沈阳市建管局在加强行业统一管理方面，主要做了五项工作：（一）统一管理建筑队伍。（二）统一管理建筑市场。以招标为中心，主要抓好五个环节：一是管好市场秩序。二是管资格审查。三是管价格。四是管合同。五是管任务流向和队伍流向。（三）加强对工程质量的管理和监督。面对工程质量下降问题，抓了五件事：一是充实质量检查站。二是对在建工程进行全面的大检查。三是抓正反两方面的典型大造舆论。四是同市有关部门配合，把住质量关。五是抓好质检人员培训。（四）统一制定行业政策。（五）筹备成立市建筑业联合会。

对于加强行业管理，设想是：第一，必须搞好行业发展规划。第二，必须在为用户likewise提供全面的社会化服务方面下功夫。第三，建立健全行业自治组织。第四，大力推行全行业的技术进步。第五，必须促进第三产业的发展。

投标报价前如何确定目标利润率　李怀斌　刘影　《建筑经济》1985年4月

要制定一个既能保证中标，又可获得最大利润的目标利润率（I），必须考虑企业自身的条件和投标竞争者的情况。具体方法如下：一、预测主要竞争者在这次投标中最可能出现的报价：1.求竞争者相对报价（P_R）：P_R=竞争者绝对报价/我方概算成本（C）；2.推算P_R出现的概率（F）：F=对方报价出现次数/对方历次投标项目总数，取F最大的P_R作为对方相对报价（P_{RM}）。二、测算这次投标中与最可能出现的对方报价实力相当的我方相对报价（P_{ER}）：1.确定体现我方相对差距的实力系数（r）：r=我方实力评价值/竞争者实力评价值。2.求P_{ER}：$P_{ER}=P_{RM}\times r$。三、制定I：1.以P_{ER}为基准，按一定离差值（θ），确定吸引力比对方最大可能出现的报价大的我方报价（P_D）：$P_D=(P_{ER}-\theta)\times C$；2.根据$P_L$和$C$制定$I$：$I=(P_D-C)\times 100\%/C$。

试论我国招投标的几个问题　程子华　《建筑经济》1986年5月

我国的招投标，是在国家计划和管理下，自觉运用价值规律、市场竞争规律，组织建筑市场竞争的一种管理方式。这种方式的特点是：一、在公有制基础上招投标；二、在计划经济条件下招投标；三、在社会主义精神文明指导下招投标。此外，我国现阶段的招投标还不能离开生产者不同这个现实。

招投标的核心是实现“择优”，而“择优”的中心环节是正确的评标定标。为此，一、要全面评价建筑商品的优、劣。对建筑商品优劣的评价，可通过综合考察以下因素进行：1.使用功能；2.工程质量；3.建设工期；4.提供服务；5.工程造价。二、在国家管理和计划指导的前提下，应尽可能地满足用户需求。三、标价要自觉反映价值规律的要求。四、统筹兼顾买、卖双方的经济利益。在社会主义条件下，招投双方的经济利益是可以统一的，应通过公正合理的评标定标，避免买卖双方互相转嫁经济负担，才能兼顾二者利益。

目标管理在建筑企业中的应用　钱昆润　《建筑经济》1980年3月

目标管理的实质就是将企业的目的和任务转化为目标。目标管理的方法包括制定目标和实现、管理目标。企业的目标是重点目标，应集中而精确，要在听取各方意见的基础上由上级调整确定。目标应具有质和量的要求，并作定期检查。制定目标的期限不宜过长，考虑短期目标时要有长远观点，同时要应用反馈原理，对上一目标的实现进行总结。关于目标的实现和管理，要做到，一是放手让各部门、个人去执行；二是严格检查执行情况。

建筑产品体积庞大、结构复杂、生产流动、

条件多变，总目标的分解和分目标的相互协调是实现总目标的关键。部门的目标与部门的工作职能分工相结合，明确各部门的职能，对每一项任务定出决策人、执行、检查、协作等部门和个人。目标管理必须在严格的明确的岗位责任制基础上各尽其责，才能实现目标。

目标管理要应用行为科学的成果，注意激发每个职工对目标的责任心，发挥人的潜力，把人们的愿望、目标和实际活动统一到整体的目标上来。

城市建筑地段应实行商品化经营　陈秀华　《经济研究》1985年9月

社会主义地产经营业务主要有：第一、由市房地产管理部门负责按城市建筑地段价值划分不同地段，确定地价，征收土地使用费和办理土地使用权的变更，收取手续费。第二、经营新区开发，征收土地开发费。第三、经营旧城区开发、改造，收取土地开发费。

社会主义社会房地产市场是直接由国家独家经营的垄断市场，不能采取多种经济形式，多家经营。但并不排斥土地开发区采取招标承包制。

建筑地段实行商品化经营对社会主义城市经济发展具有以下意义。第一，为建立合理的价格体系提供重要的依据；第二，促进节约用地、合理用地，提高土地的效益；第三，为创立完整的城市房地产业奠定了基础；第四，为维护、改造、更新城市基础设施所需的资金，提供固定的来源，增加财政收入；第五，有利于对外开放，对内搞活经济；第六，是城市经济起飞和迅速发展的重要条件。

系统建筑观初探　侯幼彬　《建筑学报》1985年第4期

繁荣建筑创作，需要变革建筑观念，其中很重要的一条是建立建筑的系统观念，或者说建立系统建筑观。1.思维模式——长期以来，我们的方法观、思维方式深受“经典模式”的影响和局限。研究问题的方法往往局限于寻求事物的单一结果和单一原因、总想做出非此即彼的单一选择和单一结论。从系统的角度来考察、建筑无疑是复杂的多因素、多层次、多目标、多指标的大系统。因此，在建筑创作和理论研究上应把握建筑的全程性、全层次性和全关系性、在思维方式上突破“线性模式”而代之以非线性的“系统综合模式”。2.建筑观的部类效应——历来的建筑观都带有浓厚的部类倾向、存在着建筑观的部类效应现象。系统建筑观不是简单地否定部类建筑观，而是综合不同部类建筑观的升华，强调不同部类建筑观念的互补，充分调度不同部类建筑观的积极要素，调度不同创作方法的可贵经验，重视不同部类建筑之间设计手法的交叉渗透。3.二律背反——建筑系统内部元素之间的制约关系，多数都是双向联系，多向联系的。不能象某些部类建筑学派那样机械地割裂建筑中的二律背反的正反题，肯定其一，而否定其二。我们应在系统观念的指导下，把建筑中一系列二律背反的正反题融合成辩证的统一体。

建筑产品价格学初探　徐崇录　《建筑经济》198年5月

建筑产品价格学就是研究建筑产品价格领域中价值决定和价值实现这一特殊矛盾的，它是研究建筑产品价格运动及规律性的科学，主要研究建筑产品价格与价值的关系，研究建筑产品价格的特点、价格形式、价格构成、价格体系和价格计价方法，研究建筑产品价格的比价关系、差价关系和价格管理，探索如何运用建筑产品价格运动规律来为社会主义经济建设服务。

建筑产品价格学是一门部门性的理论学科，同时也是一门实践性很强的应用学科。在具体研究中应运用：（一）、研究建筑产品价格与研究我国的经济体制相结合。（二）、宏观分析与微观分析相结合。（三）、定性分析与定量分析相结合。（四）、静态分析与动态分析相结合。

黄光宇　徐思淑　李先逵　万钟莫　黄天其
杨嵩林　夏正中　李世德　林文虎　何玉兰
李唐宁　向　阳　秦士洪　白绍良　郭士权
周仕铮　罗辉荣　洪昌银　袁礼平　杨文柱
王庆春　张福生　张永俊选辑

中国建筑年鉴

10

工会 学会 协会

中国建筑工会活动纪略

孙中强

中国建筑工会根据中华全国总工会的工作部署，结合建筑行业的特点与实际，密切配合建设部开展各项工会活动。

〔**1985年工会活动**〕

1985年3月，中国建筑工会在昆明召开各省、自治区、直辖市建筑工会和中国建筑总公司各工程局工会负责人会议，决定在实行厂长（经理）负责制的同时，要抓好职工代表大会制和承包队（组）的民主管理工作，以充分发挥职工群众主人翁的积极性，增强企业活力；同时要加强工会自身的改革，努力把企业的基层工会办成“职工之家”。

为了适应建筑业改革的需要，促进推行承包经营责任制，除了充分发挥企业职工代表大会的作用外，重点要抓好承包队（组）的民主管理。因此，我们先后解剖了13个承包队的民主管理工作，认为搞好承包队（组）的民主管理，必须积极提倡民主选举队（组）长，实行“四个公开”，即：承包任务公开、经营活动公开、奖励惩罚公开、经济分配公开，并做到职工劳动所得同劳动成果紧密挂钩，以吸引广大职工关心集体，参与管理，体现职工当家作主的地位和作用。对集体建筑企业则要建立职工代表大会制或职工大会制，实行民主选举和罢免管理人员，民主决定经营管理的重大问题，以发挥集体所有制的特点和优越性。

5月，同共青团中央、建设部联合表彰了建筑行业100支优秀青年突击队。在建筑行业青年突击队竞赛活动中，全国有15 000多支青年突击队，近30万青年突击队员参加，对培养锻炼青年工人，缩短建设工期，提高工程质量和投资效益，作出了显著贡献。

工会作为职工切身利益的保护者，还参与建设部对施工企业组织的安全检查。先后抽查了66个企业、144个工地、32个工厂，查出隐患3000多件，并提出整改意见，进一步加强了企业的安全生产工作。

这一时期还会同各地分期分批组织城乡建设系统的先进模范人物、改革开拓者等近1 000人，分别到北京、杭州、泰山、黄山、昆明、贵阳、大连等地休养。在泰山休养期间，还组织座谈交流了改革等方面的经验。

〔**1986年工会活动**〕

1986年1月，在山东泰安召开了各省、自治区、直辖市建筑工会负责人会议，认为工会应着重抓好职工思想政治工作，动员职工完成“七五”计划，参政议政，在交流各地经验的基础上，中国建筑工会与建设部还联合颁发了《关于进一步搞好各级建筑工会参政议政的若干规定》。

根据全国总工会的统一部署，重点调查了新疆第四建筑公司职工队伍状况，并结合各地典型调查，综合分析了全国建筑职工队伍的现状。同时，还先后调查了北京市建筑业整顿的情况，参与建设部组织的行业不正之风的调查。这些都为加强职工思想政治工作，搞好职工队伍的建设，提供了依据。

为了组织先进人物现身说法，讲理想、讲道德，1986年上半年，在山东泰安举办了全国建设系统职工理想演讲比赛，共评选出一等奖11名，二等奖12名，三等奖15名。通过演讲比赛，促进了精神文明建设和职工思想政治工作。

为了贯彻“两个文明建设一起抓的方针，高质量、高效益地完成1986年建筑施工任务，中国建筑工会和建设部在2月份联合发出开展创“双文明承包队”竞赛的通知。各地推荐参赛的有1 937个承包队，近40万人。九月又在无锡召开部分省市座谈会，检查了竞赛进展情况，交流了沈阳、无锡等地的经验。同年6月，会同建设部召开全国城乡建设系统科技工作表彰大会，表彰劳动模范36名、先进集体代表30名、先进科技工作者代表30名，交流了先进模范人物的事迹，动员广大科技工作者开创城乡建设系统科技工作的新局面。

10月份在山东泰安举行了第二届全国建筑青工技术比赛。比赛内容是在室内镶贴马赛克、瓷砖操作技术。有各省、自治区、直辖市和中国建筑总公司直属工程局共34个代表队、105名选手参加。对获得团体奖前十名，个人奖前三十名的单位和个人授予“全国建筑青工技术能手”称号，颁发证书，晋升一级工资。

随着事业发展和中国建筑工会所管的产业范围，经中华全国总工会研究决定，中国建筑工会全国委员会于1986年3月改名为“中国城建建材工会全国委员会”。

中国建筑学会学术动态

中国建筑学会学术部

在城乡建设环境保护部和中国科协领导下，中国建筑学会充分发挥其专家密集、横向联系的优势，1985年、1986年积极组织形式多样的学术活动，广泛开展了学术交流，取得了一定的成绩。

学会下设建筑、规划、结构、施工、物理等19个专业学术委员会。根据各专业发展的需要，这两年组织学术讨论会六十次，交流学术论文三千多篇，参加人数六千多人次。为领导决策及解决建筑设计施工中的实际问题，起了参谋和顾问作用。

〔**繁荣建筑创作学术座谈会**〕 遵照万里副总理关于“研究建筑创作千篇一律问题”的指示，1985年11月底召开了“繁荣建筑创作学术座谈会”。

会议着重谈了四方面的问题：①关于“千篇一律”；②关于学习外来文化；③继承传统问题；④信息与建筑创作。

参加会议的专业人员老中青相结合，理论联系实际，学术研究气氛十分活跃。这次会议澄清了一些建筑概念混淆不清的问题，明确了创作方向。通过丰富多采的建筑工程实例的交流，使大家看到了当前我国建筑创作的兴旺景象，也看到了自己的不足之处，增强了创造具有各地特点的新建筑的信心。《光明日报》、《建筑学报》以及《红旗》杂志对此进行了宣传。

〔**电脑在建筑设计中的应用学术交流会**〕 为交流国内外电脑辅助建筑设计的成就与经验，讨论我国CAAD的开发、普及与宣传，我会和城乡建设环境保护部科技局、设计局、教育局一起，1985年10月在北京联合召开了电脑在建筑设计中的应用学术交流会。来自全国各省、市、自治区和18个部委的182个设计、科研、教学单位的近400名代表出席了会议。

会议邀请国际上著名的、有代表性的CAAD专家介绍了国外CAAD的应用情况，国内代表介绍了国内CAAD的目前现状水平。这次是我国建筑界召开的首次CAAD国际学术交流盛会，是一次面向建筑师的普及宣传CAAD的动员大会。代表们了解到国际CAAD的现状、动向与发展趋势，明确了主攻方向，为我国CAAD的开发工作创造了良好的开端。

〔**国际生土建筑学术会议**〕 为了改善生活在窑洞等生土建筑中的居民的居住环境，经过一年多准备，1985年11月召开了“国际生土建筑学术会议”。来自日本、美国、法国等10多个国家与地区的180多名代表出席了会议。

国内外代表一致认为，此次会议将对世界生土建筑事业的发展起到促进作用，并希望继续合作。同时提出了四点建议：（一）向各自政府汇报，以取得支持；（二）下届生土会在法国召开；（三）各国成立“生土建筑研究中心”，形成国际信息交流网；（四）法国代表将向法国政府提交关于设立“生土建筑学院”的报告。这次会议成果以及论文集、展览资料，已在国际建协、美国、法国以及我国刊物上报道。陈云同志很关心这个课题，会议情况已上报给他。代表们提出的建议，正在付诸实现。

〔**中加双向卫星电视建筑工程学术讨论会**〕 我会与北京师范大学现代化研究所及加拿大科技部，首次运用双向电视和电话线路慢扫描传输静止画面等技术，利用邮电系统提供的卫星通道，成功地进行了加拿大温哥华与中国北京之间举行的国际建筑工程学术交流会。会上交流和讨论了城市建筑、交通运输、资源开发、基础设施等学术问题，双方与会者在电视屏幕上可以清晰地看到对方会场及发言人的情况。

这次会议是在我国首次利用卫星进行国际学术交流，也为了解国际最新科技成果开辟了新的领域。《人民日报》、《光明日报》、《北京晚报》等报刊都在头版进行了新闻报导。

〔**深基础工程国际学术交流会**〕 本会是我国联合美国深基础工程协会、建设部勘察院、中国土木工程学会共同发起召开的。参加会议的有美、英、法、意、日、澳等15个国家和香港地区岩土工程界的知名学者、教授、大公司总裁及技术专家，会上探讨了地基处理、桩基墩基、深挖与地下工程施工等新技术、新理论、新工艺等问题。

〔**全国村镇规划与建筑设计学术讨论会**〕 为配合“星火计划”，召开全国村镇规划与建筑设计学术讨论会。140多位代表出席了会议。集中探讨了村镇规划与乡村经济及社会发展；村镇规划、经济发展与人口转移；中、小城镇建设的战略问题；村镇规划建设与节约土地等。同时，还交流了一些规划、设计和建设的典型实例。

我国的五万个集镇、四百万个村庄，目前都有了初步规划蓝图。这次学术活动，着力于在此基础上进一步提高，使村镇规划设计，能以有限的人力物力财力达到最好的经济效益、社会效益和生态效益。

中国土木工程学会工作进展

徐 渭

根据中国科协三大精神，中国土木工程学会是具有跨部门、跨行业、横向联系特点的学术性群众团体；是党和政府联系科技工作者的纽带，发展科技事业的助手。其宗旨是，团结组织土木工程科技工作者，面向现代化、面向世界、面向未来；促进土木工程科学技术的繁荣和发展，促进土木工程科学技术的普及和推广，促进科技人才的成长和提高；为加速实现我国社会主义现代化做出贡献。学会主要任务是：

（一）开展学术交流，编辑出版学术期刊；

（二）加强国际学术组织间的交往与合作；

（三）进行决策咨询，提供技术咨询与技术服务；

（四）普及科技知识；

（五）开办继续教育，培训与荐举人才；

（六）反映会员意见与要求，举办为会员服务的事业与活动。

〔**组织建设**〕 1985年至1986年中国土木工程学会根据第四届理事会议精神，调整和健全了组织机构，主要内容如下：

（一）根据专业需要，1985年中国建筑学会的三个专业委员会（市政、城市煤气、城市公共交通）划入本学会；新建一个给水排水专业委员会。目前学会下属5个分科学会（桥梁及结构工程、隧道及地下工程、土力学及基础工程、预应力混凝土、计算机应用）和5个专业委员会（港口工程、市政工程、城市煤气、城市公共交通、给水排水）。

（二）为了加强学会各项工作的开展，1985年学会设立了组织、学术、教育、科普、咨询、出版六个工作委员会，协助常务理事会工作，其领导成员大部分由常务理事兼任。

（三）两年中先后发展了81个团体会员，其中既有企业单位，也有事业单位和学校。

（四）学会办事机构（秘书处），1984年6月挂靠在城乡建设环境保护部，现有专职干部14人。根据工作需要划分为办公室、学术工作部、国际联络部、学报编辑部、咨询服务中心

〔**地方学会组织**〕 自1978年学会恢复活动至1984年，全国有14个省、自治区、直辖市恢复土木工程或土木建筑学会。近两年来又有新的发展，1986年浙江、江西、山西、河北、辽宁、吉林、四川、甘肃、青海、新疆、贵州等11个省恢复土木建筑学会。至此，全国有25个省、自治区、直辖市建立了地方土建学会组织。1986年3月中国土木工程学会与中国建筑学会在重庆联合召开了全国地方学会工作会议，交流了经验，协调了工作。全国地方学会工作会议将每年召开一次。

〔**学术活动**〕 组织学术会议，开展学术交流是学会的中心任务。两年来学会组织召开的综合性学术年会、专题学术讨论会等各种类型的学术会议近50次。活跃了学术思想，提高了学术水平。

（一）两年来学会及其分科学会、专业委员会共召开各种学术交流会43次，收到论文2131篇，出版论文集8种。其中较重要的全国性会议有：“大城市交通工程建设学术年会”、“第六届全国桥梁会议”、“第四届隧道与地下工程学术讨论会”、“第四届海岸及港口工程学术讨论会”、“全国水资源开发战略与供水对策学术讨论会”、“第三次空间结构讨论会”等。上述学术会议一个共同特点是，选题注意面向经济建设，活动注意横向联合，普遍开展了评选优秀论文活动。

（二）1985年学会主办了一次国际学术会议和一次双边学术讨论会。由中国、加拿大和美国土木工程学会联合召开的第二届土木工程计算机应用国际会议（1985年，杭州），有8个国家和地区的325人参加；中法预应力混凝土学术讨论会（1985，北京），两国60名代表出席会议。一方面介绍了我国土木工程的科技成果，扩大了我会在国际土木工程界的影响，同时也学习到了许多外国先进的技术经验。土木工程计算机应用会议每三年召开一次，在三个国家轮流举行；中法两国双边土木工程讨论会每年举行一次，在两国轮流召开。在国内举办国际学术会议，可以使我国更多的科技工作者有机会参加国际交流，是一种经济、有效的形式。今后计划平均每年主办一次国际性学术讨论会。

〔**第三届年会**〕 为了从工程角度总结发展大城市交通的经验，促进城市建设，学会于1986年11月12日至16日在上海召开了以“大城市交通工程建设”为主题的第三届学术年会。重点对大城市交通工程建设问题开展学术交流；主要总结我国在城市

道路与交通、城市桥梁规划、设计与施工、隧道与地下铁道等几个方面的工程建设和科学研究的经验与成果。来自27个省市的设计、科研、施工、教学、管理方面的土木工程专家220人出席了会议。城乡建设部城建局和上海市的负责同志分别以《我国城市交通发展问题》和《上海市的交通建设状况和问题》为题，作了综合发言。

为了加强国际间的学术交往与合作，这次年会还特邀了加拿大、日本、英国、法国、美国、荷兰、巴基斯坦等国和香港地区的学术组织的领导人及土木、交通工程专家25人出席并做了学术报告，还就东京和鹿特丹市的交通工程发展历史和建设经验进行了专题介绍。整个会议中外专家共聚一堂，切磋技术，增进友谊，为发展我国城市交通工程事业进行了有益的交流与探索。这次年会总计参加人员，包括正式和列席代表达350人，是本会建立以来组织召开的规模最大的一次学术盛会。根据我会第四次常务理事会关于建立年会制度的决议，自1986年起每两年召开一次综合性学术年会。

〔**国际交往**〕 中国土木工程学会在国际民间科技交流与合作中发挥着愈来愈大的作用，同许多国际土木工程学术组织和一些国家的土木工程学术团体建立有双边交流与合作关系。两年来又有所进展。本会过去已参加四个国际组织（国际桥梁与结

中国土木工程学会机构示意图

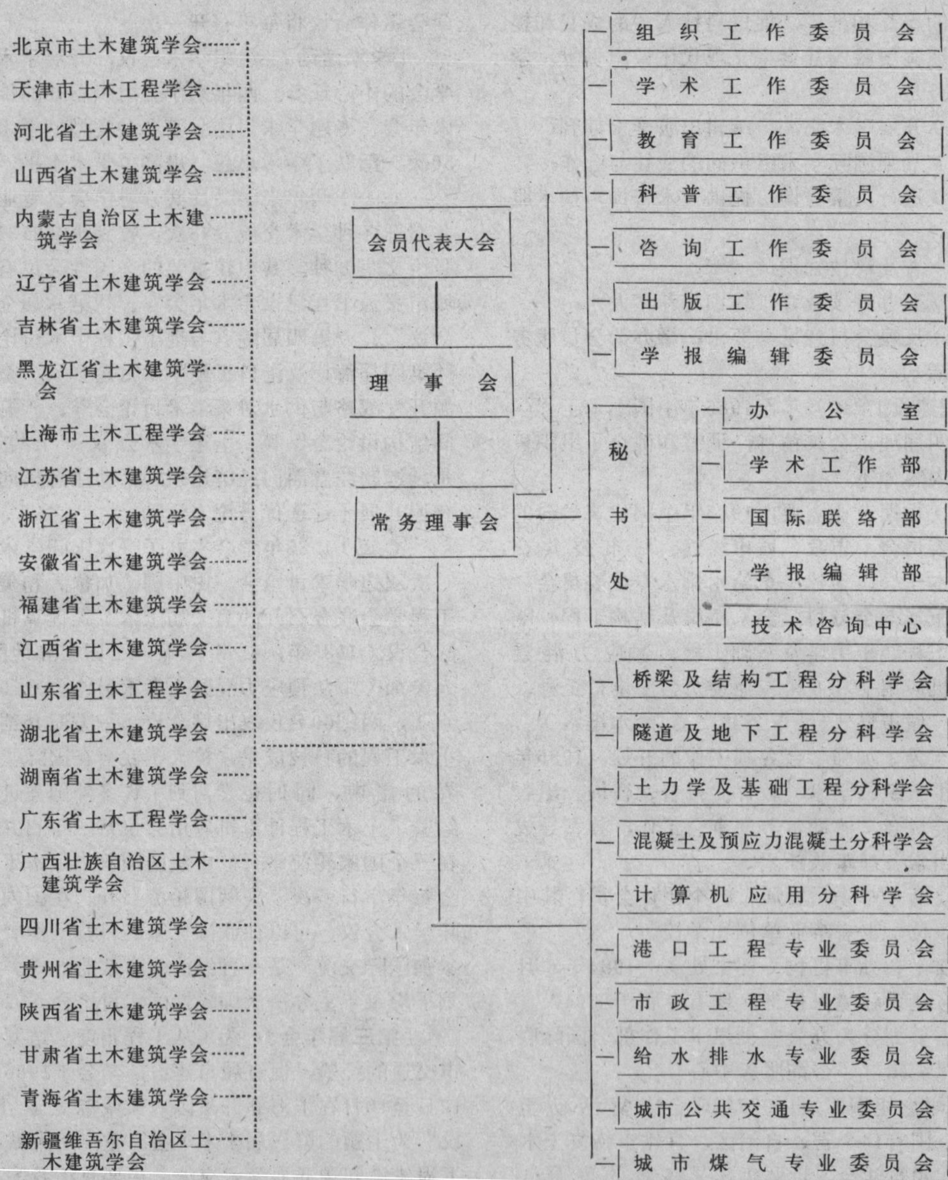

中国建筑业联合会

地　　址： 北京　百万庄
电　　话： 秘书处　8992794
电报挂号： 2549
电 传 号： 22477　CSCEC　CN
成立时间： 经国家经济委员会确认，于1986年10月30日成立，挂靠城乡建设环境保护部。
会　　长： 肖　桐
副 会 长： 虞福京　张恩树　蒋才兴　顾钥菊　单永复　王永良
秘 书 长： 傅仁章
副秘书长： 张树恩　宋天合
理事名单：（按姓氏笔划为序）

丁道三　于文藻　马玉珏　马世昌　马国瑛　王　弗　王　成　王　璟　王永良
王近仁　王伯贤　王世威　王桂兰　王剑英　王儒明　方鸿琪　方辅臣　石礼文
卢运栋　卢建华　丛树桂　冯　华　冯鸣新　甘宇平　叶伯初　史光美　李　凯
李子文　李硕平　李树声　米兆伦　吕元琪　朱天吉　朱廷士　朱新根　刘开发
刘正发　刘兆戈　刘克俊　刘让腾　毕孔耜　孙本修　孙宝琤　孙廷俭　孙梦兰
杜　训　肖　桐　肖源泉　吴儒生　吴克明　何建安　邱宗岳　邱贤明　邱镜河
郑金峰　郑光华　汪七巧　沈汝松　汤仁兴　汤晓东　宋天合　宋而千　宋国秉
陆丽芬　陈圣杰　陈金炳　陈松彦　林家宁　杨兰茹　杨光英　杨永海　杨圣诠
罗德良　罗笃常　季肇祚　金培孚　金东浩　郎邺丕　庞志奎　单永复　孟广水
孟化民　张　韬　张三戒　张干臣　张太波　张永定　张学纯　张钦楠　张继韬
张树恩　张恩树　张春元　周利民　周钟镐　赵人龙　赵贵福　范　政　范文瑞
范晋刚　胡玉坤　姜兆坤　袁纯嘏　贾新民　秦建修　顾汝高　顾明良　顾国兴
顾钥菊　倪松年　殷子贞　徐三元　徐仲华　郭振峰　栾正禧　阎海旺　曹大澂
龚振兴　龚跃祖　崔如茂　崔增祁　温廷枢　游与继　章全亚　董近仁　董迪澂
董家林　蒋才兴　傅仁章　程学颖　童芝荪　谢守模　富　盐　虞福京　裴钟棠
樊喜林　薛国祖　戴治国　冶金工业部（暂缺）　冶金工业部基建局（暂缺）

构工程协会、国际隧道协会、国际预应力协会、国际土力学及基础工程协会）并和三个国家建立了双边对口科技合作关系（日本日中经济协会、加拿大土木工程学会、法国路桥高等学校）。1985和1986年还开辟了一些新的国际交往渠道，先后与英国土木工程师学会、英国结构工程师学会、美国土木工程师学会、日本土木学会和巴基斯坦工程师学会签署了双边科技学术交流协议。1986年城市煤气专业委员会以城市煤气学会（对外）名义加入了国际煤气联盟。此外，两年里我会派出考察访问、讲学及出席会议的团组22批88人次；还接待了来华团组32批约200人。

中国建筑业联合会是全国土木工程建筑、线路、管道、设备安装和勘察设计等企业、事业单位自愿联合组成的社会经济团体。理事会共有141名理事，代表着29个省、自治区、直辖市，7个计划单列城市和9个国务院产业部建筑管理部门（有的称基建管理部门）的8.8万建筑企业单位1700万职工。联合会的宗旨是：坚持社会主义方向，遵循国家发展国民经济的总方针，为繁荣建筑业，推动体制改革，推进技术进步，确保工程质量，提高经济效益，实现社会主义现代化宏伟目标服务。它的主要任务是：研究探讨我国建筑业的发展方向、理论、方针政策；协助政府主管部门制订行业规划和有关法规；组织企业推行现代化管理，总结交流经验，提高企业素质，指导企业升级；推动企业间和企业与事业单位间的横向经济联合和技术合作；协助企业、事业单位培训技术人才和管理人才；组织国内外信息交流，发展与各国建筑业社团组织的联系。

本联合会的常设机构是秘书处。秘书处下设：办公室、组织联络部、经营指导部、信息研究部和质量工作部。

中国建筑业联合会设质量管理委员会。委员会由专家和质量工作者组成，负责研究工程质量管理方面的有关政策、理论、法规、组织交流经验，协调指导各地区、各部门工程建设质量管理协会或质量管理委员会的工作。

中国建筑业联合会有下列专业协会：

集体建筑企业协会，建筑装饰协会，建筑产品厂商联合会，材料协会，安装协会，勘察测量协会，混凝土协会，劳动定额研究会，设计管理研究会。

联合会自1986年10月30日成立以来，得到国内有关机关、社会团体和广大建筑企业事业单位的大力支持，许多国际组织也纷纷来人、来函要求建立联系，会务工作进展顺利，主要作了三项工作。

〔**公告联合会的成立**〕 为了取得有关方面的支持和了解，更好地为所属专业协会（研究会）和会员单位服务，秘书处及时发表了中国建筑业联合会成立公告：向国内外介绍了联合会的性质、任务和组织状况。首先在11月13日、12月3日《中国日报》（英文版）和12月10日《商业周刊》上五次刊登了《中国建筑业联合会公告》，并编印了中英两种文字的《中国建筑业联合会公告》彩色简本。其次正在编辑中英两种文字的《中国建筑业联合会简介》，同时印发了中国建筑业联合会成立大会主要文件。

〔**联合会的组织建设**〕 中国建筑业联合会成立后，地方联合会的组建步伐明显加快。截止1986年12月20日，除北京、天津、上海、黑龙江、吉林、广东、安徽等7省市和武汉、重庆、沈阳、南京等城市已成立建筑业联合会（协会）外，江苏、山东、四川、河南、河北、湖南、湖北、甘肃、辽宁和山西等省已成立筹备组进行筹备工作。

为推动建筑企业管理现代化，联合会已同意由哈尔滨建筑工程学院牵头，筹组"中国建筑业联合会管理现代化研究会"。至此，联合会已有十个专业协会（研究会）。各专业协会（研究会）的更名工作已经完成，12月上旬颁发了各专业协会（研究会）的新印章。

〔**与国内外社团组织建立联系**〕 12月初，我会派人参加了国家经委召开的全国性行业协会座谈会，向会议印送了中国建筑业联合会情况介绍，同时报送了集体建筑企业、建筑装饰两个专业协会工作情况介绍的单行材料。

中国建筑业联合会成立后，秘书处先后接待了意大利、日本、瑞士、美国、瑞典等国家和地区的社团组织、企业家和外国驻京商社代表7次，他们都希望同中国建筑业联合会建立联系与合作，开展技术业务交流。

11月中旬，联合会秘书长傅仁章同志访问了日本建筑业有关社团组织，向他们介绍了中国建筑业联合会章程和组织概况，随后又与香港建造商会商谈了交流事宜。

（张树恩）

中国建筑业联合会所属专业协会

中国工程建设质量管理协会

地　　址：北京市百万庄（建设部大楼内）
电　　话：8992454，8992469
理 事 长：肖　桐
副理事长：张百发　子　刚　虞福京　李云洁　张岳东
秘 书 长：于文藻
副秘书长：董近仁　李秀恩　胡陵玉　宋天合

中国工程建设质量管理协会成立于1983年2月22日，1986年10月30日与中国建筑业联合会合并，取消了原协会名称，另在联合会内设置了质量管理委员会。质量协会工作1985—1986年概况如下。

〔**推行全面质量管理　加强干部教育培训**〕　两年来，各地区、各部门工程建设系统加强了宣传普及教育工作，普遍举办了全面质量管理学习班。据北京、上海、天津、浙江、山西、陕西、黑龙江、贵州、云南和铁道、冶金、煤炭、核工业、石油、交通、中国通信建设总公司等16个省市和部门统计，1985年共举办各类学习班2 232期，参加学习人数达三十余万人次。铁道部基建总局的局处长、总工程师及质量管理干部已普遍轮训一遍，干部教育面达82.24%，工人教育面达76.35%。同时，许多地区和部门还组织宣讲团到基层单位巡回宣讲546次，听讲人数达五万人。

为适应培训需要，不少地区和部门，都结合行业特点，编印了一批教材。如上海工程建设质协编印的《全面质量管理基础知识》，并配上投影图片，针对性强，实用性大，很受职工欢迎。1985年，协会设在哈尔滨的培训中心，举办六期培训班，共培训经理、厂长、设计院长和质量管理干部541人，为各地开展全面质量管理培训充实了骨干力量。另外，还会同建筑设计管理研究会举办了一期培训班，有50个专业设计院和建筑设计院64名同志参加学习。协助北京市建筑设计院举办一期学习班，为该院推行全面质量管理培训了师资。

〔**学术研究和经验交流工作取得新进展**〕　在协会学术研究会的指导下，组织一些专家写出二十余篇质量管理和质量政策方面的论文，如“建筑工程质量按质论价”、“建筑构配件质量鉴定和评比”、“勘察设计质量管理与监督”、“大中型工程建设项目的质量管理”等，通过报刊和内部通讯陆续发表。

在国外学术交流方面，会同中国施工企业管理协会考察了日本建筑业现代化科学管理和电算在施工企业中的应用。同时会同建设部赴法国考察建筑工程质量监督与管理。石油部工程质协还邀请日本工程质量管理技术交流访华团和新加坡合用工程有限公司技术人员到广西桂林、山东胜利油田讲学和进行技术交流。在辽河油田，还与日本16家企业的19名专家进行了浅海和沼泽地带石油工程建设的技术交流。

1985年10月，在北京召开的第三届亚太质量管理会议上，协会副理事长虞福京、理事罗笃常发表了题为“TQC在企业管理中的地位和与企业管理的关系”和“建筑业的改革与质量管理”两篇论文，受到与会代表的好评。

〔**积极开展质量管理小组和评优活动**〕　质量管理小组在质量管理、技术攻关和提高效益方面，都做出了很大成绩。据8 821个小组统计，仅1985年就取得成果3 147项，获得可以计算的直接经济效益四千多万元。一年中，共有39个小组荣获全国优秀质量管理小组的光荣称号。有一批小组评为部级和省（市）级的优秀质量管理小组。

为促进提高企业管理水平，树立学习榜样。经国家质量奖审定委员会批准，授予中国石油化工总公司第四建筑公司1985年国家质量管理奖。上海市第一建筑工程公司和冶金部第五冶金建设公司第三工程公司预评为国家质量管理奖企业。其中获优质工程奖的设计、施工和建设单位118个。

〔**建立质量信息网络，加强宣传出版工作**〕　两年来，先后印发了《工程建设质量管理经验选编》和《日本竹中工务店全面质量管理》两本书，各六千余册。同时编印协会会刊《工程建设质量管理》（季刊），1986年改名为《工程质量管理与监测》（双月刊），每期发行一万余册。编印《工程建设质量管理情况简报》42期，供地区和企业领导参阅。上海市工程质协编印的《工程质量情况简报》、福建省工程质协编印的《福建工程质量》、石油质协编印的《基建管理通讯》，都办得很有特色。

〔**逐步健全了质协工作队伍**〕　截至1986年9月，参加协会的团体会员单位共159个，拥有职工115万余人，成为工程建设系统推行全面质量管理、搞活企业的一支重要力量。各地区、各部门已成立工程质协的有北京、上海、福建、广西、浙江、安徽、陕西、山西、四川和石油、铁道等部门。

（于文藻、董近仁）

中国建筑业联合会集体建筑企业协会

地　　址：北京市百万庄（建设部院内）

电　　话：8992090

名誉会长：肖　桐

会　　长：傅仁章

副 会 长：龚 克 王桂兰

中国建筑业联合会集体建筑企业协会的前身为“中国集体建筑企业协会”，联合会成立后更用现名。协会以为会员单位和企业办实事为自己活动的宗旨，1983年9月21日成立，三年来主要开展了以下几项活动：

〔**加强组织建设**〕 全国协会成立后，在三年多的时间里，全国29个省、自治区、直辖市都成立了地方协会，地、市、县协会发展到473个，会员单位达到15 948个。

〔**开展职工培训**〕 协会在深圳和益阳建立了两个培训中心，培训装饰技术人员、施工员4 860人。1984年以来在厦门、哈尔滨、大连、无锡等地举办经理培训班9期，培训集体企业经理958人，并组织编写了经理、施工员、预算员、财会人员、质量安全员五种培训教材，供各地采用。福建、江苏等省还办起了职工中等专业学校；河南省协会1985年投资12万元，协助省建筑刊授大学建起了15个辅导站，已招生2 998人；浙江省协会配合学会招收刊大生2 200多人。各地、市协会举办培训班八千多期，培训专业干部和高级工人42.6万人次。

〔**集体经济的研究活动取得成果**〕 1985年3月协会第二次理事会暨年会提出了8个调研课题，同时成立了有62人参加的经理研究会、人才开发研究会、经济发展研究会，开展了专题研究。各研究会每次都发表了一批有实际参考价值的研究论文或调查报告，很受集体建筑企业的重视与欢迎，有的被全国性专业刊物采用。1984年初，协会与建设部建筑管理局对459个单位领导班子、干部和工人队伍构成、资产构成及质量情况进行了调查，为主管部门分析情况，制订政策措施，提供了依据。同年9月，协会秘书处通过调查，制订了《一九八五年一二〇〇〇年集体建筑企业发展规划》，下发各地参考。

〔**信息服务**〕 全国协会于1984年初创办了《通讯》，由每年出4期扩大到6期，每期约七万字，印发2.5万册，深受地方协会和企业的欢迎。全国协会还编有《集体建筑企业简报》，不定期地向协会领导成员和有关领导同志通报活动情况。

〔**抓典型总结交流经验**〕 协会在推广全国先进典型漯河市东风建筑公司经验中，积极总结各地学“东风”促改革的新经验，先后总结交流了山东诸城县建筑公司、浙江诸暨县建筑公司、贵州安顺市建筑联社、湖南沅江建筑公司、厦门第三建筑公司、湖北孝感建筑公司、哈尔滨新阳建筑公司、昆明宏达建筑公司、河南睢县建筑公司、石家庄三建公司、天津塘沽二建公司、无锡二建公司、宁波二建公司、蚌埠二建公司、芜湖三建公司等一大批企业的经验。1986年10月，协会与北京市协会联合举办了“集体建筑企业改革经营管理报告会”，邀请哈尔滨新阳建筑公司经理方贴春、无锡二建公司经理蒋听根、宁波二建公司经理刘心禹报告改革经验，并录像在各地集体建筑企业播放。

积极维护企业的合法权益。1985年，全国协会根据各地企业的要求，多次向有关方面反映了集体建筑企业的取费和缴纳营业税不合理的问题。云南省一个税务局不按政策规定征收县建筑公司工商税5万元，省协会向省领导部门作了反映，经省政府办公厅裁定，税务部门退还了不应收的税款；福建省龙溪地区协会，通过调查研究，采取措施协助17个集体建筑企业清收258万元的工程拖欠款。

（肖凤翱）

中国建筑业联合会装饰协会

地　　址：北京市阜外大街14号

电　　话：890051—14

电报挂号：6555

会　　长：张恩树

副 会 长：许溶烈 曹大澂 张钦楠 刘陆平 曹万华

建筑装饰协会于1984年9月在北京正式成立，中国建筑业联合会成立后改为现名称。她是有关科研、设计、教育、生产、管理和经销部门的跨行业、跨部门、跨地区的联合组织。主要任务是：根据国家建设方针，协助有关部门研究建筑装饰行业的技术经济政策，制订技术标准和产品发展规划；沟通为建筑装饰行业服务的生产、供销和科研、设计、施工单位的渠道，促进建筑装饰生产的全面配套和协调发展；有计划的组织新产品的研制、开发及技术引进；根据政府部门的授权，对产品进行鉴定、评比，开展技术咨询与技术服务，组织技术交流与新技术、新成果的推广应用，举办技术讲座，培训专业技术队伍；编辑出版刊物，编制产品目录、样本和其他有关技术资料。

〔**建立了组织机构**〕 协会成立后，通过横向联合，现在已经按照不同专业性质成立了八个专业协会。它们是建筑装饰工程协会、建筑装饰铝制品协会、建筑化工装饰材料协会、建筑陶瓷卫生洁具协会、建筑装饰石材协会、建筑装饰五金协会、暖通空调协会、电器协会。协会会员单位已有八百多个。

〔**建筑装饰产品开发**〕 协会成立两年多来，先后安排了三十多项新产品试制任务，大部分已拿出了样品，其中八项通过了投产技术鉴定。

〔**编制技术标准**〕 为确保铝合金门窗质量，在建设部科技局、机械局的支持下，协会组织了洛阳有色金属设计研究院、建筑物理研究所、天津铝合金厂、北京钢窗厂、上海玻璃机械厂、黎明机械公司等单位共同编写了“铝合金门窗质量综合标准”，包括型材质量、门窗加工质量、安装技术条件、物理力学性能、检测及名词术语等六个部分，经建设部科技局同意，作为装饰协会的第一个标准，已于1986年6月颁布试行。

〔**开展技术交流、技术服务活动**〕 一是收集国内外典型资料，组织编写出版；二是通过对新产品、新技术的有计划、有组织的协调开发。两年多来出版的各种资料，计三大类四十种，总发行量三万多份。其中协会会讯，着重通报协会的各项活动以及新产品、新技术、新动向，现已出刊十八期，共八千多份。协会还创办了会刊《建筑装饰》现已出了二期，发行量二万册左右。同时还出版了各种专题技术资料三十多种，一万多份，对新产品、新技术作了比较详细的介绍。目前，正在编印的有“建筑装饰手册”、“铝合金门窗国外资料汇编”。这将对建筑装饰技术水平的提高起到促进作用。

为了促进建筑装饰技术的发展，协会组织了卫生洁具、塑料门窗、建筑石材等技术交流会、展销会、展览会。并邀请香港、西德的建筑专家对装饰技术进行讲学和介绍，推动了装饰业务的发展。

〔**举办了建筑装饰技术培训**〕 现已开办了两期，培训学员约四十名，培训期为一年。第一期学员十九名，大都来自建筑设计、施工部门，第二期已开学。此外，两年多来，协会还接待了大量会员单位和非会员单位的来函、来访，协助工厂企业解决了不少技术难题，推荐了不少新的产品，起到了技术情报中转站的作用。

（兰泽洲）

中国建筑业联合会建筑产品厂商联合会

地　　址：北京市车公庄大街19号
电　　话：8992622
名誉会长：李景昭
会　　长：许溶烈
常务副会长：冯　华
副 会 长：范国骏　曹万华　陈为民　马铁链　张永定　贾志平　林梦兰

中国建筑业联合会建筑产品厂商联合会成立于1984年9月。她是由全国各省、自治区、直辖市和国务院有关部从事建筑产品的生产厂商自愿联合组成，非盈利性社会经济团体，挂靠中国建筑技术发展中心。

厂商联合会的宗旨是：加强信息交流，明确建筑产品（建筑装饰装修材料、部配件、设备与机械等）的发展方向，促进产品开发和推广，开拓和沟通销、供、产渠道，使建筑产品的发展适应建筑业长期发展的需要，更好地为四化建设服务。

“厂联”的主要工作是：加强信息工作，组织国内外建筑产品的生产现状和发展方面的调查研究，开展技术交流和咨询服务，组织参加国内外展览会，编辑出版“厂联”会讯《建筑产品信息》；加强会员单位之间横向协作，沟通会员单位与科研、设计和施工单位之间的关系；促进产品配套，积极进行产品交流、推广和开发；接受会员单位委托，组织有关单位对部分建筑产品进行评定和推广使用；针对产品开发需要，组织参加技术培训、技术座谈和技术交流；在合作引进国外先进技术和设备方面给以可能的协助。

厂商联合会两年多来完成的主要工作：

〔**加强信息交流，提供市场、产品、经济情报**〕 编辑出版了《建筑产品信息》小报（10期）及其

《增刊》（22期），编辑出版了《“厂联”会员名录》，向会员单位提供了国内外产品样本，组织会员单位参观有关国际建筑展览会。

〔**开展咨询服务，沟通销、供、产渠道**〕 为五家会员单位联系了横向经济协作的业务洽谈；为两家会员单位提供了研制国外新产品的样机；为两家会员单位研制国外新产品提供了国外和国内设计图纸；为一家会员单位与设计施工单位联系签订了销售合同；为一家会员单位组织了产品评定会。组织会员单位参加了1985年“国际建筑技术、设备与制品展览会”和1986年“国际建筑展览会”。在上海、沈阳、西安等地筹备成立“厂联”产品展销咨询服务部。

〔**开展调查研究**〕 联合会成立以来，在组织会员单位进行大量调查研究的基础上，写出了《积极开发新型建筑产品，不断满足建筑市场需要》、《我国装饰装修业的现状、预测和探讨》、《新型（钢、铝、塑）窗门专题调研报告》、《新型混凝土搅拌机推广应用中的问题》、《采暖空调厨房设备的发展现状及趋势》等调研报告。

〔**积极开展培训**〕 通过香港培华基金会赞助，举办了“室内设计培训班”提高职工业务素质。

开展对外活动，引进先进技术。与日本“日中建筑住宅产业协议会”建立了关系，交换产品样本及各种技术资料3 000多份；与法国建筑机械、设备、建筑材料与制品联合会，西德建筑机械协会，意大利米兰建筑中心等建立了联系；举办了“美国建筑产品样本展览”，“日本松下火灾报警系统技术座谈会”“意大利大理石开采机械座谈会”，“意大利特种车辆技术座谈会”，“日立化成煤气热水器与浴室设备座谈会”。

（顾启浩）

中国建筑业联合会劳动定额研究会

地　　址：北京市百万庄（建设部院内）

电　　话：秘书处8992910

电报挂号：2260

名誉会长：杨　慎

会　　长：杨兰茹

副 会 长：姜兆坤　朱桂棠　邱祖华　游与继　王承瑞

建筑劳动定额研究会成立于1984年11月，中国建筑业联合会成立后改为现名称。几年来，积极开展了劳动定额和劳动制度、工资制度的理论、政策和实际问题的研究。

〔**开展了劳动定额及有关问题的学术研究活动**〕两年来，召开了三次全国性的学术讨论会，探讨劳动定额、劳动组织、用工制度、工资奖励等项工作的改革，共收到论文和经验材料近三百篇。讨论会收到了较好的效果：（1）提高了对劳动定额在改革中的地位和作用的认识，扭转了部分企业一度认为进行改革特别是实行经济承包和百元产值工资含量包干以后，劳动定额可有可无的看法；（2）明确了劳动定额要改革什么和怎样进行改革；（3）深入讨论了改革形势下的劳动定额管理体制，肯定了继续实行统一领导、分级管理的原则；（4）探讨了运用数理统计、微型电子计算机等现代科学手段改革劳动定额的编制、管理工作的途径；（5）开展了改革用工制度的研究；（6）对如何科学核定百元产值工资含量包干系数，作了探讨。

〔**开展技术业务培训**〕 研究会于1985年委托重庆建工学院、吉林建工学院举办了劳动定额、工资干部专修班、学制两年。1986年又委托吉林建工学院办了一个专修班。广西壮族自治区劳动定额研究会还举办了预算、劳动定额中专函授班。湖北、陕西、黑龙江等省劳动定额研究会，举办了定额干部培训班。

〔**总结经验**〕 总结和推荐了改革用工制度、实行合同工劳动保险等方面的经验，向各会员单位介绍了一些苏联、日本等国有关劳动定额、工资工作等方面的情况。

〔**发展研究会组织**〕 目前，已有广西、黑龙江、陕西、湖北、吉林、山东、四川、安徽、河北、北京、江苏、内蒙、新疆等13个省、自治区、直辖市成立了建筑劳动定额研究会。成都、南宁等中心城市也成立了研究会或分会。总共已有会员约三千名。东北和华东地区已经成立或正在筹建大区的建筑劳动定额研究会。

劳动定额研究会几年来的工作，对加强企业管理，提高企业素质，增强企业活力，调动职工的积极性，促进建筑业的改革，起了积极的作用，并使劳动定额和劳动工资工作开始走上理论与实践相

结合的健康发展的道路。（王孝慈）

中国建筑业联合会材料协会

地　　址：北京市宣武区西便门
通信信箱：北京市2919信箱
电　　话：341082、342631—40、43分机
电　　挂：9608
名誉理事长：杨　慎
理 事 长：马国瑛
副理事长：顾国兴　周继昌　李锡琳　陈伯衎

材料协会于1985年7月在广州成立，截至1986年12月底，参加协会的有25个省、自治区、直辖市及部分计划单列城市的材料供应公司和材料管理机构，共有会员单位36个，近4万名材料工作者。它的主要任务是研究建筑工程材料在流通、消费领域中的运动规律，探讨发展我国建筑行业材料业务的方向、理论和方针政策；调查研究适应我国建筑施工特点的材料供应体制和承包方式，为政府决策提供情况和建议；沟通物资供求信息，促进产需衔接、合作与开发；发展建筑材料生产，加强地区间、企业间的横向联系，互通有无，开展协作，搞活材料供应、经营；传播现代化管理方法、手段和先进经验，推广新技术和新型材料，推动全行业的技术进步和提高企业的经营管理水平；组织人材培训，促进提高企业的素质，开展咨询服务活动，帮助企业解决业务和技术难题；组织企业协商订立行规行约，维护会员的合法权益；编辑出版刊物、资料和培训教材；承担政府部门和中国建筑业联合会委托办理的事项。

协会成立一年多来，在各会员单位的支持和努力下，主要抓了以下四件事：

〔组织会员单位积极参与体制改革〕 为推进建筑业的改革，协会始终把改革放在协会工作的首位，一面研究和总结改革经验，探索随任务分配材料和包工包料的途径，一面组织会员单位进入市场，向开放型、经营型转变。并于1986年9月在北京召开了建筑业材料供应体制改革理论与实践讨论会，有19个单位提出了24篇文章。会议邀请政府有关部门的领导和有关理论界、学术界的专家、学者和新闻工作者，紧紧围绕供应体制改革有关的社会作用、传统观念、改革目标、近期任务及同步、配套改革等问题展开了讨论。

〔组织资源的开发、协作和调剂〕 协会首先对所有会员单位建立了经济协作信息网，编印了9期商情供求简报，向各会员单位提供各地调出、调入及价格、资源信息近二千多条，召开了9次调剂会，开发、调剂、串换钢材1.5万吨，水泥7 000吨，支援了国家建设事业的发展。与此同时，各会员单位在主管部门的支持下，采取购买现货、期货、补偿贸易、投资建厂及组织进口等方式，组织计划外钢材15.1万吨，水泥37.3万吨，占1985年供应量的16.9%和15.4%。

〔人材培训，提高队伍素质〕 我国建筑业拥有四、五十万人的材料供应业务方面的职工队伍，经办占工程造价70%以上的物资。但是，目前这支队伍的素质和结构与其承担的任务极不相称。为改变这种状况，协会成立以来，把人材培训作为一项重要任务。1986年9月召开了9省市参加的教材选编会议，组织制订了职工中专《建筑企业材料供应与管理》专业教学计划。同时，以上海、天津、北京、陕西、辽宁为主，开始了教材的选编。

〔进行了组建地方分会的试点〕 为使协会工作向纵深发展，在重庆市、湖北省进行了组建地方分会的试点，参加重庆市地方分会的有各区、县、局45家建筑企业的材料供应机构。他们建立了供求信息网，定期编印供求简报，首次调剂会串换了180万元的各种物资，一些跑了几个省没有解决的材料，而在地区内得到解决。他们还交流了管理经验，办了一期短训班，并着手筹划中专班。试点经验证明，企业的材料工作需要加强横向联系，这种联系会给企业带来实惠，同时省、市地域小，信息传递反馈快，协作的深度、广度、效率和效果都优于省际之间。他们的作法使协会工作增添了活力。

（刘北安）

中国建筑业联合会设计管理研究会

地　　址：北京市百万庄，建设部院内
电　　话：8992031　8992724　8992180
电报挂号：2260
理 事 长：张钦楠
副理事长：宋而千　纪　民　张小禾　周耀南　牧一征　樊小卿　茅贵生　孔庆忠

设计管理研究会原名是建筑设计管理研究会，于1984年4月筹建，1985年7月正式成立，中国建筑业联合会成立后改为现名称。内设经营管理、技术质量、技术经济、体制改革、信息咨询及编辑委员会等6个专业委员会。按中南、西北、西南、东北、华北、华东各大区，共组建7个大区分会(华东2个)，共有会员单位180个，总人数3万余人。研究会理事90人，常务理事25人。研究会的宗旨与主要任务是坚持以四项基本原则为指导，发扬理论联系实际的学风，贯彻党的方针、政策，积极开展学术研究；交流设计、改革经验；沟通情报、信息；为提高管理水平，作好咨询服务工作；出版刊物资料，开展横向联合；发展国内外的友好交往。

两年来，依靠各专业委员会、各大区分会，进行了如下活动：（1）交流设计改革经验，开展经营管理的研究，分大区进行财务管理的研究，以及如何搞好技术经济、如何组织好业余设计等工作探讨；（2）配合行政主管部门抓好质量管理，组织“全面质量管理研讨班”，组织全面质量管理试点，建立质量保证体系，并展北京、西安、重庆三大城市建筑设计的重点抽查，组织各大区设计单位互学互检活动，发出通报，促进对质量管理工作的重视；（3）加强精神文明建设，开展了对抓好思想政治工作的调查研究，总结经验，为进一步提高设计队伍的政治素质创造了条件；（4）协助行政主管部门制定管理标准，如设计工日定额、设计取费补充方案与合理取费标准方案、各类民用建筑工程的指标定额等；（5）组织管理人员培训班，并请香港、日本、荷兰的设计管理专家来华讲学；（6）出版“建筑设计、管理”期刊。　（宋而千）

中国建筑业联合会安装协会

地　　址：北京新街口外学院南路甲2号
电　　话：2012123
会　　长：于文藻
副 会 长：崔如茂　汤仁兴　吴正榜　许关根　王胤昌

全国安装协会于1985年11月15日正式成立。1986年10月30日中国建筑业联合会成立后，更名为中国建筑业联合会安装协会。安装协会由28个省、自治区、直辖市和冶金、化工、轻工、电子、机械、核工业、城乡建设等八个部及有色、石化两个总公司系统从事安装施工、科研、设计、教学等166个单位组成，有职工21万人。一年来，协会遵照“面向企业，服务于生产，服务于四化”的宗旨，开展了以下工作。

〔**建立工作机构，落实工作计划**〕　1986年1月组建了秘书处及经营开发研究中心、科技情报中心、人才培训中心、技术标准中心和物资信息交流中心等工作机构，建立了各项工作制度。

〔**开展对会员单位基本情况普查**〕　各工作机构根据工作需要，向会员单位发出关于企业领导体制、机构设置、队伍状况、人才预测、科技成果、材料物资余缺、经济指标等19种调查表，掌握了大量基础资料。

〔**组织编写行业发展规划和科技发展规划**〕　协会于3月开始组成起草小组并起草规划。经在京常务理事和第二次全体理事会等多次讨论修改，两个规划已于1986年12月12日由建设部批转发给各地有关部门。

〔**组织安装质量检查**〕　受建设部委托，协会于

1986年4月17日组成六个检查组，对安装工程质量进行了检查。从6月10日至7月25日对全国31个安装企业的423项工程进行了抽检，评定了228项，其中核验为优良的146项，占64%，合格的81项，占35.5%，仅有一项经返修也达到合格。10月28日建设部建筑管理局批转了协会的质量检查报告。

〔**开展了企业思想政治研讨活动**〕 5月16日协会召开了思想政治工作研讨会，交流了在改革形势下开展思想政治工作的新经验，以促进行业的两个文明建设。

〔**组织人才培训**〕 协会6月召开了人才预测与培训会议，确定西安冶金建筑学院和黑龙江建筑工程学校为北方培训点，重庆建工学院、重庆建筑专科学校和机械工业部安装职工中专为南方培训点，1987年起承担代培任务。在浙江省安装公司等四个公司设立了焊工培训基地。10月份人才培训中心又组织审定了电气、管道、通风、铆工、钳工等五个工种培训教材的编写大纲。

〔**开展企业管理调研**〕 配合企业管理升级工作，协会对企业的管理体制和质量管理体系进行调研，并起草了有关专题报告。10月30日协会召开了企业管理升级标准及办法的研讨会，为政府主管部门提供了基础材料。

〔**开展交流活动**〕 协会1986年组织的专题交流会有财务工作、计算机应用、高层建筑设备安装技术、物资管理工作、安装机具展销等。各地区联络网也分别召开了年会及各类研讨会。

〔**编写资料汇编、出版《会刊》和《会讯》**〕 1986年汇编的资料有："安装企业常用标准、规范目录汇编"、"安装用小型机具目录汇编"、"安装适用技术选编"等。会刊今年发行六期共6 000册。《会讯》每月一期，发行量3 000份。

除上述工作外，1986年召开了第二次全体理事会和第三次常务理事会；编印了协会成立大会文件汇编和协会联络手册。

（吴小莎）

中国建筑机械化协会

中国建筑机械化协会第一届理事会名单

（1985年11月30日一届二次常务理事会通过）

理 事 长：李景昭

副理事长：黄国炳　刘志一　于文藻　孟广水　曹善华　刘育毅

常务理事：（按姓氏笔划为序）

于文藻　王忠礼　王兴文　乐俊仪　刘志一　刘育毅　刘树林　孙立群　毕承皋
李景昭　肖绍统　汪森华　汪锡令　吴亮之　吴志仁　冷桂海　沈采文　陈南华
罗龙元　周炳炎　周延年　孟广水　郎邺丕　段光明　顾迪民　郭桂安　梁志诚
梁建智　曹善华　黄国炳　喻志刚　韩　平　韩兆轩

秘 书 长：黄国炳（兼）

副秘书长：赵宏胤（常务副秘书长）张宝义　孙在鲁　郑兆晃

理　　事：（按姓氏笔划为序）

于文藻　王忠礼　王兴文　王礼贤　王榕生　王康生　王焕臣　王锦云　卞忠林
方祖标　田维铎　白清志　石传洪　史济富　甘鸿仁　冯宝如　乐俊仪　刘志一
刘育毅　刘树林　刘传林　刘笑文　刘兆丰　刘守珍　刘厚增　朱文华　向　光
向文寿　江忠堂　孙立群　孙明辉　孙宝琤　孙义传　孙正钧　许生鸿　余存杰
毕承皋　任文学　牟孝敬　李景昭　李龙云　李俊峰　李世才　李春海　宋人杰
汪森华　汪锡令　吴志仁　吴启鹤　吴兴祖　吴亮之　陈南华　陈恩相　陈松林
陈俊华　陈世林　陆景麟　杜玉宣　肖绍统　冷桂海　佘永洤　沈采文　沈培青

邱绍祖	邱贤昌	邹木森	张文和	张宝义	张玉清	张景仕	张希斌	张福全
张福海	孟广水	罗龙元	郎邺丕	周炳炎	周延丰	郑念中	郑国英	郑明燮
郑兆晃	金国栋	赵立文	赵宏胤	段光明	胡宗武	俞学瀛	姚永陵	骆 民
梁志诚	梁建智	梁匡时	郭桂安	郭德凡	徐慎初	徐安平	高 洁	袁纯古
顾迪民	唐群芳	桂运周	钱 风	侯显富	曹善华	黄国炳	黄逸轶	黄守伍
黄文沛	韩 平	韩兆轩	喻志刚	琚贻兰	程东育	程贵炯	程作渭	童廉文
董金瓯	温天和	蔡志轩	谭应国	谭殿章	霍若玲	楚士健		

〔宗旨、任务〕 中国建筑机械化协会的宗旨是广泛组织从事建筑机械化的科研、设计、教学、施工、制造、管理、维修、情报、标准等单位和工作者，遵循党的路线、方针研究发展建筑机械化的理论和政策，协助政府，面向企业，为推进我国建筑机械化事业的发展服务。

〔主要任务〕

1.总结我国建筑机械化工作的经验，研究发展建筑机械化的方法和步骤，向政府有关部门提出改进工作的建议；

2.配合政府有关部门，搞好建筑机械产品的更新换代和技术改造，提高技术水平，促进建筑机械制造工业的发展；

3.协助政府各级有关部门，拟定发展规划，技术政策和技术措施；

4.组织技术交流，举办展览会，学术报告会，开展咨询服务，推广建筑机械化的科研成果和经验；

5.发展同国外建筑机械化有关团体和工作者的友好联系，开展技术交流，协助有关部门搞好技术引进工作；

6.协助政府拟订有关技术标准，贯彻国家标准化政策；

7.开展建筑机械化的技术情报工作，编辑出版技术书刊和通讯报导，举办技术讲座和培训班，普及建筑机械化技术知识；

8.研究建筑机械设备管理理论和方法，总结实践经验，提高管理水平，提高经济效益。

〔成立和发展〕 中国建筑机械化协会，由各省、市、自治区和城乡建设、冶金、化工、煤炭等部的有关建筑施工和建筑机械制造以及从事建筑机械化方面的科研、教学、管理等单位及工作者所组成。于1984年5月15日在济南正式成立。1985年4月15日国家经委正式批准协会的合法地位。它是一个社会经济团体，业务上受城乡建设环境保护部的指导。

协会下设机械化施工、建筑机械制造、建筑机械设备管理、技术情报、标准化以及电梯等六个专业协会，在建筑机械制造协会下又设有挖掘机械、铲土运输机械、桩工机械、压实机械、起重机械、卷扬机、混凝土搅拌及运输机械、混凝土振动机械、混凝土砌块及成型机械、钢筋及预应力机械、装修机械、液压技术、仪器、测试、设计、铸造、热处理和焊接等18个分会。目前已有会员单位906个，其中施工企业495个，建筑机械制造厂297个，高等院校39个，科研单位50个，管理部门及其他25个。

各省、市、自治区也相继成立了建筑机械化协会组织。现已成立的有云南、广西、上海、甘肃、辽宁、山东、四川、河南、湖南、安徽、江西、新疆、江苏、山西以及河北沧州地区等15个地方性协会。

〔业务技术交流〕

协会及其所属专业协会和分会，在两年多的时间内主要的活动有：1984年6月召开了装修机械化施工、地基处理、高层建筑等经验交流会和座谈会，1985年11月召开了各种机械的学术年会，经验交流和各种新机械的技术鉴定会。还组织质量检查、用户调查等活动，对提高产品质量、发展新品种起了促进作用。1985年6月召开了维修经验交流会和管理体制改革座谈会等，对提高维修技术水平和体制改革工作起到积极的作用。

在对外活动方面组织了与日本、联邦德国，意大利等国的有关建筑机械的公司和学校进行座谈和交流，促进了对国外新技术信息的了解。

〔出版刊物〕 为了进行学术交流、互通情况，协会主办了《建筑机械化》和《建筑机械》两种杂志，作为会刊。另外还有“工作通讯”、“机械化施工动态”、“建筑机械管理”、“电梯通讯”、“建筑机械”等内部刊物和小报，进行情况交流。

中国建筑年鉴

11

建筑人物 先进单位

建筑业领导人

本卷建筑领导人的遴选范围是：1.建设部及国务院其他部门主管建设工作的副部长以上领导人；2.中国建筑学会、中国土木工程学会正、副理事长；3.中国建筑业联合会正、副会长。上述领导人包括担任现职和已退居二线并担负有关领导职务的。名单和简历系本人所在单位提供。

叶如棠　男，汉族，生于1940年，浙江省温岭县人。1965年毕业于清华大学建筑系。同年加入中国共产党。历任北京市建筑设计院第四设计室副主任、院长兼党委副书记。1979年评为建筑师。1985年11月起任城乡建设环境保护部部长、党组书记。

廉　仲　男，汉族，生于1926年，山东省黄县（现为龙口市）人。原名曲之安。1944年加入中国共产党。1947年肄业于北京大学工学院土木系。曾任北京大学工学院党支部书记。建国后，历任青年团天津市委青年工作部部长，华北建筑工程管理局办公室主任，建筑工程部研究室副主任，四川省建筑工程局副局长兼四川维尼纶厂现场施工指挥部指挥长，国家建委科学技术局副局长，国家建筑工程总局副总局长。1982年12月起任城乡建设环境保护部副部长、党组副书记。

储传亨　男，汉族，生于1928年，江苏省宜兴县人。1950年毕业于清华大学土木工程系。1947年加入民主青年同盟。次年加入中国共产党。曾任中共北平市委宣传部干事。建国后，历任北京都市规划委员会经济组组长，中共北京市委研究室副主任，北京城市规划管理局副局长，北京市建委副主任、市人大常委会副秘书长兼城建工作室主任、市规划委员会副主任，中共北京市委委员，北京市市长助理。1983年起任城乡建设环境保护部副部长。

杨　慎　男，汉族，生于1931年，山东省禹城县人。1948年入华北大学学习。1952年加入中国共产党。历任中共中央华北局党校校务处秘书，建筑工程部工业建筑公司办公室副主任、第一工程局计划科科长、建筑科学研究院经济研究室副主任，国家建委施工局副局长，国家建筑工程总局办公厅副主任，城乡建设环境保护部建筑管理局局长、部党组成员。1985年起任城乡建设环境保护部副部长。

周干峙　男，汉族，生于1930年，江苏省苏州市人。高级建筑师。1952年毕业于清华大学建筑系。同年加入中国共产党。历任国家建委城市规划局副处长，国家城市建设总局城市规划研究所副所长，天津市规划局代局长，中国城市规划设计研究院院长。1985年起任城乡建设环境保护部副部长。

李景昭　男，汉族，生于1921年，河南南乐人。1938年加入中国共产党。曾任延安新华化学厂科长，大连聚兴商行营业部主任，东北军区军工部科长。建国后，历任东北兵工局处长，建筑工程部工业设备安装公司经理、第二工业设备安装公司党委书记兼经理、第二工程局党委副书记，建筑工程部渤海工程局、第二工程局党委书记兼局长，建筑工程部副部长，国家建委施工局局长，国家建委副主任。1982年起任城乡建设环境保护部顾问。

肖　桐　男，汉族，生于1922年，河北深县人。原名朱永信。1938年加入中国共产党。曾任深县杨庄区委书记，晋察冀边区政府财政处副科长，冀东行署财政厅秘书主任兼审计主任。建国后，历任唐山市税务局局长兼市财政局局长，华北行政委员会财经委员会办公室主任，建筑工程部计划司司长，经济局、城建局代理局长，国家建委施工局局长，国务院港口办公室副主任，国家建筑工程总局总局长，国家建委副主任，城乡建设环境保护部副部长兼中国建筑工程总公司董事长、中国房屋建设开发公司董事长。1986年起任城乡建设环境保护部顾问。先后任中国土木工程学会副理事长、中国房地产业协会会长、中国建筑业联合会会长。

戴念慈 男，汉族，生于1920年，江苏无锡人。中国共产党党员。高级建筑师。1942年毕业于中央大学建筑系。曾在中央大学任教。后在重庆及上海兴业建筑师事务所及上海信诚建筑师事务所任建筑师。建国后，历任中共中央直属机关修建办事处设计室主任，建筑工程部建筑设计院总建筑师、中国建筑科学研究院总建筑师，城乡建设环境保护部副部长。1985年起任城乡建设环境保护部顾问。是中国建筑学会第六届理事会理事长，第四至六届全国人大代表。主持过中国美术馆、斯里兰卡班达拉奈克国际会堂、曲阜阙里宾舍等项工程的建筑设计。发表过《现代建筑还是时髦建筑》、《论建筑的风格、形式、内容及其它》等学术论文。

曹洪涛 男，汉族，生于1916年，河北深泽县人。1937年加入中国共产党。曾任中共冀中区清苑县、之光县县委书记，中共保定工作委员会书记。建国后，历任中共保定市委副书记，轻工业部副司长，食品工业部副局长、局长，国家建委轻化工局局长，国家计委城市规划局、国家经委城市规划局、国家建委城市规划局局长，国家城市建设总局副总局长。1982年起任城乡建设环境保护部顾问。

王汝林 男，汉族，生于1932年，浙江鄞县人。中国共产党党员。1952年毕业于上海圣约翰大学土木系。之后任鞍山钢铁公司建筑公司技术员。1954年到苏联学习施工组织与管理。1956年回国后，历任酒泉钢铁公司设计院科长，嘉峪关地区建设总指挥部基建办公室主任、秘书长，酒泉钢铁公司副经理、经理。1986年起任冶金工业部副部长。

潘连生 男，汉族，生于1932年，江苏盐城县人。高级工程师。中国共产党党员。1954年毕业于大连工学院化工系。历任吉林省化学工业公司车间主任、研究室主任、厂党委书记、厂长，公司副总工程师、总调度长、副经理兼基建指挥部副指挥，化学工业部司长。1986年起任化工部副部长，主管基本建设工作。在吉林化学工业公司期间，曾负责主持年产11.5万吨乙烯等大型石油化工装置的基建、生产准备和试车工作。撰有《大型石油化工装置的生产准备和化工试车》等论文。

陆佑楣 男，汉族，生于1934年，江苏太仓县人。中国共产党党员。高级工程师。1956年毕业于华东水利学院水工建筑专业。历任黄河刘家峡水电工程局工程师、科长，汉江石泉水电站水电部第三工程局工务科长，汉江安康水电站水电部第三工程局技术处长、总工程师、副局长，黄河龙羊峡水电站水电部第四工程局局长。1984年起任水利电力部副部长。

姚振炎 男，汉族，生于1932年，江苏常熟县人。中国共产党党员。高级工程师。1952年毕业于上海交通大学土木系。历任电力工业部基建司工程师、副司长，水利电力部基建司司长、部副总工程师。1985年起任水利电力部副部长。

苏哲文 男，汉族，生于1915年，湖北蕲水（今浠水）人。1936年参加中华民族解放先锋队。1938年加入中国共产党。1943年毕业于西南联大电机机械工程系。曾任昆明电厂、天津电厂、抚顺电厂技术员、助理工程师、副工程师，晋冀鲁豫边区西兔电厂工程师，山西榆次接管小组组长，太原钢厂、机厂军代表，太原电力公司经理。建国后，历任燃料工业部、电力工业部计划司副司长，水利电力部计划司司长，水利电力部规划设计院院长。1979年起任电力工业部副部长，水利电力部总工程师。

毛鹤年 男，汉族，生于1911年，北京市人。中国共产党党员。1933年毕业于北平大学工学院电机系，1934年留学于美国普渡大学并获硕士学位。后在德国西门子公司任见习工程师。1939年回国后曾任昆明电工器材厂工程师，重庆大学电机系教授。建国后，历任东北电业管理局工程师、副处长、总工程师。燃料工业部设计管理局总工程师，电力建设总局、电力建设研究所总工程师，水利电力部规划设计院总工程师，电力工业部副部长。是中国科学院学部委员，中国电机工程学会第四届理事长，中国科学技术协会第二届委员会委员，国家科学技术委员会发明评选委员会委员，国际大电网会议中国委员会主席，一至六届全国人大代表。

王 林 男，汉族，生于1915年，河北省唐山市人。1933年加入共产主义青年团，同年转入中国共产党。曾任中共河北省委秘书长，中共中央组织部科长，中共中央出版发行部副部长，中共中央农委处长，冀东十三分区专员、财经办事处主任，中共唐山市委委员，开滦矿务局党委书记。建国后，历任燃料工业部副部长，电力工业部副部长，水利电力部副部长，陕西省委书记，中共中央西北局书记兼西北三线建设委员会副主任，电力工业部第一副部长，国家能源委员会常务副主任。1983年起任国务院上海经济区规划办公室主任。

冯 寅 男，汉族，生于1914年，浙江嵊县人。1936年毕业于唐山交通大学，获学士学位。1947～1948年留学美国州立依阿华大学，并获硕士学位。曾任钱塘江桥工程处工务员，湘桂铁路、湘桂公路、重庆缆车公司工务员、帮工程师、副工程师，复旦大学、大夏大学副教授。建国后，历任水利部官厅水库工程师兼工务科长，水利电力部北京设计院副总工程师、海河设计院总工程师，水利电力部水利司、规划设计院副总工程师，水利部副部长。1982年起任水利电力部总工程师。

刘书田 男，汉族，生于1920年，河北献县人。1939年加入中国共产党。曾任区委书记，县委宣传部长、县长。建国后，历任中共江京潜县（今江陵、京山、潜山）县委宣传部长，中共潜江县委副书记，三门峡工程局党委副书记、副局长，陆浑工程局党委书记、局长，刘家峡工程局党委书记、局长，水利电力部副部长兼长江葛洲坝工程局党委第一书记、部水利水电建设总局党委书记。是中国施工企业管理协会第一届常务理事、第二届副理事长。中共第十二次代表大会代表。

李 锐 男，汉族，生于1917年，湖南平江县人。1938年毕业于武汉大学工学院机械系。中国共产党党员。建国后，历任燃料工业部、电力工业部水力发电建设总局局长、部长助理，水利电力部副部长，电力工业部副部长，国家能源委员会副主任，中共中央组织部局长、副部长。1985年起任中共中央顾问委员会委员、中国水力发电工程学会、中国能源研究会顾问。著有《河流规划与水力发电》、《苏联的水力发电建设》、《论三峡工程》等。

李鹗鼎 男，汉族，生于1918年，天津市人。中国共产党党员。1940年毕业于清华大学土木系，1943～1946年留学英国实习水利发电工程规划、设计、施工。曾任清华大学助理研究员，上硐水电工程处工程师、工务科长。建国后，历任燃料工业部水电总局工程师、勘测处副处长，电力工业部水电总局勘测设计院副总工程师，四川龙溪河狮子滩水电工程局总工程师，三门峡工程局总工程师，水电部水电建设总局副总工程师、基建司总工程师，电力工业部副部长，水利电力部总工程师。是中国水力发电工程学会理事长，中国科学技术协会第二届委员会委员，国际大坝委员会副主席（1981～1984）。长期负责水电建设的技术领导，如狮子滩水电站以及三门峡、刘家峡、盐锅峡水电工程等。研究解决了水电站设计和施工中的一些重大问题，如乌江渡的大坝基础处理和泄洪消能，葛洲坝的大江截流和泥沙问题，龙羊峡的枢纽布置、大坝基础处理和防洪抗洪，吉林白山的导流和地下工程设计，长江三峡的选坝和设计问题，等等。在筑坝施工方面还进行了一些科研项目的试验研究。

张　彬 男，汉族，生于1913年，江苏松江县人。大学肄业。1938年赴延安抗大学习，同年加入中国共产党。曾任抗大教员，河北下花园电厂厂长，晋察冀军区军工局处长。建国后，历任华北电业管理总局局长，燃料工业部、电力工业部、水利电力部电力建设总局局长，水利电力部副部长、顾问，中国水利电力企业管理协会会长、中国喷灌技术开发公司经理。是第六届全国政协委员。著有《论电力工业在国民经济与社会发展中的作用》等，并担任《当代中国电力工业》一书主编。

陈赓仪 男，汉族，生于1922年，上海市人。原名殷云芳，1940年加入中国共产党。1944年毕业于大夏大学土木系。历任助理工程师，永定河官厅水库工程局工务科副科长、党委成员，水利部处长、官厅水库岩石渗水处理工程指挥部副指挥，水电部处长，京密引水工程指挥部副总指挥，水利电力部水利水电建设总局副局长、西南电力建设指挥部副指挥、部基建司司长，水利部副部长兼中国水利工程公司董事长，水利水电建设总公司总经理，中国三峡工程开发总公司筹建处主任。是第三、第四届中国水利学会副理事长。发表过《中国大坝》、《外国混凝土防渗墙技术的概况和今后发展趋势》、《谈葛洲坝工程大江截流》、《巴西水电建设基本经验剖析》等。

赵明生 男，汉族，生于1929年，江苏镇江市人。中国共产党党员。1952年毕业于上海大同大学电机系。历任沈阳低压开关厂技术员、副科长、车间主任、科长，第一机械工业部电工局计划处、综合处负责人、生产调度局副局长兼部计算中心主任，机械工业部副部长。1986年起任国家机械委员会委员。

徐有芳 男，汉族，生于1939年，安徽广德县人。中国共产党党员。1963年毕业于安徽农学院林学系。历任吉林省八家子林业局技术员，吉林省林业厅工程师、副处长，吉林省露水河林业局副局长，吉林省林业厅副厅长兼省林业工业联合公司经理，林业部林业工业局局长。1986年起任林业部副部长。

刘纪原 男，汉族，生于1933年，山西兴县人。中国共产党党员。1960年毕业于苏联莫斯科包曼高级工程学校导弹控制专业。历任航天工业部自动化工程研究设计所所长、第一研究设计院副院长。1984年起任航天工业部副部长。

姜燮生 男，汉族，生于1928年，江苏丹阳县人。中国共产党党员。高级工程师。1953年毕业于清华大学。历任航空工业部四二〇厂总工艺师、总工程师、副厂长、厂长，航空工业部科技委员会主任。1980年起任航空工业部副部长。

赵　宏 男，汉族，生于1933年，河北玉田县人。1951年毕业于北京工业学校土木科。中国共产党党员。曾在北京建设局任技术员，从事道路及中小型桥涵施工并参加了北京市第一次城市的道路交通规划工作。1955年赴苏联克里沃罗格建筑托拉斯实习工作，重点学习大型钢铁厂房的施工技术。1956年回国后，历任包头钢铁公司第二建筑工程公司工区副主任，工程兵部队安装科副科长，第二机械工业部安装公司工区主任、工程处主任、四局副局长，核工业部基建局副处长、副局长。1982年起任核工业部副部长。长期从事大型工业设施的建设，先后参加了包头钢铁公司、我国核工业基地、及上海石油化工总厂等建设。

张学东 男，汉族，生于1934年，湖南华容县人。中国共产党党员。1960年毕业于北京工业学院雷达、导弹控制专业。曾任电子工业部720厂厂长。1982年起任电子工业部副部长。是中国企业管理协会常务理事，中国电子企业管理协会会长。

王文哲 男，汉族，生于1925年，江苏阜宁县人。中国共产党党员。苏北职业学校高化科毕业。1956年去捷克斯洛伐克学习造纸专业一年。历任轻工业部设计院院长、造纸局副局长，国家经委轻工局局长。1979年起任轻工业部副部长。曾主持建设南京烷基苯工程、山东烟台合成革工程、云南昆明五钠工程以及佳木斯、南平、青州等造纸厂的大型工程。

杜钰洲 男，满族，生于1942年，黑龙江齐齐哈尔市人。中国共产党党员。1966年清华大学土建系建筑学专业毕业。历任常德纺织机械厂技术员、车间副主任，纺织工业部设计院工程师、设计室副主任、副院长、院长。1985年起任纺织工业部副部长。

王瑞庭 男，汉族，生于1921年，浙江上虞县人。1941年加入中国共产党。曾任苏南行署财务科长，华东军区后勤部审计科长，中共中央华东局财经委员会驻大连办事处华顺商行副经理。建国后，历任青岛国棉一厂副厂长、厂长，纺织工业部基建局北京工程公司经理，援缅甸专家组组长，纺织工业部计划司副司长、建设局、机械局副局长，轻工业部机械局副局长，纺织工业部副部长。

季国标 男，汉族，生于1932年，江苏无锡市人。中国共产党党员。1952年华东纺织工学院纺织系毕业。历任青岛印染厂技术员，保定化纤厂技术室主任，纺织工业部生产司、建设司工程师，南京化纤厂、兰州化纤厂副总工程师，纺织工业部成套设备进口办公室负责人，部建设局副局长，化纤局副局长、局长，中国纺织对外经济技术合作公司总经理，纺织工业部副部长。

尚志功 男，汉族，生于1921年，河北灵寿县人。1937年参加八路军，1938年加入中国共产党。抗日战争时期参加过平津、大同等战役，曾获三级独立自由勋章和解放勋章。抗美援朝战争中任团长，所率团被授予"功臣团"荣誉称号。历任铁道兵部队师长、后勤部长、参谋长，组织部队参加过成昆、襄渝、青藏、京原、南疆、沙通、兖石、通霍等十几条铁路干线建设。1984年率部集体转业后，任铁道部副部长兼铁道部工程指挥部指挥。

孙永福 男，汉族，生于1941年，陕西长安人。中国共产党党员。1962年毕业于长沙铁道学院桥隧系。历任铁道部第二工程局技术员、工程师、副处长、副局长、局长。1984年起任铁道部副部长，兼任衡广复线铁路建设指挥部指挥长。曾参加过川黔、贵昆、成昆、湘黔、南防等铁路建设、唐山抗震救灾、宝成铁路水灾抢建，以及援建坦赞铁路等工程建设。

黄镇东 男，汉族，生于1941年，江苏南通市人。中国共产党党员。1962年毕业于南京航务工程专科学校后转入上海海运学院学习。历任秦皇岛港务局副处长、副局长、局长。1985年起任交通部副部长。曾主持对沿海33个泊位的竣工验收工作，实现了"六五"期间全国沿海港口建成54个深水泊位的预期目标。

姜　习　男，汉族，生于1923年，上海市人。1942年加入中国共产党。曾任苏皖边区政府财政厅股长，中央华东局财经委员会审计科长。建国后，历任华东军政委员会财政部副处长，中央财政部副司长，内蒙古自治区财贸办公室主任，粮食部副部长。1982年起任商业部副部长，兼任国务院经济调节办公室副主任、中日食品流通开发委员会中方主任委员。是第二届中国财政学会理事，中共第十二次全国代表大会候补代表。

阎子祥　男，汉族，生于1911年，山西临猗人。山西省立第二师范学校肄业。1927年加入中国共产党。曾任中共太原市委书记、山西特委组织部长、晋南特派员、山西河东特委书记、延安鲁迅艺术学院总支书记。1939年在延安马列学院学习结业后，任陕甘宁边区银行农贷处处长，晋绥第十分区公署专员，华北晋中区党委秘书长。建国后，历任长沙市市长，建筑工程部工业建筑设计院院长、设计总局局长，国家建委建筑科学研究院院长，国家建筑工程总局副总局长。是中国建筑学会第四届理事会理事长、第五、六届理事会副理事长。

王华彬　男，汉族，生于1907年，福建福州人。高级建筑师。1927年毕业于清华大学建筑系。1931年毕业于美国宾夕法尼亚大学建筑学院，获建筑硕士学位。回国后，任沪江大学、之江大学教授。曾主持上海市中心区的规划和建筑设计工作。建国后，历任上海建筑设计公司、华东工业建筑设计院总建筑师，北京工业建筑设计院总工程师，中国建筑科学研究院总建筑师、总工程师。曾主持长春、上海、西安、沈阳等地建筑小区规划设计和全国住宅标准设计，并主持制定建筑标准模数制。是中国建筑学会第五、六届理事会副理事长。

许溶烈　男，汉族，生于1931年，浙江绍兴人。中国共产党党员。高级工程师。1953年毕业于南京工学院土木系。1956～1957年在苏联建筑科学研究院地基与地下构筑物科学研究所以研究工程师名义进修。回国后，历任中国建筑科学研究院地基基础研究所室主任、副所长，国家建委科技局副总工程师，建设部科技局局长兼中国建筑技术发展中心主任，1986年任建设部总工程师兼科学技术委员会主任，中国建筑学会第六届理事会副理事长兼秘书长。1986年被瑞典皇家工程科学院选为外籍院士。

吴良镛 男，汉族，生于1922年，江苏南京人。1944年毕业于重庆中央大学建筑系，1949年获美国匡溪艺院建筑与城市设计硕士学位。1950年回国后，历任清华大学建筑系教授、系副主任、主任，建筑与城市规划研究所所长。是中国科学院技术科学部委员，中国建筑学会第六届理事会副理事长，中国城市科学研究会副理事长，国际建筑师协会理事。

长期从事建筑教育、建筑与城市规划设计及理论研究工作。曾参加北京图书馆建筑方案设计（五人小组）、天安门广场的扩建规划设计及北京、保定、震后唐山等城市规划方案的设计、研究及咨询工作。曾主持城乡规划教材、建筑书籍等的编纂及一些科研、规划设计报告的撰写。著有《城市规划与设计论文集》、《中国城市简史》等。

李国豪 男，汉族，生于1913年，广东梅县人。1936年毕业于同济大学土木工程系。1938年留学德国，获博士学位并留校任教。1945年回国后，曾任康益公司工程师，同济大学教授、土木系主任、工学院院长。建国后，历任同济大学教务长、校长。1984年起为名誉校长。1954年曾应聘代表中国科学院担任武汉长江大桥技术顾问，次年被首批选为中国科学院技术科学部学部委员。1959年又被任命为南京长江大桥技术顾问委员会主任委员。担任上海中国土木工程学会第四届理事会理事长、桥梁与结构工程分科学会理事长、中国力学学会副理事长。在国外为国际桥梁及结构工程协会执行委员，美国结构稳定学会通讯会员，是国际桥梁与结构工程协会推荐的国际十名著名桥梁专家之一。1982年德国歌德学院授予他歌德奖章。在桥梁工程与力学方面，著有《桥梁结构稳定与振动》、《桁梁扭转理论——桁梁桥的扭转、稳定和振动》、《公路桥梁荷载横向分布计算》、《工程结构抗震动力学》等。

张辛泰 男，汉族，生于1937年，河北蠡县人。1959年毕业于唐山铁道学院桥隧系。历任铁道部大桥工程局设计处技术员、工程师、桥梁研究所负责人、副局长。1983年起任铁道部副部长，是中国土木工程学会第四届理事会副理事长。长期从事桥梁设计施工和组织管理工作。参加了成昆线大渡河桥设计、栓焊梁攻关、援建越南红河大桥抢修施工；主持了南京长江大桥管柱基础下沉试验和焦枝线沮漳河大桥设计。

子　刚 男，汉族，生于1924年，河北滦县人。北京大学工学院土木系肄业。1945年加入中国共产党。历任交通部公路总局技术员，天津新港工程局副处长、室主任，华南公路工程指挥部第四工程局室主任、工程队长，交通部航务工程局、基建总局处长，国家建委五局副局长，交通部基本建设局副局长、局长，交通部副部长。是中国土木工程学会第四届理事会副理事长。长期从事港口建设工作，先后参加和组织领导过九个较大港口的建设。1975和1978年先后指挥了大连鲇鱼湾十万吨级专用油码头、北仑湾十万吨级矿石专用码头建设，高质量、高速度地完成了港口建设工程，受到了好评。

虞福京 男，汉族，生于1923年，福建福州市人。1945年毕业于天津工商学院建筑工程系。中国共产党党员。历任天津建筑设计公司二室主任工程师、技术室副主任，天津市建筑工程局副局长兼建筑科学研究所所长，天津市建委技术处长、总工程师、建委副主任，天津市副市长。1983年后任天津市人大常委会副主任。是中国建筑业联合会副会长，中国建筑学会常务理事。中国质量管理协会常务理事。曾主持设计天津体育馆等大型民用工程，参加天津地下电厂及天津地铁工程的施工组织及质量管理工作，并长期从事基本建设管理工作。论文《TQC在企业管理中的地位和与企业管理的关系》入选第三届亚太质量管理会议。

张恩树 男，汉族，生于1924年，河北安平人。1939年任晋察冀边区政府财政处科员。次年加入中国共产党。1953年毕业于中央财经学院银行专修科。历任长春第一汽车制造厂工程技术处副处长，建筑工程部直属公司办公室主任、建筑科学研究院副院长、科技局副局长，国家建委第一工程局党委书记兼局长。1979年被任命为国家建筑工程总局副总局长。1982年机构改革后任中国建筑工程总公司总经理、董事长、中国建筑业联合会副会长。

蒋才兴 男，汉族，生于1929年，黑龙江省双城县人。中国共产党党员。1948年毕业于哈尔滨东北铁路学院。历任齐齐哈尔铁路局技术员、工务员、主任工程师、代理技术科长，铁道部第三工程局、华北铁路工程局、第四工程局机械筑路队分队长、队长、总队党委书记，第四工程局副局长，1983年起任铁道部基本建设总局局长。是中国建筑业联合会副会长。1965年在华北铁路工程局主持机械筑路工作中，机械筑路队荣获“钢人铁马”称号。

单永复 男，汉族，生于1933年，辽宁省辽阳市人。大专学历。中国共产党党员。从1949年起从事石油基本建设工作，初期任技术员、工程队长、技术科长。六十年代初，参加大庆油田开发，并先后在华北、胜利、四川等油气田组织基建工作，曾任建设指挥部指挥、施工技术研究所所长。1965年调石油部出任中国驻越南石油专家组组长、总顾问，驻罗马尼亚专家组组长。之后，历任燃化部副司长，石油化工部油田开发司副司长。1978年起任石油部基本建设局局长、中国石油工程建设公司副董事长兼总经理。是中国建筑业联合会副会长，国家优质工程审定委员会委员，石油工程建设管理协会理事长，石油基本建设工程标准化委员会主任。发表过《泥炭开发研究与利用》、《国际经济合作》丛书、《加拿大油气田建设技术评述》、《美国石油建设技术简评》、《日本现代企业管理研究》及《当代中国》丛书中“石油基本建设”、“石油工业油气田和管道建设”等章节。

顾钥菊 男，汉族，生于1923年，河北阜平县人。1938年加入中国共产党。曾任晋察冀边区抗联副主任、区委委员、县委宣传干事、华北土改复查整党工作组组员。建国后，历任北京市工商局、建工局、城建局副处长、处长，市工交城建小组副组长。1973年起任北京市建委副主任，是中国建筑业联合会副会长。

王永良 男，汉族，生于1932年，上海宝山县人。中国共产党党员。1951年毕业于上海同济大学附设专科学校。历任华东建筑公司技术员、工地主任，建工部洛阳工程局助理工程师、工段长，上海市建筑工程局科长、工程师，上海第八建筑公司副经理，上海石化总厂筹建指挥部施工处长、二期工程指挥部副指挥，上海市建筑工程局局长。1986年起任上海市政工程管理局局长。是中国建筑业联合会副会长。

国务院学位委员会学科评议组
土建、水利、测绘评议分组成员名单

（1983年第一届）

李国豪 同济大学校长 教授、学部委员
张光斗 清华大学副校长 教授、学部委员
严 恺 华东水利学院院长 教授、学部委员
林乐义 中国建筑科学研究院总建筑师 高级工程师
王之卓 武汉测绘学院副院长 教授、学部委员
冯纪忠 同济大学系主任 教授
刘光文 华东水利学院水文系主任 教授
吴中伟 建筑材料科学院副院长 高级工程师
吴良镛 清华大学系主任 教授、学部委员
吴惠弼 重庆建工学院系主任 教授
林秉南 水利电力科学院水工水力学研究所所长 高级工程师
杨廷宝 南京工学院副院长 教授、学部委员
钱 宁 清华大学研究室主任 教授、学部委员
张蔚榛 武汉水电学院 教授

（1985年第二届）

李国豪 同济大学名誉校长 教授、学部委员
张光斗 清华大学副校长 教授、学部委员
齐 康 南京工学院所长 教授
吴健生 天津大学名誉院长 教授
窦国仁 南京水利科学院院长 高级工程师
王宝贞 哈尔滨建筑工程学院 教授
宁津生 武汉测绘学院副院长 副教授
孙 钧 同济大学系主任 教授
成文山 湖南大学校长 教授
刘光廷 清华大学 教授
吴良镛 清华大学 教授、学部委员
林秉南 水电科学研究院院长 高级工程师
陈启高 重庆建筑工程学院 教授*
陈肇元 清华大学系主任 教授*
罗小未(女)同济大学 教授
周 镜 铁道部科学研究院院长 研究员
张蔚榛 武汉水电学院 教授
赵人俊 华东水利学院 教授
高 俊 解放军测绘学院副院长 副教授
高廷耀 同济大学副校长 教授*
郭湖生 南京工学院 教授*
舒士霖 浙江大学系主任 教授*
薛鸿起 华东水利学院所长 教授*

注：华东水利学院已改名为河海大学；有*者为当时待批教授。

国家级和部（省）级先进企业、先进集体、先进个人名单

思想政治工作优秀企业

（中宣部、国家经委、全国总工会联合表彰）

（一九八六年度）

邯郸市第二建筑工程公司
上海市工业设备安装公司
广西壮族自治区第一建筑公司
铁道部第五工程局电务处
山东电力建设一公司
天津市政工程局

施工管理优秀奖受奖单位

（国家计委、中国施工企业管理协会表彰）

一九八四年度

（一九八五年三月二十日表彰）

冶金部第二十冶金建设公司金属结构安装工程公司
冶金部第五冶金建设公司第三工程公司
中国有色金属总公司第五建设公司
石油部第六工程公司
大庆石油管理局油田建设公司
化工部第十二化工建设公司
上海电力安装第二工程公司
吉林省送变电工程公司
四川煤矿建设公司第九工程处
中国石油化工总公司第四建设公司
兰州化学工业公司化工建设公司
铁道部第一工程公司
铁道部电气化工程公司
交通部第四航务工程局
北京市第一建筑工程公司
北京市第六建筑工程公司
北京市第三市政工程公司
天津市第二建筑工程公司
邯郸市第二建筑工程公司
沈阳市第三建筑工程公司
大连第一建筑工程公司
吉林市第一建筑工程公司
哈尔滨市第二建筑工程公司
上海市第一建筑工程公司
烟台市建筑工程公司
中山市第一建筑工程公司
四川省第三建筑工程公司
甘肃省第七建筑工程公司

一九八五年度

（一九八六年三月二十日表彰）

冶金部第三冶金建设公司第二工程公司
冶金部第五冶金建设公司第二工程公司
中国有色金属总公司第四建设公司第五工程公司
石油部胜利油田油田建设第一指挥部
化工部第九化工建设公司
中国石油化工总公司第十建设公司
水利电力部第十二工程局
煤炭部淮北煤矿建设公司
煤炭部建筑安装工程公司第六十八工程处
核工业部第五安装工程公司
铁道部第二工程局
铁道部第十二工程局
交通部第一公路工程局
交通部第一航务工程局
北京市第一房屋修缮工程公司
北京市住宅建设总公司第二建筑工程公司
天津市第一市政工程公司
内蒙古自治区第三建筑工程公司
吉林化学工业公司建设公司
吉林省第一建筑工程公司
南京市基建物资配套承包公司
浙江省第一建筑工程公司
福建省第六建筑工程公司
芜湖市第一建筑工程公司
山东省电力建设第一工程公司
河南省第六建筑工程公司

广西壮族自治区第一建筑工程公司
重庆市第一建筑工程公司
云南省第二建筑工程公司
甘肃省第六建筑工程公司

全国企业整顿先进单位（建筑）

（全国企业整顿领导小组、国家经济委员会一九八六年元月二日命名）

天津市第二建筑工程公司
天津市第一市政工程公司
河北省邯郸市第二建筑工程公司
冶金部第十三冶金建设公司
辽宁省朝阳第二建筑工程公司
上海市第一建筑工程公司
浙江省第四建筑工程公司
广东省第二建筑工程公司
四川省第三建筑工程公司
水利电力部第十二工程局
山东电力建设第一工程公司
冶金部第三冶金建设公司
化工部第十二化工建设公司
铁道部第一工程局
交通部第四航务工程局
中国建筑第五工程局第四建筑安装工程公司
中国建筑第三工程局第一工程公司

全国先进班组、先进班组长名单（建筑）

（中华全国总工会、国家经济委员会一九八六年九月表彰）

（一）先进班组名单

北京市第四住宅建筑工程公司一队李颜忠综合装修承包队
北京市第一建筑工程公司四工区二队丁瑞江抹灰班
天津市第三建筑工程公司吴忠甫抹灰班
邯郸市第二建筑工程公司三队瓦工班
冶金部第十三冶金建设公司徐明亮管工组
山西省送变电工程公司送电一队一班
抚顺市市政建设公司筑路工程队筑路一班
东北电管局第三工程公司厂房工地细木班
辽宁省阜新矿务局高德煤矿一号井三二二掘进队
化工部第九化建公司第一安装工程处氩弧焊班组
吉林省辽源矿务局西安煤矿开拓三队
黑龙江省鸡西矿务局东海煤矿一〇三综掘队
黑龙江省第二公路工程处五队
黑龙江省第一建筑工程公司五处一五一瓦工班
黑龙江省火电第一工程公司汽机本体班
上海工业设备安装公司四队胡福良电工班
上海化工装备工业公司安装分公司四队锅炉二班
江苏省徐州矿务局建井处一〇一工区曹友宏掘进班
无锡市第二建筑工程公司二四一班（原三〇一班）
浙江省第四建筑工程公司五工区杜士申混凝土班
安徽省淮南煤矿九十六工程处雄狮掘进队
芜湖市第一建筑工程公司一工区二队瓦工七班
山东省新汶矿务局张庄煤矿掘进一区三组
山东省桓台县建筑工程总公司唐山公司东营汽修厂施工二班
河南省商丘市第一建筑工程公司六队泥工二班
河南省焦作矿务局王封矿掘进一队丁百元掘进班
长江葛洲坝工程局浇筑二分局综合一队木工三组
湖南省工业设备安装公司三处周桂云筑炉班
广西壮族自治区大厂矿务局长坡锡矿掘进二队三班
广西壮族自治区第一安装公司三处钳工四班
四川省南桐矿务局红岩煤矿掘进一三一队
冶金部第五冶金建设公司三公司筑炉队筑炉十二班
贵州省六枝矿务局六枝煤矿掘进二队
甘肃省第七建筑工程公司曹同维瓦工班
新疆维吾尔自治区第二建筑工程公司高学敏瓦工大包组
铁道部隧道工程局三处一队一分队台车班
铁道部第十三工程局四处十四队修理班

（二）先进班组长名单

范　秀　徐明亮　田福恒　商炳生　刘清阁
单用达　顾以勤　王世军　罗维勋　胡福良
杨忠琪　杨成志　丘中臣　宋连辉　周桂云
罗南钊　曹同维　高学敏　罗太明

全国设备管理先进单位名单（建筑）

（国家经委、中国设备管理协会在全国设备管理、维修工作座谈会、中国设备管理协会第二届年会上表彰）

（一）全国设备管理优秀单位奖名单

沈阳市第三建筑工程公司
南京市第三建筑工程公司

（二）全国设备管理先进单位奖名单

云南省第六建筑工程公司

一九八五年国家质量管理奖名单

（国家质量奖审定委员会一九八五年十二月二十一日批准）

（一）国家质量管理奖

中国石油化工总公司第四建设公司

（二）国家质量管理奖预评企业

上海市第一建筑工程公司

冶金部第五冶金建设公司第三工程公司

一九八六年国家质量管理奖名单

（国家质量奖审定委员会一九八六年十月十六日批准）

(一)国家质量管理奖

上海市第一建筑工程公司

冶金部第五冶金建设公司第三工程公司

北京市第一建筑工程公司

（二）国家质量管理奖预评企业

上海电力安装第二工程公司

吉林化学工业公司建设公司

一九八五年建筑行业全国优秀质量管理小组名单

（在中国科协、全国总工会、共青团中央、中国质协联合召开的全国第七次质量管理小组代表会议上表彰）

北京市建筑工程机械厂工具车间热处理QC小组

北京市建筑木材厂杂项四组QC小组

北京市第一建筑工程公司四工区二队抹灰工丁瑞江QC小组

天津市第二建筑工程公司二工区杨树森抹灰班QC小组

河北省交通厅公路工程局第五工程队石滦线灰土QC小组

山西省第一建筑工程公司综合加工厂混凝土车间混合队QC小组

沈阳市第三建筑工程公司五工区迎宾馆工段QC小组

大连第二建筑工程公司第四工区全面质量管理领导小组

黑龙江省佳木斯第一建筑工程公司混凝土预制厂QC小组

上海市第六住宅建筑工程公司六〇四工程队滑模QC小组

上海市第一建筑工程公司一〇四工程队“工农新村创全优群体”QC小组

镇江市第二建筑工程公司混凝土厂质量检验组QC小组

浙江省第一建筑工程公司邱金炎油漆QC小组

江西省建筑机械厂钢模车间QC小组

济南第四建筑工程公司第四工程处木工一班QC小组

广西壮族自治区第一建筑工程公司第二工程处朱起永QC小组

河南省第六建筑工程公司洛阳玻璃厂二浮法联合车间工程施工QC小组

西南电力设计院送电结构QC小组

甘肃省兰州市第一建筑工程公司军体校2号楼QC小组

第十二化工建设公司管件厂新型管件研制QC小组

胜利油田油建二部一大队一中队管线焊接QC小组

上海电力安装第二工程公司受监部件焊接质量控制QC小组

水电部长江葛洲坝工程局拌和厂七度工程QC小组

水电部西南电力设计院环保室QC小组

山西省送变电工程公司大房50万伏线路指挥部防止导线磨损QC小组

沈阳矿务局基建公司第一工程处302队QC小组

大庆石油管理局油田建设公司六大队一中队钳工QC小组

上海宝钢二十冶物资供应公司财物科QC小组

铁道部第十二工程公司第四工程处十一队QC小组

成都铁路局工程总公司二公司成昆线利子依达隧道指挥组QC小组

铁道部第三勘测设计公司机械厂加工攻关QC小组

交通部第一航务工程局第二工程公司三队混凝土工段QC小组

湖北沔阳县公路管理段油路翻修工程QC小组

中国石化总公司第四建设公司二处大庆工地QC小组

中国有色金属总公司第六建设公司郭运谦QC小组

中国建筑第一工程局二公司四处陈得胜电工QC小组

一九八六年建筑行业
全国优秀质量管理小组
名　单

（在中国科协、全国总工会、共青团中央、中国质协联合召开的全国第八次质量管理小组代表会议上表彰）

北京市第三市政工程公司顶管QC小组
北京市第六建筑工程公司四工区科技情报中心工程QC小组
北京市建筑工程机械厂工具车间热处理QC小组
天津市第三建筑工程公司加工厂钢筋车间QC小组
天津市第一房屋修建工程公司党委组织部QC小组
邯郸市第二建筑工程公司范秀瓦工班创全优QC小组
山西省第一建筑工程公司综合加工厂混凝土车间混合队QC小组
呼和浩特铁路局工程处电务工程段信号一班QC小组
沈阳市第三建筑工程公司中山大厦栋号QC小组
大连第二建筑工程公司四工区油工班QC小组
鞍山三冶二公司二队攻关小组
大连第四建筑工程公司方针目标QC小组
佳木斯市第一建筑工程公司预制厂提高大型梁柱质量QC小组
上海市第四建筑工程公司四〇二工程队改革高层施工脚手架攻关QC小组
无锡市机械施工公司钢模作图QC小组
常州市建筑机械厂粉碎机QC小组
浙江省第一建筑工程公司一工区泥工洪文龙班QC小组
新余钢铁厂建设公司安装一队电焊QC小组
福州铁路分局永安建筑队永安检修工区QC小组
济南第四建筑工程公司第四工程处木工一班QC小组
河南省第六建筑工程公司质量科QC小组
四川省工业设备安装公司球罐安装专业公司QC小组
化工部第十二化建公司管件厂管件车间管工二班QC小组
吉林化学工业公司建设公司建筑工程施工图预算软件攻关QC小组
核工业部二四建设公司第二建安公司三队瓦工四组QC小组
陕西省构件公司西厂水泥节约QC小组
山西电力建设第一工程公司锅炉附属机械安装QC小组
长江葛洲坝工程局安装分局主机队水轮机安装QC小组
北京送变电工程公司高压开关QC小组
淮北煤炭基建公司第三十六工程处二队光爆锚喷QC小组
石油部管道局生活服务公司供暖双革科技QC小组
上海宝钢五冶二公司安全系统QC小组
铁道部第一工程局机筑处QC小组
铁道部第十二工程局一处平朔指挥所QC小组
铁道部大桥工程局谷城桥梁工厂制梁车间机关QC小组
交通部第一航务工程局四公司三队阎良机场工程混凝土QC小组
交通部第三航务工程局预制厂产品检验QC小组
兰州化学工业公司化工建设公司160吨/时超高压蒸汽锅炉胀管质量攻关QC小组
中国有色金属工业总公司七建机械化公司第三QC小组
中国建筑第三工程局二公司三处石化厂6#住宅创优QC小组

全国商业系统劳动模范
名单（建筑）

（商业部一九八五年表彰）

郭孝礼

全国林业企业（事业）
整顿先进单位（建筑）

（林业部一九八六年八月表彰）

福建林业工程公司
牙克石林业建筑工程局
大兴安岭林业管理局建筑工程公司
黑龙江省林业勘察设计研究院

一九八五年度五百万千
瓦投产功臣单位、功臣
集体和功臣个人
名单（建筑）

（水利电力部、水利电力工会全委会一九八六年四月十五日表彰）

（一）功臣单位名单

山东省电力建设第一工程公司

东北电管局第一工程公司
吉林省火电第一工程公司
吉林省送变电工程公司
河北省电力建设公司
山西省电力建设第二工程公司
山西省电力建设第三工程公司
山西省送变电工程公司
北京送变电工程公司
上海电力安装第二工程公司
江苏省电力建设第一工程公司
浙江省火电建设公司
浙江省送变电工程公司
西北电力建设第一工程公司
宁夏回族自治区送变电工程公司
新疆维吾尔自治区电力安装公司
水电第六工程局
水电第一工程局红石分局
东北电力设计院

（二）功臣集体名单

山东电力建设第一工程公司汽机本体班
山东电力建设第一工程公司焊接队
东北电管局第一工程公司汽机工地
东北电管局送变电工程公司变电工区
吉林省火电第一工程公司汽机工地
吉林省火电第二工程公司主厂房工地
吉林省火电第三工程公司热控工地
黑龙江省电力建设第一工程公司汽机本体班
河北省电力建设公司安装处钢架班
山西省电力建设第一工程公司50万伏电气队
山西省电力建设第一工程公司工会
华北电管局保定电力建设工程处
华北电力设计院邢台热机组
上海电力安装第一工程公司加热面班陆国庆小组
江苏省电力建设第一工程公司炉瓦班
江苏省电力建设第一工程公司食堂
浙江省火电建设公司汽机一班
浙江省火电建设公司球磨机组
安徽电力建设第一工程公司电焊二班
安徽电力建设第一工程公司锅炉工地
安徽电力建设第一工程公司工会
河南省第二工程公司抢修3号主变突击队
江西省火电建设公司第一工程处
西北电力建设第三工程公司汽机工地
西北电力建设第一工程公司质安科
云南省火电建设公司22万伏升压站突击组
贵州电力建设第一工程公司台州工区
贵州送变电工程公司第三工程队
福建省电力建设公司火电安装分公司
广西壮族自治区水电工程局第六工程处
广西壮族自治区电力勘测设计院火电室
广东省输变电工程公司送电一工地
广东省火电安装公司仪表校验班
新疆维吾尔自治区电力设计院土建组
东北电力设计院元锦辽50万伏工程勘测设计组
东北电力设计院徐州电厂工代组
西北电力设计院大武口电厂工代组

（三）功臣个人名单

王镇信　王世瑜　朱菊儿（女）　张永江
王维三　秦永龄　高吉顺　孙华清　王　文
张克礼　刁玉国　胡光华　翟　锋　刘长和
周玉华　赵忠汉　熊鼎成　王运祥　单玉喜
卜殿贺　罗维勋　张巨成　赵凤来　张明本
刘英礼　舒锡伍　朱万兴　李桂芳　白炳彦
王锡福　韩东印　王永珠　顾宏濬　梁宋波
刘宝林　王诗豪　王隆昌　石立忠　高家骙
胡庆成　曹惠良　程庆生　傅阿成　张耀煜
郭　育　郝卫清　季其龙　赵梦泉　郭荣健
刘云东　钱近生　王玉成　童　林　龚祖成
王仲炎　黄祖荣　倪伯顺　曹惠良　宋玉炎
陆叙伯　程正友　李章林　刘训忠　赵荣清
季新昌　胡敬延　韩　光（女）　苏永生
刘景文　高树民　袁南岩　江全军　王建刚
张惠林　刘信风（女）　王宝兴　许献琪
苑志信　徐尚阁　赵振业　张鹏迅　曾富强
谢庭湘　杨春贵　匡忠雄　海明祥　吴松楼
康绍勋　陈仲明　陈仲书　何佩瑶　刘庚曦
林大茂　李伯星　陈樟武　林其煌　杨木光
黄宝南　陈志南　张存才　宋建新　万福德
孟祥山　李阳庚　唐章聪　高根柱　孙纪琦
黄春联　陈仁杰　杨松年　方蔚林　石佑松
周以国　刘绍康

全国建筑行业优秀青年突击队名单

（共青团中央、城乡建设环境保护部、中国建筑工会一九八五年三月十日表彰）

北京市城建三公司刘长祥青年突击队
北京市第三建筑公司孟宪林青年突击队
中国建筑第一工程局三公司余效德青年突击队
北京市市政三公司晁瑞岭青年突击队
北京市房修一公司陶大林青年突击队
北京市住宅二公司赵喜龙青年突击队
首钢民建公司李中华青年突击队

北京市房修二公司李树刚青年突击队
天津市第三建筑公司赵元生青年突击队
天津市市政二公司刘福禄青年突击队
天津市房管局构件厂傅春生青年突击队
中国建筑第六工程局四公司杨水波青年突击队
天津市第二建筑公司苏连豹青年突击队
天津市市政三公司贯学迁青年突击队
中国建筑第二工程局四公司刘立军青年突击队
化工部第十二化建公司李士良青年突击队
化工部第十二化建公司刘联国青年突击队
河北省第四建筑公司关建国青年突击队
山西省第一建筑公司洪学丽青年突击队
山西省第一建筑公司孙庆娥青年突击队
山西省太原市第一建筑公司武建明青年突击队
内蒙古自治区包头市第一建筑公司唐根荣青年突击队
辽宁省沈阳市第三建筑公司闵长荣青年突击队
辽宁省朝阳市第二建筑公司刘洪伟青年突击队
辽宁省大连市第一建筑公司王绍军青年突击队
辽宁省丹东市第三建筑公司黄金成青年突击队
吉林省长春市第一建筑公司冯永贵青年突击队
吉林省第一建筑公司鲁延生青年突击队
吉林省延边自治州建筑公司金浩善青年突击队
吉林省第一建筑公司刘春林青年突击队
黑龙江省哈尔滨市第二建筑公司王乐民青年突击队
黑龙江省第一建筑公司王发祥青年突击队
黑龙江省齐齐哈尔市第二建筑公司刘静安青年突击队
上海市第五建筑公司鲁克勤青年突击队
上海市第八建筑公司唐明龙青年突击队
上海市第四建筑公司陈振坚青年突击队
上海市市政二公司杨琦青年突击队
上海市住宅六公司戴培忠青年突击队
上海市房修公司蒋兮泯青年突击队
江苏省南京市第二建筑公司陶刚青年突击队
江苏省徐州市房产公司杨路宝青年突击队
江苏省常州市第六建筑公司何亚飞青年突击队
江苏省无锡市第二建筑公司胡守智青年突击队
浙江省第四建筑公司应小勇青年突击队
浙江省杭州市建筑公司张跃虎青年突击队
浙江省工业设备安装公司钱文竹青年突击队
安徽省合肥市第一建筑公司吴培敏青年突击队
安徽省淮南市建筑安装公司金中友青年突击队
安徽省第三建筑公司高志祥青年突击队
福建省第四建筑公司张亚水青年突击队
福建省第五建筑公司陈国平青年突击队
福建省第六建筑公司刘增华青年突击队
中国有色四建二公司田国平青年突击队
江西省第一建筑公司王水根青年突击队
中国有色四建五公司尚庆海青年突击队
山东省济南市第四建筑公司贾复运青年突击队
中国建筑第八工程局机械化施工公司陈国仲青年突击队
山东省烟台市建筑公司田世俭青年突击队
山东省泰安地区建筑公司杜宝岩青年突击队
化工部第十一化建公司苏刚青年突击队
河南省工业设备安装公司王安朝青年突击队
中国建筑第七工程局安装公司辜多金青年突击队
湖北省武汉市第三建筑公司朱汉平青年突击队
湖北省建筑总公司安装公司肖汉生青年突击队
湖北省工业建筑总公司安装公司王双田青年突击队
中国有色五建三公司温贤波青年突击队
湖南省长沙市住宅建筑公司龚社男青年突击队
湖南省工业设备安装公司张冬明青年突击队
湖南省岳阳市第三建筑公司万新富青年突击队
广东省广州市第三建筑公司吴金木青年突击队
广东省广州市第四建筑公司唐锡垣青年突击队
广东省广州市第二建筑公司蔡文青年突击队
广西壮族自治区第五建筑公司侯立林青年突击队
广西壮族自治区南宁市第一建筑公司劳少信青年突击队
四川省第一建筑公司王军青年突击队
四川省重庆第一工业设备安装公司陈远林青年突击队
四川省建筑机械化公司龚志祥青年突击队
四川省重庆第二工业设备安装公司蔡长富青年突击队
四川省第十二建筑公司周德生青年突击队
四川省重庆市第四建筑公司刘守成青年突击队
贵州省第三建筑公司戴黔华青年突击队
贵州省冶金建设公司陈汉民青年突击队
中国建筑第四工程局三公司张泽华青年突击队
云南省第五建筑公司李振伟青年突击队
云南省第一建筑公司杨海春青年突击队
陕西省第八建筑公司王崇选青年突击队
陕西省第三建筑公司马老虎青年突击队
陕西省第五建筑公司张信和青年突击队
陕西省机械施工公司杨宏连青年突击队
陕西省第十一建筑公司王宝安青年突击队
甘肃省第四建筑公司颜厥颀青年突击队
甘肃省建筑预制构件公司刘安国青年突击队
甘肃省第七建筑公司温庆席青年突击队
青海省第一建筑公司李吉露青年突击队
青海省第二建筑公司魏荣明青年突击队
宁夏回族自治区第二建筑公司蔡天录青年突击队
宁夏回族自治区第三建筑公司张广义青年突击队

新疆维吾尔自治区第四建筑公司许承军青年突击队
新疆维吾尔自治区第二建筑公司高学敏青年突击队
新疆维吾尔自治区第二建筑公司胡士华青年突击队

全国城乡建设系统科技工作先进集体先进个人名单（建筑）

（城乡建设环境保护部、
中国建筑工会全国委员会
一九八六年四月二十五日
表彰）

（一）先进集体名单

北京市政设计院
北京市建筑设计院
北京市第二水泥管厂技术协作组
北京市第五城市建设工程公司技术科
北京市建筑工程研究所
北京市第六建筑工程公司科研室
北京市市政四公司田村山净水厂指挥部技术组
天津市建筑科技设计研究院
天津市市政工程勘测设计院
天津市房地产管理局房屋鉴定设计处第二设计室
天津市园林管理局设计处
张家口市建筑设计院
河北省第二建筑工程公司第二工程处科研组
石家庄市市政工程公司技术攻关小组
石家庄市第二建筑工程公司综合加工厂技术革新小组
邯郸市建筑工程总公司科技科
山西省机械施工公司地基处理科研组
太原市建筑工程总公司技术科科研小组
山西省第一建筑工程公司科研试验室
山西省临汾地区建筑工程总公司科学技术协会
内蒙古自治区建设厅加气混凝土应用技术研究推广小组
内蒙古自治区第一建筑工程公司《高层建筑综合液压滑模施工工艺》科研课题小组
呼伦贝尔盟城乡建设环境保护处科技科
内蒙古自治区建筑学校建筑学教研室内蒙古民族古建筑调研组
辽宁省建筑科学研究所煤矸石综合利用研究组
沈阳市建筑工程研究所
沈阳市房产设计研究所
抚顺市城乡规划设计院
沈阳市工业安装工程公司球罐工程处九镍球罐焊接攻关组
大连建筑构件工程公司挤压机研制小组
吉林省建筑科学研究所
吉林省建筑设计院勘测队
吉林省第一建筑公司试验研究室
长春市第三建筑工程公司建筑企业管理软件研究室
白城地区建筑设计院
黑龙江省低温建筑科学研究所
黑龙江省建筑设计院
黑龙江省建筑工程检测中心第五站
齐齐哈尔市建筑科学研究所
哈尔滨市市政工程设计研究院道桥设计室
黑龙江省第一建筑工程公司质量管理科
上海市建筑科学研究所
上海市民用建筑设计院一室
上海市城市规划设计院
上海市特种基础工程研究所
上海市市政工程研究所道路研究室
华东建筑设计院
上海市政工程设计院
常州市建筑科学研究所
徐州市建筑设计院
江苏建筑机械厂技术开发科
连云港市混凝土构件厂技术开发部
吴江县城乡建设局
南京市第二建筑工程公司科技协作组
南京市市政工程公司技术开发科
浙江省建筑科学研究所建筑机械研究室
浙江省第四建筑工程公司生产技术科
安徽省建筑科学研究所建筑材料研究室
合肥市建筑设计院
安徽省第二建筑工程公司施工技术研究组
贵池县城乡建设环境保护局
福州市城乡规划设计院市政工程设计室
武夷山庄设计小组
厦门市建筑设计院总工室
江西省机械施工公司科研革新组
山东省建筑科学研究所
山东省建筑设计院
济南市建筑总公司建筑木材加工厂技术革新小组
青岛市第一建筑工程公司施工技术科
青岛市园林规划设计室
河南省建筑设计研究院技术室
郑州市城市建设设计科研所
河南省第一建筑工程公司技术科
河南省第五建筑工程公司修配厂技术股
湖北工业建筑设计院荆门市五千吨鲜蛋冷库工程设

计组
湖北工业建筑设计院除尘器研制组
湖北勘察设计研究院研究室
武汉地基处理中心
武汉市市政工程设计研究院HW-1型道路弯沉自动测定车研制组
湖南省第五工程公司科研所
湖南省第三工程公司科研所
长沙市建委科技情报站
湖南建筑装修机具总厂技术科
广东省建筑设计研究院电子计算室
广东省建筑科研设计所地基基础研究室
广州市市政工程设计研究院道桥设计室
广州市建筑科学研究设计所
中山市市政工程公司混凝土搅拌站
佛山市第二建筑工程设计室
广东省佛山市市政建设工程公司生产技术股
珠海市建筑设计院
广西壮族自治区建筑科学研究所
广西壮族自治区综合设计院珠海分院
桂林市建筑设计院
广西壮族自治区第一建筑工程公司设计科研室
广西壮族自治区建筑机械厂QT80塔吊研制小组
四川省建筑科学研究所
四川省建筑勘测设计院
四川省小砌块建筑技术服务中心
四川省城乡规划设计研究院
重庆建筑机械厂新产品开发小组
四川省第三建筑工程公司技术委员会
渡口市建筑勘察设计院
四川省自贡市建筑工程设计院
贵州省建筑设计院地质队
贵州省建筑总公司地基基础工程攻关组
云南省设计院
云南省第二建筑工程公司技术科
云南省第一建筑安装公司加工厂技改组
西藏自治区建筑工程质量监督站
西安市建筑设计院地基研究室
西安市市政工程管理处科研双革小组
陕西省第二建筑工程公司硅酸盐大板厂科技小组
陕西省金属结构厂真空罐制造技术攻关小组
甘肃省建筑科学研究所地基基础研究室
甘肃省第一建筑工程公司新工艺专业队
青海省建筑勘察设计院
青海省第一建筑工程公司技术科
宁夏回族自治区建筑工程研究所
宁夏回族自治区建筑勘测设计院
新疆维吾尔自治区建筑科学研究所
乌鲁木齐市建筑科学研究所
新疆维吾尔自治区第三建筑工程公司技术开发办公室
中国建筑东北设计院蒸压釜研究设计小组
中国建筑西南设计院三室二组
中国建筑西北设计院抗震研究组
中国建筑第一工程局建筑科学研究所
中国建筑第二工程局工业生产处
中国建筑第三工程局一公司深圳国贸大厦主楼工程整体滑模设计与施工小组
中国建筑科学研究院机械化所混凝土搅拌机组
中国建筑科学研究院结构所特种结构室高层建筑结构研究组
建设部建筑设计院唐山百货大楼工程设计组
中国建筑技术发展中心市政部给排水组（代表全国给排水技术情报网）
中国建筑标准设计研究所
建设部综合勘察研究院岩土工程队
中国市政工程东北设计院除铁除锰小组
中国市政工程中南设计院珠海设计处
中国市政工程华北设计院给水排水研究室
中国市政工程西南设计院深圳设计处
中国市政工程西北设计院“水上水厂”科研组
重庆建筑工程学院天然气应用研究室
重庆建筑工程学院应用数学研究室
哈尔滨建筑工程学院“钢管混凝土结构”科研组
哈尔滨建筑工程学院供热研究室
沈阳建筑工程学院机械系建材机械教研室
西北建筑工程学院供热通风空气调节教研室
南京建筑工程学院建机综合试验室
城乡建设环境保护部城乡建设与建筑业技术政策论证工作组

（二）劳动模范名单

沈士杰　高永孚　刘　冲　曾克云　王维珍
刘凤岐　李福久　侯引程　何广钊　李　正
严洪良　金问鲁　金树青　颜金樵　徐昌旭
周熏南　汪益基　黄才新　宗崚南　陆可风
黄超义　周宗富　蒲泽权　王炳俊　陈嘉寿
陆震亚　阳世镠　宋人杰　孙国城　陈建峰
陈志成　王光远　徐培福　吕品祥

（三）先进科技工作者名单

刘佩衡　张扬波　常淳深　宋　融　王策民
梁锡斌　色致儒　文彦奎　童衍蕃　钱培风
张乃瑞（女）　颜　虎　陈连清　朱文华
陈国均　沈朝福　张镇华　吴仁玉　刘庆波
（女）　吴晓泉　王秉云　叶如璋　崔秀文
章崇伦　王立柱　童文威　肖荣玺　张大群
杜有亮　黄世尧　凌道安（女）　冯国会

周迪富　宋嘉祥　张元祎　张继堂　滕亦贵
侯耀军　刘富喜　徐显棠　黄福思　张遵葆
赵五一　崔俊之　白奉麟　王永林　李保兴
周朝梁　袁智骏　徐永涛　李　德　吉同德
赵炳文　杨　茂　张　燕　范良义　马家奎
张印山　沈国桢　方志文　白　棉　彭致禧
康奎多　余友于　乌兰娜日（女）　乌力吉
黄正坤　宋大体　赵玉和　许嘉裕（女）
卢志杰(女)　卢沫逸(女)　宋庆久　朱　红
（女）　冯　继　顾汕福　田宝山　苏　凯
赵家栋　孟庆福　黄作瑞　孙长元　张常刚
岳光华　庞庆江　郭长泰　巢　平　金尚浩
郭佩玲（女）　张毅刚　杨　铠　缪秀山
崔雅东　田国安　苏兆域　吴克雄　高　山
金宗武　解务深　周继舜　徐振新　曹林祥
邱兆龙　才显愚　李春新　李雄创　刘健群
刘　鲲　孙金鼎　邵曾钰　王淑英（女）
王世海　陈培枝　贺洁茹（女）　刘纯阳
郑太宇　徐福才　段　锋　赵长录　平炳华
胡绍隆　郑光照　魏敦山　吴君候　俞志强
吴初航　张永铨　麻　毅　蒋伟德　王汝鹏
韩国武　陈贵镛　张鲁山　沈立成　王国俭
凌本立　江中孚　杨德建　黄兆汀　姚有余
刘骏一　张振儒　陈嘉懿（女）　张廷荣
吴抚万　鲍乾元　桂永和　钱汉民　田鹏展
黄裕恺　刘德伐　刘健农　梁八宝　郑纯池
施慈慰　屠人俊　曹吴淳　陈书庆　徐伯根
项剑锋　益德清　程泰宁　骆锡耀　俞增民
孙宜宜（女）　叶惠中　刘莉芳（女）
江泽韦　查松亭　雷源铁　江大魁　狄生林
蒋品珍（女）　房兴志　朱玉斌　杨益铨
陈国瑄　郭济平　王庆芳　郑　继　林竟远
张金水　陈彦荣　胡金铭　杜德奎　李敏孙
陈铨新　朱观海　潘首为　王兆美（女）
王修忠　何早英　张念顺　董克椒　陈辅君
杨毓亭　席德瑾　俞宾辉　薛甫友　宋登公
陈惠泉　王仰先　刘克峻　许华培　刘家运
吴金虎　朱积垒　刘长礼　沈人淦　李振明
张慰民　杨更新　刘安泰　周厚启　庞仲雄
李康强　蔡安福　田荣双　易　和　林育松
游俗奇　王朝熙　陆学智　卢时圣　覃道庸
辜体勇　唐群芳　郑永清　汪志芳　崔良琳
王仲勋　刘运金　萧文心（女）　莫益游
谭志洪　刘谋焜　任国华　关富椿　郭怡昌
彭家泓　潘汪湛　李坚权　王环生　梁昆浩
陈大铎　吴淑熙　李中泰　郭布雷　许统帮
吴仕基　蒙炳权　陈思深　周长瑚　张慰国
黎海南　覃大友　卢裕生　姚寿宁　薛一兵
张树鼎　王云柳　吴彭年　沈季亨（女）
陈　富　邓万杰　徐永才　张柏林　雷振华
杜国辅　罗万华　舒庆碧（女）　韩太成
岳寿宗　徐蕴明　于吉求　盛代荣　花荣宽
周开清　郑树旌　杨文堃　刘运晖　陈正信
赵国权　杨洪达　梁仕章　郭世雄　桂明友
李鸿基　叶元明　徐转均　吴钟群　傅广樟
扎西建才　魏敬业　胡德鹿　杨加弟
程坚德　黄永强　齐浩达　杨天才　吴成材
储贵根　易武志　苏绍显　陈祖耀　刘新民
赵建民　洪建华　王永来　林　京　裴建平
张文斌　杜立法　田生春　陆易农　胡根南
刘隆祉　王美珺（女）　李梦旭　傅开荣
傅洪俊　陈　研　刘久如　王增纯　陈凤岩
蒋廷伟　朱锦云　顾锡祥　沈金奎　巴荣光
高连玉　徐觉林　朱奇玉　周育铉　郭德凡
黄国英（女）　张香在（女）　李继勤
李寿松　袁振隆　张尔恕　吴学敏　李培林
高　拯　吴家骝　唐正中　陈雨孙　顾宝和
吴小亚（女）　徐　良　朱　翱　张恩荣
白元旭　许秉和　苏其录　万玉成　卢汉卿
许振婉（女）　杨文进　陈润余　王见同
刘明白　卢小荻　林方辉　陈山林　陈启高
魏明钟　姚雨霖　钟善桐　郭　骏　巴恒静
郭大智　丁正同　刘德明　陈　曦　傅忠诚
关建适　陈文华　肖绍统　汪森华　张钦楠

建设部一九八五年度经济效益先进单位名单（建筑）

（城乡建设环境保护部一九八六年七月十一日表彰）

北京市第二住宅建筑工程公司
北京市城建二公司
天津市第二建筑工程公司
天津市第三建筑工程公司
邯郸市第二建筑工程公司
山西省第三建筑工程公司
大同市安装工程公司
通辽市第一建筑工程公司
朝阳市第二建筑公司
辽宁省第二建筑工程公司
吉林市第一建筑工程公司
齐齐哈尔市第三建筑工程公司
大庆市第二建筑工程公司

上海市第四建筑工程公司
上海市第六住宅建筑工程公司
苏州市工业设备安装公司
浙江省第一建筑工程公司
杭州市建筑工程公司
蚌埠市第二建筑安装工程公司
安徽省工业设备安装公司
福建省第六建筑工程公司
江西省工业设备安装公司
南昌市安装公司
山东省机械施工公司
荣城县建筑公司
河南省第六建筑工程公司
南阳地区建筑公司
沙市市第二建筑工程公司
武汉市第二建筑工程公司
湖南省工业设备安装公司
广州市第二建筑工程公司
广西壮族自治区第一安装工程公司
四川省第三建筑工程公司
贵州省第二建筑工程公司
贵州省第四建筑工程公司
云南省第二建筑安装公司
昆明市建筑安装公司
西藏自治区第一建筑工程公司
陕西省设备安装工程公司
甘肃省第七建筑工程公司
青海省第四建筑工程公司
海南州建筑工程公司
新疆维吾尔自治区第一建筑工程公司
新疆维吾尔自治区工业设备安装公司
中国建筑第一工程局第四建筑工程公司
中国建筑第三工程局第一建筑工程公司
北京市第一市政工程公司
天津市第一市政工程公司
天津市第三市政工程公司
沈阳市市政建设工程公司
哈尔滨市第一市政工程公司
齐齐哈尔市第二市政工程公司
邯郸市房屋修建公司
大同市住宅维修公司
青岛市房屋修建公司
上海华东建筑机械厂
山东省建筑机械厂

全国建筑青工第二次（瓷砖、马赛克镶贴）技术比赛名次

（一九八六年九月）

团体前十名

山东省、北京市、上海市、浙江省、福建省、四川省、江西省、广西壮族自治区、陕西省、泰安市（山东省）

个人前三十名

（1）杜瑞生（上海市）（2）于建友（山东省）（3）阎学忠（北京市）（4）孙日月（山东省）（5）于敖（北京市）（6）李云飞（浙江省）（7）郑伯霖（福建省）（8）邹哲乐（福建省）（9）谢明兴（上海市）（10）赵金木（浙江省）（11）李合修（山东省）（12）吕发荣（四川省）（13）罗顺成（四川省）（14）阎建平（陕西省）（15）程老仂（江西省）（16）刘长华（泰安市）（17）曹惠生（中建四局）（18）罗邦娃（陕西省）（19）王连生（北京市）（20）金柏泉（浙江省）（21）赵国恒（广西壮族自治区）（22）许舜洪（江苏省）（23）杨洪新（安徽省）（24）苏昭荣（中建八局）（25）黎树祥（广东省）（26）张同月（河北省）（27）曹新明（广西壮族自治区）（28）易中元（四川省）（29）傅秀志（中建二局）（30）石文建（中建一局）

建设部1984～1985年设备管理先进单位名单（建筑）

（城乡建设环境保护部一九八六年十一月表彰）

北京市第六建筑工程公司
北京市第三市政工程公司
北京市第二房屋修缮工程公司
天津市第二建筑工程公司
天津市红桥区房屋修建工程公司
邯郸市建筑工程总公司
山西省第三建筑工程公司
内蒙古自治区第一建筑工程公司
沈阳市第三建筑工程公司
大连第一建筑工程公司
大连第二建筑工程公司

长春市第三建筑工程公司
黑龙江省第一建筑工程公司
哈尔滨市第一建筑工程公司
上海市第五建筑工程公司
上海市第六住宅建筑工程公司
上海水泥成品厂
上海建筑电动工具厂
南京市第三建筑工程公司
常州第二建筑工程公司
浙江省第四建筑工程公司
安徽省第三建筑工程公司
江西省第二建筑工程公司
济南第一建筑工程公司
河南省第一建筑工程公司
湖北省工业建筑总公司第一建筑工程公司
广东省第二建筑工程公司
广西壮族自治区第一建筑工程公司
四川省第十二建筑工程公司
贵州省第二建筑工程公司
云南省第六建筑工程公司
云南省第八建筑工程公司
陕西省第二建筑工程公司
甘肃省第七建筑工程公司
青海省第一建筑工程公司
宁夏回族自治区第二建筑工程公司
新疆维吾尔自治区第四建筑工程公司
中国建筑第一工程局第二建筑工程公司
中国建筑第二工程局第一建筑工程公司

冶金部先进企业、集体、个人名单(建设方面)

(冶金工业部一九八五年表彰)

(一)先进单位名单

冶金部第三冶金建设公司
冶金部第十三冶金建设公司
冶金部宝钢冶金建设公司
冶金部第五冶金建设公司宝钢五冶分指挥部

(二)先进集体名单

冶金部北京钢铁设计研究总院
冶金部勘察总公司

核工业部劳动模范、先进集体和先进单位中勘察设计、建筑安装企业名单

(核工业部成立三十年时表彰)

(一)劳动模范名单

支木林 肖义富 施炳治 杜建伟 姚林冲
王心敏 钟佳华 沈震贤 徐祖顺 优承甲
王中勤 邹志静(女) 赵金凤(女)
邓金盛 董福升 顾炎伯 陈焕宜 何朝林
曾金华 袁洪生 游振杰 王海玉(女)
周振延 张明兰(女) 刘长金 唐也石
王正鹏 郭金利 何焕德 刘玉山 陈桂祥
相怡如 王伟刚 周益年 李乐福 周炳奎
叶德灿 习立生 戚正文

(二)先进集体名单

二十五建设总公司第三工程公司三〇五队
第四设计研究院土建室一组
二一建设公司机械化工程公司挖掘机班
二二建设公司机械化工程公司一队
二二建设公司第二工程公司一队木工五班
二三建设公司第三安装工程公司大庆工区
二三建设公司焊接试验室
二三建设公司第二安装工程公司阎良施工队
二四建设公司第一建筑安装公司
二四建设公司第二建筑安装公司五队
二四建设公司第三建筑安装公司六队
第五安装工程公司二工区
第五安装工程公司一工区电气队
第五安装工程公司起重运输队三班
华泰企业公司第二工程公司第一工程队
华兴企业公司第三工程公司
华兴建设公司第五工程公司土石方工程队
华兴建设公司第一工程公司职工食堂
国营四七一厂一车间大炉班
中原公司约旦分公司第四施工队
第五研究设计院建筑室
第一研究设计院二所五室
第二研究设计院五室一组
上海核工程研究设计院二室二组

(三)先进单位名单

第五安装工程公司
国营二四建设公司
第二研究设计院

航天部整顿先进集体名单

（航空工业部一九八六年一月表彰）

第四规划设计研究院

航天部抗震加固先进单位、先进工作者名单

（航天工业部一九八五年表彰）

（一）先进单位名单

航天部一院基建部计划处

航天部二院基建部工程处

航天部三院抗震办公室

航天部五院基建部工程处

航天部七院二室结构组

（二）先进工作者名单

陆介英 张显绍 林彤珊 李少明 周国声
袁金良 孙希昌 李桂书（女） 李文藻
金天保 刘义智 陆宗杰 刘爱喜（女）
侯书亭 李国成 郭景芝 马忠义 金富芝
（女） 赵明阳 刘国瑞 王玉跃

（三）荣誉奖获得者名单

杜镇顺 齐 虹 伊守盛 邢书洪 夏承志
王新林 魏 斌 王广策 徐凤璋 秦铁男
王永义

煤炭部先进企业、集体、个人名单

（一）劳动模范、双文明单位、先进集体名单

（煤炭部一九八五年十一月表彰）

煤炭工业特等劳动模范名单

孙向华 王广孝

全国煤炭工业劳动模范名单

李志肥 白中文 王殿福 杨昌勋 傅挺宇
郭建德 赵桃贵 谢岳云 李道新 蒋留旺
那大猷 吴 哲 宋明田 杨世昌 秦荣合
王兴民 黄志龙 冯克林 何振东 周振祥
黄世鼎 岳俊岩 崔元信 陈万先 李广成
耿玉德 张九宜 于兴诗 陈登明 王福胜
何国伟 冯明扬 程本真 骆功溥 徐 骏
刘兆庚 王自正

全国煤炭工业双文明单位名单

安徽淮北煤炭基建公司三十工程处猛虎掘进队

四川省煤矿基建公司第九工程处掘进一队

煤炭部建筑安装公司第六十八工程处第一工程队

全国煤炭工业先进集体名单

山西省阳泉矿务局工程处五七掘进队

福建省煤炭基建公司机电安装工程处安装队

江西省煤矿建设公司第一工程处一〇二队

山东省兖州煤炭基建公司第七十工程处七〇〇五队

山东省泰安市宁阳县石屯煤矿基建工区

河南省煤炭基建公司第四建井工程处四〇二队

湖南省煤炭基建公司第二工程处二〇七掘进队

四川省煤炭基建公司第十二工程处第一工区

贵州省水城矿务局建井工程处二〇一掘进队

甘肃省煤炭基建公司第三工程处三〇二掘进队

东煤联合公司珲春矿区建设指挥部英安建井工程处矿建工区一〇三队

东煤联合公司大雁矿务局矿建工程处新风掘进队

东煤联合公司霍林河矿区南露天矿采剥段

东煤联合公司伊敏河矿区建设指挥部一露天矿采剥段

河南平顶山矿务局第二建井工程处群英队

安徽淮南煤矿建设公司九十六工程处三区雄狮队

煤炭部第一建设公司特殊凿井处注浆工区

广东省重工业设计院电算室

贵州水城煤矿设计院地测室

东煤联合公司沈阳煤矿设计院矿井三队设计组

煤炭部重庆煤矿设计院土建室

煤炭部兖州煤矿设计院朱仙庄矿井选煤厂设计组

（二）先进工程公司、等级工程处名单

一九八四年度

（煤炭部一九八五年三月表彰）

先进工程公司名单

江苏煤炭基建公司

东煤联合公司沈阳矿务局基建公司

煤炭部建筑安装工程公司

等级工程处名单

优胜工程处

安徽煤炭公司淮南第九十六工程处

江苏煤炭基建公司第二工程处

山西阳泉矿务局第一工程处

煤炭部建安公司第六十八工程处

甲级工程处

东煤联合公司沈阳矿务局基建公司五处

枣庄矿务局工程处

湖南基建公司第二工程处

四川基建公司第十工程处

东煤联合公司舒兰九台工程处

河南基建公司第四工程处

江西基建公司第一工程处

东煤联合公司平庄矿务局红庙工程处
江苏基建公司第一工程处
东煤联合公司鸡西矿务局建井工程处
煤炭部大屯煤电公司建筑工程处
煤炭部建安公司第七十三工程处
山西西山矿务局古交工程处
陕西韩城矿务局综合工程处

乙级工程处

河南平顶山矿务局第二建井处
开滦矿务局建井二处
山东兖州煤矿基建公司第三十七工程处
安徽煤炭公司淮南指挥部安装工程处
东煤联合公司平庄矿务局基本建设公司
东煤联合公司沈阳矿务局本溪土建工程处
四川煤矿基建公司第十二工程处

丙级工程处

东煤联合公司沈阳矿务局第一工程处
安徽煤炭公司淮北第三十六工程处
煤炭部第一建设公司第四十九工程处
四川煤矿基建公司第八工程处
贵州煤矿基建局第六十六工程处
东煤联合公司沈阳矿务局基建公司第四工程处

一九八五年度

（煤炭部一九八六年一月表彰）

先进工程公司名单

安徽淮北煤矿基建公司
煤炭部建筑安装工程公司

等级工程处名单

优胜工程处

安徽淮北煤矿建设公司三十六工程处
山东兖州煤炭基建公司第一工程处
四川煤炭基建公司第十工程处
煤炭部建安公司六十八工程处
煤炭部大屯煤电公司建安处

甲级工程处

煤炭部建安公司六十七工程处
煤炭部建安公司七十二工程处
煤炭部宁夏基建公司二处

乙级工程处

安徽淮北煤矿建设公司二十九工程处
安徽淮南煤矿建设公司凿井处
山西西山矿务局古交工程处
陕西韩城矿务局综合工程处
东煤联合公司鹤岗矿务局建安处
东煤联合公司抚顺矿务局建安处
东煤联合公司大雁矿务局土建处
煤炭部建安公司七十三工程处
煤炭部建安公司九十二工程处
山东兖州煤炭基建公司第二工程处
安徽淮北煤矿基建公司安装处
河南平顶山矿务局安装处

丙级工程处

东煤联合公司沈阳矿务局本溪土建处
东煤联合公司沈阳矿务局第四工程处
东煤联合公司辽源矿务局建筑处
山西西山矿务局工程处
四川煤炭基建公司第十二工程处
山东兖州矿务局工程处
贵州水城矿务局建安处
陕西澄合矿务局建安处
山东兖州煤炭基建公司六处

化工部先进企业、集体、个人名单

（一）化工六好企业名单

（化学工业部一九八五年十一月表彰）

化工部第九化建公司

（二）全国化工劳模名单

（化学工业部一九八五年十一月表彰）

樊光榅（女）　单古珠　韩甫洋　林基哲
单联堂　林进金　戴建仁　朱继唐　徐颐征
卫　立

（三）化工部设备管理先进单位名单

（化学工业部一九八五年表彰）

化工部第九化建公司
化工部第三化建公司
化工部北京重型机械化施工公司
化工部第十二化建公司

（四）化工部职工教育先进单位名单

（化学工业部一九八五年表彰）

化工部第十二化建公司
化工部第三化建公司
化工部第一设计院

（五）共青团为重点建设献青春竞赛优胜单位名单

（化学工业部一九八五年表彰）

化工部第十二化建公司共青团

（六）化工部思想政治工作优秀企业名单

（化学工业部一九八六年六月表彰）

化工部第十二化建公司
中国成都化工工程公司

纺织部双文明建设积极分子名单

（纺织工业部一九八六年四月二十日表彰）

魏福源　赵献铨　殷启郭　沈成明

铁道部先进企业、集体、个人名单

（一）全路经济效益显著单位名单

（铁道部一九八五年五月表彰）

铁道部第一工程局

（二）经济效益先进单位名单

（铁道部一九八五年表彰）

铁道部电气化局

（三）施工企业管理优秀奖单位名单

（铁道部一九八五年表彰）

铁道部第二工程局

（四）爱民模范、优秀共青团员名单

（铁道部一九八五年表彰）

王建平

（五）三优文明先进单位名单

（铁道部一九八六年表彰）

铁道部第一设计院一队

（六）全路企业整顿先进单位名单

（铁道部一九八六年二月十九日表彰）

铁道部第十八工程局

（七）优秀QC小组和质量管理先进集体、个人名单

一九八五年度

（铁道部一九八五年十二月三十一日表彰）

优秀QC小组名单：

铁道部第十二工程局四处三段十一队 QC小组
铁道部第十二工程局二处二段十二队 QC小组
铁道部第十二工程局修理厂一车间内燃机 QC小组
铁道部第十三工程局二处四队张学智 QC小组
铁道部第十九工程局一处四段二队 QC小组
铁道部第十五工程局二处指挥部TQC攻关QC小组
铁道部第十六工程局一处四段路基施工 QC小组
铁道部第十六工程局三处二段桥梁施工 QC小组
铁道部第十七工程局一处一段一队水下混凝土施工QC小组
铁道部第十七工程局机械化公司路基填土 QC小组
铁道部第十九工程局三处一段一队锥体砌筑 QC小组
铁道部第二十工程局一处试验室QC小组

质量管理先进集体名单：

铁道部第十一工程局五处三段九队房建施工 QC小组
铁道部第十二工程局二处二段十二队 QC小组
铁道部第十二工程局四处三段十一队QC小组
铁道部第十二工程局修理厂一车间内燃机 QC小组
铁道部第十三工程局二处四段张学智 QC小组
铁道部第十四工程局三处二段八队彭万伦 QC小组
铁道部第十五工程局二处指挥组TQC攻关QC小组
铁道部第十六工程局三处二段桥梁施工 QC小组
铁道部第十六工程局一处四段路基施工 QC小组
铁道部第十七工程局一处一段一队水下混凝土施工QC小组
铁道部第十七工程局机械化公司路基填土 QC小组
铁道部第十八工程局五处三段九队光爆 QC小组
铁道部第十九工程局一处四段二队 QC小组
铁道部第十九工程局 三处一 段一队 锥体 砌筑 QC小组
铁道部第二十工程局一处试验室QC小组

质量管理先进个人名单：

黄德明　刘洪栓　邓家勤　赵宝海　周盛浜
徐　均　杨文生　赖仕明　王　铭　许有明
魏洪基　黄海源　单岳峰　沈永良

一九八六年度

（铁道部一九八六年表彰）

优秀QC小组名单：

铁道部第十二工程局一处平朔指挥所 QC小组
铁道部第十六工程局三处指挥所技术质量科 QC小组
铁道部第十七工程局机械化公司QC小组
铁道部第十六工程局二处技术质量科量测班 QC小组
铁道部第十九工程局一处一段二队混凝土 QC小组
铁道部第十七工程局三处机械队QC小组
铁道部第十五工程局电务工程处三队兖石线信号轨道电路QC小组

铁道部第十二工程局四处十一队QC小组
铁道部第十七工程局二处二段QC小组
铁道部第二十工程局四处江北机场建设指挥部土基压实QC小组
铁道部第十八工程局四处三段十一队QC小组

交通部一九八五年度经济效益先进单位名单

（交通部一九八六年表彰）

交通部第一航务工程局

邮电部先进企业、集体、个人名单

（一）全国邮电先进集体、劳动模范名单

（邮电部、邮电工会全委会一九八五年十二月十一日表彰）

先进集体名单

邮电部设计院京、汉、广通信干线工程勘查设计组
邮电部第四工程公司第二工程队

劳动模范名单

周　荣（女）　陈勇新　张　钊　杨文愚

（二）全国邮电思想政治工作优秀单位名单

（邮电部一九八六年六月表彰）

邮电部第三工程公司

（三）全国邮电企业整顿先进单位名单

（邮电部一九八六年七月表彰）

邮电部第三工程公司

国家建材局劳动模范、先进集体名单

（国家建材局一九八六年六月表彰）

（一）劳动模范名单

彭守正　陈正树　瞿承平

（二）先进集体名单

国家建材局建设公司第四矿山工程处援藏施工队

中国石油化工总公司先进单位名单

（中国石化总公司一九八五年表彰）

（一）经营管理先进单位名单

第四建设公司

（二）质量先进单位名单

第十建设公司

（三）安全生产先进单位

第三建设公司

中国建筑工程总公司施工、设计和教育工作先进单位名单

（中国建筑工程总公司一九八六年四月十八日表彰）

（一）一九八五年度先进企业名单

中国建筑第一工程局第四建筑公司
中国建筑第一工程局第五建筑公司
中国建筑第二工程局第一建筑工程公司
中国建筑第三工程局第一建筑工程公司
中国建筑第四工程局第三建筑工程公司
中国建筑第五工程局第四建筑安装公司
中国建筑第六工程局第三建筑工程公司
中国建筑第七工程局安装公司
中国建筑第八工程局机械化施工公司

（二）安全生产先进企业名单

中国建筑第一工程局第六建筑公司
中国建筑第二工程局第三建筑工程公司
中国建筑第二工程局大型机械化施工公司
中国建筑第二工程局机械化施工公司
中国建筑第三工程局第二建筑工程公司
中国建筑第六工程局第三建筑工程公司
中国建筑第六工程局第四建筑工程公司
中国建筑第六工程局机械化施工公司
中国建筑第七工程局第二建筑公司

（三）设计先进单位名单

中国建筑西南设计院
中国建筑东北设计院东北建筑制品设计研究中心

（四）职工教育先进单位名单

中国建筑第一工程局第四建筑公司
中国建筑第二工程局土石方工程公司
中国建筑第三工程局第一建筑工程公司
中国建筑第四工程局第三建筑工程公司
中国建筑第五工程局第四建筑安装公司
中国建筑第六工程局第三建筑工程公司
中国建筑第七工程局安装工程公司
中国建筑西南设计院职工大学

有色施工企业1985年度社会主义劳动竞赛优胜(先进)单位名单

(中国有色金属总公司一九八六年三月十三日表彰)

(一)优胜的建设公司名单

第一名 第五建设公司
第二名 第六建设公司
第三名 第十一建设公司

(二)优胜的工程公司(厂)名单

第一名 第六建设公司安装公司
第五建设公司二公司
第十建设公司一公司
第二名 第九建设公司机修厂
第七建设公司安装公司
第十一建设公司一公司
第三名 第八建设公司一公司
第三建设公司一公司
第四建设公司五公司

(三)优胜的工程队(车间)名单

第一名 第二建设公司十公司烟台土方队
第六建设公司安装公司八队
第五建设公司三公司二队
第二名 第八建设公司安装公司四队
第七建设公司安装公司铆焊车间
第九建设公司一公司三工区四队
第三名 第十一建设公司二公司五队
第四建设公司五公司二队
第三建设公司三公司第三井巷工程处
第一建设公司一公司一队
第十建设公司井巷公司山东工程处

(四)兴办第三产业的先进单位名单

第六建设公司

(五)先进部门(处、科、室)名单

第五建设公司计划经营处
第六建设公司施工处
第十一建设公司教育处
第六建设公司安装公司供应科
第五建设公司二公司施工技术科
第十建设公司一公司安全质量检查科
第九建设公司机修厂计划调度科
第七建设公司安装公司计划科
第十一建设公司一公司经营管理科

全国建筑行业荣获"五一劳动奖章"者名单

(一九八五年)

贾廷让 武荫杞 刘荫江 王俊发 胡晓槐
黄金祥 何吉祥 甘明洋 贾鸿谟 刘扬修
孙凤山 闵长荣 马金玺 杨帅邦 史振寰
李福久 章奎生 朱根宝 余 峰 孟庆霞(女) 时 匡 蔡昌荣 鲍乾元 吴伯云
邱金炎 宋承斌 于兴诗 胡新民 王世瑜
宋洪久 江正荣 龚朝富 孙树华 佘畯南
曾 康 任松辉 张政宇 李志坚 卢昌广
刘奇华 钟俊芳 李逢顺 李志夫 阎崇华
张三福 张广义 孙国城 许 宁 白如峰
解少文 黄景学

(一九八六年)

张裕泉 吴庭泉 金克璋 冯国惠 李德良
辛利民 黄庆新 刘太平 王育钊 张凤阳
程庆发 赵玉和 武可涛 杨帅邦 王发祥
王淑英(女) 金家声 朱自成 潘 超
陈士庆 冯泉钧 蒋永康 赵金凤 陆叙伯
邱永安 韩益群(女) 王水根 彭加令
单 礼 丁百元 王桂兰 陈忠华 徐鸣琴
陈嵩龄 黄华庭 陆德进 苏宏英 吕观洲
黄南鵾 徐蕴明 尹广林 莫雨苍 李宝龙
王广林 张鹏迅 倪一鸿 应志达 张汝源
韦惠芳 董守凯 许承军 王松鹤 钱锦茂
沈成章 李赞国 周家资 许志仁 郭俊岐
何允星

全国新长征突击手(队)名单(建筑)

(共青团中央一九八五年五月三日命名表彰)

(一)全国新长征突击队名单

天津市建工局第三建筑工程公司三工区赵元生青年突击队
天津市市政工程局刘福禄青年突击队
辽宁省沈阳市第三建筑工程公司辽河油田分公司闵长荣瓦工青年突击队
吉林省延边建筑公司金洁善女子抹灰青年突击队
黑龙江省哈尔滨市城建局道桥处二工区青年突击队
江苏省镇江市第二建筑公司第三工程队青年突击队

交通部三航处连云港预制厂青年突击队
浙江省第四建筑公司三工区应小勇竹工青年突击队
淮北矿务局朔里煤矿掘进一区二队青年突击队
淮南矿务局谢家集一矿掘进101青年突击队
福建省第七建筑公司塔吊青年突击队
闽江水电工程第一工程处开挖青年突击队
江西省第一建筑工程公司王水根突击队
中国有色四建尚庆海青年木工突击队
中国建筑第八工程局机械化施工公司陈尚伦青年突击队
湖南省长沙市住宅建筑公司龚社男青年突击队
广东省广州市第三建筑工程公司吴金木瓦工青年突击队
冶金部第五冶金建设公司一公司李勇青年突击队
四川省重庆第九建筑工程公司郭正昭青年突击队
贵州省六枝矿务局六枝煤矿掘进三队
云南田坝煤矿四号井掘进队
陕西省第三建筑公司三处二队马老虎木工青年突击队
铁道部第一工程局电务处一队青年突击队
青海省省建总公司矿山建设工程公司矿一队青年开拓突击队
新疆第四建筑工程公司一工区许承军青年突击队
新疆有色安装公司第五施工队李继奇青年突击队
新疆乌鲁木齐矿务局苇湖梁煤矿掘进二区二队
铁道部第四工程公司六处青年突击队

（二）全国新长征突击手名单

季景弟　刘长祥　陶大林　朱学柱　孟庆岭
李福贵　吴建昕　石红喜　张志德　鲁克勤
季元明　徐永德　倪松法　王仁强　田国平
于金玉　肖思跃　谢桂锋　陈春杏　郭正昭
王广林　袁　华　王锁连　蔡振伯　阎崇华
孙成龙　李廷福　刘春云（女）　杜顺生
王青斌　张宁川

北京市先进企业、集体、个人名单

(一)技术能手

（北京市工人技术比赛办公室一九八五年十二月表彰）

瓦工技术能手

秦玉祥　司光明　李德宗　张继满　赵国庆
王世明　孟国华　田广长　杨凤文　侯玉山
李振海　王跃光　杨树安　朱安池　赵全顺
郑立杰　宋立志　杨树元　刘树森　高树田
陈玉林　张国祥　张国营　李荣福　赵洪国
李振群　高一龙　张　勇　刘建忠　高振平
冯红军　张建东　阴延启　魏宏君　陶增弟
刘春和　荆世明　李德才　柴志平　张世江
王玉新　蒋曾奇　杨旭东　韩宗祥　姜志华
王天武　王中峰　梁林清　蔡阶生　郑秋弟
郭金生　赵春新　杨　全　尚福来　王景安
王贵林　李广智　王国良　阴炳珍　朱卫东
范楚文　朱彩虹　谢文军　李新立　杨树军
吴明强　祁逢军　韦伟资　尹祝安　高洪发
张文振　王永泉　曹滋森　张　伟　宋得宝
芦宝堂　刘德陆　路中智　张志民　武敬雷
魏永刚　马福兴　尚学良　李福臣　张德智
张二平　田德宏　刘承文　侯文波　刘春明
宋玉泉　杨东山　雍守国　张华春　王庆久
郭水生　张亚民　郝金明　邱少六　傅作成
芦迎进　刘俊友　刘广民　孟繁林　焦建成
张福长　李永旺　姚金明　唐　宏　夏恒山
姜忠才　关继成　许志国　李宝才　赵振富
王国兰　刘　泽　高全来　赵金祥　康金生
王静宝　邱志林　吉义方　刘新启　宋振怀
郑德玉　姚志欣　申建华　刘景山　赵兴亮
王克金　季永来　王永生　杨立柱　何建华
刘占荣　安金华　马俊清

抹灰工技术能手

李志刚　孙建国　王建康　王建国　刘　勤
高长合　张广新　张书发　张继生　傅勤学
姚新金　李　平　李春生　黄相良　白振明
程继才　何连祥　贺和平　李荣国　杨增辉
何奇俊　郭德明　刘洪臣　李宝刚　姚玉来
张顺利　韩　涛　杨文元　张振京　王和平
李立臣　姚海新　张新利　陈平年　李景瑞
郭旭路　田伯祥　陈燕池　吴琛富　刘国民
邹国民　杨朝兴　赖能力　罗运富　胡在文
周速泉　李建国　尹立彬　曾中全　郎建兴
高子源　吕景文　宋爱成　贾广涛　王文臻
韩连喜　刘虎城　刘胜利　田瑞江　王洪凯
张进平　张亚文　黄洪辉　李福慎　果崇平
孙勇杰　张建庄　孙步营　殷卫国　郑树生
高屹峰　薛凤元　郝贵山　罗德华　张宾如
吴春山　苏　坤　王文全　赵启奎　刘德昌
王金桂　侯英顺　任和平　张振惠　张玉生
耿文连　夏歧林　杨春林　崔　玉　张福营

（二）北京市"五一劳动奖章"获得者名单

（北京市总工会表彰）

一九八五年

贾庭让　武荫杞

一九八六年

吴庭泉　张裕泉　原观庆　盛广宝　张士湘
王小鹤　唐衍文　张克孝　万其祥　杜宝正

王　山　费慧慧（女）　张书方

北京市设备安装公司机装公司一队刘德生管二班

北京市第一建筑工程公司四工区丁瑞江抹灰组

北京市住宅建设总公司四公司一队李彦忠承包队

（三）北京市技协工作（成果）标兵名单

（北京市总工会、城建技协一九八五年表彰）

技协工作标兵

胡四辈　于春和　范国荣　关同跃　杜文库

纪彭年　杜宝林　张士相

技协成果标兵

王传银　杨万有

（四）北京市优秀QC小组名单

（北京市工程质量协会一九八五年表彰）

北京市第一建筑工程公司四工区丁瑞江小组

北京市建工机械厂工具车间热处理小组

北京市建筑木材厂杂项四组QC小组

北京市第一建筑工程公司131队油毡工张宝良QC小组

北京市第六建筑工程公司一工区水暖工季以青青年突击队

北京市建筑机械厂金工车间QC小组

北京市建筑机械厂二结构车间CO_2气体保护QC小组

北京市第六建筑工程公司构件厂质量管理小组

山西省先进企业、集体、个人名单

（一）省先进企业、集体、个人名单

（山西省人民政府一九八六年四月表彰）

先进企业名单

山西省第三建筑工程公司

山西省临汾地区建筑公司

山西省运城地区建筑公司

先进施工队名单

山西省第一建筑工程公司第八施工队

太原市第一建筑工程公司一队

山西省吕梁建筑公司安装队

太原市第二建筑工程公司三队

阳泉市第二建筑工程公司二队

先进班组名单

山西省雁北建筑公司一处一队抹灰组

劳动模范名单

袁智骏　李国贞　王世民　杨勤书　席反修

王有良　阎开明　王秀山　李智先　陈先进

郭雷生　郜福善　张贵材　何廷林　于　忠

苏小敏　付连喜　印其昌　袁开吉　孙家顺

赵炳文

特等劳动模范名单

甘明洋　刘太平

（二）同行业厂际竞赛先进企业名单

（山西省建设厅一九八六年四月十日表彰）

山西省第三建筑工程公司

大同市建筑工程总公司

山西省设备安装公司

大同市安装公司

太原市安装公司

阳泉市机械化施工公司

（三）省建设厅系统先进集体、个人名单

（山西省建设厅一九八六年三月表彰）

先进集体名单

山西省勘察院普查小组

山西省勘察院水源一小队

山西省勘察院修配厂焊工组

山西省设计院暖通空调软件研制组

山西省科研所水泥混凝土试验室

山西省科研所地基基础研究室

山西省规划院设计二室

先进个人名单

范建义　丁宴亭　李来富　吴新建　李治家

米建琴　赵炳文　张福庆　于有为　赵有章

苏敏芳　张锡璋　班文寿

（四）改革创新先进企业、集体、个人名单

（山西省建设厅一九八五年四月表彰）

先进企业名单

山西省建筑工程总公司

山西省临汾地区建筑公司

山西省第五建筑工程公司

太原市第一建筑工程公司

阳泉市机械化公司

先进集体名单

山西省第一建筑工程公司四队

山西省第一建筑工程公司加工厂

山西省第二建筑工程公司五队

山西省第三建筑工程公司一队

山西省第四建筑工程公司直属处

山西省第五建筑工程公司四队

山西省设备安装公司三处

山西省设备安装公司四队

山西省机械化公司一处

山西省机械化公司二处

太原市第一建筑工程公司一队

太原市安装公司一队

太原市安装公司二队
大同市建筑安装工程处
大同市建材预制厂
大同市第二建筑工程公司十一队
大同市修配厂机修车间
阳泉市机械公司二队
长治市建筑安装处
山西省临汾地区建筑公司土建二队
山西省临汾地区建筑公司机械施工处
山西省临汾地区建筑公司安装队
山西省临汾地区建筑公司预制构件厂
山西省雁北地区建筑公司一处一队
山西省雁北地区建筑公司二处三队
山西省忻州地区建筑公司一队
山西省吕梁地区建筑公司安装队

先进班组名单

山西省第一建筑工程公司洪学丽女子瓦工青年突击队
山西省第一建筑工程公司孙庆娥混合组青年突击队
太原市第一建筑工程公司武建明木工青年突击队
大同市建筑总公司王钰瓦工青年突击队
大同市建筑总公司徐成春管工青年突击队
山西省第二建筑工程公司李玉寨钢筋组
山西省设备安装公司刘佩彦管工组
山西省设备安装公司孟宪文电工组
山西省机械化公司机修厂李士英电工组
山西省机械制造厂生产科
太原市第二建筑工程公司三队杨志强瓦工组
太原市安装公司二队高世骁管工组
太原市安装公司加工厂史历清革新组
山西省临汾地区建筑公司安装队卫天林筑炉组
山西省忻州地区建筑公司二队阎天海瓦工组

先进个人名单

李树森　余宝炬　吴宝泉　范金生　李国桢
李守如　崔双忠　周厚成　王成旺　袁智骏
章仲余　杨沛林　常文正　于　萍（女）
林顺兴　姜持典　郭连水　顾正和　陈云照
岳兆鹏　王世民　吴长玺　徐永根　刘计生
郭申旺　姚汝昌　付连喜　刘德仁　王德恒
张贵林　樊艮福　朱献忠　张小明　秦安禄
牛春花（女）　孔全宏　李　玮　宋　兆
刘应全　李　庸　谭增文　刘陆军　纪贵荣
刘　宣　韩存贵　张　亮　刘世如　乔树和
王海明　蔡魁众　温顺章　米计仁　甘明洋
王长生　杜守成　王伯章　刘　辉　马家奎
王莽岗　苗国清　邢志杰　石红喜　褚工瑞
王缠顺　刘　成　叶风山

内蒙古自治区先进企业、集体、个人名单

（一）全区城市经济体制改革先进集体和个人名单

（中共内蒙古自治区党委、自治区人民政府一九八五年七月十五日表彰）

先进集体名单

呼盟建筑设计院
通辽市第一建筑工程公司
巴盟建筑勘察设计院
内蒙古自治区第一建筑工程公司
内蒙古自治区第二建筑工程公司
内蒙古自治区第三建筑工程公司
包头第一建筑工程公司
乌海市建筑工程公司

先进个人名单

田振毅

（二）自治区劳动模范、先进企业、先进班组名单

（内蒙古自治区人民政府一九八六年十二月二十五日表彰）

先进企业名单

哲盟第一建筑工程公司
通辽市第一建筑工程公司

先进班组名单

内蒙古自治区第三建筑工程公司二处孙维芳抹灰组
内蒙古自治区第一建筑工程公司五处靖德义滑模组
赤峰市一建四处水暖组
乌盟建筑公司“三八红旗”抹灰组

特等劳动模范名单

裴兰锁

劳动模范名单

孙维芳　唐绍平　靖德义　吕子祥　姚秉和
赵玉和　张兴芝　刘顺龙　肖国芳　弓玉岗

（三）先进集体建筑企业名单

（自治区建设厅、自治区集体建筑企业协会一九八六年十二月六日表彰）

通辽市第一建筑工程公司
通辽县建筑工程公司
阿荣旗第二建筑工程公司
牙克石市建筑安装总公司
满洲里市第二建筑工程公司
乌兰浩特市第一建筑工程公司
扎赉特旗建筑工程公司
赤峰市第二建筑工程公司
赤峰市乌丹建筑工程公司
宁城县良种场建筑工程公司
克什克腾旗第二建筑工程公司

赤峰市郊区第一建筑工程公司
锡林浩特市建筑工程公司
呼和浩特市第二建筑工程公司
呼和浩特市新城区建筑工程公司
呼和浩特市回民区环河建筑工程公司
托克托县建筑工程公司
呼和浩特铁路第一建筑工程公司
准格尔旗建筑工程公司
东胜市第二建筑工程公司
乌海市誉华建筑工程公司
包头市第三建筑工程公司
包头市青山区建筑工程公司
包头市人防工程公司
土默特右旗第二建筑公司
包头市红卫建筑公司
临河市第二建筑公司
临河市曙光建筑公司
丰镇县黑土台乡建筑工程队
集宁市新华建筑公司
林西县建筑工程公司

（四）全区城乡建设环境保护系统劳动模范、先进集体名单（建筑）

（自治区建设厅一九八六年十二月二十日表彰）

先进集体名单

呼和浩特市安装工程公司
呼和浩特市建筑公司水电安装处
内蒙古自治区第一建筑工程公司第五工程处靖德义滑模组
内蒙古自治区第三建筑工程公司第二施工处孙维芳抹灰组
呼和浩特市新城区建筑工程公司
托克托县建筑工程公司
呼和浩特市市政工程公司第二施工队
土默特左旗城建工程队
包头市城乡建设局
内蒙古自治区机械施工公司
包头市第一建筑工程公司
包头市红卫建筑工程公司
包头市青山区建筑工程公司
包头市市政工程公司
赤峰市第二建筑工程公司
赤峰市第一建筑工程公司祖晓春水暖组
呼盟建筑设计院
呼盟城乡建设环境保护处科技科
牙克石市建筑安装总公司
阿荣旗第二建筑工程公司
呼盟第一建筑公司三处第一青年突击队
兴安盟建筑设计院
兴安盟建筑工程公司何长满钢筋组
扎赉特旗建筑工程公司
哲盟第一建筑工程公司
通辽市第一建筑工程公司
通辽县建筑工程公司
锡林浩特市建筑工程公司
乌盟建筑公司“三八红旗”抹灰组
丰镇县黑土台乡工程队
准格尔旗建筑公司
巴盟建筑工程公司张和平瓦工班
内蒙古自治区建筑学校建筑学教研室

劳动模范名单

唐绍平　尹石墩　何书俊　裴兰锁　孙振山
崔秀芬（女）　代广清　许铁柱　梁　勤
王连生　王维珍　张维俊　尹瑞华　管治礼
孙希孟　吕子祥　阎序秋（女）　姚秉和
马兴义　张世金　崔　继　陈兰琴（女）
金　英　赵玉和　陈友才　邓国泉　王忠林
高玉川　张兴芝　刘金锋　宋传杰　包福山
王连芬（女）　刘秀贞（女）　陈永清
回振毅　肖国芳　王明山　刘　辉　刘泽田
钱英杰　刘顺龙　刘百安　王　贵　袁成吉
王体刚　冯慧军　陈　平（女）　弓玉岗
孙　斌　张进喜　崔学智　谭锡坤　贾国英
宋大体　乌力吉　乌兰娜日（女）　张寒泊
廉　洁（女）　刘荣娣（女）　郑刚（女）

辽宁省先进企业、集体、个人名单

（一）省文明单位名单

（辽宁省委、省政府一九八六年一月表彰）

沈阳市工业安装工程公司
大连市第一建筑工程公司
鞍山市市政工程公司
抚顺市第二建筑工程公司
抚顺市市政建设公司
本溪市房产建筑公司
本溪市第三建筑工程公司
丹东市第五建筑工程公司
锦州市第三建筑工程公司
锦州市建筑构件公司
辽阳市建筑设计院
铁岭市第二建筑工程公司
铁岭市市政建设工程公司
朝阳市第一建筑工程公司
朝阳市市政工程公司

（二）省知识分子工作先进单位名单

（辽宁省委、省政府一九八六年一月表彰）

辽阳市建筑设计院

朝阳市第二建筑公司

辽宁省建筑设计院

冶金部三冶二公司

辽宁省水利电力勘测设计院

辽宁省电力勘测设计院

（三）“六好”企业名单

（辽宁省人民政府一九八六年二月表彰）

朝阳市第二建筑工程公司

（四）创“六好”先进企业名单

（辽宁省人民政府一九八六年二月表彰）

沈阳市第三建筑工程公司

（五）辽宁五一劳动奖章获得者名单

（辽宁省人民政府一九八六年四月表彰）

徐立仁（女） 张吉金 丁传柱 宁宝富
马 璋 张维东 武可涛 张桂兰（女）
安庆久 杨帅邦 苏德地

（六）省质量管理奖企业名单

（辽宁省人民政府一九八六年十二月表彰）

沈阳市第四建筑工程公司

（七）优秀质量管理小组名单

（辽宁省人民政府一九八六年十二月表彰）

沈阳市第三建筑公司五工区中山大厦质量管理小组

第三冶金建设公司第二建筑公司二队联合攻关质量管理小组

大连市第二建筑公司四工区质量管理小组

大连市第四建筑公司张克庄油工班质量管理小组

沈阳市混凝土构件二厂厂办质量管理小组

沈阳市第三建筑公司五工区政治思想工作质量管理小组

大连市第一建筑公司二工区质量管理小组

第三冶金建设公司第一建筑公司李成质量管理小组

沈阳市混凝土构件一厂厂办质量管理小组

营口市第一建筑公司刘贵新瓦工班质量管理小组

（八）省厅文明单位名单

（辽宁省建设厅一九八六年四月表彰）

本溪市市政工程公司

大连市建筑机械厂

鞍山市建筑机械修造厂

（九）省厅文明服务标兵名单

（辽宁省建设厅一九八六年四月表彰）

成世海 董凤权 刘建德 许克运 吕宝玉
陈忠富 单永礼 商瑞珠 张维东 冷树春
袁玉堂 武俊峰 于永顺 张玉喜 郑希福
薛德昌 车延军 赵海林 吴宝荣 王洪伟
黄志生 高英杰

（十）设备管理优秀单位名单

（辽宁省建筑工程局一九八六年六月表彰）

沈阳市第三建筑工程公司

沈阳市第四建筑工程公司

大连市第一建筑工程公司

大连市第二建筑工程公司

辽宁省工业安装工程公司

抚顺市第一建筑工程公司

朝阳市第一建筑工程公司

丹东市第四建筑工程公司

本溪市第一建筑工程公司

锦州市第三建筑工程公司

吉林省先进企业、模范集体、劳动模范名单

（吉林省人民政府表彰）

一九八五年

劳动模范名单

吴树先 黄虎南 王景新

一九八六年

（一）先进企业名单

吉林省第一建筑公司

吉林省安装公司

长春市第三建筑工程公司

吉林市第一建筑公司

（二）先进单位名单

吉林省建筑科学研究所

（三）模范集体名单

长春市第一建筑公司三处

长春市宽城区市政维护队

德惠县住宅公司知识楼工地

吉林市第一建筑公司第三工程处三队

吉林市第二建筑公司一处郑爱国瓦工班

梨树县建筑公司第三施工队

辽源市第三建筑公司第一施工队

通化市第二建筑公司预制厂

浑江市市政工程公司管道队

延边建筑公司开山屯分公司

吉林省第一建筑公司鲁延生瓦工青年突击队

吉林省建筑设计院勘测队

（四）特等劳动模范名单

缪秀山 刘春林 郑爱国

（五）劳动模范名单

李乾明 郑秀兰（女） 李万生 王国胜
许景生 马斋芳 刘清高 张春芳 王学千
叶留善 王 升 杨玉翠（女） 刘振德
初宝义 赵武春 孙国彦 李玉华 王 振

宋德全　原一洪　丁鹏羽　倪维国　宋福来
孙绍珍　罗玉洪　徐永和　朱殿奎　张　芳
顾长春　祝广太　杨　峰　朱志平（女）
鞠美堂（女）　黄虎南　姜延明　刘朋海
金龙燮　金宗武　崔凤云　朱家林　杨险峰
李孝义　刘福田　王　海　邢学义　黄慧芳（女）
刘凤岐　李重春　郑恩庭　刘凤桐

黑龙江省先进企业、集体、劳动模范名单

（黑龙江省政府一九八六年四月表彰）

（一）先进企业名单

哈尔滨市第一住宅建筑工程公司
齐齐哈尔市第三建筑工程公司

（二）先进集体名单

哈尔滨市长城建筑股份有限公司“三八”油工队
黑龙江省第一建筑工程公司第五工程处王发祥瓦工班
黑龙江省安装工程公司第三工程处
齐齐哈尔市第三建筑工程公司刘文廷抹灰班
纳河县农业机械厂水暖安装队
密山县建筑安装工程公司“三八”瓦工班
佳木斯市第二建筑工程公司安装处杨茂忠铆焊组
鸡西市第一建筑工程公司一工区陈庆华瓦工班
鹤岗市建筑工程公司二工区
大庆市石油管理局油田建设公司二大队二中队
伊春市南岔木材水解厂建筑安装工程公司第一施工队

（三）劳动模范名单

杨之海　王文彦　王经波　牛树发　王发祥
阎循忠　马家驹　马元俊　战长坤　张春来
孙魁滨　付廷郚　常　祯　郑纯智　孙金鼎
王淑英（女）　姜国巾（女）　郑太宇
于国英　林继成　郭庭祥　周德荣　李成宝
孙秀成　柳玉利　陈庆丰　姚国忠　于敬书
牛凤恩　马青田　李春林　苏训奎　陈浩荣
李雄创　张玉杰　李圭白

上海市先进企业、集体、个人名单

（一）上海市模范集体、劳动模范名单

（上海市人民政府表彰）

一九八五年

模范集体名单

上海市第六住宅建筑工程公司601队105中队机粉二班
上海市第一住宅建筑工程公司104队泥工十一班

劳动模范名单

沈　涌　叶　威　许松龄　费全国　张守约

一九八六年

模范集体名单

上海市工业设备安装公司四队胡福良电工班
上海市机施公司凿井队金家声小队
上海市混凝土八厂二〇四队
上海市第三建筑工程公司三〇五队秦桂明泥工班
上海市第四建筑工程公司四〇二工程队朱振宝木工班

劳动模范名单

胡福良　金家声　朱振宝　陈来生　严化政
蒋高思　秦桂明　陈建秋　陆寿方　张水金
朱锦德　江泰洲　朱义文　茅伯承　徐　辉
吴凯民

（二）企业整顿表彰单位名单

（上海市企业整顿领导小组、市经委一九八五年表彰）

上海市第六住宅建筑工程公司
上海市第一建筑工程公司
上海市机械施工公司
上海市建工机械厂

（三）一九八四年节约原材料工作表彰单位名单

（上海市人民政府一九八五年二月表彰）

上海市第六住宅建筑工程公司材料科

（四）一九八五年职工教育先进工作者名单

（上海市人民政府一九八六年表彰）

吴友信

（五）一九八五年度优秀质量管理小组名单

（上海市建委、市质量管理协会一九八五年十二月表彰）

上海市第六住宅建筑工程公司机修厂QC小组

（六）一九八五年质量管理优秀工作者名单

（上海市建委、市质量管理协会一九八六年七月表彰）

邹惠良

（七）上海市安全生产先进集体、个人名单

（上海市劳动局、总工会一九八五年表彰）

先进集体名单

上海市第一住宅建筑工程公司
上海市第六住宅建筑工程公司

先进个人名单

方立新　钟福标　陈汉培　高奇倬

（八）获上海市设备管理先进单位奖名单

（上海市经济委员会一九八五年表彰）

上海市第六住宅建筑工程公司

（九）上海市文明单位名单

（上海市人民政府、市“五四三”活动委员会
一九八五年表彰）

上海市住宅建设总公司材料供应处供应四站

（十）团市委表彰的青年突击队、新长征突击队、突击手名单

一九八五年

青年突击队名单

上海市住宅建设总公司材料供应处潘德荣青年突击队

一九八六年

新长征突击队名单

上海市第八建筑工程公司八〇一队陆叔明青年突击队

上海市第五建筑工程公司五〇三队鲁克勤青年突击队

上海市第四建筑工程公司四〇六队陈振坚青年突击队

上海市第三建筑工程公司三〇六队陈安民青年突击队

上海市第一建筑工程公司水电队吴凯民青年突击队

上海市第五建筑工程公司五〇二队潘根庆青年突击队

上海市机械施工公司凿井队金家声青年突击队

上海市第三建筑工程公司三〇一队团总支

新长征突击手名单

陈　伟　杜兰生　乔海彬　季祝山　陈振坚　朱金轩

江苏省先进企业、集体名单

（一）设备管理优秀单位、先进单位

（省经委一九八五年表彰）

南京市第三建筑公司（优秀）

常州市第二建筑公司（优秀）

无锡市建筑公司（先进）

连云港市第二建筑公司（先进）

（二）设备管理优秀单位

（省建委、建筑工程总公司一九八五年表彰）

南京市第三建筑公司

常州市第二建筑公司

无锡市建筑公司

连云港市第二建筑公司

常州市机械施工公司

苏州市安装公司

苏州市第一建筑公司

徐州市第四建筑公司

杨中县建筑公司

南化基建公司

（三）企业整顿先进单位

（省计委、经委一九八六年表彰）

江苏省工业设备安装公司

（四）思想政治工作优秀企业

（省委宣传部、省计委、经委、省总工会
一九八六年表彰）

江苏省工业设备安装公司

南京市第三建筑公司

江苏建筑机械厂

（五）思想政治工作优秀企业

（省建筑工程总公司一九八六年表彰）

江苏建筑机械厂

南京市第一建筑公司

苏州市第二建筑公司

无锡市第二建筑公司

常州市第一建筑公司

镇江市建筑装饰工程公司

扬州市泰兴县城北建筑公司

南通市建安机械施工公司

南通市海安县建筑安装工程总公司

盐城市建筑工程总公司

淮阴市第二建筑工程公司

徐州市门窗公司

连云港市第二建筑工程公司

江苏省工业设备安装公司

（六）省先进企业名单

（省建筑工程总公司一九八六年十二月表彰）

一、先进企业

高淳县联合建筑工程公司

南京市浦口区第二建筑工程公司三河建筑队

高淳县固城建筑安装工程公司

溧水县白马建筑安装工程公司

六合县第二建筑工程公司瓜埠工程处

扬中县建筑安装工程公司

丹徒县第三建筑工程公司

句容县第六建筑安装工程公司

武进县建筑工程公司

武进县薛家第二建筑站

溧阳县河口建筑安装公司

无锡市第二建筑工程公司

江阴县建筑安装工程公司

无锡县钱桥建筑公司

宜兴县分水建筑安装工程公司

昆山县城南建筑安装工程公司

沙州县合兴建筑工程公司

常熟市芦荡建筑公司
南通市第四建筑安装工程公司
南通市第二建筑安装工程公司
南通市第二建筑安装工程公司三工程处
海门县第一建筑安装工程公司一一五工程队
南通县建筑工程总公司第四工区
如东县华丰建筑工程公司
南通市第六建筑安装工程公司602工程队
南通市第七建筑安装工程公司第二工程队
泰州市第二建筑安装工程公司
泰兴县第一建筑安装工程公司
江都县建筑安装工程公司
泰兴县城北建筑安装公司
泰县姜堰建筑工程公司
泰县梅垛建筑工程公司
江都县嘶马镇建筑安装工程公司
邳县建筑安装工程公司
铜山县建筑安装施工公司第四工程处
沛县建筑安装施工公司第四工程处
睢宁县建筑安装施工公司第七工程处
丰县建筑安装施工公司第十五工程处
淮安县建筑工程公司
淮安县第四建筑工程公司
涟水县第六建筑工程公司
赣榆县建筑安装工程公司
连云港市朝阳建筑公司
赣榆县赣马建筑安装工程公司
东海县第二建筑安装工程公司黄川工程处
建湖县建筑工程公司
盐城市郊区中兴乡建筑公司
阜宁县陈良乡建筑公司

二、单项先进企业

南京市第四建筑工程公司（安全）
江宁县淳化建筑工程公司（安全）
高淳县砖墙第一建筑安装工程公司（质量）
六合县第二建筑工程公司二〇五工程处（质量）
丹徒县建筑安装工程公司（安全）
句容县二圣建筑站（安全）
扬中县三渲建筑安装公司（安全）
丹阳县荆林建筑工程公司（质量）
丹阳县云林建筑工程公司（质量）
镇江市建筑装饰工程公司（精神文明）
武进县青龙建筑站（安全）
金坛县建昌建筑工程公司（安全）
金坛县西岗建筑工程公司（质量）
常州市钟楼区建筑工程公司（精神文明）
溧阳县湖边乡建筑安装公司（智力开发）
无锡县建筑公司（安全）
江阴县顾山建筑安装工程公司（质量）
宜兴县洋溪建筑安装工程公司（质量）
江阴县要塞建筑安装工程公司（经济效益）
宜兴县建筑工程公司二分公司（设备管理）
常熟市建筑工程公司（安全）
沙洲县张家港建筑工程公司（质量）
吴县跨塘建筑安装工程分公司（质量）
太仓县娄东建筑公司（精神文明）
南通市第六建筑安装工程公司601工程队（安全）
海门县第一建筑安装工程公司一五四工程队(安全)
南通市第二建筑安装工程公司五工程处（质量）
海门县建筑工程局驻南京办事处（质量）
如东县袁庄建筑工程队（质量）
海安县建筑安装工程总公司立发工程处（经济效益）
南通市第二建筑安装工程公司四工程处(精神文明)
南通县建筑工程总公司十总工程公司（精神文明）
南通县建筑工程总公司（智力开发）
邗江县槐泗建筑安装工程公司（安全）
江都县砖桥建筑安装工程公司（安全）
高邮县武安建筑安装工程公司（安全）
宝应县山阳乡建筑公司（安全）
仪征市朴席乡建筑公司（安全）
扬州市工业设备安装公司（安全）
泰县大冯建筑工程公司（安全）
江都县建筑安装配套公司（质量、效益）
靖江县斜桥建筑公司（质量）
泰兴县过船乡建筑安装工程公司（质量）
兴化县顾庄乡建筑建材公司（质量）
丰县建筑安装工程公司（安全）
铜山县建筑安装施工公司（质量）
新沂县建筑安装工程施工公司三〇一施工处（质量）
沛县建筑安装施工公司第一工程处（质量）
睢宁县建筑安装施工总公司（联营）
丰县建筑安装施工公司（智力开发）
盱眙县建筑工程公司（安全）
淮阴市清河第二建筑工程公司（质量）
淮阴市第二建筑工程公司（质量）
洪泽县建筑安装工程公司（经济效益）
涟水县建筑工程公司（经济效益）
灌云县建筑安装工程公司（安全）
东海县第二建筑安装工程公司石榴工程处（安全）
赣榆县欢墩建筑工程公司（质量）
灌云县燕尾建筑安装工程公司（经济效益）
赣榆县金山乡建筑公司（精神文明）
建湖县草埝口建筑公司（安全）
射阳县临海建筑公司（安全）

盐城市第三建筑工程公司（质量）
阜宁县板湖建筑公司（质量）
滨海县建筑安装工程公司（质量）
盐城市郊区北龙港建筑工程公司（经济效益）
大丰县建筑工程公司（经济效益）
响水县海安建筑公司（精神文明）

（七）省建筑业双文明承包队名单

（一九八六年度，江苏省建设委员会、江苏省建筑工程总公司、江苏省产业工会工作委员会表彰）

南京市第一建筑工程公司第四工程处二队
南京市第三建筑工程公司三〇三工程队第三承包队
南京市第二建筑工程公司二〇二处第二承包队
南京市住宅建设公司三处三〇二队
无锡市第二建筑工程公司二〇二承包队
无锡市第三建筑工程公司六工区第九承包队
无锡市建筑工程公司五〇一承包队
无锡市第二建筑工程公司多种经营承包队
无锡市工业设备安装公司第二承包队
无锡市建筑工程公司冷其泉承包队
无锡市第二建筑工程公司四〇一承包队
徐州市第一建筑工程公司第五工程队
徐州市第三建筑工程公司第一承包队
徐州市第四建筑工程公司第五工程队
徐州市第一建筑工程公司第六工程队
徐州市第四建筑工程公司第三工程队
常州市第二建筑工程公司二〇五承包队
常州市第一建筑工程公司二〇二承包队
常州市第二建筑工程公司二〇四承包队
常州市第二建筑工程公司二〇二承包队
常州市第一建筑工程公司一〇四承包队
常州市第一建筑工程公司一〇一承包队
苏州市第二建筑工程公司二〇四工程处第四承包队
苏州市第一建筑工程公司一〇二工程处二〇四承包队
苏州市第二建筑工程公司二〇三工程处第四施工队
苏州市第二建筑工程公司二〇一工程处第四承包队
苏州市第一建筑工程公司一〇四工程处四〇二承包队
苏州市工业设备安装公司电梯安装承包队
常熟市建筑工程公司驻苏二工区第一承包队
南通市建筑安装总公司第一分公司一〇二承包队
南通市建筑安装总公司第二分公司二〇二承包队
南通市建筑安装总公司第二分公司二〇三承包队
南通市建筑安装总公司第五分公司五〇五承包队
盐城市建筑工程总公司二处市财贸中心大楼承包队
江苏省建筑安装工程公司深圳一公司三处三〇二队
江苏省建筑安装工程公司深圳一公司三处三〇五队
江苏省建筑安装工程公司深圳一公司五处五〇五队
泰兴县第一建筑安装工程公司南京工程处一〇二队
泰州市建筑工程公司第五工程队
镇江市建筑工程公司一队第四承包队
镇江市第二建筑公司三处第二施工队
江苏省建筑工程公司二处北京香格里拉饭店工程承包队
江苏省工业设备安装公司三处第二承包队
江苏省机械施工公司凿井工程处七分队
江苏省第二建筑工程公司安装三队

浙江省先进企业、集体、个人名单

（一）劳模集体、劳动模范名单

（省政府一九八五年表彰）

劳模集体名单

杭州市第二建筑工程公司徐增贵包工队（泥工）
宁波市第一建筑工程公司泥工三组
温州市第三分公司第二施工队泥工二队

劳动模范名单

邱金炎　孙召友　缪玉生　王长生　李水富
竺德明　戴松铭　何晓光　沈正富　曹坤山

（二）省先进集体名单

（省总工会一九八六年表彰）

浙江省第一建筑工程公司一工区洪文龙泥工班
浙江省设备安装公司三处何铁生起重班
浙江省第二建筑工程公司三工区杨才元混凝土小组
宁波市第一建筑工程公司二工区泥工三组
湖州市建筑安装工程公司曹坤山泥工班
舟山地区建筑安装工程公司二处泥工一组
浙江省第四建筑工程公司杜士申混凝土小组

安徽省一九八五年度创最佳经济效益先进单位名单

（一）省政府一九八六年三月表彰的名单

安徽省工业设备安装公司
蚌埠市第二建筑安装工程公司
安徽省第一建筑工程公司
宣城地区建筑安装公司

（二）省建设厅一九八六年三月表彰的名单

安徽省工业设备安装公司
蚌埠市第二建筑安装工程公司
安徽省第一建筑工程公司
宣城地区建筑安装公司
芜湖市第一建筑公司
芜湖市第三建筑公司
合肥市第四建筑公司
马鞍山市第一建筑公司
蚌埠市第三建筑公司

铜陵市第一建筑公司
阜阳地区建筑安装公司
舒城县第一建筑公司
徽州地区古典园林建设公司

江西省先进企业、集体、个人名单

（一）省优秀质量管理小组、管理工作者名单

（省经委、省建设厅、省质量协会表彰）

一九八五年

优秀质量管理小组名单

江西省建筑机械厂钢模车间QC小组
铁道部四公司五处四段打桩QC小组
铁道部四公司五处材料厂QC小组

优秀质量管理工作者名单

董付钦　胡常清　姜俊儒　夏严发　胡华生
谢　昭

一九八六年

优秀质量管理小组名单

江西省建筑机械厂钢模车间QC小组
江西省新钢建设公司连铸机 创全国最短工期 QC小组
铁道部大桥工程局五处"运用网络技术组织计划施工"QC小组
铁道部四局五处四段一队预制梁QC小组

（二）一九八五年度经济效益先进单位名单

（江西省人民政府一九八六年三月表彰）

江西省煤建公司第一工程处
江西省建筑工程总公司
江西省建筑机械厂
江西省工业设备安装公司
南昌市第一建筑工程公司
南昌市安装公司

（三）企业整顿先进单位名单

（江西省人民政府一九八六年三月表彰）

江西省建筑工程总公司企业调整整顿领导小组
南昌市建筑管理局企业调整整顿领导小组

（四）一九八五年度支援重点工程建设先进单位名单

（江西省人民政府一九八六年四月表彰）

南昌有色冶金设计院贵冶设计队
中国有色四建五公司
江西省工业设备安装公司
江西省第二建筑工程公司
江西省第一建筑工程公司
武警水电二总队八支队
江西省火电建设公司
江西省煤建公司第二工程处
昌赣公路第二工程处
上海铁路局南昌工程总公司第四公司
国家建材局建设公司安装四处
中国有色五建三公司

（五）省建筑工程质量先进个人名单

（江西省建设厅一九八五年十一月表彰）

谢万年　李晓光　石国斌　何阿三　戈桂兴
刘钟所　乔桂祥　钟开云　张四梅　赵相照
夏连生　谭永生　艾木生　戴悦庭　蔡　钰
涂发泉　胡常清　姜俊儒　钱成寿　夏严发
蔡柏林　付五德　张宁如

（六）全省建筑青工技术能手名单

（江西省建设厅、省总工会一九八六年十月表彰）

程老律　程万荣　胡冬保

湖北省先进企业、集体、个人名单

（一）全省一九八五年经济效益先进单位名单

（省人民政府一九八六年三月表彰）

湖北省建筑工程总公司二公司
湖北省建筑工程总公司构件厂

（二）省企业整顿先进单位名单

（省经委、省企业整顿领导小组一九八六年三月表彰）

湖北省建筑工程总公司二公司

（三）省先进班组名单

（省人民政府、省总工会、省委经济工作部一九八六年十月表彰）

湖北省建筑工程总公司二公司二〇一泥工班
湖北省建筑工程总公司构件厂混凝土五班

（四）优秀思想政治工作者名单

（湖北省委一九八六年七月表彰）

赵洪涛

湖南省先进单位(企业)名单

（省政府一九八五年表彰）

湖南省第五建筑工程公司
湖南工程机械厂

广西壮族自治区先进集体、劳动模范名单

（自治区人民政府一九八六年十二月二十二日表彰）

（一）先进集体名单

广西壮族自治区第二安装工程公司第二工程处
广西壮族自治区第二安装工程公司第三工程处

中国有色总公司第十一建设公司第一工程公司柳州工程指挥部
中国有色总公司第十一建设公司安装公司三队
中国有色总公司第十一建设公司机械化公司一队
广西壮族自治区第五建筑工程公司施工处
广西壮旅自治区第五建筑工程公司第二工程处
广西壮族自治区第五建筑工程公司构件厂
柳州铁路局工程处第一工程段三队
广西壮旅自治区综合设计院第二设计室
天津工业设计院设计组

（二）劳动模范名单

梁志荣　黄立成　蓝庆明　黄　健　姚学耀
罗成明　赵金富　吴宝聚

四川省先进企业、集体、个人名单

（一）企业整顿先进单位名单

（省政府一九八五年表彰）

四川省第三建筑工程公司
重庆市第一建筑工程公司

（二）建筑机械设备管理优秀单位名单

（省政府一九八六年表彰）

四川省第十二建筑工程公司
四川省建筑机械化施工公司
四川省建筑工程机械厂

（三）社会主义精神文明建设单位名单

（省政府一九八五年表彰）

重庆市第一建筑工程公司一〇二工区六施工队
德阳市城乡建设环境保护委员会
四川省建筑工程机械厂
宜宾市城乡建设环境保护局

（四）“五一”奖章获得者名单

（省政府一九八六年表彰）

徐蕴明

（五）抗震系统先进集体名单

（省建委一九八六年表彰）

德昌县建筑公司张明道施工队

（六）职工生活后勤先进集体、个人名单

（省政府一九八六年表彰）

先进集体名单：

成都市第二建筑公司三处食堂
万县市建筑总公司医疗所
四川省第十二建筑公司四处三队食堂
四川省建筑工程机械厂幼儿园
四川省第三建筑工程公司一处卫生所

先进个人名单：

杨惠林（女）　黄海泉　屈辉明　陈运书
游光蓉（女）　邹新萍（女）　石菊华（女）
邓国秀（女）　任盛芳（女）　祝学福
陈铭春　邓淑芳（女）　王　文　李金达
邓元均（女）　易满珍（女）　张维拥
王万统　刘克书　张玉蓉（女）　徐贤贵
王本成　张立珍（女）　郭光华

云南省先进企业、劳动模范名单

（一）省劳动模范名单

（云南省人民政府表彰）

一九八五年

李蓬顺

一九八六年

尹广林　王怀远

（二）整顿企业先进单位名单

（云南省人民政府一九八六年表彰）

云南省第二建筑安装工程公司
云南省第一建筑工程公司

陕西省先进企业、集体、个人名单

（一）陕西省劳动模范名单

（陕西省人民政府一九八五年九月表彰）

钱德永

（二）陕西省六好企业名单

（陕西省人民政府表彰）

一九八五年

陕西省第二建筑工程公司
陕西省第五建筑工程公司
陕西省金属结构厂

一九八六年

陕西省设备安装工程公司
陕西省建筑工程总公司材料供应公司

（三）陕西省先进班组名单

（陕西省人民政府一九八五年五月表彰）

陕西省金属结构厂科研室设计组

（四）陕西省先进班组和先进班组长名单

（陕西省经委、省总工会一九八六年十月表彰）

先进班组名单：

陕西省第二建筑工程公司二处六队木工班
陕西省第三建筑工程公司三处三队翻斗车班

陕西省第五建筑工程公司一队瓦工青年突击队
陕西省第六建筑工程公司四队木工青年突击队
陕西省第八建筑工程公司新城工程处青年突击队
陕西省第十一建筑工程公司二处二队粉刷班
陕西省设备安装工程公司三处三队管工班
陕西省金属结构厂铸造车间电炉组
陕西省建筑机械厂一车间大炉班
陕西省建筑木材厂锯材车间一段小锯班

先进班组长名单

常德绪　卫　涛　袁升平　王广林　王光明
王保安　杨菊生　刘治国　刘震东　万盛民

（五）陕西省合理化建议、技术改进活动先进集体、革新能手、积极分子名单

（陕西省经委、省总工会一九八六年四月表彰）

先进集体名单

陕西省设备安装工程公司

革新能手名单：

汤　恩　孙树济　苏秉印　姬宇飞　杨石山
贺孝玉

积极分子名单

薛士川　冯新华

甘肃省先进企业名单

（甘肃省人民政府一九八五年表彰）

甘肃省第一建筑工程公司
甘肃省第六建筑工程公司

宁夏回族自治区先进企业、集体、个人名单

（一）有突出贡献的科技人员名单

（自治区党委、人民政府一九八五年一月表彰）

范大焜　张光璧（女）　田振海　邓迪卿

（二）"双文明"先进集体、个人名单

（自治区党委、人民政府一九八六年十二月表彰）

先进集体名单

宁夏回族自治区建筑设计院
宁夏回族自治区煤炭基建公司第二建筑工程处
宁夏回族自治区第二建筑工程公司二工区
银川市第二建筑公司

先进个人名单

张　铁　周跃先　陈福泉　杨明国　谢　佩
王心田　王和平　张光璧（女）　陈福庆
张淑华（女）　于　浩　管　辉

劳动模范名单

陈福泉

（三）"三八"红旗手名单

（自治区妇联一九八六年三月表彰）

任　丽（女）　许赛珍（女）

（四）先进集体建筑企业名单

（自治区建设厅、集体建筑企业协会一九八六年十一月表彰）

银川市郊区第二建筑公司
吴忠市东塔建筑公司
中卫县第一建筑公司
中卫县第二建筑公司
石咀山市建劳动服务公司
大武口区人民路修建队
平罗县宝丰建筑工程公司
固原县建筑公司
隆德县联建联财建工队
隆德县水暖安装队

（五）科技工作先进集体、个人名单

（自治区建设厅、建筑工会一九八六年十二月二十日表彰）

先进集体名单

银川市第一建筑工程公司第二施工队
石咀山市建筑设计院
银南行署建筑勘测设计室
宁夏回族自治区第一建筑工程公司
宁夏回族自治区第二建筑工程公司钢桁架试验小组
宁夏回族自治区第五建筑工程公司科学技术科
宁夏回族自治区建筑机械厂技术科
宁夏回族自治区建筑勘测设计院
宁夏回族自治区建筑工程研究所

先进科技工作者名单

林　京　郭文祥　翁福伦　陈银生　沈　真
王俊贞（女）　赵惠明　陈万和　万德义
谢广东　王永常　秦怡平　朱天明　柳壁乾
梁化於　谭文才　宋人杰　史是伟　张文斌
石文照　任军平　吴期会　崔纪华　洪俊星
雷光源　王剑波　俞琪昌　张玉杭　魏留柱
周耀民　刘培德　裴建平　郭　富　董子万
姚复兴　罗明钧（女）　卜小华　李晓峰

新疆维吾尔自治区先进企业、集体、个人名单

（一）自治区先进企业、劳动模范名单

（自治区党委、人民政府一九八五年表彰）

先进企业名单

新疆维吾尔自治区建筑机械厂

新疆维吾尔自治区第一建筑工程公司

劳动模范名单

王风歧　江盛恕　谢跃南　孙国城　郑存森
李留网（女）　于长再　李林罗　李　鸣
李碧琴（女）　陈浩元　许承军　李廷福

（二）自治区优秀青年突击队长名单

（自治区总工会、团委、经委一九八五年表彰）

胡士华　高学敏　吕　刚　邓　齐　于国平

（三）自治区新长征突击队、突击手名单

（自治区团委一九八六年表彰）

新长征突击队名单

郭盛军突击队
蔡迎一突击队
盖国庆抹灰队
王大斌突击队

新长征突击手名单

薛孝甲　张　利（女）　陈书萍（女）
刘德泉　潘发禄　王大斌　王　刚　罗克俭

（四）企业整顿先进单位名单

（自治区企业整顿领导小组一九八五年表彰）

新疆维吾尔自治区第一建筑工程公司
新疆维吾尔自治区第三建筑工程公司
新疆维吾尔自治区第四建筑工程公司
新疆维吾尔自治区工业设备安装公司
新疆维吾尔自治区建筑机械厂

国际建筑设计竞赛

中国获奖者名单

设计竞赛全称	奖别	得奖人	所在单位
1980年日本“国家住宅设计竞赛”	佳作	曹希曾	西北建筑设计院
1980年日本中央玻璃公司举办的新时代乡土文化博物馆设计竞赛“乐山博物馆”	佳作	喻维国 张雅青 卢济威 顾如珍	同济大学
1981年日本第17回石棉瓦住宅设计竞赛	佳作	傅信祈 黄　仁 朱谋隆 来增祥 张雅青 彦宏亮	同济大学
1981年10月日本日新工业株式会社和《新建筑》杂志社联合举办的第八次日新工业建筑设计竞赛“屋顶花园住宅”	佳作	曹希曾	西北建筑设计院
1982年新加坡MIMAR杂志举办的“半干旱地区住宅中的水庭”		朱少宣 李　傥 刘小鸣	北京市建筑设计院 中国大地事务所
1982年日本三泽住宅开发研究院举办的第七次“长寿之家”住宅设计竞赛	三等	卢济威 余敏飞 顾如珍	同济大学 同济大学 同济大学

设计竞赛全称	奖别	得奖人	所在单位
	佳作	江泽泉	广东珠海市规划局
		金云生	西南建筑设计院
	佳作	齐后生	广东中山市长江装修工程公司
		彭济美	广东中山市长江装修工程公司
		齐幸生	江西省建筑设计院
		周广银	江西省物资局
	佳作	薛求理	上海城市建设学院
1982年日本日新工业株式会社主持，《新建筑》杂志协助举办的第九次日新工业建筑设计竞赛“带地下室的城市型住宅”	佳作	傅克诚	清华大学
		朱幼宣	清华大学
1982年日本中央玻璃公司和《新建筑》杂志社联合举办的第17届“水晶宫”国际建筑设计竞赛	佳作	张在元	武汉建材学院
1983年日本«新建筑»杂志举办的住宅设计竞赛，“具有历史传统和地方风格的住宅”	三等	佘晓白	上海市规划局
		徐　希	人民美术出版社
		徐震时	人民美术出版社
	佳作	荆其敏	天津大学
	佳作	刘亚波	西南建筑设计院
1984年日本新工业株式会社和《新建筑》杂志社举办的第十一届日新工业国际建筑设计竞赛	一等	李　傥	北京市建筑设计院
1984年11月日本第十二届日新工业建筑设计竞赛(有季节感的住宅)“廊的住宅”	二等	王　慧	同济大学
		黄向明	同济大学
1984年由建筑师协会(UIA)主办的“建筑师促成居住者”进行住宅规划和设计”竞赛，三个方案《促成城市旧区居住者改建住宅规划和设计的方法与实例》、《促成中小城镇新区居住者参加住宅规划和设计方法与实例》、《促成农村窑洞居住者参加窑居规划和设计的方法与实例》	三等及特殊优厚的(叙利亚建筑界奖)	王　琦	西安冶金建筑学院
		王　瑶	
		孙西京	
		吴天佑	
		李唐兴	
		张新悦	
		周庆华	
		陈忠实	
		陈　勇	
		陈　漪	
		聂　刚	
		唐　和	
		高　青	
		佟裕哲	
		张缙学	
		侯继尧	
		张似赞	
		夏　云	
1984年新加坡MIMAR杂志举办的35岁以下建筑工作者参加的设计竞赛“吉达港小岛上的小清真寺”	三等	王木林	西安冶金建筑学院
1985年日本中央玻璃公司和《新建筑》杂志社举办的世界建筑设计竞赛	二等	李江南	同济大学
	佳作	张在元	武汉大学

设计竞赛全称	奖别	得奖人	所在单位
1986年2月意大利米兰举办的国际大学生、研究生设计竞赛“办公空间设计”	优胜	刘晓光 葛　华	清华大学
	优胜	狄红波 赵　杰 张晓炎 董振侠 姜　权 刘　勤	
	人选	王　兵 崔光明 屠晓芳 王　毅	
1986年第一届世界大学生伊斯兰建筑竞赛（注：周丹在重庆建工学院时的毕业设计获“法赫德优胜奖”和“阿沃迪奖”）	表扬	张　华	重庆建工学院
	双奖	周　丹	武汉城建学院
	导师	李再琛	重庆建工学院
	导师	罗裕昆	重庆建工学院
	导师	张为耕	重庆建工学院
1986年日本瓦屋顶居住小区活动中心	三等	汤　桦	重庆建工学院
	佳作	千光浩	西南建筑设计院
阿尔及利亚纪念碑		王　宇	清华大学

（《世界建筑》杂志社供稿）

中国建筑年鉴

12

管理机构

城乡建设环境保护部机构简表

（1986年）

城乡建设环境保护部

- 部长
- 副部长
- 顾问
- 总工程师

- 办公厅
- 政策法规局
- 科学技术局
- 计划财务局
- 劳动工资局
- 建筑业管理局
- 城市建设管理局
- 乡村建设管理局
- 机械管理局
- 城市规划局
- 城市住宅局
- 设计局（抗震办公室）（人防办公室）
- 教育局
- 外事局
- 干部局
- 老干部局
- 机关事务局
- 国家测绘局
- 国家环境保护局

城乡建设环境保护部直属单位简表

（1986年）

城乡建设环境保护部

（科研单位）
- 中国建筑科学研究院
- 中国城市规划设计研究院
- 中国城市建设研究院
- 中国建筑技术发展中心
- 中国城乡建设经济研究所
- 城镇住宅研究所
- 东北煤气化设计研究所
- 北京建筑机械综合研究室
- 长沙建筑机械研究所
- 中国环境科学研究院
- 中国环境监测总站
- 国家环境分析测试中心
- 南京环境科学研究所
- 华南环境保护科研所
- 测绘科学研究所
- 全国测绘资料中心

（高等院校、干部培训单位）
- 重庆建筑工程学院
- 哈尔滨建筑工程学院
- 沈阳建筑工程学院
- 南京建筑工程学院
- 西北建筑工程学院
- 苏州城建环保学院
- 武汉城市建设学院
- 湖南环保学院
- 秦皇岛环保管理干部学院
- 武汉测绘科技大学
- 郑州测绘学校
- 北京城乡建设管理干部学院
- 远距离教育中心
- 市长研究班

（企业）
- 中国房屋建设开发公司
- 中国对外建筑材料设备公司
- 中国农房建筑材料公司
- 中国环境保护公司
- 中国迅达电梯有限公司

中国建筑工程总公司

（报社、出版社）
- 建设报社
- 中国环境报社
- 中国建筑工业出版社
- 中国环境科学出版社
- 测绘出版社
- 地图出版社

（勘察设计单位）
- 建筑设计院
- 综合勘察研究院
- 中国市政工程华北设计院
- 中国市政工程东北设计院
- 中国市政工程中南设计院
- 中国市政工程西北设计院
- 中国市政工程西南设计院

（学术组织）
- 中国建筑学会
- 中国土木工程学会
- 中国城市科学研究会
- 中国环境科学学会
- 中国测绘学会

（联合会、协会组织）
- 中国建筑业联合会
- 中国房地产业协会
- 中国环境保护工业协会
- 中国城镇供水协会
- 中国城市出租汽车协会
- 中国动物园协会
- 中国建筑机械化协会
- 中国建筑金属结构协会

国务院其他部局主管建设管理机构

（1986年）

商　业　部　基本建设司
林　业　部　计划司
水利电力部　基本建设司
　　　　　　水利水电建设局
冶金工业部　基本建设局
机械工业部　基本建设局
核工业部　计划司
　　　　　　建筑安装工程局
航空工业部　建设司
电子工业部　基本建设司
航天工业部　基本建设局
煤炭工业部　基本建设司
化学工业部　基本建设局
纺织工业部　建设局
轻工业部　基本建设司
铁　道　部　基本建设总局
交　通　部　基本建设局
邮　电　部　基本建设局
国家建筑材料工业局　投资司

省、自治区、直辖市主管建筑业管理机构

（1986年）

北京市城乡建设委员会
天津市城乡建设委员会
河北省建设委员会
山西省城乡建设环境保护厅
内蒙古自治区城乡建设环境保护厅
辽宁省城乡建设厅
吉林省城乡建设环境保护厅
黑龙江省建设委员会
上海市建设委员会
江苏省建设委员会
浙江省城乡建设厅
安徽省城乡建设环境保护厅
福建省建设委员会
江西省城乡建设环境保护厅
山东省城乡建设委员会
河南省城乡建设环境保护厅
湖北省城乡建设厅
湖南省建设委员会
广西壮族自治区城乡建设委员会
广东省建设委员会
四川省建设委员会
贵州省城乡建设环境保护厅
云南省城乡建设委员会
西藏自治区城乡建设环境保护厅
陕西省城乡建设环境保护厅
甘肃省建设委员会
青海省城乡建设环境保护厅
宁夏回族自治区城乡建设环境保护厅
新疆维吾尔自治区城乡建设环境保护厅

中国建筑年鉴

13

统计资料

全国建筑业总产值

年份	社会总产值（亿元）	建筑业总产值（亿元）	占社会总产值的比重（%）	社会总产值指数（以1952年为100）（%）	建筑业总产值指数（以1952年为100）（%）
1949	557	4	0.7	54.0	7.0
1950	683	13	1.9	66.2	22.8
1951	820	24	2.9	79.4	42.1
1952	1 015	57	5.6	100	100
1953	1 241	85	6.8	118.7	154.4
1954	1 346	82	6.1	128.8	152.7
1955	1 415	86	6.1	136.6	163.2
1956	1 639	146	8.9	161.1	249.3
1957	1 606	118	7.4	170.9	237.0
1958	2 138	202	9.4	226.7	403.7
1959	2 548	235	9.2	267.4	440.0
1960	2 679	248	9.2	280.0	454.1
1961	1 978	90	4.5	186.2	162.6
1962	1 800	74	4.1	167.6	138.5
1963	1 956	97	4.9	184.7	184.6
1964	2 268	151	6.7	217.0	284.9
1965	2 695	177	6.6	258.2	351.0
1966	3 062	197	6.4	301.8	395.2
1967	2 774	155	5.6	272.0	311.0
1968	2 648	132	5.0	259.2	265.0
1969	3 184	222	7.0	324.8	445.7
1970	3 800	271	7.1	408.1	544.2
1971	4 203	311	7.4	445.2	614.4
1972	4 396	323	7.3	465.0	630.4
1973	4 776	335	7.0	505.0	640.5
1974	4 859	376	7.7	514.6	702.6
1975	5 379	437	8.1	573.8	801.0
1976	5 433	435	8.0	581.8	785.0
1977	6 003	462	7.7	641.7	821.1
1978	6 846	569	8.3	725.8	995.9
1979	7 642	645	8.4	787.5	1 102.5
1980	8 531	767	9.0	853.7	1 283.3
1981	9 071	747	8.2	893.0	1 212.7
1982	9 963	912	9.1	977.8	1 438.3
1983	11 125	1 053	9.5	1 078.5	1 589.3
1984	13 167	1 263	9.6	1 237.0	1 802.3
1985	16 587	1 656	10.0	1 449.8	2 168.2
1986	18 961	2 038	10.8	1 591.9	2 471.7

注：社会总产值及建筑业总产值按当年价格计算；社会总产值指数及建筑业总产值指数按可比价格计算。

本统计资料由卢安祖、严雪芳、向寒松、刘兴东整理提供。所用资料除注明者外，均依据国家统计局数字。

全国建筑业净产值

年　　份	国民收入总额（亿元）	建筑业净产值（亿元）	占国民收入总额比重（%）	国民收入总额指数（以1952年为100）（%）	建筑业净产值指数（以1952年为100）（%）
1949	358	1	0.3	58.9	4.8
1950	426	5	1.1	70.1	23.8
1951	497	9	1.8	81.1	42.9
1952	589	21	3.6	100.0	100.0
1953	709	28	3.9	114.0	138.1
1954	748	26	3.5	120.6	133.3
1955	788	30	3.8	128.3	152.4
1956	882	55	6.2	146.4	261.9
1957	908	45	5.0	153.0	242.9
1958	1 118	68	6.1	186.7	367.0
1959	1 222	76	6.2	202.1	388.6
1960	1 220	79	6.5	199.2	394.0
1961	996	25	2.5	140.0	129.5
1962	924	32	3.5	130.9	161.9
1963	1 000	40	4.0	144.9	205.1
1964	1 166	50	4.3	168.8	259.0
1965	1 387	53	3.8	197.5	286.0
1966	1 586	58	3.7	231.0	313.0
1967	1 487	55	3.7	214.3	296.9
1968	1 415	44	3.1	200.4	237.5
1969	1 617	60	3.7	239.1	323.8
1970	1 926	80	4.1	294.7	421.0
1971	2 077	91	4.4	315.3	468.5
1972	2 136	88	4.1	324.5	452.6
1973	2 318	92	4.0	351.4	458.0
1974	2 348	99	4.2	355.2	484.1
1975	2 503	113	4.5	384.7	542.2
1976	2 427	120	4.9	374.4	568.8
1977	2 644	124	4.7	403.6	579.6
1978	3 010	125	4.1	453.2	574.4
1979	3 350	130	3.9	484.9	584.7
1980	3 688	185	5.0	515.9	758.4
1981	3 940	193	4.9	541.2	770.5
1982	4 261	209	4.9	586.1	807.5
1983	4 730	259	5.5	643.5	955.3
1984	5 650	303	5.4	730.4	1 057.5
1985	7 007	396	5.7	823.2	1 271.1
1986	7 790	489	6.3	884.1	1 451.6

注：国民收入总额和建筑业净产值按当年价格计算；国民收入总额指数和建筑业净产值指数按可比价格计算。

全社会固定资产投资

单位：亿元

指标	1982年	1983年	1984年	1985年	1986年
投资总额	1 230.40	1 430.06	1 832.87	2 543.19	3 019.62
1.全民所有制单位	845.31	951.96	1 185.18	1 680.51	1 978.50
基本建设	555.53	594.13	743.15	1 074.37	1 176.11
更新改造	250.37	291.13	309.28	449.14	619.21
其他固定资产投资	39.41	66.70	132.75	157.00	183.18
2.集体所有制单位	174.28	156.33	238.69	327.46	391.74
城镇	42.89	45.65	63.86	128.23	146.39
农村	131.39	110.68	174.83	199.23	245.35
3.城乡个人	210.81	321.77	409.00	535.22	649.38
城镇	12.28	16.72	29.89	56.79	74.56
农村	198.53	305.05	379.11	478.43	574.82

全社会固定资产投资构成及比重

年份	投资总额	在投资总额中		
		建筑安装工程	设备、工具、器具购置	其他费用
全社会固定资产投资构成(万元)				
1982年	1 230.40	871.12	291.41	67.87
1983年	1 430.06	993.32	358.31	78.43
1984年	1 832.87	1 217.58	509.23	106.06
1085年	2 543.19	1 655.46	718.08	169.65
1986年	3 019.62	1 992.72	823.28	203.62
全社会固定资产投资构成比重(%)				
1982年	100.00	70.80	23.68	5.52
1983年	100.00	69.46	25.06	5.48
1984年	100.00	66.43	21.78	5.79
1985年	100.00	65.10	28.20	6.70
1986年	100.00	66.00	27.30	6.7

注：构成比重以全社会固定资产投资总额为100。

全民所有制单位固定资产投资总额

单位：亿元

年份	总计	基本建设投资				更新改造及其他投资
		合计	生产性建设	非生产性建设		
				合计	其中：住宅	
1950	11.34	11.34	7.37	3.97	1.25	
1951	23.46	23.46	15.25	8.21	2.58	
1952	43.56	43.56	29.14	14.42	4.48	
1953	91.59	90.44	46.90	43.54	11.27	1.15
1954	102.68	99.07	59.88	39.19	9.23	3.61
1955	105.24	100.36	70.47	29.89	6.64	4.88
1956	160.84	155.28	112.16	43.12	13.36	5.56
1957	151.23	143.32	105.09	38.23	13.29	7.91
1958	279.06	269.00	234.90	34.10	8.16	10.06
1959	368.02	349.72	299.26	50.46	13.67	18.30
1960	416.58	388.69	331.84	56.85	15.89	27.89
1961	156.06	127.42	105.13	22.29	7.67	28.64
1962	87.28	71.26	58.53	12.73	4.17	16.02
1963	116.66	98.16	78.05	20.11	7.59	18.50
1964	165.89	144.12	112.26	31.86	11.59	21.77
1965	216.90	179.61	144.74	34.87	9.91	37.29
1966	254.80	209.42	172.70	36.72	9.21	45.38
1967	187.72	140.17	114.21	25.96	5.33	47.55
1968	151.57	113.06	91.22	21.84	5.66	38.51
1969	246.92	200.83	163.93	36.90	11.04	46.09
1970	368.08	312.55	275.96	36.59	8.08	55.53
1971	417.31	340.84	288.82	52.02	14.53	76.47
1972	412.81	327.98	272.82	55.16	18.84	84.83
1973	438.12	338.10	275.88	62.22	20.89	100.02
1974	463.19	347.71	281.76	65.95	22.51	115.48
1975	544.94	409.32	335.88	73.44	23.97	135.62
1976	523.94	376.44	305.81	70.63	22.84	147.50
1977	548.30	382.37	303.47	78.90	26.30	165.93
1978	668.72	500.99	396.24	104.75	39.21	167.73
1979	699.36	523.48	365.14	158.34	77.28	175.88
1980	745.90	558.89	359.28	199.61	111.66	187.01
1981	667.51	442.91	252.43	190.48	111.19	224.60
1982	845.31	555.53	302.90	252.63	141.05	289.78
1983	951.96	594.13	346.44	247.69	125.07	357.83
1984	1 185.18	743.15	443.40	299.75	134.50	442.03
1985	1 680.51	1 074.37	611.34	463.03	215.18	606.14
1986	1 978.50	1 176.11	712.15	463.96	189.41	802.39
恢复时期		78.36	51.76	26.6	8.31	
一五时期	611.58	588.47	394.50	193.97	53.79	23.11
二五时期	1 307.00	1 206.09	1 029.66	176.43	49.56	100.91
63～65年	499.45	421.89	335.05	86.84	29.09	77.56
三五时期	1 209.09	976.03	818.02	158.01	39.32	233.06
四五时期	2 276.37	1 763.95	1 455.16	308.79	100.74	512.42
五五时期	3 186.22	2 342.17	1 729.94	612.23	277.29	844.05
六五时期	5 330.47	3 410.09	1 956.51	1 453.58	726.99	1 920.38
50～86		11 963.16	8 482.75	3 480.41	1 474.5	
53～86	16398.68	11 884.8	8 430.99	3 453.81	1 466.19	4 513.88

建筑安装工程在基本建设投资中所占比重

时期	在基本建设投资额中(亿元)			比重(以基本建设投资总额为100)(%)		
	建筑安装工程	设备、工具、器具购置	其他费用	建筑安装工程	设备、工具、器具购置	其他费用
恢复时期	54.70	18.05	5.61	69.8	23.0	7.2
一五时期	366.76	178.06	43.65	62.3	30.3	7.4
二五时期	690.31	448.94	66.84	57.2	37.2	5.6
63～65年	266.22	126.94	28.73	63.1	30.1	6.8
三五时期	553.08	322.86	100.09	56.7	33.1	10.2
四五时期	1 013.45	631.05	119.45	57.4	35.8	6.8
五五时期	1 465.72	710.20	166.25	62.6	30.3	7.1
六五时期	2 364.08	672.29	373.72	69.3	19.7	11.0
1981年	317.32	84.22	41.37	71.6	19.0	9.4
1982年	397.35	101.67	56.51	71.5	18.3	10.2
1983年	414.99	117.13	62.01	69.8	19.7	10.5
1984年	507.71	151.88	83.56	68.3	20.4	11.3
1985年	726.71	217.39	130.27	67.6	20.2	12.2
1986年	770.6	260.34	145.17	65.5	22.1	12.4
50～86年合计	7 544.92	3 368.73	1 049.51	63.1	28.2	8.7

注：本表资料为全民所有制单位数字。基本建设投资额，未包括更新改造部分。

全国建筑业从业人数

（年底数）

单位：万人

年份	社会劳动者人数	建筑业				
		合计	全民所有制职工	城镇集体所有制职工	城镇个体劳动者	乡村建筑企业人数
1949	18 082		(20)			
1952	20 729		(99.5)		83	
1953	21 364		(179.4)		80	
1954	21 832		(173.7)		86	
1955	22 328		(186.8)		143	
1956	23 018		(300.2)	126.0		
1957	23 771		244.6	20.0		
1958	26 600		(639.6)	20.0		
1959	26 173		(664.2)	22.0		
1960	25 880		(692.8)	30.0		
1961	25 590		(397.2)	35.0		
1962	25 910		(244.5)	37.0	4	
1963	26 640		(265.7)	58.0	4	
1964	27 736		(318.7)	76.0	5	
1965	28 670		306.8	94.0	5	
1966	29 805		(418.0)	95.0	5	
1967	30 814		(392.0)	115.0	4	
1968	31 915		(379.0)	140.0	4	
1969	33 225		(393.0)	130.0	4	
1970	34 432		(431.0)	126.0	4	
1971	35 620		(475.7)	120.0	3	
1972	35 854		(504.0)	115.0	3	
1973	36 652		(513.1)	107.0	3	
1974	37 369		(524.4)	115.0	2	
1975	38 168		(558.5)	142.0	2	
1976	38 834		(597)	150.0	2	
1977	39 377		(614.1)	157.0	1	
1978	39 856	856.2	444.6	175.0	1	235.6
1979	40.581	981.2	462.8	219.0	1	298.4
1980	41.896	1 044.1	472.4	237.0		334.7

续表

年份	社会劳动者人数	建筑业				
		合计	全民所有制职工	城镇集体所有制职工	城镇个体劳动者	乡村建筑企业人数
1981	43 280	1 079.9	475.1	255.0	1	343.3
1982	44 706	1 185.1	480.8	282.0	1	421.3
1983	46 004	1 282.9	497.2	302.0	1	482.7
1984	47 597	1 532.6	518.1	327.2	3	684.3
1985	49 873	1 728.4	579.4	354.0	5.1	789.9
1986	51 282	1 768.9	592.0	365.0	5	806.9

注：① 全民所有制职工人数中有( )者为包括资源勘探人数。

② 乡村个体户未包括在上表中，1985年有1 130万人，1986 年有 502.1万人。

全国建筑企业个数

单位：个

年份	总计	在总计中		
		全民所有制建筑企业	城镇集体所有制建筑企业	农村建筑队
1980	57 404	1 996	4 608	50 800
1981	55 627	2 586	4 741	48 300
1982	61 684	2 808	5 076	53 800
1983	66 653	2 885	6 768	57 000
1984	90 141	3 017	6 724	80 400
1985	93 750	3 385	7 765	82 600
1986	88 771	3 608	8 977	76 186

全国全民所有制建筑企业个数和年末职工人数

部门	企业个数（个）						年末职工人数（万人）					
	1981	1982	1983	1984	1985	1986	1981	1982	1983	1984	1985	1986
全国总计	2 586	2 808	2 885	3 017	3 385	3 608	509.3	532.9	544.5	554.2	576.7	617.3
一、中央部直属单位合计	546	675	684	659	747	820	173.0	191.4	206.3	219.5	221.0	250.7
其中：中国建筑总公司	35	36	49	49	49	49	11.6	11.8	13.7	15.0	15.2	16.8
铁道部	207	209	210	222	290	268	49.5	49.6	48.6	60.1	61.5	67.4
水电部	65	77	106	106	113	115	31.8	39.4	45.9	47.7	48.8	50.5
冶金部	10	87	63	19	20	20	14.2	18.8	14.3	22.9	23.2	23.6
有色金属总公司	9	30	28	29	29	29	5.7		14.7	15.4	15.7	15.7
交通部	20	20	20	34	41	62	6.6	6.8	6.6	6.7	6.9	9.1
化工部	11	12	15	14	15	14	5.2	5.9	6.4	6.0	6.0	6.2
石油部	45	47	41	38	39	44	11.5	11.4	10.5	10.7	10.7	11.6
煤炭部	15	17	87	93	93	159	2.8	5.0	22.6	22.6	20.3	36.2
机械工业部	4	4	5	5	5	7	0.5	5.2	0.5	0.5	0.5	0.5
核工业部	6	7	8	8	8	8	4.7		4.9	4.7	5.0	5.4
邮电部	5	5	5	5	5	5	0.4	0.4	0.5	0.5	0.5	0.5
林业部	19	19	19	19	18	18	1.7	1.7	1.7	1.6	1.5	1.7
农牧渔业部	1	1	1	1	1	1	0.1	0.1	0.1	0.1	0.2	0.2
国家建材总局	12	12	10	1	1	1	0.5	0.5	0.5	0.5	0.5	0.57
基建工程兵	82	81					26.2	12.6				
二、地方所属单位合计	2 040	2 133	2 201	2 358	2 638	2 788	336.3	341.5	338.2	334.7	355.7	366.6

建设部系统全民所有制建筑企业职工人数

（年末人数）

单位：万人

地　　区	1954年	1957年	1962年	1965年	1970年	1975年	1980年	1981年	1982年	1983年	1984年	1985年	1986年
全国总计	55.41	69.64	56.81	90.58	126.08	136.88	176.62	180.22	186.67	204.14	231.58	248.15	261.25
一、地方所属单位合计	32.05	44.52	40.64	62.53	89.90	123.33	165.96	168.57	174.99	190.44	216.60	232.99	244.42
北　京	4.60	4.29	4.75	4.63	3.53	5.99	6.18	6.11	6.03	13.03	15.72	15.39	19.12
天　津				1.93	2.47	2.38	5.13	5.07	5.03	6.21	9.28	10.84	9.97
河　北	5.24	2.90	3.40	1.88	4.42	6.07	11.47	10.87	10.57	10.66	10.43	11.82	12.19
山　西	2.05	1.43	1.97	1.73	4.25	6.68	6.13	6.08	6.27	6.53	6.95	7.24	8.12
内蒙古	0.81	1.58	0.73	0.89	2.18	2.35	3.62	3.98	4.11	4.42	5.02	5.40	5.51
辽　宁	4.23	2.64	3.44	3.98	4.51	7.07	11.82	12.68	12.67	12.34	17.12	13.29	13.63
吉　林	2.16	1.05	1.63	2.09	3.24	4.10	5.17	5.16	5.53	6.97	7.32	7.82	8.22
黑龙江	1.56	1.35	2.48	2.71	3.28	4.98	7.15	7.27	7.61	8.56	10.47	9.69	9.86
上　海	1.20	3.32	1.75	2.88	3.61	4.84	6.33	6.76	7.17	10.74	10.86	10.42	10.85
江　苏	2.14	1.99	1.99	1.99	2.44	3.58	6.25	6.32	6.65	6.96	7.60	7.46	7.84
浙　江	1.06	0.96	1.30	1.38	1.62	1.92	3.70	3.70	3.98	3.89	4.12	4.98	4.92
安　徽	0.88	1.45	1.46	2.17	3.17	3.73	5.35	5.27	5.57	5.40	5.78	6.48	6.85
福　建	0.76	2.17	1.41	2.01	1.93	2.32	3.45	3.67	3.84	4.03	4.35	4.39	4.56
江　西	0.83	1.29	0.96	1.46	2.61	2.73	3.74	3.83	3.96	3.91	4.93	4.81	4.89
山　东	2.07	1.20	1.74	2.15	3.57	3.91	5.46	5.45	5.78	5.44	5.67	6.24	6.45
河　南	1.74	1.24	1.78	3.00	4.37	6.28	7.35	7.65	8.26	8.52	9.36	10.53	11.36
湖　北	1.48	1.61	1.06	1.98	3.37	5.25	6.70	6.85	7.15	8.98	10.04	11.95	11.72
湖　南	0.99	1.35	1.31	2.23	3.12	3.53	5.20	5.32	5.71	6.12	6.10	7.22	7.39
广　东	1.14	3.24	2.53	3.54	4.21	5.51	6.51	6.94	7.50	8.79	12.57	14.12	15.38
广　西	0.56	0.91	1.03	2.08	3.05	3.68	4.24	4.27	4.29	4.19	4.17	4.52	6.13
四　川	1.60	2.61	1.06	4.50	4.85	11.43	12.46	12.24	12.74	13.84	15.93	16.61	17.88
贵　州	0.30	1.08	0.38	1.88	2.06	1.99	2.03	2.12	2.21	2.30	2.60	2.81	3.12
云　南	0.89	0.93	0.11	2.41	4.77	5.74	5.19	5.17	5.45	6.31	6.15	6.73	6.60
西　藏	—	—	—		0.42	0.35	0.68	0.60	0.59	0.55	0.53	0.50	0.54
陕　西	0.86	1.64	0.32	1.55	1.91	5.92	7.53	7.58	7.97	7.49	8.89	8.76	8.83
甘　肃	0.92	1.11	0.22	1.39	5.68	4.27	4.60	4.93	5.02	5.30	5.31	5.39	5.68
青　海	0.10	0.58	0.19	0.54	0.96	1.64	1.91	1.95	2.49	2.43	2.59	2.66	2.57
宁　夏	—	—		0.09	0.51	1.09	1.35	1.34	1.42	1.49	1.59	1.79	1.92
新　疆		0.60	1.55	3.47	3.80	4.05	5.72	5.74	5.78	4.96	5.14	13.13	12.30
二、中建总公司所属单位合计	23.36	26.21	16.18	28.04	36.18	13.50	10.66	11.64	11.69	13.70	14.98	15.16	16.83

注：本表资料由建设部建筑业管理局提供。

全民所有制建筑企业职工分类（年底数）

职工类别	人数（万人）						比重（%）					
	1981年	1982年	1983年	1984年	1985年	1986年	1981年	1982年	1983年	1984年	1985年	1986年
总　计	475.1	480.8	497.2	518.1	545.8	557	100	100	100	100	100.0	100.0
工　人	320.8	324.7	338.9	355.7	374.7	381.94	67.5	67.5	68.1	68.9	68.7	68.6
学　徒	24.0	17.2	13.7	10.5	10.1	10.42	5.0	3.6	2.8	2.6	1.8	1.9
工程技术人员	13.6	15.1	16.8	18.4	20.6	22	2.9	3.2	3.4	4.0	3.8	3.9
管理人员	52.0	54.5	56.5	57.2	60.5	62.80	10.9	11.3	11.4	10.3	11.1	11.3
服务人员	45.9	47.5	47.6	48.4	49.6	50.2	9.7	9.9	9.5	10.0	9.1	9.0
其它人员	18.8	21.8	23.7	27.9	30.3	29.71	4.0	4.5	4.8	4.3	5.5	5.3

建设部系统全民所有制建筑企业生产工人技术等级构成

项目	合计	八级	七级	六级	五级	四级	三级	二级	一级	未定级	学徒
建筑安装企业											
固定工人及学徒工(人)	829 276	22 899	41 577	76 314	138 440	218 221	190 448	108 971	21 776	1 393	9 237
比重(%)	100	2.8	5.0	9.2	16.7	26.3	23.0	13.1	2.6	0.2	1.1
市政工程企业											
固定工人及学徒工(人)	168 729	8 466	9 367	16 105	27 646	38 552	38 189	22 152	1 940	5 335	977
比重(%)	100	5.0	5.6	9.6	16.4	22.8	22.6	13.1	1.1	3.2	0.6

注：本表数字系建设部1985年对27个省的调查资料，由建设部劳动工资局提供。

全国竣工房屋面积

单位：万平方米

	指标	1981	1982	1983	1984	1985	1986
总计	合计	17 440.9	90 288.7	111 609.9	106 586.7	122 084.3	151 183.6
	(1)全民所有制	16 544.6	19 404.0	18 952.4	20 265.2	23 359.7	22 900.7
	基本建设	12 941	14 356.6	13 211.5	13 809.1	17 161.2	16 650.4
	更新改造及其他措施	3 603.6	5 047.4	5 740.9	6 456.1	6 198.5	6 250.3
	(2)城镇	896.3	3 774.1	4 457.6	6 451.4	9 827.7	10 984.8
	集体	896.3	1 635.5	1 793.8	1 943.6	2 746.3	2 869.4
	个人		2 138.6	2 663.8	4 507.8	7 081.4	8 115.4
	(3)农村		67 110.6	88 199.9	79 870.1	88 896.9	117 298.1
	集体		8 281.2	6 809.6	13 016.2	9 924.1	14 072.8
	个人		58 829.4	81 390.3	66 853.9	78 972.8	103 225.3
住宅	合计	9 768.7	71 459.5	86 539.5	75 819.8	90 971.7	117 667.4
	(一)全民所有制	9 343.5	11 128.1	10 778.6	9 910.1	11 585.8	11 094.3
	基本建设	7 904	9 019.6	8 124.5	7 703.0	9 565.1	8 915.5
	更新改造及其他措施	1 439.5	2 108.5	2 654.1	2 207.1	2 020.7	2 178.8
	(二)城镇	425.2	2 702.8	3 311.0	4 807.8	7 203.4	8 208.5
	集体	425.2	661.4	790.4	772.3	896.6	973.7
	个人		2 041.4	2 520.6	4 035.5	6 306.8	7 234.8
	(三)农村		57 628.6	72 449.9	61 101.9	72 182.5	98 364.6
	集体		3 427.7	2 856.3	3 263.5	2 640.1	3 896.6
	个人		54 200.9	69 593.6	57 838.4	69 542.4	94 468.0

注：本表系从建房资金来源统计的房屋面积。

历年基本建设竣工的各类房屋面积

单位：万平米

年份	合计	其中					
		厂房	仓库	办公室	住宅	学校	医疗机构
恢复时期	4 659	317	303	270	1 462	464	185
“一五”时期	26 640	2 239	2 678	1 719	9 454	2 385	583
“二五”时期	38 111	10 515	4 593	1 893	11 012	3 322	576
1963～1965年	10 850	1 865	1 327	517	4 271	1 145	264
“三五”时期	20 166	4 033	2 420	1 008	5 400	1 774	544
“四五”时期	38 296	8 705	4 369	2 043	12 573	3 392	1 150
“五五”时期	50 040	8 085	4 190	2 744	23 486	3 585	1 104
“六五”时期	71 480	5 142	3 022	4 022	42 317	5 192	1 443
1981年	12 941	1 024	631	599	7 904	780	213
1982年	14 357	989	635	744	9 020	717	240
1983年	13 212	860	515	705	8 125	944	273
1984年	13 809	1 070	574	782	7 703	1 203	335
1985年	17 161	1 199	667	1 192	9 565	1 548	382
1986年	16 650.45	1 234.56	642.96	1 279.47	8 915.47	—	366.57
1950～1986年	276 892.45	42 135.56	23 544.96	15 495.47	118 890.47	21 259	6 215.57

注：本表所列房屋竣工面积指用基本建设投资完成数，未包括用更新改造资金和其他投资建造的房屋。

全民所有制建筑企业技术装备情况

部门	年末自有机械设备价值(万元)				年末自有机械设备总功率(万千瓦)		全部职工技术装备率(元/人)		全部职工动力装备率(千瓦/人)	
	原值		净值							
	1985年	1986年	1985年	1986年	1985年	1986年	1985年	1986年	1985年	1986年
全国总计	2 002 125	2 437 763	1 406 249	1 683 842	2 482.8	2 835.2	2 494	2 789	4.4	4.7
一、中央部直属单位合计	1 083 132	1 442 746	781 246	1 012 438	1 234.1	1 557.9	3 632	4 215	5.7	6.5
其中：										
中国建筑总公司	48 251	51 303	28 419	30 714	61.3	62.9	1 870	1 828	4.0	3.7
铁道部	207 171	256 204	160 745	195 942	298.7	399.4	2 881	3 426	5.4	
水电部	360 236	401 447	273 159	300 674	328.2	378.5	5 609	5 954	6.7	7.5
冶金部	86 801	89 440	56 228	58 824	94.8	96.0	2 424	2 493	4.1	4.1
有色金属总公司	45 902	49 936	30 290	33 034	62.2	72.4	1 954	2 104	4.0	4.6
交通部	93 843	247 579	72 770	167 359	66.9	123.7	10 546	18 804	9.7	13.9
化工部	26 699	27 915	18 386	18 999	25.6	28.2	3 014	3 064	4.2	4.5
石油部	71 276	83 049	42 899	50 317	82.3	99.5	4 009	4 375	7.7	8.7
煤炭部	85 207	171 969	59 746	112 191	128.5	221.8	2 943	3 009	6.3	6.1
机械工业部	1 749	1 798	1 206	1 333	2.5	2.6	2 438	2 666	5.1	5.2
核工业部	19 122	19 015	12 619	12 236	26.1	27.7	2 575	2 266	5.3	5.1
林业部	5 761	6 547	1 707	3 614	23.6	9.7	1 067	2 126	14.8	5.7
农牧渔业部	3 097	3 028	2 572	2 428	1.1	1.1	17 022	12 140	7.5	5.5
国家建材局	6 118	5 655	4 578	4 163	6.5	5.7	8 661	6 938	12.3	9.5
二、地方所属单位合计	918 993	995 017	625 003	671 404	1 248.7	1 277.3	1 792	1 847	3.6	3.5

注：功率的计量单位自1985年起改为千瓦。

“六·五”时期全民所有制建筑企业固定资产、流动资金及利润、税金情况

单位：亿元

		1981年	1982年	1983年	1984年	1985年
年末自有固定资产	原值	225.0	257.4	285.7	302.0	315.8
	净值	171.6	193.9	215.2	225.6	235.8
定额流动资金平均占用额		65.0	84.6	96.2	117.7	141.4
利润总额		11.8	19.7	27.7	27.4	31.6
上缴税金				6.9	8.0	8.8
税后利润					18.9	22.8
固定资产折旧						15.9

1985年全民所有制建筑企业固定资产、流动资金及利润、税金情况

单位：万元

	年末自有固定资产		定额流动资金平均占用额	利润总额	上缴税金	税后利润	固定资产折旧
	原值	净值					
全国总计	3 157 587	2 358 023	1 414 190	316 498	88 233	227 867	158 676
一、中央部直属单位	1 613 328	1 237 882	528 938	131 677	24 138	109 574	69 227
其中：中建总公司	74 741	51 015	40 541	11 037	3 440	7 740	3 435
铁道部	385 230	315 335	139 456	60 776	6 210	54 660	13 189
水电部	455 703	349 202	131 510	21 738	4 298	17 714	17 229
冶金部	173 793	129 156	55 477	9 824	2 851	7 986	6 961
有色金属总公司	95 006	69 156	42 021	6 799	1 104	6 052	3 474
交通部	123 498	97 642	16 996	6 019	2 534	3 530	10 169
化工部	54 310	41 934	17 872	3 996	970	3 201	1 968
石油部	14 690	11 060	4 729	1 251	137	1 100	546
煤炭部	133 213	97 547	42 120	3 167	524	2 535	7 689
机械工业部	4 112	3 297	1 292	367	88	280	112
核工业部	22 569	15 284	14 514	2 100	555	1 553	960
林业部	13 207	5 545	4 044	432	55	288	662
农牧渔业部	3 424	2 792	690	140	45	95	108
国家建材局	8 564	7 597	1 744	547	274	372	373
二、地方所属单位							
合计	1 544 259	1 120 141	885 252	184 821	64 095	118 293	89 449

“六·五”时期城镇集体建筑企业基本情况

项目	计算单位	1981年	1982年	1983年	1984年	1985年
企业个数	个	4 741	5 076	6 768	6 724	7 765
年末实有人数	万人	175.9	200.1	258.1	293.5	334.8
年末固定资产原值	亿元	15.6	19.2	31.1	32.4	42.7
年末固定资产净值	亿元	10.5	13.8	23.1	23.4	30.6
施工产值	亿元	68.6	87.3	121.0	139.3	189.6
利润总额	亿元	3.0	3.7	6.9	6.8	7.3
其中：上缴利润（或税金）	亿元	0.7	0.9	2.2	3.0	4.3

乡村建筑企业基本情况

年份	企业个数（万个）	期末人数（万人）	总收入（亿元）
1980年	5.1	334.7	44.9
1981年	4.8	348.8	52.6
1982年	5.4	421.3	75.1
1983年	5.7	482.7	101.9
1984年	8.0	683.5	162.0
1985年	8.3	789.9	240.2
1986年	7.6	806.9	298.3

全国对外承包工程和劳务合作签订合同数及合同金额

年份	签订合同的国家、地区数（个）	合同数（份）			合同额（万美元）		
		合计	承包	劳务	合计	承包	劳务
总计		3 959	2 188	1 771	653 368	543 902	109 466
1976年	2（1976—1978年）	2	2		66	66	
1977年		1	1		19	19	
1978年		4	3	1	137	135	2
1979年	8	36	24	12	5 117	3 352	1 765
1980年	16	172	138	34	18 513	14 032	4 481
1981年	36	363	250	113	50 345	27 593	22 752
1982年	38	314	195	119	50 673	34 586	16 087
1983年	40	460	280	180	92 386	79 862	12 524
1984年	52	740	344	396	173 749	153 813	19 936
1985年	71	923	465	458	126 475	111 574	14 901
1986年	84	944	486	458	135 888	118 870	17 018

全国对外承包工程和劳务合作营业额

单位：万美元

年份	合计	承包	劳务
总计	340 059	260 361	79 698
1976～1981年	17 017	12 336	4 681
1982年	34 805	18 865	15 940
1983年	45 152	31 564	13 588
1984年	62 267	49 431	12 836
1985年	83 484	66 276	17 208
1986年	97 334	81 889	15 445

1976～1986年对外承包工程和劳务合作已签合同及营业额分公司完成情况表

金额单位：万美元

序号	公司	已签合同额						完成营业额					
		历年合同额			其中：1986年			历年营业额			其中：1986年		
		合计	承包	劳务	合计	承包	劳务	合计	承包	劳务	合计	承包	劳务
	总计	653 368	543 902	109 466	135 888	118 870	17 018	340 059	260 361	79 698	97 334	81 889	15 445
1	中建	216 904	202 598	14 306	27 691	27 483	208	108 839	98 043	10 796	23 645	31 569	1 076
2	路桥	58 706	55 330	3 376	11 674	11 674		36 933	33 620	3 313	8 859	8 169	690
3	中土	64 366	43 072	21 294	18 161	16 065	2 096	39 219	13 048	26 171	6 010	4 269	1 741
4	中冶	37 455	35 478	1 977	5 766	5 463	303	15 936	13 892	2 044	4 324	3 516	808
5	成套	37 089	8 120	28 969	5 616	1 964	3 652	11 463	4 238	7 225	1 153	852	301
6	港湾	39 313	36 591	2 722	11 006	10 439	567	22 182	20 943	1 239	7 184	6 895	298
7	中水	39 572	37 642	1 930	10 055	9 989	66	17 465	14 893	2 752	6 550	6 266	284
8	中航技	17 481	15 123	2 358	1 528	43	1 485	8 973	8 723	250	1 204	954	250
9	万宝	11 566	11 566					2 842	2 842		624	624	
10	机械	11 196	10 745	451	180		180	7 259	6 904	355	250		250
11	石油	4 560	1 299	3 261	844	731	113	2 861	1 727	1 134	894	759	135
12	有色	7 393	7 238	155	4 357	4 357		3 171	3 063	108	1 666	1 666	
13	中农	822	125	697	56		56	306	45	261	116	45	71
14	地质	2 350	2 178	172	1 591	1 591		1 103	1 021	82	878	878	
15	轻工	1 386	1 136	250	987	987		234	31	203	17		17
16	建材	716	547	169	472	388	84	4 087	273	3 814	1 913	178	1 735
17	化工	1 936	1 874	62	1 851	1 851		480	480		480	480	
18	通信	66		66	66		66	17	16	1	11	11	
19	纺织	98	60	38	87	60	27	375	344	31	288	260	28
20	中原	289	139	150	40	40		1 885	1 757	128	234	106	128
21	电子	291	265	26	291	265	26	19	16	3	19	16	3
22	华龙	90		90	90		90	2		2	2		2
23	石化	32	32		32	32		17	17		17	17	
24	咨询	3 160	560	2 600				701	610	91	532	500	32
25	光大	19		19	19		19						
26	海员	1 153		1 153	641		641	974		974	482		482

续表

序号	公司	已签合同额						完成营业额					
		历年合同额			其中：1986年			历年营业额			其中：1986年		
		合计	承包	劳务	合计	承包	劳务	合计	承包	劳务	合计	承包	劳务
27	四川	15 963	15 308	655	5 980	5 928	52	4 510	3 532	978	1 624	1 327	297
28	福建	13 004	7 373	5 631	4 133	3 329	804	3 626	2 454	1 172	1 207	947	260
29	安徽	3 842	3 729	113	3 723	3 723		601	32	569	282	30	252
30	上海	10 287	6 786	3 451	3 588	652	2 936	2 166	683	1 483	1 456	683	773
31	江苏	7 655	3 343	4 312	3 011	1 776	1 235	7 045	2 561	4 484	1 901	830	1 071
32	广东	18 518	14 605	3 913	2 967	2 229	738	12 548	11 038	1 510	3 610	3 385	225
33	重庆	3 644	3 364	280	1 571	1 380	191	1 766	1 169	597	338	77	261
34	黑龙江	1 932	1 836	96	1 372	1 372		1 883	1 865	18	1 629	1 626	3
35	山西	1 321	1 321		1 220	1 220		176	73	103	166	63	103
36	辽宁	6 013	5 515	498	960	958	2	2 697	2 558	139	1 159	1 147	12
37	河南	1 304	1 296	8	806	800	6	1 278	1 082	196	800	736	64
38	吉林	2 131	1 871	260	773	748	25	2 383	2 166	217	1 398	1 270	128
39	天津	2 034	801	1 233	636	251	385	1 670	557	1 113	561	70	491
40	北京	4 317	3 823	494	446	319	127	4 120	776	3 344	1 535	90	1 445
41	云南	456	456		389	389		1 300	1 300		616	616	
42	浙江	543	33	510	349		349	267		267	184		184
43	华秦	1 410	356	1 054	348	339	9	1 722	998	724	826	639	187
44	山东	186		186	186		186	122		122	122		122
45	湖南	70	29	41	65	27	38	26	14	12	18	12	6
46	武汉	11		11	11		11	3		3	3		3
47	江西	166	10	156	67		67	1 413	481	932	712	301	411
48	大连	213		213	178		178	189		189	133		133
49	沈阳	33	8	25	8	8		36	10	26	11	10	1
50	湖北	17		17				696		696	691		691
51	河北	339	321	18				473	466	7			

中国建筑工程总公司对外承包和劳务合作新签合同及营业额

金额单位：万美元

年度	合计			承包工程			劳务合作			年末在国外人数（人）
	新签合同		完成	新签合同		完成	新签合同		完成	
	份数	金额	营业额	份数	金额	营业额	份数	金额	营业额	
1979	17	3 941.62		12	2 967.94		5	973.68		
1980	74	5 556.23	3 333.39	68	4 039.49	1 891.38	6	1 516.74	1 442.01	1 495
1981	93	15 340.33	8 369.71	67	11 850.03	6 873.58	26	3 490.30	1 496.13	1 644
1982	91	12 082.92	12 534.00	75	10 257.82	8 633.00	16	1 825.10	3 901.00	7 865
1983	157	24 586.85	13 814.05	142	23 029.80	11 299.23	15	1 557.05	2 514.82	8 458
1984	168	82 402.84	20 103.78	140	80 978.63	18 761.87	28	1 424.21	1 341.91	10 993
1985	169	49 038.20	28 480.70	126	45 726.60	27 037.07	43	3 311.60	1 443.53	13 927
1986	137	27 687.73	34 732.96	124	27 480.50	33 656.38	13	207.23	1 076.58	12 305

注：本表资料由中国建筑工程总公司提供。

全民所有制勘察设计单位年末职工人数

年份	单位个数	年平均人数（万人）	年末职工人数（万人）	年末职工人数增长指数（%）	
				以1953年为100	以上年为100
1953	78	4.6	4.6		
1957	198	16.1	15.2	330.4	99.3
1962	237	13.2	12.5	271.7	86.8
1965		19.5	21.4	465.2	108.1
1975		20.4	21.8	473.9	115.3
1980		28.1	28.6	621.7	106.7
1984	1 481	31.3	31.9	693.5	98.8
1985	1 975		33.6	730.4	105.3
1986	2 171	34.4	35.1	763.7	104.6

各省、自治区、直辖市全民所有制勘察设计单位年末职工人数

单位：万人

地区	1957年	1962年	1965年	1970年	1975年	1976年	1978年	1980年	1983年	1984年	1985年
全国总计	15.2	12.5	21.4	15.5	21.8	22.7	25.3	28.6	32.3	31.9	33.6
北京	4.3	2.7	3.5	1.1	1.6	1.7	1.9	2.9	3.4	3.5	3.7
天津				0.9	0.8	1.0	1.1	1.2	1.3	1.3	1.6
河北	0.6	0.5	0.9	0.3	0.3	0.5	0.9	1.2	1.0	1.2	1.1
山西	0.1	0.1	0.2	0.3	0.3	0.5	0.5	0.7	0.6	0.7	0.8
内蒙	0.1	0.3	0.4	0.1	0.2	0.2	0.2	0.5	0.7	0.7	0.7
辽宁	1.4	0.8	1.2	0.5	0.9	1.0	1.2	1.2	1.4	1.3	1.3
吉林	0.5	0.4	0.7	0.7	0.8	0.8	1.2	1.3	1.5	1.4	1.4
黑龙江	0.3	0.4	0.8	0.4	0.8	0.8	0.8	0.9	1.0	1.1	1.0
上海	0.9	0.8	1.1	0.3	0.9	0.9	0.9	1.0	1.2	1.2	1.3
江苏	0.2	0.2	0.3	0.3	0.3	0.3	0.5	0.5	0.8	0.9	1.0
浙江	0.1	0.1	0.2	0.3	0.3	0.3	0.5	0.6	0.8	0.8	0.9
安徽	0.3	0.2	0.3	0.3	0.7	0.7	0.7	0.6	0.7	0.7	0.9
福建	0.1	0.2	0.3		0.2	0.2	0.4	0.3	0.4	0.4	0.5
江西		0.1	0.3	0.1	0.6	0.6	0.7	0.3	0.4	0.4	0.5
山东	0.1	0.1	0.1	0.1	0.6	0.6	0.7	0.7	0.8	0.8	1.0
河南	0.4	0.2	0.7	0.3	0.7	0.7	1.2	1.4	1.2	1.1	1.5
湖北	1.9	1.2	1.8	1.6	1.3	1.4	2.1	2.2	2.4	2.5	2.6
湖南	0.2	0.6	0.9	0.9	1.1	1.1	1.0	1.5	1.8	1.7	1.6
广东	0.3	0.5	0.5	0.2	0.5	0.6	0.8	0.8	0.9	0.9	1.1
广西	0.1	0.1	0.3	1.2	0.4	0.4	0.4	0.4	0.7	0.4	0.4
四川	1.3	1.1	2.0	2.3	2.2	2.4	2.4	2.9	3.0	3.0	3.1
贵州		0.2	0.5	0.4	0.6	0.6	0.7	0.7	1.2	0.75	0.5
云南	0.5	0.3	0.7	0.5	1.0	0.8	0.9	0.9	1.1	1.1	1.2
西藏					0.1					0.05	0.05
陕西	0.5	0.5	0.9	1.0	1.3	1.3	1.3	1.6	1.7	1.7	1.9
甘肃	0.7	0.5	0.9	0.3	0.7	0.9	1.1	1.3	1.3	1.2	1.1
青海			0.1	0.3	0.3	0.2	0.3	0.2	0.2	0.2	0.2
宁夏			0.03		0.03	0.03	0.04	0.1	0.1	0.1	0.1
新疆	0.3	0.4	0.6	0.4	0.5	0.5	0.6	0.7	0.7	0.8	0.7

注：1965年、1970年、1975年、1978年全国总计中有一部分“计划外用工”和国防军工的职工人数没有分别列入各地区资料中，因此各地区相加不等于总计。

全部建成投产的基本建设项目数

单位：个

年份	合计	其中		
		工业	科学研究	文教、卫生及社会福利
1973	6 597	2 256	12	599
1974	6 084	1 931	10	663
1975	7 858	2 606	16	816
1976	7 075	2 005	28	827
1977	8 725	2 381	14	993
1978	11 762	2 887	121	1 779
1979	17 036	4 111	225	2 574
1980	24 823	5 314	406	3 933
1981	23 532	4 578	422	4 142
1982	29 143	4 872	383	4 893
1983	40 861	5 340	600	8 947
1984	37 524	4 804	610	10 229
1985	44 477	5 835	869	12 140
1981～1985	175 537	25 429	2 884	40 351
1986	45 107	5 178	1 055	13 425

全部建成投产的大中型建设项目数

单位：个

年份	施工的建设项目	全部建成投产的建设项目
1953	516	38
1954	661	72
1955	741	102
1956	919	121
1957	992	262
1958	1 587	170
1959	1 361	103
1960	1 815	177
1961	1 409	46
1962	1 003	25
1963	1 017	26
1964	1 143	40
1965	1 261	289
三五期间	1 944	743
1971	1 692	115
1972	1 542	128
1973	1 627	168
1974	1 517	164
1975	1 539	167
1976	1 488	85
1977	1 433	121
1978	1 723	99
1979	1 610(1 315)	128
1980	1 106(986)	82
1981	893(742)	79
1982	819	116
1983	814	91
1984	821	113
1985	961	121
1986	930	102
53～86	—	4 153

注：1.由于多数建设项目跨年施工，表列施工的建设项目各年之间不能相加。
2.1979、1980、1981年括号内数字为不包括当年停缓建的项目。
3.本表所列项目个数均指用基本建设投资建设的。

1985年基本建设全部建成投产大中型建设项目（一）

项目名称及新增生产能力	
电力工业	
内蒙古元宝山电厂	发电机组容量60万千瓦
内蒙古灵泉电厂	发电机组容量5万千瓦
内蒙古通辽电厂	发电机组容量40万千瓦
黑龙江牡丹江电厂	发电机组容量20万千瓦
浙江台州电厂二期工程	发电机组容量25万千瓦
福建永安电厂	发电机组容量20万千瓦
广东韶关电厂	发电机组容量20万千瓦
广西大化水电站	发电机组容量40万千瓦
四川渡口河门口电厂	发电机组容量5万千瓦
新疆红雁池电厂三期工程	发电机组容量20万千瓦
石油工业	
天津大港油田	石油开采179万吨
辽宁辽河油田	石油开采510万吨
吉林油田	石油开采 75万吨
黑龙江大庆油田	石油开采1 680万吨
江苏油田	石油开采23万吨
山东胜利油田	石油开采1 195万吨
河南南阳油田	石油开采66万吨
河南中原油田	石油开采522万吨
湖北江汉油田	石油开采14.5万吨
甘肃玉门油田	石油开采10万吨
新疆油田	石油开采244万吨
长庆油田	石油开采37万吨
华北油田	石油开采444万吨
中原至洛阳输油管线	输油管线282公里
	输送原油200万吨/年
中原至开封输气管线	输气管线148.7公里
	输送天然气1.15亿立方米/年
铁 道	
山东兖石线	新建铁路307.9公里
广东岭八线	新建铁路50公里
陕西梅七线	新建铁路70公里
交 通	
山东石臼港煤码头	年吞吐量1 500万吨
山东岚山港	年吞吐量200万吨
湖北沙洋大桥	独立大桥1 819米
青藏公路	改建公路966公里
邮 电	
北京东单市话局	交换机1万门
广东广州市电话三分局	交换机2.6万门
广东广州市程控交换系统	线路1 000路
四川成都电缆厂引进全塑电缆生产线	
	市话电缆120万对公里/年
京汉广中同轴电缆	中同轴电缆3 026公里
津沪杭中同轴电缆	中同轴电缆1 770公里
纺织工业	
湖南岳阳洞庭苎麻纺织厂	长麻纺2万锭 短麻纺1万锭 布机 869台
轻 工 业	
北京萤光灯厂	日光灯400万只
山西杏花村酒厂一期工程	汾酒3 000吨
内蒙古海拉尔乳品厂	奶粉4 400吨
黑龙江青岗糖厂	机制糖 3万吨
上海电池厂	纸板电池7 000万只
浙江浙东啤酒厂	啤酒 1万吨
安徽淮南造纸厂	机制纸1.7万吨
福建青阳糖厂	机制糖2.6万吨
江西万安糖厂	机制糖1.2万吨
	酒精 1 000吨
江西信丰糖厂	机制糖2.93万吨
	酒精 2 400吨
江西华风瓷厂	日用瓷1 600万件
山东青岛啤酒厂	啤酒 5.4万吨
	日用玻璃2万吨
湖北大冶玻璃瓶厂	啤酒瓶 2万吨
广东廉江安铺糖厂	机制糖2.6万吨
广东中山糖厂	机制糖2.6万吨
广东山竹沟糖厂	机制糖1.3万吨
广东临高龙力糖厂	机制糖1.3万吨
广东遂化北坡糖厂	机制糖1.3万吨
广西贵县糖厂	机制糖2.4万吨
云南朋普糖厂	机制糖1.3万吨
云南弄璋糖厂	机制糖1.3万吨
云南景坎糖厂	机制糖1.98万吨
云南瑞丽糖厂	机制糖1.32万吨

注：新增石油开采能力包括用油田维护和更新改造投资形成的。

1985年基本建设全部建成投产大中型建设项目(二)

项目名称及新增生产能力	
云南昆明三聚磷酸钠厂一期工程	洗衣粉 2.5万吨
甘肃酒泉糖厂	机制糖2.57万吨
宁夏平罗糖厂	机制糖1.85万吨
新疆奇台糖厂	机制糖 1.1万吨
新疆盐湖化工厂	无水芒硝 5 万吨
冶金工业	
辽宁抚顺钢厂	锻材 4 万吨
江苏南京幕府山白云石矿	白云石采运150万吨
江苏镇江船山石灰石矿	石灰石开采80万吨
上海张家洼冶金矿山公司	铁矿开采250万吨
	铁选矿189万吨
有色金属工业	
安徽合肥铝厂碳素工程	石墨电极0.3万吨
广东有色金属公司加工厂	铝型材挤压加工3 000吨
云南易门铜矿狮凤山新井田工程	铜采矿39.6万吨
	精矿含铜3 600吨
建材工业	
天津玻璃厂	平板玻璃 94万标准箱
河南洛阳玻璃厂	平板玻璃232万标准箱
湖南株洲玻璃厂	平板玻璃150万标准箱
甘肃兰州玻璃厂	平板玻璃150万标准箱
新疆平板玻璃厂	平板玻璃 80万标准箱
湖南东江水泥厂	水泥25万吨
天津加气混凝土制品厂	加气混凝土制品20万立方米
浙江杭州加气混凝土制品厂	
	加气混凝土制品20万立方米
化学工业	
北京焦化厂	精苯1.68万吨
内蒙古炭窑口硫铁矿	硫铁矿开采45万吨
	硫铁矿选矿40万吨
四川化工厂	三聚氰胺 1.2万吨
石油化工	
浙江镇海石化总厂化肥工程	合成氨30万吨
	尿素 52万吨
湖北荆门炼油厂	润滑油10万吨
机械工业	
北京液压工业公司	减速机1 000台
辽宁沈阳变压器厂一期工程	
	50万伏变压器300万千伏安
上海发电设备制造项目	火电设备制造30万千瓦
	核电设备制造30万千瓦
河南洛阳轴承厂	轴承1 200万套
湖南湘潭电机厂	百吨电动轮自卸车20辆
汽车工业	
湖北第二汽车制造厂	载重汽车8.5万辆
	发电机组容量10万千瓦
地　质	
湖北武汉地质学院	学生席位4 300个
水　利	
北京密云水库加固	发电机组容量 1 万千瓦
天津海河二线节制闸	节制闸 1 200秒立方米
河北引滦入陡输水工程	
河南、山东、河北卫河治理	
	排洪2 000～2 500秒立方米
	排　涝700～1 000秒立方米
农　垦	
广东调丰糖厂	机制糖1.3万吨
商　业	
上海吴泾冷库二期工程	冷藏能力2.6万吨
上海江南啤酒厂	啤　酒　2 万吨
物资储备	
河南鲁山石油库	石油库12万立方米
科　学	
北京半导体研究所	
城市建设	
北京市供水工程	日供水17万吨
辽宁大连供水工程	日供水15万吨

1986年基本建设全部建成投产大中型建设项目(一)

项目名称及新增生产能力		
电力工业		
电力生产		
河北唐山发电厂10号机组	发电机组容量	5万千瓦
河北邢台电厂三期工程	发电机组容量	40万千瓦
山西漳泽电厂一期工程	发电机组容量	20万千瓦
上海闵行电厂	发电机组容量	25万千瓦
浙江镇海电厂二期	发电机组容量	40万千瓦
安徽洛河电厂	发电机组容量	60万千瓦
河南焦作电厂二期扩建	发电机组容量	40万千瓦
湖北沙市热电厂六号机组	发电机组容量	2.5万千瓦
广西合山火电厂		
其中：七、八号机组	发电机组容量	20万千瓦
送出工程	输电线路	300公里
广西田东火电厂	发电机组容量	2.5万千瓦
云南开远小龙潭二电厂	发电机组容量	20万千瓦
陕西秦岭电厂	发电机组容量	80万千瓦
安徽合肥电厂	发电机组容量	12.5万千瓦
电力供应		
湖北葛洲坝至武汉输电线	升压	50万伏
广西大化送出工程	输电线路	262公里
	变电设备	9万千伏安
东风-辽阳50万伏送变电		
其中：辽宁段	输电线路	301公里
吉林段	变电站	75万千伏安
石油工业		
中原至沧州输气管线	输气	361公里
		6亿立方米/年
铁道		
天津铁路枢纽工程	新建铁路	11.7公里
内蒙通霍铁路	新建铁路	419.2公里
内蒙伊敏河支线	新建铁路	77.7公里
浙江北仑铁路	新建铁路	127公里
安徽阜淮线	新建铁路	150.5公里
辽宁大连城庄铁路	新建铁路	48公里
交通		
内蒙呼喇公路	新建公路	90.1公里
黑龙江哈尔滨松花江大桥	公路桥一座	长1 656米
河南郑州黄河公路桥	公路桥一座	长5 550米
湖南常德公路大桥	公路桥一座	长1 408米
广东汕头港	新建煤码头	1个
	吞吐量	100万吨
广西防城港	新建港口码头长	931米
	年吞吐量	287万吨
	泊位	5个
民航		
广西北海飞机场	民航机场跑道	1条、长1 800米
物资		
北京剪板厂	切卷板	40万吨/年
轻工业		
北京燕京啤酒厂	年产啤酒	4万吨
江西景德镇焦化煤气厂	煤气	14 600万立方米/年
	焦炭	28万吨/年
河南郑州葡萄酒厂	年产啤酒	3万吨
湖北沔阳麦芽厂	年产麦芽	2万吨
广东珠海特区啤酒厂	年产啤酒	5万吨
黑龙江依安糖厂	机制糖	3万吨/年
	日处理原料	1 500吨
广东海康雷城糖厂	机制糖	1.95万吨/年
	日处理原料	1 500吨
广东陵水县桃园糖厂	机制糖	1.3万吨/年
	日处理原料	10 000吨
广东东方北黎糖厂	机制糖	1.3万吨/年
	日处理原料	10 000吨
广东珠海特区红尼塑胶厂	红尼塑胶	447吨/年
广东珠海特区金海电子联合公司	电视机	4.5万台
广西峦城糖厂	机制糖	1.8万吨/年
	日处理原料	1 500吨/年
云南芒市糖厂	机制糖	1.3万吨/年
	日处理原料	1 000吨
云南昆明三磷酸钠厂	三聚磷酸钠	12万吨/年
广东广州美物容量有限公司	二片罐	2.5亿个/年
	易拉盖	5亿个/年

1986年基本建设全部建成投产大中型建设项目（二）

项目名称及新增生产能力		
冶　金		
上海耐火材料厂	耐火材料	3.6万吨/年
上海第二耐火材料	耐火材料	1.4万吨/年
上海宝钢总厂一期	炼　焦	171万吨/年
	炼　钢	312万吨/年
	炼　铁	300万吨/年
河南舞阳钢铁厂	电炉炼钢	67万吨/年
	一次精轧	79万吨/年
广东海南铁矿	铁矿开采	460万吨/年
	处理原矿	168万吨/年
	精矿粉	90万吨/年
四川攀枝花矿山公司	铁矿开采	1 350万吨/年
四川成都无缝钢管厂	二次精轧	6万吨/年
甘肃酒泉钢铁公司	炼　钢	45万吨/年
	连铸坯	43万吨/年
有色金属工业		
青海锡铁山铅锌矿	铅锌选矿	100万吨/年
	精　矿	11万吨/年
	精矿含铅	2.8万吨/年
	精矿含锌	3.7万吨/年
煤　炭		
宁夏太西洗煤厂	洗　煤	210万吨/年
化学工业		
天津炭黑厂	新工艺炭黑	1.5万吨/年
北京东方化工厂	丙烯酸树脂	2万吨/年
黑龙江齐齐哈尔电化厂	烧　碱	1万吨/年
福建三明化工厂合成氨尿素工程		
	尿　素	11万吨/年
	合成氨	12万吨/年
湖北荆襄磷矿矿务局	磷矿开采	100万吨/年
四川新都氮肥厂	联　碱	4万吨/年
甘肃盐锅峡化工厂	烧　碱	1万吨/年
建材工业		
天津水泥厂	水　泥	25万吨/年
天津水泥石矿	水泥石	49万吨/年
	建筑石	41万吨/年
河北耀华玻璃厂	平板玻璃	210万重量箱/年
黑龙江齐齐哈尔玻璃厂	平板玻璃	143万重量箱/年
江苏徐州淮海水泥厂	水　泥	100万吨/年
安徽宁国水泥厂	水　泥	150万吨/年
江西水泥厂	水　泥	60万吨/年
江西庐山水泥厂	水　泥	26万吨/年
江西景德镇陶瓷厂	釉面砖	80万平方米/年
	卫生瓷	36万件/年
广东英德水泥厂	水　泥	20万吨/年
四川新康石棉矿	石　棉	0.6万吨/年
四川成都玻璃厂	平板玻璃	150万标准箱/年
森林工业		
福建福州人造纸板厂	纤维板	5万立方米/年
纺织工业		
北京化纤厂	涤纶长丝	5 000吨/年
山西涤纶厂	涤纶长丝	5 000吨/年
福建厦门化学纤维厂	涤纶长丝	8 000吨/年
青海第三毛纺厂	毛精纺	10 296锭/年
水　利		
辽宁新金碧流河水库	水库库容	9.3亿立方米
湖北新滩口泵站	改善灌溉面积	70万亩
	发电机组容量	1.6万千瓦
河北大黑汀水库	库　容	3.37亿立方米
	发电机组容量	2.2万千瓦
宁夏固海扬水工程	灌溉面积	40万亩
石油化工		
天津涤纶长丝工程	涤纶长丝	8 000吨/年
上海金山石化二期工程	化学纤维	10万吨/年
新疆乌鲁木齐石化总厂化肥分厂		
	合成氨	30万吨/年
	尿　素	52万吨/年
城　建		
北京供水工程	日供水	6.2万吨
云南昆明焦化厂及输气管道		
	日供气	17万立方米
	炼　焦	26万吨/年

1986年按合理工期组织建设的190个重点项目

一、部委项目176个

煤炭15个

河北开滦矿区
山西古交矿区
山西大同矿区
山西阳泉矿区
山西平朔矿区
○山西潞安矿区
内蒙霍林河矿区
辽宁铁法矿区
黑龙江双鸭山矿区
江苏大屯矿区
安徽淮南矿区
安徽淮北矿区
山东兖州矿区
山东枣滕矿区
河南平顶山矿区

石油6个

辽宁辽河油田
黑龙江大庆油田
山东胜利油田
河南中原油田
新疆油田
华北油田

电力50个

吉林白山水电站
浙江紧水滩水电站
○江西万安水电站
○福建水口水电站(新开工项目)
湖北葛洲坝水电站
湖南东江水电站
广西岩滩水电站
四川铜街子水电站
云南鲁布格水电站
陕西安康水电站
青海龙羊峡水电站
红水河天生桥水电站
福建沙溪口水电站
○西藏羊卓雍湖水电站(新开工项目)
北京石景山电厂
河北陡河电厂
○天津军粮城电厂(新开工项目)
山西大同新电厂
山西神头电厂
山西漳泽电厂
内蒙通辽电厂
辽宁锦州电厂
○吉林热电厂
○吉林长山热电厂
○辽宁大连电厂
黑龙江双鸭山电厂
黑龙江富拉尔基二电厂
○黑龙江哈尔滨三电厂
○河北上安电厂
上海石洞口电厂
○上海望亭电厂
江苏徐州电厂
○江苏南通天生港电厂
浙江镇海电厂
○福州电厂
安徽平圩电厂
安徽洛河电厂
江西贵溪电厂
山东石横电厂
山东邹县电厂
河南焦作电厂
河南姚孟电厂
○湖南耒阳电厂
四川重庆电厂
神头—大同—北京—天津五十万伏高压输变电工程
元宝山—锦州—辽阳—海城五十万伏高压输变电工程
吉林东丰—辽阳五十万伏高压送变电工程
徐州—上海五十万伏高压送变电工程
淮南—上海五十万伏高压送变电工程
○华中—华东高压直流输电工程

铁道17个

南同蒲复线
北同蒲复线电化及配套送变电工程
胶济复线
成渝线电化及配套送变电工程
大秦线及配套送变电工程
新 菏 线
大包复线
衡广复线电化及配套送变电工程
○鹰厦线电化及配套送变电工程
湘黔线电化及配套送变电工程
贵昆线电化及配套送变电工程
陇 海 线
郑宝电化及配套送变电工程
宝兰电化及配套送变电工程
东陇海复线
○川黔线电化及配套送变电工程
○滨绥复线
上海客站
徐州枢纽
河北唐山机车车辆厂

交通12个

大 连 港
营 口 港
秦皇岛港
青 岛 港
烟 台 港
南 京 港
连 云 港
上 海 港
○宁 波 港
黄 埔 港
湛 江 港
京杭运河

邮电8个

北京国际电信局
北京邮政枢纽
北京十万门程控市话
上海长途电信枢纽
上海程控交换机生产线（中比合营）
〇上海市话网（新开工项目）
〇天津市话网（新开工项目）
〇广州市话网（新开工项目）

民航1个

〇重庆江北机场（新开工项目）

钢铁4个

上海宝山钢铁总厂及冶金配套工程
武汉钢铁公司
河南舞阳钢厂
〇四川攀枝花钢铁公司二期工程（新开工项目）

有色8个

山西铝厂
内蒙包头铝厂
贵阳铝厂
青海铝厂
宁夏青铜峡铝厂
江西铜业公司
甘肃金川有色公司
〇甘肃白银有色金属公司（新开工项目）

化工8个

天津碱厂
山西化肥厂
〇河北唐山碱厂（新开工项目）
〇江苏连云港碱厂（新开工项目）
山东寿光碱厂（新开工项目）
广东云浮硫铁矿
湖北荆襄磷矿矿务局
〇格尔木青海钾肥厂（新开工项目）

石化5个

黑龙江大庆乙烯指挥部
南京扬子石化公司
山东齐鲁石化公司
宁夏化工厂
〇河南洛阳炼油厂

森工2个

黑龙江鹤北林业局
湖南长沙人造板厂

建材4个

江西万年水泥厂
河北秦皇岛耀华玻璃厂
山西太原平板玻璃厂
〇福建顺昌水泥厂（新开工项目）

汽车2个

长春第一汽车制造厂
湖北第二汽车制造厂

纺织2个

北京化纤厂
江苏仪征化纤工业联合公司

轻工2个

〇北京电冰箱压缩机厂
〇广州电冰箱压缩机厂

气象1个

气象卫星资料接收处理系统工程

文化1个

北京图书馆

教育5个

北京大学
清华大学
上海复旦大学
上海交通大学
西安交通大学

卫生3个

北京医院
〇北京医科大学
北京医科大学人民医院

广播1个

中央彩电中心工程

科学4个

北京中国科技情报中心
北京正负电子对撞机工程
北京科技活动中心
合肥国家同步辐射实验室

其它15个

新华社技术业务楼
北京中国专利局业务楼
〇亚运会场地工程
〇北京中国政法大学（新开工项目）
〇北京8371工程（新开工项目）
〇中日青年交流中心（新开工项目）
〇北京中国肢体伤残康复研究中心（新开工项目）

其他8个

二、地方项目14个

天津港
上海发电设备制造项目
上海延安东路过江隧道
上海浦东煤气厂一期
安徽铜陵化工厂
安徽任楼煤矿
安徽蚌埠平板玻璃厂
浙江杭州磁带厂
〇上海耀华皮尔金顿玻璃厂
广西柳州水泥厂
广东沙角电厂（新开工项目）
〇广东黄埔电厂（新开工项目）
〇河南平顶山帘子布厂二期（新开工项目）
〇厦门感光材料有限公司

注：项目前带“〇”符号的，是1986年新增加的项目。

历年各类学校数量(年末实有)　　单位：所

年份	高等学校	中等学校 合计	中等学校 中等专业学校	中等学校 普通中学	小学
1949	205	5 216	1 171	4 045	346 800
1952	201	6 059	1 710	4 298	527 000
1957	229	12 474	1 320	11 096	547 300
1962	610	24 756	1 514	19 521	668 300
1970	434	106 041	1 087	104 954	961 100
1975	387	125 718	2 213	123 505	1 093 300
1980	675	124 760	3 069	118 377	917 300
1981	704	112 505	3 132	106 718	894 074
1982	715	107 829	3 076	101 649	880 516
1983	805	105 045	3 090	96 474	862 165
1984	902	104 119	3 301	93 714	853 740
1985	1 016	104 848	3 557	93 221	832 309
1986	1 054	104 936	3 782	92 967	820 846

历年医疗、卫生机构数量(年末实有数)　　单位：个

年份	医院	疗养院	门诊部	卫生防疫站	妇幼保健所、站
1949	2 600	30	769	—	9
1952	3 540	270	29 050	147	2 379
1957	4 179	835	102 262	1 626	4 599
1962	34 379	1 266	172 708	2 308	2 636
1970	64 822	359	79 600	1 714	1 058
1975	62 425	297	80 739	2 912	2 025
1980	65 450	470	102 474	3 105	2 610
1981	65 911	538	111 189	3 202	2 630
1982	66 149	593	113 916	3 271	2 645
1983	66 662	606	115 826	3 274	2 649
1984	67 169	599	117 028	3 339	2 716
1985	59 614	640	126 604	3 410	2 724
1986	59 693	638	127 575	3 475	2 775

历年文化、艺术、广播等公共建筑数量(年末实有数)

单位：个

项　目	1949年	1952年	1957年	1962年	1965年	1970年	1975年	1980年	1981年	1982年	1983年	1984年	1985年	1986年
影剧院	1 487	2 256	3 326	4 647	5 471	4 031	5 081	7 881	9 481	13 723	16 662	19 220	20 015	20 394
图书馆	55	83	400	541	577	382	629	1 732	1 787	1 889	2 038	2 217	2 344	2 406
文化馆	896	2 430	2 748	2 514	2 598	2 303	2 589	2 912	2 803	2 923	2 946	3 016	2 965	2 993
博物馆	21	35	72	230	214	182	242	365	383	409	467	618	711	777
广播电台(座)	49	72	61	94	87	80	88	106	114	118	122	167	213	278
电视中心台(座)	—	—	—	14	12	31	32	38	42	47	52	93	202	292

注：1.影剧院包括电影院、影剧院、剧场、开放礼堂、俱乐部。

2.图书馆中不包括机关、团体、学校、企、事业单位的内部图书馆。

历年主要城市设施建设情况(年末数)

年　份	城市道路 长度(公里)	城市道路 面积(万平方米)	城市自来水管道长度(公里)	城市下水道长度(公里)
1949	11 127	8 423	6 589	6 035
1952	12 291	8 979	8 132	7 027
1957	18 259	14 421	12 749	10 108
1962	19 499	16 008	17 545	12 303
1972	21 676	18 885	27 633	14 726
1975	26 021	21 756	30 692	18 290
1978	26 966	22 539	35 984	19 556
1979	28 391	24 069	39 406	20 432
1980	29 485	25 255	42 859	21 860
1981	30 277	26 022	46 966	23 183
1982	31 934	27 976	51 485	24 638
1983	33 934	29 962	56 852	26 448
1984	36 408	33 004	62 892	28 762
1985	38 282	35 872	67 350	31 556
1986	71 946	61 555	72 557	42 583

城乡建设环境保护部　国家统计局

第一次全国城镇房屋普查成果

新　闻　公　报

一九八六年十二月二日　北京

遵照国务院领导同志的批示，由城乡建设环境保护部和国家统计局组织开展的第一次全国城镇房屋普查工作，自一九八四年七月部署以后，经过组织准备、资金筹措、普查人员培训、开展普查试点。于一九八五年七月开始，在二十八个省、自治区、直辖市（西藏自治区暂缓普查，台湾省未普查，下同）对三百二十三个市、一千九百五十一个县（旗）、五千二百七十个城镇与工矿区的房屋和一亿五千万人的（城镇人口）住房情况进行了普查；一九八四年七月以后批准建制的二千多个镇的房屋，二千多万人的住房情况，因条件不具备未进行普查。经过对房屋和住户的逐幢、逐户实际测绘、丈量、登记，普查质量检查验收，按照标准时间（一九八五年十二月三十一日）校正和逐级汇总、总结上报等步骤，到一九八六年七月已基本结束，历时两年。通过普查取得各种原始数据十五亿五千万个；市辖区、县以上各级汇总统计数据八百四十一万个。查清了我国城镇房屋状况和居民居住水平。

（一）房屋状况。二十八个省、自治区、直辖市的城镇普查范围内共有房屋建筑面积 46.76亿平方米。其中三百二十三个市（不含市属县）有房屋28.33亿平方米，占60%；县镇房屋 18.43亿平方米，占40%。

①按产权划分。单位自管公房35.03亿平方米，占75%；房管部门直管公房4.21亿平方米，占9%；私人房屋7.38亿平方米，占16%（其中县镇私人房屋的比重要大些，占24%）。

②按结构划分。混合结构 21.1 亿平方米，占45%；砖木结构17.69亿平方米，占38%。

③按房屋层数划分。平房和楼房各占50%

④按建成年代划分。八十年代和七十年代建成的房屋分别占 36%和 32%；建国前建造的房屋占9%。

⑤按使用用途划分。住宅22.91亿平方米，占总建筑面积的49%；工业交通、仓库用房 13.53亿平方米，占 29%；商业服务用房 3.88亿平方米，占9%；教育医疗科研用房3.38亿平方米，占7%；文化体育用房0.5亿平方米，占1%；办公用房1.96亿平方米，占4%；其他用房0.6亿平方米，占 1%。

（二）居住状况：

①居住水平。普查范围内的住户共有3 977万户，15 034万人，住宅使用面积15.09亿平方米，户均37.94平方米，人均10平方米；居住面积 9.56亿平方米，户均24.04平方米，人均 6.36平方米。市的居住水平要比县镇低一些，为 6.1平方米，县镇为6.84平方米。

②缺房情况。缺房户占调查总户数的百分之26.5%，为1 054万户，其中无房户占3.21%；不便户占10%；拥挤户占12%。

③设备状况。城镇住宅中，设备齐全的成套住宅有966万套，5.51亿平方米，占住宅总面积的24%。住宅中有独用厨房的占63%，合用厨房的占6.5%，没有正式厨房的占 30.5%；有独用厕所的占24%，合用厕所的占10%，无厕所的占66%；独用自来水的占57%，共用自来水的占16%，无自来水的占27%；有电灯的占96%，无电灯的占4%。

以上数据均不包括部队和军工、保密单位的用房，他们的房屋普查由总后等单独进行并汇总上报。

房屋普查成果，各地有关部门专家、学者论证时曾给予很高评价。他们认为：这次普查组织严密、方法科学、措施有力，取得的数据成果比较全面，真实，具有十分宝贵的实用价值和研究价值。是制定国民经济和社会发展计划、城镇规划、房产管理，改革住房制度的可靠的依据。

全国城镇房屋普查是在各级人民政府的重视、领导下进行的。据不完全统计共动员了七十三万八千多人投入普查工作，其中经过培训的普查员有六十二万多人。各部门、各单位和人民群众给予了大力的支持和配合，城市房管部门、统计部门发挥了政府职能部门的作用。广大普查人员发挥了积极性、创造性，保证了普查工作顺利进行。

第一次全国城镇房屋普查取得了丰硕的成果，积累了宝贵的经验。今后要充分利用普查数据，加强科学研究，很好地为四化建设服务。

14

纪事

1985年

1月5～8日 建设部在北京召开建设厅长、建委主任座谈会，部署1985年的工作。建设部部长芮杏文、副部长肖桐在会上讲了话。会议提出，1985年的工作，以推行招标承包制为重点，建立开放型的城乡建设市场，进一步开创建筑业体制改革的新局面，努力使建筑业的改革走在城市改革的前列。

1月9日 国家计委、国家经委、国家科委和财政部等单位，向“六五”国家科技攻关项目有突破的32项成果、69个单位，颁发了奖状和奖金。建筑部门获奖的有：SJ-5.8A掘进机在引滦工程隧洞中应用，金川续建工程科研技术攻关，真空预压加固软土地基处理等项目。

1月10日 为进一步贯彻落实中共中央和国务院关于《北京市建设总体规划方案》的批复精神，中国建筑学会邀请规划建筑专家、学者30余人，就首都的城市建设规划问题在北京举行学术座谈会。学会理事长戴念慈主持会议。与会代表提出：城市规划和建设要反映出中华民族的历史文化、革命传统和社会主义国家首都的独特风貌；努力提高城市的建筑艺术水平，对各种房屋建筑、道路、广场、园林、城市雕塑，都要精心规划和精心设计，体现民族文化的传统特色，处理好传统与创新的关系；城市建设总体规划具有法律性质，如何守法和护法是当前应该认真解决的问题。

1月10～12日 全国建筑业和基本建设管理体制改革领导小组组长芮杏文，主持召开领导小组第二次会议。总结1984年改革进展情况和取得的成果，研究和部署1985年改革的主要任务和措施。上海、大连、沈阳、重庆市和水电、交通、铁道部的同志介绍了改革经验。会议一致认为，1985年是我国经济体制进行全面改革的第一年，建筑业和基本建设管理体制改革，要以投资包干、招标承包制和完善企业内部经济责任制为重点，抓好设计改革，认真落实已经下达的十个配套改革文件。

1月19日 经建设部和经贸部批准的“大地”建筑事务所，在人民大会堂举行成立大会。这是北京第一家中外合作经营的建筑设计单位。董事长为高级工程师金瓯卜；副董事长为加拿大籍华人、清华大学副教授彭培根。在此以前，1984年11月26日建设部还批准试办“北京建筑设计事务所”。这是由中年高级建筑师王天锡为首组成的小型全民所有制的建筑设计事务所。

1月20～29日 以吴良镛、何广乾为正副团长的中国建筑师代表团4人，参加了在开罗举行的国际建筑师协会第15届大会和第16届代表大会。第15届大会讨论的主题是“建筑师现在和将来的使命”。吴良镛代表亚洲大区作了题为《亚洲简况与中国近几年建筑事业的发展》报告。在闭幕式上，向第12届学生设计竞赛获奖者发了奖。中国西安冶金建筑学院学生王琦、王瑶等18名同学的设计方案获三等奖。第16届代表大会通过了新修改的会章，改选了主席、秘书长和部分副主席与理事等，吴良镛教授当选理事。

1月24日 《人民日报》报道：全国的设计工作出现了多年来未有的活跃局面，设计单位和职工的收入与劳动成果挂钩，打破了两个“大锅饭”，设计效率大幅度提高。煤炭设计系统共有设计人员1.2万人，改革以后，人员基本没有增加，设计效率提高一倍。化工、冶金、有色金属、石化等部门的许多设计院，相继成立了以设计为主体的工程承包公司和工程咨询公司以及各种技术服务机构。北京、内蒙古、广西、陕西等15个省、自治区、直辖市，去年下半年新批准成立的集体设计单位共54个。

1月26日 全国优秀设计授奖大会在北京举行，123项国家级优秀设计项目被授予金质奖章和奖状。国务院副总理李鹏代表国务院向优秀设计项目和设计者祝贺。李鹏在讲话中强调，提高我国设计水平、方式和手段的根本出路是改革，重点是设计要实行企业化和招标制。28日《经济日报》发表社论：《建立充满生机的设计管理体制》。

2月5日 建设部颁发《建筑工程质量监督站工作暂行规定》。《规定》共有13条，对监督站的组织机构设置、监督范围与项目、监督内容与程序、监督费的费率标准，对筹建、设计、施工和构件生产单位的要求等，作出具体规定。

2月20日 我国首次南极考察队在雪原荒岛上建成的“长城站”举行落成典礼。这个“长城站”是考察队全体成员在海军的大力支持下建成的，仅用25天。它是我国在南极洲上的长年科学考察站建筑。

3月4日 中共中央政治局委员、全国人大常委会委员长彭真，视察了山东省桓台县。县委书记徐学汉汇报了桓台县农村建筑业的悠久历史和近年来的发展情况。彭真同志鼓励他们更上一层楼，并为桓台县题词——“建筑之乡”。桓台县在抓紧粮食生产的同时，大力发展建筑业，建筑业的总产值和由建筑业投资兴办和包销产品带动起来的乡镇企业总产值共达3.6亿元，占全县总产值的56.1%。全县建筑队伍和为建筑服务的乡镇企业人数，占农村劳动力总数的41%。全县535元的年人均收入中，有41.3%直接来自建筑业。

3月4日 《人民日报》报道：位于四川犍为县境内的罗城古镇一期修复工程最近完成。罗城始建于明代末期崇祯年间，镇内有过街凉亭、戏楼、灵官庙、牌坊等古建筑，采用穿逗结构，木不加丹，墙不刷白，采光靠亮瓦。罗城镇的船形结构建筑在目前世界流行的“乡土建筑风”中独树一帜，引起了国内外的注意。澳大利亚在墨尔本附近兴建的一座中国旅游城，其蓝本就是罗城。

3月10日 共青团中央、建设部、中国建筑工会联合发布《关于表彰全国建筑行业优秀青年突击队的决定》。自1984年5月至12月组织开展的全国建筑行业青年突击队竞赛活动以来，全国有15,000多支青年突击队，近30万队员参加。决定表彰了在竞赛活动中成绩显著的100支青年突击队，并向他们颁发优秀青年突击队红旗。

3月13日 中共中央颁发《关于科学技术体制改革的决定》。《决

注：建设部系城乡建设环境保护部简称。

定》指出：要改革科研拨款制度，开拓技术市场，克服单纯依靠行政手段管理科学技术工作、国家包的过多统的过死的弊病；大力加强企业的技术吸收与开发能力和技术成果转化为生产能力的中间环节，促进研究机构、设计机构、企业之间的协作和联合，使各方面的科学技术力量形成合理的纵深配置；扭转对科技人员限制过多、人才不能合理流动、智力劳动得不到应有尊重的局面。

3月18日 全国城乡建设职工文化艺术协会在昆明成立，并举行首届理事会议。会议推举肖桐为协会名誉主席，陈松彦为常务理事会主席。

3月30日～4月8日 由国际贸易促进委员会主办、建设部和中国银行和赞助的国际建筑技术、设备与制品展览会在北京展览馆举行。参展的有奥地利、丹麦、法国、联邦德国、匈牙利、意大利、日本、美国和香港地区的188个厂家，国内的有198个单位。李鹏副总理为展览会剪彩，建设部芮杏文部长致开幕词。

4月19日 葛洲坝水利枢纽二、三江工程通过国家竣工验收，二江电站成为我国发电量最大的水电站。1970年12月31日一期工程正式开工。由于工程出现重大质量问题，1972年11月国务院决定主体工程暂停施工，同时进行附属工程建设。1974年10月国务院批准主体工程复工。1981年1月4日实现长江截流，一期工程基本竣工，截流工程荣获国家优秀工程金质奖。

4月29日～5月10日 联合国人居委员会第八届会议在牙买加首都金斯敦召开。城乡建设环境保护部派观察员刘天成参加了会议，并在会上介绍了我国城乡住宅建设的成就、城市住宅制度改革以及到2000年住房发展的战略设想等。

5月1日 甘肃麦积山石窟今日起正式对外开放。麦积山石窟系全国重点保护文物，始凿于公元四世纪末，尚存194个洞窟和许多泥塑石雕文物，分布在80米高度内的倒坡峭壁上，因砂砾岩崖面风化裂塌严重。从1976年至1984年进行加固，采用“喷、锚、粘、托”等技术，综合治理，消除了9,100平方米崖面岩体裂塌风化危害，增强了岩体的整体性与抗震性。麦积山石窟加固技术的研究与应用，荣获1985年国家科学技术进步奖三等奖。

5月4～10日 建设部在苏州召开部分省市经济发达地区村镇建设工作座谈会。参加会议的有十个省市的代表120余人。会议交流了村镇规划、建设管理、组织机构、技术下乡等方面的经验，还就村镇建设的几个文件进行了讨论。建设部副部长廉仲在讲话指出，村镇建设的重点转向集镇、在建设中注意修缮和搞好基础设施建设，对新区要试行综合开发，通过多种渠道积累资金进行建设。

5月16日 国家重点工程、位于银川市的宁夏化工厂主体工程动工兴建。这座现代化的大型化工企业，设计规模为年产30万吨合成氨、52万吨尿素。主要生产装置、工程设计技术以及绝大部分辅机制造技术，是从日本、荷兰等国家引进的。

5月25日 中国国际信托投资公司大厦，通过竣工验收。这座现代化的办公大楼位于北京建国门外。大厦高101米，31层，占地面积7,600平方米，主楼建筑面积4.8万多平方米，是我国自行设计施工的综合性建筑。

6月1日 皖赣铁路建成，交付运营。全长541公里，北起安徽芜湖，南至江西贵溪，两端分别与宁芜、淮南线和浙赣、鹰厦线相连。是国家重点建设项目之一。

6月7日 国务院发布《风景名胜区管理暂行条例》。《条例》规定：风景名胜区的土地，任何单位和个人都不得侵占，一切景物和自然环境必须严格保护；在风景名胜区及其外围保护地带内的各项建设，都应与景观相协调；在游人集中的游览区内，不得建设宾馆、招待所以及休养、疗养机构；在珍贵景物周围和重要景点上，除必须的保护和附属设施外，不得增建其他工程设施。

6月9日 国际建筑师协会在美国旧金山召开第63届理事会，中国理事吴良镛教授参加了会议。这次理事会决定每年的7月1日为世界建筑节。

6月17～22日 建设部召开的建筑技术政策论证会，在山东省烟台市举行。到会74名专家、学者对建筑技术的发展方向、政策依据和基本内容，进行了广泛的论证。

6月18日 瞿秋白烈士纪念碑在福建省长汀县罗汉岭下举行揭幕仪式，瞿秋白纪念馆在常州市正式开放。

6月25日 建设部发出通知，部署全国城乡建设系统开展建筑工程质量大检查。通知对检查程序、检查重点、责任处罚等作了具体规定。

7月1日 位于山西平鲁、朔县境内的安太堡露天煤矿举行开工典礼。国务院副总理李鹏、美国西方石油公司董事长阿曼德·哈默博士前往剪彩。这是我国目前煤炭工业最大的中外合作经营项目，设计能力年产原煤1,533万吨。计划1987年建成。

7月10日 建设部召开电话会议，进一步部署检查工程质量。肖桐副部长在会议上讲话指出：当前工程质量粗糙低劣、倒塌事故增多，主要原因是管理失控。要立即开展一次群众性的质量大检查；坚决取缔无证设计、无照施工，严禁越级承担任务，强化政府监督。各省、市、区建委负责人及所在地企业经理参加了电话会议。

7月15日 一座世界上最高的北回归线标志塔主体工程，在广东从化太平场油麻埔落成。塔高23.5米，连塔台总高27.55米，底座为三层台阶，塔身为火箭形，顶部是直径120厘米的铜球，球中间圆孔供太阳直射校验之用。

7月16日 为纪念第二次世界大战遭受原子弹轰炸的罹难者，由中国赠送给日本的“和平雕像”，在长崎市和平公园举行揭幕仪式。中日友协代表团团长王震和长畸市长、长畸县知事出席揭幕式并发表讲话。这座雕像由雕塑家潘鹤、王克庆、郭其祥、程允贤设计，高3.2米，净重30吨，用12块汉白玉雕成。

7月22～28日 联合国亚太经社会和城乡建设环境保护部在杭州举办了“乡村中心和居住区规划国际讨论会”。出席会议的有印度尼西亚、菲律宾、南朝鲜、泰国、孟加拉国、马来西亚和中国等七个国家的政府高级官员、教授和专家。各国代表对中国村镇规划建设实行的方针和政策表示赞赏，认为中国探索的路子适合亚太地区许多发展中的国家。

7月30日 我国目前最大跨径的预应力混凝土悬臂桁架拱桥——剑河大桥，建成通车。大桥全长241米，高

30米，宽11.8米，主跨150米，是贵州省最大跨径的桥梁。

8月9日 建设部发出《关于加强对建筑勘察设计质量的监督与管理的通知》。要求迅速采取措施，加强对勘察设计质量的经常性监督管理，建立抽查制度，严格资格审查与发证管理，对质量事故及严重浪费现象要严肃查处。

8月15日 “侵华日军南京大屠杀遇难同胞纪念馆”在南京城西江东门附近落成揭幕。纪念馆的总体构思设计由著名建筑学家、南京工学院齐康教授设计。这个纪念馆占地13,000多平方米，建筑面积共为1,900多平方米，是为悼念1937年12月13日惨遭日本侵略者杀害的30万同胞而修建的。

8月17～21日 中国建筑学会建筑经济学术委员会在浙江建德县召开理论讨论会。会议探讨了建筑市场的性质、内容及开放城乡建筑市场的必要性，还研讨了建筑产品的价格水平、价格形式以及价格改革方向等问题。代表们呼吁，在高等院校设置建筑经济学专业，改变理论落后于实际的状况。会后编印了《建筑经济学若干理论问题论文集》。

8月24日 首都规划建设委员会全体会议通过了《北京市区建筑高度方案》，方案规定：故宫周围为绿地面积和平房地区，旧皇城根以内的新建筑，由中间向东西两侧，依次不得超过高9米和18米。旧皇城根以外的新建筑，依次不得超过18米、30米、45米；东部、东北部的三环路以外，经批准方可兴建超高层建筑。9月17日《北京日报》刊发了方案全文。

8月26日 历时十一年的青藏公路(西宁至拉萨)改造工程正式完工，全长1937公里，总投资为7.7亿元。

8月30日 国家计委和建设部联合发出《关于加强重点项目建设中城市规划和前期工作的通知》。强调重点项目建设和城市规划要密切结合，既要保证重点工程建设顺利进行，又要使建设项目的选址符合城市规划的要求。

8月底 由北京、天津、上海、浙江、江苏、四川、广东、山东、福建九省市援助西藏建设的43项工程，已有35项竣工。其中有：能源、交通10项；旅游7项；文化、体育、卫生、教育15项；商业3项。这些援藏建设项目，是由中央确定的为庆祝西藏自治区成立20周年而建的(附表)。

九省市援藏43项工程表

援建项目	援建省市	建筑面积(平方米)	援建项目	援建省市	建筑面积(平方米)
北郊贸易中心	北京市	2 511	昌都群艺馆	四川省	2 291
西郊贸易中心	北京市	4 003	那曲饭店	四川省	3 308
三类物资供应站	北京市	1 480	拉萨上下水工程	四川省	上水10 136米 下水17 648米
拉萨剧院	天津市	8 067	青藏公路配套工程	四川省	22 650
区群艺馆	天津市	3 594	那曲群艺馆	四川省	2 532
那曲风能站	天津市	1 162	日喀则饭店	山东省	9 536
那曲医院住院部	天津市	6 158	日喀则百货楼	山东省	2 994
西藏体育馆	浙江省	8 072	日喀则太阳能站	山东省	1 222
西藏大学	浙江省	10 060	日喀则群艺馆	山东省	2 073
电视教学楼	浙江省	3 264	日喀则医院门诊部	山东省	3 134
拉萨石膏制品厂	浙江省	366	花岗岩加工厂	福建省	4 079
拉萨饭店	江苏省	39 783	西藏宾馆	福建省	11 829
拉萨少年宫	江苏省	2 312	泽当饭店	广东省	7 623
拉萨客运站	江苏省	8 111	泽当医院门诊部工程	广东省	3 042
机场宾馆	江苏省	6 338	泽当群艺馆	广东省	2 156
区人民医院扩建工程	江苏省	17 067	拉萨火电厂改造工程	水电部	
阿里办公楼	江苏省	2 000	羊拉输变电工程	水电部	720
阿里招待所	江苏省	7 574	羊八井地热扩建工程	水电部	3 232
阿里群艺馆	江苏省	3 180	太阳能灶购置	科委	
昌都饭店	四川省	9 183	拉萨饲料厂	西藏	3 086

四川省援建的色南电站、昌都木材加工厂，山东省援建的江孜饭店等三项工程暂未开工。

9月1～5日 国际隧道协会在捷克布拉塔召开第十一届年会及城市隧道科学报告会。中国土木工程学会所属的隧道及地下工程学会理事长高渠清教授出席会议，并继续当选为国际隧道协会执行委员。

9月2～7日 建设部在北京怀柔县召开城乡建设教育工作会议。这次会议是为了贯彻落实全国教育工作会议精神而召开的，到会各省、市、区建设厅、建委负责人及院校领导交流了发展建筑教育事业的经验，讨论并原则通过了《城乡建设教育发展规划纲要》和《关于大力发展城乡建设职业技术教育的决定》等文件。

9月3日 我国第一座生物垃圾无害化焚化站在石家庄破土兴建。

9月6日 国务院常务会议通过

《城市建设技术政策》、《村镇建设技术政策》、《住宅建设技术政策》、《环境保护技术政策》。根据国务院的统一部署，从1983年1月起，国家科委、国家计委和国家经委联合组织了全国性技术政策的论证编制工作。已经通过的这几项技术政策，将用中国技术政策蓝皮书的形式发布。

9月9～16日 由建设部、中国建筑学会、中国建筑技术发展中心、文化部、国家体委联合组织的全国村镇建筑设计竞赛评比会议，在大连召开。有29个省、市、自治区选送农村住宅设计84个，住宅实例26个，集镇文化中心设计71个。共评出住宅设计方案二等奖9名，三等奖9名，佳作奖25名；住宅实例优秀奖13名；集镇文化中心设计方案二等奖6名，三等奖8名，佳作奖21名。

9月15日 上海宝山钢铁总厂一号高炉点火，一期工程竣工。该厂是建国以来建设规模最大的现代化钢铁联合企业。主要设备是从国外引进的，具有能力大、技术新、能耗低、自动化程度高、环境保护好等特点。一期工程于1978年12月23日动工兴建，中间曾一度缓建，1981年8月7日国务院批准续建。已建成的1,774个项目中，有227个被冶金部评为全优工程。

9月16日 由中国和芬兰两国合作共建的标准长度基线场建成，并举行落成典礼。该基线场建在北京房山县长阳农场，是亚洲第一个高精度长度标准基线场。

9月16日 我国第一座伊斯兰文化中心工程在宁夏银川举行奠基典礼。该中心将设立伊斯兰学术研究机构，总建筑面积为6万平方米。

9月17日 建设部发出通知，公布1985年度八十项部级科技进步奖授奖项目。其中一等奖5项，二等奖22项，三等奖53项。

9月20日 我国目前最长的铁路桥——长东黄河大桥架通。大桥全长10.282公里，比南京长江大桥还长3.5公里，是新(乡)荷(泽)铁路上的关键工程。

9月21日 由上海市建筑学会等单位联合举办的“庆祝著名建筑师庄俊、陈植从事建筑设计、教学活动七十、五十六周年”座谈会在上海市衡山宾馆衡山厅举行。建设部向两位著名建筑师颁发了荣誉证书。

9月28日 我国目前跨径最大的独塔斜拉大桥——九江大桥动工兴建。这是位于广（州）湛（江）公路九江渡口上的一项重要工程。

9月底 为庆祝新疆维吾尔自治区成立三十周年而兴建的一批大型公共建筑，陆续竣工。这些建筑有：自治区人民大会堂、人大常委办公楼、华侨大厦、科技馆、昆仑宾馆新楼、长途客运站大楼、火车站站房大楼、市少年宫、迎宾馆接待楼、人民银行办公大楼等。

10月1日 石臼港煤码头一期工程，两个10万吨级泊位以及钢栈桥、引堤、堆场、港区铁路站场等竣工。港口设备从国外成套引进，是我国自动化程度较高、技术先进的现代化港口。总投资7亿元，1980年9月开始“三通一平”。1982年2月主体工程正式开工。

10月1日 天津疏港公路建成通车。这是我国目前标准最高的公路，全长18.6公里，分上、下行和快慢四股道，最宽处达50米。设计机动车时速为80公里，最高日流量可达2.8万辆。

10月11日 在孔子2536年诞生日，一座高级宾馆——阙里宾舍，在曲阜建成。这座宾馆座落在孔府对面，外型为庭院式仿古建筑，内有164套客房，装有各种现代化设备，由著名建筑师戴念慈设计。

10月中旬 新疆伊犁河上游的喀拉姆铁索桥建成通车。桥长130多米，净跨径120米，桥面宽4.8米，可载重20吨。由农牧民和农工集资兴建。

10月20日 香港环球航行集团主席包玉刚捐资创建的宁波大学奠基典礼，在宁波市举行。邓小平同志题写了校名，国务院副总理万里、浙江省省长薛驹等为工程奠基培土。

10月21日 建设部以（85）城建字第580号文颁发《建筑工程质量检测工作规定》。这个规定是根据部与国家标准局联合颁发的《建筑工程质量监督条例（试行）》制定的，具体规定了检测机构和任务、检测权限和责任等。

10月22～26日 由建设部、文化部、中国美术家协会联合举办的全国第二次城市雕塑工作会议，在河南洛阳召开。会议由著名雕塑家刘开渠主持，会议讨论通过了《城市雕塑建设管理条例》并确定颁发《城市雕塑创作设计资格证书》。全国雕塑家协会也在大会期间成立。据不完全统计，1949年至1979年，我国共建城市雕塑193件、1980年以后已建成827件。

10月25日 我国自行设计、施工和管理的国际旅游饭店——兆龙饭店落成，邓小平、万里、习仲勋、杨尚昆、谷牧等出席落成典礼。这个饭店的建设得到了包玉刚先生的赠款赞助。

10月27日 《经济日报》报道：中国十大风景名胜评选揭晓。万里长城、桂林山水、杭州西湖、北京故宫、苏州园林、安徽黄山、长江三峡、台湾日月潭、承德避暑山庄、秦陵兵马俑被选为中国十大风景名胜。

10月28日 南宁至防城港铁路线上的第二座特大桥——小董桥建成。这座长728米的26孔钢筋混凝土桥，梁底支座采用了盆式橡胶支座新技术。

10月28日～11月1日 建设部在京召开全国建筑工程质量检查汇报会。这次大检查从7月份开始，历时三个月，各地区和企业共自查工程56,352项，检查构件3,092个，共查出有隐患和影响使用的工程2,918项，无证设计和无设计的工程2,377项，无证施工和越级施工的工程1,430项，查出产品质量没有保证的构件厂886个，决定停建和停用的工程721项，采取加固补强措施的1,516项，推倒重建的207项。

10月29日～11月3日 建设部在合肥召开全国城乡建设勘察设计改革会议，交流加强设计质量管理的经验，研究改进质量管理、推进设计改革的文件讨论稿。戴念慈副部长到会讲话。

10月 蓟县古长城（即天津长城）一期修复工程竣工。这一段长城总长41公里，始建于北齐天保年间，由于年久失修，城墙被毁，箭楼也大部坍塌。1984年10月，天津市决定进行修复，全市军民先后有374个单位，134个集体、55位个人，共赞助745万元。

11月7日 国家科委技术进步奖评审委员会城乡建设评审组公布：国

家级科学技术进步奖评审委员会核准的1,772项国家级科学技术进步奖(公布1,302项)，有关城乡建设部分共54项，其中一等奖1项（济南黄河公路斜拉桥），二等奖13项，三等奖40项。

11月9日 由建设部主办的全国村镇建设展览会在北京军事博物馆开幕。参展的有28个省、直辖市、自治区（西藏除外）。这次展览会主要是为了反映村镇规划、建设和管理的新成就。1982年以来，全国乡村每年新建改建住宅6亿多平方米，约有5%的农户住进新房。

11月13日 我国目前最大的提升式开启桥——海门大桥，在天津海河下游建成并正式通车。该桥全长903.74米，宽14米，两侧人行道各2米。中间一孔是垂直提升活动钢桥，跨度为64米，提升高度24米，可通过5,000吨级以下的轮船。

11月15日 全国安装协会成立大会在无锡召开。参加会议的有中央10个部属安装企业和全国28个省市地区的安装企业、设计、科研、教学单位。大会选举李景昭为名誉会长，于文藻为会长。

11月22日 根据六届人大常委会第13次会议决定，任命叶如棠为城乡建设环境保护部部长，免去芮杏文城乡建设环境保护部部长职务。22日下午，万里、李鹏副总理在中南海召集建设部及各厅局负责同志开会，宣布任免事项。

11月26日～12月2日 24省市建筑职工思想政治工作专题讨论会在深圳召开。这次会议是五日在西安召开的15省市建筑职工思想政治工作网络第一次信息交流会的发展。“建筑职工思想政治工作网络”是由陕西省建筑总公司根据加强思想政治工作的形势要求而发起的，各地建筑企业积极参加了这项活动。

11月28日～12月13日 中国土木工程协会理事长李国豪率代表团对日本进行友好访问。双方就几年来的交流活动作了总结，一致表示，把这条技术交流的渠道更好地保持和发展下去。

11月29日～12月3 中国建筑学会在广州召开了“繁荣建筑创作学术座谈会”。来自全国各地的建筑专家、教授、建筑师90余人参加了会议。会议对近年来建筑界关心的主要问题展开了讨论。戴念慈理事长就建筑与艺术、建筑风格、传统和革新等若干理论问题发表了讲话。他的这一讲话后来刊载于《红旗》杂志1986年第6期。

12月1～6日 中国土木工程学会港口工程专业委员会、中国海洋工程学会和中国水利工程学会的专业委员会，在福州联合举行第三届全国海洋工程学术讨论会。124个单位302名代表出席了会议。会议就“河口演变及治理”、“海岸泥沙及港口淤积”、“港口波浪及防浪建筑物”、“海岸建筑物的新结构、新材料及地基基础”四个方面进行交流和讨论，并组织部分代表对“马尾港和闽江口入海航道整治”、“大官板湖发电站的设计”进行了专题讨论。

12月7日～14日 国家计委、建设部、机械部、建设银行和国家物资局联合召开的全国建筑业和基建管理体制改革座谈会，在北京举行。国家计委副主任干志坚、建设部副部长廉仲在会上讲了话。叶如棠部长就整顿建筑市场作了部署。

12月11日 建设部发布《推进城乡勘察设计改革实施要点》。《要点》中说，勘察设计单位要继续完善技术经济承包责任制，向企业化、社会化方向发展；业余勘察设计只能有组织、适量适度的进行，不允许任何单位和个人以“业余劳动”为名进行无证勘察设计；严格勘察设计单位的资格审查和发证管理，坚决取缔无证勘察设计。

12月16～18日 建设部在北京召开全国建设厅长、建委主任座谈会。副部长廉仲代表部党组对一年来的改革和工作情况进行了总结，提出了“七五”期间改革任务和奋斗目标，叶如棠部长作了会议总结。

12月23日 建设部发出关于颁发1985年全国建筑安装工程统一劳动定额的通知及建筑安装工程劳动定额管理办法，从1986年3月起正式贯彻执行。新定额共有18册，属于土建施工部份有5,402项。

12月23日 全国城市中小学建筑设计方案竞赛评选在南京揭晓。应征方案295份，经过三轮选拔，评选出一等奖1名，二等奖5名，三等奖20名，佳作奖36名。

12月25日 我国第一座大型工艺美术馆在北京动工兴建，中共中央顾问委员会副主任王震等出席了开工奠基典礼。美术馆坐落在西长安街复兴门，主体工程建筑面积43000多平方米，内设购物中心、展览大厅和中外工艺美术珍品陈列馆。全部工程计划三年竣工。

12月26日 经中央批准，杨慎、周干峙任城乡建设环境保护部副部长、党组成员，叶维钧为党组成员。免去肖桐、戴念慈的副部长、党组成员职务。

城乡建设环境保护部聘任肖桐、戴念慈为特约顾问。

12月28日 一次性投资、一期建成的住宅区一南湖新村，在南京建成并剪彩启用。始建于1983年底，占地937亩，建筑面积58万平方米，总投资1.7亿元。全区拥有278幢4-7层的住宅楼，可安排1万多户居民。公用设施配套齐全。李先念主席于1986年1月9日视察了这个新村。

12月28日 重庆向阳二隧道主体工程竣工。中央军委常务副主席杨尚昆将隧道题名为“八一隧道”。这是目前西南公路工程建设中跨度最大的隧道，总长568米。

12月28日 我国第一台60万千瓦汽轮发电机组在内蒙古元宝山电厂建成投产。国务院副总理李鹏向电厂致电祝贺。

12月28日 我国最大的历史名人蜡像馆“先贤堂”在杭州建成开馆。馆中塑造了28位历史名人。

12月28日 中原旅游地区重点开发项目之一的“宋都一条街”在河南开封正式动工兴建。这条街的设计是依照《东京梦华录》的记载和《清明上河图》的描绘进行构思的。建成后将再现宋朝都城一条街的古风貌。该工程已纳入国家“七五”计划。预计1988年初竣工。

12月29日 广（州）茂（名）铁路一期工程及其云浮支线铺轨工程完成。这条铁路与我国目前最大的化学矿山云浮硫铁矿区连接起来。全长264公里，是国家“六五”期间的重点建设项目之一。

12月30日 水利电力部部长钱正

英在新闻发布会上宣布：1985年有500万千瓦发电机组建成投产，使“六五”期间新增装机容量达1,613万千瓦。1985年发电量达到4,060亿度，为建国以来增长最多的一年。目前，我国发电量已跃居世界第五位。

12月30日 “六五”期间国家重点建设项目—成渝电气化铁路正式投入运营。这条铁路全长492.9公里，是我国西南、西北和中南地区的交通干线。

12月31日 兖石铁路建成并正式交付运营。这条干线是按概算实行全项目投资包干的重点工程，于1982年7月动工。承担项目建设的铁道部第十一、十四工程局在施工中实行了百元产值含量包干办法。

12月31日 《人民日报》报道：“六五”期间北京城市建设成就：七层以上楼房已达440座；已建成14座立交桥，9座人行过街天桥、14条人行过街地下通道；城市住宅比前五年增建1.2倍，煤气用户增加3.5倍。

12月 我国第一部记载当代建筑业（1949-1964）发展历程与建设成就的大型工具书——《中国建筑业年鉴》，由杨慎主编，中国建筑工业出版社出版。全书由文献、行业综述、地区概况、体制改革、建筑实录、勘察设计、科学教育文化、建筑工程机械、学会协会组织、建筑人物、先进单位、管理机构、统计资料和纪事等14部份组成，共134万字。

1985年 据中国民航局披露，至1985年止，我国在“七五”期间新建成了敦煌、厦门、黑河机场，扩建了桂林、福州、成都、大连、青岛、长春、海口、湛江、佳木斯、喀什、伊宁、阿勒泰等机场。

1985年 据建设部有关部门披露，自1977年至1985年底，国务院已审查批准了32个城市的总体规划。这些城市是：唐山、呼和浩特、兰州、长沙、沈阳、合肥、南宁、武汉、西宁、拉萨、杭州、太原、重庆、石家庄、济南、北京、银川、抚顺、南京、西安、鞍山、青岛、昆明、成都、郑州、广州、福州、长春、大连、南昌、乌鲁木齐、桂林。

国务院的批复，对各城市的性质、城市规模、发展方向及总体布局等重大原则问题，作了明确规定。尤其是1983年7月14日中共中央和国务院对北京市城市建设总体规划方案的批复，不仅为北京市的规划建设指明了方向，而且对其它城市的工作也具有指导意义。

1985年 据国家统计局统计，全国建成投产121个大中型建设项目。新增的发电装机容量、铁路电气化里程、原油开采和港口吞吐能力都居历年之冠。

电力建设：建成投产的大中型项目有10个、单项工程48个。其中大型电厂、电站包括牡丹江电厂、通辽电厂、大化水电站、内蒙古元宝山电厂等。全国新增发电机组容量达到645.48万千瓦。

油田建设：大庆、中原、新疆等地的十多个油田，都有一批新油井建成投产。新增原油开采能力1737.2万吨，相当于1966年全国拥有的原油开采能力。

港口建设：全国新（扩）建港口码头泊位44个，其中，沿海新建35个深水泊位，新增年吞吐能力4956万吨，占整个“六五”时期我国新增港口吞吐能力的一半还多。

1986年

1月1日 经建设部审查批准，《全国建筑设计统一工日定额》在全国试行。

1月1日 湖北省目前最大的一座现代化体育馆——洪山体育馆建成正式启用。该馆座落在武昌洪山广场，占地面积4.2万平方米，建筑面积2万平方米，可容纳8,000观众。是一座多功能体育馆，可以进行多种体育项目的国内国际比赛和训练。

1月5日 《人民日报》在二版头条发表《打它个“短、平、快”——发展对外劳务承包业务的探讨》的文章：我国从1979年正式进入国际市场以来的六年间，经营对外承包和劳务合作的公司发展到60多家，在70多个国家和地区承包工程，签订合同2,300多项，派出劳务人员16万多人次，在国际市场上赢得了信誉。同时发表《搞好劳务出口》的短评。

1月6日 中国土木工程学会在政协礼堂举行会议，庆贺我国著名土木工程专家茅以升从事科研、教育、科普工作六十五周年及九十寿辰。国务委员方毅出席会议并讲话，邓颖超、康克清向茅以升送了花篮。科技界、教育界的有关知名人士出席了庆贺会。中国土木工程学会副理事长肖桐及秘书长李承刚参加了会议并致贺词。

1月11～20日 在全国经济工作会议上，建设部系统有11个企业被国务院企业整顿领导小组和国家经委命名为“企业整顿先进单位”。他们是：天津市第一市政工程公司、天津市二建、邯郸市二建、辽宁省朝阳二建、上海市一建、浙江省四建、广东省二建、四川省三建、贵阳矿山机械厂、中建五局四公司、中建三局一公司。

1月19日 经建设部批准在北京设立大地乡村建设发展基金。“基金”系由大地建筑事务所（国际）捐赠并发起筹集，并接受联合国、世界银行以及其他国家、团体或个人的捐赠。“基金”主要用于发展乡村建设事业以及有关的人才培训、学术交流、出版等项事宜。

1月23日 国务院发布《关于科学技术拨款管理的暂行规定》，明确国家重大科技项目普遍实行合同制。用于这些项目的财政拨款，分别实行有偿或无偿使用。凡经济效益好、具备偿还能力的项目，要在合同中规定全部或部分偿还投资；无偿还能力的项目，合同中可规定免还。

1月30日 建设部发出《关于认真整顿建筑市场的通知》。提出整顿的目的、要求、重点、范围、方法和步骤等。整顿工作主要在城市进行。

2月1日 建设部发布《混凝土建筑构件厂营业管理规定》。要求在1986年底以前重新审查混凝土建筑构件厂的技术资质条件，划分企业等级，确定营业范围。

2月4日 建设部颁发《建筑技术政策》，文件包括《建筑技术政策纲要》和八个专业技术政策。八个专业技术政策是：1.建筑产品设计技术政策；2.建筑施工技术政策；3.建筑材料与制品技术政策；4.建筑设备技术政策；5.建筑勘察技术政策；6.建筑标准化技术政策；7.建筑科学技术管理政策；8.建筑业推广应用电子计算机技术政策。

2月4日 原建筑工程部副部长、国家基本建设委员会顾问苗树森在北京逝世，终年七十岁。

2月6日 国务院批转城乡建设环境保护部和国家计划委员会《关于加强城市集中供热管理工作的报告》，要求加强城市集中供热设施的建设和组织管理工作。

2月13日 国务院秘书长陈俊生主持召开会议，成立全国室内装修装饰行业领导小组，由杨波同志任组长，杨慎、韩克华、林汉雄、王永祯同志任副组长。要求抓紧编制室内装修装饰规划。

2月16～20日 国际预应力协会第十届大会，在印度新德里召开，中国土木工程学会以常务理事杜拱辰为团长的代表团参加了会议，并有三名代表在会上作了报告，论文题目为《无粘结预应力混凝土的研究与应用》、《中国预制构件的工业化生产》及《重庆山地在建设道路、桥梁和隧道方面的成就与发展》。

2月20日 国家体委和北京市政府联合召开第十一届亚运会工程建设动员大会。将于1990年在北京举行的这届亚运会，有20多个比赛项目，约需27个场馆和一批训练场地，北京市副市长、工程建设总指挥张百发和北京市市长、第十一届亚运会组委会主席陈希同都到会讲了话，号召北京市人民和各行各业立即行动起来，搞好亚运会各项建设工程。

3月1日 京汉广中同轴电缆载波工程通过国家验收，正式交付使用。这是沿京汉铁路埋设的一条大容量地下电缆通信干线工程。途经河北、河南、湖北、湖南、广东五省，连接18个城市，全长2,700多公里，可使沿线的长途通信能力较建成前提高80倍。

3月1～4日 塞内加尔城建和住宅部长孔巴·阿依达一行三人访问我国，建设部部长叶如棠会见并宴请了阿依达部长，双方交流了城建、建筑和住房建设等方面的经验。阿依达部长就我国为塞内加尔进行住宅建设问题提出了意向性意见。

3月19日 我国政府援建的埃及国际会议中心工程奠基仪式在开罗举行。国家主席李先念和埃及总统穆巴拉克出席了奠基仪式。该工程由中建总公司与中建上海分公司联合承包，上海民用建筑设计院设计。

3月5日 中日合资经营的中大实业有限公司在北京正式成立。公司从事国际金融、外国投资以及国际投标等工程项目的土建工程承包，特别是住宅建设、工厂建设、民用、公共建筑、城市建设等的规划、地质调查、设计、施工、机械设备的安装工程等，以及与以上承包工程有关的开发业务，筹备机械器材，出租建筑机械和设备等。公司董事长为张恩树，副董事长为里见泰男。

3月18日 建设部发出《关于有计划地组建建筑装饰公司的通知》。要求各地组建一批装饰专业公司，先在京、津、沪和省会城市进行。建筑企业内部也要逐步发展装饰专业队或装饰公司。

3月22日 据新华社报道，我国第一座地热发电站——广东丰顺县地热发电站三号机组，正式并入国家电网，投入生产性运行。

3月29日～4月3日 埃及议会住房委员会主席哈奈博士和夫人埃菲琳应邀对我国进行友好访问。王任重副委员长会见了哈奈夫妇。建设部副部长杨慎接待哈奈夫妇，各有关部门负责人向哈奈介绍了我国城乡住宅建设、住宅分配制度及建筑业发展情况。哈奈对我国建筑业的迅速发展表示赞赏。

4月1日 河北唐山碱厂开工兴建。这是“七五”期间国家建设的三座规模最大的碱厂之一，设计能力为年产纯碱60万吨。

4月6～11日 建设部召开全国城市规划工作座谈会。到1985年底，全国98％的设市城市，85％的县城完成了总体规划的编制工作，还开展了分区规划、详细规划和各项专业规划的编制工作。全国有13所高校已设置城规专业。规划技术人员由1978年的1,000余人发展到1984年的9,000人。

4月8～15日 中国建筑学会理事长戴念慈率领访日代表团，应邀参加在东京举行的日本建筑学会创立100周年纪念活动。在这次纪念活动大会上，日本建筑学会授予戴念慈为名誉会员，同时授予名誉会员的还有美国的彭进、法国的布拉彻，这是该学会的首批外籍名誉会员。代表团访问期间还就双方今后的交流计划进行了磋商。

4月9日 国务院副总理李鹏视察大秦铁路军都山隧道和延庆站场等工程，看望了在这里施工的干部和工人。大（同）秦（皇岛）铁路是我国第一条单元重载列车双线电气化铁路，是晋煤外运的重要通道，列为国家“七五”期间的重点建设项目。

4月16日 “六五”计划重点项目之一的江西铜基地贵溪冶炼厂举行投产典礼。国务院向贵溪冶炼厂职工发出贺电。该厂是从国外引进成套设备的第一座大型现代化铜冶炼厂，铜和硫回收率达95.5％。

4月19～25日 杭州市住宅经营公司在工人文化宫举办住宅展销会。展销期间，签订协议出售商品住宅200多套，预收资金300多万元。达成意向协议近4万平方米。原计划展销的5万多平方米住宅全部预售完毕。

4月21日 建设部发出《关于确保工程质量的几项措施》。提出1986年工程质量管理的目标和十一条措施。要求端正经营思想，切实做到“五不准”。即：（1）未经持证设计单位设计的工程，一律不准施工；（2）无出厂合格证明和没有按规定复检的原材料，一律不准使用；（3）不合格的建筑构件，一律不准出厂和使用；（4）所有工程都必须严格按照国家标准、规范施工和评定验收，一律不准降低标准；（5）经质量监督站或城乡建设主管部门检查认定不合格的工程及产品一律不准报产值、产量和竣工面积。

4月25～28日 建设部、中国建筑工会联合召开全国城乡建设系统科技工作暨先进集体先进个人表彰大会。会议命名41名科技劳动模范、表彰176个科技工作先进集体、470名先进科技工作者，并分别颁发奖状和荣誉证书。

4月30日 建设部发布《建筑安装工程总分包实施办法》，规定了实行工程总分包的条件和范围、总包单位和分包单位的责任、禁止转包工程、罚则等共计24条。

5月14日 中国建筑科学研究院召开建院三十周年庆祝大会。各省市建筑科学研究所、高等院校等单位，170多人参加了大会。全国著名科学家茅以升、张维、建设部副部长廉仲、杨慎、周干峙及总工程师许溶烈到会祝贺。建研院技术顾问、美籍华裔、美国伊利诺斯大学教授、国际著名的结构工程可靠度专家洪华生先生，也到会祝贺。三十年来，该院完成的主要科研成果有845项，主编完成的技术标准规范62本。1978年以来荣获国家级奖的项目有59项，部级奖的项目有82项。

5月22日 建设部总工程师兼科学技术委员会主任、地基基础工程专家许溶烈，被瑞典皇家工程科学院全体会议选为外籍院士。该院福尔斯贝教授专程来北京，于6月23日在瑞典驻华使馆举行仪式，将院士证书授予许溶烈。

6月3～14日 国际建房与储蓄组织联盟主席奥斯特布劳克博士应邀来我国讲学及访问。这一国际联盟拥有71个成员国、6,000多家银行。奥斯特布劳克在讲学中介绍了世界上的三种主要住房投资制度，并对我国的储蓄建房提出了一些建议。

6月3～8日 建设部在徐州召开建筑业改革理论与实践讨论会，参加会议的有各地建筑业领导干部、建筑经济学术委员会委员等120多人。中央党校吴振坤教授在发言中提出发展建筑业的“三化”主张，即建筑行业独立化、建筑产品商品化、建筑产品价格合理化。

6月6日 《人民日报》报道：从七十年代末到现在，中外设计机构在我国合作设计了150多个工程项目。其中，有列入全国重点工程的浙江镇海石油化工厂日产1740吨尿素装置、兖州兴隆庄选煤厂、霍林河大型露天煤矿等。

6月13日 河南省建筑美学学术委员会在郑州成立。

6月14日 国家计委、建设部颁发《工程设计招标投标暂行办法》指出，今后新建、扩建和技术改造的大中型项目，除了有特殊要求的以外，都要积极地实行招标投标，开展设计竞争，择优选择设计单位。

6月25日 中华人民共和国主席李先念签发主席令，正式颁发《中华人民共和国土地法》。土地法共7章、57条。在第4章、第5章中，对国家建设用地，乡(镇)村建设用地，作了详细规定。

6月26日 《人民日报》首次公布我国城市人口统计数字。截至1985年底，全国总计324个市、5351万户、21187万人(台湾省暂缺)。

6月30日 我国第一个电影拍摄基地工程在杭州落成，正式通过验收。总投资400万元。内设专为电影摄制组服务的标准放映厅、剪接设备和部分摄影器材，以及128套设备齐全的客房。

7月1日 国家计划委员会和对外经济贸易部联合发布《中外合作设计工程项目暂行规定》。规定：中国投资或中外合资、外国贷款工程项目的设计，需要委托外国设计机构承担时，应有中国设计机构参加，进行合作设计。香港、澳门设计机构与境内设计机构进行合作设计，参照本规定执行。

7月9日 中国第一个机器人示范工程在沈阳举行奠基仪式。工程位于沈阳市区文翠路，占地7万平方米，建筑面积3.7万平方米，包括研究实验楼、水下条件实验室、流体驱动实验室、样机试制车间等。预计1988年建成。

7月28日～8月1日 建设部在唐山召开“唐山地震十周年抗震防灾经验交流会暨第八次全国抗震工作会议”。参加会议的有全国28个省、自治区、直辖市和国务院42个部委(局)的负责同志，32个科研单位和大专院校的专家、学者共300余人。会议总结了十年来抗震设防的管理经验与措施，提出“七五”期间抗震工作的主要任务，强调抓好十项地震工程科技攻关项目。

8月5日 赵紫阳总理在《改革住房制度试点工作》简报上批示：“住宅商品化问题年来有进展，各地也有一些好的经验与想法，告城建部很好综合研究一下，提出明年房改方案”。

8月7日 北京市建筑工程质量工作会议召开总结大会。北京市市长陈希同、副市长张百发都到会作了讲话。建设部杨慎副部长在讲话中向大会通报了全国工程质量的形势：“六五”期间全国城乡建设系统共发生重大质量事故2285次，倒塌房屋406起，砸死556人，重伤885人，平均四天半倒塌一幢房子，工程质量成了危害建设和改革的首要问题。

8月16日 我国援建刚果共和国的玛丽亚·恩古瓦比军事学院工程竣工，举行移交仪式。刚果总统萨苏和党政军领导人、布拉柴维尔市群众3,000多人参加了移交仪式。建设部副部长杨慎代表我国政府致词，并把军事学院的钥匙交给了萨苏总统，同萨苏总统一起为学院的落成、移交剪彩。该工程总建筑面积15,000平方米，是非洲较大的军事学校之一。由广州军区后勤部营房设计所设计，中建总公司与广东省建总公司联合承包。1985年3月开工，工期一年零五个月，比计划提前八个月。刚果对工程进度、质量给予高度赞扬。

8月16～25日 由丹麦住房和建设部大臣索尔·佩德森率领的丹麦住宅和建筑代表团一行14人来我国访问。就“城市规划”、“区域供热”、“建筑节能”、“建筑施工方法”等领域的问题，进行了广泛交流。这是继1985年芮杏文部长访问丹麦时与丹麦环境部签署合作备忘录后的一次技术交流活动。双方同意在平等互利的基础上继续扩大和发展友好合作关系。

8月17日 石家庄市举行仿清建筑“荣国府”和荣宁街落成典礼。荣国府工程总建筑面积4600平方米，拥有215间房屋，102间游廊。宁荣街共有51家店铺。荣国府工程由中国建筑技术发展中心建筑师杨乃济负责总体设计。荣宁街由故宫博物院高级建筑师茹竞华负责设计。

8月19～20日 由中国土木工程学会、中国地理学会、中国水利学会、中国铁道学会、水电部松辽委员会联合举办的第三届全国冻土学术会议在哈尔滨市召开。会议就我国北方和青藏高原等寒冷地区冻土的特性，房屋、道路、桥梁、隧道等工程的设计、施工及使用过程中冻害的防治措施，冻结现象与形成时代以及寒温带森林资源利用等问题，进行了广泛的交流和讨论。出席会议的代表共155人，美国、加拿大、日本等国的外宾10人。国际冻土学会主席裴伟出席会议并讲了话。

9月1～5日 由美国深基础工程协会、中国土木工程学会、中国建筑学会、建设部综合勘察研究院共同发起组办的“深基础工程国际会议”在北京香山饭店举行。16个国家和地区的代表304人(外国代表118人)参加了会议。人大常委会副委员长严济慈，建设部部长叶如棠、副部长周干峙、总工程师许溶烈，北京市副市长张百发等出席会议并讲了话。24名专家(包括5名中国专家)作了专题发言。专门讨论深基础工程的国际会议，这在世界上是第一次。

9月1日 建设部教育局与中央广播电视大学联合举办的城乡建设电视中专开学。开设“建筑施工与管理”、“乡镇建设”、“建筑企业经济管理”三个专业。采取脱产、业余两种形式学习，学员按教学计划学完规定的课程，成绩合格，并完成实验实习任务，发给中专毕业证书，国家承认学历。

9月4日 由中国科学院爆破工程公司爆破专家杨人光设计的中国首次城市大型水封爆破，在北京陶然亭游泳池进行，取得完全成功。这是一种水下的控制爆破，将一座长50米、宽25米的旧式游泳池炸翻，而四周四、五米以外的建筑物安然无恙。陶然亭游泳池是1990年亚运会的体育设施之一。

9月6～12日 中国建筑学会代表团一行28人，出席了在日本召开的亚洲建筑交流国际会议，团长为吴良镛。会议的中心议题是：外来文化的吸收与亚洲各地建筑的发展；地区的传统与建筑；近代化与城镇建设；大学建筑教育；建筑技术与社会等问题。

9月8日 经国务院批准，成立“国际住房年”中国委员会，由城乡建设环境保护部部长叶如棠担任主任委员。副主任委员是：储传亨、钱其琛、干志坚、田一农、吴基传、章瑞英、肖桐。将1987年定为“收容安置无家可归者国际年”(简称国际住房年)，是1982年第三十七届联合国大会作的决定。对此，赵紫阳总理曾致函“国际住房年”的倡议者斯里兰卡总理普林马达萨表示支持。

9月8日 刘少奇同志塑像在江苏省盐城市盐城中学落成。塑像正面镌刻着1942年1月刘少奇为中国人民抗日军政大学第五分校毕业学员证书的亲笔题词：“为正义、为自由、为民族的与社会的解放而战斗到底！”1940年11月，刘少奇、陈毅曾在现在的盐城中学创办抗大第五分校。

9月10日 北京为1990年第十一届亚运会而兴建的一批体育场馆工程陆续开工。这批场馆包括：北京师范学院体育馆、北京体育学院体育馆、朝阳体育馆、石景山体育馆、月坛体育馆、海淀体育馆、先农坛体育馆等。第十一届亚运会总体工程规划方案，包括新建16个体育场馆（包括一个亚运村），翻建11个体育场馆。

9月11日 国务院正式批准《北京市人民政府关于在规划市区内征收城市基础设施“四源”建设费的暂行规定》。《暂行规定》中要求，凡是在北京规划市区内兴建民用、工业建筑工程，并接用城市统一“四源”(即自来水、煤气、供热、污水处理)设施的单位，应当缴纳城市基础设施“四源”建设费。

9月20日 我国目前最宽、载重量最大的哈尔滨松花江公路大桥建成通车。全长1656米，宽24米。主桥采用九孔一连预应力钢筋混凝土箱型连续梁。汽车可以以时速百公里的速度通过。

9月25日 建设部公布了1986年度优秀设计、优秀工程评奖结果。共评出：优秀设计一等奖6个，二等奖24个，三等奖51个，新疆维吾尔自治区建筑勘察设计院获少数民族地区建筑创作进步奖，城市住宅设计创作奖7项；优秀勘察二等奖9项，三等奖9项；优秀城市规划一等奖2个，二等奖4个，三等奖14个；优秀工程二等奖4个，三等奖10个。

9月26日 城乡建设环境保护部主办的《建设报》试刊。

10月2日 郑州黄河公路预应力简支梁桥建成通过国家验收。大桥于1984年7月动工，1986年9月竣工，由铁道部大桥工程局及河南省交通公路工程处等单位承建，工期比原计划提前21个月。

10月15日 国务院批准青岛市在国家计划中实行单列。至此，全国实行计划单列的城市和地区已有9个。它们是：重庆、武汉、沈阳、大连、广州、哈尔滨、西安、青岛和海南行政区。

10月15日 国务院批准第一批全国烈士纪念建筑物保护单位。民政部于10月28日公布32个保护单位名单。

10月15～20日 建设部在北京召开全国市政工程质量首次大检查汇报会。这次大检查从4月4日开始，共有86个城市进行了自检。在自检的基础上，建设部重点对3个直辖市和16个省会城市进行抽查。

10月15日 国家重点工程龙羊峡水电站胜利下闸蓄水。电站最大坝高178米，总库容量268亿立方米。装机四台，总容量128万千瓦，平均年发电量60亿度。这项工程于1976年动工兴建。

10月21～26日 建设部在京召开思想政治工作会议。会议重点讨论了加强精神文明建设、改进思想政治工作的决定和在全系统加强职业道德教育、纠正行业不正之风等文件。

城乡建设环境保护部职工思想政治工作研究会同时成立。选举廉仲为理事长，叶维钧等九人为副理事长。

10月24～25日 中国建筑学会、北京市土木建筑学会、清华大学建筑系联合举办纪念梁思成教授诞辰85周年、创办清华大学建筑系40周年大型纪念活动。参加纪念活动的来宾和历届校友670多人。梁思成教授1901年4月20日生于日本东京，是我国著名的建筑学专家。结合这一纪念活动还举办了梁思成教授生平图片展、学术报告会，并在清华大学建筑系旧址斜坡上举行了“梁思成纪念碑”奠基仪式。

10月30日 中国建筑业联合会在北京成立。各省、自治区、直辖市（含计划单列城市）、国务院各有关部门，建筑业各专业协会以及企业、事业单位推荐的理事，出席了大会。会议讨论通过了《中国建筑业联合会章程》，选举了领导机构。肖桐当选为会长；副会长为虞福京、张恩树、蒋才兴、顾钥菊、单永复、王永良；任命傅仁章为秘书长。

10月 徐州铁路枢纽扩建工程全面展开。该工程东西宽15公里，南北长20公里，方圆300多平方公里。需修建桥梁、涵渠155座，铺轨350多公里，总投资6.1亿元。

11月3～8日 中国建筑技术发展中心在西安召开全国建筑情报会议。参加会议的有29个省、自治区、直辖市和3个计划单列城市，国务院9个部、委，以及19个专业情报网(站)的代表，共215人。建设部副部长周干峙就如何开展建筑情报工作讲了话。

11月6日 重庆发电厂扩建工程一号机组并网发电。扩建工程建成后，全厂总装机容量将达到69万千瓦，成为西南最大的火力发电厂。

11月8日 建设部举办的第一期城乡建设领导干部研究班结业。参加学习的为各省、自治区、直辖市城乡建设厅、建委和部分直属单位的负责同志。学习时间两个月。

11月1～4日 《世界建筑》杂志在成都举办国际建筑设计竞赛获奖者座谈会。据不完全统计，六年来我国有70多位建筑师、美术家和建筑院校师生获得国际建筑设计竞赛奖。获奖时的平均年龄不足30岁。出席这次座谈会的有30多位获奖者。

11月12～16日 中国土木工程学会在上海召开第三届年会。围绕道路交通、城市桥梁和地下工程三方面内容进行了广泛的学术交流。城建、交通、铁道等中央各部门及27个省市的科研、设计、施工、教学、管理部门的领导和专家，共116个单位的220余名代表出席了会议。加拿大、日本、英国、美国、法国、荷兰、巴基斯坦等国和香港地区的25位土木工程专家也参加了会议。中国土木工程学会理事长李国豪教授主持了本届年会。

11月14日 中朝合建的鸭绿江太平湾水电站二号机组并网发电。电站总装机容量19万千瓦，年发电量7.7亿度，分别向中朝两国送电。

11月17日 国务院总理赵紫阳、副总理李鹏视察鲁布革水电站。该水电站在云南境内，是利用世界银行贷款实行国际招标建设的项目，有八家中外厂商参加投标。日本大成株式会社以低于概算43％的标价中标，工期比原计划提前，为国家节省大量投资。

11月18日 《人民日报》报道：国务院正式批准建设上海30万吨乙烯第一期工程以多渠道筹措资金。由中国人民建设银行发行5.36亿元债卷，其中2亿元是建设银行的债卷，3.36亿元是工厂委托建设银行代办的公司债卷。这在全国是首次发行建设债卷。

11月19日 天生桥二级电站，一次截流成功。该电站位在黔桂两省区交界的南盘江上，总装机容量为252万千瓦。赵紫阳总理、李鹏副总理到现场观看了截流现况，并向担任施工任务的武警水电一总队的施工人员表示问候和祝贺。

11月25～30日 国务院在北京召开全国城市建设工作会议。

会议对新时期的城市建设工作提出了新的指导方针，作出重要决策。国务委员谷牧主持会议，万里副总理在讲话中指出，城市建设要面对现实，面向未来，尊重科学，依靠群众。李鹏副总理作总结讲话。会议开始时，叶如棠部长向大会作了工作报告。配合这次会议召开，全国城市建设成就展览会同时在北京开幕。

11月30日 建设部发出通知，印发《关于加强和改进思想政治工作的决定》及部系统六个主要行业和部门职工职业道德准则(试行)，要求各地结合本单位情况贯彻落实。

12月1日 开封市的仿宋博物馆破土动工。博物馆占地1万平方米。陈列厅共4层，高27米。有环形碑廊、文物制作房等配套设施。形成一个宋式的古建筑群。

12月1～4日 国家人防委员会、建设部联合召开的人防建设与城市建设相结合工作座谈会，在厦门举行。国务院副总理田纪云在讲话中指出，要以改革的精神探索人防建设与城市建设相结合的新路子，要更新观念，用经营的观点来搞人防工程建设。人防委徐惠滋副总参谋长、建设部周干峙副部长分别在会上讲了话。

12月2日 建设部和国家统计局联合公布首次全国城镇房屋普查结果。普查范围包括28个省、自治区、直辖市(西藏和台湾除外)，323个城市、1951个县(旗)、5,270个城镇与工矿区。截至1985年底，在上述普查范围内共有房屋建筑46.76亿平方米，其中解放后新建的占91％，建国前留下的占9％，十一届三中全会以后兴建的占68.61％。在全部房屋中，住宅面积达22.91亿平方米，占49％。被调查的1.5亿城镇居民中，人均居住面积为6.36平方米。普查范围内的住户有3,977万户，缺房户占26.5％。

全国城镇现有工业、交通、商业服务业、教育医疗科研、文化体育以及办公用房23.85亿平方米，占全部房屋的51％。

12月8日 建设部颁发《工人技术考核暂行条例》和《评定工人技师的暂行规定》。《暂行条例》对转正、定级、晋级、改变工种(或调换工作岗位)、考核等均作了具体规定。《暂行规定》还对高级技术工人晋升为技师的考核及工资待遇、政治生活待遇等作了规定。

12月11日 连接北京和秦皇岛港的电气化双线铁路——京秦铁路，正式通过国家验收。整个工程包括全长281公里的铁路干线、秦皇岛地区和北京枢纽配套工程。1982年3月开工，是我国使用日本贷款的一项大型工程。

12月13日 国务院批准建设部《关于整顿建筑市场情况的报告》。国务院办公厅在向各地区、各部门转发这个报告时指出：整顿建筑市场、纠正行业不正之风，对于巩固和发展建筑业改革成果，具有重要意义。要求各级人民政府加强领导，采取有效措施，进一步抓好这项工作。各有关部门要加强指导和督促检查，密切配合，共同把整顿建筑市场的工作做好。

12月14日 中国石油化工总公司披露：大庆三十万吨乙烯一期工程已经建成；山东齐鲁三十万吨乙烯和江苏扬子三十万吨乙烯一期工程均基本建成。

12月15日 上海浦东煤气厂举行一期工程部分投产剪彩典礼。该厂是一座规模大、设备新、环保好的现代化城市煤气气源厂，建设规模为日产煤气200万立方米，工期分两期进行。第一期日产煤气100万立方米，厂区占地面积42公顷，建筑面积10万平方米，于1983年12月15日正式开工。

一期工程中的咽喉工程是长694米、直径2.4米的越江煤气管道，由上海市基础公司采用地下顶管施工方法进行施工，于12月15日胜利完成。

12月15日 南(宁)防(城港)铁路，全线接通。这条铁路长172公里，北与湘桂、黔桂铁路相接，南与新建的北部湾深水港——防城港相连。铁路建成后，将为广西、湖南、湖北和西南诸省提供一条最便捷的物资进出口通道。

12月19日　《中国建筑年鉴》第九次编委会在北京召开，调整了编委会成员。除因工作需要、机构调整等原因有五位同志不再参加下届编委会外，增补蒋才兴（铁道部）、单永复（石油部）、吴世英（核工业部）、卢安祖（国家统计局）、徐正忠（建设部）、叶耀先（中国建筑技术发展中心）六位同志为编委。调整后的编委会由十七人组成。杨慎为主编，傅仁章、王弗、张钦楠为副主编，不再沿用常务编委制。编委会顾问由十五人增至十七人，新增补的顾问有铁道部副部长孙永福、核工业部副部长赵宏。

12月19日　上海市商品住宅基金会成立。这是全国第一家以促进住宅商品化为目的的非金融性质的融资机构。近两年来，上海为发展商品住宅成立了52家房地产开发经营企业。商品住宅基金会将通过筹集和融通建房、购房资金，弥补商品住宅开发、建设和流通周转资金的不足。

12月21日　《人民日报》报道：1986年国家共有六条新建铁路竣工运营，总长882公里。其中有四条是列入国家计划的大中型项目，它们是：通霍铁路（通辽——霍林河），阜淮铁路（阜阳——淮南），伊敏铁路（东海拉尔——伊敏河），宁北支线（宁波——北仑海）。

另据新华社12日电：由地方自筹资金续建和新建12条地方铁路，总长900多公里。河北、山东、黑龙江等10个省共筹集资金1.4亿元，加上国家补贴，先后修建了嫩江至黑宝山、龙镇至黑河、海城至岫岩、荆门至沙市、郴州至嘉禾等铁路新线。

12月24日　广西柳州水泥厂扩建工程建成投产。工期34个月。扩建后的生产能力为年产水泥180万吨，是我国目前最大的水泥厂。

12月　我国第一座专门氰化冶炼黄金的黄金冶炼厂在山东招远县建成投产。日处理金矿可达75吨，年产黄金10万两。

12月　建设部外事局披露，自1982～1986年，我国建筑界同苏联、罗马尼亚、南斯拉夫、匈牙利、保加利亚、英国、法国、意大利、联邦德国、瑞典、挪威、西班牙、美国、加拿大、日本、菲律宾、澳大利亚、新加坡、马来西亚、巴基斯坦、印度、孟加拉、尼泊尔等40多个国家，进行的国际技术交流共有539项、1,657人次。其中：出国进行技术考察和参加国际会议共215次、609人次；外国来中国进行技术交流的有36个国家、1,000多人次；同外国建筑业有关单位签订了合作协议30多项。这是中华人民共和国成立以来建筑业进行国际交往最活跃的时期。

12月　建设部建筑业管理局《1986年建筑统计资料》公布本年度建筑业体制改革效益情况：据1,179个建安企业统计，已经推行各种形式承包责任制的企业1,128个，占95.7%；实行百元产值工资含量包干的企业991个，占84.1%。据实行百元产值工资含量包干的875个建安企业统计，职工平均人数2,202,195人，总产值2,157,570万元，工资总额344,205万元，利润总额达96,828万元；自年初验收鉴定的单位工程35,383个，其中优良的14,066个。效益良好。本年度验收交工的投标承包工程3,277个，概（预）算价194,011万元，中标合同价为188,983万元，实际造价（成本）为201,653万元；合同工期为721,857天，实际工期为813,245天。在投标承包中片面压造价、压缩工期情况较为普遍。

1986年　据国家统计局统计公报提供的资料：全国建成投产的大中型项目96个，建成投产大中型项目的单项工程165个。国家计划要求建成投产的大中型项目和单项工程，大部分已按期建成。国家按合理工期组织建设的190个重点项目完成投资279亿元，为年计划的109.1%。重点油田、煤矿、铁路、港口建设的主要实物工作量都超额完成了全年计划。

城乡居住条件进一步改善。城镇新建住宅1.8亿平方米，农村新建住房8亿平方米。

建筑业和基本建设管理体制改革稳步发展。全国在建的大中型项目中，有44%实行各种经济承包责任制。全民所有制建筑企业实行各种经济承包责任制的工程达11万个，施工面积1.5亿平方米，占全部施工面积的80.3%。

全国建筑市场进行了整顿，已经取得初步成效。全民所有制建筑业总产值比上年增长8.2%；全员劳动生产率提高2.7%；预算内建筑施工企业实现利润22.8亿元。

（刘志先　编）

⦿建设部城市建设局披露，截至1986年底，全国城市桥梁数已达8,005座。其中，1978年以后8年间共建桥梁2,629座。城市桥梁预应力混凝土设计和施工技术已达到国际先进水平。8年间，新建了闻名中外的预应力混凝土T型刚构、主跨176米的重庆长江大桥（居世界第25位）；预应力混凝土斜拉桥、主跨200米的上海泖港大桥（居世界第18位）；预应力混凝土双塔双索面、主跨260米的天津永和桥（居世界第12位）；居世界第一位即将完工的单塔单索面、主跨悬臂长臂长度226米预应力凝凝土斜拉桥——重庆石门大桥。国际上新兴的斜拉桥在我国也从中等跨径向更大跨径发展。

⦿《建设报》报道，据国家统计局对全国国营建筑企业的调查统计，1986年与1985年相比，总产值上升了23.97%，但税后利润和上缴税金分别下降了8.7%和4%。1986年亏损企业由1985年的131个猛增到359个，全年亏损总金额达1.73亿元，比1985年上升了280%。

形成这种局面的主要原因是：招标工程盲目压低造价，承包条件苛刻，中标价比预算价一般要低百分之十几，许多企业不干不行，一干就亏；建筑材料价格大幅度上涨，1986年比1985年上涨12.3%，上调预算价格赶不上上涨；建设单位拖欠工程款大量增加，1986年底拖欠总额45亿元。

中国房地产开发总公司

中国房地产开发总公司，是国家经营房地产业务的国营企业，实行自主经营，独立核算，自负盈亏，对国家承担经济责任，具有法人资格。

业务范围：办理征地拆迁和规划设计；组织市政、公用等基础工程的建设；开发经营各类商品房屋，包括住宅、旅馆、商店、贸易中心、服务楼、写字间、仓库、通用工业厂房及配套设施；承包高层建筑；经营建筑材料；从事海外房地产开发；提供技术咨询服务。

公司总部设在北京。在全国27个省、市、自治区的132个城市中，设有直属公司、联营合资公司和联合公司142个。本公司拥有15,000名职工，其中包括2400名工程师和技术人员。公司具有雄厚的资金和高级技术经济管理人才。本公司系统所开发的住宅小区，不少曾荣获国家和省、市、自治区颁发的金质奖、银质奖及优秀工程奖。

总 经 理：张耀宗

副总经理：张鸿馨
刘让腾
熊禄永
宋枝旺

地址：北京市
百万庄建设部内

电话：894058

电报：7606

中國迅達電梯有限公司

在我国对外开放政策的指引下，中国迅达电梯有限公司由中国建筑机械总公司、瑞士迅达公司和香港怡和迅达(远东)有限公司三方于一九八○年七月四日合资组建、是我国与西欧国家最早合资经营的第一家机械工业企业。合资期限为二十年，其目的在于：提高中国电梯、自动扶梯和自动人行道工业的生产能力；改进产品和生产方法，使之现代化；生产适用于内销和外销的产品，以获取外汇；改进电梯、自动扶梯及自动人行道的安装和维修的方法；进行电梯、自动扶梯及自动人行道有关的研究发展工作。

目前，我公司已向国内外提供具有八十年代国际水平的电脑控制电梯。

中迅精神： 同心同德，发奋拼搏

中迅目标： 造就第一流人才，开拓第一流管理
创造第一流产品，提供第一流服务

主要领导人：**董事长** 郑学典 副董事长 锡 克

总经理 法 罗 副总经理 王伟礼

中国迅达电梯有限公司	地址	电话	电报	电传	传真
公司总部	北京宣武门饭店14楼	3014499-543 -544 -754	2748	22067 CSEBJ CN	341351
中国迅达电梯国际销售公司(筹)	北京宣武门饭店16楼	3014499-756			
上海电梯厂	上海市汶水路40号	650991	3113	33490 CSESH CN	
北京电梯厂	北京市芦沟桥南里6号	373431	1734	20058 CSEBJ CN	
中国迅达电梯有限公司安装维修分公司	北京市西单北大街133号4楼	6013305 6014870			
上海电梯厂服务中心	上海市虹口区东江湾路40号	665852 667447			
北京电梯厂服务中心	北京市北三环中路2号	2013870 2013871 2013872	3888		

中国建筑年鉴

（1986～1987）

《中国建筑年鉴》编委会

*

中国建筑工业出版社出版（北京西郊百万庄）

新华书店北京发行所发行　各地新华书店经售

中国建筑工业出版社印刷厂印刷（北京阜外南礼士路）

*

开本：787×1092毫米 1/16 印张：37 1/4插页：22　字数：1281 千字

1988年5月第一版　1988年5月第一次印刷

印数：1—5,190册　定价：16.80元

ISBN7-112-00148-×/TU·100

（5460）